U0577281

史记

四

文白对照版

原著◎西汉·司马迁

主编◎赖　咏

中国书店

史记卷四十

楚世家第十

楚之先祖出自帝颛顼高阳。〔1〕高阳者，黄帝之孙，〔2〕昌意之子也。〔3〕高阳生称，〔4〕称生卷章，〔5〕卷章生重黎。〔6〕重黎为帝喾高辛居火正，〔7〕甚有功，能光融天下，〔8〕帝喾命曰祝融。〔9〕共工氏作乱，〔10〕帝喾使重黎诛之而不尽。〔11〕帝乃以庚寅日诛重黎，而以其弟吴回为重黎后，〔12〕复居火正，为祝融。

【注释】〔1〕“帝颛顼”，颛顼音 zhuān xū，本书《五帝本记》所述五帝之一，“高阳”，颛顼号称高阳氏。〔2〕《史记》所述五帝系统是以黄帝为中心，其他四帝（帝颛顼、帝喾、帝尧、帝舜）皆为黄帝子孙。〔3〕在《五帝本纪》中，昌意是黄帝次子，颛顼之父。〔4〕“称”，《世本》作“偁”（音 chēng）。〔5〕“卷章”，《山海经·大荒西经》、《世本》等古书皆作“老童”，卷与老，章与童，字形相近，《史记》可能是抄误。〔6〕“重黎”，古书多以重、黎为二人（《山海经·大荒西经》、《世本》、《左传》昭公二十九年、《国语·楚语》等），此作一人。〔7〕“帝喾”，《五帝本纪》所述五帝之一。喾音 kù。“高辛”，帝喾号称高辛氏。“火正”，传说古代有掌五行之官：“木正曰句芒，火正曰祝融，金正曰蓐收，水正曰玄冥，土正曰后土。”（《左传》昭公二十九年）《国语·楚语》称“颛顼命南正重司天以属神，火正黎司地以属民”，只以黎为火正。〔8〕“融”，光明。〔9〕“祝融”，本为官名，后用为氏名。〔10〕“共工氏”，古氏族名。〔11〕古书记共工氏作乱，或谓与颛顼争帝被诛（《列子·汤问》、《文子·上义》、《淮南子·天文》《兵略》），或谓与帝喾争帝被诛（《淮南子·原道》、《国语·周语》贾逵注、《吕氏春秋·荡兵》注），《五帝本纪》则谓尧流共工，共工氏至尧而犹存，故此言“诛之而不尽”。〔12〕古书或以吴回即黎（《潜夫论·志氏姓》、《淮南子·时则》注）。

【译文】楚人的先祖出自帝颛顼高阳。高阳是黄帝的孙子，昌意的儿子。高阳生下称，称生下卷章，卷章生下重黎。重黎为帝喾高辛身居火正之职，很有功绩，能使天下光明和乐，帝喾命名他为祝融。共工氏发动叛乱，帝喾派重黎诛伐共工氏，但没有斩尽杀绝。帝喾于是在庚寅那天诛杀重黎，而让他的弟弟吴回作为重黎后继者，又居火正之职，仍为祝融氏。

吴回生陆终。陆终生子六人，坼剖而产焉。〔1〕其长一曰昆吾；〔2〕二曰参胡；〔3〕三曰彭祖；〔4〕四曰会人；〔5〕五曰曹姓；〔6〕六曰季连，〔7〕芈姓，〔8〕楚其后也。〔9〕昆吾氏，夏之时尝为侯伯，桀之时汤灭之。彭祖氏，殷之时尝为侯伯，殷之末世灭彭祖氏。季连生附沮，〔10〕附沮生穴熊。其后中微，或在中国，或在蛮夷，〔11〕弗能纪其世。〔12〕

【注释】〔1〕“坼”，音 chè，分。“剖”，破开。《诗·大雅·生民》：“不坼不副，无灾无害。”亦作副（音 pì，也是剖分之义）。“坼剖而产”，即剖割身体而生产。《水经·洧水注》引《世本》谓“陆终娶于鬼方氏之妹，谓之女隤，是生六子，孕三年，启其左胁，三人出焉；启其右胁，三人出焉”，即其事。《集解》引干宝说称“修己背坼而生禹，简狄胸剖而生契”，亦属同类传说。〔2〕“长”字衍。“昆吾”，己姓国名，在今河南许昌，后迁今河南濮阳东，为商灭。己姓始祖名樊。〔3〕“参胡”，斟姓国名，封地不详，春秋时已绝祀无后。斟姓始祖名惠连，《国语·郑语》韦昭注以为“曹姓之别”。〔4〕“彭祖”，彭姓国

名，在今江苏徐州，为商灭。彭姓始祖名钱。〔5〕“会人”，妘姓国名，即郐国，在今河南密县东北，西周末为郑所灭。妘姓始祖名莱言。〔6〕“曹姓”，指曹姓之国。曹姓始祖名安。〔7〕“季连”，芈姓始祖。〔8〕“芈”，音 mǐ。〔9〕以上所述与《世本》(本篇《集解》、《索隐》、《水经·洧水注》《获水注》引)、《大戴礼·帝系》略同。所谓陆终六子是属于陆终氏的六个氏族，姓氏各不相同。《国语·郑语》提到祝融八姓，己姓除昆吾还有苏、顾、温、董，彭姓除彭祖还有豕韦、诸稽，妘姓除郐还有邬、路、偪阳，曹姓有邹、莒，芈姓除楚(作荆)还有夔越、蛮芈，此外还提到董姓的鬷夷、豢龙，秃姓的舟人。〔10〕“附沮”，《集解》引孙检说：“沮，一作‘祖’。”《路史·后纪》卷八作“附叙”。〔11〕季连的后代有些分支住在文化发达地区，如楚；有些住在文化不发达地区，如夔越、蛮芈。所以说“或在中国，或在蛮夷”。〔12〕“纪”，通“记”。《左传》僖公二十六年杜注：“鬻熊，祝融之十二世孙。”

【译文】吴回生下陆终。陆终生下六个儿子，是剖裂身体而生下的。其中老大叫昆吾；老二叫参胡；老三叫彭祖；老四叫会人；老五为曹姓；老六叫季连，为芈姓，楚人是他的后裔。昆吾氏，夏朝的时候曾经为侯伯，夏桀的时候商汤灭亡了昆吾氏。彭祖氏，殷朝的时候曾经为侯伯，殷朝末世灭亡了彭祖氏。季连生下附沮，附沮生下穴熊。他的后代中道衰微，有的在华夏中土，有的在蛮夷域外，不能记录他们的世系。

周文王之时，季连之苗裔曰鬻熊。[1]鬻熊子事文王，[2]蚤卒。[3]其子曰熊丽。[4]熊丽生熊狂，[5]熊狂生熊绎。[6]

【注释】〔1〕“苗裔”，后世子孙。“鬻熊”，鬻音 yù，《汉书·古今人表》作“粥熊”，《艺文志·诸子略》道家有《鬻子》二十二篇，注：“名熊，为周师，自文王以下问焉，周封为楚祖。”楚人祭祀祝融和鬻熊，鬻熊是楚先祖中很著名的人物(见《左传》僖公二十六年)。〔2〕“子”字可能是衍文。〔3〕“蚤”，同“早”。〔4〕“熊丽”，约当周文王或武王时，《墨子·非攻下》称楚熊丽始(讨)〔封〕睢山之间(睢山可能即睢水发源的荆山)。楚以熊为氏始自熊丽，可能是承鬻熊为氏。但出土楚国铜器所见楚王名皆以酓为氏，称熊最早只见于秦《诅楚文》刻石。〔5〕“熊狂”，约当周文王或武王时。〔6〕“绎”，音 yì。

【译文】周文王的时候，季连的后裔叫鬻熊。鬻熊事奉周文王，早年去世。他的儿子叫熊丽。熊丽生下熊狂，熊狂生下熊绎。

熊绎当周成王之时，[1]举文、武勤劳之后嗣，[2]而封熊绎于楚蛮，[3]封以子男之田，姓芈氏，[5]居丹阳。[6]楚子熊绎与鲁公伯禽、卫康叔子牟、晋侯燮、齐太公子吕伋俱事成王。[7]

【注释】〔1〕《国语·晋语八》：“昔成王盟诸侯于岐阳，楚为荆蛮，置茅蕝，设望表，与鲜卑守燎，故不与盟。”所说可能即熊绎。〔2〕“文武”，周文王、周武王。“勤劳”，功劳，这里指功臣。〔3〕“楚蛮”，即楚，亦称荆蛮。〔4〕“子男”，周爵称中最低的两级为子和男。“田”，指封土。〔5〕“芈氏”，芈是姓而非氏，古代的姓和氏到汉代已经混融为一，司马迁已不能分辨，每每混淆二者。〔6〕“丹阳”，其地望历来有争论，主要有三说：(1)在今湖北枝江(《集解》引徐广说、《正义》引颖容《传例》)；(2)在今湖北秭归东(《正义》引《括地志》)；(3)在今河南西部丹江、淅水交会处(清宋翔凤《过庭录》)。《左传》昭公十二年说：“昔我先王熊绎辟在荆山，跋涉山川以事天子，唯是桃弧棘矢以共御王事。”其地应与丹阳相距不远。〔7〕“鲁公伯禽”，鲁始封君，周公旦长子，见《鲁周公世家》。“卫康叔子牟”，卫始封君康叔封之子，见《卫康叔世家》。“晋侯燮”，晋始封君叔虞之子，见《晋世家》。“齐太公子吕伋”，伋，音 jí，齐始封君太公吕尚之子，见《齐太公世家》。《左传》昭公十二年作“昔我先王熊绎与吕伋、王孙牟、燮父、禽父并事康王”，与此不同，熊绎可能先后事成、康二王。

【译文】熊绎正当周成王的时代，周成王举立周文王、周武王功臣的后裔，而将熊绎封在楚地，封给子男这一等级的田土，姓为芈氏，居住丹阳。楚子熊绎和鲁公伯禽、卫康叔子牟、晋侯燮、齐太公子吕伋一同事奉周成王。

熊绎生熊艾，[1]熊艾生熊䵣，[2]熊䵣生熊胜。[3]熊胜以弟熊杨为后。[4]熊杨生熊渠。

【注释】〔1〕“熊艾”，《三代世表》作“熊乂”。

〔2〕“熊䵣”，䵣音 dá，《索隐》引或本作“熊黵”，《三代世表》同，《汉书·古今人表》作“熊亶”。“黵”与“䵣”字形相近，“亶”与“䵣”读音相近。〔3〕“熊胜”，《汉书·古今人表》作“熊盘”，“胜”与“盘”字形相近。〔4〕“熊杨”，《索隐》引邹诞生本作“熊钖”，《汉书·古今人表》同；《索隐》引或本又作“熊炀”，《三代世表》同。

【译文】熊绎生下熊艾，熊艾生下熊䵣，熊䵣生下熊胜。熊胜将弟弟熊杨作为继承人。熊杨生下熊渠。

熊渠生子三人。当周夷王之时，王室微，诸侯或不朝，相伐。熊渠甚得江汉间民和，[1]乃兴兵伐庸、杨粤，[2]至于鄂。[3]熊渠曰：“我蛮夷也，不与中国之号谥。”[4]乃立其长子康为句亶王，[5]中子红为鄂王，[6]少子执疵为越章王，[7]皆在江上楚蛮之地。及周厉王之时，暴虐，熊渠畏其伐楚，亦去其王。

【注释】〔1〕“江汉”，江水、汉水。江汉间是早期楚人活动的中心地区。〔2〕“庸”，国名，在今湖北竹山西，楚庄王三年（公元前六一一年）被灭。“杨粤”，即杨越，越族的一支。〔3〕“鄂”，国名，在今湖北鄂城。〔4〕“不与”，不与……相关。“号谥”，称号。指放弃周王室所封之号，自立为王。〔5〕“康”，即下熊毋康。“句亶王”，亶音 dǎn，可能即伐庸所封，《集解》引张莹说则谓句亶即江陵（今湖北江陵）。《索隐》引《世本》“亶”作“袒”。〔6〕“红”，即下熊挚红。“鄂王”，应即伐鄂所封。〔7〕“执疵”，疵音 cī，不知与下熊延是否为一人。“越章王”，可能即伐杨粤所封。《索隐》引“世本”无“执”字，“越”作“就”，《大戴礼·帝系》“疵”讹为“疪”，“越”作“戚”，“越”与“戚”字形相近，“戚”与“就”读音相近（如“蹙”同“蹴”，正始石经“戚”字即写作古文“就”字）。

【译文】熊渠生下儿子三人。当周夷王的时候，周王室衰微，诸侯有的不来朝见，互相攻伐。熊渠很得江、汉之间百姓的欢心，于是起兵攻伐庸国、杨粤，到达鄂国。熊渠说：“我们是蛮夷之邦，与华夏中土的称号封谥无涉。”于是立他的长子康为句亶王，二儿子红为鄂王，小儿子执疵为越章王，都封在长江边上楚蛮之地。等到周厉王的时候，残暴凶虐，熊渠害怕他讨伐楚地，就自己去掉儿子们的王号。

后为熊毋康，[1]毋康蚤死。熊渠卒，子熊挚红立。[2]挚红卒，其弟弑而代立，曰熊延。熊延生熊勇。

【注释】〔1〕“熊毋康”，《索隐》引《世本》“康”作“庸”，字形相近。〔2〕“熊挚红”，《索隐》引别本“挚红”作“艺经”，字形相近。又《索隐》引谯周说谓“熊渠卒，子熊翔立；卒，长子挚有疾，少子熊延立”，似熊挚红亦名熊翔，熊延非熊渠子而为熊翔子。按此所谓熊翔长子挚即《左传》僖公二十六年夔子所说“我先王熊挚”。《国语·郑语》孔晁注（《左传》僖公二十六年疏引）称挚为“熊绎玄孙”，恐不可信。韦昭注称挚为“楚熊绎六世孙”，与谯周之说相合，可能近是。

【译文】熊渠的继承人为熊毋康，但熊毋康早年去世。熊渠去世，儿子熊挚红即位。熊挚红去世，他的弟弟杀死合法继承人而取代即位，叫熊延。熊延生下熊勇。

熊勇六年，而周人作乱，攻厉王，厉王出奔彘。[1]熊勇十年，卒，弟熊严为后。[2]

【注释】〔1〕“彘”，音 zhì，在今山西霍县东北。事见《周本纪》。〔2〕《汉书·古今人表》注为“勇子”。

【译文】熊勇在位第六年，周人发动暴乱，进攻周厉王，厉王逃出京城奔赴彘地。熊勇在位第十年，去世，弟弟熊严为继承人。

熊严十年，卒。有子四人，长子伯霜，中子仲雪，次子叔堪，[1]少子季徇。[2]熊严卒，长子伯霜代立，是为熊霜。[3]

【注释】〔1〕“叔堪”，《索隐》：“堪，一作‘湛’。”《国语·郑语》作“叔熊”。〔2〕“季徇”，《国语·郑语》作“季紃”。〔3〕“熊霜”，《汉书·古今人表》讹为“熊霸”。

【译文】熊严在位十年,去世。有儿子四人,老大叫伯霜,老二叫仲雪,老三叫叔堪,老小叫季徇。熊严去世,长子伯霜继位,这就是熊霜。

熊霜元年,周宣王初立。熊霜六年,卒,三弟争立。仲雪死;叔堪亡,避难于濮;[1]而少弟季徇立,是为熊徇。[2]熊徇十六年,郑桓公初封于郑。[3]二十二年,熊徇卒,子熊咢立。[4]熊咢九年,卒,子熊仪立,是为若敖。[5]

【注释】〔1〕"濮",音 pú,亦称百濮,指楚西南以濮为名的部族。〔2〕《国语·郑语》:"叔熊逃难于濮而蛮,季紃是立,薳氏将起之,祸又不克。"〔3〕"郑",郑桓公所封之郑在今陕西华县。〔4〕"熊咢",咢音 è,《索隐》作"噩",《十二诸侯年表》作"鄂"。按"咢"通"噩"、"鄂","咢"字从屰声,据出土楚公逆镈,其名本作"逆"。〔5〕"若敖",楚君死而无谥,往往称"敖"而上面冠以葬地之名,如下文郏敖据《左传》昭公元年是葬于郏,初王比据《左传》昭公十三年是葬于訾而称訾敖。这里的若也应是葬地名。按若即鄀,是楚的附庸小国,以商密为都,辖有析邑。商密在今河南淅川西南,析邑在今河南淅川西北。

【译文】熊霜元年,周宣王开始即位。熊霜在位六年,去世,三个弟弟争夺君位。仲雪死去;叔堪逃亡,跑到百濮避难;因而小弟季徇即位,这就是熊徇。熊徇十六年,郑桓公开始被封于郑地。二十二年,熊徇去世,儿子熊咢即位。熊咢九年,熊咢去世,儿子熊仪即位,这就是若敖。

若敖二十年,周幽王为犬戎所弑,[1]周东徙,而秦襄公始列为诸侯。[2]

【注释】〔1〕"犬戎",西戎的一支。"弑",音 shì,篡杀。〔2〕参看《周本纪》、《秦本纪》。

【译文】若敖二十二年,周幽王被犬戎所杀,周王室向东迁移,秦襄公开始被列为诸侯。

二十七年,若敖卒,子熊坎立,[1]是为霄敖。[2]霄敖六年,卒,子熊眴立,[3]是为蚡冒。[4]蚡冒十三年,晋始乱,以曲沃之故。[5]蚡冒十七年,卒。蚡冒弟熊通弑蚡冒子而代立,是为楚武王。

【注释】〔1〕"熊坎",《索隐》引别本"坎"作"菌"或"钦"。〔2〕"霄敖",《十二诸侯年表》《索隐》"霄"作"宁",字形相近。〔3〕"熊眴",眴,音 xuàn,《玉篇》"眴"作"咰",《左传》宣公十二年疏"眴"作"煦",字形相近。〔4〕"蚡冒",蚡音 fén,《索隐》引古本"蚡"作"蚡",《十二诸侯年表索隐》引邹氏说"蚡"一作"粉"。《国语·郑语》说周平王时"秦、晋、齐、楚代兴","楚蚡冒于是乎始启濮",可见蚡冒时楚曾向百濮之地拓土,有较大发展(韦昭注称蚡冒为"楚季紃之孙、若敖之子熊率",世次及名字均与此不同)。《韩非子·和氏》、《外储说左上》有楚厉王,在楚武王之前,或即武王追称蚡冒。又据《战国策·楚一》"棼冒勃苏",楚有棼冒氏,棼冒即蚡冒。〔5〕此当晋昭侯元年,是年封文侯弟成师于曲沃,为曲沃并晋之始,见《晋世家》。"曲沃",在今山西闻喜东北。〔6〕《左传》文公十六年注"蚡冒,楚武王父",与此说异。"熊通",古书多作"熊达"(如杜预《春秋释例·世族谱》、《淮南子·主术》、《汉书·地理志》注、《左传》文公十六年、宣公十二年、昭公二十二年疏等引),《史记》旧本亦作"熊达"(《释文》、《困学纪闻》引),今本作"通"误。

【译文】二十七年,若敖去世,儿子熊坎即位,这就是霄敖。霄敖六年,霄敖去世,儿子熊眴即位,这就是蚡冒。蚡冒十三年,晋国开始出现动乱,因为晋昭侯将叔父成师封在曲沃的缘故。蚡冒在位十七年,去世。蚡冒弟弟熊通杀死蚡冒儿子而取代即位,这就是楚武王。

武王十七年,晋之曲沃庄伯弑主国晋孝侯。[1]十九年,郑伯弟段作乱。二十一年,郑侵天子之田。二十三年,[2]卫弑其君桓公。[3]二十九年,鲁弑其君隐公。[4]三十一年,宋太宰华督弑其君殇公。[5]

【注释】〔1〕"主国",即宗国,曲沃是晋所封,故称晋为"主国"。〔2〕据《十二诸侯年表》应作"二十二年"。〔3〕"桓公",名完,为州吁所弑,见《卫康叔世家》。〔4〕"隐公",名息姑,亦单称息,为羽父所弑,见《鲁周公世家》。〔5〕"殇公",名与

夷,为华督所弑。"殇",音 shāng。

【译文】楚武王十七年,晋国的曲沃庄伯杀死国君晋孝侯。十九年,郑伯的弟弟段发动叛乱。二十一年,郑人侵犯周天子的田。二十三年,卫人杀死自己的国君卫桓公。二十九年,鲁人杀死自己的国君鲁隐公。三十一年,宋国太宰华督杀死他的国君宋殇公。

三十五年,楚伐随。〔1〕随曰:"我无罪。"楚曰:"我蛮夷也。今诸侯皆为叛相侵,或相杀。我有敝甲,〔2〕欲以观中国之政,请王室尊吾号。"随人为之周,请尊楚,王室不听,还报楚。三十七年,楚熊通怒曰:"吾先鬻熊,文王之师也,〔3〕蚤终。成王举我先公,乃以子男田令居楚,蛮夷皆率服,而王不加位,我自尊耳。"乃自立为武王,〔4〕与随人盟而去。于是始开濮地而有之。〔5〕

【注释】〔1〕"随",国名,在今湖北随州,姬姓。〔2〕"敝甲",破旧的甲,这里是谦词。〔3〕"师",老师。〔4〕中国古代有些蛮夷国家很早就称王,楚即其中一例。〔5〕《国语·郑语》说蚡冒"始启濮",与此不同。

【译文】楚武王三十五年,楚人出兵攻伐随国。随侯说:"我没有罪。"楚君熊通说:"我住在蛮夷之地啊。如今诸侯都发动反叛互相侵犯,有的相互残杀。我有军队,打算以此参与中原的政事,请向王室尊崇我的封号。"随侯为他前往周京,请求尊崇楚的封号,周王室不准许,随侯返回报告楚君。三十七年,楚君熊通发怒说:"我的先人鬻熊,是周文王的老师,早年去世。周成王举立我的先公,于是封给子男等级的田土,让他居住楚地,蛮夷部族全都顺从归服,但周王不加封爵位,我就只好自尊自重了。"于是自己封立为武王,与随侯订立盟约而离去。到这时开始开发百濮之地而占有它。

五十一年,周召随侯,数以立楚为王。楚怒,以随背己,伐随。武王卒师中而兵罢。〔1〕子文王熊赀立,〔2〕始都郢。〔3〕

【注释】〔1〕据《左传》庄公四年,楚武王是因心疾病逝于伐随途中。〔2〕"熊赀",赀音 zī,《淮南子·说山》注作"熊庇",《主术》注作"熊庇"。〔3〕"郢",在今湖北江陵西北楚都纪南城遗址。《左传》桓公二年疏引《世本》谓武王已徙郢。

【译文】五十一年,周天子召见随侯,数落立楚君为王的事。楚武王发怒,以为随侯背叛自己,便出兵伐随国。楚武王死在出兵途中,因而撤军作罢。他的儿子楚文王熊赀即位,开始建都于郢。

文王二年,伐申过邓,〔1〕邓人曰"楚人易取",邓侯不许也。〔2〕六年,伐蔡,虏蔡哀侯以归,已而释之。楚强,陵江汉间小国,小国皆畏之。十一年,齐桓公始霸,楚亦始大。

【注释】〔1〕"申",国名,原居今陕西、甘肃一带,姜姓,周宣王时部分东迁,分封于谢,即今河南南阳北,称为南申。此即南申。南申灭于楚文王时(据《左传》哀公十七年子谷语)。"邓",国名,在今湖北襄樊北,曼姓,楚文王十二年灭之。〔2〕《左传》庄公六年谓骓甥、聃甥、养甥请杀楚子,邓侯不许。

【译文】楚文王熊赀二年,出兵攻伐申国,途经邓国,邓国大臣说"楚王容易拿取",但邓侯不答应。六年,楚文王攻伐蔡国,俘虏蔡哀侯而返回,不久释放了蔡哀侯。楚人强悍,欺凌长江、汉水间的弱小国家,小国君主都畏惧楚国。十一年,齐桓公开始称霸,楚国也开始强大。

十二年,伐邓,灭之。十三年,〔1〕卒,子熊囏立,〔2〕是为庄敖。〔3〕庄敖五年,〔4〕欲杀其弟熊恽,〔5〕恽奔随,与随袭弑庄敖代立,是为成王。

【注释】〔1〕据《左传》,楚文王即位于鲁庄公五年,卒于鲁庄公十九年,在位共十五年。〔2〕"囏",即古艰字。〔3〕"庄敖",《左传》庄公十四年作"堵敖",《十二诸侯年表》同,《释文》作"杜敖",庄是杜字之误,"堵"与"杜"音近可通。〔4〕据《左传》文王、成王年数,"五年"应作"三年"。〔5〕"恽",音 yùn,楚成王名恽,《春秋》文公元年作"頵",《公羊传》、《谷梁传》文公元年作"髡",三字读音相近。

【译文】十二年,楚国出兵攻伐邓国,灭亡邓国。十三年,楚文王去世,儿子熊囏即位,这就是庄敖。庄敖五年,打算杀死他的弟弟熊恽,熊恽逃奔随国,和随人袭击杀死庄敖而继代即位,这就是楚成王。

成王恽元年,初即位,布德施惠,结旧好于诸侯。使人献天子,天子赐胙,〔1〕曰:"镇尔南方夷越之乱,〔2〕无侵中国。"于是楚地千里。〔3〕

【注释】〔1〕"胙",音 zuò,祭肉。 〔2〕"夷越",指西南夷、百越等南方各族。 〔3〕"千里",方千里,长一千里,宽一千里。

【译文】楚成王恽元年,他刚即位,广泛布施恩德实惠,与各国诸侯续结旧日友好。派人向周天子进献贡品,周天子赐给祭肉,说:"平定你南方蛮夷百越的叛乱,不要侵犯中原。"于是楚国领地扩展到方圆千里。

十六年,齐桓公以兵侵楚,至陉山。〔1〕楚成王使将军屈完以兵御之,〔2〕与桓公盟。桓公数以周之赋不入王室,楚许之,乃去。〔3〕

【注释】〔1〕"陉山",陉音 xíng,楚地,在今河南郾城东。《十二诸侯年表》、《春秋》僖公四年作"陉"。 〔2〕"屈完",楚大夫。屈氏为楚公族,武王之后。 〔3〕以上记齐楚召陵之役,见《左传》僖公四年。

【译文】十六年,齐桓公领兵侵略楚国,到达陉山。楚成王派将军屈完率军抵御,和齐桓公订立盟约。齐桓公当面数落楚国不按规定向周王室缴纳贡品的罪状,楚成王答应了他,齐军才离去。

十八年,成王以兵北伐许,〔1〕许君肉袒谢,乃释之。二十二年,〔2〕伐黄。〔3〕二十六年,灭英。〔4〕

【注释】〔1〕"许",姜姓小国,在今河南许昌东,后被楚灭。 〔2〕"二十二年",《十二诸侯年表》作"二十三年",同《春秋》经传。 〔3〕"黄",嬴姓小国,在今河南潢川西。 〔4〕"英",偃姓小国,在淮水南。《十二诸侯年表》作"灭六、英",但据《春秋》僖公十七年,英于楚成王二十九年犹存;据《春秋》文公五年,六被灭是在楚穆王四年。

【译文】十八年,楚成王领兵北上攻伐许国,许君袒露上身前来谢罪,于是释免了他。二十二年,楚军攻伐黄国。二十六年,攻灭英国。

三十三年,宋襄公欲为盟会,召楚。楚王怒曰:"召我,我将好往袭辱之。"〔1〕遂行,至盂,〔2〕遂执辱宋公,已而归之。三十四年,郑文公南朝楚。楚成王北伐宋,败之泓,〔3〕射伤宋襄公,襄公遂病创死。〔4〕

【注释】〔1〕"好往",应是反语。 〔2〕"盂",宋地,在今河南睢县西北。 〔3〕"泓",水名,故道约在今河南柘城西北。 〔4〕"病创死",因受伤发病而死。据《春秋》经传宋襄公是因大腿受伤死于次年。

【译文】三十三年,宋襄公准备举行盟会,派使者召见楚成王。楚成王发怒说:"竟敢召见我,我将好生前往袭击羞辱他。"于是出发,到达盂地,接着拘留侮辱宋襄公,事毕返回。三十四年,郑文公南下朝见楚成王。楚成王北上攻伐宋国,在泓水击败宋军,用箭射伤宋襄公,宋襄公于是因箭伤发病而死。

三十五年,晋公子重耳过楚,〔1〕成王以诸侯客礼飨,而厚送之于秦。

【注释】〔1〕"公子重耳",即后来的晋文公,见《晋世家》。

【译文】三十五年,晋国公子重耳路过楚国,楚成王以招待诸侯过客的礼仪宴请,并且厚礼馈赠,送他前往秦国。

三十九年,〔1〕鲁僖公来请兵以伐齐,楚使申侯将兵伐齐,〔2〕取谷,〔3〕置齐桓公子雍焉。齐桓公七子皆奔楚,〔4〕楚尽以为上大

夫。[5]灭夔，[6]夔不祀祝融、鬻熊故也。

【注释】〔1〕据《春秋》经传僖公二十六年应作"三十八年"。〔2〕"申侯"，《左传》僖公二十六年作"申公叔侯"，申公是楚灭申国所置县的县公，叔侯是其名，亦称为申叔。〔3〕"谷"，齐地，在今山东东阿。〔4〕齐桓公有子十余人，这是其中的七个公子。〔5〕"上大夫"，古代大夫有上、中、下之分。〔6〕"夔"，音 kuí，芈姓小国，在今湖北秭归。

【译文】三十九年，鲁僖公前来请求援兵去攻伐齐国，楚成王派申侯领兵攻伐齐国，夺取谷地，将齐桓公儿子雍安置在谷。齐桓公的七个儿子全都逃奔楚国，楚成王把他们全封为大夫。攻灭夔国，因为夔君不祭祀祖宗祝融、鬻熊的缘故。

夏，[1]伐宋，宋告急于晋，晋救宋，成王罢归。[2]将军子玉请战，成王曰："重耳亡居外久，卒得反国，[3]天之所开，不可当。"子玉固请，[4]乃与之少师而去。[5]晋果败子玉于城濮。[6]成王怒，诛子玉。[7]

【注释】〔1〕据《春秋》经传僖公二十七年应在三十九年冬。〔2〕据《春秋》经传僖公二十八年应在四十年。〔3〕"反"，通"返"。〔4〕"子玉"，成得臣的字。成氏是楚公族，出自斗伯比之后，是斗氏的分支。〔5〕"少师"，少量的军队，《左传》僖公二十八年谓子玉出征所率只有西广（楚军有左、右二广，此其右）、东宫（太子的部队）和若敖氏的私属六个卒。〔6〕"城濮"，濮音 pú，卫地，在今河南范县南临濮城。以上是记晋楚城濮之战。〔7〕据《左传》僖公二十八年、文公十年，子玉兵败自杀，王赦之而不及。

【译文】夏天，楚军攻伐宋国，宋人向晋国告急，晋国出兵救援宋国，楚成王撤军返回。楚国将军子玉请求出战，成王说："重耳流亡居住在外很久，结果得以返回晋国，是上天的佑助，不可抵挡。"子玉再三请求，成王于是给他少量的部队而离去。晋军果然在城濮打败子玉。成王发怒，诛杀子玉。

四十六年，初，成王将以商臣为太子，[1]语令尹子上。[2]子上曰："君之齿未也，[3]而又多内宠，绌乃乱也。[4]楚国之举，常在少者。且商臣蜂目而豺声，忍人也，[5]不可立也。"王不听，立之。后又欲立子职而绌太子商臣。[6]商臣闻而未审也，告其傅潘崇曰：[7]"何以得其实？"崇曰："飨王之宠姬江芈而勿敬也。"[8]商臣从之。江芈怒曰："宜乎王之欲杀若而立职也。"[9]商臣告潘崇曰："信矣。"崇曰："能事之乎？"曰："不能。""能亡去乎？"曰："不能。""能行大事乎？"[10]曰："能。"冬十月，商臣以宫卫兵围成王。[11]成王请食熊蹯而死，[12]不听。丁未，成王自绞杀。[13]商臣代立，是为穆王。

【注释】〔1〕"商臣"，成王太子，后立为穆王。〔2〕"令尹子上"，令尹，楚相，多由公族担任；子上即斗勃。斗氏是楚公族，若敖之后。据《左传》僖公三十三年，子上于上年被杀，这里是倒叙。〔3〕"未齿"，指年龄尚少。〔4〕"绌"，音 chù，同"黜"，《左传》文公元年作"黜"，是废除、贬斥之义。〔5〕"忍"，残忍。〔6〕"子职"，王子职，商臣庶弟。〔7〕"傅"，负责教育太子的官，《左传》文公元年作"师"。"潘崇"，潘氏也是楚公族。〔8〕"江芈"，应是嫁给江国的楚国女子，此言"王之宠姬"，娶同姓而婚，恐误，《左传》文公元年作"享江芈而勿敬也"，不言"王之宠姬"。〔9〕"若"，你。〔10〕"大事"，指发动政变，弑君代立。〔11〕"宫卫兵"，《左传》文公元年作"宫甲"，注以为太子宫甲即东宫之卒。〔12〕"熊蹯"，蹯音 fán，熊掌。熊掌难熟，成王请食，是想拖延时间等待救兵。〔13〕"绞杀"，上吊而死。

【译文】四十六年，当初，楚成王将要立商臣为太子，告诉了令尹子上。子上说："国君的年纪不算大，而且又有许多宠爱的妻妾，将来再废除已立太子的话，就会发生乱子。楚国举立国君，常常落在年少的儿子身上。况且商臣黄蜂眼睛而豺狼声音，是个残忍的人，不可立为太子。"成王不听，封立商臣为太子。后来楚成王又要封立儿子职而废除太子商臣。商臣听说此事但不明详情，告诉他的师傅潘崇说："怎么获得实情？"潘崇说："宴请成王宠爱的姬妾江芈而不尊敬她。"商臣听从此计。江芈果然发怒说："难怪大王要杀你而立职为太子。"商臣告诉潘崇说："证实了。"潘崇问："你能事奉职吗？"商臣回答说："不能。"又问："你能逃跑离去吗？"回答说："不能。"又问："你能干大事吗？"商臣回答："能。"冬季十月，商臣率领宫中卫兵包围成王。成王请求吃了熊掌后再死，商臣不准。丁未日，楚成王上吊自杀。商臣继代即位，这就是楚穆王。

穆王立，以其太子宫予潘崇，[1]使为太师，[2]掌国事。[3]穆王三年，灭江。[4]四年，灭六、蓼。[5]六、蓼，皋陶之后。[6]八年，伐陈。十二年，卒。子庄王侣立。[6]

【注释】〔1〕"太子宫"，《左传》文公元年作"太子室"，"室"指家资，包括田宅臣妾等，这里作"宫"，是以"室"为宫室，不确。〔2〕"太师"，师有太师、少师。〔3〕《十二诸侯年表》谓潘崇"为相"，但《左传》文公元年谓潘崇"且掌环列之尹"，注以为宫卫之官，此时非令尹，为令尹者可能是成大心(见《左传》文公十二年)。〔4〕"江"，嬴姓小国，在今河南正阳南。〔5〕"六"，偃姓小国，在今安徽六安北。"蓼"，姬姓小国，在今河南固始东北蓼城岗。〔6〕六传为皋陶之后，但蓼是庭坚之后，这里并述为皋陶之后是不对的，参看梁玉绳《史记志疑》。〔7〕"庄王侣"，《春秋》、《左传》、《公羊传》宣公十八年"侣"作"旅"，《谷梁传》宣公十八年"侣"作"吕"。

【译文】楚穆王即位，将他太子时的宫室赐给潘崇，让他为太师，执掌国家政事。穆王三年，攻灭江国。四年，攻灭六国、蓼国。六国、蓼国，是皋陶的后裔。八年，攻伐陈国。十二年，楚穆王去世。儿子庄王侣即位。

庄王即位三年，不出号令，日夜为乐，令国中曰："有敢谏者死无赦！"伍举入谏。[1]庄王左抱郑姬，右抱越女，坐钟鼓之间。伍举曰："愿有进。隐曰：[2]有鸟在于阜，[3]三年不蜚不鸣，[4]是何鸟也？"庄王曰："三年不蜚，蜚将冲天；三年不鸣，鸣将惊人。举退矣，吾知之矣。"居数月，淫益甚。[5]大夫苏从乃入谏。王曰："若不闻令乎？"对曰："杀身以明君，臣之愿也。"于是乃罢淫乐，听政，所诛者数百人，所进者数百人，任伍举、苏从以政，国人大说。[6]是岁灭庸。六年，伐宋，获五百乘。

【注释】〔1〕"伍举"，伍参之子，伍子胥之祖父，亦称椒举。伍氏为楚公族。〔2〕"隐"，《吕氏春秋·重言》作"讔"，《文心雕龙·谐讔》："讔者，隐也，遁辞以隐意，谲譬以指事也。"是谜语的古称，也叫"隐语"。〔3〕"阜"，音 fù，土山。〔4〕"蜚"，同"飞"。〔5〕"淫"，过度，无节制。〔6〕以上是据战国以来诸子杂说。以年代推断，谏者非伍举，《韩非子·喻老》作"右司马"，《吕氏春秋·重言》作"成公贾"，《新序·杂事》作"士庆"，本书《滑稽列传》并以此为淳于髡说齐威王事。

【译文】楚庄王即位三年，不发布号令，日夜寻欢作乐，在国中下令说："有敢进谏的立即处死，不得赦免！"伍举入宫劝谏。庄王左手抱着郑姬，右手搂着越女，坐在钟鼓的中间。伍举说："希望能进陈隐语。隐语说：'有只鸟停在土山上，三年之中不飞不叫。'这是什么鸟呢？"楚庄王说："三年不飞，要飞就直冲云天；三年不叫，一叫就惊骇世人。你退下吧，我知道了。"过了几个月，庄王荒淫无度更加严重。大夫苏从于是入宫进谏。庄王说："你没听说我下的令吗？"苏从回答说："杀臣之身来使国君贤明，是臣下的愿望。"于是庄王就停止纵欲取乐，听理政事，所诛杀的有几百人，所进用的有几百人，任用伍举、苏从处理政务，国人皆大欢喜。当年攻灭庸国。六年，攻伐宋国，缴获战车五百辆。

八年，伐陆浑戎，[1]遂至洛，[2]观兵于周郊。[3]周定王使王孙满劳楚王。楚王问鼎小大轻重，对曰："在德不在鼎。"庄王曰："子无阻九鼎！[4]楚国折钩之喙，[5]足以为九鼎。"王孙满曰："呜呼！君王其忘之乎？昔虞夏之盛，[6]远方皆至，贡金九牧，[7]铸鼎象物，[8]百物而为之备，使民知神奸。[9]桀有乱德，鼎迁于殷，载祀六百。[10]殷纣暴虐，鼎迁于周。德之休明，[11]虽小必重；其奸回昏乱，[12]虽大必轻。昔成王定鼎于郏鄏，[13]卜世三十，卜年七百，天所命也。[14]周德虽衰，天命未改。鼎之轻重，未可问也。"楚王乃归。

【注释】〔1〕"陆浑戎"，允姓之戎，本居瓜州，在今甘肃敦煌一带。公元前六三八年，秦、晋迁之于伊川，即今河南嵩县东北。〔2〕"洛"，周都洛邑，在今河南洛阳。〔3〕"观兵"，举行阅兵。"周

郊”，周都城外。〔4〕“阻”，依恃。〔5〕“钩”，《正义》以为戟之钩，但也可能是指似剑而曲的钩或带钩。“喙”，可能是指钩的刃或带钩的首。〔6〕“虞”，古代部族名，即有虞氏，姚姓，居蒲坂(今山西运城西南蒲州镇)，舜即其首长。〔7〕“贡金”，贡献铜。“九牧”，九州的长官。〔8〕“象物”，将各种形象铸之于鼎。〔9〕“神奸”，指螭魅魍魉等神鬼之物。〔10〕“载祀”，载和祀都是年的意思。这里是说汤灭夏，迁其鼎于殷，至殷灭共六百年。殷积年共六百年，谯周《古史考》(《殷本纪集解》引)说同。他书或作五百余岁(《孟子·尽心下》)，或作四百九十六年(《殷本纪集解》引《纪年》)。〔11〕“休明”，美好清明。〔12〕“奸回”，奸恶邪僻。〔13〕“定”，奠置。“郏鄏”，郏，山名，即今河南洛阳北的北邙山；鄏，邑名，即周王城所在，在今河南洛阳西。〔14〕这里是说占卜所得周自成王以下大约可传三十世、七百年。这是后人假托的预言。周自成王至周亡，共历三十三世、约七百六十九年(《周本纪》《集解》引《纪年》谓武王灭殷至幽王共二百五十七年，减去武王在位年数三年，加上平王至周亡五百一十五年)。

【译文】八年，楚庄王领兵攻伐陆浑戎，于是到达洛邑，在周都郊外举行阅兵。周定王派遣王孙满慰劳楚庄王。楚庄王询问王室九鼎的大小轻重，王孙满回答说：“统治天下在于德政而不在于九鼎。”庄王说：“你不要仗恃有九鼎！楚国只要折下钩戟的锋刃，就足以铸成九鼎。”王孙满说：“啊！君王难道忘记了吗？昔日有虞、夏朝隆盛的时候，远方各国使者全都到达，进贡九州出产的金属，铸造九鼎饰以不同物体的形象，各种怪物因此齐备，使百姓知道神鬼怪物。夏桀败坏德政，九鼎便迁移到殷人手中，殷朝延续了六百年。殷纣王残暴酷虐，九鼎迁移到周人手中。道德美好清明，宝鼎即使再小也必定重而难移；道德奸邪昏乱，宝鼎即使再大也必定轻而易失。从前周成王在郏鄏定都安放九鼎，占卜周朝世系有三十代，占卜周朝年数有七百年，这是上天所授的大命。周朝的德政尽管衰败，但天命没有改变。九鼎的轻重，是不可以问的。”楚庄王于是返回。

九年，相若敖氏。[1]人或谗之王，[2]恐诛，反攻王，[3]王击灭若敖氏之族。十三年，灭舒。[4]

【注释】〔1〕“相”，任令尹。“若敖氏”，若敖之后，即斗氏。据《左传》宣公四年，此年任令尹者为斗伯棼(即子越椒)。〔2〕《左传》宣公四年追述斗伯棼任令尹经过，谓令尹斗谷於菟卒后斗般任令尹，斗伯棼任司马，芀贾任工正，芀贾谮斗般于王，王杀斗般而使斗伯棼为令尹，芀贾为司马，所谗并非斗伯棼，此所记有误。〔3〕攻王者即斗伯棼。〔4〕《春秋》经传宣公八年作“楚人灭舒蓼”，舒蓼是群舒之一，偃姓，在今安徽舒城、庐江一带。

【译文】九年，楚庄王任命若敖氏为相。有人向楚庄王进谗言，若敖氏害怕被诛杀，反过来进攻庄王，庄王出击杀灭若敖氏家族。十三年，攻灭舒国。

十六年，伐陈，杀夏征舒。征舒弑其君，故诛之也。已破陈，即县之。[1]群臣皆贺，申叔时使齐来，[2]不贺。王问，对曰：“鄙语曰，牵牛径人田，[3]田主取其牛。径者则不直矣，取之牛不亦甚乎？且王以陈之乱而率诸侯伐之，以义伐之而贪其县，亦何以复令于天下！”庄王乃复国陈后。

【注释】〔1〕“县之”，把陈设为县。春秋以来楚国往往把新占领的国家改造成边防军事重镇，由王派遣专门的县公驻守。〔2〕“申叔时”，楚大夫。申氏也是楚公族，又称文氏。〔3〕“径”，经过。

【译文】十六年，楚国攻伐陈国，杀死陈国大夫夏征舒。夏征舒杀死他的国君，所以诛杀他。楚庄王攻破陈国后，就以陈为楚县。群臣都来祝贺，大夫申叔时出使齐国归来，不来祝贺。楚庄王问他，申叔时回答说：“俗话说：牵牛经过别人的田，田主夺取那人的牛。牵牛经过别人田的固然没有道理，但夺取那牛的田主不也更过分吗？况且大王因为陈国内乱而率领诸侯攻伐它，用仁义的名义讨伐它却贪图它的国土而设置县，今后又用什么再向天下诸侯发布号令呢！”庄王于是恢复陈国，重立陈君。

十七年春，楚庄王围郑，三月克之。入自皇门，[1]郑伯肉袒牵羊以逆，[2]曰：“孤不天，[3]不能事君，君用怀怒，以及敝邑，孤之罪也。敢不惟命是听！宾之南海，[4]若以臣妾赐诸侯,亦惟命是听。若君不忘厉、宣、桓、武,[5]不绝其社稷,使改事君,孤之愿也,非所敢望也。敢布腹心。"[7]楚群臣曰:"王勿许。"庄王曰:"其君能下人,必能信用其民,庸可绝乎!"[8]庄王自手旗,[9]左右麾军,[10]引兵去三十里而舍,[11]遂许之平。[12]潘尪入盟,[13]子良出质。[14]夏六月,晋救郑,与楚战,大败晋师河上,[15]遂至衡雍而归。[16]

【注释】[1]"皇门",郑国的城门。[2]"郑伯",郑襄公。"肉袒牵羊",袒露身体牵上羊,表示臣服。"逆",迎接。[3]"孤",国君对自己的谦称。"不天",不被天保佑。[4]此句《左传》宣公十二年作"其俘诸江南以实海滨",这里的"宾"字可能是"实"字之误。[5]"臣妾",男女奴隶。[6]"厉、宣、桓、武",周厉王、宣王,郑桓公、武公。郑始封君为桓公,其子为武公,桓公是周厉王少子,宣王庶弟,见《郑世家》。[7]"布",披露。[8]"庸",岂。[9]"手",手持。[10]"麾",音 huī,通"挥",指挥。[11]古以三十里为一舍之地,此是退避一舍。[12]"平",媾和。[13]"潘尪",楚大夫。尪音 wāng。[14]"子良",郑襄公弟。[15]"河上",此所述即晋楚邲之战,在今河南荥阳东北黄河南岸,故称"河上"。[16]"衡雍",郑地,在今河南原阳西。

【译文】十七年春天,楚庄王领兵围攻郑国,三个月攻克郑都。楚庄王从皇门入城,郑伯袒露身体手牵着羊来迎接,说:"我不被上天保佑,不能事奉您,您因为胸怀忿怒,以致来到郑国,这是我的罪啊。岂敢不唯命是听!把我流放到南海,或者将我当作奴隶赐给诸侯,都听从您的命令。倘若您没有忘记周厉王、周宣王、郑桓公、郑武公,不断绝他们后裔的国脉,而让我改过来事奉您,这是我的心愿,但不敢奢望啊。斗胆陈布肺腑之言。"楚国群臣说:"大王不要答应。"庄王说:"郑国国君能够屈居人下,必定能够信任使用他的百姓,岂能毁灭呢!"楚庄王亲自手持军旗,左右指挥军队,往后退兵离去三十里后而驻下,于是答应与郑国讲和。楚国大夫潘尪入城缔结盟约,郑国子良出城作为人质。夏季六月,晋军救援郑国,与楚军交战,在黄河岸畔楚军大败晋军,楚军于是直到衡雍而返回。

二十年,围宋,[1]以杀楚使也。[2]围宋五月,[3]城中食尽,易子而食,析骨而炊。[4]宋华元出告以情。[5]庄王曰:"君子哉!"遂罢兵去。

【注释】[1]楚围宋是自上年秋九月至此年夏五月(《春秋》经传宣公十四年、十五年)。[2]上年楚使申舟聘于齐,过宋而不假道,宋杀之,楚因出兵围宋(《左传》宣公十四年)。[3]从上年九月至此年五月共为九月,此作"五月"可能是因《春秋》经传记楚解围在"夏五月"而误。[4]把人的骨骸分解开当柴烧。[5]宋华元出见楚司马子反告之以情。《左传》说是"夜入楚师,登子反之床",《公羊传》说是"乘堙而出见"。

【译文】二十年,楚军围攻宋国,因为杀死楚国使者的缘故。围困宋都五个月,城中粮食吃尽,互相交换子女而当食物吃,拆裂骸骨而当柴烧。宋国大夫华元出城报告城中实情。楚庄王说:"是位君子啊!"便撤兵离去。

二十三年,庄王卒,子共王审立。[1]

【注释】[1]"共王",《国语》作"恭王",《吕氏春秋·权勋》作"龚王"。"审",《国语·楚语上》作"箴"。

【译文】二十三年,楚庄王去世,儿子共王审即位。

共王十六年,晋伐郑。郑告急,共王救郑。与晋兵战鄢陵,[1]晋败楚,射中共王目。共王召将军子反。[2]子反嗜酒,从者竖阳谷进酒,[3]醉。王怒,射杀子反,[4]遂罢兵归。

【注释】[1]"鄢陵",郑地,在今河南鄢陵北。[2]"子反",楚司马,名侧。[3]"竖阳谷",《左传》成公十六年作"谷阳竖"。[4]据《左传》,子反是由王赐死而非射杀。

【译文】楚共王十六年,晋军攻伐郑国。郑人前来告急,楚共王出兵救援郑国。同晋军在鄢陵交

战，晋军击败楚军，发箭射中共王的眼睛。楚共王召见将军子反。子反嗜好饮酒，侍从竖阳谷送进好酒，子反喝得酩酊大醉。共王大怒，用箭射杀子反，接着撤兵返回。

三十一年，共王卒，子康王招立。〔1〕康王立十五年卒，子员立，〔2〕是为郏敖。〔3〕

【注释】〔1〕"康王招"，共王庶子，《春秋》襄公二十八年"招"作"昭"，《十二诸侯年表索隐》"招"作"略"，"略"应是"昭"字之误。〔2〕"员"，《春秋》昭公元年、《左传》昭公四年作"麇"，《索隐》引《左传》作"麏"、《公羊传》、《谷梁传》昭公元年作"卷"。〔3〕"郏敖"，郏音 jiá。郏应为其葬地名，在今河南郏县(故为郏邑)。

【译文】三十一年，楚共王去世，儿子康王招即位。康王在位十五年去世，儿子员即位，这就是郏敖。

康王宠弟公子围、子比、子皙、弃疾。〔1〕郏敖三年，〔2〕以其季父康王弟公子围为令尹，〔3〕主兵事。四年，围使郑，道闻王疾而还。十二月己酉，围入问王疾，绞而弑之，〔4〕遂杀其子莫及平夏。〔5〕使使赴于郑。〔6〕伍举问曰：〔7〕"谁为后？"对曰："寡大夫围。"伍举更曰："共王之子围为长。"子比奔晋，而围立，是为灵王。

【注释】〔1〕"公子围"，"围"字，《集解》徐广谓《史记》多作"回"，字相通，《论衡·吉验》作"圍"，即后之楚灵王。灵王名虔，子围是字(古代下称上用字，下文使者之对及伍举所更皆称之，可知)。"子比"，即后之初王比，字子干。"子皙"，皙音 xī，即公子黑肱，黑肱字子皙。"弃疾"，即后之平王，平王名居，弃疾可能也是字。楚共王无嫡子而有庶子五人，即康王及此四公子。〔2〕据《左传》襄公二十九年子围为令尹在郏敖元年。〔3〕"季父"，叔父。〔4〕《左传》昭公元年作"缢而弑之"，杜注引孙卿曰"以冠缨绞之"，今《荀子》无此文，《韩非子·奸劫弑臣》有之，作"以其冠缨绞王而杀之"。〔5〕"莫"，《左传》昭公元年作"幕"。〔6〕"赴"，通"讣"，报丧。〔7〕这是问使者如何就有关继承人的问题作答。

【译文】楚康王有宠弟公子围、子比、子皙、弃疾。郏敖三年，任用他叔父楚康王的弟弟公子围为令尹，主掌军事。四年，公子围出使郑国，在途中听说郏敖患病而返回。十二月己酉日，公子围入宫探问郏敖病情，用冠冕上的带子勒死郏敖，接着杀死他的儿子莫和平夏。公子围派出使者到郑国报丧。伍举问使者："谁为继承人？"使者回答说："寡大夫围。"伍举更正说："共王的儿子公子围最年长。"子比逃奔晋国，公子围即位，这就是楚灵王。

灵王三年六月，楚使使告晋，欲会诸侯。诸侯皆会楚于申。伍举曰："昔夏启有钧台之飨，〔1〕商汤有景亳之命，〔2〕周武王有盟津之誓，〔3〕成王有岐阳之蒐，〔4〕康王有丰宫之朝，〔5〕穆王有涂山之会，〔6〕齐桓有召陵之师，〔7〕晋文有践土之盟，〔8〕君其何用？"灵王曰："用桓公。"时郑子产在焉。〔9〕于是晋、宋、鲁、卫不往。〔10〕灵王已盟，有骄色。伍举曰："桀为有仍之会，〔11〕有缗叛之。〔12〕纣为黎山之会，〔13〕东夷叛之。〔14〕幽王为太室之盟，〔15〕戎、翟叛之。〔16〕君其慎终！"

【注释】〔1〕"夏启"，禹之子。"钧台"，即桀囚汤之夏台，在今河南禹县。〔2〕"景亳"，汤都亳，在今河南商丘北。"命"，册命。〔3〕"盟津"，即孟津，古黄河津渡，在今河南孟县西南。"誓"，誓师，武王伐商前两次誓师于孟津。〔4〕"成王"，周成王。"岐阳"，岐山之南，即今陕西岐山周原。"蒐"，音 sōu，田猎。〔5〕"康王"，周康王。"丰宫"，周都丰京(在今陕西长安沣河西)宫室名。"朝"，朝见。〔6〕"穆王"，周穆王。"涂山"，在今安徽怀远东南。"会"，会盟。〔7〕"齐桓"，齐桓公。"召陵"，楚地，在今河南郾城东。"师"，指楚成王十六年，齐桓公率诸侯之师伐楚，与楚盟于召陵。〔8〕"晋文"，晋文公。"践土"，郑地，在今河南原阳西南。"盟"，盟誓，公元前六三二年，晋文公与诸侯盟于践土。〔9〕"郑子产"，名侨，事郑简公、定公，见《郑世家》。〔10〕据《左传》昭公四年，申之会，不往者为鲁、卫、曹、邾四国，晋不与会，宋后至，这里的晋、宋可能是曹、邾之误。〔11〕"有仍"，国名，太昊风姓之后，在今山东金乡东北。〔12〕"有缗"，国名，帝舜姚姓之后，在今山东金乡东北，缗音 mín。〔13〕"黎山"，《左传》昭公四年作"黎"，《韩非子·十过》作"黎丘"，按黎为子姓国，在今山西黎城。"会"，《左传》

作"蒐"。〔14〕"东夷",古代居住在今山东和江淮流域的族群系统。〔15〕"太室",嵩山的东峰,在今河南登封北。〔16〕"翟",音 dí,通"狄"。

【译文】楚灵王三年六月,楚国派遣使者告诉晋君,准备会见诸侯。诸侯都到申来会见楚灵王。伍举说:"昔日夏启有钧台的宴飨,商汤有景亳的册命,周武王有盟津的誓师,周成王有岐阳的狩猎,周康王有丰宫的朝觐,周穆王有涂山的聚会,齐桓公有召陵的会师,晋文公有践土的盟会,国君用哪种礼仪?"楚灵王说:"用齐桓公的。"当时,郑国大夫子产在场。于是晋国、宋国、鲁国、卫国没有前往赴会。楚灵王盟会诸侯后,面有骄色。伍举说:"夏桀举行有仍的盟会,有缗氏反叛他。商纣举行黎山的盟会,东夷族反叛他。周幽王举行太室的盟会,戎人、翟人反叛他。您要慎重对待后果啊!"

七月,楚以诸侯兵伐吴,围朱方。〔1〕八月,克之,囚庆封,灭其族。〔2〕以封徇,曰:"无效齐庆封弑其君而弱其孤,以盟诸大夫!"〔3〕封反曰:"莫如楚共王庶子围弑其君兄之子员而代之立!"〔4〕于是灵王使疾杀之。〔5〕

【注释】〔1〕"朱方",吴邑,在今江苏镇江丹徒镇南。〔2〕公元前五四五年,齐庆封因乱奔吴,吴予之朱方,使聚族而居,至此而灭之。〔3〕据《左传》襄公二十五年,齐庆封伙同崔杼弑其君庄公,立庄公异母弟景公而相之,"盟国人于大宫",要他们效忠崔、庆二族,这里的"大夫"也就是《左传》的"国人"。〔4〕这是庆封反唇相讥的话。〔5〕"疾",立刻。

【译文】七月,楚灵王率领诸侯军队攻伐吴国,包围朱方。八月,攻克朱方,囚禁庆封,杀死他的家族。将庆封示众,楚灵王说:"不要仿效齐国庆封杀死他的国君而削弱国君遗孤的力量,来同众大夫缔结盟约!"庆封反唇相讥说:"不要像楚共王的庶出儿子围杀死他国君兄长的儿子员而取代即位!"于是楚灵王派人立刻杀死庆封。

七年,〔1〕就章华台,〔2〕下令内亡人实之。〔3〕

【注释】〔1〕"七年",据《左传》昭公七年应作"六年","七年"可能是因传文而误。〔2〕"章华台",楚台观之名,一说在今湖北监利西北离湖上(《左传》杜注、《水经·沔水注》及宋范致明《岳阳风土记》);一说在今湖北江陵东(《太平寰宇记》)。〔3〕"内",同"纳"。"亡人",逃亡的臣妾。据《左传》昭公七年,楚王为章华之宫,"纳亡人以实之",其中包括芋尹无宇家逃出的阍人,无宇欲将其抓回,曾与负责官员发生争执。

【译文】七年,建成章华台,楚灵王下令接纳逃亡人员充实其中。

八年,〔1〕使公子弃疾将兵灭陈。十年,召蔡侯,〔2〕醉而杀之。〔3〕使弃疾定蔡,因为陈蔡公。〔4〕

【注释】〔1〕"八年",据《左传》昭公八年应作"七年"。〔2〕"蔡侯",蔡灵侯。〔3〕"醉而杀之",据《左传》昭公十一年应是醉而执之而后又杀之。〔4〕"陈蔡公",陈公和蔡公,是楚灭陈、蔡后所封,《左传》只提到弃疾为蔡公。这里所记是楚第一次灭陈、蔡,后二年弃疾即位为平王,复封陈、蔡使复国。

【译文】八年,楚灵王派公子弃疾领兵灭亡陈国。十年,楚灵王召见蔡侯,灌醉后杀了他。派弃疾领兵平定蔡国,就封弃疾为陈蔡公。

十一年,伐徐以恐吴。〔1〕灵王次于乾溪以待之。〔2〕王曰:"齐、晋、鲁、卫,其封皆受宝器,我独不。〔3〕今吾使使周求鼎以为分,其予我乎?"析父对曰:〔4〕"其予君王哉!昔我先王熊绎辟在荆山,〔5〕荜露蓝蒌以处草莽,〔6〕跋涉山林以事天子,唯是桃弧棘矢以共王事。〔7〕齐,王舅也;〔8〕晋及鲁、卫,王母弟也。〔9〕楚是以无分而彼皆有。〔10〕周今与四国服事君王,将惟命是从,岂敢爱鼎?"灵王曰:"昔我皇祖伯父昆吾旧许是宅,〔11〕今郑人贪其田,不我予,今我求之,其予我乎?"对曰:"周不爱鼎,郑安敢爱田?"灵王曰:"昔诸侯远我而畏晋,今吾大城陈、蔡、不羹,〔12〕赋皆千乘,〔13〕诸侯畏我乎?"对曰:"畏哉!"灵

王喜曰:“析父善言古事焉。”

【注释】〔1〕“徐”,嬴姓小国,在今安徽泗县。〔2〕“乾溪”,楚地,在今安徽亳县。〔3〕“不”,同“否”。据《左传》昭公十二年,这段话是说楚先祖熊绎与齐太公子吕伋、晋侯燮、鲁公伯禽、卫康叔子牟并事康王,齐、晋、鲁、卫皆受分宝器,而楚独无。〔4〕“析父”,楚大夫。据《左传》,此是右尹子革之对而非析父之对。〔5〕“辟”,通“僻”。“荆山”,在今湖北武当山东南、汉水西岸。〔6〕“荜露”,“荜”音bì,通“筚”;“露”通“路”(辂的借字),是用荆竹编造的车子。“蓝蒌”,“蒌”通“缕”,亦作“褴褛”,《方言》(《左传》宣公十二年疏引):“楚谓凡人贫,衣被丑敝为蓝缕。”这里是指衣着破败。〔7〕“桃弧棘矢”,桃木制的弓,棘刺做的箭,古人以为可以辟邪。“共”,通“供”。〔8〕古人所说舅可以是指妻父,也可以是指母父,这里所谓“王舅”,是因齐的始封君太公是武王妻、成王母邑姜之父。〔9〕晋的始封君叔虞是成王母弟,鲁的始封君周公旦和卫的始封君康叔封是武王母弟。〔10〕“分”,指赐分珍宝之器。〔11〕“我皇祖”,指季连。陆终六子季连为末而昆吾为长,故称昆吾为“我皇祖伯父”。“旧许”,昆吾本在卫地,夏衰而迁于旧许(《国语》韦昭注)。旧许是许国(姜姓小国)故地,在今河南许昌东。公元前五七六年,许为郑逼,请迁于楚,楚迁许于叶(在今河南叶县南),旧许为郑所得。〔12〕“城”,动词。指修筑城墙。“不羹”,有东、西二城,东不羹在今河南舞阳西北;西不羹在今河南襄城东南,与上陈、蔡皆为楚县。〔13〕“赋”,古人把征集出兵所需要的各种军需装备,如车马兵甲等等,叫做赋或军赋。“千乘”,一千辆兵车。春秋时期,能够出一千辆兵车已是中等国家,陈、蔡都是楚灭国所设大县,不羹也是很大的城邑,所以可以各赋千乘。

【译文】十一年,楚军攻伐徐国来恫吓吴国。楚灵王停留在乾溪来等待结果。灵王说:“齐国、晋国、鲁国、卫国,他们封立时都接受宝器,唯独我楚国没有。如今我派遣使者向周王要求九鼎作为分封赏赐的宝器,会给我吗?”大夫析父回答说:“会给君王的!从前我们的先王熊绎远在偏僻的荆山,赶着柴车,衣衫蓝缕,居住草地荒野,跋山涉水穿过丛林来事奉天子,只有桃木弓、棘刺箭来供王室使用。齐君,是周王的舅父;晋君以及鲁君、卫君,是周王的同母弟。楚君因此没有分赐的宝器而他们都有。周王室如今和四国服事君王,将会唯命是从,岂敢吝惜九鼎?”灵王说:“从前我的先祖伯父昆吾居住在旧许,如今郑人贪图那里的田地,不给我。如今我求取的话,会给我吗?”析父回答说:“周王不吝惜九鼎,郑人怎么敢吝惜许田?”灵王说:“从前诸侯疏远我而敬畏晋国,如今我在陈、蔡、不羹大修城池,都拥有千辆战车的军赋,诸侯害怕我吗?”析父回答说:“害怕啊!”楚灵王高兴地说:“析父善于谈论典故旧事啊。”

十二年春,楚灵王乐乾溪,不能去也。国人苦役。[1]初,灵王会兵于申,[2]僇越大夫常寿过,[3]杀蔡大夫观起。[4]起子从亡在吴,[5]乃劝吴王伐楚,[6]为间越大夫常寿过而作乱,[7]为吴间。使矫公子弃疾命召公子比于晋,[8]至蔡,与吴、越兵欲袭蔡。[9]令公子比见弃疾,与盟于邓。[10]遂入杀灵王太子禄,立子比为王,公子子皙为令尹,弃疾为司马。先除王宫,观从从师于乾溪,[11]令楚众曰:“国有王矣。先归,复爵邑田室。后者迁之。”[12]楚众皆溃,去灵王而归。

【注释】〔1〕《公羊传》昭公十三年谓“灵王为无道,作乾溪之台,三年不成”。〔2〕即灵王三年申之会。〔3〕“僇”,音lù,侮辱。〔4〕“观起”,据《左传》襄公二十二年,为楚臣,有宠于楚康王令尹子南(公子追舒),王杀子南,车裂观起,起非蔡大夫,亦非杀于申之会,此所记有误。观氏是楚之世官,楚武王灭鄀,而以鄀俘观丁父为军率,观起即观丁父之后。〔5〕据《左传》昭公十三年,观从乃亡在蔡,事蔡大夫声子朝吴,非亡在吴。此所记有误。〔6〕据《左传》昭公十三年,观从策划伐楚,主要是借助蔡公弃疾和蔡人的力量,与吴无关。〔7〕“为间”,挑拨。据《左传》昭公十三年,挑拨常寿过作乱的是薳居、许围、蔡洧、蔓成然等人而非观起。〔8〕“矫”,音jiǎo,假托。据《左传》昭公十三年,观从假托弃疾之命,不仅召公子比于晋,而且召公子皙于郑。〔9〕据《左传》昭公十三年,袭蔡是观从召子干、子皙所为,非吴、越之师。〔10〕“邓”,楚邑,在今河南郾城东南。〔11〕“从师”,指追寻楚师。〔12〕“迁之”,《左传》昭公十三年作“劓”。

【译文】十二年春天,楚灵王在乾溪寻欢作乐,无法离去,但国人深受徭役之苦。当初,楚灵王在申地与诸侯会师,侮辱越国大夫常寿过,杀死蔡国大夫观起。观起的儿子观从流亡在吴国，就劝说吴王攻伐楚国，并挑拨越国大夫常寿过而反叛作乱，做吴国的间谍。观从派人假冒公子弃疾的命令从晋国召来公子比，到达蔡国，和吴国、越国军队准备袭击蔡国。让公子比面见公子弃疾，在邓订立盟约。于是进入王宫杀死灵王太子禄，拥立子比为楚王，公子子皙出任令尹，弃疾任司马。先清除完王宫，观从随同军队到乾溪，向楚军将士发布命令道："国中已有王了。先返回国都的，保留他的爵位封邑田地房屋。后返回的迁出国都。"楚军将士全部溃散，离开楚灵王而返回国都。

灵王闻太子禄之死也，自投车下，而曰："人之爱子亦如是乎？"侍者曰："甚是。"〔1〕王曰："余杀人之子多矣，能无及此乎？"右尹曰：〔2〕"请待于郊以听国人。"王曰："众怒不可犯。"曰："且入大县而乞师于诸侯。"王曰："皆叛矣。"又曰："且奔诸侯以听大国之虑。"王曰："大福不再，〔3〕只取辱耳。"于是王乘舟将欲入鄢。〔4〕右尹度王不用其计，〔5〕惧俱死，亦去王亡。

【注释】〔1〕"甚是"，超过这样。〔2〕"右尹"，据《左传》昭公十三年，此为右尹子革语。子革即然丹的字。楚官制，令尹之下有左尹、右尹。〔3〕"大福"，指为君。〔4〕"鄢"，音 yān，楚别都，在今湖北宜城西南。〔5〕"度"，音 duó，估计。

【译文】楚灵王听说太子禄死的消息，自己掉到车下，还说："人们爱惜儿子也像我这样吗？"侍从说："超过这样。"灵王说："我杀人的儿子太多了，我能不落到这步田地吗？"右尹说："请在郊外等待来听从国人的决定。"灵王说："众人的愤怒无法冒犯。"右尹说："暂且进入大县而向诸侯请求出兵。"灵王说："大县都背叛我了。"右尹又说："暂且投奔诸侯来听从大国的安排。"灵王说："大的福运不会有第二次，只能自取耻辱而已。"于是灵王乘船将要进入鄢城。右尹估计灵王不会采用自己的计谋，惧怕一道去死，也离开灵王逃走。

灵王于是独傍偟山中，〔1〕野人莫敢入王。〔2〕王行遇其故涓人，〔3〕谓曰："为我求食，我已不食三日矣。"涓人曰："新王下法，〔4〕有敢饷王从王者，〔5〕罪及三族，〔6〕且又无所得食。"王因枕其股而卧。〔7〕涓人又以土自代，〔8〕逃去。王觉而弗见，遂饥弗能起。芋尹申无宇之子申亥曰：〔9〕"吾父再犯王命，王弗诛，〔10〕恩孰大焉！"乃求王，遇王饥于釐泽，〔11〕奉之以归。夏五月癸丑，〔12〕王死申亥家，申亥以二女从死，〔13〕并葬之。

【注释】〔1〕"傍偟"，同"彷徨"。〔2〕"野人"，古人称贵族所居城邑及环绕城邑的郊区为国，而称国以外的乡村为野，野人即住在野的农民。"入"，纳，指不敢把王接进家里。〔3〕"涓人"，"涓"通"涓"，涓人是宫中担任洒扫清洁的人。〔4〕"新王"，指子比。〔5〕"饷"，音 xiǎng，用食物款待。〔6〕"三族"，有许多不同解释：(1)父母、兄弟、妻子；(2)父族、母族、妻族；(3)父、子、孙；(4)父的兄弟、自己的兄弟、子的兄弟。〔7〕"股"，大腿。〔8〕"以土自代"，用土块代替自己的大腿。〔9〕"芋尹"，官名，《左传》哀公十五年陈国也有芋尹这一官名，可见"芋"不是地名。芋尹可能与田猎有关。〔10〕灵王即位前，任令尹，曾打着王的旗子田猎，无宇认为僭越，把旗子砍断，是为一犯王命。灵王即位，为章华之台，收聚逃亡臣妾安置其中，无宇发现有自己的阍人，闯入抓人，是为二犯王命。两次都获得赦免(见《左传》昭公七年)。〔11〕"釐泽"，不详。《左传》昭公十三年、《国语·吴语》作"棘闱"，皆地名。〔12〕"癸丑"，《左传》昭公十三年作"癸亥"。〔13〕"从死"，陪葬。

【译文】楚灵王于是独自在山中徘徊，乡野山民没人敢接纳灵王。灵王在路上遇到他原来宫中的涓人，对涓人说："替我寻找些食物，我已经三天没有进食了。"涓人说："新即位的王颁下法令，有敢送你食物、随从你的，治罪连及三族，况且在这里又没有取得食物的地方。"灵王就枕着涓人的大腿躺下。涓人趁灵王入睡又用土块代替自己被枕着的大腿，逃跑离去。灵王醒来没有看见涓人，已经饿得不能起身。芋尹申无宇的儿子申亥说："我的父亲两次冒犯王命，灵王不加诛杀，恩德没有比这更大的了！"于是寻找灵王，在釐泽遇见灵王在挨饿，接他回到家。夏季五月癸丑日，灵王死在申亥的家，申亥让两个女儿殉死，一起安葬。

是时楚国虽已立比为王，畏灵王复来，又不闻灵王死，故观从谓初王比曰：〔1〕"不

杀弃疾，虽得国犹受祸。”王曰：“余不忍。”从曰：“人将忍王。”王不听，乃去。弃疾归。国人每夜惊，曰：“灵王入矣！”乙卯夜，弃疾使船人从江上走呼曰：[2]“灵王至矣！”国人愈惊。又使曼成然告初王比及令尹子皙曰：[3]“王至矣！国人将杀君，司马将至矣！君蚤自图，无取辱焉。众怒如水火，不可救也。”初王及子皙遂自杀。丙辰，弃疾即位为王，改名熊居，[4]是为平王。

【注释】〔1〕“初王比”，初王犹言前王，是追说之辞，无谥。〔2〕此句《左传》昭公十三年作“弃疾使周走而呼曰”，“周”是周遍之义，司马迁读“周”为“舟”，以为船人。〔3〕“曼成然”，《左传》作“蔓成然”，斗韦龟之子，亦称斗成然，是斗氏后裔，字子旗，灵王夺其邑而使为郊尹，故从子比、子皙、弃疾等叛王，及弃疾即位，为令尹。〔4〕“改名熊居”，《左传》昭公十三年作“名曰熊居”，“居”与“弃疾”也可能是名、字关系，而不一定是改名。

【译文】这时候楚国虽然已经拥立公子比为王，但害怕灵王重新回来，又没有得到灵王的死讯，所以观从对新立楚王比说：“不杀弃疾，即使得到国家也还是会遭受祸害。”楚王说：“我不忍心。”观从说：“别人将忍心杀您。”楚王不听从，观从于是离去。弃疾返回国中。国人常常夜晚受惊，喊：“灵王入城了！”乙卯日夜里，弃疾派船夫从长江边上跑着呼叫：“灵王到了！”国人愈发惊恐。弃疾又派曼成然告诉新王比和令尹子皙说：“灵王到了！国人将要杀死你，司马弃疾也将要到了！君王早点自谋后路，不要自取凌辱。众人的愤怒如同水火，是无法救的。”新王和令尹子皙于是自杀。丙辰日，弃疾即位为王，改名叫熊居，这就是楚平王。

平王以诈弑两王而自立，[1]恐国人及诸侯叛之，乃施惠百姓。复陈蔡之地而立其后如故，[2]归郑之侵地。[3]存恤国中，[4]修政教。吴以楚乱故，获五率以归。[5]平王谓观从：“恣尔所欲。”欲为卜尹，[6]王许之。

【注释】〔1〕“两王”，灵王、初王比。〔2〕平王即位后，使蔡平侯庐、陈惠公吴回到自己的故地，复立为国（《春秋》经传昭公十三年）。〔3〕归还郑国以所侵夺的犨、栎等邑（《左传》昭公十三年）。〔4〕“存恤”，恤音 xù，慰问救济。〔5〕“率”，通“帅”。楚于上年使荡侯、潘子、司马督、嚣尹午、陵尹喜帅师伐徐以恐吴（《左传》昭公十二年），此年吴乘楚乱，击败楚军，获其五帅（《左传》昭公十三年）。〔6〕“卜尹”，占卜之官。

【译文】楚平王使用欺诈手段杀死两位楚王而自己即位，所以恐怕国人和诸侯反叛自己，就向百姓施舍恩惠。恢复陈国、蔡国的领地而封立他们的后裔如同从前，归还侵占的土地给郑国。慰问抚恤国中臣民，修明改良政法教令。吴军因为楚国内乱的缘故，俘获楚军五名将领而返回。楚平王对观从说：“随你的意愿挑选官职。”观从说想当卜尹，平王答应了他。

初，共王有宠子五人，无適立，[1]乃望祭群神，[2]请神决之，使主社稷，而阴与巴姬埋璧于室内，[3]召五公子斋而入。[4]康王跨之，[5]灵王肘加之，[6]子比、子皙皆远之。[7]平王幼，抱其上而拜，压纽。[8]故康王以长立，至其子失之；围为灵王，及身而弑；子比为王十余日，子皙不得立，又俱诛。四子皆绝无后。唯独弃疾后立，为平王，竟续楚祀，如其神符。

【注释】〔1〕“適”，通“嫡”，指嫡子。〔2〕“望祭”，祭祀山川百神。〔3〕“巴姬”，巴国女子而为共王妾。“璧”，玉器，平圆，正中有孔，边大于孔。〔4〕“斋”，清心洁身以示庄敬。〔5〕康王跨璧而过。〔6〕灵王肘加璧上，只是身子沾了一点边。〔7〕子比、子皙皆未能挨近璧。〔8〕“纽”，系在璧上的带扣。

【译文】当初，楚共王有宠爱的儿子五个，但没有嫡长子可立，于是祭祀山川百神，请神来决定立谁为太子，让他来主理国政，就暗中和巴姬在室内埋下玉璧，召见五位公子斋戒沐浴后进入。康王跨璧而过，灵王手肘放在璧上，子比、子皙都远离璧。平王年幼，由人抱着上前跪拜，正好压在璧纽上。所以楚康王凭年长即位，但到他的儿子便失去王位；公子围后来为灵王，到自身为王时就被杀；子比当王十几天，子皙不得即位，又一同被诛杀。四位公子都断子绝孙没有后代。唯独弃疾最后即位，为楚平王，结果继承接续楚国的祭祀，完全如同神

灵的符命。

初，子比自晋归，韩宣子问叔向曰：〔1〕“子比其济乎？”对曰：“不就。”〔2〕宣子曰：“同恶相求，如市贾焉，〔3〕何为不就？”对曰：“无与同好，谁与同恶？〔4〕取国有五难：有宠无人，〔5〕一也；有人无主，〔6〕二也；有主无谋，〔7〕三也；有谋而无民，〔8〕四也；有民而无德，〔9〕五也。子比在晋十三年矣，晋、楚之从不闻通者，〔10〕可谓无人矣；族尽亲叛，〔11〕可谓无主矣；无衅而动，〔12〕可谓无谋矣；为羁终世，〔13〕可谓无民矣；亡无爱征，〔14〕可谓无德矣。王虐而不忌，〔15〕子比涉五难以弑君，谁能济之！有楚国者，其弃疾乎，君陈、蔡，〔16〕方城外属焉。〔17〕苛慝不作，〔18〕盗贼伏隐，私欲不违，〔19〕民无怨心。先神命之，〔20〕国民信之。芈姓有乱，必季实立，〔21〕楚之常也。子比之官，则右尹也；数其贵宠，则庶子也；以神所命，则又远之；〔22〕民无怀焉，将何以立？”宣子曰：“齐桓、晋文不亦是乎？”对曰：“齐桓，卫姬之子也，〔23〕有宠于釐公。〔24〕有鲍叔牙、宾须无、隰朋以为辅，〔25〕有莒、卫以为外主，〔26〕有高、国以为内主。〔27〕从善如流，〔28〕施惠不倦。有国，不亦宜乎？昔我文公，狐季姬之子也，〔29〕有宠于献公，好学不倦。生十七年，有士五人，有先大夫子余、子犯以为腹心，〔30〕有魏犨、贾佗以为股肱，〔31〕有齐、宋、秦、楚以为外主，〔32〕有栾、郤、狐、先以为内主。〔33〕亡十九年，守志弥笃。〔34〕惠、怀弃民，〔35〕民从而与之。故文公有国，不亦宜乎？子比无施于民，无援于外，去晋，晋不送；归楚，楚不迎。何以有国！”子比果不终焉，卒立者弃疾，如叔向言也。

【注释】〔1〕“韩宣子”，晋臣。“叔向”，亦晋臣。〔2〕“不就”，不成功。〔3〕是说与民共同厌恶楚灵王，如同商人互为需求。〔4〕是说与民没有共同喜好的东西，又怎么会有共同厌恶的东西呢？〔5〕有宠于国君但没有贤人辅佐。〔6〕有贤人辅佐但没有靠山。〔7〕有靠山但没有计谋。〔8〕有计谋但没有民众的支持。〔9〕有民众的支持但没有德行。〔10〕晋国和楚国跟随他的人没有听说谁受到重用。〔11〕族人被灭，亲人背叛。〔12〕“衅”，音 xìn，机会，空子。〔13〕“羁”，音 jī，在外作客。〔14〕“爱征”，怀念的征兆。〔15〕王虽暴虐而尚不忌刻。〔16〕弃疾为陈公、蔡公。〔17〕“方城”，楚长城，北起今河南方城北，南至今河南泌阳东。弃疾偕子比等楚人作乱，主要是靠陈、蔡、不羹、许、叶等大县的军队，他们都在方城以外。〔18〕“苛”，繁琐。“慝”，音 tè，邪恶。〔19〕虽有私欲，不违于礼。〔20〕指压纽而拜。〔21〕“季”，幼子。《左传》文公元年楚令尹子上谓“楚国之举，恒在少者”。〔22〕指远璧而拜。〔23〕“卫姬”，卫国女子，姬姓，齐釐公妾。〔24〕“釐公”，齐釐公。〔25〕“鲍叔牙”、“宾须无”、“隰朋”，辅佐齐桓公自莒人齐立为君的三位大臣。隰音 xí。〔26〕“莒”，国名，在今山东莒县，是齐桓公人齐立为君之前的出亡之地。“卫”，是桓公母亲卫姬的娘家。“外主”，国外的靠山。〔27〕“高、国”，齐贵族，《潜夫论·志氏姓》以为姜姓。“内主”，国内的靠山。〔28〕择善而从，如水流不止。〔29〕“狐季姬”，狐戎之女，姬姓，晋献公妾。〔30〕“子余”，赵衰的字。“子犯”，狐偃的字，狐偃是晋文公的舅舅。〔31〕“魏犨”，犨音 chōu，即魏武子。“股肱”，股，大腿；肱音 gōng，手臂。晋文公之贤士五人除赵衰、狐偃、魏犨、贾佗，还有先轸，参看《晋世家》。〔32〕晋文公即位前，流亡在外，回到晋国是得到这些国家的帮助。〔33〕指栾枝、郤縠（音 xì hú）、狐突、先轸（轸音 zhěn）。〔34〕坚持自己的志向更加专一。〔35〕“惠、怀”，晋惠公、晋怀公。

【译文】当初，子比从晋国归来，晋国的韩宣子问叔向道：“子比能实现目的吗？”叔向回答说：“不会成功。”韩宣子说：“子比和国人共同憎恶楚灵王而互相需求，有如市场商贾做买卖，为什么不会成功？”叔向回答说：“没有人和子比有共同的爱好，又有谁和他有共同的憎恶？取得国家有五难：有君主的宠幸但没有辅佐的贤人，是一难；有辅佐的贤人而没有靠山，是二难；有内外的靠山而没有谋略，是三难；有谋略而没有民众，是四难；有民众而没有德行，是五难。子比在晋国十三年了，他在晋国、楚国的随从没听说有出名的，可以说是没有辅佐的贤人了；族人夷灭亲戚背叛，可以说是没有靠山了；没有可乘之机却轻举妄动，可以说是没有谋略了；在外寓居一辈子，可以说是没有民众了；流亡在外而无人怀念，可以说是没有德行了。灵王暴虐但不忌刻，子比兼有五难来弑君犯上，谁能助佑他！能有

楚国的，那是弃疾吧！统领陈、蔡之地，方城之外归属于他。扰民邪恶的事没有发生，偷盗强贼销声匿迹，虽有私人欲望但不违背礼义，民众没有怨恨心理。祖先神灵授命给他，国家民众信任他。芈姓出现变乱，最终必定幼子即位，这是楚国的常事。子比的官位，只是右尹；论他的权势宠幸，只是庶出的儿子；按照神灵的符命，则又远离玉璧；民众不怀念他，将靠什么来即位呢？”韩宣子说：“齐桓公、晋文公不也这样吗？”叔向回答说：“齐桓公是卫姬的儿子，得到齐釐公的宠爱。有鲍叔牙、宾须无、隰朋作为辅佐，有莒国、卫国作为外面的靠山，有高子、国子作为内部的靠山。乐于听取意见从善如流，布施恩惠不知疲倦。齐桓公能有齐国，不也应该吗？从前我们的晋文公，是狐季姬的儿子，得到晋献公的宠爱，喜好学习乐此不倦。长到十七岁，有贤士五人，有先大夫子余、子犯作为心腹知己，有魏犨、贾佗作为左膀右臂，有齐国、宋国、秦国、楚国作为外部的靠山，有栾氏、郤氏、狐氏、先氏作为内部的靠山。流亡十九年，恪守志向历久弥坚。晋惠公、晋怀公离弃百姓，百姓追随他而帮助他。所以晋文公享有国家，不也应该吗？子比对百姓没有施舍，在外面没有援助，离开晋国，晋人不护送；回归楚国，楚人不迎接。怎么会有国家！”子比果真不得善终，最后即位的是弃疾，如同叔向所说的那样。

平王二年，〔1〕使费无忌如秦为太子建取妇。〔2〕妇好，来，未至，无忌先归，说平王曰：“秦女好，可自娶，为太子更求。”平王听之，卒自娶秦女，生熊珍。〔3〕更为太子娶。是时伍奢为太子太傅，〔4〕无忌为少傅。〔5〕无忌无宠于太子，常谗恶太子建。〔6〕建时年十五矣，其母蔡女也，〔7〕无宠于王，王稍益疏外建也。

【注释】〔1〕据《左传》昭公十九年，楚娶秦女是在平王六年。〔2〕“费无忌”，楚大夫，太子建少傅。“太子建”，字子木，平王为蔡公时与蔡女所生，平王六年，因遭费无忌谗害而奔宋，七年复居郑，后因与晋人谋袭郑，被郑人杀死。“取”，通“娶”。〔3〕“熊珍”，后立为昭王，《左传》昭公二十六年名壬，《春秋》、《公羊传》、《谷梁传》哀公六年名轸，《越王句践世家》、《伍子胥列传》亦作轸。〔4〕“伍奢”，伍举之子，伍员之父。“太傅”，辅导太子之官，《左传》昭公二十年作“师”。〔5〕“少傅”，也是辅导太子之官，《左传》昭公二十年作“少师”。〔6〕“谗恶”，说坏话。〔7〕据《左传》昭公十九年，太子建母为郹阳封人之女，郹阳为蔡邑（在今河南新蔡）。

【译文】楚平王二年，派遣费无忌前往秦国为太子建迎娶媳妇。那个女人长得姣美，前来楚国，还没到达，费无忌先返回，劝说平王道：“秦国女子长得好，可以自己娶，给太子另外找一位。”平王听从他的话，结果自己娶了秦国女子，生下熊珍。另外给太子娶妻。当时伍奢任太子太傅，费无忌任少傅。费无忌不受太子宠幸，经常进谗言诬陷太子建。太子建当时年纪十五岁了，他的母亲是蔡国女子，不受平王宠幸，平王逐渐疏远排斥太子建。

六年，使太子建居城父，〔1〕守边。无忌又日夜谗太子建于王曰：〔2〕“自无忌入秦女，太子怨，亦不能无望于王，〔3〕王少自备焉。且太子居城父，擅兵，外交诸侯，且欲入矣。”平王召其傅伍奢责之。伍奢知无忌谗，乃曰：“王奈何以小臣疏骨肉？”无忌曰：“今不制，后悔也。”于是王遂囚伍奢。乃令司马奋扬召太子建，〔4〕欲诛之。太子闻之，亡奔宋。〔5〕

【注释】〔1〕“城父”，楚邑，在今河南宝丰东。〔2〕自此至“亡奔宋”，据《十二诸侯年表》及《左传》昭公二十年，为平王七年事。〔3〕“望”，通“謒”（音 wàng），怨责。〔4〕“司马奋扬”，据《左传》昭公二十年，奋扬是城父的司马。〔5〕据《左传》昭公二十年，太子建出亡是奋扬派人通知放走的。

【译文】六年，楚平王派太子建居住城父，守卫边疆。费无忌又日夜向平王说太子建的坏话道：“自从费无忌送入秦国女子，太子怨恨我，也不能不怨恨大王，大王对此要自己稍加防范。况且太子居住在城父，独揽兵权，对外交结诸侯，将打算入宫为王了。”平王召见太子的太傅伍奢责备他。伍奢知道是费无忌在进说谗言，于是说：“大王怎么能因为小臣的话而疏远自己的骨肉？”无忌说：“如今不制裁，日后就会悔恨。”于是平王就囚禁伍奢。接着命令司马奋扬召见太子建，准备诛杀他。太子闻讯，逃亡投奔宋国。

无忌曰：“伍奢有二子，不杀者为楚国

患。盍以免其父召之,[1]必至。”于是王使使谓奢:“能致二子则生,不能将死。”奢曰:“尚至,[2]胥不至。”[3]王曰:“何也?”奢曰:“尚之为人,廉,死节,慈孝而仁,闻召而免父,必至,不顾其死。胥之为人,智而好谋,[4]勇而矜功,知来必死,必不来。然为楚国忧者必此子。”于是王使人召之,曰:“来,吾免尔父。”伍尚谓伍胥曰:“闻父免而莫奔,不孝也;父戮莫报,无谋也;度能任事,知也。子其行矣,我其归死。”伍尚遂归。伍胥弯弓属矢,[5]出见使者,曰:“父有罪,何以召其子为?”将射,使者还走,遂出奔吴。伍奢闻之,曰:“胥亡,楚国危哉。”楚人遂杀伍奢及尚。

【注释】〔1〕“盍”,音 hé,何不。〔2〕“尚”,伍尚,伍奢长子,为棠君。〔3〕“胥”,伍员,字子胥,伍奢次子,见《伍子胥列传》。〔4〕“知”,同“智”。〔5〕“弯弓属矢”,弯弓搭箭。

【译文】无忌说:“伍奢有两个儿子,不杀死会成为楚国的祸患。何不用赦免他们父亲作为条件召见他们,他们必定到达。”于是平王派使者对伍奢说:“你能让两个儿子到来就能活命,不能的话将去死。”伍奢说:“伍尚会到,伍胥不会到。”平王说:“什么原因呢?”伍奢说:“伍尚的为人,正直不阿,舍身守节,慈爱孝顺而仁义,听说召见而能赦免父亲,必定到达,不顾自己的死。伍胥的为人,聪明而善于谋略,勇敢而好大喜功,知道来的话必死无疑,肯定不来。因此成为楚国忧患的必定是这个儿子。”于是平王派人召见他们,说:“来的话,我赦免你们的父亲。”伍尚对伍胥说:“听说父亲能获赦免而没人奔赴,是不孝;父亲被杀戮而没人报仇,是无谋;估量才能委任事务,是知。你就走吧,我将回去赴死。”伍尚于是归来。伍胥挽弓搭箭,出来面见使者,说:“父亲有罪,为什么召见他的儿子呢?”将要发射,使者回头逃跑,伍胥于是出奔吴国。伍奢闻讯,说:“伍胥流亡在外,楚国危险了。”楚王就杀了伍奢和伍尚。

十年,楚太子建母在居巢,[1]开吴。[2]吴使公子光伐楚,[3]遂败陈、蔡,[4]取太子建母而去。[5]楚恐,城郢。初,吴之边邑卑梁与楚边邑钟离小童争桑,[6]两家交怒相攻,灭卑梁人。卑梁大夫怒,发邑兵攻钟离。楚王闻之怒,发国兵灭卑梁。吴王闻之大怒,亦发兵,使公子光因建母家攻楚,遂灭钟离、居巢。楚乃恐而城郢。[7]

【注释】〔1〕“居巢”,在今安徽巢县东北,《左传》昭公二十三年作“郹”,即其母家郹阳。〔2〕“开”,开城门而令敌人。〔3〕“公子光”,即位后为吴王阖庐,见《吴太伯世家》。〔4〕据《春秋》经传,此即吴、楚鸡父之役,吴所败除楚、陈、蔡,还有顿、胡、沈、许四国。〔5〕据《春秋》经传,鸡父之役在秋七月,吴取太子建母在冬十月,此合并书之。〔6〕“卑梁”,地近钟离。“钟离”,在今安徽凤阳东北。《吴太伯世家》作“楚边邑卑梁氏之处女与吴边邑之女争桑”,以卑梁为楚邑,与此不同,应以此为是。〔7〕据《左传》昭公二十三年、二十四年,楚城郢在平王十年,吴灭钟离、居巢在平王十一年。

【译文】楚平王十年,楚太子建母亲住在居巢,勾结吴人。吴王派遣公子光攻伐楚国,于是击败陈、蔡的军队,接走太子建的母亲而离开。楚人害怕,修筑加固郢城。起初,吴国边邑卑梁和楚国边邑钟离的小孩争夺桑叶,那两家人因此都发怒而互相攻打,钟离那家人杀灭了卑梁的一家人。卑梁大夫很愤怒,发动邑中军队攻打楚国的钟离。楚王闻讯大怒,调发国都军队攻灭卑梁。吴王闻讯勃然大怒,也调发军队,派公子光利用太子建母家攻打楚国,于是攻下钟离、居巢。楚人于是恐慌而加固郢城。

十三年,平王卒。将军子常曰:[1]“太子珍少,且其母乃前太子建所当娶也。”欲立令尹子西。[2]子西,平王之庶弟也,[3]有义。子西曰:“国有常法,更立则乱,言之则致诛。”乃立太子珍,是为昭王。

【注释】〔1〕“将军子常”,即囊瓦(字子常)。囊瓦是庄王子子囊(公子贞)的后代,以子囊的字为氏,平王十年接替阳匄(子瑕)为令尹(《左传》昭公二十三年)。〔2〕“令尹子西”,即公子申(字子西)。据《左传》定公四年及六年,子西为令尹是在子常奔郑(见下文)之后,此时为令尹者仍是子常。〔3〕《左传》昭公二十六年杜预注谓子西是平王长

庶,《国语·楚语下》亦谓子西是平王之子、昭王之庶兄。

【译文】十三年,楚平王去世。将军子常说:“太子珍年纪小,况且他的母亲是前太子建所应娶的。”想拥立令尹子西为王。子西是楚平王的庶出弟弟,有仁义。子西说:“国家有通常的法度,改立他人为王就会出乱子,谈论这种事就会招致杀身之祸。”于是拥太子珍为王,这就是楚昭王。

昭王元年,楚众不说费无忌,以其谗亡太子建,杀伍奢子父与郄宛。[1]宛之宗姓伯氏子嚭及子胥皆奔吴,[2]吴兵数侵楚,楚人怨无忌甚。楚令尹子常诛无忌以说众,众乃喜。

【注释】[1]“子父”,父子。“郤宛”,郤音 xì,字子恶,楚之左尹。昭王元年,被费无忌谗害自杀。[2]“伯氏子嚭”,嚭音 pǐ,即下文“伯嚭”。按郤宛出自晋公族郤氏,《潜夫论·志氏姓》谓郤氏别支有伯氏。

【译文】楚昭王元年,楚国众臣不喜欢费无忌,因为他进谗言让太子建流亡在外,并杀死伍奢父子和郤宛。郤宛同宗伯氏的儿子嚭和子胥都出奔吴国,吴国军队多次侵略楚国,楚人因此怨恨费无忌更加厉害。楚国令尹子常诛杀费无忌来取悦众臣,众臣才高兴。

四年,吴三公子奔楚,[1]楚封之以捍吴。[2]五年,吴伐取楚之六、潜。[3]七年,[4]楚使子常伐吴,吴大败楚于豫章。[5]

【注释】[1]《左传》昭公三十年作“二公子奔楚”,二公子即掩余、烛庸。昭王元年,吴乱,掩余奔徐,烛庸奔钟离,吴使徐人、钟离人执之,故奔楚。[2]“捍”,抵御。 [3]“六”,在今安徽六安北。“潜”,在今安徽霍山东北,皆楚邑。 [4]据《左传》定公二年应作“八年”。 [5]“豫章”,古地区名,大约在汉水东、江水北、淮水南。

【译文】四年,吴国三位公子逃奔楚国,楚昭王封立他们来抵御吴军。五年,吴军攻伐取得楚国的六、潜。七年,楚昭王派遣子常攻伐吴国,吴军在豫章大败楚军。

十年冬,吴王阖闾、伍子胥、伯嚭与唐、蔡俱伐楚,[1]楚大败,吴兵遂入郢,辱平王之墓,以伍子胥故也。吴兵之来,楚使子常以兵迎之,夹汉水阵。吴伐败子常,子常亡奔郑。楚兵走,吴乘胜逐之,五战及郢。[2]己卯,[3]昭王出奔。庚辰,[4]吴人入郢。

【注释】[1]“吴王阖闾”,阖闾音 hé lǘ,亦作阖庐,见《吴太伯世家》。“伍子胥”,即上文“伍胥”。“伯嚭”,即上文“伯氏子嚭”。“唐”,姬姓小国,在今湖北随州西北唐城镇。 [2]据《左传》定公四年吴、楚“自小别至于大别”凡三战,吴又败楚于柏举,败楚于雍澨,是谓“五战及郢”。 [3]据《左传》定公四年,这是该年十一月己卯日。 [4]己卯的次日。

【译文】十年冬天,吴王阖闾、伍子胥、伯嚭和唐军、蔡军一同攻伐楚国,楚军大败,吴军于是进入郢都,凌辱楚平王的墓,因为伍子胥的缘故。吴军前来,楚昭王派遣子常领兵迎敌,隔着汉水布阵。吴军进攻打败子常,子常逃亡投奔郑国。楚兵逃跑,吴军乘胜追逐,五次交战追到郢都。己卯日,楚昭王出都逃奔。庚辰日,吴人进入郢都。

昭王亡也至云梦。[1]云梦不知其王也,射伤王。[2]王走郧。[3]郧公之弟怀曰:[4]“平王杀吾父,[5]今我杀其子,不亦可乎?”郧公止之,然恐其弑昭王,乃与王出奔随。吴王闻昭王往,即进击随,谓随人曰:“周之子孙封于江汉之间者,楚尽灭之。”[6]欲杀昭王。王从臣子綦乃深匿王,[7]自以为王,谓随人曰:“以我予吴。”随人卜予吴,不吉,乃谢吴王曰:“昭王亡,不在随。”吴请入自索之,随不听,吴亦罢去。

【注释】[1]“云梦”,古薮泽名,大约在长江流经今湖北江陵至武汉一段的南北两岸。 [2]《左传》定公四年作“以戈击王”。 [3]“郧”,音 yún,楚灭郧所置县,在今湖北安陆。 [4]“郧公”,郧县的县公,名斗辛。 [5]斗辛、斗怀之父斗成然(亦称蔓成然)是被平王所杀。 [6]随是江汉之间周所

封同姓国之一，吴也是周所封同姓国。《左传》僖公二十八年：“汉阳诸姬，楚实尽之。”吴以此激怒随，使之叛楚。〔7〕“子綦”，綦音 qí，《左传》定公四年作“子期”，昭王兄公子结之字。

【译文】楚昭王逃亡到达云梦。云梦人不认识他是楚王，用箭射伤了昭王。昭王逃奔郧县。郧公的弟弟斗怀说：“平王杀死我们的父亲，现在我杀死他的儿子，不也可以吗？”郧公阻止他，但还怕他杀昭王，于是就和昭王出奔随国。吴王听说昭王前往随国，立即进兵攻击随国，对随人说：“周王子孙分封在长江、汉水之间的国家，楚人全部吞灭了它们。”随君准备杀死昭王。昭王身边的侍从大臣子綦就将昭王深藏起来，自己装作昭王，对随人说：“把我交给吴国。”随人对将昭王给吴国这件事进行占卜，结果是不吉利，于是谢绝吴王说：“昭王逃亡了，不在随地。”吴人要求进入随都自己搜索，随人不答应，吴军也就撤兵离去。

昭王之出郢也，使申鲍胥请救于秦。〔1〕秦以车五百乘救楚，楚亦收余散兵，与秦击吴。十一年六月，败吴于稷。〔2〕会吴王弟夫概见吴王兵伤败，〔3〕乃亡归，自立为王。阖闾闻之，引兵去楚，归击夫概。夫概败，奔楚，楚封之堂溪，〔4〕号为堂溪氏。

【注释】〔1〕“申鲍胥”，楚大夫，《左传》定公四年作“申包胥”，《战国策·楚一》作“棼冒勃苏”，棼冒即蚡冒，勃苏与包胥音近，是其出于蚡冒之后，申是氏，鲍胥是名。〔2〕“稷”，在今河南桐柏。〔3〕“夫概”，阖闾弟，《左传》称“夫概王”。〔4〕“堂溪”，《左传》作“棠溪”，在今河南西平西。

【译文】楚昭王逃出郢都的时候，派大臣申鲍胥到秦国请求救援。秦国出动战车五百辆援救楚国，楚人也收集残余散兵，与秦军一道攻击吴军。十一年六月，在稷击败吴军。恰好吴王弟弟夫概看到吴王军队损伤战败，就逃跑返回国都，自己立为吴王。阖闾闻讯，领兵离开楚地，返回攻击夫概。夫概战败，逃奔楚国，楚昭王将他封在堂谿，号称堂谿氏。

楚昭王灭唐。九月，〔1〕归入郢。十二年，吴复伐楚，取番。〔2〕楚恐，去郢，北徙都鄀。〔3〕

【注释】〔1〕《左传》定公五年作“十月”。〔2〕《左传》定公六年作“吴大子终累败楚舟帅，获潘子臣、小惟子及大夫七人”，杜注以潘子臣、小惟子为楚舟师之帅，司马迁似以潘子臣为番君，所以书作“取番”。〔3〕“鄀”，楚邑，在今湖北宜城东南。鄀在郢之北。

【译文】楚昭王灭亡唐国。九月，回国进入郢都。十二年，吴军再次攻伐楚国，夺取番。楚昭王恐慌，离开郢都，往北将国都迁到鄀。

十六年，孔子相鲁。〔1〕二十年，楚灭顿，〔2〕灭胡。〔3〕二十一年，〔4〕吴王阖闾伐越。越王句践射伤吴王，〔5〕遂死。吴由此怨越而不西伐楚。

【注释】〔1〕夹谷之会，孔了为相（赞礼者）。〔2〕“顿”，姬姓小国，在今河南商水东南。〔3〕“胡”，归姓小国，在今安徽阜阳。《春秋》经传及本书《十二诸侯年表》灭胡在次年。〔4〕“二十一年”，据《左传》定公十四年及本书《十二诸侯年表》，吴伐越在上年。〔5〕《左传》定公十四年作“灵姑浮以戈击阖庐，阖庐伤将指”。

【译文】十六年，孔子在夹谷之会中担任鲁国的赞礼官。二十年，楚国灭亡顿国，灭亡胡国。二十一年，吴王阖闾攻伐越国。越王句践用箭射伤吴王，吴王阖闾随即死去。吴国从此怨恨越国而不向西攻伐楚国。

二十七年春，吴伐陈，楚昭王救之，军城父。十月，〔1〕昭王病于军中，有赤云如鸟，夹日而蜚。〔2〕昭王问周太史，〔3〕太史曰：“是害于楚王，然可移于将相。”〔4〕将相闻是言，乃请自以身祷于神。昭王曰：“将相，孤之股肱也，今移祸，庸去是身乎！”〔5〕弗听。卜而河为祟，〔6〕大夫请祷河。昭王曰：“自吾先王受封，望不过江、汉，〔7〕而河非所获罪也。”止不许。孔子在陈，〔8〕闻是言，曰：“楚昭王通大道矣。其不失国，宜哉！”

【注释】〔1〕“十月”，据《左传》哀公六年是“七月”之误。〔2〕“蜚”，同“飞”。〔3〕“太史”，史官之长。〔4〕“将相”，楚最高行政长官称令尹，最高军事长官称司马，《左传》哀公六年作“可移于令尹、司马”。〔5〕“庸”，岂，难道。“是身”，指王身。〔6〕《左传》哀公六年作“初，昭王有疾，卜曰‘河为祟’”。应是追记之言。“河”，黄河。“祟”，音 suì，鬼神作怪害人。〔7〕“望”，祭祀山川。楚祭祀山川只限于江、汉等河流，黄河不在其内。〔8〕孔子在陈凡两次，一次在定公十五年至哀公二年，一次在哀公二年至四年，均先于此年。这里所说卜疾之事，传文有“初”字，昭王有疾并孔子语应在此年之前。

【译文】二十七年春季，吴军攻伐陈国，楚昭王出兵救陈，驻扎在城父。十月，昭王在军中患病，看到天上有赤云如同鸟一样，绕着太阳而飞翔。昭王问周太史，太史说：“这对楚王有危害，然而可以转移到将相身上。”将相听说这话，就请求用自己的身体代王受灾而向神灵祈祷。昭王说：“将相，是我的大腿手臂，如今转移灾祸给将相，难道算是让灾祸离开我的身体吗！”不准许。占卜后知道是河神作祟，大夫请求向黄河祈祷消灾免祸。昭王说：“自从我的先王受封以来，祭祀的山川之神不超过长江、汉水的范围，而黄河不是我该获罪的河流啊。”制止而不许向黄河祈祷。孔子在陈国，听到这话，说：“楚昭王堪称通晓大道理了。他没有失去国家，是应该的啊！”

昭王病甚，乃召诸公子大夫曰：“孤不佞，再辱楚国之师，今乃得以天寿终，孤之卒也。”让其弟公子申为王，〔1〕不可。又让次弟公子结，〔2〕亦不可。乃又让次弟公子闾，〔3〕五让，乃后许为王。将战，庚寅，昭王卒于军中。子闾曰：“王病甚，舍其子让群臣，臣所以许王，以广王意也。今君王卒，臣岂敢忘君王之意乎！”乃与子西、子綦谋，伏师闭涂，〔4〕迎越女之子章立之，〔5〕是为惠王。然后罢兵归，葬昭王。

【注释】〔1〕“公子申”，即子西。〔2〕“公子结”，即子綦。〔3〕“公子闾”，公子启字子闾。据《左传》哀公六年杜预注，三公子皆非昭王弟而为昭王兄。〔4〕“伏师闭涂”，隐蔽军队，封锁道路。〔5〕“越女”，昭王妾。

【译文】楚昭王病情加重，于是召见各位公子大夫说：“我不成才，两次让楚国军队蒙受耻辱，现在居然能享受天年而寿终正寝，是我的幸运啊。”昭王让位给他弟弟公子申，使他为王，公子申不答应。又要让位给二弟公子结，公子结也不答应。于是又让位给三弟公子闾，公子闾五次推让，才最后应许为王。将要交战，庚寅日，楚昭王在军中去世。子闾说：“昭王病得很重，舍弃自己的儿子而让位给众大臣，臣之所以应许昭王，是为了发扬光大昭王的意志。如今君王去世，臣子岂敢忘却君王的意志呢！”于是与子西、子綦商议，埋伏军队封锁道路，迎接昭王和越女所生的儿子章，拥立他即位，这就是楚惠王。然后撤兵返回，安葬楚昭王。

惠王二年，子西召故平王太子建之子胜于吴，〔1〕以为巢大夫，〔2〕号曰白公。〔3〕白公好兵而下士，欲报仇。六年，白公请兵令尹子西伐郑。初，白公父建亡在郑，郑杀之，白公亡走吴，〔4〕子西复召之，故以此怨郑，欲伐之。子西许而未为发兵。八年，〔5〕晋伐郑，郑告急楚，楚使子西救郑，受赂而去。〔6〕白公胜怒，乃遂与勇力死士石乞等袭杀令尹子西、子綦于朝，〔7〕因劫惠王，置之高府，〔8〕欲弑之。惠王从者屈固负王亡走昭王夫人宫。〔9〕白公自立为王。月余，会叶公来救楚，〔10〕楚惠王之徒与共攻白公，杀之。〔11〕惠王乃复位。是岁也，〔12〕灭陈而县之。

【注释】〔1〕“胜”，《国语·楚语下》作“王孙胜”。〔2〕《伍子胥列传》作“胜居楚边邑鄢为白公”。“鄢”，在今河南郾城。〔3〕“白”，楚县，在今河南息县东。〔4〕《伍子胥列传》谓胜与伍子胥一起奔吴，据此则误，胜奔吴与子胥奔吴可能只是时间相近。〔5〕据《春秋》经传哀公十五年应作“九年”。〔6〕“赂”，音 lù，财货。〔7〕“朝”，朝廷。〔8〕“高府”，楚府名。府是古代的财政机关。〔9〕“屈固”，《伍子胥列传》作“石乞从者”，《左传》哀公十六年作“圉公阳”。“昭王夫人”，即上“越女”，惠王母。〔10〕“叶公”，即沈诸梁，字子高，沈尹戌之子，叶县的县公。叶在今河南叶县南。〔11〕据《左传》哀公十六年，白公是自杀而死。〔12〕据《左传》哀公十七年，当惠王十一年。

【译文】楚惠王二年，子西从吴国召来原平王太子建的儿子胜，任命他为巢大夫，号称白公。白公喜好军事而且礼贤下士，想报父亲的仇。六年，白公向令尹子西请求出兵攻伐郑国。当初，白公的父亲建流亡在郑国，郑人杀了他，白公逃亡奔赴吴，子西又召见他，所以白公因此怨恨郑国，想要攻伐郑国。子西答应但没有为此发兵。八年，晋军攻伐郑国，郑人向楚国告急，楚惠王派子西领兵救援郑国，子西接受贿赂而离开郑国。白公胜发怒，于是就和勇猛有力的敢死壮士石乞等人在朝廷袭击杀死令尹子西、子綦，乘机劫持楚惠王，将他安置在高府，打算杀死惠王。惠王的侍从屈固背着惠王逃跑到昭王夫人宫。白公自己立为楚王。一个多月后，遇到叶公前来救助楚王，楚惠王的徒众与叶公共同进攻白公，杀死了他。楚惠王于是复位。这一年，楚国灭亡陈国而设置县。

十三年，吴王夫差强，陵齐、晋，来伐楚。十六年，越灭吴。四十二年，楚灭蔡。[1]四十四年，楚灭杞。与秦平。是时越已灭吴而不能正江、淮北；[2]楚东侵，广地至泗上。[3]

【注释】〔1〕这是楚第二次灭蔡，蔡第一次被灭在灵王十年。〔2〕“正”，平定。〔3〕“广地”，扩大土地。“泗上”，泗音 sì，泗水之滨。泗水在今山东省中部。

【译文】十三年，吴王夫差国力强大，凌驾于齐国、晋国之上，前来攻伐楚国。十六年，越国灭亡吴国。四十二年，楚国灭亡蔡国。四十四年，楚国灭亡杞国。与秦国媾和。这时越国已经灭亡吴国但不能统治长江、淮河以北地区；楚军向东侵略，扩展土地到达泗水之滨。

五十七年，惠王卒，子简王中立。[1]

【注释】〔1〕“中”，《六国年表》作“仲”。

【译文】五十七年，楚惠王去世，儿子简王中即位。

简王元年，北伐灭莒。八年，魏文侯、韩武子、赵桓子始列为诸侯。[1]

【注释】〔1〕魏、韩、赵三国正式被周天子策命为诸侯是在楚声王五年，此所记有误。

【译文】楚简王元年，出兵北伐灭亡莒国。八年，魏文侯、韩武子、赵桓子开始正式受封列为诸侯。

二十四年，简王卒，子声王当立。声王六年，盗杀声王，子悼王熊疑立。[1]悼王二年，三晋来伐楚，至乘丘而还。[2]四年，楚伐周。[3]郑杀子阳。[4]九年，伐韩，取负黍。[5]十一年，三晋伐楚，败我大梁、榆关。[6]楚厚赂秦，与之平。二十一年，悼王卒，子肃王臧立。

【注释】〔1〕“疑”，《六国年表》作“类”。〔2〕“乘丘”，乘音 shèng，鲁地，在今山东曲阜西北。〔3〕《六国年表》记此年楚“败郑师，围郑”，无伐周之事。〔4〕“子阳”，郑相驷子阳。〔5〕“负黍”，此时为韩邑，在今河南登封西南。〔6〕“大梁”，魏邑，在今河南开封西北。“榆关”，《索隐》谓“此榆关当在大梁之西也”。

【译文】二十四年，楚简王去世，儿子声王当即位。楚声王六年，盗贼杀死声王，儿子悼王熊疑即位。悼王二年，韩、赵、魏三国军队前来攻伐楚国，到达乘丘而回转。四年，楚军攻伐周王室。郑国杀死国相子阳。九年，楚军攻伐韩国，取得负黍。十一年，韩、赵、魏三国军队攻伐楚国，在大梁、榆关打败楚军。楚国用厚礼贿赂秦国，与秦国媾和。二十一年，楚悼王去世，儿子肃王臧即位。

肃王四年，蜀伐楚，[1]取兹方。[2]于是楚为扞关以距之。[3]十年，魏取我鲁阳。[4]十一年，肃王卒，无子，立其弟熊良夫，[5]是为宣王。

【注释】〔1〕“蜀”，古国名，在今四川成都地区。〔2〕“兹方”，不详。《正义》引《古今地名》谓“荆州松滋县古鸠兹地，即楚兹方是也”(松滋，在今湖北松滋西北)。〔3〕“扞关”，楚关名，在今湖北长阳西。“距”，通“拒”。〔4〕“鲁阳”，楚邑，在今河南鲁山。〔5〕《汉书·古今人表》注为“肃王子”。

【译文】楚肃王四年，蜀国军队攻伐楚国，夺取兹方。于是楚国设置扞关来抵抗蜀军。十年，魏军夺取楚国鲁阳。十一年，肃王去世，没有儿子，立他的弟弟熊良夫为王，这就是楚宣王。

宣王六年，周天子贺秦献公。秦始复强，而三晋益大，魏惠王、齐威王尤强。三十年，秦封卫鞅于商，[1]南侵楚。是年，宣王卒，子威王熊商立。

【注释】〔1〕"卫鞅"，封于商，称商鞅，见《商君列传》。"商"，秦邑，在今陕西商县东南。

【译文】楚宣王六年，周天子向秦献公祝贺秦军获胜。秦国开始再次强盛起来，同时韩、赵、魏三国日益壮大，魏惠王、齐威王尤其强大。三十年，秦国把商封给卫鞅，出兵南下侵犯楚国。当年，楚宣王去世，儿子楚威王熊商即位。

威王六年，周显王致文武胙于秦惠王。[1]

【注释】〔1〕"文武胙"，祭祀周文王、周武王的祭肉。胙音 zuò。

【译文】楚威王六年，周显王把作为供品祭祀周文王、周武王的肉赐送给秦惠王。

七年，齐孟尝君父田婴欺楚，[1]楚威王伐齐，败之于徐州，[2]而令齐必逐田婴。田婴恐，张丑伪谓楚王曰：[3]"王所以战胜于徐州者，田盼子不用也。[4]盼子者，有功于国，而百姓为之用。婴子弗善而用申纪。[5]申纪者，大臣不附，百姓不为用，故王胜之也。今王逐婴子，婴子逐，盼子必用矣。复搏其士卒以与王遇，[6]必不便于王矣。"楚王因弗逐也。

【注释】〔1〕"孟尝君"，田文。"田婴"，田文之父，号靖郭君，齐威王子，齐宣王庶弟，见《孟尝君列传》。〔2〕"徐州"，齐邑，《纪年》云"梁惠王三十年，下邳迁于薛，改名徐州"（《孟尝君列传正义》引），在今山东滕县东南。〔3〕"张丑"，齐臣。〔4〕"田盼子"，齐臣，即田盼。《田敬仲完世家》"盼"作"肦"。〔5〕"婴子"，即田婴。"申纪"，齐臣，《战国策·齐一》作"申缚"。〔6〕"搏"，应是"抟"字之误。《田敬仲完世家》："冯因抟三国之兵。"抟是使士卒齐一之义。《战国策·齐一》作"整"，是整齐之义，与"抟"字含义相近。

【译文】七年，齐国孟尝君的父亲田婴欺骗楚国，楚威王领兵攻伐齐国，在徐州击败齐军，接着命令齐国必须驱逐田婴。田婴恐慌，张丑设诈对楚威王说："大王之所以能在徐州战胜齐军，是因为田盼子没有起用。田盼子，对齐国有功，而且百姓愿为他效力。田婴与田盼关系不好而任用申纪。申纪这个人，大臣不亲附，百姓不愿意为他效力，所以大王能战胜齐军。如今大王驱逐田婴，田婴一旦被驱逐，田盼子必定起用了。齐人重新聚集他们的士卒来与大王相遇，必定对大王不利了。"楚王因此就不再要求驱逐田婴。

十一年，威王卒，子怀王熊槐立。[1]魏闻楚丧，伐楚，取我陉山。[2]

【注释】〔1〕"熊槐"，秦《诅楚文》作"熊相"。〔2〕"陉山"，山名，在今河南新郑西南。《六国年表》、《魏世家》并云败楚于陉山，《史记志疑》认为"取"当作"败"。

【译文】十一年，楚威王去世，儿子怀王熊槐即位。魏国闻知楚王的丧讯，出兵攻伐楚国，夺取楚国陉山。

怀王元年，张仪始相秦惠王。[1]四年，秦惠王初称王。

【注释】〔1〕"张仪"，魏人，战国时期著名的纵横家，见《张仪列传》。

【译文】楚怀王元年，张仪开始任秦惠王的相。四年，秦惠王初次称王。

六年，楚使柱国昭阳将兵而攻魏，[1]破之于襄陵，[2]得八邑。又移兵而攻齐，齐王患之。陈轸适为秦使齐，齐王曰："为之奈何？"陈轸曰："王勿忧，请令罢之。"即往见昭阳军中，曰："愿闻楚国之法，破军杀将者何以贵之？"昭阳曰："其官为上柱国，封上爵执珪。"[3]陈轸曰："其有贵于此者乎？"昭阳曰："令尹。"陈轸曰："今君已为令尹矣，[4]此国冠之上。[5]臣请得譬之。人有遗其舍人一卮酒者，[6]舍人相谓曰：'数人饮此，不足以徧，请遂画地为蛇，蛇先成者独饮之。'一人曰：'吾蛇先成。'举酒而起，曰：'吾能为之足。'及其为之足，而后成人夺之酒而饮之，曰：'蛇固无足，今为之足，是非蛇也。'今君相楚而攻魏，破军杀将，功莫大焉，冠之上不可以加矣。今又移兵而攻齐，攻齐胜之，官爵不加于此；攻之不胜，身死爵夺，有毁于楚。此为蛇为足之说也。不若引兵而去以德齐，此持满之术也。"[7]昭阳曰："善。"引兵而去。

【注释】〔1〕"柱国"，楚最高军事长官往往称上柱国。"昭阳"，据出土鄂君启节，襄陵之役昭阳为楚之大司马。昭氏为楚公族。〔2〕"襄陵"，魏邑，在今河南睢县。〔3〕"陈轸"，轸音 zhěn，见《张仪列传》。〔3〕"执珪"，珪音 guī，楚爵称中的最高一级。〔4〕据此，昭阳于襄陵之役后为令尹，令尹位在司马之上，是除王以外的最高的官职。〔5〕"国冠"，指居高位者。〔6〕"遗"，音 wèi，赠送。"舍人"，近臣。"卮"，音 zhī，酒器名。〔7〕"持满"，掌握成功的限度，又叫"持盈"。

【译文】六年，楚怀王派遣柱国昭阳领兵而攻伐魏国，在襄陵打败魏军，取得八个城邑。接着又转移军队攻打齐国，齐王忧虑楚军。陈轸恰好为秦国出使到齐国，齐王问："对楚军怎么办？"陈轸说："大王不必忧虑，请让我去叫他们撤兵。"立即前往，在军中会见昭阳，说："我希望领教楚国的法令，攻破敌军杀死敌将的用什么使他显贵？"昭阳说："授予的官职是上柱国，封赐的上等爵位是执珪。"陈轸说："还有比这更尊贵的吗？"昭阳说："令尹。"陈轸说："当今您已经是令尹了，这是楚国最高的官位。臣下请求能打个譬喻。有人留给他的舍人一卮酒。舍人们互相议论说：'几个人一起喝这卮酒，不够每人喝一口，请就在地上每人画条蛇，蛇先画成的独自喝掉。'一个人说：'我的蛇先画成。'举起酒而起身，说：'我能为蛇添足。'等到他为蛇添上足，却被后画成的人夺过酒来而喝掉，那人说：'蛇原本没足，如今你为蛇添上足，这就不是蛇了。'如今您为楚相而进攻魏国，打败魏军杀死魏将，功劳没有比这更大的，但官位到顶无法再升加了。现在又调转军队而进攻齐国，如果攻齐获胜，官职爵位不会超过令尹；攻打不胜的话，自己战死爵位削夺，还有损于楚国。这就成了画蛇添足。不如领兵离开而来施恩德给齐国，这是持满守盈的万全之术啊。"昭阳说："好。"便领兵而离去。

燕、韩君初称王。[1]秦使张仪与楚、齐、魏相会，盟齧桑。[2]

【注释】〔1〕怀王六年，燕易王、韩宣惠王称王。〔2〕"齧桑"，齧音 niè，魏地，在今江苏沛县西南。

【译文】燕君、韩君初次称王。秦王派遣张仪和楚人、齐人、魏人相会，在齧桑订立盟约。

十一年，苏秦约从山东六国共攻秦，[1]楚怀王为从长。至函谷关，[2]秦出兵击六国，六国兵皆引而归，齐独后。十二年，齐湣王伐败赵、魏军，[3]秦亦伐败韩，与齐争长。

【注释】〔1〕"苏秦"，东周人，战国时期著名的纵横家，见《苏秦列传》。"约从"，合纵，"从"读为"纵"。"山东"，指崤山或华山以东。"六国"，据《秦本纪》为韩、赵、魏、燕、齐、匈奴。〔2〕"函谷关"，秦所置，在今河南灵宝东北。〔3〕据《纪年》，《史记》于齐威、宣、湣三王排列有误，楚怀王十二年相当齐宣王三年。

【译文】十一年，苏秦与山东中原六国缔约合纵共同攻伐秦国，楚怀王任合纵首领。联军到达函谷关下，秦国出兵攻击六国军队，六国军队都后退而返回，只有齐军最后撤走。十二年，齐湣王攻伐打败赵军、魏军，秦国也出兵攻伐打败韩军，与齐国争当诸侯之长。

十六年，秦欲伐齐，而楚与齐从亲，[1]秦惠王患之，乃宣言张仪免相，使张仪南见楚王，谓楚王曰："敝邑之王所甚说者无先大王，[2]虽仪之所甚愿为门阑之厮者亦无先

大王。[3]敝邑之王所甚憎者无先齐王，虽仪之所甚憎者亦无先齐王。而大王和之，[4]是以敝邑之王不得事王，而令仪亦不得为门阑之厮也。王为仪闭关而绝齐，今使使者从仪西取故秦所分楚商於之地方六百里，[5]如是则齐弱矣。是北弱齐，西德于秦，私商於以为富，此一计而三利俱至也。”怀王大悦，乃置相玺于张仪，日与置酒，宣言“吾复得吾商於之地”。群臣皆贺，而陈轸独吊。[6]怀王曰：“何故？”陈轸对曰：“秦之所为重王者，以王之有齐也。今地未可得而齐交先绝，是楚孤也。夫秦又何重孤国哉，必轻楚矣。且先出地而后绝齐，则秦计不为。先绝齐而后责地，[7]则必见欺于张仪。见欺于张仪，则王必怨之。怨之，是西起秦患，北绝齐交。西起秦患，北绝齐交，则两国之兵必至。[8]臣故吊。”楚王弗听，因使一将军西受封地。

【注释】〔1〕“从亲”，结为合纵之亲。“从”读为“纵”。〔2〕“敝邑”，谦辞，指秦。“无先”，无过于。〔3〕“门阑”，阑音 lán，门框。厮音 sī，执贱役的奴隶。〔4〕“和”，指与齐合纵。〔5〕“商於之地”，本为楚地，后为秦占有，在今河南淅川西南。〔6〕“吊”，表示悲哀、怜悯。〔7〕“责”，求。〔8〕“两国”，《索隐》以为韩、魏，按之上文，应指秦、齐。

【译文】十六年，秦国打算攻伐齐国，但楚国和齐国合纵亲善，秦惠王对此感到担忧，就扬言免除张仪相职，派遣张仪南下去见楚怀王，张仪对楚怀王说：“鄙国君王最喜欢的人没有胜过您大王的，张仪我最愿意为之做看门役徒的人也没有胜过您大王的。鄙国君王最憎恨的人没有胜过齐王的，张仪我最憎恨的人也没有胜过齐王的。然而大王与齐王和好，因此鄙国君王不能事奉大王，从而使得张仪也不能成为您看门的役徒。大王如能为张仪闭上关口而断绝与齐国的交往，现在派遣使者随从张仪西行取得从前秦国所分取的楚国商於之地方圆六百里，照这样就使齐国削弱了。这样北面削弱齐国，西面对秦国有恩德，占有商於之地作为自己的财富，这是一计行而三利同时来到啊。”楚怀王大喜，于是将相印交给张仪，每天和他设宴饮酒，扬言道：“我又获得我们的商於之地。”朝廷群臣都来祝贺，只有陈轸一人悲哀。楚怀王问：“什么缘故？”陈轸回答说：“秦王之所以看重大王，是因为大王有齐国的亲善。如今土地没能得到而齐国的交往断绝，这样楚国就孤立了。那秦国又怎么会尊重孤立之国呢，就必将轻视楚国了。况且先让秦国交出土地然后断绝与齐国交往，秦人的计谋就不能得逞。如果先断绝与齐国关系然后要求土地，就必然会被张仪欺骗。被张仪欺骗，大王就必定会怨恨他。怨恨张仪，这就西边惹起秦国的祸患，北边断绝齐国交往。西边惹起秦国的祸患，北边断绝齐国的交往，那么两国的军队必定到达。臣下所以悲哀。”楚怀王不听，就派一名将军随张仪西进接受封地。

张仪至秦，详醉坠车，[1]称病不出三月，地不可得。楚王曰：“仪以吾绝齐为尚薄邪？”乃使勇士宋遗北辱齐王。[2]齐王大怒，折楚符而合于秦。[3]秦齐交合，张仪乃起朝，谓楚将军曰：[5]“子何不受地？从某至某，广袤六里。”[6]楚将军曰：“臣之所以见命者六百里，不闻六里。”即以归报怀王。怀王大怒，兴师将伐秦。陈轸又曰：“伐秦非计也。不如因赂之一名都，[7]与之伐齐，是我亡于秦，取偿于齐也，吾国尚可全。今王已绝于齐而责欺于秦，是吾合秦齐之交而来天下之兵也，国必大伤矣。”楚王不听，遂绝和于秦，发兵西攻秦。秦亦发兵击之。

【注释】〔1〕“详”，通“佯”，假装。〔2〕“宋遗”，楚勇士名，见《汉书·古今人表》。〔3〕“折”，毁掉。〔4〕“朝”，朝见。〔5〕“楚将军”，《张仪列传》作“楚使者”。〔6〕“广袤”，袤音 mào，东西为广，南北为袤。〔7〕“赂”，赠送。“名都”，都是较大的城邑。

【译文】张仪到达秦国，假装喝醉酒从车上掉下来，称病不出家门三个月，楚国无法得到商于之地。楚王说：“张仪认为我只是断绝齐交还不够吧？”于是派遣勇士宋遗北上去羞辱齐王。齐王勃然大怒，折断楚国的信符而与秦国联合。秦国、齐国交好联合，张仪才起身上朝，对楚将军说：“你为什么不接受封地？从某地到某地，长宽各六里。”楚将军说：“臣所接受的使命是六百里，没听说六里。”立即回国禀报楚怀王。楚怀王勃然大怒，兴师动众准备攻伐秦国。陈轸又说：“攻伐秦国不是上策。

不如就送秦国一座名城,和秦人攻伐齐国,这样我们虽然丢失土地给秦国,但能从齐国取得补偿,我国还可得以保全。如今大王已经同齐国断绝关系而又向秦国追究欺诈的责任,这是我们在让秦齐两国交好联合而招来天下的军队啊,国家必然大伤元气了。"楚怀王不听从,就断绝同秦国的媾和,调发军队向西攻打秦国。秦国也发兵出击楚国。

十七年春,与秦战丹阳,[1]秦大败我军,斩甲士八万,[2]虏我大将军屈匄、裨将军逢侯丑等七十余人,[3]遂取汉中之郡。[4]楚怀王大怒,乃悉国兵复袭秦,战于蓝田,[5]大败楚军。韩、魏闻楚之困,乃南袭楚,至于邓。[6]楚闻,乃引兵归。

【注释】〔1〕"丹阳",丹水之阳,在今陕西、河南两省间的丹江以北。〔2〕"甲士",披带铠甲的战士,亦称带甲。〔3〕"大将军",应是主要的率军之将。"屈匄",匄音 gài,《秦本纪》作"屈丐",《战国策·秦二》作"屈盖"。"裨将军",副将。〔4〕"汉中之郡",汉中郡,本为楚郡,至此被秦夺去,辖境包括今陕西东南角至湖北西北角。〔5〕"蓝田",在今陕西蓝田西。〔6〕"邓",楚邑,在今湖北襄樊北。

【译文】十七年春季,同秦军在丹阳交战,秦国大败楚军,斩杀甲士八万,俘虏楚国大将军屈匄、裨将军逢侯丑等七十多人,接着攻取汉中郡。楚怀王极为愤怒,于是倾国之兵再次袭击秦军,在蓝田交战,秦军又大败楚军。韩国、魏国听说楚国的困境,就南下袭击楚国,进军到达邓。楚怀王闻讯,就退兵返回。

十八年,秦使使约复与楚亲,分汉中之半以和楚。楚王曰:"愿得张仪,不愿得地。"张仪闻之,请之楚。秦王曰:"楚且甘心于子,[1]奈何?"张仪曰:"臣善其左右靳尚,[2]靳尚又能得事于楚王幸姬郑袖,[3]袖所言无不从者。且仪以前使负楚商於之约,今秦楚大战,有恶,臣非面自谢楚不解。且大王在,楚不宜敢取仪。诚杀仪以便国,臣之愿也。"仪遂使楚。

【注释】〔1〕"且",将。"甘心",求之不得。〔2〕"靳尚",靳音 jìn,楚王近臣,为张施刺杀。〔3〕"郑袖",楚王宠姬,亦称"南后"。

【译文】十八年,秦国派遣使者缔约重新与楚国亲善,分出汉中郡的一半来同楚怀王媾和。楚怀王说:"情愿得到张仪,也不愿意得到土地。"张仪闻讯,请求前往楚国。秦王说:"楚王对你正求之不得,怎么办?"张仪说:"臣下与楚王身边近臣靳尚亲善,靳尚又能巴结事奉楚王宠幸的姬妾郑袖,而郑袖所说的话怀王没有不听从的。况且我从前出使违背给楚国以商于之地的约定,如今秦国、楚国大战,结下仇恨,臣下不当面自己向楚王道歉就不能消解。再说有大王您在,楚王应该不敢杀我。倘若杀死我而对国家有利,是臣下的愿望啊。"张仪就出使楚国。

至,怀王不见,因而囚张仪,欲杀之。仪私于靳尚,[1]靳尚为请怀王曰:"拘张仪,秦王必怒。天下见楚无秦,必轻王矣。"又谓夫人郑袖曰:"秦王甚爱张仪,而王欲杀之,今将以上庸之地六县赂楚,[2]以美人聘楚王,[3]以宫中善歌者为之媵。[4]楚王重地,秦女必贵,而夫人必斥矣。夫人不若言而出之。"[5]郑袖卒言张仪于王而出之。仪出,怀王因善遇仪,仪因说楚王以叛从约而与秦合亲,约婚姻。张仪已去,屈原使从齐来,[6]谏王曰:"何不诛张仪?"怀王悔,使人追仪,弗及。是岁,秦惠王卒。

【注释】〔1〕"私",私交。〔2〕"上庸",在今湖北竹山西南,原为楚县,此时属秦。〔3〕"聘",订婚。〔4〕"媵",音 yìng,陪嫁。〔5〕"出",释放。〔6〕"屈原",楚怀王左徒,名平,见《屈原贾生列传》。

【译文】张仪到达楚都,怀王不肯见面,就囚禁张仪,打算杀他。张仪私下到靳尚那里活动,靳尚为张仪向怀王请求说:"拘留张仪,秦王必定发怒。天下诸侯见楚国没有秦国的支持,必定轻视大王了。"靳尚又对夫人郑袖说:"秦王非常喜爱张仪,但大王要杀他,如今秦王将会用上庸地方的六个县贿赂大王,把美女许配给楚王,将宫中能歌善舞的女子作陪嫁。楚王看重土地,秦国美女必能宠贵,从而夫人就必定被排斥了。夫人不如说个情而释放张仪。"郑袖结果向怀王说张仪的事而放出张仪。

张仪出来，怀王就善待他，张仪乘机劝说怀王背叛合纵之约而和秦国联合亲善，缔结婚姻。张仪离去后，屈原出使从齐国归来，向怀王进谏说："为什么不诛杀张仪?"怀王后悔，派人追拿张仪，没有赶上。当年，秦惠王去世。

二十年，[1]齐湣王欲为从长，[2]恶楚之与秦合，乃使使遗楚王书曰："寡人患楚之不察于尊名也。今秦惠王死，武王立，张仪走魏，[3]樗里疾、公孙衍用，[4]而楚事秦。夫樗里疾善乎韩，[5]而公孙衍善乎魏；[6]楚必事秦，韩、魏恐，必因二人求合于秦，则燕、赵亦宜事秦。四国争事秦，则楚为郡县矣。[7]王何不与寡人并力收韩、魏、燕、赵，[8]与为从而尊周室，以案兵息民，[9]令于天下？莫敢不乐听，则王名成矣。王率诸侯并伐，破秦必矣。王取武关、蜀、汉之地，[10]私吴、越之富而擅江海之利，韩、魏割上党，西薄函谷，则楚之强百万也。且王欺于张仪，亡地汉中，兵锉蓝田，天下莫不代王怀怒。今乃欲先事秦！愿大王孰计之。"

【注释】〔1〕原文作"二十六年"，但叙在二十四年前，《索隐》以为当作"二十年"，然下文"秦破韩宜阳"、"韩已得武遂于秦"为怀王二十二、二十三年事，则"二十六年"也可能是"二十三年"之误。〔2〕《六国年表》齐湣王之立在楚怀王六年，据《纪年》，则齐湣王之立应在楚怀王二十九年，此时尚未立。〔3〕在秦武王元年，当楚怀王十九年。〔4〕"樗里疾"，樗音 chū，秦惠王异母弟，秦武王二年(楚怀王二十一年)任右丞相，见《樗里子列传》。"公孙衍"，号犀首，张仪死后(张仪死于秦武王二年)，据说也曾入秦为相，见《张仪列传》。〔5〕樗里疾母为韩女，故亲韩。〔6〕公孙衍为魏人，故亲魏。〔7〕灭国而为敌国郡县。〔8〕"收"，聚合，纠集。〔9〕"案兵"，息止兵事。〔10〕"武关"，秦所置关，在今陕西丹凤东南。"蜀"，此时蜀已为秦灭，设为封国。"汉"，秦汉中郡，公元前三一二年设，郡治南郑(在今陕西汉中)，辖境有今陕西秦岭以南，湖北郧县、保康以西，大巴山以北地区。

【译文】二十年，齐湣王想当合纵的首领，又害怕楚国与秦国联合，于是派遣使者送信给楚怀王说："寡人担心楚国对于尊严名声不很明白啊。如今秦惠王已死，秦武王即位，张仪逃奔魏国，樗里疾、公孙衍当政，但楚国事奉秦国。那樗里疾亲韩国，而公孙衍亲魏国；楚国一定要事奉秦国的话，韩国、魏国就会恐慌，必然会通过樗里疾、公孙衍二人请求与秦国联合，那么燕国、赵国也会事奉秦国。四国争相事奉秦国，那么楚国便成为秦国的郡县了。大王为什么不与寡人合力聚集韩国、魏国、燕国、赵国，一起合纵结盟而尊奉周室，来制止战争休养百姓，号令天下？那便没人不乐意听从，大王的功名也就建立了。大王率领诸侯共同攻伐，打败秦国是必定的了。大王取得武关、蜀、汉的土地，占有吴、越的财富而独擅江海鱼盐的利益，韩国、魏国割让上党，西面直逼函谷关，楚国的强大就会增加百万倍了。况且大王被张仪欺骗，丧失汉中土地，军队在蓝田受挫，天下人无不代大王胸怀怨怒。可如今居然有人打算让楚国带头事奉秦国！希望大王仔细考虑此事。"

楚王业已欲和于秦，见齐王书，犹豫不决，下其议群臣。群臣或言和秦，或曰听齐。昭睢曰：[1]"王虽东取地于越，不足以刷耻；[2]必且取地于秦，而后足以刷耻于诸侯。王不如深善齐、韩以重樗里疾，如是则王得韩、齐之重以求地矣。秦破韩宜阳，[3]而韩犹复事秦者，以先王墓在平阳，[4]而秦之武遂去之七十里，[5]以故尤畏秦。不然，秦攻三川，[6]赵攻上党，[7]楚攻河外，[8]韩必亡。楚之救韩，不能使韩不亡，然存韩者楚也。韩已得武遂于秦，[9]以河山为塞，所报德莫如楚厚，臣以为其事王必疾。齐之所信于韩者，以韩公子眛为齐相也。[10]韩已得武遂于秦，王甚善之，使之以齐、韩重樗里疾，疾得齐、韩之重，其主弗敢弃疾也。今又益之以楚之重，樗里子必言秦，复与楚之侵地矣。"于是怀王许之，竟不合秦，而合齐以善韩。

【注释】〔1〕"昭睢"，睢音 jū，楚臣。〔2〕"刷耻"，雪耻。〔3〕"宜阳"，韩邑，在今河南宜阳西。事在楚怀王二十二年。〔4〕"平阳"，韩的早期都邑，在今山西临汾西南，韩贞子、简子、庄子、康子四世居平阳，故称"先王墓在平阳"。〔5〕"武遂"，本为韩邑，在今山西垣曲东南。秦夺之，而复与韩。〔6〕"三川"，韩郡，韩宣王时所设，辖境有今黄河以南，河南灵宝以东，中牟以西及北汝河上游地区。〔7〕“上党”，韩郡，在今山西沁河以东一带，北与赵的上党郡相接。〔8〕“河外”，古人以黄河以北为河内，黄河以南为河外。此指黄河以南的韩地。〔9〕事在楚怀王二十三年。〔10〕“韩公子眛”，不详。

【译文】楚怀王原已想与秦国讲和，看到齐王的书信，又犹豫不决，将此事下交群臣商议。群臣中有的主张与秦国和好，有的主张听从齐王。大臣昭雎说：“大王虽然东面向越国取得土地，也不足以刷洗耻辱；必须从秦国取得土地，然后才足以向诸侯洗刷耻辱。大王不如深交善待齐国、韩国来加强樗里疾的地位，照这样做的话，大王就能获得韩国、齐国的力量来要回土地了。秦军攻破韩国的宜阳，而韩国还是继续事奉秦国，是因为韩国先王的坟墓在平阳，而秦国的武遂距离平阳只有七十里，因此特别畏惧秦国。不然的话，秦国进攻三川，赵国进攻上党，楚国进攻河外，韩国必定灭亡。楚国救援韩国，不能肯定使韩国不灭亡，然而能保存韩国的只有楚国。韩国从秦国取得武遂的话，以黄河、大山作为要塞，他所要回报的恩德没有比楚国更深厚的，臣下认为韩国事奉大王必定卖力。齐国之所以信任韩国，是因为任用韩国公子眛作齐相。韩国从秦国取得武遂后，大王好好善待他，使得能用齐国、韩国的力量加强樗里疾的地位，樗里疾获得齐国、韩国的力量，秦国君主就不敢随便抛弃樗里疾。如今又增加楚国的力量，樗里子必定劝说秦王，重新将侵占的土地归还给楚国了。”于是楚怀王应许昭雎的建议，结果不联合秦国，而联合齐国来善待韩国。

二十四年，倍齐而合秦。〔1〕秦昭王初立，乃厚赂于楚。楚往迎妇。〔2〕二十五年，怀王入与秦昭王盟，约于黄棘。〔3〕秦复与楚上庸。二十六年，齐、韩、魏为楚负其从亲而合于秦，三国共伐楚。楚使太子入质于秦而请救。秦乃遣客卿通将兵救楚，〔4〕三国引兵去。

【注释】〔1〕“倍”，通“背”。〔2〕《六国年表》作“秦来迎妇”。〔3〕“黄棘”，楚地，在今河南新野东北。〔4〕“客卿”，外国人在本地做官叫客卿。

【译文】二十四年，楚怀王背叛齐国而联合秦国。秦昭王刚即位，于是向楚怀王重赠财礼。楚人前往秦国迎娶女子。二十五年，楚怀王入秦与秦昭王盟会，在黄棘缔约。秦人又给楚国上庸之地。二十六年，齐国、韩国、魏国因为楚国背叛合纵盟友而和秦国联合，三国共同出兵攻伐楚国。楚怀王派遣太子作为人质入秦而请求救援。秦昭王于是派遣客卿通领兵救助楚国，齐、韩、魏三国退兵离去。

二十七年，秦大夫有私与楚太子斗，楚太子杀之而亡归。二十八年，秦乃与齐、韩、魏共攻楚，杀楚将唐眛，〔1〕取我重丘而去。〔2〕二十九年，秦复攻楚，大破楚，楚军死者二万，杀我将军景缺。〔3〕怀王恐，乃使太子为质于齐以求平。三十年，秦复伐楚，取八城。秦昭王遗楚王书曰：“始寡人与王约为弟兄，盟于黄棘，太子为质，至欢也。太子陵杀寡人之重臣，不谢而亡去，寡人诚不胜怒，使兵侵君王之边。今闻君王乃令太子质于齐以求平。寡人与楚接境壤界，故为婚姻，所从相亲久矣。而今秦楚不欢，则无以令诸侯。寡人愿与君王坐武关，面相约，结盟而去，寡人之愿也。敢以闻下执事。”〔4〕楚怀王见秦王书，患之。欲往，恐见欺；无往，恐秦怒。昭雎曰：“王毋行，而发兵自守耳。秦虎狼，不可信，有并诸侯之心。”〔5〕怀王子子兰劝王行，〔6〕曰：“奈何绝秦之欢心！”于是往会秦昭王。昭王诈令一将军伏兵武关，号为秦王。楚王至，则闭武关，遂与西至咸阳，〔7〕朝章台，〔8〕如蕃臣，〔9〕不与亢礼。〔10〕楚怀王大怒，悔不用昭子言。〔11〕秦因留楚王，要以割巫、黔中之郡。〔12〕楚王欲盟，秦欲先得地。楚王怒曰：“秦诈我而又强要我以地！”不复许秦。秦因留之。

【注释】〔1〕“唐眛”，《荀子·议兵》、《商子·弱民》、《吕氏春秋·处方》作“唐蔑”，“眛”、“蔑”音近相通，《战国策·赵四》又作“唐明”，“眛”、“明”可能是名、字关系（眛是不明之义）。〔2〕“重丘”，楚地，在今河南泌阳东北。〔3〕“景缺”，楚将。景氏也是楚公族。〔4〕“执事”，所役使之人，这里是一种敬语，表示不敢直称对方，而以其所役使之人代之。〔5〕《屈原贾生列传》作屈原语。〔6〕“子兰”，时为

楚令尹(《屈原贾生列传》)。〔7〕“咸阳”,秦都,在今陕西咸阳东。〔8〕“章台”,秦台名,在今陕西长安西南。〔9〕“蕃臣”,“蕃”通“藩”,偏远臣属之国。〔10〕“亢礼”,亦作抗礼,谓以平等礼节相待。〔11〕“昭子”,指昭睢。〔12〕“要”,要挟。“巫、黔中之郡”,皆楚郡。巫郡辖境有今湖北清江中、上游和四川东部。黔中郡辖境有今湖南西部及贵州东北部。

【译文】二十七年,秦国大夫为私事与楚太子斗殴,楚太子杀死秦大夫而逃亡回国。二十八年,秦国就与齐国、韩国、魏国共同进攻楚国,杀死楚将唐眛,夺取楚国的重丘而离去。二十九年,秦军再次进攻楚国,大败楚军,楚军死者达二万人,杀死楚国将军景缺。楚怀王恐慌,于是派太子作为人质到齐国来求和。三十年,秦国又攻伐楚国,夺取八座城。秦昭王写书信给楚怀王说:“当初寡人与大王结为兄弟,在黄棘订立盟约,太子作为人质,极为欢悦。但太子凌辱杀死寡人的重臣,不来告谢反而逃亡离去,寡人实在按捺不住怒火,派兵侵犯君王的边地。如今听说君王竟命令太子作为人质到齐国以求取和好。寡人秦国与楚国连境接界,原已结为婚姻,互相交往亲善很久了。然而当今秦国、楚国不和,就无法号令诸侯。寡人希望同君王在武关相会,当面立约,缔结盟好而离去,这是寡人的愿望。冒昧地告知陛下。”楚怀王看到秦昭王的书信,十分忧愁。打算前往,恐怕被欺骗;不去的话,又恐怕秦王发怒。昭睢说:“大王不要去,只需调发军队坚守自卫即可。秦王如同虎狼,不可相信,胸怀并吞诸侯的野心。”楚怀王的小儿子子兰鼓动怀王上路,说:“怎么能断绝秦王的欢心!”怀王于是前往会见秦昭王。秦昭王设计命令一位将军在武关埋伏军队,假称是秦王。楚怀王到达,就闭上武关,那将军就和怀王西行到达咸阳,在章台朝见秦昭王,秦人如同对待蕃臣附庸,不用对等的礼节。楚怀王勃然大怒,后悔不听昭子的话。秦昭王就扣留楚怀王,要挟他割让巫郡、黔中郡。楚怀王打算订立盟约,但秦王想先得到土地。楚王发怒说:“秦人欺诈我,又用强力胁迫我割让土地!”不再答应秦王要求。秦国就扣留楚怀王。

楚大臣患之,乃相与谋曰:“吾王在秦不得还,要以割地,而太子为质于齐,齐、秦合谋,则楚无国矣。”乃欲立怀王子在国者。昭睢曰:“王与太子俱困于诸侯,而今又倍王命而立其庶子,不宜。”乃诈赴于齐,齐湣王谓其相曰:〔1〕“不若留太子以求楚之淮北。”〔2〕相曰:“不可,郢中立王,是吾抱空质而行不义于天下也。”〔3〕或曰:〔4〕“不然。郢中立王,因与其新王市曰〔5〕‘予我下东国,〔6〕吾为王杀太子,不然,将与三国共立之’,然则东国必可得矣。”〔7〕齐王卒用其相计而归楚太子。太子横至,立为王,是为顷襄王。乃告于秦曰:“赖社稷神灵,国有王矣。”

【注释】〔1〕《战国策·齐三》作“苏秦谓薛公曰”。这里的“相”即指齐相薛公田婴。〔2〕“淮北”,淮水以北楚地。即下“下东国”。〔3〕“空质”,没有用的人质。〔4〕《战国策·齐三》作“苏秦曰”。〔5〕“市”,做交易,讨价还价。〔6〕“下东国”,楚淮北地,近于齐,对以郢为中心的楚地而言,称为下东国。〔7〕“东国”,即下东国。

【译文】楚国大臣忧虑国中无主,于是互相商议说:“我们的君王在秦国不能回来,要挟他割让土地,而太子在齐国做人质,齐国、秦国联合谋划算计的话,楚人就没国家了。”于是打算拥立楚怀王在国都中的儿子。昭睢说:“大王和太子同时被困在诸侯国家,然而现在又违背君王之命拥立他的庶出儿子为王,不合适。”于是派使者到齐国假报国丧。齐王对他的国相说:“不如扣留太子来索求楚国的淮北。”国相说:“不可以,如果郢都之中拥立新王,这样我们便抱着无用的人质而在天下人面前干下不义之事。”有人说:“不是这样。郢都之中拥立新王,就乘机与楚国新王进行交易说:‘给我们淮北,我们为新王杀死太子,不然的话,将和秦、韩、魏三国共同拥立太子为王。’这样淮北就必然可以得到了。”齐王最终采用国相的计策而送楚太子回国。太子横到达楚国,即位为王,这就是顷襄王。楚人于是向秦国通告说:“依赖社稷神灵的保佑,楚国有王了。”

顷襄王横元年,秦要怀王不可得地,楚立王以应秦,秦昭王怒,发兵出武关攻楚,大败楚军,斩首五万,取析十五城而去。〔1〕二年,楚怀王亡逃归,秦觉之,遮楚道,怀王恐,乃从间道走赵以求归。〔2〕赵主父在代,〔3〕其子惠王初立,〔4〕行王事,恐,不敢入楚王。楚王欲走魏,秦追至,遂与秦使复之秦。怀王遂发病。顷襄王三年，怀王卒于秦，秦归其丧于楚。楚人皆怜之，如悲亲戚。诸侯由是不直秦。[5]秦楚绝。

【注释】〔1〕“析”，楚邑，又名白羽，在今河南西峡。〔2〕“间道”，小路。〔3〕“赵主父”，即赵武灵王，武灵王二十七年传国于子，自号主父。“代”，赵郡，辖境有今山西东北及河北、内蒙古一部分地。〔4〕“惠王”，即赵惠文王。〔5〕“不直秦”，以秦为不直。

【译文】顷襄王横元年，秦人要挟楚怀王而没能获得土地，楚人拥立新王来对付秦国，秦昭王大怒，发兵从武关而出攻打楚国，大败楚军，斩首五万，夺取析十五座城邑而离去。二年，楚怀王逃亡回国，秦人发觉，在通往楚国的道路上拦阻，怀王害怕，就从小路逃奔赵国来寻求回国。赵主父在代郡，他的儿子赵惠王刚即位，行使王权，害怕秦国，不敢接纳楚怀王。楚怀王打算逃奔魏国，秦兵追到，就与秦国使者重新前往秦国。怀王旋即发病。顷襄王三年，楚怀王死在秦国，秦人将怀王尸体送还楚国。楚人都怜惜怀王，如同失去自己亲戚那样地悲哀。各国诸侯从此认为秦国不义。秦、楚两国绝交。

六年，秦使白起伐韩于伊阙，[1]大胜，斩首二十四万。秦乃遗楚王书曰：“楚倍秦，秦且率诸侯伐楚，争一旦之命。愿王之饬士卒，[2]得一乐战。”楚顷襄王患之，乃谋复与秦平。七年，楚迎妇于秦，秦楚复平。

【注释】〔1〕“白起”，秦将，见《白起列传》。“伊阙”，山名，在今河南洛阳南。〔2〕“饬”，音chì，整顿。

【译文】六年，秦王派遣白起在伊阙山攻伐韩国，大获全胜，斩首达二十四万。秦王于是给楚王书信说：“楚国背叛秦国，秦国将率领诸侯讨伐楚国，决一死战。希望大王整顿军队，痛快打一仗。”楚顷襄王忧虑此事，于是谋求重新与秦国和好。七年，楚人到秦国迎娶新妇，秦国、楚国重新媾和。

十一年，齐秦各自称为帝，[1]月余，复归帝为王。[2]

【注释】〔1〕秦昭王与齐湣王同时称帝。当时各大诸侯国的国君都已称王，齐秦为了表示其地位在诸国之上，遂称帝。〔2〕放弃帝号，恢复王号。

【译文】十一年，齐王、秦王各自称帝，一个多月后，又放弃帝号恢复称王。

十四年，楚顷襄王与秦昭王好会于宛，[1]结和亲。十五年，楚王与秦、三晋、燕共伐齐，取淮北。[2]十六年，与秦昭王好会于鄢。[3]其秋，复与秦王会穰。[4]

【注释】〔1〕“宛”，本为楚邑，在今河南南阳，此时已属秦。〔2〕“淮北”，即上齐所求楚下东国地。〔3〕“鄢”，楚邑，在今湖北宜城。〔4〕“穰”，本为韩邑，在今河南邓县，此时属秦。

【译文】十四年，楚顷襄王与秦昭王在宛举行友好会见，缔结和约亲善。十五年，楚顷襄王和秦国、三晋、燕国一同攻伐齐国，取得淮北之地。十六年，又与秦昭王在鄢友好相会。这年秋天，又和秦昭王在穰相会。

十八年，楚人有好以弱弓微缴加归雁之上者，[1]顷襄王闻，召而问之。对曰：“小臣之好射鶀雁、罗鸗，[2]小矢之发也，何足为大王道也。且称楚之大，因大王之贤，所弋非直此也。[3]昔者三王以弋道德，[4]五霸以弋战国。[5]故秦、魏、燕、赵者，鶀雁也；齐、鲁、韩、卫者，青首也；[6]驺、费、郯、邳者，[7]罗鸗也。外其余则不足射者。见鸟六双，[8]以王何取？王何不以圣人为弓，以勇士为缴，时张而射之？此六双者，可得而囊载也。其乐非特朝昔之乐也，[9]其获非特凫雁之实也。[10]王朝张弓而射魏之大梁之南，加其右臂而径属之于韩，[11]则中国之路绝而上蔡之郡坏矣。[12]还射圉之东，[13]解魏左肘而外击定陶，[14]则魏之东外弃而大宋、方与二郡者举矣。[15]且魏断二臂，颠越矣；[16]膺击郯国，[17]大梁可得而有也。王绩缴兰台，[18]饮马西河，[19]定魏大梁，此一发之乐也。若王之于弋诚好而不厌，则出宝

弓，碆新缴，[20]射噣鸟于东海，[21]还盖长城以为防，[22]朝射东莒，[23]夕发浿丘，[24]夜加即墨，[25]顾据午道，[26]则长城之东收而太山之北举矣。[27]西结境于赵而北达于燕，三国布䎘，[28]则从不待约而可成也。北游目于燕之辽东而南登望于越之会稽，[29]此再发之乐也。若夫泗上十二诸侯，[30]左萦而右拂之，[31]可一旦而尽也。今秦破韩以为长忧，得列城而不敢守也；[32]伐魏而无功，击赵而顾病，[33]则秦魏之勇力屈矣，[34]楚之故地汉中、析、郦可得而复有也。[35]王出宝弓，碆新缴，涉鄳塞，[36]而待秦之倦也，山东、河内可得而一也。[37]劳民休众，[38]南面称王矣。故曰秦为大鸟，负海内而处，东面而立，左臂据赵之西南，[39]右臂傅楚鄢郢，[40]膺击韩魏，[41]垂头中国，[42]处既形便，势有地利，奋翼鼓䎘，方三千里，[43]则秦未可得独招而夜射也。"[44]欲以激怒襄王，故对以此言。襄王因召与语，遂言曰："夫先王为秦所欺而客死于外，怨莫大焉，今以匹夫有怨，尚有报万乘，[45]白公、子胥是也。今楚之地方五千里，带甲百万，[46]犹足以踊跃中野也，[47]而坐受困，臣窃为大王弗取也。"于是顷襄王遣使于诸侯，复为从，欲以伐秦。秦闻之，发兵来伐楚。

【注释】〔1〕"弱弓微缴"，力量很弱的弓和缴。缴音 zhuó，是系在箭上的生丝绳。〔2〕"鵔雁"，鵔音 qí，一种小雁。"罗鸗"，鸗音 lóng，一种野鸭。〔3〕"弋"，音 yì，用绳系在箭上射叫弋。〔4〕"三王"，夏禹、商汤、周文王。〔5〕"五霸"，齐桓公、晋文公、楚庄王、吴王阖庐、越王句践。一说指齐桓公、晋文公、秦穆公、宋襄公、楚庄王。"战国"，指各国兼并争霸。〔6〕"青首"，一种小凫。〔7〕"邹"，即春秋邾国，曹姓，在今山东邹县。"费"，音 bì，鲁季孙氏邑。"郯"，音 tán，少昊之后，已姓，在今山东郯城。"邳"，音 pī，春秋薛地，本在今江苏邳县西南，魏惠王三十年，迁于薛，改名徐州〔8〕指上文十二国、邑。〔9〕"朝昔"，即朝夕。〔10〕"凫"，音 fú，野鸭。〔11〕"右臂"，指魏之西部。"径"，径直。"属"，连结。是说攻占魏大梁之南，加兵于其西部，使与韩的国土相接。〔12〕"中国"，指中原地区。"上蔡之郡"，韩郡，在今河南上蔡一带。这里是说楚得地于魏而西与韩地接界，则韩之上蔡郡不与韩的中心地区(古代所谓中国主要就是指这一地区)相通，处于隔绝状态，难以防守。〔13〕"还"，通"环"，环绕。"圉"，魏邑，在今河南杞县西南。〔14〕"左肘"，指魏之东部。"定陶"，原为宋邑，此时属齐，在魏东境之外，故称"外击"。〔15〕"魏之东外"，魏之东境以外，指定陶。"大宋、方与二郡"，皆魏郡，大宋辖境有今河南商丘及安徽砀山等地，方与辖境有今山东嘉祥以南金乡等地，并包括今江苏丰县一带。〔16〕"颠越"，陨坠，衰落。〔17〕"膺击"，膺音 yīng，当胸，指正面攻击。又《诗·鲁颂·閟宫》"戎狄是膺，荆舒是惩"，《孟子·滕文公上》引之，赵岐注训膺为击。〔18〕"绮缴"，"绮"音 zhēng，屈曲，指收弋射用的缴。"兰台"，楚台名。〔19〕时西河当魏西境。〔20〕"碆"，音 bō，用石制箭头附在缴上叫碆。〔21〕"噣鸟"，噣音 zhòu，嘴如钩状的大鸟。〔22〕"盖"，《集解》徐广引别本作"益"。"长城"，应指齐长城。〔23〕"东莒"，齐邑，原为莒国地，在今山东莒县，亦名莒。〔24〕"浿丘"，齐地，在今山东博兴南。〔25〕"即墨"，齐邑，在今山东平度东南。〔26〕"午道"，魏、赵、齐三国间纵横交错的大道。〔27〕"太山"，即泰山，在今山东中部。〔28〕"䎘"，同"翅"。〔29〕"辽东"，燕郡，辖境有今辽宁大凌河以东地区。"会稽"，会音 guì，越地，今浙江绍兴。〔30〕"泗上十二诸侯"，指上驺、费、郯、邳等。〔31〕"萦"，回绕。"拂"，击。〔32〕"列城"，国都以外的城邑。《战国策·中山》："围其国都，必不可克；攻其列城，必未可拔。"〔33〕"顾"，反而。〔34〕"屈"，音 jué，竭尽。〔35〕"郦"，音 zhí，楚邑，在今河南南阳西北。〔36〕"鄳塞"，古隘道名，即今河南信阳西南平靖关。〔37〕"河内"，黄河以北。〔38〕"劳"，慰劳。"休"，休息。〔39〕面朝东而立，则左臂为北。〔40〕面朝东而立，则右臂为南。〔41〕胸当韩、魏。〔42〕头当中原。〔43〕长三千里、宽三千里。〔44〕"独招"，"独"应是"烛"字之误，指照明，招是箭靶。意思是说秦如大鸟，未可如用火照明而夜射。〔45〕"报"，报仇。"万乘"，万乘之国，指楚。〔46〕"带甲"，即甲士。〔47〕"踊跃"，是古代步兵作战的基本动作，又叫曲踊距跃。"中野"，原野。指用兵于战场。

【译文】十八年，楚国有个人善于用轻弓细缴射猎飞归巢窝的大雁，顷襄王听说后，召见而询问他。那人回答说："小臣善好射鵔雁、罗鸗，发的是小箭，有什么值得向大王称道的呢。况且衡量楚国的广大，凭借大王的贤能，所能射取的不只是这些啊。从前夏、商、周三代圣王所猎取的是王道德政，春秋五霸所猎取的是争斗的列国。所以秦国、魏国、燕国、赵国，是鶀雁；齐国、鲁国、韩国、魏国，是青首；驺、费、郯、邳，是罗鸗。除此之外其余的不值得射猎。现在有鸟六对，大王用什么来获取呢？大王为什么不将圣人当作弓，将勇士作为缴，看准时机张弓而射呢？这六对鸟，都可获得而装袋载车占为已有。那种快乐不只是一朝一夕的快乐，那种收获也不只是野鸭飞雁的实物。大王早上张弓搭箭去射取魏国大梁的南部，再射取魏国的西部而直接连带到韩国，那样韩国通向中原的道路就会被截断，同时上蔡郡也不攻自破了。环绕而下射取圉邑的东面，肢解魏国的东部，从而向外攻击齐国的定陶，那么魏国东部之外的地方被放弃，同时大宋、方与两郡就可以夺取了。况且魏国丧失东、西两部，便一蹶不振了；再正面攻击郯国，大梁就可以得到而占有了。大王在兰台收起弓箭丝绳，到魏国西河饮马，平定魏都大梁，这是第一次发射的快乐啊。倘若大王对于射猎实在喜好而不感厌倦，就取出宝弓，箭头系上新缴，到东海去射长着钩嘴的大鸟，环绕山河加筑长城作为防线，早上射取东莒，傍晚猎获浿丘，夜里得到即墨，回头占据午道，那样便长城以东收复而太山之北取得了。西面连接赵国边境而北面直达燕国，齐、赵、燕三国地形如同张开的翅膀，合纵之盟不等缔约就可以形成了。北上到燕国的辽东郡游玩观览，南下到越国的会稽山登高眺望，这是第二次发射的快乐啊。至于泗上十二诸侯小国，左右开弓，可以一个早上而全部得到。如今秦国攻破韩国造成了长久的忧患，取得许多城邑却不敢据守；攻伐魏国但没有功绩，出击赵国反而自己受困，秦国、魏国的勇气力量消耗尽了，楚国的故土汉中、析、郦可以得到而重新拥有了。大王拿出宝弓，箭头系上新缴，涉足鄳塞，坐待秦国的疲倦困乏，山东、河内广大地域可以得到而统一了。慰劳百姓休养民众，便可坐北朝南称王天下了。所以说秦国是只大鸟，背靠内陆而居住，面朝东方而立，左臂占据赵国的西南部，右臂直逼楚国的鄢郢，正面搏击韩国、魏国，低头俯视中原，居处优越，地势有利，展翅奋翼，方圆三千里，秦国是无法用蜡烛照明而能在夜晚射取的。"那人想激怒楚顷襄王，所以用这些话作回答。顷襄王因此召见那人与他交谈，于是又说："先王被秦国欺骗而客死在外，仇恨没有比这更大的。如今以匹夫之力而身有怨仇，尚且有向万乘之国报仇雪恨的，白公、子胥就是。如今楚国地域方圆五千里，全副武装的甲士上百万，还足以驰骋原野疆场，却坐视不起，自受困厄，臣子私下认为大王不可采取这种做法。"于是顷襄王派遣使者到诸侯各国，重新缔结合纵盟约，准备攻伐秦国。秦王闻讯，发兵前来攻伐楚国。

楚欲与齐、韩连和伐秦，〔1〕因欲图周。周王赧使武公谓楚相昭子曰：〔2〕"三国以兵割周郊地以便输，而南器以尊楚，〔3〕臣以为不然。夫弑共主，臣世君，〔4〕大国不亲；以众胁寡，小国不附。大国不亲，小国不附，不可以致名实。〔5〕名实不得，不足以伤民。〔6〕夫有图周之声，非所以为号也。"昭子曰："乃图周则无之。虽然，周何故不可图也？"对曰："军不五不攻，城不十不围。〔7〕夫一周为二十晋，〔8〕公之所知也。韩尝以二十万之众辱于晋之城下，〔9〕锐士死，中士伤，〔10〕而晋不拔。公之无百韩以图周，此天下之所知也。夫怨结于两周以塞驺鲁之心，〔11〕交绝于齐，声失天下，其为事危矣。夫危两周以厚三川，方城之外必为韩弱矣。〔12〕何以知其然也？西周之地，绝长补短，〔13〕不过百里。名为天下共主，裂其地不足以肥国，得其众不足以劲兵。虽无攻之，名为弑君。然而好事之君，喜攻之臣，发号用兵，未尝不以周为终始。是何也？见祭器在焉，欲器之至而忘弑君之乱。今韩以器之在楚，〔14〕臣恐天下以器雠楚也。臣请譬之。夫虎肉臊，其兵利身，〔15〕人犹攻之也。若使泽中之麋蒙虎之皮，〔16〕人之攻之必万于虎矣。裂楚之地，足以肥国；诎楚之名，〔17〕足以尊主。今子将以欲诛残天下之共主，居三代之传器，〔18〕吞三翮六翼，〔19〕以高世主，〔20〕非贪而何？《周书》曰'欲起无先'，〔21〕故器南则兵至矣。"于是楚计辍不行。〔22〕

【注释】〔1〕"连和"，犹联合。〔2〕"周王赧"，赧音 nǎn，即周赧王。"武公"，西周武公。"昭子"，昭雎，此时为相。〔3〕"南器"，器指祭器，谓迁周九鼎于楚。〔4〕"共王"、"世君"，均指周天子。〔5〕"致名实"，使名实相符，做到名正言顺。〔6〕"伤民"，犹言恤民。〔7〕《孙子·谋攻》："故用兵之法，十则围之，五则攻之。""五"、"十"是五倍于

敌、十倍于敌之义。〔8〕一个周顶得上二十个晋。"晋"指魏。〔9〕其事无可考。〔10〕"中士",对"锐士"而言,指中等水平的士卒。〔11〕"两周",周考王封其弟揭于河南(今河南洛阳西),为西周桓公,桓公去世,子威公立。公元前三六七年,西周威公去世,少子公子根与太子公子朝争立,发生内乱,赵、韩两国用武力支持,帮助公子根在巩(今河南巩县西南)独立,从此分裂为西周、东周两小国。〔12〕是说两周削弱则使韩地三川郡得以加强,因而楚方城以外被韩削弱。〔13〕"绝",犹"截"。〔14〕下似有脱误。〔15〕指以爪牙自卫。〔16〕"麋",音 mí,麋鹿。〔17〕"诎",通"屈"。〔18〕"三代之传器",周九鼎传自夏、商,故称。〔19〕"三翮六翼",翮音 hé,羽茎,也代指鸟翼,这里可能是指九鼎的形状(鼎身所饰的扉、翼)。《索隐》引别本"翮"亦作"鬲",以为是指鼎有三款足(空足)六耳。〔20〕"世主",指周天子。〔21〕"《周书》",《周书》佚篇之文。"欲起无先",将欲起之,不可为先。是后发制人的意思。〔22〕"辍",音 chuò,停止。

【译文】楚顷襄王打算与齐国、韩国联合和好攻伐秦国,乘机准备图谋灭周。周王赧派武公对楚相昭子说:"楚、齐、韩三国准备用兵割取周京郊外之地来便利运输,同时将天子九鼎重器南迁来尊崇楚王,臣子认为大谬不然。杀死天下共主,以世代为君的天子为臣,大国就不会亲近;凭着人多势众胁持势单力薄的王室,小国就不会归附。大国不亲近,小国不归附,便不可以得到名号实惠。名号实惠不能得到,就不值得兴师动众而伤害民众。有图谋周室的名声,是无法向诸侯发号施令的。"昭子说:"至于图谋周室是实无其事。尽管如此,周王室为什么就不能图谋呢?"武公回答说:"没有五倍于敌军的兵力就不发起进攻,没有十倍于守城的兵力就不实施包围。一个周王室等于二十个魏国,是您所知道的。韩国曾经出动二十万军队而受挫于魏国都城之下,打先锋的士兵死亡,中间的士兵受伤,然而魏都没有攻破。您没有百倍于韩国的兵力来谋取周王室,这是天下众所周知的。与东周、西周结下怨仇来伤害驺、鲁之地的人心,同齐国断绝交往,在天下丧失声望,那样做事就岌岌可危了。危害东周、西周来加强韩国的三川郡,方城之外的楚地必然会被韩国所削弱了。凭什么知道会这样呢?西周的土地,截长补短拼凑起来,不过方圆百里。周王室名义上为天下共主,然而割取它的土地不能够使国家富饶,获得它的民众不能够使军队强大。即使不进攻周王室,名声还是杀害天子。然而好事的君主,好战的臣子,发布号令动用军队,没有不以周王室作为最终目标的。这是什么原因呢?因为他们看到祭祀的重器在王室,只想重器到手而忘却了制造杀君之乱的罪名。如今韩国将把重器迁移安置在楚国,臣下恐怕天下会因为重器而以楚国作为进攻对象了。臣下请求打个譬喻。老虎肉质腥臊,它爪牙厉害利于防身,但人们还是攻击它而谋取虎皮。倘若让沼泽中的麋鹿蒙上老虎的皮,人们向它进攻的可能就会比对老虎高出一万倍了。瓜分楚国的土地,足以使国家富裕;毁坏楚王的名声,足以使国君尊崇。如今你将要残害天下的共主,占有夏、商、周三代相传的宝器,独吞九鼎,来傲视天子,这不是贪婪又是什么呢?《周书》说'想要起来就不能先动',因此一旦重器南迁楚国,军队就会来到了。"于是楚王停止原计划而不采取行动。

十九年,秦伐楚,楚军败,割上庸、汉北地予秦。二十年,秦将白起拔我西陵。〔1〕二十一年,秦将白起遂拔我郢,烧先王墓夷陵。〔2〕楚襄王兵散,遂不复战,东北保于陈城。〔3〕二十二年,秦复拔我巫、黔中郡。

【注释】〔1〕"西陵",楚地,在今湖北宜昌。〔2〕"夷陵",楚邑,在今湖北宜昌东南,楚先王墓所在。〔3〕"陈城",在今河南淮阳,楚顷襄王所徙之都。

【译文】十九年,秦军攻伐楚国,楚军战败,割让上庸、汉水以北之地给秦国。二十年,秦国将领白起攻拔楚国的西陵。二十一年,秦国将领白起接着攻下楚国的郢都,烧毁楚人先王墓夷陵。楚襄王因军队溃散,就不再作战,撤向东北保守陈城。二十二年,秦军又攻下楚国的巫郡、黔中郡。

二十三年,襄王乃收东地兵,〔1〕得十余万,复西取秦所拔我江旁十五邑以为郡,距秦。二十七年,使三万人助三晋伐燕。〔2〕复与秦平,而入太子为质于秦。楚使左徒侍太子于秦。〔3〕

【注释】〔1〕"东地",楚地东部,指淮水流域一带。〔2〕此役是由秦、楚助韩、魏伐燕。〔3〕"左徒",楚官名。《屈原列传》记屈原曾为楚怀王左徒,

"入则与王图议国事，以出号令；出则接遇宾客，应对诸侯"，似是较高的官职。此"左徒"据下文即春申君。

【译文】二十三年，楚襄王才收罗集合东部地区的军队，得到十几万，又向西攻取秦军所攻克的楚国长江沿线十五个城邑建立了郡，抵御秦国。二十七年，楚襄王派遣三万军队帮助韩、赵、魏三国攻伐燕国。又与秦国讲和，同时将太子送入秦国作为人质。楚襄王派左徒在秦国侍奉太子。

三十六年，顷襄王病，太子亡归。秋，顷襄王卒，太子熊元代立，〔1〕是为考烈王。考烈王以左徒为令尹，封以吴，〔2〕号春申君。〔3〕

【注释】〔1〕《索隐》引《世本》"元"作"完"，《春申君列传》亦作"完"。〔2〕"吴"，吴故墟，在今江苏苏州。〔3〕"春申君"，黄歇，曾与太子元入质于秦，太子元立，以歇为相，初封淮北地十二县，号春申君，后因淮北近齐，请改封于吴故墟。参看《春申君列传》。

【译文】三十六年，楚顷襄王患病，太子逃亡回国。秋天，顷襄王去世，太子熊元继位，这就是楚考烈王。考烈王任命左徒为令尹，把吴地封给他，号称春申君。

考烈王元年，纳州于秦以平。〔1〕是时楚益弱。

【注释】〔1〕"州"，楚邑，在今湖北嘉鱼北。

【译文】楚考烈王元年，将州邑献纳给秦国来求和。这时楚国日益衰弱。

六年，秦围邯郸，〔1〕赵告急楚，楚遣将军景阳救赵。〔2〕七年，至新中。〔3〕秦兵去。十二年，秦昭王卒，楚王使春申君吊祠于秦。〔4〕十六年，秦庄襄王卒，秦王赵政立。〔5〕二十二年，与诸侯共伐秦，〔6〕不利而去。楚东徙都寿春，〔7〕命曰郢。〔8〕

【注释】〔1〕"邯郸"，赵都，在今河北邯郸西南。〔2〕《六国年表》、《春申君列传》记将兵者为春申君。〔3〕"新中"，即宁新中，魏邑，公元前二五七年秦夺之，改名安阳，在今河南安阳东南。〔4〕"吊祠"，吊唁祭祀。〔5〕"赵政"，即后之秦始皇，司马迁以秦、赵同祖而称之为赵政。〔6〕赵庞煖率赵、楚、魏、燕、韩五国兵伐秦。〔7〕"寿春"，在今安徽寿县西南。〔8〕寿春亦称郢。

【译文】六年，秦军围攻邯郸，赵国向楚国告急，考烈王派遣将军景阳领兵救援赵国。七年，楚军到达新中。秦军离去。十二年，秦昭王去世，楚考烈王派遣春申君前往秦国吊唁祭祀。十六年，秦庄襄王去世，秦王赵政即位。二十二年，楚国和诸侯共同出兵攻伐秦国，交战失利而离去。楚国东迁都城于寿春，将寿春命名为郢。

二十五年，考烈王卒，子幽王悍立。〔1〕李园杀春申君。〔2〕幽王三年，秦、魏伐楚。秦相吕不韦卒。〔3〕九年，秦灭韩。〔4〕十年，幽王卒，同母弟犹代立，〔5〕是为哀王。哀王立二月余，哀王庶兄负刍之徒袭杀哀王而立负刍为王。〔6〕是岁，秦虏赵王迁。〔7〕

【注释】〔1〕"悍"，《六国年表》作"悼"，《高祖本纪索隐》作"择"，《春申君列传索隐》作"捍"。据出土铜器，幽王名感忎，"忎"即古"悍"字。〔2〕"李园"，赵人，初事春申君为舍人，以女弟进春申君，有身，复进于楚王，楚王幸之，生男为太子，立李园女弟为王后，李园亦因而受到重用，考烈王卒，使人刺杀春申君。参看《春申君列传》。〔3〕"吕不韦"，见《吕不韦列传》。〔4〕秦灭韩在韩安王九年，当楚幽王八年。〔5〕"犹"，《六国年表》作"郝"。〔6〕"负刍"，《越绝书·纪地传》作"楚王成"。〔7〕"赵王迁"，赵的最后一代国君。

【译文】二十五年，楚考烈王去世，儿子幽王悍即位。李园杀死春申君。楚幽王三年，秦军、魏军攻伐楚国。秦相吕不韦去世。九年，秦国灭亡韩国。十年，楚幽王去世，同母弟犹继位，这就是楚哀王。楚哀王即位两个多月，哀王的庶出兄长负刍的党徒袭击杀死哀王而拥立负刍为王。这一年，秦军俘虏赵王迁。

王负刍元年，燕太子丹使荆轲刺秦王。[1]二年，秦使将军伐楚，[2]大破楚军，亡十余城。三年，秦灭魏。四年，秦将王翦破我军于蕲，[3]而杀将军项燕。[4]

【注释】〔1〕“燕太子丹”，燕王喜太子，名丹。“荆轲”，太子丹所养刺客，见《刺客列传》。〔2〕据《秦始皇本纪》，此年秦使王贲伐楚。〔3〕“王翦”，翦音 jiǎn，见《王翦列传》。“蕲”，音 qí，楚地，在今安徽宿县南。〔4〕“项燕”，楚将。

【译文】楚王负刍元年，燕国太子丹派遣荆轲刺杀秦王。二年，秦王派遣将军攻伐楚国，大败楚军，楚国丢失十余座城邑。三年，秦国灭亡魏国。四年，秦国将领王翦在蕲击败楚军，杀死将军项燕。

五年，秦将王翦、蒙武遂破楚国，[1]虏楚王负刍，灭楚名为郡云。[2]

【注释】〔1〕“蒙武”，秦将，蒙恬之父，见《蒙恬列传》。〔2〕设为楚郡。秦之楚郡辖境有今河南平舆以北、柘城以南，包括淮阳、鹿邑等地。

【译文】五年，秦国将领王翦、蒙武接连击败楚国，俘虏楚王负刍，灭亡楚国，用“楚”作为郡名。

太史公曰：楚灵王方会诸侯于申，诛齐庆封，[1]作章华台，[2]求周九鼎之时，[3]志小天下；及饿死于申亥之家，[4]为天下笑。操行之不得，悲夫！势之于人也，可不慎与？弃疾以乱立，嬖淫秦女，[5]甚乎哉，几再亡国！[6]

【注释】〔1〕在灵王三年。〔2〕在灵王七年。〔3〕在灵王十一年。〔4〕在灵王十二年。〔5〕“嬖淫”，嬖音 bì，宠爱，淫，淫乱。〔6〕几乎两次亡国。指灵王十二年楚争政的内乱和平王暴虐导致昭王时吴伐楚入郢。

【译文】太史公说：楚灵王当他在申盟会诸侯，诛杀齐国庆封，建造章华台，谋求周王室九鼎的时候，志向远大，藐视天下；等到他在申亥家中饿死，却被普天下的人所嗤笑。没有操守德行，下场实在可悲啊！权势对于人来说，能不谨慎吗？弃疾利用变乱登上君位，宠幸秦国女子到了淫乱的程度，太过分了，几乎两度导致国家灭亡！

史记卷四十一

越王句践世家第十一

越王句践,其先禹之苗裔,而夏后帝少康之庶子也。[1]封于会稽,[2]以奉守禹之祀。文身断发,[3]披草莱而邑焉。后二十余世,至于允常。[4]允常之时,与吴王阖庐战而相怨伐。[5]允常卒,子句践立,是为越王。

【注释】〔1〕"夏后",夏朝的国号;"庶子",宗法社会中非正妻所生之子。 〔2〕"封",古代帝王把爵位或土地赐给亲属或臣下。"会稽",山名。在今浙江中部绍兴、嵊县、诸暨、东阳间,主峰在嵊县西北。相传夏禹至苗山大会诸侯,计功封爵,始名会稽,即会计之意。 〔3〕"文身",在身上刺有花纹;"断发",剪短头发。文身断发是我国古代南方民族的一种习俗。 〔4〕"允常",春秋末年越国国君,越侯夫谭之子。公元前五一〇年至前四九六年在位。 〔5〕"阖庐",春秋末年吴国君,吴王诸樊之子,名光,是杀死其侄吴王僚而自立的。公元前五一四年至前四九六年在位。"阖",音 hé。

【译文】越王句践,他的祖先是禹的后代,是夏后帝少康的庶子,被封在会稽,以祭祀和守护禹的宗庙。他们身刺花纹,头剪短发,斩草辟荒,在那里建立了城邑。这以后传了二十多代,到了允常。当允常在位的时候,与吴王阖庐因战争结下仇怨而互相征伐。允常死后,他的儿子句践即位,这就是越王。

元年,[1]吴王阖庐闻允常死,乃兴师伐越。越王句践使死士挑战,三行,至吴陈,[2]呼而自刭。吴师观之,越因袭击吴师,吴师败于槜李,[3]射伤吴王阖庐。阖庐且死,告其子夫差曰:"必毋忘越。"

【注释】〔1〕"元年",指越王句践元年,即公元前四九六年。 〔2〕"陈",音 zhèn。通"阵"。 〔3〕"槜李",地名。又作"醉李"、"就李"。故地在今浙江嘉兴西南。"槜",音 zuì。

【译文】元年,吴王阖庐听到越王允常去世的消息,便起兵征伐越国。越王句践派敢死的武士前去挑战,队伍排成三行,走到吴军阵地前,大叫一声就自杀了。正当吴军注意观看这一举动的时候,越军乘机突然袭击吴军。吴军在槜李这个地方被打败了,吴王阖庐也被箭射成重伤。阖庐临终的时候,告诫他的儿子夫差说:"一定不要忘记对越国的仇恨!"

三年,句践闻吴王夫差日夜勒兵,且以报越,越欲先吴未发往伐之。范蠡谏曰:[1]"不可。臣闻兵者凶器也,战者逆德也,争者事之末也。阴谋逆德,好用凶器,试身于所末,上帝禁之,行者不利。"越王曰:"吾已决之矣。"遂兴师。吴王闻之,悉发精兵击越,败之夫椒。[2]越王乃以余兵五千人保栖于会稽。吴王追而围之。

【注释】〔1〕"范蠡",春秋末年楚国宛(今河南南阳)人。字少伯。越大夫。越为吴所败,曾赴吴为质二年。辅佐越王句践,官至上将军。越灭吴后,离越经商。号陶朱公。 〔2〕"夫椒",山名。故地在今浙江绍兴市北之太湖中。"夫",音 fú。

【译文】三年，句践听说吴王夫差日夜练兵，准备报复越国，就打算在吴国尚未兴师时征伐他们。范蠡劝谏说："不能这样做。我听说，兵器是不吉利的东西，战争是违反道义的行为，争斗是最坏的事情，企图违背道义，喜欢使用凶器，亲身去做坏事，是上天所不允许的，做这样的事是不会有好处的。"越王说："我的决心已经下定了。"于是就发兵了。吴王闻讯后，全部出动精锐部队打击越军，在夫椒山把越军打败。越王只好带着残存的五千人马退守在会稽山上，吴王率兵追来并包围了越军。

越王谓范蠡曰："以不听子故至于此，为之奈何？"蠡对曰："持满者与天，定倾者与人，节事者以地。卑辞厚礼以遗之，不许，而身与之市。"句践曰："诺。"乃令大夫种行成于吴，〔1〕膝行顿首曰："君王亡臣句践使陪臣种敢告下执事：句践请为臣，妻为妾。"吴王将许之。子胥言于吴王曰：〔2〕"天以越赐吴，勿许也。"种还，以报句践。句践欲杀妻子，燔宝器，触战以死。种止句践曰："夫吴太宰嚭贪，可诱以利，请间行言之。"于是句践乃以美女宝器令种间献吴太宰嚭。嚭受，乃见大夫种于吴王。种顿首言曰："愿大王赦句践之罪，尽入其宝器。不幸不赦，句践将尽杀其妻子，燔其宝器，悉五千人触战，必有当也。"嚭因说吴王曰："越以服为臣，若将赦之，此国之利也。"吴王将许之。子胥进谏曰："今不灭越，后必悔之。句践贤君，种、蠡良臣，若反国，将为乱。"吴王弗听，卒赦越，罢兵而归。

【注释】〔1〕"大夫种"，即文种，字少禽，一作"子禽"，楚国郢(今湖北江陵)人。佐句践灭吴后被杀。"大夫"是官名。〔2〕"子胥"，即伍员(音 yún)，原是楚国人，父兄遭楚平王杀害后，逃至吴国，为吴王谋臣。事详本书《伍子胥列传》。

【译文】越王对范蠡说："我因为没听你的劝告，所以弄到了这般地步，该怎么办呢？"范蠡回答说："能够不骄傲自满的，就可以得到天助；能够使国家转危为安的，就可以得人心；能够简省节约的，就可以得地利。以谦卑的言辞给他们送去丰厚的礼品，如果还不肯讲和的话，就用你的身子去同他们换取妥协。"句践说："好吧。"便命令大夫文种去到吴军营寨求和。文种跪在地上，一边匍匐一边叩头说："大王的亡命之臣句践派属官文种向您手下的官员报告：句践请求做您的臣子，他的妻子做您的侍妾。"吴王准备答应文种的要求。伍子胥对吴王说："天把越国赐给吴国，不要答应他们。"文种回来后，把上述情况报告给句践。句践绝望地想杀死妻子儿女，烧毁珍宝器物，孤注一掷去战死。文种劝阻句践说："吴国太宰伯嚭贪财，可以用重利来诱使他帮忙。请让我单独秘密去见他。"于是，句践便让文种悄悄地把美女珠宝献给吴国太宰伯嚭。伯嚭接受了贿赂，就带文种去见吴王。文种顿首致礼后说："希望大王宽赦句践的罪过，他将把所有的珍宝器物都献给您。如果不幸不能赦免的话，句践打算全部杀掉他的妻子儿女，烧毁所有珍宝，以仅有的五千人决一死战，那一定会有相应的结果。"伯嚭因而劝吴王说："越国已经降服为臣子了，如果宽赦了他们，这对我国是有利的。"吴王打算答应下来。伍子胥进谏道："现在不灭越，以后一定要后悔。句践是贤明的国君，文种、范蠡是忠良的大臣，如果让他们返回越国，将会造成叛乱。"吴王不听伍子胥的劝谏，最终还是赦免了越国，停止作战返回吴国。

句践之困会稽也，喟然叹曰：〔1〕"吾终于此乎？"种曰："汤系夏台，〔2〕文王囚羑里，〔3〕晋重耳奔翟，〔4〕齐小白奔莒，〔5〕其卒王霸。由是观之，何遽不为福乎？"

【注释】〔1〕"喟然"，叹气的样子。〔2〕"汤"，商朝开国之君，事详本书《殷本纪》。"夏台"，又称"均台"，夏朝的监狱名。相传汤曾被夏王桀囚禁于此。〔3〕"文王"，即周文王姬昌，周朝的开国之君，事详本书《周本纪》。"羑里"，地名，故地在今河南汤阴县北，周文王曾被商纣王囚禁于此。"羑"，音 yǒu。〔4〕"重耳"，晋文公的名字。为春秋时期的霸主之一，事详本书《晋世家》。"翟"，音 dí，同"狄"，指翟国，故地在今山西省境内。〔5〕"小白"，齐桓公的名字。为春秋时期的霸主之一，事详本书《齐太公世家》。"莒"，音 jǔ。春秋时的一个小国，故地在今山东莒县一带。

【译文】句践被围困在会稽山的时候，叹息说："我难道就要死在这里了吗？"文种说："商汤被桀囚禁在夏台，文王被纣囚禁在羑里，晋公子重耳亡命翟国，齐公子小白逃到莒国，最终都成就了王霸之业。由此看来，哪能一定就说不是一种福气呢?”

吴既赦越，越王句践反国，乃苦身焦思，置胆于坐，坐卧即仰胆，饮食亦尝胆也。曰：“女忘会稽之耻邪?”身自耕作，夫人自织，食不加肉，衣不重采，折节下贤人，厚遇宾客，振贫吊死，与百姓同其劳。欲使范蠡治国政，蠡对曰：“兵甲之事，种不如蠡；填抚国家，亲附百姓，蠡不如种。”于是举国政属大夫种，而使范蠡与大夫柘稽行成，〔1〕为质于吴。二岁而吴归蠡。

【注释】〔1〕“柘稽”，越国大夫，《国语·越语》作“诸稽郢”。“柘”，音 zhè。

【译文】吴国赦免了越国之后，越王句践回到越国，便苦身励志，发愤图强，在座旁悬挂一个苦胆，不论坐卧都能看到苦胆，吃饭时也要尝一尝苦胆，向自己发问：“你忘记会稽之耻了吗?”自己亲身躬耕，夫人也亲手纺织，不吃两种荤菜，不穿两种色彩的衣服，礼贤下士，优厚待客，赈济贫民，慰问遭丧人家，与百姓同甘共苦。句践想让范蠡治理国政，范蠡回答说：“在带兵打仗方面，文种不如我，但在能使国家安定，人民拥戴方面，我不如文种。”因此，句践就把国政全部交给文种大夫管理，而让范蠡与大夫柘稽去吴国作求和人质。两年后，吴国放回了范蠡。

句践自会稽归七年，拊循其士民，欲用以报吴。大夫逢同谏曰：〔1〕“国新流亡，今乃复殷给，缮饰备利，吴必惧，惧则难必至。且鸷鸟之击也，必匿其形。今夫吴兵加齐、晋，怨深于楚、越，名高天下，实害周室，德少而功多，必淫自矜。为越计，莫若结齐，亲楚，附晋，以厚吴。吴之志广，必轻战。是我连其权，〔2〕三国伐之，越承其弊，可克也。”句践曰：“善。”

【注释】〔1〕“逢”，音 péng，姓。〔2〕“连”，这里是相牵引、把握之意。“权”，权宜。

【译文】句践从会稽返回已经七年，这期间他安抚官吏百姓，想以此向吴国复仇。大夫逢同进谏说：“国家刚刚经历流离失所之苦，现在才重新富足起来，如果现在就整治武备，吴国一定恐惧，一恐惧，战争的灾难就一定会降临。况且猎鹰在出击之前，必先隐蔽好自己。现在吴国向齐、晋两国兴兵，又同楚、越两国结下深怨。在天下威名赫赫，实际上对周王室形成了威胁，德行少而战功多，必然会过分矜傲。为越国着想，不如结交齐国，亲近楚国，随附晋国，而在外表却更尊重吴国。吴国野心膨胀，必然会轻易地发动战争。这就使我们把握时势，在三国伐吴之时，越国乘其疲困进攻，就可以攻克了。”句践说：“好。”

居二年，吴王将伐齐。子胥谏曰：“未可。臣闻句践食不重味，与百姓同苦乐。此人不死，必为国患。吴有越，腹心之疾，齐与吴，疥瘲也。〔1〕愿王释齐先越。”吴王弗听，遂伐齐，败之艾陵，〔2〕虏齐高、国以归。〔3〕让子胥。子胥曰：“王毋喜!”王怒，子胥欲自杀，王闻而止之。越大夫种曰：“臣观吴王政骄矣，请试尝之贷粟，以卜其事。”请贷，吴王欲与，子胥谏勿与，王遂与之，越乃私喜。子胥言曰：“王不听谏，后三年吴其墟乎!”太宰嚭闻之，乃数与子胥争越议，因谗子胥曰：“伍员貌忠而实忍人，其父兄不顾，〔4〕安能顾王?王前欲伐齐，员强谏，已而有功，用是反怨王。王不备伍员，员必为乱。”与逢同共谋，谗之王。王始不从，乃使子胥于齐，闻其托子于鲍氏，〔5〕王乃大怒，曰：“伍员果欺寡人!”役反，使人赐子胥属镂剑以自杀。〔6〕子胥大笑曰：“我令而父霸，〔7〕我又立若，〔8〕若初欲分吴国半予我，我不受，已，今若反以谗诛我。嗟乎，嗟乎，一人固不能独立!”报使者曰：“必取吾眼置吴东门，以观越兵入也!”于是吴任嚭政。

【注释】〔1〕“疥瘲”，皮肤病。“疥”，音 jiè。“瘲”，同癣。〔2〕“艾陵”，地名，故地在今山东泰安县东南。〔3〕“高、国”，是当时齐国两个最大的世族。这里指齐大臣高昭子、国惠子。〔4〕“其父兄不顾”，此指如下事：楚平王拘押了伍奢，并想把伍奢的两个儿子伍尚、伍员也抓来，一起杀掉。就派人对他们说，只要你们来，就释放你们的父亲，不

然就杀死他。伍员看穿了楚平王的阴谋，劝兄不要去，伍尚不听，结果父子二人被楚平王杀死，伍员逃到了吴国，后来策动吴国伐楚，报了仇。这里太宰嚭用这件事来说伍子胥只顾自己活命，不管父兄死活。〔5〕“闻其托子于鲍氏”，此指如下事：伍子胥感到吴国不安全，就乘出使齐国时，把儿子交给齐国大夫鲍牧抚养，改姓为王孙氏。因吴齐当时是敌国，所以吴王把这件事看作是通敌。〔6〕“属镂”，音 zhú lǘ，剑名。〔7〕“我令而父霸”，此指如下事：伍子胥自楚到吴后，帮助阖庐刺死吴王僚，夺得王位。又依靠他的谋划，西面打败楚国，北面进逼齐国，东南征服了越国，几乎成为中原霸主。〔8〕“我又立若”，此指如下事：阖庐的几个儿子争立太子，伍子胥向阖庐力争，夫差才得以继承王位。“若”，你。

【译文】过了二年，吴王准备征伐齐国，伍子胥进谏说：“不行。我听说句践不吃两样菜，与百姓同甘共苦。这个人不死，必然会成为我国的后患。吴国有越国存在，是腹心之疾，而齐国对于吴国来说，则不过是表面上的皮肤病。希望大王把齐国先放在一边，先讨伐越国。”吴王不听，于是便讨伐齐国，把齐国打败在艾陵，俘虏了高昭子和国惠子凯旋。回来后，吴王责备伍子胥，伍子胥说：“大王不要高兴！”吴王发怒，伍子胥打算自杀。吴王听说后制止了。越国大夫文种说：“我看吴王正处于骄傲自大的状态中，请试探一下，向他借粮，来观察一下他对越国有无戒心。”于是就向吴国请求借粮。吴王准备借给，伍子胥劝谏不要借给，吴王到底还是借给了越国，越国便暗自高兴。伍子胥说：“大王不听谏言，三年之后，吴国恐怕就要变成一片废墟了。”太宰伯嚭听说了此事，便在讨论越国问题时多次故意与伍子胥发生争执。因而向吴王进谗言谮毁伍子胥说：“伍员貌似忠厚，实际上是个心肠残忍的人，他连自己父兄的死活都不顾，难道还能顾及大王您吗？大王上次准备讨伐齐国，伍员横加阻拦，不久伐齐成功，他又反过来拿这件事来指责大王。大王如不防备伍员，伍员一定会作乱。”并同逢同一起谋划，向吴王进谗言。吴王起初不听，便派伍子胥出使齐国。后来听说他把儿子托付给齐国大夫鲍氏抚养，吴王大怒，说：“伍员果然在欺骗我！”伍子胥出使回来后，吴王派人赐给伍子胥属镂剑，让他自杀。伍子胥大笑说：“我使你父亲成就了霸业，我又拥立你为王，你最初把吴国分一半给我，我不接受就算了，现在反而听信谗言杀我。可叹呀！可叹呀！你孤家寡人是一定不能独立长久的！”并且告诉来的人说：“一定要把我的眼睛取下来放在吴都东门上，我要看着越兵打进来！”从此，吴王让太宰嚭管理国政。

居三年，句践召范蠡曰：“吴已杀子胥，导谀者众，可乎？”对曰：“未可。”

至明年春，吴王北会诸侯于黄池，〔1〕吴国精兵从王，惟独老弱与太子留守。句践复问范蠡，蠡曰：“可矣。”乃发习流二千人，〔2〕教士四万人，〔3〕君子六千人，〔4〕诸御千人，〔5〕伐吴。吴师败，遂杀吴太子。吴告急于王，王方会诸侯于黄池，惧天下闻之，乃秘之。吴王已盟黄池，乃使人厚礼以请成越。越自度亦未能灭吴，乃与吴平。

【注释】〔1〕“吴王北会诸侯于黄池”，此指公元前四八二年吴王夫差在黄池大会诸侯，与晋国争霸。“黄池”，地名，故地在今河南封丘县西南。〔2〕“习流”，指熟悉水战的士兵。〔3〕“教士”，指训练有素的士兵。〔4〕“君子”，此指国君的禁卫士兵。〔5〕“诸御”，指担任各种职务的军官。

【译文】过了三年，句践叫来范蠡问道：“吴王已经杀了伍子胥，周围尽是些阿谀奉承的人，可以讨伐了吗？”回答说：“不行。”

其后四年，越复伐吴。吴士民罢弊，轻锐尽死于齐、晋。而越大破吴，因而留围之三年，〔1〕吴师败，越遂复栖吴王于姑苏之山。〔2〕吴王使公孙雄肉袒膝行而前，请成越王曰：“孤臣夫差敢布腹心，异日尝得罪于会稽，夫差不敢逆命，得与君王成以归。今君王举玉趾而诛孤臣，孤臣惟命是听，意者亦欲如会稽之赦孤臣之罪乎？”句践不忍，欲许之。范蠡曰：“会稽之事，天以越赐吴，吴不取。今天以吴赐越，越其可逆天乎？且夫君王蚤朝晏罢，非为吴邪？谋之二十二年，一旦而弃之，可乎？且夫天与弗取，反受其咎。‘伐柯者其则不远’，〔3〕君忘会稽之戹乎？”〔4〕句践曰：“吾欲听子言，吾不忍其使者。”范蠡乃鼓进兵，曰：“王已属政于执事，〔5〕使者去，不者且得罪。”吴使者泣而去。句践怜之,乃使人谓吴王曰:"吾置王甬东,[6]君百家。"吴王谢曰:"吾老矣,不能事君王!"遂自杀。乃蔽其面,曰:"吾无面以见子胥也!"越王乃葬吴王而诛太宰嚭。

【注释】〔1〕"因而留围之三年",从公元前四七五年十一月越国出兵围攻吴国,到公元前四七三年十一月灭吴,前后共三年。〔2〕"姑苏之山",山名,故地在今江苏苏州西南。〔3〕"伐柯者其则不远",语出《诗经·豳风·伐柯》:"伐柯伐柯,其则不远。"〔4〕"戹",音 è,同"厄",灾难,困苦。〔5〕"执事",办事的人,此处是范蠡自称。〔6〕"甬东",地名,故地在今浙江舟山岛。

【译文】到了第二年春天,吴王北上在黄池与诸侯会盟,吴国的精兵都随从吴王去了,只剩下老弱兵将和太子在国内留守。句践又问范蠡能否讨伐,范蠡说可以了。于是兴发水兵二千人,训练有素的士兵四万人,国君的禁卫部队六千人,担任各种职务的军官一千人,讨伐吴国。吴军战败,杀死了吴国太子。国内向吴王告急,吴王正在黄池与诸侯会盟,怕天下诸侯知道这件事,就把消息隐瞒下来。直到吴王在黄池与各国签订盟约后,才派人送厚礼去向越国求和。越国估计还一时不能够灭吴,便同吴国讲和了。

句践已平吴,乃以兵北渡淮,与齐、晋诸侯会于徐州,[1]致贡于周。[2]周元王使人赐句践胙,[3]命为伯。[4]句践已去,渡淮南,以淮上地与楚,归吴所侵宋地于宋,与鲁泗东方百里。当是时,越兵横行于江、淮东,诸侯毕贺,号称霸王。

【注释】〔1〕"徐州",地名,故地在今山东滕县南。〔2〕"致贡于周",春秋末年,周王室衰微,诸侯很少纳贡,越国远在南方,同周王室的接触更是很少。而当越王句践的势力已达中原时,他就首先向周王室进贡,以示拥护,来提高自己的威望,企图取得合法的霸主地位。〔3〕"周元王",周朝第二十六代君主,公元前四七六年至前四六九年在位。"胙",祭祀用的肉。古代祭祀毕,把肉分送有关的人,叫做分胙,表示同享幸福。当时,周王朝是宗主国,所有诸侯国名义上还是它的属国,所以,周元王派人赐句践祭肉,让他做东方诸侯的伯长。〔4〕"伯",音 bà。诸侯的领袖,与公侯伯子男五等爵中的伯意义不同。春秋以降,周王室常常挑选一个有威望的诸侯,作为一部分诸侯的领袖,称为伯。

【译文】又过了四年,越国再次伐吴。吴国的士兵和百姓这时都已疲困不堪,精兵全都战死在齐晋两国。所以,越军大破吴军,并乘势驻军在吴国境内围困了吴军三年,吴军战败,越军又将吴王围困在姑苏之山。吴王派公孙雄光着上身,屈膝来到越王面前求和说:"罪臣夫差冒昧地向您陈述由衷之言,过去曾在会稽山得罪了您,夫差未曾敢违抗您的要求,让大王您平安地回国了。现在大王您即使举足诛杀罪臣,罪臣也一定服从。但我猜想您也能像会稽事件那样赦免我的罪过吧!"句践不忍心拒绝,打算答应他的要求。范蠡说:"会稽那次,天把越国赐给吴国,吴国不要。现在天把吴国赐给了越国,越国难道还要违背天意吗?况且大王您天天一清早就上朝理政,直到很晚才休息,难道不就是为了灭吴吗?筹划了二十二年,一下子就把机会放弃了,能甘心吗?而且天已经赐给了还不要,反过来就要受害。'到山林中去砍伐做斧柄的材料,手里拿着的斧柄就是制作的榜样,不必远求。'您难道忘记了会稽山的灾难了吗?"句践说:"我想听从你的话,但我又不忍心拒绝那个使者。"范蠡便击鼓进军,说道:"大王已经把军政大权交给了我,使者赶快走,不然将受到惩罚。"吴国使者哭泣着离开了。句践动了恻隐之心,便派人对吴王说:"我将您安置在甬东,去做一百户人的君主。"吴王谢绝道:"我老啦,不能服侍大王了。"便自杀了。临死前遮住自己的脸说:"我没脸见伍子胥呀!"越王于是安葬了吴王,并杀掉了太宰伯嚭。

句践灭吴以后,便挥师北渡淮水,与齐、晋两国诸侯在徐州盟会,向周王室纳贡。周元王派人向句践赐胙,任命他为伯。句践离开徐州后,渡过淮水南归,把淮上一带割给楚国,把吴国过去侵占宋国的土地归还宋国,割给鲁国泗水东岸方圆百里。在那个时候,越国军队在长江和淮水以东畅行无阻,诸侯都来祝贺,号称句践为霸王。

范蠡遂去,自齐遗大夫种书曰:"蜚鸟尽,良弓藏;狡兔死,走狗烹。越王为人长颈鸟喙,可与共患难,不可与共乐。子何不去?"种见书,称病不朝。人或谗种且作乱,越王乃赐种剑曰:"子教寡人伐吴七术,寡人用其三而败吴,其四在子,子为我从先王试

之。"种遂自杀。

句践卒,[1]子王鼫与立。[2]王鼫与卒,子王不寿立。[3]王不寿卒,子王翁立。王翁卒,子王翳立。王翳卒,子王之侯立。王之侯卒,子王无彊立。

【注释】〔1〕"句践卒",时为公元前四六五年。〔2〕"王鼫与",公元前四六五年至前四五九年在位。"鼫",音 shí;"与",音 yú。〔3〕"王不寿",公元前四五九年至前四四九年在位。

【译文】范蠡在越王已成就霸业后便离开了越国,他从齐国捎给文种大夫一封信说:"飞鸟一旦被猎尽,猎人就要把良弓收藏起来了,狡猾的兔一旦被打死,猎狗就要被人烹食了。越王长得鸟嘴长脖颈,可以同他共患难,却不可以同他共享乐,你为什么还不离开他?"文种看了这封信,便称病不再上朝了。有人向句践进谗言说文种要作乱,越王便赐给文种一把剑说:"你教给我七条伐吴的计策,我只用了三条就把吴国打败了。那四条计策还在你那里,你为我跟着先王去试试它吧!"文种便自杀了。

句践去世后,他的儿子王鼫与即位。王鼫与去世后,他的儿子王不寿即位。王不寿去世后,他的儿子王翁即位。王翁去世后,他的儿子王之侯即位。王之侯去世后,他的儿子王无彊即位。

王无彊时,越兴师北伐齐,西伐楚,与中国争强。当楚威王之时,[1]越北伐齐,齐威王使人说越王曰:[2]"越不伐楚,大不王,小不伯。图越之所为不伐楚者,为不得晋也。[3]韩、魏固不攻楚。韩之攻楚,覆其军,杀其将,则叶、阳翟危;[4]魏亦覆其军,杀其将,则陈、上蔡不安。[5]故二晋之事越也,不至于覆军杀将,马汗之力不效。所重于得晋者何也?"越王曰:"所求于晋者,不至顿刃接兵,而况于攻城围邑乎?[6]愿魏以聚大梁之下,愿齐之试兵南阳莒地,[7]以聚常、郯之境,[8]则方城之外不南,[9]淮、泗之间不东,商、於、析、郦、宗胡之地,[10]夏路以左,[11]不足以备秦,江南、泗上不足以待越矣。[12]则齐、秦、韩、魏得志于楚也,是二晋不战而分地,不耕而获之。不此之为,而顿刃于河山之间以为齐秦用,所待者如此其失计,奈何其以此王也!"齐使者曰:"幸也越之不亡也!吾不贵其用智之如目,见豪毛而不见其睫也。今王知晋之失计,而不自知越之过,是目论也。王所待于晋者,非有马汗之力也,又非可与合军连和也,将待之以分楚众也。今楚众已分,何待于晋?"越王曰:"奈何?"曰:"楚三大夫张九军,北围曲沃、於中,[13]以至无假之关者三千七百里,[14]景翠之军北聚鲁、齐、南阳,分有大此者乎?且王之所求者,斗晋楚也;晋楚不斗,越兵不起,是知二五而不知十也。此时不攻楚,臣以是知越大不王,小不伯。复雠、庞、长沙,[15]楚之粟也;竟泽陵,[16]楚之材也。越窥兵通无假之关,此四邑者不上贡事于郢矣。[17]臣闻之,图王不王,其敝可以伯。然而不伯者,王道失也。故愿大王之转攻楚也。"

【注释】〔1〕"楚威王",战国时楚国国君,名熊商。公元前三三九年至前三二〇年在位。〔2〕"齐威王",战国时齐国国君,名因齐。公元前三五六年至前三二〇年在位。〔3〕"晋",春秋战国之际的诸侯国。公元前四五三年,晋国赵、韩、魏三家贵族集团瓜分晋国,晋君成为附庸。这里的"晋"和下文的"二晋",均指韩、魏二国而言。〔4〕"叶",音 shè。地名,故地在今河南叶县西南。"阳翟",地名,故地在今河南禹县,二地当时均在韩国境内。〔5〕"陈",地名,指陈郡,故地在今河南淮阳一带。"上蔡",地名,指上蔡郡,故地在今河南上蔡一带,二地当时在魏国境内。〔6〕"大梁",地名,当时魏国国都,故地在今河南开封市西南。〔7〕"南阳",地名,故地在今山东泰山以南,汶河以北一带。当时属齐。"莒",音 jǔ。地名,故地在今山东莒县。〔8〕"常",地名,故地在今江苏邳县一带。"郯",地名,故地在今山东郯城西南。〔9〕"方城",春秋时楚国所筑的长城,战国时又展筑,其故址自今河南方城县北西向循伏牛山脉,折南循白河、湍河间分水,至今河南邓县北。楚恃以守卫其北境。〔10〕"商",地名,故地在今陕西丹凤附近。"于、析",均为地名,故地在今河南西峡一带。"于",又叫于中。"郦",地名,故地在今河南南阳市北。以上四地即所谓商于之地,在楚方城附近,临近秦国。"宗胡",地名,故地在今安徽阜阳。〔11〕"夏路以左","夏"指中原,自楚前往中原路出方城,以西为左。

〔12〕“江南”，这里指当时楚国东境。“泗上”，这里指当时楚国北境。〔13〕“曲沃”，地名，故地在今河南灵宝东北。〔14〕“无假之关”，关隘名，故址在今湖南湘阴北。〔15〕“雠”，地名，故地不详。一说“雠”当作“犨”，其地在今河南平顶山市西南，似与文义不合。“庞”，地名，故地在今湖南衡阳市一带。“长沙”，地名，故地在今湖南长沙市一带。〔16〕“竟泽陵”，当为“竟陵泽”之误，湖泊名，此为当时楚国七泽之一，故地在今湖北潜江一带。〔17〕“郢”，音 yǐng。楚国国都。故地在今湖北江陵西北。

【译文】越王无彊在位期间，越国兴兵北向伐齐，西向伐楚，同中原各国争夺霸权。在楚威王即位的时候，越国北伐齐国，齐威王派人劝说越王：“越国如果不讨伐楚国，往大了说，不能为王，往小了说，不能称伯。猜度越国之所以不讨伐楚国成的原因，是因为没有取得同晋的结盟。韩、魏本来就不打算进攻楚国。韩国如果攻楚，就会损兵折将，而且叶与阳翟两地就危险了。魏国如果攻楚，也会损兵折将，那么陈与上蔡就不稳定了。所以说，即便是二晋追随越国，也达不到去为越国攻楚而损兵折将的程度，不会效汗马之劳。那么，越国如此看重同晋的盟约是为什么呢?”越王说：“要求晋与我们结盟，并不是让他们去交兵作战，更谈不上攻城围邑了。只希望魏国把兵驻扎于大梁城下，希望齐国出兵在南阳莒地一带演习，并屯兵于常、郯二地的边境。这样威慑的结果，将使楚国方城之将不敢南下伐越，淮河之间的楚兵不敢向东伐齐，对越国形成威胁。楚国的商、於、析、郦、宗胡等地以及夏路以西，就不足以抵御秦国，江南、泗上就不足以对抗越国了。齐、秦、韩、魏等国从楚分得利益，这就使二晋不经攻战而分得土地，不加耕耘而有收获。但魏、韩两国不做这些事，却在黄河、华山一带征战，来为齐秦两国所利用，我们所寄希望的人竟如此失策，想以此来称王称霸又怎么谈得到呢?”齐国的使者说：“越国没有灭亡真是万幸呀！我不认为那种像转动眼珠一样运用智慧，能看得见毫毛却看不见睫毛是值得看重的。现在大王知道晋的失策所在，对越国的失误却自己没有察觉。这就是刚才我用眼睛所作的比喻。大王所期待晋的，既不是让他们效汗马之劳，又不是与越国军队结成同盟，只是希望他们来分散牵制楚国的兵力。现在楚国的兵力已经分散了，还有什么期待于晋的呢?”越王问道：“为什么这样说?”回答说：“楚国屈、景、昭三姓大夫布置九军，北围曲沃、於中，一直到无假之关，共有三千七百里；景翠大夫的军队屯集在北面鲁、齐、南阳等处，兵力分散还有比这更大的吗？况且大王所冀求的是使晋楚相斗，晋楚如果不互相征伐，越国就不起兵，这是只知二五，而不知一十。这样好的时机不进攻楚国，我由此知道越国是大不足以称王，小不足以称伯的。再说，雠、庞、长沙等地是楚国的粮食产地，竟陵泽一带是楚国的木材产地，越国如果寻找机会用兵打通无假之关，那么这四邑就不能向楚国郢都进贡粮草物资了。我听说图谋称王而没达到，至少也可以称伯。然而不能称伯的原因，是由于策略上的失误。因此希望大王调转兵锋，进攻楚国。”

于是越遂释齐而伐楚。楚威王兴兵而伐之，大败越，杀王无彊，尽取故吴地至浙江，北破齐于徐州。而越以此散，诸族子争立，或为王，或为君，滨于江南海上，服朝于楚。

后七世，至闽君摇，[1]佐诸侯平秦。汉高帝复以摇为越王，以奉越后。东越，闽君，皆其后也。

【注释】〔1〕“闽君摇”，残存于秦汉之际的越国君主，事详《汉书》卷九五《西南夷两粤朝鲜传》。

【译文】于是，越国便放弃进攻齐国，转而征伐楚国。楚威王兴兵反攻越国，把越军打得大败，杀死了越王无彊，全部夺得了吴国旧地，一直达到浙江，北面在徐州击败齐国军队，而越国从此也散亡了。许多王室子孙争抢继位，有的称王，有的称君，在靠近长江以南的海滨居住，臣服朝拜于楚国。

以后过了七代，到了闽君摇，协助诸侯灭秦，汉高祖又把摇封为越王，来延续越国的后代。东越、闽君，都是他的后裔。

范蠡事越王句践，既苦身戮力，与句践深谋二十余年，竟灭吴，报会稽之耻，北渡兵于淮以临齐、晋，号令中国，以尊周室，句践以霸，而范蠡称上将军。还反国，范蠡以为大名之下，难以久居，且句践为人可与同患，难与处安，为书辞句践曰：“臣闻主忧臣劳，主辱臣死。昔者君王辱于会稽，所以不死，为此事也。今既以雪耻，臣请从会稽之诛。”

句践曰："孤将与子分国而有之。不然，将加诛于子。"范蠡曰："君行令，臣行意。"乃装其轻宝珠玉，自与其私徒属乘舟浮海以行，终不反。于是句践表会稽山以为范蠡奉邑。

范蠡浮海出齐，变姓名，自谓鸱夷子皮，耕于海畔，苦身戮力，父子治产。居无几何，致产数十万。齐人闻其贤，以为相。范蠡喟然叹曰："居家则致千金，居官则至卿相，此布衣之极也。久受尊名，不祥。"乃归相印，尽散其财，以分与知友乡党，而怀其重宝，间行以去，止于陶，〔1〕以为此天下之中，交易有无之路通，为生可以致富矣。于是自谓陶朱公。复约要父子耕畜，废居，候时转物，逐什一之利。居无何，则致赀累巨万。天下称陶朱公。

【注释】〔1〕"陶"，地名，故地在今山东定陶县西北。

【译文】范蠡为越王句践服务，苦身励志，竭尽全力，与句践共同深筹远谋了二十余年，终于灭掉了吴国，报了会稽之耻。然后挥师北渡淮水，兵临齐、晋，在中原发号施令，来尊崇周王室，句践由此称霸中原，而范蠡也被称作上将军。返回越国之后，范蠡认为负有过大的名声，难以同句践长期相处。况且句践的为人，是可以与他共患难，难以同他共安乐。因此，向句践写信告辞说："我听说主上忧虑，臣子应当替主上承担；主上被侮辱，臣下应当替主上去死。过去大王在会稽受辱，我之所以不死的原因，就是为了有今天。现在既然已经雪耻，我请求让我为大王曾受侮辱而死。"句践说："我将同你分割国土，每人都有一份。你不同意这样做的话，我就杀了你。"范蠡说："君王发布命令，臣下按照君王的旨意行事。"于是就装上他的细软珠宝，独自同他手下的人一起乘船渡海走了，始终没有返回。于是句践降诏分封会稽山作为供奉范蠡的城邑。

范蠡渡海来到齐国，改变了姓名，自称叫鸱夷子皮，在海滨耕耘，亲自尽力劳作，父子整治家产。过了不久，就达到了数十万的家业。齐国人听说了他的贤明名声，就推他为丞相。范蠡喟然感叹道："居家治产就获得千金，做官就达到了卿相，这是一个老百姓的顶点了。长期享有尊崇的名声，这是不祥之兆。"于是就归还了相印，把他的财产都分散出去，分送给知己的朋友和邻里乡亲，然后带着贵重的东西，悄悄地离去了，定居在陶地。范蠡认为这个地方是天下的中心，经商贸易的途径多，在这里谋生可以致富。于是自称陶朱公，再次苦身励志，父子同耕垄亩，牧养牲畜。把卖价低的东西先贮存起来，等到市场缺乏时卖出去，来争取获得十分之一的余利。过了没多久，就获得了亿万资产。天下人都称道陶朱公。

朱公居陶，生少子。少子及壮，而朱公中男杀人，囚于楚。朱公曰："杀人而死，职也。然吾闻千金之子不死于市。"告其少子往视之。乃装黄金千溢，〔1〕置褐器中，载以一牛车。且遣其少子，朱公长男固请欲行，朱公不听。长男曰："家有长子曰家督，今弟有罪，大人不遣，乃遣少弟，是吾不肖。"欲自杀。其母为言曰："今遣少子，未必能生中子也，而先空亡长男，奈何？"朱公不得已而遣长子，为一封书遗故所善庄生。〔2〕曰："至则进千金于庄生所，听其所为，慎无与争事。"长男既行，亦自私赍数百金。〔3〕

【注释】〔1〕"黄金"，古代作为金钱使用的黄金往往是黄铜。"溢"，通"镒"，古代重量单位。二十两为一镒，一说二十四两为一镒。〔2〕"遗"，音wèi。赠与。〔3〕"赍"，音jī，携带。

【译文】朱公住在陶地的时候，生了小儿子。当小儿子长大的时候，朱公的二儿子因杀人被囚禁在楚国。朱公说："杀人偿命，理当如此。但我听说家有千金的孩子，可以不在大庭广众的市场上被处死。"便告诉他的小儿子前去探视。并拿不显眼的粗糙器具装了千镒黄金，用一辆牛车拉着。准备打发他的小儿子去的时候，朱公的大儿子非要去不可。朱公不让，大儿子说："家中长子可以称得上是管家，现在弟弟获罪，大人不派兄长去，而让小弟弟去，这是因为我不好呀！"于是就要自杀。他的母亲发话了："现在让小儿子去，也不见得就能救活二儿子，但却白白地叫大儿子丧了命，如何是好？"朱公没办法，只好让大儿子去了，并写了一封信让他带给旧日的朋友庄生，嘱咐道："到了那里就把这一千金交给庄生，他要怎么办就怎么办，千万小心不要同他争辩！"大儿子上了路，还私下带了几百镒金。

至楚，庄生家负郭，披藜藋到门，[1]居甚贫。然长男发书进千金，如其父言。庄生曰："可疾去矣，慎毋留！即弟出，勿问所以然。"长男既去，不过庄生而私留，以其私赍献遗楚国贵人用事者。

【注释】〔1〕"藋"，音 diào，一种野草。

【译文】到了楚国，见到庄生家的房子靠近城墙，需要拨开荒草才能走到门口，生活很贫困。大儿子按照他父亲所说的拿出信件，把千金交给庄生，庄生说："你快走吧，切勿逗留；即使你弟弟被释放了，也不要问是为什么。"大儿子离开后，没再拜访庄生，却私自逗留在楚国。用他私下带来的那部分钱来贿赂楚国当权的贵族。

庄生虽居穷阎，然以廉直闻于国，自楚王以下皆师尊之。及朱公进金，非有意受也，欲以成事后复归之以为信耳。故金至，谓其妇曰："此朱公之金。有如病不宿诫，后复归，勿动。"而朱公长男不知其意，以为殊无短长也。

庄生间时入见楚王，言"某星宿某，此则害于楚"。楚王素信庄生，曰："今为奈何？"庄生曰："独以德为可以除之。"楚王曰："生休矣，寡人将行之。"王乃使使者封三钱之府。楚贵人惊告朱公长男曰："王且赦。"曰："何以也？"曰："每王且赦，常封三钱之府。[1]昨暮王使使封之。"朱公长男以为赦，弟固当出也，重千金虚弃庄生，无所为也，乃复见庄生。庄生惊曰："若不去邪？"长男曰："固未也。初为事弟，弟今议自赦，故辞生去。"庄生知其意欲复得其金，曰："若自入室取金。"长男即自入室取金持去，独自欢幸。

【注释】〔1〕"三钱之府"，古代钱库。

【译文】庄生尽管住在穷巷，但以廉洁正直闻名国内，从楚王以下都把他尊奉为老师。当朱公给他送钱的时候，他并没有意接受，打算事成之后再还给朱公，表明信誉。所以收到钱的时候，对他的妻子说："这是朱公的钱，就像有病不能预测什么时候好一样，以后说不上什么时候要奉还给他，请不要动用。"但朱公的大儿子不知道庄生的意图，认为把钱交给庄生没什么用。

庄生寻机入宫拜见楚王，说某个星宿出现在某个位置上，这对楚国有害。楚王向来相信庄生的话，就问："现在对它怎么办？"庄生说："只有用恩德才能消除灾难。"楚王说："庄生放心吧，我将行德政。"楚王便派使者密封了贮存各种钱币的府库。楚国的那个当权的贵族惊喜地告诉朱公的长子说："楚王将要进行赦免了。"问道："从何说起呢？"回答说："每次楚王临行赦免以前，总要密封金库，以免有人乘机抢劫。昨天傍晚楚王派人去密封金库了。"朱公长子认为既然赦免，弟弟自然会被释放，而那么多的钱白白扔到庄生那里了，没起什么作用。就又去见庄生，庄生惊讶地问："你没有走呀？"朱公长子说："本来就没走，开始是为了照顾弟弟，弟弟现在人们都说要被自行赦免，所以来向先生辞行。"庄生明白他的用意是想再要回那笔钱，就说："你自己进屋里把钱拿走。"朱公长子就自己进握把钱拿走了，并且一个人暗自得意。

庄生羞为儿子所卖，乃入见楚王曰："臣前言某星事，王言欲以修德报之。今臣出，道路皆言陶之富人朱公之子杀人囚楚，其家多持金钱赂王左右，故王非能恤楚国而赦，乃以朱公子故也。"楚王大怒曰："寡人虽不德耳，奈何以朱公之子故而施惠乎！"令论杀朱公子，明日遂下赦令。朱公长男竟持其弟丧归。

至，其母及邑人尽哀之，唯朱公独笑，曰："吾固知必杀其弟也！彼非不爱其弟，顾有所不能忍者也。是少与我俱，见苦，为生难，故重弃财。至如少弟者，生而见我富，乘坚驱良逐狡兔，岂知财所从来，故轻弃之，非所惜吝。前日吾所为欲遣少子，固为其能弃财故也。而长者不能，故卒以杀其弟，事之理也，无足悲者。吾日夜固以望其丧之来也。"

故范蠡三徙，[1]成名于天下，非苟去而已，所止必成名。卒老死于陶，故世传曰陶朱公。

【注释】〔1〕"范蠡三徙"，指范蠡由楚入越，佐

句践称霸；离越赴齐；由齐至陶定居。“徙”，音 xǐ，迁移。

【译文】庄生对被后生小子愚弄很羞恼，便进宫拜见楚王说：“我上次说了某星宿不祥一事，大王说要行德政来改变它，现在我在外面走，路上纷纷议论陶地富翁朱公的儿子因杀人被监禁在楚国，而他家里多次拿钱来贿赂大王手下的大臣，因此认为大王不是为了挽救楚国才大赦的，而是因为朱公儿子的缘故。”楚王大怒，说道：“我虽然无德，但怎么会单单因为朱公儿子的缘故而施恩呢？”就下令杀了朱公的儿子，第二天便发布了大赦令。朱公长子最后是带着弟弟的丧讯而归。

回家后，他母亲和乡里人都很悲伤。唯独朱公笑着说：“我本来就知道他一定是会使他弟弟丧命的。他并不是不爱他的弟弟，只是因为有不忍割舍的东西。这是因为他从小就同我一起受苦，为生计所窘迫，所以把破财看得很重。至于他的小弟弟，一生下来就处于我富裕的时候，乘着坚固的车子，驾驭良马，追逐狡兔，哪知道钱是从哪来的，所以会轻易舍弃，一点也不吝惜。最初我之所以想派小儿子去，就是因为他能轻易舍财的缘故。而长子却做不到这一点，致使最终使弟弟丧了命。事情必然会发展到这一步，没有什么可悲伤的，我白天晚上本来就是在等待着这个丧讯的到来呢！”

所以说，范蠡三次迁徙，在天下成了名，并非仅仅是避名离开而已，所到一处，又一定会在那里成名。最后在陶地老死，所以世人相传叫他陶朱公。

太史公曰：禹之功大矣，渐九川，〔1〕定九州，〔2〕至于今诸夏艾安。及苗裔句践，苦身焦思，终灭强吴，北观兵中国，以尊周室，号称霸王。句践可不谓贤哉！盖有禹之遗烈焉。范蠡三迁皆有荣名，名垂后世。臣主若此，欲毋显得乎！

【注释】〔1〕“九川”，九条大河。有人说九川指弱、黑、河、瀁、江、沇、淮、渭、洛。〔2〕“九州”，古代中国设置的九个州。通常指冀、豫、雍、扬、兖、徐、梁、青、荆。

【译文】太史公说：禹的功绩很大呀，疏导九川，安定九州，直到今天中原太平无事。到了他的后代句践，苦身励志，终于消灭了强大的吴国，北上陈兵中原，来尊崇周王室，被称为霸主，句践能说不贤明吗？大概在他身上还存有禹的遗风余烈吧！范蠡三迁都获得了荣耀的声名，名垂后世。臣子君主如果像他们这样，即便自己不想显赫，难道可能吗？

史记卷四十二

郑世家第十二

郑桓公友者，周厉王少子而宣王庶弟也。[1]宣王立二十二年，[2]友初封于郑。[3]封三十三岁，[4]百姓皆便爱之。[5]幽王以为司徒。[6]和集周民，[7]周民皆说，[8]河、雒之间，[9]人便思之。为司徒一岁，幽王以褒后故，[10]王室治多邪，诸侯或畔之。[11]于是桓公问太史伯曰：[12]"王室多故，予安逃死乎?"[13]太史伯对曰："独雒之东土，[14]河、济之南可居。"[15]公曰："何以?"[16]对曰："地近虢、郐，[17]虢、郐之君贪而好利，百姓不附。今公为司徒，民皆爱公，公诚请居之，[18]虢、郐之君见公方用事，轻分公地。公诚居之，虢、郐之民皆公之民也。"公曰："吾欲南之江上，[19]何如?"[20]对曰："昔祝融为高辛氏火正，[21]其功大矣，而其于周未有兴者，楚其后也。[22]周衰，楚必兴。兴，非郑之利也。"公曰："吾欲居西方，何如?"对曰："其民贪而好利，难久居。"公曰："周衰，何国兴者?"对曰："齐、[23]秦、[24]晋、[25]楚乎！夫齐，姜姓，伯夷之后也，[26]伯夷佐尧典礼。[27]秦，嬴姓，伯翳之后也，[28]伯翳佐舜怀柔百物。[29]及楚之先，皆尝有功于天下。而周武王克纣后，[30]成王封叔虞于唐，[31]其地阻险，以此有德与周衰并，[32]亦必兴矣。"桓公曰："善。"于是卒言王，东徙其民雒东，而虢、郐果献十邑，[33]竟国之。

【注释】〔1〕"周厉王"，姬姓，名胡，周夷王之子，死于公元前八二八年。详见本书《周本纪》。"周宣王"，姬姓，名静(一作"靖")，周厉王之子，公元前八二七年——前七八二年在位。详见本书《周本纪》。"庶弟"，父妾所生之弟。本书《十二诸侯年表》及《汉书·地理志》作"母弟"。〔2〕"宣王立二十二年"，即公元前八〇六年。郑桓公于此年即位，至周幽王十一年(即公元前七七一年)死，共在位三十六年。〔3〕"郑"，宗周王畿邑名，在今陕西华县东。或谓在今陕西凤翔东南。〔4〕"三十三岁"，即公元前七七四年。别本或作"二十三岁"。〔5〕"便"，音 pián，适宜，安适。〔6〕"幽王"，即周幽王，名宫湦("湦"，音 shēng)，一作宫涅("涅"，音 niè)，周宣王之子，公元前七八一年——前七七一年在位。详见本书《周本纪》。"司徒"，官名，西周金文中早、中期常写作"嗣土"，王朝内服官，掌管人口土地、农业生产、征发徭役。〔7〕"集"，通"辑"，和协，安定。"和集"，团结安抚。"周"，此指宗周(即镐京，在今陕西长安西北)王畿之地。〔8〕"说"，通"悦"，喜悦，高兴。〔9〕"河"，黄河。这里指今陕西风陵渡至河南温县这一段黄河。"雒"，水名，即今河南境内的洛河。源出陕西华山南麓，东南流经河南卢氏折向东北，到巩县洛口以北入黄河。"河、雒之间"，指黄河与雒水之间的地域，即西周东都成周(即雒邑，在今河南洛阳)王畿之地。〔10〕"褒"，国名，姒姓，在今陕西勉县东。"褒后"，即褒姒，褒国之女。公元前七七九年褒国把她进献给周天子，受到周幽王宠幸，不久申后被废黜，褒姒立为后，故称褒后。公元前七七一年申侯联合缯、犬戎发难，杀死幽王，虏获褒姒。〔11〕"或"，有，有的。"畔"，通"叛"，背叛，叛离。〔12〕"太史"，官名，亦常写作"大史"，王朝内服官，职掌起草文书，策命诸侯卿大夫，记载国事，编撰史书，管理典籍，天文历法，祭祀等。"太史伯"，本书《周本纪》作"太史伯阳"。〔13〕"予"，余，我。"安"，哪里，怎样。〔14〕"雒"，雒邑，周成王时周公主持营建，为西周东

都;周平王东进,正式定都于此。在今河南洛阳洛水北岸。或谓雒指雒水,亦通。〔15〕"济",水名,发源于今河南济源西王屋山,这里指济水入黄河后又从河南荥阳北分出的河南一段,今已无存。〔16〕"何以",以何,为什么。〔17〕"虢",音 guó,国名,亦称东虢,姬姓,始封君为周文王之弟虢叔(一说为虢仲),公元前七六七年被郑国所灭。在今河南荥阳东北。"郐",音 kuài,国名,亦称"桧"、"会"、"侩",西周所封诸侯国,姬姓,相传是祝融的后裔,公元前七六九年被郑国所灭。在今河南密县东南、新郑西北。〔18〕"诚",果真,如果。〔19〕"之",往,去。"江",长江。〔20〕"何如",即"如何",怎么样。〔21〕"祝融",传说中的楚人祖先,名重黎,帝颛顼高阳之后,为帝喾高辛火正,因有功绩,被命名祝融。详见本书《楚世家》。"高辛氏",即帝喾,传说中的古帝王,为黄帝曾孙,继颛顼之帝位,生子尧。详见本书《五帝本纪》。"火正",官名,掌管火政。〔22〕"楚",国名,芈姓,西周时立国于荆山一带,周成王时其君熊绎正式受封,建都丹阳(今湖北秭归东南)。西周末年,疆土扩展到长江中游。春秋初徙都于郢(今湖北江陵西北纪南城),在与邻国的兼并战争中,疆域不断扩大。至战国初,已有今四川东部、湖北全部、湖南东北部、江西北部、安徽北部、陕西东南角,河南南边、江苏淮北的中部。公元前二二三年被秦国所灭。〔23〕"齐",国名,姜姓,开国君主是吕尚,周武王灭商后所封,在今山东北部,建都营丘(后称临淄,在今山东淄博东北)。春秋初期齐桓公成为霸主。疆域拓展到山东东部、河北南部。春秋末年君权逐渐为大臣陈氏(即田氏)所夺。公元前三八六年周安王承认田和为齐侯。公元前二二一年被秦国所灭。〔24〕"秦",国名,嬴姓,相传是伯益的后代。周孝王封其先人非子于秦(今甘肃张家川东,或说今陕西宝鸡东)。周平王东迁,秦襄公护送有功被周封为诸侯。春秋时建都雍(今陕西凤翔东南)。战国时秦孝公迁都咸阳(今陕西咸阳东北)。公元前二二一年秦王政统一六国。公元前二〇六年被刘邦率领的起义军所灭。〔25〕"晋",国名,姬姓,始封君为周成王之弟叔虞,在今山西西南部,建都于唐(今山西翼城西)。春秋时晋文公继齐桓公之后称霸。疆土逐渐扩展到山西大部、河北西南部、河南北部和陕西一角。战国初叶为韩、赵、魏三家瓜分。公元前三六九年国灭祀绝。〔26〕"伯夷",相传为尧、舜之臣,任秩宗,职掌礼仪制度,是姜姓的先祖。〔27〕"尧",传说中的帝王。名放勋,陶唐氏,亦称唐尧,传位于舜。"典",主管,执掌。〔28〕"伯翳",或作伯益,相传为尧、舜之臣,任虞,职掌山林沼泽,是嬴姓的先祖。〔29〕"舜",传说中的帝王。名重华,有虞氏,亦称虞舜,传位于禹。详见本书《五帝本纪》。"怀柔",安抚,调理。〔30〕"周武王",姬姓,名发,继承其父文王遗志,推翻商朝,建立西周王朝,都于镐(今陕西西安西南)。详见本书《周本纪》。"纣",音 zhòu,一作受,亦称帝辛,商朝末代君主,在牧野(今河南淇县西南)之战中,兵败自焚。详见本书《殷本纪》。〔31〕"成王",即周成王,姬姓,名诵,周武王之子,曾大封诸侯。详见本书《周本纪》。"叔虞",周武王之子,周成王之弟,成王封他于唐,为晋国始封君。详见本书《晋世家》。"唐",古国名,祁姓,相传是尧的后裔,被周公所灭。周成王封其弟叔虞于此,成为晋国的发祥地。在今山西翼城西。〔32〕"周衰",别本或作"衰周"。〔33〕"十邑",或据《国语·郑语》史伯之言以十邑为虢、郐、鄢、蔽、补、丹、依、畴、历、莘,实不可信。当指虢、郐所属的十个邑。

【译文】郑桓公友,是周厉王的小儿子、周宣王的庶弟。周宣王在位第二十二年,友开始被封在郑。友受封后第三十三年,百姓都很安适而爱戴他。周幽王任命友为司徒。友团结安抚宗周百姓,宗周百姓都很高兴,连黄河与雒水之间的成周百姓也感安适而思慕他。友任司徒一年,周幽王因为宠幸褒后的缘故,朝廷政治颇多弊端,诸侯当中有的叛离周室。在这种情况下,郑桓公问太史伯道:"王室多难,我该往哪里去逃命呢?"太史伯回答说:"只有雒邑东土之地,黄河、济水的南边可以安居。"桓公又问:"为什么?"太史伯回答说:"那地方靠近虢国、郐国,虢国、郐国的君主贪婪好利,百姓不亲附他们。如今您担任司徒,百姓都爱戴您,您当真请求迁居那一带,虢国、郐国的君主看到您正身负要职,便会轻易分给您土地。您如果真的住到那里,虢国、郐国的百姓就都是您的百姓了。"桓公说:"我想南下到长江之畔,怎么样?"太史伯回答说:"从前祝融当高辛氏的火正,他的功劳很大,但其子孙在周朝没有兴盛的,而楚国是他的后裔啊。周朝衰败,楚国必定兴盛。楚国兴盛,不是对(要想在长江之畔立足的)郑国有利的事情。"桓公说:"我想居住到西方去,怎么样?"太史伯回答说:"那里的人贪心好利,难以长久居住。"桓公问:"周朝衰落,什么国家会兴盛?"回答说:"大概是齐国、秦国、晋国、楚国吧!那齐国,姜姓,是伯夷的后代,伯夷辅佐帝尧主管礼仪制度。秦国,嬴姓,是伯翳的后代,伯翳辅佐帝舜调理各类财物。齐国、秦国同楚国的先祖,都曾经对天下有很大功劳。(至于晋国,)周武王战胜商纣以后,周成王分封叔虞在唐,地势十分险要,凭借地利,又有德行,而同衰败的周室并存,也一定会兴盛。"郑桓公说:"好。"于是就向周幽王提出请求,把他的百姓迁到雒邑东土,而虢国、郐国果然奉献十个邑,终于在那里立了国。

二岁,〔1〕犬戎杀幽王于骊山下,〔2〕并杀桓公。郑人共立其子掘突,〔3〕是为武公。〔4〕

【注释】〔1〕"二岁",指郑桓公为司徒的第二年,当周幽王十一年,即公元前七七一年。〔2〕"犬戎",古部族名,为戎的一枝,活动于宗周西北部的泾、渭流域(今陕西彬县、岐山一带),是周朝西方的主要劲敌。"骊山",在今陕西临潼东南。〔3〕"掘突",或作"滑突"。〔4〕"武公",即郑武公,继任其父之职,为周王室司徒,公元前七七〇年——前七四四年在位。

【译文】(郑桓公任司徒的)第二年,犬戎在骊山脚下杀死周幽王,同时杀死郑桓公。郑国人共同拥立他的儿子掘突为君,这就是郑武公。

武公十年,〔1〕娶申侯女为夫人,〔2〕曰武姜。生太子寤生,〔3〕生之难,及生,夫人弗爱。后生少子叔段,段生易,夫人爱之。二十七年,武公疾。夫人请公,欲立段为太子,公弗听。是岁,武公卒,寤生立,是为庄公。〔4〕

【注释】〔1〕"武公十年",即公元前七六一年。〔2〕"申",国名,姜姓,相传为伯夷之后,在今陕西、山西间。周宣王时有一部分东迁,分封于谢(今河南南阳),建立申国。春秋初被楚国所灭。〔3〕"寤",音 wù,通"牾",逆。"寤生",据说太子出生时足先出,跟一般顺产儿头先出正好相反,属难产,故给太子取名寤生。〔4〕"庄公",即郑庄公,公元前七四三年——前七〇一年在位。

【译文】郑武公十年,娶申侯之女为夫人,叫做武姜。她生下太子寤生,生得非常艰难,到生下来,夫人不喜欢。后来生下小儿子段叔,段叔生得很顺利,夫人喜欢他。二十七年,武公得病。夫人向武公请求,想立段为太子,武公不答应。这一年,郑武公去世,寤生即位,这就是郑庄公。

庄公元年,封弟段于京,〔1〕号太叔。祭仲曰:〔2〕"京大于国,〔3〕非所以封庶也。"〔4〕庄公曰:"武姜欲之,我弗敢夺也。"段至京,缮治甲兵,〔5〕与其母武姜谋袭郑。〔6〕二十二年,段果袭郑,武姜为内应。庄公发兵伐段,段走。伐京,京人畔段,段出走鄢。〔7〕鄢溃,段出奔共。〔8〕于是庄公迁其母武姜于城颍,〔9〕誓言曰:"不至黄泉,〔10〕毋相见也。"居岁余,已悔思母。颍谷之考叔有献于公,〔11〕公赐食。考叔曰:"臣有母,请君食赐臣母。"庄公曰:"我甚思母,恶负盟,〔12〕奈何?"考叔曰:"穿地至黄泉,则相见矣。"于是遂从之,见母。

【注释】〔1〕"京",郑国都邑名,在今河南荥阳东南。〔2〕"祭仲",名足,亦称祭足、祭仲足,原为祭邑封人,后得到郑庄公宠信,任卿。以祭为其食邑,祭在今河南中牟,因以为氏。死于公元前六八二年。"祭",音 zhài。〔3〕"国",国都,此指郑国国都。〔4〕"庶",此指嫡长子之外的子弟,即段。〔5〕"缮",音 shàn,修缮,整治。〔6〕"郑",郑国国都,在今河南新郑。〔7〕"鄢",音 yān,郑国邑名,在今河南鄢陵西北。原为妘姓之国,被郑武公所灭。〔8〕"共",音 gōng,国名,即西周时共伯和之封国,在今河南辉县。此后不久被卫国所灭。〔9〕"城颍",郑国邑名,在今河南临颍西北。〔10〕"黄泉",古人以地为黄色,泉在地下,故称黄泉。此指地下的墓穴。〔11〕"颍谷",郑国地名,在今河南登封西。"考叔",亦称颍考叔,此时为颍谷封人。公元前七一二年在伐许战斗中被郑大夫公孙阏冷箭射死。〔12〕"恶",音 wù,厌恶。

【译文】庄公元年,封其弟段于京,号称太叔。祭仲说:"京城比都城大,不是用来封赐庶弟的地方。"庄公说:"武姜要这样,我不能不给啊。"段到达京,修缮整治武器,同他的母亲武姜密谋偷袭国都。庄公二十二年,段果真袭击郑都,武姜作内应。庄公发兵攻伐段,段败奔。庄公又发兵攻伐京,京人反叛段,段出奔鄢。鄢溃败失守,段出奔共国。在这之后,庄公把他的母亲武姜迁居到城颍,立下誓言说:"不到黄泉,不再相见。"过了一年多,庄公后悔而思念母亲。颍谷的考叔有东西来进献给庄公,

庄公赐予食物。考叔说："臣下有母亲，请求国君将这食物赐给我的母亲。"庄公说："我很想念母亲，但又厌恶背弃当初的誓约，怎么办呢？"考叔说："您若挖一条地道到达黄泉，就可以再相见了。"于是庄公就听从考叔的话，（真的掘了隧道，）与母亲相见。

二十四年，宋缪公卒，[1]公子冯奔郑。[2]郑侵周地，取禾。[3]二十五年，卫州吁弑其君桓公自立，[4]与宋伐郑，以冯故也。二十七年，始朝周桓王。[5]桓王怒其取禾，弗礼也。二十九年，庄公怒周弗礼，与鲁易祊、许田。[6]三十三年，宋杀孔父。[7]三十七年，庄公不朝周，周桓王率陈、蔡、虢、卫伐郑。[8]庄公与祭仲、高渠弥发兵自救，[9]王师大败。祝聸射中王臂。[10]祝聸请从之，郑伯止之，曰："犯长且难之，[11]况敢陵天子乎？"[12]乃止。夜令祭仲问王疾。

【注释】〔1〕"宋"，国名，子姓，始封君为商纣王庶兄微子启，周公平定武庚叛乱后，将商旧都周围地区封给他，建都商丘（今河南商丘南），约有今河南东南部及其与山东、江苏、安徽之间的部分土地。公元前二八六年被齐国所灭。"宋缪公"，亦作宋穆公，名和，宋武公之子，宋宣公之弟，公元前七二八年——前七二〇年在位。详见本书《宋微子世家》。〔2〕"公子冯"，亦作公子凴，宋缪公之子。宋缪公临终前遗嘱立其兄宣公之子与夷为君，令公子冯出居于郑，所以宋缪公卒而公子冯奔郑。后公子冯回国即位，是为宋庄公，公元前七一〇年——前六九二年在位。详见本书《宋微子世家》。〔3〕"郑侵周地，取禾"，据《左传》隐公三年，此年四月郑祭仲帅师取周畿内温之麦，秋又取成周之禾。〔4〕"卫"，国名，姬姓，始封君为周武王弟康叔，周公平定武庚叛乱后，将商旧都地区及殷民七族封给他，建都朝歌（今河南淇县），约有今河南北部、山东西南部。春秋起国势渐衰。公元前二五四年被魏国所灭。后一度复国，公元前二〇九年被秦国所灭。"州吁"，卫庄公宠妾所生之子，卫桓公异母弟，杀桓公自立，翌年被卫人所杀。"桓公"，即卫桓公，名完，卫庄公之子，母戴妫，公元前七三四年——前七一九年在位。详见本书《卫康叔世家》。〔5〕"周桓王"，名林，周平王之孙，其父泄父（为平王太子，因早死而未即位），公元前七一九年——前六九七年在位。详见本书《周本纪》。〔6〕"鲁"，国名，姬姓，始封君为周公旦之子伯禽，在今山东西南部，建都曲阜（今山东曲阜）。春秋末公室为季孙氏、孟孙氏、叔孙氏三家所瓜分。公元前二五六年被楚国所灭。"祊"，音 bēng，或作"邴"，邑名，郑国祭祀泰山的汤沐邑，在今山东费县东南。"许田"，邑名，鲁君朝见周天子时的朝宿之邑，在今河南许昌东南。按祊和许田均为周王室所赐，郑庄公擅自将祊与鲁国许田对换，一方面出于地理远近的考虑，另一方面借此表示对周王朝的蔑视，以发泄因周桓王不以礼遇而产生的怒气。〔7〕"孔父"，名嘉，宋宗室之后，为孔丘祖先，任宋大司马。"宋杀孔父"，孔父之妻美艳，宋太宰华督为夺到手而谋杀孔父。按此事本书《十二诸侯年表》、《卫康叔世家》、《宋微子世家》和《左传》均系于郑庄公三十四年，惟本书《管蔡世家》同此。〔8〕"陈"，名国，妫姓，开国君主胡公满，相传是舜的后裔，周武王灭商后所封。建都宛丘（今河南淮阳），有今河南东部和安徽一部。公元前四七九年被楚国所灭。"蔡"，国名，姬姓，开国君主是周武王之弟叔度，周武王灭商后所封，后叔度随同武庚反叛，为周公所逐，改封其子蔡仲胡，建都上蔡（今河南上蔡西南），有今河南东南部分地。春秋时屡遭楚国侵伐而多次迁徙。公元前四四九年被楚国所灭。〔9〕"高渠弥"，亦作高渠眯，为郑庄公卿。〔10〕"祝聸"，亦作祝聃，郑国大夫。"聸"，音 dān。〔11〕"难"，音 nuó，通"戁"，恐惧。〔12〕"陵"，欺陵，欺侮。

【译文】郑庄公二十四年，宋缪公去世，公子冯出奔到郑国。郑国军队侵犯成周之地，掳掠庄稼。二十五年，卫国州吁杀了他的国君桓公自立为君，与宋国军队一起攻伐郑国，因为（郑国收容）公子冯的缘故。二十七年，郑庄公开始朝觐周桓王。周桓王因恼怒郑国军队掳掠庄稼，便不加礼遇。二十九年，庄公恼怒周桓王不以礼相待，就擅自跟鲁国交换祊、许田。三十三年，宋国杀死孔父。三十七年，郑庄公不朝觐周天子，周桓王率领陈国、蔡国、虢国、卫国的军队攻伐郑国。庄公与大夫祭仲、高渠弥起兵自卫，周王率领的军队被打得大败。祝聸发箭射中周桓王的胳膊。祝聸请求追逐桓王，郑伯制止他，说："冒犯尊长尚且感到恐惧，何况胆敢凌辱天子呢？"就收了兵。夜间郑庄公命令祭仲去问候桓王伤势。

三十八年，北戎伐齐，[1]齐使求救，郑遣太子忽将兵救齐。[2]齐釐公欲妻之，[3]忽

谢曰：[4]"我小国，非齐敌也。"[5]时祭仲与俱，劝使取之，[6]曰："君多内宠，[7]太子无大援将不立，三公子皆君也。"所谓三公子者，太子忽，其弟突，[8]次弟子亹也。[9]

【注释】〔1〕"北戎"，古族名，活动于今河南、山西间的太行山脉一带。或谓即山戎，又称无终，在今河北北部。〔2〕"太子忽"，郑庄公之太子，即郑昭公，公元前六九六年——前六九五年在位。〔3〕"齐釐公"，亦作齐僖公，名禄甫(一作禄父)，齐庄公之子，公元前七三〇年——前六九八年在位。详见本书《齐太公世家》。"妻"，音 qì，以女嫁人。〔4〕"谢"，谢绝，推辞。〔5〕"敌"，匹敌，匹配。〔6〕"取"，通"娶"。〔7〕"内宠"，宫内宠幸的姬妾。〔8〕"突"，即郑厉公，公元前七〇〇年——前六九七年、公元前六七九年——前六七三年在位。〔9〕"子亹"，公元前六九四年在位，无谥。亹，音 wěi。

【译文】郑庄公三十八年，北戎攻伐齐国，齐国使者前来请求救援，郑伯派遣太子忽率领军队援救齐国。齐釐公想把女儿嫁给太子忽，忽推辞说："我们郑国是小国，不能与齐国般配啊。"当时祭仲与太子忽同行，劝说让他娶齐釐公的女儿，说："国君有许多宠幸的姬妾，太子您没有强大的外援，将来不容易即位，三位公子都是国君的人选啊。"所说的三位公子，是太子忽，他的大弟突，二弟子亹。

四十三年，郑庄公卒。初，祭仲甚有宠于庄公，庄公使为卿；[1]公使娶邓女，[2]生太子忽，故祭仲立之，是为昭公。

【注释】〔1〕"卿"，周王朝和诸侯各国官爵系列中级别最高的一个等级。〔2〕"邓"，古国名，曼姓，在今湖北襄樊北，一说疆域到达今河南邓县，公元前六七八年被楚国所灭。

【译文】四十三年，郑庄公去世。当初，祭仲很得庄公的宠信，庄公让他为卿。庄公派祭仲出使为自己迎娶邓国之女，邓女生下太子忽，所以祭仲拥立太子忽继位，这就是郑昭公。

庄公又娶宋雍氏女，[1]生厉公突。雍氏有宠于宋。宋庄公闻祭仲之立忽，乃使人诱召祭仲而执之，曰："不立突，将死。"亦执突以求赂焉。祭仲许宋，与宋盟，以突归，立之。昭公忽闻祭仲以宋要立其弟突，[2]九月丁亥，忽出奔卫。己亥，突至郑，立，是为厉公。

【注释】〔1〕"雍氏"，姞姓，相传是黄帝子孙的后裔，时为宋国有权势的大夫。〔2〕"要"，音 yāo，要挟，威胁。

【译文】郑庄公还娶了宋国雍氏的女儿，生下厉公突。雍氏在宋国很得宠。宋庄公听说祭仲立忽为国君，就派人诱骗召来祭仲而扣留他，说："不立突为国君，就处死你。"同时也扣留突来索求贿赂。祭仲答应宋君的要求，同宋君订立盟约，带着突返归郑国，立他为君。昭公忽听说祭仲由于宋国的要挟立他的弟弟突为国君，就在九月丁亥这一天，忽出逃投奔卫国。己亥这天，突到达郑国国都，即君位，这就是郑厉公。

厉公四年，[1]祭仲专国政，厉公患之，阴使其婿雍纠欲杀祭仲。[2]纠妻，祭仲女也，知之，谓其母曰："父与夫孰亲？"母曰："父一而已，人尽夫也。"女乃告祭仲，祭仲反杀雍纠，戮之于市。[3]厉公无奈祭仲何，[4]怒纠曰："谋及妇人，死固宜哉！"夏，厉公出居边邑栎。[5]祭仲迎昭公忽。六月乙亥，复入郑，即位。

【注释】〔1〕"厉公四年"，即公元前六九七年。〔2〕"婿"，女儿的丈夫。〔3〕"戮"，陈尸，将尸体示众。"市"，市朝，为众人集会之处。〔4〕"无奈祭仲何"，不能把祭仲怎么样，即对祭仲没有什么办法的意思。〔5〕"栎"，音 lì，郑国邑名，在今河南禹县。

【译文】郑厉公四年，祭仲独揽国政，厉公忧虑这种状况，就暗中支使祭仲的女婿雍纠打算除掉祭仲。雍纠的妻子，是祭仲的女儿，知道了这件事，便对她的母亲说："父亲与丈夫相比，哪个更亲？"母亲说："父亲只有一个，而凡男人都可做你的丈夫。"女儿就把事情告诉祭仲。祭仲反而抢先杀了雍纠，并将他的尸体陈放在闹市示众。郑厉公对祭仲毫无办法，只能把怒气出到雍纠身上说："跟妇道人家商议大事，死得活该！"夏天，郑厉公出走，居住到边

境都邑栎。祭仲迎回昭公忽。六月乙亥那天，昭公再次进入国都，就国君之位。

秋，郑厉公突因栎人杀其大夫单伯，[1]遂居之。诸侯闻厉公出奔，伐郑，弗克而去。宋颇予厉公兵，自守于栎，郑以故亦不伐栎。[2]

【注释】〔1〕“因”，凭借，利用。“单伯”，亦作檀伯，为郑国栎邑大夫。本书仅见此。 〔2〕“郑”，指郑昭公忽。

【译文】秋天，郑厉公突利用栎邑的人杀死守邑大夫单伯，就在栎邑定居下来。诸侯听说郑厉公出走外奔，就攻伐郑都，没能攻克而离去。宋国供给厉公很多武器，厉公自己守在栎，郑昭公因为这缘故也就不攻伐栎邑。

昭公二年，[1]自昭公为太子时，父庄公欲以高渠弥为卿，太子忽恶之，庄公弗听，卒用渠弥为卿。及昭公即位，惧其杀己。冬十月辛卯，渠弥与昭公出猎，射杀昭公于野。祭仲与渠弥不敢入厉公，乃更立昭公弟子亹为君，是为子亹也，无谥号。[2]

【注释】〔1〕“昭公二年”，即公元前六九五年。〔2〕“谥号”，人死后根据其生前行迹给予的称号，春秋时代，天子、诸侯及一些卿大夫皆有谥号。“谥”，音 shì。

【译文】郑昭公二年，还在昭公做太子的时候，父亲庄公想用高渠弥为卿，太子忽憎恶高渠弥，庄公不加理睬，结果任用高渠弥为卿。及至昭公即位，高渠弥惧怕昭公杀自己。冬天十月辛卯这天，渠弥与昭公出去打猎，乘机在野外用箭射杀昭公。祭仲和渠弥不敢迎纳厉公，就改立昭公另一个弟弟子亹为国君，这就是子亹，没有谥号。

子亹元年七月，[1]齐襄公会诸侯于首止。[2]郑子亹往会，高渠弥相，[3]从，祭仲称疾不行。所以然者，子亹自齐襄公为公子之时，尝会斗，相仇，及会诸侯，祭仲请子亹无行。子亹曰：“齐强，而厉公居栎，即不往，[4]是率诸侯伐我，内厉公。[5]我不如往，往何遽必辱，[6]且又何至是！”卒行。于是祭仲恐齐并杀之，故称疾。子亹至，不谢齐侯，[7]齐侯怒，遂伏甲而杀子亹。[8]高渠弥亡归，[9]归与祭仲谋，召子亹弟公子婴于陈而立之，[10]是为郑子。是岁，齐襄公使彭生醉拉杀鲁桓公。[11]

【注释】〔1〕“子亹元年”，即公元前六九四年。〔2〕“齐襄公”，名诸儿，齐釐公之子，公元前六九七年——前六八六年在位。详见本书《齐太公世家》。“首止”，一作首戴，卫国邑名，在今河南睢县东南。〔3〕“相”，音 xiàng，辅佐，辅助。古代举行朝觐、盟会、飨宴、祭祀等礼仪盛典时，有襄助的人，称为相。〔4〕“即”，倘若，如果。 〔5〕“内”，音 nà，通“纳”，纳入，送纳。 〔6〕“遽”，音 jù，遂，就。 〔7〕“谢”，认错，道歉。 〔8〕“甲”，用皮革或金属制成的护身衣。这里指服甲的武士。 〔9〕“高渠弥亡归”，按《左传》桓公十八年谓高渠弥被齐人车裂。 〔10〕“公子婴”，《左传》庄公十四年作子仪，《汉书·古今人表》作郑子婴齐，公元前六九三—前六八〇年在位。 〔11〕“彭生”，亦称公子彭生，齐国力士，杀鲁桓公后不久，即被当作替罪羊处死。“拉”，摧折，折断。据《春秋公羊传》庄公元年，指折断肋骨。“鲁桓公”，名轨（一作允），鲁惠公之子，鲁隐公异母弟，公元前七一一年—前六九四年在位。详见本书《鲁周公世家》。

【译文】子亹元年七月，齐襄公在首止盟会诸侯。郑国子亹前往与会，高渠弥担任相，随行，祭仲说有病不能同行。祭仲这样做的原因，是由于子亹在齐襄公还是公子的时候，曾经相会争斗，彼此结下仇，所以到了盟会诸侯的时候，祭仲请求子亹不要去。子亹说：“齐国强大，而厉公又居住在栎，倘若不去，这就会促成齐襄公率领诸侯讨伐我，而送纳厉公。我还不如去，去了为什么就一定受辱，而且又为什么会到达你说的那种地步！”结果去了。在这种情况下，祭仲害怕齐襄公会一同杀了自己，便故意推说生病。子亹到达首止，没有向齐侯谢罪，齐侯很气愤，就埋伏武士而杀了子亹。高渠弥逃跑回国，回来后同祭仲商量，决定从陈国召回子亹的弟弟公子婴，立他为国君，这就是郑子。这一年，齐襄公指使彭生趁酒醉之际折断鲁桓公的肋骨并杀了他。

郑子八年,[1]齐人管至父等作乱,[2]弑其君襄公。十二年,宋人长万弑其君湣公。[3]郑祭仲死。

【注释】〔1〕“郑子八年”,即公元前六八六年。〔2〕“管至父”,齐国大夫。他和大夫连称奉君命戍守葵丘,戍期已过,无人更替,便勾结公室公孙无知发难,杀死齐襄公,扶立公孙无知为君,旋即事败身死。〔3〕“长万”,亦称南宫长万,氏南宫,名万,字长;又称宋万,宋国大夫,强壮有力。因与国君有隙而杀死宋湣公,出奔陈国。后陈国应宋请求设计遣返,被宋人所杀。“宋湣公”,亦作宋愍公、宋闵公,名捷(一作接),宋庄公之子,公元前六九一年——前六八二年在位。详见本书《宋微子世家》。

【译文】郑子八年,齐国大夫管至父等人发动暴乱,杀死他们的国君齐襄公。十二年,宋国大夫长万杀死他的国君宋湣公。郑国祭仲去世。

十四年,故郑亡厉公突在栎者使人诱劫郑大夫甫假,[1]要以求入。假曰:“舍我,我为君杀郑子而入君。”厉公与盟,乃舍之。六月甲子,假杀郑子及其二子而迎厉公突,突自栎复入即位。初,内蛇与外蛇斗于郑南门中,内蛇死。居六年,厉公果复入。入而让其伯父原曰:[2]“我亡国外居,伯父无意入我,亦甚矣。”原曰:“事君无二心,人臣之职也。原知罪矣。”遂自杀。厉公于是谓甫假曰:“子之事君有二心矣。”遂诛之。假曰:“重德不报,诚然哉!”

【注释】〔1〕“故郑”,指原先居住在郑国国都的人。“甫假”,亦作甫瑕、傅瑕。〔2〕“让”,责备,谴责。“原”,即原繁,郑国公室,其先人于郑桓公立国时即为大夫。

【译文】郑子十四年,旧居郑都而流亡到厉公突所在栎邑的人,派人诱骗劫持郑国大夫甫假,郑厉公用威胁手段来要求进入郑都。甫假说:“释放我,我就为您杀掉郑子而让您进入郑都。”厉公与甫假立下盟约,就释放了他。六月甲子这天,甫假杀死郑子及其两个儿子而迎接厉公突,突从栎邑再次进入国都即位。当初,城内蛇与城外蛇在郑都城南门中相斗,城内蛇死了。过了六年,厉公果然又进入国都。厉公进入国都后责备他的伯父原说:“我流亡在国都之外居住,伯父无意让我回归,也太过分了。”原说:“事奉君主不三心二意,是做人臣的天职。我知道自己的罪过了。”就自杀了。厉公接着对甫假说:“你事奉君主有三心二意啊。”就杀甫假。甫假说:“大德不得好报,果真如此啊!”

厉公突后元年,[1]齐桓公始霸。[2]

【注释】〔1〕“厉公突后元年”,郑厉公复位元年,即公元前六七九年。〔2〕“齐桓公”,名小白,齐釐公之子,齐襄公之弟,公元前六八五年——前六四三年在位。详见本书《齐太公世家》。

【译文】郑厉公突后元年,齐桓公开始称霸。

五年,燕、卫与周惠王弟颓伐王,[1]王出奔温,[2]立弟颓为王。六年,惠王告急郑,厉公发兵击周王子颓,弗胜,于是与周惠王归,王居于栎。七年春,郑厉公与虢叔袭杀王子颓而入惠王于周。[3]

【注释】〔1〕“燕”,亦作匽、郾,国名,姬姓,始封君为召公奭,周武王灭商后所封,都于蓟(今北京西南隅),约有今河北北部和辽宁西端之地。公元前二二二年被秦国所灭。也称北燕,以别于在今河南延津东北姞姓之燕(又称南燕)。按《左传》庄公十九年杜预《集解》以此燕为南燕。“周惠王”,名阆,一作毋凉,周釐王之子,公元前六七六年——前六五二年在位。详见本书《周本纪》。“颓”,又称子颓、王颓、王子颓,周庄王妾王姚之子,周釐王之庶弟,得到庄王宠爱,公元前六七五年被部分反对周惠王的大臣拥立为王,公元前六七三年被前来攻伐的郑、虢之兵杀死。按颓为周惠王叔父,此谓弟,误。〔2〕“温”,国名,周武王时苏忿生受封都于此,在今河南温县西南。按《左传》庄公十九年载奔温者为颓,而非周惠王。〔3〕“虢叔”,名醜,亦称虢公醜,虢国(北虢)国君,为周王卿士,虢公林父之子。或谓此虢叔即虢公林父。

【译文】郑厉公后五年,燕国、卫国与周惠王之弟颓攻伐周惠王,周惠王出走逃奔温,拥立其弟颓为王。六年,周惠王向郑国告急。郑厉公发兵进

攻成周王子颓，没有打胜，于是与周惠王返回郑国，周惠王居住在栎邑。七年春天，郑厉公和虢叔起兵袭击杀死王子颓，送周惠王进入成周。

秋，厉公卒，子文公踕立。[1]厉公初立四岁，亡居栎，居栎十七岁，复入，立七岁，与亡凡二十八年。

【注释】〔1〕“文公踕”，踕或作捷、接、椄，公元前六七二年—前六二八年在位。

【译文】这年秋天，郑厉公去世，儿子文公踕即位。厉公第一次在位四年，接着流亡居住在栎，在栎居住十七年，再次进入国都，在位七年，在位与流亡的时间统共二十八年。

文公十七年，齐桓公以兵破蔡，遂伐楚，至召陵。[1]

【注释】〔1〕“召陵”，楚国邑名，在今河南偃城东。“召”，音 shào。

【译文】郑文公十七年，齐桓公率领军队击溃蔡军，于是攻伐楚国，到达召陵。

二十四年，文公之贱妾曰燕姞，[1]梦天与之兰，曰：“余为伯鯈。[2]余，尔祖也。以是为而子，[3]兰有国香。”[4]以梦告文公，文公幸之，而予之草兰为符。[5]遂生子，名曰兰。

【注释】〔1〕“燕”，国名，姞姓，相传是黄帝的后裔，在今河南延津东北，亦称南燕。“燕姞”，燕国之女。〔2〕“伯鯈”，传说中的南燕祖先。“鯈”，或作儵，音 tiáo。〔3〕“而”，通“尔”，汝，你。〔4〕“国香”，冠绝一国的香味。后人用以指代兰花。〔5〕“符”，符节，信物。

【译文】二十四年，郑文公有位下等的姬妾叫燕姞，她在梦中看见天帝给她一枝兰草，说：“我是伯儵。我，是你的先祖啊。把这枝兰草作为你的孩子，兰花有通国之香。”燕姞把梦告诉郑文公，文公就让她侍寝，而且给她兰草作为信物。于是生下一个儿子，取名叫兰。

三十六年，晋公子重耳过，[1]文公弗礼。文公弟叔詹曰：[2]“重耳贤，且又同姓，[3]穷而过君，不可无礼。”文公曰：“诸侯亡公子过者多矣，安能尽礼之！”詹曰：“君如弗礼，遂杀之；弗杀，使即反国，[4]为郑忧矣。”文公弗听。

【注释】〔1〕“公子重耳”，即晋文公，晋献公之子，继齐桓公后称霸诸侯，公元前六三六年——前六二八年在位。详见本书《晋世家》。“过”，过访，探望。〔2〕“叔詹”，或作叔瞻，郑国大夫。〔3〕“同姓”，指晋国和郑国同为姬姓之国。〔4〕“使即”，使、即在这里皆为倘若、如果之意，系同义连用。“反”，通“返”，返回。

【译文】郑文公三十六年，晋国公子重耳来拜访，郑文公不以礼相待。文公弟弟叔詹说：“重耳贤明，而且又和我们同姓，在困窘之中来拜访您，不可以无礼。”文公说：“诸侯流亡的公子来拜访的多了，哪能都以礼相待呢！”叔詹说：“您如不以礼相待，就杀了他；不杀他，倘若他返回晋国，那就成为郑国的忧患了。”郑文公不听。

三十七年春，晋公子重耳反国，立，是为文公。秋，郑入滑，[1]滑听命，已而反与卫，[2]于是郑伐滑。周襄王使伯犕请滑。[3]郑文公怨惠王之亡在栎，而文公父厉公入之，而惠王不赐厉公爵禄，又怨襄王之与卫、滑，故不听襄王请而囚伯犕。王怒，与翟人伐郑，[4]弗克。冬，翟攻伐襄王，襄王出奔郑，郑文公居王于氾。[5]三十八年，晋文公入襄王成周。

【注释】〔1〕“滑”，国名，姬姓，原都滑，在今河南睢县西北；后迁都于费，在今河南偃师东南，故亦称费滑。公元前六二七年被秦国所灭。“秋，郑入滑”，按《春秋左传》僖公二十年《经》、《传》均载郑入滑之事，即在郑文公三十三年。梁玉绳《史记志疑》谓“秋”乃“初”之误。〔2〕“已而”，不久，马上。“与”，联合，亲附。〔3〕“周襄王”，名郑，周惠王之子，公元前六五一年——前六一九年在位。详见本书《周本纪》。“伯犕”，周王室大夫。“犕”，音 fú，或作“服”。〔4〕“翟”，亦作狄，古族名，春秋初分为白狄、赤狄、长狄三部。此处“翟人”指赤狄一部，隗姓，主要活动在今山西东南、河北西南一带。〔5〕“氾”，郑国邑名，在今河南襄城南。

【译文】郑文公三十七年春天，晋公子重耳返回国都，即位，这就是晋文公。秋天，郑军入侵滑国，滑国归服，不久反过来亲附卫国，于是郑军讨伐滑国。周襄王派遣伯犕来为滑国说情。郑文公怨恨周惠王，惠王流亡居住在栎，文公的父亲厉公帮助他进入成周，但惠王却不赏赐厉公爵位财物，同时又怨恨周襄王袒护卫国、滑国，所以不听襄王的说情，反而囚禁伯犕。周襄王大怒，同翟人讨伐郑国，没有取胜。冬天，翟人攻击周襄王，襄王出走逃奔郑国，郑文公安排周襄王居住在氾。三十八年，晋文公送周襄王进入成周。

四十一年，助楚击晋。自晋文公之过无礼，故背晋助楚。四十三年，晋文公与秦穆公共围郑，[1]讨其助楚攻晋者，及文公过时之无礼也。初，郑文公有三夫人，[2]宠子五人，[3]皆以罪蚤死。[4]公怒，溉逐群公子。[5]子兰奔晋，从晋文公围郑。时兰事晋文公甚谨，爱幸之，乃私于晋，以求入郑为太子。晋于是欲得叔詹为僇。[6]郑文公恐，不敢谓叔詹言。詹闻，言于郑君曰：“臣谓君，君不听臣，晋卒为患。然晋所以围郑，以詹。詹死而赦郑国，詹之愿也。”乃自杀。郑人以詹尸与晋。晋文公曰：“必欲一见郑君，辱之而去。”郑人患之，乃使人私于秦曰：“破郑益晋，非秦之利也。”秦兵罢。晋文公欲入兰为太子，以告郑。郑大夫石癸曰：[7]“吾闻姞姓乃后稷之元妃，[8]其后当有兴者。子兰母，其后也。且夫人子尽已死，余庶子无如兰贤。今围急，晋以为请，利孰大焉！”遂许晋，与盟，而卒立子兰为太子，[9]晋兵乃罢去。

【注释】〔1〕“秦穆公”，或作秦缪公，名任好，秦德公之少子，秦宣公、秦成公之弟，曾称霸诸侯，公元前六五九年——前六二一年在位。详见本书《秦本纪》。〔2〕“三夫人”，指郑文公前后所娶陈妫（原为郑子之妃，即文公叔父之妃）、江国之女、薛国之女。〔3〕“宠子五人”，指陈妫所生的子华、子臧，江女所生的公子士，苏女所生的子瑕、子俞弥。〔4〕“蚤”，通“早”。按据《左传》宣公三年和僖公三十一年所载，子华、子臧被郑人所杀，公子士被楚人所杀，子瑕出奔楚，子俞弥早死。〔5〕“溉”，通“既”，尽，全部。〔6〕“僇”，通“戮”，杀戮。〔7〕“石癸”，又称石甲父，氏石，名癸，字甲父。〔8〕“后稷”，名弃，传说中周人的始祖。详见本书《周本纪》。“元妃”，元配，正妻。〔9〕“卒”，别本或作“平”。

【译文】郑文公四十一年，郑军帮助楚军进攻晋国。因当初晋文公来拜访不以礼遇，（郑文公害怕晋国报复，）所以背弃晋国帮助楚国。四十三年，晋文公和秦穆公共同围困郑都，声讨郑文公帮助楚国进攻晋国，以及从前对晋文公过访郑国时的无礼。当初，郑文公有三位夫人，宠爱的儿子五个，五个儿子都因有罪而早死。文公很恼怒，把其余的公子们全部驱逐出国。子兰投奔晋国，这次跟随晋文公来围攻郑都。平时兰事奉晋文公非常恭敬小心，晋文公爱怜宠幸他，兰就私下在晋国活动，以企求进入郑国做太子。晋文公在围城时想得到叔詹羞辱杀死他。郑文公很恐惧，但又不敢对叔詹说。叔詹听说后，对郑文公说：“臣下告诉过君上，（对重耳要末以礼相待，要末杀死他，）国君不听臣言，晋国终于成为祸患。然而晋文公所以围攻郑都，是因为我的缘故。我死而能免除郑国之难，是我心甘情愿的啊。”说完就自杀。郑国人把叔詹的尸体给了晋国。晋文公说：“一定要见一下郑君，当面羞辱他一番再离开。”郑文公对此很犯愁，就派人私下对秦穆公说：“攻破郑国只能有益于晋国，没有秦国的好处啊！”于是秦国撤兵。晋文公想送兰回国让他做太子，把这意思告诉郑国。郑国大夫石癸说：“我听说姞姓之女是后稷的正妻，她的后代应当有兴旺的。子兰的母亲，就是姞姓的后裔啊。况且国君夫人生的儿子都已死去，余下庶出的儿子没有像兰那样贤能的。如今城围情急，晋文公提出立兰为太子作为要求，（这对目前的郑国来说，）还有什么比答应这个要求更好的呢！”于是答应了晋国，与晋国订立盟约，结果立了兰为太子，晋国军队才撤离。

四十五年，文公卒，子兰立，是为缪公。

缪公元年春，[1]秦缪公使三将将兵欲袭郑，[2]至滑，逢郑贾人弦高诈以十二牛劳

军,[3]故秦兵不至而还。晋败之于崤。[4]初,往年郑文公之卒也,郑司城缯贺以郑情卖之,[5]秦兵故来。三年,郑发兵从晋伐秦,败秦兵于汪。[6]往年楚太子商臣弑其父成王代立。[7]

【注释】〔1〕"缪公元年",即公元前六二七年。〔2〕"三将",指秦将孟明视、西乞术、白乙丙。"将兵",领兵,率领军队。〔3〕"贾人",商人。贾,音gǔ。〔4〕"崤",音yáo,亦作殽,山名,在今河南洛宁西北,为秦岭东段支脉。〔5〕"司城",官名,即司空,西周金文均作"𤔲工",东周金文中作"𤔲工"或"𤔲攻",掌管土木工程、器物制作等。"郑司城缯贺以郑情卖之",按《左传》僖公三十二年谓秦国大夫杞子掌管郑都北门钥匙,暗作内应,招致秦兵,与此所载不同。〔6〕"汪",秦国邑名,在今陕西澄城西南。〔7〕"往年",前一年,即郑缪公二年。"楚太子商臣",即楚缪王,公元前六二五年——前六一四年在位。详见本书《楚世家》。"成王",即楚成王,名恽(或作頵、髡),楚文王之子,公元前六七一年——前六二六年在位。详见本书《楚世家》。

【译文】四十五年,郑文公去世,子兰即位,这就是郑缪公。

郑缪公元年春天,秦缪公派(孟明视、西乞术、白乙丙)三位将军领兵准备袭击郑国,行军到滑国,恰好遇上郑国商人弦高,弦高谎称君命用十二头牛犒劳秦军,所以秦国军队没到郑国就返回。晋国军队在崤山击败秦军。起初,前一年郑文公去世,郑国司城缯贺把郑国情报出卖给秦国,秦军因此前来。三年,郑国发兵跟随晋军攻伐秦国,在汪击败秦军。前一年,楚国太子商臣杀死他的父亲楚成王而接替君位。

二十一年,与宋华元伐郑。[1]华元杀羊食士,[2]不与其御羊斟,[3]怒以驰郑,郑囚华元。宋赎华元,元亦亡去。晋使赵穿以兵伐郑。[4]

【注释】〔1〕"华元",华督曾孙,时任右师,为宋国六卿之一。"与宋华元伐郑",按本书《宋微子世家》和《左传》宣公二年,均谓郑军受楚国之命进攻宋国,华元率兵迎战。又本书《十二诸侯年表》郑穆公二十一年云:"与宋师战,获华元。"水泽利忠《史记会注考证校补》引南化本作"与宋华元战"。当以南化本为是。译文依南化本。〔2〕"食",音sì,通"饲",给人吃。〔3〕"御",御者,战车上驾驭马的人。"羊斟",亦作羊羹,又称叔牂。〔4〕"赵穿",晋国大夫,赵氏旁系子弟,晋襄公之婿。"晋使赵穿以兵伐郑",据《左传》宣公二年,率晋兵伐郑者当为赵盾。

【译文】郑缪公二十一年,郑军同宋国华元率领的军队交战。(战前)华元杀羊给将士吃,没给他的御者羊斟,(接战后)羊斟怀怒长驱直入郑军,郑人俘虏华元。宋国出资赎华元,华元也就乘机逃跑离去。晋君派赵穿带领军队攻伐郑国。

二十二年,郑缪公卒,子夷立,[1]是为灵公。

【注释】〔1〕"子夷",即郑灵公,郑缪公之子,仅公元前六〇五年在位一年。

【译文】二十二年,郑缪公去世,子夷即位,这就是郑灵公。

灵公元年春,楚献鼋于灵公。[1]子家、子公将朝灵公,[2]子公之食指动,[3]谓子家曰:"佗日指动,[4]必食异物。"及入见灵公,进鼋羹,子公笑曰:"果然!"灵公问其笑故,具告灵公。灵公召之,独弗予羹。子公怒,染其指,[5]尝之而出。公怒,欲杀子公。子公与子家谋,先。夏,弑灵公。郑人欲立灵公弟去疾,[6]去疾让曰:"必以贤,[7]则去疾不肖;必以顺,则公子坚长。"[8]坚者,灵公庶弟,[9]去疾之兄也。于是乃立子坚,是为襄公。

【注释】〔1〕"鼋",音yuán,大鳖,俗称甲鱼、团鱼。〔2〕"子家",即公子归生,子家为其字,郑国公室大夫。"子公",即公子宋,子公为其字,郑国公室大夫。〔3〕"食指",从大拇指算起,手的第二指。〔4〕"佗",同"他",它。〔5〕"染",沾染,沾上。〔6〕"去疾",或作弃疾,亦称公子去疾,字子良。〔7〕"必",果真,倘若。〔8〕"公子坚",即郑襄公,公元前六〇四年——前五八七年在位。

〔9〕“灵公庶弟”，裴骃《史记集解》引徐广曰：“《年表》云灵公庶兄。”

【译文】郑灵公元年春天，楚人进献大鳖给灵公。子家、子公将要朝见灵公，子公的食指突然动了，便对子家说：“往日食指动，必定吃到不同一般的食物。”到入朝进见灵公，果然送上大鳖做的羹，子公笑着说：“果真如此！”灵公问他笑的缘故，子公如实禀告灵公。灵公召呼他过来，单单不给他羹。子公发怒，用指头蘸羹，尝了味道而走出。灵公很生气，想杀子公。子公与子家商议，抢先下手。夏天，杀了灵公。郑国人想立灵公的弟弟去疾为国君，去疾推让说：“（立国君）如果论贤能的话，那我无德无才；如果论长幼顺序的话，那公子坚最年长。”坚，是郑灵公的庶出弟弟，去疾的兄长。于是立子坚为国君，这就是郑襄公。

襄公立，将尽去缪氏。缪氏者，杀灵公子公之族家也。去疾曰：“必去缪氏，我将去之。”乃止，皆以为大夫。

襄公元年，楚怒郑受宋赂纵华元，伐郑。郑背楚，与晋亲。五年，楚复伐郑，晋来救之。六年，子家卒，国人复逐其族，以其弑灵公也。

七年，郑与晋盟鄢陵。〔1〕八年，楚庄王以郑与晋盟，〔2〕来伐，围郑三月，郑以城降楚。楚王入自皇门，〔3〕郑襄公肉袒掔羊以迎，〔4〕曰：“孤不能事边邑，使君王怀怒以及弊邑，〔5〕孤之罪也。敢不惟命是听。君王迁之江南，及以赐诸侯，亦惟命是听。若君王不忘厉、宣王，桓、武公，哀不忍绝其社稷，锡不毛之地，〔6〕使复得改事君王，孤之愿也，然非所敢望也。敢布腹心，惟命是听。”庄王为却三十里而后舍。楚群臣曰：“自郢至此，〔7〕士大夫亦久劳矣。今得国舍之，何如？”庄王曰：“所为伐，伐不服也。今已服，尚何求乎？”卒去。晋闻楚之伐郑，发兵救郑。其来持两端，〔8〕故迟，比至河，〔9〕楚兵已去。晋将率或欲渡，〔10〕或欲还，卒渡河。庄王闻，还击晋。郑反助楚，大破晋军于河上。〔11〕十年，晋来伐郑，以其反晋而亲楚也。

【注释】〔1〕“鄢陵”，郑国邑名，在今河南鄢陵西北。〔2〕“楚庄王”，名旅（或作吕、侣），楚穆王之子，曾称霸诸侯，公元前六一三年——前五九一年在位。详见本书《楚世家》。〔3〕“皇门”，郑国国都南门。〔4〕“掔”，音 qiān，通“牵”。“肉袒掔羊”，脱衣露体，左手牵羊。这是古代表示投降请罪的一种仪式。〔5〕“弊”，通“敝”，谦辞。“弊邑”，对自己国家的谦称。〔6〕“锡”，赐，赐予。“毛”，指地面所生的草木。“不毛之地”，不长草木的土地，指荒凉贫瘠的地方。〔7〕“郢”，楚国国都，在今湖北江陵西北纪南城。〔8〕“两端”，两头，两点。“持两端”，持两头，持不同意见。此指晋军将领中在进退问题上意见分歧，即后所云“晋将率或欲渡，或欲还”。〔9〕“比”，及，到。〔10〕“率”，通“帅”。〔11〕“河上”，河边，黄河岸畔。此指邲，在今河南荥阳北，黄河南岸。

【译文】郑襄公即位，将要把缪氏全部驱逐。所说的缪氏，指谋杀郑灵公的子公那一族人家。去疾说：“一定要驱逐缪氏的话，我也将离开郑国。”襄公这才罢休，都让他们作了大夫。

郑襄公元年，楚国怨恨郑国接受宋国贿赂放走华元，讨伐郑国。郑国背叛楚国，与晋国亲近。五年，楚军再次攻伐郑国，晋军前来救援。六年，子家去世。国人再次驱逐他的家族，因为他杀了郑灵公。

郑襄公七年，郑国与晋国在鄢陵订立盟约。八年，楚庄王因为郑国与晋国结盟，前来攻伐，围困郑都三个月，郑国举城投降楚国。楚庄王从皇门入城，郑襄公袒胸露背，左手牵羊，前往迎接，说：“我不能管理好边境都邑，使得君王胸怀忿怒来到鄙国，这是我的罪过啊。对您我岂敢不唯命是听。君王倘若将郑国迁移到长江之南，乃至将郑赏赐给诸侯，我都唯命是听。倘若君王不忘周厉王、周宣王和郑桓公、郑武公在天之灵，哀怜不忍断绝其国脉，赐给一块不毛之地，让我再能够重新事奉君王，是我的心愿，然而不是我所敢企望的啊。斗胆披露衷情，唯命是听。”楚庄王为之退兵三十里而后安营扎寨。楚国群臣说：“从郢都到达此地，士大夫早已疲劳了。如今取得郑国又放弃它，为什么？”楚庄王说：“所以举行讨伐，是讨伐其不归顺。如今郑国已经归顺，还有什么可求的呢？”结果楚军离去。晋君得知楚军攻伐郑国，发兵救援郑国。晋军将领在来的路上各持不同主张，所以行进迟缓，待等到达黄河，楚国军队已经离去。晋军将领有的主张渡河追击，有的主张就地返回，最后还是渡过了黄河。楚庄王闻讯，回兵攻击晋军。郑国反过来帮助楚军，

在黄河岸边重创晋国军队。十年,晋军前来攻伐郑国,因为郑国背弃晋国而亲附楚国。

十一年,楚庄王伐宋,宋告急于晋。晋景公欲发兵救宋,[1]伯宗谏晋君曰:[2]"天方开楚,[3]未可伐也。"乃求壮士,得霍人解扬,[4]字子虎,诓楚,[5]令宋毋降。过郑,郑与楚亲,乃执解扬而献楚。楚王厚赐与约,使反其言,令宋趣降,[6]三要乃许。于是楚登解扬楼车,[7]令呼宋。遂负楚约而致其晋君命曰:"晋方悉国兵以救宋,宋虽急,慎毋降楚,晋兵今至矣!"楚庄王大怒,将杀之。解扬曰:"君能制命为义,臣能承命为信。受吾君命以出,有死无陨。"[8]庄王曰:"若之许我,已而背之,其信安在?"解扬曰:"所以许王,欲以成吾君命也。"将死,顾谓楚军曰:"为人臣无忘尽忠得死者!"楚王诸弟皆谏王赦之,于是赦解扬使归。晋爵之为上卿。[9]

【注释】〔1〕"晋景公",名据,一作獳,晋成公之子,公元前五九九年——前五八一年在位。详见本书《晋世家》。〔2〕"伯宗",晋国大夫,孙伯纠之子,公元前五七六年遇害而死。〔3〕"开",启,启示,开导,这里引申为保佑,护佑。〔4〕"霍",晋国邑名,在今山西霍县西南。"解扬",亦作解阳,据《左传》此前已为晋国大夫。解为其食邑,在今山西运城,因以为氏。〔5〕"诓",音 kuāng,欺骗,迷惑。别本或作"诳"。〔6〕"趣",音 cù,赶快。〔7〕"楼车",设有望楼可供眺望的战车。〔8〕"陨",陨落,坠毁,毁坏。〔9〕"上卿",卿中最高的等级。

【译文】郑襄公十一年,楚庄王攻伐宋国,宋国向晋国告急。晋景公打算发兵救援宋国,伯宗劝谏晋君说:"上天正在保佑楚国,不可以出兵攻伐啊。"于是寻求壮士,找得一位霍邑人解扬,解扬字子虎,(晋君命他前去)诈骗楚国,叫宋国不要投降。他故意经由郑国过,郑国与楚国亲善,就逮住解扬将他献给楚军。楚庄王厚加赏赐与他立约,让他一反原话,叫宋人赶快投降,再三威胁利诱,解扬才答应。于是楚人让解扬登上楼车,叫他向宋人喊话。解扬于是违背与楚庄王的约定而传达晋国国君的命令说:"晋君正在集结全国的军队来援救宋国,宋国虽然危急,但千万不要投降楚国,晋国军队现在就要到了。"楚庄王大怒,要杀死解扬。解扬说:"君主能够制定发布命令叫做义,臣子能够承担完成命令叫做信。接受我君主的使命出国,宁肯一死也不能破坏君命。"庄王说:"你已经应许了我,过后又背弃,那信在何处?"解扬说:"我之所以应许大王,是想完成我国君的命令啊。"解扬临死时,回头对楚军将士说:"做人臣子的不要忘记我这个竭尽忠诚而死去的人!"楚庄王的诸位兄弟都劝谏庄王赦免他,于是赦免解扬让他回国。晋景公封赐他上卿的爵位。

十八年,襄公卒,悼公濆立。[1]

【注释】〔1〕"悼公濆",费或作沸、弗、费。公元前五八六年——前五八五年在位。

【译文】十八年,郑襄公去世,儿子悼公濆即位。

悼公元年,[1]郱公恶郑于楚,[2]悼公使弟睔于楚自讼。[3]讼不直,楚囚睔。于是郑悼公来与晋平,遂亲。睔私于楚子反,[4]子反言归睔于郑。[5]

【注释】〔1〕"悼公元年",即公元前五八六年。〔2〕"郱",亦作许,国名,姜姓,相传是太岳的后裔,始封君为文叔,周武王灭商后所封,在今河南许昌东。春秋时遭邻国侵犯屡次迁徙。战国初叶被楚国所灭,一说灭于魏国。"郱公",即郱灵公,名宁,郱昭公之子,公元前五九一年——前五四七年在位。〔3〕"睔",音 gǔn,即郑成公,公元前五八四年——前五七一年在位。〔4〕"子反",名侧,亦称公子侧,楚国公室大夫,曾任司马,死于公元前五七五年。〔5〕"子反言归于郑","言"下别本或有"王"字。

【译文】郑悼公元年,郱灵公到楚国说郑国的坏话,悼公派弟弟睔到楚国为自己辩解。因辩解没理,楚国囚禁睔。于是郑悼公前来同晋君讲和,便又跟晋国亲近起来。睔与楚国子反有私交,子反为他在庄王面前说情,让睔返归到郑国。

二年,楚伐郑,晋兵来救。是岁,悼公卒,立其弟睔,是为成公。

成公三年,楚共王曰"郑成公孤有德

焉”，[1]使人来与盟。成公私与盟。秋，成公朝晋，晋曰“郑私平于楚”，执之。使栾书伐郑。[2]四年春，郑患晋围，公子如乃立成公庶兄繻为君。[3]其四月，晋闻郑立君，乃归成公。郑人闻成公归，亦杀君繻，迎成公。晋兵去。

【注释】〔1〕“楚共王”，亦作楚恭王，名审，楚庄王之子，公元前五九〇年—前五六〇年在位。详见本书《楚世家》。“郑成公孤有德焉”，“公”下别本或有“于”字。〔2〕“栾书”，栾盾之子，谥武，故亦称栾武子，任晋国之卿。〔3〕“公子如”，名班(一作般)，子如为其字，郑公室大夫，死于公元前五七八年。“繻”，音 xū。司马贞《史记索隐》引邹氏云：“一作‘纁’，音训。”“兄”，别本或作“弟”。

【译文】郑悼公二年，楚军攻伐郑国，晋军前来救援。这一年，郑悼公去世，立他的弟弟睔为国君，这就是郑成公。

郑成公三年，楚共王说“郑成公我对他有恩德”，派人前来与郑国订立盟约。郑成公私下与楚国缔结盟约。秋天，郑成公朝见晋君，晋景公说“郑成公私下与楚国讲和”，扣留了他。并派栾书领兵攻伐郑国。四年春天，郑人忧虑晋军围城，公子如就拥立郑成公的庶兄繻为国君。这年四月，晋人听说郑人已立国君，就送回郑成公。郑人听说成公归来，便杀了新立国君繻，迎纳郑成公。晋军离去。

十年，背晋盟，盟于楚。晋厉公怒，[1]发兵伐郑，楚共王救郑。晋、楚战鄢陵，楚兵败，晋射伤楚共王目，俱罢而去。十三年，晋悼公伐郑，兵于洧上。[2]郑城守，[3]晋亦去。

【注释】〔1〕“晋厉公”，名寿曼(一作州蒲)，晋景公之子，公元前五八〇年—前五七三年在位。详见本书《晋世家》。〔2〕“洧”，音 wěi，水名，即今河南双洎河。“洧上”，洧水岸边。据《左传》襄公元年，此指郑都(今河南新郑)之西的洧水岸畔。〔3〕“郑城守”，据《左传》襄公元年，晋军已经攻破郑都外城，则此“郑城守”指郑国加固其内城而坚守。

【译文】郑成公十年，郑国背弃与晋国的盟约，同楚国订立盟约。晋厉公大怒，发兵攻伐郑国。楚共王率军援救郑国。晋军、楚军在鄢陵交战，楚军溃败，晋人射伤楚共王的眼睛，双方罢兵而去。十三年，晋悼公率军攻伐郑国，进兵到洧水岸畔。郑人加固都城坚守，晋军也就离去。

十四年，成公卒，子恽立，[1]是为釐公。[2]

【注释】〔1〕“恽”，音 yùn，或作髡顽、髡原。〔2〕“釐公”，或作僖公，公元前五七〇年——前五六六年在位。

【译文】十四年，郑成公去世，儿子恽即位，这就是郑禧公。

禧公五年，郑相子驷朝釐公，[1]釐公不礼。子驷怒，使厨人药杀禧公，赴诸侯曰“禧公暴病卒”。[2]立禧公子嘉，[3]嘉时年五岁，是为简公。

【注释】〔1〕“相”，官名，总领全国政务的长官，相当于后来的宰相。实际上春秋时代的郑国并未设相职，与此相应的官叫当国。此处司马迁以今律古，借用了后代才有的官名。“子驷”，名騑(或作斐)，郑缪公之子，为郑国执政大臣，死于公元前五六三年。〔2〕“赴”，讣告，报丧。〔3〕“嘉”，即郑简公，公元前五六五年——前五三〇年在位。

【译文】郑禧公五年，郑国相子驷朝见禧公。禧公不以礼相待。子驷发怒，指使厨子用毒药害死禧公，向诸侯报丧说“禧公得急病去世”。立郑禧公的儿子嘉为国君，嘉当时年仅五岁，这就是郑简公。

简公元年，诸公子谋欲诛相子驷，子驷觉之，反尽诛诸公子。二年，晋伐郑，郑与盟，晋去。冬，又与楚盟。子驷畏诛，故两亲晋、楚。三年，相子驷欲自立为君，公子子孔使尉止杀相子驷而代之。[1]子孔又欲自立。子产曰：[2]“子驷为不可，[3]诛之，今又效之，是乱无时息也。”于是子孔从之而相郑简公。

【注释】〔1〕“公子子孔”，名嘉，字子孔，郑缪公之子，亦称公子嘉，郑国公室大夫，死于公元前五

五四年。“尉止”,郑国大夫,死于公元前五六三年。〔2〕“子产”,名侨,字子产,一字子美,谥成,郑缪公之孙,子国之子,亦称公孙侨、公孙成子,公元前五五四年为卿,公元前五四三年执政,公元前五二二年去世。〔3〕“子驷为不可”,“驷”下别本或有“所”字。

【译文】郑简公元年,公子们商议诛杀国相子驷,子驷觉察此事,反过来把公子们全部杀死。二年,晋军攻伐郑国,郑国与之立盟约,晋军离去。冬天,郑国又与楚国订立盟约。子驷害怕被杀,所以两面讨好晋国、楚国。三年,国相子驷打算自己即位当国君,公子子孔派尉止杀死国相子驷而取代他。子孔又打算自己即位。子产说:“子驷做不该做的事,你杀了他,如今你又仿效他,这样祸乱就没有尽头了。”于是子孔听从子产的劝告而辅助郑简公。

四年,晋怒郑与楚盟,伐郑,郑与盟。楚共王救郑,败晋兵。简公欲与晋平,楚又囚郑使者。

十二年,简公怒相子孔专国权,诛之,而以子产为卿。十九年,简公如晋请卫君还,[1]而封子产以六邑。[2]子产让,受其三邑。二十二年,吴使延陵季子于郑,[3]见子产如旧交,谓子产曰:“郑之执政者侈,[4]难将至,政将及子。子为政,必以礼;不然,郑将败。”子产厚遇季子。二十三年,诸公子争宠相杀,又欲杀子产。公子或谏曰:“子产仁人,郑所以存者子产也,勿杀!”乃止。

【注释】〔1〕“如”,往,去。“卫君”,指卫献公,名衎,卫定公之子,公元前五七六年——前五五九年在位,后被大臣所逐奔齐,公元前五四六年归国复位,又在位三年,于公元前五四四年去世。详见本书《卫康叔世家》。〔2〕“邑”,居民集聚的地方行政单位。其规模大小不一。这里当是规模较小的一种。〔3〕“延陵季子”,名札,吴王寿梦少子,吴王诸樊之弟,吴国大夫,先封于延陵(今江苏常州),后封于州来(今安徽凤台)。此称延陵季子,当因他受封于延陵,且是吴王寿梦之少子。〔4〕“执政者”,指当时的郑国执政大臣良霄,字伯有,郑缪公曾孙,公子去疾孙,于次年(公元前五四三年)被杀。

【译文】郑简公四年,晋国恼怒郑国与楚国订立盟约,攻伐郑国,郑国便再与晋国订立盟约。楚共王率军援救郑国,打败晋军。郑简公准备同晋军讲和,楚国就又囚禁了郑国的使者。

十二年,郑简公恼怒国相子孔独揽国家大权,诛杀了他,而任用子产为卿。十九年,郑简公去晋国请求让卫献公回国,而后封给子产六个邑。子产谦让,接受了其中的三个邑。二十二年,吴王派遣延陵季子到郑国,看见子产就像世交旧友,对子产说:“郑国眼下的当政者骄横奢侈,大难将要降临,那末政务就会落到你的身上。你治理政务,一定要按照礼的规定;不这样的话,郑国必将败落。”子产隆重款待季子。二十三年,公子们争宠夺权互相残杀,还要杀子产。公子中有的劝阻说:“子产是位仁人,郑国所以存在是由于有子产,不能杀。”于是作罢。

二十五年,郑使子产于晋,问平公疾。[1]平公曰:“卜而曰实沈、台骀为祟,史官莫知,敢问。”对曰:“高辛氏有二子,长曰阏伯,[2]季曰实沈,居旷林,[3]不相能也,[4]日操干戈以相征伐。后帝弗臧,[5]迁阏伯于商丘,[6]主辰,[7]商人是因,故辰为商星。迁实沈于大夏,[8]主参,[9]唐人是因,[10]服事夏、商,其季世曰唐叔虞。[11]当武王邑姜方娠大叔,[12]梦帝谓己:‘余命而子曰虞,乃与之唐,属之参而蕃育其子孙。’[13]及生有文在其掌曰‘虞’,[14]遂以命之,及成王灭唐,[15]而国大叔焉。故参为晋星。由是观之,则实沈,参神也。昔金天氏有裔子曰昧,[16]为玄冥师,[17]生允格、台骀。台骀能业其官,[18]宣汾、洮,[19]障大泽,[20]以处太原。[21]帝用嘉之,[22]国之汾川。[23]沈、姒、蓐、黄实守其祀。[24]今晋主汾川而灭之。由是观之,则台骀,汾、洮神也。然是二者不害君身。山川之神,则水旱之灾祟之;[25]日月星辰之神,则雪霜风雨不时祟之;若君疾,饮食哀乐女色所生也。”平公及叔向曰:[26]“善,博物君子也!”厚为之礼于子产。

【注释】〔1〕“平公”,即晋平公,名彪,晋悼公之子,公元前五五七年——前五三二年在位。详见本书《晋世家》。〔2〕“阏”,音 è。〔3〕“旷林”,大

树林。或谓地名。〔4〕“能”，亲善，和睦。〔5〕“后帝”，指尧。“臧”，善。〔6〕“商丘”，古地名，在今河南商丘南。〔7〕“辰”，即心宿，亦称大火，二十八宿之一，青龙七宿的第五宿，包括三颗星，即天蝎座的σ、α、τ。“主辰”，主祀心宿，即以心宿来定时令节气。〔8〕“大夏”，古地名，在今山西翼城西的汾水、浍水之间。一说在今山西太原西南。〔9〕“参”，音 shēn，参宿，二十八宿之一，白虎七宿的末一宿，包括七颗星，即猎户座的ζ、ε、δ、α、γ、κ、β。〔10〕“唐”，古国名，祁姓(相传为尧的后裔)，在今山西翼城西。〔11〕“唐叔虞”，唐国最末一位君主，与晋国始祖唐叔虞为二人。〔12〕“邑姜”，周武王之妻，姜太公之女。“娠”，音 shēn，怀孕，怀胎。“大叔”，名虞，字子于，为晋国始封君。详见本书《晋世家》。〔13〕“属”，音 zhǔ，托付，交给。〔14〕“文”，字，文字。一说同“纹”，指掌纹。“虞”，《左传》隐公元年孔颖达《正义》谓《石经》古文“虞”作“　”。按若孔氏之说属实，则此“有文在其掌曰‘虞’”是就手掌纹形似“虞”字而言。〔15〕“周成王”，姬姓，名诵，周武王之子，大叔之兄，曾大封诸侯。详见本书《周本纪》。〔16〕“金天氏”，传说中古帝少皞的称号。“裔子”，后裔子孙。或谓季子，即少子。〔17〕“玄冥”，传说中的官名，负责治理水利。“师”，长。〔18〕“业”，世，嗣承，继承。“官”，职务，职责。〔19〕“宣”，通，疏通。“汾”，水名，即今山西境内汾河。“洮”，音 táo，水名，即今山西境内涑水河。〔20〕“障”，阻塞，遮隔。〔21〕“太原”，即“大原”(见《左传》昭公元年)，指汾河流域的高平之地。或谓地名，如服虔云汾水名，杜预云在今山西太原西南。〔22〕“帝”，指颛顼，号高阳氏，传说中的古帝。详见本书《五帝本纪》。〔23〕“汾川”，指汾河流域。〔24〕“沈、姒、蓐、黄”，古国名，皆为台骀后裔，其地在今山西汾河流域。“姒”，音 sì。“蓐”，音 rù。〔25〕“禜”，音 yíng，祈求消灾免难的祭祀。〔26〕“叔向”，名肸，氏羊舌，字叔向，或说又字叔誉，羊舌职之子，晋国大夫，食邑于杨(今山西洪洞东南)，故又称杨肸。

【译文】郑简公二十五年，郑国派遣子产到晋国，问候晋平公的病情。平公说：“占卜的结果说实沈、台骀在作怪，史官中没有人知道实沈、台骀，就贸然相问了。”子产回答说：“高辛氏有两个儿子，大的叫阏伯，小的叫实沈，居住在大树林中，不能和睦相处，整天拿着武器来回攻打。帝尧觉得很不好，把阏伯迁移到商丘，主祀辰宿，商人因袭，所以辰宿成为商人奉祀的星宿。把实沈迁移到大夏，主祀参宿，唐人因袭，唐前后事奉夏朝、商朝，唐最末一代君主叫唐叔虞。当周武王夫人邑姜身怀大叔的时候，梦见天帝对自己说：‘我为你的孩子取名虞，赐给他唐国，将奉祀参宿的事交付给他，让他在那里繁衍养育子孙后代。’等到生下来，果然有字在婴儿的手掌，是‘虞’字，就以此命名。到周成王灭了唐国，便封大叔在唐立国。因此参成为晋国奉祀的星宿。由此看来，实沈是参宿之神。从前金天氏有个后裔子孙叫昧，为水官之长，生了允格、台骀。台骀能够继承昧的事业，疏通汾水、洮水，阻止湖泽泛滥，从而居住在广大的高平之地。帝颛顼因此嘉奖他，让他在汾水流域立国。台骀后裔沈国、姒国、蓐国、黄国奉守祖先的祭祀。如今晋国主宰汾水流域而灭亡四国。由此看来，台骀是汾水、洮水之神。然而实沈、台骀这两位神不会加害您的身体。高山大川的神灵，遇见水涝干旱时进行祭祀祈求平安；日月星辰的神灵，遇见雪霜风雨不合时令进行祭祀祈求平安；至于国君的疾病，是饮食不调、喜怒无常、贪恋女色所产生的啊。”晋平公对叔向说：“讲得好，真是位见多识广的君子啊！”用隆重丰厚的礼节款待子产。

二十七年夏，郑简公朝晋。冬，畏楚灵王之强，〔1〕又朝楚，子产从。二十八年，郑君病，使子产会诸侯，与楚灵王盟于申，〔2〕诛齐庆封。〔3〕

【注释】〔1〕“楚灵王”，原名围，即位后改名虔，楚共王之子，公元前五四〇年——前五二九年在位。详见本书《楚世家》。〔2〕“申”，楚国邑名，在今河南南阳北。〔3〕“庆封”，亦称庆季，字子家，庆克之子，齐国大夫。与大夫崔杼合谋杀死齐庄公，更立齐景公，执掌国政。后因积怨甚众，被逐出奔，吴国赐与朱方(今江苏镇江丹徒镇南)。公元前五三八年，被楚庄王率军攻杀。

【译文】二十七年夏天，郑简公朝见晋君。冬天，因畏惧楚灵王的强大，又朝见楚君，子产随从。二十八年，郑君病重，派遣子产会见诸侯，与楚灵王在申订立盟约，诛杀齐国庆封。

三十六年，简公卒，子定公宁立。〔1〕秋，定公朝晋昭公。〔2〕

【注释】〔1〕"定公宁",即郑定公,公元前五二九年——前五一四年在位。〔2〕"晋昭公",名夷,晋平公之子,公元前五三一年——前五二六年在位。详见本书《晋世家》。

【译文】三十六年,郑简公去世,儿子定公宁即位。秋天,郑定公朝见晋昭公。

定公元年,楚公子弃疾弑其君灵王而自立,[1]为平王。欲行德诸侯,归灵王所侵郑地于郑。

【注释】〔1〕"公子弃疾",即楚平王,楚康王之子,楚灵王之弟,灵王时为蔡公,即位后改名居,公元前五二八年——前五一六年在位。详见本书《楚世家》。

【译文】郑定公元年,楚国公子弃疾杀死他的国君灵王而自己即位,就是楚平王。他想对诸侯行施德政,把楚灵王所侵占的郑国土地归还给郑国。

四年,晋昭公卒,其六卿强,[1]公室卑。子产谓韩宣子曰:[2]"为政必以德,毋忘所以立。"

【注释】〔1〕"六卿",指晋国的六家世卿,即范氏、中行氏、知氏、韩氏、赵氏、魏氏。〔2〕"韩宣子",名起,谥宣,韩献子之子,公元前五四〇年为中军将,执掌国政,直至公元前五一四年去世。

【译文】郑定公四年,晋昭公去世,晋国六卿强盛,公室卑微。子产对韩宣子说:"执掌国政一定要用德,不能忘记立国的根本。"

六年,郑火,公欲禳之。[1]子产曰:"不如修德。"

【注释】〔1〕"禳",音 ráng,举行祭祀祈求消除灾祸。

【译文】郑定公六年,郑国发生火灾,定公准备举行祭祀祈求消除火灾。子产说:"不如修行德政。"

八年,楚太子建来奔。[1]十年,太子建与晋谋袭郑。郑杀建,[2]建子胜奔吴。[3]

【注释】〔1〕"太子建",楚平王之太子,字子木,因楚平王听信宠臣费无忌谗言而被迫出逃。〔2〕"郑杀建",本书《十二诸侯年表》此事系于郑定公十一年。〔3〕"胜",楚平王之孙,亦称王孙胜,因父遭谗出走,他也随伍子胥奔吴。公元前四八七年被召回,任白(在今河南息县东)大夫,因号白公。公元前四七九年,起兵发难,旋即兵败被杀。"吴",国名,也称句吴、攻吴,姬姓,始祖为周太王之子太伯、仲雍。都于吴(今江苏苏州),有今江苏、上海大部和安徽、浙江的一部分。公元前四七三年被越国所灭。

【译文】郑定公八年,楚国太子建前来投奔。十年,太子建与晋人密谋袭击郑国。郑人杀死太子建,建的儿子胜逃奔吴国。

十一年,定公如晋。[1]晋与郑谋,诛周乱臣,入敬王于周。[2]

【注释】〔1〕"定公如晋",本书《十二诸侯年表》此事系于郑定公十二年,又《左传》载此事于鲁昭公二十四年即郑定公十二年,则"定公如晋"当移下年。〔2〕"敬王",即周敬王,名匄(或作丐),周景王之子,公元前五一九年——前四七六年在位。详见本书《周本纪》。"入敬王于周",公元前五二〇年周景王去世,王室爆发内乱,晋人扶立敬王。敬王进入成周,据本书《周本纪》和《左传》昭公二十六年,在公元前五一六年,即郑定公十四年。此系于郑定公十一年,似误。

【译文】十一年,郑定公前往晋国。晋君与郑定公商议,诛杀周朝王室的乱臣贼子,送周敬王进入成周。

十三年,[1]定公卒,子献公虿立。[2]献公十三年卒,子声公胜立。[3]当是时,晋六卿强,侵夺郑,郑遂弱。

【注释】〔1〕"十三年",别本或作"十六年"。本书《十二诸侯年表》和《春秋左传》昭公二十八年经,均载郑定公卒于十六年。此"十三年"当为"十六年"之误。〔2〕"虿",音 chài。"献公虿",即郑献公,公元前五一三年——前五〇一年在位。〔3〕"声公胜",即郑声公,公元前五〇〇年——前四六三年在位。

【译文】十三年,郑定公去世,儿子献公虿即位。郑献公在位十三年去世,儿子声公胜即位。在此期间,晋国六卿强盛,侵犯掳掠郑国,郑国便逐渐衰弱。

声公五年,郑相子产卒,[1]郑人皆哭泣,悲之如亡亲戚。子产者,郑成公少子也。[2]为人仁爱人,事君忠厚。孔子尝过郑,与子产如兄弟云。及闻子产死,孔子为泣曰:"古之遗爱也!"

【注释】〔1〕"子产卒",按子产卒年,此与本书《十二诸侯年表》同。《左传》则记子产卒于鲁昭公二十年,即郑定公八年。当以《左传》为是。〔2〕"郑成公少子也",按子产为郑缪公之孙,子国之子;而郑成公为郑缪公之孙,郑襄公之子,则子产与郑成公为同祖兄弟辈。此谓子产为郑成公少子。误。

【译文】郑声公五年,郑国国相子产去世,郑国的人都为之痛哭流涕,悲伤得像失去亲人一样。子产,是郑成公的小儿子。为人仁义爱怜百姓,事奉国君忠诚厚道。据说孔子曾经访问郑国,同子产亲如兄弟。等到听说子产去世,孔子为之哭泣说:"(子产是)古代遗留下来的仁爱之人啊!"

八年,晋范、中行氏反晋,[1]告急于郑,郑救之。晋伐郑,败郑军于铁。[2]

【注释】〔1〕"范、中行氏",为晋国的两家世卿。这里的范氏具体指范吉射,中行氏具体指中行寅。〔2〕"铁",卫国地名,在今河南濮阳西北。

【译文】郑声公八年,晋国范氏、中行氏在晋国造反,向郑国告急,郑国军队救援他们。晋国军队攻伐郑国,在铁地击败郑国军队。

十四年,宋景公灭曹。[1]二十年,齐田常弑其君简公,[2]而常相于齐。二十二年,楚惠王灭陈。[3]孔子卒。

【注释】〔1〕"宋景公",名栾(或作头曼、兜栾),宋元公之子,公元前五一六年——前四六九年在位。详见本书《宋微子世家》。"曹",国名,姬姓,始封君为周武王之弟叔振铎,武王灭商后所封,建都陶丘(在今山东定陶西南),约有今山东西部。〔2〕"田常",妫姓,氏田(亦作陈),名常(亦作恒),谥成,陈釐子田乞之子,齐国执政大臣,杀死齐简公后,拥立齐平公,后此齐国由田氏专权。详见本书《田敬仲完世家》。"齐简公",名壬(或作任),齐悼公之子,公元前四八四年——前四八一年在位。详见本书《齐太公世家》。〔3〕"楚惠王",名章,楚昭王之子,公元前四八八年——前四三二年在位。详见本书《楚世家》。"陈",国名,妫姓(相传是舜的后裔),始封君为胡公满,周武王灭商后所封,建都宛丘(今河南淮阳),约有今河南东部及与之相接的安徽西部。

【译文】郑声公十四年,宋景公吞灭曹国。二十年,齐国田常杀死他的国君齐简公,而后田常在齐国当了国相。二十二年,楚惠王吞灭陈国。孔子去世。

三十六年,[1]晋知伯伐郑,[2]取九邑。

【注释】〔1〕"三十六年",别本或作"二十六年"。〔2〕"知伯",亦作智伯,名瑶,氏知(或作智),一氏荀,故亦称荀瑶,谥襄,知宣子甲之子,为晋国六卿之一,公元前四五八年与赵、韩、魏氏共分范氏、中行氏之地,公元前四五三年被韩、赵、魏三家所杀,知氏亡。按知伯伐郑事,本书《六国年表》系于郑声公三十七年;《左传》此事见鲁哀公二十七年,即郑声公三十三年。

【译文】郑声公三十六年,晋国知伯攻伐郑国,夺取九个都邑。

三十七年,声公卒,[1]子哀公易立。[2]哀公八年,郑人弑哀公而立声公弟丑,[3]是为共公。共公三年,三晋灭知伯。[4]三十一年,共公卒,子幽公已立。[5]幽公元年,韩武子伐郑,[6]杀幽公。郑人立幽公弟骀,[7]是为繻公。[8]

【注释】〔1〕“三十七年，声公卒”，本书《十二诸侯年表》、《六国年表》皆谓郑声公卒于三十八年，则此“三十七年”当为“三十八年”之误。〔2〕“哀公易”，易或作锡，即郑哀公，公元前四六二年——前四五五年在位。〔3〕“丑”，即郑共公，《汉书·古今人表》谓郑哀公之弟，公元前四五四年——前四二四年在位。〔4〕“三晋”，指晋国韩氏、赵氏、魏氏三家。按三晋灭知伯事，据本书《六国年表》、《周本纪》、《秦本纪》及古本《竹书纪年》推算，在郑共公二年；“共公三年”，别本或作“共公二年”，则当以在共公二年为是。〔5〕“幽公已”，已或作巳，即郑幽公，公元前四二三年在位。〔6〕“韩武子”，名启章，谥武，韩康子之子，公元前四二四年——前四〇九年在位。详见本书《韩世家》。〔7〕“骀”，本书《六国年表》谓骀为郑幽公之子。〔8〕“繻公”，或作缭公，公元前四二二年——前三九六年在位。

【译文】三十七年，郑声公去世，儿子哀公易即位。郑哀公八年，郑人杀死哀公而拥立声公之弟丑为国君，这就是郑共公。郑共公三年，晋国韩、赵、魏三家灭亡知伯。三十一年，郑共公去世，儿子幽公已即位。郑幽公元年，韩武子攻伐郑国，杀死幽公。郑人拥立幽公之弟骀为国君，这就是郑繻公。

繻公十五年，韩景侯伐郑，[1]取雍丘。[2]郑城京。

【注释】〔1〕“韩景侯”，名虔，韩武子之子，公元前四〇八年——前四〇〇年在位，公元前四〇三年受周威烈王命列为诸侯。详见本书《韩世家》。〔2〕“雍丘”，郑国邑名，在今河南杞县。

【译文】郑繻公十五年，韩景侯攻伐郑国，夺取雍丘，郑国在京筑城加固。

十六年，郑伐韩，败韩兵于负黍。[1]二十年，韩、赵、魏列为诸侯。二十三年，郑围韩之阳翟。[2]

【注释】〔1〕“负黍”，韩邑，在今河南登封西南。〔2〕“阳翟”，韩国邑名，在今河南禹县。

【译文】郑繻公十六年，郑军攻伐韩国，在负黍击败韩国军队。二十年，韩氏、赵氏、魏氏正式受封列为诸侯。二十三年，郑军围攻韩国的阳翟。

二十五年，郑君杀其相子阳。[1]二十七年，子阳之党共弑繻公骀而立幽公弟乙为君，[2]是为郑君。

【注释】〔1〕“子阳”，氏驷，亦称驷子阳，郑国执政大夫。〔2〕“幽公弟乙”，即郑康公，公元前三九五年——前三七五年在位。

【译文】郑繻公二十五年，郑君杀死其相子阳。二十七年，子阳的同党联合起来共同杀死繻公骀而拥立幽公之弟乙为国君，这就是郑君。

郑君乙立二年，郑负黍反，复归韩。十一年，韩伐郑，取阳城。[1]

【注释】〔1〕“阳城”，郑国邑名，在今河南登封东南。

【译文】郑君乙即位第二年，郑国的负黍反叛，再次归属韩国。十一年，韩军攻伐郑国，夺取阳城。

二十一年，韩哀侯灭郑，[1]并其国。

【注释】〔1〕“韩哀侯”，韩文侯之子。按本书《六国年表》、《韩世家》，公元前三七六年——前三七一年在位；依古本《竹书纪年》，则公元前三七六年——前三七五年在位。当以后说为是。详见本书《韩世家》。

【译文】郑君乙二十一年，韩哀侯灭亡郑国，吞并了这个国家。

太史公曰：语有之，“以权利合者，权利尽而交疏”，甫瑕是也。[1]甫瑕虽以劫杀郑子内厉公，厉公终背而杀之，[2]此与晋之里克何异？[3]守节如荀息，身死而不能存奚齐。[4]变所从来，亦多故矣！

【注释】〔1〕“甫瑕”，即甫假。〔2〕“甫瑕虽

以劫杀郑子内厉公,厉公终背而杀之",事详见前郑子(子亹)十四年。〔3〕"里克",晋国大夫。晋献公去世后,他先后主谋杀死继位的奚齐和悼子;欲迎重耳,不允未果;改迎夷吾,夷吾约事成后封给汾阳之邑。夷吾归国继位,即晋惠公,对里克不但没给封邑,反而令其自杀。〔4〕"荀息",名黯,字息,先氏原,曲沃武公灭荀赐为食邑,因以为氏。荀在今山西新绛。晋国大夫。"奚齐",晋献公宠妃骊姬所生之子。"守节如荀息,身死而不能存奚齐",晋献公临终时将奚齐托付给荀息。荀息遵嘱辅佐奚齐继位。里克杀死奚齐,荀息准备自杀。经人劝说,又辅佐奚齐之弟悼子继位。结果悼子也被里克所杀,荀息终于自杀以殉。

【译文】太史公说:常言有这样一句,"凭着权势利害关系相结合的人,一旦权势利害关系没了,其间的交往也就疏淡了",甫瑕就是这样的啊。甫瑕虽然用暴力杀害郑子而接纳郑厉公,但郑厉公最终还是食言处死他,这与晋国的里克有什么区别呢?可是守持节操像荀息那样的,结果以身殉职也没能保住奚齐。因为事情变化的发生,是有许多缘故的啊!

史记卷四十三

赵世家第十三

赵氏之先,[1]与秦共祖。至中衍,[2]为帝大戊御。[3]其后世蜚廉有子二人,[4]而命其一子曰恶来,事纣,[5]为周所杀,其后为秦。[6]恶来弟曰季胜,[7]其后为赵。

【注释】〔1〕"赵氏之先",《秦本纪》作"秦之先",《楚世家》作"楚之先"(今本作"楚之先祖",王叔珉曰"祖"字衍),《魏世家》作"魏之先",本文"氏"字疑衍。 〔2〕"中衍",《正义》:"中音仲。"据《秦本纪》,中衍是柏翳子大廉玄孙。中衍鸟身人言。〔3〕"大戊",《殷本纪》作"太戊",为殷王朝第九代帝王。帝雍己时,殷道衰,至太戊殷复兴,诸侯归之,号称中宗。 〔4〕"其后世蜚廉有子二人",《秦本纪》:"仲衍玄孙中潏生蜚廉。蜚廉生恶来、季胜。""蜚廉",一作"费仲",王符《潜夫论》:"嗣及费仲,生恶来、季胜,武王伐纣,并杀。" 〔5〕"而命其一子曰恶来,事纣",蜚廉本人亦事纣。《秦本纪》:"蜚廉生恶来,恶来有力,蜚廉善走。父子俱以材力事殷纣。"《殷本纪》:"恶来喜毁谗,诸侯以此益疏。"〔6〕"其后为秦",恶来后有非子,以美畜,周孝王封之于秦,号曰秦嬴。传五世为秦襄公。详具《秦本纪》。 〔7〕"季胜",《正义》曰:"胜音升。"

【译文】赵的先世,与秦同祖。传至中衍,为殷帝大戊当驭手。中衍的后代蜚廉有子二人。一名恶来,是商纣的臣下,被周人所杀。恶来的后代为嬴秦氏。一名季胜,为恶来之弟。季胜的后代,就是赵氏。

季胜生孟增。[1]孟增幸于周成王,[2]是为宅皋狼。[3]皋狼生衡父,衡父生造父。造父幸于周缪王。[4]造父取骥之乘匹,[5]与桃林[6]盗骊、[7]骅骝、[8]绿耳,[9]献之缪王。缪王使造父御,西巡狩,见西王母,[10]乐之忘归。[11]而徐偃王反,[12]缪王日驰千里马,攻徐偃王,[13]大破之。乃赐造父以赵城,[14]由此为赵氏。

【注释】〔1〕"增",《汉书·古今人表》作"会"。"会"为"增"之误字。见钱大昕《考异》。 〔2〕"周成王",名诵,武王之子,是周王朝第二代帝王。〔3〕"宅皋狼",《地理志》云:"皋狼是西河郡之县名。盖孟增幸于周成王,成王居之于皋狼,故曰皋狼。"按《地理志》"故曰"下夺"宅"字,应作"故曰宅皋狼"。 〔4〕"造父幸于周缪王",周缪王名满,西周第五代帝王。或作周穆王。"缪"、"穆"古字通。〔5〕"造父取骥之乘匹",谓造父甄选驯调八骏良马。驷马曰乘,双马曰匹。《盐铁论·论儒篇》曰:"无鞭策,虽造父不能调驷马。" 〔6〕"与",通"以"。"桃林",地名。孔安国曰:"桃林在华山东。"《正义》引《括地志》云:"桃林,在陕州桃林县西。"《山海经》云:"夸父之山,其北有林焉,名曰桃林,中多马。"〔7〕"盗骊",《秦本纪》作"温骊"。《索隐》曰:"温音盗。"马黑色细颈曰盗骊。《索隐》又引《刘氏音义》云:"盗骊,骃骊也。"骃,浅黄色。《考证》:"盗乃浅青色。"按:一马而有三种毛色,当是杂色之马,今罕见。 〔8〕"骅骝",《穆天子传》一、《汉书·地理志下》,"骅"并作"华"。色如花而赤之马曰骅骝。〔9〕"绿耳",《秦本纪》作"騄耳"。双耳毛色作绿,因名绿耳。按上举盗骊、骅骝、绿耳,皆周穆王八骏之属。其余为赤骥、白义、渠黄、骗驼、山子。 〔10〕"西巡狩,见西王母",穆王西狩故事,《周本纪》不载。见于晋武帝太康二年汲人不准盗发魏襄王冢而得的《穆天子传》。同时发现之《竹书纪年》亦云:"穆王十七年西征,于昆仑丘见西王母。"按:西王母应是古代中亚地区母系社会的部落首领。后人加以美化，创作了许多动人的故事，流传于世。〔11〕“乐之忘归”，《秦本纪》作“乐而忘归”。“之”、“而”义同。〔12〕“徐偃王反”，徐偃王相传是与荆文王同时的徐国国君。《秦本纪》亦曰：“徐偃王作乱，造父为穆王御。”按：所谓“徐偃王反”，盖有误。《韩非子·五蠹篇》谓徐偃王行仁义，为荆文王所灭。《盐铁论·和亲篇》亦云：“徐偃王行仁义而灭，好儒而削。”徐偃王去周穆王之时已远。“徐偃王反”，当指春秋以前徐夷之乱。《书·费誓》“徐戎并兴”，《诗·常武》“徐方绎骚”、“徐方来庭”，可见徐夷确在春秋前为乱。周穆王时徐焰特盛，宣王时是其余波。本文应作“徐王反”，“偃”字是衍文。〔13〕“日驰千里马”，《风俗通义·六国篇》作“日驰千里”。〔14〕“乃赐造父以赵城”，晋州赵城县为造父邑。明清时属平阳府。今与洪洞县合并，改名洪洞县，属山西省。

【译文】季胜生孟增，孟增得到周成王的宠幸。孟增又被称作“宅皋狼”。皋狼生衡父。衡父生造父。造父是周缪王的宠臣。造父善于驯调良马。他把从桃林调驯好了的良马：盗骊、骅骝、绿耳等诸骏，献给缪王。造父亲自驾车，载着缪王去中国西部地区巡游，会见了西王母。正当缪王乐而忘返的时刻，徐偃王造反。缪王坐上造父驾驭的日驰千里的车乘，攻打徐偃王，大获全胜。于是缪王将赵城赏赐给造父。自此，造父就以赐邑赵作为自己的姓氏。

自造父以下六世至奄父，曰公仲。周宣王时伐戎，〔1〕为御。及千亩战，〔2〕奄父脱宣王。〔3〕奄父生叔带。叔带之时，周幽王无道，〔4〕去周如晋，〔5〕事晋文侯，〔6〕始建赵氏于晋国。

【注释】〔1〕“周宣王”，名静，公元前八二八年——前七八二年在位。“伐戎”，谓西夷姜氏之戎。周宣王是历史上有争议的人物。据《诗》则为英主，据《国语》则失德正多，两种古文献的记载，判然若两人。〔2〕“千亩”，今山西介休县南。〔3〕“奄父脱宣王”，《周本纪》：“王师败绩于姜氏之戎。”千亩之战，宣王陷入敌围，奄父掩护突围，故曰“脱宣王”。〔4〕“周幽王”，名涅，又作涅。公元前七八一年——前七七一年在位。〔5〕“去周如晋”，《太平御览》卷二百引“如”作“入”。据《诸侯年表》，晋文侯元年，当周幽王二年。幽王为犬戎所杀在晋文侯十年。叔带去周事晋，应在公元前七八〇年至前七七一年之间。〔6〕“晋文侯”，名仇。公元前七八一年至前七四六年在位。

【译文】造父下传六代到奄父。奄父号曰公仲。周宣王征讨戎人时，奄父为周王驭车。在千亩地方作战时，奄父掩护宣王突围。奄父生叔带。叔带时，周幽王无道。叔带离开周去晋国，臣事晋文侯。自此，赵氏在晋国开始建立自己的基业。

自叔带以下，赵宗益兴，五世而至赵夙。〔1〕赵夙。〔2〕晋献公之十六年，伐霍、魏、耿。〔3〕而赵夙为将伐霍。〔4〕霍公求犇齐。〔5〕晋大旱，卜之，曰“霍太山为祟”。〔6〕使赵夙召霍君于齐，复之，以奉霍太山之祀。晋复穰。〔7〕晋献公赐赵夙耿。〔8〕

【注释】〔1〕“五世而生赵夙”，《潜夫论·志氏姓篇》云：“至于赵夙，仕晋卿大夫。十一世而为列侯，五世而为武灵王，五世亡赵。”〔2〕“赵夙”，《考证》云此二字衍。按：“赵夙”二字非衍。晋献公以下述赵夙事，故于晋上特标“赵夙”二字。下文“赵朔。晋景公之三年，……”云云，《韩世家》“韩厥。晋景公之三年……”云云，皆同此例。〔3〕“晋献公”，名诡诸。公元前六七六年至前六五一年在位。“霍”，山西霍县西南。“魏”，山西芮城北。“耿”，山西河津南，汾水南岸。〔4〕“而赵夙为将伐霍”，《晋世家》“赵夙御戎”，此言“为将”，盖尊之。〔5〕“霍公求犇齐”，霍始封君为周文王子叔处，姬姓。《集解》徐广曰：“求亦作来。”“犇”，同“奔”。〔6〕“霍太山为祟”，杜预曰：“永安县东北有霍太山。”按：永安县辖境在今山西霍县、洪洞两县间。霍太山即今霍山。“祟”，音 suì，鬼神强加于人的灾祸。〔7〕“晋复穰”，“穰”，音 ráng，农业丰收曰穰。〔8〕“晋献公赐赵夙耿”，闵公元年《左传》：“晋侯作二军，公将上军，太子申生将下军，赵夙御戎，毕万为右，以灭耿、灭霍、灭魏。还，为太子城曲沃，赐赵夙耿，赐毕万魏，以为大夫。”

【译文】自叔带以下，赵氏宗族愈益兴旺，下传五代而至赵夙。赵夙。晋献公于十六年讨伐霍、魏、耿三小国。赵夙率军伐霍。霍公求逃往齐国。这一年，晋旱魃为灾。献公命人占卜，说是“霍太山

的神灵在作祟”。献公派赵夙去齐国召回霍君，允许他复国，并主持霍太山神灵的祭祀。晋国再次获得丰收。晋献公将耿赐给赵夙。

夙生共孟，当鲁闵公之元年也。[1]共孟生赵衰，字子余。[2]

【注释】[1]“夙生共孟，当鲁闵公之元年也”，《考证》：“崔适曰‘夙生共孟’四字，当在‘鲁湣公元年’句下，‘湣公元年’，上承‘赐赵夙耿’而言，以下乃言赵氏之世系。闵，《世家》、《年表》作湣。”按：崔适说是。鲁湣公，姓姜名开，公元前六六一年——前六六〇年在位。鲁湣公元年当晋献公十六年。[2]“共孟生赵衰，字子余”，赵氏世系紊乱，难以确考。《索隐》引《系本》云：“公明生共孟及赵夙，夙生成季衰，衰生宣孟盾。”《左传》云：“衰，赵夙弟。”而《赵世家》云：“共孟生赵衰。”梁玉绳曰：“夙与衰皆共孟子，公明、共孟音相近，其实一人也。”赵衰即赵成子，亦称成季、孟子余。

【译文】赵夙生共孟，时当鲁闵公元年。共孟生赵衰，字子余。

赵衰卜事晋献公及诸公子，莫吉；[1]卜事公子重耳，吉，[2]即事重耳。重耳以骊姬之乱亡奔翟，[3]赵衰从。翟伐廧咎如，得二女，[4]翟以其少女妻重耳，[5]长女妻赵衰而生盾。[6]初，重耳在晋时，赵衰妻亦生赵同、赵括、赵婴齐。[7]赵衰从重耳出亡，凡十九年，[8]得反国。重耳为晋文公，[9]赵衰为原大夫，居原任国政。[10]文公所以反国及霸，多赵衰计策。[11]语在《晋》事中。

【注释】[1]“赵衰卜事晋献公及诸公子，莫吉”，“卜”，音 bǔ，古人用火灼龟甲取兆，以预测吉凶曰卜。晋献公有八子：齐姜子申生为太子。诸公子有重耳、夷吾及骊姬子奚齐等。骊姬女弟生子卓子。卓子生晚（献公二十五年），不在赵衰请卜公子之列。 [2]“公子重耳”，后承晋祚为晋文公，公元前六三六年——前六二八年在位。重耳母狐姬，晋大夫狐突女。 [3]“重耳以骊姬之乱亡奔翟”，晋献公五年伐骊戎，得骊姬，献公爱幸之。献公十二年，骊姬生子奚齐。献公二十一年，献公信骊姬谗，欲废太子申生而立奚齐。申生于十二月自杀。重耳逃亡至蒲。二十二年献公伐蒲，重耳奔翟。事具《晋世家》。 [4]“翟伐廧咎如，得二女”，“廧”，音 qiáng，廧咎如，赤狄分支。僖公二十三年《左传》：“狄人伐廧咎如，获其二女叔隗、季隗。” [5]“少女”，季隗。《晋世家》以长女妻重耳。此与僖公二十三年《左传》合。 [6]“长女妻赵衰而生盾”，与僖公二十三年《左传》合。《晋世家》作“以少女妻赵衰，生盾”。“长女”，叔隗。 [7]“初重耳在晋时，赵衰妻亦生赵同、赵括、赵婴齐”，僖公二十四年《左传》：“狄人归季隗于晋，而请其二子。文公妻赵衰，生原同、屏括、楼婴。赵姬请逆盾与其母，子余辞。姬曰：‘得宠而忘旧，何以使人？必逆之。’固请，许之。来，以盾为才，固请于公，以为嫡子，而使其三子下之。以叔隗为内子，而己下之。” [8]“赵衰从重耳出亡，凡十九年”，重耳，献公二十一年奔蒲，至文公元年归国，前后二十一年。所云十九年者，当自重耳离开晋国国境，即奔狄之翌年起算，正十九年。 [9]“重耳为晋文公”，公元前六三六年，为晋文公元年。当周襄王十六年，鲁僖公二十四年，齐孝公七年。齐桓公霸业已衰，晋文公起而代之。[10]“赵衰为原大夫”，“原”，河南济源西北。赵衰为原大夫，在文公二年十二月。《诸侯年表》误入文公元年。 [11]“文公所以反国及霸，多赵衰计策”，据《晋世家》，重耳返国及霸，赵衰为之策划，举其大者有七事。（一）里克杀奚齐悼子，使人迎重耳于翟，重耳谢不入，是赵衰策。（二）重耳徙齐，谋之赵衰。（三）重耳过五鹿，野人盛土器中进，赵衰制重耳之怒而拜受之。（四）桓公卒，齐乱。赵衰、咎犯谋于桑下，趣重耳行。赵衰与齐女谋，醉重耳载以行。（五）过曹、过宋、过郑、过楚、赵衰教重耳受楚适诸侯礼而毋让。过秦，缪公与重耳饮，赵衰歌黍苗诗，以示欲急返国。（六）文公二年，赵衰说文公尊王，入襄王于周。（七）文公四年，晋作三军，赵衰举郤縠将中军，三让三辞，不失其义。

【译文】赵衰用占卜来决定是否臣事晋献公及诸公子，都不吉。卜及公子重耳时，吉利。赵衰就去臣事重耳。重耳由于骊姬之乱逃亡到翟，赵衰跟着去翟。翟君讨伐廧咎如时，抢走廧咎如的两个女儿。翟君将小女儿嫁给重耳，大女儿嫁给赵衰，生下了赵盾。当初重耳在晋国时，赵衰原配妻已经生下赵同、赵括、赵婴齐。赵衰随同重耳逃亡在外，总共十九年，才得以返回晋国。重耳即位为晋文公，任赵衰为原大夫，居住在原，掌管国政。文公所以能够回到晋国，成为诸侯霸主，多亏赵衰为之出谋划策。所有这些情况，都记载在《晋世家》中。

赵衰既反晋，晋之妻固要迎翟妻，〔1〕而以其子盾为適嗣，〔2〕晋妻三子皆下事之。〔3〕晋襄公之六年，而赵衰卒，〔4〕谥为成季。〔5〕

【注释】〔1〕"翟妻"，廧咎如长女季隗。〔2〕"而以其子盾为適嗣"，晋之妻以季媿随成季流亡在外十余载，备尝艰苦，以其子赵盾为嫡嗣，贵其子而尊其母也。〔3〕"晋妻三子皆下事之"，僖公二十四年《左传》："文公妻赵衰，生原同、屏括、楼婴。"杜预注："原、屏、楼三字食邑。"宣公十二年《左传》称赵同、赵括、赵婴齐。按：赵婴齐通于赵文子母庄姬，兄同、括放之。春秋时善走楼季，疑即其人。〔4〕"晋襄公之六年，而赵衰卒"，晋襄公名欢，公元前六二七年一前六二一年在位。襄公六年，为公元前六二二年。赵成子衰、栾贞子枝、霍伯先且居、臼季狐偃四大夫，皆同年卒。〔5〕"谥"，音 shì，帝王、贵族、大臣、士大夫死后，依其生前事迹给予的称号。

【译文】赵衰回到晋国后，晋妻坚持要赵衰把在翟娶的妻子迎来晋国，并以翟妻所生赵盾为嫡子。晋妻所生三子位皆在赵盾下。晋襄公六年，赵衰去世，谥号成季。

赵盾代成季任国政，〔1〕二年而晋襄公卒。〔2〕太子夷皋年少，盾为国多难，〔3〕欲立襄公弟雍。〔4〕雍时在秦，使使迎之。太子母日夜啼泣，〔5〕顿首谓赵盾曰："先君何罪，释其適子而更求君？"〔6〕赵盾患之，恐其宗与大夫袭诛之，乃遂立太子，是为灵公。〔7〕发兵距所迎襄公弟于秦者。〔8〕灵公既立，赵盾益专国政。

【注释】〔1〕"赵盾代成季任国政"，文公六年《左传》云："晋蒐于夷，舍二军。使狐射姑将中军，赵盾佐之。阳处父至自温，改蒐于董，易中军。阳子，成季之属也。故党于赵氏。且谓赵盾能。曰：使能，国之利也。是以升之。宣子于是乎始为国政。"〔2〕"二年而晋襄公卒"，晋襄公在位七年，卒于七年八月。"二年"，谓宣子任国政二年。〔3〕"盾为国多难"，宣子任国政时，晋国多难。三年孟明攻晋，取晋汪以归。四年，秦缪公大兴兵，度河取王官，封殽尸。晋恐不敢出。五年，晋又伐秦，取新城，报王官之役。〔4〕"欲立襄公弟雍"，《晋世家》："赵盾曰：'立襄公弟雍，好善而长，先君爱之。且近于秦，秦固好也。立善则固，事长则顺，奉爱则孝，结旧好则安。'"按：公子雍之母为杜祁。杜祁以襄公故，让偪姞而上之。以狄故，让季媿而己次之，故班在四。文公是以爱杜祁之子雍，使仕秦为亚卿。〔5〕"太子母"，缪嬴，太子夷皋之母，当是秦宗女。〔6〕"释"，《左传》、《晋世家》并作"舍"。〔7〕"灵公"，名夷皋，立时在怀抱中。公元前六二〇年——前六〇七年在位，共十四年。〔8〕"发兵距所迎襄公弟于秦者"，晋使先蔑、士会如秦迎公子雍。赵盾既变计立夷皋，又为将往击秦，败之令狐。先蔑、随会败走，逃亡秦国。

【译文】赵盾继承成季执掌国政的第二年，晋襄公去世。太子夷皋年少。赵盾考虑正值国家多事，想拥立襄公之弟雍继位。雍时在秦国，乃派遣使者迎雍回国。太子夷皋的母亲日日夜夜啼哭不休，叩着头对赵盾说："先君犯什么罪啦！为何抛弃他亲生的儿子而另立国君呀！"赵盾有些害怕，生恐母后宗亲和大臣们不平，把他搞掉。只好仍立太子为君，即位为晋灵公。同时发兵阻拦去秦迎接公子雍的使者。灵公即位后，赵盾进一步专擅国政。

灵公立十四年，益骄。〔1〕赵盾骤谏，〔2〕灵公弗听。及食熊蹯，胹不熟，杀宰人，〔3〕持其尸出，赵盾见之。灵公由此惧，欲杀盾。〔4〕盾素仁爱人，尝所食桑下饿人反扞救盾，〔5〕盾以得亡。未出境，而赵穿弑灵公，〔6〕而立襄公弟黑臀，是为成公。〔7〕赵盾复反，任国政。〔8〕君子讥盾"为正卿，亡不出境，反不讨贼"，〔9〕故太史书曰"赵盾弑其君"。〔10〕晋景公时而赵盾卒，〔11〕谥为宣孟，〔12〕子朔嗣。

【注释】〔1〕"灵公立十四年，益骄"，《晋世家》："十四年，灵公壮侈，厚敛以彫墙，从台上射人，宰人胹熊蹯不熟，怒杀宰夫。"〔2〕"赵盾骤谏"，士会先谏，赵盾后谏，皆不听。事具宣公元年《左传》。〔3〕"蹯"，音 fān，兽足，此指熊掌，味美而难熟。"胹"，音 ér，炖，煮。〔4〕"灵公由是惧，欲杀盾"，赵盾、随会数谏灵公不听，灵公患之，使力士钼麑刺赵盾。钼麑不忍，触树死。〔5〕"尝所食桑下饿人反扞救盾"，"尝"犹"曾"。赵盾尝猎于首山，见桑下有饿人示眯明（《左传》作提弥明），盾与之食，又义

其孝母，益与之饭肉。后示眯明为公宰，反击灵公伏士以脱盾。〔6〕“而赵穿弑灵公”，《晋世家》：“乙丑，盾昆弟将军赵穿，袭杀灵公于桃园。”《左传》注穿是赵夙庶孙，为盾从父昆弟之子。又文公十二年《左传》疏云：“赵穿别为邯郸氏，赵旃、赵胜、邯郸午是其后。”〔7〕“成公”，黑臀，公元前六〇六年——前六〇〇年在位，共七年。是文公少子，其母周女。〔8〕“赵盾复反，任国政”，成公元年，赐赵氏为公族。〔9〕“君子”，《正义》：“谓孔子也。”《考证》：“《左传》以为太史董狐之言。”按：下文有“故太史书曰，赵盾弑其君”以作总结，则前“君子”，似非董狐。〔10〕“太史”，董狐。孔子闻之曰：“董狐，古之良史也。书法不隐。宣子良大夫也，为法受恶。”〔11〕“晋景公”，名据，成公子。公元前五九九年——前五八一年在位，共十九年。〔12〕“而赵盾卒，谥为宣孟”，赵盾卒于晋景公何年，未见载记。梁玉绳曰：“孟非谥，也当作宣子。”《考证》：“枫山、三条本‘谥’作‘是’，当依订。”

【译文】灵公即位十四年，愈益骄横。赵盾屡次劝谏，灵公不听。有回吃熊掌，炖煮的火候不够，灵公杀了厨师。尸体抛出宫外时，被赵盾看见了。灵公有些惧怕，便想杀掉赵盾。赵盾素来仁厚爱人。一个曾经饿倒在桑下，被他送水送饭救活的汉子，挺身而出，保护了赵盾，赵盾得以逃脱。尚未逃出国境，赵穿弑杀了灵公，迎立襄公弟黑臀为国君，是为成公。赵盾回到了都城，依然执掌国政。君子讥讽赵盾说：“身为一国的正卿，逃亡未出国境，回来又不惩治弑杀国君的贼臣！”所以太史秉笔写道：“赵盾弑杀国君。”晋景公时，赵盾去世，谥号为宣子，儿子赵朔嗣位。

赵朔。〔1〕晋景公之三年，朔为晋将下军救郑，〔2〕与楚庄王战河上。〔3〕朔娶晋成公姊为夫人。〔4〕

【注释】〔1〕“赵朔”，《考证》认为此二字衍义。按：“赵朔”二字非衍文，说见前“赵夙”注。〔2〕“晋景公之三年，朔为晋将下军救郑”，《晋世家》：“三年，楚庄王围郑，郑告急晋，晋使荀林父将中军，随会将上军，赵朔将下军。”宣公十二年《左传》：“赵朔将下军，栾书佐之。”〔3〕“与庄王战河上”，《晋世家》：“六月至河，闻楚已服郑。郑伯肉袒，与盟而去。荀林父欲还。先縠曰：‘凡来救郑，不至不可。将率离心。’卒渡河。楚已服郑，欲饮马于河为名而去。楚与晋军大战，郑新附楚，畏之，反助楚攻晋。晋军败，走河争渡，船中人指甚众。（《左传》曰：“舟中之指可掬也。”）楚虏我将智蓄归。”〔4〕“朔取晋成公姊为夫人”，梁玉绳曰：“贾、服、杜皆以庄姬为成公女。‘姊’是‘女’字之误。”按：崔适曰：“赵朔妻，成公姊，本不误。成公为文公子。成公姊亦文公女。自文公卒，至景公三年，计二十二年。朔妻若自文公卒前二三年所生，至此年甫三十四五，应有遗腹。……八年，《疏》谓庄姬年少，故贾、服、杜以为成公女，不知成公姊亦未老也。”崔说是。

【译文】赵朔，晋景公三年，赵朔为晋国统帅下军救援郑国，与楚庄王在黄河沿岸作战。赵朔娶成公的姊姊为夫人。

晋景公之三年，大夫屠岸贾欲诛赵氏。〔1〕初，赵盾在时，梦见叔带持要而哭，〔2〕甚悲；已而笑，拊手且歌。〔3〕盾卜之，兆绝而后好。〔4〕赵史援占之。〔5〕曰：“此梦甚恶，非君之身，乃君之子，〔6〕然亦君之咎。至孙，赵将世益衰。”〔7〕屠岸贾者，始有宠于灵公，及至于景公而贾为司寇。〔8〕将作难，乃治灵公之贼以致赵盾，遍告诸将曰：“盾虽不知，犹为贼首。〔9〕以臣弑君，子孙在朝，何以惩辠，〔10〕请诛之。”韩厥曰：〔11〕“灵公遇贼，赵盾在外，吾先君以为无罪，故不诛。今诸君将诛其后，是非先君之意，而今妄诛。〔12〕妄诛谓之乱。臣有大事而君不闻，是无君也。”屠岸贾不听，韩厥告赵朔趣亡。〔13〕朔不肯，曰：“子必不绝赵祀，〔14〕朔死不恨。”韩厥许诺，称疾不出。贾不请而擅与诸将攻赵氏于下宫，〔15〕杀赵朔、赵同、赵括、赵婴齐，皆灭其族。〔16〕

【注释】〔1〕“晋景公之三年，大夫屠岸贾欲诛赵氏”，景公三年，赵朔返自邲，即为屠岸贾所杀，而赵同、赵括尚在。杀赵朔的理由，是赵盾弑其君灵公。杀赵同、赵括的理由，是庄姬诬告原、屏谋反。诛赵朔在景公三年，诛赵同、赵括则在景公十七年。二事本不相涉，被史迁混为一谈，铸就千秋一大疑案。此处“欲诛赵氏”，指诛杀赵朔，与原、屏无关。〔2〕“叔带”，赵氏始迁祖。叔带以后，赵氏递兴。“要”，与“腰”通。〔3〕“拊”，音 fǔ。“拊手”,拍手。〔4〕“兆”,灼龟坼。古以龟卜,视坼裂之纹,以定吉凶。凡占验吉凶,皆谓之兆。“绝而后好”,意即逢凶化吉。〔5〕“赵史援占之”,《考证》:“史上赵字疑衍。赵氏不宜别有史官。”按:《说苑》亦有“赵”字,似非衍文。〔6〕“乃”,《考证》云枫山、三条本“乃”作“及”。按:《说苑》“乃”亦作“及”,形近之误。〔7〕“至孙,赵将世益衰”,《说苑》云:“至子赵朔世益衰。”〔8〕“及至于景公,而贾为司寇”,司寇六卿之一,主管刑狱。《太平御览》卷四二〇引作“至景公时为司寇”。〔9〕“贼首”,《说苑》、《新序》并作“首贼”。〔10〕“辠”,古罪字。〔11〕“韩厥”,韩武子之后。景公十一年,厥与郤克将兵伐齐。十二年,晋作六军,韩厥在一卿之位,号为献子。韩厥曾为赵氏所抚养,韩、赵二氏的联盟有深远的历史背景。〔12〕“非”,《说文》:“违也。”“今”,王叔珉曰:“景祐本南宋补版‘今’作‘后’。《说苑》作‘後’,《史记》故本‘後’字作‘后’。‘后’之作‘今’,盖涉上文‘今诸君’而误,或后人所改。”〔13〕“趣”,疾,快快。〔14〕“必”,犹“若”。〔15〕“贾不请而擅与诸将攻赵氏于下宫”,下宫族诛赵氏的起因,是由于赵朔死后,庄姬与朔叔赵婴齐通室。赵同、赵括逐放其弟婴齐于齐,旋死于齐。庄姬怀恨,诬告赵同、赵括谋反。又由于栾氏、郤氏的排挤和倾轧,栾书为庄姬诬告作证,赵同、赵括遂及于难。至于屠岸贾其人,景公时为司寇,如果真如《赵世家》所描绘那样权倾一时,视一卿之位的韩厥如草芥,则为何晋世家在灵公、成公、景公时,未见任何有关屠岸贾的记载?敢于“不请而擅与诸将攻赵氏于下宫”,是绝对不可能发生的,语涉荒诞,不足为信。〔16〕“杀赵朔、赵同、赵括、赵婴齐,皆灭其族”,下宫之难,景公所诛仅赵同、赵括二家。成公八年《左传》记此事甚详。《传》云:“晋赵庄姬为赵婴之亡故,谮之于晋侯,曰‘原、屏将为乱’,栾、郤为征。六月,晋讨赵同、赵括。”《春秋》鲁成公八年亦载:“晋杀其大夫赵同、赵括。”《晋世家》景公十七年亦云“诛赵同、赵括”,不及赵朔。而本文曰“杀赵朔”,盖与史实不符。赵朔已前死。赵婴齐与赵庄姬私通,在景公十三年被发现。景公十四年,赵同、赵括逐放赵婴齐于齐。成公八年《左传》杜预注曰:“赵婴亡在五年。”成公五年,亦即晋景公十四年。下宫事件发生在晋景公十七年。赵朔已死,赵婴死亦四年,何得与赵同、赵括同受诛。“皆灭其族”,亦不实。如赵氏之族皆灭,何以赵穿之后,赵午、赵稷得以食邑邯郸?

【译文】晋景公三年,大夫屠岸贾图谋诛灭赵氏。当赵盾在世时,有回梦见叔带手叉着腰在哭,哭得真伤心。一会儿又笑,一边抚掌,一边唱歌。赵盾求教占卜。结果,烧灼显示的龟背纹,先有断裂,后又完好。赵史官援解释说:“这是一场恶梦,虽与你本身无关,但关系到你儿子身上。不过,也是你种下的祸根。到你孙子时,赵氏将更加衰落。”屠岸贾这人在晋灵公时就有宠。晋景公时,当上了司寇。他在发难时,借口惩治弑杀灵公的贼臣而追查到赵盾。他向三军将领们宣称:“赵盾虽未预闻,仍然是祸首。以臣下弑杀君上,子孙仍然在朝做官,今后如何能依法惩办罪犯呀!非诛灭赵氏不可!”韩厥说:“灵公被贼臣杀害时,赵盾流亡在外,先君成公认为赵盾无罪,所以未加诛伐。现在诸位要诛杀他的子孙,是违背先君的旨意,而乱杀无辜。乱杀无辜就是作乱。臣下处理这样的大案而不禀告国君,那是目无君上。”屠岸贾不听。韩厥告知赵朔快逃走。赵朔不肯。说:“你若能保住赵氏的香火维持不断,我死也无憾。”韩厥答应了,装病不出门。屠岸贾也不禀告国君,擅自率领诸将攻打赵氏于下宫,杀害了赵朔、赵同、赵括、赵婴齐,赵氏宗族被斩尽杀绝。

赵朔妻成公姊,有遗腹,走公宫匿。〔1〕赵朔客曰公孙杵臼,杵臼谓朔友人程婴曰:〔2〕“胡不死?”程婴曰:“朔之妇有遗腹,若幸而男,吾奉之;即女也,〔3〕吾徐死耳。”居无何,而朔妇免身,〔4〕生男。屠岸贾闻之,索于宫中。夫人置儿绔中。〔5〕祝曰:“赵宗灭乎,若号;即不灭,若无声。”〔6〕及索,儿竟无声。已脱,程婴谓公孙杵臼曰:“今一索不得,后必且复索之,奈何?”公孙杵臼曰:“立孤与死孰难?”程婴曰:“死易,立孤难耳。”公孙杵臼曰:“赵氏先君遇子厚,子彊为其难者,〔7〕吾为其易者,请先死。”乃二人谋取他人婴儿负之,〔8〕衣以文葆,〔9〕匿山中。程婴出,谬谓诸将军曰:〔10〕“婴不肖,不能立赵孤。谁能与我千金,吾告赵氏孤处。”诸将皆喜,许之,发师随程婴攻公孙杵臼。杵臼谬曰:“小人哉程婴!昔下宫之难不能死,与我谋匿赵氏孤儿,今又卖我。纵不能立,而忍卖之乎!”抱儿呼曰:“天乎天乎!赵氏孤儿何罪?请活之,独杀杵臼可也。”诸将不许,遂杀杵臼与孤儿。诸将以为赵氏孤儿

良已死，[11]皆喜。然赵氏真孤乃反在，程婴卒与俱匿山中。

【注释】〔1〕“赵朔妻成公姊，有遗腹，走公宫匿”，赵氏孤儿事本虚诞，是由赵氏家乱衍而成的小说家言。“走公宫匿”，非事实。〔2〕“公孙杵臼”、“程婴”，二人是赵盾、赵朔两代家臣。〔3〕“即”，若。与下“即不灭”之“即”义同。〔4〕“免”，音miǎn，同“娩”，生孩子。〔5〕“夫人置儿绔中”，“绔”，音kù。《新序·节士篇》作“袴”。“绔”、“袴”古今字。《说文》：“绔，胫衣也。”今称套裤。套裤中如何藏一小儿，此是赵氏孤儿故事中最大破绽。孔颖达以为事与《左传》皆违，自是司马迁根据战国时的传说的兴来之笔，不可信。〔6〕“赵宗灭乎，若号；即不灭，若无声”，《太平御览》卷六九五引此作“赵宗若灭，即号；若不灭，即无声”。〔7〕“彊”，通“强”。《说文》：“彊，弓有力也。从弓畺声。”〔8〕“乃”，王叔珉曰：“乃犹‘于是’也。”“负”，老姆异称，通“媍”。“负姆”，谓保姆。“负之”，言抚养起来。〔9〕“文葆”，绣花儿衣。《新序》“葆”作“褓”。《说文》：“緥，小儿衣也。”“葆”是借字。〔10〕“谬”，音miù，错误。《考证》：“《新序》‘将’下无‘军’字，下文亦无‘军’字。”〔11〕“良”，信。《太平御览》引此无“良”字。

【译文】赵朔妻是成公的姊姊。赵朔死时，怀着身孕逃到宫里藏起来。赵朔有位名叫公孙杵臼的家臣，找到赵朔的朋友程婴问道：“为何不死？”程婴说：“赵朔妻怀着身孕。如有幸是男孩，我要抚养他。如果是女孩，我再死也不迟。”没有多久，朔妻分娩，生下男孩。屠岸贾知道后，在宫中大事搜索。夫人把孩子藏在裤裆中，暗自祷告：“赵氏如果注定断子绝孙，你就哭；如果不该断子绝孙，你就不要有声音。”临到搜查时，孩子竟一声不响。孩子脱险了。程婴对公孙杵臼说：“一次搜查未得，一定还会反复搜查，怎么办？”公孙杵臼问道：“扶立孤儿与殉死哪个难？”程婴说：“死容易，扶立孤儿那可难啦！”公孙杵臼说：“那好，赵氏先君对您恩厚，您就勉为其难。我呢，拣容易的做，请让我先死。”于是二人商量好，弄来一个别人的孩子抚养，裹着绣花的儿衣，躲到山里藏着。程婴从山里出来，骗将军们说：“我程婴没能耐，不能扶立赵氏孤儿。谁肯给我千金之赏，我就说出藏匿赵孤的地方。”将军们很高兴，答应给予赏金，派兵跟着程婴进山搜捕公孙杵臼。杵臼假意骂道：“程婴啊！程婴啊！你真是小人！过去在下宫蒙难时没死，我俩商量藏匿赵氏孤儿，今天你却来出卖我。你不能扶立赵孤也就算了，反而出卖我，你好忍心啊！”杵臼抱着孩子呼号：“天老爷啊！天老爷啊！小孩子有什么罪，请你们饶了孩子吧！要杀，杀我杵臼一人好啦！”诸将不答应，杀了杵臼和孩子。诸将以为赵氏孤儿确实已死，很高兴。不知赵氏真正孤儿仍然活着。程婴悄悄地和孤儿一起藏匿在山中。

居十五年，晋景公疾，[1]卜之，大业之后不遂者为祟。[2]景公问韩厥，厥知赵孤在，[3]乃曰：“大业之后在晋绝祀者，其赵氏乎？夫自中衍者皆嬴姓也。[4]中衍人面鸟噣，降佐殷帝大戊，[5]及周天子，皆有明德。下及幽厉无道，[6]而叔带去周适晋，事先君文侯，至于成公，世有立功，未尝绝祀。今吾君独灭赵宗，国人哀之，故见龟策。[7]唯君图之。”景公问：“赵尚有后子孙乎？”[8]韩厥具以实告。于是景公乃与韩厥谋立赵孤儿，召而匿之宫中。诸将入问疾，景公因韩厥之众以胁诸将而见赵孤。赵孤名曰武。[9]诸将不得已，乃曰：“昔下宫之难，屠岸贾为之，矫以君命，并命群臣。非然，孰敢作难！微君之疾，[10]群臣固且请立赵后。今君有命，群臣之愿也。”于是召赵武、程婴遍拜诸将，[11]遂反与程婴、赵武攻屠岸贾，灭其族。复与赵武田邑如故。

【注释】〔1〕“居十五年”，谓自三年屠岸贾诛赵朔起算，至此十五年，推次为晋景公十七年。《晋世家》“十九年夏，景公病”。成公十年《左传》“晋侯梦大厉”。鲁成公十年，当晋景公十九年。故梦大厉应与景公病同一事。“晋景公疾”，自应如《晋世家》记在景公十九年。此云“居十五年”，与《韩世家》“晋景公十七年，病”，并误。晋景公十七年，为赵同、赵括受诛之年。〔2〕“大业之后不遂者为祟”，《秦本纪》：“秦之先，帝颛顼之苗裔。孙曰女脩，女脩织，玄鸟陨卵，女脩吞之，生子大业。”按：大业为秦之先，亦赵之远祖。〔3〕“厥”，《考证》：“古钞本‘厥’上有‘韩’字。”〔4〕“夫自中衍者皆嬴姓也”，《秦本纪》：“自太戊以下，中衍之后，遂世有功，以佐殷国，故嬴姓多显。”按：中衍先祖大费，舜赐姓嬴氏。大费子二人，一曰大廉，一曰若木。大廉玄孙曰孟戏、仲衍。故自虞舜赐姓嬴氏中衍，传已五世。〔5〕“噣”，音 zhòu，鸟嘴。“人面鸟噣”，《秦本纪》作“鸟身人言”。王符《潜夫论·志姓氏篇》：“后有仲衍，鸟体人言，为夏帝大戊御。”〔6〕“下及幽厉无道”，周幽王、厉王皆无道君。厉王为父，幽王为子。习惯称作“幽厉”。〔7〕“策”，同“筴”。古时卜筮工具。《楚辞·卜居》：“用君之心，行君之意，龟筴诚不能知事。”〔8〕“赵尚有后子孙乎”，《考证》：“古钞本作‘赵后有子孙乎？’”按：各本中“子孙”二字，皆是衍文。〔9〕“赵孤名曰武”，《晋世家》作“赵庶子武”。《说苑》、《新序》并无“赵”字。〔10〕“微”，犹“无”。〔11〕《考证》：“枫山、三条本重‘诸将’二字。”按：赵武复立亦应在晋景公十九年，公元前五八一年。

【译文】过了十五年，晋景公生病。占卜说是“大业因断了后代的香火而作祟”。景公问韩厥怎么回事。韩厥知道赵孤尚在人世，回答说：“大业的后代在晋国断了香火的，不就是说的赵氏吗！从中衍以来的后代都姓嬴。中衍人面鸟喙，来到人间辅佐殷帝大戊和周天子，都有明显的功绩。及至周幽王、周厉王两个无道的君王时，叔带才离开周，来到晋，臣事先君文侯。一直到成公，赵氏世世代代，建立功勋，从未断过祭祀。是您灭了赵氏宗族，老百姓都哀怜赵氏的不幸。这一切都显现在龟策上，您可得好好想个办法才对。”景公问道：“赵氏还有没有后代子孙呀？”韩厥以实情相告。于是景公和韩厥商量，谋立赵氏孤儿，便把赵武召来，藏匿在宫中。诸将入宫问疾。景公嘱咐韩厥布置好警卫武士，强令诸将与赵孤相见。赵氏孤儿名曰武，诸将不得已，只好说：“过去下宫发难，都是屠岸贾的主意。他假传君命，强迫大家跟着他作乱。否则的话，谁敢哟！要不是君王有病，我们早就打好主意，请求重立赵氏的后代啦！今天君王下达的旨意，本来就是我们大家的愿望啊！”于是召来赵武、程婴，一一拜见诸将。诸将反而跟着程婴、赵武袭击屠岸贾，灭其全族。景公把原来赵氏的封邑，依然赐给赵武。

及赵武冠，为成人，[1]程婴乃辞诸大夫，谓赵武曰：“昔下宫之难，[2]皆能死。我非不能死，我思立赵氏之后。今赵武既立，为成人，复故位，我将下报赵宣孟与公孙杵臼。”[3]赵武啼泣顿首固请，曰：“武愿苦筋骨以报子至死，而子忍去我死乎！”程婴曰：“不可，彼以我为能成事，故先我死；今我不报，是以我事为不成。”遂自杀。赵武服齐衰三年，[4]为之祭邑，春秋祠之，[5]世世勿绝。[6]

【注释】〔1〕“及赵武冠，为成人”，古代男子成年时举行加冠礼。《礼记·曲礼》说，男子二十而冠。《荀子·大略》、《仪礼·士冠礼》、《说苑·建本》皆谓男子十九而冠。〔2〕“昔下宫之难”，谓晋景公十七年，屠岸贾攻杀赵同、赵括之事。〔3〕“赵宣孟”，赵宣子盾。〔4〕“齐衰”，丧服名，五服之一，次于斩衰。以粗麻布制成丧服，因其缉边缝齐，故称齐衰，仅次于子女服父母之丧。〔5〕“春秋祠之”，本书泷川资言本作“春秋祀之”。“祠”、“祀”古通。〔6〕“世世勿绝”，《正义》：“今河东赵氏祠先人，犹别舒一座祭二士矣。”

【译文】不久赵武长大成人，行了冠礼。程婴辞别诸大夫，对赵武说：“当年下宫那场灾难，许多人都以身殉难，我不是不能死。我是想要为赵氏立后。现在赵武已立，长大成人，恢复故位。我将到泉下向赵宣子和公孙杵臼通报这一情况。”赵武啼哭不止，一再叩首请求说：“赵武愿意劳苦一辈子来报答您老人家，直到为您送终，老人家怎能忍心丢下我去死哟！”程婴说：“不行，他们相信我能成事，才先我而死。我不去告诉他们，还以为我办不成事啦！”程婴终于自杀。赵武为之服齐衰之丧三年，并为他设置祭邑，春秋两祭，世世代代不绝。

赵氏复位十一年，[1]而晋厉公杀其大夫三郤。[2]栾书畏及，乃遂弑其君厉公，[3]更立襄公曾孙周，是为悼公。[4]晋由是大夫稍强。

【注释】〔1〕“赵氏复位十一年”，景公十九年赵氏复位。至晋厉公八年杀三郤，才及八年，此云十一年，误。〔2〕“晋厉公”，名寿曼，公元前五八〇年——前五七三年在位，计七年。“三郤”，郤锜、郤犨、郤至。成公十七年《春秋》：“（十有二月）晋杀其大夫郤锜、郤犨、郤至。”鲁成公十七年为晋厉公七年。《晋世家》作厉公八年杀三郤。〔3〕“栾书畏及，乃遂弑其君厉公”，据《晋世家》，栾书囚厉公在厉公八年闰月乙卯，杀厉公在正月庚申。〔4〕“更立襄公曾孙周，是为悼公”，悼公，公元前五七二年——前五五八年在位。悼公周者，其大父捷，晋襄公少子，

号桓叔。桓叔生惠伯谈。谈生悼公周。

【译文】赵氏复位后第十一个年头，晋厉公杀了大夫三郤。栾书害怕株连及己，索性弑杀厉公，改立襄公曾孙周为晋君，是为悼公，晋国大夫从此逐步强大。

赵武续赵宗二十七年，晋平公立。〔1〕平公十二年，而赵武为正卿。〔2〕十三年，吴延陵季子使于晋。〔3〕曰："晋国之政卒归于赵武子、韩宣子、魏献子之后矣。"〔4〕赵武死，谥为文子。〔5〕

【注释】〔1〕"赵武续赵宗二十七年，晋平公立"，平公名彪。公元前五五七年——前五三二年在位，共二十二年。以平公立时，赵武已续赵宗二十七年推次，复赵武田则在景公十七年，时景公尚未病厉。"二十七年"疑误，应为二十九年。〔2〕"平公十二年，而赵武为正卿"，襄公二十五年《春秋传》："秋，赵文子为政，令薄诸侯之币，而重其礼。"鲁襄公二十五年，赵文子为政，即为正卿。当平公十年。此云十二年，误。〔3〕"十三年，吴延陵季子使于晋"，吴季札，春秋时吴王寿梦之季子。寿梦欲传以位，辞不受。封于延陵（今江苏武进县），故称延陵季子。据《诸侯年表》，吴季札聘晋，在平公十四年。此云十三年。〔4〕"晋国之政卒归于赵武子、韩宣子、魏献子之后矣"，梁玉绳曰："'武子'乃'文子'之误，然三子见存，不应称谥。《史诠》曰'武子、宣子、献子六字衍'。"按：韩宣子名起，韩厥之子。魏献子名荼，魏庄子子。《魏世家》作"魏嬴之子"。〔5〕"赵武死，谥为文子"，赵武死年，未见记载，昭公元年《春秋传》"乐桓子相赵文子，欲求货于叔孙"的记载，及赵文子与叔向语，可见鲁昭公元年，赵文子尚在。鲁昭公元年为晋平公十七年。至昭公三年晏婴聘晋时，《春秋传》不记赵文子事，而韩宣子主政。昭公三年为晋平公十九年，以此推次，赵武崩年，当在晋平公十八年。

【译文】赵氏复位后第二十七个年头，晋平公即位。平公十二年，任赵武为正卿。十三年，吴延陵季子聘访晋国。他说："晋国的政权，终归要落到赵武子、韩宣子、魏献子们的后人的手中了。"赵武死，谥号文子。

文子生景叔。〔1〕景叔之时，齐景公使晏婴于晋。〔2〕晏婴与晋叔向语。〔3〕婴曰："齐之政后卒归田氏。"〔4〕叔向亦曰："晋国之政将归六卿。〔5〕六卿侈矣，而吾君不能恤也。"〔6〕

【注释】〔1〕"景叔"，名成。《左传》曰赵成子。〔2〕"齐景公"，名杵臼。公元前五四七年——前四九〇年在位。"晏婴"，齐相。晏婴使晋在齐景公九年，晋平公十九年。〔3〕"叔向"，晋公室羊舌肸，号叔向。〔4〕"田氏"，昭公三年《春秋传》："晏子曰：此季世也，吾弗知，齐其为陈氏矣。"按：陈完如齐，因始食采邑于田，改姓田氏。〔5〕"叔向亦曰：晋国之政将归六卿"，昭公三年《春秋传》，亦记叔向之言曰："然，虽吾公室，今亦季世也"云云。叔向言及公室日卑，政在家门，民无所依的情况。"六卿"，韩、魏、赵、范、中行、知氏。〔6〕"六卿侈矣，而吾君不能恤也"，"侈"，音 chǐ，放纵。"恤"，音 xù，顾，忧愁。言大权落在六卿之手，晋君还在醉生梦死，不知道犯愁。

【译文】文子生景叔。景叔执政时期，齐景公派晏婴来晋聘访。晏婴和叔向私下议论。晏婴说："齐国政权将来必定属于田氏。"叔向也说："晋国政权也将归于六卿。六卿坐大，可叹我们国君，一点也不犯愁！"

赵景叔卒，生赵鞅，是为简子。〔1〕

【注释】〔1〕"简子"，生年不详，据史推次，平公十九年晏子聘晋时，简子已生。

【译文】赵景叔去世，生赵鞅，就是简子。

赵简子在位，晋顷公之九年，〔1〕简子将合诸侯戍于周，〔2〕其明年，入周敬王于周，〔3〕辟弟子朝之故也。〔4〕

【注释】〔1〕"晋顷公"，名去疾。公元前五二五年——前五一二年，在位十四年。顷公九年为前五一七年，当周敬王三年。〔2〕"简子将合诸侯戍于周"，顷公九年夏，简子在黄池会诸侯，共商平定周敬王弟子朝之乱。事具昭公二十五年《春秋传》。黄池，在今河南封丘县西南。〔3〕"其明年，入周敬王于周"，《诸侯年表》，顷公十年"知栎、赵鞅内王于王城”。周敬王名丐,周景王子。〔4〕“辟弟子朝之故也”,“子朝”,周景王长庶子。景王崩,子朝与子丐争立。国人立景王长子猛为王,子朝攻杀猛。国人攻子朝而立丐,为敬王。子朝自立,敬王不得入,居于泽。敬王三年,赵鞅会诸侯于黄池,谋入敬王。四年,晋率诸侯入敬王于周,子朝奔楚。“辟”,排除,驱逐。

【译文】赵简子执政时期,在晋顷公九年,简子统率来会的诸侯陈兵于周境。明年,护送周敬王返回王城,驱逐其弟子朝之故。

晋顷公之十二年,六卿以法诛公族祁氏、羊舌氏,[1]分其邑为十县。[2]六卿各令其族为之大夫。[3]晋公室由此益弱。

【注释】〔1〕“晋顷公之十二年,六卿以法诛公族祁氏、羊舌氏”,“公族”,即公室,姬姓。“祁氏”,祁傒孙。“羊舌氏”,叔向子。晋平公十九年,晏婴使晋,晋公室叔向,就告诉晏婴:“晋公室卑。”梁玉绳曰:“二姓之灭,由于祁胜赂荀跞,非关六卿之故。”按:晋顷公十三年,晋国始公布范宣子《刑书》,此云十二年“六卿以法诛公族祁氏、羊舌氏”,可见晋《刑书》在正式公布前一年,已在晋国试行。〔2〕“分其邑为十县”,昭公二十八年《春秋传》:“秋,晋韩宣子卒。魏献子为政,分祁氏之田以为七县。分羊舌氏之田以为三县。”按:祁氏七县为:邬、祁、平陵、梗阳、涂水、马首、盂。羊舌氏三县为铜鞮、平阳、杨氏。〔3〕“六卿各令其族为之大夫”,据昭公二十八年《春秋传》,任十县大夫者为司马弥牢、贾辛、司马乌、魏戊、知徐吾、韩固、孟丙、乐霄、赵朝、僚安。梁玉绳曰,十县大夫除赵朝、韩固、魏戊、知徐吾四姓为六卿之族,其余六人,皆以贤举。

【译文】晋顷公十二年,六卿援法诛灭姬姓公族祁氏、羊舌氏,将他们的食邑分为十县。六卿安插各自的宗族为这些县的大夫。晋公室自此更加衰弱。

后十三年,鲁贼臣阳虎来奔。[1]赵简子受赂,厚遇之。

【注释】〔1〕“后十三年,鲁贼臣阳虎来奔”,“后十三年”,晋定公十一年,公元前五〇一年。“阳虎”,春秋鲁人,为李氏家臣,事季平子。鲁定公九年,欲去三桓,劫定公,伐孟氏败,取公宫宝玉大弓出奔至齐,齐不纳,又奔晋,赵鞅纳之。《论语》作阳货,有《阳货篇》。

【译文】其后十三年,鲁国贼臣阳虎前来投靠。赵简子接受阳虎的贿赂,予以优待。

赵简子疾,五日不知人,大夫皆惧。医扁鹊视之,[1]出,董安于问。[2]扁鹊曰:“血脉治也,而何怪![3]在昔秦缪公尝如此,七日而寤。寤之日,告公孙支与子舆曰:[4]‘我之帝所甚乐。吾所以久者,适有学也。[5]帝告我:“晋国将大乱,五世不安;[6]其后将霸,未老而死;[7]霸者之子且令,[8]而国男女无别。”’[9]公孙支书而藏之,秦谶于是出矣。[10]献公之乱,文公之霸,而襄公败秦师于殽而归纵淫,[11]此子之所闻。今主君之疾与之同,不出三日疾必间,[12]间必有言也。”

【注释】〔1〕“扁鹊”,姓秦名越人,郑国人。年轻时为舍长,从投宿客人长桑君学医,尽得其传,能透视病人五脏,在齐、赵一带悬壶,为人治病。〔2〕“董安于问”,董安于为简子家臣。鲁定公十三年,邯郸将作乱,董安于闻之,告赵鞅先备。鲁定公十四年,知文子以安于预谋乱闻,安于自缢死。赵氏定,祀安于于赵氏庙。〔3〕“血脉治也,而何怪”,血脉上的毛病,你何必大惊小怪。“治”,病。〔4〕“公孙支”、“子舆”,皆秦大夫。公孙支字子桑,《左传》作公孙枝。子舆,亦作子车。〔5〕“适有学也”,《扁鹊传》“有”下有“所”字。〔6〕“五世”,献公、奚齐、卓子、惠公、怀公。〔7〕“其后将霸,未老而死”,谓图霸业,则必穷兵黩武,其民乃不得终其天年。〔8〕“霸者之子”,是说称霸的那些人们。“且令”,号令诸侯。〔9〕“而国男女无别”,男女无别,死于道路。〔10〕“谶”,音 chèn,预言吉凶得失的文字、图记。〔11〕“而襄公败秦师于殽而归纵淫”,晋襄公元年(公元前六二七年)败秦于殽。“殽”,音 yáo,山名,秦岭东段支脉,河南省洛宁西北。〔12〕“间”,音 jiàn,病痊愈或好转。

【译文】赵简子生病,五天不省人事。大夫们都害怕。请来名医扁鹊为之诊治。扁鹊看完病出

来，董安于询问病情。扁鹊说："是血份上的毛病，不要大惊小怪。以前秦穆公也有过这种病。七天后苏醒过来。醒来那天，告诉公孙支和子舆说：'我到了天帝的住所，太好啦！我为何逗留那么久呢？正好有些事情需要知道。天帝告诉我："晋国将大乱，五世不得安宁。后代将霸，可惜未老就死去。称霸的人号令诸侯，可怜的老百姓将不分男女，流离于道路了。"'公孙支记下了这些话，藏之策府。秦王之谶，终于传开了。献公之乱，文公之霸，襄公败秦师于殽，战胜归来，纵情淫乱，这些事，你都是知道的。今天主公的病与秦穆公同，不出三天，病就见好。病一好，一定有话要讲。"

居二日半，简子寤。语大夫曰："我之帝所甚乐，与百神游于钧天广乐，[1]九奏万舞，[2]不类三代之乐，[3]其声动人心。[4]有一熊欲来援我，[5]帝命我射之，中熊，熊死。又有一罴来，[6]我又射之，中罴，罴死。帝甚喜，赐我二笥，皆有副。[7]吾见儿在帝侧，帝属我一翟犬，[8]曰：'及而子之壮也，[9]以赐之。'帝告我：'晋国且世衰，七世而亡，[10]嬴姓将大，[11]败周人于范魁之西，[12]而亦不能有也。今余思虞舜之勋，[13]适余将以其胄女孟姚配而七世之孙。'"[14]董安于受言而书藏之。[15]以扁鹊言告简子，简子赐扁鹊田四万亩。

【注释】〔1〕"大夫"，董安于。"钧天、广乐"，是天帝居所，见《列子·周穆王篇》。"广乐"，亦可释为"广陈钟鼓之属以为乐"，见《淮南子·天文训》。以文义观之，前义胜。故本文应在"广乐"作断。〔2〕"九奏万舞"，《周礼·春官》"九奏乃终，谓之九成"，郑注云："乐一更端曰奏。""万舞"，干戚舞，干戚是兵器，万舞应是武舞。〔3〕"三代"，夏、商、周。"不类三代之乐"，当是更古之乐。后面说到"思虞舜之勋"，意为虞舜之乐。〔4〕"其声动人心"，《考证》："《扁鹊传》无'人'字。"《风俗通义·皇霸》亦无"人"字。〔5〕"欲来援我"，《考证》："古钞本无'来'字，与《传》及《艺文类聚》合。"按：《传》，谓《扁鹊传》。〔6〕"罴"，音 pí，体大于熊，毛色黄白，力能拔树，遇人则人立而攫之，俗称人熊。〔7〕"笥"，音 sì，盛饭的竹制饭具。圆者曰箪，方者曰笥。"副"，笥内盛有饭食。〔8〕"翟犬"，"翟"，通"狄"。翟犬是北方游牧民族畜以守卫羊群之犬。《晋书·挚虞传·思游赋》"睨翟犬于帝侧兮，殪熊罴于灵轩"，即用此故事。〔9〕"及而子之壮也"，《风俗通义·皇霸》作"及汝子之壮也"。按："而"即"汝"。〔10〕"七世"，晋定公、出公、哀公、幽公、烈公、孝公至静公为七世。〔11〕"嬴姓将大"，赵氏之先，与秦同祖，俱嬴姓。此云赵将强大。〔12〕"败周人于范魁之西"，败周人事亦无考。范魁，地名，不详何在。〔13〕"今余思虞舜之勋"，赵之先大费，受知于虞舜，嬴姓，亦舜所赐。故云"思虞舜之勋"。〔14〕"胄女"，帝王贵族之女。"孟姚"，吴广之女，姓姚字孟。"七世之孙"，谓武灵王。按：简子至武灵王十世，此讹七字。〔15〕"而书藏之"，王叔珉曰："《扁鹊传》作'书而藏之'，于文为长。上文'公孙支书而藏之'，亦同例。"

【译文】过了两天半，简子醒来，对董安于说："我到了天帝的住所，很高兴。上天百神陪我遨游于钧天、广乐之宫。天帝的乐队为我奏九成之乐，诸神为我舞干戚之舞。到底是天乐，与三代人间之乐不一样，那是撼人心旌的声音。有一熊跑来抓我。天帝命我发箭射之。一箭中熊，熊死。又有一罴冲我奔来，我又发箭射之，中罴，罴死。天帝很高兴，赐给我两个饭笥，都盛有饭食。我见一个孩子站在天帝身旁。天帝牵来一条翟犬，吩咐我说：'等到你儿子长大成人，把这条翟犬赐给他。'天帝告诉我：'晋氏将逐步衰落下去，到第七代就亡了，嬴姓将兴旺起来，在范魁之西战败周人，可是也不能有天下。我缅怀虞舜的功勋，我会将其胤女孟姚配给你的七世孙为妻。'"董安于聆听了简子的话就书而藏之，并把扁鹊的那番话禀告简子。简子以四万亩良田赏赐扁鹊。

他日，简子出，有人当道，辟之不去。[1]从者怒，将刃之。[2]当道者曰："吾欲有谒于主君。"从者以闻。简子召之，曰："譆，[3]吾有所见子晰也。"[4]当道者曰："屏左右，愿有谒。"简子屏人。当道者曰："主君之疾，[5]臣在帝侧。"简子曰："然，有之。子之见我，我何为？"[6]当道者曰："帝令主君射熊与罴，[7]皆死。"简子曰："是，且何也？"当道者曰："晋国且有大难，主君首之。帝令主君灭二卿，[8]夫熊与罴皆其祖也。"[9]简子曰："帝赐我二笥，皆有副，何也？"当道者曰："主君之子将克二国于翟，[10]皆子姓也。"简子曰：“吾见儿在帝侧，帝属我一翟犬，〔11〕曰‘及而子之长以赐之’。〔12〕夫儿何谓以赐翟犬？”〔13〕当道者曰：“儿，主君之子也。翟犬者，代之先也。〔14〕主君之子，且必有代。及主君之后嗣，且有革政而胡服，〔15〕并二国于翟。”〔16〕简子问其姓名而延之以官。当道者曰：“臣野人，致帝命耳。”〔17〕遂不见。〔18〕简子书藏之府。〔19〕

【注释】〔1〕“辟之不去”，意谓让他躲开，他不躲开。“辟”，音 pì，辟除，躲避。 〔2〕“从者怒，将刃之”，《风俗通义》无“怒”、“之”二字，作“从者将刃”。《论衡》“刃”作“拘”。 〔3〕“譆”，音 xī，通“嘻”，表示惊诧之意。 〔4〕“吾有所见子晰也”，“有”，犹“曾”。陈仁锡曰：“晰，明也。见子晰，谓梦中明见子尔。” 〔5〕“主君之疾”，《风俗通义》同。《考证》：“古钞本、三条本‘疾’下有‘日者’二字。”《论衡》“主君”上有“日者”二字。 〔6〕“我我”，崔适曰：“各本重‘我’字，衍也。”按：《论衡》、《风俗通义》不重“我”字。 〔7〕“与”，《风俗通义》无此字。〔8〕“二卿”，范、中行氏。 〔9〕“熊”、“罴”，范、中行二氏图腾。 〔10〕“二国”，谓代、智氏。 〔11〕“帝”，《风俗通义》无此字。《论衡·纪妖篇》有此字。〔12〕“及而子之长以赐之”，句与《论衡·纪妖篇》合。《风俗通义》“而”作“汝”。 〔13〕“谓”，《论衡》、《风俗通义》并作“说”。《广雅·释诂二》：“谓，说也。”〔14〕“翟犬者，代之先也”，《论衡》、《风俗通义》并无“者”字。代之先民，以犬作图腾。 〔15〕“且有革政而胡服”，王国维曰：“胡服，其制，冠则惠文，其带具带，（按：具带，贝带之误），其履靴。”详见《观堂集林》十八《胡服考》。 〔16〕“并二国于翟”，《正义》：“武灵王略中山地至宁葭，西略胡地至楼烦、榆中是也。”事在赵武灵王二十年。 〔17〕“致帝命耳”，传达上帝的旨意。 〔18〕“遂不见”，此下《风俗通义》有“无几，范、中行作乱，简子灭之，此熊罴之效应也”十八字。 〔19〕“简子书，藏之府”，谓藏之册府。册府者，国家档案馆。

【译文】一天，简子外出，有一人挡住去路，赶也不走。随从的人很生气，举起刀就要砍过去。挡道的人说：“我有话要和主君说。”随从当即禀报。简子招呼那人过来。见到那人时说：“哎呀！我在哪儿好像见过你呀！没错！”挡道的说：“请屏退左右，有事奉告。”简子命令随从走开。那人说：“您生病那时光，我正侍立天帝一旁。”简子说：“不错，有这么回事。你见到我时，我在干嘛呀？”挡道的说：“天帝让你射熊和罴，都被你射死了。”简子说：“是的，将来会怎么样呢？”挡道的说：“晋国将有大难，而首先发难的是您。天帝命您诛灭二卿，熊和罴就是二卿的祖先。”简子说：“天帝赐我两个饭笥，里面装着饭食，这是什么意思？”挡道的说：“您的世子将在翟地征服两个国，它们都是子姓的国。”简子问：“我见到有个孩子站在天帝身旁。天帝赐我翟犬时说：‘等到你儿子长大时，将翟犬赐给你的儿子。’那个孩子是怎么回事？赏赐翟犬又是怎么回事？”挡道的说：“孩子，是您的儿子。翟犬，是代国的祖先。您的儿子将占有代国。您的后代还会有进行改革，衣胡人衣裳的人，并在翟地兼并两个国家。”简子问其姓名，并请他做官。挡道的那人说：“我是个粗人，不过是来传达天帝意旨的呀！”一霎间，那人不见了。简子记下这事，藏之于册府。

异日，姑布子卿见简子，〔1〕简子遍召诸子相之。〔2〕子卿曰：“无为将军者。”简子曰：“赵氏其灭乎？”子卿曰：“吾尝见一子于路，殆君之子也。”〔3〕简子召子毋卹。〔4〕毋卹至，则子卿起曰：〔5〕“此真将军矣！”〔6〕简子曰：“此其母贱，翟婢也，奚道贵哉？”〔7〕子卿曰：“天所授，虽贱必贵。”〔8〕自是之后，简子尽召诸子与语，毋卹最贤。简子乃告诸子曰：“吾藏宝符于常山上，〔9〕先得者赏。”〔10〕诸子驰之常山上，求无所得。〔11〕毋卹还，曰：“已得符矣。”简子曰：“奏之。”毋卹曰：“从常山上临代，代可取也。”〔12〕简子于是知毋卹果贤，乃废太子伯鲁，而以毋卹为太子。〔13〕

【注释】〔1〕“姑布子卿”，姓姑布，名子卿。哀公二十九年《春秋传疏》引作“孤布子卿”。 〔2〕“简子遍召诸子相之”，《论衡·骨相篇》及《纪妖篇》并作“简子使姑布子卿相诸子”。 〔3〕“殆”，音 dài，大概。 〔4〕“毋卹”，或作“无卹”、“毋恤”、“无恤”，“毋”与“无”同。“卹”、“恤”古通。哀公二十七年《春秋传疏》引“乃废大子而以母恤为大子”，“母”涉上文“其母贱”而误。 〔5〕“则”，时间副词，与“即”同。此处有立即、马上之义。 〔6〕“此真将军矣”，《绛侯世家》汉文帝称周亚夫亦云：“此真将军矣！” 〔7〕“道”，介词，由也。主表事之原因。《晏子春秋·杂篇》：“君何年之少而弃国之蚤？奚道至于此乎？” 〔8〕“天所授，虽贱必贵”，哀公二十七年

《春秋传疏》作“天之所授，虽贱必贵”。〔9〕“常山”，即恒山，五岳中之北岳，主峰在河北曲阳县西北百四十里。北行四百五十里，有飞狐口，是极险要的关塞。飞狐口迤北为代国。〔10〕“先得者赏”，《初学记》引作“往得者立为后”。〔11〕“诸子驰之常山上，求无所得”，《初学记》引作“诸子皆竞往，无所得”。〔12〕“从常山上临代，代可取也”，代国故地在今河北蔚县一带。《御览》八〇二引作“登常山而临代”。〔13〕“太子”，梁玉绳曰：“简子大夫也，而称其子为太子，可乎？”据下文，以无邺为太子，在晋定公十二年。

【译文】又一天，姑布子卿来看简子。简子把儿子们都叫来，请子卿看相。子卿说：“没有一个当将军的相。”简子说：“照这么说，赵氏将要绝灭啦！”子卿说：“适才在大街上看到一个孩子，兴许也是您的儿子。”简子把儿子毋卹叫来。毋卹走到跟前，子卿立即站起来说：“这才真是将军的相啊！”简子说：“这孩子的母亲出身卑贱，是翟人送来的婢妾，哪里谈得上贵呀！”子卿说：“天帝所赐，虽出身卑贱，将来也必然尊贵。”不久，简子把儿子们找来交谈，发觉毋卹最有才能。简子向儿子们宣称：“我把宝符藏在常山之巅，你们都去找，先找到的有赏。”诸子连奔带跑向常山进发，可什么也没有找到。独有毋卹回来，声称：“我找到宝符啦！”简子说：“说说看！”毋卹说：“登常山之巅，可以鸟瞰代国，代国可以占而有之呀！”简子由此知道毋卹确实有才能，于是废去太子伯鲁，以毋卹为太子。

后二年，晋定公十四年，范、中行作乱。[1]明年春，简子谓邯郸大夫午曰：[2]“归我卫士五百家，吾将置之晋阳。”[3]午许诺，归而其父兄不听，[4]倍言。[5]赵鞅捕午，囚之晋阳。乃告邯郸人曰：“我私有诛午也，诸君欲谁立？”遂杀午。赵稷、涉宾以邯郸反。[6]晋君使籍秦围邯郸。[7]荀寅、范吉射与午善，[8]不肯助秦而谋作乱，董安于知之。十月，范、中行氏伐赵鞅，[9]鞅奔晋阳，晋人围之。范吉射、荀寅仇人魏襄等谋逐荀寅，[10]以梁婴父代之；[11]逐吉射，以范皋绎代之。[12]荀栎言于晋侯曰：[13]“君命大臣始乱者死。[14]今三臣始乱，[15]而独逐鞅，用刑不均，请皆逐之。”十一月，荀栎、韩不佞、[16]魏哆奉公命以伐范、中行氏，[17]不克。范、中行氏反伐公，公击之，范、中行败走。丁未，二子奔朝歌。[18]韩、魏以赵氏为请。[19]十二月辛未，赵鞅入绛，盟于公宫。其明年，[20]知伯文子谓赵鞅曰：[21]“范、中行虽信为乱，[22]安于发之，是安于与谋也。[23]晋国有法，始乱者死。夫二子已伏罪而安于独在！”赵鞅患之。安于曰：“臣死，赵氏定，晋国宁，吾死晚矣。”遂自杀。赵氏以告知伯，然后赵氏宁。

【注释】〔1〕“晋定公之十四年，范、中行作乱”，“晋定公”，名午，公元前五一一年至前四七四年在位。“范”，范吉射，范献子士鞅之子。“中行”，中行寅，荀偃之孙。邯郸大夫赵午是中行寅之甥。中行寅则范吉射之姻。范、中行作乱，《晋世家》、《诸侯年表》、定公十三年《春秋》并在晋定公十五年。此云“十四年”，误。“范、中行作乱”五字亦是错简。〔2〕“明年春”，晋定公十五年春。《世族谱》云，夙孙穿，穿生旃，旃生胜，胜生午。故邯郸午于赵孟是同族。又文公十二年《春秋传》：“赵有侧室曰穿，晋君之婿也。”注云：“侧室支子穿，赵夙庶孙。”疏曰：“《世族谱》穿赵夙之孙，则是赵盾从父昆弟之子也。盾为正室，故谓穿为侧室。穿别为邯郸氏，赵旃、赵胜、邯郸午是其后也。”〔3〕“归我卫士五百家，吾将置之晋阳”，赵鞅于晋定公十二年围卫。定公十年《春秋》云：“晋赵鞅帅师围卫。”服虔曰：“往年赵鞅围卫，卫人恐惧，故贡五百家，鞅置之邯郸，又欲更徙于晋阳。”“晋阳”，赵鞅邑，今山西太原市西南。〔4〕“午许诺，归而其父兄不听”，定公十三年《春秋传》云：“午许诺，归告其父兄，父兄皆曰：‘不可。卫是以为邯郸，而寘诸晋阳，绝卫之道也。不如侵齐而谋之。乃如之，而归之于晋阳。’”言五百家在邯郸，卫与邯郸亲。今远徙晋阳，则失卫亲。侵齐，齐反击邯郸。惧齐而徙，则卫与邯郸之好不绝。〔5〕“倍”，通背。〔6〕“赵稷”，邯郸午子。“涉宾”，午家臣。〔7〕“籍秦”，晋大夫籍游之孙，籍谈之子。定公十三年《春秋传》云：“夏六月，上军司马籍秦围邯郸。”〔8〕“荀寅、范吉射与午善”，定公十三年《春秋传》云：“邯郸午，荀寅之甥也。荀寅，范吉射之姻也。”杜预曰：“婿父曰姻，荀寅子娶范吉射女。”〔9〕“十月，范、中行氏伐赵鞅”，定公十三年《左传》作“七月”，此讹“十月”。按：范氏，晋大夫隰叔之子，士艻之后，艻生成伯缺，缺生武子会，会生文叔燮，燮生宣叔匄，匄生献子鞅，鞅生吉射。吉射为士艻之后，亦称士吉射。晋大夫逝遨生桓伯林父，林父生寅伯庚叔，庚叔生献伯偃，偃生穆伯吴，吴生寅。本姓荀，自荀偃将中军，晋改中军曰中行，因以中行为氏。本文“中行氏”，即荀寅。〔10〕“魏襄”，魏舒孙曼多，即魏襄子多。〔11〕“梁婴父”，晋大夫。〔12〕“范皋绎”，范氏侧室子。定公十三年《春秋传》：“范皋夷无宠于范吉射，而欲为乱于范氏。梁婴父嬖于知文子（荀跞），文子欲以为卿。韩简子（韩起孙不信，即本文韩不佞）与中行文子（荀寅）相恶，魏襄子亦与范昭子（范吉射）相恶，故五子谋，将逐荀寅，而以梁婴父代之，逐范吉射，而以范皋夷代之。”晋定公二十年十一月，赵鞅杀士皋夷。事具哀公三年《春秋传》。〔13〕“荀栎”，智文子。《左传》作知文子荀跞。《系本》云：“逝遨生庄子首，首生武子蒂，蒂生庄子朔，朔生悼子盈，盈生文子栎。栎生宣子申，申生智伯瑶。”〔14〕“君命大臣始乱者死”，定公十三年《春秋传》：“荀跞言于晋侯曰：‘君命大臣始祸者死。’载书在河。”〔15〕“三臣”，范吉射、荀寅、赵鞅。〔16〕“韩不佞”，韩简子。《左传》、《晋世家》皆作“不信”。“佞”、“信”古通。《说文》：“佞，从女信省。”〔17〕“魏哆”，据《魏世家》，魏献子生魏侈。魏侈与赵鞅共攻范、中行氏。《索隐》：“他本亦作‘哆’，盖‘哆’字误。按《系本》‘献子生简子取，取生襄子多’，而《左传》云‘魏曼多’是也。则侈是襄子，中间少简子一代。”〔18〕“二子”，谓范、中行。“朝歌”，河南淇县。〔19〕“韩魏以赵氏为请”，服虔曰：“以其罪轻于荀、范也。”〔20〕“明年”，晋定公十六年。〔21〕“知伯文子”，智文子荀栎。〔22〕“信”，的确。〔23〕“安于发之，是安于与谋也”，定公十三年《春秋传》：“邯郸将作乱，董安于闻之，告赵孟曰：‘先备诸。’”董安于由一个告发人被诬为同谋人。

【译文】过了二年，晋定公十四年。范氏、中行氏作乱。翌年春天，赵简子通知邯郸大夫赵午说：“还给我卫国贡户五百家。我将把他们安置在晋阳。”赵午答应了。回到邯郸，父兄们不答应。赵午无法实现诺言。赵鞅逮捕赵午，把他关押在晋阳。告诉邯郸人说：“我有权诛杀赵午，你们考虑继位人选吧！”简子杀了赵午。赵稷、涉宾在邯郸造反。晋君派籍秦率军进围邯郸。荀寅、范吉射和赵午友善，不肯帮助籍秦而图谋作乱。董安于知道这件事。十月，范氏、中行氏起兵讨伐赵鞅。赵鞅跑到晋阳。晋兵包围晋阳。范吉射、荀寅的仇人魏襄策划驱逐荀寅，代之以梁婴父；驱逐范吉射，代之以范皋绎。荀栎向晋侯进言说：“君王的法规，大臣带头作乱者死。今带头作乱的是三家，而单独讨伐赵鞅，这不公道，请对三家同时下令讨伐。”十一月，荀栎、韩不佞、魏哆奉晋公之命讨伐范、中行氏，未能取胜。范、中行氏反而袭击晋公。晋公回击，范、中行氏战败逃走。丁未，二人逃到朝歌。韩不佞、魏哆请求晋公宽赦赵鞅。十二月辛未，赵鞅来到绛都，和晋公在宫中结盟。明年，知伯文子对赵鞅说：“范、中行氏带头作乱不假，董安于告发他们，可见董安于也参与其事。晋国有法，带头作乱处死刑。范、中行二人已依法治罪，而董安于至今逍遥法外。”赵鞅很为难。董安于说：“我死，赵氏安宁，晋国太平。我现在去死，可已经晚了。”董安于自杀身死。赵鞅告诉知伯，董安于已死。赵氏才算安宁无事。

孔子闻赵简子不请晋君而执邯郸午，保晋阳，故书《春秋》曰：“赵鞅以晋阳叛。”〔1〕

【注释】〔1〕“赵鞅以晋阳叛”，定公十三年《春秋经》云：“秋，晋赵鞅入于晋阳以叛。”

【译文】孔子听说赵简子不请示晋君就拘捕邯郸午，退保晋阳，所以在《春秋》中直书：“赵鞅在晋阳发动叛乱。”

赵简子有臣曰周舍，好直谏。〔1〕周舍死，简子每听朝，常不悦。大夫请辠。〔2〕简子曰：“大夫无罪。吾闻千羊之皮不如一狐之腋。〔3〕诸大夫朝，〔4〕徒闻唯唯，不闻周舍之鄂鄂，〔5〕是以忧也。”简子由此能附赵邑而怀晋人。〔6〕

【注释】〔1〕“赵简子有臣曰周舍，好直谏”，《韩诗外传》七：“赵简子有臣曰周舍，立于门下三日三夜。简子使人问之，曰：‘子欲见寡人何事？’周舍对曰：‘愿为谔谔之臣，墨笔操牍，从君之后，司君之过而书之，日有记也，月有成也，岁有效也’。”〔2〕“辠”，音 zuì，古“罪”字。《说文》：“辠，犯法也，以辛从自，言辠人蹙鼻苦辛之忧。”〔3〕“腋”，音 yè，人体肩臂内面交接之处，俗曰胳肢窝，或禽兽的翅腿与腹部连接处。《商君列传》：“赵良曰：‘千羊之皮，不如一狐之掖。’”〔4〕“诸大夫朝”，王念孙云：《文选·辩亡论注》引此‘朝’上有‘在’字，于义为长。”〔5〕“鄂鄂”，直言貌。《韩诗外传》七、《新序》、《商君

列传》并作“谔谔”。“鄂”、“谔”二字通。〔6〕“附”,归附,顺从。《淮南子·主术训》:“群臣亲,百姓附。”“怀”,归向。《书·大禹谟》:“黎民怀之。”

【译文】赵简子有臣名周舍,好直言规谏。周舍死后,简子每于上朝议处政事时,常常不高兴。大夫们以为自己有了过失,引咎请罪。简子说:“你们没有过错。我听人说:一千张羊皮,抵不上一只狐的狐腋。诸位大夫上朝,凡事都是好!好!好!却听不到周舍那样的声音:不可以!不可以!我为此担忧呀!”简子有此谦虚谨慎的作风,所以能安抚赵邑,怀柔晋人。

晋定公十八年,赵简子围范、中行于朝歌,[1]中行文子奔邯郸。[2]明年,卫灵公卒。[3]简子与阳虎送卫太子蒯聩于卫,[4]卫不内,[5]居戚。[6]

【注释】〔1〕“晋定公十八年,赵简子围范、中行于朝歌”,“晋定公十八年”,为鲁哀公元年,公元前四九四年。赵简子两次围朝歌,一在鲁哀公元年,一在哀公三年,并见《春秋左传》。〔2〕“中行文子奔邯郸”,晋定公二十年冬十月癸丑,荀寅奔邯郸。见哀公三年《春秋传》。〔3〕“明年,卫灵公卒”,“卫灵公”,名元姬姓。公元前五三四年至前四九五年在位。“明年”,乃承晋定公十八年而言,而非荀寅奔邯郸之明年。司马迁将赵简子两次兴兵伐罪,合为一谈,故有此混淆。〔4〕“简子与阳虎送卫太子蒯聩于卫”,卫灵公三十九年,太子蒯聩与灵公夫人南子不和,欲杀南子未成,蒯聩奔宋,不久投奔赵简子。灵公四十二年夏卒。卫人立太子蒯聩之子为君。六月,赵简子令阳虎诈命送蒯聩入卫,卫人发兵拒之,蒯聩不得入。〔5〕“内”,同“纳”。〔6〕“戚”,卫邑,河南濮阳县北。

【译文】晋定公十八年,赵简子围攻范、中行氏于朝歌。中行文子逃奔邯郸。明年,卫灵公去世。简子与阳虎护送卫太子蒯聩回国。卫拒绝蒯聩回来,蒯聩居留于戚。

晋定公二十一年,简子拔邯郸,中行文子奔柏人。[1]简子又围柏人。[2]中行文子、范昭子遂奔齐。[3]赵竟有邯郸、柏人。[4]范、中行余邑入于晋。赵名晋卿,[5]实专晋权,奉邑侔于诸侯。[6]

【注释】〔1〕“晋定公二十一年,简子拔邯郸,中行文子奔柏人”,哀公四年《春秋左传》:“秋七月,齐陈乞、弦施、卫宁跪救范氏。庚午,围五鹿。九月,赵鞅围邯郸。冬,十一月,邯郸降,荀寅奔鲜虞,赵稷奔临。十二月,弦施逆之,遂堕临。国夏伐晋,取邢、任、栾、鄗、逆畤、阴人、盂、壶口,会鲜虞,纳荀寅于柏人。”“柏人”,晋邑,河北隆尧县西尧城镇。〔2〕“简子又围柏人”,哀公五年《春秋传》:“春,晋围柏人,荀寅、士吉射奔齐。”哀公五年当晋定公二十二年。〔3〕“范昭子”,范吉射。〔4〕“竟”,古“境”字。〔5〕“赵名晋卿”,《考证》:“古钞本、枫山、三条本‘赵’下有‘鞅’字,‘名’下有‘为’字。”〔6〕“奉邑”,即俸邑。“侔”,音 móu,相等。

【译文】晋定公二十一年,赵简子攻克邯郸。中行文子逃奔柏人。简子又围柏人。中行文子、范昭子逃奔齐国。赵的疆域扩展到邯郸、柏人。范、中行的其余领地,为晋所并吞。赵鞅名义上是晋卿,实际上垄断晋国的政权,俸禄和封邑与诸侯相等。

晋定公三十年,[1]定公与吴王夫差争长于黄池。[2]赵简子从晋定公,卒长吴。[3]定公三十七年卒,[4]而简子除三年之丧,期而已。[5]是岁,越王句践灭吴。[6]

【注释】〔1〕“晋定公三十年”,公元前四八二年。〔2〕“吴王夫差”,吴王阖闾之子,公元前四九五年至前四七二年在位。“黄池”,宋国邑名。河南封丘西南。〔3〕“赵简子从晋定公,卒长吴”,晋定公三十年七月辛丑,吴王夫差与晋定公在黄池盟会,争当诸侯盟主。吴人曰:“于周室,我为长。”晋人曰:“于姬姓,我为伯。”争夺激烈,几乎要动干戈。结果如何,记载不一。《晋世家》、《赵世家》皆曰:“卒长吴。”《吴世家》曰:“吴乃长晋定公。”《韩诗外传》曰:“吴公先歃,晋公次之。”哀公十三年《春秋左传》曰:“乃先晋人。”究竟谁先歃,不可考。〔4〕“晋定公三十七年卒”,公元前四七五年。钱穆先生说,定公三十七年是简子卒年,不是定公卒年。“卒”字应在“简子”下。〔5〕“简子除三年之丧,期而已”,钱穆说,“简子”下有“卒”字。“除三年之丧,期而已”,是指襄子而言。按:“期”,音 jī,期服的简称。齐衰一年之服,叫做期服。〔6〕“是岁越王句践灭吴”，越沼吴在晋出公二年，即周元王四年，鲁哀公二十二年，吴王夫差二十三年，公元前四七三年。“灭”字乃围字之误。钱穆《考辨》云：“自‘是岁越王勾践灭吴’，至‘晋出公十七年，简子卒’一节，应删去。”

【译文】晋定公三十年，定公与吴王夫差在黄池盟会，争当诸侯盟主。赵简子随从晋定公赴会，勉强占了吴国的先。定公三十七年去世，简子为之服丧三年，实际仅一年。这年越王句践灭吴。

晋出公十一年，[1]知伯伐郑。[2]赵简子疾，使太子毋卹将而围郑。知伯醉，以酒灌击毋卹。毋卹群臣请死之。毋卹曰：“君所以置毋卹，为能忍询。”[3]然亦愠知伯。[4]知伯归，因谓简子，使废毋卹，简子不听。毋卹由此怨知伯。[5]

【注释】〔1〕“晋出公”，名错，《晋世家》及《世本》名凿。公元前四七三年至前四五七年在位，计十七年。　〔2〕“知伯伐郑”，“知伯”，一作“智伯”，即荀瑶，智文子荀栎之孙，谥襄，亦称知襄子。《郑世家》云：“（声公）二十六年，晋知伯伐郑，取九邑。”按：知伯伐郑在鲁哀公二十七年，郑声公三十三年，公元前四六八年。《郑世家》云二十六年。《六国年表》书于周定王五年，皆误。　〔3〕“为能忍询”，谓能忍辱负重。“询”，音 gòu，耻辱。　〔4〕“愠”，音 yùn，恼怒。　〔5〕“知伯归，因谓简子使废毋卹，简子不听，毋卹由此怨知伯”，《六国年表》赵表：“赵简子五十四年，知伯谓简子，欲废太子襄子，襄子怨知伯。”按：简子逝已十二年，安得有谓简子使废襄子之事。

【译文】晋出公十一年，知伯伐郑。赵简子有病，让太子毋卹领兵围攻郑国。知伯喝醉了，跑来强灌毋卹的酒。毋卹群臣要求杀死知伯。毋卹不答应，说：“主君所以安排我替他将兵，就是因为我能忍辱负重。”不过毋卹也怨恨知伯。知伯归来后，要求简子废黜毋卹，简子不听，毋卹由此恨透知伯。

晋出公十七年，简子卒，[1]太子毋卹代立，是为襄子。[2]

【注释】〔1〕“晋出公十七年，简子卒”，简子卒于晋定公三十七年，梁玉绳说为三十六年。梁氏差误一年。本文自“是岁句践灭吴”，至“简子卒”一节，共九十六字，应全删去。说详钱氏《考辨》。〔2〕“太子毋卹代立，是为襄子”，《六国年表》襄子立在周定王十二年。“代”字，应是衍文。按：襄子立年，应在简子卒年，不在周定王十二年。

【译文】晋出公十七年，简子去世，太子毋卹继位，是为襄子。

赵襄子元年，越围吴。[1]襄子降丧食，[2]使楚隆问吴王。[3]

【注释】〔1〕“赵襄子元年，越围吴”，哀公二十年《左传》：“十一月，越围吴，赵孟降于丧食。”杜预曰：“赵孟，襄子无邮，时有父简子之丧。”此为赵襄子元年，应为鲁哀公二十年，公元前四七五年之证。因史有误，襄子元年，后移十七年。《赵表》公元前四五七年，误为襄子元年矣。　〔2〕“襄子降丧食”，谓降低祭馔供品规格。事见哀公二十年《春秋左传》。　〔3〕“使楚隆问吴王”，事亦见哀公二十年《左传》。

【译文】赵襄子元年，越军围攻吴都。襄子降低祭馔规格，以示同情，并派楚隆慰问吴王。

襄子姊前为代王夫人。[1]简子既葬，未除服，北登夏屋，[2]请代王。[3]使厨人操铜枓以食代王及从者，[4]行斟，[5]阴令宰人各以枓击杀代王及从官，[6]遂兴兵平代地。其姊闻之，泣而呼天，摩笄自杀。[7]代人怜之，所死地名之为摩笄之山。[8]遂以代封伯鲁子周为代成君。[9]伯鲁者，襄子兄，故太子。太子蚤死，故封其子。

【注释】〔1〕“襄子姊前为代王夫人”，《吕氏春秋·长攻篇》：“代君好色，请以其弟姊妻之，代君许诺，弟姊已往，所以善代者乃万故。”　〔2〕“未除服”，《吕氏春秋》作“服衰”。吴承仕曰：“丧服自齐斩以讫缌麻，皆上衰而下裳。衰服以游，失礼之尤。”“夏屋”，山名。在山西代县。按：史公既云“简子既葬，未除服”，则灭代在鲁哀公二十一年，公元前四七四年。　〔3〕“请代王”，《年表》作“诱代王”。〔4〕“铜枓”，“枓”，音 dǒu，形方有柄，酌酒器。《吕氏

春秋·长攻篇》作“大金斗”,《燕策》、《年表》并作“金斗”。〔5〕“以食代王及从者,行斟”,方苞曰:“及从者为句,行斟为句。行斟谓羹汁。《张仪传》所谓进熟啜者也。”按:“熟啜”,《燕策》作“热歠”,“行斟”,作“进斟羹”。〔6〕“阴令宰人各以枓击杀代王及从官”,徐孚远曰:“本文各字,盖言杀代王及其从官,各用铜枓击之也。”按:代王既死,从官之被杀,何必问其用何器?岂有庖人尽持金斗作武器之理。“各”,当是人名。〔7〕“摩”,同磨。“笄”,音jī,簪,妇女头饰。〔8〕“摩笄之山”,《括地志》:“摩笄山一名磨笄山,亦名为山,在蔚州飞狐县东北百五十里。”按:山在张家口市东南。山名靡笄不止一处。成公二年《春秋左传》:“师从齐师于莘。六月壬申,师至于靡笄之下。”贾逵曰:“靡笄,山名。”成公二年,当晋灵公十四年,晋兴师救鲁、卫,与齐师遇于莘,相持于靡笄山下。莘,卫地,今山东莘县北。靡、摩皆唇音,靡笄即摩笄,当另有一摩笄山在卫境。靡笄之名亦非自代王夫人自杀始。〔9〕“遂以代封伯鲁子周为代成君”,据《年表》,封伯鲁子周为代成君,在周定王十二年,即襄子元年。按:襄子元年,不在周定王十二年,应在周元王二年,公元前四七五年。

【译文】襄子之姊原是代王夫人。安葬了简子以后,守制之期未满,襄子北登夏屋山,宴请代王。吩咐厨师用铜斗盛肴馔招待代王及其随从。在进羹汤时,暗中命令宰人们各自用铜斗击杀代王和随从的官员,并立即兴兵平定代地。姊姊得到消息,仰呼苍天,号哭不止,用磨尖的发笄,自杀身死。代国百姓可怜代王夫人的死,名其杀身之地为“摩笄之山”。襄子以代国封给伯鲁的儿子周,号代成君。伯鲁是襄子之兄,原先的太子。太子早就去世,所以封他的儿子。

襄子立四年,知伯与赵、韩、魏尽分其范、中行故地。〔1〕晋出公怒,告齐、鲁欲以伐四卿。〔2〕四卿恐,遂共攻出公。出公奔齐,道死。〔3〕知伯乃立昭公曾孙骄,是为晋懿公。〔4〕知伯益骄。请地韩、魏,韩、魏与之。〔5〕请地赵,赵不与,〔6〕以其围郑之辱。〔7〕知伯怒,遂率韩、魏攻赵。〔8〕赵襄子惧,乃奔保晋阳。〔9〕

【注释】〔1〕“襄子立四年,知伯与赵、韩、魏尽分其范、中行故地”,襄子立于周元王二年,襄子立四年,应在周元王六年。《晋世家》、《六国年表》并误。〔2〕“四卿”,智襄子、赵襄子、韩康子、魏桓子。〔3〕“出公奔齐,道死”,据《晋世家》,出公奔齐道死在十七年。按:徐广云“《年表》出公立十八年,或云二十年”,《索隐》引《竹书纪年》作二十三年,盖奔齐后六年始薨,不是道死于十七年奔齐时。〔4〕“知伯乃立昭公曾孙骄,是为晋懿公”,《晋世家》、《六国年表》并无晋懿公。《晋世家》云,出公奔齐,知伯继立昭公曾孙骄为晋君,是为哀公。《六国年表》,哀公名忌,公元前四五六年至前四三八年在位,共十九年。《索隐》引《竹书纪年》作昭公孙晋敬公,公元前四五一年至前四三四年在位。按自晋出公出奔,晋已名存实亡,晋大夫或各有拥立,因此世系紊乱,难以考定。〔5〕“请地韩、魏,韩、魏与之”,《韩非子·十过篇》云,知伯瑶请韩割让一些土地,韩康子不想给。段规谏之,只好以万户人口的大县,割让给知伯。知伯又要求魏割让一些土地。魏宣子起初也不愿意。赵葭谏之,为避免兵祸,宣子也只好把一个有万户人口的大县,割让给知伯。〔6〕“请地赵,赵不与”,《韩非子·十过篇》云,知伯派人去赵,要求赵把蔡皋狼的地方,割让给他。赵襄子不肯给。〔7〕“以其围郑之辱”,围郑之辱,在晋出公十一年,事见前。〔8〕“知伯怒,遂率韩、魏攻赵”,《韩非子·十过篇》:“知伯因阴约韩、魏,将以伐赵。”〔9〕“赵襄子惧,乃奔保晋阳”,“晋阳”,在山西太原市西南。赵简子曾先后派董安于和尹铎于晋阳修筑城防工事和安抚百姓。简子曾经嘱咐襄子说:“晋国有难,而无以尹铎为少,无以晋阳为远,必以为归。”因赵的首邑耿,在今山西河津南汾水西岸,难守。所以赵襄子奔保晋阳。并见《韩非子·十过篇》、《国语·晋语》九。

【译文】襄子继位四年,知伯和赵、韩、魏全部瓜分范、中行原来的领地。晋出公很生气,通告齐、鲁出兵,准备讨伐四卿。四卿害怕,联合起来攻打出公。出公逃奔齐国,死在道途中。知伯立昭公曾孙名骄的继承王位,是为晋懿公。知伯自此更加骄横,向韩、魏索取土地,韩、魏割让土地给他。又向赵国索取土地。因为过去围郑时,有过一段不愉快的往事,赵拒绝割让土地。知伯生气,率领韩、魏之师攻赵。赵襄子害怕,跑到晋阳固守。

原过从,〔1〕后至于王泽,〔2〕见三人,自带以上可见,自带以下不可见。与原过竹二

节,莫通。[3]曰:"为我以是遗赵毋卹。"原过既至,以告襄子。襄子齐三日,[4]亲自剖竹,[5]有朱书曰:"赵毋卹,余霍泰山山阳侯天使也。[6]三月丙戌,余将使女反灭知氏。[7]女亦立我百邑,[8]余将赐女林胡之地。[9]至于后世,且有伉王,[10]赤黑,[11]龙面而鸟噣,[12]鬓麋髭頿,[13]大膺大胸,[14]修下而冯,[15]左衽界乘。[16]奄有河宗,[17]至于休溷诸貉,[18]南伐晋别,[19]北灭黑姑。"[20]襄子再拜,受三神之令。[21]

【注释】〔1〕"原过",赵襄子家臣。 〔2〕"王泽",《正义》引《括地志》:"王泽在绛州正平县南七里。"按:正平县在山西新绛县西南。《论衡·纪妖篇》"王泽"作"托平驿"。 〔3〕"莫通",不令原过剖竹见书。 〔4〕"襄子齐三日","齐","斋"之古字。〔5〕"亲自剖竹",《论衡·纪妖篇》"剖"作"割"。按:"剖"、"割"虽义近,仍以剖竹为胜。《风俗通义·皇霸篇》亦作"剖竹"。 〔6〕"余霍泰山山阳侯天使也","霍泰山",或作霍太山,今名霍山,在山西省霍县、洪洞二县间,阳上"山"字是衍文。"天使",《风俗通义·皇霸篇》作"大吏",作"天使"者是。"大吏"是"天使"的坏字。 〔7〕"三月丙戌,余将使汝反灭知氏",三国反灭知氏,详见《战国策·赵策》、《韩非子·十过》、《淮南子·人间训》。 〔8〕"百邑",地名。北魏时名观阜,今名观堆峰,在山西霍县霍山北。〔9〕"林胡",今内蒙古呼和浩特市附近。 〔10〕"伉王",《考证》:"冈白驹曰:'伉王,盖谓武灵王也。'"〔11〕"赤黑",《考证》:"各本'赤'作亦。今从宋本、毛本。""赤黑",谓其肤色红里泛黑。今古铜色差近。 〔12〕"龙面而鸟噣","噣",音 zhòu,鸟嘴,通咮。《潜夫论·志姓氏篇》:"后有仲衍,鸟体人言。"仲衍是赵氏远祖。此古代赵氏部族以鸟为图腾之证。 〔13〕"鬓",音 bìn,靠近耳边的头发,亦作"髩"。"麋",音 mí,眉毛。"髭",音 zī,唇上边短胡。"頿",音 ran,颊上长须。《风俗通义》作"须眉髭髯"。 〔14〕"膺",胸。 〔15〕"修",长。"冯",高隆。谓伉王腿长而身躯魁梧。《风俗通义》作"修下而冯上"。 〔16〕"左衽界乘",《风俗通义》作"左任界乘"。"左衽",胡服。"衽"、"任",古字通。"介乘",谓披甲。此暗指胡服骑射。 〔17〕"奄有河宗",《正义》:"《穆天子传》云:'河宗之子孙鄘柏絮。'按:盖在龙门河之上流,岚、胜二州之地也。"按:岚,今山西岚县。胜,战国赵地,汉为云中郡,唐置胜州,今内蒙古伊克昭盟东北。 〔18〕"休溷诸貉","貉",通"貊"。河宗休溷诸貉,皆戎狄地。〔19〕"晋别",晋的其他城邑,谓韩、魏之邑。 〔20〕"黑姑",《正义》:"亦戎国。" 〔21〕"受三神之令",原过所见三人,故曰三神。按:陈胜鱼腹丹书,固非始作俑者,原过已为之先。

【译文】原过随从襄子奔逃晋阳,走到王泽地方,前面出现三个人,腰带以上,看得清楚,腰带以下,模糊不清。三个路人递给原过两节竹筒,不让剖竹观看,说:"请为我们把竹筒交给赵毋卹。"到了晋阳,原过禀告襄子。襄子斋戒沐浴三天,亲自剖竹,见到朱书上写道:"赵毋卹,我是霍太山阳侯的天使。三月丙戌,我将保佑你反败为胜,诛灭知氏。你就在百邑为我建庙,我将以林胡之地赏赐给你。你的后代,将有一位勇猛的王。紫铜色的皮肤,龙脸鸟嘴,髻发浓眉纠结。满脸髭须虬髯,虎背熊腰,腿长头大,穿的是左衽衽衣襟,骑的是高头大马。他将奄有河宗之地,直到沐溷、诸貉地界。南攻晋国其他城邑,北灭黑姑。"襄子再拜,接受三神的指令。

三国攻晋阳,[1]岁余,[2]引汾水灌其城,[3]城不浸者三版。[4]城中悬釜而炊,易子而食。[5]群臣皆有外心,礼益慢,惟高共不敢失礼。[6]襄子惧,乃夜使相张孟同私于韩、魏。韩、魏与合谋,[7]以三月丙戌,[8]三国反灭知氏,[9]共分其地。[10]于是襄子行赏,[11]高共为上。张孟同曰:[12]"晋阳之难,惟共无功。"襄子曰:"方晋阳急,群臣皆懈,惟共不敢失人臣礼,是以先之。"[13]于是赵北有代,南并知氏,强于韩、魏。[14]遂祠三神于百邑,使原过主霍泰山祠祀。[15]其后娶空同氏,[16]生五子。襄子为伯鲁之不立也,不肯立子,且必欲传位与伯鲁子代成君。[17]成君先死,乃取代成君子浣立为太子。[18]襄子立三十三年卒,[19]浣立,是为献侯。[20]

【注释】〔1〕"三国攻晋阳","三国",谓知伯、韩、魏。下文有"岁余引汾水灌其城语,因知三国围晋阳在赵襄子四年,实为襄子二十三年。《六国年表》在襄子五年,实为襄子二十三年。 〔2〕"岁余",梁玉绳曰:"'岁余',《国策》作'三年'。《韩非子·十过》亦作'围晋阳三年'。"按:攻晋阳当以本文"岁余"为是。 〔3〕"引汾水灌其城",《韩非子·十

过》作“决晋阳之水以灌之”。晋阳之水即晋水。《魏世家》依《战国策》以为晋水。按：晋水注于汾水，云“引汾水灌其城”，虽不误，然以“晋阳之水”或“晋水”为确切。〔4〕“城不浸其三版”，《正义》：“何休云：‘八尺曰版。’”《考证》：“胡三省曰：‘高二尺为一版，三版，六尺。’王念孙曰：‘浸当为没，字之误也。《魏世家》作湛（与沉同），湛亦没也。’”〔5〕“城中悬釜而炊，易子而食”，《考证》云：《国语·晋语》、《战国策·赵策》、《淮南子·人间训》“皆不云‘易子而食’四字，史公以意加之”。按：《风俗通义·皇霸篇》直引史公文作“城中悬釜而炊，易子而食”。〔6〕“惟高共不敢失礼”，“高共”，徐广所见本作“高赫”，《吕氏春秋》作“高赦”。《太平御览》卷六三六引“失”作“废”。〔7〕“张孟同”，《战国策》、《韩非子》、《风俗通义》皆作“张孟谈”。谈，史迁父名，迁例改作同。《国语·晋语》作“张谈”，韦注：“张谈，赵襄子之宰孟谈。”〔8〕“以三月丙戌”，《论衡·纪妖篇》：“三月丙戌，余将使汝灭知氏”，“竟以三月丙戌之日，反灭知氏”。亦本于《史记》。〔9〕“三国反灭知氏”，知瑶骄纵暴戾，大夫智果早就预料知瑶有亡国灭宗之祸，见《国语·晋语》九。〔10〕“共分其地”，《战国策·赵策》云：“韩、魏、齐、燕负亲以谋赵，襄子往见张孟谈而告之曰：‘昔者知氏之地，赵氏分则多十城，复来，而今诸侯孰谋我，为之奈何？’”可见三国共分知氏地，赵所分者独多。〔11〕“于是襄子行赏”，《韩非子·难一篇》、《吕氏春秋·孝行览》、《说苑·复恩篇》并云：“赏有功者五人。”〔12〕“张孟同曰”，《考证》：“襄子行赏以下，依《韩非子·难一篇》、《淮南子·人间训》，张孟谈作群臣。”按：《淮南子·人间训》作“群臣请曰”，《韩非子·难一篇》仍作“张孟谈曰”。《考证》失检。〔13〕“襄子曰：方晋阳急，群臣皆懈，惟共不敢失人臣礼，是以先之”，《韩非子·难一篇》曰：“为人臣者，乘事而有功则赏，今赫仅不骄侮而襄子赏之，是失赏也。明主赏不加于无功，罚不加于无罪。今襄子不诛骄侮之臣，而赏无功之赫，安在襄子之善赏也。”〔14〕“于是赵北有代，南并知氏，强于韩、魏”，据《四部丛刊》影印元至正刊《战国策》鲍注，初分晋时，赵的疆域，北有信都、真定、常山、中山。又得涿郡之高阳鄚州乡。东有广平、巨鹿、清河、渤海之东平、舒、中邑、文安、束州、成平、章武河以北。南至浮水、繁阳、内黄、斥丘。西有太原、定原、上党。〔15〕“遂祠三神于百邑，使原过主霍太山祠祀”，《正义》引《括地志》云：“三神祠，今名原过祠，今在霍山侧也。”〔16〕“空同”，亦作“空桐”，殷商以后，以国为姓。《考证》引枫山、三条本“氏”下有“女”字。〔17〕“代成君”，伯鲁之子，名周。〔18〕“浣”，黄善夫本《年表》、《索隐》作“晚”。〔19〕“襄子立三十三年卒”，襄子卒年在周威烈王元年，公元前四二五年，在位四十九年。〔20〕“浣立，是为献侯”，献侯立于周威烈王元年。是年赵尚未列为侯。称曰“献侯”，是追尊。

【译文】三国围攻晋阳，历时一年，引来汾河水倒灌晋阳城，不被水淹的城墙只胜下六尺余。城中居民把炊具悬挂起来做饭，交换孩子杀了吃。群臣渐怀二心，礼节一天比一天疏慢，唯有高共一人不敢失礼。襄子也害怕了。连夜派其相张孟同出城，私下与韩、魏结盟。韩、魏与张孟同一起策划，于三月丙戌日，三家联合起来，消灭知氏，共分其土地。事成以后，襄子论功行赏，授与高共一等奖赏。张孟同说：“晋阳被围时，只有高共没有立功呀！”襄子说：“当晋阳危急的时候，大家都松松垮垮，不讲礼节。惟独高共不敢失人臣之礼，所以给他一等奖。”这时，赵北边有代地，南方吞并知氏土地，比韩，魏强大。赵在百邑为三神立庙祭祀，派原过主持霍太山神祠的祭典。

襄子娶空同氏女为妻，生下五个儿子，为了伯鲁未能嗣位，襄子迟迟不肯立后，一定要传位给伯鲁的儿子代成君。代成君却先死了，乃立代成君的儿子浣为太子。襄子在位三十三去世。浣继立，是为献侯。

献侯少，即位，治中牟。〔1〕

【注释】〔1〕“中牟”，在今河南汤阴西二十里。

【译文】献侯嗣位时年少，治所在中牟。

襄子弟桓子逐献侯，〔1〕自立于代，一年卒。国人曰桓子立非襄子意，乃共杀其子而复迎立献侯。〔2〕

【注释】〔1〕“襄子弟桓子”，《索隐》：“《系本》云：‘襄子子桓子。’与此不同。”《汉书·古今人表》：“赵桓子，襄子弟。”与《世家》合。《年表》、《索隐》并云桓子名嘉。按：桓子立于周威烈王二年，为公元前四二四年，立一年而卒。〔2〕“乃共杀其子而复迎立献侯”，献侯再立在周威烈王三年，公元前四二三年。

【译文】襄子弟桓子把献侯赶走，自立于代，一年死去。国人认为桓子之立并非襄子本意，大家把桓子的儿子杀了，迎接献侯复位。

十年，中山武公初立。[1]十三年，城平邑。[2]十五年，献侯卒。[3]子烈侯籍立。[4]

【注释】〔1〕“十年，中山武公初立”，赵献侯十年，为周威烈王十二年，公元前四一四年。“中山”，古鲜虞国，姬姓，国在今河北定县、完县、灵寿一带。中山武公或谓是西周桓公之子，但无确证。〔2〕“十三年城平邑”，“平邑”，今河南南乐县。钱穆曰：“赵城平邑，在威烈王八年。《赵世家》献侯十三年城平邑者误。”按：周威烈王八年，为赵献侯六年。〔3〕“十五年献侯卒”，时为周威烈王十七年，公元前四〇九年。〔4〕“子烈侯籍立”，时为周威烈王十八年，公元前四〇八年。钱穆曰：“《魏世家索隐》引《纪年》云：‘魏武侯元年，当赵烈侯十四年。’是年在周威烈王二十三年后八年。故赵烈子已改称赵烈侯。据此，赵之始侯，始自烈子。”

【译文】献侯十年，中山武公初即位。十三年，修筑平邑城。十五年，献侯去世，子烈侯籍嗣位。

烈侯元年，魏文侯伐中山，[1]使太子击守之。[2]六年，魏、韩、赵皆相立为诸侯，[3]追尊献子为献侯。[4]烈侯好音，[5]谓相国公仲连曰：[6]“寡人有爱，[7]可以贵之乎？”公仲曰：“富之可，[8]贵之则否。”烈侯曰：“然。夫郑歌者枪、石二人，[9]吾赐之田，人万亩。”[10]公仲曰：“诺。”不与。居一月，烈侯从代来，[11]问歌者田。公仲曰：“求，未有可者。”有顷，烈侯复问。公仲终不与，乃称疾不朝。番吾君自代来，[12]谓公仲曰：“君实好善，[13]而未知所持。今公仲相赵，于今四年，亦有进士乎？”[14]公仲曰：“未也。”番吾君曰：“牛畜、荀欣、徐越皆可。”[15]公仲乃进三人。及朝，烈侯复问：“歌者田如何？”公仲曰：“方使择其善者。”牛畜侍烈侯以仁义，约以王道，[16]烈侯逌然。[17]明日，荀欣侍以选练举贤，任官使能。明日，徐越侍以节财俭用，察度功德。[18]所与无不充，[19]君说。[20]烈侯使使谓相国曰：[21]“歌者之田且止。”官牛畜为师，[22]荀欣为中尉，[23]徐越为内史，[24]赐相国衣二袭。[25]

【注释】〔1〕“烈侯元年，魏文侯伐中山”，魏文侯名斯，或讹作都，魏桓子之孙。中山在赵北，魏在赵南。魏伐中山，借道于赵。〔2〕“太子击”，《魏世家》作“子击”。〔3〕“六年，魏、韩、赵皆相立为诸侯”，烈侯六年为周威烈王二十三年。三晋之侯，魏最先，赵次之，韩又次之。周威烈王二十三年，特赵人始侯之年，其前二十二年，魏已称侯。其后十六年，韩始称侯。此三晋称侯之始末。说具钱穆《先秦诸子系年考辨》四三。〔4〕“追尊献子为献侯”，烈侯六年，献侯始获追尊。前凡称“献侯”，皆应作“献子”。〔5〕“烈侯好音”，《年表》“烈侯好音，欲赐歌者田”，载在烈侯七年。〔6〕“公仲连”，《太平御览》卷八二一引《春秋后语》“连”作“建”。《御览》卷六三〇引此文“连”亦作“建”。〔7〕“寡人有爱”，《御览》引《春秋后语》“有”作“所”。“有”犹“所”也。〔8〕“可”，《御览》引上有“则”字。〔9〕“夫郑歌者枪、石二人”，枪、石，人名。春秋战国时，郑地流行为群众所喜爱的民间音乐，当时上层阶级士大夫认为这种音乐不是正声，是淫声，受到打击和排斥。而著名的歌唱家多出自郑地。〔10〕“人”，《白帖》引作“各”。〔11〕“烈侯从代来”，赵襄子灭代，后以代封伯鲁子周为代成君。襄子弟桓子逐代成君子献子，自立于代。代为赵重要都邑。“烈侯从代来”，当是巡视归来，当时赵首邑在中牟。〔12〕“番吾君”，“番”，音 pán，徐广曰：“番音盘。”“番吾”，赵邑，亦作“播吾”、“鄱吾”，今河北平山县东南。“番吾君”是食邑在番吾的赵氏族人。〔13〕“君”，谓赵烈侯。〔14〕“有”，犹曾也。〔15〕“皆可”，《御览》引“皆”下有“贤”字。“贤”字属上为句。“可”，一字句，谓可进也。〔16〕“牛畜侍烈侯以仁义，约以王道”，言牛畜向烈侯灌输仁义的思想，以王道为国策。儒家用仁义来治理国家，叫做王道。《孟子·梁惠王上》曰：“养生丧死无憾，王道之始也。”“王道”的反义辞是“霸道”。〔17〕“逌”，音 yóu，笑貌，古字与“攸”同。〔18〕“功”，成绩。“德”，作风。〔19〕“所与无不充”，谓牛畜、荀攸、徐越三人所参预决断的工作，都很允当。“与”，预。“充”，允当。〔20〕“说”，古通“悦”。〔21〕“使使”，《御览》引上有“乃”字。〔22〕“师”，众官之长。〔23〕“中尉”，赵官，负责选任官吏。秦汉以后，中尉为武职。〔24〕“内史”，西周始置，协助天

子管理爵、禄、废、置等政务。赵用周制。秦时，内史为管理京师之官。〔25〕“袭”，单衣、夹衣一套为一袭。

【译文】烈侯元年，魏文侯讨伐中山国，使太子击守中山。六年，魏、韩、赵相继立为诸侯。追尊献子为献侯。烈侯爱好音乐。一天，对相国公仲连说：“我所喜爱的人，可以给他们显贵的地位吗？”公仲连说：“可以让他们富裕起来，不能给他们显贵的地位。”烈侯说：“那好。郑国来的歌手枪、石二人，我赐给他俩每人一万亩田。”公仲说：“好吧！”实际上没有给田。过了一个月，烈侯从代回来，问起赐田歌者的事。公仲说：“正在办，没有找到合适的。”又过些时，烈侯又查问此事。公仲依然不给歌者田，声称有病不上朝。番吾君从代地来，对公仲说：“你确具一片善心，但不知道应该怎么去办。公仲作为赵相，于今已有四年，你可曾保荐过有贤能的人？”公仲说：“没有。”番吾君说：“牛畜、荀欣、徐越都有才能哟！”公仲于是保荐三位贤者于朝。上朝的时候，烈侯又问：“赐田歌者的事，办得如何？”公仲说：“正在派人挑选良田。”牛畜以仁义开导烈侯，劝他实行王道，很合烈侯的心意。荀欣建议烈侯选拔精干，起用贤才。徐越进言烈侯节财俭用，考核臣下的功绩品德。他们所提的建议，都取得很好的效果。烈侯非常高兴，派人通知相国说：“赐田歌者的事，就暂且停一停吧！”于是任命牛畜为师，荀欣为中尉，徐越为内史，赐给相国两套衣裳。

九年，烈侯卒，〔1〕弟武公立。〔2〕武公十三年卒，〔3〕赵复立烈侯太子章，是为敬侯。〔4〕是岁，魏文侯卒。〔5〕

【注释】〔1〕“九年，烈侯卒”，烈侯九年为周安王二年，公元前四〇〇年。〔2〕“弟武公立”，梁玉绳曰：“武公名缺，史先失也。而武公之前为烈侯，武公之后为敬侯，不应武独称公。”钱穆曰：“赵实无此君。”〔3〕“武公十三年卒”，时为周安王十五年，公元前三八七年。〔4〕“赵复立烈侯太子章，是为敬侯”，敬侯立在周安王十六年，公元前三八六年。同年，秦出公、韩文侯、齐田和皆新立。〔5〕“是岁魏文侯卒”，“是岁”为周安王十五年。魏文侯在位三十八年。《魏世家》、《年表》并同。据《竹书纪年》，魏文侯在位五十年。

【译文】九年，烈侯去世，弟武公继位。武公十三年去世，赵复立烈侯太子章继位，是为敬侯。这一年，魏文侯去世。

敬侯元年，〔1〕武公子朝作乱，〔2〕不克，出奔魏。〔3〕赵始都邯郸。〔4〕

【注释】〔1〕“敬侯元年”，周安王十六年，公元前三八六年。敬侯在位十二年。〔2〕“子朝”，《魏世家》作公子朔。按：“朔”字讹。朔为赵氏远祖，何故名之。〔3〕“不克，出奔魏”，《魏世家》：“公子朔为乱，不胜，奔魏，与魏袭邯郸，魏败而去。”赵、魏以兵戎相见，此其嚆矢。魏文侯所建立的三国友好关系，自此破裂。〔4〕“邯郸”，今河北邯郸市。邯郸本卫邑，后归晋。赵最初都邑为赵城，后在耿，又居原。二次奔保晋阳，治中牟，城平邑，至敬侯元年，始都邯郸，终赵之世，邯郸为赵首邑。

【译文】敬侯元年，武公儿子赵朝作乱，没有成功，出奔魏国，赵开始以邯郸为都城。

二年，败齐于灵丘。〔1〕三年，救魏于廪丘，〔2〕大败齐人。四年，魏败我兔台。〔3〕筑刚平以侵卫。〔4〕五年，齐、魏为卫攻赵，〔5〕取我刚平。六年，借兵于楚伐魏，取棘蒲。〔6〕八年，拔魏黄城。〔7〕九年，伐齐。齐伐燕，赵救燕。〔8〕十年，与中山战于房子。〔9〕

【注释】〔1〕“二年败齐于灵丘”，《年表》赵表，敬侯九年“伐齐至灵丘”。《通鉴》书在周安王二十四年，亦当赵敬侯九年。“灵丘”，山东禹城县西南。〔2〕“廪丘”，山东鄄城县东北。〔3〕“兔台”，不详所在。〔4〕“刚平”，山东宁阳东北。〔5〕“为”，与也。《管子·戒篇》曰：“自妾之身之不为人持接也。”尹知章注：“为，犹与也。”〔6〕“棘蒲”，今河北赵县。〔7〕“黄城”，河南潢川境。〔8〕“九年伐齐，齐伐燕，赵救燕”，梁玉绳曰：“是当移书于八年以前，而补之曰：‘七年齐伐燕，赵救燕，伐齐至桑丘。’于九年则补之曰：‘伐齐至灵丘。’”〔9〕“房子”，亦作“防子”。战国赵邑，在河北高邑县西南。

【译文】敬侯二年，在灵丘打败齐军。三年，发兵救魏，在廪丘大败齐人。四年，魏败赵于兔台。赵筑刚平准备侵卫。五年，齐、魏会同卫国攻赵，夺取我刚平。六年，向楚国借兵攻打魏国，攻占棘蒲。

八年,攻占魏国黄城。九年,讨伐齐国。齐国征讨燕国,赵救燕。十年,与中山战于房子。

十一年,魏、韩、赵共灭晋,分其地。[1]伐中山,又战于中人。[2]十二年,[3]敬侯卒,子成侯种立。[4]

【注释】〔1〕“十一年,魏、韩、赵共灭晋,分其地”,赵敬侯十一年,为周安王二十六年,公元前三七六年。按:灭晋者当为赵成侯、韩共侯,不当有魏。其年应在赵成侯五年,即周烈王之六年,不当在赵敬侯十一年。 〔2〕“中人”,河北唐县西北。〔3〕“十二年”,赵敬侯十二年,为周烈王喜元年,公元前三七五年。 〔4〕“子成侯种立”,周烈王二年,公元前三七四年立。赵成侯在位二十五年。

【译文】十一年,魏、韩、赵一起灭掉晋国,瓜分晋地。讨伐中山,又和中山战于中人。十二年,敬侯去世,子成侯种嗣位。

成侯元年,公子胜与成侯争立,为乱。二年六月,雨雪。三年,太戊午为相。[1]伐卫,取乡邑七十三。[2]魏败我蔺。[3]四年,与秦战高安,[4]败之。五年,伐齐于鄄。[5]魏败我怀。[6]攻郑,败之,以与韩。[7]韩与我长子。[8]六年,中山筑长城。[9]伐魏,败涿泽,[10]围魏惠王。[11]七年,侵齐,至长城。[12]与韩攻周。八年,与韩分周以为两。[13]九年,与齐战阿下。[14]十年,攻卫,取甄。[15]十一年,秦攻魏,赵救之石阿。[16]十二年,秦攻魏少梁,[17]赵救之。十三年,秦献公使庶长国伐魏少梁,[18]虏其太子、痤。[19]魏败我浍,取皮牢。[20]成侯与韩昭侯遇上党。[21]十四年,与韩攻秦。十五年,助魏攻齐。

【注释】〔1〕“太戊午”,“太”字、“戊”字皆讹,应为“大成午”。 〔2〕“取乡邑七十三”,《考证》引张文虎:“《表》,‘乡邑’作‘都鄙’。” 〔3〕“蔺”,《汉书·地理志》云:“属西河郡也。”按:蔺,山西临汾县西。 〔4〕“高安”,地望不详。《正义》云:“盖在河东。” 〔5〕“五年,伐齐于鄄”,“鄄”,卫地,山东鄄城县西北。《年表》作甄。按:赵成侯五年,是韩、赵、魏分晋之年。《水经》引《纪年》云:“梁惠成王元年,韩共侯、赵成侯迁晋桓公于屯留。”《史记》无韩共侯,作懿侯,《表》作庄侯。分晋之年,为公元前三七〇年。 〔6〕“怀”,本周地,先属郑,后属晋,今河南武陟县西。 〔7〕“与”,许也。 〔8〕“长子”,今山西长子县西郊。 〔9〕“中山筑长城”,中山长城在河北定县、唐县一带。 〔10〕“涿泽”,《魏世家》作浊泽。《战国策·韩策》:“秦、韩战于浊泽。”浊泽即浊水,出山西解县东北平地。浊水近魏都安邑,今山西运城盐池。 〔11〕“围魏惠王”,“魏惠王”名子䓨,魏武侯子。按:伐魏围魏惠王在魏惠王元年,当赵成侯五年。赵系于六年者,因魏用夏正故。〔12〕“侵齐至长城”,《正义》:“齐长城西头在济州平阴县。”《太山记》:“太山西北有长城,缘河经太山千余里,琅邪入海。”《括地志》:“所侵处在密州南三十里。”按:密州,河南密县东南。 〔13〕“八年,与韩分周以为两”,“八年”为周显王扁二年,公元前三六七年。东西二周有隙,显王二年赵、韩攻周,是为了将两个从周王室分裂出来的政治实体,用武力使其固定。 〔14〕“阿”,东阿,今山东阳谷县东北。〔15〕“甄”,是“鄄”之讹,今山东鄄城县西北。〔16〕“石阿”,今地不详。 〔17〕“少梁”,今陕西韩城县南二十里。 〔18〕“伐”,《考证》引枫山、三条本作“围”。 〔19〕“虏其太子、痤”,《魏世家》作“虏我将公孙痤”。《年表》作“与秦战少梁,虏我太子”。按:“痤”,应是公孙痤。“虏其太子”下夺“及将公孙”四字。 〔20〕“浍”,水名,源出河南,经安徽入淮。“皮牢”,河北武安县。 〔21〕“韩昭侯”,《年表》作韩庄侯。《系本》、《韩世家》作韩懿侯。

【译文】成侯元年,公子赵胜与成侯争位,发生动乱。二年六月,下雪。三年,大戊午为相,讨伐卫国,占领了七十三个乡镇。魏败我于蔺。四年,和秦国在高安发生战事,打败秦国。五年,攻打齐国的鄄城。魏在怀打败赵。攻打郑国,把郑打败,以郑地给韩国。韩给赵长子。六年,中山修筑长城。攻打魏国,败魏于涿泽,围困魏惠王。七年,侵略齐国,进至长城。与韩进攻周。八年,与韩瓜分周为两部分。九年,与齐战于东阿城下。十年,攻打卫国,占领甄城。十一年,秦攻魏,赵救魏于石阿。十二年,秦攻魏少梁,赵来救。十三年,秦献公使庶长国再次攻魏少梁,虏魏太子和公孙痤。魏在浍河水域打败赵国,攻占皮牢。成侯与韩昭侯在上党会晤。十四年,联合韩国攻秦。十五年,协同魏国攻齐。

十六年，与韩、魏分晋，封晋君以端氏。[1]

【注释】〔1〕“十六年，与韩、魏分晋，封晋君以端氏”，“十六年”为周显王扁十年，公元前三五九年。“端氏”，今山西平阳县。梁玉绳谓成侯十六年分晋，封晋君以端氏是误书。按：赵成侯五年，韩、赵已分晋地，迁晋桓公于屯留。《水经注》引《纪年》，韩昭侯十四年，“韩取屯留、长子、涅”。韩昭侯十四年即赵成侯十六年。三国蚕食晋之余地，复徙晋君于端氏。以卿位夺君之地，自不可曰封。故梁玉绳以为是误书。

【译文】十六年，赵与韩、魏瓜分晋国，以端氏封晋君。

十七年，成侯与魏惠王遇葛孽。[1]十九年，与齐、宋会平陆，[2]与燕会阿。[3]二十年，魏献荣、椽，[4]因以为檀台。[5]二十一年，魏围我邯郸。二十二年，魏惠王拔我邯郸。[6]齐亦败魏于桂陵。[7]二十四年，魏归我邯郸，[8]与魏盟漳水上。[9]秦攻我蔺。[10]二十五年，成侯卒。公子緤与太子肃侯争立，[11]緤败，亡奔韩。

【注释】〔1〕“葛孽”，不详所在。 〔2〕“平陆”，古厥国，山东汶上县北。 〔3〕“阿”，山东阳谷县。 〔4〕“荣”，屋翼，屋檐两端上翘的部分，通称飞檐。左思《魏都赋》：“厦屋一揆，华屏齐荣。”“齐荣”，是说同样高低的飞檐。“椽”，音 chuán，椽子，放在檩子上承屋瓦的木条，通称檩条。“荣”、“椽”为二物。“荣”不是形容词。 〔5〕“檀台”，赵檀台在河北省永年县。齐亦有檀台。燕都东北郊之台，亦曰檀台。 〔6〕“二十一年，魏围我邯郸，二十二年，魏惠王拔我邯郸”，《魏世家》、《六国年表》、《田完世家》、《穰侯传》的记载，并与此同。梁玉绳不信有此事。 〔7〕“齐亦败魏于桂陵”，“桂陵”，一说在河南长垣县西北。一说在山东菏泽县东北。战国时，齐将孙膑在围魏救赵的战役中，大败魏军于此。齐、魏桂陵之战，是中国古代战争史上一次著名的战役。 〔8〕“二十四年，魏归我邯郸”，魏惠王十七年，魏围邯郸。齐兴兵救赵时，邯郸犹未拔。逮齐围襄陵不利，而魏亦拔邯郸。时在惠王十八年。魏遂分兵反斗，齐亦济师迎击，为桂陵之役。梁军战败，邯郸犹在其手。赵、魏仍相持于邯郸之下，兵连祸结。诸侯救赵不力，坐自渔利。直至魏惠王二十年，魏既力竭，乃归邯郸言和。 〔9〕“漳水”，《正义》：“漳水源出洺州武安县三门山。”按：洺州，河北永年县。 〔10〕“秦攻我蔺”，《秦本纪》、《年表》俱未载攻蔺事。“蔺”，山西离石附近。 〔11〕“肃侯”，《系本》云名语。中井积德曰：“太子肃侯，宜曰太子语。”

【译文】十七年，赵成侯、魏惠王会于葛孽。十九年，成侯与齐、宋会于平陆，与燕会于东阿。二十年，魏进献荣、椽两种器材，因而修筑檀台。二十一年，魏围我邯郸。二十二年，魏攻占我邯郸。同时，齐在桂陵打败魏国。二十四年，魏归还我邯郸，和魏在漳水上结盟。秦攻我蔺城。二十五年，成侯去世。公子緤与太子肃侯争位，緤失败，逃奔韩。

肃侯元年，[1]夺晋君端氏，徙处屯留。[2]二年，与魏惠王遇于阴晋。[3]三年，公子范袭邯郸，不胜而死。四年，朝天子。六年，攻齐，拔高唐。[4]七年，公子刻攻魏首垣。[5]十一年，秦孝公使商君伐魏，虏其将公子卬。[6]赵伐魏。[7]十二年，秦孝公卒，商君死。十五年，起寿陵。[8]魏惠王卒。[9]

【注释】〔1〕“肃侯元年”，为周显王扁二十年，公元前三四九年。肃侯于公元前三四九年至前三二六年在位。 〔2〕“夺晋君端氏，徙处屯留”，“屯留”，山西长子县。按：赵肃侯元年，当韩昭侯十年，梁惠王二十二年。《韩世家》云：“十年，韩姬弑其君悼公。”钱穆曰：“按悼公为晋最后一君，被弑于韩，惟未详其立年，或此乃悼公九年也。晋至是始灭。” 〔3〕“阴晋”，陕西华阴县。 〔4〕“高唐”，山东高唐县东三十五里。 〔5〕“首垣”，河南长垣县。 〔6〕“十一年，秦孝公使商君伐魏，虏其将公子卬”，商君伐魏虏公子卬事，《秦本纪》在孝公二十二年。《年表》、《魏世家》并在魏惠王三十一年。皆当肃侯十年。此误后一年。 〔7〕“赵伐魏”，齐会赵伐魏，《年表》在齐宣王三年，当赵肃侯十年。此云“十一年”，误后一年。 〔8〕“寿陵”，生圹。徐广曰：“在常山。” 〔9〕“魏惠王卒”，司马迁记载魏惠王卒年有误。自《竹书》之出，其事乃明。《魏世家集解》引荀勖曰：“和峤云：《纪年》起自黄帝，终于魏之今王。今王者，魏惠成王子。案《太史公书》，惠成王但言惠王。惠王子曰襄王，襄王子曰哀王。惠王三十六年卒。子襄王立，十六年卒，并惠襄为五十二年。今按古文惠成王立三十六年改元称一年，改元后十七年卒。太史公书为误分惠成之世以为二王之年数也。《世本》惠王生襄王而无哀王，然则今王者，魏襄王也。”

【译文】肃侯元年，夺取晋君端氏，流放晋君于屯留。二年，肃侯与魏惠王会于阴晋。三年，公子赵范进袭邯郸，战败而死。四年，朝觐周天子。六年，进攻齐国，占领高唐。七年，公子赵刻进攻魏国首垣。十一年，秦孝公派商君伐魏，俘魏将公子卬。赵进攻魏。十二年，秦孝公去世，商君死。十五年，修建寿陵生圹。魏惠王去世。

十六年，肃侯游大陵，[1]出于鹿门，[2]大戊午扣马曰：[3]“耕事方急，一日不作，百日不食。”肃侯下车谢。[4]

【注释】〔1〕“大陵”，《括地志》云：“大陵城在并州文水县北十三里。”按：今山西文水县。〔2〕“鹿门”，《正义》：“并州盂县西有白鹿泓，源出白鹿山南渚，盖鹿门在北山水之侧也。”并州盂县，今山西盂县西。〔3〕“大戊午”，即成侯三年为相之“太戊午”。“扣马”，吕忱曰：“扣，牵马。”《御览》卷四五一引“马”下有“谏”字。〔4〕“肃侯下车谢”，《艺文类聚》卷二四引作“肃侯下车而谢之”。《御览》卷四五一及卷八二二引文并同。

【译文】十六年，肃侯巡狩大陵。经过鹿门，大戊午牵着马进谏说：“现在正是农忙季节，一天不耕作，一百天没有饭吃呀！”肃侯下车认错。

十七年，围魏黄，不克。[1]筑长城。[2]

【注释】〔1〕“黄”，原宋邑，后入魏。河南民权县东。〔2〕“筑长城”，刘伯庄云：“盖从云中以北至代。”按：赵长城从蔚州北，西至岚州北，尽赵界。

【译文】十七年，围攻魏国黄城，攻不下。这年修筑赵长城。

十八年，齐、魏伐我，我决河水灌之，兵去。二十二年，张仪相秦。[1]赵疵与秦战，败，秦杀疵河西，取我蔺、离石。[2]二十三年，韩举与齐、魏战，[3]死于桑丘。[4]

【注释】〔1〕“二十二年，张仪相秦”，据《年表》，张仪相秦先后四次，此为首次相秦，在秦惠文王十年。〔2〕“蔺”，山西离石县西。“离石”，山西离石县。〔3〕“韩举”，赵将。〔4〕“桑丘”，河北徐水县西南。

【译文】十八年，齐、魏伐赵，赵打开黄河堤坝，水淹齐、魏兵。齐、魏兵撤退。二十二年，张仪任秦相。赵疵与秦战，战败，秦杀赵疵于河西，攻占我蔺、离石二地。二十三年，赵将韩举与齐、魏作战，在桑丘阵亡。

二十四年，肃侯卒。[1]秦、楚、燕、齐、魏出锐师各万人来会葬。[2]子武灵王立。[3]

【注释】〔1〕“二十四年，肃侯卒”，当周显王扁四十三年，公元前三二六年。〔2〕“秦、楚、燕、齐、魏出锐师各万人来会葬”，肃侯十五年在常山营寿陵，记在史册，规模必大，故有诸侯会葬之盛，独韩不与。〔3〕“武灵王”，名雍，立于周显王扁四十四年，公元前三二五年。在位二十七年。

武灵王元年，[1]阳文君赵豹相。[2]梁襄王与太子嗣、[3]韩宣王与太子仓来朝信宫。[4]武灵王少，[5]未能听政，博闻师三人，左右司过三人。[6]及听政，先问先王贵臣肥义，[7]加其秩。[8]国三老年八十，[9]月致其礼。

【译文】二十四年，赵肃侯去世。秦、楚、燕、齐、魏各派精兵万人来会葬。子武灵王继位。

【注释】〔1〕“武灵王元年”，公元前三二五年。〔2〕“阳文君赵豹相”，赵豹，疑即十三年为秦所虏将军赵庄。《樗里子传》：“秦惠王二十五年，使樗里子为将伐赵，虏赵将军庄豹。”庄豹，《秦本纪》作赵将庄。《年表》作赵庄。因知赵庄亦名赵庄豹。赵豹或即赵庄豹之省。赵豹先为相，后为将。〔3〕“梁襄王与太子嗣”，梁玉绳曰：“‘襄’当作‘惠’，嗣乃是襄王，《索隐》引《世本》襄王名嗣，可验此文之误。而尤足征是时惠王非三十六年卒也。”〔4〕“韩宣王”，《韩世家》作宣惠王。“太子仓”，《秦本纪》作太

子苍,曾质于秦。“信宫”,《正义》:“在洺州临洺县也。”按:洺州临洺,今河北临洺县。〔5〕“武灵王少”,《战国策·赵策二》曰:“赵王曰:先王弃群臣,寡人年少,奉祠祭之日浅。”“赵王”,谓武灵王。武灵王亦自曰:“寡人年少。”〔6〕“博闻师”,犹顾问。“左右司过”,犹监察御史,皆赵官,不见秦制。〔7〕“肥义”,《元和姓纂》载,肥义,赵贤人。〔8〕“秩”,音 zhì,俸禄。〔9〕“国三老”,古代设三老五更之位,以养老人。服虔曰:“三老者,工老、商老、农老。”

【译文】武灵王元年,阳文君赵豹为相国。梁襄(惠)王与太子嗣、韩宣王与太子仓来信宫朝贺。武灵王年少,未能听政,有博闻师三人、左右司过三人为之辅佐。到他亲政时,首先存问先王贵臣肥义,晋升他的官秩。国内年跻八十的三老,每月馈致礼物。

三年,城鄗。[1]四年,与韩会于区鼠。[2]五年,娶韩女为夫人。

【注释】〔1〕“三年城鄗”,《年表》在二年。“鄗”,今河北高邑、柏乡二县地。简、襄时,中山攻鄗,引水灌城,城毁,今重行修建。按:武灵王三年,五国相王,《赵世家》缺书。〔2〕“区鼠”,地望不详。

【译文】三年,修筑鄗城。四年,与韩会于区鼠。五年,娶韩女为夫人。

八年,韩击秦,不胜而去。[1]五国相王,赵独否,[2]曰:“无其实,敢处其名乎!”令国人谓己曰“君”。[3]

【注释】〔1〕“八年,韩击秦,不胜而去”,据《年表》,秦惠文王后元元年,五国击秦,不胜而还。此云“韩击秦”,似韩为击秦同盟军主力。惟《韩世家》宣惠王十五年不记击秦事。〔2〕“五国相王,赵独否”,称王者燕、秦、楚、齐、赵、魏、韩、宋、中山九国。楚僭王在春秋前。韩、燕在武灵王三年。武灵王八年称王之五国,不知谁属。〔3〕“曰”,《考证》:“古钞本‘曰’作‘为’。”

【译文】八年,韩进攻秦,打了败仗。五国互贺称王,独赵不参加。灵王说:“无王之实,要此虚名何用?”通告国人,称自己为“君”。

九年,与韩、魏共击秦,[1]秦败我,斩首八万级。[2]齐败我观泽。[3]十年,秦取我中都及西阳。[4]齐破燕,燕相子之为君,君反为臣。[5]十一年,王召公子职于韩,立以为燕王,[6]使乐池送之。[7]十三年,秦拔我蔺,虏将军赵庄。[8]楚、魏王来,过邯郸。十四年,赵何攻魏。

【注释】〔1〕“九年,与韩、魏共击秦”,九年击秦之役,韩败于脩鱼,秦虏韩将鲠、申差于浊泽。《魏世家》哀(襄)王二年,不记击秦事。〔2〕“斩首八万级”,秦制,战争中斩敌之首,一首赐爵一级,谓之首级。斩敌首八万,曰“八万级”。〔3〕“观泽”,春秋卫邑,战国属魏,今河南浚县。〔4〕“中都”、“西阳”,地望皆不可考。〔5〕“燕相子之为君,君反为臣”,事在燕王哙五年。〔6〕“公子职”,郭沫若《金文余释之余释库》引唐兰说,“往年齐地所出北燕名器,多见郾王职名,即是燕昭王”。〔7〕“乐池”,赵人,与乐毅同族。〔8〕“赵庄”,疑即阳文君赵豹。

【译文】九年,与韩、魏联兵攻秦,被秦打败,斩首八万级。齐在观泽败赵。十年,秦攻占我中都及西阳。齐打败燕。燕相子之当了国君,君反为臣。十一年,武灵王召回居住在韩国的公子职回燕。由乐池护送回国,立为燕王。十三年,秦攻占赵国的蔺,俘虏将军赵庄。楚王、魏王来赵,到达邯郸。十四年,赵何攻魏。

十六年,秦惠王卒。[1]王游大陵。[2]他日,王梦见处女鼓琴而歌诗曰:“美人荧荧兮,[3]颜若苕之荣。[4]命乎命乎,曾无我嬴!”[5]异日,[6]王饮酒乐,数言所梦,想见其状。吴广闻之,因夫人而内其女娃嬴,孟姚也。[7]孟姚甚有宠于王,是为惠后。[8]

【注释】〔1〕“十六年,秦惠王卒”,《年表》在十五年。《秦本纪》作“十四年,惠王卒”。惠王更元十四年,即赵武灵王十五年。此误,晚一年。〔2〕“王游大陵”,赵肃侯游大陵亦在十六年。甚巧合。此处“王游大陵”四字疑重出。〔3〕“荧”,音 yíng,

光艳貌。〔4〕“苕”,音 tiáo,紫云英。“苕之荣”,紫云英的花。〔5〕“命乎命乎,曾无我嬴”,《列女传》云:“命兮命兮,逢天时而生,曾莫我嬴嬴!”按:“嬴嬴”,犹盈盈,言其体态轻盈。〔6〕“异日”,《考证》:“旧本、《北堂书钞》、《太平御览》‘异日’作‘旦日’,梦见美女之明日也。”〔7〕“吴广闻之,因夫人而纳其女娃嬴,孟姚也”,“娃”、“嬴”,皆女子姣好之称。娃、嬴不是名号,女娃嬴,犹今云漂亮的女儿。《列女传》云:“赵灵吴女者,号孟姚,吴广之女。”孟姚乃其名号。〔8〕“是为惠后”,《年表》作“立为惠王后”,“王”字疑衍。

【译文】十六年,秦惠王去世。武灵王巡狩大陵。有一天,他梦见一位姑娘弹着琴,唱着歌,歌辞说:“漂亮的姑娘呀!像紫云英花儿一般的艳丽。命运呀!命运呀!为何没有人欣赏我的美丽?”过一天,武灵王饮酒作乐,一再谈起他那一天的美梦,描绘所见姑娘的姣好。吴广听说此事,通过韩氏夫人把他的女儿孟姚奉献给王。孟姚很受王的宠爱,是为惠后。

十七年,王出九门,〔1〕为野台,以望齐、中山之境。〔2〕

【注释】〔1〕“九门”,《集解》引徐广曰:“在常山”。按:常山即恒山,主峰在河北曲阳县西北。〔2〕“为野台”,《集解》引徐广曰:“野,亦作望。”《正义》引《括地志》云:“野台一作义台,在定州新乐县西南六十三里。”按:定州新乐县,今河北新乐县。

【译文】十七年,王出九门,修建野台,借以瞭望齐和中山的国土。

十八年,秦武王与孟说举龙文赤鼎,绝膑而死。〔1〕赵王使代相赵固迎公子稷于燕,送归,立为秦王,是为昭王。〔2〕

【注释】〔1〕“十八年,秦武王与孟说举龙文赤鼎,绝膑而死”,《秦本纪》:“四年……武王有力好戏。力士任鄙、乌获、孟说皆至大官。王与孟说举鼎绝膑。八月,武王死,族孟说。”秦武王四年当赵武灵王十九年。《年表》亦在十九年,此误前一年。“绝膑”,膝盖骨骨折。“膑”,音 bìn。〔2〕“赵王使代相赵固迎公子稷于燕,送归,立为秦王,是为昭王”,昭王名稷。《索隐》云:“名则,一名稷。”《考证》:“事又见《秦纪》。”按:《秦本纪》无赵王使代相赵固迎立事,而是“燕人送归”。

【译文】十八年,秦武王和力士孟说比赛共举龙文赤鼎,膝盖骨骨折,受伤而死。赵王派代相赵固去燕迎接公子稷,将他护送回国,立为秦王,是为昭王。

十九年春正月,大朝信宫。〔1〕召肥义与议天下,五日而毕。王北略中山之地,至于房子,〔2〕遂之代,北至无穷,〔3〕西至河,登黄华之上。〔4〕召楼缓谋曰:“我先王因世之变,以长南藩之地,〔5〕属阻漳、滏之险,〔6〕立长城,又取蔺、郭狼,〔7〕败林人于荏,〔8〕而功未遂。今中山在我腹心,北有燕,东有胡,〔9〕西有林胡、楼烦、秦、韩之边,〔10〕而无强兵之救,是亡社稷,奈何?夫有高世之名,必有遗俗之累。〔11〕吾欲胡服。”〔12〕楼缓曰:“善。”群臣皆不欲。

【注释】〔1〕“信宫”,《春秋后语》作“信武宫”,在今河北临洺县。〔2〕“房子”,赵邑,在今河北高邑县西南。〔3〕“代”,赵襄子所灭国,在今河北蔚县一带。“无穷”,即无终。今河北蓟县在无终故城。〔4〕“黄华”,西河侧之山名,在今山西山阴县北。〔5〕“以长南藩之地”,中井积德曰:“赵在北边,宜言北藩也。”按:就韩、魏言,赵在北边。然就上文代、无穷而言,赵曰南藩,亦无不可。〔6〕“属阻漳、滏之险”,中井积德曰:“阻字疑衍。”按:山西省东部有清漳、浊漳二水,东南流至河北河南两省边境,合为漳河。“滏”,音 fǔ,即滏阳河,源出河北磁县西北滏山,东流入于漳。〔7〕“又取蔺、郭狼”,“蔺”,今山西离石西。《考证》:“《汉书·地理志》,西河郡有蔺、皋狼。郭狼疑是皋狼。”按:“郭”、“皋”音相近。皋狼在今山西离石县西北。知伯使人之赵,欲吞并蔡、皋狼,即其地。〔8〕“林人”,林胡人。“荏”,音 rěn,不详所在。〔9〕“北有燕,东有胡”,《汉书·地理志》云:“赵分晋,北有信都、中山,又得涿郡之高阳、鄚州乡。”此皆燕之南界,故曰“北有燕”。又“赵东有瀛州之东北”。营州之境,即东胡、乌丸之地。东胡南邻燕,后为燕将秦开所破,北迁今西辽河上游。秦末,东胡强盛,后为匈奴冒顿单于击破。〔10〕“西有林胡、楼烦、秦、韩之

边”,《正义》:“林胡、楼烦即岚、胜之北也。岚、胜以南石州、离石、蔺等,七国时赵边邑也。”按:“楼烦”,春秋战国时以游牧为主的民族,精骑射,是匈奴族的一支。“岚”,音 lán,汉太原郡汾阳县地,今山西岚县。“胜”,胜州,赵地,汉为云中郡,今内蒙古伊克昭盟东北。〔11〕“夫有高世之名,必有遗俗之累”,《考证》:“语意与《商君传》‘有高人之行者,固见非于世’同。‘遗’,犹离也、违也。”按:此为西汉先秦习俗语。《战国策·赵策二》作“夫有高世之功者,必负遗俗之累”。鲍彪曰:“不与俗同,俗所遗也。”〔12〕“吾欲胡服”,《年表》曰:“初胡服。”按:“胡”,匈奴。“胡服”,匈奴服。

【译文】十九年春正月,大会群臣于信宫。召见肥义,共议天下大事,历时五天结束。王北行巡视中山边境,到达房子,因此来到代国,北行到达无穷。西行到黄河边,登上黄华山的山顶。召见楼缓议事。王说:“我先王适应时局的演变,称雄长于南藩之地,凭借漳河滏水之险,修建长城,又攻取蔺、郭狼,击败林胡于荏,可是大功尚未告成。现在中山埋藏在我的腹心之中,北有燕,东有东胡,西接林胡、楼烦、秦、韩的边境,如果没有强大武力作后盾,国家社稷危亡在即,如何是好!凡有超人的作为,就会遭到落后势力的反对。我要改衣胡人之服如何?”楼缓说:“好啊!”群臣都反对。

于是肥义侍,王曰:[1]“简、襄主之烈,计胡、翟之利。[2]为人臣者,[3]宠有孝弟长幼顺明之节,[4]通有补民益主之业,[5]此两者臣之分也。今吾欲继襄主之迹,开于胡、翟之乡,[6]而卒世不见也。[7]为敌弱,[8]用力少而功多,[9]可以毋尽百姓之劳,而序往古之勋。[10]夫有高世之功者,负遗俗之累;有独智之虑者,任骜民之怨。[11]今吾将胡服骑射以教百姓,[12]而世必议寡人,奈何?”肥义曰:“臣闻疑事无功,疑行无名。[13]王既定负遗俗之虑,[14]殆无顾天下之议矣。夫论至德者不和于俗,成大功者不谋于众。[15]昔者舜舞有苗,[16]禹袒裸国,[17]非以养欲而乐志也,务以论德而约功也。[18]愚者暗成事,智者睹未形,[19]则王何疑焉。”王曰:“吾不疑胡服也,吾恐天下笑我也。狂夫之乐,志者哀焉,愚者所笑,贤者察焉。[20]世有顺我者,胡服之功未可知也。虽驱世以笑我,[21]胡地中山吾必有之。”[22]于是遂胡服矣。[23]

【注释】〔1〕“王”,武灵王。“王曰”,以下有脱误。《战国策·赵策二》“王曰”以下数语,是肥义侍坐时所言。“为人臣者”以下,始为王言。〔2〕“简、襄主之烈,计胡翟之利”,“简、襄主”谓赵简子鞅、赵襄子无邮。“烈”,功烈,功业。“胡翟”,北方匈奴,西陲诸翟。按:此肥义言。《战国策·赵策二》:肥义侍坐曰:“王虑世事之变,权甲兵之用,念简、襄之迹,计胡狄之利乎?”〔3〕“为人臣者”,《战国策·赵策二》“为人臣者”四字前,尚有“王曰:嗣立不忘先德,君之道也。错质务明主之长,臣之论也。是以贤君静而有道民便事之教,动有明古先世之功”四十四字。〔4〕“宠有孝弟长幼顺明之节”,《战国策·赵策二》作“穷有弟长辞让之节”。按:“宠”,当依《赵策》作“穷”,形近之误。“穷”与下文“通”相对。游本正作“穷”。〔5〕“通”,达。〔6〕“开于胡翟之乡”,《战国策·赵策二》作“启胡翟之乡”。张文虎曰:“‘于’字疑衍,《策》无。”〔7〕“卒世”,犹言没世。〔8〕“为敌弱”,此句有讹脱。《战国策》作“敌弱者”。注云:“敌谓胡、翟。”〔9〕“用力少而功多”,与弱为敌,事半功倍。〔10〕“而序往古之勋”,“序”,《战国策》作“享”。“享”,受也。言不劳百姓,而坐受往古之功。〔11〕“骜民”,犹悍民。《商君书·更法篇》:“有高人之行者,固见负于世。有独知之虑者,必见骜于民。”《史记·商君传》亦云:“有高人之行者,固见非于世。有独智之虑者,必见敖于民。”〔12〕“将”,《广雅·释诂》云:“将,欲也。”按:今语“打算”。〔13〕“臣闻疑事无功,疑行无名”,《商君书·更法篇》:“臣闻之,疑行无成,疑事无功。”《史记·商君传》:“卫鞅曰:疑行无名,疑事无功。”《战国策·赵策二》:“闻”下有“之”字,余同。〔14〕“既”,《赵策》作“即”。“定”,犹必也。〔15〕“夫论至德,不和于俗,成大功者,不谋于众”,《商君书·更法篇》:“郭偃之法曰:论至德者,不和于俗。成大功者,不谋于众。”《史记·商君传》语同。〔16〕“昔者舜舞有苗”,鲍彪曰:“不用兵而舞干羽,欲以服人,亦异于俗。”〔17〕“禹袒裸国”,《赵策》作“禹袒入裸国”。《淮南子》:“禹之裸国,解衣而入,衣带而出,由之也。”〔18〕“约”,《赵策》作“要”,“要”、“约”通。〔19〕“愚者暗成事,知者睹未形”,《商君书·更法篇》:“语曰:愚者暗于成事,知者见于未萌。”又见《史记·商君传》。〔20〕“狂夫之乐,智者哀焉。愚者所笑,贤者察焉”,《商君书·

更法篇》:"愚者笑之,智者哀焉。狂夫之乐,贤者丧焉。"王叔珉曰:"案'之'、'所'互文,'之'犹'所'也。《赵策》'所'作'之'。《新序》云:'愚者之笑,知者哀焉。狂夫之乐,贤者忧焉。'《考证》引《商君书》'笑之'乃'之笑'之误倒。" 〔21〕"虽驱世以笑我",谓尽一世以笑我。 〔22〕"胡地中山,吾必有之",徐孚远曰:"武灵王胡服,本以收胡地,而实欲图秦。今此不及,正其深谋也。" 〔23〕"于是遂胡服矣",钱穆曰:"又按《年表》,赵武灵王初胡服在十九年,攻中山在二十五年。《世家》十九、二十、二十一,三年皆略地中山,中山献四邑以和。二十三年,(此据《表》。)二十五年,(此据《世家》。)复攻中山。二十六年攻中山,攘地北至燕、代,西至云中、九原。吴师道谓:'攘地时中山已定。'(见《齐策》)。而《水经注》引《纪年》:'魏今王十七年,邯郸命吏大夫奴迁于九原,又命将军大夫適子戍吏皆貂服。'吕东莱《大事记》谓此即胡服事,特年与《史记》不同。今考是年乃武灵王二十四年,而翌年,武灵王二十五年,《世家》载使周袑胡服傅王子何。(《赵策》亦记其事。)赵人胡服,本非一时遍及全国也。……赵之胡服骑射,其大行乃在武灵晚年。至《史表》'武灵十九年初胡服',盖指其最先言之,与《纪年》并不背。"(《先秦诸子系年考辨》三)

【译文】这时肥义侍王左右,王说:"简子、襄子的功业,衡量匈奴西翟的轻重。(按:本文此处有误。据《赵策》,"简襄主之烈,计胡翟之利",是肥义侍坐时所说;"为人臣者"以下,始为王言。)为人臣者,受宠则应保持孝、悌、长、幼、顺、明的操守,显达则应从事造福民众增加君王威信的工作。这两件事是人臣的本分。现在我要继承襄主的步伐,开拓疆土于匈奴西翟之乡,恐怕辛苦一辈子也不见得成功。为了削弱敌人,事半而功倍,可以节省老百姓的劳役,达到光大列祖列宗的勋业。凡有超人作为的人,必定遭到落后势力的反对。有独到见解的思维,就要承担傲慢无知的老百姓的埋怨。我打算改衣匈奴之服,训练老百姓骑射的功夫,肯定要遭受社会舆论的非议,咋办?"肥义说:"我听人们说:犹疑不决,办不了大事。行止无常,不会有好声名。王既然决定不顾落后势力的反对,就不要管天下人的议论了。须知有崇高德行的人,不迁就世俗的成见,创建宏伟事业的人,不一定凡事皆就商于民众。从前,舜与有苗同舞。禹光着身子来到裸国,哪里是为了涵养身心而乐其所欲,而是为了弘扬圣德以取得成功哟!愚人对如何走上成功之路,心中无数;智者对未来的发展,则了如指掌。大王还有什么顾虑呀!"赵王说:"我对胡服的信念,并不动摇,我怕的是天下人笑我。狂人之所喜乐,聪明人认为可悲。愚人所讪笑的事,明哲之士看得很清楚。世人会拥护我的。胡服取得的成功,不可限量啊!即使世间的人都跑来笑我,胡地中山是会为我所有的。"于是武灵王改穿胡服。

使王緤告公子成曰:〔1〕"寡人胡服,将以朝也,亦欲叔服之。家听于亲而国听于君,古今之公行也。子不反亲,臣不逆君,兄弟之通义也。〔2〕今寡人作教易服而叔不服,吾恐天下议之也。〔3〕制国有常,利民为本,从政有经,令行为上。明德先论于贱,而行政先信于贵。〔4〕今胡服之意,非以养欲而乐志也;事有所止而功有所出,〔5〕事成功立,然后善也。〔6〕今寡人恐叔之逆从政之经,以辅叔之议。〔7〕且寡人闻之,事利国者行无邪,因贵戚者名不累,故愿慕公叔之义,〔8〕以成胡服之功。使緤谒之叔,请服焉。"公子成再拜稽首曰:〔9〕"臣固闻王之胡服也。臣不佞,〔10〕寝疾,〔11〕未能趋走以滋进也。〔12〕王命之,臣敢对,因竭其愚忠。曰:臣闻中国者,盖聪明徇智之所居也,〔13〕万物财用之所聚也,圣贤之所教也,仁义之所施也,《诗》、《书》《礼乐》之所用也,异敏技能之所试也,〔14〕远方之所观赴也,蛮夷之所义行也。〔15〕今王舍此而袭远方之服,变古之教,易古之道,逆人之心,而佛学者,〔16〕离中国,〔17〕故臣愿王图之也。"〔18〕使者以报,王曰:"吾固闻叔之疾也。我将自往请之。"

【注释】〔1〕"王緤",《赵策》作"王孙緤"。前与肃侯争立亡奔韩之公子緤,疑即其人。緤亦武灵王叔,或为灵王所赦归。"緤",音 xiè。"公子成",又作"公叔成",成侯之子,肃侯雁行,灵王之叔。〔2〕"兄弟",《赵策二》作"先王"。 〔3〕"之",《通鉴·周纪三》作"已"。 〔4〕"明德先论于贱,而行政先信于贵",《赵策二》作"故明德在于论贱,行政在于信贵"。 〔5〕"事有所止而功有所出",《赵策二》作"事有所出,而功有止"。下文"事成功立"承此二句而言。"出"犹"成","止"犹"立"。 〔6〕"事成功立,然后善也",《赵策二》作"事成功立,然后德且见也"。鲍彪曰:"且作可。" 〔7〕"以辅叔之议",《赵

策二》作“以辅公叔之义”。“议”、“义”古通。〔8〕“故愿慕公叔之义”，《赵策二》作“故寡人愿募公叔之义”。鲍彪曰：“募作慕。”〔9〕“稽首”，叩头至地。稽首为敬之极，故为首至地。《书·舜典》：“禹拜稽首，让于稷契暨皋陶。”〔10〕“佞”，音 nìng，才能。自谦无才曰“不佞”。〔11〕“寝疾”，卧病。〔12〕“未能趋走以滋进也”，《赵策二》作“不能趋走，是以不先进”。意谓因病不能行走，乃疏于进谒。〔13〕“徇智”，即睿智，聪明敏捷之智。〔14〕“异敏技能之所试也”，《赵策二》作“异敏技艺之所试也”。“异”，出类。“敏”，疾于事也。〔15〕“义”，中井积德曰：“义，仪同，则也。”王叔珉曰：“案《通鉴》义作则，盖中井所本。又《通鉴》行作效，义亦相近”。〔16〕“而佛学者”，《赵策二》作“畔学者”。“佛”，音 bèi，通“悖”，违反，悖逆。〔17〕“离中国”，使中国遭难。“离”，同“罹”。〔18〕“故臣愿王图之也”，《赵策二》作“臣愿大王图之”。《通鉴》“王”下有“孰”字。

【译文】武灵王派王緤告诉公子成说：“寡人已经穿上胡服，即将上朝会见群臣，想请叔父也换上胡服。在家中应听命于长上，在朝中则听命于君王，此古今通行的准则。子女不该反对父母，臣子不该违背君王，这是先王定下的规矩。（按：原文“兄弟”二字有误，解在注文。）今寡人公布易服的条令，而叔父不肯易服，我担心要引起天下人议论。治理国家有常规，而利民是根本。参议政事有原则，贯彻执行最重要。彰明盛德先要在基层作宣传，而推行政令则首先要取得上层社会的拥护。今改衣胡服的宗旨，并非为了涵养身心而乐其所欲。凡事皆有既定的目标，而后才能有的放矢，事成功立，然后趋于完善。今寡人唯恐叔父违背从政的常规，所以帮助叔父达成共识。同时寡人听说：凡有利于国家的行为都是正义的。得到贵戚拥护的事，名声不会受损，希望凭借叔父的声望，促进胡服改革政令的成功。特派王緤求见叔父，请改衣胡服。”公子成再拜叩首说：“臣已听说大王改穿胡服的事了。臣不才，卧病在家，未能前来进谒。大王既如此垂问，请恕我直言回答，以表达个人的愚昧和忠诚。臣听说中国这个国家，是聪明才智者汇聚之区，万方财货集中之所在，圣哲贤人在这里弘扬教化，仁义道德在这里贯彻施行，《诗》、《书》、《礼》、《乐》在这里普遍应用，精巧技能在这里得到尝试，远方之人来此观光学习，蛮夷之邦莫不仰慕中国的义行。今天王竟然不惜抛弃这许多宝贵的东西，而仿效远方的服饰，改变圣贤的教导，抛弃古贤的成规，违背民心，使有识之士彷徨不知所措，其后果必将使中国人遭受苦难。臣愿大王好好考虑。”使者将公子成的一番话回报。王说：“我早听说叔父有病，过些时我自己去看望他。”

王遂往之公子成家，因自请之，曰：“夫服者，所以便用也；礼者，所以便事也。圣人观乡而顺宜，因事而制礼，所以利其民而厚其国也。夫剪发文身，错臂左衽，[1]瓯越之民也。[2]黑齿雕题，[3]却冠秫绌，[4]大吴之国也。[5]故礼服莫同，其便一也。乡异而用变，事异而礼易。是以圣人果可以利其国，不一其用；果可以便其事，不同其礼。儒者一师而俗异，中国同礼而教离，[6]况于山谷之便乎？[7]故去就之变，智者不能一，远近之服，贤圣不能同。穷乡多异，曲学多辩。[8]不知而不疑，[9]异于己而不非者，公焉而众求尽善也。[10]今叔之所言者俗也，吾所言者所以制俗也。吾国东有河、薄洛之水，[11]与齐、中山同之，[12]无舟楫之用。自常山以至代、上党，[13]东有燕、东胡之境，而西有楼烦、秦、韩之边，[14]今无骑射之备。故寡人无舟楫之用，夹水居之民，将何以守河、薄洛之水。变服骑射，以备燕、三胡、[15]秦、韩之边。且昔者简主不塞晋阳以及上党，[16]而襄主并戎取代以攘诸胡，此愚智所明也。先时中山负齐之强兵，[17]侵暴吾地，系累吾民，[18]引水围鄗，[19]微社稷之神灵，[20]则鄗几于不守也，先王醜之，[21]而怨未能报也。今骑射之备，近可以便上党之形，[22]而远可以报中山之怨。[23]而叔顺中国之俗以逆简、襄之意，恶变服之名以忘鄗事之醜，非寡人之所望也。”公子成再拜稽首曰：“臣愚，不达于王之义，敢道世俗之闻，臣之辠也。今王将继简、襄之意以顺先王之志，臣敢不听命乎！”再拜稽首。乃赐胡服。明日，服而朝。于是始出胡服令也。[24]

【注释】〔1〕“错”，涂饰。《索隐》：“谓以丹青错画其臂。”〔2〕“瓯越”，广东、海南地区的古称。〔3〕“黑齿雕题”，以草染齿为黑色。“雕”谓刻其肌，以青丹涅之。“题”，头额。〔4〕“却冠秫绌”，《战

国策》作“鳀冠秫缝”。“却冠”,义难通,恐有误字。“鳀冠”,鱼皮冠。“秫”,通“鉥”,长针。“绌”,缝纴。“秫绌”,言女功针缕缝缀。〔5〕“大吴之国也”,史例,凡称“大”或“太”,指新辟地。称“小”则为故地。如“太皞”、“大月氏”,为新辟地。“小皞”、“小月氏”,则为故地。“大吴”,谓吴所灭越。《越王句践世家》云:“越王句践……封于会稽,以奉守禹之祀。文身断发,披草莱而邑焉。”疑“大吴之国也”,与“瓯越之民也”,两句错置,应互易,则皆与其俗相符。〔6〕“儒者一师而俗异,中国同礼而教离”,《战国策》上下句“俗”、“礼”二字互易。〔7〕“便”,《战国策》作“士”。〔8〕“穷乡多异,曲学多辩”,“异”,异俗。“曲学”,只见一隅之学。《商君书·更法篇》:“吾闻穷巷多怪,曲学多辨。”按:“辨”,读为“辩”。〔9〕“不知而不疑”,鲍彪曰:“言不知其异而不疑之。”〔10〕“公焉而众求尽善也”,“众”,广也。此句《战国策》作“公于求善也”。〔11〕“薄洛之水”,徐广曰:“安平经县西有漳水津,名薄洛津。”按:安平,今河北深县。《通鉴》注引“洛”作“落”。〔12〕“与齐中山同之”,胡三省曰:“按赵都邯郸东接于齐,中山在其东北。故《史记·赵世家》载武灵王之言曰:‘吾国东有河、薄洛之水,与齐、中山同之。’盖河、薄洛之水在赵之东,与齐、中山同此地险也。”〔13〕“自常山以至代、上党”,徐广曰:“一云:自常山以下,代、上党以东。”〔14〕“而西有楼烦、秦、韩之边”,《括地志》云:“林胡、楼胡即岚、胜之北也。岚、胜以南,石州、离石、蔺等,赵边邑也。秦隔河也。晋、洛、潞、泽等州皆七国时韩地,赵西境也。”〔15〕“三胡”,林胡、楼烦、东胡。〔16〕“不塞”,不设守备。鲍彪曰:“志在远略。”〔17〕“负”,仗恃。〔18〕“系累”,捆绑、拘囚。《孟子·梁惠王下》:“系累其妻子。”〔19〕“鄗”,河北高邑、柏乡二县地。鲍彪曰:“属常山。光武即位于此,改高邑。”〔20〕“微”,无,没有。〔21〕“先王”,献侯以后,列为诸侯,故曰“先王”。“醜”,同愧。〔22〕“便”,审察,通“辨”。〔23〕“而远可以报中山之怨”,谓报中山恃齐之强,引水围鄗之耻。〔24〕“于是始出胡服令也”,武灵王初与楼缓谋,提出胡服的主张,得到楼缓的赞同。再与肥义商量,肥义也表示支持。最后说服叔父公子成接受胡服的改革措施。朝野赞同胡服的已占大多数,条件成熟,于是颁布胡服的命令。以上皆武灵王十九年事。

【译文】武灵王来到公子成家,亲自向叔父请安,并说:“服饰是为了使用方便;礼制是为了办事顺利。圣人根据不同情况,因地制宜,从具体出发而制定礼法,所以既利于民,国家亦深受其益。至于剪短头发,在肌肤上雕刺花纹,涂饰两臂,衣襟左掩,那是瓯越地区的民俗。染黑牙齿,额上雕花,鱼皮作冠,长针缝衣,那是大吴地区的民俗。礼法服饰虽有所不同,其目的在于方便都是一致的。不同地方有不同的用舍变幻,不同性质的事物,在礼法就应该区别对待。因此,圣人认为只要于国家有利,方法就不一定雷同;只要于事方便,礼法就不必拘于一格。儒家同一师承,而礼法有所不同;中国风俗相同,而教化却有差异。何况穷山荒谷,只好方便行事了。所以事物去舍的变化,智者不能强求一致。边远地区与内地的服饰,虽圣贤也不强求一律。穷乡僻壤,风俗多奇异。只见一隅的陋儒之学多诡辩。不明真象就不要胡乱猜疑。和自己的想法不一样,也不妄加非议,才是公正的态度,以求达到尽善尽美。今叔父讲的是一般的风俗问题,而我所主张的是如何改革风俗的问题。我国东有黄河和薄洛之水,与齐、中山共享其利,却缺少舟楫的利用。自常山以至代、上党以东,有燕和东胡的国境,而西与楼烦、秦、韩接壤,现在却没有武力防御。寡人如果缺少舟楫的设施,濒水而居的老百姓,将何以守卫黄河和薄洛之水。今变服骑射,是为了保卫赵国与燕、三胡、秦、韩边境的安全。当初简主不在晋阳和上党设防,而襄主兼并戎国、略取代国以防御诸胡的入侵,这是愚人、智者都明白的事理。早些时中山仗恃齐国的强兵,侵占我土地,捆绑我人民,引水倒灌鄗邑。若非社稷神灵的保佑,鄗邑几乎不守。先王为此而感到羞愧,这种怨恨至今未报。今设骑射以为备,近则可以改变上党的形势,而远可以报中山的怨恨。可是叔父拘泥于中国的习俗,违背简、襄先王的遗愿,讨厌改变服饰的名义而忘记鄗城的耻辱,这不是寡人所希望的。”公子成再拜叩首说:“臣实在太愚蠢,不明白大王的意图,竟敢附和世俗之见,这是臣的罪过。今大王将继承先王简、襄的遗愿,完成先王未遂的事业,臣怎敢不服从听命呀!”再次下拜,叩头谢罪。于是赐给公子成胡服。明天,公子成穿着胡服上朝。于是开始颁布“胡服令”。

赵文、赵造、周袑、赵俊皆谏止王毋胡服,〔1〕如故法便。王曰:〔2〕“先王不同俗,何古之法?帝王不相袭,何礼之循?〔3〕虙戏、神农教而不诛,〔4〕黄帝、尧、舜诛而不怒。〔5〕及至三王,〔6〕随时制法,因事制礼。法度制令各顺其宜,衣服器械各便其用。〔7〕故礼也

不必一道，而便国不必古。[8]圣人之兴也不相袭而王，[9]夏、殷之衰也不易礼而灭。然则反古未可非，而循礼未足多也。[10]且服奇者志淫，则是邹、鲁无奇行也；[11]俗僻者民易，则是吴、越无秀士也。且圣人利身谓之服，便事谓之礼。夫进退之节，衣服之制者，所以齐常民也，非所以论贤者也。故齐民与俗流，贤者与变俱。[12]故谚曰：'以书御者不尽马之情，以古制今者不达事之变。'循法之功，不足以高世；法古之学，不足以制今。子不及也。"[13]遂胡服招骑射。

【注释】〔1〕"赵文、赵造、周袑、赵俊皆谏止王毋胡服"，周袑即下文"使周袑胡服傅王子何"之人。赵俊，《战国策》作"赵燕"。赵文、赵造的谏词，俱详载于《战国策》。周袑、赵俊的谏词，《战国策》缺载。〔2〕"王曰"，以下的答辞，是武灵王答赵造的话，载在《赵策二》。〔3〕"先王不同俗，何古之法？帝王不相袭，何礼之循"，《赵策》"先王"作"古今"。《商君书》曰："前世不同教，何古之法？帝王不相复，何礼之循。"〔4〕"虙"，音 fú。"虙戏"，即伏羲，《战国策》作"宓戏"。"虙戏"、"神农"都是古代部落领袖。"虙戏、神农教而不诛"，反映了那一时代的部落领袖，还没有生杀予夺之权。〔5〕"黄帝、尧、舜诛而不怒"，黄帝、尧、舜时代，部落领袖的权限，显然比虙戏神农时代加大，能在不动声色的情况下，擅有诛戮之权。〔6〕"三王"，谓夏禹、商汤、周文王。〔7〕"衣服器械"，《商君书》作"兵甲器备"。《新序》作"甲兵器备"。〔8〕"故礼也不必一道，而便国不必古"，依梁玉绳、王念孙、王叔珉诸家说，此二句应作"故理世不必一道，而便国不必法古"。按：赵武灵王在其十九年所说关于改革的话，大部分承袭商鞅之言。当时未必有商鞅的言论集传世。疑商鞅之言，本是后人依据其行实所伪托。武灵王和商鞅同属改革派，又把伪托于商鞅的话，同样施之于赵武灵王。〔9〕"圣人之兴也，不相袭而王"，王叔珉曰："案《商君书》、《商君传》、《新序》、《长短经注》'圣人'皆作'汤、武'，与下文'夏、殷'相对。"〔10〕"然则反古未可非，而循礼未足多也"，此亦商鞅之言，见《商君书·更法篇》。〔11〕"且服奇者志淫，则是邹鲁无奇行也"，王念孙曰："'服奇'、'奇行'两奇字，皆读为'奇邪'之奇。此言服正者未必正，服奇者未必淫。若谓服奇者志必淫，则是邹、鲁之士儒冠儒服，必无奇邪之行也。中国未必无莠民，蛮异未必无俊民。若谓俗僻者民必易，则吴越风俗邪僻，必无秀异之士也。"按：《庄子·田子方篇》："君子有其道者，未必为其服也。为其服者，未必知其道也。"庄子之言，亦同此义。"且"，犹若。〔12〕"故齐民与俗流，贤者与便俱"，按：《赵策二》作"圣与俗流，贤与变俱"，义不可通。"圣"疑为"民"之讹。"民与俗流，贤与变俱"，与《赵世家》言合。〔13〕"子不及也"，《赵策二》作"子其勿反也"。"及"、"反"形近易讹。"及"疑为"反"之讹。按：本文从"于是肥义侍"至此，皆采《战国策·赵策》。

【译文】赵文、赵造、周袑、赵俊都劝阻赵武灵王不要改制胡服，还是老办法方便。赵王说："先王习俗皆不相同，效法哪个古法好呢？帝王们都不因袭前人，有什么礼法可以遵循的呢？伏羲神农推行教化而不用刑罚，黄帝尧舜使用刑罚而不动声色。到了夏、商、周三王随着时代的前进制定法规，因事物的变化规范礼制，规章制度，都从实际出发，衣服器械，各自为了使用方便。所以礼制不必千篇一律，只要便于国家，无须仿效古法。圣人的兴起，不需要因袭前代，皆能统治天下。夏、殷的衰败灭亡，不是也没有变更传统的礼制吗？可见不用古制未必是错，而因循旧礼也不见得可取。如果说，服饰奇异就意志淫荡，那么邹鲁之乡就不会有操守高尚的人啦！风俗奇特老百姓就落后，那么吴越就出不来聪明才智的人啦！何况圣人量体裁衣，礼制的标准是办事方便。进退的礼节，衣服的款式，用来管理老百姓，并非用以限制贤人的。所以管理老百姓与习俗同流，贤者与改革同在。谚语云：'靠书本知识去驾驭马的人摸不清马的脾气。用古法处理今天的事务不理解事物的变化。'遵循旧法不可能超越世俗；泥古不化，解决不了今天的问题，你们都欠明白。"于是穿起胡服，招募勇士，训练骑射。

二十年，王略中山地，至宁葭，[1]西略胡地，至榆中。[2]林胡王献马。归，使楼缓之秦，[3]仇液之韩，[4]王贲之楚，[5]富丁之魏，[6]赵爵之齐。[7]代相赵固主胡，[8]致其兵。[9]

【注释】〔1〕"二十年，王略中山地至宁葭"，关于中山史实，最为迷惑难考。魏所封中山君，此时虽未全灭，然已有部分领土为武灵王所占。二十年略中山地，为巡视其所占中山地，而非掠取。"略"，有巡行之义。隐公五年《左传》疏："略者，巡行之名也。”下文“西略胡地至榆中，林胡王献马”，是当时赵已奄有林胡地，故其王献马。“略胡地”无疑是巡行。“略中山地”，自应同义。“宁葭”，今河北石家庄市西北。〔2〕“榆中”，在今内蒙古准格尔旗。〔3〕“归，使楼缓之秦”，“归”，巡行宁葭、榆中归。据《赵策》，楼缓是赵臣中主张与秦、楚联合的人，是亲秦派。武灵王二十六年，楼缓二次入秦，并为秦相。见《穰侯列侯》。〔4〕“仇液之韩”，梁玉绳曰：“案：《国策》‘仇’原作‘机’，‘液’作‘郝’，又作‘赫’，盖一人而记别也。但《策》云主父令仇赫相宋，不言之韩，岂有误耶？”按：《穰侯列传》载，秦昭王七年，赵武灵王二十六年，赵使仇液之秦。此又一说。〔5〕“王贲”，赵人，非秦王翦子王贲。〔6〕“富丁之魏”，据《赵策》，富丁是赵臣中主张与齐、魏结盟的人，是亲齐、魏派。〔7〕“赵爵”，不详，当是赵公族。〔8〕“代相赵固主胡”，代是赵北陲重镇，自襄子并代，皆有重臣或世子守代。如伯鲁子为代成君。武灵王时必有世子主代，设相辅之。武灵王十八年，赵固已为代相。“主胡”，谓主管诸胡事务。“胡”，主要指匈奴。〔9〕“致兵”，即《春秋传》之“致师”。古时为向敌方显示军威，采取先声夺人、震慑敌军锐气的军事行动，曰致师。与现代在边境线进行军事演习、秋操、冬练类似。

【译文】武灵王二十年，王巡视中山边境，到达宁葭；西行巡视胡人地区，到达榆中，林胡王献马。回来，派楼缓使秦，仇液使韩，王贲使楚，富丁使魏，赵爵使齐。代相赵固主持诸胡事务，向胡人展示军威。

二十一年，攻中山。赵袑为右军，许钧为左军，公子章为中军，〔1〕王并将之。〔2〕牛翦将车骑。〔3〕赵希并将胡、代。赵与之陉，〔4〕合军曲阳，〔5〕攻取丹丘、〔6〕华阳、〔7〕鸱之塞。〔8〕王军取鄗、〔9〕石邑、〔10〕封龙、〔11〕东垣。〔12〕中山献四邑和，〔13〕王许之，罢兵。二十三年，攻中山。二十五年，惠后卒。〔14〕使周袑胡服傅王子何。〔15〕二十六年，复攻中山，攘地北至燕、代，西至云中、〔16〕九原。〔17〕

【注释】〔1〕“公子章为中军”，公子章为武灵王前后所生。《索隐》称为太子章。二十一年攻中山时，太子之位在拟立未立之际，故《世家》称作“公子章”。同年，使周袑傅孟姚子王子何，孟姚有宠，王已属意于王子何。然废长立幼，不为大臣支持，太子位虚悬七年之久，七年之中，必多争议。直至二十七年，传国，乃立王子何为王。公子章失位。〔2〕“王并将之”，武灵王与公子章共同将中军。〔3〕“牛翦将车骑”，《战国策》载，王破原阳，以原阳为训练骑射的基地。赵人牛赞胡服主其事。牛赞率领骑兵为赵辟地千里。牛赞即牛翦。“赞”、“翦”古通。〔4〕“赵希并将胡、代。赵与之陉”，“牛翦”、“赵希”、“赵与”，皆赵将名。三将分路进攻，最后会师曲阳。“陉”，今山西雁北地区。此句谓命赵与率军通过雁北地区出击，以与牛翦、赵希会师于曲阳。〔5〕“合军曲阳”，在曲阳会师。“曲阳”，在今河北省定县境。〔6〕“丹丘”，在今河北定县境。〔7〕“华阳”，今河北唐县西北。〔8〕“鸱之塞”，诸家以为即定州之鸿上故关。在今河北定县境。〔9〕“王军取鄗”，赵与中山连年征战，中山为赵北陲之患。武灵王曰：“先时中山负齐之强兵，侵暴吾地，系累吾民，引水围鄗。”鄗是赵与中山争夺的军事要地，时失时取，有似拉锯战。〔10〕“石邑”，徐广曰：“在常山。”《括地志》云：“石邑故城，在恒州鹿泉县南三十五里，六国时故邑。”按：常山即恒山，主峰在河北曲阳县西北。恒州，今河北正定县。〔11〕“封龙”，在今河北元氏县西北。〔12〕“东垣”，在今河北正定县南。〔13〕“四邑”，即鄗、石邑、封龙、东垣第四座城邑。〔14〕“惠后”，惠文王生母，即吴娃孟姚。〔15〕“使周袑胡服傅王子何”，《赵策》但言王子，不言名何。鲍彪曰：“《大事记》书赵惠后卒，使周袑胡服傅王子。《解题》云：惠后，吴娃也。娃方死，怜其子而将立之，废长立少之意已见于此。〔16〕“云中”，在今内蒙古托克托县东北。〔17〕“九原”，今内蒙古包头西。

【译文】二十一年进攻中山。赵袑为右军将，许钧为左军将，公子章为中军将。赵王任总指挥。牛翦任战车和骑兵的首领。赵希统管胡、代两地兵马。赵与率军向陉进发，在曲阳与赵希会师，攻取丹丘、华阳、鸱诸要塞。赵王统率大军攻取鄗、石邑、封龙、东垣。中山割让四邑求和，赵王许和停战。二十三年，进攻中山。二十五年，惠后去世，派周袑衣胡服为王子何师傅。二十六年，复攻中山，扩张领地北至燕、代，西至云中、九原。

二十七年五月戊申，〔1〕大朝于东宫，传国，立王子何以为王。〔2〕王庙见礼毕，出临朝。大夫悉为臣，肥义为相国，并傅王。〔3〕

是为惠文王。[4]惠文王，惠后吴娃子也。武灵王自号为主父。[5]主父欲令子主治国，[6]而身胡服将士大夫西北略胡地，而欲从云中、九原直南袭秦，[7]于是诈自为使者入秦。秦昭王不知，[8]已而怪其状甚伟，非人臣之度，[9]使人逐之，而主父驰已脱关矣。[10]审问之，乃主父也。[11]秦人大惊。[12]主父所以入秦者，欲自略地形，[13]因观秦王之为人也。[14]

【注释】〔1〕"二十七年五月戊申"，武灵王二十七年，为周赧王十六年，公元前二九九年。〔2〕"立王子何为王"，《年表》云："十六年，吴广入女，生子何，立为惠王后。"据《表》推算，王子何年十二岁，立为王。〔3〕"悉"，人名。悉与肥义皆为王傅。〔4〕"赵惠文王"，公元前二九八年至前二六六年在位，计三十三年。殁年四十五岁。〔5〕"武灵王自号为主父"，顾炎武曰："《史记》赵武灵王传位于子惠文王，自称主父，此内禅之始。"〔6〕"子"，《太平御览》卷四九四引作"何"。〔7〕"而欲从云中九原直南袭秦"，赵西隔黄河与秦为界。赵、秦武装冲突常在黄河东蔺、离石一带发生。赵伐秦进军路线，通常也是自离石、蔺西渡黄河。武灵王二十六年，赵攘地已西北至云中、九原。因而赵可以自河套地区渡河，一直向南进军，略取秦陇西、北地诸地，从而绕过在晋、陕交界处的黄河天险，发挥骑射的威力。〔8〕"于是诈自为使者入秦，秦昭王不知"，"秦昭王"，名则，一名稷，《秦本纪》作昭襄王。武灵王十八年，使代相赵固迎之于燕，送归所立。昭王享国久，至五十六年，赵孝成王十五年卒，赵祚已再传。武灵王诈入秦，在秦昭王九年，《秦本纪》缺书。〔9〕"度"，《太平御览》引作"量"。〔10〕"脱"，犹"出"。《管子·霸形篇》："言脱于口。"尹知章注："脱，出也。"〔11〕"审问之，乃主父也"，主父既已出关，不明所审问者为谁，盖有脱文。〔12〕"秦人大惊"，主父入秦，《秦纪》未载，恐与播吾之迹，同出虚诞。〔13〕"欲自略地形"，为了亲自观察地形。〔14〕"因"，就此。

【译文】二十七年五月戊申日，在东宫举行传授王位的盛大朝会，立王子何为赵王。祭祀祖宗宗庙之礼完毕，新王临朝亲政。任命大夫悉为大臣，肥义为相国，共同为王师。是为惠文王。惠文王，惠后吴娃之子。武灵王自号为主父。主父为了让儿子独立主持国政，自己身着胡服率领大夫一行去西北勘察胡地。他设想从云中、九原径直南下，袭击秦国。于是自己诈称是赵国使者奉派来秦。秦昭王不知其诈。不久，他对这位使者体态伟岸，气度非凡，不是人臣的模样发生怀疑，乃派人追赶。而主父骑马飞奔，已经出关了。〔抓到几个落在后面的随从，〕加以审问，果然是主父，秦人大惊。主父所以入秦的原因，是为了亲自考察秦国的地形，顺便观察一下秦王的为人。

惠文王二年，主父行新地，[1]遂出代，西遇楼烦王于西河而致其兵。

【注释】〔1〕"主父行新地"，《通鉴注》："赵新取中山之地也。""行"，视察。

【译文】惠文王二年，主父巡行新开拓的土地，离开代国国境，西行与楼烦王在西河相遇，向楼烦王展示军威。

三年，灭中山，[1]迁其王于肤施。[2]起灵寿，[3]北地方从，代道大通。[4]还归行赏，大赦，置酒酺五日。[5]封长子章为代安阳君。[6]章素侈，心不服其弟所立。[7]主父又使田不礼相章也。[8]

【注释】〔1〕"三年，灭中山"，灭中山在赵武灵王二十五年。二十六年曰"复攻中山"，乃拓并其余土。以惠文王三年灭者，以得其君。四年迁其君肤施。〔2〕"迁其王于肤施"，惠文王四年迁其王。"肤施"，今陕西榆林县南。〔3〕"灵寿"，主父生圹。徐广曰："在常山。"〔4〕"北地方从，代道大通"，北地入于赵版图，去代之道，畅通无阻。〔5〕"酺"，音 pú。《汉书·文帝纪》诏："朕初即位，其赦天下，赐民爵一级，女子百户牛酒，酺五日。"颜师古注："酺之为言布也。王德布于天下，而合聚饮食为酺。"〔6〕"封长子章为代安阳君"，《正义》引《括地志》云：东安阳故城在朔州定襄县界。《地志》云："东安阳县属代郡。"按：朔州定襄县，今山西定襄县。〔7〕"立"，据《考证》，枫山、三条本作"为"。〔8〕"田不礼"，《墨子》作"佃不礼"，《道藏》本作"伷不礼"。《吕氏春秋·当染》作"田不禋"，《荀子·解蔽篇》杨倞《注》亦作"田不禋"。《古今人表》作"田不礼"，《御览》卷六二〇引同。

【译文】三年，灭中山，流放中山王于肤施。修建灵寿生圹，北方之国刚刚归顺，去往代国的道路畅通。主父出巡归来，论功行赏，进行大赦，接连五天赐臣民酒酺庆祝。封长子章为代国安阳君。章一向骄奢放纵，立弟为王，心有不服。主父又叫田不礼为章相。

李兑谓肥义曰：〔1〕“公子章强壮而志骄，党众而欲大，殆有私乎？田不礼之为人也，忍杀而骄。〔2〕二人相得，必有谋阴贼起，〔3〕一出身徼幸。〔4〕夫小人有欲，轻虑浅谋，徒见其利而不顾其害，同类相推，俱入祸门，以吾观之，必不久矣。子任重而势大，乱之所始，祸之所集也，子必先患。〔5〕仁者爱万物，而智者备祸于未形。不仁不智，何以为国？子奚不称疾毋出，传政于公子成？毋为怨府，〔6〕毋为祸梯。”肥义曰：“不可。昔者主父以王属义也，曰：‘毋变而度，〔7〕毋异而虑，坚守一心，以殁而世。’〔8〕义再拜受命而籍之。〔9〕今畏不礼之难而忘吾籍，变孰大焉。进受严命，退而不全，负孰甚焉。变负之臣，不容于刑。〔10〕谚曰：‘死者复生，生者不愧。’〔11〕吾言已在前矣，吾欲全吾言，安得全吾身！〔12〕且夫贞臣也，〔13〕难至而节见。忠臣也，累至而行明。〔14〕子则有赐而忠我矣。虽然，吾有语在前者也，终不敢失。”李兑曰：“诺，子勉之矣！吾见子已今年耳。”〔15〕涕泣而出。李兑数见公子成，以备田不礼之事。〔16〕

【注释】〔1〕“李兑”，封邑在奉阳，称奉阳君。〔2〕“田不礼之为人也，忍杀而骄”，《吕氏春秋·当染》：“……宋康王染于唐鞅、田不禋，此六君者，所染不当，故国皆残亡。”田不禋即田不礼。宋康王即宋君偃。《年表》魏表“昭王十年，宋王死我温”，时在赵惠文王十三年。主父使田不礼相章在惠文王三年。田不礼在宋覆国十一年前即去宋之赵，田不礼逆迹赵人皆知之，独主父不顾，宜其饿死沙丘，为天下笑。〔3〕“必有谋阴贼起”，《通鉴》作“必有阴谋”，无“贼起”二字。“谋阴贼起”四字不辞，崔适正之为“阴贼谋起”。〔4〕“一出身徼幸”，此句亦有脱误。“徼幸”，即侥幸。“出身徼幸”谓田不礼。〔5〕“先患”，先受其祸。〔6〕“怨府”，大众埋怨的对象。〔7〕“毋变而度”，“而”，汝。“度”，胸怀、器量。〔8〕“坚守一心，以殁而世”，坚持一个信念，一直到死。〔9〕“籍”，录也。“籍之”，谓记录在书册上。〔10〕“变负之臣，不容于刑”，中井积德曰：“罪大而刑小，不足相容。”〔11〕“死者复生，生者不愧”，此荀息对晋献公言，载在《晋世家》。中井积德曰：“是谚于献公荀息为切，以献公死而难作也。于主父、肥义有未切者，以主父未死难作也。当时受命之日，安逆知君之死生，难之迟速哉！唯以是誓于心耳。”按：此谚尤有未切者，肥义作此语时，岂仅主父未死，抑且难亦未作。誓于心之辞，又何由而公诸世？〔12〕“吾欲全吾言，安得全吾身”，《国语·晋语》荀息答里克曰：“吾言既往矣，岂能欲行吾言，而又爱吾身乎！”此肥义所本。〔13〕“贞”，王叔珉曰：“案《记纂渊海》卷五八引‘贞’作‘正’，盖避宋仁宗讳改。仁宗讳禎，宋人兼避贞也。”〔14〕“忠臣也，累至而行明”，“累”音 lèi，忧患、危难。此二句谓忠臣在遭逢危难时，行为光明磊落。〔15〕“吾见子已今年耳”，胡三省曰：“已，止也，言肥义命止于今年也。”〔16〕“李兑数见公子成，以备田不礼之事”，胡三省曰：“数见者，相与谋为之备也。”

【译文】李兑对肥义说：“公子章身强力壮、意志骄横，广结党羽，野心很大，一定有图谋不轨的打算。田不礼这个人，残忍好杀而又骄纵不驯。二人臭味相投，必定滋生阴谋诡计。田不礼是个出身侥幸的小人。小人有所企求，考虑问题往往草率从事，只看到有利的一面，而看不到不利的一面，同类相残，共归于尽。依我看来，祸必不久矣。先生责任重，影响大，动乱一爆发，矛盾要集中在你身上，先生将先受其祸。仁者博爱，智者防患于未然。不仁不智，何以治国。先生何不称病不上朝，把国政交给公子成。您不要成为众人埋怨的对象，也别给祸乱创造条件。”肥义说：“不可以。当初主父把今王托付给我时说：‘你的态度要坚定，切勿动摇自己的信念，坚守一心，直到生命的最后一刻。’我再拜接受主父的委托，并纪录在册。现在害怕田不礼发难而忘记诺言，还有比这更大的变心吗？接受庄严的使命，一转身就不认帐，还有比这更严重的负义吗？变心负义之臣，刑法所不容。谚云：‘死者复生，生者不愧。’我已有言在先，既欲实现自己的诺言，哪能考虑保全自己的身躯！须知：坚贞之臣，只有在患难中方能见忠节。忠信之臣，只有在祸乱中才能表现其德行。承你赐教，可谓忠于我矣。可是，我已有言在先，绝对不敢食言。”李兑说：“好啦！您多保重！过了今年，将再也见不到你了。”李兑挥

泪而出。李兑多次去见公子成,商量如何对付田不礼。

异日,肥义谓信期曰:[1]"公子与田不礼甚可忧也。其于义也声善而实恶,[2]此为人也,不子不臣。[3]吾闻之也,奸臣在朝,国之残也。[4]谗臣在中,主之蠹也。此人贪而欲大,内得主而外为暴。[5]矫令为慢,[6]以擅一旦之命,不难为也,[7]祸且逮国。[8]今吾忧之,夜而忘寐,饥而忘食。盗贼出入不可不备。[9]自今以来,若有召王者必见吾面,[10]我将先以身当之,[11]无故而王乃入。"[12]信期曰:"善哉,吾得闻此也!"

【注释】〔1〕"信期",即下文高信。〔2〕"声善而实恶",《考证》:"声,名也,外也。"〔3〕"此为人也,不子不臣",裴学海曰:"此犹其也。此与其为互文。下文'此人贪而欲大',此亦训其。"〔4〕"国之残也",《说文》:"残,贼也。"《张耳陈余列传》:"将军瞋目张胆,出万死不顾一生之计,为天下除残也。""除残",谓除贼。〔5〕胡三省曰:"得主,谓章为主父所怜也。"〔6〕"矫令",矫主父之命。"慢",漫也,倨也,无所限息之意。《通鉴》无"为慢"二字,作"矫令以擅一旦之命"。〔7〕"难",犹"惮"也。〔8〕"逮",及。〔9〕"盗贼出入不可不备",胡三省曰:"言盗在主父左右,出入不可不备也。"〔10〕"自今以来,若有召王者,必见吾面",《考证》:"枫山、三条本'来'下有'令'字。'若'下无'有'字。"按:王者至尊,孰能召之。此盖谓主父召王。后果有矫主父命召王事。〔11〕"我将先以身当之",《通鉴》作"我将以身先之"。〔12〕"无故",谓无他故。指矫主父之令召王,以加害于王者。

【译文】又过些时,肥义对信期说:"公子与田不礼的事真令人担忧。他们对我表面上说的好听,骨子里却用心险恶。公子不能尽为子之孝,田不礼不能尽为臣之忠。人们说,朝廷里出了奸佞,是国家的祸害;宫中有了谗臣,是国君的蠹虫。此人贪婪,野心很大,内得主父的欢心,外则胡作非为。矫主父之命横行霸道,一旦攫取政权,并不为难,国家就要遭殃了。我现在非常担忧,夜里睡不着觉,白天吃不下饭。国君出入宫禁不可不加强警戒以防盗贼。从现在起,主父如果召见国君,一定立即通知我。我将用自己的身躯先作抵挡。国君的安全有了确实保证,才能应召。"信期说:"我能听到这番话,真是好极了。"

四年,朝群臣,安阳君亦来朝。[1]主父令王听朝,而自从旁观窥群臣宗室之礼。见其长子章傫然也,[2]反北面为臣,诎于其弟,[3]心怜之,[4]于是乃欲分赵而王章于代,计未决而辍。

【注释】〔1〕"安阳君",惠文王三年封公子章为安阳君。"安阳",今山东曹县东。〔2〕"见其长子章傫然也","傫",音 lěi,同"儽",颓丧貌。〔3〕"诎",同"屈"。〔4〕《考证》:"古钞本、枫山、三条本'心'下有甚字。"

【译文】四年,群臣朝见,安阳君也来朝。主父令惠文王上朝听政,自己从旁观察群臣宗室礼仪的得失。主父看到长子章神情沮丧,反而北面称臣,屈居其弟之下,顿生怜惜之心。他想把代从赵分出,令章为代王。这一设想未获实现而中辍。

主父及王游沙丘,[1]异宫。[2]公子章即以其徒与田不礼作乱,诈以主父令召王。肥义先入,[3]杀之。高信即与王战。[4]公子成与李兑自国至,[5]乃起四邑之兵入距难,[6]杀公子章及田不礼,灭其党贼而定王室。[7]公子成为相,号安平君,[8]李兑为司寇。[9]

【注释】〔1〕"沙丘",在今河北广宗县西北。〔2〕"异宫",胡三省曰:"异宫而处也。"主父与王及公子章并在沙丘,主父与王异宫而处,故章得矫主父令召王。〔3〕"肥义先入",《考证》:"古钞本、枫山、三条本'先'下有'王'字,'入'下有'公子章'三字。"〔4〕"高信即与王战","与",犹"为"。言高信即为王战。〔5〕"自国至",赵都邯郸,自邯郸至也。〔6〕"乃起四邑之兵入距难",赵北有信都、真定、常山,东有广平、巨鹿、河间及渤海之东平、中邑,南至浮水、繁阳,西有太原、上党,此之谓四邑之兵。盖赵全邑之兵。"距",犹"拒"。〔7〕"其党",谓公子章之徒众。"贼",疑衍。〔8〕"安平君",公子成封邑安平,今河北深县。〔9〕"李兑为司寇",《周礼·秋官》大司寇,主管刑狱,为六卿之一。

【译文】主父和惠文王游览沙丘,寝宫不在一处。公子章即与田不礼率其党徒作乱,诈称主父命令召见惠文王。肥义先王而入,被公子章杀害。高信即为王与公子章战。公子成、李兑闻讯自邯郸赶来,征召四邑之兵勤王平叛。杀了公子章和田不礼,消灭叛乱党羽而安定王室。公子成为相,号安平君,李兑为司寇。

公子章之败,往走主父,主父开之,〔1〕成、兑因围主父宫。公子章死,公子成、李兑谋曰:"以章故围主父,〔2〕即解兵,〔3〕吾属夷矣。"乃遂围主父。令宫中人"后出者夷",宫中人悉出。主父欲出不得,又不得食,探爵鷇而食之,〔4〕三月余而饿死沙丘宫。〔5〕主父定死,〔6〕乃发丧赴诸侯。〔7〕

【注释】〔1〕"开",开门纳之。 〔2〕《考证》:"枫山、三条本'章'下无'故'字。"按:《列女传》亦无"故"字。 〔3〕"即",犹"若"也。 〔4〕"探爵鷇而食之",《艺文类聚》,《御览》卷四八六、卷九二二,《尔雅·释鸟》邢疏引"爵"皆作"雀"。《列女传》、《通鉴》并同。"雀"、"爵"正假字。"鷇",音 kòu。《尔雅》曰:"生哺,鷇。生噣,雏。"释云:"辨鸟子之异名也。鸟子生而须母哺食者为鷇,谓燕、雀之属也。生而能自啄食者为雏,谓鸡、雉之属也。" 〔5〕王叔岷曰:"案《艺文类聚》、《御览》四八六、九二二引'而'并作'遂',《列女传》同,而犹遂也。" 〔6〕"定",王叔岷曰:"定犹已也。《项羽本纪》'项梁闻陈王定死',《宋世家》'闻文公定立',定亦并与已同义。"按:武灵王,赵肃侯之子,史佚名。《索隐》曰:"名雍。""定",疑为"雍"之坏字。 〔7〕"赴",讣告。

【译文】公子章兵败时,逃往主父寝宫。主父开门纳之。公子成、李兑因此围攻主父寝宫。公子章战死。公子成、李兑商量说:"由于公子章的反叛,我们才围攻主父寝宫,现如撤后解围,我们全都活不了。"公子成、李兑便围攻主父寝宫。下令曰:"宫中所有人等,立即出宫,后出者格杀弗格族。"宫中人全都出来了。主父欲出不能,又没有吃的,饿得到处寻找雏雀充饥。三个多月,主父饿死在沙丘宫。主父肯定死了,才发讣告向诸侯报丧。

是时王少,〔1〕成、兑专政,畏诛,故围主父。主父初以长子章为太子,后得吴娃,〔2〕爱之,为不出者数岁,生子何,乃废太子章而立何为王。吴娃死,爱弛,怜故太子,欲两王之,犹豫未决,故乱起,以至父子俱死,为天下笑,岂不痛乎!〔3〕

【注释】〔1〕"是时王少",这时候王十六岁。〔2〕"吴娃",吴广之女孟姚。武灵王十六年,吴广因夫人内其女娃嬴于王。吴、楚间谓美女曰"娃"。〔3〕"以至父子俱死,为天下笑,岂不痛乎",《集解》:"徐广曰:'或无此十四字。'"按:《通鉴》无此十四字。此十四字为叙事中夹议论之文体。

【译文】此时惠文王年少,公子成、李兑专擅国政。二人因罪惧诛才围攻主父。主父最初以长子章为太子。后来得到吴娃,受到宠爱,好几年不外出巡察,生下儿子何。于是废掉太子章,立何为太子。吴娃死,对何的怜爱之心减弱了,却滋生怜悯故太子之情,想立二子皆为王,犹豫不决,造成这个大乱子,结果父子二人皆身死,为天下人所耻笑,这是多么可悲啊!

主父死,惠文王立立。〔1〕五年,与燕鄚、易。〔2〕八年,城南行唐。〔3〕九年,赵梁将,与齐合军攻韩,至鲁关下及。〔4〕十年,秦自置为西帝。〔5〕十一年,董叔与魏氏伐宋,得河阳于魏。〔6〕秦取梗阳。〔7〕十二年,赵梁将攻齐。十三年,韩徐为将,攻齐。公主死。〔8〕十四年,相国乐毅将赵、秦、韩、魏、燕攻齐,〔9〕取灵丘。〔10〕与秦会中阳。〔11〕十五年,燕昭王来见。〔12〕赵与韩、魏、秦共击齐,〔13〕齐王败走,燕独深入,取临菑。〔14〕

【注释】〔1〕"主父死,惠文王立立",与上文"故围主父"句遥接。"立"字误重。"惠文王立五年"云云,则是述五年之事,亦正相承。 〔2〕"鄚",今河北任丘市北鄚州镇。"易",今河北易县。〔3〕"南行唐",今河北行唐县。 〔4〕"与齐合军攻韩,至鲁关下及",惠文王九年齐、赵合军攻韩事,《田敬仲完世家》不载。"鲁关",今在河南省鲁山县。"及",乃"反"之讹。各本以"及"字属下文,误。〔5〕"十年,秦自置为西帝",秦置西帝在赵惠文王十一年,此误前一年。 〔6〕"河阳",今河南孟县西三十五里。 〔7〕"梗阳",今山西清徐县。 〔8〕"公主死",三字应是衍文。 〔9〕"十四年,相国乐毅将赵、秦、韩、魏、燕攻齐",据《年表》及韩、魏等《世

家》,五国攻齐在明年。《通鉴》记乐毅将五国兵伐齐,赵王授相国印在周赧王三十一年,亦当赵惠文王十五年。然此下文有十五年共击齐语。意授相印,造联军攻齐声势在十四年,大举进攻则在十五年。〔10〕“灵丘”,齐灵丘在山东禹城西南。赵亦有灵丘,曰代灵丘,在今山西灵丘县。武灵王葬在代灵丘。〔11〕“举秦会中阳”,“中阳”在今山西省中阳县。按中阳,《吕氏春秋》作“空雄”。《吕览·淫辞篇》云:“空雄之遇,秦、赵相与约。约曰:自今以来,秦之所欲为,赵助之,赵之所欲为,秦助之。”陈奇猷曰:“观下文所言平原君、公孙龙,则此为赵惠文王事,而秦王为秦昭王也。《史记》秦、赵世家及《六国表》,秦昭王二十二年,赵惠文王十四年,秦、赵有中阳之会。此空雄,盖即中阳也。《秦本纪》又云‘昭王二十四年,秦取魏安城,至大梁,燕、赵救之,秦军去’,与此下文谓居无几何,秦攻魏,赵救之正合。”〔12〕“十五年,燕昭王来见”,赵惠文王十五年当燕昭王二十八年。《燕召公世家》未载燕昭王聘赵事。〔13〕“赵与韩、魏、秦共击齐”,梁玉绳曰:“此言伐齐,失书楚,说在《秦纪》。”王叔珉曰:“案《年表》书秦、魏、韩、赵、燕共击湣王,不及楚。《通鉴》亦不及楚。”〔14〕“取临菑”,《燕世家》、《田敬仲完世家》并作“临淄”,《通鉴》同。“菑”、“菑”古通。地在今山东淄博市。

【译文】五年,以鄚、易二州与燕。八年。筑城南行唐。九年,赵梁为将与齐联合攻韩,前锋到达鲁关,旋即撤退。十年,秦昭王自立为西帝。十一年,董叔率军与魏氏伐宋,取得魏国的河阳。秦攻取赵国的梗阳。十二年,赵梁率军攻齐。十三年,韩徐为将,攻齐。公主去世。十四年,国相乐毅统率赵、秦、韩、魏、燕五国联军攻齐,占领灵丘。惠文王与秦昭王在中阳会见。十五年,燕昭王来赵会见惠文王。赵与韩、魏、秦联合进攻齐国。齐王败走,燕孤军深入齐境,攻占临菑。

十六年,秦复与赵数击齐,〔1〕齐人患之。苏厉为齐遗赵王书曰:〔2〕

【注释】〔1〕“十六年,秦复与赵数击齐”,赵惠文王十六年,即齐襄王保莒之年。田单守孤城即墨,齐地尽入于燕,齐仅存二城。秦实无必要与赵数击齐。此处史实或有误。全祖望谓惠文王此五年中(十六年至二十年),无一事可信。〔2〕“苏厉为齐遗赵王书”,苏厉为东周雒阳人,苏秦之兄。谯周云:“秦兄弟五人,秦最少。兄代,代弟厉及辟、鹄,并为游说士。”《考证》:“苏厉作苏秦,鲍本依史改秦作厉。”按:此章见《赵策一》,原题“赵收天下,且以伐齐,苏秦为齐上书,说赵王”,当是赵惠文王十四年事,是年相国乐毅将赵、秦、韩、魏、燕之兵攻齐,取灵丘。

【译文】十六年,秦多次联赵攻齐,齐人深以为患。苏厉为齐国给赵王上书说:

臣闻古之贤君,其德行非布于海内也,教顺非洽于民人也,〔1〕祭祀时享非数常于鬼神也。〔2〕甘露降,时雨至,〔3〕年谷丰孰,〔4〕民不疾疫,众人善之,然而贤主图之。〔5〕

【注释】〔1〕“教顺非洽于民人也”,张文虎曰:“顺,读为训,古通。”《战国策》作“教训慈爱,非布于万民也”。〔2〕“祭祀时享非数常于鬼神也”,《考证》:“常,古钞本、枫山本作尝,《策》作当,无数字。愚按:常字疑衍。”按:“常”、“尝”古通。“常”、“当”古亦通。“常”字非衍。〔3〕“甘露降,时雨至”,《战国策》作“甘露降,风雨时至”。《战国纵横家书》作“臣闻〔甘〕洛降,时雨至”。按:“臣闻”下战国帛书有脱字。《赵策》与《赵世家》并多三十余字。〔4〕“年谷丰孰”,《战国策》作“农夫登,年谷丰盈”。《战国纵横家书》作“禾谷绛盈”。按:“年谷”复语。年亦谷也。“孰”、“熟”正俗字。〔5〕“众人善之,然而贤主图之”,《考证》:“《策》图作恶。中井积德曰:图者,惧思之意。”按:《战国纵横家书》作“众人喜之,贤君恶之”。喜之、恶之,并与《战国策》同。“贤主恶之”,是说今之贤主,与古之贤君不一样,不以此为满足,所以恶之。

【译文】臣听说古时贤明的君主,要是他道德懿行尚未遍布于海内,教训恩泽尚未普及到全民,对鬼神的四时祭飨还不很经常。然而甘露时降,风调雨顺,五谷丰登,瘟疫绝迹。众人感戴贤主,而贤主并不以此为满足。

今足下之贤行功力,非数加于秦也,〔1〕怨毒积怒,非素深于齐也。〔2〕秦、赵与国,以强征兵于韩,〔3〕秦诚爱赵乎?其实憎齐乎?〔4〕物之甚者,〔5〕贤主察之。秦非爱赵而憎齐也。〔6〕欲亡韩而吞二周,〔7〕故以齐饿天下。[8]恐事之不合，故出兵以劫魏、赵。[9]恐天下畏已也，故出质以为信。[10]恐天下亟反也，故征兵于韩以威之。[11]声以德与国，实而伐空韩，[12]臣以秦计为必出于此。夫物固有势异而患同者，[13]楚久伐而中山亡，[14]今齐久伐而韩必亡。[15]破齐，王与六国分其利也。亡韩，秦独擅之。收二周，西取祭器，秦独私之。赋田计功，王之获利，孰与秦多？[16]

【注释】〔1〕"今足下贤行功力，非数加于秦也"，《战国策》作"今足下功力，非数痛加于秦国"。鲍彪曰："功力谓战伐。" 〔2〕"怨毒积怒，非索深于齐也"，《战国策》作"而怨毒积恶，非曾深凌于韩也"。《战国纵横家书》作"怨竺积怒，非深于齐"。帛书与《史记》同，作"韩"者误。 〔3〕"秦、赵与国，以强征兵于韩"，《赵策》、《战国纵横家书》并无此十字。 〔4〕"秦诚爱赵乎，其实憎齐乎"，《战国策》作"以秦为爱赵而憎韩"。《战国纵横家书》作"下吏皆以秦为夏（忧）赵而曾（憎）齐"。"忧"，《战国策》与《赵世家》并作"爱"。"忧"字胜。 〔5〕"物"，事也。"甚"，大也。 〔6〕"秦非爱赵而憎齐也"，《战国纵横家书》作"秦几（岂）夏（忧）赵而曾（憎）齐戈（哉）"。 〔7〕"欲亡韩而吞二周"，"二周"，谓东周、西周，一在洛阳，一在王城，通称二周。帛书作"欲以亡韩，呻（吞）两周"。 〔8〕"故以齐餤天下"，"餤"，音 dàn，饼饵类食物。《战国纵横家书》作"故以齐饵天下"。《战国策》"齐"作"韩"。鲍彪曰："赵时恶韩，故秦以亡韩（齐）悦赵，赵遂以为爱己也。"〔9〕"恐事之不合，故出兵以劫魏、赵"，"不合"，《战国纵横家书》、《战国策》并作"不成"。"劫"，《战国纵横家书》作"割革"，《战国策》作"佯示"。"佯示"，鲍彪曰："虚以伐韩（齐）示之。" 〔10〕"恐天下畏已也，故出质以为信"，《战国策》"畏"作"疑"。《战国纵横家书》："恐天下之疑己，故出挚（质）以为信。"按：此似专为秦而发，就这一时期的秦昭王而论，他本人就是为质于燕的公子，后迎归立为秦王。昭王六年，使泾阳君市质于齐，后又使太子悼质于魏。〔11〕"恐天下亟反也，故征兵于韩以威之"，《战国纵横家书》无此句。《战国策》作"恐天下之惊觉，故微韩以贰之"。鲍本"微"下补"伐"字。鲍彪曰："微下有缺文。《史》作'征兵韩以威之'。贰犹疑。"〔12〕"声以德与国，实而伐空韩"，《战国纵横家书》作"声德与国，实伐郑韩。"王叔珉曰："声与实对言，声犹名也。而犹则也。"按：郑韩连称，犹荆楚连称。韩哀侯迁都郑，又称郑国。 〔13〕"夫物固有势异而患同者"，自"夫物"句至"王之获利孰与秦多"，凡六十四字，《战国策》、《战国纵横家书》并在下"祸及于赵后"，文亦多舛异。《战国策》在句下又增"又有势同而患异者"一句。 〔14〕"楚久伐而中山亡"，楚怀王二十八年，秦、齐、韩、魏合攻楚，败唐昧，赵乘机伐中山。公元前二九五年赵灭中山。鲍彪曰："此言楚受秦伐，赵无秦患，故破中山灭之。" 〔15〕"今齐久伐而韩必亡"，自"今齐久伐"而下，至"孰与秦多"四十七字。《战国纵横家书》、《战国策》并无。〔16〕王叔珉曰："案'与'犹'如'也，其例习见。"

【译文】今足下的懿行功德，对秦国来说，并非经常得到重视。而对齐国的积怨深仇，亦并非不共戴天。可是秦、赵结盟，迫使韩国出兵。秦果真爱赵国吗？秦果真憎恨齐国吗？如此严正的问题，贤主应该慎重考虑。秦国并非爱赵而憎齐，不过是想灭亡韩国，吞并二周，把齐国当钓饵，等着天下诸侯上钩。惟恐事不成，出兵裹胁魏、赵。又恐天下畏惧秦国，就以人质来取信。害怕诸侯起而攻秦，则要求韩国出兵，壮自己的声威。名义上施恩德于邻邦，实际上危害国力空虚的韩国。臣以为秦国的谋略必定如此。天下事有形势异而所患则同的情况。楚长期苦于征伐，无力他顾，而中山遂亡于赵。今齐亦久苦于征战，必定会导致韩国的灭亡。打败齐国，王与六国共分其利。而灭韩，则秦独吞其果。然后秦国吞并二周，将祭器运往西方，所有的胜利果实，都被秦一家独占。为了助秦攻战，赵国赋田计税，耗费巨大财力，请问大王得到哪些好处？比一比，能有秦国那么多吗？

说士之计曰：[1]"韩亡三川，[2]魏亡晋国，[3]市朝未变而祸已及矣。"[4]燕尽齐之北地，[5]去沙丘、钜鹿敛三百里，[6]韩之上党去邯郸百里，[7]燕、秦谋王之河山，间三百里而通矣。秦之上郡近挺关，[8]至于榆中者千五百里，[9]秦以三郡攻王之上党，[10]羊肠之西，[11]句注之南，[12]非王有已。踰句注，斩常山而守之，[13]三百里而通于燕，[14]代马胡犬不东下，[15]昆山之玉不出，[16]此三宝者亦非王有已。[17]王久伐齐，从强秦攻韩，其祸必至于此。[18]愿王孰虑之。

【注释】〔1〕“说”,音 shuì。“说士”,游说之士。〔2〕“三川”,谓伊、洛、河。庄襄王元年,秦界至大梁,初置三川郡。程恩泽曰:“高诱云,三川,谓宜阳,以一县言。张守节云,三川,谓洛阳,以一郡言。又云,三川,河南之地,两川之间。《国策》所云,不过如此。”按:韩之三川在今河南省宜阳县一带。〔3〕“晋国”,鲍彪曰:“晋国谓安邑。” 〔4〕“市朝未变,而祸已及矣”,《战国策》作“恃韩未穷,而祸及于赵”。《战国纵横家书》作“市朝未罢,过及于赵”。“市朝”,即早市。《孟尝君列传》:“日暮之后,过市朝者掉臂而不顾。”是说市集已散,无人留连空旷的场地。“市朝未变”,以喻时间之短暂,犹云不朝食。〔5〕“燕尽齐之北地”,《战国纵横家书》作“燕尽齐之河南”,《战国策》同,惟“齐”作“韩”。《战国纵横家书》“河南”应是“河北”之误。《战国纵横家书》第十七章“且使燕尽阳地,以河为竟”,又“北地归于燕”,可见阳地在河北,方能以河为境。阳地即齐之北地。 〔6〕“去沙丘、钜鹿敛三百里”,“沙丘”,《战国纵横家书》作“莎丘”,在今河北广宗县西北。“钜鹿”,《战国纵横家书》作“巨鹿”,今河北平乡县。二地皆赵邑。“敛”,减少。谓北地入于燕,燕地与赵邑距离,缩短三百里。 〔7〕“韩之上党,去邯郸百里”,有脱文。《战国纵横家书》作“秦尽韩、魏之上党,则地与王布属壤芥者七百里。秦以强弩坐羊肠之道,则地去邯郸百廿里”。《战国策》句略同而有舛异。“七百里”,谓共同边界。“百廿里”,谓与赵都之距离。时上党一部分为韩所占,一部分赵固守,下文“王之上党”,则赵所守。 〔8〕“上郡”,今陕西延安、榆林一带。“挺关”,《战国策》作“扞关”,《战国纵横家书》作“麇关”。麇关,不详所在。《考证》:“扞关,楚北境,与赵无涉。” 〔9〕“榆中”,即榆林塞,亦曰榆谿,赵武灵王二十年向西拓地至此。今内蒙古准格尔旗。 〔10〕“秦以三郡攻王之上党”,《考证》:“中井积德曰:韩上党降赵在后二十年,是时赵未取上党也。然上云韩之上党,此云王之上党,则韩赵分有之耳,但不得以始皇所置上党郡作解。” 〔11〕“羊肠”,太行山地名,曰羊肠阪。《汉书·地理志》上党郡壶关县有羊肠阪,在今山西省壶关县东南。曹操《苦寒行》:“羊肠阪诘屈,车轮为之摧。”即其地。《正义》:“沁州在羊肠阪之西。”沁州,今山西沁水县。 〔12〕“句注之南”,“句注”即雁门山,为古代九塞之一,今山西代县西北。《正义》:“仪、并、代三州在句注山之南。”《战国策》作“则句注之西”,《战国纵横家书》作“注之西”。〔13〕“踰句注,斩常山而守之”,《战国策》作“今鲁句注禁常山而守”。鲍彪曰:“鲁作踰。”《战国纵横家书》作“今增注,茝恒山而守”。按:《战国策》、《战国纵横家书》均有误脱。“斩”,断绝之意。“斩常山而守”,谓断绝常山对外交通以固守。 〔14〕“三百里而通于燕”,《战国策》作“三百里通于燕之唐、曲吾”。按:《齐策》权之难章云:“燕战胜兵罢,赵可以取唐、曲逆。”《战国策》“曲吾”当作“曲逆”,《战国纵横家书》正作“曲逆”,“唐”作“阳”,音近可通。阳,今河北省唐县东北。曲逆在河北省完县东南。原并中山地。 〔15〕“代马胡犬不东下”,前云“斩常山而守”,对外交通阻隔,故西北之代马胡犬不东入赵。郭璞云:“胡地野犬,似狐而小。”“胡犬”,《战国纵横家书》作“胡狗”,《战国策》作“胡驹”。 〔16〕“昆山之玉不出”,“昆山”,《战国纵横家书》作“纶(仑)山,《战国策》作“崐山之玉不出”。鲍彪曰:“金城临羌有崐山。”《正义》云:“崐冈在于阗国东北,出玉。” 〔17〕“此三宝者亦非王有已”,《战国纵横家书》作“此三葆者或非王之有也”。 〔18〕“王久伐齐,从强秦攻韩,其祸必至于此”,帛书作“今从强秦久伐齐,臣恐其过(祸)出于此也”。《战国策》作“今从于强秦国之伐齐,臣恐其祸出于是矣”。

【译文】游说之士的计谋说:“韩亡三川、魏亡安邑,不崇朝就要祸延赵国。”燕国要是占有齐国北部疆土,燕的南界至赵国沙丘、钜鹿的路程,缩短了三百里。韩属上党距邯郸只有百来里。要是燕、秦觊觎赵国的河山,抄近路三百里就能到达。秦之上郡接近赵国的挺关,到榆中也就是千五百里。秦以三郡之众进攻赵国的上党,那末,羊肠以西、句注以南的地区,就不为大王所有了。秦国越过句注,断绝常山的对外交通而固守之,只有三百里的路程就和燕国联成一气了。从此西北的代马胡犬不能东入赵,而昆山之玉也无法输出,这三件宝也不为大王所有了。大王长期攻伐齐国,纵容强秦攻打韩国,祸患必定会到这种地步,愿大王好好想一想。

且齐之所以伐者,以事王也。〔1〕天下属行,以谋王也。〔2〕燕、秦之约成,而兵出有日矣。五国三分王之地,〔3〕齐倍五国之约而殉王之患,〔4〕西兵以禁强秦,秦废帝请服,〔5〕反高平、根柔于魏,〔6〕反巠分、先俞于赵。〔7〕齐之事王,宜为上佼,〔8〕而今乃抵辠,〔9〕臣恐天下后事王者之不敢自必也。愿王孰计之也。

【注释】〔1〕“以事王也”,中井积德曰:“事王,

谓与赵王亲交也。后文齐之事王同。” 〔2〕“属行”,《正义》:“上音烛,下胡郎反,言秦欲令齐称帝,与约五国共灭赵,三分赵地。”方苞曰:“‘属行’,相属而起兵也。《齐策》:‘使犀首属行而攻赵。’” 〔3〕“五国三分王之地”,《正义》:“谓秦、齐、韩、魏、燕三分赵之地也。”《正义》于“三分”,未有释辞。按:五国谋攻赵,各有所图,不可能三分赵地。如五国而三分,五国必自相攻伐矣。《战国策》作“参分赵壤”,参与三同。《战国纵横家书》作“踈分赵壤”。“踈分”,义同瓜分。当以《战国纵横家书》为是。“踈”字坏作“束”,与“参”形近,后人又改参作三,因有五国三分之误。《战国策》、《战国纵横家书》皆有五国之王合谋攻赵语,因齐倍约未实现。 〔4〕“齐倍五国之约而殉王之患”,谓齐不惜牺牲以赴赵王之难。“殉”,音 xùn,为实现某种目的而不顾身曰“殉”。 〔5〕“秦废帝请服”,据《六国年表》秦昭王十九年(赵惠文王十一年)十月为帝,十二月复为王。 〔6〕“高平”,今河南济源县西南向城。“根柔”,一作枳、轵,在今河南济源县南。 〔7〕“巠分”,《战国策》作“三公”,《战国纵横家书》作“王公”,徐广所见本亦作“王公”。不详所在。“先俞”,《战国策》作“什清”,《战国纵横家书》作“符逾”。徐广谓即雁门。 〔8〕“齐之事王,宜为上佼”,“佼”,音 jiāo,通交。“上佼”,上等之交。言齐之事王如此,当为王之上等之交(好朋友),而今反触罪。 〔9〕“而今乃抵辠”,《战国策》作“今乃以抵罪取伐”。《战国纵横家书》作“乃以柢(抵)罪取伐”。《正义》曰:“谓共秦伐齐也。”

【译文】何况齐国所以被征讨,是由于齐国亲近大王啊!当年诸侯相属出兵以图赵,燕、秦结成联盟,兵临赵境也为期不远啦。五国图谋瓜分大王的土地,而齐独退出五国同盟,为了大王的危难处境作出了牺牲,引兵西向,制服强秦。秦王废去西帝的称号而求和解。将高平、根柔归还给魏,巠分、先俞归还给赵。齐国侍奉大王,应该是最好不过的了,谁想到今天反而受到惩罚。臣怕天下诸侯,今后想亲近侍奉大王,不敢自以为是了。希望大王慎重加以考虑。

今王毋与天下攻齐,天下必以王为义。齐抱社稷而厚事王,[1]天下必尽重王。义,王以天下善秦,[2]秦暴,王以天下禁之,是一世之名宠制于王也。[3]

【注释】〔1〕“抱”,《战国纵横家书》作“探”。“探”即“保”。“抱”,亦有持守义。 〔2〕“义,王以天下善秦”,“义”上夺一“秦”字。《战国纵横家书》以“齐义”与下文“齐逆”对言。“齐”乃“秦”之讹。《赵策》以“韩义”与下文“韩慕”对言。“韩”亦“秦”之讹。“慕”乃“暴”之误。 〔3〕“是一世之名宠制于王也”,《战国策》作“是一世之命,制于王巳”。《战国纵横家书》作“是一世之命制于王也”。

【译文】大王不参与诸侯攻齐,举世必定认为大王的行动是正义的。齐得以保全社稷,会加倍输诚侍奉大王,天下诸侯必定都尊重大王。秦王如讲道义,大王率领天下与秦和好。秦王如肆暴虐,大王率领天下共同制裁之。如此,举世的声名威望,都集中于大王一人之身了。

于是赵乃辍,谢秦不击齐。[1]

【注释】〔1〕“谢秦不击齐”,梁玉绳曰:“秦果欲共赵击齐,赵又何敢谢之,其谬不辨自明也。”

【译文】于是赵乃罢兵,谢绝秦国,不攻打齐国。

王与燕王遇。廉颇将,[1]攻齐昔阳,[2]取之。

【注释】〔1〕“廉颇”,赵良将。赵惠文王十六年,为赵将伐齐,取阳晋,为上卿,以勇闻于诸侯。〔2〕“攻齐昔阳取之”,廉颇攻齐,《传》在十六年,《表》在十五年。“昔阳”,《表》作“准北”。洪颐煊曰:“当作‘晋阳’,是‘阳晋’之讹。”

【译文】赵王与燕王相会。廉颇为将,进攻齐国的昔阳,夺取了昔阳。

十七年,乐毅将赵师攻魏伯阳。[1]而秦怨赵不与己击齐,伐赵,拔我两城。[2]十八年,秦拔我石城。[3]王再之卫东阳,[4]决河水,伐魏氏。大潦,漳水出。[5]魏冉来相赵。[6]十九年,秦取我二城。[7]赵与魏伯阳。[8]赵奢将,攻齐麦丘,[9]取之。

【注释】〔1〕“十七年乐毅将赵师攻魏伯阳”，赵惠文王十七年，为齐襄王法章二年。乐毅方将燕师略齐，不能复为赵将，此事非实。《魏世家》亦不载乐毅为将攻魏事。乐毅虽不为赵将，而赵攻占伯阳之事则有。后文有“赵与(许)魏伯阳”可证。“伯阳”，今河南安阳市西北。〔2〕“两城”，蔺、离石。〔3〕“秦拔我石城”，石城即离石。湖北云梦睡虎地秦墓出土《编年记》于秦昭王二十六年云：“攻离石。”秦昭王二十六年，即赵惠文王十八年。《史记》“秦拔我石城”，即《编年记》秦昭王二十六年之“攻离石”。〔4〕“东阳”，在今河北省太行山以东邢台地区和邯郸地区一带。襄公二十三年《左传》“赵胜率东阳之师以追齐军”，即其地。〔5〕“漳水”，即漳河。山西省东部有清漳、浊漳二河，东南流至今河北河南两省边境，合为漳河，又东流至大名县人卫河。〔6〕“魏冉来相赵”，“魏冉”，秦昭王母宣太后弟；封于穰，又称穰侯，其先楚人，姓芈氏。按：惠文王十八年，魏冉相赵事并非事实。〔7〕“败”，秦略赵、魏地皆曰“拔”，此亦当作“拔”。惟赵惠文王十九年《年表》，秦虽击赵，不言拔赵二城。疑涉上文“而秦怨赵不与己击齐，伐赵，拔我两城”而衍。〔8〕“赵与魏伯阳”，“与”许也。十七年赵师攻占魏伯阳，十九年许魏归伯阳。〔9〕“麦丘”，齐邑，今山东商河县。

【译文】十七年，乐毅率领赵军攻占魏伯阳。秦埋怨赵不与秦结盟进攻齐国，兴兵伐赵，攻占赵二城。十八年，秦攻下我石城。王再次来到卫东阳地区，溃决黄河水，进攻魏国。洪涝成灾，漳河水泛滥。魏冉来任赵相。十九年，秦袭取我二城。赵答应归还伯阳给魏。赵奢为将，进攻齐麦丘。

二十年，廉颇将，攻齐。〔1〕王与秦昭王遇西河外。〔2〕

【注释】〔1〕“二十年，廉颇将，攻齐”，梁玉绳曰：“是年乐毅在齐，次年田单始败燕军，复有七十余城。此时齐无可攻，他处皆无其事，疑亦《史》误。”按：燕下齐七十余城，力不能全守。惠文王十九年赵奢攻齐麦丘，麦丘自非燕所守。可见齐人仍在燕无兵戍守处，起义兵抗燕、赵。廉颇攻齐，与赵奢攻齐麦丘正相类。〔2〕“王与秦昭王遇西河外”，据《年表》赵表，惠文王二十年，“与秦会黾池，蔺相如从”。《集解》徐广引《表》作“渑池”。在今河南省渑池县。战国时为渑池邑，初属韩，后属秦。

【译文】二十年，廉颇为将，进攻齐国。赵王与秦昭王会于西河外。

二十一年，赵徙漳水武平西。〔1〕二十二年，大疫。置公子丹为太子。〔2〕

【注释】〔1〕“徙”，筑坝使其改道。“武平”，在今河南鹿邑县。〔2〕“太子丹”，即赵孝成王。

【译文】二十一年，赵筑坝引漳河水流经武平西。二十二年，瘟疫大流行。立公子丹为太子。

二十三年，楼昌将，〔1〕攻魏幾，不能取。〔2〕十二月，廉颇将，攻幾取之。〔3〕二十四年，廉颇将，攻魏房子，〔4〕拔之，因城而还。又攻安阳，〔5〕取之。二十五年，燕周将，攻昌城、高唐，取之。〔6〕与魏共击秦。〔7〕秦将白起破我华阳，得一将军。〔8〕二十六年，取东胡欧代地。〔9〕

【注释】〔1〕“楼昌”，楼缓族。《赵策三》：“秦、赵战于长平，赵不胜，亡一都尉，赵王召楼昌与虞卿。”即其人。〔2〕“幾”，古与“冀”通。哀公十七年《左传》云：“日日以幾。”注：“冀君来。幾音冀，本或作冀。”魏幾，即魏冀。魏之冀州，今山西河津县东北。〔3〕“十二月，廉颇将，攻幾取之”，赵惠文王二十三年，赵将楼昌、廉颇先后攻魏。是年为魏安釐王元年，秦亦攻魏。是秦、赵皆乘魏之丧，伐人之国。〔4〕“房子”，亦作“防子”，今河北高邑县西南。房子本赵邑，或先为魏攻占，二十四年，廉颇率军反攻，拔之。〔5〕“安阳”，今河南安阳市。〔6〕“二十五年，燕周将，攻昌城、高唐，取之”，“燕周”，赵人赵将。惠文王二十五年，赵、魏矛盾缓解，因得挥师东击齐。“昌城”，在今山东淄博市境。“高唐”，齐邑，在今山东禹城西南。〔7〕“与魏共击秦”，与魏共击秦，在惠文王二十六年，此误前一年。〔8〕“秦将白起，破我华阳，得一将军”，“白起”，秦郿人，穰侯任举，为秦名将，封为武安君。《白起列传》，起攻魏拔华阳在昭襄王三十四年，《六国年表》同，当赵惠文王二十六年，此误前一年。惟《秦本纪》记其事在秦昭王三十三年，与本文合。此止言秦将白起，而遗却主帅穰侯、客卿胡阳。“华阳”，韩邑，今河南新郑县东南。“破我华阳”者，谓破赵魏联军于韩邑华阳。“得一将军”，《白起列传》

作“虏三晋将”。〔9〕“欧”，东胡、匈奴之间有地名瓯脱，有瓯脱王辖之，见《匈奴列传》。“瓯”、“欧”古字通。

【译文】二十三年，楼昌为将，进攻魏国幾城，没有攻下。十二月，廉颇为将，攻取幾城。二十四年，廉颇率军进攻魏房子，修葺城池而还。又攻取安阳。二十五年，燕周为将，攻取昌城、高唐。答应魏国一起攻秦。秦将白起在华阳打败我军，一名将军被俘。二十六年，攻取东胡所占代地及瓯脱地。

二十七年，徙漳水武平南。封赵豹为平阳君。[1]河水出，大潦。

【注释】〔1〕“赵豹”，惠文王同母弟，惠后吴娃次子。

【译文】二十七年，引漳河水流经武平之南。封赵豹为平阳君。河水泛滥，大片土地被淹。

二十八年，蔺相如伐齐，[1]至平邑。[2]罢城北九门大城。[3]燕将成安君公孙操弑其王。[4]二十九年，秦、韩相攻，而围阏与。[5]赵使赵奢将，击秦，大破秦军阏与下。[6]赐号为马服君。[7]

【注释】〔1〕“蔺相如”，赵人，为赵宦者令缪贤舍人，以完璧归赵封为上大夫。〔2〕“至平邑”，蔺相如伐齐至平邑者，谓未入齐境，止军不进。“平邑”，今河南南乐县东北。〔3〕“九门”，赵邑，今河北石家庄市东北。武灵王出九门为野台以望齐、中山之境，即其地。〔4〕“燕将成安君公孙操弑其王”，徐广曰：“《年表》云：是燕武成王元年。”“其王”，谓燕惠王。〔5〕“阏与”，韩邑，后属赵，今山西武乡县一带。《战国纵横家书》作“阏舆”。〔6〕“赵使赵奢将，击秦，大破秦军阏与下”，赵奢，初为田部吏，后用于赵。秦伐赵围阏与。廉颇、乐乘皆曰：“道远险狭，难救。”问赵奢，奢曰：“其道远险狭，譬之犹两鼠斗于穴中，将勇者胜。”赵奢遂将兵救之。赵奢先据北山，秦兵后至，争山不得上。奢纵兵击之。大破秦师，解阏与之围而还。事详具《廉颇蔺相如列传》附《赵奢传》。〔7〕“赐号为马服君”，《正义》：“因马服山为号也。”虞喜《志林》云：“马，兵之首也，号曰马服者，言能服马也。”按：马服山在邯郸县西北十里。以地为号义胜，《志林》释词牵强。

【译文】二十八年，蔺相如伐齐，进军至平邑。停止修筑北九门大城工程。燕将成安君公孙操弑杀燕王。二十九年，秦、韩相互攻战，秦围阏与。赵派赵奢为将，抗击秦军，在阏与城下大败秦军。赵王赐赵奢封号为马服君。

三十三年，[1]惠文王卒，太子丹立，是为孝成王。[2]

【注释】〔1〕“三十三年”，当周赧王四十九年，公元前二六六年。〔2〕“孝成王”，在位二十年，卒年为秦始皇帝元年。

【译文】三十三年，惠文王去世，太子丹继位，是为孝成王。

孝成王元年，[1]秦伐我，拔三城。赵王新立，太后用事。[2]秦急攻之，赵氏求救于齐。齐曰：[3]“必以长安君为质，[4]兵乃出。”太后不肯，大臣强谏。太后明谓左右曰：“复言长安君为质者，老妇必唾其面。”左师触龙言愿见太后，[5]太后盛气而胥之。[6]入，[7]徐趋而坐，[8]自谢曰：“老臣病足，曾不能疾走，不得见久矣。窃自恕，[9]而恐太后体之有所苦也，[10]故愿望见太后。”太后曰：“老妇恃辇而行耳。”[11]曰：“食得毋衰乎？”[12]曰：“恃粥耳。”[13]曰：“老臣间者殊不欲食，乃强步，[14]日三四里，少益嗜食，和于身也。”太后曰：“老妇不能。”太后不和之色少解。左师公曰：“老臣贱息舒祺最少，[15]不肖，而臣衰，窃怜爱之，愿得补黑衣之缺以卫王宫，[16]昧死以闻。”[17]太后曰：“敬诺。年几何矣？”对曰：“十五岁矣。虽少，愿及未填沟壑而托之。”[18]太后曰：“丈夫亦爱怜少子乎？”对曰：“甚于妇人。”太后笑曰：“妇人异甚。”[19]对曰：“老臣窃以为媪之爱燕后贤于长安君。”[20]太后曰：“君过矣，不若长安君之甚。”左师公曰：“父母爱子，则为之计深远。媪之送燕后也，持其踵，

为之泣，念其远也，亦哀之矣。已行，非不思也，祭祀则祝之曰‘必勿使反’，〔21〕岂非计长久，为子孙相继为王也哉？”〔22〕太后曰：“然。”左师公曰：“今三世以前，至于赵主之子孙为侯者，〔23〕其继有在者乎？”曰：“无有。”曰：“微独赵，〔24〕诸侯有在者乎？”曰：“老妇不闻也。”曰：〔25〕“此其近者祸及其身，远者及其子孙。岂人主之子侯则不善哉？位尊而无功，奉厚而无劳，〔26〕而挟重器多也。〔27〕今媪尊长安君之位，而封之以膏腴之地，多与之重器，而不及今令有功于国，一旦山陵崩，〔28〕长安君何以自托于赵？老臣以媪为长安君之计短也，故以为爱之不若燕后。”太后曰：“诺，恣君之所使之。”〔29〕于是为长安君约车百乘，〔30〕质于齐，齐兵乃出。

【注释】〔1〕“孝成王元年”，据《六国年表》，此年“平原君相”。〔2〕“太后用事”，“太后”，指孝成王母惠文后。鲍彪曰：“惠文王威后。”《战国纵横家书》作“赵大(太)后规用事”。“规”，疑“亲”字之误。《赵策》作“新”。〔3〕“齐曰”，《通鉴》“齐”下有“人”字。《太平御览》卷七四〇引《春秋后语》下有“王”字。〔4〕“长安君”，惠文王少子。《赵世家》“封长安君于饶”。饶，今河北饶阳，疑即赵之长安。孔衍曰：“赵亦有长安，今其地阙。”〔5〕“左师触龙言愿见太后”，《战国策》“龙言”二字作“詟”。《战国纵横家书》作“左师触龙言愿见”。当以“触龙”为是。〔6〕“胥”，犹“须”，等待。《战国纵横家书》句同。《战国策》作“揖”，盖误。母后之尊，何为揖其臣，况在盛气时。〔7〕“入”，此字《战国纵横家书》属下，作“入而徐趋”。《赵策》同。《通鉴》“入”字上属，作“太后盛气而胥之入”。按：本文“入”自为句。诸书因上下行文不同而各异。〔8〕“坐”，《考证》：“枫山、三条本‘坐’作‘至’。”按：《赵策》、《战国纵横家书》“坐”并作“至”。〔9〕“窃自恕”，刘伯庄曰：“自恕，犹言自忖度也。”〔10〕“而恐太后体之有所苦也”，中井积德曰：“自推其衰，恐太后之衰也。”《通鉴》采《史记》。《战国策》作：“而恐太后玉体有所郄也。”《战国纵横家书》作“舆(与)恐玉體(体)之有所䣛(郄)也”。按：“与”、“而”古通。“䣛”字不见字书。《赵策》作“郄”，为“郤”之别体。“䣛”、“郄”、“郤”，皆劳累、倦乏之义，与《赵世家》“苦”字义通。〔11〕“辇”，音 niǎn，人挽之车。后世称天子之车为辇。〔12〕“毋”，《太平御览》卷八五九引作“无”，二字同。《战国策》亦作“无”。《战国纵横家书》作“食饮得毋衰乎”。〔13〕“粥”，《战国策》、《战国纵横家书》并作“鬻”。鲍彪曰：“鬻、粥同。”〔14〕“乃强步”，《战国策》、《战国纵横家书》并作“乃自强步”。〔15〕“息”，儿子。〔16〕“愿得补黑衣之缺以卫王宫”，《考证》：“古钞本、枫山、三条本‘愿’下有‘令’字，与《策》合。黑衣，皁衣也，卫士之服。”《战国纵横家书》“愿”下亦有“令”字。〔17〕“昧死”，冒死。《战国策》作“没死”。鲍彪曰：“没者，沉溺之辞。”“以闻”，二字连读，为臣下上书套语。〔18〕“愿及未填沟壑而托之”，鲍彪曰：“死则填壑。”《通鉴》注：“谦言死必填沟壑，愿及未死而托少子也。”〔19〕“妇人异甚”，鲍彪曰：“异于丈夫而有甚焉。”裴学海云：“异犹尤也。尤作更字解。”〔20〕《通鉴》注：“媪，乌浩翻，妇之老者之称。赵太后之女嫁于燕，故称之曰燕后。”〔21〕“必勿使反”，鲍彪曰：“失意于燕乃反耳。”〔22〕“为”，《考证》：“‘久’下‘为’字，《策》作‘有’。”“有”犹为也。〔23〕“至于赵主之子孙为侯者”，《考证》：“古钞本、枫山、三条本‘于’下有‘赵之为赵’四字，与《策》合。《策》‘主’作‘王’，可从。”《战国纵横家书》“于”下亦有“赵之为赵”四字。姚本《赵策》与《史记》同，作“赵主”，鲍本《赵策》作“赵王”。〔24〕“微独”，不但。〔25〕“曰”，《考证》：“《策》‘也’下无‘曰’字。太后之言未毕，左师急言。”鲍彪亦曰：“此下左师对。”按：《战国纵横家书》无“也”字，有“曰”字。〔26〕“奉厚而无劳”，《通鉴》注：“奉，读曰俸。凡奉禄之奉皆同音。”〔27〕“而挟重器多也”，鲍彪曰：“重器谓名位金玉。”〔28〕“山陵崩”，《考证》：“山陵，喻尊高也。亦坟墓所在，山陵崩，言死也。讳辞。”〔29〕“恣君之所使之”，王叔珉曰：“《记纂渊海》引‘所’下有‘见’字。”〔30〕“约”，办备。

【译文】孝成王元年，秦攻赵，占领赵三城。赵王新即位，太后掌权。秦猛烈攻赵，赵求救于齐。齐曰：“必须长安君为质，才发救兵。”太后不肯。大臣极力劝谏。太后干脆对左右说：“谁要再来讲长安君为质的事，老妇就吐唾沫啐他的脸。”左师触龙说愿见太后。太后一肚子气，等候左师来到。进来了，左师不紧不慢走到太后跟前坐下，向太后抱歉说：“老臣腿脚不灵便，总是走不快，有好长时间没有来拜见太后了。私下揣谋，不知太后尊体近来安适否，所以想来拜望您。”太后说：“我也是离开车子走不了道儿呀！”左师问道：“饭量不减吗？”太后说：“凑合喝点粥。”左师说：“老臣前些时很不想吃东西，勉强散散步，一天三四里，饭量才好一些，身体也感到松和一些。”太后说：“我可不行。”太后不高兴的脸色稍稍缓解。左师公说：“老臣的儿子舒祺，最小的那个，没有多大出息。老臣日益衰老，私下疼爱小儿子，想在黑衣卫补个缺，让他也能保卫王宫，特冒死罪向您请求。”太后说：“可以嘛。今年多大啦？”答曰：“十五岁啦！年龄是小一点。我忖思还是在我填于沟壑以前，亲自拜托您为好。”太后说：“男人也疼爱小儿子吗？”答曰：“可不，比女人还厉害呐！”太后笑着说：“哪里，女人比男人厉害。”答曰：“老臣愚见，您老人家疼爱燕后超过长安君。”太后说：“老先生错啦！我疼爱燕后，哪里比得上长安君啊！”左师公说：“大凡父母之爱子女，无不为子女深谋远算。老人家送燕后出嫁时，紧跟着她的脚步，为她远嫁而哭泣，是多么的悲哀呀！已经出嫁，还能不思念吗？可是在祭祀祷告时却说：可千万别回来哟！难道不是从长远考虑，希望她的子孙世世代代继承王位吗？”太后说：“对呀！”左师公接着说：“从现在算起，三世以前，凡赵王子孙受封为侯的，其后代还有在位的吗？”太后说：“没有。”左师公又说：“抛开赵不谈，其他诸侯后代有仍然在位的吗？”太后说：“老妇没有听说过。”左师说：“得！时间短的，祸及其本人，时间长的，祸延其子孙。莫非人主的子孙都没有好下场吗！？而是由于他们身居高位，鲜有功勋，俸禄优厚，却无劳绩，可是他们拥有大量的珍宝重器！今天老人家可以给予长安君以显贵的地位，可以把肥沃的土地封赐给他，可以多多赏赐他珍宝重器，就是不让他为国家建立功勋，一旦您老人家山陵崩塌，请问长安君凭什么能在赵国安身立命！？所以老臣以为您为长安君考虑的太少，故以为您疼爱长安君，比不上疼爱燕后。”太后说：“好啦！好啦！你说咋办就咋办吧！”于是为长安君配备车骑一百乘，去齐国为质。齐国方才派出救兵。

子义闻之，[1]曰：“人主之子，骨肉之亲也，犹不能持无功之尊，[2]无劳之奉，而守金玉之重也，而况于予乎？”[3]

【注释】〔1〕“子义”，鲍彪曰：“赵之贤士”。〔2〕“犹不能持无功之尊”，“持”《战国策》作“恃”，《战国纵横家书》作“持”。按：“持”、“恃”古通。〔3〕“而况于予乎”，梁玉绳曰：“‘予’字非。一本作‘子’字，尤非。《国策》作‘人臣’是也。”按：《战国纵横家书》作“人臣”。

【译文】子义听说这件事，说：“国君的儿子，那是骨肉之亲啊，尚且不能凭借于国无功的尊显地位，和不劳而获的俸禄，以永远保有国家的金玉重器，更何况是人臣呢！”

齐安平君田单[1]将赵师而攻燕中阳，[2]拔之。又攻韩注人，[3]拔之。二年，惠文后卒。田单为相。[4]

【注释】〔1〕“齐安平君田单”，“田单”，齐诸田疏远亲属。湣王时为临菑市掾，以莒、即墨二城复燕所侵七十余城。襄王封单安平君。本书《田单列传》叙其事至迎襄王入临菑听政，后事不详。何时入赵，何为入赵，皆阙。恐亦功高不容于齐耳。“安平”，今山东临淄县东。〔2〕“中阳”，应作“中人”，《六国年表》与燕、赵《世家》并误作“中阳”。地在今河北唐县。〔3〕“注人”，在今河南省临汝县。〔4〕“二年，惠文后卒，田单为相”，田单于赵孝成王元年将赵师攻燕中人，又攻韩注人。二年为赵相。田单入赵，在赵惠文王晚岁。《赵策三》有“赵惠文王三十年，相都平君田单问赵奢”语。赵惠文王三十年，正赵奢破秦军阏与后一年。田单时为齐相。故称都平君，都平君即安平君，齐所封也。田单入赵，自在赵惠文王三十年以后。

【译文】齐安平君田单率领赵军进攻燕中阳（中人），占领中阳。又进攻韩注人，占领注人。二年，惠文后去世，田单任赵相。

四年，王梦衣偏裻之衣，[1]乘飞龙上天，不至而坠，见金玉之积如山。明日，王召筮史敢占之，[2]曰：“梦衣偏裻之衣者，残也。乘飞龙上天不至而坠者，有气而无实也。见金玉之积如山者，忧也。”[3]

【注释】〔1〕“裻”，音 dū，衣背缝。《说文》作“祷”。《国语·晋语》一：“是故使申生伐东山，衣之偏裻之衣。”注：“裻在中，左右异，故曰偏。”杜预曰：“偏衣，左右异色，其半似公服。”〔2〕“筮”，音 shì，以蓍草占休咎。“筮史”，是占卜凶吉的官。“敢”，人名。〔3〕《考证》：“忧即祸。”

【译文】四年，孝成王在梦中穿着衣背中缝左右两色的衣服，驾驭飞龙飞升，未达所至就溅落在

地上，却看到金玉堆积如山。第二天，王召见名叫敢的筮史，命他占卜吉凶。筮史说：“梦中穿着背缝两侧异色的衣服，意味着残缺不全。御飞龙上天，不到天庭就溅落，意味着徒具虚声，而无实际。见到金玉珠宝堆积如山，意味着一场灾祸。”

后三日，韩氏上党守冯亭使者至，[1]曰：“韩不能守上党，[2]入之于秦。其吏民皆安为赵，[3]不欲为秦。有城市邑十七，[4]愿再拜入之赵，财王所以赐吏民。”[5]王大喜，召平阳君豹告之曰：[6]“冯亭入城市邑十七，受之何如？”对曰：“圣人甚祸无故之利。”[7]王曰：“人怀吾德，[8]何谓无故乎？”对曰：“夫秦蚕食韩氏地，中绝，不令相通，[9]固自以为坐而受上党之地也。[10]韩氏所以不入于秦者，欲嫁其祸于赵也。[11]秦服其劳而赵受其利，虽强大不能得之于小弱，小弱顾能得之于强大乎？岂可谓非无故之利哉！且夫秦以牛田之水通粮蚕食，[12]上乘倍战者，裂上国之地，[13]其政行，不可与为难，必勿受也。”[14]王曰：“今发百万之军而攻，逾年历岁，未得一城也。[15]今以城市邑十七币吾国，[16]此大利也。”

【注释】〔1〕“韩氏上党守冯亭使者至”，《韩世家》载，桓惠王十年，上党郡守以上党郡降赵，韩桓惠王十年当赵孝成王三年，此记在四年。《汉书·冯奉世传》云：“其先冯亭，为韩上党守。秦攻上党，绝太行道，韩不能守。冯亭乃入上党城守于赵。赵封冯亭为华阳君，与赵将括拒秦，战死于长平。”按：《战国策》言冯亭辞封入韩。《后汉书·冯衍传》注引“守”上有“太”字。〔2〕“韩不能守上党”，武安君白起伐韩，拔野王，上党至韩都新郑路绝，故韩不能守上党。〔3〕“为”，《通鉴》作“于”。“为”、“于”义同。〔4〕“城市邑”，《通鉴》注曰：“言邑之有城市者，指言大邑也。”〔5〕“财”，《战国策》作“才”，即裁也。殿本作“听”。按：此到装句法。〔6〕“王大喜，召平阳君豹告之曰”，《战国策》作“赵王喜，召平原君而告之曰”。误平阳君为平原君。若果平原，下文不应复云召赵胜。〔7〕“对曰：圣人甚祸无故之利”，《战国策》作：“赵豹对曰：‘臣闻圣人甚祸无故之利。’”《通鉴》注：“甚祸者，言甚以为祸也。”王叔珉曰：“案《后汉书》注引对作豹，祸作恶。”〔8〕“人怀吾德”，《赵策》作“人怀吾义”。《通鉴》作“人乐吾德”。〔9〕“夫秦蚕食韩氏地，中绝，不令相通”，《考证》：“此时白起伐韩，拔韩野王，上党至韩之道不通。”《六国年表》云昭王四十五年，“秦攻韩，取十城”。按：野王，今河南沁阳县治。〔10〕“固”，《考证》：“固，《策》作故。古钞本、枫山、三条本作因。”按：《通鉴》“固”字同，“固”、“故”古通，“因”字误。〔11〕“韩氏所以不入于秦者，欲嫁祸于赵也”，《战国策》作“且夫韩之所以内赵者，欲嫁其祸也”。《通鉴》注：“毛晃曰：推恶与人曰嫁怨、嫁祸。”〔12〕“且夫秦以牛田之水通粮蚕食”，吴汝纶曰：“牛田之水，言少水也。盖沟渠资溉田者，秦用以通粮也。蚕食属上指。”按：句有夺误，未可遽解。“蚕食”二字，《战国策》无。或谓上属，或谓下属，或曰衍。注家皆削足就履，未以为得。〔13〕“上乘倍战者，裂上国之地”，《战国策》作“其死士皆列之于上地”。中井积德曰：“上乘，谓良马劲卒也。”“上地”，鲍彪曰：“韩之上流。”《考证》：“此言秦裂所取之国以为功臣死士食邑也。”〔14〕“其政行，不可与为难，必勿受也”，《考证》：“其字承上文秦时，《策》‘政行’下，有‘令严’二字。”按：姚本《赵策》“令严”二字在“政行”上。〔15〕“未得一城也”，《考证》：“枫山、三条本城作地。”王叔珉曰：“案《赵策》得作见。下同。王念孙《杂志》云：‘见当为㝵，㝵，古得字。’是也。”〔16〕“今以城市邑十七币吾国”，《正义》：“冯亭将十七邑入赵，若币帛之见遗，此大利也。”

【译文】后三天，韩国上党守将冯亭的使者来到，说：“韩守不住上党，将要纳入秦国。上党吏民都习惯赵的风土人情，不愿做秦臣民。上党十七个城邑，都愿叩求大王并归于赵，如何赐福全体吏民，听王裁夺。”赵王大喜，召见平阳君赵豹告知此事。赵王说：“冯亭献纳十七座城邑，接受它怎么样？”赵豹说：“圣人把无功受益看作是祸害。”赵王说：“人家感怀我的恩德，怎能说成是无功受益呢？”赵豹说：“秦蚕食韩氏土地，阻绝通往上党的道路。秦人自己认为上党之地垂手可得。韩国不让上党归并于秦，是想嫁祸于赵。秦国付出了代价而赵坐享其利。即便是强国大国，也不能用这种方式占小国之利，小国弱国又怎能用这种方式去占大国的便宜呢？这怎么可以说不是无功得利呢？何况秦国以牛田之水向前方输送军糈以蚕食韩国，秦以第一流的军事装备占领韩国土地。秦国政令畅行，不能和他作对，一定不能接受上党的城邑。”赵王说：“动员百万大军攻城略地，穷年累月，未必能攻取一城。如今眼看十七座城邑如同礼品一样送来我国，这是多么大的一笔财富呀！”

赵豹出，王召平原君与赵禹而告之。[1]对曰：“发百万之军而攻，逾岁未得一城。今坐受城市邑十七，此大利，不可失也。”王曰：“善。”乃令赵胜受地，[2]告冯亭曰：“敝国使者臣胜，敝国君使胜致命，以万户都三封太守，[3]千户都三封县令，[4]皆世世为侯，吏民皆益爵三级，[5]吏民能相安，皆赐之六金。”[6]冯亭垂涕不见使者，[7]曰：“吾不处三不义也：[8]为主守地，不能死，固不义一矣。[9]入于秦，不听主令，不义二矣。[10]卖主地而食之，不义三矣。”[11]赵遂发兵取上党，[12]廉颇将军军长平。[13]

【注释】〔1〕“平原君”，《考证》：“《策》平原君作赵胜。王、柯本原讹陵。”按：黄善夫本“原”亦讹作“陵”。 〔2〕“乃令赵胜受地”，《通鉴》作“王乃使平原君往受地。”注云：“秦有吞天下之心，使赵不受上党而秦得之，亦必据上党而攻赵。故赵之祸不在于受上党而在于用赵括。” 〔3〕“以万户都三封太守”，《战国策》作“请以三万户之都封太守”。当依《赵策》。郡守更为太守，始景帝中二年七月。《正义》以“太”为衍字。吴师道、凌约言以《战国策》中“太守”凡五言，决非衍。泷川资言谓太守不始于汉，李笠订补有证。阎若璩以为史家有追书之词，每以后代官名制度叙前代事。王国维《齐鲁封泥集存书后》据《墨子》、《赵策》证战国时已有太守，“更名郡守为太守，不过整齐画一之耳”。王氏说近是。〔4〕“千户都三封县令”，《战国策》作“千户封县令”。依前句致讹之由，应为“三千户都封县令”。 〔5〕“吏民皆益爵三级”，《考证》：“以级定爵，诸国未闻，但秦有之，赵亦仿之耶。” 〔6〕“皆赐之六金”，秦以一溢为一金，汉以一斤为一金。 〔7〕“冯亭垂涕不见使者”，《战国策》作“冯亭垂涕而勉”。鲍彪本“勉”作“免”。“免”，辞也。“勉”、“免”通。 〔8〕“吾不处三不义也”，《战国策》“吾不”作“是吾”。梁玉绳曰：“《策》言冯亭辞封入韩。然《汉书·冯奉世传》云赵封冯亭为华阳君，与赵将括距秦，战死长平。所说不同，未知谁实。” 〔9〕“为主守地，不能死，固不义一矣”，《考证》：“固字枫山、三条本作国。《策》无。”按：《战国策》作“为主守地而不能死，而以与人，不义一也”。 〔10〕“入于秦，不听主令，不义二矣”，《赵策》作“主内之秦，不顺主命，不义二也”。《考证》：“《策》人上有主字。王念孙曰：脱去主字，文义不明。谓韩王人上党于秦，而冯亭不听也。”〔11〕“卖主地而食之，不义三矣”，《战国策》作“卖主之地而食之，不义三也”。鲍彪曰：“食，食封户也。”〔12〕“赵遂发兵取上党”，鲍彪曰：“平阳嫁祸之言，岂不易晓，而孝成怒之，昏于利也。胜、禹入而顺旨，以济其欲，不几于一言而丧邦欤！故为邦者以远佞人为急。”按：胜、禹谋浅，非佞。 〔13〕“廉颇将军军长平”，廉颇军长平在赵孝成王六年。“长平”，在今山西高平县西北。

【译文】赵豹出宫。赵王召见平原君和赵禹，告知此事。二人说：“动员百万大军作战，经年累月，也打不下一座城池。今坐受十七座城邑，这是大利，不可失去机会。”赵王称善。于是命令赵胜受地。向冯亭宣告说：“敝国使者臣赵胜。敝国君命令赵胜宣布：以三万户都邑封太守，三千户都邑封县令，皆世世为侯。吏民一律加爵三级。吏民应相安无事。每人赐金六溢。”冯亭流涕不肯见使者。冯亭说：“我不能处在三不义的境地：为国家守地，不能以死殉国，是一不义。韩王入地于秦，我不服从，是二不义。出卖国家土地而受食邑，是三不义。”赵国发兵占领上党，廉颇率军进驻长平。

七年，廉颇免，[1]而赵括代将。[2]秦人围赵括，[3]赵括以军降，[4]卒四十余万皆阬之。[5]王悔不听赵豹之计，故有长平之祸焉。[6]

【注释】〔1〕“七年，廉颇免”，“廉颇免”，《白起传》在六年七月。《六国年表》亦在六年，《通鉴》并书于周赧王五十五年，即孝成六年。只有《廉颇蔺相如列传》书于七年，与本文合。 〔2〕“而赵括代将”，赵括，赵奢子。赵王以赵括为将代廉颇，蔺相如以为赵王以名使，如胶柱鼓瑟。括徒能读其父书传，不知合变。赵括母亦上书言于赵王，“括不可使将”。赵王不听，遂坐取长平之败。 〔3〕“秦人围赵括”，秦王闻括已为赵将，乃阴使武安君为上将军而王龁为裨将。赵括至军，悉更约束，易置军吏，出兵击秦师。武安君佯败而走，张二奇兵劫之。赵括乘胜追造秦壁。壁坚拒不得入。奇兵二万五千人绝赵军之后。又五千骑绝赵壁间。赵军分而为二，粮道绝。武安君出轻兵击之。赵战不利，因筑坚壁守以待救至。 〔4〕“赵括以军降”，《廉颇蔺相如列传》、《白起列传》并云：“秦军射杀赵括。”赵括战死，

非降将。〔5〕“卒四十余万皆阬之,”《白起列传》坑卒亦并书在六年,《通鉴》同,皆可证上文“七年”之误。“四十余万”,《白起列传》、《六国年表》、《廉颇蔺相如列传》作“四十五万”,《通鉴》同。〔6〕“王悔不听赵豹之计,故有长平之祸焉”,胡三省曰:“秦有吞天下之心,使赵不受上党而秦得之,亦必据上党而攻赵。故赵之祸不在受上党而在用赵括。”

【译文】七月,廉颇被免,以赵括代之为将。秦军包围赵括。赵括死,全军投降,所部四十余万众全被活埋。赵王后悔不听赵豹之言,招致长平的一场灾难。

王还,不听秦,〔1〕秦围邯郸。〔2〕武垣令傅豹、王容、苏射率燕众反燕地。〔3〕赵以灵丘封楚相春申君。〔4〕

【注释】〔1〕“王还,不听秦”,“还”,犹仍也。崔适曰:“‘王还不听秦’五字,不知所谓,当是衍文。”〔2〕“秦围邯郸”,徐广曰:“在九年。”《六国年表》亦在九年。《魏世家》、《魏公子列传》并在魏安釐王二十年,亦当赵孝成王九年。九年邯郸之围,秦将为王龁,武安君已于十月(年初)免为士伍。〔3〕“武垣”,徐广曰:“河间有武垣县,本属涿郡。”涿郡,今河北涿县。“傅豹、王容、苏射率燕众反燕地”,武垣本燕地,今属赵,其众亦本为燕人,故云率燕众反燕地。〔4〕“赵以灵丘封楚相春申君”,“灵丘”,今山西省灵丘县,春申君黄歇有救赵之功,赵以灵丘封之。

【译文】赵王依旧不肯屈从秦国。秦军包围邯郸。武垣令傅豹、王容、苏射率领燕民叛赵回归燕国。赵以灵丘赐封楚相春申君。

八年,平原君如楚请救。〔1〕还,楚来救。及魏公子无忌亦来救,秦围邯郸乃解。〔2〕

【注释】〔1〕“八年,平原君如楚请救”,毛遂自荐的故事,就发生在平原君如楚请救的过程中。事具《平原君列传》。〔2〕“秦围邯郸乃解”,秦解邯郸围,《楚世家》、《魏世家》及《魏公子列传》、《燕世家》皆当孝成九年。《春申君列传》与本文“八年”合。作八年者误,应作九年。

【译文】八年,平原君前往楚国请救兵,回国后,楚国救兵来到。魏公子无忌,也率兵来救。秦解除对邯郸的包围。

十年,燕攻昌壮,〔1〕五月拔之。赵将乐乘、庆舍攻秦信梁军,破之。〔2〕太子死。〔3〕而秦攻西周,拔之。徒父祺出。〔4〕十一年,城元氏,〔5〕县上原。武阳君郑安平死,〔6〕收其地。十二年,邯郸廥烧。〔7〕十四年,平原君赵胜死。〔8〕

【注释】〔1〕“昌壮”,《正义》:“壮字误,当作城。”《括地志》云:“昌城故城在冀州信都县西北五里。此时属赵,故攻之也。”按:冀州信都县,今河北枣强县东北。〔2〕“赵将乐乘、庆舍攻秦信梁军,破之”,《正义》:“信梁盖王龁号也。”按:梁玉绳曰:“《秦纪》言‘将军摎攻赵,取二十余县,首虏九万’。疑即此事。信梁即摎号也。”按:《正义》及梁玉绳说,皆无实据,姑存疑。〔3〕“太子死”,赵之太子,史佚名。〔4〕“而秦攻西周,拔之,徒父祺出”,秦王使将军摎攻西周,赧王入秦,顿首受罪。“徒父祺”,赵大夫。《正义》曰:“赵见秦拔西周,故令徒父祺将兵出境也。”〔5〕“城元氏”,今河北省元氏县。〔6〕“武阳君郑安平死”,郑安平匿范雎以见王稽,因此入秦为相,范雎保任安平而用之。魏公子无忌大破秦师于邯郸下,王龁解邯郸围走。郑安平为赵所困,将二万人降赵。〔7〕“廥”,音 kuài,堆积秣草的仓房。〔8〕“十四年,平原君赵胜死”,梁玉绳曰:“《年表》、《列传》在十五年,此误。”按:《通鉴·秦纪一》书于昭襄王五十六年,亦当孝成王十五年。

【译文】十年,燕进攻赵昌城,五月攻占昌城。赵将乐乘、庆舍进攻并打败秦将信梁的部队。赵国太子去世。秦军攻占西周。赵命大夫徒父祺巡边。十一年,修葺元氏城,设上原县。武阳君郑安平逝世,收回其封地。十二年,邯郸仓被焚。十四年,平原君赵胜逝世。

十五年,以尉文封相国廉颇为信平君。〔1〕燕王令丞相栗腹约欢,〔2〕以五百金为赵王酒,〔3〕还归,报燕王曰:“赵氏壮者皆死长平,〔4〕其孤未壮,可伐也。”王召昌国君乐间而问之。〔5〕对曰:“赵,四战之国也,〔6〕其民习兵,伐之不可。”王曰:“吾以众伐寡,二而伐一,可乎?"[7]对曰:"不可。"王曰:"吾即以五而伐一,[8]可乎?"对曰:"不可。"燕王大怒。群臣皆以为可。燕卒起二军,车二千乘,[9]栗腹将而攻鄗,[10]卿秦将而攻代。[11]廉颇为赵将,破杀栗腹,[12]虏卿秦、乐间。[13]

【注释】〔1〕"尉文",钱大昕、沈钦韩皆以尉文为赵地,而以《正义》"尉文盖蔚州地"为非。〔2〕"燕王",燕王喜。"栗腹",燕相。《姓谱》:"栗姓,栗陆氏之后。""约欢",友好访问。〔3〕《考证》:"酒当作寿,寿、酒音近。《策》作'寿酒',衍其一字。"王叔珉曰:"案《燕世家》、《通鉴》酒字并同。酒即谓寿酒也。《燕策三》作'寿酒',不误。"〔4〕王念孙曰:"氏当作民,字之误也。《燕世家》及《燕策》皆作民。"《考证》:"氏,《燕世家》作王,《燕策》作民。"按:《廉颇蔺相如列传》、《通鉴》并无"氏"字。〔5〕"乐间",乐毅子。毅奔赵后,燕王复以其子乐间为昌国君。〔6〕"四战之国也",《通鉴》注:"言其四境皆邻于强敌,四面拒战也。"《燕策三》作"四达之国也"。〔7〕"吾以众伐寡,二而伐一,可乎",《燕策》作"吾以倍攻之,可乎"。〔8〕"即",犹"若"。〔9〕"燕卒起二军,车二千乘","二军",栗腹、卿秦各为一军。车二千乘。以随车甲士三人,步卒七十二人计,二千乘共十五万众。《燕策二》军共六十万众,显是夸大。战国之燕,空其国亦不足其数。〔10〕"鄗",今河北省柏乡县北。魏救赵,解邯郸围,赵王曾以鄗为魏公子无忌汤沐邑。〔11〕"卿秦",《燕策》作"庆秦"。〔12〕"廉颇为赵将,破杀栗腹",《燕策》作"赵使廉颇以八万遇栗腹于鄗"。〔13〕"虏卿秦、乐间",《燕策三》:"使乐乘以五万遇庆秦于代。燕人大败,乐间入赵。"庆秦即卿秦。乐间以谏燕王不听归赵,非被虏。

【译文】十五年,赵王以尉文地方封相国廉颇为信平君。燕王派遣丞相栗腹赴赵修好,以五百金献赵王为寿酒之资。栗腹归燕向燕王报告说:"赵国壮男都战死在长平,下一代尚未成长起来,可乘机出兵讨伐。"燕王召见昌国君乐间征求意见。昌国君说:"赵是四面受敌的国家,老百姓娴习军事,不可用兵讨伐。"燕王说:"咱们以多胜少,两个人对付一个人,不行吗?"乐间说:"不行!"燕王说:"我用五个对付一个,行不行呢?"乐间回答说:"不行!"燕王大怒。群臣也都认为没有问题。燕国终于派遣两个军和战车二千乘,栗腹率领一军攻打赵国的鄗邑,卿秦率领一军攻打赵国的代邑。廉颇出任赵军主将,打败并杀死栗腹,俘虏卿秦、乐间。

十六年,廉颇围燕。以乐乘为武襄君。[1]十七年,假相大将武襄君攻燕,[2]围其国。十八年,延陵钧率师从相国信平君助魏攻燕。[3]秦拔我榆次三十七城。[4]十九年,赵与燕易土,[5]以龙兑、[6]汾门、[7]临乐与燕。[8]燕以葛、[9]武阳、[10]平舒与赵。[11]

【注释】〔1〕"以乐乘为武襄君",《燕策三》有燕王遗乐间乐乘书,书中有"故君捐国而去"语。可见乐乘本亦燕臣,不为燕用而为赵用。〔2〕"假相",犹今之代总理。官吏署理政事,真除以前曰假。〔3〕"延陵钧率师从相国信平君助魏攻燕",赵先世功臣有延陵君。《赵策一》:"乃使延陵王将车骑先之晋阳。"鲍彪本"延陵王"作"延陵君"。本文延陵钧当是襄子时延陵君之裔。"钧"、"君"音同致误。或如《正义》说其人名钧亦可。"信平君",书传不详。〔4〕"榆次",在今山西晋中市。〔5〕"赵与燕易土",赵、燕易土是一次以调整土地为目的的平等交易。〔6〕"龙兑",在今河北徐水县西南。〔7〕"汾门",在今河北徐水县西北,易水之北。〔8〕"临乐",在今河北固安县西南。〔9〕"葛",在今河北高阳县东北。〔10〕"武阳",在今河北易县东南。〔11〕"平舒",在今河北大城县东。

【译文】十六年,廉颇围燕,赵封乐乘为武襄君。十七年,代理相国大将军武襄君进攻燕国,包围燕都。十八年,延陵钧率军随从相国信平君助魏攻燕。秦发兵攻占我榆次等三十七座城邑。十九年,赵与燕交换国土。赵把龙兑、汾门、临乐给燕国。燕把葛、武阳、平舒给赵国。

二十年,秦王政初立。[1]秦拔我晋阳。[2]

【注释】〔1〕"秦王政初立",秦始皇正月初一日生,故名正。是以改正月为端月。《史记》古本是"正",不知何时讹作"政"。凡《本纪》、《世家》、《列传》所称始皇之名,皆讹作"政"。〔2〕"秦拔我晋阳",秦取晋阳,始置太原郡。《通鉴·秦纪一》庄襄王三年:"晋阳反。"注云:"是年,秦攻得晋阳,置太

原郡。”秦拔赵晋阳,应在赵孝成王十九年,此及《六国年表》赵表并误后一年。

【译文】二十年,秦王嬴正新立,秦攻占我晋阳。

二十一年,孝成王卒。[1]廉颇将,攻繁阳,取之。[2]使乐乘代之。廉颇攻乐乘,乐乘走,廉颇亡入魏。子偃立,是为悼襄王。[3]

【注释】〔1〕“孝成王卒”,此句下文有错简。《廉颇列传》云:“居六年,赵使廉颇伐魏之繁阳,拔之。赵孝成王卒,子悼襄王立。”文较顺。“孝成王卒”四字,当在“攻繁阳,取之”下。而“子偃立,是为悼襄王”八字,应紧接“孝成王卒”四字下。“使乐乘代之”,则在“是为悼襄王”五字下。“之”,亦应依《廉颇列传》改作“廉颇”,否则不辞。今将“二十一年,孝成王卒”一节文订正如下:“二十一年,廉颇将,攻繁阳,取之。孝成王卒,子偃立,是为悼襄王。使乐乘代廉颇。廉颇攻乐乘,乐乘走。廉颇亡入魏。” 〔2〕“繁阳”,魏邑,在今河南内黄市。 〔3〕“是为悼襄王”,赵悼襄王偃,公元前二四四年至前二三六年在位。

【译文】二十一年,廉颇为将,攻占魏繁阳。孝成王去世,子赵偃即位,是为悼襄王。悼襄王改派乐乘代替廉颇为将。廉颇不听,袭击乐乘,乐乘败走。廉颇畏罪逃亡到魏国。

悼襄王元年,[1]大备魏。[2]欲通平邑、中牟之道,不成。[3]

【注释】〔1〕“悼襄王元年”,秦始皇三年,公元前二四四年。 〔2〕“大备魏”,对魏实行警戒。因廉颇亡入魏,赵索廉颇于魏,魏不听。赵、魏交恶,赵对魏实施警戒。 〔3〕“平邑”,在河南南乐县。“中牟”,在今河南汤阴县西。

【译文】悼襄王元年,赵对魏进行紧急战备。赵计划打通平邑至中牟的通道,没有成功。

二年,李牧将,[1]攻燕,拔武遂、方城。[2]秦召春平君,[3]因而留之。泄钧为之谓文信侯曰:[4]“春平君者,赵王甚爱之,而郎中妒之,[5]故相与谋曰‘春平君入秦,秦必留之’,故相与谋而内之秦也。今君留之,是绝赵而郎中之计中也,君不如遣春平君而留平都。[6]春平君者言行信于王,[7]王必厚割赵而赎平都。”文信侯曰:“善。”因遣之。[8]城韩皋。[9]

【注释】〔1〕“李牧”,战国赵人,守赵北边,习骑射,谨烽火,多间谍,匈奴不敢犯边。 〔2〕“武遂”,在今河北武强县东北。“方城”,在今河北固安县西南。 〔3〕“春平君”,《战国策》作“春平侯”。凌稚隆曰:“赵太子也。”中井积德曰:“据甚爱、妬之、言行信等语,春平君必王之亲臣矣,非太子;且太子未闻有君号者。” 〔4〕“泄钧”,《战国策》作“世钧”。“文信侯”,秦相吕不韦。 〔5〕“郎中”,宫内之官。郎中为君王心腹亲要之臣,不仅可以参与制订政策,有时甚至形成一种重要的政治势力。本文泄钧谓吕不韦之言,可以窥见一斑。 〔6〕“平都”,《战国策》作“平都侯”。“平都”地望不详。 〔7〕“春平君者言行信于王”,《战国策》作“春平侯者,言行于赵王” 〔8〕“因遣之”,徐广曰:“《年表》云:太子从质秦归。”《正义》:“太子,即春平君也。”按:太子非春平君。 〔9〕“韩皋”,不详所在。

【译文】二年,李牧为将,进攻燕国,占领武遂、方城。秦邀请赵国春平君,借故扣留不放。泄钧替春平君向秦文信侯吕不韦说情:“春平君这个人,受到赵王的宠信,却招致近侍郎中们的嫉妒。他们在一起商量,认为‘春平君入秦,秦人必定要加以扣留’。因此算计好让春平君来到秦国。现在您扣留春平君,恶化了和赵国的关系,恰恰中了郎中们的计,您不如遣返春平君而扣留平都侯。春平君的言行在赵王面前受到重视,赵王必定多割赵地取赎平都侯。”文信侯说:“好的。”因而遣返春平君。赵修筑韩皋城。

三年,庞煖将,[1]攻燕,擒其将剧辛。[2]四年,庞煖将赵、楚、魏、燕之锐师,攻秦蕞。[3]不拔,移攻齐,取饶安。[4]五年,傅抵将,[5]居平邑。庆舍将东阳河外师,[6]守河梁。[7]六年,封长安君以饶。[8]魏与赵邺。[9]

【注释】〔1〕“庞煖”,《李牧列传索隐》:“庞煖

即冯煖也。”钱穆曰:“《史》、《策》言冯煖,当在宣王末、湣王初。下至庞煖杀剧辛已六十年。则孟尝客冯煖,决非赵将庞煖。”又曰:“《楚策》之临武君,即《赵世家》之冯煖。” 〔2〕“剧辛”,与庞煖善,见《燕世家》。钱穆曰:“《汉志》法家有《处子》九篇。处子即剧子。剧辛与公孙龙同时,又与邹衍齐名,亦学者。《史记》剧子,殆即剧辛。” 〔3〕“庞煖将赵、楚、魏、燕之锐师,攻秦蕞”,“蕞”,在今陕西新丰。五国攻秦,此失书韩。《秦纪》则以卫代燕。 〔4〕“饶安”,在今河北南皮县东南。 〔5〕“傅柢”,赵将。〔6〕“庆舍”,赵将。孝成王十年,与乐乘共攻破秦信梁军者。“东阳”,赵地,相当于今河北太行山以东地区。“河外”,黄河南岸。 〔7〕“河梁”,黄河渡桥。 〔8〕“六年,封长安君以饶”,长安君为赵惠文王幼子,孝成王元年质于齐。“饶”,今河北饶阳县。〔9〕“魏与赵邺”,“邺”,今河北临漳县北。

【译文】三年,庞煖为将,进攻燕国,擒杀燕将剧辛。四年,庞煖率领赵、楚、魏、燕的精锐部队进攻秦国蕞城,没有攻下,转而进攻齐国,夺取饶安。五年,任命傅抵为将,驻守平邑。庆舍率领东阳、河外部队驻守黄河渡口。六年,以饶阳赐封长安君。魏答应将邺城给赵。

九年,赵攻燕,取貍、阳城。[1]兵未罢,秦攻邺,拔之。[2]悼襄王卒,子幽缪王迁立。[3]

【注释】〔1〕“貍”,在今河北任丘县北。“阳城”,在今河北保定市西南。 〔2〕“秦攻邺,拔之”,《秦始皇本纪》:“十一年,王翦、桓齮、杨端和攻邺,取九城。” 〔3〕“子幽缪王迁立”,徐广曰:“又云湣王。王迁无谥。今惟此独称幽缪王者,盖秦灭赵之后,人臣窃追谥之。太史公或别有所见而记之也。”按赵王迁,秦始皇十二年立,十九年,为秦将王翦所虏,在位八年。

【译文】九年,赵进攻燕,占领貍、阳城。赵未及还师,秦攻占邺城。悼襄王去世,子幽缪王迁继位。

幽缪王迁元年,[1]城柏人。[2]二年,秦攻武城,[3]扈辄率师救之,军败死焉。[4]

【注释】〔1〕“幽缪王迁元年”,当秦始皇十二年,公元前二三五年。 〔2〕“柏人”,在今河北隆尧县尧城镇。 〔3〕“武城”,赵邑,在今山东武城县。平原君赵胜封东武城即此。 〔4〕“扈辄率师救之,军败死焉”,《李牧列传》:“后七年,秦破杀赵将扈辄于武遂。”按:武遂,应作武城。

【译文】幽缪王迁元年,修筑柏人城。二年,秦进攻武城,扈辄率军赴救,兵败,扈辄战死。

三年,秦攻赤丽、宜安,[1]李牧率师与战肥下,[2]却之。封牧为武安君。四年,秦攻番吾,[3]李牧与之战,却之。

【注释】〔1〕“赤丽”,不详所在。“宜安”,在今河北藁城县西南。 〔2〕“肥下”,今山西昔阳县东冶头镇有肥子国,即肥下故城。 〔3〕“番吾”,即蒲吾城,在今河北平山县西北。

【译文】三年,秦进攻赤丽、宜安,李牧率部与秦战于肥下,打败秦军。封李牧为武安君。四年,秦进攻番吾,李牧与秦作战,打败秦军。

五年,代地大动,自乐徐以西,[1]北至平阴,[2]台屋墙垣太半坏,地坼东西百三十步。六年,大饥,民讹言曰:“赵为号,秦为笑。以为不信,视地之生毛。”

【注释】〔1〕“乐徐”,河北涞源县东南。 〔2〕“平阴”,山西阳高县东南。

【译文】五年,代大地震,自乐徐以西,北到平阴,楼台房舍墙垣大部分倒塌,地面裂成地沟东西宽一百三十步。六年,大饥馑,百姓的谣言说:“赵人张口嚎,秦人开口笑。如若不相信,请看地上毛。”

七年,秦人攻赵,赵大将李牧、将军司马尚将,击之。[1]李牧诛,司马尚免。[2]赵怱及齐将颜聚代之。[3]赵怱军破,颜聚亡去。[4]以王迁降。[5]

【注释】〔1〕“七年,秦人攻赵,赵大将李牧、将

军司马尚击之”，赵王迁七年，当秦始皇十八年。《秦始皇本纪》云：“十八年，大兴兵攻赵，王翦将上地下井陉。端和将河内羌瘣伐赵，端和围邯郸城。”〔2〕“李牧诛，司马尚免”，《赵策四》：“李牧数破走秦军，杀秦将桓齮。王翦恶之，乃多与赵王宠臣郭开等金，使为反间，曰：‘李牧、司马尚欲与秦反赵，以多取封于秦。’赵王疑之，使赵葱及颜最代将，斩李牧，废司马尚。”《李牧列传》云：“赵使人微捕得李牧，斩之。”方苞曰：“曰欲反，则无实迹可知。曰使人微捕，则非谋反迹见。此史迁之微指也。” 〔3〕“赵忽”，《赵策》及《李牧列传》作“赵葱”或“赵葱”，“忽”字讹。“颜聚”亦作“颜最”，见《战国策》及《汉书·冯唐传》。“聚”、“最”二字通。 〔4〕“赵忽军破，颜聚亡去”，《赵策四》曰：“王翦因急击，大破赵，杀赵军，虏赵王迁及其将颜聚。”《李牧列传》“杀赵军”作“杀赵葱”，余同。 〔5〕“以王迁降”，是“王迁以降”倒文。“以”，因。

【译文】七年，秦进攻赵，赵大将李牧、将军司马尚率军与之战。赵王听信谗言，诛李牧，废司马尚，命赵忽及齐将颜聚代替李牧、司马尚。赵忽军为秦消灭，颜聚败逃。赵王迁投降。

八年十月，邯郸为秦。[1]

【注释】〔1〕“八年十月，邯郸为秦”，《秦始皇本纪》：“十九年，王翦、羌瘣尽定取赵地，东阳得赵王，引兵欲攻燕，屯中山。秦王之邯郸，诸尝与王生赵时母家有仇怨，皆阬之。”

【译文】八年十月，秦占领邯郸。

太史公曰：吾闻冯王孙曰：[1]“赵王迁，其母倡也，[2]嬖于悼襄王。[3]悼襄王废適子嘉而立迁。[4]迁素无行，信谗，故诛其良将李牧，用郭开。”[5]岂不缪哉！[6]秦既虏迁，赵之亡大夫共立嘉为王。[7]王代六岁，秦进兵破嘉，[8]遂灭赵以为郡。[9]

【注释】〔1〕“冯王孙”，《冯唐传》云：“武帝立，求贤良举冯唐。唐时年九十余，不复为官，乃以唐子遂为郎。遂字王孙，亦奇士，与余善。” 〔2〕“赵王迁，其母倡也”，《集解》引徐广曰：“《列女传》曰邯郸之倡。”《冯唐传》：“赵王迁立，其母倡也。”王叔珉曰：“《索隐》亦引《列女传》云：‘邯郸之倡。’今本《列女传·孽嬖篇·赵悼倡后传》无此四字。云‘倡后者’，赵悼襄王之后也。梁端校注本据《史记集解》、《索隐》所引，于‘者’下补‘邯郸之倡’四字，是也。” 〔3〕“嬖”，音 bì，宠爱。 〔4〕“適”，音 dí，正妻。“適子”，即嫡子，正妻所生长子。 〔5〕“迁素无行，信谗，故诛其良将李牧，用郭开”，王叔珉曰：“案《赵策》、《李牧传》、《冯唐传》并称王迁信郭开谗，斩李牧。《列女传》又称倡后‘多受秦赂，而使王诛其良将武安君李牧’。是迁之斩李牧，兼信倡后之谗矣。” 〔6〕“缪”，音 miù，乖错，通“谬”。 〔7〕“秦即虏迁，赵之亡大夫共立嘉为王”，《秦始皇本纪》：“十九年，王翦、羌瘣尽定取赵地，东阳得赵王。……赵公子嘉，率其宗数百人之代，自立为代王，东与燕合兵军上谷。” 〔8〕“王代六岁，秦进兵破嘉”，《年表》代王嘉六年，书“秦将王贲虏王嘉，秦灭赵”。《秦始皇本纪》：“二十五年，大兴兵，使王贲将攻燕辽东，得燕王喜。还攻代，虏代王嘉。”与此言六岁合。〔9〕“遂灭赵以为郡”，秦置三十六郡，《秦始皇本纪》在秦始皇二十六年，《年表》在二十七年。代、巨鹿、邯郸、上党、太原、云中、九原、雁门诸郡皆赵地，秦置为郡。

【译文】太史公说，我听冯王孙说：“赵王迁的母亲是邯郸倡家女，得到悼襄王的宠爱。悼襄王废嫡子嘉而立迁为太子。赵迁向来品行卑劣，听信谗言，诛杀良将李牧，信用佞人郭开。”这是多么的荒谬啊！秦俘虏赵迁以后，赵国逃亡的大夫们拥立赵嘉为王。赵嘉在代地称王六年。秦进兵破嘉，赵国灭亡，秦改建赵地为郡。

史记卷四十四

魏世家第十四

魏之先，毕公高之后也。毕公高与周同姓。[1]武王之伐纣，而高封于毕。[2]于是为毕姓。其后绝封，为庶人，或在中国，或在夷狄。其苗裔曰毕万，[3]事晋献公。[4]

【注释】〔1〕“毕公高与周同姓”，《索隐》曰：“《左传》富辰说文王之子十六国有毕、原、丰、郇，言毕公是文王之子。此云与周同姓，似不用《左氏》之说。马融亦云，毕、毛，文王庶子。”按：富辰之言，见僖公二十四年《左传》。〔2〕“武王之伐纣，而高封于毕”，昭公二十八年《左传》：“昔武王克商，光有天下，其兄弟之国者十有五人，姬姓之国者四十人，皆举亲也。”按：武王克商，首封尚父，而后周公、召公、叔鲜、叔度，余各以次受封。有周公时封，有成王时封。本书举其大略，以武王克商，故多推本武王。其实陆续受封者多。毕公高当亦武王后所封。“毕”，在今陕西咸阳。〔3〕“苗裔”，后代子孙。“毕万”，闵公元年《左传》：“晋侯作二军。公将上军，大子申生将下军。赵夙御戎，毕万为右。”〔4〕“晋献公”，晋武公之子，名诡诸，公元前六七六年至前六五一年在位。

【译文】魏的先世，是毕公高的后代。毕公高与周同姓。武王伐纣之际，封高于毕，因此以毕为姓。后来封爵中断，毕氏后代，成为平民，或定居中国，或寄籍夷乡。毕氏后代毕万，在晋献公朝中做官。

献公之十六年，[1]赵夙为御，毕万为右，[2]以伐霍、耿、魏，[3]灭之。以耿封赵夙，[4]以魏封毕万，[5]为大夫。卜偃曰：[6]“毕万之后必大矣。[7]万，满数也；魏，大名也。[8]以是始赏，天开之矣。天子曰兆民，诸侯曰万民。[9]今命之大，[10]以从满数，其必有众。”初，毕万卜事晋，[11]遇《屯》之《比》。[12]辛廖占之，[13]曰：“吉。《屯》固《比》入，[14]吉孰大焉，其必蕃昌。”[15]

【注释】〔1〕“献公之十六年”，当周惠王十六年，公元前六六一年。〔2〕“赵夙为御，毕万为右”，《左传》、《晋世家》并作“赵夙御戎，毕万为右”。“赵夙”，晋国大夫，与秦共祖，嬴姓。毕万于晋献十六年伐霍、耿、魏之役，受封于魏，为魏大夫，是晋卿魏氏始祖。赵夙驾驭戎车，坐于车中。毕万手执干戈，处于战车之右，以备倾侧，并司护卫，又称骖乘。〔3〕“霍”，在今山西霍县西南。“魏”，在今山西芮城北。“耿”，在今山西河津南，汾水南岸。〔4〕“耿”，姬姓，或谓嬴姓，始封不详。〔5〕“魏”，姬姓，西周初分封国。〔6〕“卜偃”，晋掌卜大夫郭偃。〔7〕“毕万之后必大矣”，卜偃之言，亦见闵公元年《左传》。〔8〕“万，满数也；魏，大名也”，《左传》“满”作“盈”，《史记》避汉讳易之。服虔曰：“数从一至万为满。魏，喻巍巍高大也。”〔9〕“天子曰兆民，诸侯曰万民”，“兆民”，百万之民，极言数之多。《礼记·内则》：“降德于众兆民。”注：“万亿曰兆，天子曰兆民，诸侯曰万民。”〔10〕“今命之大”，中井积德曰：“命，当从《左传》作名。”按：《晋世家》作“命”，与此合。《风俗通》作“名”，与《左传》合。“命”犹“名”也。“名之大”，即前卜偃所说“魏大名也”。〔11〕“毕万卜事晋”，崔适曰：各本中“毕万卜事晋”云云，后人窜人。“其必有众”，应接下文“毕万封十一年”。〔12〕“遇《屯》之《比》”，《屯》、《比》皆卦名，即由《屯》卦转为《比》卦。《震》(☳)下《坎》(☵)上为《屯》。《坤》(☷)下《坎》(☵)上为

《比》。〔13〕“辛廖”，周人。仕晋为大夫。〔14〕“《屯》固《比》入”，《屯》险难，所以为坚固。《比》亲密，所以得人。《屯》、《比》两卦具有能占有土地、车马和得民心而为君主的卦象。〔15〕“蕃昌”，茂盛。

【译文】晋献公十六年，赵夙驾驭戎车，坐于车左，毕万手执干戈，立于车右。二人护卫献公出征霍、耿、魏。三小国破灭之后，献公把耿封赐给赵夙，把魏封赐给毕万，任命二人为大夫。晋掌卜大夫郭偃说：“毕万的后代必定会昌大。万是满数，魏乃巍巍盛名。如此开始封赏，是天意替他创始基业。天子统驭兆民，诸侯统驭万民。今名声如此之大，又与满数契合，一定能得到民众的拥护。”早年，毕万占卜在晋做官的吉凶。卜到“屯卦”，变而为“比卦”。辛廖释卜时说：“吉利。‘屯卦’象征艰难与坚固，固则宠禄不衰。‘比卦’象征亲密而得入，入则君臣亲密而无间。哪里找比这更吉利的卦象啊！其后必定蕃绵昌盛。”

毕万封十一年，晋献公卒，〔1〕四子争更立，〔2〕晋乱。而毕万之世弥大，〔3〕从其国名为魏氏。生武子。〔4〕魏武子以魏诸子事晋公子重耳。晋献公之二十一年，武子从重耳出亡。〔5〕十九年反，重耳立为晋文公，而令魏武子袭魏氏之后封，列为大夫，〔6〕治于魏。生悼子。魏悼子徙治霍。〔7〕生魏绛。

【注释】〔1〕“毕万封十一年，晋献公卒”，晋献公卒于二十六年，当周襄王元年，公元前六五一年。〔2〕“四子”，谓公子奚齐、卓子、惠公夷吾、文公重耳。〔3〕“世”，子孙后代。“弥”，音 mí，副词，益，更加。〔4〕“生武子”，武子名犨。《世本》云：“毕万生芒季，芒季生武仲州。”“州”与“犨”声近而字异，“州”即“犨”。闵公元年《左传》杜预注：“毕万，魏犨祖父。”即依《世本》。〔5〕“晋献公之二十一年，武子从重耳出亡”，僖公二十三年《左传》：“晋公子重耳之及于难也，……从者狐偃、赵衰、颠颉、魏武子、司空季子。”注：“武子魏犨。”按《诸侯年表》，晋献公二十一年，重耳奔蒲。二十二年，重耳奔狄。蒲为晋邑，狄则异邦，故出亡应在晋献公二十二年。〔6〕“列为大夫”，“列”、“为”倒文。此句连上句“封”字应作“封为列大夫”。〔7〕“生悼子”，王国维说，魏悼子即吕锜。见《观堂集林》十五《郘钟跋》。

【译文】毕万受封十一年后，晋献公去世。献公的四个儿子争夺君位，晋国内乱。毕万的后代蕃衍甚众。依照先世封国之名，称为魏氏。毕万生武子。魏武子以魏庶子的身份为晋公子重耳做事。晋献公二十一年，武子随从重耳流亡在外。十九年后返回晋国，重耳即位，是为晋文公。文公任命魏武子承袭魏后，封他为列大夫，治所在魏邑。武子生悼子。魏悼子迁移治所至霍。悼子生魏绛。

魏绛事晋悼公。〔1〕悼公三年，会诸侯。悼公弟杨干乱行，魏绛僇辱杨干。〔2〕悼公怒曰：“合诸侯以为荣，今辱吾弟！”将诛魏绛。或说悼公，悼公止。卒任魏绛政，〔3〕使和戎、翟，戎、翟亲附。〔4〕悼公之十一年，曰：“自吾用魏绛，八年之中，九合诸侯，〔5〕戎、翟和，子之力也。”赐之乐，〔6〕三让然后受之。徙治安邑。〔7〕魏绛卒，谥为昭子。〔8〕生魏嬴，嬴生魏献子。〔9〕

【注释】〔1〕“晋悼公”，晋襄公幼子捷之孙，名周。公元前五七二年至前五五八年在位。〔2〕“魏绛僇辱杨干”，襄公三年《左传》云：“魏绛戮其仆。”（《晋世家》同）即戮杨干之仆也。“僇”，通“戮”。魏绛时为晋中军司马。〔3〕“卒任魏绛政”，《晋世家》云：“公卒贤绛，任之政。”〔4〕“使和戎、翟，戎、翟亲附”，《晋世家》：“使和戎，戎大亲附。”戎即山戎，多居山区，亦称北戎。时活动于山西太原一带。后迁至河北玉田西北无终，即无穷。〔5〕“九合诸侯”，襄公十一年《左传》、《国语·晋语》“九合”作“七合”。说者云：“鲁襄五年，会于戚；七年，会于鄬；八年，会于邢丘；九年，同盟于戏；十年，会于柤；十一年，会于亳城北，又会于萧鱼也。”按“九”之为言多，是虚数。〔6〕“赐之乐”，据《左传》、《国语》，晋悼公赏赐魏绛女乐八人、歌钟一肆。〔7〕“安邑”，故城在今山西夏县东北十五里。〔8〕“谥为昭子”，徐广曰：“《世本》曰庄子。”按当是“昭子”、“庄子”两谥。〔9〕“生魏嬴，嬴生魏献子”，《索隐》引《世本》云：“献子名荼。荼，庄子之子，无魏嬴。”梁玉绳曰：“《世本》以献子为庄子之子。杜注《左传》亦云：庄子绛，献子之父。韦注《周语》云：献子，魏绛之子舒也。”

【译文】魏绛在晋悼公朝中做官。悼公三年，会盟诸侯。悼公弟杨干指挥的队伍阵容不整饬。

魏绛戮杀杨干的仆人以示儆戒。悼公生气,说:"盟合诸侯本是晋国的光荣,今当场羞辱我弟!"悼公将诛杀魏绛,有人谏劝悼公,悼公才作罢。后来终于授魏绛以国政,命他处理和戎、翟的关系,戎、翟纷纷亲近归附晋国。悼公十一年,悼公说道:"自我任用魏绛以来,八年之中,多次与诸侯盟会,戎、翟和好相亲,都是魏子的功劳。"赐赏魏绛女乐歌钟。魏绛再三谦让,然后才接受赏赐。魏绛把治所迁至安邑。魏绛逝世,谥为昭子。魏绛生魏嬴。魏嬴生魏献子。

献子事晋昭公。〔1〕昭公卒而六卿强,〔2〕公室卑。〔3〕

【注释】〔1〕"晋昭公",名夷,晋平公之子。公元前五三一年至前五二六年在位。〔2〕"昭公卒而六卿强",昭公十六年《左传》:"秋八月,晋昭公卒。""六卿",韩、赵、魏、范、中行、知氏。〔3〕"公室卑",昭公十六年《左传》云:"公至自晋。子服昭伯语季平子曰:'晋之公室,其将遂卑矣。君幼弱,六卿强,而奢傲,将因是以习。习实为常,能无卑乎!'"

【译文】魏献子在晋昭公朝中做官。昭公去世,六卿的势力强盛,晋公室渐趋式微。

晋顷公之十二年,〔1〕韩宣子老,魏献子为国政。〔2〕晋宗室祁氏、羊舌氏相恶,〔3〕六卿诛之,尽取其邑为十县,〔4〕六卿各令其子为之大夫。〔5〕献子与赵简子、〔6〕中行文子、范献子并为晋卿。〔7〕

【注释】〔1〕"晋顷公",昭公之子,名去疾。公元前五二五年至前五一二年在位。"晋顷公之十二年",当周敬王六年,公元前五一四年。〔2〕"韩宣子老,魏献子为国政","韩宣子",韩献子子,名起。"魏献子",魏荼。梁玉绳曰:"《左传》宣子卒,非老也。"按昭公二十八年《左传》:"秋,晋韩宣子卒,魏献子为政。"大凡连绵词有同义之例,如"能"、"耐","禽"、"杀"之类,"能"即"耐","禽"即"杀"。"老"、"死"古亦同义。韩宣子之死,《魏世家》曰"老",《左传》曰"卒",是其例矣。今河北滨海诸县,死人犹曰"老了人"。〔3〕"祁氏",祁傒之孙祁盈。"羊舌氏",叔向之子杨食我,亦称羊舌食我。祁氏与羊舌氏以党同灭。"相恶",此处有脱字。《晋世家》作"相恶于君"。〔4〕"尽取其邑为十县",据昭公二十八年《左传》,祁氏之邑为邬、祁、平陵、梗县、涂水、马首、盂七县。羊舌氏之邑为铜鞮、平阳、杨氏三县。共计十县。〔5〕"六卿各令其子为之大夫",据昭公二十八年《左传》,司马弥牟为邬大夫,贾辛为祁大夫,司马乌为平陵大夫,魏戊为梗阳大夫,知徐吾为涂水大夫,韩固为马首大夫,孟丙为盂大夫,乐霄为铜鞮大夫,赵朝为平阳大夫,僚安为杨氏大夫。除魏戊、知徐吾、韩固、赵朝为六卿庶子外,其余皆非六卿子弟。〔6〕"赵简子",赵鞅,一名志父,谥"简",又称赵孟。〔7〕"中行文子",荀寅,谥"文",故称中行文子。"范献子",范吉射,亦称士吉射,谥"昭",又称范昭子。

【译文】晋顷公十二年,韩宣子告老,魏献子执掌国政。晋宗族祁氏、羊舌氏两家起内讧,六卿趁机诛灭他们。没收他们的封邑分为十县,六卿各派自己的子弟为十县县大夫。魏献子与赵简子、中行文子、范献子同时担任晋卿。

其后十四岁而孔子相鲁。〔1〕后四岁,〔2〕赵简子以晋阳之乱也,〔3〕而与韩、魏共攻范、中行氏。〔4〕魏献子生魏侈。〔5〕魏侈与赵鞅共攻范、中行氏。

〔1〕"其后十四岁而孔子相鲁","其后十四岁",为晋定公十二年。按:《鲁周公世家》云:鲁定公十年,"定公与齐景公会于夹谷,孔子行相事"。此与定公十年《左传》及本文"其后十四岁"说合。惟"孔子相鲁",实指齐、鲁会盟时,孔子行傧相事,非为鲁国相。〔2〕"后四岁",据《年表》,晋定公十五年"赵鞅伐范、中行",四岁误,应为三岁。〔3〕"晋阳之乱",《晋世家》曰:"十五年,赵鞅使邯郸大夫午,不信,欲杀午。午与中行寅、范吉射亲,攻赵鞅。鞅走保晋阳。定公围晋阳。""晋阳之乱"指此。〔4〕"而与韩、魏共攻范、中行氏",《晋世家》曰:"荀栎、韩不信、魏侈与范、中行为仇,乃移兵伐范、中行。"〔5〕"魏献子生魏侈",梁玉绳曰:"魏襄子之名,《春秋》经、传作'曼多',《公羊传》作'魏多',晋、魏《世家》作'侈'。"按:《世本》献子生简子,简子生襄子。此少简子一代。

【译文】其后十四年,孔子在大国会盟时,为鲁行傧相事。后四年,赵简子因为晋阳动乱,与韩、

魏联合进攻范、中行氏。魏献子生魏侈。魏侈与赵鞅共同进攻范、中行氏。

魏侈之孙曰魏桓子,[1]与韩康子、赵襄子共伐灭知伯,[2]分其地。

【注释】〔1〕"魏桓子",名驹,谥"桓"。据《世本》,"襄子生桓子"。《汉书·古今人表》云:"魏桓子,献子曾孙。"与本文合。〔2〕"韩康子",名虎,亦作虔。谥"康"。韩简子孙,韩庄子子。"赵襄子",赵鞅之子,名无恤。"知伯",名瑶。知氏和中行氏皆出于荀氏,知瑶亦称荀瑶。战国初,晋以知氏为最强,后为韩、赵、魏三家所灭。

【译文】魏侈的孙子叫魏桓子,与韩康子、赵襄子共同讨伐攻灭知伯,瓜分其土地。

桓子之孙曰文侯都。[1]魏文侯元年,秦灵公之元年也。[2]与韩武子、赵桓子、周威王同时。[3]

【注释】〔1〕"文侯都",《集解》引徐广曰:"《世本》曰斯也。"按:《古今人表》:"魏文侯,桓子孙。"与本文合。《年表》:"魏文侯斯。"与《世本》合。本文"都"乃"斯"之误。〔2〕"魏文侯元年,秦灵公之元年也",魏文侯初立之年,《年表》列于晋幽公十四年,即秦灵公元年。《史记索隐》引《竹书纪年》谓为晋敬公十八年。王国维《古本竹书纪年辑校》以《竹书纪年》之"十八"系"六"之误,定魏文侯初立之年为晋敬公六年。钱穆定为周定王二十三年,当晋敬公五年。杨宽《战国史》定为晋敬公七年。魏文侯在位之年,约当公元前四四六年至前三九七年。依钱穆《系年考辨》,文侯改元之年(公元前四二四年),是魏始侯之年。〔3〕"韩武子",韩康子子,名启章,公元前四二四年至前四二三年在位。"赵桓子",赵襄子弟,名嘉。公元前四二四年在位,当年卒。"周威王",即周威烈王,考王子,名午。公元前四二五年至前四〇二年在位。《史记会注考证》:"周威王三字,旁注混入。"

【译文】桓子之孙名文侯魏斯。魏文侯元年,即秦灵公元年。魏文侯与韩武子、赵桓子、周威王同时。

六年,城少梁。[1]十三年,使子击围繁、庞,[2]出其民。十六年,伐秦,筑临晋元里。[3]

【注释】〔1〕"少梁",在今陕西韩城县。〔2〕"繁",繁扬,在今河南新蔡县北。"庞",不详。〔3〕"临晋",在今山西临猗县临晋镇。"元里",在今陕西澄城。

【译文】六年,修筑少梁城。十三年,派太子击围攻繁、庞,迁走两城民众。十六年,讨伐秦国,修筑临晋、元里二城。

十七年,伐中山,[1]使子击守之,[2]赵仓唐傅之。[3]子击逢文侯之师田子方于朝歌,[4]引车避,下谒。[5]田子方不为礼。子击因问曰:"富贵者骄人乎?且贫贱者骄人乎?"子方曰:"亦贫贱者骄人耳。夫诸侯而骄人则失其国,大夫而骄人则失其家。贫贱者,行不合,言不用,则去之楚、越,若脱躧然,[6]奈何其同之哉!"子击不怿而去。[7]西攻秦,至郑而还,筑雒阴、合阳。[8]

【注释】〔1〕"中山",国名,先是白狄建鲜虞国,后改名中山。战国初为魏所灭,后又复国。公元前二九六年,赵惠文王三年,赵灭中山。中山故地在今河北平山、灵寿、正定一带。〔2〕"子击",魏公子击。〔3〕"赵仓唐",《韩诗外传》作"赵苍",《说苑》作"屈侯附"。〔4〕"田子方",名无择(见《庄子·田子方篇》)。学于子贡(见《吕氏春秋·当染篇》),受业于子夏之伦(见《儒林列传》),魏文侯友之(见《吕氏春秋·举难》《察贤》,又《说苑·尊贤篇》)。"朝歌",在今河南淇县东北。〔5〕"谒",《太平御览》卷六九八引《春秋后语》此字下有"之"字。〔6〕"躧",音 xǐ,同"屣"、"蹝",无跟的小鞋。《玉篇》:"屣,履也,亦作躧。"〔7〕"子击不怿而去","怿",音 yì,高兴。〔8〕"雒阴",在今陕西大荔县。"合阳",在今陕西合阳县。

【译文】十七年,讨伐中山国,派子击留守中山,赵仓唐为之辅佐。子击在朝歌大街上遇见文侯之师田子方,引车让道,下车拜见。田子方不还礼。子击问道:"是富贵之人有资格在人们面前摆架子呢?还是贫贱之人有资格在人们面前摆架子呢?"

田子方说："当然贫贱之人有资格在人们面前摆架子。诸侯摆架子就会亡国；大夫摆架子就会亡家。贫贱之人啊，可不在乎，走不到一块，说不到一起，那就远走高飞，前去楚、越之乡，就像扔掉一双趿鞋一样，无所谓，富贵之人能与之相比吗！"子击听了，满脸不高兴地走开。魏向西进军攻打秦国，打到郑邑而还师。修筑雒阴、合阳二城。

二十二年，魏、赵、韩列为诸侯。〔1〕

【注释】〔1〕"二十二年，魏、赵、韩列为诸侯"，钱穆曰："余考魏文年代，《史·表》皆误移在后。楚简王八年，正当魏文侯二十三年。今《史·表》误作魏文元年者。《魏世家》云'魏文以二十二年为侯'，则二十三年乃称侯后之元年。……然则三晋之侯，魏最先，赵次之，韩又次之。周威烈王二十三年，特赵人始侯之年，其前二十二年魏已称侯，（按：周威烈王二年，公元前四二四年。）其后十六年，韩始称侯。（按：周安王十六年，公元前三八六年。）此三晋称侯之始末也。"（《先秦诸子系年考辨》四三《三晋始侯考》）

【译文】二十二年，魏、韩、赵列为诸侯。

二十四年，秦伐我，至阳狐。〔1〕

【注释】〔1〕"阳狐"，在今山西垣曲县。

【译文】二十四年，秦进攻魏，到达阳狐。

二十五年，子击生子䓨。〔1〕

【注释】〔1〕"二十五年，子击生子䓨"，《索隐》："击，武侯也。䓨，惠王也。"钱穆疑《史记》书二十五年子击生子䓨者，是年实子击生。

【译文】二十五年，子击生子䓨。

文侯受子夏经艺，〔1〕客段干木，〔2〕过其闾，未尝不轼也。〔3〕秦尝欲伐魏，或曰：〔4〕"魏君贤人是礼，国人称仁，上下和合，未可图也。"文侯由此得誉于诸侯。

【注释】〔1〕"文侯受子夏经艺"，卜商字子夏，孔子弟子。《仲尼弟子列传》云："孔子既没，子夏居西河教授，为魏文侯师。" 〔2〕"段干木"，姓段干（《通鉴·周纪一》注），晋国之大驵（市侩），学于子夏（《吕氏春秋·尊师篇》）。魏文侯欲见段干木，段干木逾垣而避之（《孟子》）。 〔3〕"轼"，车厢前扶手横木。古人立乘，俯首扶轼，表示敬意。 〔4〕"或曰"，《淮南子·修务篇》作"司马庾谏曰"。高诱注："庾，秦大夫也，或作唐。"

【译文】子夏传授文侯经书六艺。文侯礼遇贤者段干木。他乘车经过段氏闾巷，往往凭轼俯首，表示敬意。秦曾经要攻伐魏国，有人劝谏说："魏王崇贤礼士，国人颂扬他是仁人。上下团结同心，不可轻举妄动。"文侯由此在诸侯间颇享声誉。

任西门豹守邺，〔1〕而河内称治。〔2〕

【注释】〔1〕"邺"，在今河北临漳县北，曹魏曾以为都。 〔2〕"河内"，古帝王之都多在河东河北，故呼河北为河内，河南为河外。河从龙门南至华阴，东至卫州，即东北入海，曲绕冀州，故言河内。

【译文】任命西门豹为邺都守。河内地区政绩显著。

魏文侯谓李克曰：〔1〕"先生尝教寡人曰：'家贫则思良妻，国乱则思良相。'今所置非成则璜，〔2〕二子何如？"〔3〕李克对曰："臣闻之，卑不谋尊，疏不谋戚。〔4〕臣在阙门之外，〔5〕不敢当命。"文侯曰："先生临事勿让。"李克曰："君不察故也。〔6〕居视其所亲，富视其所与，达视其所举，穷视其所不为，贫视其所不取，〔7〕五者足以定之矣，何待克哉！"文侯曰："先生就舍，寡人之相定矣。"李克趋而出，过翟璜之家。翟璜曰："今者闻君召先生而卜相，果谁为之？"李克曰："魏成子为相矣。"翟璜忿然作色曰：〔8〕"以耳目之所睹记，臣何负于魏成子？〔9〕西河之守，臣之所进也。〔10〕君内以邺为忧，臣进西门豹。〔11〕君谋欲伐中山，臣进乐羊。〔12〕中山以拔，〔13〕无使守之，〔14〕臣进先生。君之子无傅，臣进屈侯鲋。〔15〕臣何以负于魏成子！"〔16〕李克

曰："且子之言克于子之君者，[17]岂将比周以求大官哉？[18]君问置相'非成则璜，二子何如'？克对曰：'君不察故也。居视其所亲，富视其所与，达视其所举，穷视其所不为，贫视其所不取，五者足以定之矣，何待克哉！'是以知魏成子之为相也。且子安得与魏成子比乎？魏成子以食禄千钟，[19]什九在外，什一在内，是以东得卜子夏、田子方、段干木。此三人者，君皆师之。[20]子之所进五人者，[21]君皆臣之。子恶得与魏成子比也？"翟璜逡巡再拜曰："璜，鄙人也，失对，愿卒为弟子。"[22]

【注释】〔1〕"李克"，子夏弟子，魏文侯时，克为中山相。《汉书·艺文志》有《李克》七篇，在儒家。《汉书·食货志》有李悝为魏文侯作尽地力之教，李悝即李克。《汉书·人表》李悝在三等，李克在四等。〔2〕"成"，文侯弟公子成，亦称季成、公孙季成。"璜"，翟璜。〔3〕"二子何如"，文侯欲于公子成、翟璜二人中挑选一人为相，故作此问。文侯卜相，《年表》在文侯二十年。〔4〕"戚"，《说苑·臣术篇》、《韩诗外传》三作"亲"，义同。〔5〕"在阙门之外"，《说苑》作"疏贱"，《外传》作"外居"，义同。〔6〕"李克曰：君不察故也"，梁玉绳曰："《吕览·举难》、《新序》四述李克云：'君若置相，则问乐腾（《新序》作商），与王孙苟端孰贤。'盖传闻异辞耳，故《说苑·臣术》所载略同。"按：《外传》所载，与此略同。《通鉴》所载与此同。〔7〕"居视其所亲，富视其所与，达视其所举，穷视其所不为，贫视其所不取"，《吕氏春秋·论人篇》云："凡论人，通则观其所礼，贵则观其所进，富则观其所养，听则观其所行，止则观其所好，习则观其所言，穷则观其所不受，贱则观其所不为。"此盖古语，诸书所记略同。〔8〕"忿然"，愤怒，怨恨。〔9〕"臣"，臣仆。谦辞。"负"，"胜负"之"负"。"何负于魏成子"，意谓什么地方比不上魏成子。〔10〕"西河之守，臣之所进也"，谓吴起。〔11〕"君内以邺为忧，臣进西门豹"，西门豹为邺令，凿渠以利民。〔12〕"君谋欲伐中山，臣进乐羊"，《韩诗外传》、《说苑》、《通鉴》皆无"谋"字。乐羊本中山将，亡而走魏，其子尚在中山，中山人乃烹而杀之。乐羊叛其故国，又亲啜其子之羹，其为人也已忍，不徒中山人恶之，魏人亦多疑之。故中山亡而文侯示乐羊以谤书两箧。文侯之用乐羊，亦就其一时之功，其后不见任使。〔13〕"以拔"，《通鉴》、《史记会注考证》本作"已拔"。〔14〕"守"，《水经注》引李克书："魏文侯时，克为中山相。"中山为魏别封，而克为之相，"相"即"守"也。此即汉制王国有相之先例。〔15〕"屈侯鲋"，《说苑》作"屈侯附"，《韩诗外传》作"赵苍唐"。〔16〕"以"，犹所也。〔17〕"且"，犹夫。《战国策·赵策一》："且物固有势异而患同者。"《赵世家》"且"作"夫"，即其例。〔18〕"比周"，结党营私。《管子·立政》："群徒比周之说胜，则贤不肖不分。"〔19〕"钟"，古量器名。旧注曰："六斛四斗为钟。"秦汉时期关于钟、斛、石的比率有多种说法，此不具述。〔20〕"是以东得卜子夏、田子方、段干木，此三人者，君皆师之"，《韩诗外传》三："是以得卜子夏、田子方、段干木。此三人者，君皆师友之。"〔21〕"之"，《群书治要》引无此字。《通鉴》同。〔22〕"子"，《群书治要》引此字下有"矣"字。

【译文】魏文侯对李兑说："先生曾经开导过寡人：'家境贫寒则思念良妻，国家动乱则思念良相。'今内定的相国人选，不是季成，就是翟璜，二人谁当相国合适呀？"李克回答说："臣闻位卑之人不应对尊者说三道四，疏远之人不应对亲者妄加评议。臣居宫门之外，不敢承命。"文侯说："先生当仁不让，不必客气。"李克说："您平时没有留心罢了。考查一个人：平居时，看他和哪些人亲近交往。富裕时，看他把钱财花在什么地方。显达时，看他如何选贤与能。困厄时，看他在什么事情上不肯迁就。贫苦时，看他什么钱财不苟取。有此五项标准，完全可以确定相国的人选了，还问我做什么！"文侯说："先生请回府，寡人心目中的相国有啦！"李克赶忙出宫，来到翟璜家中。翟璜问道："听说君王找您商量相国人选，到底谁任相国呀？"李克说："魏成子当相国啦！"翟璜不高兴，愠形于色说："以耳之所闻，目之所见来说，我哪些地方不如魏成子？西河守将吴起是我推荐的。君王甄选治邺人选，西门豹是我保举的。君王策划讨伐中山，主将乐羊是我提拔的。攻克中山，无人可任防守之责，（您往守中山，）是我推荐的。君王的世子没有师傅，屈侯鲋是我介绍的。我哪些地方不如魏成子？"李克说："噢！原来如此。您把我推荐给国君，是为了结伙营私，捞取做大官的资本呀！君王谈起设置相国的事，说：'不是魏成，就是翟璜，两人谁当相国合适呀？'我答曰：'君王平时没有留心罢了。考查一个人：平居看他和哪些人亲近交往。富裕看他把钱财花在哪些地方。显达看他如何选贤与能。困厄看他在什么事情上不肯迁就。贫苦看他什么钱财不苟取。

有此五项标准,完全可以确定相国的人选了,还问我做什么!'因此知道魏成子是合适的人选。况且,您怎能和魏成子比呢?魏成子食禄千钟,十之九用在结交贤士上,十之一才自己享用。他从东方礼聘卜子夏、田子方、段干木。三位贤者,君王尊之为师。您所推荐的五人,备人臣之位而已。您如何能跟魏成子相比呢?"翟璜不好意思,再拜说:"翟璜是个村鄙野人,刚才说的很不像话,愿终身做您的弟子。"

二十六年,虢山崩,壅河。〔1〕三十二年,伐郑。城酸枣。〔2〕败秦于注。〔3〕三十五年,齐伐取我襄陵。〔4〕三十六年,秦侵我阴晋。〔5〕

【注释】〔1〕"虢山崩,壅河",《水经注》曰:"陕城西北带河,水涌起方数十丈。父老云:石虎载铜翁仲至此沉没,水所以涌。洪河巨渎,宜不为金狄梗流,盖魏文侯时虢山崩壅河所致耳。"按:虢山在今河南陕县境。 〔2〕"郑",在今河南新郑市。"酸枣",在今河南延津北。 〔3〕"注",或作"铸",在今河南临汝。 〔4〕"襄陵",在今河南睢县。 〔5〕"秦侵我阴晋",黄善夫本、殿本《年表》并作"秦侵晋",脱"阴"字。景祐本作"秦侵阴",脱"晋"字,金陵局本、《考证》本作"秦侵阴晋",与本文合。《通鉴》亦误作"秦侵晋"。"阴晋",在今陕西华阴。

【译文】二十六年,虢山崩塌,壅塞黄河。三十二年,魏进攻郑国,筑酸枣城。魏败秦于注。三十五年,齐伐魏,占我襄陵。三十六年,秦进犯魏之阴晋。

三十八年,伐秦,败我武下,〔1〕得其将识。〔2〕是岁,文侯卒,〔3〕子击立,是为武侯。

【注释】〔1〕"武下",武城之下。故地在今陕西华县。 〔2〕"识",将名。秦虽败魏,魏亦获秦一将。 〔3〕"是岁,文侯卒",《赵世家》:"烈侯元年,魏文侯伐中山。"时当魏文侯三十九年。此云三十八年,魏文侯卒,盖误。当以《竹书纪年》五十年卒为是。钱穆定魏文侯元年在周定王二十三年。依《纪年》五十年卒推算,文侯殁年应在周安王五年,公元前三九七年。顾亭林曰:"自《左传》之终,至周显王之三十五年,前后凡一百三十三年之间,史文阙轶,考古者为之茫昧也。"(《日知录》卷十三)稽之史实,信然。

【译文】三十八年,魏进攻秦国。秦败魏于武城下,魏亦俘秦将识。这一年,文侯卒,子击嗣位,是为武侯。

魏武侯元年,赵敬侯初立,〔1〕公子朔为乱,〔2〕不胜,奔魏,与魏袭邯郸,〔3〕魏败而去。

【注释】〔1〕"魏武侯元年,赵敬侯初立",据《年表》,魏武侯元年为周安王十六年,公元前三八六年。按:钱穆认为魏文侯殁年在周安王五年。魏武侯元年,则为周安王六年,公元前三九六年。下距赵敬侯之立十年。"赵敬侯初立"五字疑有误。〔2〕"公子朔",《年表》、《赵世家》作"公子朝"。按:"朔"字讹。朔为赵氏远祖,何以为名? 〔3〕"与魏袭邯郸",《赵世家》未载袭邯郸事。魏内公子朝,与之袭邯郸,是赵、魏交恶之始。

【译文】魏武侯元年,赵敬侯新即位。公子朔作乱,失败后逃奔魏国,引魏军袭击邯郸,魏败而去。

二年,城安邑、王垣。〔1〕

【注释】〔1〕"安邑",在今山西运城县。"王垣",在今山西垣曲县南。

【译文】二年,筑安邑、王垣二城。

七年,伐齐,至桑丘。〔1〕九年,翟败我于浍。〔2〕使吴起伐齐,至灵丘。〔3〕齐威王初立。〔4〕

【注释】〔1〕"桑丘",战国燕之南界。故地在今河北徐水县西南。 〔2〕"浍",今称浍河,源出山西翼城县东,西流经曲沃、侯马市注入汾河。 〔3〕"灵丘",在今山东高唐县。 〔4〕"齐威王初立",《年表》:周安王二十四年,"齐威王因齐元年。自田常至威王,威王始以齐强天下"。钱穆曰:"《史记》齐威王元年,误前二十二年。齐威王元在梁惠成王

十四年。”

【译文】七年，魏进攻齐国，到达桑丘。九年，翟在浍水打败魏军。魏派吴起进攻齐国，到达灵丘。齐威王新即位。

十一年，与韩、赵三分晋地，灭其后。[1]

【注释】〔1〕“十一年，与韩、赵三分晋地，灭其后”，钱穆曰：“是年实韩灭郑之岁，而史公误以为三家灭晋。”

【译文】十一年，魏国与韩、赵三分晋地，灭绝晋君后嗣。

十三年，秦献公县栎阳。[1]十五年，败赵北蔺。[2]

【注释】〔1〕“栎阳”，在今陕西临潼县东北。梁玉绳曰：“疑‘县’字乃‘徙’之误。” 〔2〕“北蔺”，在今山西临汾县西。或曰在今山西离石。

【译文】十三年，秦献公徙都栎阳。十五年，魏败赵于北蔺。

十六年，伐楚，取鲁阳。[1]武侯卒，[2]子蓥立，是为惠王。[3]

【注释】〔1〕“鲁阳”，在今河南省鲁山县。〔2〕“武侯卒”，按：《纪年》载武侯卒在二十六年，此云十六年，误。 〔3〕“子蓥立，是为惠王”，钱穆曰：“惠王年岁无可考。惟武侯之卒，犹未立嫡，惠王与公中缓争立，在位又五十二年，则其即位在壮岁可知。”

【译文】十六年，魏伐楚，占领鲁阳。武侯去世，子蓥立，是为惠王。

惠王元年。初，武侯卒也，子蓥与公中缓争为太子。[1]公孙颀自宋入赵，[2]自赵入韩，谓韩懿侯曰：[3]“魏蓥与公中缓争为太子，[4]君亦闻之乎？今魏蓥得王错，[5]挟上党，[6]固半国也。[7]因而除之，破魏必矣，不可失也。”懿侯说，乃与赵成侯合军并兵以伐魏，[8]战于浊泽，[9]魏氏大败，魏君围。[10]赵谓韩曰：“除魏君，立公中缓，割地而退，我且利。”韩曰：“不可。杀魏君，人必曰暴；割地而退，人必曰贪。不如两分之。魏分为两，不强于宋、卫，则我终无魏之患矣。”赵不听。韩不说，以其少卒夜去。惠王之所以身不死，国不分者，二家谋不和也。[11]若从一家之谋，则魏必分矣。故曰：“君终无適子，其国可破也。”[12]

【注释】〔1〕“公中缓”，武侯子，据《纪年》，武侯元年，封公子缓。《正义》：“中音仲。” 〔2〕“颀”，音 qí。 〔3〕“韩懿侯”，《韩世家》：“六年，严弑其君哀侯，而子懿侯立。”按：《年表》“懿侯”作“庄侯”。《竹书纪年》云：“晋桓公邑哀侯于郑，韩山坚贼其君哀侯而立韩若山。”懿侯当名若山，韩山坚即韩严。懿侯于公元前三七〇年至前三五九年在位。 〔4〕“武侯卒也，魏蓥与公中缓争为太子”，武侯之卒，犹未立嫡。惠王与公子缓之争立，历时长久。浊泽之围，在惠王二年。魏虽败，而韩、赵二家谋不和，惠王身不死，公子缓亦未能有魏。《纪年》：“七年，公子缓如邯郸以作难。”《纪年》是战国魏哀王时人作，书战国事必可信。至惠王七年，惠王已败韩、败赵、与齐战、与秦战，惠王之统治已不可撼。公子缓奔赵以后，史籍不见记载公仲缓事，争立之事遂告结束。 〔5〕“王错”，魏大夫。《集解》引徐广曰：“《汲冢纪年》惠王二年，魏大夫王错出奔韩也。” 〔6〕“挟”，从旁钳住。“上党”，在今山西长治市，战国时韩重镇。 〔7〕“固半国也”，时惠王与公仲缓争国，谓魏得王错，威胁上党，魏半壁江山得到巩固。〔8〕“赵成侯”，名种，公元前三七四年至前三五〇年在位。 〔9〕“浊泽”，在今山西运城西。《赵世家》作“涿泽”，《年表》作“涿泽”。“浊”、“涿”古通。“涿”，“涿”或字。 〔10〕“魏氏大败，魏君围”，《年表》魏表：“赵成侯六年，败魏于涿泽，围惠王。”《赵世家》：“六年……伐魏，败涿泽，围魏惠王。” 〔11〕“谋”，《通鉴》引此字上有“之”字。 〔12〕“君终无適子，其国可破也”，闵公二年《左传》引辛伯言云：“嬖子配嫡，乱之本也。”此言所本。“適”，音 dí，通“嫡”。“適子”，正妻所生长子。

【译文】魏惠王元年。当初，武侯去世时，子蓥与公仲缓争立为太子。公孙颀自宋入赵，又自赵

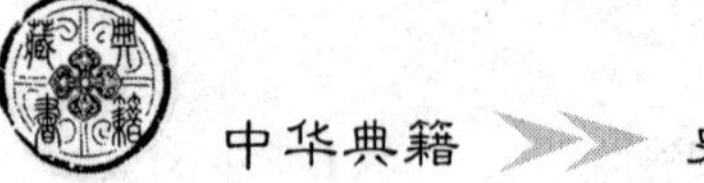

入韩，对韩懿侯说："魏䓨与公中缓争为太子，您大概听说了吧？现在魏䓨得到王错做辅佐，雄据上党，实际上拥有半个魏国。趁此机会剪除之，消灭整个魏国一定不成问题，机不可失呀！"韩懿侯听了高兴，因而约同赵成侯组成韩赵联军进攻魏国。双方在浊泽交战，魏军大败，魏君被围。赵对韩说："除掉魏君，拥立公中缓，割取魏地而后撤军，对我们有利。"韩说："不可以，诛杀魏君，人们一定说我们残暴。割地而退，人们一定说我们贪婪。不如把魏国一分为二。魏分为二，不会比宋、卫强。这样，我们永远没有魏国为患了。"赵不同意。韩王不高兴，连夜率其精兵撤走。惠王能够身不死，国不分，是由于两家意见不投之故。如果两家意见一致，魏国就要被分裂了。所以说："国君逝世之时，仍未确定嗣位的嫡子，这个国家必定容易被攻破。"

二年，魏败韩于马陵，〔1〕败赵于怀。〔2〕三年，齐败我观。〔3〕五年，与韩会宅阳。城武堵。〔4〕为秦所败。〔5〕六年，伐取宋仪台。〔6〕九年，伐败韩于浍。〔7〕与秦战少梁，〔8〕虏我将公孙痤。〔9〕取庞。〔10〕秦献公卒，〔11〕子孝公立。〔12〕

【注释】〔1〕"韩"，疑是"齐"之误。"马陵"，春秋卫地，战国属齐。在今河北大名县东南。 〔2〕"败赵于怀"，按《赵世家》：成侯五年，"伐齐于鄄，魏败我怀"。《年表》同。成侯五年，即惠王元年。《通鉴》书在周烈王六年，亦当魏惠王元年。此误二年。"怀"，本周地，曾属郑，后属晋。在今河南武陟县西。 〔3〕"齐败我观"，《田完世家》："败魏于浊津而围惠王，惠王请献观以和解。""观"，在今山东观城废县西。 〔4〕"五年，与韩会宅阳，城武堵"，洪颐煊曰："《年表》惠王五年，与韩会宅阳，城武都。'堵'即'都'字之讹。""宅阳"，在今河南荥阳县东南。 〔5〕"为秦所败"，《年表》魏表：秦出公十九年，"败韩、魏洛阴"。 〔6〕"仪台"，《集解》引徐广曰："一作义台。"《庄子·马蹄篇》："虽有义台、路寝，无所用之。"《艺文类聚》卷九三、《御览》卷八九六引"义"并作"仪"，与此合。"仪"、"义"古通。 〔7〕"九年，伐败韩于浍"，《韩世家》：懿侯九年，"魏败我浍"。"浍"，水名，源出山西翼城县东，西流经曲沃、侯马市注入汾河。 〔8〕"少梁"，在今陕西韩城南二十里，战国时魏邑，后归秦。 〔9〕"虏我将公孙痤"，此役见虏者，太子与公孙痤，非仅公孙痤一人。〔10〕"庞"，地近少梁。文侯十三年"使子击围繁、庞，出其民"，即其地。 〔11〕"秦献公"，名师隰，公元前三八四年至前三六二年在位。 〔12〕"孝公"，名渠梁，公元前三六一年至前三三八年在位。

【译文】惠王二年，魏于马陵打败韩军，于怀打败赵军。三年，魏在观被齐打败。五年，与韩在宅阳相会。修筑武堵城。魏军被秦军打败。六年，攻占宋国仪台。九年，进攻韩，在浍河打败韩军。与秦战于少梁，秦虏魏将公孙痤，攻占庞城。秦献公去世，儿子孝公嗣位。

十年，伐取赵皮牢。〔1〕彗星见。十二年，星昼坠，有声。

【注释】〔1〕"十年，伐取赵皮牢"，《赵世家》：成侯十三年，"魏败我浍，取皮牢"。魏伐败韩、赵于浍，与伐赵取皮牢本属一事，当在惠王九年。"皮牢"，在今河北武安县。

【译文】十年，进军攻赵，占领皮牢。彗星出现。十二年，陨星白天溅落，坠地有声。

十四年，与赵会鄗。〔1〕十五年，鲁、卫、宋、郑君来朝。〔2〕十六年，与秦孝公会社平。〔3〕侵宋黄池，〔4〕宋复取之。

【注释】〔1〕"鄗"，在今河北高邑、柏乡二县地。 〔2〕"十五年，鲁、卫、宋、郑君来朝"，《索隐》："《纪年》鲁恭侯、宋桓侯、卫成侯、郑釐侯来朝，皆在十四年，是也。郑釐侯者，韩昭侯也。韩哀侯灭郑而徙都之，改号曰郑。" 〔3〕"与秦孝公会社平"，"秦孝公"，名渠梁。公元前三六一年至前三三八年在位。"会社平"在秦孝公七年。"社平"，《秦本纪》、《年表》均作"杜平"。此误"社平"。"杜平"，在今陕西澄城。 〔4〕"黄池"，在今河南封丘县南。

【译文】十四年，与赵在鄗邑会盟。十五年，鲁君、卫君、宋君、郑君来朝会。十六年，与秦孝公在杜平相会。魏袭取宋黄池，宋收复黄池。

十七年，与秦战元里，秦取我少梁。〔1〕围赵邯郸。十八年，拔邯郸。〔2〕赵请救于齐，齐使田忌、孙膑救赵，〔3〕败魏桂陵。〔4〕

【注释】〔1〕“十七年，与秦战元里，秦取我少梁”，《秦本纪》：秦孝公“八年，与魏战元里，有功”。《秦表》：“与魏战元里，斩首七千，取少梁。”按：比观三处记载，战元里与取少梁是两次战役。战元里胜负未可知。取少梁则秦胜魏败。“元里”，地望不详。“少梁”，在今陕西韩城县南二十里。〔2〕“十八年，拔邯郸”，十七年围邯郸，十八年拔邯郸，《赵世家》、《田完世家》、《穰侯列传》、《六国年表》并同。梁玉绳以邯郸为赵之都，其君在，魏安得拔其都置疑。按：梁说未谛，说见《赵世家》注。〔3〕“孙膑”，齐人仕魏，庞涓妒之，以刑法刖削其两膑（膝盖骨）。孙乃改名孙膑。膑亡走齐，率兵败庞涓于马陵。《孙子吴起列传》云：“孙膑以智败庞涓于马陵，以此名显天下，世传其兵法。”一九七二年四月，山东临沂银雀山西汉前期墓葬中出土《孙膑兵法》竹简。〔4〕“败魏桂陵”，惠王十八年齐、魏桂陵之战，据《竹书纪年》为惠王十七年。齐将为田忌孙膑，不知魏将谁人。三晋本魏最强，桂陵兵败，遂一蹶不振，而后始有梁惠王纳贤之举。一九七二年四月山东临沂出土的《银雀山汉简》记孙膑智破魏军擒将军庞涓事，载桂陵之战，而不记马陵之役，与《史记》、《竹书纪年》所记不同。“桂陵”，在今山东菏泽东北。

【译文】十七年，魏与秦战于元里。秦攻占魏少梁。魏围赵邯郸。十八年，魏占领邯郸。赵求救于齐。齐派田忌、孙膑率兵救赵，在桂陵打败魏军。

十九年，诸侯围我襄陵。〔1〕筑长城，塞固阳。〔2〕

【注释】〔1〕“十九年，诸侯围我襄陵”，襄陵之役，因赵为魏所攻，求救于齐，故齐围魏襄陵，在齐败魏桂陵前数月，皆魏惠王十八年事，此误后一年。“襄陵”，在今河南睢县。〔2〕“筑长城，塞固阳”，《正义》：“按魏筑长城，自郑滨洛，北达银州至胜州固阳县为塞也。”《考证》：“《水经注》引《纪年》，梁惠成王十二年，龙贾帅师筑城于西边。盖魏筑长城在惠王十二年以前，至此而竣也。大役缓成，古多如此。”“固阳”，在今内蒙古自治区乌拉特旗。

【译文】十九年，诸侯联军围魏襄陵。修筑长城，在固阳设防。

二十年，归赵邯郸，与盟漳水上。〔1〕二十一年，与秦会彤。〔2〕赵成侯卒。〔3〕二十八年，齐威王卒。〔4〕中山君相魏。〔5〕

【注释】〔1〕“二十年，归赵邯郸，与盟漳水上”，魏围邯郸、归邯郸事，胡梅硐、顾亭林、梁玉绳均有疑，钱穆举《宋策》、《韩策》、《楚策》、《齐策》、《魏策》及《吕氏春秋·不屈篇》所载，断其事记述昭昭，绝不容疑。钱曰：“据此诸说，则魏之围邯郸，断在惠王之十七年。齐兴师救赵时，邯郸犹未拔。逮齐围襄阳不利（《水经注》引《纪年》“魏以韩师败诸侯师于襄阳”是也），而魏亦拔邯郸，则在十八年，魏遂分兵反斗，齐亦济师迎击，为桂陵之役。梁军虽破，邯郸犹在其手。赵、魏仍相持于邯郸之下。兵连祸结，诸侯救赵不力，坐自渔利。（秦降安邑，楚取睢涉之间，皆其时事。）直至惠王二十年，魏既力竭，乃归邯郸，与赵和也。”“漳水”，源于山西省东部，东南流经今河北、河南两省境，又东流至大名县入卫河。〔2〕“彤”，音 tóng，故地在今陕西华县一带。〔3〕“赵成侯卒”，赵成侯在位二十五年。卒年当周显王十九年，公元前三五〇年。〔4〕“二十八年，齐威王卒”，钱穆曰：“梁惠王二十八年乃齐威王称王之年，非齐威王卒年。”说见《先秦诸子系年考辨》八六。〔5〕“中山君相魏”，《表》系惠王二十九年。《索隐》：“魏文侯灭中山，其弟守之，后寻复国，至是始令相魏。其中山后又为赵所灭。”

【译文】二十年，归还赵国邯郸城，在漳水旁和赵签订盟约。二十一年，魏王、秦王在彤相会。赵成侯去世。二十八年，齐威王去世。中山君任魏相。

三十年，魏伐赵，赵告急齐。〔1〕齐宣王用孙子计，救赵击魏。魏遂大兴师，使庞涓将，〔2〕而令太子申为上将军。〔3〕过外黄，〔4〕外黄徐子谓太子曰：〔5〕“臣有百战百胜之术。”太子曰：“可得闻乎？”客曰：“固愿效之。”〔6〕曰：“太子自将攻齐，大胜并莒，〔7〕则富不过有魏，贵不益为王。〔8〕若战不胜齐，则万世无魏矣。此臣之百战百胜之术也。”〔9〕太子曰：“诺，请必从公之言而还矣。”客曰：“太子虽欲还，不得矣。彼劝太子战攻，欲啜汁者众。〔10〕太子虽欲还，恐不得矣。”太子因欲还，〔11〕其御曰：“将出而还，与北同。”〔12〕太子果与齐人战，败于马陵。〔13〕

齐虏魏太子申，[14]杀将军涓，[15]军遂大破。

【注释】〔1〕“魏伐赵，赵告急齐”，《孙膑列传》云：“魏与赵攻韩，韩告急齐。”此云“赵告急齐”，是文误。齐败魏桂陵，乃在十八年。以下“魏遂大兴师，使庞涓将”云云，皆十八年事。〔2〕“魏遂大兴师，使庞涓将”，中井积德曰：“据《孙膑传》，齐败魏师于马陵者，魏之还师耳，非闻齐之救击而更发军也。”又曰：“桂陵马陵之役，元是一事，而传录者异也。太史公并录之。”按：中井积德之说与一九七二年发现之《银雀山汉简》所记，不谋而合。今试将“魏遂大兴师，使庞涓将”至“齐虏魏太子申，杀将军涓”一节，移至于“十八年，拔邯郸。赵请救于齐，齐使田忌、孙膑救赵”下，则无凿枘矣。〔3〕“上将军”，《御览》卷三二三引此下有“伐齐”二字。敦煌本《春秋后语》此下有“与庞涓俱距齐”六字。〔4〕“外黄”，春秋时宋邑，在今河南杞县东。〔5〕“外黄”，《括地志》云：“故圉城有南北二城，在汴州雍丘县界，本属外黄，即太子申见徐子之地也。”按：“圉城”，郑地，在今河南杞县南之圉镇。〔6〕“效”，呈也。〔7〕“莒”，在今山东莒县。莒在齐东南，言从西破齐，并至莒地，则齐土皆尽。〔8〕“益”，过也。〔9〕“此臣之百战百胜之术也”，横田惟孝曰：“还则无战败之患，而终能有魏。故曰百战百胜之术也。”〔10〕“欲啜汁者众”，中井积德曰：“主人啖肉羹，从者自得啜汁，以喻太子立功，而从者亦得班赏也。”〔11〕“因”，副词，与今语“就此”同。〔12〕“北”，音bĕi，败逃。敦煌本《春秋后语》“北同”下有“罪”字。〔13〕“败于马陵”，《银雀山汉简·孙膑兵法·擒庞涓篇》所记史实与《史记》所载不同。桂陵、马陵二役，是齐、魏两国间剧战，而过程又有某些相似处。或者是太史公将桂陵之役某些情况误植于马陵。或者是两役皆实有其事，未可遽下结论。“马陵”，在今河北大名县东南。〔14〕“齐虏魏太子申”，《孟子·梁惠王》：“及寡人之身，东败于齐，长子死焉。”又《尽心》：“梁惠王以土地之故，糜烂其民而战之。大败。将复之，恐不能胜，故驱其所爱子弟以殉之。”按：长子及所爱子弟皆指太子申。据《孟子·尽心》所言，魏、齐第二次交锋，惠王二十八年马陵之战，不应是虚构。太史公误将桂陵之战时魏军统帅庞涓误植于马陵战役。马陵之战，除太子申为上将军外，魏军当别有将。〔15〕“杀将军涓”，《年表·魏表》云：“杀将军庞涓。”《田完世家》：“杀其将庞涓。”惟《孙子吴起列传》作“自刭”。《银雀山汉简·孙膑兵法·擒庞涓篇》作“擒庞涓”。古籍，“擒”多作“禽”，“禽”、“杀”互文，“禽”即“杀”。按：庞涓如已在桂陵之战死，马陵之战，太子申为上将军外，魏当别有将。《吕氏春秋·自知篇》云：“钻荼、庞涓、太子申不自知而死。”高诱注云：“钻荼、庞涓，魏惠王之将。”疑马陵战时，魏军主将为钻荼。

【译文】三十年，魏兴兵伐赵，赵向齐告急求援。齐宣王采纳孙膑的计谋，救赵击魏。魏国动员大量军队，庞涓为将，太子申为上将军。部队前进，行至外黄。外黄徐子对太子申说：“臣有百战百胜之术。”太子曰：“能够说给我听听吗？”客曰：“本来就是要说给您听的。”又说：“太子亲自统率大军攻齐，即使大胜齐兵，并吞莒邑，则富顶多也就是拥有魏国，贵顶多不过是当魏国之王。如果不能战胜齐兵，恐怕子孙后代会永远失去魏国。这就是臣的百战百胜之术。”太子说：“明白啦！这就听你的话班师。”客曰：“太子现在虽欲班师，恐怕回不去了！那些鼓动太子战伐攻取，要分享一杯羹的人太多啦！太子虽然要班师，恐怕回不去了！”太子准备班师。他的御者说：“大将出征，不战而还，与战败一样！”太子没有办法，只好与齐军作战，在马陵被打败。齐人俘虏太子申，杀将军庞涓，魏军大败。

三十一年，秦、赵、齐共伐我，[1]秦将商君诈我将军公子卬而袭夺其军，[2]破之。秦用商君，东地至河，[3]而齐、赵数破我，安邑近秦，于是徙治大梁。[4]以公子赫为太子。[5]

【注释】〔1〕“三十一年，秦、赵、齐共伐我”，《竹书纪年》：“二十九年五月，齐田肦伐我东鄙。九月，秦卫鞅伐我西鄙。十月，邯郸伐我北鄙。王攻卫鞅，我师败绩。”《纪年》记三国伐魏在二十九年，与此不同。〔2〕“秦将商君诈我将军公子卬而袭夺其军”，“商君”，卫国庶子，秦封之于商，故号商君。商鞅昔在魏时，与公子卬友善。《商君列传》云：“孝公……使卫鞅将而伐魏。魏使公子卬将而击之。军既相距，卫鞅遗魏将公子卬书曰：‘吾始与公子欢，今俱为两国将，不忍相攻，可与公子面相见盟，乐饮而罢兵，以安秦、魏。’魏公子卬以为然，会盟以饮，而卫鞅伏甲士而袭虏魏公子卬，因攻其军，尽破之以归秦。”〔3〕“东”，《御览》卷一六三引此字下有“侵”字。〔4〕“安邑近秦，于是徙治大梁”，“安邑”，在今山西运城境。“大梁”，在今河南开封。《御览》引此“安”字前有“我”字。“治”作“居”，盖承唐人避高宗讳改。梁玉绳曰：“徐广引《纪年》，徙大

梁在九年。”陈仁锡曰：“魏与秦接境，自徙大梁之后，其地日以削，并于秦。太史公叙襄王曰：予秦河西之地，尽入上郡于秦。叙昭王曰：予秦河东地方四百里。秦拔我城大小七十一。叙安釐王曰：秦拔我两城，又拔我三城，秦拔我四城。叙景湣王曰：秦拔我二十城，盖城尽而国继以亡矣。” 〔5〕“以公子赫为太子”，梁玉绳曰：“《表》在后一年，疑此上失书‘三十二年’四字。赫疑即襄王。”

【译文】三十一年，秦、赵、齐联合进攻魏国。秦将商鞅欺诈我将军公子卬，袭击攻破魏军。秦任用商鞅，扩地东至黄河。齐、赵也多次打败魏国。安邑与秦邻近，于是迁都大梁。立公子赫为太子。

三十三年，秦孝公卒，商君亡秦归魏，魏怒，不入。〔1〕三十五年，与齐宣王会平阿南。〔2〕

【注释】〔1〕“商君亡秦归魏，魏怒，不入”，《商君列传》：“去之魏，魏人怨其欺公子卬而破魏师，弗受。”《魏表》作“卫鞅亡归我，我恐弗内”。按：“恐”当作“怒”。 〔2〕“平阿”，在今安徽怀远县。《孟尝君列传》作“东阿”。东阿故地在今山东阳谷。似以东阿为是。

【译文】三十三年，秦孝公去世，商鞅逃离秦国，回到魏国。魏怒，拒不接纳。三十五年，魏王与齐宣王在平阿南相会。

惠王数被于军旅，卑礼厚币以招贤者。邹衍、淳于髡、孟轲皆至梁。〔1〕梁惠王曰：〔2〕“寡人不佞，〔3〕兵三折于外，〔4〕太子虏，〔5〕上将死，〔6〕国以空虚，以羞先君宗庙社稷，〔7〕寡人甚丑之。〔8〕叟不远千里，辱幸至弊邑之廷，将何以利吾国？”〔9〕孟轲曰：“君不可以言利若是。〔10〕夫君欲利，〔11〕则大夫欲利，大夫欲利，则庶人欲利，上下争利，国则危矣。〔12〕为人君，仁义而已矣，何以利为！”

【注释】〔1〕“邹衍”，《汉书·艺文志》阴阳家《邹子》四十九篇，班固注：“名衍，齐人，为燕昭王师，居稷下，号谈天衍。”《孟荀列传》：“邹衍至梁，梁惠王郊迎。”钱穆曰：“今按衍至赵，见平原君，在信陵破秦存赵之后，事见《平原君列传》。其时梁惠王死已七十二年，燕昭王亦死三十二年矣。张守节云邹衍与公孙龙同时，是也。衍已不及见燕昭、齐宣，遑论齐威、梁惠乎？”（《先秦诸子系年考辨》一四四）崔适亦曰：“邹衍世次，不与髡、孟相接。”“淳于髡”，齐威、宣时人，《滑稽列传》：“淳于髡，齐之赘婿也。”赘婿为家奴，故髡钳。其后贵显，人呼之髡，髡滑稽玩世，亦以髡自呼。淳于之名髡，犹英布之姓黥。“孟轲皆至梁”，崔述《孟子事实录》：“《史记》所称襄王之元年，即惠王之后元年。而予河西，入上郡，败于襄陵，皆惠王时事。孟子之至梁，不在惠王三十五年，而在后元十二年襄陵既败之后。孟子与齐宣王问答甚多，而与梁惠殊少。在梁亦无他事，则孟子居梁盖不久，然犹及见襄王而后去。则孟子之至梁，当在惠王之卒前一二年。于《年表》则周慎靓王之元年二年也。”江永《群经补义》则曰：“孟子见梁惠王，当在周慎靓王元年辛丑，是为惠王后元之十五年。至次年，壬寅，惠王卒，襄王立，孟子一见即去梁矣。”钱穆曰：“今按二氏之说甚是。” 〔2〕“梁惠王曰”，梁玉绳曰：“案：孟子初见惠王，王问利国，孟子答以仁义。他日因败衄之故，又问所以洗耻者，孟子劝以施仁政。《史》止载孟子仁义之对，而并惠王之问为一端，王滹南讥其文辞杂乱，良然。”〔3〕“佞”，音 nìng，才智。“不佞”，不才，自谦之辞。〔4〕“兵三折于外”，《孟子·梁惠王》：“及寡人之身，东败于齐，长子死焉。西丧地于秦七百里。南辱于楚，寡人耻之。”“东败于齐”，谓惠王二十八年（《史记》云三十年）马陵之战。“西丧地于秦七百里”，谓惠王后元五年（《史记》云襄王五年）秦败龙贾军于雕阴，魏河西自华州北至同州，并魏河北之地，尽入于秦。“南辱于楚”，谓惠王后十二年（《史记》云襄王十二年）楚败魏襄陵。此“兵三折于外”所指。〔5〕“太子”，谓太子申。 〔6〕“上将”，谓庞涓。〔7〕“社”，土神。“稷”，谷神。“社稷”，是国家的象征。 〔8〕“丑”，音 chǒu，羞耻，惭愧。 〔9〕“将何以利吾国”，王叔珉曰：“案《孟子列传》亦作‘何以利吾国？’《孟子·梁惠王篇》‘何’作‘有’，史公盖说‘有’为‘何’耳。陆贾《新语·辅政篇》：‘察察者有所不见，恢恢者何所不容。’‘有’、‘何’互文，‘有’犹‘何’也。” 〔10〕“君不可以言利若是”，《孟子·梁惠王》作“王何必曰利”。按魏称王改元在周显王三十五年。孟子至梁不在惠王三十五年，而在惠王之卒前十二年，江永《群经补义》以为当在周慎靓王元年辛丑。惠王早已称王，《孟子·梁惠王》作“王何必曰利”，正与江永、崔述诸人推论合。《世家》、《年表》并言孟子至梁在惠王三十五年，此时尚未改元称王,岂得预呼为王。司马迁亦知其难通,遽改“王”为“君”。梁玉绳谓之“自纳败阙”。〔11〕“夫”,王叔珉曰:“夫犹如也。”〔12〕“国则”,王叔珉曰:“‘国则’《春秋后语》作‘则国’,是也。此误倒。《孟子》、《通鉴》并作‘而国’,‘而’犹‘则’也。”

【译文】魏惠王在军事上屡遭挫败,为挽救垂危,以卑躬屈节之礼、优厚丰盛的财物招聘贤者。邹衍、淳于髡、孟轲都来到大梁。梁惠王说:“寡人不才,用兵于外,三次受到挫折。太子被虏,上将战死,国库因此空虚。寡人羞对先君宗庙社稷,实在惭愧得很。老先生不远千里而来,屈尊莅临敝国之廷,将有何高见以利我国呀?”孟轲曰:“君王不可以如此言利。国君言利,大夫跟着也言利,大夫言利,庶民跟着也言利,上下争着言利,国家就危险啦!作为国君,实行仁义是根本,何必言利呢!”

三十六年,复与齐王会甄。[1]是岁,惠王卒,子襄王立。[2]

【注释】〔1〕“甄”,今作“鄄”,在今山东鄄城。〔2〕“是岁,惠王卒,子襄王立”,据《纪年》,惠成王三十六年改元称一年,未卒也。王应麟《困学纪闻》引朱子曰:“惠、襄、哀之年,见于《竹书》,明甚。《史记》盖失实。”按:“襄王”,《世本》名嗣。而惠王三十一年立公子赫为太子,则又名赫。又《魏策》有太子鸣,似应为襄王,不然,何得有两太子。

【译文】三十六年,再次与齐王会于甄。这年,魏惠王去世,子襄王嗣位。

襄王元年,[1]与诸侯会徐州,[2]相王也。[3]追尊父惠王为王。[4]

【注释】〔1〕“襄王元年”,当为惠王后元元年。〔2〕“徐州”,“徐”字误,当依《纪年》作“俆州”,在今山东滕县南。〔3〕“相”,音 xiàng。“相王”,诸侯称王后之会见,意在相互承认为王。梁玉绳曰:“元年亦无诸侯相王事,只魏改元称王耳。”钱穆曰:“徐州一会,实当时诸侯称王之初步,战国惊人一大事。”因之,未可遽言其无。〔4〕“追尊父惠王为王”,魏称王于改元之年,司马迁误魏后元元年为襄王元年,所以孟子呼为“王”,此时尚未,岂得预呼?知其难通,遽改“王”为“君”。此处又再作弥缝,以“追尊父惠王为王”自圆其说。

【译文】襄王元年(实为惠王后元元年),与诸侯会于徐州,相互承认为王。襄王追尊父惠王为王。

五年,秦败我龙贾军四万五千于雕阴,[1]围我焦、曲沃。[2]予秦河西之地。[3]

【注释】〔1〕“五年,秦败我龙贾军四万五千于雕阴”,魏败雕阴,《表》在襄王二年,即惠王后元二年。《秦本纪》在惠文君七年,为魏襄王四年。皆误。宜依《魏世家》在襄王五年,即惠王改元五年。“雕阴”,在今陕西富县。〔2〕“焦、曲沃”,邑名,两地均在今河南陕县。此处曲沃非晋都。〔3〕“予秦河西之地”,《考证》:“河西,即西河之外,今陕西大荔、宜川等县地。”按:梁惠王告孟子云“西丧地于秦七百里”,即指惠王后元五年予秦河西地事。

【译文】五年,秦打败魏龙贾军四万五千人于雕阴,包围魏国焦、曲沃二城。魏割让河西地给秦。

六年,与秦会应。[1]秦取我汾阴、皮氏、焦。[2]魏伐楚,败之陉山。[3]七年,魏尽入上郡于秦。[4]秦降我蒲阳。[5]八年,秦归我焦、曲沃。[6]

【注释】〔1〕“应”,邑名,在今河南鲁山县东。〔2〕“汾阴”,在今山西万荣县。“皮氏”,在今山西河津县境。“焦”,在今河南陕县。按:“焦”下失书“曲沃”二字。秦围焦,兼降曲沃,故八年秦归焦、曲沃。《秦本纪》、《秦表》俱失书“曲沃”二字。〔3〕“陉山”,在今河南新郑县西南。〔4〕“上郡”,故地在今陕西东部,北洛水以东以北一带。〔5〕“秦降我蒲阳”,“蒲阳”,在今山西隰县西北。梁玉绳曰:“《张仪传》,秦既取蒲阳而复归之,故魏以上郡为谢也。乃此(指《年表》)及《世家》皆不书归蒲阳,《世家》又倒其文曰‘魏尽入上郡于秦’。秦降蒲阳,则所书之事不全,且似秦既得上郡,又降蒲阳也。夫魏岂无故而献地哉!”〔6〕“八年,秦归我焦、曲沃”,梁玉绳曰:“《竹书》‘隐王八年,秦公孙爰伐皮氏,翟章救皮氏。九年,城皮氏’。余因疑秦归魏焦、曲沃之时,并皮氏亦归之。《纪》《表》《世家》俱脱不书耳。不然,皮氏已为秦取久矣,尚何烦用师

乎?"

【译文】六年,魏王、秦王会于应。秦攻占魏汾阴、皮氏、焦三城。魏用兵伐楚,在陉山打败楚军。七年,魏割让上郡全部土地与秦。魏蒲阳降秦。八年,秦归还焦、曲沃二城给魏。

十二年,楚败我襄陵。〔1〕诸侯执政与秦相张仪会齧桑。〔2〕十三年,张仪相魏。〔3〕魏有女子化为丈夫。秦取我曲沃、平周。〔4〕

【注释】〔1〕"楚败我襄陵",此即惠王之告孟子"南辱于楚"的襄陵之败。"襄陵",在今河南睢县。 〔2〕"张仪",魏人,纵横家,相传与苏秦同师事鬼谷子。秦惠文王八年,张仪初入秦。惠文王十年,仪夺犀首之位为秦相。秦惠王死,仪离秦去魏,魏惠文王后元十三年为魏相。十六年,张仪复归秦。本书有传。"齧桑",在今江苏沛县西南。〔3〕"十三年,张仪相魏",《张仪列传》:"仪相秦四岁,立惠王为王。居一岁,为秦将取陕。其后二年,使与齐、楚之相会齧桑,东迁而免相,相魏。" 〔4〕"平周",邑名,在今山西介休县西。

【译文】十二年,楚败魏于襄陵。诸侯执政大臣与秦相张仪在齧桑会见。十三年,张仪任魏相。魏有女子变性为男子。秦攻取魏曲沃、平周。

十六年,襄王卒,子哀王立。〔1〕张仪复归秦。〔2〕

【注释】〔1〕"十六年,襄王卒,子哀王立",钱穆曰:"《竹书纪年》梁惠王立三十六年改元,又十六年而卒,其后称今王,至二十年而书止。"杜预《左传后序》谓:"《史记》误分惠成之世以为后王之年,哀王二十三年乃卒,故特不称谥,谓之今王。"按:襄王十六年,应是惠成王新元十六年。襄王、哀王实为一人。黄式三曰:"韩宣惠王之子谥襄哀王,见《留侯传》。魏惠成王之子意亦谥襄哀王,二君薨同年,亦同谥欤?史止称襄者,正如魏惠成王之称惠王,韩襄哀王之称襄王也。《史记》既分惠王之一世为二世,因分襄、哀之一谥为二谥矣。"黄说可信。〔2〕"张仪复归秦",梁玉绳曰:"仪之归秦,据《仪传》当在哀王二年,实襄王二年也。"

【译文】十六年,襄王(实为惠王)去世,子哀王嗣位。张仪又回秦国。

哀王元年,〔1〕五国共攻秦,〔2〕不胜而去。

【注释】〔1〕"哀王元年",应作"襄哀王元年。" 〔2〕"五国共攻秦",《秦本纪》:惠文王七年"乐池相秦,韩、赵、魏、燕、齐帅匈奴共攻秦"。梁玉绳曰:"此事诸处所载互有不同。余详校之,攻秦者实燕、楚、赵、魏、韩、齐六国,而匈奴不与焉。"

【译文】哀王元年,五国联合攻秦,没有打赢就退兵。

二年,齐败我观津。〔1〕五年,秦使樗里子伐取我曲沃,〔2〕走犀首岸门。〔3〕六年,秦来立公子政为太子。〔4〕与秦会临晋。〔5〕七年,攻齐。〔6〕与秦伐燕。

【注释】〔1〕"观津",《赵世家》、《田敬仲完世家》均作"观泽"。观泽故地在河南清丰、浚县间。观津在今河北武邑县东南,战国时赵邑,不是齐、魏争锋之地。 〔2〕"秦使樗里子伐取我曲沃",秦昭王弟名疾,居樗里,因号樗里子。昭王元年任秦相。曾封于严,又称严君疾。梁玉绳曰:"《秦纪》云:'樗里疾攻魏焦降之。'然则是年所拔者焦也。曲沃已于前八年为秦取之。此与《年表》、《樗里子传》皆误。" 〔3〕"犀首",魏官名,司马彪云:"若今虎牙将军。"时公孙衍任此职,人称衍曰"犀首"。"岸门",即岸头亭,在今山西河津县南(见《读史方舆纪要》卷四一)。按:河南许昌北也有岸门。〔4〕"秦求立公子政为太子",《魏表》作"秦来立公子政为太子"。按:"求"字讹,当依《表》作"来"。《列女传》无"求"字。"公子政",魏公子。 〔5〕"临晋",在今山西临猗县西临晋镇。 〔6〕"七年,攻齐",《集解》引徐广曰:"《年表》云:击齐,虏赘子于濮也。"按:《表》"赘子"作"声子"。

【译文】二年,齐在观津打败魏军。五年,秦使樗里子伐魏,攻占曲沃,在岸门打败犀首。六年,秦派使来魏,贺魏公子政立为太子。魏王与秦王在临晋相会。七年,魏攻齐。魏与秦伐燕。

八年，伐卫，[1]拔列城二。卫君患之。[2]如耳见卫君曰：[3]"请罢魏兵，免成陵君可乎？"[4]卫君曰："先生果能，孤请世世以卫事先生。"如耳见成陵君曰："昔者魏伐赵，断羊肠，[5]拔阏与，[6]约斩赵，赵分而为二，[7]所以不亡者，魏为从主也。今卫已迫亡，将西请事于秦。与其以秦醳卫，[8]不如以魏醳卫，卫之德魏必终无穷。"成陵君曰："诺。"如耳见魏王曰："臣有谒于卫。卫故周室之别也，[9]其称小国，[10]多宝器。今国迫于难而宝器不出者，其心以为攻卫醳卫不以王为主，故宝器虽出必不入于王也。臣窃料之，先言醳卫者，必受卫者也。"[11]如耳出，成陵君入，以其言见魏王。魏王听其说，罢其兵，免成陵君，终身不见。[12]

【注释】〔1〕"八年，伐卫"，襄哀王八年，据于鬯《战国策年表》为卫嗣君十四年。《索隐》：《纪年》云"八年，翟章伐卫"。〔2〕"卫君"，据《卫康叔世家》，卫自声公子遬贬号为侯，至成侯孙嗣五年，更贬号为君。故《史记》曰"卫君"。〔3〕"如耳"，魏大夫姓名。〔4〕"成陵君"，《史记会注考证》："崔适曰：'上文无成陵君伐燕（"燕"字误，当作"卫"）事，亦不详成陵君为何人。'"按：《纪年》有"八年翟章伐卫"之事。疑成陵君即翟章封号。〔5〕"羊肠"，即羊肠阪。《汉书·地理志》上党郡壶关县有羊肠阪，在今山西壶关县东南。〔6〕"阏与"，在今山西武乡县一带。〔7〕"约斩赵，赵分为二"，《正义》："若断羊肠，拔阏与，北连恒州，则赵国东西断而为二也。""约"，缠缚，捆绑。〔8〕"醳"，音 shì，通"释"，释放。〔9〕"卫故周室之别也"，卫始封之人康叔为周武王之弟。康叔以周王室分支而受封，故曰"周室之别"。"别"，分也。〔10〕"小国"，《卫康叔世家》云："三晋强，卫如小侯属赵。"〔11〕"必受卫者也"，冈白驹曰："受卫赂也。"〔12〕"魏王听其说，罢其兵，免成陵君，终身不见"，徐孚远曰："卫君本意，欲释围耳，何恨乎成陵君而欲免之，盖如耳害成陵君，故假卫事而谗之。"

【译文】八年，魏进攻卫，攻下相毗邻的两个城邑。卫君很为忧愁。魏大夫如耳来见卫君说："我能阻止魏国进攻和罢免主将成陵君的官，怎么样？"卫君说："先生果能如此，孤将世世代代倾卫国之富来侍奉先生。"如耳去见成陵君说："从前魏进攻赵，切断羊肠阪，攻占阏与，计划腰斩赵国，赵国果然被分割为二。然而赵国并没有亡，知道为什么吗？因为当时魏是合纵盟主的缘故呀！现在卫已濒临灭亡，将要向西请求臣事于秦。与其由秦来解救卫，不如由魏来解救卫，卫对魏的感恩戴德必将永无穷尽。"成陵君说："好啊！"如耳又去见魏王说："臣来求见是想说说关于卫的事。卫原是周王室的别支，虽说是小国，可是贮藏宝器甚多。现在国家处于危难中却不肯献出宝器，是因为他们内心认为：攻打卫国和解救卫国，大王都充当不了主宰。即使献出宝器，也到不了大王手里。我琢磨着，最先前来建议解救卫的人，必定是接受了卫国贿赂的人。"如耳辞出，成陵君求见，按照如耳的说法向魏王进言。魏王听从成陵君的建议，停止对卫用兵，同时罢免成陵君，终身不和他见面。

九年，与秦王会临晋。[1]张仪、魏章皆归于魏。[2]魏相田需死。[3]楚害张仪、犀首、薛公。[4]楚相昭鱼谓苏代曰：[5]"田需死，吾恐张仪、犀首、薛公有一人相魏者也。"代曰："然相者欲谁而君便之？"昭鱼曰："吾欲太子之自相也。"[6]代曰："请为君北，必相之。"[7]昭鱼曰："奈何？"对曰："君其为梁王，代请说君。"昭鱼曰："奈何？"对曰："代也从楚来，昭鱼甚忧，曰：'田需死，吾恐张仪、犀首、薛公有一人相魏者也。'代曰：'梁王，长主也，[8]必不相张仪。张仪相，必右秦而左魏。[9]犀首相，必右韩而左魏。薛公相，必右齐而左魏。梁王，长主也，必不便也。'王曰：'然则寡人孰相？'代曰：'莫若太子之自相。太子之自相，[10]是三人者皆以太子为非常相也，皆将务以其国事魏，欲得丞相玺也。以魏之强，而三万乘之国辅之，[11]魏必安矣。故曰莫若太子之自相也。'"遂北见梁王，以此告之。太子果相魏。[12]

【注释】〔1〕"九年"，梁襄哀王九年，为秦武王元年。"临晋"，在今山西临猗县临晋镇。〔2〕"张仪、魏章皆归于魏"，《索隐》："章为魏将，后又相秦。"《秦本纪》："武王元年，张仪、魏章皆东出之魏。"〔3〕"魏相田需死"，《战国策·魏策》："公孙衍为魏将，与其相田繻不善。"田繻即田需。〔4〕"薛公"，《索隐》："田文也。"按：此田文名偶同于孟尝，

而非孟尝。又有奔魏事,故《战国策》误以文子为薛公,并谓孟尝奔魏为魏相,皆妄。〔5〕“昭鱼”,《索隐》:“昭奚恤也。”“苏代”,苏秦兄,或谓是弟。谯周云:“秦兄弟五人,秦最少。兄代,代弟厉及辟、鹄,并为游说之士。”〔6〕“太子”,《索隐》:“太子即襄王也。”按:太子当是昭王,《索隐》盖传写之谬。〔7〕“请为君北,必相之”,《战国策·魏策》作“请为君北见梁王,必相之矣”。冈白驹曰:“北字句,北往魏。”枫山、三条本作“北见梁王,必使相之”,与《战国策》合。〔8〕“长主”,《考证》:“冈白驹曰:‘长主,犹云贤主。’”〔9〕“左”、“右”,王叔珉曰:“案《魏策》高诱注:‘右,亲也。左,疏外也。’右、左犹亲、疏,亦犹先、后也。”〔10〕“莫若太子之自相。太子之自相”,《魏策》不叠“太子之自相”五字。〔11〕“三万乘之国”,秦、韩、齐三国皆万乘之国,故曰“三万乘之国”。〔12〕“太子果相魏”,徐孚远曰:“前代未有用太子为相者。后以太子录尚书,及为尚书令,盖本此也。”《考证》:“魏相田需死以下,本《国策·魏策》。”

【译文】哀王九年,与秦王在临晋会见。张仪、魏章都来投奔魏国。魏相田需死。楚国不喜欢张仪、犀首、薛公。楚相昭鱼对苏代说:“田需死了,我恐怕张仪、犀首、薛公他们之中有一人要当魏相。”苏代说:“那么谁当魏相才合您的心意呢?”昭鱼说:“我想最好太子自己当魏相。”苏代说:“我这就为您北上跑一趟,一定要让太子担任魏相。”昭鱼说:“能行吗?”苏代说:“您现在暂时充当梁王,让我来试一试。”昭鱼说:“怎么说呀?”苏代说:“苏代从楚国来,昭鱼很忧虑,他说:‘田需死了,我恐怕张仪、犀首、薛公其中有一人将要担任魏相。’我说:‘梁王是贤明的君主,不会让张仪任魏相。张仪相,一定厚秦而薄魏。犀首相,一定厚韩而薄魏。薛公相,一定厚齐而薄魏。梁王是贤明的君主,不会随随便便做出决定的。’梁王问道:‘那么寡人任命谁当魏相好呢?’苏代说:‘最好不过由太子自己任魏相。太子自己任魏相,那三位都明白太子不会长期任魏相,他们必定尽其心力务使其本国与魏搞好关系,以期获得魏国丞相的玺印。魏是强国,又有三个万乘之国来辅助,魏国必定获得安宁。所以说不如太子自己任魏相。’”苏代就此北上见梁王,如此这般向梁王一说,太子果然当了魏相。

十年,张仪死。[1]十一年,与秦武王会应。[2]十二年,太子朝于秦。[3]秦来伐我皮氏,[4]未拔而解。十四年,秦来归武王后。[5]十六年,秦拔我蒲反、阳晋、封陵。[6]十七年,与秦会临晋。[7]秦予我蒲反。十八年,与秦伐楚。二十一年,与齐、韩共败秦军函谷。[8]

【注释】〔1〕“十年,张仪死”,《张仪列传》:“张仪相魏一岁,卒于魏也。”钱穆《先秦诸子系年考辨》以张仪卒乃魏哀王九年,非十年。〔2〕“秦武王”,秦惠文王之子,名荡。公元前三一〇年至前三〇七年在位。“应”,在今河南鲁山县东。〔3〕“十二年,太子朝于秦”,魏太子遬朝秦,在秦武王四年。〔4〕“秦来伐我皮氏”,梁玉绳曰:“此书伐皮氏于哀王十二年,与《纪年》书于隐王(周赧也)八年合。然《年表》及《樗里甘茂传》并在秦昭元年。魏哀十三年,恐是十二年之误。”王叔珉曰:“案伐皮氏,《年表》及《樗里甘茂列传》既并在秦昭元年,魏哀十三年,则此文‘秦’上或脱‘十三年’三字,亦未可知,不必定从《纪年》。”〔5〕“秦来归武王后”,《战国策·赵策》:“父母之爱子,则为计深远。媪之送燕后也,持其踵为之泣,念悲其远也,亦哀之矣。已行非弗思也。祭祀必祝之。祝曰必勿使反,岂非计久长有子孙相继为王也哉。”秦武王立甫四年,举鼎绝膑而死,故后无子孙相继为王,秦遣之归魏。〔6〕“蒲友”,即蒲阪,在今山西永济蒲州镇。“阳晋”,疑“临晋”之讹,在今山西临猗临晋镇。“封陵”,在今山西芮城风陵渡镇。蒲反、临晋、封陵皆在河东。秦渡河而东,先据蒲反,分兵略取临晋、封陵,以扇形攻势威胁魏西疆。〔7〕“十七年,与秦会临晋”,襄哀王十七年,当秦昭襄王五年。《秦本纪》作“魏王来朝应亭”。“应亭”,“临晋”之误。〔8〕“二十一年,与齐、韩共败秦军函谷”,《集解》引徐广曰:“二十年,与齐王会于韩。”二十一年,三国图秦,已在二十年预为之计。“函谷”,今陕西潼关以东至河南渑池一带,皆古函谷地。

【译文】十年,张仪死。十一年,与秦武王相会于应。十二年,太子朝见秦王。秦进犯我皮氏,没有攻下皮氏而去。十四年,秦送回武王王后。十六年,秦攻克魏蒲反、阳晋、封陵。十七年,与秦昭襄王在临晋相会。秦将蒲反归还魏国。十八年,魏与秦进攻楚国。二十一年,魏与齐、韩在函谷联合打败秦军。

二十三年,秦复予我河外及封陵为

和。[1]哀王卒,[2]子昭王立。[3]

【注释】[1]"二十三年,秦复予我河外及封陵为和",按:事在二十一年,"河外及"三字衍。 [2]"哀王卒",《汲冢纪年》终于哀王二十年,昭王三年丧毕,始称元年耳。 [3]"子昭王立",《世本》:"昭王名遬。"

【译文】二十三年,秦再次将河外及封陵归还魏国,与魏言和。哀王去世,子昭王嗣位。

昭王元年,秦拔我襄城。[1]二年,与秦战,我不利。[2]三年,佐韩攻秦,秦将白起败我军伊阙二十四万。[3]六年,予秦河东地方四百里。[4]芒卯以诈重。[5]七年,秦拔我城大小六十一。[6]八年,秦昭王为西帝,齐湣王为东帝,月余,皆复称王归帝。[7]九年,秦拔我新垣、曲阳之城。[8]

【注释】[1]"秦拔我襄城",《通鉴·周纪四》:"秦尉错伐魏襄城。"胡三省注曰:"班《志》襄城县属颍川郡。以分地考之,颍川属韩境。盖魏与韩分有颍川之地,用兵争强,疆埸之间,朝韩暮魏,则此时襄城或为魏土,容或有之。"按:"襄城",在今河南襄城,春秋时郑氾地,战国时魏邑。 [2]"与秦战,我不利",《通鉴·周纪四》:"秦败魏师于解。"故云不利。 [3]"秦将白起败我军伊阙二十四万","白起",郿人,善用兵,事秦昭王,本书有传。"伊阙",在今河南洛阳市南,春秋周阙塞。阙口断崖石窟,通称龙门石窟。梁玉绳曰:"《秦纪》及《穰侯传》并言'秦败韩、魏伊阙,斩首二十四万',乃合韩、魏两国之兵言也。此《表》与楚、魏、韩三《世家》各言'二十四万',失其实矣。" [4]"六年,予秦河东地方四百里",《通鉴·周纪四》:"二十五年,魏入河东地四百里。"胡三省注:"河东地盖安邑、大阳、蒲阪、解县濒河之地。" [5]"芒卯以诈重",梁玉绳曰:"《西周策》及《韩子·说林》《显学》、《淮南·氾论》作孟卯。"按《魏策》:"芒卯诈以郸事赵,令闭关绝秦,秦、赵大恶。赵王恐魏承秦之怒,割五城以合于魏而支秦。" [6]"秦拔我城大小六十一",《年表》:秦昭王十八年,"客卿错击魏至轵,取城大小六十一"。 [7]"八年,秦昭王为西帝,齐湣王为东帝,月余,皆复称王归帝",《穰侯列传》:"秦称西帝,齐称东帝。月余吕礼来,而齐、秦各复归帝为王。" [8]"新垣",在今山西垣曲。"曲阳",在今河南济源之西。

【译文】昭王元年,秦攻克魏国襄城。二年,魏与秦战,仗没有打好。三年,魏助韩攻秦。秦将白起败韩、魏联军于伊阙,斩首二十四万。六年,割让河东地四百里给秦国。芒卯以善于用诈见重于魏。七年,秦攻占魏城大小六十一座。八年,秦昭王僭号西帝,齐湣王僭号东帝。一个多月以后,又都去掉帝号,恢复称王。九年,秦攻占我新垣、曲阳二城。

十年,齐灭宋,宋王死我温。[1]十二年,与秦、赵、韩、燕共伐齐,[2]败之济西,[3]湣王出亡。[4]燕独入临淄。[5]与秦王会西周。[6]

【注释】[1]"十年,齐灭宋,宋王死我温",《通鉴·周纪四》:"宋有雀生䲹于城之陬。史占之曰:'吉。小而生巨,必霸天下。'宋康王喜,起兵灭滕,伐薛,东败齐,取五城,南败楚,取地三百里。西败魏军,与齐、魏为敌国,乃愈自信其霸。欲霸之亟成,故射天笞地,斩社稷而焚灭之,以示威服鬼神。……齐湣王起兵伐之,民散,城不守。宋王奔魏,死于温。""温",周司寇苏忿生之邑,在今河南温县。 [2]"十二年,与秦、赵、韩、燕共伐齐",梁玉绳曰:"六国伐齐,此失书楚。"按:伐齐之役,楚实后发。且淖齿将兵,以救齐为名,载籍多不入楚于伐齐之列,盖亦有自。《吕览·权勋篇》:"五国攻齐。"注谓"燕、秦、韩、赵、魏",亦不书楚。 [3]"济西",济水之西。 [4]"湣王出亡",齐湣王出亡之卫,卫君辟宫舍之,称臣而共具。齐王不逊,卫人侵之。齐王去奔邹、鲁,有骄色,邹、鲁弗内,遂走莒。楚将淖齿弑王于鼓里。 [5]"燕独入临淄",湣王出走,燕将乐毅入临淄,取宝物、祭器,输之于燕。"临淄",在今山东淄博市。 [6]"西周",周显王时周贵族桓公之后所建,故地在今河南洛阳王城一带。公元前二五五年为秦所灭。

【译文】十年,齐灭宋,宋王死在魏国温邑。十二年,魏与秦、赵、韩、燕联合起来进攻齐国,在济西打败齐军,齐湣王流亡在外。燕军独自攻入临淄。魏王与秦王相会于西周。

十三年,秦拔我安城。[1]兵到大梁,

去。[2]十八年，秦拔郢，[3]楚王徙陈。[4]

【注释】〔1〕“安城”，在今河南原阳西。〔2〕“兵到大梁，去”，《年表》作“兵至大梁而还”，《通鉴》同。“去”，还也。〔3〕“郢”，楚都，故地在今湖北江陵。〔4〕“陈”，在今河南淮阳。

【译文】十三年，秦攻占魏安城，兵至大梁而还。十八年，秦兵攻占郢都，楚王迁都陈邑。

十九年，昭王卒，子安禧王立。[1]

【注释】〔1〕“安釐王”，据《世本》，名圉。“禧”，读曰“僖”。

【译文】十九年，昭王去世，子安禧王嗣位。

安禧王元年，秦拔我两城。[1]二年，又拔我二城，军大梁下，韩来救，予秦温以和。[2]三年，秦拔我四城，斩首四万。[3]四年，秦破我及韩、赵，杀十五万人，走我将芒卯。[4]魏将段干子[5]请予秦南阳以和。[6]苏代谓魏王曰：[7]“欲玺者段干子也，[8]欲地者秦也。今王使欲地者制玺，使欲玺者制地，[9]魏氏地不尽则不知已。[10]且夫以地事秦，譬犹抱薪救火，[11]薪不尽，火不灭。”王曰：“是则然也。虽然，事始已行，[12]不可更矣。”对曰：“王独不见夫博之所以贵枭者，[13]便则食，不便则止矣。今王曰‘事始已行，不可更’，是何王之用智不如用枭也？”[14]

【注释】〔1〕“安禧王元年，秦拔我两城”，《通鉴·周纪四》：“秦武安君伐魏，拔两城。”秦大良造将军白起，于秦昭襄王三十四年迁为武安君。〔2〕“二年，又拔我二城，军大梁下，韩来救，予秦温以和”，魏安釐王二年，司马迁记秦伐魏之事，文有脱误。是年穰侯两次伐魏，第一次，韩暴鸢救魏，穰侯破之，暴鸢军次大梁下，魏纳八城以和。第二次，穰侯复伐魏，走芒卯，入北宅，魏割温以和。事见《通鉴·周纪四》。“温”，在今河南温县。〔3〕“三年，秦拔我四城，斩首四万”，《穰侯列传》：“秦使穰侯伐魏，斩首四万，走魏将暴鸢，得魏三县。”〔4〕“四年，秦破我及韩、赵，杀十五万人，走我将芒卯”，梁玉绳曰：“韩字衍。十五万，连赵言之，亦非。”施之勉《读史记会注考证札记校补》云：“《秦年表》：‘昭王三十四年，白起击魏华阳军，芒卯走，得三晋将，斩首十五万。’《穰侯传》：‘三十四年，穰侯与白起客卿胡阳复攻赵、韩、魏，破芒卯于华阳下，斩首十万。’《白起传》：‘三十四年，白起攻魏，走芒卯，而虏三晋将，斩首十三万。与赵将贾偃战，沉其卒二万于河中。’秦昭三十四年，魏安釐之四年，《穰侯传》云攻赵、韩、魏，《秦年表》、《白起传》云得三晋将，是秦攻赵、韩、魏三国也。韩字非衍，梁说非。”〔5〕“魏将段干子”，《魏策》云段干名崇。〔6〕“南阳”，太行山之南，黄河之北，淇县、济源之间称南阳。〔7〕“苏代”，《战国策·魏策》作“孙臣”。〔8〕“欲玺者，段干子也”，《通鉴》注：“言段干子欲得秦相印，故请魏割地。”〔9〕“使”，《春秋后语》、《通鉴》并无此字。〔10〕“则不知已”，《春秋后语》作“则不和”。〔11〕“抱”，读“抛”。〔12〕“始已”，复语，“始”亦“已”也。〔13〕“王独不见夫博之所以贵枭者”，“独”，犹何。“博”，古代的一种游戏，亦称六博，或曰陆博。共十二棋，六黑六白，两人相博，每人六棋，故名。长沙马王堆三号汉墓曾出土一套博具，其中有木版制成的方形博局，黑、白色长方形棋子各六枚。直食棋二十枚，算筹四十二支，十八面形的木质骰子一枚，上刻数码从一至十六。博戏时两人对坐，各执黑棋、白棋六枚。双方通过掷骰行棋以获筹，然后决胜负。“枭”，《正义》云：“博头(骰)有刻为枭鸟形者，掷得枭者，合食其子，若不便则为余行也。”今各地西汉出土之博骰，无作枭形者，则博骰称枭之原因仍不明。〔14〕“今王曰‘事始已行，不可更’”，《魏策》作“今王刼于群臣而许秦，因曰不可革”。

【译文】安禧王元年，秦攻占我两城。二年，又攻占我二城，秦军直薄大梁城下，韩军前来援救，魏将温割让给秦以议和。三年，秦攻占我四城，斩首四万。四年，秦击败魏、韩、赵联军，斩首十五万，赶跑魏将芒卯。魏将段干子请求魏王将南阳割让给秦以求和。苏代对魏王说：“想得魏玺的是段干子，想得魏地的是秦王。现在大王使觊觎魏国土地的人拿着封玺，使向往魏国封玺的人管着土地，魏国土地不丧失殆尽不得罢休。况且拿土地去孝敬秦国，如同抱着薪柴去救火，薪柴不烧光，火不会熄灭。”魏王说：“你说的很对，不过，割地求和之事正在进行，无法更改了。”苏代说：“大王难道没有见过行博时掷枭的关键时刻吗？有利时便食其子，不利时则不食其子。今大王说‘割地求和之事正在进行,无法更改’,为什么大王在运筹用智方面,不如行博掷枭那样精明呢?”

九年,秦拔我怀。[1]十年,秦太子外质于魏死。[2]十一年,秦拔我郪丘。[3]

【注释】〔1〕“怀”,在今河南武陟县西。〔2〕“十年,秦太子外质于魏死”,《通鉴·周纪五》:“四十八年,秦悼太子质于魏而卒。”《秦表》:“太子质于魏者,归葬芷阳。”〔3〕“郪丘”,《秦纪》作“邢丘”,《年表》作“廪丘”。作“邢丘”者是。在今河南温县东北。

【译文】九年,秦攻占我怀。十年,来到魏国当人质的秦太子死了。十一年,秦攻占魏国郪丘。

秦昭王谓左右曰:[1]“今时韩、魏与始孰强?”对曰:“不如始强。”王曰:“今时如耳、魏齐与孟尝、芒卯孰贤?”[2]对曰:“不如。”王曰:“以孟尝、芒卯之贤,率强韩、魏以攻秦,犹无奈寡人何也。今以无能之如耳、魏齐而率弱韩、魏以伐秦,其无奈寡人何亦明矣。”左右皆曰:“甚然。”中旗冯琴而对曰:[3]“王之料天下过矣。当晋六卿之时,知氏最强,灭范、中行,又率韩、魏之兵以围赵襄子于晋阳,决晋水以灌,晋阳之城不湛者三版。[4]知伯行水,魏桓子御,韩康子为参乘。[5]知伯曰:‘吾始不知水之可以亡人之国也,乃今知之。汾水可以灌安邑,绛水可以灌平阳。’[6]魏桓子肘韩康子,韩康子履魏桓子,[7]肘足接于车上,而知氏地分,身死国亡,为天下笑。今秦兵虽强,[8]不能过知氏;韩、魏虽弱,尚贤其在晋阳之下也。[9]此方其用肘足之时也,愿王之勿易也!”[10]于是秦王恐。[11]

【注释】〔1〕“秦昭王”,秦武王弟,名则(一作稷)。公元前三〇六年至前二五一年在位。〔2〕“如耳”,魏大夫,是时仕韩。“魏齐”,魏相。“孟尝”,即薛公田文。“芒卯”,魏将。〔3〕“中旗冯琴而对曰”,“中旗”,《战国策·秦策》、《韩非子·难三》作“中期”,为秦辩士。“冯”,同“凭”。“冯琴”,《韩非子》作“推琴”。〔4〕“湛”,《战国策》作“沉”。“版”,高二尺为版。〔5〕“魏桓子御,韩康子为参乘”,《战国策·秦策》作“康子御,桓子骖乘”。《韩非子》、《说苑》“魏桓子”并作“魏宣子”。“桓”、“宣”古通。〔6〕“汾水可以灌安邑,绛水可以灌平阳”,阎若璩《潜丘劄记》:“尝往来平阳、夏县,而悟二语具有妙解。盖汾水并可灌安邑,至绛水自不待言。绛水并可灌平阳,至汾水又不待言。交错之举,总见水之为害溥尔。”“平阳”,在今山西临汾市。〔7〕“韩康子履魏桓子”,《韩非子》、《说苑》、《春秋后语》此下并有“之足”二字。《国语·晋语》注此下有“之跗”二字。《战国策·秦策》作“康子履魏桓子,蹑其踵”。〔8〕“今秦兵虽强”,王叔珉曰:“案《书钞》一三九引此无‘兵’字,《说苑》同。《秦策》作‘秦之强”,亦无‘兵’字。‘之’犹‘虽’也。”〔9〕“贤”,胜过。〔10〕“愿王之勿易也”,《北堂书钞》引此作“愿王之勿轻易也”。《战国策·秦策》高注:“易,轻也。”〔11〕“于是秦王恐”,中井积德曰:“此一条宜入《秦本纪》,不当在《魏世家》。”

【译文】秦昭王对左右说:“现时的韩、魏,与初期时的韩、魏相比,哪个时期强大?”群臣答曰:“现时韩、魏,不如初期时强大。”秦王又问:“现时的如耳、魏齐和孟尝、芒卯相比,谁有才能?”答曰:“如耳、魏齐不行。”秦王说:“以孟尝、芒卯之贤,率领强大的韩、魏之军攻打秦国,尚且奈何我不得。今以无能之辈的如耳和魏齐,率领孱弱的韩、魏之军,攻打秦国,其奈何寡人不得,更是显而易见的了。”左右都说:“没错。”独有中旗手抚着琴抗辩说:“大王把天下的形势估计错啦!当年晋国六卿执政之时,知伯最强,剪灭范氏、中行氏,又率领韩、魏之兵围困赵襄子于晋阳,溃决晋水淹没晋阳城,晋阳城只剩下三版未被水淹。知伯巡行晋阳城外,察看水势。魏桓子为御戎,韩康子为骖乘。知伯说:‘我原来并不知道水可以灭亡别人的国家呀!今天可知道啦!汾水可以淹没安邑,绛水也可以淹没平阳!’这时魏桓子用胳膊肘碰一下韩康子,韩康子也用脚踩一下魏桓子,胳膊肘和脚一时在车上交接。结果如何呢?知氏土地被瓜分,身死国亡,给天下人看笑话。今秦军虽兵强马壮,但也超不过知伯。韩、魏虽弱,也比陈兵晋阳城下时强。现在正是韩、魏肘足交加的时刻,大王切切不可以掉以轻心呀!”于是秦王开始警惕起来。

齐、楚相约而攻魏,[1]魏使人求救于

秦,冠盖相望也,〔2〕而秦救不至。魏人有唐雎者,年九十余矣,〔3〕谓魏王曰:"老臣请西说秦王,令兵先臣出。"魏王再拜,遂约车而遣之。〔4〕唐雎到,〔5〕入见秦王。秦王曰:"丈人芒然乃远至,此甚苦矣!〔6〕夫魏之来求救数矣,寡人知魏之急已。"〔7〕唐雎对曰:"大王已知魏之急,而救不发者,〔8〕臣窃以为用策之臣无任矣。〔9〕夫魏,一万乘之国也,然所以西面而事秦,称东藩,受冠带,祠春秋者,〔10〕以秦之强,足以为与也。〔11〕今齐、楚之兵已合于魏郊矣,而秦救不发,亦将赖其未急也。使之大急,〔12〕彼且割地而约从,王尚何救焉?〔13〕必待其急而救之,是失一东藩之魏而强二敌之齐、楚,〔14〕则王何利焉?"于是秦昭王遽为发兵救魏。〔15〕魏氏复定。

【注释】〔1〕"齐、楚相约而攻魏",时为安釐王十一年。〔2〕"冠",冠冕。"盖",车盖。"冠盖相望",使者往来不绝。〔3〕"魏人有唐雎者,年九十余矣","雎",从"且"。《新序》作唐且,从"目"者讹。《战国策·魏策》亦作"唐且"。梁玉绳曰:"此时为安釐王十一年,迨魏之亡凡四十二年。而《国策》载魏亡后,唐雎为安陵君说秦始皇,岂雎寿至一百三十余岁乎?"〔4〕"遂约车而遣之","约",备办。《战国策·齐策四》:冯煖"于是约车治装,载券契而行"。〔5〕"到",此字下《长短经》注有"秦"字。〔6〕"丈人芒然乃远至,此其苦矣","芒",通"茫",模糊不清。"芒然",疲倦貌。《长短经》注"乃"作"而",义同。〔7〕"已",《战国策·魏策》、《新序》并作"矣"。《长短经》注作"也"。"已"、"矣"、"也"皆同义。〔8〕"救",《长短经》注此字下有"兵"字。〔9〕"用策",《战国策·魏策》作"筹策"。〔10〕"夫魏,一万乘之国也,然所以西面而事秦,称东藩,受冠带,祠春秋者",《苏秦列传》载秦说魏王云:"王,天下之贤主也。今乃有意西面而事秦,称东藩,筑帝宫,受冠带,祠春秋。"《索隐》云:"谓冠带制度,皆受秦之法,春秋贡奉以助秦祭祀。"《长短经》注"称东藩"下有"筑帝宫"三字,与《苏秦列传》合。〔11〕"与",许也。谓许与为亲以结和。〔12〕"大",《春秋后语》、《长短经》注并作"而"。〔13〕"尚何",《春秋后语》、《长短经》注并作"当奚"。"尚"、"当"古通。"何"、"奚"同义。〔14〕"敌",《春秋后语》、《长短经》注并作"劲"。〔15〕"遽为",《战国策·魏策》"遽"下姚校云:"一作遂。"《春秋后语》亦作"遂"。"遽"犹"遂"也。《魏策》、《春秋后语》、《长短经》注皆无"为"字。

【译文】齐、楚相约联合攻魏,魏派遣使者去秦国求救。使者络绎于途,冠盖相望,而秦国迟迟不发救兵。魏国有位名叫唐雎的人,九十多岁了,对魏王说:"请允许老臣西行劝说秦王,让秦的救兵在我回国之前来到魏国。"魏王向唐雎两次作揖,准备车辆请唐雎出发。唐雎来到秦国,晋见秦王。秦王说:"老人家远道而来,累了吧?太辛苦啦!魏国求救的使者为数不少,寡人知道魏国在危急中。"唐雎曰:"大王既然知道魏国在危急中,却迟迟不发救兵,臣私下认为秦国决策的大臣不负责任。须知,魏是拥有万乘兵车的大国。魏国西向与秦交亲,成为秦国东方的屏障,接受秦国所赐衣帽冠带,春秋两祀向秦国敬献祭品,是因为秦国之强,可以成为魏的盟国。现在齐、楚联军已经兵临魏国城下,而秦国不发救兵。所幸现在尚未到最危急的时刻。真是到了最危急的时刻,他们也只有割地求和,签订合纵的盟约。到那时候,大王还有什么好救的呢?一定要等待最危急的时候,才发救兵,其结果无非是失去一个东方屏障的魏国,而加强了齐、楚两敌国的威力,请问对大王有什么好处?"于是秦昭王立刻发兵救魏,魏国复趋安定。

赵使人谓魏王曰:"为我杀范痤,〔1〕吾请献七十里之地。"〔2〕魏王曰:"诺。"使吏捕之,围而未杀。痤因上屋骑危,〔3〕谓使者曰:"与其以死痤市,不如以生痤市。有如痤死,〔4〕赵不予王地,则王将奈何?故不若与先定割地,然后杀痤。"魏王曰:"善。"痤因上书信陵君曰:〔5〕"痤,故魏之免相也,赵以地杀痤而魏王听之,有如强秦亦将袭赵之欲,则君且奈何?"〔6〕信陵君言于王而出之。〔7〕

【注释】〔1〕"范痤",魏故相。《战国策·赵策四》"痤"作"座"。《汉书·古今人表》亦作"座"。〔2〕"吾请献七十里之地",《战国策·赵策四》云:"乃使人以百里之地,请杀范座于魏。"〔3〕"危",屋脊。〔4〕"有如痤死",王叔珉曰:"案'有如'复语,有亦如也。下文'有如强秦亦将袭赵之欲',《越王句践世家》'有如病,不宿诫',并同此例。"〔5〕"信陵君",名无忌,魏昭王少子,安釐王异母弟。安釐王元年,封为信陵君。"信陵",邑名,今地不详。

〔6〕“有如强秦亦将袭赵之欲,则君且奈何”,《战国策·赵策四》云:“然今能守魏者,莫如君矣。王听赵杀座之后,强秦袭赵之欲,倍赵之割,则君何以止之?此君之累也。”语更详。〔7〕“信陵君言于王而出之”,按:“赵使人谓魏王”以下,采《赵策》。

【译文】赵派人对魏王说:“给我杀掉范痤,我愿意献地七十里作报酬。”魏王说:“行。”派人拘捕范痤,包围其住宅。还未及捕杀范痤,范痤已经上房,骑在屋脊上对捕吏说:“与其拿一个死范痤做交易,不如拿一个活范痤做交易。假如我死了,赵不给魏土地,魏王怎么办呢?不如先和赵确定割地的办法,然后再杀痤。”魏王说:“有理。”范痤乘此机会上书信陵君说:“痤本是魏国免职的相国。赵以割地诱杀我,魏王居然听从。如果强秦也步赵的后尘,如法炮制,请问您将怎么办?”信陵君向魏王进言,放了范痤。

魏王以秦救之故,欲亲秦而伐韩,以求故地。无忌谓魏王曰:〔1〕

【注释】〔1〕“无忌谓魏王曰”,此篇见《战国策·魏策三》:“魏将与秦攻韩,朱己谓魏王。”《荀子·强国篇》杨倞注引《史记》“无忌”作“朱忌”。“朱”与“无”形近而误,“己”、“忌”古同声。文中说“今韩受兵三年”,按秦用范雎远攻近交之策,《史记·范雎蔡泽列传》说:“范雎相秦二年,秦昭王之四十二年,东伐韩少曲、高平拔之。昭王四十三年,秦攻韩汾陉,拔之。”《白起列传》也说:“四十三年,白起攻韩陉城,拔五城,斩首五万。四十四年,白起攻韩南阳太行道,绝之。”据此,韩受兵的第三年当为公元前二六三年,即魏安釐王十四年,亦即无忌上书魏王之年。一九七三年长沙马王堆三号汉墓出土的帛书有此篇。

【译文】魏王因为秦发兵相救之故,打算与秦亲善,进攻韩国,以索回过去的失地。无忌对魏王说:

秦与戎翟同俗,有虎狼之心,贪戾好利无信,不识礼义德行。苟有利焉,不顾亲戚兄弟,若禽兽耳,此天下之所识也,非有所施厚积德也。故太后母也,〔1〕而以忧死;穰侯舅也,〔2〕功莫大焉,而竟逐之;两弟无罪,〔3〕而再夺之国。〔4〕此于亲戚若此,〔5〕而况于仇雠之国乎?〔6〕今王与秦共伐韩而益近秦患,臣甚惑之。而王不识则不明,〔7〕群臣莫以闻则不忠。

【注释】〔1〕“太后”,秦昭襄王母宣太后。昭襄王时范雎用事,逐穰侯,出高陵、泾阳于外,昭襄王四十二年,宣太后死。〔2〕“穰侯”,即魏冉,楚人,秦昭王母宣太后之弟。昭王时秦相。为人智而善谋,屡建功勋,秦封之于穰(在今河南邓县),故称穰侯。本书有传。〔3〕“两弟”,高陵君显、泾阳君悝为昭王弟。〔4〕“之”,据王引之《经传释词》,“其”之义。〔5〕“亲戚”,王叔珉曰:“案《魏策三》‘亲戚’下有‘兄弟’二字,与上文‘亲戚兄弟’相应,疑此夺之。”按:“亲戚”,在西汉时通作父母解。马王堆帛书“亲戚”下亦无“兄弟”二字。〔6〕“而况于仇雠之国乎”,《战国策·魏策三》作“而又况于仇雠之敌国也”。“雠”,本为对立之义,引申为“怨雠”,与“怨仇”同。〔7〕“而”,若也。

【译文】秦与戎狄习俗相同,有虎狼一样的野心,贪婪残暴,见利忘义,不讲信用,不懂礼义德行。只要有利,不顾父母兄弟,简直就是禽兽,从来不懂得对别人应该施惠积德,这是天下人的共识。已经逝世的宣太后是秦王之母,却忧伤而死。穰侯乃秦王之舅,论功劳谁也比不过,却被流放。两个弟弟无罪,却一再削夺其封邑,命他们回到自己的封邑去。其对父母兄弟已经如此,更何况是敌国呢?今大王与秦共同进攻韩国,是日益贴近秦国的祸患。臣对此很不理解。大王不明辨此事的利害,就是胡涂。群臣不把此事利害向大王说清楚,就是不忠。

今韩氏以一女子奉一弱主,〔1〕内有大乱,外交强秦魏之兵,〔2〕王以为不亡乎?韩亡,秦有郑地,与大梁邺,〔3〕王以为安乎?王欲得故地,今负强秦之亲,〔4〕王以为利乎?

【注释】〔1〕“今韩氏以一女子奉一弱主”,此时为韩桓惠王十年。“一女子”,当指韩太后。这一年,秦击韩于太行。姚宏曰:“是时秦宣太后、赵惠文后、齐君王后皆专政,韩亦然也。”按:秦宣太后已于韩桓惠王八年死。〔2〕“交”,《战国策·魏策三》、马王堆战国帛书并作“支”。〔3〕“邺”,《战国

策·魏策》作“邻”。韩都郑，在今河南新郑县北，离魏都大梁（在今开封市）甚近。〔4〕“亲”，《战国策·魏策》作“祸”。马王堆战国帛书与《魏策》同。

【译文】现在韩国以一女子辅佐一个弱君，内有大乱，对外还要支应强大的秦魏联军，大王以为韩能不亡吗？韩亡，秦占有故郑土地，与大梁为邻，大王以为能相安吗？大王要想收复失地，反而背上强秦为邻的包袱，大王认为有好处吗？

秦非无事之国也，韩亡之后必将更事，〔1〕更事必就易与利，就易与利必不伐楚与赵矣。是何也？夫越山逾河，绝韩上党而攻强赵，〔2〕是复阏与之事，〔3〕秦必不为也。若道河内，〔4〕倍邺、朝歌，〔5〕绝漳、滏水，〔6〕与赵兵决于邯郸之郊，是知伯之祸也，〔7〕秦又不敢。伐楚，道涉谷，〔8〕行三千里，〔9〕而攻冥陒之塞，〔10〕所行甚远，所攻甚难，秦又不为也。若道河外，〔11〕倍大梁，〔12〕右蔡左召陵，〔13〕与楚兵决于陈郊，〔14〕秦又不敢。故曰秦必不伐楚与赵矣，又不攻卫与齐矣。〔15〕

【注释】〔1〕“更事”，再生事。二字马王堆战国帛书同，《战国策·魏策》作“便事”。〔2〕“上党”，在今山西长治市。〔3〕“阏与”，在今山西武乡县一带。魏安釐王七年，秦、韩相攻阏与，赵使赵奢将击秦，大破秦军阏与下。时在公元前二七〇年，故曰“复”。“复”，重演的意思。〔4〕“道”，行。“河内”，谓黄河以北地区的今河南省境。〔5〕“倍”，背。“邺”，在今河北临漳县。“朝歌”，在今河南淇县。〔6〕“绝漳、滏水”，谓渡过漳水、滏水。漳水源于山西省东部，东南流至今河北、河南两省边境，又东流至大名县入卫河。滏水在今河北磁县南，在漳水之北，与漳水平行。〔7〕“是知伯之祸也”，《战国策·魏策》“是”下有“受”字。马工堆战国帛书作“是知伯之过也”。“知伯”，智瑶，春秋末晋六卿之一。知伯围赵，引晋水灌晋阳城，赵和韩、魏合谋，反灭知氏。〔8〕“涉谷”，在今陕西褒城一带，是由秦入楚险道，称为西道。经河内入楚，曰东道。张琦《战国策释地》云：“此即春申君所谓随水右壤，广川大水，山林溪谷，不食之地也。出武关东南，即至宛、邓。”〔9〕“行三千里”，马王堆战国帛书与此同，《战国策·魏策》误作“行三十里”。〔10〕“冥陒”，马王堆战国帛书作“冥戹”，或作“黾塞”、“黾隘”。楚之要塞，故地在今河南省信阳与湖北省应山县之间，或云即信阳之平靖关。《吕氏春秋》云“九塞”，此即其一。〔11〕“河外”，与河内对言，指黄河南岸一带。〔12〕“倍大梁”，《正义》：“从河外出函谷关，历同州南至郑州，东向陈州，则背大梁也。”〔13〕“右蔡左召陵”，“蔡”，在今河南上蔡。“召陵”，在今河南郾城县。《战国策·魏策》作“而右上蔡、召陵”。马王堆战国帛书作“右蔡、召”。按：“左”字误增。这是假使秦灭韩后，出兵沿黄河南岸，到近大梁处，折而向南，到楚国的陈郊作战。上蔡、召陵都在陈西，所以说“右蔡、召陵”。〔14〕“陈”，在今河南省淮阳县。当时楚郢都已破，楚都在陈。〔15〕“又不攻卫与齐矣”，马王堆战国帛书作“又不攻燕与齐矣”。《战国策·魏策》与《史记》同。按：古书“燕”字常误为“卫”。帛书作“燕”是。据文义，这里不可能把小国卫与大国齐并提。韩亡之后，秦不攻楚、赵，又不东攻燕、齐，那只有攻魏了。

【译文】秦不是安分守己的国家。韩亡以后，必将寻衅生事。寻衅生事必择其易行而有利的先下手。易行而有利，肯定不会进攻楚国和赵国。为什么呢？爬山过河，跨越韩国上党而进攻强大的赵国，是阏与战役的重演，秦一定不干。如果经过河内，向邺、朝歌相反的方向进军，渡过漳水、滏水，与赵兵决胜负于邯郸的城郊，那是知伯覆灭的道路，秦又不敢。至于伐楚，经由涉谷，行军三千里，进攻冥陒要塞，道途遥远，险峻难攻，秦国依然不干。如果经由黄河南岸，朝着与大梁相反的方向进军，折向西南，过蔡、召陵与楚兵决胜负于陈都之郊，秦又下不了决心。所以秦一定不会进攻楚国和赵国。也不会进攻卫与齐。

夫韩亡之后，兵出之日，非魏无攻已。〔1〕秦固有怀、茅、邢丘，〔2〕城垝津，〔3〕以临河内，河内共、汲必危，〔4〕有郑地，〔5〕得垣雍，〔6〕决荧泽水灌大梁，大梁必亡。〔7〕王之使者出过，〔8〕而恶安陵氏于秦，〔9〕秦之欲诛之久矣。〔10〕秦叶阳、昆阳与舞阳邻，〔11〕听使者之恶之，随安陵氏而亡之，〔12〕绕舞阳之北，以东临许，〔13〕南国必危，〔14〕国无害已？〔15〕

【注释】〔1〕“非魏无攻已”,《战国策·魏策》作“非魏无攻矣”。“已”、“矣”古通。《史记》作“已”处,《战国策》多作“矣”。如唐雎入秦求救魏,《史记》记秦王言曰“寡人知魏之急已”,《魏策》“已”作“矣”。〔2〕“怀”,在今河南武陟县。“茅”,在今河南获嘉县。“邢丘”,马王堆战国帛书作“郱丘”,在今河南温县。〔3〕“垝津”,即围津,在今河南滑县东南,是古代黄河的西岸。“城垝津”,在垝津筑城。〔4〕“河内共、汲必危”,马王堆战国帛书作“共、墓必危”。“共”,在今河南辉县。“墓”,今地不详。一说“墓”为“汲”之误。“汲”误作“没”,“没”、“墓”音通,转写成“墓”。“汲”,在今河南汲县,属河内。共、汲均在垝津之西。〔5〕“有郑地”,《集解》引徐广曰:“成皋、荥阳俱属郑。”〔6〕“垣雍”,在今河南原阳县。〔7〕“决荧泽水灌大梁,大梁必亡”,马王堆战国帛书作“决荧泽,大梁必亡”。《战国策·魏策》作“决荧泽,而水大梁,大梁必亡矣”。“荧泽”,在今河南郑州市一带,是古代黄河边上的一个大湖,在大梁(开封市)的上游。〔8〕“王之使者出过”,“出过”,《战国策·魏策》、马王堆战国帛书皆作“大过”。此句疑有脱文。句意是王派使者入秦,怂恿秦国攻韩,已经铸成大错。〔9〕“而”,却。“安陵氏”,是一个小国,赵襄子时分封出去的安陵君的封邑,后附庸于魏,故地在今河南郾城县。〔10〕“秦之欲诛之久矣”,按:安陵氏虽小邑之君,却敢于抗衡大国,为大国所不喜。一次魏攻管不下,管守为安陵人缩高之子。安陵君拒绝信陵君遣缩高攻管的命令。安陵君也得罪过秦国。后来秦始皇欲以五百里地与安陵小邑交换,进行讹诈,说明秦也一直不喜欢这个小国。所以“秦之欲诛之久矣”。马王堆战国帛书、《战国策·魏策》“诛”作“许”。〔11〕“秦叶阳、昆阳与舞阳邻”,《战国策·魏策》作“然而秦之叶阳、昆阳,与舞阳、高陵邻”。马王堆战国帛书作“秦有叶、昆阳与舞阳邻”。“叶阳”应依帛书作“叶”,在今河南叶县。“昆阳”,在今河南叶县南。战国时叶在昆阳南。“舞阳”,在今河南舞阳县,属魏。〔12〕“随”,马王堆战国帛书作“堕”。“随”、“堕”古通用。〔13〕“许”,在今河南许昌。〔14〕“南国”,《正义》:“南国,今许州许昌县南西四十里许昌故城是也。此时属韩,在魏之南,故言南国。”〔15〕“国无害已”,马王堆战国帛书作“国先害已”。“已”,古通“矣”。句意为魏国首先受害。

【译文】韩国灭亡之后,秦军兵出之日,其目标除去魏国,没有其他。秦本来就占有怀、茅、邢丘等战略要地,现又修筑垝津城以威胁河内。河内的共和汲必定危急。灭韩以后,秦占有郑故地,必定夺取垣雍,溃决荧泽,引水淹灌大梁,大梁必亡。大王使者以过分的言行在秦王面前中伤安陵氏。秦早就打主意诛灭安陵氏。秦叶阳、昆阳与舞阳毗邻,听信使者的中伤,毁灭安陵而亡其国,秦就可以绕过舞阳之北,东向威逼许邑,南部城邑危急,魏国能太平吗?

夫憎韩不爱安陵氏可也,夫不患秦之不爱南国非也。〔1〕异日者,秦在河西,〔2〕晋国去梁千里,〔3〕有河山以阑之,〔4〕有周韩以间之。〔5〕从林乡军以至于今,〔6〕秦七攻魏,五入囿中,〔7〕边城尽拔,文台堕,垂都焚,〔8〕林木伐,麋鹿尽,而国继以围。又长驱梁北,东至陶、卫之郊,〔9〕北至平监。〔10〕所亡于秦者,山南山北,〔11〕河外河内,〔12〕大县数十,名都数百。〔13〕秦乃在河西,晋去梁千里,而祸若是矣。又况于使秦无韩,有郑地,无河山而阑之,无周韩而间之,去大梁百里,祸必由此矣。〔14〕

【注释】〔1〕“夫不患秦之不爱南国非也”,马王堆战国帛书作“夫不患秦,不爱南国”。不患秦与不爱南国为两事。“夫”,若。“之”,连接词,义为“和”或“与”。〔2〕“河西”,黄河之西,今陕西东部。〔3〕“晋国”,指魏旧都河东安邑,去新都大梁有千里。〔4〕“阑”,遮绝。〔5〕“间”,隔。〔6〕“从林乡军以至于今”,《战国策·魏策》、马王堆战国帛书并作“从林军以至于今”。“乡”,衍文。“林”,地望不详。〔7〕“囿”,有墙垣缭绕之狩猎场。〔8〕“文台”,马王堆战国帛书作“支台”。“文台”、“垂都”俱梁囿中地名。〔9〕“陶”,在今山东定陶。“卫”,在今河南濮阳一带。〔10〕“北至平监”,《战国策·魏策》作“北至乎阚”,马王堆战国帛书作“北至乎监”。“平”字是“乎”字之讹。“监”、“阚”同字。“阚”,在今山东汶上县。〔11〕“山”,当指中条山。〔12〕“河外”,谓华州以东至虢、陕。“河内”,谓蒲州以东至怀、卫。〔13〕“大县数十,名都数百”,《战国策·魏策》作“大县数百,名都数十”。马王堆战国帛书“都”作“部”。〔14〕“祸必由此矣”,《战国策·魏策》、马王堆战国帛书“由”并作“百”。“由”、“百”,于义皆通。“祸必百此”,意谓祸必百倍于此。

【译文】憎恶韩国,不爱安陵氏,还说得过去。

但不防范秦国和忽视南部城邑的安全，那就错了。很早以前，秦在河西，晋国安邑远距大梁千里，有黄河大山的遮绝，有二周韩国的阻隔。从林乡战役以来，直到现在，秦七次进攻魏国，五次进入魏王狩猎园囿，边境城邑全部沦陷。摧毁文台，焚烧垂都，林木砍光，麋鹿杀尽，接着围困国都。秦军又长驱劫掠大梁北部城邑，东进至陶、卫的城郊，北面到达监邑。魏国疆土被秦所占领的：山南山北、河外河内，大的县城数十座，著名的都邑几百处。彼时秦的根据地仅仅是河西，晋国安邑去大梁尚有千里之遥，魏被秦之祸已如此惨重。更何况秦吞并韩国，占有故郑的领地，没有黄河大山的遮绝，没有二周韩国的阻隔，秦距离大梁不过百里的路程，魏国的灾难，将百倍于往昔了。

异日者，从之不成也，〔1〕楚、魏疑而韩不可得也。今韩受兵三年，〔2〕秦桡之以讲，〔3〕识亡不听，〔4〕投质于赵，〔5〕请为天下雁行顿刃，〔6〕楚、赵必集兵，皆识秦之欲无穷也，非尽亡天下之国而臣海内，必不休矣。是故臣愿以从事王，王速受楚、赵之约，赵挟韩之质以存韩，〔7〕而求故地，〔8〕韩必效之。〔9〕此士民不劳而故地得，其功多于与秦共伐韩，而又与强秦邻之祸也。〔10〕

【注释】〔1〕“从”，即“纵”，合纵。 〔2〕“今韩受兵三年”，韩受兵的第三年，为韩桓惠王十年，公元前二六三年。 〔3〕“秦桡之以讲”，“桡”，音 náo，曲也。引申为出乎常规，或纠缠。句意为秦国纠缠韩国，要它讲和。 〔4〕“识亡不听”，韩国知道这样要亡国，所以不听。 〔5〕“投质于赵”，言韩以质子入于赵。 〔6〕“请为天下雁行顿刃”，“雁行”，谓以次进。“顿刃”，谓折坏兵器以战。“顿”，与“钝”古通。句意谓韩将随赵之后出兵，竭力奋战。 〔7〕“赵挟韩之质以存韩”，言韩以质子入赵，则赵挟韩质而亲韩。 〔8〕“而”，若。 〔9〕“韩必效之”，无忌令魏王速受楚、赵之合纵，赵、楚挟持韩质以存韩，魏若求地于韩，韩必从命。此策胜于与秦伐韩，而招致与强秦相邻之祸。“效”，致。 〔10〕“而又与强秦邻之祸也”，据《魏策》及马王堆战国帛书，“而又”下脱“无”字。

【译文】往日，合纵的战略所以不成功，是由于楚国、魏国相互猜疑，而韩国又不积极参加。现在韩国遭受战祸已有三年，秦纠缠韩国，要它讲和。韩知道这样要亡国，所以不听。韩以质子入于赵，愿意追随天下诸侯，戮力奋战，楚国、赵国一定会集结军队，准备一战。因为楚、赵都知道秦贪婪的欲望没有止境，不尽灭天下之国和臣服海内之民，绝不罢休。所以臣愿执行合纵的战略为大王效力，请大王从速接受楚、赵的盟约，利用韩国质子关系而亲近韩，再索取旧日的失地，韩必从命。老百姓不用费劲就能收回失地。这样，收获要多于与秦共谋伐韩。同时又能避免与强秦为邻的祸害。

夫存韩安魏而利天下，此亦王之天时已。〔1〕通韩上党于共、宁，〔2〕使道安成，出入赋之，〔3〕是魏重质韩以其上党也。〔4〕今有其赋，〔5〕足以富国。韩必德魏爱魏重魏畏魏，韩必不敢反魏，是韩则魏之县也。〔6〕魏得韩以为县，卫、大梁、河外必安矣。今不存韩，二周、安陵必危，楚、赵大破，卫、齐甚畏，〔7〕天下西乡而驰秦入朝而为臣不久矣。

【注释】〔1〕“天时”，《战国策·魏策》、马王堆战国帛书作“大时”。王念孙曰：“‘天时’，当从《魏策》作‘大时’，言存韩安魏而利天下，王之时莫大于此也。《秦策》云：‘今攻齐，此君之大时也。’是其证。” 〔2〕“共”，在今河南辉县。“宁”，在今河南获嘉县西北。魏开通共、宁之道，使有直路通韩上党。 〔3〕“使道安成，出入赋之”，“安成”，在今河南原阳。“赋”，征商业税。此二句疑有脱误。《战国策·魏策》作“使道已通，因而关之，出入者赋之”。马王堆战国帛书作“使道安成之□，出入赋之”。 〔4〕“质”，犹贽。谓韩以上党为贽。 〔5〕“今”，《战国策·魏策》作“共”，帛书作“合”。“共”、“合”义同。 〔6〕“则”，犹即。 〔7〕“卫”，应作“燕”。卫是小国，不当与齐并提。马王堆战国帛书作“燕、齐甚卑”，可证。

【译文】保全韩国，安定魏国，天下皆受其惠，这就是大王的天时。开通韩上党到共、宁二邑的道路，取道安成，沿途征收过往商贾的赋税，无异于韩以上党作为向魏进献的贽礼。魏享有赋税之利，足以富国。韩必定感戴魏国、亲近魏国、尊重魏国、畏惧魏国。韩国一定不敢反对魏国。韩国就成为魏国的属县。韩国成为魏国的属县，大梁、河外可保安宁。如果不保全韩国和二周，安陵必处于危殆中。楚、赵为秦所破，燕、齐害怕秦国，天下诸侯西向趋奔秦国，朝见秦王，俯首称臣的日子就不远了。

二十年，秦围邯郸，[1]信陵君无忌矫夺将军晋鄙兵以救赵，赵得全。无忌因留赵。二十六年，秦昭王卒。

【注释】〔1〕"二十年，秦围邯郸"，据《秦本纪》，秦昭王四十八年十月，五大夫陵攻赵邯郸。四十九年正月，王龁代将。五十年十二月，龁攻邯郸，不拔去。秦围邯郸，实始于安釐王十八年。

【译文】魏安禧王二十年，秦军包围邯郸。信陵君无忌假传魏王之命夺取将军晋鄙的兵符救赵。赵国得到安全。无忌因而居留赵国。二十六年，秦昭王去世。

三十年，无忌归魏，率五国兵攻秦，败之河外，走蒙骜。[1]魏太子增质于秦，秦怒，欲囚魏太子增。或为增谓秦王曰：[2]"公孙喜固谓魏相曰：[3]'请以魏疾击秦，秦王怒，必囚增。魏王又怒，击秦，秦必伤。'今王囚增，是喜之计中也。故不若贵增而合魏，以疑之于齐、韩。"秦乃止增。[4]

【注释】〔1〕"蒙骜"，蒙恬大父，其先齐人。〔2〕"或为增谓秦王"，《索隐》：《战国策》作"苏秦为公子增谓秦王"。按：苏秦最早活动于列国间，约在周赧王初立时，至车裂徇于市，约在公元前二八四年。苏秦的政治生涯仅三十年左右。无忌率五国兵攻秦，周鼎已革，苏秦死已多年。故为增说秦王者，不是苏秦。 〔3〕"公孙喜"，据《穰侯列传》，秦昭王十四年，白起败韩、魏伊阙，虏魏将公孙喜，至无忌率五国兵攻秦，历时已七十一年，久无公孙喜其人矣。 〔4〕"增"，衍文。

【译文】三十年，无忌回归魏国。率领五国联军进攻秦国，在河外打败秦兵，赶跑蒙骜。魏太子增时为质于秦，秦王生气，打算囚禁太子增。有人在秦王面前为太子增说情道："公孙喜本来告诉魏相说：'请命令魏军立即进攻秦军，秦王愤怒，必定囚禁太子增。魏王又因此发怒，进攻秦军，秦王必定伤害太子。'今大王囚禁太子增，正好中了公孙喜的计。不如优待太子增，与魏和好，使得齐、韩对魏产生怀疑。"秦王这才中止囚禁太子增。

三十一年，秦王政初立。[1]

【注释】〔1〕"秦王政"，即秦始皇，公元前二四六年至前二一〇年在位。

【译文】三十一年，秦王政新即位。

三十四年，安釐王卒，太子增立，是为景湣王。[1]信陵君无忌卒。

【注释】〔1〕"景湣王"，《世本》："安釐王生景湣王午。"景湣王公元前二四二年至前二二八年在位。

【译文】三十四年，魏安釐王去世，太子增嗣位，是为景湣王。信陵君无忌去世。

景湣王元年，秦拔我二十城，以为秦东郡。[1]二年，秦拔我朝歌。[2]卫徙野王。[3]三年，秦拔我汲。[4]五年，秦拔我垣、蒲阳、衍。[5]十五年，景湣王卒，子王假立。[6]

【注释】〔1〕"景湣王元年，秦拔我二十城，以为秦东郡"，《通鉴·秦纪一》：秦王政五年"蒙骜伐魏，取酸枣、燕、虚、长平、雍丘、山阳等三十城，初置东郡"。秦之东郡，大约在今山东东平、聊城以西，河南濮阳以东范围之内。 〔2〕"朝歌"，在今河南淇县。 〔3〕"野王"，在今河南沁阳县。 〔4〕"汲"，在今河南汲县。 〔5〕"垣"、"衍"，二字是衍文。"蒲阳"，在今山西隰县。 〔6〕"王假立"，魏王假公元前二二七年至前二二五年在位。

【译文】景湣王元年，秦攻占魏二十城，设为秦东郡。二年，秦攻占魏朝歌。卫君被遣送到野王。三年，秦攻占魏汲邑。五年，秦攻占垣、蒲阳、衍。十五年，景湣王去世，子王假嗣位。

王假元年，燕太子丹使荆轲刺秦王，[1]秦王觉之。

【注释】〔1〕"荆轲"，卫人，本书有传。荆轲刺

秦王在秦王政二十年。

【译文】王假元年，燕太子丹派遣荆轲行刺秦王，被秦王发觉。

三年，秦灌大梁，〔1〕虏王假，遂灭魏以为郡县。

【注释】〔1〕“三年，秦灌大梁”，魏公子无忌于魏安釐王十四年上书魏王，曾预言：秦如有郑，将决荧泽水灌大梁，大梁必亡。时历三十八年，秦果引河水灌大梁亡魏。

【译文】三年，秦引水淹灌大梁，王假被俘。于是灭魏，以其地为郡县。

太史公曰：吾适故大梁之墟，墟中人曰：“秦之破梁，引河沟而灌大梁，三月城坏，王请降，遂灭魏。”说者皆曰魏以不用信陵君故，国削弱至于亡，余以为不然。天方令秦平海内，其业未成，魏虽得阿衡之佐，〔1〕曷益乎？

【注释】〔1〕“阿衡”，伊尹。

【译文】太史公说：我到过大梁的故城，城中人说：“秦军攻陷大梁的时候，引河沟水淹灌大梁，历时三月，城垣倒塌，魏王求降，于是灭魏。”议论的人都说，魏王由于不重用信陵君，国家逐步削弱，最后灭亡，我却不以为然。天意正要秦王平定四海，大功尚未告成之时，魏国即使得到阿衡作辅佐，能管什么用呢？

史记卷四十五

韩世家第十五

韩之先与周同姓,[1]姓姬氏。其后苗裔事晋,得封于韩原,[2]曰韩武子。[3]武子后三世有韩厥,[4]从封姓为韩氏。

【注释】〔1〕“韩之先与周同姓”,僖公二十四年《左传》:“邘、晋、应、韩,武之穆也。”杜《注》:“四国皆武王子。” 〔2〕“韩原”,在今山西芮城县境,或云在荣城、万荣二县之间。 〔3〕“韩武子”,宣公十二年《左传》孔《疏》:“《史记》所谓武子,盖韩万也。” 〔4〕“武子后三世有韩厥”,《索隐》:“《系本》云:万生赇伯,赇伯生定伯简,简生舆,舆生献子厥。”《正义》:“《世本》云:桓叔生子万,万生伯胜,伯胜生定伯简,简生舆,舆生献子厥。”“三世”,当是四世。

【译文】韩的先世,与周同姓,姓姬氏。他的后代子孙在晋国做官,封于韩原,称为韩武子。武子传世三代,有个名叫韩厥的人,从其封邑,姓为韩氏。

韩厥,[1]晋景公之三年,[2]晋司寇屠岸贾将作乱,[3]诛灵公之贼赵盾。[4]赵盾已死矣,欲诛其子赵朔。[5]韩厥止贾,贾不听。厥告赵朔令亡。朔曰:“子必能不绝赵祀,[6]死不恨矣。”韩厥许之。及贾诛赵氏,厥称疾不出。程婴、公孙杵臼之藏赵孤赵武也,[7]厥知之。

【注释】〔1〕“韩厥”,史家多以此二字为衍文。按:二字非衍。“晋景公之三年”以下所述皆韩厥事。标出“韩厥”二字,不嫌与上文重。同在晋景公三年,史公述赵朔事,亦标出“赵朔”二字,见《赵世家》。可见此乃史公行文体例,非衍文。 〔2〕“晋景公”,成公之子,名据,《春秋》作獳,公元前五九九年至前五八一年在位。 〔3〕“晋司寇屠岸贾将作乱”,“司寇”,职主刑杀。《晋世家》不记屠岸贾事。《赵世家》作“大夫屠岸贾”。按:屠岸贾攻赵氏于下宫以及敷衍而成之赵氏孤儿故事,考之《左氏传》,均属子虚。说详《赵世家》注文。 〔4〕“诛灵公之贼赵盾”,“灵公”,襄公之子,名夷皋,公元前六二〇年至前六〇七年在位。“赵盾”,赵衰之子,于晋襄公七年(公元前六二一年)为晋执政。灵公十四年(公元前六〇七年),赵穿杀灵公而立成公。赵盾亡不出境,返不讨贼。太史书曰:“赵盾弑其君。”故曰:“诛灵公之贼赵盾。” 〔5〕赵朔,赵盾子,晋景公时嗣位。朔妻为成公之姊。《左传》称朔妻为“赵庄姬”。“庄”是赵朔谥。故下宫作难时,赵朔已前死。〔6〕“必”,若。 〔7〕“程婴”,赵朔之友。“公孙杵臼”,朔之门客。“赵武”,朔子。即赵文子。公元前五四八年至前五四一年为晋执政。

【译文】韩厥。晋景公三年,晋司寇屠岸贾将作乱,声称要诛杀灵公的贼臣赵盾。赵盾已死,便要诛杀赵盾的儿子赵朔。韩厥阻止屠岸贾,屠岸贾不听。韩厥告诉赵朔,叫他赶快逃走。赵朔说:“你如能不让赵氏的香火断绝,我死而无憾。”韩厥答应了他。屠岸贾诛灭赵氏时,韩厥装病,不出家门。程婴、公孙杵臼藏匿赵氏孤儿赵武的事,韩厥知情。

景公十一年,厥与郤克将兵八百乘伐齐,[1]败齐顷公于鞍,[2]获逢丑父。[3]于是晋作六卿,[4]而韩厥在一卿之位,[5]号为献子。[6]

【注释】〔1〕“郤克”，即郤献子，景公时曾为晋之执政。韩厥于伐齐之役，据《齐世家》为小将。据成公二年《左传》，则为司马。“郤”，音 xì。〔2〕“齐顷公”，惠公之子，名无野。公元前五九八年至前五八二年在位。“鞍”，在今山东平阴县。〔3〕“获逢丑父”，逢丑父为顷公车右。战中逢丑父与顷公易位换服，顷公脱走。逢丑父被俘。洪亮吉曰：《春秋繁露·竹林篇》云：“获晋顷公，斮（音 zhuō，斩。）逢丑父。”〔4〕“六卿”，即六军。晋作六军在景公十二年十二月甲戌。周制，天子方能作六军。“晋作六卿”是僭越的行为。〔5〕“而韩厥在一卿之位”，韩厥居“六卿”首，故曰“一卿之位”。一卿实际上是晋国的执政。〔6〕“号为献子”，“献子”是谥法，以为生号，误。

【译文】景公十一年，韩厥与郤克统率兵车八百乘进攻齐国，败齐顷公于鞍，俘获逢丑父。晋设置六卿的职位。韩厥身居一卿之位，号称献子。

晋景公十七年，病，〔1〕卜，大业之不遂者为祟。〔2〕韩厥称赵成季之功，〔3〕今后无祀，〔4〕以感景公。景公问曰：“尚有世乎？”〔5〕厥于是言赵武，〔6〕而复与故赵氏田邑，续赵氏祀。

【注释】〔1〕“晋景公十七年，病”，据《左传》及《晋世家》，晋景公病在十九年。此云“十七年”，误。说在《赵世家》。〔2〕“大业之不遂者为祟”，“大业之”下，脱“后”字，应依《赵世家》补。大业为赵之远祖，赵氏在晋绝祀，故为祟。〔3〕“赵成季”，赵盾之父赵衰谥曰“成季”。〔4〕“今后无祀”，古钞本、枫山、三条本“后”下有“绝”字。〔5〕“世”，继也。〔6〕“厥于是言赵武”，成公八年《左传》云：“韩厥言于晋侯曰：‘成季之勋，宣孟之忠，而无后，为善者其惧矣。三代之令王，皆数百年保天之禄。夫岂无辟王，赖前哲以免也。《周书》曰：不敢侮鳏寡，所以明德也。’乃立武而反其田焉。”

【译文】晋景公十七年，景公因病而卜，说是大业因绝祀而作祟。韩厥称颂赵成季对晋室的功劳，现在却断了香火，没有后代为他祭祀。韩厥用这些话来感悟景公。景公问道：“赵氏还有后代吗？”韩厥因而把赵武的情况告诉景公。景公把赵家原有的封地田邑发还给赵武，由赵武继承赵氏的祭祀。

晋悼公之十年，〔1〕韩献子老。〔2〕献子卒，子宣子代。〔3〕宣子徙居州。〔4〕

【注释】〔1〕“晋悼公之十年”，“晋悼公”，名周，公元前五七二年至前五五八年在位。梁玉绳曰：“十乃七之讹。”〔2〕“韩献子老”，襄公七年《左传》：“冬十月，晋韩献子告老。”“老”，告老致仕。〔3〕“子宣子代”，“宣子”，名起。献子长子穆子有疾，将立之际，穆子辞让，请立弟起。弟起嗣位，是为宣子。〔4〕“州”，本周地，后属晋，在今河南沁阳县东南五十里。

【译文】晋悼公七年，韩献子告老。献子去世，儿子宣子嗣位。宣子迁居到州邑。

晋平公十四年，〔1〕吴季札使晋，〔2〕曰：“晋国之政卒归于韩、魏、赵矣。”〔3〕晋顷公十二年，〔4〕韩宣子与赵、魏共分祁氏、羊舌氏十县。〔5〕晋定公十五年，〔6〕宣子与赵简子侵伐范、中行氏。〔7〕宣子卒，〔8〕子贞子代立。〔9〕贞子徙居平阳。〔10〕

【注释】〔1〕“晋平公”，悼公之子，名彪。公元前五五七年至前五三二年在位。〔2〕“季札”，吴王寿梦之第四子。季札贤，寿梦欲立之，札辞让。后吴人又欲立之，札仍拒不受。札封于延陵（今江苏常州）、州来（今安徽凤台），故称札为延陵季子或延州来季子。事具《吴世家》及《左传》。〔3〕“晋国之政卒归于韩、魏、赵矣”，襄公二十九年《左传》：季札“适晋，说赵文子、韩宣子、魏献子曰：晋国其萃于三族乎！”《注》：“言晋国之政，将集于三家。萃，在醉反，集也。”本文“卒”，乃“萃”之省，亦集义。〔4〕“晋顷公”，昭公之子，名去疾。公元前五二五年至前五一二年在位。〔5〕“韩宣子与赵魏共分祁氏、羊舌氏十县”，昭公二十八年《左传》：“秋，韩宣子卒，魏献子为政，分祁氏之田以为七县，分羊氏之田以为三县。”三家分田时，韩宣子已死，执政魏献子（魏舒）主其事。〔6〕“晋定公”，顷公之子，名午。公元前五一一年至前四七五年在位。“十五年”，梁玉绳曰：“此误十六年为‘十五年’。”〔7〕“宣子与赵简子侵伐范、中行氏”，梁玉绳曰：“定十六年与赵简子伐范、中行者，韩简子不佞也。是时宣子已卒十九年矣。《左传》及《晋》、《赵世家》可证。"按"赵简子",名鞅,赵武之孙。公元前四九七年至前四七六年为晋执政。"范",范吉射,即范献子,士鞅之子。"中行",中行寅,荀偃之孙。〔8〕"宣子卒",韩宣子起卒在晋顷公十二年。〔9〕"贞子",《索隐》引《系本》作"平子",名须。〔10〕"平阳",在今山西临汾市。

【译文】晋平公十四年,吴国公子季札出使晋国,他说:"晋国的政权都集中到韩、魏、赵三家手里了。"晋顷公十二年,韩宣子与赵、魏共同瓜分祁氏与羊舌氏的十个县邑。晋定公十五年,宣子(宣子已卒,应为韩简子)与赵简子侵伐范氏、中行氏领地。宣子去世,儿子贞子嗣位。贞子迁徙到平阳。

贞子卒,子简子代。〔1〕简子卒,子庄子代。〔2〕庄子卒,子康子代。〔3〕康子与赵襄子、魏桓子共败知伯,〔4〕分其地,地益大,大于诸侯。〔5〕

【注释】〔1〕"子简子代",《系本》简子名不信。《赵世家》名不佞。〔2〕"子庄子代",《系本》庄子名庚。梁玉绳曰:徐广谓《史记》多无简子、庄子,《人表》亦同。清张文虎以为徐广所见之《史记》作"贞子生康子",而无简子、庄子两代。今本《史记》有此两代,当是后人所增。〔3〕"康子",名虎。〔4〕"赵襄子",赵简子鞅之子,名无恤。公元前四五七年至前四二五年在位。"魏桓子",魏襄子侈之孙。《世本》以为侈之子。"知伯",名瑶。知氏和中行氏皆荀氏裔,知伯瑶亦称荀瑶。〔5〕"于",犹如。《淮阴侯列传》:"于诸侯之约,大王当王关中。""于",亦如义。

【译文】贞子去世,儿子简子嗣位。简子去世,儿子庄子嗣位。庄子去世,儿子康子嗣位。韩康子与赵襄子、魏桓子共同打败知伯,瓜分其封邑领地。韩的领地日益扩大,大到可与诸侯的领地相比。

康子卒,子武子代。〔1〕武子二年,伐郑,杀其君幽公。〔2〕十六年,武子卒,子景侯立。〔3〕

【注释】〔1〕"武子",名启章。公元前四二四年至前四〇九年在位。《水经注》六引《竹书纪年》:"晋烈公元年,韩武子都平阳。"〔2〕"幽公",郑共公之子,名已。公元前四二三年在位。幽公元年,韩武子伐郑,杀幽公。〔3〕"子景侯立",《竹书纪年》及《系本》皆作"景子",名处,是景子时尚未称侯之证。韩景子公元前四〇八年至前四〇〇年在位。

【译文】康子去世,儿子武子嗣位。武子二年,讨伐郑国,杀死郑国国君幽公。十六年,武子去世,儿子景侯嗣位。

景侯虔元年,〔1〕伐郑,取雍丘。〔2〕二年,郑败我负黍。〔3〕

【注释】〔1〕"景侯虔元年",景侯名处,名虔者非。《吕览·任数》注谓武子都宜阳,景侯徙阳翟。宜阳,在今河南宜阳县。阳翟,在今河南禹县。〔2〕"雍丘",在今河南杞县。〔3〕"负黍",在今河南登封县西南。

【译文】景侯虔元年,讨伐郑国,占领雍丘。二年,郑败韩于负黍。

六年,与赵、魏俱得列为诸侯。〔1〕

【注释】〔1〕"六年,与赵、魏俱得列为诸侯",关于三晋始侯的年代,《史记》记载多紊乱,至少有三个不同的年代,即楚简王八年,公元前四二四年,楚声王五年,公元前四〇三年,燕鳌公立岁,公元前四〇二年。钱穆曰:"三晋之侯,魏最先,赵次之,韩又次之。周威烈王二十三年,特赵人始侯之年。前二十二年,魏已称侯,其后十六年,韩始侯。此三晋称侯之始末也。"(见《先秦诸子系年考辨》)依钱说,韩景侯虔六年,韩尚未称侯。韩称侯在文侯元年,是其君称侯改元之年。时在周安王十六年,公元前三八六年。

【译文】六年,韩与赵、魏同时列为诸侯。

九年,郑围我阳翟。〔1〕景侯卒,子列侯取立。〔2〕

【注释】〔1〕"阳翟",春秋时郑栎邑地,战国属韩,改称阳翟。在今河南禹县。〔2〕"列侯取",

《世本》有武侯取，无列侯。《六国年表》作“烈侯”。

【译文】九年，郑派兵围攻韩国阳翟。景侯去世，儿子列侯取嗣位。

列侯三年，聂政杀韩相侠累。[1]九年，秦伐我宜阳，[2]取六邑。十三年，列侯卒，子文侯立。[3]是岁魏文侯卒。[4]

【注释】〔1〕“聂政”，轵深井里人。政父为韩王治剑，过时不成，韩王杀之，故刺杀韩王以报父仇。或云严仲子与韩相侠累有隙，求政刺侠累。“侠累”，《战国策》作韩傀，《韩非子》作韩廆。《艺文类聚》作韩傫，皆一人。后二十六年，本书又记韩严弑其君哀侯事。自来载籍多将二事混同，其说棼乱。〔2〕“宜阳”，在今河南宜阳。〔3〕“十三年，列侯卒，子文侯立”，梁玉绳、钱穆二家俱以为“文侯”应无其人。梁以文侯、哀侯是一人。钱以列侯、文侯是一人。〔4〕“是岁，魏文侯卒”，依钱穆说，魏文侯卒年应在周安王五年，公元前三九七年。说详《魏世家》注。

【译文】列侯三年，聂政刺杀韩相侠累。九年，秦进攻韩国宜阳，占领六个城邑。十三年，列侯去世，儿子文侯嗣位。这一年，魏文侯去世。

文侯二年，伐郑，取阳城。[1]伐宋，到彭城，[2]执宋君。[3]七年，伐齐，至桑丘。[4]郑反晋。[5]九年，伐齐，至灵丘。[6]十年，文侯卒，子哀侯立。[7]

【注释】〔1〕“阳城”，在今河南登封县东南之城山岭。〔2〕“彭城”，在今江苏徐州市。〔3〕“宋君”，宋休公，名田。〔4〕“桑丘”，在今河北徐水县西南。〔5〕“郑反晋”，《六国年表》作“郑败晋”。〔6〕“灵丘”，在今山东高唐县。〔7〕“十年，文侯卒，子哀侯立”，《索隐》云：“《纪年》无文侯，《系本》无列侯。”本书列侯与文侯即《系本》之武侯。哀侯应是武侯之子。

【译文】文侯二年，讨伐郑国，夺取阳城。讨伐宋国，到达彭城，囚执宋国国君。七年，讨伐齐国，打到桑丘。郑国打败韩国。九年，讨伐齐国，打到灵丘。十年，文侯去世，儿子哀侯嗣位。

哀侯元年，与赵、魏分晋国。[1]二年，灭郑，因徙都郑。[2]

【注释】〔1〕“哀侯元年，与赵、魏分晋国”，“哀侯元年”当赵敬侯十一年，魏武侯十一年。《赵世家》有“分其地”语；《魏世家》有“分晋地，灭其后”语。此为公元前三七六年事。哀侯与赵、魏分晋国，似与迁桓公于屯留为一事。〔2〕“灭郑，因徙都郑”，韩本都平阳，中间徙都阳翟。韩既灭郑，徙都郑之新郑。

【译文】哀侯元年，韩与赵、魏三分晋国。二年，韩国灭郑，把都城迁到新郑。

六年，韩严弑其君哀侯，[1]而子懿侯立。[2]

【注释】〔1〕“六年，韩严弑其君哀侯”，《通鉴·周纪一》：“哀侯以韩廆为相而爱严遂，二人甚相害也。严遂令人刺韩廆于朝，廆走哀侯，哀侯抱之，人刺韩廆，兼及哀侯。”〔2〕“懿侯”，名若，《六国年表》作“庄侯”。据《纪年》，哀侯之后有懿侯、共侯，实为一人。懿侯元年，与赵成侯迁晋桓公于屯留。

【译文】六年，韩严弑杀其君哀侯。哀侯的儿子懿侯嗣位。

懿侯二年，魏败我马陵。[1]五年，与魏惠王会宅阳。[2]九年，魏败我浍。[3]十二年，懿侯卒，子昭侯立。[4]

【注释】〔1〕“马陵”，在今河北大名县东南。〔2〕“五年，与魏惠王会宅阳”，“宅阳”，地望不详。韩懿侯五年，梁尚未称王，此云“魏惠王”，乃后人追叙之称。〔3〕“浍”，今称浍河，源出山西翼城县东，西流经曲沃、侯马市注入汾河。〔4〕“十二年，懿侯卒，子昭侯立”，钱穆曰：“懿侯自哀侯被弑之翌年纪元，至惠成王八年，凡十二年而卒，是年昭侯立。”依钱说，昭侯立在周显王六年，公元前三六三年。按：“昭侯”，《纪年》作“郑釐侯”。哀侯灭郑而徙都之，改号曰郑。

【译文】懿侯二年，魏在马陵打败韩国。五年，懿侯与魏惠王在宅阳相会。九年，魏在浍水附近打败韩国。十二年，懿侯去世，儿子昭侯嗣位。

昭侯元年，秦败我西山。[1]二年，宋取我黄池。[2]魏取朱。[3]六年，伐东周，[4]取陵观、邢丘。[5]

【注释】〔1〕“西山”，胡三省曰：“自宜阳熊耳东连嵩高，南至鲁阳，皆韩之西山。” 〔2〕“黄池”，在今河南封丘县南。 〔3〕“魏取朱”，《六国年表》云：“魏取我朱。”朱盖韩地，所在不详。 〔4〕“东周”，周考王封周桓公孙惠公于巩，号东周，故战国有东、西周。 〔5〕“邢丘”，《六国年表》作“廪丘”。胡三省曰：“陵观、廪丘皆当时邑聚之名，史无所考。”按：邢丘，在今河南温县东北。

【译文】昭侯元年，秦国在西山打败韩军。二年，宋夺取韩国的黄池。魏夺取韩国的朱邑。六年，韩讨伐东周，占领陵观、邢丘。

八年，申不害相韩，[1]修术行道，国内以治，诸侯不来侵伐。

【注释】〔1〕《通鉴·周纪二》：“申不害者，郑之贱臣也。学黄、老刑名，以干昭侯。昭侯用为相，内修政教，外应诸侯，十五年，终申子之身，国治兵强。”

【译文】八年，申不害为韩国相，内修政教，外应诸侯，国内政治走上轨道，诸侯不敢前来侵犯。

十年，韩姬弑其君悼公。[1]十一年，昭侯如秦。二十二年，申不害死。二十四年，秦来拔我宜阳。[2]

【注释】〔1〕“韩姬”，《竹书纪年》作“韩玘”。韩姬是韩大夫。钱穆曰：“考《韩世家》：‘昭侯十年，韩姬弑其君悼公。’是年正赵肃侯元年，疑悼公乃晋君。前十年韩取屯留而迁端氏，今赵取端氏而复迁屯留，韩大夫遂弑之也。然则晋自桓公后尚有悼公，或即《晋世家》所谓静公矣。” 〔2〕“秦来拔我宜阳”，“宜阳”在今河南宜阳县东。梁玉绳曰：“甘茂拔宜阳在秦武王四年，此时安得先拔之，疑拔乃攻之误。”按：昭侯二十五年，屈宜臼有“往年秦拔宜阳”语。“拔”字不误。

【译文】十年，韩姬弑杀晋君悼公。十一年，昭侯赴秦聘问。二十二年，申不害死。二十四年，秦来犯，攻占宜阳。

二十五年，旱，作高门。屈宜臼曰：[1]“昭侯不出此门。何也？不时。吾所谓时者，非时日也，[2]人固有利不利时。昭侯尝利矣，不作高门。往年秦拔宜阳，今年旱，昭侯不以此时恤民之急，而顾益奢，[3]此谓‘时绌举赢’。”[4]二十六年，高门成，昭侯卒。果不出此门。子宣惠王立。[5]

【注释】〔1〕许慎曰：“屈宜臼，楚大夫，时在韩。” 〔2〕“时日”，犹吉日。古时以卜筮定日之吉凶。王充《论衡·讥日篇》谈到一些有关时日禁忌的具体情况。 〔3〕“顾”，反而。 〔4〕“时绌举赢”，“绌”，《通鉴》作“诎”。徐广曰：“时衰耗而作奢侈，言国家多难而势诎，此时宜恤民之急，而举事反若有赢余者，失其所以为国之道矣。”“时绌举赢”盖古语，犹今语穷日子当富日子过。 〔5〕“子宣惠王立”，韩宣惠王即韩威侯，说详钱穆《先秦诸子系年考辨》一〇二。

【译文】二十五年，韩国发生旱灾。昭侯决定修建高门。屈宜臼说：“昭侯走不出这座高门。为什么呢？是时运不济啊！我所说的时，不是‘时日’的时。人总是有走运和不走运的时候。昭侯也曾走过运（指申不害为相时），那时候却不修建高门。去年，秦攻占宜阳，今年又旱魃为灾。这种时候，昭侯不体恤老百姓的难处，反而更加奢侈，这叫做‘时绌举赢’。”二十六年，高门建成，昭侯去世。昭侯果然未能走出这座高门。昭侯的儿子宣惠王嗣位。

宣惠王五年，张仪相秦。[1]八年，魏败我将韩举。[2]十一年，君号为王。[3]与赵会区鼠。[4]十四年，秦伐败我鄢。[5]

【注释】〔1〕“张仪”，战国魏人，相传与苏秦同师事鬼谷子。苏秦倡六国合纵抗秦，张仪则举连横之策，引合六国事秦。张仪相秦在秦惠文王十年。〔2〕“魏败我将韩举”，《索隐》：“韩举则是韩将不疑。而《纪年》云韩举赵将，盖举先为赵将，后入韩。”按：韩举是赵将，非韩将，钱穆先生有说。详具《先秦诸子系年考辨》一〇二。 〔3〕“十一年，君号为王”，

韩称王,《六国年表》在十年。五国相王在梁惠成王后元十二年,即赵武灵王三年。《楚世家》书于怀王六年,《通鉴》书于显王四十六年,均当韩宣惠王十年,与《表》合。《秦本纪》在惠文君十三年四月,当韩宣惠王八年。〔4〕"区鼠",今地不详。《正义》曰:"在河北。"〔5〕"鄢",鄢陵,郑邑,后归韩,在今河南鄢陵县北。

【译文】宣惠王五年,张仪为秦国相。八年,魏打败韩将韩举。十一年,韩君改名号为王。韩王与赵在区鼠相会。十四年,秦在鄢陵打败韩军。

十六年,秦败我脩鱼,[1]虏得韩将鲠、申差于浊泽。[2]韩氏急,公仲谓韩王曰:[3]"与国非可恃也。今秦之欲伐楚久矣,王不如因张仪为和于秦,赂以一名都,[4]具甲,[5]与之南伐楚,此以一易二之计也。"[6]韩王曰:"善。"乃警公仲之行,[7]将西购于秦。[8]楚王闻之大恐,召陈轸告之。[9]陈轸曰:"秦之欲伐楚久矣,今又得韩之名都一而具甲,秦韩并兵而伐楚,此秦所祷祀而求也。[10]今已得之矣,楚国必伐矣。王听臣为之警四境之内,起师言救韩,命战车满道路,[11]发信臣,多其车,重其币,使信王之救己也。纵韩不能听我,韩必德王也,必不为雁行以来,[12]是秦韩不和也,兵虽至,楚不大病也。为能听我,[13]绝和于秦,秦必大怒,以厚怨韩。韩之南交楚,必轻秦。[14]轻秦,其应秦必不敬,是因秦、韩之兵而免楚国之患也。"楚王曰:"善。"乃警四境之内,兴师言救韩。命战车满道路,发信臣,多其车,重其币。谓韩王曰:"不穀国虽小,[15]已悉发之矣。愿大国遂肆志于秦,不穀将以楚殉韩。"[16]韩王闻之大说,乃止公仲之行。公仲曰:"不可。夫以实伐我者秦也,[17]以虚名救我者楚也。王恃楚之虚名,而轻绝强秦之敌,王必为天下大笑。[18]且楚韩非兄弟之国也,又非素约而谋伐秦也。[19]已有伐形,因发兵言救韩,此必陈轸之谋也。且王已使人报于秦矣,今不行,是欺秦也。夫轻欺强秦而信楚之谋臣,恐王必悔之。"韩王不听,遂绝于秦。秦因大怒,益甲伐韩,大战,楚救不至韩。十九年,大破我岸门。[20]太子仓质于秦以和。[21]

【注释】〔1〕"脩鱼",今地不详。《大事记》:"韩与赵、魏伐秦,秦使庶长樗里疾与战脩鱼,虏韩将申差。"《解题》:"浊泽即脩鱼之战。"〔2〕"鲠",音 sōu,亦作"鲠"。"鲠"、"申差",二韩将。"浊泽",乃魏地,非韩地。《正义》谓"浊泽当作观泽"。按:作"观泽"者,疑涉《六国年表》"齐败我观泽"而误。马王堆战国帛书作"秦韩战于蜀潢",蜀,浊之省,潢通潢,《说文》:"潢,小津也。"蜀潢,当即浊泽传写之讹。浊泽战国时有二,一在河南长葛县,一在山西运城盐池。观泽在今河南浚县东。秦、韩交战之浊泽应在河南长葛县境。〔3〕"公仲",韩相国,名侈。《韩非子·十过》作公仲朋。鲍本《战国策》同。又名韩冯。《汉书·古今人表》作公仲用。钱大昕云:"用是朋之讹。"《韩策三》之韩侈,自是别一人。〔4〕"都",即县。"名都",大县。战国帛书正作"名县"。〔5〕"甲",甲士。"具甲",谓附以一都之甲士和武器装备。按:《韩策》、《韩非子·十过》、战国帛书于此处均无"具甲"二字,疑涉下文陈轸言而衍。〔6〕"此以一易二之计也",意谓把秦国一国攻韩,转变为秦、韩二国攻楚。战国帛书"以一易二"作"以一为二"。〔7〕"警",警戒,准备。《韩策》作"儆"。儆,犹戒。〔8〕"将西购于秦","购",《韩策》、战国帛并书作"西讲于秦"。《韩非子》作"将西和秦"。按:"讲"、"购"为正假字,"讲"犹和也。《说文》:"讲,和解也。"〔9〕"陈轸",《田齐世家》作田轸。轸为战国时期有名的游说之士,历仕秦、楚、魏、齐诸国。〔10〕"祷祀",《韩非子》、《韩策》并作"庙祠"。"祠"、"祀"古通。〔11〕"命战车满道路",战国帛书作"名战车,盈夏路"。"夏路"是楚国通向北方的大道。〔12〕"必不为雁行以来",言韩既德楚,必不与秦同心旅进,若雁行有序以伐楚。战国帛书作"必不为逆以来"。〔13〕"为",如。〔14〕"因",《韩策》、战国帛书并作"困"。〔15〕"不穀",国君自谦之称。〔16〕"殉",景祐本、黄善夫本、殿本并作"徇"。二字通。《贾生列传》:"贪夫徇财兮,烈士徇名。"《集解》:"瓒曰:以身从物曰徇。""以楚徇韩",犹言以楚从韩。战国帛书作"以楚隼韩","隼"、"殉"音同通假。〔17〕"伐",战国帛书作"苦"。《韩策》、《韩非子·十过》作"告"。"以实告我",犹言以实示我。《荀子·礼论篇》:"舆藏而马反,告不用也。"杨倞注:"告,示也。"〔18〕"王必为天下大笑",《韩策》无"王"字。战国帛书作

“天下必芯(笑)王”。〔19〕“又非素约而谋伐秦也”,战国帛书作“又非素谋伐秦也”。〔20〕“岸门”,在今河南许昌北。〔21〕“太子仓质于秦以和”,《秦本纪》于秦惠文王后十年书“韩太子苍来质”。按:太子来质在破岸门后,当在秦惠文王后十一年。《秦本纪》误前一年。

【译文】十六年,秦在脩鱼打败韩军,俘虏韩将鲠和申差于浊泽。韩王着急。相国公仲侈对韩王说:“盟国靠不住。秦早就蓄谋讨伐楚国。大王何不通过张仪与秦讲和,以一个大县,并附甲士和武器装备来贿赂秦国,共同南下讨伐楚国,这是拿一个换两个的好办法呀!”韩王说:“好。”于是公仲准备出发,将西行与秦媾和。楚王听说此事,大为恐惧不安,把陈轸找来商议。陈轸说:“秦蓄谋进攻楚国很久啦!现在又得到韩国一个大县并附人员武器装备,秦、韩联合进攻楚国,是秦国梦寐以求的事,现已实现,进攻楚国是无疑的了。请大王听我的话:立即在全国实施警戒,宣布出兵援韩,援韩的战车,使之塞满道路。同使派遣使臣去韩,大批车辆满载丰盛的礼品,使韩王相信大王是在出兵援救韩国。即使韩王不能立即按照大王的意旨行事,至少感戴大王,那就不会如雁行那样,紧跟在秦的后面,进攻楚国。秦、韩因而不和。他们的兵,虽进入楚国,不会对楚构成很大的威胁。如果韩国听从我,与秦绝交,秦王必大怒,恨透韩国。韩南与楚结交,自然轻视秦国。轻视秦国,应付秦国必不周到。如此,秦、韩之兵各具戒心,楚国的祸患也就减免了。”楚王说:“很好。”于是楚在全国实施警戒,宣布出兵援韩。援韩的战车,塞满道路。同时遣使去韩,大批车辆,满载丰盛的礼品,向韩国进发。使者对韩王说:“楚国虽小,已动员全国的力量。希望贵国放心大胆和秦国打交道,楚王将以整个楚国,为支援韩国作出牺牲。”韩王听了使者的话,特别高兴,命令公仲取消秦国之行。公仲说:“不可以!你知道吗?真正进攻韩国的是秦,而虚张声势救助韩国的是楚。大王凭借楚国的虚声,就轻易与强敌秦国绝交,大王一定会被天下人耻笑。何况韩、楚并非兄弟之国,又无约在先共谋进攻秦国。只是由于有了秦、韩攻楚的迹象,楚才声称发兵援韩。这一定是陈轸出的主意。何况大王已将使者报聘的事通知秦国,现在不去,这不是欺骗秦国吗!轻易欺骗强大的秦国,而听信楚国的谋臣,大王一定要后悔的。”韩王不听,终于与秦绝交。秦王大怒,增兵讨伐韩国。秦、韩之间一场大战,而楚国并没有向韩派出援兵。宣惠王十九年,秦大破韩于岸门。太子仓为质于秦以和。

二十一年,与秦共攻楚,〔1〕败楚将屈丐,〔2〕斩首八万于丹阳。〔3〕是岁,宣惠王卒,太子仓立,是为襄王。〔4〕

【注释】〔1〕“二十一年,与秦共攻楚”,《集解》引徐广曰:“周赧王之三年也。”又曰:“围景痤也。”按:《六国年表》:“秦助我攻楚,围景座。”“座”乃“痤”之省。〔2〕“丐”,《秦本纪》、《通鉴》并作“匄”。“匄”、“丐”正俗字。〔3〕“斩首八万于丹阳”,《通鉴·周纪三》:“春,秦师及楚战于丹阳,楚师大败,斩甲士六万,虏屈匄及列侯、执珪七十余人,遂取汉中郡。”胡三省谓此丹阳,既非枝江之丹阳,亦非秭归之丹阳。此丹阳谓丹水之阳,盖在弘农丹水、析两县之间,武关之外。楚师既败,秦师乘胜取上庸路西入以收汉中,其势较易。〔4〕“襄王”,黄式三曰:“韩宣惠王之子谥襄哀王,见《留侯传》。”按:韩襄王,公元前三一一年至前二九六年在位。

【译文】宣惠王二十一年,韩与秦共同进攻楚国,打败楚国将军屈丐。斩首八万于丹阳。这年,宣惠王去世。太子仓嗣位,是为襄王。

襄王四年,与秦武王会临晋。〔1〕其秋,秦使甘茂攻我宜阳。〔2〕五年,秦拔我宜阳,斩首六万。秦武王卒。六年,秦复与我武遂。〔3〕九年,秦复取我武遂。〔4〕十年,太子婴朝秦而归。〔5〕十一年,秦伐我,取穰。〔6〕与秦伐楚,败楚将唐昧。〔7〕

【注释】〔1〕“秦武王”,名荡,秦惠文王子。公元前三一〇至前三〇七年在位。“临晋”,在今山西临猗县临晋镇。〔2〕“甘茂”,下蔡(今安徽凤台)人,秦武王时为左丞相,后离秦去齐、楚等国,卒于魏。本书有传。“宜阳”,在今河南宜阳县。〔3〕“武遂”,在今山西垣曲东南。《索隐》谓“韩之平阳,秦之武遂,并当在宜阳左右”。按:平阳、武遂皆在河东,宜阳则在河外。《索隐》说误。〔4〕“秦复取我武遂”,秦复取武遂,在秦昭襄王四年。〔5〕“太子婴朝秦而归”,《六国年表》:“太子婴与秦王会临晋,因至咸阳而归。”〔6〕“穰”,在今河南邓县。〔7〕“与秦伐楚,败楚将唐昧”,《楚世家》:“二十八年,秦乃与齐、韩、魏共攻楚,杀楚将唐昧,取我重丘

而去。”按：“眛”字从目从末，作“昧”、“眛”者非。《吕氏春秋·处方篇》、《荀子·议兵篇》均作唐蔑。《赵策》作唐明。

【译文】襄王四年，与秦武王在临晋会见。秋天，秦派甘茂攻韩国宜阳。襄王五年，秦军攻占宜阳，斩首六万。这年，秦武王去世。襄王六年，秦再次归还武遂给韩。九年，秦又夺取韩国武遂。十年，太子婴朝见秦王回国。十一年，秦进攻韩，占领穰城。这年，韩、秦联兵伐楚，打败楚国将军唐眛。

十二年，太子婴死。公子咎、公子虮虱争为太子。[1]时虮虱质于楚。[2]苏代谓韩咎曰：[3]“虮虱亡在楚，楚王欲内之甚。今楚兵十余万在方城之外，[4]公何不令楚王筑万室之都雍氏之旁，[5]韩必起兵以救之，公必将矣。公因以韩楚之兵奉虮虱而内之，其听公必矣，[6]必以楚、韩封公也。”[7]韩咎从其计。

【注释】〔1〕“虮虱”，《战国策》作“几瑟”。〔2〕“时虮虱质于楚”，虮虱乃亡在楚，非质于楚。崔适曰：“‘时虮虱质于楚’，至‘于是虮虱竟不得归’，此多脱文，无从校订。”〔3〕“苏代谓韩咎曰”，《韩策二》作“冷向谓韩咎曰”。韩咎自应是韩公子咎。公子咎正与虮虱争为太子，断无内虮虱之理。冷向之言，或是为韩相公仲而发。〔4〕“方城”，楚之长城，古代为我国九塞之一。其城由今之河南方城县，北至邓县。〔5〕“雍氏”，在今河南禹县。〔6〕“其听公必矣”，《韩策》作“虮虱得入而德公”，“听”为“德”之讹。〔7〕“必以楚、韩封公也”，《韩策》作“必以韩、楚奉公矣”。

【译文】襄王十二年，太子去世。公子咎、公子虮虱争立为太子。时虮虱为质居留在楚。苏代对韩咎说：“虮虱流亡在楚。楚工很想护送他回国。楚兵十余万已部署在方城之外。您何不建议楚王在雍氏附近，修建可容万户人家的城邑。韩王将发兵保卫雍氏，您准会被任命为统帅。您拥韩楚之兵，护送虮虱回国。虮虱一定听你的。韩、楚两国都会给你封赏。”韩咎采纳苏代出的主意。

楚围庸氏，[1]韩求救于秦。[2]秦未为发，使公孙昧入韩。[3]公仲曰：[4]“子以秦为且救韩乎？”[5]对曰：“秦王之言曰‘请道南郑、蓝田，[6]出兵于楚以待公’，殆不合矣。”[7]公仲曰：“子以为果乎？”[8]对曰：“秦王必祖张仪之故智。楚威王攻梁也，[9]张仪谓秦王曰：[10]‘与楚攻魏，魏折而入于楚，韩固其与国也，[11]是秦孤也。不如出兵以到之，[12]魏楚大战，秦取西河之外以归。’[13]今其状阳言与韩，其实阴善楚。公待秦而到，[14]必轻与楚战。楚阴得秦之不用也，必易与公相支也。[15]公战而胜楚，遂与公乘楚，[16]施三川而归。[17]公战不胜楚，楚塞三川守之，公不能救也。窃为公患之。司马庚三反于郢，[18]甘茂与昭鱼遇于商於，[19]其言收玺，实类有约也。”[20]公仲恐，曰：“然则奈何？”曰：“公必先韩而后秦，先身而后张仪。[21]公不如亟以国合于齐楚，齐楚必委国于公。[22]公之所恶者张仪也，[23]其实犹不无秦也。”[24]于是楚解雍氏围。

【注释】〔1〕“楚围雍氏”，楚怀王时多次围韩雍氏，此次围雍应非韩襄王十二年事。是年当楚怀王二十九年，楚屡败于秦，处在困境中，恐亦无力兴师伐韩。〔2〕“韩求救于秦”，《韩策二》作“韩令冷向借救于秦”。〔3〕“公孙昧”，亦作公子眛。鲍彪曰：“眛，当音莫葛反。”按：“眛”，自当作“眛”，今本皆讹作“昧”。〔4〕“公仲”，韩相，名侈。〔5〕“且”，将也。〔6〕“道”，从，经由。“南郑”，在今陕西南郑，一说在今河南新郑。“蓝田”，在今陕西蓝田。〔7〕“殆不合矣”，言绕楚北境以待韩使，而东救雍氏，如此迟缓，不能救韩之困，不符合韩国的希望，无济于事。〔8〕“果”，诚，信义。〔9〕“楚威王”，熊商，公元前三三九年至三二九年在位。楚威王攻梁事，本书缺载，《秦策一》有记。〔10〕“秦王”，秦惠文王。〔11〕“韩固其与国也”，韩与魏为与国。〔12〕“不如出兵以到之”，《秦策一》作“不如与魏以劲之”，姚本注：“劲，强也。”《韩策二》作“故不如出兵以劲魏”，鲍彪曰：“阳为助魏，实欲其与楚战。”“到”乃“劲”之讹。〔13〕“秦取西河之外以归”，以上引张仪故事，见于《秦策》。“西河之外”，即河西。在今陕西大荔、宜川境。〔14〕“公待秦而到”，《韩策》作“公恃秦而劲”。〔15〕“必易与公相支也”，言楚阴知秦不为公用，亦必在与韩交战时轻敌。〔16〕“乘”，因势以取之。〔17〕“施三川而归”，“施”，《韩策》作“易”。“三川”，周室。

言韩、秦胜楚，声威及于周室。〔18〕“司马庚”，秦人，《韩策》作“司马康”。“庚”，《集解》引徐广曰：“一作唐。”“郢”，楚都，在今湖北江陵。〔19〕“昭鱼”，楚相。“商於”，在今陕西商南县、河南淅川县、内乡县一带。〔20〕“其言收玺，实类有约也”，鲍彪曰：“玺，军符，收之者，言欲止楚之攻韩。‘实类有约’者，疑秦、楚约攻韩。”〔21〕“公必先韩而后秦，先身而后张仪”，“先韩”者，急图其国；“后秦”者，不望其救。“先身”者，善己之谋；“后仪”者，不堕人之诈。〔22〕“齐楚必委国于公”，《韩策》作“秦必委国于公以解伐”。〔23〕“公之所恶者张仪也”，公孙昧言公仲所恶者乃张仪劲魏之计。〔24〕“其实犹不无秦也”，《韩策》作“其实犹之不失秦也”。句意谓其实并无疏离秦廷的打算。

苏代又谓秦太后弟芈戎曰：[1]“公叔伯婴恐秦楚之内虮蝨也，[2]公何不为韩求质子于楚？[3]楚王听入质子于韩，[4]则公叔伯婴知秦楚之不以虮蝨为事，必以韩合于秦楚。秦楚挟韩以窘魏，[5]魏氏不敢合于齐，是齐孤也。公又为秦求质子于楚，[6]楚不听，怨结于韩。韩挟齐魏以围楚，[7]楚必重公。[8]公挟秦楚之重以积德于韩，公叔伯婴必以国待公。”于是虮蝨竟不得归韩。韩立咎为太子。齐、魏王来。[9]

【注释】〔1〕“苏代”，洛阳人，《史记》称苏秦之弟。近人研究，认为苏代游说诸侯较早，在公元前四世纪末期，已往来于楚、魏、燕、齐各国，而苏秦事迹要晚得多，疑苏代是苏秦之兄。一九七三年长沙马王堆战国帛书的发现，为苏代是苏秦之兄提供了新证。“秦太后”，秦昭襄王母，楚人，姓芈（音 mǐ），号宣太后。“芈戎”，宣太后弟，号华阳君，又号新城君。《韩策二》不言苏代，作“谓新城君曰”。〔2〕“公叔伯婴”、“虮蝨”，与公子咎（亦作韩咎）皆韩哀襄王子。伯婴即太子婴，早死。伯婴未立之先，虮蝨与之争立。既死，又与公子咎争立。〔3〕“公何不为韩求质子于楚”，“为”，犹使也。《韩策》“为秦”作“令秦”，令亦使也。《索隐》：“令韩求楚，更以别人为质，以替虮蝨。”按：虮蝨乃亡人楚，非质子。〔4〕“楚王听入质子于韩”，梁玉绳曰：“《正义》谓楚王下脱不字，是。”〔5〕“窘”，困迫，为难。〔6〕“公又为秦求质子于楚”，令芈戎使秦索韩所送质子于楚，令之入秦。〔7〕“围”，《韩策二》作“盻”。“盻”，睥睨，恨视。〔8〕“楚必重公”，芈戎贵于秦，楚窘于韩、魏、齐，欲借秦援摆脱孤立，故重新城君。〔9〕“齐、魏王来”，《六国年表》：“十三年，齐、魏王来。”

【译文】苏代又对秦国宣太后之弟芈戎说：“公叔伯婴害怕秦、楚护送虮蝨回国。您何不示意韩国要求楚国送回质子。楚王如不同意将质子送回韩国，公叔伯婴就能知道秦、楚并不重视虮蝨。公叔伯婴就会与秦、楚联合。秦、楚挟制韩国威胁魏国，魏就不敢和齐国结盟。齐国就孤立了。然后您又让秦国出面，要求楚国送质子虮蝨来秦。楚王不听，必与韩国结怨。韩挟持齐、魏围困楚国。您就会得到楚国的尊重。凭借您在秦、楚两国的崇高声望，又积德于韩，公叔伯婴必以国家之重待您。”就这样，公子虮蝨始终未能回归韩国。韩立公子咎为太子。齐王、魏王来韩国访聘。

十四年，与齐、魏王共击秦，至函谷而军焉。[1]十六年，秦与我河外及武遂。[2]襄王卒，太子咎立，是为釐王。[3]

【注释】〔1〕“函谷”，秦关，在今河南灵宝县南，是秦的东关。〔2〕“十六年，秦与我河外及武遂”，梁玉绳曰：“事在十四年，‘河外及’三字衍。”按：“武遂”在今山西垣曲东南。韩襄王六年，秦与韩武遂。襄王九年秦复取韩武遂。〔3〕“太子咎立，是釐王”，韩釐王公元前二九五年至前二七三年在位。

【译文】十四年，韩与齐王、魏王共同进攻秦国。军次函谷关驻扎下来。十六年，秦将河外地方及武遂归还给韩。襄王去世。太子咎嗣位，是为韩禧王。

禧王三年，使公孙喜率周、魏攻秦。[1]秦败我二十四万，[2]虏喜伊阙。[3]五年，秦拔我宛。[4]六年，与秦武遂地二百里。[5]十年，秦败我师于夏山。[6]十二年，与秦昭王会西周而佐秦攻齐。[7]齐败，湣王出亡。[8]十四年，与秦会两周间。二十一年，使暴鸢救魏，[9]为秦所败，鸢走开封。[10]

【注释】〔1〕“禧王三年，使公孙喜率周、魏攻

秦”，韩、魏攻秦，在秦昭王十四年。“公孙喜”，《通鉴》云韩将，惟《穰侯列传》以喜为魏将。梁玉绳《史记志疑》中《秦本纪》部分云：“喜是魏将，伊阙之役，韩为主兵，使魏之公孙喜将之，故所书不同。”梁氏疑此时之周，岂能从伐秦？《通鉴》书此不言周。〔2〕“秦败我二十四万”，《六国年表》、《楚世家》、《穰侯列传》、《白起列传》、《通鉴》“二十四万”上皆有“斩首”二字。〔3〕“伊阙”，故地在今河南洛阳市西南。〔4〕“宛”，在今河南南阳市。三家分晋时，韩得南阳，见《战国策》鲍彪注。云梦出土之《大事记》有秦昭王十六年秦攻宛的记载。〔5〕“六年，与秦武遂地二百里”，襄王十六年，秦归武遂地于韩，武遂在河东，韩祖宗庐墓在其近处，故一意得之。今又归秦，非其所愿。〔6〕“十年，秦败我师夏山”，《正义》云夏山未详。施之勉《读史记会注考证札记校补》引吴熙载曰：“夏山，河南开封府禹州。”按：今禹县。〔7〕“十二年与秦昭王会西周，而佐秦攻齐”，“秦昭王”，武王弟，名则，或作稷。公元前三〇六年至前二五一年在位。“秦昭王会西周”与“佐秦攻齐”是两事，《六国年表》中魏表、韩表俱分别言之。韩佐秦攻齐事，即周赧王三十一年，燕上将军乐毅佩赵相国印，将秦、魏、韩、赵之兵共伐齐，大败齐师，乐毅入临淄，齐王出走之事。〔8〕“湣王”，齐宣王子，名地，公元前三二三年至前二八四年在位。〔9〕“暴鸢”，韩将。“鸢”，音juān。〔10〕“开封”，云梦出土之《大事记》有秦攻启封之事。“启封”也见于战国铜戈铭文。可见“开封”本作“启封”，西汉时避景帝讳改为“开封”。故地即今河南开封市。

【译文】韩釐王三年，韩派公孙喜率领韩、魏联军进攻秦国。秦在伊阙打败韩、魏联军二十四万，虏公孙喜。五年，秦攻占韩国的宛城。六年，韩将武遂二百里地割让给秦国。十年，秦在夏山打败韩师。十二年，与秦昭王在西周相会，帮助秦国攻打齐国。齐国战败，齐湣王出亡在外。十四年，韩国与秦国在东周与西周之间相会。二十一年，韩派暴鸢援救魏国，被秦打败。暴鸢逃跑到开封。

二十三年，赵、魏攻我华阳。[1]韩告急于秦，秦不救。韩相国谓陈筮曰：[2]“事急，愿公虽病，[3]为一宿之行。”陈筮见穰侯。[4]穰侯曰：“事急乎？故使公来。”陈筮曰：“未急也。”穰侯怒曰：“是可以为公之主使乎？[5]夫冠盖相望，告敝邑甚急，公来言未急，何也？”陈筮曰：“彼韩急，[6]则将变而佗从，[7]以未急，故复来耳。”穰侯曰：“公无见王，请今发兵救韩。”[8]八日而至，败赵、魏于华阳之下。[9]是岁，釐王卒，子桓惠王立。[10]

【注释】〔1〕“华阳”，在今河南新郑东南。〔2〕“相国”，为战国时百官中地位最高的官职。据战国及秦代的铜器铭刻，当时皆作“相邦”。汉代避刘邦讳，《史记》、《战国策》之言相邦者，皆被改成相国。“陈筮”，《韩策三》作“田苓”。“陈”、“田”古通。俗书“艸”、“竹”不分。“巫”、“令”形近。“陈筮”即“田苓”。〔3〕“愿”，念也。〔4〕《通鉴·周纪四》“筮”下有“如秦”二字。“穰侯”，魏冉。〔5〕“是可以为公之主使乎”，鲍彪曰：“公犹国也，言其不任。”“主使”，韩王之使。此言事未急，公何以为韩王之使乎？“可”、“何”古通。〔6〕“彼”，犹若，作“若或”解。〔7〕“佗”，同“他”。〔8〕“请今发兵救韩”，“今”，犹即。《通鉴》曰：“穰侯曰：‘请发兵矣。’乃与武安君及客卿胡阳救韩，八日而至，败魏军于华阳之下，走芒卯，虏三将，斩首十三万。武安君又与赵将贾偃战，沉其卒二万于河。”〔9〕“华阳之下”，谓华阳城下。按：本章与《韩策二》楚围雍氏五月，韩王遣张翠赴秦廷乞师救韩说同。〔10〕“桓惠王”，名缺。《留侯世家》作“悼惠王”。公元前二七二年至前二三九年在位。

【译文】禧王二十三年，赵、魏联军进攻韩国华阳。韩向秦告急。秦不出兵援救。韩相国对陈筮说：“情况非常危急，您虽然有病，只有麻烦您连夜辛苦一趟。”陈筮来到秦国会见穰侯。穰侯说：“是不是情况紧急啦！才派你来。”陈筮说：“不急。”穰侯怒曰：“你这样的态度，能担当国家的特使吗？韩国使臣，一个紧接一个来秦，都说韩国情况危急，您来到却说不急，怎么回事儿！”陈筮说：“韩国要是危急，则将改变方针，另谋出路，不到您这儿来啦！因为不急，所以才再次派我来。”穰侯说：“好啦！您也无须去见秦王，马上发兵援救韩国。”八天后，援军来到韩国，败赵、魏军于华阳城下。这年，韩釐王去世，儿子桓惠王嗣位。

桓惠王元年，伐燕。[1]九年，秦拔我陉，[2]城汾旁。[3]十年，秦击我于太行，[4]我上党郡守以上党郡降赵。[5]十四年，秦拔赵上党,[6]杀马服子卒四十余万于长平。[7]十七年,秦拔我阳城、负黍。[8]二十二年,秦昭王卒。[9]二十四年,秦拔我城皋、荥阳。[10]二十六年,秦悉拔我上党。二十九年,秦拔我十三城。[11]

【注释】〔1〕"桓惠王元年,伐燕",燕惠王七年,韩、魏、齐共伐燕,楚救燕。〔2〕"陉",在今山西曲沃境。〔3〕"城汾旁",中井积德曰:"'汾旁'二字衍,盖注文误入正文。"按:流经曲沃之水为浍水。《水经注》六云:"浍水又西南径左邑县故南城(城南),故曲沃也。""汾旁",疑"浍旁"形近之讹。〔4〕"十年,秦击我于太行",云梦出土之《大事记》秦昭王四十四年"攻太行",与本书合。〔5〕"我上党郡守以上党郡降赵",韩上党守冯亭以韩不能守上党,以城邑十七入于赵,惟事在桓惠王十一年。事具《赵世家》、《赵策一》。"上党",在今山西长治一带。〔6〕"秦拔赵上党",《正义》:"韩上党也。"按:即冯亭所守。〔7〕"杀马服子卒四十余万于长平","马服子",赵括。"长平",在今山西高平。按:长平之事,《六国年表》及《白起列传》并在秦昭王四十七年,即韩桓惠王十三年。《通鉴》在赧王五十五年,亦当桓惠王十三年。《赵世家》及《廉颇列传》并在赵孝成王七年,当桓惠王十四年,与此合。〔8〕"十七年,秦拔我阳城、负黍","阳城",在今河南登封县东南之城山岭。"负黍",在今河南登封县西南。云梦出土之《大事记》系此事于秦昭王五十一年,与此合。〔9〕"秦昭王",即秦昭襄王,名则,一名稷。〔10〕"城皋",即成皋,在今河南荥阳西北。"荥阳",在今河南荥阳东北。〔11〕"十三城",《六国年表》作"十二城",《通鉴》同。《秦始皇本纪》、《蒙恬列传》并作十三城,与此同。

【译文】桓惠王元年,韩进攻燕。九年,秦攻占韩国的陉,在汾水旁筑城。十年,秦在太行山进攻韩军。(十一年)韩上党郡守以上党郡降赵。十四年,秦军占领赵上党。杀马服子及其部卒四十余万于长平。十七年,秦攻占韩国阳城、负黍。二十二年,秦昭王去世。二十四年,秦攻占韩国成皋、荥阳。二十六年,秦攻占韩全部上党地区。二十九年,秦攻占韩国十三座城池。

三十四年,桓惠王卒,子王安立。

王安五年,秦攻韩,韩急,使韩非使秦,[1]秦留非,因杀之。

【注释】〔1〕"韩非使秦",《秦始皇本纪》、《六国年表》在王安六年。《通鉴》在始皇帝四年,亦当王安六年。

【译文】三十四年,桓惠王去世,儿子王安嗣位。

九年,秦虏王安,尽入其地,为颍川郡。韩遂亡。[1]

【注释】〔1〕"韩遂亡",韩亡在始皇帝十七年。

【译文】王安五年,秦攻韩,韩国危急,派韩非使秦,秦扣留韩非。不久,杀掉韩非。九年,王安被秦俘虏。秦占领韩国所有土地,设为颍川郡。韩国灭亡。

太史公曰:韩厥之感晋景公,绍赵孤之子武,[1]以成程婴、公孙杵臼之义,此天下之阴德也。韩氏之功,于晋未睹其大者也。然与赵、魏终为诸侯十余世,宜乎哉!

【注释】〔1〕"绍赵孤之子武",《史诠》云"孤"字当在"之"下。

【译文】太史公曰:韩厥感化晋景公,使赵氏孤儿赵武得以继承赵祀,同时也成就了程婴、公孙杵臼的义行。这真是天下的阴德啊!韩氏的功勋,在晋国还未见到比这更大的了!韩氏能与赵、魏一样,绵延十余世为诸侯,完全是应该的。

史记卷四十六

田敬仲完世家第十六

陈完者，陈厉公他之子也。〔1〕完生，周太史过陈，〔2〕陈厉公使卜完，卦得《观》之《否》：〔3〕"是为观国之光，利用宾于王。此其代陈有国乎？不在此而在异国乎？非此其身也，在其子孙。若在异国，必姜姓。姜姓，四岳之后。〔4〕物莫能两大，陈衰，此其昌乎？"〔5〕

【注释】〔1〕"陈厉公他"，《春秋左氏传》桓公五年记载："文公子佗杀太子免而代之。"又《春秋左氏传》桓公十二年记载："八月壬辰，陈侯跃卒。"杜预注中说陈侯跃是厉公。《春秋左氏传》庄公二十二年记载："陈厉公，蔡出也，故蔡人杀五父而立之。"五父即陈佗，因此陈厉公并非陈他（佗），本书此处与《陈杞世家》并误。"他"与"佗"同，音 tuō。陈国为西周封立的诸侯国，妫姓，传说是帝舜之后。陈国地在今河南东部及安徽西北部，都城宛丘，在今河南淮阳。陈厉公是陈国第十三代国君，公元前七〇六年至前七〇〇年在位。 〔2〕"太史"，古代官名。周代的太史是史官和历官的首长，掌管官司文书、策命、记事，以及史事典籍、天文历法、占卜、祭祀等。 〔3〕"《观》之《否》"，《观》卦变成了《否》卦。《观》，音 guān，《否》，音 pǐ，都是《周易》中卜筮的卦象，《观》为（䷓），《巽》（☴）在上，《坤》（☷）在下，《否》为（䷋），《乾》（☰）在上，《坤》（☷）在下。《巽》最下面的阴爻变成阳爻，就变成了《乾》，即《观》卦变成了《否》卦。 〔4〕"四岳"，上古时代掌管四方山川诸侯的官员。孔安国说四岳是羲和的四个儿子。姜姓的祖先据说就是尧时的四岳。〔5〕"陈衰，此其昌乎"，陈国最后一个国王陈湣公在周敬王四十一年（公元前四七九年）被楚国擒灭。此前两年，周敬王三十九年（公元前四八一年），田常杀了齐简公，作了齐王。这个太史的预言恰与事实巧合。

【译文】陈完这个人，是陈厉公陈他的儿子。陈完出生时，周朝的太史路过陈国，陈厉公让他给陈完卜一卦，得到的卦象是由《观》卦变成《否》卦。周太史说："这种卦象是能观看到国家的光芒，利用的是在王室作宾客的机会。这可能是说这个孩子代替陈氏拥有国家吧？可能不在这里而在别的国家吧？但不是他自己，而是在他的子孙身上应验。如果是在别的国家，一定是在姜姓国家。姜姓是四岳官员的后代。事物不可能两者同时强大，陈国衰亡时，这个孩子的后代可能会昌盛吧？"

厉公者，陈文公少子也，〔1〕其母蔡女。〔2〕文公卒，厉公兄鲍立，是为桓公。桓公与他异母。及桓公病，蔡人为他杀桓公鲍及太子免而立他，为厉公。〔3〕厉公既立，娶蔡女。蔡女淫于蔡人，数归，〔4〕厉公亦数如蔡。〔5〕桓公之少子林怨厉公杀其父与兄，乃令蔡人诱厉公而杀之。林自立，是为庄公。故陈完不得立，为陈大夫。厉公之杀，以淫出国，故《春秋》曰"蔡人杀陈他"，罪之也。

【注释】〔1〕"厉公者，陈文公少子也"，鲍、佗、跃三人均为陈文公子。 〔2〕"蔡女"，蔡国国王的女儿，蔡国，周代封国，地在今河南上蔡一带。后被楚国灭掉。 〔3〕"蔡人为他杀桓公鲍及太子免而立他，为厉公"，本书《陈杞世家》作"蔡人为佗杀五父及桓公太子免而立佗"，五父即佗，此处与《陈杞世家》均误，厉公为跃，前文已述。 〔4〕"淫于蔡人"，与蔡国人私通。"数"，音 shuò，多次，"归"，出嫁的女子回母家去。〔5〕“如”，到……去。

【译文】陈厉公这个人是陈文公的小儿子。他的母亲是蔡侯的女儿。陈文公去世后，陈厉公的哥哥陈鲍被立为国君，就是陈桓公。陈桓公和陈他是异母兄弟。到了陈桓公患病的时候，蔡国人替陈他杀死了陈桓公和太子免，立陈他为君，就是陈厉公。陈厉公即位后，娶了蔡侯的女儿。蔡侯的女儿和蔡国人私通，多次回蔡国去。陈厉公也多次去蔡国。陈桓公的小儿子陈林怨恨陈厉公杀死他的父亲和哥哥，就叫蔡国人把陈厉公诱骗出来杀死了。陈林自己立为国君，就是陈庄公。所以陈完不能被立为国君，作了陈国的大夫。陈厉公被杀死，是由于色欲而出国去，所以《春秋》上记载道“蔡国人杀了陈他”，是认为他有罪过。

庄公卒，立弟杵臼，是为宣公。宣公二十一年，杀其太子御寇。御寇与完相爱，恐祸及己，完故奔齐。齐桓公欲使为卿，〔1〕辞曰：“羁旅之臣幸得免负檐，〔2〕君之惠也，不敢当高位。”桓公使为工正。〔3〕齐懿仲欲妻完，〔4〕卜之，占曰：“是谓凤皇于蜚，和鸣锵锵。〔5〕有妫之后，将育于姜。五世其昌，并于正卿。八世之后，莫之与京。”〔6〕卒妻完。〔7〕完之奔齐，齐桓公立十四年矣。

【注释】〔1〕“齐桓公欲使为卿”，齐桓公，名小白，春秋五霸之一。公元前六八五年至前六四三年在位。齐国，西周初封姜尚为齐公，地在今山东。卿，周代的官名，为辅佐国君的高级官员。〔2〕“羁”，音 jī，羁旅，在外寄居作客。“负檐”，即负担，泛指为生计奔波。檐为担字假借。〔3〕“工正”，周代官名，掌管官营手工业和各种技工。〔4〕“懿仲”，齐国大夫，《史记志疑》考证为陈国大夫。“妻完”，把女儿给陈完作妻子。〔5〕“蜚”，与“飞”同。“于蜚”，比翼双飞。《诗经·大雅·卷阿》：“凤皇于飞，翙翙其羽。”“和鸣”，互相应合着鸣叫。“锵锵”，凤凰叫声。〔6〕“莫之与京”，没有人能比他的地位更高大。“京”，大。〔7〕“卒妻完”，最终还是把女儿嫁给了陈完。“卒”，终于。

【译文】陈庄公去世，立他的弟弟陈杵臼为国君，就是陈宣公。陈宣公二十一年，杀死了太子御寇。陈御寇和陈完相互友爱。陈完害怕自己会受连累，所以逃到齐国去。齐桓公想要让他作卿。陈完推辞说：“逃亡流浪的臣子，有幸能免除挑着担子奔走的命运，已经是您的恩惠了。不敢再担任高官。”齐桓公委派他作工正。齐国的懿仲要把女儿嫁给陈完，对此进行占卜。占卜的结果是：“这是凤凰一齐飞翔，相互应和，鸣叫锵锵。有妫氏的后裔，将要在姜姓国家繁育。五代后会昌盛，与正卿的地位相同。八代以后，就没有人能和他相比。”最终把女儿嫁给了陈完。陈完逃到齐国时，齐桓公即位有十四年了。

完卒，谥为敬仲。〔1〕仲生稚孟夷。〔2〕敬仲之如齐，以陈字为田氏。〔3〕

【注释】〔1〕“谥”，音 shì。古代帝王及官僚、贵族死后，根据他们生前事迹所赠予的称号。〔2〕“稚孟夷”，《世本》作“夷孟思”。〔3〕“以陈字为田氏”，“陈字”，一本作“陈氏”。徐广认为：“应劭云始食菜地于田，由是改姓田氏。”《正义》按：“敬仲既奔齐，不欲称本国故号，故改陈字为田氏。”《史记正义》亦取此说。根据《说文解字》：“田，陈也。”钱大昕说古代读陈作田。可见当时田、陈是相通的字。战国齐铜器陈璋壶等器物铭文中齐国王族仍姓陈，但写作“墬”，与春秋陈国铜器铭文中的陈写作“陳”不同，史称陈氏改姓或系指此字形的改动。

【译文】陈完去世，被谥为敬仲。敬仲生了稚孟夷。敬仲到了齐国后，把陈姓改为田姓。

田稚孟夷生湣孟庄，〔1〕田湣孟庄生文子须无。田文子事齐庄公。〔2〕

【注释】〔1〕“湣孟庄”，《世本》作“闵孟克”，又一本作“湣孟芷”。疑均为字误。〔2〕“齐庄公”，齐灵公的儿子，名光。公元前五五三年至五四八年在位，后被大夫崔杼弑杀。详见本书《齐太公世家》。

【译文】田稚孟夷生了湣孟庄，田湣孟庄生了文子须无。田文子服侍齐庄公。

晋之大夫栾逞作乱于晋，〔1〕来奔齐，齐庄公厚客之。晏婴与田文子谏，〔2〕庄公弗听。

【注释】〔1〕“栾逞”，晋国大夫栾书的孙子。栾逞因有罪投奔齐国，后被齐庄公派回晋国曲沃谋反，做齐国内应，兵败而死。〔2〕“晏婴”，春秋时齐国的大夫，机智贤明，有《晏子春秋》一书叙述其言行。详见本书《管晏列传》。

【译文】晋国的大夫栾逞在晋国作乱，来投奔齐国。齐庄公把他作为客人优厚招待。晏婴和田文子劝谏齐庄公。庄公不接受。

文子卒，〔1〕生桓子无宇。田桓子无宇有力，事齐庄公，甚有宠。

【注释】〔1〕“文子卒”，卒字可能是衍文。

【译文】田文子去世。他生了桓子无宇。田桓子无宇很有力气，侍奉齐庄公，十分得宠。

无宇卒，生武子开与禧子乞。〔1〕田釐子乞事齐景公为大夫，其收赋税于民以小斗受之，其禀予民以大斗，〔2〕行阴德于民，〔3〕而景公弗禁。由此田氏得齐众心，宗族益强，民思田氏。晏子数谏景公，景公弗听。已而使于晋，〔4〕与叔向私语曰：〔5〕“齐国之政其卒归于田氏矣。”

【注释】〔1〕“禧”，音 xī，与“僖”通。〔2〕“禀予民以大斗”，禀，音 lǐn，与廪同，赐给人谷物。这句话是说用大斗量粮食赐给百姓。〔3〕“阴德”，暗地里施予的德行。〔4〕“已而”，随即。〔5〕“叔向”，即羊舌肸，字叔向，春秋时期晋国大夫。“肸”，音 xī。

【译文】桓子无宇去世。他生了武子开和禧子乞。田禧子乞侍奉齐景公，任大夫。他向百姓收赋税时用小斗称量，给百姓借粮食时用大斗称量。暗暗地给人民施恩德，而齐景公不加禁止。田氏由此获得了齐国的人心，田氏宗族越来越强盛。人民都思念田氏的恩德。晏子多次劝谏齐景公。齐景公不听从。后来晏子出使晋国，和叔向私下谈论，说：“齐国的政权最终要归到田氏手中了。”

晏婴卒后，范、中行氏反晋。〔1〕晋攻之急，范、中行请粟于齐。田乞欲为乱，树党于诸侯，乃说景公曰：“范、中行数有德于齐，齐不可不救。”齐使田乞救之而输之粟。〔2〕

【注释】〔1〕“范、中行氏”，即范献子和中行文子，二人均为晋国大夫。〔2〕“输之粟”，把粮食运送给他们。

【译文】晏婴去世后，范氏和中行氏反叛晋国。晋国攻打他们，十分激烈。范氏、中行氏向齐国请求借粮。田乞想要叛乱，要在诸侯中树立私党，就劝说齐景公：“范氏、中行氏多次对齐国有恩。齐国不能不救他们。”齐国派田乞去救援他们，并且给他们运送粮食。

景公太子死，后有宠姬曰芮子，生子荼。〔1〕景公病，命其相国惠子〔2〕与高昭子〔3〕以子荼为太子。景公卒，两相高、国立荼，是为晏孺子。而田乞不说，〔4〕欲立景公他子阳生。阳生素与乞欢。晏孺子之立也，阳生奔鲁。田乞伪事高昭子、国惠子者，每朝代参乘，〔5〕言曰：“始诸大夫不欲立孺子。孺子既立，君相之，大夫皆自危，谋作乱。”又绐大夫曰：〔6〕“高昭子可畏也，及未发先之。”诸大夫从之。田乞、鲍牧与大夫以兵人公室，攻高昭子。昭子闻之，与国惠子救公。公师败。田乞之众追国惠子，惠子奔莒，〔7〕遂返杀高昭子。晏圉奔鲁。〔8〕

【注释】〔1〕“荼”，音 shū，又读作 tú。〔2〕“国惠子”，名夏。〔3〕“高昭子”，名张。〔4〕“不说”，不高兴。“说”，音 yuè，与悦通。〔5〕“代”，《春秋左氏传》哀公六年作“必”。“参乘”，也作“骖乘”，陪坐在车上的人。古代乘车，御者在中间，尊者坐在左边，坐在右边陪同的人即参乘。〔6〕“绐”，音 dài，欺骗，用假话哄骗。〔7〕“莒”，音 jǔ，古代方国名。春秋时期由计斤（在今山东胶县西南）迁移到莒（在今山东莒县）。周考王十年（公元前四三一年）被楚国所灭。〔8〕“晏圉”，晏婴的儿子。圉，音 yù。

【译文】齐景公的太子死了，他后宫中有个宠姬叫芮子，生了儿子，名荼。齐景公病了，命令齐相国惠子和高昭子封荼为太子。齐景公去世后，国惠子、高昭子两个相立荼为国君，就是晏孺子。而田乞不高兴，想要立景公的另一个儿子阳生为国君。阳生一向与田乞交好。晏孺子立为国君后，阳生逃到鲁国去。田乞装出服从侍奉高昭子、国惠子的样子，每次朝见都代替侍卫在高昭子、国惠子的车上随侍，对他们说："起初各位大夫们都不想要立孺子。孺子即位后，你们做他的国相，大夫们人人自危，商议要叛乱。"田乞又骗大夫们说："高昭子很可怕呀，你们要赶在他动手之前先发制人。"大夫们都听从田乞。田乞、鲍牧和大夫们带兵进入王宫，攻打高昭子。高昭子听到消息，和国惠子去援救齐君。国君的军队打败了。田乞的部下去追击国惠子，国惠子逃到莒城。田乞就返回来杀了高昭子。晏婴的儿子晏圉逃到鲁国去。

田乞使人之鲁，迎阳生。阳生至齐，匿田乞家。请诸大夫曰："常之母有鱼菽之祭。[1]幸而来会饮。"会饮田氏。田乞盛阳生橐中，[2]置坐中央。发橐，出阳生，曰："此乃齐君矣。"大夫皆伏谒。[3]将盟立之，田乞诬曰：[4]"吾与鲍牧谋共立阳生也。"鲍牧怒曰："大夫忘景公之命乎？"诸大夫欲悔，阳生乃顿首曰："可则立之，不可则已。"鲍牧恐祸及己，乃复曰："皆景公之子，何为不可！"遂立阳生于田乞之家，是为悼公。乃使人迁晏孺子于骀，[5]而杀孺子荼。悼公既立，田乞为相，专齐政。

【注释】〔1〕"常之母有鱼菽之祭"，"常之母"，田常的母亲。田常是田乞的儿子。田乞用这个词称呼自己的妻子。"菽"，音 shū，豆类。齐国风俗，由妇女主持祭祀。自称是鱼豆的祭祀，是谦逊之词，表示祭品微薄。〔2〕"盛阳生橐中"，把阳生装在口袋里。橐，音 tuó，皮制的口袋。〔3〕"伏谒"，趴在地下行礼拜见。〔4〕"诬"，说假话，哄骗别人。〔5〕"骀"，音 tái，春秋时期齐国的地名，在今山东临朐县。

【译文】田乞派人到鲁国去迎接阳生。阳生回到齐国，藏在田乞家中。田乞去邀请各位大夫，说："我儿子田常的母亲有个用鱼和豆子作祭品的祭祀。希望你们能来我家聚会饮酒，我会感到很荣幸。"在田家聚会饮酒时，田乞把阳生装进一个皮囊，放在酒席的中央。打开皮囊，让阳生出来，说："这就是齐君了。"大夫们全都俯伏着拜见阳生。将要盟誓立阳生为君时，田乞哄骗说："我和鲍牧一起谋划立阳生为国君的。"鲍牧发怒了，问："大夫们忘了景公的命令吗？"大夫们又想要反悔。阳生就叩头说："可以，就立我为君，不可以，就算了吧。"鲍牧恐怕自己招致灾祸，就又说："全都是景公的儿子，有什么不可以的！"于是在田乞家中立阳生为国君，就是齐悼公。就派人把晏孺子迁到骀地去，接着又把他杀了。齐悼公即位后，田乞做了相，独掌齐国的政权。

四年，田乞卒，子常代立，是为田成子。

鲍牧与齐悼公有郄，[1]弑悼公。[2]齐人共立其子壬，是为简公。田常成子与监止俱为左右相，[3]相简公。田常心害监止，[4]监止幸于简公，权弗能去。于是田常复修釐子之政，以大斗出贷，以小斗收。齐人歌之曰："妪乎采芑，[5]归乎田成子！"齐大夫朝，御鞅谏简公曰：[6]"田、监不可并也，君其择焉。"君弗听。

【注释】〔1〕"有郄"，有嫌隙，不和。"郄"，音 xì，空隙。〔2〕"弑"，音 shì，古代臣下杀死君主，儿子杀死父母的行为。〔3〕"监"，姓，一本作"阚"。〔4〕"心害"，心中猜忌，嫉妒。〔5〕"妪"，音 yù，老妇人。"乎"，语助词。"芑"，音 qǐ，野菜。〔6〕"御"，官名，掌管车马。"鞅"，人名，也是田氏一族。《春秋左氏传》哀公十四年作"诸御鞅"，诸御亦为官名。

【译文】四年，田乞去世，他的儿子田常代替了他的地位，就是田成子。

鲍牧与齐悼公不和，杀了悼公。齐国人共同立齐悼公的儿子壬为国君，就是齐简公。田常成子和监止共同任左右相，辅佐齐简公。田常心中惧怕监止。监止得到齐简公的宠幸，无法夺去他的权力。于是田常再次施行田釐子的施政方法，用大斗贷出粮食，用小斗收回债务。齐国人歌唱他说："老奶奶啊采芑菜，送呀送给田成子！"齐国大夫上朝时，掌御官田鞅劝谏齐简公说："田氏和监氏不能并存，请您选择一个吧。"齐简公不听从。

子我者，监止之宗人也，[1]常与田氏有

郤。[2]田氏疏族田豹事子我有宠。子我曰："吾欲尽灭田氏適，[3]以豹代田氏宗。"豹曰："臣于田氏疏矣。"不听。已而豹谓田氏曰："子我将诛田氏，田氏弗先，祸及矣。"子我舍公宫，[4]田常兄弟四人乘如公宫，欲杀子我。子我闭门。简公与妇人饮檀台，[5]将欲击田常。太史子余曰："田常非敢为乱，将除害。"简公乃止。田常出，闻简公怒，恐诛，将出亡。田子行曰："需，事之贼也。"[6]田常于是击子我。子我率其徒攻田氏，不胜，出亡。田氏之徒追杀子我及监止。

【注释】〔1〕"子我者，监止之宗人也"，《史记索隐》、《史记正义》等考证子我即监止。监止又作阚止，《春秋左氏传》哀公六年载阚止之事，杜预注即认为是子我。此将一人误分为二人，下"田氏之徒追杀子我及监止"一句亦同。宗人之说误。〔2〕"有郤"，有矛盾，不合。"郤"，音 xī，空隙。〔3〕"田氏適"，田氏的嫡系子孙。適与嫡通，指正妻及正妻所生的长子，或指正妻生的继承家长地位的儿子。〔4〕"子我舍公宫"，子我住在齐简公的宫室中。"舍"，动词，住宿。本书《齐太公世家》作"子行舍于公宫"。此处疑误。〔5〕"檀台"，齐国宫中台观名，《史记正义》称："在青州临淄县东北一里(即今山东淄博市东北)。"〔6〕"需"，音 nuò，迟疑不决。"贼"，毁坏，危害。"需，事之贼也"，迟疑会招致危难，所以是事情败坏的根源。

【译文】子我这个人是监止的同宗，和田氏常有嫌隙。田氏的远房宗族田豹侍奉子我，得到他的宠信。子我说："我想要把田氏的嫡支全都消灭掉，让田豹取代田氏的族长。"田豹说："我在田氏宗族中只是疏远的分支罢了。"不肯答应。过后田豹对田氏讲："子我将要杀尽田氏，田氏不先下手，祸害就要来临了。"子我住在齐景公宫中。田常兄弟四个人驾着车到宫中去，想要杀子我。子我关起门。齐简公和妃子们在檀台饮酒，准备要攻打田常。太史子余说："田常不是敢于作乱，只是要除害。"齐简公就作罢了。田常出动后，听说齐简公发怒了，害怕被诛杀。准备要逃亡。田子行说："犹豫不决是办事最大的危害。"田常于是去攻打子我。子我率领他的部下攻打田氏，没有打胜，逃亡出走。田氏的部下追击，杀死了子我和监止。

简公出奔，田氏之徒追执简公于徐州。[1]简公曰："蚤从御鞅之言，[2]不及此难。"田氏之徒恐简公复立而诛己，[3]遂杀简公。简公立四年而杀。于是田常立简公弟骜，是为平公。平公即位，田常为相。

【注释】〔1〕"执"，捉住。"徐州"，齐国城邑名，在今山东滕县南。一说为齐国西北边界上的地名。〔2〕"蚤从"，早听从。"蚤"，音 zǎo，"早"的假借字。〔3〕"复立"，再次被立为齐国的国王。

【译文】齐简公逃出去。田氏的部下追击，在徐州抓住了齐简公。齐简公说："早采纳御鞅的话，也不会遇上这种灾难。"田氏的部下害怕齐简公再次即位会诛杀自己，就杀了齐简公。齐简公即位四年后被杀死。于是田常把齐简公的弟弟骜立为国君，就是齐平公。齐平公即位后，田常任相。

田常既杀简公，惧诸侯共诛己，乃尽归鲁、卫侵地，西约晋、韩、魏、赵氏，南通吴、越之使，修功行赏，亲于百姓，以故齐复定。

田常言于齐平公曰："德施人之所欲，君其行之；刑罚人之所恶，臣请行之。"行之五年，齐国之政皆归田常。田常于是尽诛鲍、晏、监止及公族之强者，而割齐自安平以东至琅邪，[1]自为封邑。封邑大于平公之所食。[2]

【注释】〔1〕"安平"，周代齐国城邑名。司马彪《郡国志》称："北海东安平，六国时曰安平。"其地在今山东临淄市以东。〔2〕"琅邪"，《史记正义》称"沂州也"，即今山东临沂。"自为封邑"，自己给自己封赠土地。田常自行占有的封邑包括从安平至琅邪一线以东的全部土地，即今胶东半岛。

【译文】田常杀了齐简公以后，害怕诸侯们共同来征讨自己，就把侵占鲁国、卫国的土地都归还了，和西方的晋国、韩氏、魏氏、赵氏订约结盟，与南方的吴国、越国通使交好。论功行赏，亲近百姓，因此齐国又安定下来。

田常对齐平公说："施予恩德，是人们都想要的，您来做这件事。执行刑罚，是人们所憎恶的，请让臣子我来做这件事。"这样做了五年，齐国的政事

全归了田常。田常于是把鲍氏、晏氏、监止和公族中强大的势力都诛杀光了,而且把齐国自安平以东至琅邪的土地都割给自己,作为封邑。田常的封邑比齐平公享有的食邑还大。

田常乃选齐国中女子长七尺以上为后宫,后宫以百数,而使宾客舍人出入后宫者不禁。〔1〕及田常卒,有七十余男。

【注释】〔1〕“宾客舍人”,有一定才能本领,被王公贵族以客人身份供养的人叫宾客,王侯贵族们的左右亲信属官称舍人。

【译文】田常就挑选齐国中身高七尺以上的女子作后宫妃子。后宫中的妃子数以百计。而田常让他的宾客和舍人们出入后宫,不加禁止。到田常去世时,有了七十多个儿子。

田常卒,子襄子盘代立,〔1〕相齐。常谥为成子。

【注释】〔1〕“子襄子盘”,“盘”,有的版本作“塈”,又有的版本作“班”,未知孰是。

【译文】田常去世,他的儿子襄子盘代替了他的地位,任齐相。田常被谥为田成子。

田襄子既相齐宣公,三晋杀知伯,〔1〕分其地。襄子使其兄弟宗人尽为齐都邑大夫,与三晋通使,且以有齐国。

【注释】〔1〕“三晋杀知伯”,这是春秋末年的重大事件。当时,晋国的卿韩氏、魏氏、赵氏三家势力增大,瓜分了晋国,形成三个新的国家:韩、魏、赵。因为这三个国家都在原晋国的土地上,故称为三晋。“知伯”,即荀瑶,世为晋卿,曾把持晋国朝政,因向赵氏索取土地不得,率魏、韩两家攻打赵氏。赵襄子与韩、魏合谋,共同消灭了知氏,分了知氏的土地。详见本书《晋世家》、《赵世家》。

【译文】田襄子任齐宣公的相以后,韩、赵、魏三家杀死了知伯,分了他的领地。田襄子把他的兄弟和宗族亲属全委派做齐国各个城邑的大夫,又和韩、赵、魏三家互通使节,将要借此占有齐国。

襄子卒,子庄子白立。〔1〕田庄子相齐宣公。宣公四十三年,伐晋,毁黄城,围阳狐。〔2〕明年,伐鲁、葛及安陵。〔3〕明年,取鲁之一城。

【注释】〔1〕“子庄子白”,《世本》中作“庄子伯”,名伯。〔2〕“毁黄城,围阳狐”,黄城、阳狐均为春秋时晋国城邑。黄城在今山东冠县以南。阳狐在今河北大名县东北。〔3〕“伐鲁、葛及安陵”,本书《六国年表》作“伐鲁、莒及安阳”,《史记志疑》认为此处“葛”当作“莒”,“安陵”疑误。这种看法是将“鲁”定为鲁国,周诸侯国,在今山东南部,“莒”为莒国,在今山东莒县一带。安阳,在今河南安阳市东南。一说,鲁指鲁国朝宿邑鲁城,在今河南许昌市南;葛指葛城,在今河南长葛县北;安陵为郑国城邑,在今河南鄢陵县西北。这几个地点比较接近,应以此说为准。

【译文】田襄子去世,他的儿子庄子白继位。田庄子做齐宣公的相。宣公四十三年,齐国攻打晋国,捣毁了黄城,包围了阳狐。第二年,攻打鲁国、葛城和安陵。下一年,又攻取了鲁国的一个城。

庄子卒,子太公和立。〔1〕田太公相齐宣公。宣公四十八年,取鲁之郕。〔2〕明年,宣公与郑人会西城。伐卫,取毌丘。〔3〕宣公五十一年卒,田会自廪丘反。〔4〕

【注释】〔1〕“庄子卒,子太公和立”,《史记索隐》引《竹书纪年》云:“齐宣公十五年,田庄子卒。明年,立田悼子。悼子卒,乃次立田和。”《索隐》引《竹书纪年》脱一“四”字,应为齐宣公四十五年。本书此处漏记田悼子。〔2〕“郕”,音 chéng,古代城邑名,在今山东泗水县西北。〔3〕“卫”,为周代诸侯国,姬姓,地在今河南北部。“毌丘”,卫国城邑名,在今河南民权县东南。“毌”,音 guàn,即“贯”省形。贯为古代小国名。〔4〕“廪丘”,古代城邑名,地在今山东范县东南。

【译文】庄子去世后,他的儿子太公和继位。田太公任齐宣公的相。宣公四十八年,夺取了鲁国的郕城。第二年,齐宣公和郑国国君在西城相会。

攻打卫国，夺取了毌丘。宣公五十一年去世，田会在廪丘造反。

宣公卒，子康公贷立。贷立十四年，淫于酒、妇人，不听政。〔1〕太公乃迁康公于海上，食一城，以奉其先祀。〔2〕明年，鲁败齐平陆。〔3〕

【注释】〔1〕“淫于酒、妇人，不听政”，“淫”，沉溺，迷惑。“听政”，管理政务。这句话是说齐康公沉溺于酒色之中，不管理国家政事。 〔2〕“以奉其先祀”，用来供给他祭祀祖先。“先祀”，祭祀祖先的礼仪活动。 〔3〕“平陆”，城邑名，在今山东汶上县北。

【译文】齐宣公去世。他的儿子康公贷被立为国君。贷即位十四年，沉溺于酒和妇女，不过问政务。田太公就把康公放逐到海边去，给他一个城作食邑，用来供奉祭祀他的祖先。第二年，鲁国在平陆打败了齐国。

三年，太公与魏文侯会浊泽，〔1〕求为诸侯。〔2〕魏文侯乃使使言周天子及诸侯，请立齐相田和为诸侯。周天子许之。康公之十九年，田和立为齐侯，列于周室，纪元年。

【注释】〔1〕“魏文侯”，名都，《世本》作名斯。执政二十二年时列为诸侯，是战国七雄之一。详见本书《魏世家》。“浊泽”，魏城邑，在今山西运城市西，一说在今河南临颍县。 〔2〕“求为诸侯”，请求被正式策命为诸侯。

【译文】三年，田太公与魏文侯在浊泽会见，请求列为诸侯。魏文侯就派使节去向周天子和各国诸侯传言，请求将齐国相田和立为诸侯。周天子答应了。齐康公的十九年，田和被立为齐侯，排列在周朝的诸侯中，纪为元年。

齐侯太公和立二年，和卒，子桓公午立。〔1〕桓公午五年，秦、魏攻韩，〔2〕韩求救于齐。齐桓公召大臣而谋曰：〔3〕“蚤救之孰与晚救之？”〔4〕驺忌曰：“不若勿救。”段干朋曰：〔5〕“不救，则韩且折而入于魏，〔6〕不若救之。”田臣思曰：〔7〕“过矣君之谋也！〔8〕秦、魏攻韩、楚，赵必救之，是天以燕予齐也。”桓公曰：“善。”乃阴告韩使者而遣之。〔9〕韩自以为得齐之救，因与秦、魏战。楚、赵闻之，果起兵而救之。齐因起兵袭燕国，取桑丘。〔10〕

【注释】〔1〕“子桓公午立”，《史记索隐》引《竹书纪年》云：“齐康公五年，田侯午生。二十二年，田侯剡立。后十年，齐田午弑其君及孺子喜而为公。”《春秋后传》记载与之相近。与本书此处记载不同。〔2〕“桓公午五年，秦、魏攻韩”，《史记志疑》加以考证，认为此处是将齐宣王二十九年战胜燕子哙的事件误载入桓公五年下。“秦”，周诸侯国，地在今陕西。“韩”，原为晋国大夫，后与赵、魏三家分晋，成为诸侯国。地在今河南。 〔3〕“齐桓公召大臣而谋”，此处记事有误，所召大臣系何人，说法不一。有人认为是齐威王二十六年邯郸之战时召集的驺忌、段干朋，有人认为是齐宣王二年召集的驺子、田忌、孙膑等人。 〔4〕“孰与”，何如，选择副词。这个和那个之间哪一个好？ 〔5〕“驺忌”，即邹忌，齐大夫，被齐威王任为相，封下邳成侯。“段干朋”，齐大夫，姓段干，名朋。《战国策》中作“段干纶”。〔6〕“且折”，将要受到挫败。折，挫折，损失。 〔7〕“田臣思”，即田忌，齐国将军。《战国策》中作“田期思”，《竹书纪年》作“田期”、“徐州子期”。 〔8〕“过矣”，太过分了。 〔9〕“阴告”，暗地里告诉。〔10〕“桑丘”，燕国城邑，在今河北徐水县西南。

【译文】齐侯太公和即位二年后去世。他的儿子齐桓公田午即位。桓公午五年，秦国、魏国攻打韩国，韩国向齐国求援。齐桓公召来大臣们商议，问：“早点去救韩国呢？还是晚点去救呢？”驺忌说：“不如不去救。”段干朋说：“不去救，韩国就将受到挫败而且被魏国吞并。不如去救韩国吧。”田臣思说：“您的想法太过分了！秦国、魏国去攻打韩国、楚国，赵国一定会去救它们。这是上天把燕国交给齐国呀。”齐桓公说：“好。”就在私下答复韩国使者，把他打发走了。韩国自以为得到了齐国的救助，因此和秦国、魏国作战。楚国、赵国听到这个消息，果然起兵去救韩国。齐国趁机起兵袭击燕国，夺取了桑丘。

六年，救卫。桓公卒，〔1〕子威王因齐立。〔2〕是岁，故齐康公卒，绝无后，奉邑皆入田氏。

【注释】〔1〕"六年,救卫。桓公卒",《史记索隐》据《竹书纪年》称:梁惠王十二年当齐桓公十八年,后威王始见,则桓公十九年而卒,与此不同。〔2〕"威王因齐",《史记志疑》考证"齐"为衍文。威王名因。

【译文】六年,齐国援救卫国。齐桓公去世,他的儿子威王因齐即位。这一年,原来的齐康公去世了,他没有后嗣,封邑全都归了田氏。

齐威王元年,三晋因齐丧来伐我灵丘。[1]三年,三晋灭晋后而分其地。六年,鲁伐我,入阳关。[2]晋伐我,至博陵。[3]七年,卫伐我,取薛陵。[4]九年,赵伐我,取甄。[5]

【注释】〔1〕"因齐丧",因为齐国有丧事。"灵丘",古代城邑,当时属齐国。地在今山西灵丘县,一说在今山东高唐县,又一说在今河北束鹿县东。三说中似以山东高唐县一地较切合实际。〔2〕"阳关",春秋时为鲁地,在今山东宁阳县东北,后被齐国占领。〔3〕"晋伐我,至博陵",《史记志疑》引《资治通鉴》作"魏伐我"。应以"魏"为正,当时晋国已亡。"博陵",齐城邑名,在今山东茌平县西北。〔4〕"薛陵",春秋时薛国的故址,在今山东阳谷县东北。〔5〕"甄",又作"鄄",二字相通,音 juàn。地在今山东鄄城县北。

【译文】齐威王元年,三晋趁齐国办丧事来攻打齐国的灵丘。威王三年,韩、赵、魏三家灭了晋国,然后分了晋国的土地。六年,鲁国攻打齐国,攻入阳关。三晋攻打齐国,到了博陵。七年,卫国攻打齐国,夺取了薛陵。九年,赵国攻打齐国,占领了甄地。

威王初即位以来,不治,委政卿大夫,[1]九年之间,诸侯并伐,国人不治。于是威王召即墨大夫而语之曰:"自子之居即墨也,[2]毁言日至。[3]然吾使人视即墨,田野辟,[4]民人给,[5]官无留事,[6]东方以宁。是子不事吾左右以求誉也。"封之万家。召阿大夫语曰:[7]"自子之守阿,誉言日闻。然使使视阿,田野不辟,民贫苦。昔日赵攻甄,子弗能救。卫取薛陵,子弗知。是子以币厚吾左右以求誉也。"是日,烹阿大夫,[8]及左右尝誉者皆并烹之。遂起兵西击赵、卫,败魏于浊泽而围惠王。[9]惠王请献观以和解,[10]赵人归我长城。于是齐国震惧,人人不敢饰非,[11]务尽其诚。齐国大治。诸侯闻之,莫敢致兵于齐二十余年。

【注释】〔1〕"委",委托政务。〔2〕"即墨",齐城邑,地在今山东平度县东南。〔3〕"毁言",坏话,诋毁的言语。〔4〕"田野辟",田野被开垦出来。"辟",开辟,拓垦。〔5〕"民人给",人民的生活富足。"给",音 jǐ,充足。〔6〕"官无留事",官府里没有积压的公事。说明办事迅速认真。〔7〕"阿",即东阿县,齐国城邑,故地在今山东阳谷县东北。〔8〕"烹",煮。古代用大鼎烧沸水把人煮死,这种刑罚叫烹。〔9〕"惠王",魏惠王,名䓨(音 yíng),魏武侯之子。多次战败,便将魏国都城从安邑迁至大梁(今河南开封市)。被齐军在马陵(今山东鄄城县东北)打败后,国力不振。曾聘请邹衍、淳于髡、孟轲等人协助国政。《孟子》中的梁惠王即指魏䓨其人。公元前三六九年至前三三八年在位。〔10〕"观",古代城邑,在今河南清丰县南。《史记志疑》云败魏于浊泽与伐魏取观为两次战事,不可混为一谈。〔11〕"饰非",掩饰过错。

【译文】齐威王开始即位以来,不管理国事,把政务全交给卿大夫处理。九年之间,诸侯们纷纷来侵略。人民得不到治理。于是齐威王把即墨大夫召来,对他说:"自从你到即墨以来,每天都有人来诋毁你。然而我派人去视察即墨,田野被开辟出来,人民衣食充足,官府里没有延误耽搁的公事。东方因此安宁。这是由于你不巴结我的左右近臣来求取赞誉的缘故。"封赠他一万家人口的食邑。又把阿大夫召来说:"自从你去守阿城,每天都听到赞誉你的话。然而我派人去视察阿地,田野没有得到开垦,人民生活贫困。前些时赵国攻打甄地,你不能救助。卫国夺取了薛陵,你不知道。这是因为你用金钱财物重重地贿赂我的左右近臣以求得赞誉。"当天,齐威王把阿大夫煮死,连身旁近臣中曾经称誉阿大夫的人也全都煮死。接着起兵向西方攻击赵国、卫国,在浊泽打败了魏军而且包围了魏惠王。魏惠王请求献出观城来达成和解。赵国归还了齐国长城。于是齐国内人人震惊畏惧,都不敢文过饰非,竭尽诚意为国服务。齐国大治。各国诸侯听到后,有二十多年不敢对齐国发动战争。

驺忌子以鼓琴见威王,〔1〕威王说而舍之右室。须臾,〔2〕王鼓琴,驺忌子推户入曰:〔3〕“善哉鼓琴!”王勃然不说,〔4〕去琴按剑曰:“夫子见容未察,何以知其善也?”驺忌子曰:“夫大弦浊以春温者,〔5〕君也;小弦廉折以清者,相也;〔6〕攫之深,〔7〕醳之愉者,〔8〕政令也;钧谐以鸣,〔9〕大小相益,回邪而不相害者,〔10〕四时也:吾是以知其善也。”王曰:“善语音。”驺忌子曰:“何独语音,夫治国家而弭人民皆在其中。”〔11〕王又勃然不说曰:“若夫语五音之纪,〔12〕信未有如夫子者也。若夫治国家而弭人民,又何为乎丝桐之间?”〔13〕驺忌子曰:“夫大弦浊以春温者,君也;小弦廉折以清者,相也;攫之深而舍之愉者,政令也;钧谐以鸣,大小相益,回邪而不相害者,四时也。夫复而不乱者,所以治昌也;〔14〕连而径者,〔15〕所以存亡也:故曰琴音调而天下治。夫治国家而弭人民者,无若乎五音者。”王曰:“善。”

【注释】〔1〕“驺忌子”,即邹忌。此处亦记载邹忌自齐威王时始入仕,前文称齐桓公五年召大臣商议时有邹忌,显然有误。“鼓琴”,弹奏琴。〔2〕“须臾”,过了一会儿。〔3〕“户”,房门。〔4〕“勃然”,猛然变了脸色的样子。〔5〕“浊”,指琴弦较粗、较松时发出的浊音。“春温”,《史记志疑》云:《索隐》本无“春”字,后人附注异本,传写连为“春温”耳,当衍“春”字。〔6〕“小弦廉折以清者,相也”,《史记集解》引《琴操》曰:“小弦者,臣也,清廉而不乱。”“清”,指琴弦上紧时发出的清音。〔7〕“攫”,音 jué,用手指甲持弦。〔8〕“醳”,音 shì,与“释”通,放开琴弦。《史记集解》云:徐广曰:“一作‘舒’。”《史记会注考证订补》案:“《通志》醳作舍,舍上有而字。”愉,音 shū。〔9〕“钧谐以鸣”,和谐地鸣响。〔10〕“回邪”,迂回弯曲,这里指声音的回旋曲折。“不相害”,不互相妨碍。〔11〕“弭人民”,使人民安定。“弭”,音 mǐ,安抚,安定。〔12〕“若夫语五音之纪”,如果谈论五音的本义。“五音”,指古代表示音阶的五种基本音调:宫、商、角、徵、羽。《史记会注考证订补》云:《御览》卷五七七“若夫语”作“若语”,无“夫”字。〔13〕“丝桐”,指琴,琴用桐木制作,安上丝弦,故称丝桐。〔14〕“治昌”,国家治理昌盛。〔15〕“连而径者”,接连而且直接发出的声音。

【译文】驺忌子依靠弹琴的技艺见到威王。齐威王很喜欢他,让他住在右边的房间中,作为上宾。过了一会儿,威王弹琴,驺忌子推开门进来说:“琴弹得真好啊!”威王很不高兴,放下琴,握着剑柄说:“先生没有仔细看我弹琴的样子,根据什么知道我弹得好呢?”驺忌子说:“那大弦的声音重浊,像春天般温和,是代表国君。小弦的声音明快而清晰,是象征国相。手持琴弦紧而有力,放开时舒缓适度,是表示政令。声音均匀和谐地奏响,大小互相配合,声音曲折缠绕又不互相妨害,这是在显现四时。因此我知道您弹琴弹得好。”齐威王说:“你很善于谈音乐。”驺忌子说:“何止谈音乐,治理国家,安定人民的道理都在这里面。”齐威王又不高兴了,变了脸色,说:“如果说谈论五音的原理,我相信没有能像先生您这样的。如果说治理国家和安定人民的道理,又怎么会在弹琴中呢?”驺忌子说:“那大弦的声音重浊,像春天般温和,是代表国君。小弦的声音明快而清晰,是象征国相。手持琴弦紧而有力,放开时舒缓适度,是表示政令。声音均匀和谐地奏响,大小互相配合,声音曲折缠绕又不互相妨害,这是在显现四时。重复而不杂乱,是国家治理昌盛的原由,连续不断又直接相通,是保存国家不致灭亡的根本。所以说琴声调和,天下大治。表现治理国家,安定人民的道理,没有能像五音这样明白的了。”齐威王说:“好啊!”

驺忌子见三月而受相印。淳于髡见之曰:〔1〕“善说哉!髡有愚志,愿陈诸前。”〔2〕驺忌子曰:“谨受教。”淳于髡曰:“得全全昌,〔3〕失全全亡。”驺忌子曰:“谨受令,请谨毋离前。”〔4〕淳于髡曰:“狶膏棘轴,〔5〕所以为滑也,然而不能运方穿。”〔6〕驺忌子曰:“谨受令,请谨事左右。”〔7〕淳于髡曰:“弓胶昔幹,〔8〕所以为合也,然而不能傅合疏罅。”〔9〕驺忌子曰:“谨受令,请谨自附于万民。”〔10〕淳于髡曰:“狐裘虽敝,〔11〕不可补以黄狗之皮。”驺忌子曰:“谨受令,请谨择君子,毋杂小人其间。”淳于髡曰:“大车不较,〔12〕不能载其常任;〔13〕琴瑟不较,不能成其五音。”驺忌子曰:“谨受令,请谨修法律而督奸吏。”淳于髡说毕，趋出，[14]至门，而面其仆曰：[15]“是人者，吾语之微言五，其应我若响之应声，[16]是人必封不久矣。”居期年，[17]封以下邳，[18]号曰成侯。

【注释】〔1〕“淳于髡”，“髡”，音 kūn，战国时期齐国著名学者，出身赘婿，齐威王在稷下招揽学者时，被引用，任齐国大夫。后曾到魏国，魏王想任用他做卿相。他谢绝辞去。《新序》中记载的这段对话情况与此不同。〔2〕“陈诸前”，在您的面前陈述出来。“诸”，之于。〔3〕“得全全昌”，《史记索隐》云：“得全，谓人臣事君之礼全具无失。”“全昌者，谓若无失则身名获昌。”〔4〕“谨受令，请谨毋离前”，“令”，《史记会注考证订补》引枫山、三条本均作“命”，《太平御览》五百七十七亦作“命”。古代“命”、“令”二字相通，战国金文中县令的令字多写作命。此句的意思是：对您的指教心悦诚服，铭记不忘，让它永远不离自己眼前。〔5〕“狶”，音 xī，猪。“狶膏”，猪油，用以润滑。“棘轴”，棘木做的车轴，坚硬光滑。〔6〕“不能运方穿”，不能在方孔中运转。〔7〕“请谨事左右”，侍奉好君王的身边近臣。〔8〕“弓胶昔幹”，“幹”，《史记集解》引徐广曰：“一作‘乾’。”“昔”，旧的，“幹”，弓身。《考工记》作“析干”。此句指做弓时，用胶涂在旧的弓身上，放入矫正弓形状的器具中，使它粘合。〔9〕“不能傅合疏罅”，“罅”，音 xià，缝隙。不能长久弥合裂缝空隙。〔10〕“请谨自附于万民”，把自己依附于人民中，指处理国事要符合人民利益。〔11〕“狐裘虽敝”，狐皮大衣虽然破旧。〔12〕“大车不较”，“较”，校正调试。指大车不经过校正调整。〔13〕“常任”，一般标准的运载重量。〔14〕“趋出”，小步快行着走出去。〔15〕“面其仆”，面向他的仆从。〔16〕“若响之应声”，好像回响应和声音一样。〔17〕“居期年”，过了一年。“期”，音 jī。〔18〕“下邳”，古代城邑名，汉代东海郡有下邳县，地在今江苏邳县以东。“邳”，音 pī。

【译文】驺忌子见到齐威王三个月后就接受了相印。淳于髡去见他，说：“您很善于说话啊！我有一些愚笨的看法，愿意在您面前讲一讲。”驺忌子说：“恭听教诲。”淳于髡说：“侍奉周到，礼节周全，就会完全成功。侍奉不周，丧失礼仪，就会完全败亡。”驺忌子说：“恭谨地接受您的教导，请让这些教诲永远不离开我的眼前。”淳于髡说：“猪油抹在棘木车轴上，是为了润滑。但是它不能在方孔中运转。”驺忌子说：“恭谨地接受您的教导，请让我恭顺小心地侍奉国君身边的人。”淳于髡说：“用胶粘合旧的弓身，是为了让它聚合在一起，但是仍不能填塞弥补住所有的缝隙。”驺忌子说：“恭谨地接受您的教导，请让我把自身依附于千万民众之中。”淳于髡说：“狐皮袍子虽然破旧，也不能用黄狗的皮去补。”驺忌子说：“恭谨地接受您的教导，请让我小心地选择君子，不使小人夹杂到他们中间。”淳于髡说：“大车不进行校正调整，不能负担一般的载重量。琴瑟不校正调整，不能形成协调的音响。”驺忌子说：“恭谨地接受您的教导，请让我修订法律，监督奸吏。”淳于髡说完后，快步走出去，到了门口，面向他的仆从说：“这个人啊，我对他讲了五句隐含喻义的话，他回答我就像回声一样迅速。这个人一定会在不久后受封的。”过了一年，齐威王把下邳封给驺忌，封号为成侯。

威王二十三年，与赵王会平陆。[1]二十四年，与魏王会田于郊。[2]魏王问曰：“王亦有宝乎？”威王曰：“无有。”[3]梁王曰：“若寡人国小也，[4]尚有径寸之珠照车前后各十二乘者十枚，奈何以万乘之国而无宝乎！”[5]威王曰：“寡人之所以为宝与王异。吾臣有檀子者，[6]使守南城，[7]则楚人不敢为寇东取，泗上十二诸侯皆来朝。[8]吾臣有朌子者，[9]使守高唐，[10]则赵人不敢东渔于河。[11]吾吏有黔夫者，使守徐州，[12]则燕人祭北门，赵人祭西门，[13]徙而从者七千余家。吾臣有种首者，使备盗贼，则道不拾遗。将以照千里，岂特十二乘哉！”[14]梁惠王惭，不怿而去。[15]

【注释】〔1〕“与赵王会平陆”，《史记会注考证订补》引《考证》称赵王为赵威侯，按语云赵成侯。《史记·六国年表》亦作赵成侯。“平陆”，在今山东汶上县以北。〔2〕“会田于郊”，在郊野中聚会打猎。“田”，与“畋”同，田猎。〔3〕“威王曰”，《史记索隐》按语云《韩诗外传》中引用的这段对话是齐宣王与赵王说的，和此处说法不同。〔4〕“若寡人国小也”，此句各处引用时有所不同。《史记会注考证订补》引《后汉书·李膺传》作“寡人之国虽小”，《韩诗外传》作“若寡人之小国也”，《群辅录》上、《玉海》一百三十四引作“寡人国虽小”。〔5〕“奈何以万乘之国而无宝乎”，怎么能拥有万辆军车的大国却

没有珍宝呢？周代制度，王畿千里，拥有一万辆兵车，所以以万乘比喻大国。乘，四匹马驾的一辆车。〔6〕“檀子”，齐国大臣，姓檀，子是对人的美称。〔7〕“南城”，齐国城邑，在今山东费县西南。《元和郡县志》载：沂州费县南城，在县南九十里。〔8〕“泗上”，指泗水流域地区，古泗水发源于蒙山南麓，向南注入淮河。“十二诸侯”，指位于泗水流域的邾、莒、宋、鲁、邹、蔡等小国。〔9〕“肦子”，即田肦，齐国大臣。“肦”，音 bān。〔10〕“高唐”，齐国城邑名，在今山东高唐县东北。〔11〕“东渔于河”，向东到河水中来捕鱼，意即侵犯齐国。〔12〕“徐州”，战国齐邑，胡三省《资治通鉴》注中认为是薛县故城，在今山东滕县以南，与此文义不符。《史记会注考证订补》集各家考证认为应在东平舒，即今河北大城县。《汉书·地理志》载勃海郡东平舒，是临近燕、赵两国的军事要地，所以下文称“燕人祭北门，赵人祭西门”。〔13〕“则燕人祭北门，赵人祭西门”，“祭”，祭祀求祷。“北门”、“西门”，均为齐国徐州的城门。燕国人和赵国人畏惧齐国；所以来城门外祭祀祷告。〔14〕“岂特”，岂只是，不仅是。〔15〕“不怿”，不高兴。“怿”，音 yì。

【译文】齐威王二十三年，与赵王在平陆会见。二十四年，与魏王(梁惠王)在郊野上聚会打猎。魏王问道：“您也有宝物吗？”齐威王说：“没有。”魏王说：“像我这样的小国，还有十颗能照亮车乘前后各十二辆车那么远的直径一寸的夜明珠。齐国这样一个有上万辆兵车的大国，怎么会没有宝物呢？”齐威王说：“我对珍宝的看法与您不同。我的大臣中有一个叫檀子的，派他去守南城，那样楚国就不敢向东方来侵犯，泗水地区的十二国诸侯全都来朝见。我的大臣中有一个叫肦子的，派他守高唐，那样赵国就不敢到东面的河中来捕鱼。我的官吏中有一个叫黔夫的，叫他守徐州，就使得燕国人到徐州北门来祭告，赵国人到西门来祭告，迁移来跟随他的人有七千多家。我的臣子中有一个叫种首的，派他防备盗贼，就道不拾遗。我要用这些人照耀千里远近，岂止是十二辆车远近呢！”梁惠王十分惭愧，怏怏不乐地离开了。

二十六年，魏惠王围邯郸，[1]赵求救于齐。齐威王召大臣而谋曰：“救赵孰与勿救？”驺忌子曰：“不如勿救。”段干朋曰：“不救则不义，且不利。”威王曰：“何也？”对曰：“夫魏氏并邯郸，其于齐何利哉？且夫救赵而军其郊，是赵不伐而魏全也。故不如南攻襄陵[2]以弊[3]魏，邯郸拔而乘魏之弊。”威王从其计。

【注释】〔1〕“邯郸”，古代都邑名，在今河北邯郸市。公元前三八六年赵敬侯将国都从晋阳迁至此。〔2〕“襄陵”，古代城邑，在今河南睢县，当时属魏国。《史记正义》称在兖州邹县，即今山东邹县；《史记会注考证》称在山西平阳府，即今山西临汾以东；与战国时魏国领地均不相符。〔3〕“弊”，削弱，使之疲惫。

【译文】齐威王二十六年，魏惠王包围了邯郸，赵国到齐国求救。齐威王召集大臣来商议，说：“救赵呢？还是不救？”驺忌子说：“不如不救。”段干朋说：“不救就是不义，而且也对我们不利。”齐威王说：“为什么呢？”段干朋回答说：“魏国并吞了邯郸，那对齐国有什么好处呢？而且去救赵国，把军队驻扎在赵国郊外，这样赵国不受攻打，但魏国仍能保全。所以不如向南去攻打襄陵，以削弱魏国，邯郸被攻占了也能趁机利用魏国被削弱的时机。”齐威王依从了他的计策。

其后成侯驺忌与田忌不善，[1]公孙阅谓成侯忌曰：[2]“公何不谋伐魏，田忌必将。战胜有功，则公之谋中也；战不胜，非前死则后北，[3]而命在公矣。”于是成侯言威王，使田忌南攻襄陵。十月，邯郸拔，齐因起兵击魏，大败之桂陵。[4]于是齐最强于诸侯，自称为王，以令天下。

【注释】〔1〕“田忌”，前文作“田臣思”，又作“田期”、“田期思”。〔2〕“公孙阅”，齐国大臣。《战国策·齐策》原作“公孙闬”，今本《战国策》作“公孙闬”。又《太平御览》七二六引《春秋后语》作“公孙闵”。〔3〕“非前死则后北”，“北”，战败逃回。不是在前锋战死，就是在后卫败逃。〔4〕“桂陵”，古地名，《史记正义》称在曹州乘氏县东北二十一里，即今山东菏泽县东北。近人认为在今河南长垣县西北。

【译文】以后成侯驺忌与田忌不和。公孙阅对成侯驺忌说：“您为什么不谋划去征伐魏国，这样田忌一定任大将。战胜了有功，就是您的谋划适

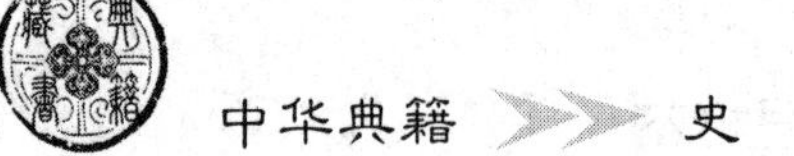

宜。作战不获胜，田忌不是在前军阵亡，就是在后军逃跑，他的命运就由您控制了。”于是成侯就对齐威王说，派田忌去南方攻打襄陵。十月，邯郸被攻克了，齐国接着起兵攻打魏国，在桂陵把魏军打得大败。于是齐国在诸侯中最强大，自己称为王，以此号令天下。

三十三年，杀其大夫牟辛。[1]

【注释】〔1〕“大夫”，一作“夫人”。《史记索隐》云《史记·六国年表》亦作“夫人”。并引王劭考证认为牟辛可能是夫人之字。但今本《六国年表》中仍作“大夫”。

【译文】三十三年，齐国杀死了大夫牟辛。

三十五年，公孙阅又谓成侯忌曰：“公何不令人操十金卜于市，曰‘我田忌之人也。吾三战而三胜，声威天下。欲为大事，亦吉乎不吉乎’?”卜者出，因令人捕为之卜者，验其辞于王之所。[1]田忌闻之，因率其徒袭攻临淄，[2]求成侯，不胜而奔。[3]

【注释】〔1〕“验其辞”，核实去占卜者说的话。〔2〕“临淄”，古代城邑，吕尚被封为齐侯，建都营丘，后改名临淄，在今山东淄博市东北。〔3〕“不胜而奔”，“奔”，逃走。此处记载有误，田忌出奔之日，梁玉绳认为在齐宣王二年马陵之战后，钱穆认为在齐威王十五年。《史记》之误源于《战国策·齐策》。

【译文】三十五年，公孙阅又对成侯驺忌说：“您何不派人拿着十斤黄金到市上占卜，让他说‘我是田忌的家人。我的主人三战三胜，威震天下。他想要办大事，是吉利呢还是不吉利’?”去占卜的人出走后，接着就派人去抓给他占卜的人，在国王那里核实查证他的供词。田忌听说后，就率领他的部下去袭击临淄，要抓成侯，没有取胜就出逃了。

三十六年，威王卒，子宣王辟彊立。

宣王元年，秦用商鞅。[1]周致伯于秦孝公。[2]

【注释】〔1〕“商鞅”，卫国人，姓公孙，亦作卫鞅，因在秦国主持变法，被封于商，故称作商鞅。详见《史记·商君列传》。〔2〕“周致伯于秦孝公”，周天子授予秦孝公诸侯霸主身份。“伯”，与“霸”通。

【译文】三十六年，齐威王去世，他的儿子宣王辟彊被立为王。

宣王元年，秦国任用商鞅。周天子赠给秦孝公霸主的名号。

二年，魏伐赵。赵与韩亲，共击魏。赵不利，战于南梁。[1]宣王召田忌复故位。[2]韩氏请救于齐。宣王召大臣而谋曰：“蚤救孰与晚救?”驺忌子曰：“不如勿救。”[3]田忌曰：[4]“弗救，则韩且折而入于魏，不如蚤救之。”孙子曰：[5]“夫韩、魏之兵未弊而救之，是吾代韩受魏之兵，顾反听命于韩也。[6]且魏有破国之志，[7]韩见亡，必东面而愬于齐矣。[8]吾因深结韩之亲而晚承魏之弊，则可重利而得尊名也。”宣王曰：“善。”乃阴告韩之使者而遣之。[9]韩因恃齐，[10]五战不胜，而东委国于齐。齐因起兵，使田忌、田婴将，[11]孙子为师，救韩、赵以击魏，大败之马陵，[12]杀其将庞涓，[13]虏魏太子申。其后三晋之王皆因田婴朝齐王于博望，[14]盟而去。[15]

【注释】〔1〕“二年，魏伐赵。赵与韩亲，共击魏。赵不利，战于南梁”，《史记志疑》认为此说有误，应当是魏伐韩……赵不利，败于南梁。韩向齐国求援。“南梁”，古城邑名，在今河南临汝县西南。〔2〕“宣王召田忌复故位”，《史记志疑》认为宣王二年无召田忌一事，《史记》误载。钱穆认为召回田忌确有其事。见《史记会注考证订补》。〔3〕“驺忌子曰：‘不如勿救’”，当时邹忌已死。《史记索隐》引王劭语“此时邹忌死已四年”。钱穆则认为邹忌死于宣王元年。〔4〕“田忌曰”，《战国策》中记述此段对话时作“张丐曰”。一本作“张田曰”。〔5〕“孙子”，即战国军事家孙膑，详见《史记·孙子吴起列传》。〔6〕“顾”，却，反而。〔7〕“有破国之志”，有攻破一个国家的志向。〔8〕“愬于齐”，到齐国来告诉求援。“愬”，音 sù，与“诉”同。〔9〕“阴告”，暗地告诉，私下回答。〔10〕“韩因恃齐”，韩国因此依仗齐国。“恃”，音 shì，依靠。〔11〕“田婴”，齐国将领，后任齐相，被封于彭城和薛。

〔12〕“马陵”，古代地名。马陵之战是古代著名战役。孙膑指挥齐军诱敌深入，在马陵设伏击败魏军。魏军主帅庞涓自杀。马陵之战战场所在，一说在今河南范县，一说在今河北大名县，一说在今山东鄄城县。〔13〕“庞涓”，战国魏将。曾与孙膑同学，因妒忌，陷害孙膑致残。后被齐军打败，自杀。〔14〕“博望”，古代城邑，在今山东在平县西北。〔15〕“盟”，盟誓。

【译文】二年，魏国攻打赵国。赵国和韩国友好，共同去攻打魏国。赵国作战不利，和敌军在南梁交战。齐宣王召回田忌来官复原职。韩国向齐国请求救援，齐宣王召来大臣们商议说：“早救呢？还是晚救？”驺忌子说：“不如不救。”田忌说：“不救，就会使韩国受到挫败而且被魏国吞并，不如早去援救。”孙子说：“韩国、魏国的军队没有被削弱时前去救援，这是我们代替韩国来承受魏国的军队，反而要听命于韩国了。而且魏国有灭亡韩国的打算，韩国眼看要被灭亡，一定会到东方来向齐国求告。我们因此能和韩国结下深厚的情谊，又能在晚些时候利用魏国的疲惫不堪，就能获得重大的利益，而且得到尊贵的名分。”齐宣王说：“好。”就在私下里答复了韩国的使者，打发他们回去。韩国因此依仗有齐国支持，五次交战，都没有取胜，从而到东方来把国家命运托付给齐国。齐国趁机起兵，派田忌、田婴为大将，孙子为军师，去援救韩国、赵国，攻打魏国。在马陵把魏军打得大败，杀死了魏将庞涓，俘虏了魏国的太子申。这以后，韩、赵、魏三国的国王全都通过田婴引见，在博望朝见齐王，盟誓以后归去。

七年，与魏王会平阿南。〔1〕明年，复会甄。魏惠王卒。〔2〕明年，与魏襄王会徐州，诸侯相王也。〔3〕十年，楚围我徐州。十一年，与魏伐赵，赵决河水灌齐、魏，兵罢。十八年，秦惠王称王。

【注释】〔1〕“平阿”，古地名。在今安徽怀远县西南。〔2〕“魏惠王卒”，此时魏惠王早已去世。魏惠王后元十七年去世，当时相当于齐宣王二年。〔3〕“诸侯相王”，诸侯们互相称为王。

【译文】七年，齐王与魏王在平阿以南会见。第二年，又在甄地会见。魏惠王去世。第二年，与魏襄王在徐州会见，诸侯们互相称为王。十年，楚国包围了齐国的徐州。十一年，齐国和魏国攻打赵国，赵国决开河水堤防，用水灌齐国和魏国军队，战争才停止。十八年，秦惠王称为王。

宣王喜文学游说之士，自如驺衍、〔1〕淳于髡、田骈、〔2〕接予、〔3〕慎到、〔4〕环渊〔5〕之徒七十六人，皆赐列第，为上大夫，不治而议论。〔6〕是以齐稷下学士复盛，且数百千人。〔7〕

【注释】〔1〕“驺衍”，战国阴阳家，齐国人。《汉书·艺文志》载有《驺子始终》五十六篇。〔2〕“田骈”，“骈”，音 piān，战国道家，齐国人，著有《田子》二十五篇，号为天口骈。〔3〕“接予”，战国道家，齐国人。《汉书·艺文志》载有《接予》二篇。〔4〕“慎到”，战国道家，处士，赵国人。《汉书·艺文志》载《慎子》四十二篇。〔5〕“环渊”，战国道家，楚国人。《史记·孟子荀卿列传》记载环渊著有上下篇。〔6〕“不治而议论”，不治理政事，只发议论。〔7〕“稷下”，齐国地名，在齐国都城临淄城稷门附近。齐桓公以下历代君王在此设立学宫，广招文学之士，形成百家争鸣的局面。

【译文】齐宣王喜好善长文学和游说的士人，像驺衍、淳于髡、田骈、接予、慎到、环渊一类的人有七十六位，全被赐予府第，任官上大夫，不从事政务，只发议论。因此齐国的稷下学宫中读书人又多起来，将近数百上千人。

十九年，宣王卒，子湣王地立。〔1〕

【注释】〔1〕“湣王地”，《史记索隐》引《世本》云名遂。

【译文】十九年，齐宣王去世，他的儿子齐湣王地即位。

湣王元年，秦使张仪与诸侯执政会于齧桑。〔1〕三年，封田婴于薛。〔2〕四年，迎妇于秦。七年，与宋攻魏，败之观泽。〔3〕

【注释】〔1〕“秦使张仪”，战国纵横家，魏国人，曾任秦相、魏相，施行连横，瓦解齐、楚等国的同

盟。详见《史记·张仪列传》。“齧桑”,“齧”,音 niè,古代地名,在今江苏沛县西南。一说在今安徽蒙城县北。〔2〕“封田婴于薛”,诸家考证认为封田婴不在齐湣王时,梁玉绳认为在宣王二十二年,阎若璩认为在齐威王时。〔3〕“败之观泽”,此次战役记载与《宋微子世家》不同,当属于误载。“观泽”,古代地名,在今河南清丰县东南。

【译文】齐湣王元年,秦国派遣张仪和诸侯国的执政大臣在齧桑会见。三年,把田婴封在薛地。四年,从秦国迎来王后。七年,和宋国攻打魏国,在观泽打败了魏军。

十二年,攻魏。楚围雍氏,[1]秦败屈丐。[2]苏代[3]谓田轸[4]曰:“臣愿有谒于公,其为事甚完,使楚利公,成为福,不成亦为福。今者臣立于门,客有言曰魏王谓韩冯、[5]张仪曰:‘煮枣将拔,[6]齐兵又进,子来救寡人则可矣;不救寡人,寡人弗能拔。’[7]此特转辞也。秦、韩之兵毋东,旬余,则魏氏转韩从秦,秦逐张仪,[8]交臂而事齐楚,此公之事成也。”田轸曰:“奈何使无东?”对曰:“韩冯之救魏之辞,必不谓韩王曰‘冯以为魏’,必曰‘冯将以秦韩之兵东却齐宋,冯因抟[9]三国之兵,[10]乘屈丐之弊,南割于楚,故地必尽得之矣’。张仪救魏之辞,必不谓秦王曰‘仪以为魏’,必曰‘仪且以秦韩之兵东距齐宋,仪将抟三国之兵,乘屈丐之弊,南割于楚,名存亡国,[11]实伐三川而归,[12]此王业也’。公令楚王与韩氏地,使秦制和,谓秦王曰‘请与韩地,而王以施三川,[13]韩氏之兵不用而得地于楚’。韩冯之东兵之辞且谓秦何?曰‘秦兵不用而得三川,伐楚韩以窘魏,魏氏不敢东,是孤齐也’。张仪之东兵之辞且谓何?曰‘秦韩欲地而兵有案,[14]声威发于魏,魏氏之欲不失齐楚者有资矣’。魏氏转秦韩争事齐楚,楚王欲而无与地,[15]公令秦韩之兵不用而得地,有一大德也。[16]秦韩之王劫于韩冯、张仪而东兵以徇服魏,公常执左券以责于秦韩,[17]此其善于公而恶张子多资矣。”[18]

【注释】〔1〕“雍氏”,古代地名,在今河南禹县东北。一说在今河南扶沟县西南,似误。楚国围攻雍氏之役,梁玉绳认为不在湣王十二年。〔2〕“屈丐”,楚国将领。〔3〕“苏代”,战国纵横家,苏秦的弟弟,东周洛阳人。〔4〕“田轸”,又称作陈轸,曾在秦、楚、齐国任官。〔5〕“韩冯”,韩国相,本名公仲侈。〔6〕“煮枣”,古代地名,在今山东菏泽县西。〔7〕“弗能拔”,不能战胜,不能阻止。“拔”,指齐军攻克魏地。〔8〕“逐”,跟随,听从。〔9〕“抟”,音 tuán,聚集,汇合,统一指挥。〔10〕“三国之兵”,指秦、魏、韩三国的军队。〔11〕“名存亡国”,名义上是为了保存将要覆灭的国家。〔12〕“三川”,指周天子所在的洛阳地区,因境内有河水、洛水、伊水三条河川而得名。〔13〕“而王以施三川”,“施”,施行,设置。指秦王的威力施加到三川地区。〔14〕“案”,与“按”同,按兵不动。〔15〕“楚王欲而无与地”,楚王想让魏国服从自己,却不给韩国土地。〔16〕“有一大德也”,有一件大的恩德。指田轸能使秦国、韩国不动兵就得到土地,是对秦国、韩国有恩德。〔17〕“公常执左券”,“公”,指田轸。“左券”,古代的契约写在木版或竹简上,称为券。一破两半,右券为原券,立券人收执。左券交债权人持有,作为索债凭证。这里以此比喻田轸处于有恩于秦、韩,可以收取利益的有利地位。〔18〕“此其善于公而恶张子之多资矣”,“其”,指秦、韩两国。由于田轸对他们有恩,他们认为田轸好,而嫌恶张仪索取利益过多了。

【译文】十二年,攻打魏国。楚国包围了雍氏,秦国打败了楚将屈丐。苏代对田轸说:“我希望能有机会拜见您,是为了办一件非常完美的事,使楚国给您利益,办成对您有好处,办不成也对您有好处。今天我站在门口时,有个客人说魏王对韩冯、张仪讲:‘煮枣快被攻占了,齐国军队又在进攻,你们来救寡人还罢了,如果不来救,寡人就没法阻止齐军攻占城池了。’这只是一种转弯的托辞。秦国、韩国的军队不向东来援救,只要十来天,魏国就会转向韩国,跟随秦国,秦国听从张仪的话,携手共同与齐、楚交好。这就是您的成功业绩了。”田轸说:“怎么能让他们不向东出兵呢?”苏代回答说:“韩冯要求救魏国的话,一定不会对韩王说‘我是为魏国出兵’。一定会说‘我将用秦国、韩国的兵向东去击退齐军、宋军,我趁机总管三国的军队,乘屈丐被削弱的机会,向南去割占楚国的土地,我们原有的土地一定能全部收回了’。张仪要求救魏国的话,必定不会说‘我是为了魏国’,一定会说‘我将要

用秦国、韩国的军队向东去抵挡齐军、宋军，我将要聚集三国的兵力，乘屈丐被削弱的机会，向南去割占楚国的土地，名义上是保存将要灭亡的国家，实际上去攻占三川地区后返回，这是称王的基业啊’。您让楚王给韩国土地，让秦国钳制他们订立和约，对秦王说‘请让楚国给韩国土地，而大王您得以在三川地区施加影响。韩国不用动用兵力就能从楚国得到土地’。韩冯要向东出兵的话将怎么对秦国说呢？他会说‘秦国不用发兵就得到了三川地区，讨伐楚国、韩国，使魏国处于窘困的境地，魏国不敢与东方联合，这就孤立了齐国’。张仪要向东出兵的话将如何说呢？他说‘秦国、韩国想得到土地，而按兵不动，声威影响到魏国。魏国就有了理由，想到不能失去齐国和楚国的支持了’。魏国转变，离弃秦国、韩国，争着去侍奉齐国、楚国。楚王想要魏国依从又不想给它土地。您能让秦国和韩国的军队不出动就得到土地，对它们有大恩德啊！秦王、韩王被张仪、韩冯胁迫而向东发兵，使魏国顺服。您可以经常手执债券向秦国、韩国去索取报偿。这样秦、韩两国会认为您友善，而厌恶张仪他们索取无度了。”

十三年，秦惠王卒。二十三年，与秦击败楚于重丘。〔1〕二十四年，秦使泾阳君质于齐。〔2〕二十五年，归泾阳君于秦。孟尝君薛文入秦，〔3〕即相秦。文亡去。二十六年，齐与韩魏共攻秦，至函谷军焉。〔4〕二十八年，秦与韩河外以和，兵罢。〔5〕二十九年，赵杀其主父。〔6〕齐佐赵灭中山。〔7〕

【注释】〔1〕“重丘”，古代地名，在今河南泌阳县东北。　〔2〕“泾阳君”，秦王子，名市。“质”，作为抵押的人质。　〔3〕“孟尝君薛文”，即田文，齐国贵族，封号孟尝君，由于祖先被封于薛，又称作薛文，以养士闻名，为战国四公子之一。详见《史记·孟尝君列传》。　〔4〕“函谷”，古代关隘名，东起崤山，西至潼津。在今河南灵宝县东北，历代视为兵家要地。　〔5〕“二十八年，秦与韩河外以和，兵罢”，梁玉绳认为此事在湣王二十六年。实际上二十八年与二十六年有过不同的两次战役，秦割地在二十八年盐河之役后。“河外”，指黄河以南、以西的地区，此处指今陕西华阴县至河南陕县一带。〔6〕“主父”，即赵国武灵王，被公子成及李兑包围三月，饿死在沙丘宫。　〔7〕“齐佐赵灭中山”，灭中山不在湣王二十九年。《史记·赵世家》载：惠文王三年（即齐湣王五年），灭中山。“中山”，战国时戎狄小国，在今河北中部。有关史载不详。近年河北平山县中山王墓中出土了大量中山国文物，补充了它的历史。

【译文】十三年，秦惠王去世。二十三年，齐国与秦国在重丘打败了楚国。二十四年，秦国派泾阳君到齐国作人质。二十五年，齐国让泾阳君回秦国去。孟尝君薛文到秦国去，就任了秦相。薛文逃走了。二十六年，齐国与韩国、魏国共同攻打秦国，军队到了函谷驻扎下来。二十八年，秦国把河外的土地割给韩国以达成和约，双方停止战争。二十九年，赵国杀死了主父。齐国帮助赵国灭掉了中山国。

三十六年，王为东帝，秦昭王为西帝。苏代自燕来，入齐，见于章华东门。〔1〕齐王曰：“嘻，善，子来！秦使魏冉致帝，〔2〕子以为何如？”对曰：“王之问臣也卒，〔3〕而患之所从来微，愿王受之而勿备称也。〔4〕秦称之，天下安之，王乃称之，无后也。且让争帝名，〔5〕无伤也。秦称之，天下恶之，王因勿称，以收天下，此大资也。且天下立两帝，王以天下为尊齐乎？尊秦乎？”王曰：“尊秦。”曰：“释帝，〔6〕天下爱齐乎？爱秦乎？”王曰：“爱齐而憎秦。”曰：“两帝立约伐赵，孰与伐桀宋之利？”〔7〕王曰：“伐桀宋利。”对曰：“夫约钧，〔8〕然与秦为帝而天下独尊秦而轻齐，释帝则天下爱齐而憎秦，伐赵不如伐桀宋之利，故愿王明释帝以收天下，倍约宾秦，〔9〕无争重，而王以其间举宋。夫有宋，卫之阳地危；〔10〕有济西，赵之阿东国危；〔11〕有淮北，楚之东国危；〔12〕有陶、平陆，梁门不开。〔13〕释帝而贷之以伐桀宋之事，〔14〕国重而名尊，燕楚所以形服，〔15〕天下莫敢不听，此汤武之举也。敬秦以为名，而后使天下憎之，此所谓以卑为尊者也。愿王孰虑之。”于是齐去帝复为王，秦亦去帝位。

【注释】〔1〕“章华东门”，左思《齐都赋》注云齐小城北门。《括地志》云齐城章华之东有闾门、武鹿门。　〔2〕“魏冉”，为秦相，被封于穰，又称穰侯，秦昭王四十一年被免。详见《史记·穰侯列传》。

〔3〕"卒"，音 cù，与"猝"通。仓促之间，突然。〔4〕"勿备称也"，不要同时称帝。〔5〕"让争"，《通志》作"让受"，辞去称帝，不接受这个建议。〔6〕"释帝"，放弃称帝。〔7〕"桀宋"，指宋王偃，因为他荒淫无道，如同夏桀，所以当时诸侯称之为"桀宋"。〔8〕"约钧"，"钧"与"均"同，指约定得到的利益相等。〔9〕"倍约宾秦"，"倍"与"背"通。背弃约定，把秦国作为宾客一样礼貌对待。一说"宾"与"摈"通，指摈弃秦国。则与下文中"敬秦以为名"不符。〔10〕"阳地"，濮阳地区，在今河南濮阳县。〔11〕"赵之阿东国危"，"阿"，《史记正义》云即东阿。《史记志疑》云阿东，《战国策》作"河东" 〔12〕"有淮北，楚之东国危"，淮北指今江苏徐州、泗水一带。楚之东国指今江苏北部。〔13〕"陶"，即定陶，在今山东定陶县西北。"梁"，指魏国都城大梁。〔14〕"贷"，与"代"同，代替，取代。一说为"贰"之误字，不确。〔15〕"形服"，由于形势而被迫顺服。

【译文】三十六年，齐王称东帝，秦昭王称西帝。苏代从燕国来，进入齐国，在章华东门受接见。齐王说："啊，好啊，你过来！秦国派魏冉来给我送上帝号，你认为怎么样？"苏代回答说："大王您问臣子问得很仓猝，而祸患是从很微小的地方产生的。我希望大王把帝号接受下来但不要同时就称帝。秦王称帝以后，天下能对他处之安然，大王就称帝，也不算落后。而且在争帝名上谦让，也没有伤害。秦国称了帝后，天下都憎恶它，大王因此就不称帝，以收服天下，这是一种大资本。而且天下立了两个皇帝，大王认为天下是尊重齐国呢？还是尊重秦国呢？"齐王说："尊重秦国。"苏代说："放弃帝号，天下是敬爱齐国呢？还是敬爱秦国呢？"齐王说："敬爱齐国，而憎恶秦国。"苏代说："两位帝王订立盟约去攻打赵国，与攻打夏桀一样的宋国暴君比起来，哪一个有利呢？"齐王说："攻打夏桀一样的宋国暴君有利。"苏代说："哪种约定都是均等的，然而与秦国一起称帝，会使天下只尊崇秦国而轻视齐国，放弃帝号就使天下敬爱齐国而憎恶秦国，攻打赵国不如攻打宋国的暴君有利。所以我希望大王明确地放弃帝号，以收服天下人心，背离约定，将秦国作为宾客一样相待，不和它争尊崇的名号，而大王利用这个空隙攻占宋国。占有宋国，会让卫国的阳地处于危险中；占有济西，赵国的阿城一带的东方领土处于危险中；占有淮北，楚国的东方领地感到危险；占有陶和平陆，大梁城的城门都不敢打开。放弃称帝而代之攻打宋国暴君一事，国家受到了尊重，名望崇高，燕国、楚国也被这种形势慑服，天下各国没有人敢不听您的命令，这是商汤王、周武王所做的事业。我们在名义上敬重秦国，然后让天下人去憎恶它，这就是所谓的以卑下地位转为尊者的方法。希望大王慎重考虑这件事。"于是齐国放弃帝号重新称王。秦国也放弃了帝位。

三十八年，伐宋。秦昭王怒曰："吾爱宋与爱新城、阳晋同。[1]韩聂与吾友也，[2]而攻吾所爱，何也？"苏代为齐谓秦王曰："韩聂之攻宋，所以为王也。齐强，辅之以宋，楚魏必恐，恐必西事秦，是王不烦一兵，不伤一士，无事而割安邑也，[3]此韩聂之所祷于王也。"秦王曰："吾患齐之难知。一从一衡，其说何也？"对曰："天下国令齐可知乎？齐以攻宋，其知事秦以万乘之国自辅，不西事秦则宋治不安。[4]中国白头游敖之士皆积智欲离齐秦之交，[5]伏式结轶西驰者，[6]未有一人言善齐者也，伏式结轶东驰者，未有一人言善秦者也。何则？皆不欲齐秦之合也。何晋楚之智而齐秦之愚也！晋楚合必议齐秦，齐秦合必图晋楚，请以此决事。"秦王曰："诺。"于是齐遂伐宋，宋王出亡，死于温。[7]齐南割楚之淮北，西侵三晋，欲以并周室，为天子。泗上诸侯邹鲁之君皆称臣，诸侯恐惧。

【注释】〔1〕"新城"，古代地名，在今河南商丘市南，当时属宋国。"阳晋"，古代地名，在今山东郓城县东北。〔2〕"韩聂"，齐国谋士，《战国策·韩策》中作"韩珉"。〔3〕"安邑"，魏国城邑，在今山西夏县西北，秦昭王二十一年由魏国割让秦国。〔4〕"宋治不安"，《战国策》作"宋地不安"。〔5〕"中国白头游敖之士"，中原地区头发都白了的游说士人。"敖"，与"遨"通。〔6〕"伏式结轶"，"式"，与"轼"通，车箱前的横木。"轶"，音 zhé，即车辙。伏在轼上，意为乘车出行，车辙在大地上相互交错。〔7〕"温"，古代小国名，原称苏国，战国时被魏国占有。在今河南温县西南。

【译文】三十八年，攻打宋国。秦昭王发怒说："我喜爱宋国的程度和喜爱新城、阳晋相同。韩聂和我是朋友，却攻打我所喜爱的地方，这是为什么？"苏代为齐国向秦王解说："韩聂攻打宋国，正是

为了大王。齐国强大，再加上宋国的土地辅助，楚国、魏国必定会害怕，害怕就一定会来西方侍奉秦国。这样大王可以不使用一个士兵，不损伤一个战士，不做什么事就割占了安邑。这就是韩聂为大王所祈祷的啊。”秦王说：“我担心的是齐国难以捉摸。一时合纵，一时连横，这怎么解释呢？”苏代回答：“天下的各国能让齐国捉摸透吗？齐国所以攻打宋国，由于它知道服侍秦国，可得到有上万辆军车的大国来辅助自己。不向西方服侍秦国就会使宋地不平安。中原地区上了年纪的游说说客们全都在处心积虑地想要离间齐国和秦国的友情。乘着车子纷纷向西行驶的人们，没有一个说齐国好的。驾车纷纷东奔的人们，没有一个说秦国的好话。为什么呢？他们全都不愿意齐国和秦国联合。怎么晋、楚这些国家如此聪明，而齐国、秦国这样愚昧呢？晋、楚各国联合起来，一定是商议谋算齐国、秦国。齐国、秦国联合起来，必定图谋晋、楚各国。请您根据这一点来决定。”秦王说：“是的。”于是齐国就去攻伐宋国。宋王出逃，死在温城。齐国向南割占了楚国的淮河以北一带，向西攻入三晋，想要借此并吞周王室；自己作天子。泗水一带的诸侯，如郑、鲁等国君全都向齐国称臣，诸侯们恐惧不安。

三十九年，秦来伐，拔我列城九。

四十年，燕、秦、楚、三晋合谋，各出锐师以伐，败我济西。〔1〕王解而却。〔2〕燕将乐毅遂入临淄，〔3〕尽取齐之宝藏器。湣王出亡，之卫。卫君辟宫舍之，〔4〕称臣而共具。湣王不逊，卫人侵之。湣王去，走邹、鲁，有骄色，邹、鲁君弗内，〔5〕遂走莒。〔6〕楚使淖齿将兵救齐，〔7〕因相齐湣王。淖齿遂杀湣王而与燕共分齐之侵地卤器。〔8〕

【注释】〔1〕“败我济西”，《史记》其他世家传记中均不载楚国参加此役，下文中又称楚国派兵救齐，似此处有误。“济西”，指济水以西地区。〔2〕“解”，分崩，溃散。“却”，退却。〔3〕“乐毅”，中山国人，燕国将领，极善于用兵，曾任燕国亚卿，封昌国君。后燕惠王中反间计，罢免了他。乐毅逃到赵国，死于赵。详见《史记·乐毅列传》。〔4〕“辟宫舍之”，腾出宫殿来给他住。〔5〕“邹”，古代小国名，在今山东邹县、滕县、济宁一带。“鲁”，古国名，在今山东曲阜、泰安一带。“弗内”，“内”与“纳”同，不接纳，不让入城。〔6〕“莒”，齐国城名，在今山东莒县，本为莒国，被齐灭后设城邑。〔7〕“淖齿”，楚国将军。“淖”，音 nào。〔8〕“侵地卤器”，侵占的土地和掠获的财宝器物。

【译文】三十九年，秦国来进攻，攻占了齐国的九个城。

四十年，燕、秦、楚、韩、赵、魏各国合谋，各自派出精锐军队攻打齐国，在济西打败齐军。齐国的军队崩溃，退却了。燕国将军乐毅就进了临淄，把齐国的库藏宝器全部掳取走。齐湣王逃走，跑到卫国。卫国国君腾出宫殿来给他住，向他称臣，供给他用品。齐湣王傲慢不逊，卫国人攻打他。齐湣王逃走，逃到邹国、鲁国，表现出骄傲的神色。邹、鲁的国君不让他入城。齐湣王就逃到莒城去。楚国派淖齿率领军队救齐国，淖齿趁机做了齐湣王的相。淖齿便杀了齐湣王而和燕国共同分了侵占齐国的土地与抢夺的宝器。

湣王之遇杀，其子法章变名姓为莒太史敫〔1〕家庸。〔2〕太史敫女奇法章状貌，以为非恒人，〔3〕怜而常窃衣食之，而与私通焉。淖齿既以去莒，莒中人及齐亡臣相聚求湣王子，欲立之。法章惧其诛己也，久之，乃敢自言“我湣王子也”。于是莒人共立法章，是为襄王。以保莒城而布告齐国中：“王已立在莒矣。”

【注释】〔1〕“太史敫”，人名，姓太史，名敫（音 jiào，一音 yào）。〔2〕“家庸”，家中的佣人。〔3〕“非恒人”，不是一般的人。

【译文】齐湣王遭杀害，他的儿子法章改了姓名，给莒城太史敫家做佣人。太史敫的女儿看法章容貌奇特，认为他不是平常人，心中怜爱他，经常偷偷给他衣裳食物，而且和法章私通。淖齿离开莒城后，莒城中的人民与齐国逃亡的大臣聚到一起寻找湣王的儿子，想要立他为王。法章还害怕他们是在追杀自己，过了好久，才敢说出“我就是湣王的儿子”。于是莒人共同立法章为齐王，就是齐襄王。以此保卫莒城，并且向齐国内宣布说：“国王已经在莒城即位了。”

襄王既立，立太史氏女为王后，是为君王后，生子建。太史敫曰：“女不取媒因自嫁，非吾种也，污吾世。”〔1〕终身不睹君王后。[2]君王后贤,不以不睹故失人子之礼。

【注释】〔1〕“污吾世”,污辱了我的家世。〔2〕“睹”,见。

【译文】齐襄王即位后,立太史家的女儿为王后,就是君王后,生了儿子建。太史敫说:“女儿不通过媒人,自己嫁人,这不是我的后代,污辱了我的门风家世。”就一辈子不见君王后。君王后很贤德,不由于不见面而失去作子女的礼节。

襄王在莒五年,田单以即墨攻破燕军,迎襄王于莒,入临淄。齐故地尽复属齐。齐封田单为安平君。[1]

【注释】〔1〕“田单”,临淄人,齐国将军,坚守即墨,用火牛阵击破燕军,一举收复齐国失地七十余城。被封为安平君,任齐相。后入赵为赵相。

【译文】齐襄王在莒城五年,田单就用即墨军队打败了燕军,到莒城迎接襄王,进入临淄。齐国的原有土地全部重归齐国。齐国封田单为安平君。

十四年,秦击我刚、寿。[1]十九年,襄王卒,子建立。

【注释】〔1〕“刚、寿”,二城邑名。刚在今山东宁阳县东北。寿在今山东东平县西南。

【译文】十四年,秦军攻打齐国的刚、寿。十九年,齐襄王去世,他的儿子建被立为国王。

王建立六年,秦攻赵,齐楚救之。秦计曰:“齐楚救赵,亲则退兵,不亲遂攻之。”赵无食,请粟于齐,齐不听。周子曰:[1]“不如听之以退秦兵,不听则秦兵不却,是秦之计中而齐楚之计过也。且赵之于齐楚,扞蔽也,[2]犹齿之有唇也,唇亡则齿寒。今日亡赵,明日患及齐楚。且救赵之务,宜若奉漏瓮沃焦釜也。[3]夫救赵,高义也;却秦兵,显名也。义救亡国,威却强秦之兵,不务为此而务爱粟,为国计者过矣。”齐王弗听。秦破赵于长平四十余万,[4]遂围邯郸。

【注释】〔1〕“周子”,齐国谋臣,本名不详。〔2〕“扞蔽”,屏障,遮蔽物。“扞”,音 hàn。〔3〕“奉漏瓮沃焦釜”,捧着漏水的瓮去浇烧干了的锅。比喻事态紧急,需赶快救助。〔4〕“长平”,古代城邑,在今山西高平县西北。

【译文】齐王建即位六年,秦国攻打赵国,齐国、楚国去救援。秦国君臣谋划说:“齐、楚两国去救赵国,他们亲密我们就退兵,不亲密就去攻打他们。”赵国没有粮食,请求齐国给粮食,齐国不答应。周子说:“不如答应给粮食,以使秦军退走,不答应秦军就不会退却。这使秦国的计谋得逞,而齐国、楚国的计谋就失算了。而且赵国对齐国和楚国来讲是一种屏障,就像牙齿外面有嘴唇一样,唇亡齿寒。今天秦国灭了赵国,明天祸患就危及齐国、楚国。而且救援赵国这件事应该像捧着漏水的瓮去浇烧干的锅一样紧急。救助赵国,是崇高的道义,打退秦军,是大显威名。救助要灭亡的国家这种仁义,退走强大的秦军这种威名,您不去致力争取却偏要吝惜粮食。这样为国家谋划是错的。”齐王不肯听从。秦国在长平打败了赵国四十多万军队,接着包围了邯郸。

十六年,秦灭周。君王后卒。二十三年,秦置东郡。[1]二十八年,王入朝秦,秦王政[2]置酒咸阳。[3]三十五年,秦灭韩。三十七年,秦灭赵。三十八年,燕使荆轲刺秦王,[4]秦王觉,杀轲。明年,秦破燕,燕王亡走辽东。[5]明年,秦灭魏,秦兵次于历下。[6]四十二年,秦灭楚。明年,虏代王嘉,[7]灭燕王喜。

【注释】〔1〕“置东郡”,设置东郡。东郡郡治在今河南濮阳县西南。〔2〕“秦王政”,即秦始皇嬴政。〔3〕“咸阳”,秦国都城名,在今陕西咸阳市东北。〔4〕“荆轲刺秦王”,为战国末年著名事件。“荆轲”,卫国人,受燕太子丹重托,携带秦国叛将樊於期的头和地图去秦国,以献图为名行刺秦王嬴政,未遂被杀。详见《史记·刺客列传》。〔5〕“亡走辽东”,逃亡到辽东去。辽东为燕郡,在今辽宁辽阳市一带。〔6〕“历下”,古代地名,在今山东济南市。〔7〕“代王嘉”,代国国王,名嘉。代国在今河

北及山西北部，曾依属赵国。国都在今河北蔚县东北。

【译文】十六年，秦国消灭了周王室。齐国的君王后去世。二十三年，秦国设置了东郡。二十八年，齐王去朝见秦王。秦王嬴政在咸阳设酒宴招待。三十五年，秦国灭掉韩国。三十七年，秦国灭掉赵国。三十八年，燕国派荆轲刺杀秦王，秦王发觉了，杀死了荆轲。第二年，秦军攻克燕国，燕王逃到辽东去。第二年，秦军灭掉魏国，秦国军队进驻历下。四十二年，秦国灭掉楚国。第二年，秦军俘虏了代王嘉，消灭了燕王喜。

四十四年，秦兵击齐。齐王听相后胜计，不战，以兵降秦。秦虏王建，迁之共。〔1〕遂灭齐为郡。天下壹并于秦，秦王政立号为皇帝。始，君王后贤，事秦谨，与诸侯信，齐亦东边海上，秦日夜攻三晋、燕、楚，五国各自救于秦，以故王建立四十余年不受兵。君王后死，后胜相齐，多受秦间金，〔2〕多使宾客入秦，秦又多予金，客皆为反间，劝王去从朝秦，不修攻战之备，不助五国攻秦，秦以故得灭五国。五国已亡，秦兵卒入临淄，民莫敢格者。〔3〕王建遂降，迁于共。故齐人怨王建不蚤与诸侯合从攻秦，听奸臣宾客以亡其国，歌之曰："松耶柏耶？住建共者客耶？"〔4〕疾建用客之不详也。〔5〕

【注释】〔1〕"共"，古代国名，在今河南辉县。〔2〕"间金"，用来离间的贿赂金钱。〔3〕"民莫敢格者"，百姓们没有敢于拼斗的。"格"，搏斗。〔4〕"住建共者客耶"，使齐王建迁住到共去的人是客卿们吧？"耶"，表示疑问的语气词。〔5〕"疾"，憎恨，痛恨。"不详"，不审慎，不了解。

【译文】四十四年，秦国军队攻打齐国。齐国国王听从了相国后胜的计策，不作战，让军队投降了秦国。秦国俘虏了齐王建，把他流放到共地去。便把齐国灭亡，改为郡。天下被秦国统一了，秦王嬴政自己确定称号为皇帝。起先，君王后贤德，侍奉秦国很恭谨，与各国诸侯讲信义，齐国又是在临近大海的东方，秦国日夜不停地攻打三晋和燕国、楚国，这五个国家各自在秦国进攻中忙于自救。因此齐王建即位四十多年来没有遭受战争。君王后去世，后胜做齐相。他接受了很多秦国用来离间的贿赂，派很多宾客到秦国去。秦国又给了他们很多金钱，宾客们全都反过来为秦国离间齐国，劝齐王废除合纵，去朝见秦王，不整治军需战备，不帮助韩、赵、魏、燕、楚五国攻打秦国，秦国因此得以灭掉五国。五国已经灭亡了，最终秦国军队也进入了临淄，民众没有敢于拼斗的。齐王建便投降了，被流放到共地。所以齐国人怨恨齐王建不早些和诸侯们合纵抗秦，听任奸臣宾客们，造成亡国，编成歌唱道："是松树吗？是柏树吗？让王建住到共地的是宾客们吧？"这首歌是痛恨齐王建在任用宾客时不认真审察的。

太史公曰：盖孔子晚而喜《易》。〔1〕《易》之为术，幽明远矣，〔2〕非通人达才孰能注意焉！故周太史之卦田敬仲完，占至十世之后；及完奔齐，懿仲卜之亦云。田乞及常所以比犯二君，〔3〕专齐国之政，非必事势之渐然也，盖若遵厌兆祥云。〔4〕

【注释】〔1〕"《易》"，即《周易》，古代占卜书。〔2〕"幽明"，深奥而且明晰。〔3〕"比"，接连。"二君"，指齐悼公、齐简公。〔4〕"遵厌兆祥"，遵循着占卜的卦象预言。"厌"，祭名，又作镇抑之意。"兆祥"，指用龟甲占卜时灼裂的纹理，通过它显示吉凶。

【译文】太史公说：孔子在晚年喜欢读《易经》。《易经》作为一种学术，非常深奥明晰，不是通达事物的人才，谁能注意到这些呢！所以周太史给田敬仲完占卦，占到十世以后。等到田完逃到齐国，懿仲给他占卜也这么说。田乞和田常所以能接连侵犯悼公、简公，独揽齐国的大权，不一定是事态逐渐发展而成的，倒好像是在遵循着卜兆，实现预言啊。

史记卷四十七

孔子世家第十七

孔子生鲁昌平乡陬邑。〔1〕其先宋人也，〔2〕曰孔防叔。〔3〕防叔生伯夏，伯夏生叔梁纥。〔4〕纥与颜氏女野合而生孔子，〔5〕祷于尼丘得孔子，〔6〕鲁襄公二十二年而孔子生，〔7〕生而首上圩顶，〔8〕故因名曰丘云。〔9〕字仲尼，〔10〕姓孔氏。〔11〕

【注释】〔1〕“鲁”，诸侯国名，西周初年所封，姬姓，始封君为周公旦之子伯禽，建都曲阜（今山东曲阜），领有今山东泰山以南的汶、泗、沂、沭水流域。春秋时国势渐弱，春秋后期公室被卿大夫季孙氏、叔孙氏、孟孙氏所瓜分。战国时沦为小国，公元前二五六年被楚国所灭。　“昌平乡”，地名，在今山东曲阜东南，因有昌平山而得名。　“陬”，音zōu，邑名，亦作“郰”、“鄹”，在今山东曲阜东南。〔2〕“宋”，诸侯国名，西周初年周公平定武庚反叛后所封，子姓，始封君为商纣王庶兄微子启，建都商丘（今河南商丘南），领有商旧都周围地区，约当今河南东部和山东、江苏、安徽间地。公元前二八六年被齐国所灭。　〔3〕“孔防叔”，孔子曾祖。《潜夫论·志氏姓》云：“防叔为华氏所偪，出奔鲁，为防大夫，故曰防叔。”源于《世本》（见《诗·商颂谱疏》所引。）则孔防叔为孔氏从宋至鲁的第一代，司马迁当采此说，故此首举孔防叔。但《后汉书·孔融传》李贤注引服虔注云：“孔子六代祖孔父嘉为宋华督所杀，其子奔鲁也。”又以孔子五代祖为奔鲁之第一代。《左传》昭公七年杜预注及后来不少学者依从服说。“防”，鲁国邑名，在今山东费县东北。　〔4〕“叔梁纥”，孔子父亲，名纥，字梁，排行叔，为陬邑大夫，故亦称“陬人纥”、“陬叔纥”、“梁纥”、“陬叔”。勇武有力，参见《左传》襄公十年。“纥”，音hé。　〔5〕“颜氏女”，鲁人颜氏之女，名征在。“野合”，男女私通。前人对此解说不一。《索隐》云：“盖谓梁纥老而征在少，非当壮室初笄之礼，故云野合，谓不合礼义。”《正义》以为叔梁纥娶征在，时年已过阳道绝的六十四岁，因称“野合”。崔适《史记探源》云：“此文疑本作‘纥与颜氏女祷于尼邱，野合而生孔子于尼邱’。埽地为祭天之坛而祷之，犹《诗》所谓‘以弗无子’也；遂感而生孔子，犹《诗》所谓‘履帝武敏歆’也。故曰‘野合’。……即此所谓纥与颜氏女祷于尼邱野合而生孔子也，太史公以受命帝王尊孔子故云尔。”皆多臆测之辞，不足信。《孔子家语·本姓》云：“叔梁纥娶施氏，无男；其妾生孟皮，病足，乃求婚于颜氏。颜父问三女，二女莫对，征在进曰：‘从父所制。’遂以妻之。”所载与此不同。　〔6〕“祷”，祈祷，向神祈告求福。　“尼丘”，山名，在今山东曲阜东南。　〔7〕“鲁襄公”，名午，鲁成公之子，定姒所生，三岁即位，公元前五七二年至前五四二年在位。详见本书《鲁周公世家》。　“鲁襄公二十二年”，公元前五五一年。按：《春秋公羊传》、《春秋谷梁传》云孔子生于鲁襄公二十一年。关于孔子的出生年、月、日，历来歧说纷纭。比较可信的是鲁襄公二十二年十月庚子，即公元前五五一年八月二十七日。〔8〕“圩”，音wéi，凹，中间低而四周高。　“圩顶”，凹顶，中间凹陷的头顶。　〔9〕“云”，句末语助词。“故因名曰丘云”，所以就取名叫丘。　按：《白虎通·姓名》云：“孔子首类尼丘山，盖中低而四旁高，如屋宇之反。”　〔10〕“字”，表字。古代男子有名有字，生下来先取名；到二十岁举行冠礼后再取字。字是根据本名涵义另取有对应关系的别名。对人称字，表示尊敬。“仲尼”，“仲”，老二，为孔子排行，据《孔子家语》他有异母兄孟皮；“尼”，当因“尼丘”而来，为孔子的字，与其名“丘”相应。　〔11〕“姓孔氏”，先秦时代，一般有身份的人，均有姓、有氏。姓为代表有共同血缘关系种族的称号，氏为由姓派生出来分支的称号。孔子系宋人后裔，姓“子”，而“孔”则为孔子这一支的氏。孔氏的始祖，当是六世

祖孔父嘉。按《孔子家语·本姓》云："弗父何生宋父周，周生世子胜，胜生正考父，正考父生孔父嘉，五世亲尽，别为公族，故后以孔为氏。一曰：孔父者，生时所赐号也，是以子孙遂以氏族。"司马迁生活的汉代，已合"姓"、"氏"为一，故有此以氏为姓的错误说法。

【译文】孔子出生在鲁国昌平乡陬邑。他的祖先是宋国人，名叫孔防叔。孔防叔生下伯夏，伯夏生下叔梁纥。叔梁纥和颜氏的女儿在野外媾合而生下孔子，他们向尼丘进行祈祷而得到孔子。鲁襄公二十二年孔子出生，孔子生下来头顶中间凹陷，所以就取名叫丘，取字叫仲尼，姓为孔氏。

丘生而叔梁纥死，〔1〕葬于防山。〔2〕防山在鲁东，〔3〕由是孔子疑其父墓处，〔4〕母讳之也。〔5〕孔子为儿嬉戏，常陈俎豆，〔6〕设礼容。〔7〕孔子母死，乃殡五父之衢，〔8〕盖其慎也。〔9〕郰人輓父之母诲孔子父墓，〔10〕然后往合葬于防焉。〔11〕

【注释】〔1〕"丘生而叔梁纥死"，按《孔子家语·本姓》云："生三岁而叔梁纥死。"与此不同。〔2〕"防山"，在今山东曲阜东，亦称"笔架山"。〔3〕"鲁东"，指鲁国国都的东面。 〔4〕"疑"，疑惑，不明白，不清楚。 〔5〕"讳"，讳忌，隐瞒。 〔6〕"俎"，音 zǔ，古代祭祀时载放牲体的长方形容器。"豆"，形似高足盘，也是祭祀时盛放食物的容器。〔7〕"设"，摆设，演习。 "礼容"，礼仪法度。 〔8〕"殡"，停柩，尸体装敛入棺而未下葬。"五父之衢"，鲁国都城内街道名，在今山东曲阜东南。 〔9〕"盖"，连词，表示说明原由。 "慎"，谨慎，慎重。〔10〕"郰"，同"陬"，邑名。 "輓父"，《礼记·檀弓》作"曼父"，人名。 "诲"，告诉。 〔11〕"焉"，音 yān，语气词，表示句末停顿。按：从"孔子母死"以下至此一段，又见《礼记·檀弓》。

【译文】孔丘生下来，叔梁纥便死了，安葬在防山。防山在鲁国都城的东面，因此孔子不清楚他父亲的墓址，孔母隐讳这件事。孔子孩童时做游戏，经常陈列俎豆各种礼器，演习礼仪动作。孔子母亲去世，他先将灵柩停放在五父之衢，这是出于孔子谨慎从事的考虑。郰邑人輓父的母亲告诉孔子其父的墓址，这之后孔子才将母亲灵柩送往防山合葬。

孔子要绖，〔1〕季氏飨士，〔2〕孔子与往。〔3〕阳虎绌曰：〔4〕"季氏飨士，非敢飨子也。"〔5〕孔子由是退。

【注释】〔1〕"要"，音 yāo，通"腰"。"绖"，音 dié，古代丧服中用的麻带。"要绖"，腰间系的麻带。此指丧服。 〔2〕"季氏"，即季孙氏，为鲁桓公少子季友后裔，执掌鲁国国政的三家贵族之一。此指当时执政的季武子，即季孙宿。"飨"，音 xiǎng，宴请。"士"，士子，士人，此指当时有地位的读书人。〔3〕"与"，随，从。 〔4〕"阳虎"，名虎，字货，亦称"阳货"。"阳"或作"杨"，又称"杨虎"、"杨货"。季孙氏家臣。后挟持季桓子，占据阳关（今山东泰安南），一度把持国政。公元前五〇二年，他因想清除三桓势力而被击败，出奔阳关。次年奔齐。后经宋国到晋国，为赵鞅家臣。"绌"，通"黜"，贬斥，斥退。〔5〕"子"，古代对人的尊称，此指孔子。

【译文】孔子服丧腰间系着麻带，这时季氏宴请士人，孔子随同前往。阳虎斥退孔子说："季氏宴请的是士人，没敢请你啊。"孔子因此退去。

孔子年十七，鲁大夫孟釐子病且死，〔1〕诫其嗣懿子曰：〔2〕"孔丘，圣人之后，〔3〕灭于宋。〔4〕其祖弗父何始有宋而嗣让厉公。〔5〕及正考父佐戴、武、宣公，〔6〕三命兹益恭，〔7〕故鼎铭云：〔8〕'一命而偻，〔9〕再命而伛，〔10〕三命而俯。〔11〕循墙而走，〔12〕亦莫敢余侮。〔13〕饘于是，〔14〕粥于是，以餬余口。'〔15〕其恭如是。吾闻圣人之后，虽不当世，〔16〕必有达者。〔17〕今孔丘年少好礼，其达者欤！〔18〕吾即没，〔19〕若必师之。"〔20〕及釐子卒，〔21〕懿子与鲁人南宫敬叔往学礼焉。〔22〕是岁，季武子卒，〔23〕平子代立。〔24〕

【注释】〔1〕"大夫"，春秋时代，国君之下的贵族依职位高低分为卿、大夫、士三个等级，大夫为仅次于卿的等级。"釐"，音 xī，通"僖"。"孟釐子"，亦作"孟僖子"。名貜，氏仲孙（亦称"孟孙"），亦称"仲孙貜"。孟孝伯仲孙羯之子，死于公元前五一八年。按：《左传》昭公七年云："孟僖子病不能相礼，乃讲学之，苟能礼者从之。及其将死也，……”《史记》此处脱落“不能相礼……”一段文字，直接“及其将死也，……”，将孟釐子之死误植于此年。据《春秋经》，孟僖子死于昭公二十四年，时当孔子三十四岁。当以《左传》为是。“且”，将，将要。〔2〕“诫”，告诫，嘱咐。“嗣”，后嗣，嫡嗣，继承人。“懿子”，名何忌，亦称“孟懿子”、“仲孙何忌”、“仲孙忌”、“孟孙”。鲁国大夫，生于公元前五三一年，死于公元前四八一年。〔3〕“圣人”，指商汤王。或谓指宋国始祖微子启，也有以为指下文的弗父何和正考父。〔4〕“灭于宋”，一般学者根据《后汉书·孔融传》李贤注所引服虔注，认为是指孔子六世祖孔父嘉被宋国太宰华督所杀，五世祖木金父奔鲁。〔5〕“弗父何”，亦作“弗甫何”、“弗父河”，宋湣公太子，依礼法为嫡嗣，应当继承君位。据《潜夫论·志氏姓》、《孔子家语·本姓》，自弗父何以下至孔子的世系为：弗父何——宋父周——世父胜——正考父——孔父嘉——木金父——皋夷（祁父）——防叔——伯夏——叔梁纥——孔子。但《诗·商颂谱疏》所引《世本》无“世父胜”一代。本注从前者。“厉公”，即宋厉公，名鲋祀（或作“鲂祀”、“方祀”），宋湣公庶子，弗父何之弟。详见本书《宋微子世家》。〔6〕“正考父”，弗父何曾孙，孔子七世祖。“佐”，辅佐。“戴”，宋戴公，公元前七九九年至前七六六年在位。“武”，宋武公，名司空，宋戴公之子，公元前七六五年至前七四八年在位。“宣公”，宋宣公，名力，宋武公之子，公元前七四七年至前七二九年在位。详见本书《宋微子世家》。〔7〕“三命”，三次受命，指诸侯国的上卿。《礼记·王制》云：“大国之卿不过三命。”“兹”，通“滋”，益，更加。〔8〕“鼎铭”，鼎上的铭文。此指正考父庙之鼎铭文。〔9〕“偻”，音 lǚ，曲背。表示恭敬。〔10〕“再”，二。“伛”，音 yǔ，曲背，其弯曲度比偻大，表示更恭敬。〔11〕“俯”，曲身。其弯曲度比俯大，表示最恭敬。〔12〕“循墙”，沿着墙边。此指走路避开路中央。“走”，疾趋，跑。“循墙而走”，沿着墙根小跑。表示对人的极度恭敬。〔13〕“莫”，没有人，没有谁。“余”，我。“莫敢余侮”，即“莫敢侮余”，没有人敢侮辱我。〔14〕“馆”，音 zhān，稠粥，厚粥。“是”，代词，此指鼎。〔15〕“餬”，音 hú，同“糊”，粥，这里用作动词，是用粥喂养的意思。〔16〕“当世”，当政，为国君。〔17〕“达者”，通达的人，显赫的人。〔18〕“欤”，音 yú，吧，语气词，表示推测。〔19〕“即”，若，如果。“没”，通“殁”，死亡。〔20〕“若”，你。“师之”，以他为师。〔21〕“及”，至，到。“卒”，死，死亡。“釐子卒”，按《春秋》，孟釐子卒于鲁昭公二十四年（公元前五一八年），当时孔子为三十四岁。〔22〕“南宫敬叔”，氏南宫，谥敬（或作“顷”），叔排行，名说（或作“阅”），故亦称“南宫说”。为仲孙氏之后，又称“仲孙阅”。孟釐子之子，孟懿子之弟，鲁国大夫，生于公元前五三一年。按：自“鲁大夫孟釐子病”至此，当本于《左传》昭公七年。〔23〕“季武子”，名宿，谥武，亦称“季孙宿”、“季孙”。季文子之子，鲁大夫，自公元前五六一年至前五三五年执掌国政。〔24〕“平子”，季平子，名意如，谥平，亦称“季孙意如”、“季孙”。季武子之孙，季悼子纥之子。因其父早死，故季武子死后，他继位为季氏宗主。鲁国卿大夫，公元前五一九年至前五〇五年执掌国政。“代立”，继位。此指继承季武子的官爵。

【译文】孔子十七岁那年，鲁国大夫孟釐子病重将死，告诫他的继承人孟懿子说：“孔子是圣人的后代，他的家族在宋国败落。他的先祖弗父何当初本该享有宋国而继位，却让给了弟弟宋厉公。等到他的先祖正考父，辅佐宋戴公、宋武公、宋宣公，三次接受册命，一次比一次恭敬，所以正考父鼎的铭文说：‘第一次册命，曲背行礼；第二次册命，折腰行礼；第三次册命，俯身行礼，平时走路顺着墙根小跑，也就没人敢来欺侮我了。用这个鼎煮厚粥，用这个鼎煮薄粥，来喂我这张嘴。’他的恭敬有礼就是如此。我听说那圣人的后代，即使不当国执政，也必定会有通达显赫的。如今孔丘年纪轻轻喜好礼仪，他恐怕将是通达显赫的人吧！如果我死了，你一定要以他为师。”等到孟釐子去世，孟懿子和鲁人南宫敬叔前往孔子那里学礼。这一年，季武子去世，季平子继位。

孔子贫且贱。及长，尝为季氏史，[1]料量平；[2]尝为司职吏而畜蕃息。[3]由是为司空。[4]已而去鲁，[5]斥乎齐，[6]逐乎宋、卫，[7]困于陈、蔡之间，[8]于是反鲁。[9]孔子长九尺有六寸，[10]人皆谓之“长人”而异之。鲁复善待，由是反鲁。

【注释】〔1〕“尝”，曾，曾经。“史”，掌管文书的官吏。“季氏史”，季氏手下的官吏，不是指季氏的家臣。《索隐》云：“有本作‘委吏’。”按《孟子·万章下》云：“孔子尝为委吏矣。”则此“季氏史”当系“委吏”之误。“委吏”为主管粮食仓库的官吏。〔2〕“料”，量，计量。“料量”，计量，统计称量。

“平”,平正,准确。〔3〕“司职”,牧养牲畜的官吏,即《周礼》《春官·肆师》、《地官·牛人》中的“职人”。按《孟子·万章下》云孔子“尝为乘田矣”,“乘田”也为掌管六畜草料放牧的官吏。“畜”,牲畜。“番”,繁殖。“息”,生息,生长。〔4〕“司空”,官名,掌管工程建筑。“由是为司空”,崔适《史记探源》认为此句“系下文‘由中都宰为司空’之重文”。可备一说。〔5〕“已而”,事后,不久。“去”,离开,离去。〔6〕“斥”,排斥,驱逐。“齐”,国名,西周初年所封异姓诸侯国,姜姓,始封君吕尚,建都营丘,改称临淄(在今山东淄博东北),辖境约当今山东北部。春秋初年齐桓公任用管仲改革,国力强盛,成为霸主。春秋后期君权逐渐转入大臣田(亦作“陈”)氏家族。公元前三八六年周安王承认田和为齐侯。公元前二二一年被秦国所灭。〔7〕“卫”,国名,西周初周公平定武庚反叛后所封诸侯国,姬姓,始封君为周武王之弟康叔,建都朝歌(今河南淇县),为当时大国。公元前六六〇年被翟人击败,迁都楚丘(今河南滑县),沦为小国。又迁都帝丘(今河南濮阳)。公元前二五国年被魏国所灭。后一度复国,都于野王(今河南沁阳)。公元前二〇九年被秦所灭。〔8〕“陈”,国名,周武王灭商后所封诸侯国,妫姓,始封君为胡公满,相传是舜的后代,建都宛丘(今河南淮阳),辖境约当今河南东部和安徽的一部分。公元前四七九年被楚国所灭。“蔡”,国名,西周初所封诸侯国,姬姓,始封君为周武王弟叔度,后因参与武庚反叛而被周公放逐,改封其子蔡仲(名胡)于此。建都上蔡(今河南上蔡西南)。春秋时多次迁都,平侯迁新蔡(今河南新蔡),昭侯迁州来(今安徽凤台)。公元前四四七年被楚国所灭。〔9〕“反”,通“返”,返回。按:自“已而去鲁”至此及下“鲁复善待,由是反鲁”,崔适《史记探源》认为“皆定公十四年去鲁后至反鲁之总结,重衍于此也”,合乎事理,可从。〔10〕“有”,又。“九尺有六寸”,即“九尺又六寸”,九尺六寸。

【译文】孔子家境贫寒,又地位低下。等到长大成人,曾经做过季氏手下的官吏,管理统计准确无误;又曾做过司职的小吏,使牧养的牲畜繁殖增多。由此出任司空。不久离开鲁国,在齐国受到排挤,被宋人、卫人所驱逐,在陈国、蔡国之间受困,于是返回鲁国。孔子身高九尺六寸,人们都称他为“长人”而感到奇异。鲁君又善待孔子,因此返回鲁国。

鲁南宫敬叔言鲁君曰:〔1〕“请与孔子适周。”〔2〕鲁君与之一乘车,〔3〕两马,一竖子俱,〔4〕适周问礼,盖见老子云。〔5〕辞去,而老子送之曰:“吾闻富贵者送人以财,仁人者送人以言。吾不能富贵,窃仁人之号,〔6〕送子以言,曰:‘聪明深察而近于死者,〔7〕好议人者也。博辩广大危其身者,〔8〕发人之恶者也。〔9〕为人子者毋以有己,〔10〕为人臣者毋以有己。’”孔子自周反于鲁,弟子稍益进焉。〔11〕

【注释】〔1〕“鲁君”,鲁国国君。按司马迁的系年编排,当指鲁昭公。〔2〕“适”,往,到。“周”,朝代名,公元前十一世纪周武王灭商后所建,姬姓,建都于镐(今陕西西安西南沣水东岸)。公元前七七〇年,周平王向东迁都于雒邑(今河南洛阳)。平王东迁以前史称西周,东迁以后称东周。进入东周,周王室日益衰微,逐渐沦为徒有天下共主空名的末等小国,并经常成为诸侯强国侵犯的对象。东周又可分为春秋和战国两个时期。公元前二五六年被秦国所灭。此“周”当指周王室所在地雒邑。〔3〕“与”,给,赐。“乘”,音 shèng,古人称一车四马为一乘。〔4〕“竖子”,小子,童仆。〔5〕“盖”,大概,大约。“老子”,春秋时思想家,被奉为道家学派的创始人。关于他的姓名、身世,传说不一,难以确定。据本书《老子韩非列传》,则有三说。一说氏李,名耳,字聃,楚国苦县(今河南鹿邑东)人,当过周王室管理藏书的史官,孔子曾向他问礼,后隐居,著《道德经》五千余言。或谓楚人老莱子。或谓即周太史儋。“云”,句末语助语。“盖见老子云”,本书《老子韩非列传》亦载孔子见老子问礼,《孔子家语·观周》所载较详,可参看。前人对此事系年及有无,多有疑词。〔6〕“窃”,窃取,盗取。此为自谦之词。“号”,名号,名义。〔7〕“深察”,详察,洞察。“近于死”,接近死亡,指有杀身之祸。〔8〕“广大”,《孔子家语·观周》作“闳达”,宽广弘大。〔9〕“发”,举发,抉发。“恶”,邪恶,丑恶。〔10〕“毋”,音 wú,不要。“毋以有己”,不要有自己,指舍身忘己。〔11〕“稍”,逐渐。“益”,增益,增多。“进”,进入,进门,此指进入孔门师从孔子。

【译文】鲁人南宫敬叔对鲁昭公说:“请让我跟随孔子前往周京洛邑。”鲁昭公给他们一辆车、两匹马,还有一名童仆同行,前往周京洛邑询问周礼,据说见到了老子。孔子告辞离去时,老子送他说:“我听说富贵之人用财物来送人,仁义之人用言语来送人。我不能富贵,只好盗用仁人的名义,用言语来送你,这几句话是:‘聪慧明白洞察一切反而濒临死亡,是因为喜好议论他人的缘故。博洽善辩宽广弘大反而危及其身,是因为抉发别人丑恶的缘故。做人儿子的就不要有自己,做人臣子的就不要有自己。’”孔子从周京洛邑返回鲁国,投到他门下的弟子逐渐增多。

是时也,晋平公淫,〔1〕六卿擅权,〔2〕东伐诸侯;〔3〕楚灵王兵强,〔4〕陵轹中国;〔5〕齐大而近于鲁。鲁小弱,附于楚则晋怒;〔6〕附于晋则楚来伐;不备于齐,〔7〕齐师侵鲁。〔8〕

【注释】〔1〕“晋”,国名,西周初年所封诸侯国,姬姓,始封君为周成王弟叔虞,建都于唐(今山西翼城西)。辖境有今山西西南部。春秋初晋昭侯封叔父成师于曲沃(今山西闻喜西北),出现分裂;后曲沃武公取代公室,统一晋国。晋献公时迁都于绛(今山西翼城东南)。晋文公改革内政,称霸诸侯。晋景公时,迁都新田,亦称新绛(今山西曲沃西北),疆域不断拓展,成为中原强国。春秋后期,执政的六卿势力日益强大,逐渐侵夺君权。在六卿的互相争斗中,赵氏、魏氏、韩氏三家消灭兼并了范氏、中行氏、知氏。公元前四〇三年,周威烈王策命魏文侯、韩景侯、赵烈侯为诸侯。晋国从此正式分裂为韩、赵、魏三国。“晋平公”,名彪,晋悼公之子,公元前五五七年至前五三二年在位。详见本书《晋世家》。“淫”,淫逸,纵欲放荡。按本书《晋世家》晋平公十九年云:“叔向曰:‘晋,季世也。公厚赋为台池而不恤政,政在私门,其可久乎!’”《左传·昭公三年》亦谓平公“无度”。即此所谓“平公淫”。〔2〕“六卿”,指执掌晋国国政的魏氏、赵氏、韩氏、范氏、中行氏、知氏六家世卿。“擅”,专擅,把持。“擅权”,专擅权柄,把持国政。〔3〕“东伐诸侯”,按本书《晋世家》,晋平公元年、十年,晋军两次东进攻伐齐国。〔4〕“楚”,国名,芈姓,原为古代南方部族。西周初,其首领熊鬻归附周文王,立国于荆山一带。熊鬻后裔熊绎于周成王时受封子爵,建都丹阳(今湖北秭归东南)。其后疆土拓展到长江中游。公元前七〇四年,楚君熊通自号武王,其子熊赀迁都于郢(今湖北江陵西北纪南城)。楚庄王曾称霸诸侯,辖境西北至武关(今陕西商南西北),东南到昭关(今安徽含山北),北至今河南南阳,南到洞庭湖以南,是当时领土最广的国家。公元前五〇四年迁都鄀,亦称鄢郢(今湖北宜城东南)。战国时,疆域东北到达今山东南部,西南及于今广西东北。战国末期,政治昏暗,外交、军事连连受挫。公元前二七八年迁都于陈(今河南淮阳)。公元前二四一年又迁都寿春(今安徽寿县)。公元前二二三年被秦国所灭。“楚灵王”,名围,(或作“回”),后改名虔,楚共王之子,公元前五四〇年至公元前五二九年在位。按本书《楚世家》载,灵王三年在申盟会诸侯,攻伐吴国;八年攻灭陈国、蔡国;十一年伐徐,军事实力强大。详见本书《楚世家》。〔5〕“陵轹”,音 líng lì,亦作“凌轹”,欺凌,欺压。“中国”,指中原地区。〔6〕“附”,依附,亲附。〔7〕“备”,完备,周全。〔8〕按此段所载事件,司马迁系于鲁昭公二十年,而实际时间均要早此十至二十年左右。不少学者认为是错简,当是。

【译文】这时候,晋平公荒淫无度,国中韩氏、赵氏、魏氏、知氏、范氏、中行氏六家世卿专擅权柄,向东攻伐诸侯别国;楚灵王兵力强大,侵略欺凌中原各国;齐是大国而挨近鲁国。鲁国小而弱,依附于楚国,晋国就恼怒;依附于晋国,楚国便来攻伐;对齐国事奉不周,齐国军队就侵犯鲁国。

鲁昭公之二十年,〔1〕而孔子盖年三十矣。齐景公与晏婴来适鲁,〔2〕景公问孔子曰:“昔秦穆公国小处辟,〔3〕其霸何也?”〔4〕对曰:“秦,国虽小,其志大;处虽辟,行中正。身举五羖,〔5〕爵之大夫,起累绁之中,〔6〕与语三日,授之以政。以此取之,虽王可也,〔7〕其霸小矣。”景公说。〔8〕

【注释】〔1〕“鲁昭公”,名裯,或作“稠”、“袑”,鲁襄公之子,母齐归,公元前五四一年至前五一〇年在位。详见本书《鲁周公世家》。〔2〕“齐景公”,名杵臼,齐灵公之子,齐庄公之弟,母穆孟姬。公元前五四七年至前四九〇年在位。详见本书《齐太公世家》。“晏婴”,名婴,字平仲,或谓平为谥号,夷维(今山东高密)人,齐卿晏弱之子。袭父职任齐卿,历仕齐灵公、齐庄公、齐景公三朝,颇有政绩、声誉。卒于公元前五〇〇年。有后人撰辑的《晏子春秋》一书传世,集中记载了他的言行。详见本书《管晏列传》。“齐景公与晏婴来适鲁”,本书《齐世家》、《鲁世家》和《十二诸侯年表》均载此事。按《左传》昭公二十年,仅记齐景公到沛田猎,故后人对此多

持怀疑态度。〔3〕“秦”，国名，相传为伯益的后代，嬴姓，原是游牧部族。非子任首领时，居于犬丘(今甘肃礼县东北)，被周孝王封于秦(今甘肃张家川东)，作为附庸。至秦仲，被周宣王命为大夫。秦仲之孙秦襄公护送周王室东迁有功，被平王正式封为诸侯，赐以岐(今陕西岐山东北)、丰(今陕西户县东)之地。春秋时建都雍(今陕西凤翔东南)，辖境约有今陕西中部和甘肃东南端。秦穆公攻灭十二国，称霸西戎。战国中期，秦孝公任用商鞅变法，迅速富强，迁都咸阳(今陕西咸阳东北)。公元前二二一年统一六国。“秦穆公”，“穆”或作“缪”，名任好，秦德公少子。任用贤才，曾打败晋国，俘虏晋惠公，灭梁国、芮国。向西攻灭十二国，称霸西戎。详见本书《秦本纪》。“辟”，通“僻”，偏僻。〔4〕“霸”，指以武力统领其它诸侯。〔5〕“羖”，音 gǔ，黑色公羊。“五羖”，即“五羖大夫”，指百里奚，或作“百里傒”。一说氏百里；一说氏百，字里。名奚。原为虞国大夫，虞亡，被晋俘去，作为陪嫁臣隶送入秦国。后出走到楚，被楚人所执，秦穆公用五张黑公羊皮赎回，任为大夫，故称“五羖大夫”，辅佐秦穆公创立霸业。〔6〕“累”，音 léi，通“缧”，拘系囚犯用的绳索。“绁”，音 xiè，义同“缧”。“累绁”，此引申为囚禁，囚犯。〔7〕“王”，指用仁义之道统治天下。与“霸”相对。〔8〕“说”，音 yuè，通“悦”。或谓理解，亦通。

【译文】鲁昭公二十年，孔子年纪已三十岁了。齐景公和晏婴来到鲁国，齐景公问孔子说：“昔日秦穆公国家弱小，地方偏僻，他称霸的原因是什么呢?”孔子回答说：“秦穆公，国家虽小，但他的志向大；地方虽然偏僻，但行为符合正道。亲自提拔百里奚，赐给大夫的爵位，从囚犯之中起用他，同百里奚交谈三天，立即将国政委授于他。凭这种做法取得人才，即使称王天下都可以，他称霸诸侯只能算小了。”齐景公听了很高兴。

孔子年三十五，而季平子与郈昭伯以斗鸡故得罪鲁昭公，[1]昭公率师击平子，平子与孟氏、叔孙氏三家共攻昭公，[2]昭公师败，奔于齐，齐处昭公乾侯。[3]其后顷之，[4]鲁乱。孔子适齐，为高昭子家臣，[5]欲以通乎景公。[6]与齐太师语乐，[7]闻《韶》音，[8]学之，三月不知肉味，齐人称之。[9]

【注释】〔1〕“郈”，音 hòu，亦作“后”、“厚”。“郈昭伯”，亦作“厚昭伯”、“后氏”，名恶，亦称“郈孙”，鲁国大夫。当年(即公元前五一七年)死于内乱。“季平子与郈昭伯以斗鸡故得罪鲁昭公”，此所言与它书所载有出入。按《左传》昭公二十五年云：“季、郈之鸡斗。季氏介其鸡，郈氏为之金距。平子怒，益宫于郈氏，且让之。故郈昭伯亦怨平子。”《吕氏春秋·察微》云：“鲁季氏与郈氏斗鸡，郈氏介其鸡，季氏为之金距，季氏之鸡不胜。季平子怒，因归郈氏之宫而益其宅。郈昭伯怒，伤之于昭公。……公怒，不审，乃使郈昭伯将师徒以攻季氏。”则其事为季平子与郈昭伯斗鸡而结怨构恶，季平子得罪鲁昭公，郈昭伯鼓动昭公进攻季氏。〔2〕“孟氏”，即孟孙氏，亦称仲孙氏，是鲁桓公之子仲庆父的后裔，鲁国贵族世家之一。“叔孙氏”，是鲁桓公之子叔牙的后裔，鲁国贵族世家之一。按：孟孙氏、叔孙氏、季孙氏系鲁桓公三个儿子的后裔，故又称之为“三桓”，其中以季孙氏势力最大。〔3〕“处”，处置，安置。“乾侯”，晋国邑名，在今河北成安东南。“齐处昭公乾侯”，据《左传》，晋人将昭公安置在乾侯，而齐人则将他安置于郓。〔4〕“顷之”，不久。〔5〕“高昭子”，氏高，名张，谥昭，亦称高张，高武子偃之子，齐国公室后裔，齐卿，执掌国政。“家臣”，春秋时代卿大夫的私家臣僚。〔6〕“通”，达，通达，交往。〔7〕“太师”，官名，乐官之长。“语”，谈论。〔8〕“《韶》”，虞舜乐名。孔子曾称赞《韶》为尽善尽美(见《论语·八佾》)。〔9〕“三月不知肉味”，很长时间连肉的滋味都不知道。形容对《韶》乐的喜爱到了如醉如痴的地步。《论语·述而》云：“子在齐闻《韶》，三月不知肉味，曰：‘不图为乐之至于斯也。’”〔10〕“称”，称道，称赞。

【译文】孔子三十五岁那年，季平子和郈昭伯因为斗鸡的缘故得罪了鲁昭公。鲁昭公率领军队攻击季平子，季平子和孟孙氏、叔孙氏三家联合攻打鲁昭公，昭公的军队战败，他逃奔到齐国，齐景公把昭公安置在乾侯。此后不久，鲁国大乱。孔子去到齐国，当齐卿高昭子的家臣，打算以此来与齐景公交往。孔子与齐国太师谈论音乐，听到《韶》的乐曲，学习《韶》乐，陶醉得居然三个月不知道肉的滋味，齐国人称赞孔子。

景公问政孔子，孔子曰：“君君，[1]臣臣，父父，子子。”景公曰：“善哉！信如君不君，[2]臣不臣，父不父，子不子，虽有粟，[3]吾岂得而食诸!”[4]他日又复问政于孔子，孔子曰："政在节财。"景公说，将欲以尼溪田封孔子。[5]晏婴进曰："夫儒者滑稽而不可轨法；[6]倨傲自顺，[7]不可以为下；[8]崇丧遂哀，[9]破产厚葬，不可以为俗；游说乞贷，[10]不可以为国。自大贤之息，[11]周室既衰，礼乐缺有间。[12]今孔子盛容饰，[13]繁登降之礼，[14]趋详之节，[15]累世不能殚其学，[16]当年不能究其礼。[17]君欲用之以移齐俗，[18]非所以先细民也。"[19]后景公敬见孔子，不问其礼。[20]异日，[21]景公止孔子曰：[22]"奉子以季氏，[23]吾不能。"以季、孟之间待之。[24]齐大夫欲害孔子，孔子闻之。景公曰："吾老矣，弗能用也。"孔子遂行，[25]反乎鲁。

【注释】〔1〕"君君"，第一个"君"，为名词，指国君；第二个"君"为动词，意为像国君的样子。"君君"意即国君像国君的样子。以下"臣臣"、"父父"、"子子"句式结构同。〔2〕"信"，真的，果真。〔3〕"虽"，即使，纵然。"粟"，粮食。〔4〕"诸"，"之乎"的合音。按：自"景公问孔子"至此，见《论语·颜渊》。〔5〕"尼溪"，齐国地名。《晏子春秋·外篇第八》作"尔稽"。〔6〕"滑"，音 gǔ，通"汩"，乱，扰乱。"稽"，计较，争论。"滑稽"，善于用言辞胡搅乱缠。或谓"滑稽"原指一种流酒器，引申为言词如同流水顺畅不断，形容能言善辩。"轨法"，法度，法规。〔7〕"倨"，音 jù，傲慢。"自顺"，自以为是。〔8〕"为下"，按《墨子·非儒下》、《晏子春秋·外篇第八》均作"教下"。〔9〕"崇丧"，崇尚丧事。"遂哀"，尽情哀伤。《墨子·非儒下》作"循哀"，《晏子春秋·外篇第八》作"道哀"。〔10〕"说"，音 shuì，用言语劝说他人。"乞贷"，乞求借贷。〔11〕"大贤"，大贤大德的人，此指周文王、周公等。"息"，通"熄"，灭。〔12〕"有间"，有一段时间，此指很长时间。〔13〕"盛容"，盛装，盛服。"饰"，修饰。装饰。〔14〕"登降"，尊卑，上下。〔15〕"趋"，小步快走。表示恭敬。"详"，通"翔"，行走时两臂张开。"节"，节奏，节度。〔16〕"累世"，连续几代。《墨子·非儒下》作"絫寿"，《晏子春秋·外篇第八》作"兼寿"。"殚"，音 dān，竭尽，穷尽。〔17〕"当年"，一生，终身。或谓丁年，壮年。"究"，穷尽，终极。〔18〕"移"，迁移，改变。〔19〕"先"，先导，引导。"细民"，小民，百姓。〔20〕按自"景公说"至此，又见《墨子·非儒下》和《晏子春秋·外篇第八》。〔21〕"异日"，他日，指过了些日子。〔22〕"止"，留，留住。〔23〕"奉"，侍奉，对待。〔24〕"季、孟之间"，季孙氏、孟孙氏之间。季孙氏在鲁国三卿中地位最尊，孟孙氏居第三位，则所谓"季、孟之间"，实相当于叔孙氏。〔25〕"遂"，于是，就。按自"景公止孔子曰"至此，见《论语·微子》。

【译文】齐景公问孔子如何为政，孔子说："国君要像国君，臣子要像臣子，父亲要像父亲，儿子要像儿子。"景公说："讲得好啊！如果真的国君不像国君，臣子不像臣子，父亲不像父亲，儿子不像儿子，纵然有粮食，我怎么能吃得到呢！"改日齐景公又向孔子询问为政，孔子说："为政在于节约财物。"景公很高兴，将要把尼溪的田地封赐给孔子。晏婴进言说："这些儒者能言善辩不能用法度来规范；高傲自大自以为是，不能任用他们来教育百姓；崇尚丧礼尽情致哀，破费财产厚葬死人，不可将这形成习俗；四处游说乞求借贷，不可以此治理国家。自从圣君贤相相继去世，周朝王室衰落以后，礼乐残缺有很长时间了。如今孔子盛装打扮，繁琐地规定尊卑上下的礼仪，举手投足的节度，连续几代不能穷尽其中的学问，从幼到老不能学完他的礼乐。国君打算用这一套来改造齐国的习俗，恐怕不是引导小民的好办法。"此后齐景公虽然恭敬地接见孔子，但不再问有关礼的事。有一天，齐景公挽留孔子说："按照季氏上卿的规格来待你，我不能做到。"于是就用介于鲁国季氏和孟氏之间的规格来接待孔子。齐国大夫企图谋害孔子，孔子听说此事。齐景公说："我老了，不能用你了。"孔子就上路离开齐国，返回鲁国。

孔子年四十二，鲁昭公卒于乾侯，定公立。[1]定公立五年，夏，季平子卒，桓子嗣立。[2]季桓子穿井得土缶，[3]中若羊，[4]问仲尼云"得狗"。仲尼曰："以丘所闻，羊也。丘闻之，木石之怪夔、罔阆，[5]水之怪龙、罔象，[6]，土之怪坟羊。"[7]

【注释】〔1〕"定公"，即鲁定公，名宋，鲁襄公之子，鲁昭公之弟，公元前五〇九年至前四九五年在位。详见本书《鲁周公世家》。〔2〕"桓子"，即季桓子，名斯，谥桓，亦称季孙斯，鲁国卿大夫，公元前五〇一年至前四九二年执掌国政，卒于公元前四九二年。"嗣立"，继位。指季桓子继承季平子在季孙氏的宗主地位以及官爵。〔3〕"穿井"，掘井，挖

井。"缶",音 fǒu,一种口小腹大的器皿,可以盛酒浆,也可用作打水,一般用陶土制造。〔4〕"若",如,像。按《国语·鲁语下》、《说苑·辨物》及《史记索隐》所引《家语》均作"有"。"中若羊",按《汉书·五行志》所引《史记》作"中得虫若羊"。〔5〕"木石",树木石头,此指山林。"夔",音 kuí,传说中一种奇异的动物,形如龙,一足。"罔阆",音 wǎng liǎng,亦作"罔良"、"蝄蜽"、"方良"、"魍魉",传说中的山林怪名。〔6〕"罔象",传说中的水精怪名。〔7〕"坟羊",传说中的土怪名。按:自"季桓子"以下至此,又见《国语·鲁语下》、《说苑·辨物》、《汉书·五行志第七中之下》、《孔子家语·辨物》、《搜神记》卷十二。

【译文】孔子四十二岁那年,鲁昭公死在乾侯,鲁定公即位。鲁定公在位的第五年,夏天,季平子去世,季桓子继位。季桓子掘井得到一个陶罐,里面有个像羊的东西,派人询问孔子,说是"得到一条狗"。孔子说:"据我所知,应该是只羊。我听说,木石的精怪为夔、罔阆,水中的精怪为龙、罔象,土中的精怪为坟羊。"

吴伐越,[1]堕会稽,[2]得骨节专车。[3]吴使使问仲尼:[4]"骨何者最大?"仲尼曰:"禹致群神于会稽山,[5]防风氏后至,[6]禹杀而戮之,[7]其节专车,此为大矣。"吴客曰:"谁为神?"仲尼曰:"山川之神足以纲纪天下,[8]其守为神,[9]社稷为公侯,[10]皆属于王者。"[11]客曰:"防风何守?"仲尼曰:"汪罔氏之君,[12]守封、禺之山,[13]为釐姓。[14]在虞、夏、商为汪罔,[15]于周为长翟,[16]今谓之大人。"[17]客曰:"人长几何?"[18]仲尼曰:"僬侥氏三尺,[19]短之至也。[20]长者不过十之,[21]数之极也。"于是吴客曰:"善哉,圣人!"[22]

【注释】〔1〕"吴",国名,亦称"句吴"、"攻吴"。姬姓,始祖为周太王之子太伯、仲雍。太伯、仲雍因太王欲立少子季历,避奔荆蛮。太伯自号句吴,被拥立为吴太伯。太伯卒,仲雍继位。周武王灭商后,正式封仲雍曾孙周章为吴君,列为诸侯。建都吴(今江苏苏州),辖境有今江苏南部、上海及浙江北部、安徽东南部一带。春秋时,寿梦称王,国力渐强。公元前五〇六年吴王阖闾曾击败楚国。公元前四九四年吴王夫差领兵攻入越国,迫使越国句践臣服,并北上与晋争霸。公元前四七三年被越国所灭。"越",国名,亦称"于越"。姒姓,相传为夏禹的后裔,始祖为夏后少康庶子无余,被封于会稽(今浙江绍兴),专门奉守对禹的祭祀。春秋时与吴国经常争战。公元前四九四年被吴王夫差打败。越王句践卧薪尝胆,积蓄力量,于公元前四七三年灭亡吴国。此后向北扩张,称霸诸侯,辖境有今江苏北部运河以东、江苏南部、浙江北部、安徽南部、江西东部之地。战国时衰落,约于公元前三〇六年被楚国所灭。〔2〕"堕",音 huī,通"隳",毁坏。"会稽",越国首都,在今浙江绍兴。按"吴伐越,堕会稽"事在公元前四九四年。〔3〕"节",段。"专",独占,占满。〔4〕"使使",第一个"使",音 shǐ,意为派遣,命令;第二个"使",音 shì,意为出使,使者。〔5〕"禹",亦称"大禹"、"夏禹"、"戎禹",姒姓,为古代夏后氏部落首领,鲧之子。鲧治水失败,舜命他继续治水,治水成功。舜死后,继任部落联盟首领。他死后,儿子启建立夏朝。详见本书《夏本纪》。"致",招致,招来。"神",按《左传》文公十一年孔颖达《疏》所引《国语》及《说苑·辨物》、《孔子家语·辨物》、《博物志》均作"臣"。"会稽山",原名苗山(或作"茅山"、"防山"),在今浙江绍兴、嵊县、诸暨、东阳间。相传夏禹到此大会诸侯,计功封爵,始命名会稽,取会计之意。〔6〕"防风氏",古部族名,此指防风氏部族首领。〔7〕"戮",音 lù,陈尸。〔8〕"神",神灵。按《国语·鲁语下》、《说苑·辨物》、《孔子家语·辨物》均作"灵"。"纲纪",治理,管理,此引申为护佑,造福。〔9〕"守",守候,侍奉,祭祀。〔10〕"社",土地神。"稷",谷神。"社稷为公侯",祭祀社稷的是公侯。按此句《国语·鲁语下》作"社稷之守者为公侯",《孔子家语·辨物》作"诸侯社稷之守为公侯"。又此句之下,《说苑·辨物》、《孔子家语·辨物》有"山川之祀为诸侯"。〔11〕"属",隶属,归属。〔12〕"汪罔",亦作"汪芒"、"湟芒",古部族名。〔13〕"封",山名,在今浙江德清西南。"禺",或作"嵎"、"隅",山名,在今浙江德清西南。〔14〕"釐",音 xī。按《国语·鲁语下》、《孔子家语·辨物》、《左传》文公十一年杜预注作"漆"。而黄丕烈《国语札记》、王引之《经义述闻》谓"漆"系"涞"字之误。〔15〕"虞",即"有虞氏",此指传说中夏以前有虞氏统治的时代。舜即有虞氏领袖,居蒲阪(今山西永济西蒲州镇)。"夏",朝代名,相传为有夏氏禹的儿子启所建立,都于阳城(今河南登封东),后迁至斟鄩(今河南登封西北)、安邑(今山西夏县西北)等地。末代王夏桀,被商汤所灭,前后共十三代、十六王，约相当于公元前二十一世纪至前十六世纪左右。“商”，朝代名，公元前十六世纪商汤灭夏后所建，建都于亳(今山东曹县南)，后曾多次迁移。盘庚迁都于殷(今河南安阳小屯村)，因而“商”也称“殷”。末代王商纣，公元前十一世纪被周武王攻灭。“在虞、夏、商为汪罔”，按《说苑·辨物》、《孔子家语·辨物》作“在虞、夏为防风氏，商为汪芒氏”，多出“为防风氏”四字，于义为长。〔16〕“周”，朝代名，此当指西周及春秋初之东周，时当公元前十一世纪至前六世纪左右。“长翟”，或作“长狄”。部族名，春秋时活动于西起山西临汾、长治，东至山东边境的山谷间。鄋瞒为其后裔，见《左传》文公十一年。〔17〕“今”，指当时，公元前五世纪。〔18〕“几何”，多少。〔19〕“僬侥”，音 jiāo yáo，亦作“焦侥”。“僬侥氏”，传说中的矮人部族。〔20〕“至”，极，最。〔21〕“十之”，十倍于三尺，即三丈。〔22〕按本节所记，又见《国语·鲁语下》、《说苑·辨物》、《孔子家语·辨物》。

【译文】吴军攻伐越国，毁坏越国都城会稽，得到人骨，一节就装满一车。吴王派遣使者询问孔子：“人的骨头，数谁的最大？”孔子说：“大禹在会稽山召集众神，防风氏误期后到，大禹下令将他杀死并陈尸示众。防风氏的一节骨头就占满一车，他骨头最大了。”吴国客人问：“谁是神呢？”孔子说：“山川的神灵足以造福天下百姓，守护祭祀它的就是神，祭祀社稷的是公侯，全都隶属于王。”客人问：“防风氏守护祭祀什么呢？”孔子说：“汪罔氏的君主祭祀封山、禺山，是釐姓。在有虞氏、夏朝、商朝叫做汪罔，在周朝叫做长翟，如今称为大人。”客人问：“人最长的有多长？”孔子说：“僬侥氏身长三尺，短到了极点。最长的不过十倍于此，这是数字上的极限。”于是吴国客人说：“高明啊，圣人！”

桓子嬖臣曰仲梁怀，〔1〕与阳虎有隙。〔2〕阳虎欲逐怀，公山不狃止之。〔3〕其秋，怀益骄，阳虎执怀。桓子怒，阳虎因囚桓子，与盟而醳之。〔4〕阳虎由此益轻季氏。〔5〕季氏亦僭于公室，〔6〕陪臣执国政，〔7〕是以鲁自大夫以下皆僭离于正道。故孔子不仕，退而修《诗》、《书》、《礼》、《乐》，〔8〕弟子弥众，〔9〕至自远方，莫不受业焉。

【注释】〔1〕“嬖”，音 bì，宠幸，宠爱。“仲梁怀”，氏仲梁，名怀，季氏家臣。〔2〕“隙”，音 xì，裂痕，怨恨。〔3〕“公山不狃”，氏公山，名“不狃”，亦作“不扰”、“弗扰”，字子泄，鲁国大夫，季氏宰，并任费邑宰。〔4〕“醳”，音 shì，通“释”，释放。按自“桓子嬖臣”至此，见《左传》定公五年。〔5〕“轻”，轻视。〔6〕“僭”，音 jiàn，僭越，僭冒名位超越自己的本分。〔7〕“陪臣”，指诸侯的大夫，因其对天子自称“陪臣”。〔8〕“修”，编纂，整理。“《诗》”，即《诗经》。中国现存最早的诗歌总集。因被儒家奉为经典，故通常称为《诗经》。共收诗三百零五篇，编成于春秋时代。司马迁以为系孔子删定，后人多有怀疑。全书分为“风”、“雅”、“颂”三大类：“风”类有十五国风，“雅”类有《大雅》、《小雅》，“颂”类有《国颂》、《鲁颂》、《商颂》。大抵是周初至春秋中叶的作品。具有极高的文学价值，保存了珍贵的古代史料。“《书》”，即《尚书》。中国上古历史文献资料的汇编。被儒家奉为经典，故亦称《书经》。司马迁认为经孔子选编而定。所涉内容，上起唐尧、虞舜，下至春秋时代。西汉初存二十八篇，即《今文尚书》。汉武帝时发现孔子住宅壁藏《古文尚书》，东晋时又有梅颐所献伪《古文尚书》。现在流行的《十三经注疏》和《尚书》，是《今文尚书》和伪《古文尚书》的合编。“《礼》”，关于礼仪制度的文献，类似今存《仪礼》之类的典籍。不少学者认为孔子没有整理过礼书，只是对具体的礼节仪式作过规范整理。“《乐》”，《乐经》，已失传。一些学者认为孔子之时没有乐书，“乐”当指各种配合唱《诗》和举行礼仪的乐曲。〔9〕“弥”，音 mí，更加。

【译文】季桓子的宠臣叫仲梁怀，和阳虎有怨恨。阳虎打算驱逐仲梁怀，公山不狃阻止他。那年秋季，仲梁怀越来越骄横，阳虎拘捕了仲梁怀。季桓子发怒，阳虎乘机囚禁季桓子，和他订立盟约然后释放他。阳虎从此越发看不起季氏。季氏自己也僭越礼法凌驾于公室之上，大夫执掌国政，因此鲁国从大夫以下全都僭越礼法背离正道。所以孔子不做官，隐退下来整理《诗》、《书》、《礼》、《乐》，弟子更加众多，纷纷从远方到达，无不接受孔子传授的学业。

定公八年，〔1〕公山不狃不得意于季氏，〔2〕因阳虎为乱，〔3〕欲废三桓之適，〔4〕更立其庶孽阳虎素所善者，〔5〕遂执季桓子。桓子诈之，得脱。定公九年，阳虎不胜，奔于齐。是时孔子年五十。

【注释】〔1〕“定公八年”，鲁定公八年，公元前五〇二年。〔2〕“得意”，得志，欲望得到满足。〔3〕“因”，利用，凭借。〔4〕“三桓”，指季孙氏、孟孙氏、叔孙氏三家。“適”，音 dí，通“嫡”，嫡子，正妻所生的长子，为宗法制度下的合法继承人。〔5〕“更”，更改。“庶孽”，庶子，妾所生的儿子。此泛指庶出旁支的子弟。

【译文】鲁定公八年，公山不狃在季氏手下不得志，利用阳虎作乱，准备废黜季孙氏、叔孙氏、孟孙氏三家的嫡长继承人，另立阳虎平素所亲善的其它庶子，于是拘捕季桓子。季桓子设诈骗过阳虎，得以脱身。鲁定公九年，阳虎交战没有取胜，逃奔到齐国。这时孔子年纪五十岁。

公山不狃以费畔季氏，〔1〕使人召孔子。孔子循道弥久，〔2〕温温无所试，〔3〕莫能己用，〔4〕曰：“盖周文、武起丰、镐而王，〔5〕今费虽小，傥庶几乎！”〔6〕欲往。子路不说，〔7〕止孔子。孔子曰：“夫召我者岂徒哉？〔8〕如用我，其为东周乎！”〔9〕然亦卒不行。〔10〕

【注释】〔1〕“费”，音 bì，亦作“鄪”、“肸”，鲁国邑名，为季氏采邑，在今山东费县西北。“畔”，通“叛”，反叛。〔2〕“循道”，遵循周代的王道。或本作“脩道”，亦通。“弥”，久，久远。〔3〕“温”，音 yùn，通“蕴”，蕴结，郁结。“温温”，郁闷，不得志的样子。“试”，任用。〔4〕“莫能己用”，即“莫能用己”，没人能任用自己。〔5〕“周文、武”，即周文王、周武王。“丰”，或作“酆”，亦称丰京，西周国都，周文王伐崇侯虎后从岐迁都于此，在今陕西长安西南沣河以西。“镐”，音 hào，或作“鄗”，亦称镐京、宗周，西周国都，周武王时从丰迁都于此，在今陕西长安县。〔6〕“傥”，音 tǎng，倘或，或许。“庶几”，相近，差不多。“几”，音 jī。〔7〕“子路”，氏仲，名由，字路，排行季，亦称“季路”、“仲由”、“季由”、“季子”、“仲路”，鲁国卞(今山东泗水)人，生于公元前五四二年，卒于公元前四八〇年，孔子学生，曾任季孙氏宰，后任卫大夫孔悝宰，死于卫国内乱，以勇力出名。详见本书《仲尼弟子列传》。〔8〕“徒”，空，徒劳。〔9〕“其”，将，将来。“为东周”，在东方复兴周道。〔10〕“卒”，结果，最终。按此事见《论语·阳货》。

【译文】公山不狃利用费邑反叛季氏，派人征召孔子。孔子遵循周道修行很久，但处处受压抑没有施展才能的地方，没人能任用自己，说：“周文王、周武王起于丰、镐之地而称王天下，如今费邑尽管小，但或许有希望吧！”打算前往。子路不高兴，阻止孔子。孔子说：“他们召请我，岂能徒劳无益呢？如果任用我，我将在东方复兴周道！”然而结果没有成行。

其后定公以孔子为中都宰，〔1〕一年，四方皆则之。〔2〕由中都宰为司空，由司空为大司寇。〔3〕

【注释】〔1〕“中都”，鲁国邑名，在今山东汶上西。“宰”，长，长官。〔2〕“则”，效法。〔3〕“大司寇”，官名，职掌监察纠举、司法刑狱，为鲁卿。

【译文】此后，鲁定公任命孔子为中都宰，经过一年的时间，四处都来效法他。孔子由中都宰升任司空，又由司空升任大司寇。

定公十年春，及齐平，〔1〕夏，齐大夫黎鉏言于景公曰：〔2〕“鲁用孔丘，其势危齐。”乃使使告鲁为好会，〔3〕会于夹谷。〔4〕鲁定公且以乘车好往。〔5〕孔子摄相事，〔6〕曰：“臣闻有文事者必有武备，有武事者必有文备。古者诸侯出疆，必具官以从。〔7〕请具左右司马。”〔8〕定公曰：“诺。”〔9〕具左右司马。会齐侯夹谷，为坛位，〔10〕土阶三等，〔11〕以会遇之礼相见，〔12〕揖让而登。〔13〕献酬之礼毕，〔14〕齐有司趋而进曰：〔15〕“请奏四方之乐。”〔16〕景公曰：“诺。”于是旍旄羽袚矛戟剑拨鼓噪而至。〔17〕孔子趋而进，历阶而登，〔18〕不尽一等，〔19〕举袂而言曰：〔20〕“吾两君为好会，夷狄之乐何为于此！〔21〕请命有司！”有司却之，〔22〕不去，〔23〕则左右视晏子与景公。景公心怍，〔24〕麾而去之。〔25〕有顷，齐有司趋而进曰：“请奏宫中之乐。”景公曰：“诺。”优倡侏儒为戏而前。〔26〕孔子趋而进，历阶而登，不尽一等，曰：“匹夫而营惑诸侯者罪当诛！〔27〕请命有司！”有司加法焉，〔28〕手足异处。〔29〕景公惧而动，知义不若，归而大恐，告

其群臣曰："鲁以君子之道辅其君，而子独以夷狄之道教寡人，[30]使得罪于鲁君，为之奈何？"[31]有司进对曰："君子有过则谢以质，[32]小人有过则谢以文。[33]君若悼之，[34]则谢以质。"于是齐侯乃归所侵鲁之郓、汶阳、龟阴之田以谢过。[35]

【注释】〔1〕"及"，与，同。"平"，成，和好。〔2〕"黎钼"，人名，本书《齐世家》作"犂钼"，《左传》定公十年作"黎弥"。〔3〕"为"，举行。"好会"，友好盟会。〔4〕"夹谷"，一名"祝其"，齐国地名，在今山东莱芜南。〔5〕"乘"，坐，驾。"好往"，指不加防范而友好前往。〔6〕"摄"，代，兼。"相"，赞礼者，即盟会司仪。〔7〕"具"，具备，配备。"官"，官员。〔8〕"左右司马"，即左司马、右司马，武官名，执掌军政、军法。〔9〕"诺"，答应声。〔10〕"坛"，土筑的高台，用作举行盟会或祭祀等典礼。"位"，位次，席位。〔11〕"土阶"，登台的土阶。"三等"，三级。〔12〕"会遇之礼"，一种诸侯间较为简略的会见之礼。〔13〕"揖让"，作揖谦让。"登"，上，升。〔14〕"献酬"，亦作"献醻"，饮宴时敬酒劝酒。〔15〕"有司"，有关官吏。〔16〕"四方"，四边，泛指边远少数部族，即下文的"夷狄"。〔17〕"旍"，音 jīng，同"旌"，一种竿头缀有旄牛尾，下系五彩析羽的旗。"旄"，音 máo，旗竿头上用旄牛尾所做的装饰。"祓"，音 fú，通"帗"，用五色彩帛制作的舞具。按周代有"帗舞"，舞者手执全羽或五彩缯而舞。"拨"，音 fá，大盾。"鼓噪"，击鼓呼叫。〔18〕"历阶"，一步跨一级台阶。按古代礼制，上台阶时，每登一级需有一个两脚并立的聚足动作。历阶而上，则没有聚足动作，表示孔子为争取时间已来不及顾到细小礼节。〔19〕"不尽"，不足，不够。"不尽一等"，不够一级，即还差一级没上。〔20〕"袂"，音 mèi，衣袖。"举袂"，举起衣袖，即抬起手。〔21〕"夷狄"，古时称东方各族为夷，称北方各族为狄，此泛指四方的少数部族。〔22〕"却"，退却，后退。〔23〕"去"，离去，离开。〔24〕"怍"，音 zuò，惭愧。〔25〕"麾"，音 huī，通"挥"，挥手，指挥。〔26〕"优倡"，表演乐舞戏谑的艺人。"侏儒"，身材矮小的人。古时常充当优倡弄人，以供取乐。〔27〕"匹夫"，庶民，百姓。"营惑"，别本或作"荧惑"，迷惑。〔28〕"加法"，施加刑法，施刑。〔29〕"手足异处"，手脚分离，此指腰斩之刑。〔30〕"寡人"，国君对自己的谦称，意为寡德之人。〔31〕"为之奈何"，对这怎么办。〔32〕"谢"，认错，道歉。"质"，质实，实际行动。〔33〕"文"，文饰，言辞。〔34〕"悼"，恐惧。〔35〕"郓"，音 yùn，亦称西郓，鲁国邑名，在今山东郓城东。"汶阳"，鲁国地名，在今山东泰安西南一带。因在汶水之北，故名。"龟阴"，鲁国地名，在今山东泗水东北，因在龟山之北，故名。"于是齐侯乃归所侵之郓、汶阳、龟阴之田"，按《左传》定公十年云："齐人来归郓、讙、龟阴之田。"杜预注："三邑，皆汶阳田也。"故梁玉绳《史记志疑》云："此以'汶阳'易'讙'，误。疑'郓'字误倒在'汶阳'上，又脱'讙'字。"可备一说。

【译文】鲁定公十年春季，鲁国与齐国和好。夏季，齐国大夫黎钼对齐景公说："鲁国任用孔丘，这形势就会危及齐国。"于是齐国派出使者告知鲁定公举行友好会见，约定在夹谷会面。鲁定公准备乘坐车辆友好前往。孔子兼任盟会司仪之事，说："臣下听说有文事的话必须有武备，有武事的话必须有文备。古代诸侯越出自己的疆界，必定配备文武官员作为随从。请配备左、右司马。"鲁定公说："好。"配备了左、右司马。到夹谷会见齐景公，在那里建筑盟坛，排定席位，修起土台阶三级，按诸侯间会遇之礼相见，鲁定公与齐景公互相作揖谦让而登坛。宴饮献酬之礼完毕后，齐国官吏小步疾走进来说："请演奏四方的舞乐。"齐景公说："好。"于是莱夷乐人打着旌旗，挥舞羽毛、彩缯，手持矛戟剑盾，击鼓呼叫而到来。孔子快步上前，一步跨越一级台阶而往上登，离坛上还有一级台阶时，挥举长袖而说："我们两国的君主举行友好盟会，夷狄的舞乐为何在此！请命令有关官员下令撤走。"主管官员发令退下，但乐人不离去，左右的人看着晏子和齐景公。景公内心有愧，挥手让他们离去。过了一会儿，齐国的官吏小步疾走进来说："请演奏宫中的舞乐。"齐景公说："好。"艺人侏儒便演戏调笑而上前。孔子又快步进去，一步跨越一级台阶而往上登，离坛上还有一级台阶时，说："百姓而胆敢蛊惑诸侯的，罪该诛杀！请命令有关官员执行！"有关官员施加刑法，艺人侏儒都被处以腰斩而手足分离。齐景公恐惧而震动，知道理义不如鲁国，回国后大为惊恐，告诉他的群臣说："鲁国臣子用君子之道辅佐他们的君主，而你们只是用夷狄之道来教我，使我得罪了鲁君，对这如何是好？"有关官员上前回答说："君子有了过错就用实际行动来道歉，小人有了过错则用花言巧语来道歉。国君倘若真的对此感到恐惧，就用实际行动去道歉。"于是齐景公便归还所侵占鲁国的郓、汶阳、龟阴之田来认错道歉。

定公十三年夏，[1]孔子言于定公曰[2]：“臣无藏甲，[3]大夫毋百雉之城。”[4]使仲由为季氏宰，[5]将堕三都。[6]于是叔孙氏先堕郈。[7]季氏将堕费，公山不狃、叔孙辄率费人袭鲁。[8]公与三子入于季氏之宫，[9]登武子之台。[10]费人攻之，弗克，[11]人及公侧。[12]孔子命申句须、乐颀下伐之。[13]费人北。[14]国人追之，败诸姑蔑。[15]二子奔齐，[16]遂堕费。将堕成，[17]公敛处父谓孟孙曰：[18]“堕成，齐人必至于北门。且成，孟氏之保鄣，[19]无成是无孟氏也。我将弗堕。”十二月，公围成，弗克。[20]

【注释】〔1〕“定公十三年”，按《左氏》、《公羊》、《谷梁》三传及本书《鲁周公世家》，堕三都事均系定公十二年，此“三”当系“二”字之误。〔2〕“孔子言于定公曰”，据《公羊传》，当是孔子言于季孙。〔3〕“甲”，兵甲，武器。“藏甲”，私藏的武器。〔4〕“雉”，古代计算城墙面积的单位，长三丈、高一丈为一雉。按以上文字，参见《公羊传》定公十二年。〔5〕“季氏宰”，季氏家臣之长，即季氏总管。〔6〕“三都”，鲁国三桓的采邑，即季孙氏之费，叔孙氏之郈，孟孙氏之成。〔7〕“郈”，音 hòu，鲁邑名，在今山东东平东南。〔8〕“叔孙辄”，名辄，字子张，叔孙氏庶子，鲁国大夫。〔9〕“三子”，指季孙、叔孙、孟孙，具体为季孙斯、叔孙州仇、仲孙何忌。“宫”，住房，住宅。秦汉以后，宫才专指帝王的住宅。〔10〕“武子之台”，即季武子台，在季氏宅中。〔11〕“克”，攻克，攻下。〔12〕“人及公侧”，俞樾《茶香室经说》疑此“人”字乃“矢”字之误，则当作“矢及公侧”。〔13〕“申句须、乐颀”，两人均为鲁国大夫。“下”，下台。〔14〕“北”，败走，败逃。〔15〕“姑蔑”，鲁国地名，亦称“蔑”，在今山东泗水东。〔16〕“二子”，指公山不狃和叔孙辄。〔17〕“成”，亦作“郕”，鲁国邑名，当时为孟孙氏采邑，在今山东泰安南。〔18〕“公敛处父”，名阳，氏公敛，字处父，亦称“公敛阳”，孟孙氏家臣，成邑宰。“孟孙”，仲孙何忌，即孟懿子。〔19〕“孟氏”，孟孙氏，亦称仲孙氏。“保鄣”，即“保障”，保护障蔽。〔20〕按自“仲由为季氏宰”至此，又见《左传》定公十二年。

【译文】鲁定公十三年夏季，孔子对鲁定公说：“臣子没有私藏的武器，大夫不能拥有周长三百丈的城邑。”派仲由为季氏的管家，将要拆毁季孙氏、叔孙氏、孟孙氏三家的都邑。于是叔孙氏首先拆毁了郈城。季孙氏将要拆毁费城，公山不狃、叔孙辄率领费邑人袭击鲁国国都。鲁定公和季孙斯、叔孙州仇、仲孙何忌进入季氏宅第，登上季武子台。费邑人攻打季氏宅第，没有成功，射出的箭飞到了定公的身边。孔子命令大夫申句须、乐颀下台攻伐，费邑人战败逃跑。鲁都国人追击，在姑蔑打败费邑人。公山不狃、叔孙辄逃奔齐国，于是拆毁费城。接着准备拆毁成城，公敛处父对孟孙说：“拆毁成城，齐国军队必定能直接到达国都北门。况且成邑，是孟氏的保护屏障，没有成邑就是没有孟氏啊。我将不拆城。”十二月，鲁定公领兵包围成邑，没有攻克。

定公十四年，孔子年五十六，由大司寇行摄相事，[1]有喜色。门人曰：[2]“闻君子祸至不惧，福至不喜。”孔子曰：“有是言也。不曰‘乐其以贵下人’乎？”于是诛鲁大夫乱政者少正卯。[3]与闻国政三月，[4]粥羔豚者弗饰贾；[5]男女行者别于涂；[6]涂不拾遗；四方之客至乎邑者，不求有司，皆予之以归。[7]

【注释】〔1〕“行摄”，崔适《史记探源》以为系“摄行”之误倒，当依《鲁世家》“周公乃践阼代成王摄行政当国”之文例订正。“相”，国相，宰相，为最高行政长官。但当时鲁周并无相职之名，此系司马迁以秦汉相应官名所作追述。“由大司寇行摄相事”，梁玉绳《史记志疑》云：“摄相者，乃傧相会盟之事。盖孔子自相会夹谷，后遂以司寇摄行人之职，《索隐》、《述赞》曰‘摄相夹谷’是也。”一些学者对孔子摄相也持怀疑态度。但《晏子春秋·外篇》、《荀子·宥坐》、《尹文子》等古书皆有孔子为相的记载，因此司马迁的这一记载，不宜轻易否定。按本书《十二诸侯年表》、《鲁国公世家》，皆云鲁定公十二年孔子离开鲁国。此以孔子摄相和接着出走，系于定公十四年，明显有误。当据《年表》、《鲁世家》，系于定公十二年。〔2〕“门人”，门徒，弟子。〔3〕“乱政者”，扰乱国政的人。“少正卯”，氏少正，或谓少正为官名，名卯。《论衡·讲瑞》云：“少正卯在鲁，与孔子并；孔子之门，三盈三虚，唯颜渊不去。”“于是诛鲁大夫乱正者少正卯”，此事最早见《荀子·宥坐》，云“孔子为鲁摄相，朝七日而诛少正卯”，并载孔子所举少正卯兼有五恶：“一曰心达而险，二曰行辟而坚,三曰言伪而辩,四曰记丑而博,五曰顺非而泽。”《尹文子·圣人》,《淮南子·氾论》及《说苑·指武》,《论衡》《讲瑞》、《定贤》,《白虎通·诛伐篇》引《韩诗内传》,《孔子家语·始诛》等皆记之。但后来不少学者力辩其无,以为是寓言传说。〔4〕“与”,音 yù,参与。“闻”,听理,操理。〔5〕“粥”,音 yù,通“鬻”,卖。“贾”,通“价”。“饰贾”,加价,抬高价格。〔6〕“涂”,通“途”,道路。下“涂”字同。“男女行者别于涂”,男女行路,分道而走。《吕氏春秋·乐成》云:“男子行乎涂右,女子行乎涂左。”〔7〕“皆予之以归”,按《孔子家语·相鲁》作“皆如归焉”。

【译文】鲁定公十四年,孔子五十六岁,由大司寇代理国相事务,面有喜色。门人说:“听说君子祸患降临不恐惧,福运到来不喜悦。”孔子说:“是有这样的话。但不是还有‘身居高位礼贤下士而自得其乐’的话吗?”于是诛杀鲁国扰乱政事的大夫少正卯。参预治理国政三个月,卖羊羔猪豚的不随意抬价;男女行路分道而走;遗留在路上的东西没人捡拾;从四方来到城邑的客人不必向官吏请求,全都给予接待,如同回到了家。

齐人闻而惧,曰:“孔子为政必霸,霸则吾地近焉,我之为先并矣,〔1〕盍致地焉?”〔2〕黎钼曰:“请先尝沮之;〔3〕沮之而不可则致地,庸迟乎!”〔4〕于是选齐国中女子好者八十人,〔5〕皆衣文衣而舞《康乐》,〔6〕文马三十驷,〔7〕遗鲁君。〔8〕陈女乐文马于鲁城南高门外。〔9〕季桓子微服往观再三,〔10〕将受,乃语鲁君为周道游,〔11〕往观终日,怠于政事。子路曰:“夫子可以行矣。”〔12〕孔子曰:“鲁今且郊,〔13〕如致膰乎大夫,〔14〕则吾犹可以止。”桓子卒受齐女乐,三日不听政;郊,又不致膰俎于大夫。〔15〕孔子遂行,宿乎屯。〔16〕而师己送,〔17〕曰:“夫子则非罪。”孔子曰:“吾歌可夫?”歌曰:“彼妇之口,可以出走;彼妇之谒,〔18〕可以死败。盖优哉游哉,〔19〕维以卒岁!”〔20〕师己反,〔21〕桓子曰:“孔子亦何言?”师已以实告。桓子喟然叹曰:〔22〕“夫子罪我以群婢故也夫!”〔23〕

【注释】〔1〕“并”,兼并,并吞。〔2〕“盍”,音 hé,何不。“致”,致送,献送。〔3〕“尝”,试。“沮”,音 jǔ,止,阻止。〔4〕“庸”,岂,难道。“迟”,晚。〔5〕“好”,美好,漂亮。“八十人”,按《韩非子·内储说下》及《太平御览》卷五七一所引《孔子家语》均作“二八”。〔6〕“文衣”,有纹饰的衣服。“《康乐》”,《孔子家语·子路初见》作“容玑”,舞曲名。〔7〕“文马”,毛色有花纹的马。“驷”,音 sì,四匹马。古代一车套四马,为驷。故以“驷”作为计算马匹的单位。〔8〕“遗”,音 wèi,馈赠,送致。〔9〕“高门”,为鲁国都城正南门。原称“稷门”,鲁僖公时扩建增高,故称高门。〔10〕“微服”,平民服装。古代服饰,依人的地位有不同的规定。这里季桓子为了隐藏自己的身份而改穿地位低下的平民服装。“再三”,二三次,多次。〔11〕“语”,音 yù,相告,告诉。“周道”,绕道,环绕道路。〔12〕“夫子”,古代对男子的尊称。〔13〕“郊”,祭名,冬至日在南郊祭天。这原为天子之礼,因鲁国为周公之后,周成王特赐鲁国也可举行郊祀。〔14〕“膰”,音 fán,祭肉,祭祀时作为供品的肉。按当时礼制,鲁君在郊祭之后,应将祭肉分赐宗亲和卿大夫。〔15〕“膰俎”,盛于俎中的祭肉。〔16〕“屯”,鲁地名,《集解》云:“在鲁之南也。”《孔子家语·子路初见》作“郭屯”。按《论语·微子》云:“齐人归女乐,季桓子受之,三日不朝,孔子行。”当为以上记述所本。〔17〕“师己”,鲁国大夫。亦见《左传》昭公二十五年。〔18〕“谒”,禀告,陈说。按《说苑·谈丛》作“喙”。〔19〕“优哉游哉”,即“优游”,悠闲自在。〔20〕“维”,按《孔子家语·子路初见》作“聊”。“卒岁”,过完岁月,消磨时光。〔21〕“反”,通“返”。〔22〕“喟”,音 kuì,叹声。〔23〕“罪”,怪罪。“群婢”,指女乐。

【译文】齐国人闻悉鲁国的情况后感到恐惧,说:“孔子当政的话,鲁国必然称霸,鲁国称霸而我齐国土地挨近它,我齐国的土地就会最先被兼并了。何不赶紧献送土地呢?”大夫黎钼说:“请先尝试设法阻止孔子当政;如果没法阻止孔子当政再献送土地,难道算晚吗!”于是挑选齐国国中漂亮的女子八十人,全都穿上华丽服装而跳起《康乐》舞蹈,连同有花纹的马一百二十匹,馈赠给鲁国国君。齐人将盛装女乐、有纹骏马陈列在鲁国都城南面的高门外。季桓子换上平民服装前往观看多次,打算接受,就告诉鲁定公要外出巡回周游,终日前往观看,懒于处理政事。子路说:“您可以上路出走了。”孔子说:“鲁国现在将要举行郊祀,如果能将郊祀祭肉分送大夫的话,我就还可以留下。”季桓子结果接受了齐国的女乐,三天没有上朝听政;举行郊祀典礼后,又不向大夫分发祭肉。孔子于是上路,住宿在

屯。大夫师己前来送行，说："您可没有什么罪过。"孔子说："我唱首歌可以吗？"接着唱道："那妇人的口啊，可以让人出走；那妇人的话啊，可以叫人身死名败。悠闲自在啊，聊以消磨时光！"师己返回国都，季桓子问："孔子说了什么？"师己将实情相告。季桓子喟然长叹说："夫子因为那群女乐的缘故怪罪我啊！"

孔子遂适卫，〔1〕主于子路妻兄颜浊邹家。〔2〕卫灵公问孔子：〔3〕"居鲁得禄几何？"〔4〕对曰："奉粟六万。"〔5〕卫人亦致粟六万。居顷之，或谮孔子于卫灵公，〔6〕灵公使公孙余假一出一入。〔7〕孔子恐获罪焉，居十月，去卫。

【注释】〔1〕"适"，往，去到。 〔2〕"主"，以……为主人，即寓居，客居。"颜浊邹"，亦作"颜雠由"，卫国大夫。 〔3〕"卫灵公"，名元，卫襄公之子，婤姶所生，公元前五三四年至公元前四九三年在位。详见本书《卫康叔世家》。 〔4〕"禄"，古代官吏的俸给。一般以发放粮食的数量为标准。〔5〕"奉"，通"俸"，俸禄。"六万"，此为俸禄数量。但其计量单位不详。《索隐》和《正义》以为是"石"，纯系猜测。当时各国量制不统一，齐国俸禄以"钟"计，如《孟子·滕文公下》"禄万钟"；卫国则以"盆"计，见《墨子·贵义》。 〔6〕"谮"，音 zèn，进谗言，说人坏话。 〔7〕"公孙余假"，卫国大夫，当系公室后裔。本书仅此一见。"一出一入"，一会儿出去，一会儿进来，指出入频繁。《索隐》谓"以兵仗出入，以胁夫子也"，似可不信。

【译文】孔子于是去到卫国，寄居在子路的妻兄颜浊邹家。卫灵公问孔子："在鲁国得俸禄多少？"孔子回答说："俸禄粮食六万。"卫国人也致送粮食六万。过了不久，有人向卫灵公说孔子的坏话。卫灵公派大夫公孙余假频繁出入孔子住所。孔子害怕得罪卫灵公，居住了十个月，离开卫国。

将适陈，过匡，〔1〕颜刻为仆，〔2〕以其策指之曰：〔3〕"昔吾入此，由彼缺也。"〔4〕匡人闻之，以为鲁之阳虎，阳虎尝暴匡人，〔5〕匡人于是遂止孔子。〔6〕孔子状类阳虎，拘焉五日。〔7〕颜渊后，〔8〕子曰："吾以汝为死矣。"颜渊曰："子在，回何敢死！"匡人拘孔子益急，弟子惧。孔子曰："文王既没，〔9〕文不在兹乎？〔10〕天之将丧斯文也，〔11〕后死者不得与于斯文也。〔12〕天之未丧斯文也，匡人其如予何！"〔13〕孔子使从者为甯武子臣于卫，〔14〕然后得去。

【注释】〔1〕"匡"，卫国邑名，在今河南长垣。〔2〕"颜刻"，"刻"或作"亥"、"尅"，本书《仲尼弟子列传》作"高"，《史记索隐》引《孔子家语》作"产"；字子骄，《通典》云字子精，孔子弟子。见本书《仲尼弟子列传》。"仆"，车夫，驾车的人。 〔3〕"策"，马鞭。〔4〕"缺"，缺口，此指城墙缺口。 〔5〕"暴"，强暴，施暴。 〔6〕"止"，阻止，扣留。 〔7〕"拘"，拘留。"焉"，于是，于此。 〔8〕"颜渊"，名回，字子渊，孔子弟子，极受孔子赞赏，生于公元前五二一年，卒于公元前四九〇年。详见本书《仲尼弟子列传》。按以下颜渊与孔子对话，见《论语·先进》。 〔9〕"文王"，周文王。"没"，音 mò，通"殁"，死。 〔10〕"文"，文化，此泛指周朝的礼乐制度和文献典籍。"兹"，此，这，指孔子自己。 〔11〕"斯"，此，这。〔12〕"后死者"，指孔子自己。"与"，与闻，闻知。〔13〕"如……何"，亦作"奈……何"，对……怎么办，把……怎么样。"予"，我。按自"孔子曰"以下至此，又见《论语·子罕》。 〔14〕"从者"，随从，此指身边的弟子。"甯武子"，名俞，氏宁，谥武，卫国卿大夫。按《左传》僖公二十八年，甯武子于公元前六三二年即已辅佐卫成公。又据《左传》襄公二十七年，公元前五四六年甯氏家族被诛灭。而孔子此时距甯武子之死已有一百多年，可证所记有误。崔适《史记探源》以为"甯武子当是孔文子之讹"，可备一说。

【译文】孔子打算前往陈国，经过匡邑。颜刻当驾车的，用他手中的鞭子指给孔子看，说："昔日我进入此地，是从那个缺口。"匡人听说来了人，以为是鲁国的阳虎。阳虎曾经残害过匡人，匡人于是就留下孔子。孔子样子长得像阳虎，在匡拘留了五天。颜渊落在后面，（见到后，）孔子说："我以为你死了。"颜渊说："您健在，我怎么敢死！"匡人拘留孔子，情况愈来愈紧急，弟子们感到恐惧。孔子说："周文王死后，周朝的文化不就在我这里吗？上天打算毁灭这周朝文化，我这个后来人便不应该掌握周朝的文化。上天不想毁灭周朝的文化啊，匡人能把我怎么样！"孔子派随从子弟到卫国国都做甯武子的家臣，然后得以离开。

去即过蒲。[1]月余，反乎卫，主蘧伯玉家。[2]灵公夫人有南子者，[3]使人谓孔子曰："四方之君子不辱欲与寡君为兄弟者，[4]必见寡小君。[5]寡小君愿见。"孔子辞谢，不得已而见之。夫人在絺帷中。[6]孔子入门，北面稽首。[7]夫人自帷中再拜，[8]环佩玉声璆然。[9]孔子曰："吾乡为弗见，[10]见之礼答焉。"子路不说。孔子矢之曰：[11]"予所不者，[12]天厌之！[13]天厌之！"[14]居卫月余，灵公与夫人同车，宦者雍渠参乘，[15]出，使孔子为次乘，[16]招摇市过之。[17]孔子曰："吾未见好德如好色者也。"[18]于是丑之，[19]去卫，过曹。[20]是岁，鲁定公卒。

【注释】〔1〕"蒲"，卫国邑名，在今河南长桓。〔2〕"蘧伯玉"，氏蘧（音 qú），"蘧"或作"璩"，名瑗，字伯玉，谥成，蘧庄子无咎之子，卫国大夫，颇受孔子赞扬。〔3〕"南子"，亦称"釐夫人"，宋女。〔4〕"不辱"，不以为辱，谦词。"寡君"，寡人，国君的自我谦称。〔5〕"寡小君"，诸侯谦称自己的妻子。〔6〕"絺"，音 chī，细葛布。"帷"，音 wéi，帷帐，帐幔。〔7〕"北面"，面朝北。"稽"，音 qǐ，叩头至地。"稽首"，一种叩头至地的跪拜礼，是古代九拜中最恭敬的。〔8〕"再拜"，连行两次拜礼。"拜"，一种表示敬意的礼节。拱手弯腰，相当于后来的作揖。〔9〕"环佩"，佩玉。"璆"，音 qiú，佩玉相互碰撞发出的声音。〔10〕"乡"，音 xiàng，通"向"，过去，以前。〔11〕"矢"，通"誓"，起誓，发誓。〔12〕"所"，如果，倘若。"不"，音 fǒu，通"否"，不然，不是这样。按《论语·雍也》作"否"。〔13〕"厌"，厌恶，厌弃。〔14〕按此语见《论语·雍也》。〔15〕"宦者"，阉人，宦官。"雍渠"，亦作"雍雎"、"痈疽"、"痈雎"，卫灵公的宠幸侍臣。"参乘"，亦作"骖乘"，即陪乘，立于车右，负责护卫。古代乘车，尊者居左，御者居中，参乘居右，故"参乘"又称"车右"、"戎右"。〔16〕"次乘"，第二辆车。〔17〕"招摇"，张扬炫耀。〔18〕按此语见《论语·雍也》。〔19〕"丑"，恶，厌恶。〔20〕"曹"，诸侯国名，姬姓，西周初年所封，始封君为周武王弟叔振铎，建都陶丘（今山东定陶西南），有今山东西部地区，公元前四八七年被宋国所灭。

【译文】孔子离开匡邑随即经过蒲邑。一个多月后，返回卫都，寄居在蘧伯玉家。卫灵公有个叫南子的夫人，灵公派人对孔子说："四方来的君子不以为辱想与寡人结为兄弟的，必定会见我的夫人。我的夫人希望见到你。"孔子推辞谢绝，最后不得已而拜见南子。夫人在细葛帷帐之中。孔子进门，面朝北行稽首之礼。夫人从帷帐中行拜礼两次，身上的佩玉叮当作响。孔子说："我原来不想见她，既然见了便以礼相答。"子路不高兴。孔子起誓说："我如果不是所说的那样，就让上天厌弃我！上天厌弃我！"在卫都居住一个多月，（有一天，）卫灵公和夫人同乘一辆车，宦官雍渠为车右担任护卫，出宫游览，让孔子乘第二辆车，招摇过市。孔子说："我没看见他爱好德行如同爱好女色啊。"于是厌恶卫灵公，离开卫国，经过曹国。这一年，鲁定公去世。

孔子去曹适宋，与弟子习礼大树下。宋司马桓魋欲杀孔子，[1]拔其树。孔子去。弟子曰："可以速矣。"孔子曰："天生德于予，桓魋其如予何！"[2]

【注释】〔1〕"桓魋"，名魋（音 tuí），氏向，宋国司马，亦称"向魋"，系宋桓公后裔，故又称"桓魋"、"桓司马"。公元前四八一年，进入曹地反叛，后奔卫，又奔齐，任齐次卿。〔2〕按此语见《论语·述而》。

【译文】孔子离开曹国前往宋国，和弟子们在大树下演习礼仪。宋国司马桓魋想要杀死孔子，拔起那株大树。孔子离开那个地方。弟子说："可以赶快走了。"孔子说："上天把德行降生在我身上。桓魋能把我怎么样？"

孔子适郑，[1]与弟子相失，[2]孔子独立郭东门。[3]郑人或谓子贡曰：[4]"东门有人，其颡似尧，[5]其项类皋陶，[6]其肩类子产，[7]然自要以下不及禹三寸，[8]累累若丧家之狗。"[9]子贡以实告孔子。孔子欣然笑曰：[10]"形状，末也。[11]而谓似丧家之狗，然哉，[12]然哉！"[13]

【注释】〔1〕"郑"，诸侯国名，姬姓，始封君为周宣王弟友，即郑桓公，于公元前八〇六年受封于郑（今陕西华县东）。周幽王时，郑桓公看到西周王朝的颓势，将财产、部族转移到东虢和郐之间。郑

武公时，先后攻灭郐和东虢，建都新郑（今河南新郑），辖有今河南中部地区。郑武公、郑庄公相继为周王室卿士，春秋初强盛一时。后逐渐衰落，于公元前三七五年被韩国灭亡。〔2〕“相失”，互相走失。〔3〕“郭”，外城。〔4〕“子贡”，名赐，氏端木（“木”或作“沐”），字子贡（“贡”或作“赣”），亦称“端木赐”，卫国人，生于公元前五二〇年，孔子弟子，善于辞令。曾经商曹、鲁间，富至千金。历任鲁国、卫国，出使聘问各国。详见本书《仲尼弟子列传》。〔5〕“颡”，音 sǎng，额，额头。“尧”，即唐尧，详见本书《五帝本纪》。〔6〕“项”，颈，脖子。“皋陶”，音 gāo yáo，亦称“咎繇”，偃姓，传说中东夷部族的首领。舜时任执掌刑法的官。禹时被选为继承人，因早死而未继位。〔7〕“子产”，名侨（或作“乔”）；字子产，又字子美；谥成；郑穆公之孙，故氏公孙；子国之子，故又氏国。亦称“公孙侨”、“国侨”、“公孙成子”。公元前554年为郑卿，公元前五四三年执政，实行改革，公元前五二二年去世。〔8〕“要”，“腰”的本字。“禹”，即夏禹、大禹，详见本书《夏本纪》。〔9〕“累累”，通“羸羸”，瘦瘠疲惫的样子。“丧”，失。“丧家”，失去家，无家可归。〔10〕“欣然”，喜悦的样子。〔11〕“末”，末梢，枝节，次要。《史记》别本或作“未”，《白虎通义·寿命》、《论衡·骨相》亦作“未”，意为不，不是，亦通。〔12〕“然”，这样，是。〔13〕按此事又见《论衡·骨相》、《白虎通义·寿命》。《韩诗外传九》所记较详，而有所不同。

孔子遂至陈，主于司城贞子家。〔1〕岁余，吴王夫差伐陈，〔2〕取三邑而去。〔3〕赵鞅伐朝歌。〔4〕楚围蔡，蔡迁于吴。〔5〕吴败越王句践会稽。〔6〕

【译文】孔子前往郑国，和弟子互相走失，孔子独自站在外城的东门。有个郑人对子贡说：“东门有个人，他的额头像唐尧，他的脖子像皋陶，他的肩像子产，然而从腰以下比夏禹差三寸，瘦瘠疲惫的样子好似丧家之犬。”子贡把实话告诉孔子。孔子欣然笑着说：“他说的形状，那倒未必。但说我像丧家之犬，是啊！是啊！”

【注释】〔1〕“司城贞子”，即“公孙贞子”，陈哀公之孙，公子胜之子，公子胜曾任司城，后世因以为氏，“贞”为其谥，陈国大夫。死于公元前四八〇年。按此事亦见《孟子·万章上》。〔2〕“吴王夫差”，吴王阖闾之子，吴国末代君主，曾一度大败越、齐，与晋争霸，后被越灭国，自杀身亡。公元前四九五年至前四七三年在位。详见本书《吴太伯世家》。〔3〕“取三邑而去”，按《左传·哀公元年》经、传及本书《十二诸侯年表》均无“取三邑”之事，梁玉绳《史记志疑》以为是误记。〔4〕“赵鞅”，名鞅，又名志父，氏赵，谥简，故亦称“赵简子”、“志父”，又称“赵孟”，赵景子成之子，晋国卿，公元前四九七年至前四七五年当政。他在内讧中战胜范氏、中行氏，扩大封地，为日后赵国的建立奠定了基础。详见本书《赵世家》。“朝歌”原为卫国国都，此时已成晋国之邑，在今河南淇县。按本书《十二诸侯年表》云：“赵鞅围范、中行朝歌。”〔5〕“蔡迁于吴”，按蔡迁于州来，事在鲁哀公二年（公元前四九三年），晚此一年。《左传》哀公元年云“蔡于是乎请迁于吴”。梁玉绳《史记志疑》谓“蔡”下缺“请”字，可从。〔6〕“越王句践”，越王允常之子，亦称“菼执”，公元前四九七年至前四六五年在位。曾被吴军大败，屈辱臣服。但他卧薪尝胆，励精图治，任用范蠡、文种等贤臣，修明政治，经过十年准备，由弱变强，结果灭亡吴国，称霸诸侯。详见本书《越王句践世家》。

【译文】孔子于是到达陈国，寄居在司城贞子家。一年多以后，吴王夫差攻伐陈国，夺取三个城邑而离开。晋国赵鞅领兵攻伐朝歌。楚军围攻蔡国，蔡人迁居到吴地。吴军在会稽击败越王句践。

有隼集于陈廷而死，〔1〕楛矢贯之，〔2〕石砮，〔3〕矢长尺有咫。〔4〕陈湣公使使问仲尼。〔5〕仲尼曰：“隼来远矣，此肃慎之矢也。〔6〕昔武王克商，〔7〕通道九夷百蛮，〔8〕使各以其方贿来贡，〔9〕使无忘职业。〔10〕于是肃慎贡楛矢石砮，长尺有咫。先王欲昭其令德，〔11〕以肃慎矢分大姬，〔12〕配虞胡公而封诸陈。〔13〕分同姓以珍玉，〔14〕展亲；〔15〕分异姓以远方职，〔16〕使无忘服。〔17〕故分陈以肃慎矢。”试求之故府，〔18〕果得之。〔19〕

【注释】〔1〕“隼”，音 sǔn，一种凶猛善飞的鸟。“集”，栖止，停留。“陈廷”，《国语·鲁语下》作“陈侯之庭”。〔2〕“楛”，音 hù，树名。“楛矢”，用楛木制作的箭。“贯”，贯穿，射穿。〔3〕“砮”，音 nǔ，石制的箭镞。〔4〕“咫”，音 zhǐ，古长度单位，周制八寸，合今六寸二分二厘。“尺有咫”，一尺八寸。〔5〕“陈湣公”，亦作“陈愍公”、“陈闵公”，名周，又名越,陈怀公之子,陈国末代君主,公元前五〇一年至前四七九年在位。详见本书《陈杞世家》。〔6〕“肃慎”,古部族名,亦作“息慎”、“稷慎”,商周时,居住于长白山以北至黑龙江中下游一带,以狩猎为生。〔7〕“克”,攻克,灭亡。〔8〕“通道”,打通道路。“九夷百蛮”,《国语》韦昭注云:“九夷,东夷九国也。百蛮,蛮有百邑也。”此泛指中原四裔的少数部族。〔9〕“方贿”,方物,地方物产。“贡”,贡献,进贡。〔10〕“职业”,分内应尽的义务。〔11〕“昭”,昭彰,昭明。“令”,美。〔12〕“大姬”,周武王的长女。〔13〕“配”,婚配,成婚。这里是嫁的意思。“虞胡公”,名满,姓妫,相传为舜之后裔,亦称“胡满”、“妫满”、“虞公”。其父虞阏父为周陶正。周武王灭商后被封于陈,是为陈国开国君主。详见本书《陈杞世家》。〔14〕“同姓”,指与周王同宗的姬姓诸侯。〔15〕“展”,伸展,扩展。这里是推广加深的意思。〔16〕“异姓”,指与周王室不同宗的他姓诸侯,如陈国。“职”,职贡,贡品。按《国语·鲁语下》“职”下有“贡”。〔17〕“服”,职事,义务。〔18〕“故”,旧。“府”,府库,仓库,收藏财物的地方。〔19〕按本节又见《国语·鲁语下》及《说苑·辨物》、《汉书·五行志》、《孔子家语·辨物》。

【译文】有只隼落在陈湣公的庭院中而死去,楛木箭杆穿透身子,箭镞是石制的,箭长一尺八寸。陈湣公派人询问孔子。孔子说:“隼飞来的地方很远啊,这是肃慎部族的箭。从前周武王攻灭商朝,打通与四方各个蛮夷部族的道路,让他们各自将那里的地方特产送来进贡,使之不忘记应尽的分内义务。于是肃慎部族进贡楛木箭杆、石头箭镞,箭长一尺八寸。先王为了昭彰他的美德,把肃慎进贡的箭分赐给长女大姬,又将大姬许配给虞胡公而封虞胡公在陈。将珍宝玉器赏赐给同姓诸侯,是要推广加深亲族的关系;将远方献纳的贡品分赐给异姓诸侯,让他们不忘记义务。所以把肃慎的箭分赐给陈国。”陈湣公试着派人到旧仓库中寻找,果真得到这种箭。

孔子居陈三岁,会晋、楚争强,[1]更伐陈,[2]及吴侵陈,陈常被寇。[3]孔子曰:“归与归与![4]吾党之小子狂简,[5]进取不忘其初。”[6]于是孔子去陈。

【注释】〔1〕“会”,适逢,恰遇。〔2〕“更”,更替,轮番。〔3〕“被”,遭受。“寇”,侵犯,掠夺。〔4〕“与”,音 yú,通“欤”,语气词,相当于“吧”。〔5〕“党”,古代地方组织,五百家为一党。此指乡党,家乡。“小子”,指孔子的弟子。“狂”,狂放,轻狂。“简”,大。“狂简”,狂妄自大。此指志向远大。〔6〕“进取”,上进,努力争取。“初”,初始,初衷。按此孔子语见《孟子·尽心下》。

【译文】孔子在陈国居住三年,适逢晋国、楚国争霸,轮番攻伐陈国,还有吴国也侵犯陈国,陈国经常受到劫掠。孔子说:“回去吧!回去吧!我家乡的那些小子志向远大,努力进取而没忘记初衷。”于是孔子离开陈国。

过蒲,会公叔氏以蒲畔,[1]蒲人止孔子。弟子有公良孺者,[2]以私车五乘从孔子。其为人长贤,有勇力,谓曰:“吾昔从夫子遇难于匡,今又遇难于此,命也已。吾与夫子再罹难,[3]宁斗而死。”斗甚疾。蒲人惧,谓孔子曰:“苟毋适卫,[4]吾出子。”[5]与之盟,出孔子东门。孔子遂适卫。子贡曰:“盟可负邪?”[6]孔子曰:“要盟也,[7]神不听。”

【注释】〔1〕“公叔氏”,卫献公后裔。此时之公叔氏为公叔戌,卫国大夫。“公叔氏以蒲畔”,按《左传》所载,公叔戌于鲁定公十四年(公元前四九六年)被卫灵公驱逐而出奔鲁国,并无据蒲反叛之事。司马迁所述,不详所本,或系误记。〔2〕“公良孺”,氏公良,名孺(或作“儒”),字子正,陈国人,孔子弟子,见本书《仲尼弟子列传》。〔3〕“罹”,音lí,遭遇,遭受。〔4〕“苟”,倘若,如果。〔5〕“出”,让……出去,放出。〔6〕“负”,背弃,违反。〔7〕“要”,要挟,胁迫。

【译文】途经蒲邑,遇到卫国大夫公孙氏占据蒲邑反叛,蒲邑人扣留孔子。有个叫公良孺的弟子,带着五辆私车随从孔子。他为人长大贤能,又有勇气力量,对孔子说:“我昔日跟着您在匡遭遇危难,如今又在这里遭遇危难,这是命啊。我与您再次蒙难,宁可搏斗而死。”搏斗非常激烈。蒲邑人恐惧,对孔子说:“如果你不去卫都,我们放了你。”孔子和他们立了盟誓,蒲邑人将孔子放出东门。孔子接着前往卫都。子贡说:“盟誓难道可以背弃吗?”孔子说:“这是要挟订立的盟誓,神是不会理睬的。”

卫灵公闻孔子来，喜，郊迎。问曰："蒲可伐乎？"对曰："可。"灵公曰："吾大夫以为不可。[1]今蒲，卫之所以待晋、楚也，[2]以卫伐之，无乃不可乎？"[3]孔子曰："其男子有死之志，[4]妇人有保西河之志。[5]吾所伐者不过四、五人。"[6]灵公曰："善。"然不伐蒲。

【注释】〔1〕"吾大夫"，我的大夫，此指卫国大夫。〔2〕"待"，对待，对付，抵御。〔3〕"无乃"，岂不是，恐怕。〔4〕"死之志"，决死的志气，此指誓死效忠卫国的决心。〔5〕"西河"，地区名，在卫国西部的黄河西岸地区，约当今河南内黄、浚县、滑县一带。此指代卫国。〔6〕"四、五人"，指反叛的首恶只有四、五人。

【译文】卫灵公听说孔子前来，非常喜欢，到郊外迎接。卫灵公问："蒲邑可以攻伐吗？"孔子回答说："可以。"卫灵公说："我的大夫认为不可。如今蒲邑，是卫国用以防御晋国、楚国的屏障，用卫国军队去攻伐蒲，恐怕不行吧？"孔子说："那里的男人有决死的志气，女人有保卫西河的志气。我们所要讨伐的叛乱者只不过四、五个人。"卫灵公说："好。"然而没有攻伐蒲邑。

灵公老，怠于政，[1]不用孔子。孔子喟然叹曰："苟有用我者，期月而已，[2]三年有成。"[3]孔子行。[4]

【注释】〔1〕"怠"，懈怠，懒惰。〔2〕"期"，音jī，一周年，或整月。"期月"，一整年。〔3〕"成"，成功，成效。按孔子语见《论语·子路》。〔4〕按以上三节事，亦见《孔子家语·困誓》。

【译文】卫灵公年老，懒于理政，没有任用孔子。孔子长长地叹了一口气说："如果有人起用我的话，只需一年的时间罢了，三年的话就会大见成效。"孔子上路离去。

佛肸为中牟宰。[1]赵简子攻范、中行，[2]伐中牟。佛肸畔，[3]使人召孔子。孔子欲往。子路曰："由闻诸夫子：[4]'其身亲为不善者，君子不入也。'[5]今佛肸亲以中牟畔，子欲往，如之何？"孔子曰："有是言也。不曰坚乎，磨而不磷；[6]不曰白乎，涅而不淄。[7]我岂匏瓜也哉，[8]焉能系而不食？"[9]

【注释】〔1〕"佛肸"，音bì xī，《汉书·古今人表》作"茀肸"，晋国大夫，范氏、中行氏的家臣。"中牟"，晋国邑名，在今河南鹤壁市西，或谓在今河北邢台、邯郸之间。"宰"，邑宰，一邑之长。〔2〕"范"，即范氏，亦称"士氏"，为晋国世卿大家之一，姓祁，传说系陶唐氏后裔。范氏先人有士艻，以官为氏，故亦称"士氏"；至士艻之孙士会，受封邑于范（在今山东范县），以邑为氏，始称"范氏"。此时范氏为范昭子吉射。"中行"，即中行氏，晋荀氏分支，为晋国世卿大家之一。先人荀林父为中行主将，因此为氏。此时"中行氏"为中行文子寅。〔3〕"畔"，通"叛"。因当时晋国由赵简子执政，是为正统，反对赵简子即视为反叛。〔4〕"由"，子路字，即子路自称。"诸"，之于。"之"指孔子下面说的话。〔5〕"不入"，不进入，不加入。〔6〕"磷"，音lín，薄。〔7〕"涅"，音niè，矿物名，古人用来作为黑色染料。"淄"，音zī，通"缁"，黑色。〔8〕"匏瓜"，葫芦的变种，俗称"瓢葫芦"。古时有甜、苦两种，苦的不能吃，但晾干后，可以用作浮水工具，或剖开制成瓢。"匏"，音páo。〔9〕"焉"，哪，怎么。"系"，挂，拴缚。按本节见《论语·阳货》。

【译文】晋国佛肸任中牟邑宰。赵简子领兵攻打范氏、中行氏，进攻中牟。佛肸反叛赵简子，派人召请孔子。子路说："我听您说过这样的话：'那个人本身在做不好的事，君子是不会去加入的。'如今佛肸自己占据中牟反叛，您却打算前往，怎么解释呢？"孔子说："我是说过这句话。但不是说坚硬吗，再磨砺也不会变薄；不是说洁白吗，再污染也不会变黑。我哪能是匏瓜呢，怎么可以挂在那里而不能食用？"

孔子击磬。[1]有荷蒉而过门者，[2]曰："有心哉，击磬乎！硁硁乎，[3]莫己知也夫而已矣！"[4]

【注释】〔1〕"磬"，音qìng，古代乐器名，用玉或石制成，悬挂于架子上，敲击出声。〔2〕"荷"，音hè，负，背，扛。"蒉"，音kuì，草编的筐。〔3〕"硁"，音kēng，击磬发出的声音。"硁硁"，石磬声。后人常用以形容浅薄固执的样子。〔4〕"莫己知"，即"莫知己"，没人知道自己。"夫"，彼，那。

"而已",耳,罢了。按本节见《论语·宪问》。

【译文】孔子击奏石磬。有个扛着草筐从门口经过的人,说:"有心思呀,就击打石磬吧!砬砬的声音啊,是在诉说没人赏识自己罢了!"

孔子学鼓琴师襄子,[1]十日不进。[2]师襄子曰:"可以益矣。"[3]孔子曰:"丘已习其曲矣,未得其数也。"[4]有间,[5]曰:"已习其数,可以益矣。"孔子曰:"丘未得其志也。"[6]有间,曰:"已习其志,可以益矣。"孔子曰:"丘未得其为人也。"[7]有间,有所穆然深思焉,[8]有所怡然高望而远志焉。[9]曰:"丘得其为人,黯然而黑,[10]几然而长,[11]眼如望羊,[12]如王四国,[13]非文王其谁能为此也!"师襄子辟席再拜,[14]曰:"师盖云《文王操》也。"[15]

【注释】[1]"鼓",奏,演奏。"师襄子",亦称"师襄"、"师堂子",字子京,卫国乐师。 [2]"进",前进,此指继续往下学。 [3]"益",加,增加,此意同"进"。 [4]"数",技术,方法。 [5]"有间",过了一段时间。 [6]"志",志趣,意旨。 [7]"为人",作曲的人。 [8]"穆然",默然,沉静深思的样子。 [9]"怡然",和悦的样子。"怡",按《韩诗外传五》作"邈",《孔子家语·辨乐》作"睾",高远的样子,意较顺。 [10]"黯",音 àn,深黑。 [11]"几",音 qí,通"颀",颀长。 [12]"望羊",亦作"望洋"、"望阳",远视的样子。 [13]"四国",四方,天下。 [14]"辟",通"避"。"辟席",即避席。古人席地而坐,离座而起,表示敬意。 [15]"《文王操》",周文王作的琴曲名。按本节又见《韩诗外传五》、《孔子家语·辨乐》。

【译文】孔子向师襄子学习弹琴,学了十天仍止步不进。师襄子说:"可以增加学习内容了。"孔子说:"我已经熟习曲子,但还没有掌握演奏的技巧。"过了一段时间,师襄子说:"已经熟习演奏的技巧,可以继续往下学了。"孔子说:"我还没有领会其中的志趣啊。"过了一段时间,师襄子说:"已经熟习其中的志趣,可以继续往下学了。"孔子说:"我还不知道乐曲的作者啊。"过了一段时间,孔子默然沉思,心旷神怡,高瞻远望而意志升华。说:"我知道乐曲的作者了,那人皮肤深黑,体形颀长,眼睛深邃远望,如同统治着四方诸侯,不是周文王还有谁能撰作这首乐曲呢!"师襄子离开坐席连行两次拜礼,说:"老师说这乐曲叫做《文王操》啊。"

孔子既不得用于卫,将西见赵简子。至于河而闻窦鸣犊、舜华之死也,[1]临河而叹曰:[2]"美哉水,洋洋乎![3]丘之不济此,[4]命也夫!"子贡趋而进曰:"敢问何谓也?"孔子曰:"窦鸣犊、舜华,晋国之贤大夫也。赵简子未得志之时,须此两人而后从政;[5]及其已得志,杀之乃从政。丘闻之也,刳胎杀夭则麒麟不至郊,[6]竭泽涸渔则蛟龙不合阴阳,[7]覆巢毁卵则凤皇不翔。[8]何则?[9]君子讳伤其类也。夫鸟兽之于不义也尚知辟之,而况乎丘哉!"乃还息乎陬乡,[10]作为《陬操》以哀之。[11]而反乎卫,入主蘧伯玉家。[12]

【注释】[1]"窦鸣犊、舜华",按《集解》引徐广曰:"或作'鸣铎、窦犨',又作'窦犨鸣犊、舜华'也。"徐广所引别本作"鸣铎、窦犨",与《汉书·古今人表》、《孔子家语·困誓》、《孔丛子·记问》相合。又《说苑·权谋》作"泽鸣、犊犨",《三国志·刘廙传》注引《新序》作"犊犨"、"铎鸣"。疑今本《史记》此处有误,当以别本作"鸣铎、窦犨"为是。 [2]"临",面对。"河",黄河。 [3]"洋洋",盛大的样子。此处犹言"滔滔"。 [4]"济",渡,渡过。 [5]"须",待,等待。 [6]"刳",音 kū,剖开而挖取。"刳胎",剖腹取胎。"夭",音 yǎo,刚出生的小动物。"麒麟",亦作"骐骥",传说中象征吉祥的一种动物。体形像鹿,独角,全身长鳞甲,尾巴似牛。 [7]"竭泽",抽干池泽中的水。"涸",音 hé,水干,枯竭。"渔",打鱼。"蛟龙",有角的龙。龙为传说中能兴云作雨、调和阴阳的神灵动物,被奉为鳞虫之长。"合",调和。"阴阳",阴阳之气。古人认为自然界的万物万象皆由阴阳二气交会组构而成。 [8]"覆巢",倾覆鸟巢。"卵",鸟蛋。"凤皇",即凤凰,传说中象征吉祥的神鸟,雄的称"凤",雌的称"凰",被古人奉为飞禽之长。 [9]"则",哉,呢。 [10]"息",止,住。"陬乡",卫国地名,当在卫、晋交界的黄河东岸处。 [11]"《陬操》",琴曲名。"哀之",哀悼窦鸣犊、舜华的死。 [12]按本节之事又见《说苑·权谋》、《三国志·魏志·刘廙传》注所引《新序》、《孔子家语·困誓》、《孔丛子·记问》。

【译文】孔子在卫国得不到任用后，打算西行去见赵简子。来到黄河边而听说窦鸣犊、舜华被杀身死，他面对黄河而感叹道："美啊，黄河的水，浩浩荡荡啊！我不能渡过它，是命中注定的啊！"子贡快步上前说："请问您说的是什么？"孔子说："窦鸣犊、舜华，是晋国的贤能大夫。赵简子没有得志掌权的时候，等待这两个人然后从政；及至他已经得志掌权，就杀死二人而从政。我听说过，剖腹取胎，杀死幼兽，麒麟就不会来到郊野；竭泽而渔，一网打尽，蛟龙就不会调和阴阳；捣毁巢窠，打碎鸟蛋，凤皇就不会飞翔前来。什么缘故呢？君子忌讳伤害他的同类啊。鸟兽对于不义之举尚且知道躲避，何况我孔丘呢！"于是返回住宿在陬乡，撰作了《陬操》的琴曲来哀悼被害的晋国大夫。接着返回卫都，进入蘧伯玉家寄居。

他日，灵公问兵陈，[1]孔子曰："俎豆之事则尝闻之，[2]军旅之事未之学也。"[3]明日，与孔子语，见蜚雁，[4]仰视之，色不在孔子。[5]孔子遂行，复如陈。

【注释】〔1〕"陈"，通"阵"。"兵陈"，即兵阵，作战阵法。〔2〕"俎豆之事"，俎豆皆为礼器，俎豆之事泛指礼仪之事。〔3〕"军旅"，古以一万二千五百人为军，五百人为旅，此泛指军队。"未之学"，即"未学之"，没有学习过军旅之事。按自"灵公问兵陈"至此，又见《论语·卫灵公》。〔4〕"蜚"，通"飞"。〔5〕"色"，神色，表情。

【译文】有一天，卫灵公询问用兵的阵法。孔子说："摆弄礼器的事倒曾听说过，军队作战的事没有学过啊。"第二天，卫灵公与孔子交谈，看到天上飞翔的雁，仰头注视，神色心思不在孔子身上。孔子于是上路，又前往陈国。

夏，卫灵公卒，立孙辄，[1]是为卫出公。六月，赵鞅内太子蒯聩于戚。[2]阳虎使太子绖，[3]八人衰绖，[4]伪自卫迎者，哭而入，[5]遂居焉。冬，蔡迁于州来。[6]是岁鲁哀公三年，[7]而孔子年六十矣。齐助卫围戚，[8]以卫太子蒯聩在故也。

【注释】〔1〕"辄"，卫灵公太子蒯聩的儿子，公元前四九二年至前四八一年、公元前四七六年至前四六九年两度在位。详见本书《卫康叔世家》。〔2〕"内"，通"纳"，接纳，送入。"太子蒯聩"，卫灵公的太子，即卫庄公。公元前四九六年因与灵公宠妃南子构恶，被人出卖，逃奔宋国。此时被赵鞅送入戚邑。一直到公元前四八〇年才回国都即位。于公元前四七八年被戎州人己氏杀死。详见本书《卫康叔世家》。"戚"，卫国邑名，在今河南濮阳北。〔3〕"绖"，音 wèn，古代的一种丧服，脱去冠，用布包裹头发。这里指身着这种丧服。〔4〕"衰绖"，音 cuī dié，丧服。"衰"，通"缞"，原指丧服胸前当心处的麻布，也用以指丧衣。"绖"，包括首绖、腰绖。首绖指围在头上的散麻绳，腰绖指缠在腰间的麻绳。衰、绖为丧服的主要部分，因常指代丧服。〔5〕"入"，此指进入戚邑。〔6〕"州来"，邑名，在今安徽凤台。原为楚邑，后入吴。至此时吴王夫差将蔡昭侯迁都于此，始称下蔡。按自"夏，卫灵公卒"至此，又见《左传》哀公二年。〔7〕"是岁鲁哀公三年"，按《左传》，以上皆为鲁哀公二年事。或谓"是岁"当作"明岁"，可备一说。〔8〕"齐助卫围戚"，《春秋》哀公三年云："春，齐国夏、卫石曼姑帅师围戚。"

【译文】夏季，卫灵公去世，卫人拥立灵公的孙子辄即位，这就是卫出公。六月，赵鞅将卫太子蒯聩送入戚邑。阳虎让太子身着孝服，又派八个人穿戴丧服，装成是从卫都前来迎接太子的，哭着进入戚邑，于是太子蒯聩就居住在那里。冬季，蔡人迁都到州来。这一年是鲁哀公即位的第三年，而孔子年已六十了。齐国帮助卫人围攻戚邑，因为卫太子蒯聩在那里的缘故。

夏，鲁桓、釐庙燔，[1]南宫敬叔救火。孔子在陈，闻之，曰："灾必于桓、釐庙乎？"已而果然。[2]

【注释】〔1〕"桓"，即鲁桓公，名轨（或作"允"），鲁惠公之子，母仲子，公元前七一一年至前六九四年在位。"釐"，即鲁釐公，"釐"或作"僖"，名申，鲁庄公之少子，母成风，鲁闵公之弟。公元前六五九年至前六二七年在位。均详见本书《鲁周公世家》。"燔"，音 fán，着火，焚烧。〔2〕"已而"，事后，不久。"果然"，果真这样。按本节事见《左传》哀公三年。

【译文】夏季，鲁国桓公、禧公的庙起火，鲁大夫南宫敬叔前去救火。孔子在陈国,听说鲁国火灾的消息,说:“火灾必定发生在桓公、禧公的庙吧!”事后果真如此。

秋,季桓子病,辇而见鲁城,〔1〕喟然叹曰:“昔此国几兴矣,以吾获罪于孔子,故不兴也。”顾谓其嗣康子曰:〔2〕“我即死,若必相鲁;相鲁,必召仲尼。”后数日,桓子卒,康子代立。〔3〕已葬,欲召仲尼。公之鱼曰:〔4〕“昔吾先君用之不终,终为诸侯笑。今又用之,不能终,是再为诸侯笑。”康子曰:“则谁召而可?”曰:“必召冉求。”〔5〕于是使使召冉求。冉求将行,孔子曰:“鲁人召求,非小用之,将大用之也。”是日,孔子曰:“归乎归乎!吾党之小子狂简,斐然成章,〔6〕吾不知所以裁之。”〔7〕子赣知孔子思归,〔8〕送冉求,因诫曰:“即用,以孔子为招”云。

【注释】〔1〕“辇”,音 niǎn,由人推挽的车。〔2〕“顾”,回头。“康子”,即季康子,亦称“季孙”,名肥,谥康,季桓子之子,鲁国卿大夫,公元前四九一年至公元前四六八年当政。〔3〕按季桓子之语,本于《左传》哀公三年,但出入较大。〔4〕“公之鱼”,鲁国大夫。〔5〕“冉求”,名求,字子有,氏冉,亦称“冉有”、“冉子”、“有子”,鲁人,孔子弟子,后为季孙氏家臣。生于公元前五二二年,卒于公元前四八九年。详见本书《仲尼弟子列传》。〔6〕“斐然”,富有文采的样子。“斐”,音 fěi。〔7〕“裁”,剪裁,调教。按:孔子之语见《论语·公冶长》。〔8〕“子赣”,即子贡。

【译文】秋季,季桓子病重,坐在辇车上望见鲁都的城墙,深深地叹息道:“昔日这个国家将要振兴了,因为我得罪了孔子,所以不兴旺了。”回头对他的继承人季康子说:“我如果死了,你必定为鲁国之相;你担任鲁国之相的话,必须召请仲尼。”几天后,季桓子去世,季康子继位。季桓子安葬完毕,季康子打算召请孔子。大夫公之鱼说:“往日我们的先君任用孔子有始无终,结果被诸侯所嗤笑。如今又要起用他,不能有始有终,这就会再次被诸侯所嗤笑。”季康子说:“那召请谁可以呢?”公之鱼说:“一定要召请冉求。”于是派出使者召请冉求。冉求将要上路,孔子说:“鲁人来召冉求,不是小用你,将要大用你啊。”这一天,孔子说:“回去吧!回去吧!我家乡的小子志向远大,文采斐然而有章法,我不知道调教他们的办法了。”子赣知道孔子心想回去,他去送冉求起程,趁机告诫说:“倘若任用你,就一定要招聘孔子。”

冉求既去,明年,孔子自陈迁于蔡。蔡昭公将如吴,〔1〕吴召之也。前昭公欺其臣迁州来,后将往,大夫惧复迁,公孙翩射杀昭公。〔2〕楚侵蔡。秋,齐景公卒。〔3〕

【注释】〔1〕“蔡昭公”,当作“蔡昭侯”,名申(或作“甲”),蔡悼侯之弟,公元前五一八年至前四九一年在位。详见本书《管蔡世家》。〔2〕“公孙翩”,蔡国大夫。按自“蔡昭公将如吴”以下至此,又见《左传》哀公四年。〔3〕“秋,齐景公卒”,按齐景公卒于鲁哀公五年,此误系哀公四年。

【译文】冉求离开陈国后,第二年,孔子从陈国迁居蔡国。蔡昭公准备前往吴国,是吴王召他去的。以前蔡昭公欺骗他的大臣迁居州来,这之后又准备前往吴国,大夫们害怕再次迁都,大夫公孙翩用箭射杀了蔡昭公。楚军侵犯蔡国。秋季,齐景公去世。

明年,孔子自蔡如叶。〔1〕叶公问政,〔2〕孔子曰:“政在来远附迩。”〔3〕他日,叶公问孔子于子路,子路不对。〔4〕孔子闻之,曰:“由,尔何不对曰,〔5〕‘其为人也,学道不倦,诲人不厌,发愤忘食,乐以忘忧,不知老之将至’云尔。”〔6〕

【注释】〔1〕“叶”,音 shè,楚国县名,在今河南叶县南。〔2〕“叶公”,氏沈,名诸梁,字子高,亦称“沈诸梁”,因受封采邑于叶,故称叶公,楚左司马沈尹戍之子,公元前四七九年领兵平定白公之乱,曾一度兼任令尹、司马。〔3〕“来”,招致,招徕。“远”,远方,此指远方之人。“附”,通“抚”,安抚。“迩”,音 ěr,近,此指附近之人。按此语见《论语·子路》。〔4〕“对”,回对,回答。〔5〕“尔”,你。〔6〕“云尔”,而已,罢了。按此语见《论语·述而》。

【译文】第二年,孔子从蔡国前往楚国叶县。叶公询问为政之道,孔子说:“为政之道在于招徕远方贤人而安抚身边百姓。”有一天,叶公向子路问孔

子的为人,子路没作回答。孔子听说此事,说:“仲由,你为什么不回答说‘他为人呀,学习道理不感疲倦,教诲别人不觉厌烦,发奋努力废寝忘食,乐于此道而忘却了忧愁,不知衰老将要到来’。”

去叶,反于蔡。长沮、桀溺耦而耕,〔1〕孔子以为隐者,〔2〕使子路问津焉。〔3〕长沮曰:“彼执舆者为谁?”〔4〕子路曰:“为孔丘。”曰:“是鲁孔丘与?”曰:“然。”曰:“是知津矣。”桀溺谓子路曰:“子为谁?”曰:“为仲由。”曰:“子,孔丘之徒与?”曰:“然。”桀溺曰:“悠悠者天下皆是也,〔5〕而谁以易之?〔6〕且与其从辟人之士,〔7〕岂若从辟世之士哉!”耰而不辍。〔8〕子路以告孔子,孔子怃然曰:〔9〕“鸟兽不可与同群。天下有道,丘不与易也。”〔10〕

【注释】〔1〕“长沮、桀溺”,二隐者名。金履祥《论语集注考证》云:“以盖以物色名之,如荷蒉、晨门、荷蓧丈人之类。盖二人耦耕于田,其一人长而沮洳,一人桀然高大而涂足,因以名之也。”“耦”,音ǒu,两人各持一耜骈肩而耕。〔2〕“隐者”,隐士,隐居不与世人来往的人。〔3〕“津”,渡口。〔4〕“执舆”,执辔,手持马的缰绳。〔5〕“悠悠”,混乱的样子。《论语·微子》作“滔滔”。〔6〕“而”,通“尔”,你。“以”,与。“易”,变易,改变。〔7〕“辟”,通“避”。下“辟”字同此。〔8〕“耰”,音 yōu,农具名,形似锄头,用来击碎土块,平整田地。此指播种后用耰平土掩盖种子。“辍”,音 chuò,止,停止。〔9〕“怃”,音 wǔ,怅然失意的样子。〔10〕按本节见《论语·微子》。

【译文】孔子离开叶县,返回到蔡国。长沮、桀溺两人在路边并肩耕田,孔子认为他们是隐士,派子路向他们询问渡口。长沮说:“那个手中拿着缰绳的人是谁?”子路说:“是孔丘。”长沮说:“是鲁国的孔丘吗?”子路说:“是。”长沮说:“这个人就知道渡口呀!”桀溺对子路说:“你是谁?”子路说:“是仲由。”桀溺说:“你,是孔丘的门徒吗?”子路说:“是。”桀溺说:“浑浑噩噩,天下到处是这样啊,有谁来改变这世道呢?况且与其跟从躲避恶人的士子,哪里比得上跟从避开整个世道的士子呢!”两人说完仍然耕作不止。子路把他们的话告诉孔子,孔子惆怅地说:“鸟兽不可与之同流合群。天下有道的话,我就不必参与改变这世道了。”

他日,子路行,遇荷蓧丈人,〔1〕曰:“子见夫子乎?”丈人曰:“四体不勤,〔2〕五谷不分,〔3〕孰为夫子!”〔4〕植其杖而芸。〔5〕子路以告,孔子曰:“隐者也。”复往,则亡。〔6〕

【注释】〔1〕“蓧”,音 diào,古代用来耘田的一种竹器。“丈人”,老人。〔2〕“四体”,四肢。此指身体。〔3〕“五谷”,五种谷物。此泛指各种粮食。〔4〕“孰”,谁。〔5〕“植”,置,立。“芸”,通“耘”,除草。〔6〕“亡”,外出,出走。按本节又见《论语·微子》。

【译文】有一天,子路行走,遇到一位肩扛蓧的老人,问:“你看到我的老师了吗?”老人说:“你四肢不劳动,五谷分不清,谁是你的老师!”老人把他的拐杖竖置在一边而耘除田中的杂草。子路把老人的话告诉孔子,孔子说:“是个隐士啊。”子路再次前往,老人已经不在了。

孔子迁于蔡三岁,吴伐陈。楚救陈,军于城父。〔1〕闻孔子在陈、蔡之间,楚使人聘孔子。孔子将往拜礼,陈、蔡大夫谋曰:“孔子贤者,所刺讥皆中诸侯之疾。〔2〕今者久留陈、蔡之间,诸大夫所设行皆非仲尼之意。〔3〕今楚,大国也,来聘孔子。孔子用于楚,则陈、蔡用事大夫危矣。”〔4〕于是乃相与发徒役围孔子于野。〔5〕不得行,绝粮。从者病,莫能兴。〔6〕孔子讲诵弦歌不衰,〔7〕子路愠见曰:〔8〕“君子亦有穷乎?”〔9〕孔子曰:“君子固穷,〔10〕小人穷斯滥矣。”〔11〕

【注释】〔1〕“军”,军队驻扎。“城父”,即“北城父”,楚国邑名,在今河南宝丰东、平顶山市西北。按此事见《左传》哀公六年。〔2〕“疾”,病,弊端。〔3〕“设行”,措施行动。〔4〕“用事”,主事,执掌政事。〔5〕“相与”,共同,一道。“发”,调发。“徒役”,服徭役的人。〔6〕“兴”,起,站起来。〔7〕“讲诵”,讲习诵读。“弦歌”,用琴瑟伴奏而歌。按古人读诗,无乐器伴奏为诵,有乐器伴奏即所谓“弦歌”。此“讲诵弦歌”泛指传习诗书礼乐。“衰”,衰减,减少。〔8〕“愠”,音 yùn,含怒,怨恨。〔9〕

“穷”,穷困,走投无路。〔10〕“固”,固守,坚持。〔11〕“斯”,则,就。“滥”,泛滥。此指没有操守节制而为所欲为。按自“绝粮”以下至此,又见《论语·卫灵公》及《庄子·让王》。

【译文】孔子迁居到蔡国的第三年,吴国军队攻伐陈国。楚国出兵援救陈国,驻扎在城父。听说孔子在陈国、蔡国之间,楚昭王派人聘请孔子。孔子准备前往拜见回礼,陈国、蔡国的大夫谋划说:“孔子是个贤人,他所讥刺抨击的都切中诸侯的弊病。如今他长久滞留在陈国、蔡国之间,众大夫所作所为都违反仲尼的心意。如今楚国,是大国,派人前来聘请孔子,倘若孔子在楚国起用,我们这些在陈国、蔡国主事的大夫就危险了。”于是就共同调发役徒将孔子围困在野外。孔子没法行路,断绝了粮食。随从的弟子疲惫不堪,饿得站不起来。但孔子仍讲习诵读,演奏歌唱,传授诗书礼乐毫不间断。子路生气,来见孔子说:“君子也有穷困吗?”孔子说:“君子能固守穷困而不动摇,小人穷困就胡作非为了。”

子贡色作。[1]孔子曰:“赐,尔以予为多学而识之者与?”[2]曰:“然。非与?”孔子曰:“非也。予一以贯之。”[3]

【注释】〔1〕“色作”,脸色改变,指生气不高兴。〔2〕“识”,音 zhì,通“志”,记,记住。〔3〕“贯”,贯穿,统贯。“一以贯之”,有一个思想贯穿全部学说。按《论语·里仁》云:“子曰:‘参乎!吾道一以贯之。’曾子曰:‘唯。’……曾子曰:‘夫子之道,忠恕而已矣。’”则孔子贯穿全部学说的一个思想就是忠恕。按此节又见《论语·卫灵公》。

【译文】子贡怒气发作。孔子说:“赐啊,你以为我是个博学强记的人吗?”子贡说:“是。难道不是吗?”孔子说:“不是啊。我是用一个思想贯穿于全部学说。”

孔子知弟子有愠心,乃召子路而问曰:“《诗》云:[1]‘匪兕匪虎,[2]率彼旷野。’[3]吾道非邪?吾何为于此?”子路曰:“意者吾未仁邪![4]人之不我信也。意者吾未知邪![5]人之不我行也。”孔子曰:“有是乎!由,譬使仁者而必信,[6]安有伯夷、叔齐?[7]使知者而必行,安有王子比干?”[8]

【注释】〔1〕“《诗》云”,按以下诗句见《诗·小雅·何草不黄》。〔2〕“匪”,通“非”。或谓作“彼”解,亦通。“兕”,音 sì,古代犀牛一类的动物。〔3〕“率”,循,沿着。“旷野”,空旷的野地。〔4〕“意”,意料,猜想。〔5〕“知”,通“智”,智慧,聪明。〔6〕“譬”,譬喻,比方。〔7〕“伯夷、叔齐”,商末孤竹国君的两个儿子。长子伯夷,名允,字公信;次子叔齐名致,字公达。其父打算立叔齐继位。及父死,叔齐让伯夷,伯夷不从,一起出逃投奔西伯昌。遇到西伯昌去世,周武王领兵伐纣,两人叩马阻谏。武王灭商,两人又耻食周粟,隐居首阳山,最后饿死。被后人视为清高守节的楷模。详见本书《伯夷列传》。〔8〕“王子比干”,商纣王的叔父,官任少师,因向商纣王直言诤谏而被剖心身亡。

【译文】孔子知道弟子们有怨恨之心,就召见子路而询问道:“《诗》中说:‘不是犀牛也不是老虎,却疲于奔命在空旷的原野。’我们的学说难道有不对的地方吗?我们为什么沦落到这个地步?”子路说:“猜想我们还没有达到仁吧!所以别人不信任我们。猜想我们还没有达到知吧!所以别人不实行我们的学说。”孔子说:“有这些缘由吗!仲由,我打比方给你听,假如仁者就必定受到信任,那怎么还会有伯夷、叔齐?假如知者就必定能行得通,那怎么还会有王子比干?”

子路出,子贡入见。孔子曰:“赐,《诗》云:‘匪兕匪虎,率彼旷野。’吾道非邪?吾何为于此?”子贡曰:“夫子之道至大也,故天下莫能容夫子。[1]夫子盖少贬焉?”[2]孔子曰:“赐,良农能稼而不能为穑,[3]良工能巧而不能为顺。[4]君子能修其道,纲而纪之,[5]统而理之,[6]而不能为容。今尔不修尔道而求为容。赐,而志不远矣!”

【注释】〔1〕“容”,容纳,接受。〔2〕“少”,少许,稍微。“贬”,贬损,降低。〔3〕“稼”,播种。“穑”,音 sè,收获。〔4〕“顺”,顺遂,迎合。〔5〕“纲”,纲要,法度。“纪”,疏理,治理。〔6〕“统”,系统,道统。

【译文】子路出去,子贡进入见面。孔子说:

"赐啊,《诗》中说:'不是犀牛也不是老虎,却疲于奔命在空旷的原野。'我们的学说难道有不对的地方吗?我们为什么沦落到这个地步?"子贡说:"老师的学说极其弘大,所以天下没有国家能容得下您。老师是否可以稍微降低一点标准呢?"孔子说:"赐,优秀的农夫善于播种耕耘却不能保证获得好收成,优秀的工匠擅长工艺技巧却不能迎合所有人的要求。君子能够修明自己的学说,用法度来规范国家,用道统来治理臣民,但不能保证被世道所容。如今你不修明你奉行的学说却去追求被世人收容。赐,你的志向太不远了!"

子贡出,颜回入见。孔子曰:"回,《诗》云:'匪兕匪虎,率彼旷野。'吾道非邪?吾何为于此?"颜回曰:"夫子之道至大,故天下莫能容。虽然,夫子推而行之,〔1〕不容何病?〔2〕不容然后见君子!夫道之不修也,是吾丑也;〔3〕夫道既已大修而不用,是有国者之丑也。〔4〕不容何病?不容然后见君子!"孔子欣然而笑曰:〔5〕"有是哉,〔6〕颜氏之子!使尔多财,吾为尔宰。"〔7〕

【注释】〔1〕"推",推广。〔2〕"病",患,忧愁。〔3〕"丑",丑恶,耻辱,羞愧。〔4〕"有国者",享有国家的人,指当时的诸侯及权臣。〔5〕"欣",欣幸,喜悦。〔6〕"是",按《孔子家语·在厄》作"道"。〔7〕"宰",家宰,管家。按以上四节所述事,又见《荀子·宥坐》、《韩诗外传七》、《说苑·杂言》、《孔子家语·在厄》。

【译文】子贡出去,颜回入门进见。孔子说:"回啊,《诗》中说:'不是犀牛也不是老虎,却疲于奔命在空旷的原野。'我们的学说难道有不对的地方吗?我们为什么沦落到这个地步?"颜回说:"老师的学说极其弘大,所以天下没有国家能够容纳。即使如此,老师推广而实行它,不被容纳怕什么?正是不被容纳,然后才现出君子本色!老师的学说不修明,这是我们的耻辱。老师的学说已经努力修明而不被采用,这是当权者的耻辱。不被容纳怕什么?不被容纳然后才现出君子本色!"孔子高兴地笑道:"有道理啊,颜家的孩子!假使你拥有许多财产,我给你当管家。"

于是使子贡至楚。楚昭王兴师迎孔子,〔1〕然后得免。

【注释】〔1〕"楚昭王",名轸(或作"珍"、"壬"),楚平王之子,母秦嬴,公元前五一五年至前四八九年在位。详见本书《楚世家》。"兴师",调发军队,出兵。按以下孔子至楚的记述,学者大多表示怀疑,目前没有可信史料能证实孔子到过楚国。这或许是司马迁采用了当时的一些传说,或出于杜撰。

【译文】于是孔子派子贡到达楚国。楚昭王兴师动众迎接孔子,孔子然后得以脱身。

昭王将以书社地七百里封孔子。〔1〕楚令尹子西曰:"〔2〕王之使使诸侯有如子贡者乎?"曰:"无有。""王之辅相有如颜回者乎?"曰:"无有。""王之将率有如子路者乎?"〔3〕曰:"无有。""王之官尹有如宰予者乎?"〔4〕曰:"无有。""且楚之祖封于周,号为子男五十里。〔5〕今孔丘述三、五之法,〔6〕明周、召之业,〔7〕王若用之,则楚安得世世堂堂方数千里乎!〔8〕夫文王在丰,武王在镐,百里之君卒王天下。〔9〕今孔丘得据土壤,〔10〕贤弟子为佐,非楚之福也。"昭王乃止。其秋,楚昭王卒于城父。〔11〕

【注释】〔1〕"社",古代二十五家设置一社,祭祀社神(即土地神)。因此社也成为一级居民组织单位。一社为二十五家。"书社",二十五家结为一社,登记社人姓名于册,称为"书社"。"书社地七百里",有名籍的社,其地方圆七百里。泷川资言《史记会注考证》云:"按古书但云书社几十、几百,而无云书社地几十里、几百里者,《史》文'地'字、'里'字当删。"可备一说。〔2〕"令尹",楚国官名,为最高军政长官。"子西",名申,亦称"公子申",楚平王之子,楚昭王庶兄,公元前五〇五年至前四七九年任令尹,死于白公之乱。〔3〕"将率",将帅,将领。〔4〕"官尹",各部门长官。"宰予",氏宰,名予,字子我,亦称"宰我",鲁国人,孔子弟子,以擅长言语著称,曾任齐国临淄大夫。生于公元前五二二年,卒于公元前四五八年。详见本书《仲尼弟子列传》。〔5〕"子、男",为周代诸侯封爵的最末二等。周爵依次共分为公、侯、伯、子、男五等。"五十里",方圆五十里,这是子、男的封地。〔6〕"三、五之法",指三皇五帝的法度。“三皇”，据本书《秦始皇本纪》，指天皇、地皇、泰皇。“五帝”，即本书《五帝本纪》的黄帝、颛顼、帝喾、尧、舜。〔7〕“周”，指周公，名旦，姓姬，亦称“叔旦”，周文王之子，周武王之弟，采邑在周（在今陕西岐山北），因称“周公”。辅助周武王灭商。周成王即位之初，摄行国政，平定武庚等叛乱，营建东都洛邑（今河南洛阳）。相传制礼作乐，创建有周一代的典章制度。详见本书《鲁周公世家》。“召”，音 shào，即召公，亦作“邵公”，名奭，姓姬，谥康，采邑在召（在今陕西岐山西南），故称“召公”、“召伯”。辅佐周武王灭商，被封于燕，为燕国始祖。成王时任太保，与周公旦分陕而治，他治理陕以西。详见本书《燕召公世家》。〔8〕“世世”，代代，世世代代。“堂堂”，广大的样子。〔9〕“百里”，指地方百里。“百里之君”，国土方圆百里的君主。“卒”，终于，结果。〔10〕“土壤”，土地，此指封地。〔11〕“其秋，楚昭王卒于城父”，按此详见《左传》哀公六年。

【译文】楚昭王准备把有户籍的民社方圆七百里之地封给孔子。楚国令尹子西说：“大王出使诸侯的使者有像子贡这样的吗？”昭王说：“没有。”令尹子西说：“大王的宰辅国相有像颜回这样的吗？”昭王说：“没有。”令尹子西说：“大王的将帅有像子路这样的吗？”昭王说：“没有。”令尹子西说：“大王的各部长官有像宰予这样的吗？”昭王说：“没有。”令尹子西说：“况且楚国的祖先在周受封时，名号为子男，封地方圆五十里。如今孔丘祖述三皇五帝的法度，彰明周公、召公的事业，大王倘若任用他，那楚国还怎么能世世代代拥有堂堂正正方圆几千里之地呢！周文王在丰京，周武王在镐京，从只有百里之地的君主最终统一天下。如今孔丘得以占据封地，有贤能的子弟作为辅佐，这不是楚国的幸福啊。”楚昭王于是作罢。当年秋季，楚昭王在城父去世。

楚狂接舆歌而过孔子，〔1〕曰：“凤兮凤兮，〔2〕何德之衰？往者不可谏兮，〔3〕来者犹可追也！〔4〕已而已而，〔5〕今之从政者殆而！”〔6〕孔子下，〔7〕欲与之言。趋而去，弗得与之言。〔8〕

【注释】〔1〕“狂”，狂人。“接舆”，人名。按曹之升《四书摭余说》云：“《论语》所记隐士皆以其事名之。门诸谓之‘晨门’，杖者谓之‘丈人’，津者谓之‘沮’、‘溺’，接孔子之舆者谓之‘接舆’，非名亦非字也。”〔2〕“兮”，音 xī，语助词，相当于现代汉语中的“啊”。〔3〕“往”，已往，过去。“谏”，止，挽救。〔4〕“来”，将来，未来。“犹”，还。“追”，追补，补救。〔5〕“已而”，罢了，完了。〔6〕“从政者”，当政者。“殆”，危险。〔7〕“下”，此指下车。〔8〕按以上见《论语·微子》。

【译文】楚国狂人接舆唱着歌经过孔子的旁边，歌词唱道：“凤凰啊，凤凰啊，为什么道德这样衰落啊？以往的事已无法挽回，未来的事还可以补救啊！完了完了，当今从政的权贵们岌岌可危了。”孔子走下车，打算与他说话。狂人接舆快步离去，孔子没能与他说话。

于是孔子自楚反乎卫。是岁也，孔子年六十三，而鲁哀公六年也。〔1〕

【注释】〔1〕“鲁哀公”，名“蒋”（或作“将”），鲁定公之子，母定姒，公元前四九四年至前四六七年在位。公元前四六八年被三桓所逼，出奔越。翌年死于越。详见本书《鲁周公世家》。

【译文】于是孔子从楚国返回卫国。这一年，孔子六十三岁，是鲁哀公在位的第六年。

其明年，吴与鲁会缯，〔1〕征百牢。〔2〕太宰嚭召季康子。〔3〕康子使子贡往，然后得已。〔4〕

【注释】〔1〕“缯”，音 zēng，又读 céng，亦作“曾”、“鄫”，鲁国邑名，在今山东苍山西北。〔2〕“征”，征收，征集。“牢”，古代指祭祀用的牲畜。一牛、一猪、一羊为一牢。〔3〕“太宰嚭”，氏伯，名嚭（音 pǐ），故亦称伯嚭（或作“帛喜”、“白喜”、“帛否”、“伯喜”），字子余。楚大夫伯州犁之孙，逃亡奔吴，以功任吴国太宰。吴亡后，降越为臣。一说他被越王句践所杀。〔4〕按本节事见《左传》哀公七年。

【译文】第二年，吴国和鲁国在缯邑会盟，吴国向鲁国征集牲畜猪、牛、羊各一百头。吴国太宰嚭召见季康子。季康子派子贡前往交涉，然后才得以取消。

孔子曰："鲁、卫之政，兄弟也。"〔1〕是时，卫君辄父不得立，在外，诸侯数以为让。〔2〕而孔子弟子多仕于卫，卫君欲得孔子为政。〔3〕子路曰："卫君待子而为政，子将奚先？"〔4〕孔子曰："必也正名乎！"〔5〕子路曰："有是哉，子之迂也！〔6〕何其正也？"孔子曰："野哉由也！〔7〕夫名不正则言不顺，言不顺则事不成，事不成则礼乐不兴，礼乐不兴则刑罚不中，〔8〕刑罚不中则民无所错手足矣。〔9〕夫君子为之必可名，言之必可行。君子于其言，无所苟而已矣。"〔10〕

【注释】〔1〕"鲁、卫之政，兄弟也"，此语有两层意思：一谓鲁、卫是兄弟之国，鲁国先祖周公和卫国始祖康叔为兄弟，政治传统相同，《左传》定公四年云"皆启以商政"；二谓鲁、卫两国当时的政治状况相似，苏轼《论语解》云："是时鲁哀公七年、卫出公五年也。卫之政，父不父，子不子；鲁之政，君不君，臣不臣。卒之哀公孙邾而死于越，出公奔宋而亦死于越，其不相远如此。"按此语见《论语·子路》。〔2〕"让"，责备，谴责。〔3〕"卫君"，指当时在位的卫出公辄。〔4〕"奚"，何，什么。〔5〕"正名"，端正名称，整顿名分。〔6〕"迂"，迂阔，迂腐。〔7〕"野"，粗野，鲁莽。〔8〕"中"，正，合适，指刑罚与罪行相当。〔9〕"错"，音 cuò，通"措"。〔10〕"苟"，苟且，马虎。按自"子路曰：'卫君待子而为政，……'"至此，见《论语·子路》。

【译文】孔子说："鲁国、卫国的政治，如同兄弟一样相似。"这时候，卫国君主辄的父亲不能按礼制即位，流亡在外，各国诸侯屡次对此加以指责。而孔子的许多弟子在卫国做官，卫出公辄想请得孔子来治理国政。子路说："卫国国君等待您来治理国政，您将先做什么？"孔子说："一定要先做的是端正名分啊！"子路说："有这样治理国政的吗，您迂阔啊！何必去端正名分呢？"孔子说："粗鲁啊，仲由呀！名分不正的话，言语就不顺当；言语不顺当，事情就不成功；事情不成功，礼乐就不振兴；礼乐不振兴，刑罚就不准确；刑罚不准确，百姓就会感到无所措手足了。君子做事必须符合名分，言语必须可以实行。君子对于自己的言语，只求一点都不马虎罢了。"

其明年，〔1〕冉有为季氏将师，与齐战于郎，〔2〕克之。季康子曰："子之于军旅，学之乎？性之乎？"〔3〕冉有曰："学之于孔子。"季康子曰："孔子何如人哉？"〔4〕对曰："用之有名；播之百姓，〔5〕质诸鬼神而无憾。〔6〕求之至于此道，虽累千社，〔7〕夫子不利也。"康子曰："我欲召之，可乎？"对曰："欲召之，则毋以小人固之，〔8〕则可矣。"而卫孔文子将攻太叔，〔9〕问策于仲尼。仲尼辞不知，退而命载而行，〔10〕曰："鸟能择木，〔11〕木岂能择鸟乎？"文子固止。会季康子逐公华、公宾、公林，〔12〕以币迎孔子，〔13〕孔子归鲁。〔14〕

【注释】〔1〕"其明年"，此记有误。按《集解》引徐广曰："此哀公十一年也，去吴会缯已四年矣。"故梁玉绳《史记志疑》认为："'其明年'三字误，当作'后四年'。"〔2〕"郎"，鲁国邑名，在今山东鱼台东北。按《左传》哀公十一年作"郊"。当以《左传》为是。〔3〕"性"，天性，天生的本能。〔4〕"何如"，如何，怎样。〔5〕"播"，播扬，传扬。〔6〕"质"，通"诘"，询问，质正。"憾"，不满意，心感不足。〔7〕"累"，累积，积聚。"千社"，二十五家为一社，千社即二万五千家。此指赏赐的封地。〔8〕"固"，通"锢"，禁锢，束缚。或谓鄙陋，鄙视，亦通。〔9〕"孔文子"，名圉(或作"圄"、"御")，氏孔，谥文，亦称"孔圉"，又称"仲叔圉"、"中叔圉"，卫国卿大夫。"太叔"，名疾(或作"齐")，氏太叔(或作"世叔")，谥悼，故亦称"太叔疾"、"世叔齐"、"悼子"，太叔懿子之子，卫国大夫。〔10〕"载"，乘具，此指车辆。按《左传》哀公十一年作"驾"。〔11〕"鸟"，此喻孔子。"木"，树，此喻诸侯国。〔12〕"逐"，按《左传》哀公十一年孔颖达《疏》引《史记》作"使"，是。"公华、公宾、公林"，鲁人，季氏家臣。〔13〕"币"，帛。古人常用作馈赠的礼物。征聘时也多赠以币帛。〔14〕按此节事见《左传》哀公十一年。

【译文】此后第二年，冉有为季氏率领鲁国军队，同齐军在郎邑交战，打败齐军。季康子问："你在军事方面的本领，是学习得来的呢？还是天生就有的呢？"冉有说："是向孔子学习的。"季康子问："孔子是个怎样的人呢？"冉有回答说："起用他就会有名声；将他宣扬到百姓中间，向鬼神询问他的为人而毫无缺憾。但我学通这军事之道，即使积累功劳有千社的封赏，老师也不认为有利。"季康子又问："我打算召请他，可以吗？"冉求回答说："你打算召请他的话，就不要用小人来牵制他，那便可以了。”而卫卿孔文子准备攻打大夫太叔，向孔子询问计策。孔子推辞说不知道，退出后命令驾好车马而上路，说：“鸟儿可以选择树木，树木怎么能选择鸟儿呢！”孔文子坚决挽留。恰好季康子派遣大夫公华、公宾、公林，带着征聘的礼物来迎接孔子，孔子就返回鲁国。

孔子之去鲁凡十四岁而反乎鲁。[1]

【注释】〔1〕“凡”，总，共。“反”，通“返”。“乎”，于。

【译文】孔子离开鲁国总共十四年而返回到鲁国。

鲁哀公问政，对曰：“政在选臣。”[1]季康子问政，曰：“举直错诸枉，[2]则枉者直。”[3]康子患盗，[4]孔子曰：“苟子之不欲，[5]虽赏之不窃。”[6]然鲁终不能用孔子，孔子亦不求仕。

【注释】〔1〕“选臣”，选择臣子，即所谓知人善任。〔2〕“直”，正直。“错”，音 cuò，通“措”。“诸”，之于。“枉”，曲，邪曲。〔3〕“举直错诸枉，则枉者直”，此语亦见《论语》。《颜渊》云：“樊迟未达。子曰：‘举直错诸枉，能使枉者直。’”为对樊迟而言。《为政》云：“哀公问曰：‘何为则民服？’孔子对曰：‘举直错诸枉，则民服；举枉错诸直，则民不服。’”为对哀公所说。〔4〕“患”，忧患，担心。〔5〕“欲”，欲望，此指贪欲。〔6〕“赏”，奖赏，奖励。按自“康子患盗”以下至此，见《论语·颜渊》。

【译文】鲁哀公询问为政之道，孔子回答说：“为政之道在于选择大臣。”季康子询问为政之道，孔子说：“荐举正直的人安置在邪曲小人的上面，邪曲的人就会变得正直了。”季康子忧愁盗贼为患，孔子说：“如果你自己不贪，即使悬赏盗贼，他们也不敢偷窃。”然而鲁国最终没能任用孔子，孔子也不再谋求官职。

孔子之时，周室微而礼乐废，[1]《诗》、《书》缺。[2]追迹三代之礼，[3]序《书传》，[4]上纪唐、虞之际，[5]下至秦缪，[6]编次其事。曰：“夏礼吾能言之，杞不足征也。[7]殷礼吾能言之，[8]宋不足征也。足，则吾能征之矣。”[9]观殷、夏所损益，[10]曰：“后虽百世可知也，[11]以一文一质。[12]周监二代，[13]郁郁乎文哉。[14]吾从周。”故《书传》、《礼记》自孔氏。[15]

【注释】〔1〕“微”，衰微，衰落。“废”，废止，废弃。〔2〕“缺”，残缺。〔3〕“追迹”，追踪，探索。“三代”，指夏、商、周三代。〔4〕“序”，次第，此指整理编撰。“《书传》”，传述解说《尚书》的著作。此当指司马迁所见《书序》一类的资料。但《书序》形成年代较晚，不可能为孔子所编定。或谓此《书传》即指《尚书》（见马雍《〈尚书〉史话》）。〔5〕“纪”，通“记”，记载。“唐、虞”，指唐尧、虞舜。〔6〕“秦缪”，即秦缪公（亦作“秦穆公”）。〔7〕“杞”，国名，西周初年所封诸侯国，姒姓，始封君东楼公，相传为夏禹的后裔，初都雍丘（今河南杞县），后迁缘陵（今山东昌乐东南）、淳于（今山东安丘东北）。公元前四四五年被楚国所灭。“征”，证验，证明。〔8〕“殷”，殷代，即商代。〔9〕按孔子语见《论语·八佾》。“宋不足征也”后，《论语·八佾》有“文献不足故也”一句。〔10〕“损益”，减增，变动。〔11〕“观殷、夏所损益，曰：‘后虽百世可知也，……’”，按此两句系约取《论语·为政》而来。《为政》原文为：“子张问：‘十世可知也？’子曰：‘殷因于夏礼，所损益可知也；周因于殷礼，所损益可知也。其或继周者，虽百世可知也。’”〔12〕“一文一质”，指时代的风气一代崇尚文采，一代崇尚质朴。《礼记·表记》云：“子曰：‘虞、夏之质，殷、周之文，至矣。虞、夏之文不胜其质，殷、周之质不胜其文。’”〔13〕“监”，通“鉴”，借鉴，参考。“二代”，指夏、商二代。〔14〕“郁郁”，富有文采的样子。〔15〕《礼记》，传述解说礼制的著作，其内容体制类似后来汉人编集的《礼记》、《大戴礼记》。

【译文】孔子的时代，周王室衰微而礼乐废弃，《诗》、《书》残缺。孔子追寻探索夏、商、周三代的礼制，整理《书传》，上记唐尧、虞舜之际，下至秦缪公之时，依次编排其间史事。孔子说：“夏代的礼制我能说出来，但夏人后裔杞国的文献不足为证了。殷代的礼制我能说出来，但殷人后裔宋国的文献不足为证了。如果文献足够的话，我就能加以验证了。”孔子考察周代对殷礼、殷代对夏礼所作的变动后，说：“往后即使推到一百代，它的礼制也可以

知道,因为总是一代崇尚文采而一代崇尚质实。周礼借鉴了夏、殷两代,郁郁乎文采斐然啊。我依从周代的礼制。"所以《书传》、《礼记》出自孔门。

孔子语鲁大师:[1]"乐其可知也。始作,[2]翕如,[3]纵之,[4]纯如,[5]皦如,[6]绎如也,[7]以成。"[8]"吾自卫反鲁,[9]然后乐正,[10]雅、颂各得其所。"[11]

【注释】〔1〕"语",音 yù,相告,告诉。"大",音 tài,通"太"。"鲁大师",即鲁太师,鲁国乐官之长。〔2〕"作",奏,演奏。 〔3〕"翕",音 xì,聚合,统一。"翕如",盛大的样子。 〔4〕"纵",放纵,放开。按《论语·八佾》作"从"。 〔5〕"纯如",和谐的样子。〔6〕"皦",音 jiǎo,清晰,分明。"皦如",节奏层次分明的样子。 〔7〕"绎如",连续不断的样子。 〔8〕按自"孔子语鲁大师"至此,见《论语·八佾》。 〔9〕"吾自卫反鲁",按《左传》,孔子从卫国返回鲁国在鲁哀公十一年,即公元前四八四年。 〔10〕"乐正",指审定乐曲的声律音调。即下文所云"三百五篇孔子皆弦歌之,以求合《韶》、《武》、《雅》、《颂》之音"。 〔11〕"雅",指雅乐,即所谓正声,指周人京畿地区(包括丰京、镐京和东都洛邑)的曲调声律。《诗经》各篇,原皆系乐歌。由《大雅》、《小雅》组成的《雅》,其曲调声律均属雅乐。"颂",指颂乐,为宗庙祭祀乐歌的声律曲调。《诗经》《颂》各篇原皆系宗庙祭祀的乐歌,其节奏缓慢,有其声律曲调上的特点,属于颂乐。按以上语见《论语·子罕》。

【译文】孔子告诉鲁国的大师说:"乐曲的演奏过程是可以知道的。开始演奏的时候,一齐出来气势盛大;接着展开,和谐清纯,层次分明,连续不断,一直到乐章演奏完成。""我从卫国返回鲁国,然后审定各类乐曲的音调声律,使雅乐、颂乐分别恢复了原貌。"

古者《诗》三千余篇,及至孔子,去其重,[1]取可施于礼义,[2]上采契、后稷,[3]中述殷、周之盛,至幽、厉之缺。[4]始于衽席,[5]故曰:"《关雎》之乱以为《风》始,[6]《鹿鸣》为《小雅》始,[7]《文王》为《大雅》始,[8]《清庙》为《颂》始。"[9]三百五篇孔子皆弦歌之,[10]以求合《韶》、《武》、《雅》、《颂》之音。[11]礼乐自此可得而述,以备王道,成六艺。[12]

【注释】〔1〕"去",删去。"重",重复,重出。〔2〕"义",同"仪"。"礼义",即礼仪。 〔3〕"契",音 xiè,亦作"偰"、"卨"。商人的始祖,帝喾之子,母简狄,子姓。曾助禹治水有功,被舜任为司徒,掌管教化。居于商(今河南商丘南),一说居于蕃(今山东滕县)。详见本书《殷本纪》。"后稷",名弃。周人的始祖。传说其母姜原,系有邰氏女,为帝喾元妃,踩巨人脚印,怀孕生下弃,因一度将他丢弃,故名弃。善于种植庄稼,被帝尧任为农师。帝舜时封于邰(今陕西武功西南),号后稷,姓姬。详见本书《周本纪》。 〔4〕"幽",即周幽王,名宫涅("涅"或作"湦")。周宣王之子。公元前七八一年至前七七一年在位,为西周王朝最后一代王。因昏庸贪婪,任用佞人虢石父,残酷盘剥,激化与百姓的矛盾。又进攻六济之戎,大败。宠幸褒姒,废黜申后和太子宜臼。申侯联合曾、犬戎等起兵,他被杀于骊山下。详见本书《周本纪》。"厉",即周厉王,名胡,周夷王之子。任用荣夷公,实行"专利",加重剥削,又命令巫卫监视国人言论,实行高压政策,引起反抗。公元前八四二年,国人发难,他逃奔到彘(今山西霍县),于公元前八二八年在彘死去。详见本书《周本纪》。"缺",残缺。此指王道礼乐残缺。本书《太史公自序》云:"幽厉之后,王道缺,礼乐衰。"按孔子删诗之说,后来不少学者考证认为并不可信。 〔5〕"衽",音 rèn,床席。"衽席",床席,床笫,寝居之处。此指男女房中之事。"始于衽席",意为《诗经》的编排,从描写男女之事的诗篇开始。本书《十二诸侯年表序》云:"周道缺,诗人本之衽席,《关雎》作。"意亦同此。 〔6〕"《关雎》",《诗经》篇名,为《国风》第一篇,亦即《诗经》第一篇。对于该诗的解说,《鲁诗》认为是刺周康王耽溺房事而晏起之作。为司马迁所从。"乱",乐曲的最后一章。"《关雎》之乱",《关雎》的末章。按《论语·泰伯》云:"子曰'师挚之始,《关雎》之乱,洋洋乎盈耳哉!'"似为所本,但此处文意不伦。中井积德《史记左传雕题》云:"'之乱'二字当削。"可从。"风",《国风》,《诗经》中的第一类,具体包括《周南》、《召南》、《邶风》、《鄘风》、《卫风》、《王风》、《郑风》、《齐风》、《魏风》、《唐风》、《秦风》、《陈风》、《桧风》、《曹风》、《豳风》等十五部分,共一百六十篇。 〔7〕"《鹿鸣》",《诗经》篇名,为《小雅》第一篇。"《小雅》",《诗经》第二类的第一部分,有七十四篇。 〔8〕"《文王》",《诗经》篇名,为《大雅》第一篇。"《大雅》",《诗经》第二类的第二部分,有三十一篇。 〔9〕"《清庙》",《诗经》篇名,为《颂》的第一篇。"《颂》",《诗经》的第三类,包括《周颂》、《鲁颂》、《商颂》等三部分,共四十篇。〔10〕"三百五篇",即《诗经》的总篇数。"弦歌",用琴瑟伴奏歌唱。〔11〕"《韶》",乐曲名,相传为歌颂虞舜的乐曲。"《武》",乐曲名,表现周武王战胜商纣王的乐曲。〔12〕"六艺",即六经,指《礼》、《乐》、《书》、《诗》、《易》、《春秋》。

【译文】古代留传下来的《诗》有三千多篇,等到孔子整理的时候,删去其中重复的,选取可以在礼节仪式中使用的,往上采集歌颂商人始祖契、周人始祖后稷的诗篇,中间搜罗叙述殷朝、周朝盛世的诗篇,往下包括记录周幽王、周厉王时礼乐残缺情景的诗篇。《诗经》全书从描写男女关系的诗篇开始,所以说:"《关雎》为《国风》的第一篇,《鹿鸣》为《小雅》的第一篇,《文王》为《大雅》的第一篇,《清庙》为《颂》的第一篇。"三百零五篇诗,孔子都用琴瑟伴奏而一一歌唱过,以求符合《韶》、《武》、《雅》、《颂》的音律。礼仪、音乐从此又可得到而称述记录,以此具备了王道的礼乐制度,编成了《礼》、《乐》、《书》、《诗》、《易》、《春秋》六经。

孔子晚而喜《易》,〔1〕序《彖》、《系》、《象》、《说卦》、《文言》。〔2〕读《易》,韦编三绝。〔3〕曰:"假我数年,〔4〕若是,我于《易》则彬彬矣。"〔5〕

【注释】〔1〕"《易》",即《周易》,亦称《易经》,后来被奉为儒家经典之一。此当指今传《周易》的《经》。《经》包含六十四卦和三百八十四爻,卦、爻皆有文字说明的《卦辞》、《爻辞》,以供占筮使用。卦、爻的起源很早,至迟不晚于商代。〔2〕"《彖》",音 tuàn,即《彖传》,亦称"《彖辞》",分为上、下二篇,说明各卦的基本观念,属于解说《易经》的《易传》。《易传》共十篇,故又称"《十翼》"。"《系》",即《系辞》,亦称"《系辞传》",分为上、下两篇,从总体上对《易经》作理论阐述,也属《十翼》。"《象》",即《象传》,亦称"《象辞》",用象数来说明卦、爻,有"大象"、"小象"两种,大象解卦,小象解说六爻。分为上下两篇,也属《十翼》。"《说卦》",《易传》篇名,解释八卦的性质和象征。"《文言》",《易传》篇名,专门解说《乾》、《坤》二卦。〔3〕"韦",通"纬",原指织物横线,此指横向编连简册的绳子。旧说皆释"韦"为熟牛皮,不可信。"绝",断。〔4〕"假",与,给与。〔5〕"彬彬",文质兼备的样子,此为融会贯通之意。按孔子语见《论语·述而》。

【译文】孔子晚年喜好研究《周易》,编撰《彖辞》、《系辞》、《象辞》、《说卦》、《文言》等解说《周易》的《易传》。孔子反复阅读《周易》,以致编连简册的绳子多次断开。他说:"再给我几年时间,像这样的话,我对《周易》就能融会贯通了。"

孔子以《诗》、《书》、《礼》、《乐》教,弟子盖三千焉,身通六艺者七十有二人。〔1〕如颜浊邹之徒,〔2〕颇受业者甚众。〔3〕

【注释】〔1〕"六艺",即《六经》。或谓指《周礼·地官·保氏》的礼、乐、射、驭、书、术等六种科目。〔2〕"颜浊邹",即上文孔子在卫国所寄居的房东颜浊邹。〔3〕"颇",稍,稍微。

【译文】孔子用《诗》、《书》、《礼》、《乐》进行教授,弟子大约有三千,其中一人兼通六经的有七十二人。像颜浊邹之流的门徒,略微接受过学业的就更加众多了。

孔子以四教:〔1〕文,〔2〕行,〔3〕忠,〔4〕信。〔5〕绝四:〔6〕毋意,〔7〕毋必,〔8〕毋固,〔9〕毋我。〔10〕所慎:齐,〔11〕战,〔12〕疾。〔13〕子罕言利与命与仁。〔14〕不愤不启,〔15〕举一隅不以三隅反,〔16〕则弗复也。〔17〕

【注释】〔1〕"四教",四种教学内容。〔2〕"文",文献典籍。〔3〕"行",旧读 xìng,行为。〔4〕"忠",忠恕。〔5〕"信",信用。按此语见《论语·述而》。〔6〕"绝",杜绝,戒绝。〔7〕"意",意度,猜测。〔8〕"必",固执。〔9〕"固",固陋,孤陋寡闻。〔10〕"我",自我,这里是突出自己的意思。按此语见《论语·子罕》。〔11〕"齐",音 zāi,通"斋",斋戒。古人在祭祀或重大典礼前,自身所做的准备工作,包括沐浴更衣、吃素戒酒、不与女人同房等,以示虔诚。〔12〕"战",战争。〔13〕"疾",疾病。按此语见《论语·述而》。〔14〕"罕",少。"子罕言利与命与仁",按此语见《论语·子罕》。历来解说纷纭。今译文采程树德《论语集解》说,《集解》云:"盖言者,自言也。记者旁窥已久,知夫子于此三者皆罕自言,非谓以此立教也。"〔15〕"愤",郁结,愤悱,指渴望求知而不得的心理状态。"启",

启发。〔16〕“隅”，音 yú，角落。“反”，反推，类推，推论。“举一隅而不以三隅反”，举出一个角落而不能以此类推其它三个角落。由此衍出“举一隅而以三隅反”，后又演为“举一反三”的成语。〔17〕“复”，重复。按此语见《论语·述而》。

【译文】孔子设立四种教学内容：文献，行为，忠恕，信用。戒绝四种陋习：不随意猜测，不固执己见，不孤陋寡闻，不突出自己。他所谨慎对待的有：斋戒，战争，疾病。孔子对自己很少讲到利益、命运和仁德。对弟子不到为渴求知识而急得不知如何是好的地步就不去启发，不能举一反三，便不再教他。

其于乡党，〔1〕恂恂似不能言者。〔2〕其于宗庙朝廷，辩辩言，〔3〕唯谨尔。〔4〕朝，〔5〕与上大夫言，〔6〕訚訚如也；〔7〕与下大夫言，侃侃如也。〔8〕

【注释】〔1〕“乡党”，古代居民组织单位，周制以五百家为一党，一万二千五百家为乡。此指乡里。〔2〕“恂”，音 xún。“恂恂”，谦恭谨慎的样子。〔3〕“辩”，音 pián。“辩辩”，善于言谈的样子。《论语·乡党》作“便便”。〔4〕“唯”，仅，只。“尔”，而已，罢了。〔5〕“朝”，上朝，朝见。〔6〕“上大夫”，即卿。后“下大夫”指一般的大夫。〔7〕“訚”，音 yín。“訚訚”，和悦而敢于直言的样子。〔8〕“侃”，音 kǎn。“侃侃”，和谐快乐的样子。“如”，意同用作词尾的“然”，……的样子。

【译文】孔子在乡里，谦恭谨慎好似不会讲话的人。他在宗庙朝廷，明白流畅地发言，只是慎重小心罢了。上朝的时候，与上大夫交谈，不卑不亢；与下大夫交谈，和颜悦色。

入公门，〔1〕鞠躬如也；〔2〕趋进，〔3〕翼如也。〔4〕君召使傧，〔5〕色勃如也。〔6〕君命召，不俟驾行矣。〔7〕

【注释】〔1〕“公门”，君门，朝门。〔2〕“鞠躬”，弯曲身子表示恭敬、谨慎的样子。〔3〕“趋进”，快步前进。〔4〕“翼如”，恭敬的样子。〔5〕“傧”，音 bìn，接引宾客。〔6〕“勃如”，矜持庄重的样子。〔7〕“俟”，音 sì，等，等待。“驾”，系马于车。

【译文】孔子进入国君的大门，弯着身子十分恭敬谨慎的样子；小步快走向前，小心翼翼的样子。国君召见派他接引宾客，神色庄严肃穆。国君下令召见，不等驾好车马就上路。

鱼馁，〔1〕肉败，〔2〕割不正，〔3〕不食。席不正，〔4〕不坐。〔5〕

【注释】〔1〕“馁”，音 něi，指鱼类臭烂。〔2〕“败”，腐败。〔3〕“割”，分割，此指猪牛羊牲体的分割。“正”，古人分割牲体有一定的规定，符合规定的为“正”。〔4〕“席”，席子，坐席。“正”，古人设坐席，按不同的身份有不同的摆法，符合规定的为“正”。〔5〕按以上三节，均见《论语·乡党》。

【译文】鱼臭烂，肉腐败，牲体部位切割得不合规定，他就不吃。坐席位置朝向摆放不合礼制，他就不坐。

食于有丧者之侧，未尝饱也。是日哭，则不歌。〔1〕见齐衰、瞽者，〔2〕虽童子必变。〔3〕

【注释】〔1〕按自“食于有丧者之侧”至此，见《论语·述而》。〔2〕“瞽”，音 gǔ，瞎眼。〔3〕按此句《论语·子罕》作：“子见齐衰者、冕衣裳者与瞽者，见之，虽少，必作；过之，必趋。”

【译文】在有丧事的人旁边吃饭，他不曾吃饱过。这一天哭过，就不再唱歌。看见穿丧服的人、瞎了眼睛的人，即是儿童也必定变得严肃起来。

“三人行，必得我师。”〔1〕“德之不修，学之不讲，〔2〕闻义不能徙，〔3〕不善不能改，是吾忧也。”〔4〕使人歌，善，则使复之，然后和之。〔5〕

【注释】〔1〕“三人行，必得我师”，按《论语·述而》作：“三人行，必有我师焉。”且其下又有：“择其善者而从之，其不善者而改之。”〔2〕“讲”，讲习，练习。〔3〕“徙”，迁移，追随。〔4〕按此语见《论语·述而》。〔5〕“使人歌，善，则使复之，然后和之”，按《论语·述而》作：“子与人歌而善，必使反之，而后和之。”

【译文】“三个人在行走，其中必定能得到我可效法的人。”“道德不能修养，学问不能讲习，闻知正义不能追随，不好的地方不能改正，这是我的忧虑啊。”孔子让人唱歌，唱得好的话，就让他再唱一次，然后自己和他。

子不语：怪，〔1〕力，〔2〕乱，〔3〕神。〔4〕

【注释】〔1〕“怪”，怪异。〔2〕“力”，强力，暴力。〔3〕“乱”，乖乱，祸乱。〔4〕“神”，鬼神。按此语见《论语·述而》。

【译文】孔子不谈论：怪异，暴力，祸乱，鬼神。

子贡曰：“夫子之文章，〔1〕可得闻也。夫子言天道与性命，〔2〕弗可得闻也已。”〔3〕颜渊喟然叹曰：“仰之弥高，〔4〕钻之弥坚。〔5〕瞻之在前，〔6〕忽焉在后。夫子循循然善诱人，〔7〕博我以文，〔8〕约我以礼，〔9〕欲罢不能。既竭我才，如有所立，卓尔。〔10〕虽欲从之，蔑由也已。”〔11〕达巷党人曰：〔12〕“大哉孔子，博学而无所成名。”〔13〕子闻之曰：“我何执？〔14〕执御乎？〔15〕执射乎？〔16〕我执御矣。”牢曰：〔17〕“子云：‘不试，〔18〕故艺。’”〔19〕

【注释】〔1〕“文章”，文辞，此指孔子整理的文献典籍。〔2〕“天道”，自然规律，此指自然和社会之间吉凶祸福的关系。“性命”，本性，命运。按《论语·公冶长》作“性”，无“命”字。〔3〕按语见《论语·公冶长》。〔4〕“仰”，抬头，抬头看。“弥”，音 mí，更加。〔5〕“钻”，穿，此引申为钻研。〔6〕“瞻”，zhān，视，望。〔7〕“循循然”，有次序的样子，循序渐进的样子。〔8〕“文”，文献。〔9〕“约”，约束，规范。〔10〕“卓尔”，特立的样子，卓越超群的样子。〔11〕“蔑”，无，没有。“由”，从。按语见《论语·子罕》。〔12〕“达巷党”，名叫达巷的党。或谓名叫达的巷党，亦通。〔13〕“无所成名”，没有用以成名的专长。〔14〕“执”，做，干。〔15〕“御”，驾车。〔16〕“射”，射箭。〔17〕“牢”，人名，孔子弟子。《孔子家语·七十二弟子》云：“琴牢，卫人，字子开，一字张。”当为此人。〔18〕“试”，用，任用。〔19〕“艺”，技艺，技术。按语见《论语·子罕》。

【译文】子贡说：“老师整理的文献典籍，可以听得到。但老师谈论天道和性命的话，不能听得到啊。”颜渊感慨地叹息道：“仰望老师的形象越来越觉得高大，钻研老师的学问越来越感到坚实。眼看就在前面，忽然又在后边。老师循序渐进善于诱导人们，用文献来广博我们的知识，用礼义来约束我们的言行，使得我们想要停下来也不可能。竭尽我们的才智后，好像有所建树，有点特立超群的感觉。但想要继续跟进，又无从下手了。”住在达巷党的一个人说：“伟大啊孔子，博学洽闻却没有用以成名的专长。”孔子听到这话后说：“我干什么呢？干驾车呢？还是当射手呢？我就干驾车了。”弟子牢说：“您说过：‘因为不得任用，所以学会了一些手艺。’”

鲁哀公十四年春，狩大野。〔1〕叔孙氏车子钼商获兽，〔2〕以为不祥。仲尼视之，曰：“麟也。”取之。〔3〕曰：“河不出图，〔4〕雒不出书，〔5〕吾已矣夫！”〔6〕颜渊死，孔子曰：“天丧予！”〔7〕及西狩见麟，曰：“吾道穷矣！”〔8〕喟然叹曰：“莫知我夫！”子贡曰：“何为莫知子？”子曰：“不怨天，不尤人，〔9〕下学而上达，〔10〕知我者其天乎！”〔11〕

【注释】〔1〕“狩”，音 shòu，打猎。“大野”，即大野泽，又名“巨野泽”，故址在今山东巨野北。〔2〕“车”，此指驾车者。“子钼商”，氏子钼，名商，叔孙氏家臣。〔3〕按此节见《左传·哀公十四年》。〔4〕“河”，黄河。“图”，即河图，黄河所出之图。关于河图的内容性质，刘歆认为是八卦，《汉书·五行志》云：“刘歆以为伏羲氏继天而王，受河图，则而画之，八卦是也。”郑玄则认为是帝王圣者受命的祥瑞，《尚书·顾命》郑玄注：“河图，图出于河，帝王圣者之所受。”〔5〕“雒”，雒水，曹魏黄初元年（公元二二〇年）改“雒”为“洛”。“书”，即雒书，雒水所出之书。汉人认为就是《尚书·洪范》所说的“天乃锡禹洪范九畴”。《太平御览》卷八七二引《尚书中候》云：“尧率群臣，东沉于洛，退候至于下稷，赤光起，无龟负书，中背有赤文朱字。”《尚书大传》郑玄注云：“初禹治水，得神龟负文于洛，以尽得天人阴阳之用。”关于雒书的内容，《汉书·五行志》认为就是《洪范》中从“初一曰五行”至“畏用六极”一段，云：“凡此六十五字，皆《雒书》本文，所谓天迪锡禹大法九章,常事所次者也。”〔6〕“已”,尽,完。“矣夫”,“矣”、“夫”均为语气词。此连用,加强表示感叹的语气。按《论语·子罕》云:“子曰:‘凤鸟不至,河不出图,吾已矣夫!’”《周易·系辞》云:“河出图,洛出书,圣人则之。”当为司马迁此节所本。〔7〕按自“颜渊死”至此,见《论语·先进》。〔8〕按从“颜渊死”至此,见《春秋公羊传》哀公十四年和《春秋繁露·随本消息》。〔9〕“尤”,责怪。〔10〕“下”,天下,人间,此指人事。“上”,上天,此指天道、天命。“下学而上达”,下学人事,上通天命。〔11〕按自“莫知我夫”至此,见《论语·宪问》。

【译文】鲁哀公十四年春季,在大野泽打猎。叔孙氏的车夫子钮商猎获一头野兽,认为不吉祥。孔子细看野兽,说:“是麒麟啊。”就取走了。孔子说:“黄河不再出现河图,雒水不再出现雒书,我也该完了啊!”颜渊死了,孔子说:“上天要让我死啊!”等到在鲁国西部打猎见到麒麟,孔子说:“我的道路到头了!”感慨地叹息说:“没人知道我啊!”子贡问:“为什么没人知道您?”孔子说:“不怨天,不怪人,我下学人事,上通天命,知道我的恐怕只有上天吧!”

“不降其志,不辱其身,伯夷、叔齐乎!”谓“柳下惠、少连,[1]降志辱身矣”。谓“虞仲、夷逸,[2]隐居放言,[3]行中清,[4]废中权”。[5]“我则异于是,无可无不可。”[6]

【注释】〔1〕“柳下惠”,氏展,名获,字禽,亦称“展获”、“展禽”,谥惠,食邑于柳下,故称“柳下惠”,鲁国大夫,曾任士师。“少连”,东夷人,以善于守丧受到孔子称赞。参看《礼记·杂记》。〔2〕“虞仲,夷逸”,皆春秋时隐士。夷逸见《尸子》,《尸子》云:“或劝夷逸仕。逸曰:‘吾譬则牛,宁服轭以耕于野,岂忍被绣入庙为牺。’”〔3〕“放”,放纵,任意。“言”,言谈。〔4〕“中”,音 zhòng,适合,符合。“清”,清白,高洁。〔5〕“废”,废弃,弃世。或谓通“发”,发动,行动。“权”,权变,权宜。〔6〕按本节见《论语·微子》。

【译文】“不降低自己的志向,不玷污自己的人格,那就是伯夷、叔齐吧!”孔子认为“柳下惠、少连降低志向,玷污人格了”。认为“虞仲、夷逸二人避世隐居,放浪言论,品行堪称清白,放弃仕途合乎权变”。孔子说:“我却和他们不同,没有什么可以也没有什么不可以。”

子曰:“弗乎弗乎,[1]君子病没世而名不称焉。[2]吾道不行矣,吾何以自见于后世哉?”乃因史记作《春秋》,[3]上至隐公,[4]下讫哀公十四年,[5]十二公。[6]据鲁,[7]亲周,[8]故殷,[9]运之三代。[10]约其文辞而指博。[11]故吴、楚之君自称王,而《春秋》贬之曰“子”;[12]践土之会实召周天子,[13]而《春秋》讳之曰“天王狩于河阳”:[14]推此类以绳当世,[15]贬损之义,后有王者举而开之。[16]《春秋》之义行,则天下乱臣贼子惧焉。[17]

【注释】〔1〕“弗”,不。这里是不行、不成的意思。〔2〕“病”,恨,痛恨。“没”,音 mò,通“殁”,死。“没世”,终身,一辈子。“称”,称道。按此句见《论语·卫灵公》。〔3〕“因”,利用。“史记”,史官的记载。“《春秋》”,鲁国史官撰写的春秋编年史,起于鲁隐公元年(公元前七二二年),终于鲁哀公十四年(公元前四八一年),以极其简练的文字记载二百四十二年间的史事。汉人多以为经孔子整理修订而成,被奉为儒家经典之一。汉代解释传授《春秋》的主要有左氏、公羊氏和谷梁氏三家,分别有《传》流存至今。〔4〕“隐公”,即鲁隐公,名息姑,鲁伯禽七世孙,鲁惠公之子,母声子,公元前七二二年至前七一二年在位。详见本书《鲁周公世家》。〔5〕“哀公”,即鲁哀公,哀公十四年为公元前四八一年。〔6〕“十二公”,指鲁国春秋时代的十二位国君,即隐公、桓公、庄公、闵公、僖公、文公、宣公、成公、襄公、昭公、定公、哀公。〔7〕“据鲁”,以鲁国为根据。〔8〕“亲周”,以周王室为亲承的前朝。〔9〕“故殷”,以殷代为隔朝的故旧。〔10〕“运”,通,贯通。“三代”,指鲁、周、殷。或谓夏、商、周,不确。按此“据鲁,亲周,故殷,运之三代”,系司马迁撷取董仲舒“三统说”,采用了《春秋》公羊家。《春秋繁露·三代改制质文》云:“王者改制作科奈何?曰:当十二色,历各法而正色,逆数三而复。……故《春秋》应天作新王之事,时正黑统。王鲁,尚黑,绌夏,亲周,故宋。”《春秋公羊传》“隐公第一”徐彦《疏》引何休《文谥例》有“三科九旨”之说,云“新周,故宋,以《春秋》当新王,此一科三旨也。”〔11〕“约”,简约,简略。“指”,通“旨”,旨意,意思。〔12〕“贬”,贬抑,降低。“子”,周代五等爵之第四等。〔13〕“践土”,郑国地名,在今河南原阳西南。“践土之会”,公元前六三二年晋文公在践土与诸侯会盟,名义上在此朝见周襄王。实际上是晋文公召来周襄王,藉此来确定自己的霸主地位。〔14〕

"天王",周天子,即周襄王。"河阳",晋国邑名,在今河南孟县西。按此事本《左传》僖公二十八年,云:"是会也,晋侯召王,以诸侯见,且使王狩。仲尼曰:'以臣召君,不可以训。故书曰"天王狩于河阳",言非其地也,且明德也。'" 〔15〕"绳",绳正,纠正。 〔16〕"开",开启,推广。 〔17〕"乱臣贼子",指犯上作乱的大臣、子弟。"《春秋》之义行,则天下乱臣贼子惧焉",按《孟子·滕文公下》作:"孔子成《春秋》而乱臣贼子惧。"

【译文】孔子说:"不行了不行了,君子痛恨活了一辈子而名声不被人们称道。我的主张不能实行了,我用什么将自己显现给后人呢?"于是利用鲁国史官的记载撰作《春秋》,上溯至鲁隐公,下讫于鲁哀公十四年,包括十二位君主。以鲁国为中心,以周王室为亲承的前朝,以殷代为隔朝的故旧,将道统贯穿于三代。简约精炼其中的文辞而意旨博大恢弘。所以吴国、楚国的君主自称为王,但《春秋》贬称他们为"子";晋文公在践土的盟会实际上是他召来周天子,但《春秋》避讳此事写作"天王狩于河阳":推衍这类《春秋》笔法来绳正当时的世道。《春秋》中褒贬的大义,后代有王者兴起的话,就能推广开来。《春秋》大义实行之后,那么天下的乱臣贼子便都害怕了。

孔子在位听讼,〔1〕文辞有可与人共者,〔2〕弗独有也。〔3〕至于为《春秋》,笔则笔,〔4〕削则削,〔5〕子夏之徒不能赞一辞。〔6〕弟子受《春秋》,孔子曰:"后世知丘者以《春秋》,而罪丘者亦以《春秋》。"〔7〕

【注释】〔1〕"在位",指孔子在鲁司寇之位。"听",听理,审理。"讼",诉讼,打官司。 〔2〕"文辞",此指判词。"共",共同,相同。 〔3〕"独有",独自占有,独自决断。按《淮南子·主术》云:"孔子为鲁司寇,听狱必师断。"《春秋繁露·五行相生》云:"为鲁司寇,断狱屯屯,与众共之,不敢自专。"《说苑·至公》所言较详,云:"孔子为鲁司寇,听狱必师断,敦敦然皆立,然后君子进曰:'某子以为何若?'某子曰云云。又曰:'某子以为何若?'某子曰云云。辩矣,然后君子(曰):'几当从某子云云乎。'……文辞有可与人共之者,君子不独有也。"另又见《孔子家语·好生》、《公羊》僖公二十八年《解诂》。 〔4〕"笔",用笔书写,记载。 〔5〕"削",用刀削除。古时以竹木为书写材料,删改时用刀先刮去竹木上的字,故叫做削。 〔6〕"子夏",名商,氏卜,字子夏,晋国温(今河南温县西南)人,一说卫国人。孔子弟子。曾任鲁国莒父(今山东莒父)宰。孔子死后,到魏国西河讲学,被魏文侯尊为师。对《诗》、《春秋》等儒家经典的传授起过重要作用。生于公元前五〇七年。详见本书《仲尼弟子列传》。"赞",赞助,修改。 〔7〕按语见《孟子·滕文公下》,云:"孔子曰:'知我者其惟《春秋》乎!罪我者其惟《春秋》乎!'"

【译文】孔子在司寇职位上审理诉讼案件时,判词有可以和别人相同处,就不独自决断。至于撰作《春秋》,他认为该写的就写,该删的就删,即使是子夏之流的高足弟子也不能改动一字一句。弟子们听受《春秋》时,孔子说:"后代了解我的凭这部《春秋》,而怪罪我的也凭这部《春秋》。"

明岁,子路死于卫。孔子病,子贡请见。孔子方负杖逍遥于门,〔1〕曰:"赐,汝来何其晚也?"孔子因叹,歌曰:"太山坏乎!〔2〕梁柱摧乎!〔3〕哲人萎乎!"〔4〕因以涕下。〔5〕谓子贡曰:"天下无道久矣,莫能宗予。〔6〕夏人殡于东阶,〔7〕周人于西阶,〔8〕殷人两柱间。〔9〕昨暮予梦坐奠两柱之间,〔10〕予始殷人也。"后七日卒。〔11〕

【注释】〔1〕"负杖",倚恃手仗,拄着手杖。按《礼记·檀弓上》、《孔子家语·终记》作"负手曳杖",则意为反剪双手拖着手杖。"逍遥",悠闲自在的样子。 〔2〕"太山",即泰山。古时被奉为众山之首。"坏",败坏,崩溃。 〔3〕"梁柱",梁木,栋梁。"摧",折,折断。 〔4〕"哲人",才识出众的人。"萎",枯萎,死亡。 〔5〕"涕",泪,眼泪。 〔6〕"宗",尊崇,重用。 〔7〕"东阶",东边的台阶,古为主人升堂所走。按《礼记·檀弓》作"东阶之上",为主人之位。 〔8〕"西阶",西边的台阶,为客人升堂所走的台阶。"周人于西阶",按《礼记·檀弓上》作"周人殡于西阶之上"。"西阶之上"为客人之位。〔9〕"柱",此指楹,厅堂前部的柱子。按"柱",《礼记·檀弓上》作"楹"。"两柱间",按《礼记·檀公》作"两楹之间",此为堂上最尊之位,面向南方。 〔10〕"奠",定。 〔11〕按自"孔子方负杖逍遥于门"至此,详见《礼记·檀弓上》、《孔子家语·终记》。

【译文】第二年，子路在卫国死去。孔子病重，子贡请求见面。孔子正拄着手杖在门口闲逛，说："赐，你来得为什么这样迟啊？"孔子因此叹息，歌唱道："泰山在崩溃啊！栋梁在折断啊！哲人在死亡啊！"接着潸然泪下。对子贡说："天下没有王道很久了，没有人能尊崇我。夏人死后在东边的台阶上停灵，周人死后在西边的台阶上停灵，殷人死后则在厅堂前的两根柱子间停灵。昨天夜晚我做梦坐定在堂前两根柱子之间，我的始祖是殷人啊。"此后第七天孔子去世。

孔子年七十三，以鲁哀公十六年四月己丑卒。〔1〕

【注释】〔1〕"鲁哀公十六年四月己丑"，按此推算，相当于公元前四七九年三月九日。孔子卒日，司马迁采《左氏》经、传。

【译文】孔子享年七十三岁，于鲁哀公十六年四月己丑日去世。

哀公诔之曰：〔1〕"旻天不吊，〔2〕不慭遗一老，〔3〕俾屏余一人以在位，〔4〕茕茕余在疚。〔5〕呜呼哀哉！尼父，〔6〕毋自律！"〔7〕子贡曰："君其不没于鲁乎！〔8〕夫子之言曰：'礼失则昏，〔9〕名失则愆。'〔10〕失志为昏，失所为愆。生不能用，死而诔之，非礼也。称'余一人'，〔11〕非名也。"

【注释】〔1〕"诔"，音 lěi，古时上对下所致的悼词。〔2〕"旻"，音 mín，天空。"旻天"，天，上天。"吊"，通"淑"，善，仁。"旻天不吊"，按《诗·小雅·节南山》有"昊天不吊"之语。〔3〕"慭"，音 yìn，且，暂且。"一老"，一老人。"不慭一老"，按此语见《诗·小雅·十月之交》。〔4〕"俾"，音 bǐ，使。"屏"，屏蔽，庇护。"余一人"，原为天子自称之词，这里哀公用以自称。"俾屏余一人"，按《诗·小雅·十月之交》有"俾守我王"之语。〔5〕"茕"，音 qióng，通"惸"，没有兄弟，引申为孤单无依。"茕茕"，孤独无依的样子。"疚"，忧虑。按《诗·周颂·闵予小子》有"嬛嬛在疚"之语。〔6〕"尼父"，对孔子的尊称。犹如称"吕尚"为"尚父"，称"管仲"为"仲父"。杨伯峻《春秋左传注》云："称尼父者，孔丘字仲尼，父犹仲山甫之甫也。……哀公即位时更小，至此时不过二十余耳，于一七十余老翁，宜其以父称之。"〔7〕"律"，法，此作动词，意为约束，规范。"毋自律"，即"毋律自"，没人来用礼法规范自己。〔8〕"君"，国君，指鲁哀公。"其"，此用作副词，表示推测。〔9〕"昏"，昏暗，混乱。〔10〕"愆"，音 qiān，过失，谬误。〔11〕按本节见《左传》哀公十六年，又见《礼记·檀弓上》、《孔子家语·终记》。

【译文】鲁哀公撰写诔文悼念孔子道："上天不行善，不姑且留下这位老人，让他辅佐余一人在位为君，孤独无依的我忧心忡忡。呜呼哀哉！仲尼老人，再也没有人来用礼法来要求我了。"子贡说："国君恐怕不能在鲁国寿终正寝了吧！老师的话说：'礼仪丧失就会昏乱，名分丧失就会谬误。'丧失意志叫做昏乱，丧失身份叫做谬误。生前不能重用，死后才作诔悼念他，不合礼制啊。自称'余一人'，不合名分啊。"

孔子葬鲁城北泗上，〔1〕弟子皆服三年。〔2〕三年心丧毕，〔3〕相诀而去，〔4〕则哭，各复尽哀；或复留。唯子赣庐于冢上，〔5〕凡六年，然后去。〔6〕弟子及鲁人往从冢而家者百有余室，〔7〕因命曰孔里。鲁世世相传以岁时奉祠孔子冢，〔8〕而诸儒亦讲礼乡饮大射于孔子冢。〔9〕孔子冢大一顷。故所居堂、弟子内，〔10〕后世因庙，〔11〕藏孔子衣冠琴车书，至于汉二百余年不绝。〔12〕高皇帝过鲁，〔13〕以太牢祠焉。〔14〕诸侯、卿、相至，〔15〕常先谒然后从政。〔16〕

【注释】〔1〕"泗"，水名。在今山东中部，发源于山东泗水县东蒙山南麓，因四水并源而得名。"泗上"，泗水之滨。〔2〕"服"，服丧。〔3〕"心丧"，不穿丧服，在心中哀悼。这是古代弟子对老师去世的服丧形式。按《礼记·檀公上》云："事师无犯无隐，左右就养无方，服勤至死，心丧三年。"又云："孔子之丧，门人疑所服。子贡曰：'昔者夫子之丧颜渊，若丧子而无服。丧子路亦然。请丧夫子若丧父而无服。'"〔4〕"诀"，音 jué，决绝，告别。〔5〕"庐"，庐舍，此用作动词，意为构造庐舍。"庐于冢上"，按《孟子·滕文公上》作"筑室于场"。〔6〕按自"弟子皆服三年"至此，见《孟子·滕文公上》。〔7〕"家"，用作动词，意为安家。"室"，家。〔8〕"岁时"，一年四季。"奉祠"，供奉祭祀。〔9〕"乡饮”,即乡饮酒礼,古代各级地方和乡学为荐举选拔优秀人才而举行的宴饮典礼。“大射”,为祭祀而举行的射礼,系天子之礼。按此上下文意,当指乡射,为地方以射选士之礼。射礼前要先举行乡饮酒礼。〔10〕“故所居堂”,指孔子原先居所的厅堂。“内”,内室,居室。〔11〕“庙”,孔庙。此用作动词,意为建筑孔庙。〔12〕“绝”,断绝,毁灭。〔13〕“高皇帝”,指汉高祖刘邦。〔14〕“太牢”,牛、羊、猪齐备的祭祀供品。按《汉书·高帝纪》载汉高祖于十二年(公元前一九五年)十一月,“过鲁,以大牢祠孔子”。〔15〕“诸侯”,汉朝所封的诸侯王。“卿、相”,诸侯王国的卿、相。按孔子冢、庙在汉代地属鲁国,则此“诸侯、卿、相”应指鲁国的诸侯、卿、相。〔16〕“谒”,拜谒。

【译文】孔子被安葬在鲁国都城北面的泗水之滨,弟子们都服三年之丧。三年心丧完毕,互相告别而离去,就最后痛哭一场,各人再次尽情致哀;有的人又留下。只有子贡在坟地上盖了房子继续服丧,前后总共六年,然后才离开。孔子弟子以及鲁国人前往依傍墓冢安家的有一百多户,因此取名叫孔里。鲁人世世代代相传一年四季按时供奉祭祀孔子的坟墓,而且儒生们还在孔子坟前讲习礼仪,举行乡饮大射之礼。孔子的坟地有一顷大。原先孔子住所的厅堂、弟子们的居室,后代就此建庙,收藏孔子的衣冠、琴瑟、车辆、书籍,一直到汉代经历二百多年仍没有毁坏。汉高祖经过鲁地,用太牢之礼祭祀孔子,受封的诸侯王、卿、相到达鲁地,经常是先谒拜孔庙然后就任从政。

孔子生鲤,字伯鱼。〔1〕伯鱼年五十,先孔子死。〔2〕

【注释】〔1〕关于孔鲤名、字的由来,《孔子家语·本姓》云:“鱼之生也,鲁昭公以鲤鱼赐孔子。荣君之贶,故因以名鲤,而字伯鱼。”〔2〕按《孔子家语·本姓》云:“至十九娶于宋之亓官氏,一岁而生伯鱼。”则由此可推得孔鲤生于公元前五三二年,死于公元前四八三年。

【译文】孔子生下鲤,字伯鱼。伯鱼享年五十岁,比孔子先死。

伯鱼生伋,〔1〕字子思,年六十二。〔2〕尝困于宋。子思作《中庸》。〔3〕

【注释】〔1〕“伋”,音jí,为鲁穆公师。〔2〕“年六十二”,或谓系“年八十二”之误。见梁玉绳《史记志疑》。〔3〕“《中庸》”,汉人收入《礼记》中。宋程颐、朱熹将其与《大学》、《论语》、《孟子》并列为《四书》。

【译文】伯鱼生下伋,字子思,享年六十二岁。曾经在宋国受困。子思撰作《中庸》。

子思生白,〔1〕字子上,年四十七。子上生求,字子家,〔2〕年四十五。子家生箕,字子京,〔3〕年四十六。子京生穿,字子高,年五十一。〔4〕子高生子慎,〔5〕年五十七,尝为魏相。〔6〕

【注释】〔1〕“白”,《汉书·孔光传》作“帛”,《新唐书·宰相世系表》云曾任齐威王相。〔2〕“子家”,按王肃《孔子家语后序》云:“子家名傲,后名永。”〔3〕“子京”,按《史记》别本及《汉书·孔光传》作“子真”,《孔子家语后序》作“子直”,名榼。《新唐书·宰相世系表》云曾为魏相。〔4〕“五十一”,按《孔子家语后序》作“五十七”。〔5〕“子慎”,按《汉书·孔光传》作“顺”;《孔丛子·陈士义篇》作“子顺”;《孔子家语后序》云名武,又名微,又名斌,字子顺;《阙里文献考》云名谦,或作武,后名斌;《新唐书·宰相世系表》云名斌,又名胤。〔6〕“尝为魏相”,按《新唐书·宰相世系表》云封文信君。

【译文】子思生下白,字子上,享年四十七岁。子上生下求,字子家,享年四十五岁。子家生下箕,字子京,享年四十六岁。子京生下穿,字子高,享年五十一岁。子高生下子慎,享年五十七岁,曾经担任魏国之相。

子慎生鲋,〔1〕年五十七。为陈王涉博士,〔2〕死于陈下。〔3〕

【注释】〔1〕“鲋”,字甲,见《汉书·儒林传》。〔2〕“陈王涉”,即陈涉,秦末农民起义领袖,详见本书《陈涉世家》。“博士”,官名,博通古今,掌典故文献,以备皇帝咨询。〔3〕“陈”,秦国县名,在今河南淮阳。陈涉起义建都于此。

【译文】子慎下生鲋,享年五十七岁,当过陈

王涉的博士，死在陈县城下。

鲋弟子襄，[1]年五十七，尝为孝惠皇帝博士，[2]迁为长沙太守。[3]长九尺六寸。

【注释】〔1〕“子襄”，名腾。 〔2〕“孝惠皇帝”，即汉惠帝，名盈，汉高祖刘邦之子，公元前一九四年至公元前一八八年在位，详见本书《吕太后本纪》及《汉书·惠帝纪》。 〔3〕“长沙”，郡名，秦置，治所在临湘（今湖南长沙市），辖境相当于今湖南东部、南部和广西全州，广东连县、阳山等地。西汉高祖五年（公元前二〇二年）改郡为国。“长沙太守”，按惠帝时长沙为国，不应有太守，当依《汉书·孔光传》作“长沙太傅”，则此“守”系“傅”之误。

【译文】孔鲋的弟弟子襄，享年五十七岁。曾经担任汉惠帝的博士，后来迁升为长沙太守。身高九尺六寸。

子襄生忠，[1]年五十七。忠生武，武生延年及安国。[2]安国为今皇帝博士，[3]至临淮太守，[4]蚤卒。[5]安国生卬，卬生欢。[6]

【注释】〔1〕“忠”，按《孔子家语后序》作“季中”，《书序》、《疏》作“中”。《新唐书·宰相世系表》云字子贞，博士。 〔2〕“武”，《阙里文献考》云字子威。“忠生武，武生延年及安国”，按《汉书·孔光传》、《孔子家语后序》、《新唐书·宰相世系表》，安国为忠之子，系武之弟。此处司马迁误记。 〔3〕“今皇帝”，指汉武帝刘彻。 〔4〕“临淮”，郡名，汉武帝元狩六年（公元前一一七年）置，郡治徐县（在今江苏泗洪南）。 〔5〕“蚤”，通“早”。 〔6〕“安国生卬，卬生欢”，泷川资言《史记会注考证》云：“此盖天汉以后事，后人补记。”

【译文】子襄生下忠，享年五十七岁。忠生下武，武生下延年和安国。孔安国为当今皇帝的博士，官至临淮太守，早年去世。孔安国生下卬，卬生下欢。

太史公曰：[1]《诗》有之：[2]“高山仰止，[3]景行行止。”[4]虽不能至，然心乡往之。[5]余读孔氏书，想见其为人。适鲁，观仲尼庙堂、车服、礼器，诸生以时习礼其家，余祗回留之不能去云。[6]天下君王至于贤人众矣，当时则荣，没则已焉。孔子布衣，[7]传十余世，学者宗之。自天子王侯，中国言六艺者折中于夫子，[8]可谓至圣矣！

【注释】〔1〕“太史公”，即司马迁。 〔2〕“《诗》有之”，按以下两句见《诗·小雅·车舝》。 〔3〕“仰”，仰望。“止”，之，语助词。 〔4〕“景”，大，广。“行”，音 háng，道，道路。 〔5〕“乡”，通“向”，向往。 〔6〕“祗回”，亦作“低回”，流连不舍的样子。 〔7〕“布衣”，麻布衣服，为平民服装，故指代平民。 〔8〕“折中”，取正，根据标准判断是非。

【译文】太史公说：《诗经》有这样的话：“巍峨的高山令人仰望，宽阔的大路让人行走。”尽管我不能回到孔子的时代，然而内心非常向往。我阅读孔氏的书籍，可以想见到他的为人。去到鲁地，观看仲尼的宗庙厅堂、车辆服装、礼乐器物，儒生们按时在孔子故居演习礼仪，我流连忘返以至留在那里无法离去。天下从君王直至贤人，是很多很多了，生前都荣耀一时，死后也就完了。孔子是个平民，传世十几代，学者尊崇他。上起天子王侯，中原凡是讲习六经的都要以孔夫子为标准来判断是非，孔子可说是至高无上的圣人了！

史记卷四十八

陈涉世家第十八

陈胜者，阳城人也，[1]字涉。吴广者，阳夏人也，[2]字叔。陈涉少时，尝与人佣耕，[3]辍耕之垄上，[4]怅恨久之，[5]曰："苟富贵，[6]无相忘。"[7]庸者笑而应曰："若为庸耕，[8]何富贵也？"陈涉太息曰[9]："嗟乎，燕雀安知鸿鹄之志哉！"

【注释】〔1〕"阳城"，县名，治所在今河南登封县东南告成镇。〔2〕"阳夏"，县名，治所在今河南太康县。"夏"，音 jiǎ。〔3〕"尝"，曾，曾经。"佣"，雇佣，出钱叫人为自己做事。也可指受人钱而为别人干活。〔4〕"辍"，音 chuò，停止。"之"，往，到。"垄"，田垄，田埂。〔5〕"怅"，音 chàng，失意，懊恼。〔6〕"苟"，如果，假若。〔7〕"无"，通"毋"，勿，不要。〔8〕"若"，你。"庸"，通"佣"。〔9〕"太息"，大声叹气。〔10〕"嗟"，音 jiē，感叹声。〔11〕"安"，哪里。"鸿"，大雁。"鹄"，音 hú，天鹅。"鸿鹄"，大雁和天鹅。或谓即指天鹅。

【译文】陈胜是阳城人，字涉。吴广是阳夏人，字叔。陈涉年轻的时候，曾和别人受雇耕田，有一次他停止耕作走到田埂上，惆怅恼恨了很久，说："如果有朝一日富贵了，大家互相不要忘记。"一起受雇耕田的人笑着回答说："你被人雇来耕田，怎么富贵呢？"陈涉长叹道："唉，燕子麻雀哪里懂得大雁天鹅的志向呢！"

二世元年七月，[1]发闾左，[2]適戍渔阳，[3]九百人屯大泽乡。[4]陈胜、吴广皆次当行，[5]为屯长。[6]会天大雨，[7]道不通，度已失期。[8]失期，法皆斩。陈胜、吴广乃谋曰："今亡亦死，[9]举大计亦死，[10]等死，[11]死国可乎！"[12]陈胜曰："天下苦秦久矣。[13]吾闻二世少子也，不当立，当立者乃公子扶苏。[14]扶苏以数谏故，[15]上使外将兵。[16]今或闻无罪，[17]二世杀之。百姓多闻其贤，未知其死也。项燕为楚将，[18]数有功，爱士卒，楚人怜之。[19]或以为死，或以为亡。今诚以吾众诈自称公子扶苏、项燕，[20]为天下唱，[21]宜多应者。"吴广以为然。乃行卜。[22]卜者知其指意，[23]曰："足下事皆成，有功。然足下卜之鬼乎！"[24]陈胜、吴广喜，念鬼，[25]曰："此教我先威众耳。"乃丹书帛曰"陈胜王"，[26]置人所罾鱼腹中。[27]卒买鱼烹食，得鱼腹中书，固以怪之矣。[28]又间令吴广之次所旁丛祠中，[29]夜篝火，[30]狐鸣呼曰"大楚兴，陈胜王"。卒皆夜惊恐。旦日，[31]卒中往往语，[32]皆指目陈胜。[33]

【注释】〔1〕"二世"，指秦二世，名胡亥，秦始皇的小儿子，据《索隐》所引《隐士遗章邯书》云，系秦始皇的第十八子。公元前二一〇年，秦始皇在外出巡行途中病死，赵高、李斯等人乘机偷换诏书，拥立随行的胡亥登上帝位。详见本书《秦始皇本纪》及《李斯列传》。"二世元年"，即公元前二〇九年。〔2〕"发"，征发。"闾"，音 lǘ，里巷的大门，也用以指代里巷。"闾左"，里巷左边。此指居住在里巷左边的平民。或谓秦人尚右，因此富人居闾右，穷人居闾左。〔3〕"適"，音 zhé，通"谪"，因罪而被谴罚。"戍"，戍守，守卫。"渔阳"，秦郡名，治所渔阳（在今北京市密云县西南），辖境相当于今河北围场以南，蓟运河以西，天津市以北，北京市怀柔、通县以东地

区。时为秦北方边郡之一。〔4〕“屯”，聚集，屯驻。“大泽乡”，时属泗水郡蕲县，在今安徽省宿县南蕲县集西的小刘村。〔5〕“次”，次第，次序。〔6〕“屯”，戍卒编制单位，五人为一屯。或谓五十人为一屯。“屯长”，一屯之长。〔7〕“会”，当，逢。〔8〕“度”，音 duó，忖度，估计。“失期”，误期，超过规定期限。〔9〕“亡”，逃亡，逃跑。〔10〕“举”，举行，实行。“大计”，大事，指起义。〔11〕“等”，同，同样。〔12〕“死国”，死于国事。此指为反秦复兴楚国而死。〔13〕“苦”，痛苦。此用为动词，意谓遭受苦难。〔14〕“公子扶苏”，秦始皇长子。公元前二一二年因进谏而激怒始皇，被派往北边上郡（治所肤施，在今陕西榆林东南），任蒙恬部之监军。公元前二一〇年，秦始皇在巡视途中得重病，下玺书召扶苏回京治丧；旋即始皇病死，赵高勾结李斯、胡亥乘机扣压玺书，另造诏书，逼扶苏自杀。事详本书《秦始皇本纪》、《李斯列传》。〔15〕“数”，音 shuò，多次，屡次。〔16〕“将”，音 jiàng，率领，统领。〔17〕“或”，有，有人。〔18〕“项燕”，楚国将领，项羽祖父，公元前二二三年在与秦作战中，兵败身死。“楚”，国名，芈姓，始祖鬻熊，西周时立国，都丹阳（今湖北秭归东南）。其后疆域不断扩展。至战国，成为领土最大的强国，占有以今湖北为中心的华中、华东及华南等部分区城，都郢（今湖北省江陵西北纪南城）。后因政治腐败，于公元前二二三年被秦国灭亡。〔19〕“怜”，哀怜，同情。〔20〕“诚”，果真，如果。“诈”，假装，冒充。〔21〕“唱”，通“倡”，倡导，号召。〔22〕“卜”，占卜，使用迷信方法预测吉凶。〔23〕“指”，通“旨”。“指意”，旨意，意图。〔24〕“足下”，对人的敬称。“鬼”，鬼神。〔25〕“念”，思念，考虑。〔26〕“丹”，朱砂。“书”，写。“王”，音 wàng，用作动词，为王。〔27〕“罾”，音 zēng，一种捕鱼工具，俗称“板罾”。此用作动词，用罾捕获。〔28〕“固”，本来，原来。“以”，通“已”，已经。〔29〕“间”，音 jiàn，暗中。“令”，使，让。“次”，止，停留。“次所”，住所。“丛”，丛生的树木。古时民间有以丛生树木作为社神来祭祀的习俗。《墨子·明鬼下》云：“必择木之修茂者，立以为丛社。”“丛祠”，丛社神祠。《吕氏春秋·怀宠》云：“问其丛社大祠，民之所不欲废者而复兴之。”〔30〕“篝”，音 gōu，竹笼。“篝火”，用竹笼罩着的火。〔31〕“旦日”，明日。〔32〕“往往”，处处，纷纷。〔33〕“指目”，手指目视。

【译文】秦二世元年七月，征发居住在里巷左边的平民，派遣其中有罪的去渔阳郡戍边，有九百人驻扎在大泽乡。陈胜、吴广都依次编入队伍，担任屯长。碰到天下大雨，道路不通，估计已经误期。超过规定期限，依法都要斩首。陈胜、吴广于是密谋：“如今逃亡是死，举行起义也是死，同样是死，为楚国而死该可以吧！”陈胜说：“天下遭受秦朝的痛苦很久了。我听说秦二世是小儿子，不应当即位，应当即位的是公子扶苏。扶苏因为多次直言进谏的缘故，皇上派他在外领兵。如今有人听说扶苏没有任何罪过，秦二世杀了他。百姓中很多人听说他的贤明，但不知道他的死。项燕担任楚国将军，屡立战功，爱护士兵，楚地人怜惜他。有的以为他死了，有的以为他跑了。今天如果用我们这些人假冒自称是公子扶苏、项燕部下，为天下带头起义，就应该有许多响应的人。”吴广认为是这样。于是举行占卜。占卜的人知道他们的意思，说：“你们的事都能成，会建功立业。然而你们向鬼神占卜了吗？”陈胜、吴广很高兴，就考虑利用鬼神的事，说：“这是教我们先在众人中树立威信罢了。”于是用朱砂在绢帛上书写“陈胜王”，放入别人所打鱼的肚子里。士卒买来那条鱼准备烹煮吃，得到鱼肚子里的帛书，这原已使人很奇怪了。陈胜又让吴广到驻地旁的丛社神祠中，夜里点起篝火，学着狐狸的声音叫道“大楚兴，陈胜王”。士卒一夜都惊恐不安。第二天，士卒中间纷纷谈论，都指点注视陈胜。

吴广素爱人，[1]士卒多为用者。[2]将尉醉，广故数言欲亡，忿恚尉，[4]令辱之，以激怒其众。尉果笞广。[5]尉剑挺，[6]广起，夺而杀尉。陈胜佐之，并杀两尉。召令徒属曰：[7]“公等遇雨，[8]皆已失期，失期当斩。藉弟令毋斩，[9]而戍死者固十六七。[10]且壮士不死即已，[11]死即举大名耳，王侯将相宁有种乎！”[12]徒属皆曰：“敬受命。”乃诈称公子扶苏、项燕，从民欲也。袒右，[13]称大楚。为坛而盟，[14]祭以尉首。陈胜自立为将军，吴广为都尉。攻大泽乡，收而攻蕲。[15]蕲下，[16]乃令符离人葛婴将兵徇蕲以东。[17]攻铚、[18]酂、[19]苦、[20]柘、[21]谯皆下之。[22]行收兵。[23]比至陈，[24]车六七百乘，[25]骑千余，[26]卒数万人。[27]攻陈，陈守令皆不在，[28]独守丞与战谯门中。[29]弗胜，守丞死，乃入据陈。数日，号令召三老、[30]豪杰与皆来会计事。[31]三老、豪杰皆曰：“将军身被坚执锐，[31]伐无道，诛暴秦，复立楚国之社稷，[33]功宜为王。”陈涉乃立为王，号为张楚。[34]

【注释】〔1〕“素”，平素，一向。〔2〕“为用者”，为吴广所用的，指听从吴广指使的人。〔3〕“尉”，武官名。“将尉”，统领戍卒的武官。〔4〕“恚”，音 huì，愤怒。“忿恚尉”，使将尉愤怒，即激怒将尉。〔5〕“笞”，音 chī，用竹条、木板或皮鞭抽打。〔6〕“挺”，拔，举。〔7〕“徒属”，部属，部下。〔8〕“公”，尊称。“公等”，您等。你们的敬称。〔9〕“藉”，音 jiè，通“借”，假使。“弟”，通“第”，但，只。“令”，下令。“毋”，勿，不。〔10〕“固”，必，必然。“十六七”，指十分之六七。〔11〕“即”，通“则”。下句“即”字同。〔12〕“宁”，岂，难道。“种”，种类，族类。〔13〕“袒右”，袒露右臂。以此作为起义的识别标志。〔14〕“坛”，土筑的高台。“盟”，立誓缔约。〔15〕“蕲”，音 qí，县名，治所在今安徽省宿县东北。〔16〕“下”，攻下，攻克。〔17〕“符离”，县名，治所在今安徽省宿县东北。“徇”，音 xùn，收取，攻取。〔18〕“铚”，音 zhì，县名，治所在今安徽省宿县西南。〔19〕“酂”音 cuó，县名，治所在今河南永城县西，酂县乡。〔20〕“苦”，县名，治所在今河南鹿邑县东。〔21〕“柘”，音 zhè，县名，治所在今河南柘城县西北。〔22〕“谯”，音 qiáo，县名，治所在今安徽亳县。〔23〕“行收兵”，指行进途中招收兵马。〔24〕“比”，音 bì，及，到。“陈”，县名，为陈郡郡治，治所在今河南淮阳县。〔25〕“车”，兵车，战车。“乘”，音 shèng，古时以一车四马为一乘。〔26〕“骑”，音 qí，骑兵。古时以一人一马为一骑。〔27〕“卒”，步卒，步兵。〔28〕“陈守令”，指陈郡郡守和陈县县令。陈郡郡治在陈县，故既有郡守又有县令。郡守为一郡之长，县令为一县之长。〔29〕“守丞”，即郡丞，郡守的副手。郡守不在，代行其职。“谯”，谯楼，筑在城门上的瞭望楼。“谯门”，谯楼下的城门。〔30〕“三老”，掌管教化的乡官。通常由所谓有德行的老人担任。〔31〕“豪杰”，地方上有名望权势的人。“会”，会集，聚会。“计”，计议，谋划。〔32〕“身”，亲身，亲自。“被”，音 pī，通“披”。“被坚执锐”，身披坚固的铠甲，手持锐利的武器。此指全副武装参加战斗。〔33〕“社稷”，社为土地神，稷为谷神。古人常用以指代国家。当时以农立国，土地和谷物系立国之本，因此古人崇尚祭祀社稷，将社稷作为国家的象征。〔34〕“张楚”，意为张大楚国。

【译文】吴广平素爱护他人，因此士卒中有许多人愿意为他效力。将尉喝醉了酒，吴广故意多次说想逃跑，以此激怒将尉，让他来侮辱自己，借以激起众人愤怒。将尉果然鞭打吴广。将尉拔剑出鞘，吴广起身，夺过佩剑杀死将尉。陈胜帮助他，一起杀死两名将尉。然后召集号令部下说：“诸公遇上大雨，都已错过期限，错过期限应当斩首。即使仅仅下令不斩首，然而戍边死亡的人也必定会占到十分之六七。况且大丈夫不死则已，死就要立下大名，王侯将相难道是天生的种吗！”部属都说：“坚决服从命令。”于是假冒公子扶苏、项燕的名义，顺从民众的欲望。大家袒露右臂，号称大楚。筑起高台宣誓立约，用将尉的首级进行祭祀。陈胜自己立为将军，封吴广为都尉。进攻大泽乡，取得后又进攻蕲县。蕲县攻下后，陈胜便命令符离人葛婴领兵收取蕲县以东之地。进攻铚县、酂县、苦县、柘县、谯县，全部攻克。一路招集兵马。等到达陈县，已有兵车六七百辆，骑兵一千余，士卒几万人。进攻陈县，陈郡的郡守、县令都不在，只有郡丞独自在谯楼下城门中作战。秦兵没有获胜，郡丞战死，于是入城占据陈县。过了几天，陈涉发出号令召集当地三老、豪杰一起都来集会商议事情。当地三老、豪杰都说：“将军亲自身披铠甲手持利剑，讨伐无道，诛灭暴秦，重建楚国的江山，论功应该称王。”陈涉于是立为王，国号叫张楚。

当此时，诸郡县苦秦吏者，皆刑其长吏，[1]杀之以应陈涉。乃以吴叔为假王，[2]监诸将以西击荥阳。[3]令陈人武臣、[4]张耳、[5]陈余徇赵地，[6]令汝阴人邓宗徇九江郡。[7]当此时，楚兵数千人为聚者，不可胜数。

【注释】〔1〕“刑”，杀，杀戮。“长吏”，长官。此指郡守尉、县令丞等各级长官。〔2〕“吴叔”，即吴广，吴广字叔。古人称字，表示尊敬。“假王”，临时设置的王。〔3〕“监”，监督，监领。“荥阳”，县名，治所在今河南荥阳东北。〔4〕“武臣”，号武信君。以将军身份领兵到邯郸后，自立为赵王。翌年（公元前二〇八年）被部将李良所杀。详见本书《张耳陈余列传》。〔5〕“张耳”，大梁（今河南开封）人，初为魏信陵君客，任魏外黄（今河南民权西北）县令。魏灭后，遭秦通缉，更姓换名，逃亡陈县充任里监门。陈胜队伍入陈，即参加义军。此时被委为校尉，随武臣攻取赵地。武臣为赵王，委为右丞相。

项羽立诸侯时，被封为常山王。后投汉，被封为赵王。公元前二〇二年卒，谥为景王。详见本书《张耳陈余列传》。〔6〕“陈余”，张耳同乡，年青时父事张耳，结为刎颈之交。魏灭后，遭秦通缉，与张耳一起逃亡到陈充任里监门。后随张耳参加陈胜队伍。此时受遣，任校尉。武臣为赵王，委为大将军。武臣死，拥立赵歇为赵王，被赵歇封为代王。与张耳结怨成仇。公元前二〇四年，被张耳、韩信军击杀。详见本书《张耳陈余列传》。“赵”，国名，战国七雄之一。开国君王赵烈侯为晋大夫赵衰后裔，和韩氏、魏氏瓜分晋国。先建都晋阳（今山西太原东南），后都邯郸（今河北邯郸），占有今河北西部、山西北部和河套地区。公元前二二二年被秦所灭。〔7〕“汝阴”，县名，治所在今安徽阜阳。“邓宗”，陈胜部将，本书仅此一见。“九江郡”，郡治在寿春（今安徽寿县），辖境约当今安徽、河南淮河以南，湖北黄冈以东和江西全省。

【译文】当这个时候，各郡县深受秦朝官吏之苦的人，都起来惩处当地的长官，杀死他们来响应陈涉。陈涉于是任命吴叔为假王，监领众将向西进击荥阳。又命令陈人武臣、张耳、陈余收取赵地，命令汝阴人邓宗收取九江郡。当这个时候，楚地士兵几千人聚集起义的，多得无法计算。

葛婴至东城，[1]立襄彊为楚王。[2]婴后闻陈王已立，因杀襄彊，还报。至陈，陈王诛杀葛婴。陈王令魏人周市北徇魏地。[3]吴广围荥阳。李由为三川守，[4]守荥阳，吴叔弗能下。陈王征国之豪杰与计，[5]以上蔡人房君蔡赐为上柱国。[6]

【注释】〔1〕“东城”，县名，治所在今安徽定远东南。〔2〕“襄彊”，“彊”，音 qiáng。据本书《秦汉之际月表》，襄彊于当年八月被立为楚王，九月即被杀。〔3〕“魏”，国名，战国七雄之一。开国君王魏文侯，与赵、韩瓜分晋国，公元前四〇三年正式受封。先都安邑（今山西夏县西北），后迁大梁（今河南开封），疆域不断被秦国吞食，辖境约当今河南北部及山西西南部地区。公元前二二五年被秦所灭。“周市”，“市”，音 fú。他到魏地后，拥立魏咎为王，自己为相。公元前二〇八年被秦将章邯击杀。〔4〕“李由”，李斯的长子。公元前二〇八年被项羽军队斩杀。“三川”，郡名，郡治雒阳（在今河南洛阳东北），辖境相当于今河南黄河以南，灵宝以东的伊水、洛水流域及北汝河上游地区。以境内有黄河、洛水、伊水三川而得名。〔5〕“征”，征召，征集。〔6〕“上蔡”，县名，治所在今河南上蔡西南。“房君”，蔡赐的封号。“上柱国”，也省称作“柱国”，本书《张耳陈余列传》作“相国”。其职掌同丞相，其名沿用楚制。

【译文】葛婴到达东城，拥立襄彊为楚王。葛婴后来听说陈王已经即位，就杀死襄彊，返回来禀报。他到达陈县，陈王诛杀葛婴。陈王命令魏人周市向北收取魏地。吴广领兵围困荥阳。李由任三川郡守，坚守荥阳，吴叔没能攻下。陈王征召国中的豪杰一起来商议，任命上蔡人房君蔡赐为上柱国。

周文，[1]陈之贤人也，尝为项燕军视日，[2]事春申君，[3]自言习兵，陈王与之将军印，西击秦。行收兵至关，[4]车千乘，卒数十万，至戏，[5]军焉。[6]秦令少府章邯免郦山徒、人奴产子生，[8]悉发以击楚大军，[9]尽败之。周文败，走出关，止次曹阳二三月。[10]章邯追败之，复走次渑池十余日。[11]章邯击，大破之。周文自刭，[12]军遂不战。

【注释】〔1〕“周文”，即周章，“文”为其字。〔2〕“视日”，占卜时日吉凶的官。〔3〕“事”，事奉，供事。“春申君”，名黄歇。楚人，楚顷襄王时出任左徒。拥立楚考烈王有功，任令尹，封为春申君。招延宾客，为著名的战国“四公子”之一。公元前二三八年，楚考烈王去世，旋即被外戚李园派人刺杀。详见本书《春申君列传》。〔4〕“关”，函谷关，在今河南灵宝东北。是为关中门户，兵家必争之地。〔5〕“戏”，水名，在今陕西临潼东，发源于骊山，北流注入渭河。〔6〕“军”，驻军，驻扎。“焉”，于此，在这里。〔7〕“少府”，秦官名，九卿之一，掌管山海湖泽和皇室手工业，以其收入供皇帝私人消费。“章邯”，秦末著名将领，后投降项羽，受封为雍王。公元前二〇五年，被刘邦军队战败而自杀。“免”，赦免。“郦山”，即骊山，在今陕西临潼东南。当时秦二世在此改建阿房宫，集中大量刑徒。“徒”，刑徒，被罚劳作的犯人。〔8〕“人奴产子生”，此衍“生”字，按《汉书·陈涉传》无“生”字。指奴隶生的儿子。〔9〕“悉”，尽，全部。“楚大军”，指周文所率的几十万军队。〔10〕“曹阳”，亭名，在今河南灵宝东北。〔11〕“走”，跑，逃跑。“渑池”，邑名，在今河南渑池西。“渑”，音 miǎn。〔12〕“刭”，音 jǐng，用刀割颈。

【译文】周文是陈县的贤人，曾经当过项燕军中占卜时日吉凶的官，事奉过春申君，自称熟习军事，陈王授予他将军印，向西攻击秦军。一路上收集兵马，到达函谷关，有战车一千辆，士卒几十万，来到戏水岸边，安营扎寨。秦廷命令少府章邯赦免骊山的刑徒、奴隶生的儿子，全部征发来攻击张楚大军，将几十万楚军统统打败。周文兵败，逃跑闯出函谷关，停留驻扎在曹阳亭约二三个月。章邯领兵追赶击败周文，楚军又逃跑驻扎在渑池十几天。章邯进击，大败楚军。周文拔剑自杀，楚军就不再战斗。

武臣到邯郸，[1]自立为赵王，陈余为大将军，张耳、召骚为左右丞相。[2]陈王怒，捕系武臣等家室，[3]欲诛之。柱国曰：[4]“秦未亡而诛赵王将相家属，此生一秦也。不如因而立之。”陈王乃遣使者贺赵，而徙系武臣等家属宫中，[5]而封耳子张敖为成都君，[6]趣赵兵亟入关。[7]赵王将相相与谋曰：[8]“王王赵，[9]非楚意也。[10]楚已诛秦，必加兵于赵。计莫如毋西兵，[11]使使北徇燕地以自广也。[12]赵南据大河，[13]北有燕、代，[14]楚虽胜秦，[15]不敢制赵。[16]若楚不胜秦，必重赵。[17]赵乘秦之弊，[18]可以得志于天下。”赵王以为然，[19]因不西兵，而遣故上谷卒史韩广将兵北徇燕地。[20]

【注释】〔1〕“邯郸”，县名，治所在今河北邯郸市。为邯郸郡郡治。邯郸郡辖境相当于今河北泜河以南，滏阳河上游和河南内黄、浚县，山东馆陶、冠县西部地区。〔2〕“召骚”，陈胜部将，以护军身份随武臣出行攻取赵地。武臣自立为王，委任左丞相，后与武臣一起被李良击杀。“召”，音 shào。〔3〕“捕系”，逮捕关押。“家室”，家属。〔4〕“柱国”，即上柱国房君蔡赐。〔5〕“徙”，音 xǐ，迁徙，迁移。〔6〕“张敖”，其父死，继立为王，娶汉高祖长女鲁元公主为妻，后封为宣平侯，公元前一八六年去世。谥鲁元王，或谓谥武。亦称宣平武侯。〔7〕“趣”，音 cù，通“促”，催促。“亟”，音 jí，急，迅速。“关”，指函谷关。〔8〕“相与”，相互，共同，一起。〔9〕“王王赵”，第一个“王”指赵王武臣；第二个“王”音 wàng，作动词，为王；“赵”，指赵地。此句意谓大王在赵地为王。〔10〕“楚”，指楚王陈胜。〔11〕“莫”，不。“毋”，勿，不要。“西”，向西，往西。“兵”，进兵，用兵。〔12〕“使使”，第一个“使”字是动词，意为派遣；第二个“使”字是名词，意为使者。“使使”即派遣使者之意。“燕”，国名，西周初年分封，姬姓，始封君召公奭，建都于蓟（今北京城西南隅）。战国时为七雄之一，辖境约相当于今河北北部和辽宁西部地区。公元前二二二年被秦所灭。此“燕”即指燕国旧有地域。〔13〕“据”，据倚，依靠。“大河”，黄河。〔14〕“代”，郡名，郡治代县（在今河北蔚县西南），辖境约当今山西东北部和河北西北部地区。〔15〕“虽”，纵然，即使。〔16〕“制”，控制。〔17〕“重”，重视，尊重。〔18〕“弊”，败，衰败。〔19〕“然”，是，这样，指符合实情。〔20〕“故”，原来。“上谷”，郡名，郡治沮阳（在今河北怀来县东南），辖境约当今河北张家口、小五台山以东，赤城、北京市延庆以西及内长城和昌平以北地区。“卒史”，郡守属吏。“韩广”，到燕地后旋即自立为王。公元前二〇六年项羽分封诸侯时，改封为辽东王，因不从命而被新封燕王臧荼攻杀。

【译文】武臣到达邯郸，自己立为赵王，陈余任大将军，张耳、召骚任左、右丞相。陈王发怒，逮捕关押武臣等人的家属，打算诛杀他们。上柱国蔡赐说：“秦朝没有灭亡而诛杀赵王及其将相的家属，这是在制造又一个为敌的秦国。不如因此而封立他为王。”陈王于是派遣使者前往赵地祝贺，同时将关押的武臣等人的家属迁移到宫中，还封张耳儿子张敖为成都君，催促赵兵立即进入函谷关。赵王的将相一同谋议说：“大王在赵地为王，并非楚王的本意。楚王诛灭秦朝后，必定进攻赵国。眼下之计不如不向西进兵，派使者北上收取燕地来扩展自己。赵国南面依仗黄河，北面占有燕、代之地，楚王即使战胜秦国，也不敢欺压赵国。倘若楚王不能战胜秦国，必定会器重赵国。赵国利用秦国的衰败，便可以取得天下。”赵王认为是这样，因而不向西进兵，而派遣原上谷郡卒史韩广领兵北上收取燕地。

燕故贵人豪杰谓韩广曰：[1]“楚已立王，赵又已立王。燕虽小，亦万乘之国也，[2]愿将军立为燕王。”韩广曰：“广母在

赵,不可。”燕人曰:“赵方西忧秦,[3]南忧楚,其力不能禁我。且以楚之强,[4]不敢害赵王将相之家,赵独安敢害将军之家!”[5]韩广以为然,乃自立为燕王。居数月,[6]赵奉燕王母及家属归之燕。[7]

【注释】〔1〕“贵人”,权贵,指公卿大夫。“谓”,告诉,对……说。〔2〕“万乘之国”,拥有一万辆战车的国家。战国时代,常以此指称大国、强国。〔3〕“方”,正当,正在。〔4〕“以”,凭借,依仗。〔5〕“独”,唯独,单单。“安”,如何,怎么。〔6〕“居数月”,过几个月,即几个月后。〔7〕“奉”,送。“之”,代词,指“燕王母及家属”。

【译文】燕国原来的权贵豪杰对韩广说:“楚国已经立了王,赵国也已经立了王。燕国尽管小,但也是曾拥有万辆战车的国家,希望将军立为燕王。”韩广说:“我的母亲在赵地,不可这样做。”燕人说:“赵国正西边担忧秦国,南边担忧楚国,它的力量无法禁止燕国立王。况且凭着楚国的强大,尚不敢杀害赵王及其将相的家属,赵国哪敢单单杀害将军的家属!”韩广认为是这样,于是自立为燕王。过了几个月,赵国将燕王的母亲和家属送归燕国。

当此之时,诸将之徇地者,不可胜数。[1]周市北徇地至狄,[2]狄人田儋杀狄令,[3]自立为齐王,[4]以齐反击周市。市军散,还至魏地,欲立魏后故宁陵君咎为魏王。[5]时咎在陈王所,[6]不得之魏。魏地已定,欲相与立周市为魏王,周市不肯。使者五反,[7]陈王乃立宁陵君咎为魏王,遣之国。[8]周市卒为相。[9]

【注释】〔1〕“胜”,音 shèng,尽,全部。〔2〕“狄”,县名,治所在今山东高青县东南。〔3〕“田儋”,原齐国国君田氏后裔,自立为齐王,占领齐地,旋即被秦将章邯攻杀。详见本书《田儋列传》。“儋”,音 dān。“狄令”,狄县县令。〔4〕“齐”,国名,周初分封的诸侯国,姜姓,始封君吕尚,建都营丘,后称临淄(在今山东淄博市东北)。春秋末年,齐国君权逐渐移到大臣田氏家族。公元前三八六年,周安王正式承认大臣田和为齐国国君,为战国七雄之一。辖境约有今山东泰山以北黄河流域及胶东半岛地区。〔5〕“宁陵”,邑名,原属魏国,在今河南宁陵南。“宁陵君”,封号,因封于宁陵而得名。“咎”,音 jiù,原魏公室诸公子,被周市立为魏王,不久被秦将章邯领兵围困,自杀身亡。〔6〕“陈王”,指陈胜。“所”,处所,地方。〔7〕“反”,通“返”。〔8〕“遣”,遣送。“遣之国”,遣送魏咎到魏国。〔9〕“卒”,结果,终于。

【译文】当这个时候,众将领到各处收地占城的,数不胜数。周市北上收取土地到达狄县,狄县人田儋杀死狄县县令,自己立为齐王,率领齐军反过来攻击周市。周市军队被打散,返回到达魏地,打算拥立魏国公室后裔原宁陵君咎为魏王。当时魏咎在陈王住地,没能前往魏地。魏地平定以后,将领们准备共同拥立周市为魏王,周市不肯。周市派使者经过五次往返,陈王才封立宁陵君咎为魏王,遣送他回国。周市结果任魏相。

将军田臧等相与谋曰:[1]“周章军已破矣,[2]秦兵旦暮至,[3]我围荥阳城弗能下,秦军至,必大败。不如少遗兵,[4]足以守荥阳,[5]悉精兵迎秦军。[6]今假王骄,不知兵权,[7]不可与计,非诛之,[8]事恐败。”因相与矫王令以诛吴叔,[9]献其首于陈王。陈王使使赐田臧楚令尹印,[10]使为上将。田臧乃使诸将李归等守荥阳城,自以精兵西迎秦军于敖仓。[11]与战,田臧死,军破。章邯进兵击李归等荥阳下,破之,李归等死。

【注释】〔1〕“将军田臧等”,皆为随吴广西击荥阳的部将。〔2〕“周章军”,即周文的军队。“破”,败,溃败。〔3〕“旦暮”,早晚,指时间很短。〔4〕“遗”,留,留下。〔5〕“守”,守候,监视。〔6〕“悉精兵”,出动全部精锐兵力。〔7〕“兵权”,用兵权谋,用兵谋略。〔8〕“非”,不。〔9〕“矫”,音 jiǎo,假使,诈称。〔10〕“令尹”,原楚国官名,相当于中原各国之相,为最高军政长官。陈胜即袭用楚制设立此职。〔11〕“敖仓”,秦国重要粮仓,因设于敖山上而得名,在今河南郑州西北邙山上。

【译文】将军田臧等在一起密谋说:“周章的军队已经溃败了,秦兵早晚就会来到,我们围攻荥阳不能攻下,那么秦兵一到,必定会大败。不如少许留下一部分兵力,便足以监守荥阳,集中其余所有精锐部队迎击秦军。如今假王吴广骄傲,不懂用兵谋略，无法和他商量。不诛杀他的话，事情恐怕会失败。”于是一起假托陈王命令来诛杀吴广，把他的首级献送给陈王。陈王派使者赐给田臧楚令尹的印，让他担任上将。田臧就派将领李归等监守荥阳城，自己率领精锐部队在敖仓迎击秦军。一交战，田臧战死，军队溃败。章邯进兵到荥阳城下攻击李归等，打败楚军，李归等人战死。

阳城人邓说将兵居郯，〔1〕章邯别将击破之，〔2〕邓说军散走陈。铚人伍徐将兵居许，〔3〕章邯击破之，伍徐军皆散走陈。陈王诛邓说。

【注释】〔1〕“邓说”，陈胜部将。“说”，音 yuè。“郯”，音 tán，县名，治所在今山东郯城北。或以为“郯”系误字，当作“郏”。郏，县名，在今河南郏县。〔2〕“别将”，偏将，裨将。此指由章邯统辖的其它各路将领。〔3〕“伍徐”，陈胜部将。“许”，县名，治所在今河南许昌东。

【译文】阳城人邓说领兵占居郯县，章邯的偏将领兵击败他，邓说的部队溃散逃奔到陈。铚人伍徐领兵居住许县，章邯领兵击败他，伍徐的部队全都溃散逃奔陈地。陈王诛杀邓说。

陈王初立时，陵人秦嘉、〔1〕铚人董緤、〔2〕符离人朱鸡石、取虑人郑布、〔3〕徐人丁疾等皆特起，〔4〕将兵围东海守庆于郯。〔5〕陈王闻，乃使武平君畔为将军，〔6〕监郯下军。〔7〕秦嘉不受命，嘉自立为大司马，〔8〕恶属武平君。〔9〕告军吏曰：〔10〕“武平君年少，不知兵事，勿听！”因矫以王命杀武平君畔。

【注释】〔1〕“陵”，《汉书·陈胜传》作“凌”，县名，治所在今江苏宿迁县东南。按《项羽本纪》《集解》所引《陈涉世家》作“广陵”（在今江苏扬州西北）。“秦嘉”，后拥立景驹为楚王，遭项梁军攻击，战死。〔2〕“緤”，音 xiè。〔3〕“取虑”，县名，治所在今江苏睢宁西南。〔4〕“徐”，县名，治所在今安徽泗县东南。“特”，单独，独自。〔5〕“东海”，郡名，治所在郯，也称郯郡，辖境约当今山东、江苏交界的部分地区。〔6〕“武平君”，封号。“畔”，人名。〔7〕“郯下军”，指郯县城下的军队，包括秦嘉、董緤、朱鸡石、郑布、丁疾等各部。〔8〕“大司马”，官名，执掌军事的高级武官。战国时代的楚、宋等曾设此职。〔9〕“恶”，音 wù，厌恶，憎恨。〔10〕“军吏”，军中官吏，负责传达命令、执行法纪。

【译文】陈王初立为王时，陵人秦嘉、铚人董緤、符离人朱鸡石、取虑人郑布、徐人丁疾等都各自起兵，率部在郯县围攻东海郡守庆。陈王闻知此事，就派武平君畔担任将军，监领郯县城下军队。秦嘉不接受陈王命令，他自己封立为大司马，憎恶隶属于武平君。他告诉军吏说：“武平君年轻，不懂军事，不要听他的！”于是假托陈王命令杀死武平君畔。

章邯已破伍徐，击陈，柱国房君死。〔1〕章邯又进兵击陈西张贺军。〔2〕陈王出监战，军破，张贺死。

【注释】〔1〕“柱国房君”，即上柱国房君蔡赐。〔2〕“张贺”，陈胜部将。

【译文】章邯击败伍徐后，攻击陈县，上柱国房君蔡赐战死。章邯又进兵攻击陈县西面张贺军队。陈王出城督战，军队溃败，张贺战死。

腊月，〔1〕陈王之汝阴，还至下城父，〔2〕其御庄贾杀以降秦。〔3〕陈胜葬砀，〔4〕谥曰隐王。〔5〕

【注释】〔1〕“腊月”，十二月。古人于年终的腊日举行对祖先、百神的祭祀，称“腊”。因腊祭在十二月，故十二月又称腊月。〔2〕“还”，音 xuán，通“旋”，旋即，不久。“下城父”，乡聚名，在今安徽涡阳东南，因地近古城父县（今安徽亳县东南）得名。〔3〕“御”，驭手，驾车人。〔4〕“砀”，音 dàng，县名，治所在今河南永城北。〔5〕“谥”，音 shì，古代有地位的人去世，后人根据其生平行迹所起含有褒贬意义的称号。

【译文】十二月，陈王前往汝阴，旋即到达下城父，他的车夫庄贾杀死陈王向秦军投降。陈胜葬在砀县，谥号为隐王。

陈王故涓人将军吕臣为仓头军，〔1〕起新阳，〔2〕攻陈下之，杀庄贾，复以陈为楚。〔3〕

【注释】〔1〕“涓人”，官名，负责帝王住所的打扫清洁，为帝王亲近侍臣。“吕臣”，后随父吕青归属楚怀王熊心，被委任为司徒。公元前二〇二年又随父归汉，封阳信侯，卒于公元前一七四年，谥顷。“仓头军”，亦作“苍头军”，以青巾裹头的军队。〔2〕“新阳”，县名，治所在今安徽太和县西北。〔3〕“复”，再，又。“以陈为楚”，将陈县作为楚地，即将陈归属张楚政权。

【译文】陈王原来的涓人将军吕臣组建仓头军，在新阳县起兵，进攻陈县，攻克县城，杀死庄贾，重新以陈县作为楚地。

初，陈王至陈，令铚人宋留将兵定南阳，〔1〕入武关。〔2〕留已徇南阳，闻陈王死，南阳复为秦。宋留不能入武关，乃东至新蔡，〔3〕遇秦军，宋留以军降秦。秦传留至咸阳，〔4〕车裂留以徇。〔5〕

【注释】〔1〕“南阳”，郡名，治所在宛县（今河南南阳市），辖境约当今河南及湖北西北部分地区。〔2〕“武关”，在今陕西商县东，为进入关中重要关口之一。〔3〕“新蔡”，县名，治所在今河南新蔡。〔4〕“传”，音 zhuàn，驿站车马。此指用驿站车马押送。“咸阳”，秦国国都，在今陕西咸阳东北。〔5〕“车裂”，酷刑名，亦称“轘”、“轘裂”，即五马分尸。将犯人的头和四肢分别拴在五辆车上，以五马驾车，同时驱赶，撕裂犯人身体。“徇”，这里是示众的意思。

【译文】当初，陈王到达陈县，命令铚人宋留领兵平定南阳，进入武关。宋留收取南阳后，听说陈王已死，南阳重新归属秦朝。宋留无法进入武关，于是东进到达新蔡，遇到秦军，宋留率军投降秦朝。秦人用驿站车马把宋留解送到咸阳，将宋留处以五马分尸的酷刑来示众。

秦嘉等闻陈王军破出走，乃立景驹为楚王，〔1〕引兵之方与，〔2〕欲击秦军定陶下。〔3〕使公孙庆使齐王，〔4〕欲与并力俱进。〔5〕齐王曰：“闻陈王战败，不知其死生，楚安得不请而立王！”〔6〕公孙庆曰：“齐不请楚而立王，楚何故请齐而立王！且楚首事，〔7〕当令于天下。”田儋诛杀公孙庆。

【注释】〔1〕“景驹”，原楚国贵族景氏后裔，氏景，名驹。〔2〕“引”，领，率领。“方与”，县名，治所在今山东鱼台北。〔3〕“定陶”，县名，治所在今山东定陶。〔4〕“公孙庆”，楚王景驹属臣。〔5〕“并力”，合力，通力。〔6〕“安得”，怎么能，哪能。“请”，请命，请示。〔7〕“首事”，首先举事，首先起义。

【译文】秦嘉等人听说陈王军队战败出陈逃奔，于是拥立景驹为楚王，领兵前往方与，打算在定陶城下攻击秦军。楚王派遣公孙庆为使者出使齐王，想和他合力一道进兵。齐王说：“听说陈王战败，不知他的生死下落，楚人怎能不来请示而自立为王！”公孙庆说：“齐王不请示楚王而自立为王，楚王何故要请示齐王而封立为王！况且楚人首先起事，应当号令天下。”田儋诛杀公孙庆。

秦左右校复攻陈，〔1〕下之。吕将军走，收兵复聚。鄱盗当阳君黥布之兵相收，〔2〕复击秦左右校，破之青波，〔3〕复以陈为楚。会项梁立怀王孙心为楚王。〔4〕

【注释】〔1〕“左右校”，左右校尉，武官名。此指左右校尉所率军队。或谓“左右校”为管理服劳役刑徒的官名。〔2〕“鄱”，音 pó，县名，治所在今江西波阳东。“当阳君”，封号，系后来项梁所封，此为追述之辞。当阳，县名，治所在今湖北当阳。“黥”，音 qíng，肉刑名，亦称墨刑，先用刀刺刻额颊等处，然后涂上墨。“黥布”，即英布，因受过黥刑，故称黥布。六县（今安徽六安东北）人，秦末率领部分骊山刑徒逃亡，活动于鄱县一带。不久起兵反秦，归属项羽，封为九江王。后投靠刘邦，封为淮南王。汉高祖十二年（公元前一九五年）举兵反叛，兵败被杀。详见本书《黥布列传》。“收”，收容，接纳。“相收”，互相联合。〔3〕“青波”，亦作清陂，地名，在今河南新蔡西南。〔4〕“项梁”，下相（今江苏宿迁西南）人，楚国名将项燕之子，项羽的叔父，公元前二〇九年起兵反秦，曾任张楚上柱国，自号武信君，翌年被秦将章邯击杀。“怀王”，即楚怀王熊槐（《诅楚文》作“相”），公元前三二八年至前二九九年在位。详见本书《楚世家》。“心”，熊槐之孙。公元前二二三年秦灭楚后，流落民间，牧羊为生。至公元前二〇九年被项梁拥立为楚王，也称楚怀王。公元前二〇六年，项羽自立为西楚霸王，尊他为义帝，翌年被英布杀死。

【译文】秦朝左右校部又进攻陈县，攻占县城。吕将军逃跑，收拾部众重新聚集。鄱县强盗当阳君黥布的军队与吕臣部联合，又进攻秦左右校部，在青波击败秦军，重新以陈县为楚地。恰好这时项梁拥立楚怀王的孙子熊心为楚王。

陈胜王凡六月。[1]已为王，王陈。其故人尝与庸耕者闻之，[2]之陈，扣宫门曰：[3]"吾欲见涉。"宫门令欲缚之。[4]自辩数，[5]乃置，[6]不肯为通。[7]陈王出，遮道而呼涉。陈王闻之，乃召见，载与俱归。入宫，见殿屋帷帐，客曰："夥颐！[8]涉之为王沈沈者！"[9]楚人谓多为夥，故天下传之，夥涉为王，由陈涉始。客出入愈益发舒，[10]言陈王故情。[11]或说陈王曰：[12]"客愚无知，颛妄言，[13]轻威。"[14]陈王斩之。诸陈王故人皆自引去，[15]由是无亲陈王者。[16]陈王以朱房为中正，[17]胡武为司过，[18]主司群臣。[19]诸将徇地，至，令之不是者，[20]系而罪之，以苛察为忠。[21]其所不善者，[22]弗下吏，[23]辄自治之。[24]陈王信用之。诸将以其故不亲附，此其所以败也。

【注释】〔1〕"凡"，总共。〔2〕"故"，旧人，老友。"闻"，听，听说。〔3〕"扣"，敲。〔4〕"宫门令"，官名，守卫宫门的长官。〔5〕"自辩数"，自我辩解多次。〔6〕"乃"，才。"置"，放，放开。〔7〕"通"，通报，传话。〔8〕"夥"，多。为楚地方言。"颐"，感叹词。〔9〕"沈沈"，音 chén chén，或谓音 tán tán。宫殿宇舍深邃的样子。〔10〕"愈益"，愈加，更加。"发舒"，放纵，放肆。〔11〕"故情"，旧日的情形。〔12〕"说"，音 shuì，劝说。〔13〕"颛"，音 zhuān，通"专"，专门。"妄言"，胡说，乱说。〔14〕"轻威"，减轻威严，有损威严。〔15〕"引"，引退。"去"，离去，离开。〔16〕"由"，自从。"是"，这，此。〔17〕"中正"，官名，执掌官吏的考核升降。〔18〕"司过"，官名，执掌弹劾纠察官吏的过失。〔19〕"主司"，主管，负责管理。〔20〕"令之不是者"，即"不是令者"，指不听从朱房、胡武指令的将领。〔21〕"苛察"，苛刻详察。〔22〕"其所不善者"，指朱房、胡武所不亲善的人。〔23〕"弗"，不。"下吏"，下交执法官吏。〔24〕"辄"，音 zhé，即，就。"自治"，自己处治。

【译文】陈胜称王前后总共六个月。他为王后，居住在陈。他的旧友中有个曾经一起受雇耕田的人听说此讯，来到陈，敲打宫门说："我要见陈涉。"宫门令想把他捆绑起来。那人自己辩解多次，才放开，但宫门令不肯替他通报。陈王出门，那人拦路呼喊陈涉的名字。陈涉听到喊声，于是下令召见，用车载他一起回归。进入宫殿，看到殿宇房舍、帷幔帐幄，客人说："夥颐！陈涉当了王，房子真高大深沉啊！"楚地人把"多"说成"夥"，所以天下流传"夥涉为王"这句话，那是从陈涉开始的。客人出入宫殿愈来愈放纵无忌，随意谈说陈王旧日的情形。有人劝说陈王道："客人愚昧无知，专门胡言乱语，有损大王威严。"陈王下令斩了客人。其它陈王的旧友都自动引退离去，从此没有亲近陈王的人了。陈王任命朱房为中正，胡武为司过，负责监视群臣。众将领外出收取土地，回来到陈，凡是不服从朱房、胡武命令的，就抓起来治罪，以苛刻详察作为忠诚。二人所不喜欢的，不交付司法官吏审理，就擅自处治。陈王信任重用他们。众将领因为这个缘故不再亲近依附他，这就是陈王失败的原因。

陈胜虽已死，其所置遣侯王将相竟亡秦，由涉首事也。高祖时为陈涉置守冢三十家砀，[1]至今血食。[2]

【注释】〔1〕"置"，设置，安置。"守冢"，看守坟墓。〔2〕"血食"，享受祭祀。祭祀必斩杀牲口作为供品，故称"血食"。

【译文】陈胜尽管已经死去，但他安置派遣的侯王将相最后灭亡了秦朝，是由于陈涉首先举事的缘故。汉高祖时替陈涉在砀设置了看守坟墓的三十户人家，直至今日仍享受祭祀。

褚先生曰：[1]地形险阻，所以为固也；[2]兵革刑法，[3]所以为治也。犹未足恃也。[4]夫先王以仁义为本，而以固塞文法为枝叶，[5]岂不然哉！吾闻贾生之称曰：[6]

【注释】〔1〕"褚先生"，即褚少孙，"先生"为对人的敬称。颍川（今河南禹县）人，以贤良文学而任侍郎。汉元帝、成帝时为博士。一说为宣帝时博士。喜好司马迁《史记》，进行续补。本篇从此以下文字，即系褚少孙续补。〔2〕"固"，坚固，巩固。

〔3〕“兵”，兵器，武器。“革”，革制的甲盾。〔4〕“恃”，音 shì，依靠，依仗。〔5〕“固塞”，险固要塞。“文法”，律令法规。〔6〕“贾生”，即贾谊，“生”为当时对文人的称呼。洛阳（今河南洛阳东）人，汉文帝时任博士、太中大夫，后贬为长沙王太傅、梁怀王太傅。善于文章，尤擅政论，是汉初重要的文学家、政论家。极有抱负和才识，但不得施展。生于公元前二〇〇年，死于公元前一六八年。详见本书《贾生列传》。以下文字引自贾谊《过秦论》上篇。

【译文】褚先生说：地理形势险要阻隘，是固守边防的条件；军队武器、刑律法令，是治理国家的手段。但还不足以依赖。先王把仁义作为根本，而将险固要塞、法律条文作为枝叶，难道不是这个道理吗！我听说贾生评论道：

秦孝公据殽函之固，〔1〕拥雍州之地，〔2〕君臣固守，以窥周室。〔3〕有席卷天下，〔4〕包举宇内，〔5〕囊括四海之意，〔6〕并吞八荒之心。〔7〕当是时也，商君佐之，〔8〕内立法度，务耕织，修守战之备；外连衡而斗诸侯。〔9〕于是秦人拱手而取西河之外。〔10〕

【注释】〔1〕“秦孝公”，嬴姓，名熊渠，生于公元前三八一年，公元前三六一年至前三三八年在位。即位后任用商鞅实行变法，公元前三五〇年把国都从雍（今陕西凤翔南）迁到咸阳（今陕西咸阳东北），进一步进行变法，奠定秦国由贫弱转向富强的基础。详见本书《秦本纪》。“殽”，音 yáo，亦作“崤”，山名，在河南省西部，是秦国和中原之间的天然屏障。“函”，指函谷关。〔2〕“雍州”，古九州之一。此指秦国当时统辖地区，约当今陕西中部、甘肃东南部。〔3〕“窥”，音 kuī，窥视，觊觎，谓窥伺可乘之隙。“周室”，周王室，此指统治天下的王权。〔4〕“席卷”，像席子一样卷起。〔5〕“包举”，像布包一样裹取。“宇”，空间。《淮南子·齐俗训》：“四方上下谓之宇。”〔6〕“囊括”，像口袋一样装入。“四海”，古人认为中国四周有海环绕，故以四海指代天下。〔7〕“八荒”，八方荒远之地。《说苑·辨物》：“八荒之内有四海，四海之内有九州。”〔8〕“商君”，即商鞅（约公元前三九〇年至前三三八年），卫国公室庶子后裔，故亦称卫鞅，氏公孙，又称公孙鞅。初为魏相公叔痤家臣，后入秦，受到秦孝公重用，任左庶长、大良造，前后两次进行变法，对秦国的社会新体制建立和迅速富强起了关键性作用。因战功封商（今陕西商县东南）十五邑，因号商君。秦孝公死后，即遭诬陷，被车裂而死。有经后人整理的《商君书》二十四篇传世。详见本书《商君列传》。〔9〕“连衡”，亦作“连横”，战国时期纵横家所提出的处理各国间关系的一种策略，以张仪为代表。指东方的齐、楚、燕、韩、赵、魏等国中的某国或某几国与西方的秦国联合，去进攻其它国家。在地理上，呈现为东西联合，古人以东西为横，故称连横。“斗诸侯”，使关东诸侯争斗。“斗”在此作使动用法。〔10〕“拱手”，两手合抱。喻不费气力。“西河”，地区名，相当今陕西东部黄河西岸之地。原属魏国，魏在此设西河郡，公元前三三〇年入秦。

【译文】“秦孝公占据殽山、函谷关的牢固天险，拥有雍州的地域，君臣坚守，来觊觎周室王权。怀有席卷天下，夺取中原，统一四海的意志，吞并域外八方的雄心。当这时候，商君辅佐孝公，在内建立法律制度，致力耕田织布，作好防守攻战的准备；对外推行连横政策而让诸侯自相争斗。于是秦人拱着手毫不费力就取得西河以外的地方。

“孝公既没，惠文王、〔1〕武王、〔2〕昭王蒙故业，〔3〕因遗策，〔4〕南取汉中，〔5〕西举巴蜀，〔6〕东割膏腴之地，〔7〕收要害之郡。〔8〕诸侯恐惧，会盟而谋弱秦。不爱珍器重宝肥饶之地，以致天下之士。合从缔交，〔9〕相与为一。〔10〕当此之时，齐有孟尝，〔11〕赵有平原，〔12〕楚有春申，〔13〕魏有信陵：〔14〕此四君者，皆明知而忠信，宽厚而爱人，尊贤而重士。约从连衡，〔15〕兼韩、魏、燕、赵、宋、〔16〕卫、〔17〕中山之众。〔18〕于是六国之士有宁越、〔19〕徐尚、〔20〕苏秦、〔21〕杜赫之属为之谋，〔22〕齐明、〔23〕周最、〔24〕陈轸、〔25〕邵滑、〔26〕楼缓、〔27〕翟景、〔28〕苏厉、〔29〕乐毅之徒通其意，〔30〕吴起、〔31〕孙膑、〔32〕带他、〔33〕兒良、〔34〕王廖、〔35〕田忌、〔36〕廉颇、〔37〕赵奢之伦制其兵。〔38〕尝以什倍之地，〔39〕百万之师，仰关而攻秦。〔40〕秦人开关而延敌，〔41〕九国之师遁逃而不敢进。〔42〕秦无亡矢遗镞之费，〔43〕而天下固已困矣。于是从散约败，争割地而赂秦。〔44〕秦有余力而制其弊，追亡逐北，〔45〕伏尸百万，流血漂橹，〔46〕因利乘便，宰割天下，分裂山河，强国请服，〔47〕弱国入朝。

【注释】〔1〕“惠文王”，名驷，秦孝公之子，公元前三三七年至前三一一年在位。详见本书《秦本纪》。〔2〕“武王”，名荡，秦惠文王之子，公元前三一〇年至前三〇七年在位。详见本书《秦本纪》。〔3〕“昭王”，即秦昭襄王，名稷（一作“侧”），秦武王的异母弟，公元前三〇六年至前二五一年在位。详见本书《秦本纪》。“蒙”，承，承受。“故业”，旧业，此指先人的事业。〔4〕“因”，因循，遵循。“遗策”，遗留的策略。〔5〕“汉中”，地区名，汉水上游，约相当于今陕西南部及湖北西北部。战国时先属楚国，公元前三一二年被秦惠王派兵攻取，置汉中郡。〔6〕“巴”，国名，建都于巴（今四川重庆嘉陵江北岸），辖境相当今四川东部、湖北西部地区，公元前三一六年被秦惠王派兵攻取，置巴郡。“蜀”，国名，建都于成都（今四川成都），辖境相当今四川中西部，公元前三一六年被秦惠王派兵攻取，置蜀郡。〔7〕“膏腴”，肥美。此形容土地肥沃。〔8〕“要害”，险要，比喻地当敌冲，形势险要。“收要害之郡”，或本于“收”前多一“北”字。〔9〕“合从”，亦作“合纵”，指东方各国联合对付秦国。这是与“连横”相对的一种策略。“缔交”，缔约交好。〔10〕“相与为一”，相互联合成为一个整体，即团结一致。〔11〕“孟尝”，即田文，齐国大臣田婴之子。袭其父封爵，封于薛（今山东滕县南），称薛公，号孟尝君。曾任齐湣王相国，门下食客三千。后又任秦相、魏相。详见本书《孟尝君列传》。〔12〕“平原”，即赵胜，赵惠王之弟，封于东武城（今山东武城西北），号平原君。任赵相，有食客数千。卒于公元前二五一年。详见本书《平原君列传》。〔13〕“春申”，即黄歇。详见前注。〔14〕“信陵”，即魏无忌，魏安釐王之弟，号信陵君。公元前二五七年曾窃符救赵。公元前二四七年为上将军，联合五国击退秦兵。有食客三千。详见本书《春申君列传》。〔15〕“连衡”，本书《秦始皇本纪》和《文选》均作“离衡”，指离散东方各国对付秦国的连横。〔16〕“宋”，国名，子姓，开国君主为商纣王的庶兄微子启，西周初周公平定武庚反叛后所封，都商丘（今河南商丘南），辖有今河南东部和山东、江苏、安徽间地。公元前二八六年被齐国所灭。〔17〕“卫”，国名，姬姓，始封君为周武王之弟康叔，西周初周公平定武庚反叛后所封，建都朝歌（今河南淇县），公元前六六〇年迁都楚丘（今河南滑县），后又迁至帝丘（今河南濮阳）。公元前二五四年为魏所灭。〔18〕“中山”，国名，春秋时白狄别族所建，又称鲜虞，在今河北正定东北。战国初建都于顾（今河北定县）。公元前四〇六年被魏攻灭。不久复国，建都灵寿（今河北平山东北）。公元前二九六年被赵国所灭。〔19〕“宁越”，战国初期赵国中牟（今河南鹤壁市西）人，谋士。〔20〕“徐尚”，或谓即《魏世家》所载劝阻魏太子申伐齐的徐子，为宋国外黄（今河南民权西北）人。〔21〕“苏秦”，战国东周洛阳（今河南洛阳东）人，字季子，奉燕昭王之命入齐，从事反间活动，齐湣王时任齐相，被赵封为武安君，和赵李兑约五国攻秦。后其反间身份暴露，被车裂而死。详见本书《苏秦列传》。〔22〕“杜赫”，战国东周人，曾以安天下之道说周昭文君（见《吕氏春秋》《谕大》、《务大》），曾活动于齐、楚、韩等国。〔23〕“齐明”，或谓齐人，东周臣，曾活动于齐、楚、赵、韩等国。〔24〕“周冣”，或作“周最”，“冣”，音jù。东周武公之子，仕齐。〔25〕“陈轸”，夏（今山西夏县）人，或谓楚人，游说之士，历仕楚、秦等国。〔26〕“邵滑”，或作“劭滑”、“昭滑”、“召滑”、“卓滑”、“淖滑”，楚国大臣。〔27〕“楼缓”，或谓即魏文侯之弟，曾任魏相。〔28〕“翟景”，或谓即翟强，曾任魏相。〔29〕“苏厉”，苏秦之弟，曾游说活动于东周、西周、楚、燕、赵、魏等国。〔30〕“乐毅”，中山国灵寿（今河北平山东北）人，乐羊后裔。燕昭王时任亚卿，因战功封昌国（今山东淄博市东南），号昌国君。燕惠王时出奔赵国，封于观津（今河北武邑东南），号望诸君。详见本书《乐毅列传》。〔31〕“吴起”，卫国左氏（今山东曹县北）人。初为鲁将。后任魏将，屡立战功，魏文侯时任西河守。魏文侯死后，逃奔楚国，任楚悼王时令尹，进行变法，促使楚国富强。楚悼王死，被贵族大臣杀害。详见本书《吴起列传》。〔32〕“孙膑”，齐国阿（今山东阳谷东北）人，孙吴后裔。曾与庞涓同学兵法。庞涓任魏将，忌其才能，骗他到魏，处以膑刑（挖去膝盖骨）。后被齐国使者秘密送出，任齐威王军师，先后指挥桂陵之战和马陵之战，大败魏军。有兵法传世。一九七四年山东临沂银雀山出土《孙膑兵法》。详见本书《孙子列传》。〔33〕“带他”，亦作“带佗”，又称“带季”，或谓即宫佗，为战国时魏将。〔34〕“兒良”，战国赵将，曾有兵书传世，《汉书·艺文志》兵权谋家著录《兒良》一篇。《吕氏春秋·不二》云：“兒良贵后。”兒良用兵善于后发制人。〔35〕“王廖”，战国魏将。《吕氏春秋·不二》云：“王廖贵先。”谓其用兵主张先发制人。〔36〕“田忌”，或作“田期”、“田期思”，战国初齐将，封于徐州（今山东滕县南），又称徐州子期，率军先后在桂陵、马陵大败魏军。后遭齐相邹忌诬害，一度奔楚，受封于江

南。〔37〕“廉颇”，战国后期赵将，赵惠文王时任上卿，屡次领兵战胜齐、魏等国。长平之战，坚壁固守距秦三年。赵孝成王时，任相国，封信平君。后不得志，出奔居魏大梁。老死于楚国。详见本书《廉颇列传》。〔38〕“赵奢”，战国后期赵将，初任赵田部吏，掌管国赋。后任将，公元前二七〇年在阏与（今山西和顺）大败秦军，被封为马服君。详见本书《廉颇列传》。“伦”，类，辈。“制”，统制，统领。〔39〕“什倍”，十倍。此指十倍于秦，即是秦的十倍。〔40〕“仰关”，或作“叩关”，指兵临函谷关。因关在高处，故称仰关。〔41〕“延”，延请，延纳。〔42〕“九国”，指齐、楚、韩、魏、燕、赵、宋、卫、中山等九国。〔43〕“亡”，失，丢失。“矢”，箭。“遗”，亡失。“镞”，音 cù，箭头。〔44〕“赂”，贿赂，赠送财物。〔45〕“亡”，逃亡，逃跑。“北”，败，败逃。〔46〕“橹”，音 lǔ，大盾牌。〔47〕“请服”，请求臣服。

【译文】“秦孝公死后，秦惠文王、秦武王、秦昭王继承孝公的事业，遵循遗传的策略，南面取得汉中，西面攻占巴国、蜀国，东面割取肥沃的地域，接收险要的州郡。诸侯惊恐惧怕，集会结盟而商量削弱秦国。不惜珍奇的器物、贵重的宝贝和肥田沃土，来招致天下的士人。合纵抗秦缔约交好，团结一致。当这时候，齐国有孟尝君，赵国有平原君，楚国有春申君，魏国有信陵君：这四位君子，都明智聪慧而忠诚有信，宽容厚道而爱护人民，尊崇贤才而敬重士人。缔结合纵的联盟，瓦解连横的阵线，联络韩国、魏国、燕国、赵国、宋国、卫国、中山国等众多国家。在这时候，东方六国的士人有宁越、徐尚、苏秦、杜赫之流为之出谋划策，齐明、周最、陈轸、邵滑、楼缓、翟景、苏厉、乐毅之辈沟通他们的意见，吴起、孙膑、带他、兒良、王廖、田忌、廉颇、赵奢之类统领他们的军队。诸侯曾经用十倍于秦国的土地，百万的军队，兵临函谷关而进攻秦国。秦人打开关门而引纳敌军，九国的军队仓皇逃遁而不敢前进。秦国没有损失一支箭、一个箭头的耗费，可天下的诸侯却已陷入困境了。于是合纵离散、盟约破坏，诸侯争相割地而贿赂秦国。秦国有足够的力量来利用诸侯的弊端，追逐逃兵败将，杀得倒伏的尸体有上百万，流注的血能够漂起硕大的盾牌，趁借便利形势，宰割天下土地，瓜分诸侯山河，强国请求臣服，弱国投降入朝。

“施及孝文王、〔1〕庄襄王，〔2〕享国之日浅，〔3〕国家无事。〔4〕

【注释】〔1〕“施”，音 yì，延，延续。“孝文王”，名柱，秦昭襄王之子，初封安国君，公元前二五〇年在位。详见本书《秦本纪》。〔2〕“庄襄王”，原名异人，后名楚，亦称子楚，秦孝王文之子，公元前二四九年至前二四七年在位。详见本书《秦本纪》。〔3〕“享国”，享有国家，指国君在位。“日浅”，日短，时间短。〔4〕“无事”，没有重大事件。

【译文】“延续到秦孝文王、秦庄襄王，他们在位的时间短促，国家没有重大事件。

“及至始皇，奋六世之余烈，〔1〕振长策而御宇内，〔2〕吞二周而亡诸侯，〔3〕履至尊而制六合，〔4〕执敲朴以鞭笞天下，〔5〕威振四海。南取百越之地，〔6〕以为桂林、〔7〕象郡，〔8〕百越之君俯首系颈，委命下吏。〔10〕乃使蒙恬北筑长城而守藩篱，〔11〕却匈奴七百余里，〔12〕胡人不敢南下而牧马，士亦不敢贯弓而报怨。〔13〕于是废先王之道，〔14〕燔百家之言，〔15〕以愚黔首。〔16〕堕名城，〔17〕杀豪俊，收天下之兵聚之咸阳，销锋鍉，〔18〕铸以为金人十二，〔19〕以弱天下之民。然后践华为城，〔20〕因河为池，〔21〕据亿丈之城，〔22〕临不测之溪以为固。〔23〕良将劲弩，守要害之处，信臣精卒，陈利兵而谁何。〔24〕天下已定，始皇之心，自以为关中之固，金城千里，子孙帝王万世之业也。

【注释】〔1〕“六世”，六代，指秦孝公、惠文王、武王、昭襄王、孝文王、庄襄王六位国君。“余”，多余，丰饶。〔2〕“振”，举。“策”，马鞭。“御”，驾驭，比喻控制。〔3〕“二周”，指东周和西周。战国初，周考王封其弟揭于河南（今河南洛阳西），称河南桓公，是为西周，公元前二五六年为秦所灭。公元前三六七年，河南桓公之孙惠公自封其少子班于巩（今河南巩县），在河南之东，因称东周。公元前二四九年被秦所灭。“诸侯”，泛指其它各诸侯国。〔4〕“履”，踏，登。“至尊”，至高无上。此指皇位。“六合”，天地四方。此指天下。〔5〕“敲”，短杖。“朴”，刑杖。〔6〕“百越”，指先秦时代分布于长江中下游以南地区的越族，因部落众多，故称百越，也称百粤。〔7〕“桂林”，郡名，秦始皇三十三年（公元前二一四年）置，治所在今广西桂平西南，辖境约当今广西都阳山、大明山以东,九万大山、越城岭以南地区及广东肇庆至茂名一带。〔8〕“象郡”,秦始皇三十三年(公元前二一四年)置,治所在临尘(今广西崇左县境),或谓在象林(今越南维川南茶桥),辖境约当今广西西部、广东西南部、贵州南部一带。〔9〕“俯首系颈”,低下头,并将绳索套在脖子上。这是古代表示投降的礼节。〔10〕“委命”,托命,交出性命。此指归顺听命。“下吏”,下面的官吏。〔11〕“蒙恬”,齐人后裔,秦将蒙骜之孙。曾为将大破齐兵,升任内史。秦统一六国后,领三十万大军北伐匈奴,收复河南之地(今内蒙古河套一带),并修筑长城,西起临洮(今甘肃岷县),东至辽东(今辽宁东南),延伸万余里,长期守卫北部边疆。公元前二一〇年,受赵高陷害而自杀。详见本书《蒙恬列传》。“藩篱”,用竹木编成的篱笆或围栅。此指边境。〔12〕“却”,退,退却。“匈奴”,当时活动于北方的游牧部族,也称胡。〔13〕“贯”,音 wān,通“弯”。“贯弓”,拉满弓。〔14〕“先王之道”,指所谓夏禹、商汤、周文武的治国之道。实际上是当时儒家的政治主张。〔15〕“燔”,烧,焚毁。“百家”,指法家以外的诸子各家。“燔百家之言”,公元前二一三年,秦始皇接受李斯蠲除“文学诗书百家语”的建议,下令收毁民间除医药卜筮种树之外的书籍。〔16〕“黔”,音 qián,黑色。“黔首”,原意为用黑布包头。这是无爵平民的头饰,因指称普通百姓。公元前二一六年,秦始皇下令“更名民曰黔首”,以法律形式规定称百姓为黔首。〔17〕“堕”,音 huī,通“隳”,毁坏。〔18〕“销”,销熔,熔化金属。“锋”,锋刃。此泛指武器。“鍉”,通“镝”,箭镞,箭头。〔19〕“金人”,铜人。“铸以为金人十二”,按本书《秦始皇本纪》云,秦始皇二十六年(公元前二二一年)“收天下兵,聚之咸阳,销以为钟鐻,金人十二,重各千石,置廷宫中”。〔20〕“践”,音 jiǎn,通“剪”,斩断,截断。本书《秦始皇本纪》作“斩”。“华”,华山,在今陕西省东部。“城”,城墙。〔21〕“因”,凭借,借用。“池”,护城河。〔22〕“亿”,古时以十万为亿。〔23〕“不测”,无法测量,极言其深。“溪”,音 xī,山间的河沟。〔24〕“谁何”,诘问,盘问稽查。

【译文】“等到秦始皇这一代,振兴六代君王的丰功伟业,挥舞长鞭而驾驭中原,吞并东、西二周而灭亡诸侯列国,登上天子宝座而统治上下四方,手持刑杖来鞭打天下臣民,威震四海。南下夺取百越领地,以此建置桂林郡、象郡,百越部族的君主屈膝俯身、颈上套着绳索,把性命交付给秦朝官吏处置。秦始皇于是派遣蒙恬在北方修筑长城而守卫边疆,使匈奴退却七百多里,胡人从此不敢南下牧马,骑士也不敢挽弓搭箭来报仇泄恨。到这时秦始皇废弃夏商周三代的先王之道,焚毁诸子百家的文献典籍,来让人民愚昧无知。夷平各地古都名城,屠杀英雄豪杰,收缴天下的武器集中到咸阳,销熔锋刃箭镞,铸造成十二尊铜人,来削弱天下百姓的反抗力量。然后截断华山作为城墙,利用黄河作为城壕,依仗亿丈高城,面临无底深渊,以此作为坚固屏障。派出优秀将领配备强弓劲弩,把守要害地方,让可信的大臣率领精兵锐卒,拿着锋利的兵器盘问检查过往行人。天下平定以后,秦始皇的心思,自以为关中的坚固,有如千里金城,是子子孙孙称帝称王万代相传的基业。

“始皇既没,余威振于殊俗。[1]然而陈涉瓮牖绳枢之子,[2]甿隶之人,[3]而迁徙之徒也。材能不及中人,非有仲尼、[4]墨翟之贤,[5]陶朱、[6]猗顿之富也。[7]蹑足行伍之间,[8]俯仰仟佰之中,[9]率罢散之卒,[10]将数百之众,转而攻秦。斩木为兵,揭竿为旗,天下云会响应,赢粮而景从,[11]山东豪俊遂并起而亡秦族矣。[12]

【注释】〔1〕“殊俗”,不同习俗,此指习俗不同的异域他乡。〔2〕“瓮”,音 wèng,陶制容器。“牖”,音 yǒu,窗,窗户。“枢”,门户的转轴。“瓮牖绳枢”,用破瓮当窗户,用绳索拴门轴。形容住宅简陋。〔3〕“甿”,音 méng,种田人,农民。“隶”,奴隶。“甿隶”,隶农,雇农。〔4〕“仲尼”,即孔子,字仲尼,春秋末年鲁国陬邑(今山东曲阜东南)人,宋国贵族后裔。初做小吏,后任鲁中都宰、司寇,代理相事。周游过宋、卫、陈、蔡、齐、楚等国。聚徒讲学,整理典籍。有《论语》一书传世。被公认为儒家的创始人,影响深远。约生于公元前五五一年,卒于公元前四七九年。详见本书《孔子世家》。〔5〕“墨翟”,即墨子,名翟,相传原为宋国人,后长期住在鲁国,聚徒讲学,创立与儒家相对立的墨家学派。有《墨子》一书传世,集中保存了墨子及墨家学派的主要思想。约生于公元前四六八年,卒于公元前三七六年。〔6〕“陶朱”,即范蠡,春秋末楚国宛(今河南南阳)人。曾辅佐越王句践灭亡吴国。功成身退,出游齐国,称鸱夷子皮。后至陶(今山东定陶西北),改名陶朱公,以经商成为巨富。〔7〕“猗顿”,战国时大商人。一说以经营河东盐池发财致富。

一说原为鲁人，受到陶朱公指点，到猗氏（今山西临猗南）繁养牛羊，十年后成为巨富，因称猗顿。〔8〕“蹑”，音 niè，踩，踏。“蹑足”，踏脚，行走。“行伍”，队伍行列，指军队。〔9〕“俯仰”，俯仰身体，指从事农活。“仟佰”，通“阡陌”，田间小路。此指田坎。〔10〕“罢”，音 pí，通“疲”，疲乏。〔11〕“赢”，装，带。“景”，通“影”。“景从”，影子跟随物体。〔12〕“山东”，地区名，指殽山以东，即旧六国之地。

【译文】“秦始皇死后，余威还震慑着异域他乡。然而陈涉只不过是个出身破屋陋室的贫民子弟，受雇耕田的穷人，发配流浪的役徒，才能及不上一般人，没有仲尼、墨翟的贤能，陶朱、猗顿的财富，行进在戍卒行列之间，劳作在田野阡陌之中，统率疲惫散漫的戍卒，带领几百部众，转过头来进攻秦朝。砍下树木当作兵器，举起竹竿作为旗帜，天下百姓像云朵那样汇集，像回声那样响应，背着干粮如同影子一样追随跟从，山东各国英雄豪杰接着同时起来而灭亡了秦皇家族。

“且天下非小弱也；〔1〕雍州之地，殽函之固自若也。〔2〕陈涉之位，非尊于齐、楚、燕、赵、韩、魏、宋、卫、中山之君也；鉏櫌棘矜，〔3〕非铦于句戟长铩也；〔4〕適戍之众，非俦于九国之师也；〔5〕深谋远虑，行军用兵之道，非及乡时之士也。〔6〕然而成败异变，功业相反也。尝试使山东之国与陈涉度长絜大，〔7〕比权量力，〔8〕则不可同年而语矣。〔9〕然而秦以区区之地，〔10〕致万乘之权，抑八州而朝同列，〔11〕百有余年矣。然后以六合为家，殽函为宫。一夫作难而七庙堕，〔12〕身死人手，〔13〕为天下笑者，何也？仁义不施，而攻守之势异也。”

【注释】〔1〕“且”，而且。连词，表示进一层。“小弱”，此用作动词，变小变弱的意思。〔2〕“自若”，自如，照旧。〔3〕“鉏”，锄头。“櫌”，音 yōu，一种形如榔头用来碎土平地的农具。“棘”，通“戟”。“矜”，音 qín，通“殣”，矛柄。“棘矜”，戟柄。〔4〕“铦”，音 xiān，利，锋利。“句戟”，兵器名，亦作“钩戟”、“钩棘”。“铩”，音 shā，铍，大矛。〔5〕“俦”，音 chóu，同类，匹配。〔6〕“乡”，音 xiàng，通“向”，过去，从前。〔7〕“度”，音 duó，量，计算。“絜”，音 xié，原指用绳子测量圆筒形物体的周长，此引申为度量、衡量。〔8〕“权”，权威，权势。“力”，力量。〔9〕“同年而语”，意即同日而语。〔10〕“区区”，小，少。〔11〕“抑”，抑制，控制。“八州”，指九州中除秦所据雍州之外的冀州、兖州、青州、徐州、扬州、荆州、豫州、梁州。此泛指秦以外的其它各国。“同列”，同位，指地位与秦相当的各国诸侯。“朝同列”，让各国诸侯来朝见。〔12〕“七庙”，指天子宗庙。古代只有天子才能建立七庙。〔13〕“身死人手”，指秦二世、子婴先后死于赵高、项羽之手。

【译文】“况且当时秦的天下并没有缩小减弱；雍州的地理，殽山、函谷关的险固依然照旧。陈涉的地位，并不比齐、楚、燕、赵、韩、魏、宋、卫、中山各国的君主尊贵；锄耙、戟柄，并不比钩戟、长矛锋利；发配戍边的民众，不能同东方九国的军队相比；他们的深谋远虑，行军作战的方略，比不上六国旧时的谋士。然而结果的成败迥然不同，建立的功业截然相反。试让山东各国与陈涉比较长短、大小，衡量权势、力量，那简直就是不可同日而语了。然而秦国凭着区区雍州之地，达到了万乘强国的权势，控制其他八州而让地位相同的诸侯前来朝拜，有一百多年了。然后又以天下为家，以殽山、函谷关拱卫宫殿。匹夫一人发难而祖宗七庙毁为瓦砾，子孙先后死于他人之手，被普天下所耻笑，什么原因呢？是因为不施仁义，所以造成进攻防守的形势与从前完全不同。”

史记卷四十九

外戚世家第十九

自古受命帝王及继体守文之君,[1]非独内德茂也,盖亦有外戚之助焉。[2]夏之兴也以涂山,[3]而桀之放也以末喜。[4]殷之兴也以有娀,[5]纣之杀也嬖妲己。[6]周之兴也以姜原及大任,[7]而幽王之禽也淫于褒姒。[8]故《易》基《乾》《坤》,[9]《诗》始《关雎》,[10]《书》美厘降,[11]《春秋》讥不亲迎。[12]夫妇之际,人道之大伦也。礼之用,唯婚姻为兢兢。[13]夫乐调而四时和,阴阳之变,[14]万物之统也。[15]可不慎与?人能弘道,[16]无如命何。甚哉,妃匹之爱,[17]君不能得之于臣,父不能得之于子,况卑下乎!既欢合矣,或不能成子姓;[18]能成子姓矣,或不能要其终,[19]岂非命也哉?孔子罕称命,盖难言之也。非通幽明之变,[20]恶能识乎性命哉?[21]

【注释】[1]"命",天命,即天的意旨。古代开基创业的帝王托神权以自重,往往自称秉受天命。"继体",继统,继位。"文",文法,法制。 [2]"外戚",帝王的母族、妻族。本篇所谓外戚,指后妃及其父系家族。 [3]"涂山",古部族名,其地望有三说,一以为在今安徽怀远,一以为在今四川巴县,一以为在今浙江绍兴。史载禹娶涂山氏之女为正妃,生子启,后来成为夏王朝的开创者。 [4]"桀",即帝履癸,夏王朝最后一个王。夏王朝灭亡,他被成汤放逐于南巢(今安徽巢县西南)。"放",放逐,流放。"末喜",或作妺喜(妺音 mò),本有施氏之女,是桀的宠妃。据说桀"听用其言,昏乱失德",以至亡国。事可参见本书《夏本纪》的有关记载。 [5]"有娀",古部族名,一说以为在今山西永济,一说以为在不周山之北,则处昆仑山外极西之地。"娀",音 sōng。史载有娀氏之女简狄生下了殷人的始祖契。 [6]"纣",即帝辛,商王朝的最后一个王。周武王伐商,纣兵败自焚,武王以黄钺斩其头,悬于白色的大旗上示众。"杀",此言被杀。"嬖",音 bì,宠爱。"妲己",本有苏氏之女,是纣的宠妃。据说纣唯妲己之言是从,淫乱昏暴,天下离心。事可参见本书《殷本纪》的有关记载。"妲",音 dá。 [7]"姜原",或作姜嫄(音 yuán),本有邰氏(邰音 tái)女,是周人始祖弃的生母。"大任",本挚国之女,嫁周王季为妃,据说她有贤德,怀孕时能行胎教,生下了周代的受命之君文王姬昌。 [8]"幽王",名宫涅,西周王朝最后一个王。"禽",通"擒"。"褒姒",本褒国之女,姒姓,后被幽王立为后。幽王宠褒姒失国亡身事,可参见本书《周本纪》的有关记载。"姒",音 sì。 [9]"《易》",指《周易》,古代的一部卜筮之书。其主要内容西周时已经形成,分六十四卦,其中包括不少原始史料。汉儒附会为周文王所作,尊为经典。"《易》基《乾》《坤》"意谓《易经》以《乾》、《坤》二卦居首。"乾"、"坤",可分别代表男、女或夫、妇。 [10]"《诗》",我国最早的一部诗歌总集,辑录自西周初期至春秋中期的诗歌共三百零五篇,其中既有民间歌谣,又有朝堂宗庙宴飨祭祀时用的配乐歌诗。据说曾经孔子删订,为儒家经典之一,又称《诗经》。"《关雎》",《诗经》的第一篇,属《周南》。这是一首君子思得淑女的情诗,旧说以为旨在美后妃之德、正夫妇之道。 [11]"《书》",即《尚书》,是一部上古典章文献的汇编,其中保存了商周时期的一些重要的历史资料,据说曾经孔子删订,为儒家经典之一,又称《书经》。"厘",命令。"降",下嫁。《尚书·尧典》记载尧为了考察舜的内德,命自己的两个女儿嫁给舜,即所谓"厘降二女"。 [12]"《春秋》",春秋时鲁国的一部编年体史书,所

记年代始自鲁隐公元年(公元前七二二年),止于鲁哀公十四年(公元前四八一年),相传是孔子根据鲁国史籍修订而成,为儒家经典之一。“亲迎”,古婚礼规定夫婿必须亲自前往女家迎接新妇,称亲迎。《春秋》隐公二年记“纪裂繻来逆女”。当时纪侯娶鲁隐公的姐妹伯姬为夫人,派大夫裂繻去迎亲,而没有依婚礼的要求行亲迎礼。《公羊传》指出《春秋》记此,是“讥始不亲迎也”。〔13〕“兢兢”,小心戒慎的样子。〔14〕“阴阳”,古代“阴”、“阳”二字的涵义很广泛,这里主要指女与男、妇与夫。〔15〕“统”,纲纪,准则,根本。〔16〕“人能弘道”,这是孔子说的话,见《论语·卫灵公》。“弘”,广大,发扬。〔17〕“妃”,音 pèi,通“配”。〔18〕“子姓”,子孙。〔19〕“要”,音 yāo,求取,得到。〔20〕“幽明”,此指有形无形的种种物象。〔21〕“恶”,音 wū,疑问代词。“性命”,指人的天性与命运。

【译文】自古以来,承受天命开基创业的帝王以及继承正统谨守法度的君主,不仅本身具有许多内在的美德,同时也得到后妃外戚的辅助。夏朝的兴起,因为有涂山氏之女,而桀被放逐,则由于末喜的缘故。殷朝的兴起,因为有有娀氏之女,而纣的被杀,则由于他宠爱妲己。周朝的兴起,因为有姜原和大任,而幽王被人所擒,则由于他被褒姒所迷惑。所以《易经》以《乾》《坤》两卦开头,《诗经》以《关雎》一篇为始,《书经》赞美尧命二女下嫁于舜,《春秋》则讥刺纪侯娶妇不行亲迎之礼。夫妇之间,存在着人们相互关系中最重要的伦理。礼的应用,在婚姻方面最为戒慎。乐声协调则四季和顺,阴阳的变化,是万物生长化育的根本。(处理夫妇关系,)难道可以不谨慎吗?人能够发扬道义,却对命毫无办法。真了不得啊,夫妇之间的爱,君主无法从臣下那里得到,父亲不能从儿子那里得到,何况地位卑下的人呢?(夫妇)既然欢好结合了,有的却不能生育子孙;有的能生育子孙,却又得不到好结果。这难道不是由于命吗?孔子极少谈“命”,这是因为命太难讲了吧!如果不是能通达幽明变化的人,又怎能认识人天生的资质及其禀受的命运呢?

太史公曰:秦以前尚略矣,其详靡得而记焉。汉兴,吕娥姁为高祖正后,[1]男为太子。[2]及晚节色衰爱弛,[3]而戚夫人有宠,[4]其子如意几代太子者数矣。[5]及高祖崩,[6]吕后夷戚氏,[7]诛赵王,[8]而高祖后宫唯独无宠疏远者得无恙。[9]

【注释】〔1〕“吕娥姁”,吕后名雉字娥姁。“姁”,音 xú。〔2〕“太子”,即后来的汉惠帝刘盈。〔3〕“晚节”,晚年。〔4〕“戚夫人”,定陶(今山东定陶)人,汉高祖宠姬,生赵王如意。高祖死后,被吕后摧残杀害,事详本书《吕太后本纪》。〔5〕“数”,音 shuò,屡次。〔6〕“崩”,天子死称崩。〔7〕“夷”,诛锄,消灭。〔8〕“赵王”,即戚夫人子如意。吕后杀害赵王事,详见本书《吕太后本纪》。“赵”,诸侯王国名,汉初因秦邯郸郡设置,都邯郸(今河北邯郸市),辖境约相当于今河北泜河以南,滏阳河上游和河南内黄、浚县,山东冠县西部地区。〔9〕“无恙”,无忧,无祸。

【译文】太史公说:秦以前的事太简略了,其详情已无法得知而予以记载。汉代兴起,吕娥姁为高祖的正后,她生的儿子为太子。到了晚年,容色衰老,高祖对吕后的爱也大不如前了,而戚夫人得宠,她生的儿子如意好几次差一点取代了太子的位置。等到高祖驾崩,吕后杀了戚夫人,又害死了赵王如意,高祖后宫的妃妾,只有那些平时不得宠爱并被疏远的,才得以平安地活下来。

吕后长女为宣平侯张敖妻,[1]敖女为孝惠皇后。[2]吕太后以重亲故,欲其生子万方,终无子,诈取后宫人子为子。及孝惠帝崩,天下初定未久,继嗣不明。于是贵外家,王诸吕以为辅,[3]而以吕禄女为少帝后,[4]欲连固根本牢甚,然无益也。

【注释】〔1〕“吕后长女”,即鲁元公主。“宣平侯张敖”,汉初功臣张耳之子,曾嗣张耳为赵王,娶高祖长女鲁元公主,后因谋反嫌疑被逮,事白得赦,改封宣平侯,卒于吕后六年(公元前一八二年)。详见本书《张耳陈余列传》。〔2〕“敖女为孝惠皇后”,张敖之女被立为惠帝皇后在公元前一九一年,详见《汉书·惠帝纪》。〔3〕“王”,音 wàng,用作动词,使之为王,封王。〔4〕“吕禄”,吕后次兄吕释之之子,吕后执政时先后被封为胡陵侯、赵王,统率北军。吕后死后,吕禄被忠于刘氏的大臣和将领捕杀。详见本书《吕太后本纪》。“少帝”,惠帝死后,张后取养为子的“后宫人子”继位为帝,帝年渐长,知道自己生母不是张后,有怨恨之言,吕后为免后患,把他废掉。另立所谓惠帝后宫之子恒山王义为帝,改名为弘,即此“少帝”。吕氏势力被消灭后,汉大臣将相认为少帝其实不是惠帝之子,把他杀掉,迎立高祖子代王刘恒为帝。

【译文】吕后的长女为宣平侯张敖的妻子，张敖的女儿为孝惠皇后。吕太后因为亲上加亲的缘故，千方百计想让张后生下能继承皇位的儿子，然而张后始终未能生子，就取后宫妃妾生的孩子冒称是自己的儿子。等到孝惠帝驾崩，其时天下统一未久，继位的子嗣身份不明。吕后于是使自己娘家的人显贵起来，封诸吕为王作为辅佐。又立吕禄的女儿为少帝的皇后，企图以联姻来巩固统治的根本，使之坚牢无比，然而终究无益于事。

高后崩，合葬长陵。[1]禄、产等惧诛，[2]谋作乱。大臣征之，天诱其统，卒灭吕氏。唯独置孝惠皇后居北宫。[3]迎立代王，是为孝文帝，奉汉宗庙。此岂非天邪？非天命孰能当之？

【注释】〔1〕“长陵”，汉高祖的陵墓，在今陕西咸阳市东北。据《关中记》记载，高祖陵在东，吕后陵在西。汉制帝后合葬，都是葬于同一地点而并不合陵。 〔2〕“产”，指吕产，吕后长兄吕泽之子，高祖时被封为交侯，吕后执政时先后被封为梁王、吕王，拜相国，统率南军，后被忠于刘氏的大臣和将领击杀。详见本书《吕太后本纪》。 〔3〕“北宫”，长安宫殿名，因在未央宫北，故名。

【译文】高后驾崩，与高祖合葬于长陵。吕禄、吕产等惧怕遭到杀戮，阴谋作乱。大臣们起来讨伐诸吕，上天诱导汉家得以恢复自己的统绪，终于消灭了吕氏。只留下了孝惠皇后，让她居住在北宫。大臣们迎立代王继位，这就是孝文帝，以奉承汉家的宗庙。这难道不是天意吗？不是天命所归，谁能当得起呢？

薄太后，父吴人，[1]姓薄氏，秦时与故魏王宗家女魏媪通，[2]生薄姬，而薄父死山阴，[3]因葬焉。

【注释】〔1〕“吴”，春秋末吴国领有今江苏淮河、新淮河以南，上海市大部，浙江北部太湖附近以及安徽东南部分地区，汉代仍把“吴”作为这一区域地理上的统称。 〔2〕“故魏王”，指战国时的魏王。“宗家”，宗室族人。“媪”，音 ǎo，汉代多用作已婚女子的通称，不一定指老年妇女。 〔3〕“山阴”，秦县名，属会稽郡，故治即今浙江绍兴市。

【译文】薄太后，她父亲是吴人，姓薄氏。在秦朝的时候与从前魏王宗室的女子魏媪私通，生下了薄姬。薄姬的父亲死在山阴，也就葬在那里。

及诸侯畔秦，[1]魏豹立为魏王，[2]而魏媪内其女于魏宫。[3]媪之许负所相，[4]相薄姬，云当生天子。是时项羽方与汉王相距荥阳，[5]天下未有所定。豹初与汉击楚，[6]及闻许负言，心独喜，因背汉而畔，中立，更与楚连和。汉使曹参等击虏魏王豹，[7]以其国为郡，[8]而薄姬输织室。[9]豹已死，汉王入织室，见薄姬有色，诏内后宫，岁余不得幸。[10]始姬少时，与管夫人、赵子儿相爱，约曰：“先贵无相忘。”已而管夫人、赵子儿先幸汉王。汉王坐河南宫成皋台，[11]此两美人相与笑薄姬初时约。汉王闻之，问其故，两人具以实告汉王。汉王心惨然，怜薄姬，是日召而幸之。薄姬曰：“昨暮夜妾梦苍龙据吾腹。”高帝曰：“此贵征也，吾为女遂成之。”[12]一幸生男，是为代王。[13]其后薄姬希见高祖。

【注释】〔1〕“畔”，通“叛”。 〔2〕“魏豹”，战国末魏国宗室贵族宁陵君魏咎之弟。秦末部分反秦武装拥立魏咎为魏王，魏咎被秦军攻破自焚，魏豹追随项羽，继立为王。秦亡后项羽欲自领魏地，改封魏豹为西魏王。魏豹心中不满，在楚汉战争初期归顺刘邦。不久刘邦兵败彭城，魏豹又叛汉从楚，被汉将韩信、曹参俘送荥阳，遇害。详见本书《魏豹彭越列传》。 〔3〕“内”，音 nà，“纳”的古字。 〔4〕“之”，前往，去。“负”，通“妇”，老年妇女。“相”，音 xiàng，相人，看相。 〔5〕“荥阳”，县名，秦属三川郡，汉属河南郡，故治在今河南荥阳东北。 〔6〕“与”，亲附，跟从。 〔7〕“曹参”，沛（今江苏沛县）人，秦末为沛狱吏，随刘邦起兵，破秦灭楚，大小数十战，功最多，被封为平阳侯。惠帝二年（公元前一九三年）继萧何为相国，惠帝五年去世。详见本书《曹相国世家》。 〔8〕“以其国为郡”，时以魏地置河东、太原、上党三郡。 〔9〕“织室”，官署名，属少府管理，专门织造宫廷所需的各种织物。当时本身

获罪或受丈夫、家主株连的妇女往往被送入织室服劳役。〔10〕“幸”，此指帝王享用女色。〔11〕“河南宫成皋台”，河南宫是秦时所建宫殿。成皋台，《汉书》作成皋灵台。河南宫当在成皋城内，成皋故城在今河南荥阳汜水镇西。〔12〕“女”，音 rǔ，“汝”的古字。〔13〕“代王”，薄姬所生子，名恒，即后来的汉文帝。于高祖十一年（公元前一九六年）被封为代王，封地包括代、太原、雁门三郡及云中郡的一小部分，约相当于今山西中部、北部，内蒙古南部及河北北部地区，都中都，故治在今山西平遥西南。

【译文】到诸侯起来反叛秦朝的时候，魏豹自立为魏王，而魏媪把她的女儿送进魏宫。魏媪到许负那里去看相算命，许负为薄姬看相，说她将来会生天子。当时项羽正与汉王在荥阳对峙，天下的归属，还未见定局。魏豹最初是助汉击楚，听到许负的话，心中暗喜，便背叛汉王而中立，后变为与楚联合约和。汉王派遣曹参等攻打并俘虏了魏王豹，把他的国土改为郡，而薄姬被送进汉宫的织室服役。魏豹已死，汉王有一次去织室，看到薄姬有姿色，就下诏把她纳入后宫。进宫一年多，薄姬未得皇上的亲幸。起初薄姬年少时，与管夫人、赵子儿友爱，相互约定说：“谁先贵显了，别忘记提携好友。”后来管夫人、赵子儿先被汉王宠幸。汉王一次坐在河南宫成皋台上，管、赵这两个美人在一起取笑薄姬当初的约言。汉王听到了，问她们发笑的原因。两人原原本本地把事情告诉汉王。汉王心里感到凄惨，同情薄姬，这一天便把她召来侍奉。薄姬说：“昨天深夜我梦见一条苍龙盘据在我腹部。”高帝说：“这是大贵的征兆，我为你成全这件事。”同宿一次就生下了儿子，这就是代王。此后薄姬就很少有机会见到高祖。

高祖崩，诸御幸姬戚夫人之属，〔1〕吕太后怒，皆幽之，不得出宫。而薄姬以希见故，得出，从子之代，为代王太后。太后弟薄昭从如代。〔2〕

【注释】〔1〕“御”，嫔妃。〔2〕“如”，往，前往。

【译文】高祖崩，那些被高祖宠爱亲幸的美人嫔御如戚夫人之类，吕太后对她们怀恨在心，把她们都幽禁起来，不让出宫。而薄姬由于很少见到高祖的缘故，得以出宫，跟随儿子去代国，为代王太后。太后的弟弟薄昭也跟着到代国。

代王立十七年，〔1〕高后崩。大臣议立后，疾外家吕氏强，皆称薄氏仁善，故迎代王，立为孝文皇帝，而太后改号曰皇太后，弟薄昭封为轵侯。〔2〕

【注释】〔1〕“代王立十七年”，时为吕后八年（公元前一八〇年）。〔2〕“轵”，音 zhǐ，汉县名，属河内郡，故治在今河南济源南。薄昭封轵侯，食邑万户。薄昭后于文帝前十年（公元前一七〇年）因杀汉使者有罪，自杀。

【译文】代王立后十七年，高后驾崩。大臣们商议选立皇位继承人，大家痛恨外戚吕氏的强横，都称赞薄氏仁爱善良，所以迎代王入长安，立为孝文皇帝，而太后改号为皇太后，她的弟弟薄昭被封为轵侯。

薄太后母亦前死，葬栎阳北。〔1〕于是乃追尊薄父为灵文侯，会稽郡置园邑三百家，〔2〕长丞已下吏奉守冢，〔3〕寝庙上食祠如法。而栎阳北亦置灵文侯夫人园，如灵文侯园仪。薄太后以为母家魏王后，早失父母，其奉薄太后诸魏有力者，于是召复魏氏，〔4〕赏赐各以亲疏受之。薄氏侯者凡一人。

【注释】〔1〕“栎阳”，县名，秦时属内史，汉初曾以此为临时首都，故城在今陕西临潼东北。高祖七年（公元前二〇〇年），刘邦从栎阳迁都长安，又葬父太公于栎阳北，改县名为万年，以奉陵寝。“栎”，音 yuè。〔2〕“会稽郡”，汉郡名，治所在吴（今江苏苏州市），辖境约相当于今江苏长江以南，茅山以东地区，浙江大部（西北一小部分除外）及福建全省。“会”，音 guì。“园邑”，汉制，高级贵族死后，要指定一些民户迁入墓园附近居住，以任守护祭扫之事，这种守墓民户聚居的地方就叫园邑。〔3〕“长丞”，指管理园邑的官吏。长为主管，丞为副手。〔4〕“复”，优复，谓免除其赋税和劳役。

【译文】薄太后的母亲早已去世，葬在栎阳之北。于是追尊薄太后的父亲为灵文侯，在葬地会稽郡置设园邑三百家，由长丞以下的官吏奉职守墓，寝庙献食祭祀都依规定的礼法进行。而在栎阳北置灵文侯夫人的墓园,一切比照灵文侯墓园的礼仪。薄太后认为自己母家是魏王的后裔,又早早失去了双亲,当初照顾薄太后,诸魏是出过力的,于是就召见并优待魏氏,并按亲疏关系让他们接受不同的赏赐。薄氏封侯的有一个人。

薄太后后文帝二年,以孝景帝前二年崩,[1]葬南陵。[2]以吕后会葬长陵,故特自起陵,近孝文皇帝霸陵。[3]

【注释】〔1〕“孝景帝前二年”,公元前一五五年。〔2〕“南陵”,因在霸陵之南,故名。〔3〕“霸陵”,汉文帝陵墓,在今陕西长安东。

【译文】薄太后后于文帝两年,在孝景帝前二年驾崩,葬在南陵。因为吕后先已与高祖合葬于长陵,所以特地另造陵墓,靠近孝文皇帝的霸陵。

窦太后,赵之清河观津人也。[1]吕太后时,窦姬以良家子入宫侍太后。[2]太后出宫人以赐诸王,各五人,窦姬与在行中。[3]窦姬家在清河,欲如赵近家,请其主遣宦者吏:[4]“必置我籍赵之伍中。”宦者忘之,误置其籍代伍中。籍奏,诏可,当行。窦姬涕泣,怨其宦者,不欲往,相强,[5]乃肯行。至代,代王独幸窦姬,生女嫖,[6]后生两男。而代王王后生四男。先代王未入立为帝而王后卒。及代王立为帝,而王后所生四男更病死。孝文帝立数月,公卿请立太子,而窦姬长男最长,立为太子。立窦姬为皇后,女嫖为长公主。[7]其明年,立少子武为代王,已而又徙梁,是为梁孝王。[8]

【注释】〔1〕“清河”,汉郡名,治所在清阳(今河北清河东南),辖境约相当于今河北清河及枣强、武邑、南宫各一部分,山东临清、夏津、武城及高唐、平原各一部分地。其地战国时属赵,所以称“赵之清河”。“观津”,县名,属清河郡,故治在今河北武邑东南。〔2〕“良家子”,清白人家的子女。〔3〕“与”,音 yù,这里是列入的意思。〔4〕“主遣宦者吏”,指由宦官担任的负责遣发宫人的官吏。〔5〕“强”,音 qiǎng,强迫,强制。〔6〕“嫖”,音 piāo。〔7〕“女嫖为长公主”,刘嫖封号为馆陶公主。汉制皇帝的女儿称公主,皇帝的姐妹称长公主,刘嫖为长公主,当是文帝死后之事。〔8〕“梁孝王”,名武,初封代王,后徙封淮阳王,文帝前十二年(公元前一六八年)又徙封梁王。当时的梁国都睢阳(今河南商丘市),辖境约相当于今河南开封、通许以东,永城以北,山东曹县、嘉祥以南和安徽亳县、砀山等地,有四十余城,且多大县。刘武为窦后爱子,景帝时已为太后的窦氏曾想兄终弟及,使自己这个少子成为皇位继承人,但大臣反对,景帝亦不愿,只得作罢。刘武为诸侯王共三十五年,卒于景帝中六年(公元前一四四年),谥“孝”。详见本书《梁孝王世家》。

【译文】窦太后是赵地清河郡观津县人。吕太后当政时,她以良家子的身份被选入宫中侍奉太后。太后把一些宫女遣送出宫赐给诸王,每个王得五人,窦姬被列入发遣之列。窦姬家在清河,因此希望能被送到赵国,靠近家乡,就请求主管发遣宫女的宦官:“一定把我的名字安排在去赵国的那一批里面。”宦官忘记了这事,误把她的名字列入去代国的一批中。名籍上奏,吕太后下诏认可,便当上路。窦姬伤心地哭泣,怨恨那个宦官,不愿去代国,在逼迫之下,才肯登程。到了代国,代王惟独宠幸窦姬,窦姬生了个女儿名嫖,后来又生了两个儿子。代王的王后生有四个儿子。代王还没进京被立为皇帝,王后就先去世了。等到代王被立为皇帝,王后所生的四个儿子接连病死。孝文帝继位后几个月,朝廷大臣请求立太子,而窦姬生的大儿子年最长,就被立为太子。又立窦姬为皇后,女儿嫖则封为长公主。第二年,又立窦姬的小儿子武为代王,不久改封梁,这就是梁孝王。

窦皇后亲蚤卒,[1]葬观津。于是薄太后乃诏有司,[2]追尊窦后父为安成侯,[3]母曰安成夫人。令清河置园邑二百家,长丞奉守,比灵文园法。

【注释】〔1〕“亲”,指父母。“蚤”,通“早”。〔2〕“有司”,官吏。古代设官分职,官吏各有专司,所以称“有司”。此即指有关主管部门的官员。〔3〕“安成”,汉县名,属汝南郡,故治在今河南正阳东北。

【译文】窦皇后的父母亲早已去世,葬在观津。于是薄太后下诏命令有关官署,追尊窦皇后的

父亲为安成侯，母亲为安成夫人。命令清河郡置设园邑二百家，由长丞奉职守墓，比照灵文侯园邑的礼仪。

窦皇后兄窦长君，〔1〕弟曰窦广国，字少君。少君年四五岁时，家贫，为人所略卖，〔2〕其家不知其处。传十余家，至宜阳，〔3〕为其主入山作炭，暮卧岸下百余人，岸崩，尽压杀卧者，少君独得脱，不死。自卜数日当为侯，〔4〕从其家之长安。闻窦皇后新立，家在观津，姓窦氏。广国去时虽小，识其县名及姓，〔5〕又常与其姊采桑堕，〔6〕用为符信，上书自陈。窦皇后言之于文帝，召见，问之，具言其故，果是。又复问他何以为验？对曰："姊去我西时，与我决于传舍中，〔7〕丐沐沐我，〔8〕请食饭我，〔9〕乃去。"于是窦后持之而泣，泣涕交横下。侍御左右皆伏地泣，助皇后悲哀。乃厚赐田宅金钱，封公昆弟，〔10〕家于长安。

【注释】〔1〕"窦长君"，下云其弟字少君，则此"长君"亦当为字，《三辅决录》谓其名为"建"。〔2〕"略"，通"掠"。〔3〕"宜阳"，汉县名，属弘农郡，故治在今河南宜阳西。〔4〕"自卜数日当为侯"，宋刘敞以为"日"字是"曰"字之误。案窦广国与窦皇后姊弟相认事在文帝初年，而广国封侯在景帝时，并非自卜之后数日即为侯，刘说可从。"数"，术数，谓命相之类。〔5〕"识"，音 zhì，记得，记住。〔6〕"常"，通"尝"，曾经。〔7〕"传舍"，驿馆，供出差官吏食宿的处所。〔8〕"丐沐沐我"，前"沐"字为名词，指洗米水，用以洗发，可去油腻。后"沐"字为动词，谓洗发。〔9〕"饭"，用作动词，谓用食物饲人。〔10〕"公昆弟"，同祖兄弟，包括亲兄弟和堂兄弟。一说认为"封公"二字是衍文。

【译文】窦皇后的哥哥叫窦长君；弟弟叫窦广国，字少君。少君四五岁的时候，家里穷，被人掠走贩卖为奴，家里不知他的下落。辗转卖了十几家，到了宜阳，替他的主人进山烧炭。夜间一百多人一起睡在山崖下，山崖崩塌，睡着的人全被压死，只有少君脱险，没有遇难。自己占卜日后当封为侯，就跟随主人到长安去。听说窦皇后刚刚被立为皇后，老家在观津，姓窦。广国离家时年龄虽小，却记得老家的县名和自己的姓氏，又记得曾经与姐姐一起采桑，从桑树上掉下来这件事，以此作为凭证，上书自己陈述是皇后的亲弟弟。窦皇后把这件事告诉给文帝，召见广国，问他详情，广国一一说明有关情况，果然符合实情。又再一次问他有什么可以验证，回答说："姐姐离开我西去时，与我在驿馆中告别，讨来淘米水给我洗头，又要得食物让我吃，然后才离去。"于是窦皇后抱着他痛哭，涕泪纵横而下。左右的侍者也都趴在地上哭泣，与皇后一起悲哀。（文帝）于是厚厚地赏赐广国土地、住宅、黄金、钱币，同时分封皇后的同祖兄弟，家住长安。

绛侯、灌将军等曰：〔1〕"吾属不死，命乃且县此两人。〔2〕两人所出微，不可不为择师傅宾客，又复效吕氏大事也。"于是乃选长者士之有节行者与居。〔3〕窦长君、少君由此为退让君子，不敢以尊贵骄人。

【注释】〔1〕"绛侯"，即周勃，沛（今江苏沛县）人，秦末随刘邦起兵，转战四方，多立功勋，被封为绛侯。惠帝六年（公元前一八九年）为太尉，吕后死后与陈平等定策诛诸吕，迎立文帝。文帝初年曾任丞相，死于文帝前十一年（公元前一六九年）。详见本书《绛侯周勃世家》。"绛"，音 jiàng。"灌将军"，名婴，睢阳人，秦末从刘邦，能力战，以军功被封为颍阴侯。吕后死后，与周勃、陈平等合谋诛诸吕，迎立文帝。文帝初年先后官太尉、丞相，死于文帝前四年（公元前一七六年）。详见本书《樊郦滕灌列传》。〔2〕"县"，"悬"的古字，悬系，掌握。〔3〕"居"，居住，相处。

【译文】绛侯周勃、将军灌婴等商量说："我们这些人如果一时不死，性命将决定于这两个人。这两个人出身低微，必须替他们选择好的师傅和宾客，不然的话，恐怕又会仿效吕氏闹出大事来。"于是就选择年长有德者以及操守端正的士人，与窦氏兄弟相处。窦长君、少君因此而成为谦虚逊让的君子，不敢因尊贵的地位而骄气凌人。

窦皇后病，失明。文帝幸邯郸慎夫人、尹姬，〔1〕皆毋子。〔2〕孝文帝崩，孝景帝立，乃封广国为章武侯。〔3〕长君前死，封其子彭祖为南皮侯。〔4〕吴楚反时，〔5〕窦太后从昆弟子窦婴，〔6〕任侠自喜，将兵，以军功为魏其侯。〔7〕窦氏凡三人为侯。

【注释】〔1〕“邯郸”，汉县名，属赵国，故治在今河北邯郸市西南。 〔2〕“毋”，无。 〔3〕“章武”，汉县名，属渤海郡，故治在今河北黄骅西南。〔4〕“南皮”，汉县名，属渤海郡，故治即今河北南皮县城。 〔5〕“吴楚反”，景帝前三年（公元前一五四年），朝廷采纳晁错的建议，削减诸侯王封地以强本弱枝，巩固中央政权。吴王刘濞（pì）、楚王刘戊约连胶东王刘雄渠、胶西王刘卬、淄川王刘贤、济南王刘辟光、赵王刘遂等起兵对抗，史称“吴楚七国之乱”，后被汉将周亚夫等讨平。其事详见本书《孝景本纪》、《绛侯周勃世家》及《袁盎晁错列传》的有关记载。 〔6〕“从昆弟”，同祖兄弟，即堂兄弟。“窦婴”，字王孙，曾任吴相、詹事，因在平定吴楚七国之乱时立有军功，封魏其侯，后又一度任太子傅。武帝时因与王太后同母弟丞相田蚡失和，于元光五年（公元前一三〇年）被构陷至死。详见本书《魏其武安侯列传》。 〔7〕“魏其”，汉县名，属琅邪郡，故治在今山东临沂南。“其”，音 jī。

【译文】窦皇后患病，双目失明了。文帝宠幸邯郸慎夫人和尹姬，二人都未能生儿子。孝文帝驾崩，孝景帝继位，就封广国为章武侯；长君先已去世，封他的儿子彭祖为南皮侯。吴楚叛变作乱时，窦太后堂弟的儿子窦婴喜欢打抱不平，并以此自负，他受命统率军队，因为有军功而被封为魏其侯。窦氏共有三人为侯。

窦太后好黄帝、老子言，〔1〕帝及太子诸窦不得不读《黄帝》、《老子》，尊其术。

【注释】〔1〕“黄帝、老子言”，指道家学说。“黄帝”，传说中上古的圣帝。“老子”，即老聃（音 dān），本书《老子韩非列传》以为姓李，名耳，字聃，春秋时楚人，近代学者或以为是战国时人，《道德经》五千言的作者。后世的道家尊黄帝、老子为祖，其书亦多托名黄帝、老子。

【译文】窦太后喜欢黄帝、老子的学说。景帝、太子以及诸窦不得不去读《黄帝》、《老子》之类的书，尊崇其学说。

窦太后后孝景帝六岁崩，〔1〕合葬霸陵。遗诏尽以东宫金钱财物赐长公主嫖。〔2〕

【注释】〔1〕“后孝景帝六岁”，时为武帝建元六年（公元前一三五年）。 〔2〕“东宫”，即太后所居的长乐宫，因地处未央宫之东，故名。

【译文】窦太后在孝景帝之后六年驾崩，合葬于文帝的霸陵。遗诏命把东宫的金钱财物全部赐给长公主嫖。

王太后，槐里人，〔1〕母曰臧儿。臧儿者，故燕王臧荼孙也。〔2〕臧儿嫁为槐里王仲妻，生男曰信，与两女。而仲死，臧儿更嫁长陵田氏，生男蚡、胜。〔3〕臧儿长女嫁为金王孙妇，生一女矣，而臧儿卜筮之，〔4〕曰两女皆当贵。因欲奇两女，〔5〕乃夺金氏。金氏怒，不肯予决，〔6〕乃内之太子宫。太子幸爱之，生三女一男。男方在身时，〔7〕王美人梦日入其怀。以告太子，太子曰：“此贵征也。”未生而孝文帝崩。孝景帝即位，王夫人生男。〔8〕

【注释】〔1〕“槐里”，汉县名，初属内史，景帝时属主爵都尉，武帝太初元年（公元前一〇四年）后属右扶风，故治在今陕西兴平东南。 〔2〕“臧荼”，秦末陈胜部将武臣自立为赵王，遣韩广收取燕地，韩广又自立为燕王，臧荼为韩广部将，曾率军救赵，因从项羽入关破秦。项羽分封诸侯，即封臧荼为燕王，而改封韩广为辽东王。后臧荼背楚归汉，刘邦仍以之为燕王。汉五年（公元前二〇二年）臧荼又叛汉，结果兵败被擒。“臧”，音 zāng。“荼”，音 tú。〔3〕“蚡”，音 fén。 〔4〕“卜筮”，钻灼龟甲以占吉凶称卜，演变蓍草以占休咎称筮。“筮”，音 shì。〔5〕“奇”，音 yǐ，通“倚”。 〔6〕“决”，离决，断绝关系。 〔7〕“身”，孕。 〔8〕“王夫人生男”，王夫人所生之子，即后来的汉武帝刘彻。

【译文】王太后是槐里人。母亲叫臧儿。臧儿是先前的燕王臧荼的孙女。臧儿出嫁为槐里王仲的妻子，生了个儿子名信。还生了两个女儿。王仲死，臧儿改嫁长陵田氏，生了蚡、胜两个儿子。臧儿的长女嫁给金王孙为妻，已经生了一个女儿，而臧儿卜筮算命，说是两个女儿都会大贵。因而企图依靠两个女儿求得富贵，就硬把长女从金氏那里接走。金氏十分愤怒，不肯离绝，臧儿就把长女送进太子宫中。太子亲幸宠爱她，生了三个女儿一个儿

子。儿子还在母腹中时，王美人梦见太阳投入自己怀中，她把这件事告诉给太子，太子说："这是大贵的征兆。"还没有分娩而孝文帝驾崩；孝景帝即位后，王夫人生下了儿子。

先是臧儿又入其少女兒姁，[1]兒姁生四男。[2]

【注释】〔1〕"姁"，音 xū。〔2〕"四男"，即广川王刘越、胶东王刘寄、清河王刘乘、常山王刘舜。

【译文】早先，臧儿又把小女儿兒姁送入太子宫中，兒姁生了四个儿子。

景帝为太子时，薄太后以薄氏女为妃。及景帝立，立妃曰薄皇后。皇后毋子，毋宠。薄太后崩，废薄皇后。

景帝长男荣，其母栗姬。栗姬，齐人也。[1]立荣为太子。长公主嫖有女，欲予为妃。栗姬妒，而景帝诸美人皆因长公主见景帝，得贵幸，皆过栗姬，栗姬日怨怒，谢长公主，[2]不许。长公主欲予王夫人，王夫人许之。长公主怒，而日谗栗姬短于景帝曰："栗姬与诸贵夫人幸姬会，常使侍者祝唾其背，[3]挟邪媚道。"[4]景帝以故望之。[5]

【注释】〔1〕"齐"，战国时齐国领有今山东大部及河北东南一小部分地，至汉代仍以"齐"作为这一地区地理上的统称。〔2〕"谢"，推辞，拒绝。〔3〕"祝"，音 zhòu，诅咒。〔4〕"媚道"，谓妇女以术骗取男人宠幸。〔5〕"望"，责怪，怨恨。

【译文】景帝当太子的时候，薄太后把薄氏的女儿配他为妃，到景帝立为天子，立薄妃为皇后。皇后没有生儿子，不得宠。薄太后驾崩后，景帝就废掉了薄皇后。

景帝的长子名荣，他母亲是栗姬。栗姬是齐人。景帝立荣为太子，长公主嫖有个女儿，想配给太子作妃。栗姬生性嫉妒，而景帝的那些美人都是通过长公主的推荐才见到景帝的，她们得到的尊荣和宠幸，都超过了栗姬。栗姬天天都怨恨生气，就拒绝了长公主，不答应让太子娶她的女儿。长公主又要把女儿嫁给王夫人的儿子，王夫人答应了。长公主因此恼怒栗姬，天天在景帝面前说栗姬的坏话："栗姬同那些贵夫人、得宠的美人聚会，经常派自己的侍者在她们的背后念咒语吐唾沫，搞歪门邪道。"景帝因此而对栗姬产生了恶感。

景帝尝体不安，心不乐，属诸子为王者于栗姬，[1]曰："百岁后，[2]善视之。"栗姬怒，不肯应，言不逊。景帝恚，[3]心嗛之而未发也。[4]

【注释】〔1〕"属"，音 zhǔ，通"嘱"，托付，嘱咐。〔2〕"百岁"，死的委婉说法。〔3〕"恚"，音 huì，恼怒，忿恨不平。〔4〕"嗛"，音 xián，怀恨。

【译文】景帝曾经身体欠安，心中不乐，(疑心自己将不久于世，)就把已经封王的那些儿子嘱托给栗姬照顾，说道："我死了以后，你好好看待他们。"栗姬有气，不肯答应，还出言不逊。景帝也生气了，心里对栗姬衔恨而没有发作。

长公主日誉王夫人男之美，景帝亦贤之，又有曩者所梦日符，[1]计未有所定。王夫人知帝望栗姬，因怒未解，阴使人趣大臣立栗姬为皇后。[2]大行奏事毕，[3]曰："'子以母贵，母以子贵'，[4]今太子母无号，宜立为皇后。"景帝怒曰："是而所宜言邪！"遂案诛大行，[5]而废太子为临江王。[6]栗姬愈恚恨，不得见，以忧死。卒立王夫人为皇后，其男为太子，封皇后兄信为盖侯。[7]

【注释】〔1〕"符"，祥瑞的征兆。〔2〕"趣"，音 cù，催促。〔3〕"大行"，官名，原称典客，掌宾客朝觐之事，为九卿之一，景帝中六年(公元前一四四年)改称大行，亦称大行令，武帝太初元年(公元前一〇四年)后又改称大鸿胪。案，废太子为临江王，事在景帝前七年(公元前一五〇年)冬，其时典客尚未改称大行，这里司马迁是用后来的官名追记前事。〔4〕"子以母贵，母以子贵"，语出《春秋公羊传》隐公元年。〔5〕"案"，查办，追究罪名。〔6〕"临江王"，其封国即汉初南郡地，都江陵(今湖北江陵)，辖境约相当于今湖北粉青河及襄樊市以南，荆门、洪湖以西，长江及清江以北，四川巫山以东地区。〔7〕"盖"，音 gě，汉县名，属泰山郡，故治在今山东沂水西北。

【译文】长公主天天在景帝面前称赞王夫人的儿子好，景帝也认为这个儿子有贤德，又有以前王夫人怀孕时梦见太阳入怀的吉兆，但对改易太子的大计，还没有作最后决定。王夫人知道景帝对栗姬怀恨，趁着怒气未消，暗中派人催促大臣建议立栗姬为皇后。(一天，)大行上奏完毕，说道："古话说'子以母贵，母以子贵'，现在太子的母亲没有封号，应该立她为皇后。"景帝发怒道："这是你们应该讲的话吗！"于是就追究查办，处死了大行，而把太子废为临江王。栗姬更加恼怒怨恨，却见不到皇上，因此忧闷而死。(景帝)终于立王夫人为皇后，立她生的儿子为太子。封皇后的哥哥信为盖侯。

景帝崩，太子袭号为皇帝。尊皇太后母臧儿为平原君。[1]封田蚡为武安侯，[2]胜为周阳侯。[3]

【注释】〔1〕"平原"，汉县名，属平原郡，故治在今山东平原南。〔2〕"武安"，汉县名，属魏郡，故治在今河北武安县城。〔3〕"周阳"，汉邑名，属河东郡闻喜县，故地在今山西绛县南。

【译文】景帝驾崩，太子继承名号为皇帝。尊封皇太后的母亲臧儿为平原君。封田蚡为武安侯，田胜为周阳侯。

景帝十三男，一男为帝，十二男皆为王。[1]而兒姁早卒，其四子皆为王。[2]王太后长女号曰平阳公主，[3]次为南宫公主，[4]次为林虑公主。[5]

【注释】〔1〕"十二男皆为王"，指临江闵王荣、河间献王德、临江哀王阏、鲁共王余、江都易王非、胶西于王端、赵敬肃王彭祖、中山靖王胜、长沙定王发、广川惠王越、胶东康王寄、清河哀王乘、常山宪王舜。诸王事迹可参看本书《五宗世家》。案，景帝共十四子，一子为帝，十三子为王，此云"景帝十三男，一男为帝，十二男皆为王"，有误。〔2〕"其四子皆为王"，王兒姁四子为广川王越、胶东王寄、清河王乘、常山王舜。〔3〕"平阳"，汉县名，属河东郡，故治在今山西临汾西南。案，王皇后长女本封阳信公主(阳信县属渤海郡，故治在今河北无棣北)，因与平阳侯曹时结婚，所以又称平阳公主。〔4〕"南宫"，汉县名，属广川国，故治在今河北南宫西北。〔5〕"林虑"，当作"隆虑"，东汉末避殇帝刘隆讳改作"林虑"。汉县名，属河内郡，故治在今河南林县县城。此作"林虑"，当是后人追改。

【译文】景帝共有十三个儿子，一个儿子继位为帝，其余十二个儿子封王。而兒姁早已去世，她生的四个儿子都封为王。王夫人的长女封号为平阳公主，次女为南宫公主，三女为林虑公主。

盖侯信好酒。田蚡、胜贪，巧于文辞。王仲蚤死，葬槐里，追尊为共侯，[1]置园邑二百家。及平原君卒，从田氏葬长陵，置园比共侯园。而王太后后孝景帝十六岁，以元朔四年崩，[2]合葬阳陵。[3]王太后家凡三人为侯。

【注释】〔1〕"共"，音 gōng，汉县名，属河内郡，故治在今河南辉县县城。〔2〕"元朔四年"，公元前一二五年。"元朔"，汉武帝年号。案，《汉书·武帝纪》及《外戚列传》均记王太后卒于元朔三年，疑此"四"字为"三"字之误。〔3〕"阳陵"，汉景帝陵，在右扶风弋阳，当今陕西高陵西南。

【译文】盖侯王信喜欢饮酒。田蚡、田胜生性贪婪，能说会道。王仲早死，葬在槐里，追封为共侯，设置园邑二百家。等到平原君去世，从后夫田氏合葬在长陵，设置园邑比照共侯园的规格。王太后后于孝景帝十六年，在元朔四年驾崩，同景帝合葬在阳陵。王太后家共有三人为侯。

卫皇后字子夫，生微矣。盖其家号曰卫氏，[1]出平阳侯邑。[2]子夫为平阳主讴者。[3]武帝初即位，[4]数岁无子。平阳主求诸良家子女十余人，饰置家。武帝祓霸上还，[5]因过平阳主。主见所侍美人，[6]上弗说。[7]既饮，讴者进，上望见，独说卫子夫。是日，武帝起更衣，子夫侍尚衣轩中，[8]得幸。上还坐，欢甚，赐平阳主金千斤。[9]主因奏子夫奉送入宫。[10]子夫上车，平阳主拊其背曰：[11]"行矣，强饭，[12]勉之！即贵，无相忘。"入宫岁余，竟不复幸。武帝择宫人不中用者，斥出归之。[13]卫子夫得见，涕泣请出。上怜之，复幸，遂有身，尊宠日隆。召其

兄卫长君、弟青为侍中。[14]而子夫后大幸，有宠，凡生三女一男。[15]男名据。

【注释】〔1〕“其家号曰卫氏”，据本书《卫将军骠骑列传》记载，卫子夫母为卫媪，卫媪所生子女包括私生的在内，都冒姓为卫氏。〔2〕“平阳侯”，汉初曹参封平阳侯，四传至曾孙曹时（一说名寿）袭爵。曹时即平阳公主的丈夫。〔3〕“主”，公主的简称。“平阳主”，平阳公主，即武帝姊阳信长公主。“讴者”，歌伎。〔4〕“武帝”，“武”为死后才有的谥号。司马迁去世早于武帝，其所作《史记》不当有“武帝”之称，此必本作“今上”，后人追改为“武帝”。本篇下文（不包括褚少孙所补）言及“武帝”，本亦当作“上”或“今上”。〔5〕“祓”，音 fú，古代有于三月上巳（上旬巳日）去水滨洗濯宿垢以消灾祈福的习俗，称为“祓禊”（禊音 xì）或“祓除”，亦简称为“祓”。“霸上”，地名，在长安东郊霸水西岸。〔6〕“见”，音 xiàn，引见，使之见。〔7〕“说”，音 yuè，通“悦”。〔8〕“轩”，车。皇帝出行，有车载衣服随行，称“尚衣轩”。〔9〕“斤”，汉制一斤约合今二百五十八克。〔10〕“奉送”，进献，恭恭敬敬地送入。〔11〕“拊”，音 fǔ，轻轻地拍击。〔12〕“强饭”，意谓努力加餐。〔13〕“斥”，弃逐。〔14〕“卫长君”，原名长子，长君是他在卫子夫入宫邀宠后改称的名字。“弟青”，卫青字仲卿，卫子夫同母弟，其生父郑季曾在平阳侯家为吏，因与侯府中女奴卫媪私通而生青及步广二子，二子后皆冒用卫姓。卫青因卫子夫的关系得到武帝的重用，后官车骑将军、大将军，击匈奴有功，封长平侯，贵盛无比，至元封五年（公元前一〇六年）去世。详见本书《卫将军骠骑列传》。“侍中”，加官名。在原有官职上加“侍中”，便可侍从皇帝左右，出入宫禁。〔15〕卫子夫所生三女，后封诸邑公主、石邑公主、当利公主（又称卫长公主）。卫子夫所生一男为武帝长子刘据，亦即卫太子，详后注。

【译文】卫皇后字子夫，出身低微。她家号称卫氏，出自平阳侯的封邑。子夫是平阳公主家的歌伎。武帝即位之初，几年未有子嗣。平阳公主访求挑选了十几个良家女子，装扮好了放在家中。武帝三月上巳去霸上祓禊归来，顺便过访平阳公主。平阳公主让装扮好的美人出来见武帝，皇上看了都不喜欢。到宴饮时，歌伎上来献歌，皇上望见卫子夫，单单就爱上她。这一天，武帝起来换衣服，子夫在尚衣的车中侍奉，得到了亲幸。皇上回到宴会的座位上，极其高兴，赐给平阳公主黄金千斤。公主从而奏请进献子夫，把她送入宫中。子夫上车时，平阳公主轻轻地拍着她的背说：“去吧，多吃些饭，保重身体，要努力啊！如果显贵了，别忘了我。”入宫一年多，竟不再得到亲幸。武帝挑选宫女中不中用的，斥退出宫，让她们回家。卫子夫得以见到皇上，哭哭啼啼地请求让她出宫。皇上对她生了怜爱之心，又亲幸她，子夫于是有了身孕，得到的尊荣和宠爱，一天比一天增多。武帝把她的哥哥卫长君、弟弟卫青召来任为侍中。子夫后来大被皇上亲幸，非常得宠，一共生了三个女儿一个儿子，儿子名据。

初，上为太子时，娶长公主女为妃。立为帝，妃立为皇后，姓陈氏，[1]无子。上之得为嗣，[2]大长公主有力焉，[3]以故陈皇后骄贵。闻卫子夫大幸，恚，几死者数矣。上愈怒。陈皇后挟妇人媚道，其事颇觉，于是废陈皇后，[4]而立卫子夫为皇后。[5]

【注释】〔1〕“姓陈氏”，陈皇后父为堂邑侯陈午。〔2〕“嗣”，指皇位继承人。〔3〕“大长公主”，皇帝姑母的称号。景帝姊长公主嫖在武帝时被尊为大长公主，即陈皇后的母亲。〔4〕“废陈皇后”，事在元光五年（公元前一三〇年）。〔5〕“立卫子夫为皇后”，事在元朔元年（公元前一二八年）。

【译文】当初，皇上为太子时，娶了长公主的女儿为妃。立为皇帝后，这个妃子就立为皇后。皇后姓陈，没有生儿子。皇上之所以能被景帝立为继承皇位的太子，大长公主出了大力，所以陈皇后很骄贵。她听说卫子夫大得宠幸，很恼怒，好几次寻死觅活的。皇上得知后，更生她的气。陈皇后为了争宠，搞了妇人巫蛊求媚的那一套歪门邪道。这类事情多次被皇上觉察。武帝于是废掉陈皇后，而立卫子夫为皇后。

陈皇后母大长公主，景帝姊也，数让武帝姊平阳公主曰：[1]“帝非我不得立，已而弃捐吾女，壹何不自喜而倍本乎！”[2]平阳公主曰：“用无子故废耳。”陈皇后求子，与医钱凡九千万，然竟无子。

【注释】〔1〕“数”，音 shǔ。“数让”，责备，数落。〔2〕“倍”，通“背”。

【译文】陈皇后的母亲大长公主是景帝的姐姐，她责怪武帝的姐姐平阳公主说："皇上不是因为我的关系，不会被立。事后却抛弃了我的女儿，怎么这样不自爱，忘了本！"平阳公主说："是因为没能生儿子的缘故才被废的。"陈皇后想生儿子，给医生的钱共花了九千万，然而终究未能生子。

卫子夫已立为皇后，先是卫长君死，乃以卫青为将军，击胡有功，〔1〕封为长平侯。〔2〕青三子在襁褓中，〔3〕皆封为列侯。〔4〕及卫皇后所谓姊卫少儿，〔5〕少儿生子霍去病，〔6〕以军功封冠军侯，〔7〕号骠骑将军。〔8〕青号大将军。〔9〕立卫皇后子据为太子。卫氏枝属以军功起家，〔10〕五人为侯。〔11〕

【注释】〔1〕"胡"，古代通称北方边地及西域的少数民族为"胡"，此则专指匈奴。〔2〕"长平"，汉县名，属汝南郡，故治在今河南西华东北。〔3〕"襁褓"，音 qiǎng bǎo，用来背负小儿的背带和布兜。"在襁褓中"指年纪幼小。〔4〕"列侯"，秦爵二十等，彻侯位最尊，汉因之，后避武帝讳改称通侯，又称列侯。〔5〕"卫少儿"，卫媪三女，长名君孺，次名少儿，三名子夫。少儿与平阳侯家吏霍仲孺私通而生霍去病。卫子夫贵后，少儿与詹事陈掌结婚。〔6〕"霍去病"，武帝时名将，击匈奴有功，后于元狩六年（公元前一一七年）去世。详见本书《卫将军骠骑列传》。〔7〕"冠军"，意谓其功为诸军之冠。霍去病封冠军侯，当时特于南阳郡置冠军县作为他的封地。冠军县故治在今河南邓县西北。〔8〕"骠骑将军"，将军名号，秩禄万石，同大将军。武帝元狩二年（公元前一二一年）始设，以授霍去病。"骠"，音 piào，有骁勇之义。〔9〕"大将军"，西汉最高军职，秩禄万石。〔10〕"枝属"，宗族亲戚。〔11〕"五人为侯"，谓卫青、霍去病及卫青三子。

【译文】卫子夫已立为皇后，卫长君早先死了，武帝就以卫青为将军。卫青攻打匈奴有功，被封为长平侯。他三个儿子还是襁褓中的婴孩，也都封为列侯。连同卫皇后所谓的姐姐卫少儿生的儿子霍去病，也以军功封为冠军侯，号骠骑将军。卫青号大将军。武帝立卫皇后的儿子据为太子。卫家的亲属靠军功起家，共有五人为侯。

及卫后色衰，赵之王夫人幸，有子，为齐王。〔1〕

【注释】〔1〕"有子为齐王"，王夫人子名闳（音 hóng），为武帝第二子，元狩六年（公元前一一七年）立为齐王，元封元年（公元前一一〇年）死。所封齐国本临淄郡地，都临淄（今山东淄博市东北），辖境约相当于今山东淄博市及益都、广饶、临朐等地。

【译文】等到卫皇后容色衰老，赵地的王夫人得到宠幸，生有儿子，被封为齐王。

王夫人蚤卒。而中山李夫人有宠，〔1〕有男一人，为昌邑王。〔2〕

【注释】〔1〕"中山"，诸侯王国名，都卢奴（今河北定县），辖境约相当于今河北狼牙山以南，保定市、安国以西，唐县、新乐以东，滹沱河以北地区。〔2〕"有男一人为昌邑王"，李夫人子名髆（音 bó），为武帝第五子，天汉四年（公元前九七年）立为昌邑王，昭帝始元元年（公元前八六年）死。所封昌邑国本山阳郡地，都昌邑（今山东金乡县西北），辖境约相当于今山东独山湖以西，郓城以南，成武、曹县以东，单县以北地区，兼领独山湖东兖州市及邹县的一部分。

【译文】王夫人早死。而中山李夫人得宠，生了一个儿子，被封为昌邑王。

李夫人蚤卒，其兄李延年以音幸，号协律。〔1〕协律者，故倡也。〔2〕兄弟皆坐奸，〔3〕族。〔4〕是时其长兄广利为贰师将军，〔5〕伐大宛，〔6〕不及诛，还，而上既夷李氏，后怜其家，乃封为海西侯。〔7〕

【注释】〔1〕"协律"，官名，即协律都尉，掌管音乐。武帝时设置，以授李延年。〔2〕"倡"，以音乐歌舞娱乐统治者的乐人，地位极其卑下。〔3〕"兄弟皆坐奸"，李延年年轻时犯法已受宫刑，据《汉书·佞幸传》记载，是其弟李季与宫人奸乱，李延年亦牵连得罪。"坐"，犯罪，触犯某一条法律。〔4〕"族"，族灭。即一人犯罪，诛杀其整个家族。〔5〕"贰师将军"，贰师本汉时大宛地名。大宛有良马，匿于贰师城中，汉遣使者求之不得，使者又被大宛贵族截杀。武帝怒，于太初元年（公元前一〇四年）

以李广利为贰师将军，率兵数万伐大宛。太初三年大宛降，李广利得马归。因为发兵的目的是至贰师城取名马，因此这次远征就以“贰师”为将军名号。贰师城故址在今吉尔吉斯斯坦西南部的马尔哈马特。〔6〕“大宛”，汉时西域国名，故地在今中亚地区费尔干纳盆地一带。汉武帝遣李广利伐大宛取名马事，详见本书《大宛列传》。〔7〕“海西侯”，李广利以伐大宛立功，当时认为大宛地近西海，所以封为海西侯。

【译文】李夫人早死，她的哥哥李延年因精通音律而得宠，封官号称协律。协律之职原本系倡家。后来李延年和他的弟弟都因为与宫女通奸而遭灭族之祸。其时他们的长兄广利为贰师将军远出征伐大宛，没有跟着被杀。李广利回来，皇帝已经夷灭了李氏。后来又可怜李家，就封广利为海西侯。

他姬子二人为燕王、广陵王。[1]其母无宠，以忧死。

【注释】〔1〕“燕王”，名旦，武帝第三子，元狩六年(公元前一一七年)立为燕王，昭帝元凤元年(公元前八〇年)因谋反事败自杀。所封燕国都蓟(今北京城区西南)，辖境约相当于今北京城区、近郊、大兴、河北固安以及北京房山、昌平、通县部分地。“广陵王”，名胥，武帝第四子，元狩六年(公元前一一七年)立为广陵王，屡犯法度，宣帝五凤四年(公元前五四年)因诅咒事发自杀。所封广陵国本江都国地，都广陵(今江苏扬州市西北)，辖境约相当于今江苏长江以北，射阳湖西南，仪征以东地区。详见本书《三王世家》。据《汉书·武五子传》，燕王旦和广陵王胥都是李姬所生。

【译文】武帝其他姬妾生的两个儿子被封为燕王、广陵王。他们的母亲不得宠，因忧闷而死。

及李夫人卒，则有尹婕妤之属，[1]更有宠。[2]然皆以倡见，非王侯有土之士女，[3]不可以配人主也。

【注释】〔1〕“婕妤”，音 jié yú，或作“倢伃”，宫廷女官名，秩同列侯，位同上卿，在后宫中地位仅次于皇后，武帝时设置。〔2〕“更”，更替，一个接一个。〔3〕“士女”，有士人操行的女子。

【译文】等到李夫人去世，又有尹婕妤之类的女子，轮流得宠。但她们都出身倡家，因善于歌舞而得见皇上，不是有封土的王侯之女，不能与皇上匹配。

褚先生曰：[1]臣为郎时，[2]问习汉家故事者钟离生。[3]曰：王太后在民间所生一女者，[4]父为金王孙。王孙已死，景帝崩后，武帝已立，王太后独在。而韩王孙名嫣素得幸武帝，[5]承间白言太后有女在长陵也。[6]武帝曰：“何不蚤言！”乃使使往先视之，在其家。武帝乃自往迎取之。跸道，[7]先驱旄骑出横城门，[8]乘舆驰至长陵。[9]当小市西入里，[10]里门闭，暴开门，[11]乘舆直入此里，通至金氏门外止，使武骑围其宅，[12]为其亡走，身自往取不得也。即使左右群臣入呼求之。家人惊恐，女亡匿内中床下。扶持出门，令拜谒。武帝下车泣曰：“嚄！[13]大姊，何藏之深也！”诏副车载之，[14]回车驰还，而直入长乐宫。[15]行诏门著引籍，[16]通到谒太后。太后曰：“帝倦矣，何从来？”帝曰：“今者至长陵得臣姊，与俱来。”顾曰：“谒太后！”太后曰：“女某邪？”曰：“是也。”太后为下泣，女亦伏地泣。武帝奉酒前为寿，奉钱千万，奴婢三百人，公田百顷，甲第，[17]以赐姊。太后谢曰：“为帝费焉。”于是召平阳主、南宫主、林虑主三人俱来谒见姊，因号曰修成君。有子男一人，女一人。男号为修成子仲，女为诸侯王王后。[18]此二子非刘氏，以故太后怜之。修成子仲骄恣，陵折吏民，[19]皆患苦之。

【注释】〔1〕“褚先生曰”，以下为褚先生所补，非司马迁原文。褚先生名少孙。〔2〕“郎”，皇帝的侍从官员，分侍郎、郎中、中郎等，隶属于郎中令(太初元年后改称光禄勋)，平时轮流宿卫宫廷，皇帝出行则扈从警卫。郎官秩位不高，却是晋升其他较高级官职的一个阶梯。褚少孙在本书《三王世家》后的补文中说他曾“幸得以文学为侍郎”。〔3〕“钟离”，复姓。〔4〕据《汉书·外戚传》，王太后早年在金氏所生之女名俗。〔5〕“韩王孙名嫣”，字王孙，秦汉间韩王信之曾孙。祖父颓当，景帝时以匈奴相来降，封弓高侯。武帝幼时为胶东王，与韩嫣同学相亲，为帝后，以嫣为上大夫，常与之共卧起，十分宠信。嫣出入宫廷不禁，后因奸乱后宫，被王太后赐死。详见本书《佞幸列传》。〔6〕“承间”，乘机会。“间”，音 jiàn。〔7〕“跸道”，古时帝王出行，一路戒严清道，禁止行人通行，称为“跸道”。“跸”，音 bì。〔8〕“旄骑”，又称“旄头骑”，皇帝仪仗队中在前面开道的骑兵。因需解髻披发，所以称“旄头”。“横城门”，为长安城北面西第一座门，面对架于渭水之横桥。〔9〕“乘舆”，皇帝乘坐的车辆。〔10〕“里”，县以下的居民区单位。古聚族列里而居，里有里门，按时启闭。〔11〕“暴”，强行。〔12〕“武骑”，武装骑兵。〔13〕“嚄”，音 huò，表示惊怪的叹词。〔14〕“副车”，皇帝出行时的侍从车辆。据《汉官仪》，天子属车三十六乘，属车即副车。〔15〕“长乐宫”，故址在今陕西西安市西北郊汉长安故城东南隅。宫垣南北宽约二千三百米，东西长约二千九百米，是汉时长安的主要宫殿之一，高祖时以此为视朝之地，惠帝末移至未央宫视朝，长乐宫改为太后居处。〔16〕“籍”，指门籍，悬在宫门上的一种名籍。竹制，上记姓名年貌，有门籍者案验得实，可出入宫门。〔17〕“甲第”，头等住宅。〔18〕“诸侯王”，汉代的亲王有自己的封国，略似先秦的诸侯，所以称“诸侯王”。修成君女后嫁淮南王刘安的太子刘迁为妃，不久即离婚。此云“为诸侯王王后”，不确。〔19〕“陵折”，欺凌折辱。“陵”，通“凌”。据本书《酷吏列传》，后义纵任长安令，执法不避权贵，曾捕案修成子仲。

【译文】褚先生说：我当郎官的时候，曾经求教熟悉汉家故事的钟离生。钟离生说：王太后在民间时所生的女儿，生父是金王孙，王孙已死。景帝崩后，武帝已继位，王太后还在世。韩王孙名嫣，一向得到武帝的宠幸，乘机会告诉武帝太后还有个女儿在长陵。武帝说：“为什么不早说！”于是就派人前去侦视，太后的那个女儿正在家里。武帝就亲自前往迎取。皇帝外出，清道戒严，先行开道的旄骑出横城门，武帝的车驾一路直驰到达长陵。从小市西面进入里坊，里门关着，就破门而入，车驾直入这个坊里，到金氏门外停下，派遣武装骑兵包围了金氏的宅第，为的是怕她逃走，皇上亲自去迎取时接不到。接着就叫左右群臣进门呼叫寻找。金家的人惊惶失措，那女子躲在内室的床底下。把她找到后扶她出门，令她拜见皇上。武帝下车哭着说：“咳，大姐，为什么躲得那么隐密啊！”下诏用自己的副车载送她，掉转车头驰回长安，直入太后居住的长乐宫。在路上就下诏给她上了门籍，把通名状交给长乐宫守门的使者，让他到太后那里去通报。武帝进去谒见太后。太后说：“皇帝你劳累了，从什么地方来？”武帝说：“今天到长陵去找到了我的姐姐，同她一起来了。”回过头对金氏女子说：“拜见太后！”太后说：“你是某某吗？”回答说：“是的。”太后不禁为之流下了眼泪，金氏女子也伏在地上哭泣。武帝举酒上前祝贺，致送钱一千万，奴婢三百人，公田一百顷，头等住宅一所，用来赐给这个姐姐。太后道谢说：“使皇帝你破费了。”于是召来平阳公主、南宫公主、林虑公主三人，让她们都来拜见姐姐。武帝从而又封她为修成君。修成君有儿子一人，女儿一人。儿子号为修成子仲，女儿后来嫁诸侯王为王后。这两个孩子都不是刘氏的子女，因而太后怜爱他们。修成子仲骄纵任性，横行不法，欺压官吏和百姓，人们都为此害怕苦恼。

卫子夫立为皇后，后弟卫青字仲卿，以大将军封为长平侯。四子，长子伉为侯世子，〔1〕侯世子常侍中，贵幸。其三弟皆封为侯，〔2〕各千三百户，一曰阴安侯，〔3〕二曰发干侯，〔4〕三曰宜春侯，〔5〕贵震天下。天下歌之曰：“生男无喜，生女无怒，独不见卫子夫霸天下！”

【注释】〔1〕“伉”，音 kàng。据本书《卫将军骠骑列传》及《建元以来侯者年表》，卫伉初封宜春侯，又为长平侯世子。〔2〕“三弟皆封为侯”，案，卫青三子封侯，包括长子伉在内，此云伉别有三弟封侯，误。前云卫青有“四子”，亦误。下文云“三子为侯”，当是。〔3〕“阴安侯”，名不疑。“阴安”，汉县名，属魏郡，故治在今河南清丰北。〔4〕“发干侯”，名登。“发干”，汉县名，属东郡，故治在今山东冠县东。〔5〕“宜春侯”，即伉。此以为伉有弟别封宜春侯，误。“宜春”，汉县名，属汝南郡，故治在今河南汝南西南。

【译文】卫子夫被立为皇后，皇后的弟弟卫青，字仲卿，以大将军的身份被封为长平侯。他有四个儿子，长子伉为长平侯世子，侯世子经常在皇上身边侍从，显贵得宠。他三个弟弟都封为侯，各有封邑一千三百户。一个叫阴安侯，第二个叫发干侯，第三个叫宜春侯，地位尊贵，名震天下。人们编

歌谣说："生男孩别欢喜，生女孩别生气，难道没有看到卫子夫荣华富贵天下第一！"

是时平阳主寡居，当用列侯尚主。〔1〕主与左右议长安中列侯可为夫者，皆言大将军可。主笑曰："此出吾家，〔2〕常使令骑从我出入耳，奈何用为夫乎？"左右侍御者曰："今大将军姊为皇后，三子为侯，富贵振动天下，主何以易之乎？"于是主乃许之。言之皇后，令白之武帝，乃诏卫将军尚平阳公主焉。

【注释】〔1〕"尚主"，与公主结婚。"尚"有尊奉之义，公主身份尊贵，不敢说"娶"，所以用"尚"字。〔2〕"此出吾家"，指卫青微时，本是平阳侯家仆隶。

【译文】当时平阳公主寡居在家，按常例应找一个列侯与公主结婚。公主与身边的人商议长安列侯中谁适合当自己的丈夫。身边的人都说大将军合适。公主笑着说："他原是我家的下人，以前经常使唤他骑马随从我出入，怎么可以让他当我的丈夫呢！"左右侍奉的人说："现在大将军的姐姐当上了皇后，三个儿子都封了侯，富贵震动天下，公主怎能看轻他呢？"于是公主就答应了。把这个心思告诉了皇后，让皇后禀告武帝。武帝就下诏让卫将军与平阳公主结婚。

褚先生曰：丈夫龙变。《传》曰：〔1〕"蛇化为龙，不变其文；家化为国，不变其姓。"丈夫当时富贵，百恶灭除，光耀荣华，贫贱之时何足累之哉！

【注释】〔1〕"传"，音 zhuàn，书传。

【译文】褚先生说：大丈夫像龙一样可以变化。古书上说："蛇能变为龙，但不改变它身上的花纹；家可以变为国，但不改变自己的姓氏。"大丈夫生逢其时，取得富贵，身上的一切过错和污点都会消除，只见光耀荣华，当初贫贱时的情况，哪里还能牵累他们！

武帝时，幸夫人尹婕妤。邢夫人号娙娥，〔1〕众人谓之"娙何"。娙何秩比中二千石，〔2〕容华秩比二千石，〔3〕婕妤秩比列侯。常从婕妤迁为皇后。

【注释】〔1〕"娙娥"，汉武帝设置的宫廷女官名号，位在婕妤下。"娙"，音 xíng。〔2〕"中二千石"，汉代官员秩禄等级的一种，每月可得俸谷一百八十斛，年俸为二千一百八十斛；九卿、执金吾等高级官员属之。"中"，音 zhòng，义为满。〔3〕"容华"，或作"傛华"，汉武帝设置的宫廷女官名号，位在娙娥下。"二千石"，汉代官员秩禄等级的一种，每月可得俸谷一百二十斛，年俸为一千四百四十斛；郡守，王国相、典属国、将作大匠、太子傅、大长秋、詹事等属之。《汉书·外戚传》以为容华秩比真二千石，与此异。真二千石，每月可得俸谷一百五十斛，年俸为一千八百斛。

【译文】武帝当时宠幸夫人尹婕妤，又有个邢夫人官号娙娥，而众人都叫她"娙何"。娙何的品级俸禄相当于中二千石，容华相当于二千石，婕妤相当于列侯。皇后经常是从婕妤升迁的。

尹夫人与邢夫人同时并幸，有诏不得相见。尹夫人自请武帝，愿望见邢夫人，帝许之。即令他夫人饰，从御者数十人，〔1〕为邢夫人来前。尹夫人前见之，曰："此非邢夫人身也。"帝曰："何以言之？"对曰："视其身貌形状，不足以当人主矣。"于是帝乃诏使邢夫人衣故衣，独身来前。尹夫人望见之，曰："此真是也。"于是乃低头俛而泣，自痛其不如也。谚曰："美女入室，恶女之仇。"〔2〕

【注释】〔1〕"御者"，侍从。〔2〕"恶"，丑恶。

【译文】尹夫人和邢夫人同时被武帝所宠幸，有诏命令她们二人不得相见。尹夫人自己向武帝请求，希望能从远处看一下邢夫人，武帝允许了。就让别的夫人打扮好，跟着几十个侍从，假装邢夫人前来。尹夫人上前与她相见，说："这不是邢夫人的自身。"武帝说："凭什么这样讲？"回答道："我看她的容貌体型，不足以称皇上的心。"于是武帝就下诏让邢夫人穿着旧衣服独自前来。尹夫人远远望见了，说："这真的是她。"于是低头俯身哭了起来，为自己不如人家而悲痛。这就如同谚语所说："美女进入家室，就成了丑女的仇敌。"

褚先生曰：浴不必江海，要之去垢；马不必骐骥，要之善走；士不必贤世，要之知道；女不必贵种，要之贞好。[1]《传》曰："女无美恶，入室见妒；士无贤不肖，入朝见嫉。"[2]美女者，恶女之仇。岂不然哉！

【注释】〔1〕"贞好"，贞指操行清白，好指容貌美丽。 〔2〕"女无美恶，入室见妒；士无贤不肖，入朝见嫉"，此四句见邹阳《狱中上梁王书》，又见本书《扁鹊仓公列传》，可知已成当时流行箴言。

【译文】褚先生说：洗澡不必非到江海中去不可，关键在于能去掉身上的污垢；马不必非得到骐骥不可，关键在于要善于奔驰；士人不必非是当世最杰出的贤才不可，关键在于懂得道理；女子不必非有高贵的出身不可，关键在于操行清白容貌美丽。古书上说："女人不分美丑，一进入家室就会遭到嫉妒；士人不分贤和不贤，一进入朝廷就会遭到嫉恨。"美女是丑女的仇敌。难道不是这样吗？

钩弋夫人姓赵氏，[1]河间人也。[2]得幸武帝，生子一人，昭帝是也。武帝年七十，乃生昭帝。[3]昭帝立时，年五岁耳。[4]

【注释】〔1〕"钩弋"，汉长安宫名。据《汉书·外戚传》，武帝经过河间，有人说此间有奇女，武帝就遣使把这个赵姓女子召来，此女生来两手拳曲，不能伸开，经武帝抚弄，手掌就伸开了。随即入宫，得到武帝的宠幸，号称"拳夫人"，因居于钩弋宫，又称"钩弋夫人"。 〔2〕"河间"，诸侯王国名，都乐城（今河北献县东南），辖境约相当于今河北东南部献县、交河、东光、阜成、武强一带。 〔3〕"武帝年七十，乃生昭帝"，案，武帝年十六继位为帝，在位五十四年，后元二年死时年七十，而昭帝时年八岁。此云"年七十，乃生昭帝"，误。 〔4〕"昭帝立时，年五岁耳"，案之《汉书·武帝纪》、《昭帝纪》及其他记载，昭帝生于太始三年（公元前九四年），后元二年继位时年八岁。此云"五岁"，误。

【译文】钩弋夫人，姓赵，是河间人。得到武帝的宠幸，生了儿子，这就是昭帝。武帝年已七十岁，才生昭帝。昭帝立为皇帝时，年才五岁。

卫太子废后，[1]未复立太子。而燕王旦上书，愿归国入宿卫。[2]武帝怒，立斩其使者于北阙。[3]

【注释】〔1〕"卫太子"，即武帝长子刘据，卫子夫所生，元狩元年（公元前一二二年）立为太子。武帝晚年多病，以为是有人埋蛊（把代表怨家仇人的木偶埋入地下，施以符咒，使对方遭受灾祸。蛊音gǔ）诅咒的缘故，征和二年（公元前九一年）命亲信江充查办此事。江充与太子不和，诬称在太子宫中掘得巫蛊用的桐木人。太子惊惧愤怒，把江充杀了。武帝以为太子造反，派丞相刘屈氂（音 lí）领兵攻太子，太子逃到湖县（今河南灵宝东）躲藏，被地方官发觉自杀。因其有罪遭祸而死，所以史书从母姓称之为"卫太子"。谥"戾"，又称"戾太子"。卫后亦在这次事变中自杀。 〔2〕"归国入宿卫"，归还封国，回到长安在宫中住宿警卫。这是一种借口，其实燕王是觊觎太子的位置，想当皇位继承人。 〔3〕"北阙"，未央宫北面的门楼，是官员等候朝见或上书奏事的地方。

【译文】卫太子被废后，武帝没再立太子。而燕王旦上书，请求把封国归还朝廷，自己回长安入宫值宿警卫。武帝大怒，立刻把燕王的使者押到北阙斩首。

上居甘泉宫，召画工图画周公负成王也。[1]于是左右群臣知武帝意欲立少子也。后数日，帝谴责钩弋夫人。[2]夫人脱簪珥叩头。[3]帝曰："引持去，送掖庭狱！"[4]夫人还顾，帝曰："趣行，[5]女不得活！"夫人死云阳宫。[6]时暴风扬尘，百姓感伤。使者夜持棺往葬之，封识其处。[7]

【注释】〔1〕"召画工图画周公负成王"，周武王死，子成王年幼，武王弟周公代摄王政七年，事见本书《周本纪》及《鲁周公世家》。"负"，背负。谓周公背着成王临朝。据《汉书·霍光传》记载，武帝使画工画周公负成王朝诸侯图赐霍光，暗示了要立幼子使霍光辅政的意思。 〔2〕"谴责"，严厉地斥责。〔3〕"珥"，音 ěr，耳饰。古制，后妃有过，当脱簪珥待罪。 〔4〕"掖庭狱"，掖庭中关押有罪宫人的监狱，由掖庭令掌管。"掖庭"，宫中旁舍。〔5〕"趣"，音cù，急速。 〔6〕"云阳宫"，即甘泉宫。 〔7〕"封"，聚土为坟堆。"识"，音 zhì，植树作标记。"封识其

处”,在其处封土植树作为标志。后昭帝即于其地改葬钩弋夫人,起陵,称“云陵”。

【译文】皇帝住在甘泉宫,召来画工画了周公背成王的图。于是左右群臣都知道武帝的意思是要立小儿子为皇位继承人。几天以后,武帝严厉地斥责钩弋夫人。夫人解下簪珥叩头请罪。武帝说:“把她拉出去,送到掖庭的监狱里!”夫人一边走一边回顾,武帝说:“快走,你活不成了。”夫人死在云阳宫。当时暴风骤起,尘土飞扬,百姓们都为钩弋夫人伤感。使者在夜里带了棺材前去埋葬夫人,在葬地做了标记。

其后帝闲居,问左右曰:“人言云何?”左右对曰:“人言且立其子,何去其母乎?”帝曰:“然。是非儿曹愚人所知也。〔1〕往古国家所以乱也,由主少母壮也。女主独居骄蹇,〔2〕淫乱自恣,莫能禁也。女不闻吕后邪?”〔3〕故诸为武帝生子者,无男女,其母无不谴死,〔4〕岂可谓非贤圣哉!昭然远见,为后世计虑,固非浅闻愚儒之所及也。谥为“武”,〔5〕岂虚哉!

【注释】〔1〕“儿曹”,小儿辈。〔2〕“女主”,女性君主,多指执政的太后。“骄蹇”,骄横傲慢。“蹇”,音 jiǎn。〔3〕“女”,音 rǔ,通“汝”。〔4〕“诸为武帝生子者,无男女,其母无不谴死”,事实并非全是如此,如武帝第二子齐王刘闳母王夫人、第五子昌邑王刘髆母李夫人都是病死的,生前并未受谴获罪。〔5〕“谥”,当时有地位者在死后,别人依据其生前行迹追加的称号。“武”,据《谥法解》,“刚强直理”、“威强敌德”、“克定祸乱”、“刑民克服”、“夸志多穷”,皆可谥以“武”。

【译文】此后武帝闲居无事时,问身边的人:“人们对这件事有什么议论?”身边侍奉的回答道:“人们说即将立她的儿子当太子了,为什么要除掉这个母亲呢?”武帝说:“是啊,这可不是小孩子笨家伙们所能懂得的。古时候的国家为什么会有祸乱呢?就是因为国君年幼而母后壮年的缘故。女主独居骄慢,淫乱放纵,没有谁能禁止她。你们难道没有听说过吕后吗?”因此那些为武帝生儿育女的,无论是生儿子还是生女儿,孩子的母亲没有不被斥责处罚而死的。这难道可以说不是大贤大圣的作为吗?能明白地远见将来,为后世深思熟虑作好安排,这本来就不是那种见识浅薄的腐儒们所能比得上的。谥号称为“武”,难道是虚的吗!

史记卷五十

楚元王世家第二十

楚元王刘交者，[1]高祖之同母少弟也，[2]字游。

【注释】〔1〕"楚元王"，"楚"，汉诸侯国名，都彭城(即今江苏徐州市)。刘交初封于楚，有薛郡、东海郡、彭城三十六县，所辖约当今江苏北部、山东南部及安徽东北部地区。"元"是死后谥号。〔2〕"同母"，《汉书》作"同父"，颜师古曰："言同父知其异母。"王先谦《汉书补注》以为"同母"是误文。

【译文】楚元王刘交，是汉高祖同母异父的小弟弟，字游。

高祖兄弟四人，长兄伯，伯蚤卒。[1]始高祖微时，尝辟事，[2]时时与宾客过巨嫂食。[3]嫂厌叔，叔与客来，嫂详为羹尽，[4]栎釜，[5]宾客以故去。已而视釜中尚有羹，高祖由此怨其嫂。及高祖为帝，封昆弟，而伯子独不得封。太上皇以为言，[6]高祖曰："某非忘封之也，为其母不长者耳。"于是乃封其子信为羹颉侯。[7]而王次兄仲于代。[8]

【注释】〔1〕"蚤"，通"早"。〔2〕"辟"，通"避"，躲避。"辟事"，指犯有过失而躲避。本书《张丞相传》作"辟吏"，亦通。〔3〕"巨嫂"，指大嫂，长嫂。〔4〕"详"，通"佯"，假装。〔5〕"栎"，音 lì。《汉书·楚元王传》作"　"。刮，敲。"栎釜"，用勺刮锅，表示锅中空空，已无剩羹。〔6〕"太上皇"，指汉高祖父亲刘太公。汉高祖六年，尊太公为太上皇。此本秦制，秦始皇二十六年统一天下后，追尊其父庄襄王为太上皇，后为历代沿袭。〔7〕"羹颉侯"，高祖七年封，封十三年，吕后元年以有罪削爵一级，为关内侯，据《括地志》，羹颉为山名，在今河北怀来县东南。高祖因怨恨大嫂刮锅欺骗他，故以"羹颉"为爵名。"颉"，音 jiá，是刮的意思。一说当作"颉羹侯"。〔8〕"次兄"，名喜，字仲。高祖六年封为代王；七年，为匈奴所攻，弃国自归，孝惠二年卒。其子濞，后封为吴王。"代"，诸侯国名，都代县(今河北蔚县东北)，以云中、雁门、代三郡五十三县置，辖境约相当于今山西中部、北部，内蒙古西南部，河北西北部等地区。

【译文】高祖有兄弟四人，长兄叫伯，伯很早就去世了。当初，高祖贫微的时候，曾经为了躲避官吏，常常跟客人一块儿到大嫂家去吃饭。大嫂讨厌小叔子来白吃，当小叔子跟客人们来到时，大嫂便假装羹已吃光，用勺刮锅嘎嘎作响，结果客人们因此都离去了。事后高祖发觉锅中还有羹，为此而怨恨大嫂。到高祖当了皇帝，分封兄弟，只有伯的儿子不得封爵。太上皇为此而讲情，高祖说："并不是我忘了封他，只因为他母亲实在不像个长者的样子。"于是才封伯的儿子信为羹颉侯，而封二哥仲于代，为代王。

高祖六年，[1]已禽楚王韩信于陈，[2]乃以弟交为楚王，都彭城。[3]即位二十三年卒，子夷王郢立。[4]夷王四年卒，子王戊立。

【注释】〔1〕"高祖六年"，即公元前二〇一年。〔2〕"楚王韩信"，高祖五年，徙齐王韩信为楚王，都下邳(在今江苏睢宁西北)。六年十二月，有人上告楚王韩信谋反，高祖以出游云梦为名，会诸侯于陈，拘执韩信，废为淮阴侯。"陈"，陈县，故治在今河南

淮阳县。韩信事详本书《淮阴侯列传》。〔3〕“彭城”,故治在今江苏徐州市。〔4〕“郢”,《汉书》名“郢客”。

【译文】高祖六年,楚王韩信在陈地被捕,高祖便封自己的弟弟交为楚王,都城设在彭城。刘交在位二十三年而死,儿子夷王郢即位。夷王在位四年而死,儿子王戊即位。

王戊立二十年,冬,坐为薄太后服私奸,〔1〕削东海郡。〔2〕春,〔3〕戊与吴王合谋反,〔4〕其相张尚、太傅赵夷吾谏,不听。戊则杀尚、夷吾,〔5〕起兵与吴西攻梁,〔6〕破棘壁。〔7〕至昌邑南,〔8〕与汉将周亚夫战。〔9〕汉绝吴楚粮道,士卒饥,吴王走,楚王戊自杀,军遂降汉。

【注释】〔1〕“薄太后”,高祖姬,文帝之母,卒于孝景帝前元二年(公元前一五五年),事详本书《外戚世家》。“服私奸”,指刘戊在为薄太后服丧期间,与人通奸,罪极重,故晁错请诛杀王戊,景帝诏赦死罪而予以削郡的处罚。〔2〕“削东海郡”,《汉书·楚元王传》作“削东海、薛郡”。“东海郡”,治所在郯(今山东郯城北)。辖境在今山东费县、临沂、江苏赣榆以南,山东枣庄、江苏邳县以东,江苏宿迁、灌南以北地区。〔3〕“春”,孝景帝前元三年春,公元前一五四年。〔4〕“吴王”,吴王刘濞,汉高祖兄刘喜的长子,详见本书《吴王濞列传》。〔5〕“张尚”、“赵夷吾”,事迹不明,以谏王戊谋反被杀,封张尚子为山阳侯,赵夷吾子为商陵侯。〔6〕“梁”,诸侯王国名,辖境相当于今河南商丘、虞城、民权、安徽砀山等地,治所在睢阳(今商丘南)。时梁孝王刘武在位。〔7〕“棘壁”,地名,故地在今河南永城西北,一名大棘。〔8〕“昌邑”,县名,故地在今山东巨野南。〔9〕“周亚夫”,汉开国功臣、绛侯周勃之子。文帝后元二年封为条侯,元鼎五年有罪,失侯。详见本书《绛侯世家》。

【译文】王戊在位二十年的冬天,逢薄太后去世,王戊在为薄太后服丧的房屋里奸淫而犯罪,被削去封地东海郡。到了春天,王戊便同吴王合谋造反,其丞相张尚、太傅赵夷吾劝谏阻拦不听。王戊反而杀了张尚、赵夷吾,起兵同吴军一道西进攻打梁国,拿下了棘壁。军队到达昌邑之南,同汉将周亚夫交战。汉军断绝了吴、楚军队的粮道,士兵们挨饿,吴王逃走,楚王戊自杀,军队也就投降了汉军。

汉已平吴楚,孝景帝欲以德侯子续吴,〔1〕以元王子礼续楚。〔2〕窦太后曰:〔3〕“吴王,老人也,〔4〕宜为宗室顺善。今乃首率七国,〔5〕纷乱天下,奈何续其后!”不许吴,许立楚后。是时礼为汉宗正。〔6〕乃拜礼为楚王,奉元王宗庙,是为楚文王。

【注释】〔1〕“德侯”,名广,吴王濞之弟。高祖十二年封,惠帝七年卒。〔2〕“礼”,楚元王少子,景帝元年封为平陆侯。〔3〕“窦太后”,景帝之母,清河郡观津(今河北武邑东南)人。事迹详本书《外戚世家》。〔4〕“老人”,吴王濞是高祖次兄仲之子,乃高祖亲封,较其他诸侯王为长,亦较景帝长一辈,故称为“老人”。〔5〕“七国”,即吴、楚、赵、淄川、胶东、胶西、济南七个诸侯王国。〔6〕“宗正”,官名,职掌王室亲族事务。

【译文】汉兵平定了吴、楚的叛乱,孝景帝想让(吴王濞之弟)德侯的儿子续封吴国,让楚元王交的儿子礼续封楚国。窦太后说:“吴王濞本是皇族中的长辈了,应当爱护顺从宗室。现在却带头率领七国造反,扰乱天下,怎么能续封其后代!”因而不准许再立吴国的后代,只准许立楚国的后代。当时,礼是汉朝的宗正。于是,封礼为楚王,奉祀元王的宗庙,这就是楚文王。

文王立三年卒,子安王道立。安王二十二年卒,子襄王注立。襄王立十四年卒,子王纯代立。王纯立,地节二年,〔1〕中人上书告楚王谋反,王自杀,国除,入汉为彭城郡。

【注释】〔1〕“地节”,汉宣帝年号。二年是公元前六十八年。据《汉书·楚元王传》,王纯嗣十六年薨,子延寿嗣,立三十二年,宣帝地节元年自杀,国除。《史记》此处有误,漏记王纯子延寿一代。

【译文】文王在位三年而死,儿子安王道即位。安王在位二十二年而死,儿子襄王注即位。襄王在位十四年而死,儿子王纯继位。王纯即位后,地节二年,国中有人上书告发楚王谋反,王自杀。

楚国被撤除，封地归入汉朝，成为彭城郡。

赵王刘遂者，其父高祖中子，名友，[1]谥曰“幽”。幽王以忧死，故为“幽”。高后王吕禄于赵，[2]一岁而高后崩。大臣诛诸吕吕禄等，乃立幽王子遂为赵王。

【注释】〔1〕“赵”，诸侯国名，都邯郸（今河北邯郸市），辖境约相当于今河北西南部地区。汉高祖九年（公元前一九八年），始封戚夫人所生子刘如意于此。高祖去世，如意被杀，绝封。至惠帝元年徙刘遂父淮阳王刘友王赵。“友”，刘友于高祖十一年立为淮阳王；惠帝元年，徙为赵王，都邯郸；吕后七年，自杀。详见《汉书·高五王传》。〔2〕“吕禄”，吕后之兄、建城侯吕释之之子，事迹详本书《吕太后本纪》。

【译文】赵王刘遂，其父是高祖中子，名友，谥号为“幽”。因为幽王是忧伤而死的，所以叫做“幽”。高后封吕禄于赵地，做了赵王。一年后，高后驾崩，大臣们诛杀吕禄及吕氏全族，于是，立幽王的儿子遂为赵王。

孝文帝即位二年，立遂弟辟彊，[1]取赵之河间郡为河间王，[2]是为文王。立十三年卒，子哀王福立。一年卒，无子，绝后，国除，入于汉。

【注释】〔1〕“辟彊”，读为“辟疆”，以“开辟疆域”之意为名。〔2〕“河间郡”，因地处两河之间，故名“河间”。郡治乐成，在今河北献县东南，辖境约相当于今河北献县、交河、武强一带。

【译文】孝文帝即位的第二年，封立遂的弟弟辟彊，取原属赵的河间郡为封地，为河间王。他就是河间文王。文王在位十三年而死，儿子哀王福即位。一年而死，没有儿子，绝了后嗣，河间国撤除，封地归入汉朝。

遂既王赵二十六年，孝景帝时坐晁错以適削赵王常山之郡。[1]吴楚反，赵王遂与合谋起兵。其相建德、[2]内史王悍谏，[3]不听。遂烧杀建德、王悍，发兵屯其西界，欲待吴与俱西。北使匈奴，与连和攻汉。汉使曲周侯郦寄击之。[4]赵王遂还，城守邯郸，相距七月。[5]吴楚败于梁，不能西。匈奴闻之，亦止，不肯入汉边。[6]栾布自破齐还，[7]乃并兵引水灌赵城。赵城坏，[8]赵王自杀，邯郸遂降。[9]赵幽王绝后。

【注释】〔1〕“適”，读若“谪”。景帝三年，晁错任御史大夫，请求对犯有过失的诸侯王加以惩治，削其地，收其支郡。赵王遂因年前有罪，削去常山郡。正计议削吴时，爆发了“七国之乱”。参看本书《晁错列传》。〔2〕“建德”，赵相之名，其姓已不可考知。建德死，其子封为遽侯。〔3〕“王悍”，《惠景间侯者年表》作“王慎”。王慎死，其子封为新市侯。〔4〕“郦寄”，字况，郦商之子。陈涉起义后，郦商也聚众起兵，后追随刘邦，因战功封为曲周侯。孝文元年（公元前一七九年）卒，郦寄嗣。景帝中二年（公元前一四八年），因罪夺爵。〔5〕“七月”，《吴王濞传》、《郦商传》皆作“十月”。七、十，古字形近易混淆。〔6〕“边”，边界，边境。〔7〕“栾布”，汉将，原彭越部属。景帝六年（公元前一五一年），以平定“七国之乱”破齐有功，封为俞侯，景帝中五年（公元前一四五年）卒。〔8〕“坏”，坍塌，毁坏。〔9〕“邯郸”，赵都，故地在今河北邯郸市。

【译文】刘遂封赵王二十六年后，孝景帝时因晁错抓住刘遂过失削除赵王的常山郡。吴、楚反叛，赵王便同他们合谋起兵，其丞相建德、内史王悍劝谏，不听。刘遂烧死建德、王悍，发兵屯扎在赵国西部边界处，想等与吴军会师后一道西进。同时，又北上派人出使匈奴，要同他们联合起来攻汉。汉朝派曲周侯郦寄攻赵。赵王返回，固守邯郸城，与汉军相持七个月。后来，吴、楚军在梁国兵败，不能西进。匈奴听到了这个消息，也停止了军事行动，不肯进入汉界。栾布领兵攻克齐地返回，与郦寄会师，引水淹灌赵都。赵都城墙坍塌，赵王自杀，邯郸城便投降了。赵幽王也断绝了后嗣。

太史公曰：国之将兴，必有祯祥，[1]君子用而小人退。国之将亡，贤人隐，乱臣贵。使楚王戊毋刑申公，[2]遵其言，赵任防与先生，[3]岂有篡杀之谋，[4]为天下僇哉？[5]贤人乎，贤人乎！非质有其内，[6]恶能用之哉？[7]甚矣，“安危在出令，[8]存亡在所

任”，[9]诚哉是言也！

【注释】〔1〕“国之将兴，必有祯祥”，语见《礼记·中庸》。原作“国家将兴，必有祯祥”，“祯祥”，吉兆。〔2〕“使楚王戊毋刑申公”，《汉书·楚元王传》记，申公与白生劝阻楚王戊参与吴王谋反事，楚王戊不听，给他们戴上锁链，穿上犯人穿的赭色囚衣，让他们在街市举杵舂米。“申公”，名培，文帝时为博士，曾为《诗经》作解说，号《鲁诗》，西晋后亡佚。〔3〕“防与先生”，一作“方与公”，赵人，其事迹未见记载。“方与”，县名，故地在今山东鱼台一带。或谓“方与公”是方与县令。〔4〕“篡杀”，篡位杀君。〔5〕“僇”，通“戮”。一般人均把“僇”释为耻笑。《公羊传》庄公三十二年：“公子从吾言而饮此，则必可以无为天下戮笑，必有后乎鲁国。”此“戮”字一般人也都理解为耻笑之意。但《史记》此处“僇”字，当解作杀戮。《公羊传》徐彦《疏》解释上引《传》文云：“不为天下所共戮，不为天下所共笑矣。”是把“戮”训为诛杀，“戮”与“笑”分为二义。〔6〕“非质有其内”，非其内有质。质，朴实，真实。内，内心。〔7〕“恶”，音 wū，怎么，如何。〔8〕“出令”，发布政令。〔9〕“所任”，所任用的人。

【译文】太史公说：一个国家将要兴起，必定有吉祥的征兆，这时，君子受重用而小人隐退。一个国家将要灭亡，贤人隐退而乱臣尊贵。假如楚王戊不加刑申公，而遵照他的话去做；假如赵王能够任用防与先生，他们怎么会有篡位杀主的阴谋，而被天下所共诛呢？贤人啊，贤人啊！如果国君不是内心有善良的本质，怎么可能任用贤人呢！多么重要啊，所谓“国家安危关键在于政令，国家存亡关键在于任用的人”，这句话千真万确啊！

史记卷五十一

荆燕世家第二十一

荆王刘贾者，诸刘，不知其何属、初起时。[1]汉王元年，[2]还定三秦，[3]刘贾为将军，定塞地，[4]从东击项籍。[5]

【注释】〔1〕"不知其何属"，不知道他属于刘氏家族中的哪个分支。据《汉书·荆燕吴传》，刘贾是刘邦从父兄，即同祖堂兄。〔2〕"汉王元年"，公元前二〇六年。〔3〕"三秦"，秦朝灭亡后，项羽把秦首都所在的关中地区一分为三，分封秦三降将：章邯被封为雍王，领有今陕西中部咸阳以西及甘肃东部地；司马欣被封为塞王，领有今陕西中部咸阳以东地；董翳被封为翟王，领有今陕西北部地；合称"三秦"。〔4〕"塞地"，塞王司马欣领有之地。〔5〕"项籍"，即项羽。项羽名籍，羽为其字。详见本书《项羽本纪》。

【译文】荆王刘贾是刘氏皇族中的一员，但不知道属于哪个支派的，也不知道他最初参加起事的时间。汉元年，汉王回军平定三秦，刘贾被任为将军，率军平定了塞王司马欣的领地，又跟随汉王东下攻打项籍。

汉四年，汉王之败成皋，[1]北渡河，得张耳、韩信军，[2]军修武，[3]深沟高垒，使刘贾将二万人[4]，骑数百，[5]渡白马津入楚地，[6]烧其积聚，以破其业，无以给项王军食。已而楚兵击刘贾，贾辄壁不肯与战，[7]而与彭越相保。[8]

【注释】〔1〕"成皋"，城邑名。故地在今河南荥阳汜水镇，是当时的一个著名的要塞，刘邦与项羽的军队曾在此长期相持鏖战。〔2〕"张耳"，大梁（今河南开封市）人，战国末为魏公子信陵君门客，秦时变姓名逃亡，曾参加陈胜起义军，又先后拥立武臣、赵歇为赵王。秦亡后项羽分封诸侯，以张耳为恒山王。后归顺刘邦，被刘邦封为赵王。汉五年（公元前二〇二年）去世，谥"景"。详见本书《张耳陈余列传》。"韩信"，淮阴（今江苏淮阴市东南）人，初从项羽，后归刘邦，由萧何推荐而被刘邦拜为大将，在刘邦击败项羽统一全国的战争中起了很大的作用。曾自立为齐王，刘邦徙封他为楚王，又降封淮阴侯。高祖十一年（公元前一九六年）因谋反被吕后诱杀于长安。详见本书《淮阴侯列传》。〔3〕"军"，音 jūn，用作动词，驻扎。"修武"，县名，秦时属上党郡，故治在今河南获嘉东。〔4〕"将"，音 jiàng，用作动词，统率。〔5〕"骑"，音 jì，骑兵。〔6〕"津"，渡口。白马津是当时黄河南岸的一个重要渡口，故地在今河南滑县东北。〔7〕"壁"，壁垒，军营周围的防御工事。此用作动词，意谓坚守壁垒。〔8〕"彭越"，昌邑（今山东巨野东南）人，字仲。秦末起兵，后率众归顺刘邦，平定梁地，多立奇功，被封为梁王。高祖十年（公元前一九七年）因谋反嫌疑处死。详见本书《魏豹彭越列传》。"相保"，互相支援，联结固守。

【译文】汉四年，汉王兵败成皋后，北渡黄河，得到了张耳、韩信所率的军队，驻扎在修武，深挖壕沟，高筑壁垒，派遣刘贾率领二万步兵和几百名骑兵，从白马津渡过黄河深入楚地，烧毁那里积存的粮草物资，来破坏楚人的生业，使他们无法向项王的军队供给粮食。过了不久，楚兵来攻打刘贾，刘贾就固守壁垒不肯同敌军交战，而与彭越互相支援，共同防御。

汉五年，汉王追项籍至固陵，[1]使刘贾

南渡淮围寿春。[2]还至，使人间招楚大司马周殷。[3]周殷反楚，佐刘贾举九江，[4]迎武王黥布兵，[5]皆会垓下，[6]共击项籍。汉王因使刘贾将九江兵，与太尉卢绾西南击临江王共尉。[7]共尉已死，以临江为南郡。[8]

【注释】〔1〕"固陵"，县名，秦时属陈郡，故治在今河南太康南。〔2〕"寿春"，县名，故治即今安徽寿县，秦时为九江郡郡治所在。〔3〕"间"，音jiàn，暗中，偷偷地。"大司马"，楚官名，是一种高级武职。"周殷"，当时任项羽的大司马，受命统率九江郡的兵马。〔4〕"九江"，郡名，秦置，治所在寿春（今安徽寿县），辖境约相当于今安徽淮河以南，河南竹竿河以东地区和江西全省。〔5〕"武王黥布"，六（今安徽六安市）人，本姓英，名布，因曾受黥（音qíng，面上刺字）刑，所以又称黥布。秦末率刑徒起义，从项羽破秦兵、入咸阳，屡次以少胜多，被项羽封为九江王。后与项羽发生矛盾，归顺刘邦，受封淮南王。韩信、彭越被杀后，他心中恐惧不安，于高祖十一年（公元前一九六年）举兵反，不久败死番阳（今江西波阳东北，番，音pó）。黥布勇武善战，因而有"武王"之称。详见本书《黥布列传》。〔6〕"垓下"，古地名，在今安徽灵璧南沱河北岸。汉五年（公元前二〇二年）汉楚二军在此决战。垓，音gāi。〔7〕"太尉"，官名，三公之一，为秦汉时最高一级的武职。"卢绾"，沛丰邑（今江苏丰县）人，与刘邦自幼交好，从刘邦起兵，历任将军、太尉，又先后受封为长安侯、燕王。高祖十二年（公元前一九五年）刘邦怀疑他谋反，他不得已逃入匈奴，为匈奴东胡王，次年病死。详见本书《韩信卢绾列传》。"临江王共尉"，共敖之子，本书《秦楚之间月表》作"共欢"。共敖本是义帝的柱国，因击秦取南郡有功，在公元前二〇六年被项羽封为临江王，领有南郡旧地。共尉于公元前二〇四年继位，两年后被汉军所掳，旋死。共，音gōng。〔8〕"南郡"，郡名，治所在江陵（今湖北江陵），辖境约相当于今湖北襄樊市以南，孝感、咸宁和武汉市以西，长江及清江以北，巫山以东地区。项羽以其地封共敖，置临江国，至此入汉，后称南郡。

【译文】汉五年，汉王领兵追击项籍直到固陵，命刘贾南渡淮水去围攻寿春。刘贾回军到达那里，派人暗中招降楚军的大司马周殷。周殷就背叛楚王，帮助刘贾攻克九江郡。刘贾迎接武王黥布的军队，都去垓下会师，一起攻打项籍。汉王从而就让刘贾统率九江的军队，与太尉卢绾联合，向西南进攻临江王共尉。共尉被俘身死后，汉就把临江国改为南郡。

汉六年春，会诸侯于陈，[1]废楚王信，[2]因之，分其地为二国。当是时也，高祖子幼，昆弟少，[3]又不贤，欲王同姓以镇天下，[4]乃诏曰："将军刘贾有功，及择子弟可以为王者。"群臣皆曰："立刘贾为荆王，王淮东五十二城；[5]高祖弟交为楚王，王淮西三十六城。"[6]因立子肥为齐王。[7]始王昆弟刘氏也。

【注释】〔1〕"陈"，县名，为陈郡治所所在，陈胜曾建都于此，故地在今河南淮阳。〔2〕"楚王信"，即韩信。当时有人告发韩信谋反，刘邦用陈平计，在陈诱执韩信。〔3〕"昆弟"，兄弟。〔4〕"王"，音wàng，用作动词，以之为王。〔5〕"立刘贾为荆王，王淮东五十二城"，春秋战国时的楚国古称荆，现分楚地为二国，即一称荆，一称楚。荆王刘贾的封地包括楚汉之际设置的东阳、鄣、吴等郡地，约相当于今安徽东部，浙江西北部和江苏淮阴市以南地区；都吴，即今江苏苏州市。"淮东"，当时淮水下游的流向是由西南往东北入海，习惯上称其东南岸为淮东、西北岸为淮西。"五十二城"，《汉书·高帝纪》记为"五十三县"。〔6〕"高祖弟交为楚王，王淮西三十六城"，刘交为刘邦幼弟，字游，好学多艺，曾向齐人浮丘伯学《诗》，后从刘邦于军中，曾受封为文信君，至此又被立为楚王。封地包括秦汉之际设置的彭城、东海、薛等郡的三十六县，约当今江苏北部，山东南部以及安徽东北部一小部分地区；都彭城，即今江苏徐州市。刘交在位二十年，于文帝前元年（公元前一七九年）去世，谥元。详见本书《楚元王世家》。按，高祖是刘邦死后的谥号，生前不得有此称；司马迁言当时群臣言"高祖弟交"云云，行文失误。〔7〕"因立子肥为齐王"，刘肥为刘邦庶长子，母曹氏，乃刘邦外室。刘肥受封为齐王，封地包括胶东、胶西、临淄、济北、博阳、城阳等郡的七十二县，相当今山东大部；都临淄，故治在今淄博市东。刘肥在位十三年，于惠帝六年（公元前一八九年）去世，谥悼惠。详见本书《齐悼惠王世家》。

【译文】汉六年春，高祖在陈地大会诸侯，废掉楚王韩信，囚禁了他，并把他原有的封地分为两国。那时候，高祖的儿子都还年幼，兄弟人数少，又没有什么才德，所以就想封同姓人为王来镇抚天下，于是下诏说："将军刘贾有功，（应该封王，）同时选择我的子弟中可以封王的。"群臣都说："请立刘贾为荆王，统治淮东地区的五十二城；请立皇上的弟弟刘交为楚王，统治淮西地区的三十六城。"高祖因便又立自己的儿子刘肥为齐王。这就是封兄弟、族人为王的开端。

高祖十一年秋，淮南王黥布反，东击荆。荆王贾与战，不胜，走富陵，〔1〕为布军所杀。高祖自击破布。十二年，立沛侯刘濞为吴王，〔2〕王故荆地。

【注释】〔1〕"富陵"，汉县名，时属荆国，故地在今江苏洪泽西北，已被洪泽湖淹没。〔2〕"沛"，汉县名，属沛郡，故治即今江苏沛县。"刘濞"，刘邦次兄刘仲之子，高祖十一年受封沛侯，十二年被立为吴王，在位四十二年。至景帝前三年（公元前一五四年）为反抗朝廷的削藩政策，联结楚、胶东、胶西、淄川、济南、赵等六国诸侯王发动叛乱，史称"吴楚七国之乱"，后兵败被杀。濞，音 pì。详见本书《吴王濞列传》。

燕王刘泽者，〔1〕诸刘远属也。〔2〕高帝三年，〔3〕泽为郎中。〔4〕高帝十一年，泽以将军击陈豨，〔5〕得王黄，〔6〕为营陵侯。〔7〕

【译文】高祖十一年秋，淮南王黥布发动叛乱，率军向东进攻荆国。荆王刘贾与他交战，不能取胜，败走富陵，被黥布的追兵杀死。高祖亲自领兵击败黥布。到十二年，立沛侯刘濞为吴王，统治原先荆王的封地。

【注释】〔1〕"燕"，诸侯王国名，汉初辖地包括战国时燕国的全部领土，约当今河北北部，辽宁大部和内蒙古赤峰市以南一小部分地区；都蓟，故地在今北京城区西南。〔2〕"远属"，族中亲属关系较疏远者。《汉书·荆燕吴传》称刘泽为刘邦"从祖昆弟"。〔3〕"高帝三年"，即汉三年（公元前二〇四年）。〔4〕"郎中"，官名，为帝王近侍。〔5〕"陈豨"，宛朐（今山东菏泽西南，朐，音 qú）人，从刘邦起兵，以功封阳夏侯，官巨鹿郡守，后为赵相国，统率赵、代边兵；因结客养士，被朝廷所疑，于高祖十年（公元前一九七年）反，勾结匈奴，自立为代王，次年兵败被杀。详见本书《韩信卢绾列传》。豨，音 xī。〔6〕"王黄"，商人出身，曾为韩王信部将，后归陈豨，是陈豨军中的主要将领之一。〔7〕"营陵"，汉县名，当时属齐国，故治在今山东潍坊市南。刘泽封营陵侯，食邑一万二千户。

【译文】燕王刘泽，是刘氏的远宗疏属。高帝三年，刘泽担任郎中。高帝十一年，刘泽以将军的身份领兵进攻陈豨，俘虏了陈豨军中的重要将领王黄，被封为营陵侯。

高后时，齐人田生游乏资，〔1〕以画干营陵侯泽。〔2〕泽大说之，〔3〕用金二百斤为田生寿。〔4〕田生已得金，即归齐。二年，泽使人谓田生曰："弗与矣。"〔5〕田生如长安，〔6〕不见泽，而假大宅，〔7〕令其子求事吕后所幸大谒者张子卿。〔8〕居数月，田生子请张卿临，亲修具。〔9〕张卿许往。田生盛帷帐共具，〔10〕譬如列侯。〔11〕张卿惊。酒酣，乃屏人说张卿曰：〔12〕"臣观诸侯王邸弟百余，〔13〕皆高祖一切功臣。〔14〕今吕氏雅故本推毂高帝就天下，〔15〕功至大，又亲戚太后之重。太后春秋长，〔16〕诸吕弱，太后欲立吕产为王，〔17〕王代。〔18〕太后又重发之，〔19〕恐大臣不听。〔20〕今卿最幸，大臣所敬，何不风大臣以闻太后，〔21〕太后必喜。诸吕已王，万户侯亦卿之有。〔22〕太后心欲之，而卿为内臣，〔23〕不急发，恐祸及身矣。"张卿大然之，乃风大臣语太后。太后朝，因问大臣。大臣请立吕产为吕王。〔24〕太后赐张卿千斤金，张卿以其半与田生。田生弗受，因说之曰："吕产王也，诸大臣未大服。今营陵侯泽，诸刘，为大将军，独此尚觖望。〔25〕今卿言太后，列十余县王之，〔26〕彼得王，喜去，诸吕王益固矣。"张卿入言，太后然之。乃以营陵侯刘泽为琅邪王。〔27〕琅邪王乃与田生之国。田生劝泽急行，毋留。出关，〔28〕太后果使人追止之，已出，即还。

【注释】〔1〕"齐"，地区名。今山东泰山以北黄河流域及胶东地，战国时属齐，汉代仍沿称其地

为齐。“田生”，据裴骃《集解》所引《楚汉春秋》，其人名子春。〔2〕“画”，谋画，计策。“干”，干谒，因有所求而往见有权势的人。〔3〕“说”，音 yuè，通“悦”。〔4〕“金二百斤”，汉制一斤约当今二百五十八克。〔5〕“与”，亲附交好。〔6〕“如”，往。〔7〕“假”，借，赁。〔8〕“大谒者”，官名，即中宫谒者令，是皇后、皇太后宫中的高级宦官。“张子卿”，其人名泽(一作释)，字子卿。〔9〕“修”，整治，准备好。“具”，酒肴食器。〔10〕“共”，音 gōng，通“供”。〔11〕“列侯”，秦爵二十等，以彻侯为最尊，汉因之，后避武帝刘彻讳，改称通侯，又称列侯。此司马迁用后来的爵称追记前事。汉代的列侯都有自己的封国(侯国)食邑，爵位可以世袭，地位十分尊贵。〔12〕“屏”，音 bǐng，退避。“说”，音 shuì，游说，用言语打动别人。〔13〕“邸弟”，诸侯王在京的宅第，府第。“弟”，通“第”。〔14〕“一切”，一律，一概。〔15〕“雅故”，本来，平素。“推毂”，毂，音 gǔ，车轮。推毂谓助人推车，使之前进；比喻助人成事。“就天下”，成就统一天下的大业。〔16〕“春秋”，此指年岁。〔17〕“吕产”，吕后长兄吕泽之子，高祖时被封为交侯，惠帝死后，吕后任他为将，统率南军，封为吕王，又改封梁王(后把梁国改称为吕)，拜相国。吕后死后，汉将相陈平、周勃、刘章等诛灭诸吕，吕产被击杀。〔18〕“代”，诸侯王国名，领有代、云中、雁门三郡，都代(今河北蔚县东北)，后去云中郡，增太原郡，并徙都中都(今山西平遥西南)，一说徙都晋阳(今太原市南)。辖地约相当于今山西中部、北部，内蒙古南部及河北西北部地区。当时的代王是刘邦之子刘恒，吕后曾想徙刘恒为赵王，而以代封诸吕。〔19〕“重”，难，为难。〔20〕“恐大臣不听”，按，刘邦生前曾与大臣约“非刘氏而王者，天下共击之”，所以吕后恐怕大臣们不赞成封吕产为王。〔21〕“风”，音 fěng，用隐约的言词对人作暗示劝告。〔22〕“万户侯亦卿之有”，据本书《吕太后本纪》和《惠景间侯者年表》，后张子卿于吕后八年四月被封为建陵侯。〔23〕“内臣”，内官，宦官。〔24〕“立吕产为吕王”，当时分齐国的济南郡封吕产为王，吕国辖境约相当于今山东济南市及章丘、邹平、济阳等县地，都东平陵，故治在今章丘西。〔25〕“觖望”，怨恨，有所不满。觖，音 jué。〔26〕“列”，通“裂”，割取。〔27〕“琅邪”，本齐国属郡，辖境约相当于今山东半岛东南部，治东武，即今诸城县。吕后把其地从齐国割出以封刘泽。〔28〕“关”，指函谷关，故址在今河南灵宝东北。汉时出入函谷关都要查验符信。

【译文】高后执政时期，齐人田生出游缺少资用，就求见营陵侯刘泽，用计策打动他。刘泽听了田生为他策划的计谋，非常高兴，用二百斤金子作为礼物祝田生长寿。田生得到了金子，就回齐地去了。两年以后，刘泽派人去对田生说：“您同我不再交好了吗？”田生就来到长安，却不去见刘泽，自己租了一座大宅住下，命他的儿子设法去事奉吕后所宠爱的宦官张子卿。过了几个月，田生的儿子请张子卿到家里来，他亲自准备丰盛的酒肴。张子卿答应前往。田生隆重地张设华丽的帷帐和各种用具，把他当作列侯一般款待。张子卿很是吃惊。喝酒喝到高兴时，田生让旁人退下，向张子卿说道：“我看长安城中诸侯王的宅第有一百多家，一概都是高祖时的功臣。当今吕氏原本最早辅佐高帝取得天下，功劳极大，又具有至亲太后的重要地位。太后年岁已高，而吕家的势力弱小。太后很想立吕产为王，让他统治代国。但太后又难以提出此事，恐怕大臣们不肯听从。而今您子卿最受太后宠信，又被大臣们所敬重，您为什么不示意大臣把请求封立吕产为王的事上报太后，太后听了，一定很高兴。等到诸吕都已封了王，万户侯也就是您子卿的了。太后心里想那样做，而您子卿作为内廷亲信却不赶紧提出来，恐怕要大祸临头了。”张子卿认为田生讲得对，大为赞赏，就示意大臣们把这意见说给太后听。太后上朝，就因此询问大臣。大臣们请求立吕产为吕王。太后赐给张子卿一千斤金子。张子卿把其中一半分给田生。田生不肯接受，乘便又游说张子卿，说道：“这次吕产封王，大臣们并不完全心服。现在营陵侯是皇族中人，身为大将军，只有他对此还不满怨恨。子卿您现在去对太后讲，(从齐王的封地中)割出十几个县封刘泽为王，他当了王，就会欢天喜地地离开长安，而吕氏诸王的地位就更牢固了。”张子卿进宫把这番话讲给太后听，太后表示赞同。于是就把营陵侯刘泽封为琅邪王。琅邪王就同田生一起前往封国。田生劝刘泽抓紧赶路，不要停留，出了函谷关，太后果然派人追赶、留阻。刘泽已经出关，追赶的人就回去了。

及太后崩，[1]琅邪王泽乃曰：“帝少，[2]诸吕用事，刘氏孤弱。”乃引兵与齐王合谋西，[3]欲诛诸吕。至梁，[4]闻汉遣灌将军屯荥阳，[5]泽还兵备西界，遂跳驱至长安。[6]代王亦从代至。诸将相与琅邪王共立代王为天子。[7]天子乃徙泽为燕王，乃复以琅邪予齐，复故地。

【注释】〔1〕“太后崩”，时在公元前一八〇年。古时帝后死称“崩”。 〔2〕“帝”，此指吕后所立第二个少帝。吕后以自己的外孙女张氏配惠帝为后，张后无子，吕后取后宫美人所生之子冒为张后子，立为太子，而杀其生母。惠帝死后，太子即位，史称少帝。后少帝知道自己实非张后所生，颇有怨言。吕后就把他废掉，并幽禁杀害，另立所谓惠帝后宫子义为帝，史亦称少帝。此少帝初名山，封襄城侯；后封恒山王（司马迁避文帝讳称之为常山王），改名义；于高后四年（公元前一八四年）即位为帝，又改名恒。在位四年，徒有虚名，由吕后称制。吕后死后，汉将相大臣诛灭吕氏，以为少帝并非真是惠帝之子，而是吕后取吕氏子冒充的，就迎立代王刘恒为帝，而把这个少帝及其三弟全都杀死，以绝后患。〔3〕“齐王”，此齐王是齐悼惠王刘肥之子刘襄。刘襄于惠帝七年（公元前一八八年）继位，在位十年，死于文帝前元年（公元前一七九年），谥哀王。按，据本书《齐悼惠王世家》，刘泽本无意兴兵，被刘襄诱迫，不得已从之。 〔4〕“梁”，指当时的梁国，都睢阳（今河南商丘），辖境约相当于今河南商丘市和商丘、虞城、民权三县以及安徽砀山县地。 〔5〕“灌将军”，即灌婴，睢阳（今河南商丘）人，商贩出身，追随刘邦转战各地，冲锋陷阵，颇多战功，先后任御史大夫、车骑将军，封颍阳侯。惠帝、吕后时以列侯身份居长安，至此吕产得知齐王发兵西向，因他是有名的宿将，就任命他为大将军，领兵抵御。他内心不肯为吕氏效力，即与齐王连和观变。文帝即位后又任太尉、丞相，至文帝前五年（公元前一七五年）去世，谥懿侯。详见本书《樊郦滕灌列传》。“荥阳”，汉县名，故治在今河南荥阳东北，地势重要，当时为兵家所必争。 〔6〕“跳”，脱身离去。按，刘泽本未下决心反吕，所以找借口离开齐军，脱身后即驰向长安，见机行事。 〔7〕“代王”，刘邦子刘恒，即后来的汉文帝。

【译文】等到太后驾崩，琅邪王刘泽就说：“现今皇上年纪小，吕家的人当政，皇族反倒势孤力弱。”于是就率领军队与齐王合谋西进，想要诛灭诸吕。到了梁地，听说朝廷派遣灌将军屯兵荥阳，刘泽就回军防守西线，乘机脱身，急速赶到长安。当时代王也从代国来到长安。汉廷的将相大臣和琅邪王一起拥立代王为天子。天子改封刘泽为燕王，并把琅邪再次划给齐国，恢复齐国原有的领地。

泽王燕二年薨，〔1〕谥为敬王。传子嘉，为康王。〔2〕

【注释】〔1〕“泽王燕二年薨”，时当文帝前二年（公元前一七八年）。“薨”，音 hōng，诸侯死称“薨”。〔2〕“传子嘉，为康王”，按，燕康王刘嘉在位二十六年，死于景帝前五年（公元前一五二年）。

【译文】刘泽当燕王二年后去世，谥为敬王。传位给儿子嘉，就是康王。

至孙定国，与父康王姬奸，生子男一人。夺弟妻为姬。与子女三人奸。〔1〕定国有所欲诛杀臣肥如令郢人，〔2〕郢人等告定国，定国使谒者以他法劾捕格杀郢人以灭口。至元朔元年，〔3〕郢人昆弟复上书具言定国阴事，以此发觉。诏下公卿，皆议曰：“定国禽兽行，乱人伦，逆天，当诛。”上许之。定国自杀，国除为郡。

【注释】〔1〕“子女”，此指女儿。 〔2〕“肥如”，汉县名，当时属燕国，故治在今河北卢龙北。“郢人”，史失其姓。 〔3〕“元朔”，汉武帝年号，元朔元年为公元前一二八年。

【译文】传到孙子定国为王，定国同父亲康王的姬妾通奸，生了一个儿子。他又把弟弟的妻子夺过来当自己的姬妾，还同三个亲生女儿通奸。定国有个想杀掉的臣属肥如县令郢人，郢人等就告发定国的罪状，定国派遣近侍用别的法令检举逮捕并击杀郢人消灭口舌。到了元朔元年，郢人的兄弟又上书详细揭发定国的隐私，定国的罪行因此被朝廷觉察。皇上的诏命下达到公卿那里，公议的结果，都说：“定国的行为如同禽兽，败坏人伦，背逆天理，应判死刑。”皇上批准了这个判决。定国自杀，封国被撤销改为郡。

太史公曰：荆王王也，由汉初定，天下未集，〔1〕故刘贾虽属疏，然以策为王，〔2〕填江淮之间。〔3〕刘泽之王，权激吕氏，〔4〕然刘泽卒南面称孤者三世。〔5〕事发相重，〔6〕岂不为伟乎！

【注释】〔1〕“集”，成就，平安。 〔2〕“策”，策

书，即写有天子命官授爵之辞的简策。古代分封诸侯，要用策书作符信。此处用作动词，谓策命、策立。〔3〕"填"，音 zhèn，通"镇"。〔4〕"权激"，用权术激发鼓动。〔5〕"孤"，古代诸侯用作自称的谦词，意谓少德之人。〔6〕"事发相重"，指事情的缘起在于刘泽与田生互相引重，而田生设计使刘泽得到王位。一说互相引重是指先顺吕后之意使诸吕得封，然后刘泽也得而封王。

【译文】太史公说：荆王能被封王，是由于汉朝的统治刚刚奠定，而天下还没有安定，所以刘贾虽然是疏属远亲，然而也能被策立为王，让他镇抚长江、淮河之间。刘泽被封为王，是由于用权术激发鼓动了吕氏，然而刘泽及其子孙终于也南面称王达三世之久。事情的起缘虽然只是在于刘泽和田生互相引重，能取得这样的结果，难道不也是很了不起吗？

史记卷五十二

齐悼惠王世家第二十二

齐悼惠王刘肥者，高祖长庶男也。〔1〕其母外妇也，〔2〕曰曹氏。高祖六年，〔3〕立肥为齐王，〔4〕食七十城，〔5〕诸民能齐言者皆予齐王。〔6〕

【注释】〔1〕"庶男"，庶出的儿子。按封建礼制，非正妻所生之子为庶子。高祖有子八人，刘肥为长，故称"长庶男"。 〔2〕"外妇"，旧时指私通之妇。 〔3〕"高祖六年"，公元前二〇一年。 〔4〕"齐"，诸侯王国名，都临淄（今山东淄博市东北旧临淄），辖境相当于今山东北部及东部地区。 〔5〕"食"，指收取赋税以供使用。 〔6〕"诸民能齐言者皆予齐王"，把这一带说齐地方言的百姓都划归齐国，言其封地甚广。一说当时战乱，百姓多外出逃亡。高祖使说齐地方言的百姓都回到齐国去，以充实齐国人口。

【译文】齐悼惠王刘肥，是高祖刘邦庶出的长子。其母是高祖的外室，姓曹。高祖六年，封立刘肥为齐王，食邑七十城，百姓中凡是能说齐地方言的都划归齐王。

齐王，孝惠帝兄也。〔1〕孝惠帝二年，齐王入朝。惠帝与齐王燕饮，〔2〕亢礼如家人。〔3〕吕太后怒，且诛齐王。〔4〕齐王惧不得脱，乃用其内史勋计，〔5〕献城阳郡，〔6〕以为鲁元公主汤沐邑。〔7〕吕太后喜，乃得辞就国。

【注释】〔1〕"孝惠帝"，即刘盈，汉高祖太子，在位七年（公元前一九四年至前一八八年）。 〔2〕"燕饮"，设宴聚饮。"燕"，通"宴"。 〔3〕"亢礼"，以彼此平等的礼节相待。"亢"，音 kàng。齐王肥虽为孝惠帝兄，但按封建礼制，齐王当以臣礼侍宴，现以家人之礼相待，故称"亢礼"。《吕太后本纪》称，"孝惠以为齐王兄，置上坐，如家人之礼"。"家人"，平民之家。 〔4〕"且诛齐王"，指吕后企图用鸩酒毒杀齐王，事详《吕太后本纪》。 〔5〕"内史"，诸侯王国官员，秩二千石，职掌政事。"勋"，内史之名，《吕太后本纪》作"士"。 〔6〕"城阳郡"，治所莒县（即今山东莒县），辖境约相当于今山东莒县、沂南和蒙阴东部地区。 〔7〕"鲁元公主"，汉高祖与吕后之女，吕后元年（公元前一八七年）卒，子张偃受封为鲁王。"汤沐邑"，赋税收入专供其私人生活之用的封邑。《史记·平准书》称，"自天子以至于封君汤沐邑，皆各为私奉养焉"。"汤沐"，浴身洗头。

【译文】齐王是孝惠帝的兄长。孝惠帝二年，齐王入京朝见，惠帝宴请齐王，以如同百姓家人间对等之礼相待。吕太后很生气，要杀齐王。齐王十分害怕，担忧自己不能脱身，于是采用他的内史勋之计，献出城阳郡，作为鲁元公主的汤沐邑。吕太后高兴了，齐王才得以辞别归国。

悼惠王即位十三年，以惠帝六年卒。子襄立，是为哀王。

哀王元年，孝惠帝崩，吕太后称制，〔1〕天下事皆决于高后。二年，高后立其兄子郦侯吕台为吕王，〔2〕割齐之济南郡为吕王奉邑。〔3〕

【注释】〔1〕"称制"，行使皇帝的权力，执政。自秦始皇以后，只有皇帝的命令才能称为制。

〔2〕“郦侯吕台”，吕台为吕后兄子，高祖九年封为郦侯。郦，县名，治所在今河南南阳市西北。〔3〕“济南郡”，治所东平陵（今山东章丘西），辖境约相当于今山东济南市、章丘、济阳、邹平等县地。“奉邑”，以其地赋税为俸禄的封邑，此指封地。

【译文】悼惠王即位十三年，于惠帝六年去世。子襄继立，他就是齐哀王。

哀王元年，孝惠帝去世，吕太后临朝称制，天下的事全都取决于高后。第二年，高后封立其兄之子郦侯吕台为吕王，割出齐国的济南郡作为吕王的封地。

哀王三年，其弟章入宿卫于汉，[1]吕太后封为朱虚侯，[2]以吕禄女妻之。[3]后四年，封章弟兴居为东牟侯，[4]皆宿卫长安中。[5]

【注释】〔1〕“宿卫”，值宿警卫。〔2〕“朱虚侯”，朱虚，县名，治所在今山东临朐东南。〔3〕“吕禄”，吕后兄子。吕后元年封为胡陵侯，七年立为赵王。吕后卒，为汉诸大臣捕斩。〔4〕“东牟侯”，东牟，县名，治所在今山东牟平。〔5〕“长安”，汉都，在今陕西西安市西北。

【译文】哀王三年，其弟刘章到汉朝宫中值宿警卫，吕太后封他为朱虚侯，把吕禄的女儿嫁给他为妻。四年之后，又封刘章之弟刘兴居为东牟侯，二人都在长安值宿警卫。

哀王八年，高后割齐琅邪郡立营陵侯刘泽为琅邪王。[1]

【注释】〔1〕“琅邪郡”，治所东武（今山东诸城县），辖境约相当于今山东半岛东南部。“邪”，音yá。“营陵侯”，营陵，县名，治所在今山东昌乐东南。“刘泽”，刘邦同宗远亲。高祖十一年封为营陵侯，吕后时立为琅邪王。吕后卒，与汉诸大臣共立代王刘恒为帝（即汉文帝）。文帝元年徙封为燕王，第二年去世。详见本书《荆燕世家》。

【译文】哀王八年，高后割出齐国的琅邪郡，封立营陵侯刘泽为琅邪王。

其明年，赵王友入朝，[1]幽死于邸。[2]三赵王皆废。[3]高后立诸吕为三王，[4]擅权用事。

【注释】〔1〕“赵王友”，高祖之子刘友。高祖十一年立为淮阳王。孝惠帝元年，赵王刘如意被吕后毒死，淮阳王刘友徙封赵王。吕后七年，赵王友也被吕后害死。赵国都邯郸（今河北邯郸市），辖境约相当于今河北泜河以南，滏阳河上游和河南内黄、浚县，山东冠县西部地区。〔2〕“幽死”，幽禁致死。“邸”，宅邸，汉代诸侯王为朝见天子而在京城长安设置的住所。吕后七年，因赵王友不爱王后吕氏女，吕氏女进谗于吕后。吕后将友召至长安，发兵围守王邸，不准出入，不给食物，赵王友饿死于王邸中。〔3〕“三赵王”，即赵王刘如意、刘友与刘恢。刘恢于高祖十一年立为梁王。吕后七年正月，赵王友幽死。梁王恢徙封赵王，吕后以吕产之女为其妻。赵王恢在吕氏的监视控制下郁闷已极，于六月自杀。〔4〕“立诸吕为三王”，吕后七年，徙封吕王吕产为梁王，立武信侯吕禄为赵王。八年，立东平侯吕通为燕王。

【译文】其明年，赵王刘友入京朝见，被幽禁致死于京都住所中。前后三个赵王都被废黜。高后封立吕氏宗人为梁、赵、燕三王，专权当政。

朱虚侯年二十，有气力，忿刘氏不得职。尝入侍高后燕饮，高后令朱虚侯刘章为酒吏。[1]章自请曰：“臣，将种也，[2]请得以军法行酒。”[3]高后曰：“可。”酒酣，章进饮歌舞。已而曰：“请为太后言耕田歌。”高后儿子畜之，笑曰：“顾而父知田耳。[4]若生而为王子，[5]安知田乎？”章曰：“臣知之。”太后曰：“试为我言田。”章曰：“深耕穊种，[6]立苗欲疏；[7]非其种者，锄而去之。”[8]吕后默然。顷之，[9]诸吕有一人醉，亡酒，[10]章追，拔剑斩之而还报曰：“有亡酒一人，臣谨行法斩之。”太后左右皆大惊。业已许其军法，无以罪也。因罢。自是之后，诸吕惮朱虚侯，虽大臣皆依朱虚侯，刘氏为益强。

【注释】〔1〕“酒吏”，古代饮酒有规则，主管其事而监酒劝饮者称为酒吏。〔2〕“将种”，将门子孙。〔3〕“行酒”，监酒劝饮。〔4〕“顾”，念，想来。“而父”，你的父亲。“而”，第二人称代词。〔5〕“若”，第二人称代词，你。〔6〕“概”，音 jì，稠密。《汉书·高五王传》颜师古注曰：“概种者，言多生子孙也。”〔7〕“立苗欲疏”，《汉书·高五王传》颜师古注曰：“疏立者，四散置之，令为藩辅也。”〔8〕“非其种者，锄而去之”，《汉书·高五王传》颜师古注曰：“以斥诸吕也。”〔9〕“顷之”，不久。〔10〕“亡酒”，从酒席上逃走。

【译文】朱虚侯年方二十，有气力，对刘氏不能得到要职忿忿不平。他曾经入宫侍候高后宴饮，高后命他担任酒吏。刘章自己请求说：“臣是将门之后，请准许我能按军法监酒。”高后说：“可以。”酒喝到兴头上，刘章劝酒，让歌舞乐人入宫表演助兴，然后说道：“请让我为太后说一段耕田歌。”高后把他当作无知小儿看待，笑着说：“想来只有你父亲知道耕田罢了，你生下来就是王子，怎么会知道耕田呢？”刘章说：“臣知道。”太后说：“那你试着为我说说耕田。”刘章说道：“深深地耕田，密密地播种，栽苗要疏广；不是同种的，挥锄去掉它。”吕后听了，沉默不语。过了一会儿，吕姓族人中有一个人喝醉了，逃避劝酒，刘章追上去，拔剑把他斩了而回来禀报说：“有一个从酒席上逃跑的人，臣谨按军法将他斩首。”太后及周围的人都大吃一惊。但既已准许他按军法监酒，无法办他的罪。于是停饮散席。从此之后，吕姓族人畏惧朱虚侯，即使是汉廷的大臣，也都依傍朱虚侯，刘氏为此而势力渐强。

其明年，高后崩。赵王吕禄为上将军，[1]吕王产为相国，[2]皆居长安中，聚兵以威大臣，欲为乱。朱虚侯章以吕禄女为妇，知其谋，乃使人阴出告其兄齐王，欲令发兵西，朱虚侯、东牟侯为内应，以诛诸吕，因立齐王为帝。

【注释】〔1〕“上将军”，当时最高的武职。〔2〕“相国”，辅佐皇帝总领百官、综理全国政务的最高行政长官。汉惠帝六年，改相国为丞相。高后去世时，陈平正为丞相。此云“吕王产为相国”，相国乃特加之尊号，以提高吕产的身份。

【译文】其明年，高后去世。赵王吕禄为上将军，吕王产为相国，都坐镇长安城中，聚集军队以威胁大臣，企图作乱。朱虚侯刘章因吕禄的女儿是他的妻子，知道吕氏的阴谋，便派人暗中离开长安去告诉他的兄长齐王，想让齐王发兵西进，朱虚侯、东牟侯作内应，以诛灭吕姓诸人，乘机拥立齐王为帝。

齐王既闻此计，乃与其舅父驷钧、[1]郎中令祝午、[2]中尉魏勃阴谋发兵。[3]齐相召平闻之，[4]乃发卒卫王宫。[5]魏勃给召平曰：[6]“王欲发兵，非有汉虎符验也。[7]而相君围王，固善。勃请为君将兵卫卫王。”[8]召平信之，乃使魏勃将兵围王宫。勃既将兵，使围相府。召平曰：“嗟乎！道家之言‘当断不断，反受其乱’，[9]乃是也。”遂自杀。于是齐王以驷钧为相，魏勃为将军，祝午为内史，悉发国中兵。使祝午东诈琅邪王曰：“吕氏作乱，齐王发兵欲西诛之。齐王自以儿子，年少，不习兵革之事，愿举国委大王。大王自高帝将也，习战事。齐王不敢离兵，使臣请大王幸之临淄见齐王计事，并将齐兵以西平关中之乱。”[10]琅邪王信之，以为然，乃驰见齐王。齐王与魏勃等因留琅邪王，而使祝午尽发琅邪国而并将其兵。

【注释】〔1〕“驷钧”，齐哀王舅父，文帝元年封清郭侯。〔2〕“郎中令”，齐王属官，掌宫殿掖门户，为王之侍卫近臣。〔3〕“中尉”，齐王属官，掌军事。〔4〕“齐相”，齐国丞相，掌统众官。“召”，音 shào。〔5〕“卫王宫”，禁卫王宫，实即包围王宫，使齐王不能传令发兵。〔6〕“给”，音 dài，欺骗。〔7〕“虎符”，虎形铜兵符，是古代调兵遣将的信物。符背有铭文。符分两半，右半留宫中，左半授予统兵将帅或地方长官。调兵时需持符验合，方能生效。“验”，凭证。〔8〕“兵卫”，担任禁卫的兵卒。〔9〕“道家之言”，道家为当时的学术流派之一，据《史记·太史公自序》所载《论六家要指》，“道家无为，又曰无不为，其实易行，其辞难知。其术以虚无为本，以因循为用”。“当断不断，反受其乱”，应该当机立断的时候，却犹豫不决，就反倒会遭受祸乱。据《后汉书·杨伦传》及《注》，此语出自《黄石公三略》。〔10〕“关中”，函谷关以西秦之故地。汉都长安正处关中之地。

【译文】齐王听到这一计谋后，便和舅父驷

钧、郎中令祝午、中尉魏勃密谋发兵。齐相召平听说后,发兵围住王宫。魏勃欺骗召平说:"王想要发兵,但并无汉廷的虎符为凭。现在相君包围王宫,实在是很应该的。我魏勃请求替您领兵禁卫王宫。"召平相信了,便让魏勃领兵包围王宫。魏勃领兵之后,却命令军队把相府围了起来。召平说:"唉! 道家有这样一句话,'当断不断,反受其乱',现在正是如此啊!"便自杀身亡。于是齐王任命驷钧为相,魏勃为将军,祝午为内史,把国内的军队全数发动起来。齐王又派祝午往东去欺骗琅邪王刘泽说:"吕氏作乱,齐王发兵,准备西进诛伐诸吕。齐王自己因为是小孩,年纪轻,不熟悉军事,愿把整个国家委托给大王。大王从高帝时起就领兵,熟悉战事。齐王不敢离开他的军队,派臣前来请大王驾临临淄见齐王商议大事,并统率齐兵西进平定关中之乱。"琅邪王信了他的话,觉得有理,便驱车去见齐王。齐王和魏勃等乘机扣留住琅邪王,而让祝午把琅邪国兵尽数发动起来,并统领这支军队。

琅邪王刘泽既见欺,不得反国,乃说齐王曰:〔1〕"齐悼惠王高皇帝长子,〔2〕推本言之,而大王高皇帝適长孙也,〔3〕当立。今诸大臣狐疑未有所定,而泽于刘氏最为长年,〔4〕大臣固待泽决计。今大王留臣无为也,不如使我入关计事。"齐王以为然,乃益具车送琅邪王。

【注释】〔1〕"说",音 shuì,用话劝说,使之听从自己的意见。 〔2〕"高皇帝",刘邦死后群臣所上的尊号。群臣认为,"高祖起微细,拨乱世反之正,平定天下,为汉太祖,功最高",上尊号为高皇帝。〔3〕"適长孙",嫡系长孙。按齐悼惠王是高祖的长庶男,所以齐哀王并不是高祖的嫡系长孙。这是刘泽为迎合哀王想做皇帝的心理故意这样说的。"適",通"嫡"。 〔4〕"长年",年岁大。"长",音 zhǎng。

【译文】琅邪王刘泽受到欺骗后,不能归国,便劝说齐王道:"齐悼惠王是高皇帝的长子,从根本上推究起来,大王您是高皇帝的嫡长孙,应当嗣立为帝。如今诸大臣态度犹豫,定不下来,而我刘泽在刘氏宗族中最为年长,诸大臣肯定是在等我决定大计。现在大王您留我在这里也没有什么用处,不如让我入关去计议这嗣立大事。"齐王觉得他的话有理,便增派车马送琅邪王入关。

琅邪王既行,齐遂举兵西攻吕国之济南。于是齐哀王遗诸侯王书曰:"高帝平定天下,王诸子弟,悼惠王于齐。悼惠王薨,惠帝使留侯张良立臣为齐王。〔1〕惠帝崩,高后用事,春秋高,听诸吕擅废高帝所立,又杀三赵王,灭梁、燕、赵以王诸吕,分齐国为四。〔2〕忠臣进谏,上惑乱不听。今高后崩,皇帝春秋富,〔3〕未能治天下,固恃大臣诸侯。今诸吕又擅自尊官,聚兵严威,劫列侯忠臣,〔4〕矫制以令天下,〔5〕宗庙所以危。〔6〕今寡人率兵入诛不当为王者。"〔7〕

【注释】〔1〕"留侯张良",字子房,家五世相韩。秦灭韩,良结纳刺客,椎击秦始皇于博浪沙(在今河南原阳),误中副车。亡匿下邳(在今江苏睢宁西北),学兵法,后归刘邦。刘邦称赞他说:"运筹帷帐中,决胜千里外,子房功也。"因功封留侯。留,县名,治所在今江苏沛县东南。详见本书《留侯世家》。 〔2〕"分齐国为四",即上文所言"献城阳郡以为鲁元公主汤沐邑"、"割齐之济南郡为吕王奉邑"、"割齐琅邪郡立营陵侯刘泽为琅邪王"。以上三郡,合齐为四,故称。 〔3〕"春秋富",今后的日子很长,指年纪不大。"春秋",指岁月。 〔4〕"列侯",爵位名。秦爵二十级,最高一级为彻侯。汉沿置。后因避武帝讳,改称通侯,又称列侯。汉代列侯有封邑。 〔5〕"矫制",假称皇帝制令。〔6〕"宗庙",帝王祭祀祖宗的处所,是统治的象征,所以也把宗庙作为国家的代称。 〔7〕"寡人",寡德之人。此为君王自称的谦辞。

【译文】琅邪王出发之后,齐便举兵西攻吕国的济南。这时齐哀王向各诸侯王送信说:"高帝平定天下,分封诸子弟为王,悼惠王封在齐国。悼惠王去世,惠帝派留侯张良立臣为齐王。惠帝去世,高后当权,年事已高,听任诸吕擅自废黜高帝所立,又杀害三位赵王,灭掉刘氏的梁、燕、赵国而封给诸吕为王,还把齐国割成了四份。忠臣进谏,高后迷乱糊涂,听不进去。如今高后去世,皇帝年轻,未能治理天下,本当依靠大臣诸侯。现在诸吕又擅自窃居高位,聚兵威胁,挟制列侯忠臣,诈称帝命以号令天下,以致宗庙危急。现在寡人率军入关,诛伐不当为王之人。"

汉闻齐发兵而西,相国吕产乃遣大将军

灌婴东击之。[1]灌婴至荥阳,[2]乃谋曰:"诸吕将兵居关中,欲危刘氏而自立。我今破齐还报,是益吕氏资也。"乃留兵屯荥阳,使使喻齐王及诸侯,与连和,以待吕氏之变而共诛之。齐王闻之,乃西取其故济南郡,亦屯兵于齐西界以待约。

【注释】〔1〕"灌婴",睢阳(今河南商丘)人,随刘邦转战各地,汉六年封为颍阴侯。文帝时曾为太尉、丞相。详见本书《樊郦滕灌列传》。〔2〕"荥阳",县名,治所在今河南荥阳东北。

【译文】汉廷得知齐国发兵西进,相国吕产派遣大将军灌婴东进迎击。灌婴到达荥阳,心里盘算道:"诸吕领兵居关中,企图危害刘氏而自立。我现在破齐回报,那只是去给吕氏增添资本。"于是留兵屯驻荥阳,派使者晓谕齐王及诸侯,双方讲和联合,以待吕氏突发事变而共同来诛灭他们。齐王听灌婴如此说,便向西进军夺取其原辖的济南郡,然后也把军队屯驻在齐国西界,依约等待。

吕禄、吕产欲作乱关中,朱虚侯与太尉勃、[1]丞相平等诛之。[2]朱虚侯首先斩吕产,于是太尉勃等乃得尽诛诸吕。而琅邪王亦从齐至长安。

【注释】〔1〕"太尉",汉代中央政府掌管军事的最高长官。"勃",即周勃,沛县(今江苏沛县)人,早年随刘邦起兵,汉六年封为绛侯。汉高祖、吕后时曾为太尉,文帝时为丞相。文帝三年免相,十一年卒。详见本书《绛侯周勃世家》。〔2〕"丞相",参见本篇"相国"注。"平",即陈平,阳武(今河南原阳东南)人,秦末农民起义时,初从魏豹、项羽,后归刘邦。有谋略,功封曲逆侯。惠帝时官至左丞相,吕后时为右丞相,文帝时亦居相位。文帝二年卒。详见本书《陈丞相世家》。

【译文】吕禄、吕产企图在关中作乱,朱虚侯与太尉周勃、丞相陈平等诛灭了他们。朱虚侯首先斩了吕产,于是太尉周勃等才得以把诸吕一网打尽。而琅邪王刘泽此时也从齐国到了长安。

大臣议欲立齐王,而琅邪王及大臣曰:"齐王母家驷钧,恶戾,虎而冠者也。[1]方以吕氏故几乱天下,[2]今又立齐王,是欲复为吕氏也。代王母家薄氏,[3]君子长者;[4]且代王又亲高帝子,于今见在,且最为长。[5]以子则顺,以善人则大臣安。"于是大臣乃谋迎立代王,而遣朱虚侯以诛吕氏事告齐王,令罢兵。

【注释】〔1〕"虎而冠者",指虽具衣冠而凶暴似虎之人。〔2〕"几",音 jī,几乎。〔3〕"代王",即刘恒,高祖之子,母薄氏。高祖十一年,立为代王。代国都中都(在今山西平遥西南),辖境约有今山西北部、河北西北部及内蒙古南部地区。〔4〕"长者",忠厚有德之人。《史记·外戚世家》称"薄氏仁善",故谓其"君子长者"。"长",音 zhǎng。〔5〕"且最为长",高祖八子,依次为齐悼惠王肥、孝惠帝、赵隐王如意、代王恒、梁王恢、淮阳王友、淮南厉王长、燕王建。其时齐悼惠王、孝惠帝及赵隐王皆卒,故代王恒最年长。

【译文】大臣们商议要立齐王为帝,而琅邪王和一些大臣都说:"齐王的母家人驷钧,凶恶乖戾,像是穿衣戴帽的老虎一样。刚刚因为吕氏的缘故,几乎使天下大乱,现在又立齐王,那是想要再制造一个吕氏啊。代王母家薄氏,是仁善的君子长者;而且代王又是嫡亲的高帝之子,如今就在那里,并且最年长。从立子以长这一点来看,迎立代王是名正言顺的;从薄氏是仁善长者这一点来看,与大臣也得以相安。"于是大臣们便商议迎立代王,而派朱虚侯把诛灭吕氏之事告诉齐王,让他罢兵。

灌婴在荥阳,闻魏勃本教齐王反,既诛吕氏,罢齐兵,使使召责问魏勃。勃曰:"失火之家,岂暇先言大人而后救火乎!"[1]因退立,股战而栗,[2]恐不能言者,终无他语。灌将军熟视笑曰:[3]"人谓魏勃勇,妄庸人耳,[4]何能为乎!"乃罢魏勃。[5]魏勃父以善鼓琴见秦皇帝。及魏勃少时,欲求见齐相曹参,[6]家贫无以自通,乃常独早夜埽齐相舍人门外。[7]相舍人怪之,以为物,[8]而伺之,得勃。勃曰:"愿见相君,无因,故为子埽,欲以求见。"于是舍人见勃曹参,因以为舍人。一为参御,[9]言事,参以为贤,言之齐悼惠

王。悼惠王召见,则拜为内史。始,悼惠王得自置二千石。[10]及悼惠王卒而哀王立,勃用事,重于齐相。

【注释】〔1〕"大人",指家长。〔2〕"栗",恐惧。〔3〕"熟视",细看。〔4〕"妄庸",狂妄而又无知平庸。〔5〕"罢",释放。〔6〕"曹参",沛县人,曾为秦沛县狱掾,后佐刘邦起义,身被七十创,屡有功,汉六年封为平阳侯。曾任齐相九年,用黄老之术,齐国安集。汉惠帝二年,继萧何为汉相,"举事无所变更,一遵萧何约束",时人称之。详见本书《曹相国世家》。〔7〕"舍人",达官贵族的门客。〔8〕"物",鬼怪。〔9〕"御",驾车人。〔10〕"二千石",指官员俸禄,月俸一百二十斛谷。受此月俸的官员亦概称二千石。诸侯王国的内史,秩即二千石。汉初,诸侯王可自行任免封国内除丞相以外的官吏。

【译文】灌婴在荥阳,听说魏勃原是教唆齐王起兵的主谋,在诛灭吕氏,让齐王罢兵后,便派使者召魏勃来责问。魏勃说:"失火的人家,哪里有时间先禀报家长然后才来救火呢!"说罢,退后站立,两腿瑟瑟发抖,一副吓得说不出话来的样子,到最后也没有再说其他话。灌将军对魏勃细细打量了一阵,笑道:"人称魏勃勇敢,看来不过是个狂妄平庸的人罢了,怎么能有所作为呢!"于是放了魏勃。魏勃的父亲因为善于鼓琴而进见过秦始皇。到魏勃年轻的时候,他想求见齐相曹参,因家境贫寒,无法自己打通门路,就常常一个人于清早夜晚在齐相舍人的门外扫地。齐相舍人很奇怪,以为是个鬼怪,便在一旁窥伺,发现了魏勃。魏勃说:"我希望见到相君,没有机会,所以为您扫地,想因此而得以求见。"于是舍人向曹参引见魏勃,曹参便收留魏勃做了舍人。一次,魏勃为曹参驾车,谈论起事情,曹参认为他有才能,便推荐给齐悼惠王。悼惠王召见魏勃,拜他为内史。当初,悼惠王是可以自己任命内史这样二千石的官员的。等到悼惠王去世而哀王继立,魏勃主事,权力比齐相还重。

王既罢兵归,而代王来立,是为孝文帝。

孝文帝元年,尽以高后时所割齐之城阳、琅邪、济南郡复与齐,而徙琅邪王王燕,[1]益封朱虚侯、东牟侯各二千户。

【注释】〔1〕"王燕",封在燕国为王。燕国都蓟(今北京市西南),辖境约相当于今河北北部及辽宁南部、西南部地区。

【译文】齐王罢兵归国后,代王来到长安嗣立为帝,他就是孝文帝。

孝文帝元年,把高后时分割出去的齐国的城阳、琅邪、济南三郡又尽数归还齐国,徙封琅邪王刘泽为燕王,加封朱虚侯、东牟侯各二千户。

是岁,齐哀王卒,太子则立,是为文王。

齐文王元年,汉以齐之城阳郡立朱虚侯为城阳王,以齐济北郡立东牟侯为济北王。[1]

【注释】〔1〕"济北郡",治所卢县(今山东长清西南),辖境约相当于今山东北部地区。

【译文】这一年,齐哀王去世,太子则嗣立,他就是齐文王。

齐文王元年,汉廷用齐国的城阳郡封立朱虚侯刘章为城阳王,用齐国的济北郡封立东牟侯刘兴居为济北王。

二年,济北王反,汉诛杀之,地入于汉。

后二年,孝文帝尽封齐悼惠王子罢军等七人皆为列侯。[1]

【注释】〔1〕据《史记·惠景间侯者年表》,文帝四年五月甲寅,同日封齐悼惠王子九人为侯:刘罢军为管侯,刘宁国为瓜丘侯,刘信都为营侯,刘将庐为杨虚侯,刘辟光为枋侯,刘志为安都侯,刘卬为平昌侯,刘贤为武城侯,刘雄渠为白石侯,《汉书·王子侯表》多杨丘侯刘安,共十人。

【译文】二年,济北王谋反,汉廷诛杀了他,封地归入于汉。

又过后二年,孝文帝把齐悼惠王之子罢军等七人全部封为列侯。

齐文王立十四年卒,无子,国除,地入于汉。

后一岁,孝文帝以所封悼惠王子分齐为

王，齐孝王将闾以悼惠王子杨虚侯为齐王。〔1〕故齐别郡尽以王悼惠王子：子志为济北王，子辟光为济南王，子贤为淄川王，〔2〕子卬为胶西王，〔3〕子雄渠为胶东王，〔4〕与城阳、齐凡七王。

【注释】〔1〕"将闾"，即《惠景间侯者年表》之"将庐"。"杨虚侯"，杨虚，县名，治所在今山东茌平东北。"齐王"，齐国都临淄，辖境约相当于今山东淄博市及益都、广饶、临朐等县地。〔2〕"淄川王"，淄川国都剧县(今山东寿光南)，辖境约相当于今山东淄博市区及寿光、益都等县部分地区。〔3〕"胶西王"，胶西国都高密(今山东高密西南)，辖境约相当于今山东胶河以西，高密以北一带。〔4〕"胶东王"，胶东国都即墨(今山东平度东南)，辖境约相当于今山东平度、莱阳、莱西等县及迤南一带。

【译文】齐文王嗣立十四年后去世，没有儿子，封国被废除，封地归入于汉。

过后一年，孝文帝把他所封立的悼惠王诸子分封在齐地为王，齐孝王将闾以悼惠王之子、杨虚侯的身份为齐王。原属齐国的另外一些郡全部用来分封悼惠王的其余儿子为王：子志为济北王，子辟光为济南王，子贤为淄川王，子卬为胶西王，子雄渠为胶东王，和城阳王、齐王一起总共有七王。

齐孝王十一年，吴王濞、〔1〕楚王戊反，〔2〕兴兵西，告诸侯曰"将诛汉贼臣晁错以安宗庙"。〔3〕胶西、胶东、淄川、济南皆擅发兵应吴楚。欲与齐，齐孝王狐疑，城守不听，三国兵共围齐。〔4〕齐王使路中大夫告于天子。〔5〕天子复令路中大夫还告齐王："善坚守，吾兵今破吴楚矣。"路中大夫至，三国兵围临淄数重，无从入。三国将劫与路中大夫盟，曰："若反言汉已破矣，齐趣下三国，〔6〕不且见屠。"路中大夫既许之，至城下，望见齐王，曰："汉已发兵百万，使太尉周亚夫击破吴楚，〔7〕方引兵救齐，齐必坚守无下！"三国将诛路中大夫。

【注释】〔1〕"吴王濞"，高祖兄郃阳侯刘仲之子，高祖十一年封为沛侯，十二年封为吴王，王三郡五十三城。景帝三年(公元前一五四年)以请诛晁错为名，联合楚、赵、胶东、胶西、淄川、济南共七国，起兵叛乱，兵败被杀。详见本书《吴王濞列传》。〔2〕"楚王戊"，高祖弟楚元王刘交之孙，楚夷王刘郢之子，文帝六年继位为王，景帝三年起兵叛乱，兵败自杀。详见本书《楚元王世家》。〔3〕"晁错"，颍川(今河南禹县)人。初学申不害、商鞅刑名之学，文帝时为太常掌故，从济南伏生学《尚书》。后为太子舍人、门大夫、家令，得太子宠信，太子家号曰"智囊"，迁为中大夫。景帝即位，任内史，迁为御史大夫。他主张削夺诸侯王国封地以加强中央集权。吴楚七国乱起，他受谮被杀。详见本书《袁盎晁错列传》。〔4〕"三国兵共围齐"，《史记集解》引张晏曰："胶西、淄川、济南也。"然《史记·吴王濞列传》前云"胶西为渠率，胶东、淄川、济南共攻围临淄"，则围齐者四国；后云"三王之围齐临淄也，三月不能下。汉兵至，胶西、胶东、淄川王各引兵归"，三王并无济南。《汉书·荆燕吴传》所记同。《史记》、《汉书》记载此事皆前后不一，疑不能明。张晏之说亦未足凭信。〔5〕"路中大夫"，姓路的中大夫，失其名。中大夫为郎中令的属官，掌议论。〔6〕"趣"，音cù，从速，赶快。"下"，投降归顺。〔7〕"周亚夫"，沛县人，绛侯周勃之子。文帝后元二年封条侯，续绛侯后。他治军严整，文帝称善，拜中尉。景帝时，吴楚七国叛乱，亚夫以太尉率军平叛，迁为丞相。景帝中元三年免相，后被诬谋反，囚后不食五日，呕血而死。详见本书《绛侯周勃世家》。

【译文】齐孝王十一年，吴王濞、楚王戊谋反，发兵西进，通告诸侯说："我们要诛杀汉廷贼臣晁错以安定刘氏宗庙。"胶西、胶东、淄川、济南等国都擅自发兵响应吴楚。他们企图联合齐国，齐孝王犹豫不决，据城而守，没有答应，三国的军队一起把齐包围起来。齐王派路中大夫报告天子。天子又令路中大夫归告齐王说："好好地坚守下去，我的军队现在就要攻破吴楚了。"路中大夫回到齐国，三国的军队把临淄围了好几层，无从进城。三国的将领捉住了路中大夫，威胁他，和他约定说："你要反过来说汉廷已经被攻破了，让齐国赶快向三国投降，你不这样说，就杀了你。"路中大夫答应之后，来到城下，望见齐王，说道："汉廷已经发兵百万，派太尉周亚夫击破吴楚，正领兵救齐，齐一定要坚守下去，不要投降！"三国的将领把路中大夫杀了。

齐初围急，阴与三国通谋，约未定，会闻

路中大夫从汉来，喜，及其大臣乃复劝王毋下三国。居无何，[1]汉将栾布、[2]平阳侯等兵至齐，[3]击破三国兵，解齐围。已而复闻齐初与三国有谋，将欲移兵伐齐。齐孝王惧，乃饮药自杀。景帝闻之，以为齐首善，[4]以迫劫有谋，非其罪也，乃立孝王太子寿为齐王，是为懿王，续齐后。而胶西、胶东、济南、淄川王咸诛灭，地入于汉。徙济北王王淄川。齐懿王立二十二年卒，子次景立，是为厉王。

【注释】〔1〕"无何"，不久。〔2〕"栾布"，梁(治所在今河南商丘市)人，少时曾为酒家佣保，又为奴于燕。后燕王臧荼举以为将，臧荼谋反被平，梁王彭越赎布以为梁大夫。彭越被诛，布奉使自齐还，奏事彭越头下，祀而哭之，为汉吏所捕。高祖释其罪，拜为都尉。文帝时为燕相。景帝时，以平定吴、楚之乱有功，封俞侯。景帝中元五年卒。详见本书《季布栾布列传》。〔3〕"平阳侯"，即曹奇，汉相国、平阳懿侯曹参之孙，文帝后元四年嗣立为侯，景帝三年卒，谥为简侯。"平阳"，县名，治所在今山西临汾市西南。〔4〕"首善"，起初并无叛逆之心。

【译文】齐当初被包围，情况十分危急的时候，齐王暗中曾和三国通谋，但还没约定，正好听说路中大夫从汉廷归来，很高兴，齐国的大臣便又劝说齐王不要投降三国。过不多久，汉将栾布、平阳侯等的军队开到齐国，击破三国叛军，解除了对齐国的包围。事后汉廷又听说齐国当初曾与三国通谋，准备移兵伐齐。齐孝王恐惧，便饮药自杀。景帝知道后，认为齐国起初并无谋反之心，因为受到逼迫威胁才和三国通谋，这不是齐王的罪过，于是封立孝王的太子寿为齐王，他就是懿王，继承齐国的王位。而胶西、胶东、济南、淄川王都被诛灭，其封地归入于汉。徙封济北王为淄川王。齐懿王嗣立二十二年去世，子次景嗣立，他就是齐厉王。

齐厉王，其母曰纪太后。太后取其弟纪氏女为厉王后。王不爱纪氏女。太后欲其家重宠，[1]令其长女纪翁主入王宫，[2]正其后宫，毋令得近王，欲令爱纪氏女。王因与其姊翁主奸。

【注释】〔1〕"重宠"，累世宠贵。"重"，音chóng。〔2〕"翁主"，汉代诸侯王之女称翁主。

【译文】齐厉王，其母为纪太后。纪太后把她弟弟纪氏的女儿娶来做厉王王后。厉王不爱纪氏之女。纪太后想让纪家累世宠贵，便命其长女纪翁主进入王宫，整顿后宫，不让其余嫔妃得以接近厉王，想让厉王爱上纪氏之女。厉王却乘机和他的姊姊翁主发生了奸情。

齐有宦者徐甲，[1]入事汉皇太后。[2]皇太后有爱女曰修成君，修成君非刘氏，[3]太后怜之。修成君有女名娥，太后欲嫁之于诸侯，宦者甲乃请使齐，必令王上书请娥。皇太后喜，使甲之齐。是时齐人主父偃知甲之使齐以取后事，[4]亦因谓甲："即事成，[5]幸言偃女愿得充王后宫。"甲既至齐，风以此事。[6]纪太后大怒，曰："王有后，后宫具备。且甲，齐贫人，急乃为宦者，[7]入事汉，无补益，乃欲乱吾王家！且主父偃何为者？乃欲以女充后宫！"徐甲大穷，[8]还报皇太后曰："王已愿尚娥，[9]然有一害，恐如燕王。"[10]燕王者，与其子昆弟奸，新坐以死，亡国，故以燕感太后。[11]太后曰："无复言嫁女齐事。"事浸浔闻于天子。[12]主父偃由此亦与齐有郤。[13]

【注释】〔1〕"宦者"，阉割后失去性能力的男子，古代用在宫廷内侍奉帝王及其家属。〔2〕"汉皇太后"，指武帝之母王太后。〔3〕"修成君非刘氏"，王太后始嫁金王孙为妻，生一女，即此修成君，故谓其非刘氏。〔4〕"主父偃"，临淄(今山东淄博市)人，初学长短纵横之术，晚乃学《易》、《春秋》、百家言。武帝元光元年，因上书言事，受到重用，迁为中大夫。他建议武帝下令诸侯王得推恩分封子弟，以削弱诸侯的势力。元朔二年为齐相，查办齐厉王与其姊通奸事，齐王恐惧自杀，主父偃亦因此而被武帝所诛。详见本书《平津侯主父列传》。〔5〕"即"，如果。〔6〕"风"，通"讽"，指含蓄委婉地转达。〔7〕"急"，指处境极为困难。〔8〕"穷"，困窘。〔9〕"尚"，当时特指娶公主为妻。〔10〕"燕王"，指刘定国，燕敬王刘泽之孙，景帝六年嗣立为王。他与父康王之姬奸，夺弟妻为姬，又与三个女儿奸。武帝元朔元年，奸情被揭发，刘定国自杀，国除为郡。详见本书《荆燕世家》。〔11〕"感"，触动。

〔12〕“浸浔”，逐渐。 〔13〕“郤”，音 xì，通“隙”，嫌隙，感情上的裂痕。

【译文】齐国有个宦者徐甲，入京侍奉汉皇太后。皇太后有爱女叫修成君，修成君不是刘氏之女，太后很怜爱她。修成君有个女儿名娥，太后想把她嫁给诸侯，宦者徐甲便自请出使齐国，一定要设法让齐王上书请求娶娥。皇太后大喜，派徐甲到齐。这时齐人主父偃知道了徐甲到齐国去是因齐王娶后之事，便也乘机对徐甲说：“如果事情办成，希望您提及主父偃的女儿也愿充任齐王后宫之人。”徐甲到齐国后，把这件事委婉地说了。纪太后大怒，说道：“齐王有王后，后宫嫔妃也都够了。再说徐甲，原是齐国的一个穷人，生活窘迫才去当了宦者，入京侍奉汉廷，不但无所补益，竟还想扰乱我王家！再说主父偃又是干什么的？竟想把他女儿送到后宫来！”徐甲一筹莫展，回京禀报皇太后说：“齐王已经愿意娶娥，只是有一件祸患，那就是他恐怕会像燕王那样。”燕王刘定国，因为和他几个女儿私通，新近获罪身亡，封国也被废掉，所以徐甲用燕王的事来触动太后。太后说：“不要再提嫁女到齐国的事了。”这件事渐渐地也被天子知道了。主父偃从此也和齐国有了嫌隙。

主父偃方幸于天子，用事，因言：“齐临淄十万户，市租千金，[1]人众殷富，巨于长安，此非天子亲弟爱子不得王此。今齐王于亲属益疏。”乃从容言：“吕太后时齐欲反，吴楚时孝王几为乱。今闻齐王与其姊乱。”于是天子乃拜主父偃为齐相，且正其事。主父偃既至齐，乃急治王后宫宦者为王通于姊翁主所者，令其辞证皆引王。[2]王年少，惧大罪为吏所执诛，乃饮药自杀。绝无后。

【注释】〔1〕“千金”，千斤金。汉代一斤约等于今天的二百五十八克。金指黄铜。 〔2〕“辞证”，口供，证辞。

【译文】主父偃当时正受宠于天子而当权治事，乘机向天子进言道：“齐国临淄有十万户，市集上的租税即有千金之多，人多，又富足，超过了京城长安，如果不是天子的亲弟或爱子是不能在这里为王的。可如今齐王在亲属关系上，与天子更加疏远了。”接着又从容说道：“吕太后时，齐国想要谋反；吴楚之乱时，孝王几乎叛乱。如今听说齐王和他的姊姊淫乱。”于是天子拜主父偃为齐相，准备让他整顿此事。主父偃到齐国后，便加紧查办那些替齐王到他的姊姊翁主住所联络牵线的后宫宦者，让他们把口供证辞都牵连到齐王身上。齐王年少，惧怕自己有大罪要被法吏所拘执诛杀，便饮药自杀。齐王绝嗣，没有后代。

是时赵王惧主父偃一出废齐，[1]恐其渐疏骨肉，乃上书言偃受金及轻重之短。[2]天子亦既囚偃。公孙弘言：[3]“齐王以忧死毋后，国入汉，非诛偃无以塞天下之望。”遂诛偃。

【注释】〔1〕“赵王”，指刘彭祖，景帝之子。景帝二年立为广川王，五年徙封赵王，武帝征和元年卒。详见本书《五宗世家》。 〔2〕“受金”，接受贿赂。《史记·平津侯主父列传》谓赵王“使人上书，告言主父偃受诸侯金，以故诸侯子弟多以得封者”。“轻重”，指用心不正，上下其手。 〔3〕“公孙弘”，薛县（今山东滕县南）人。少时曾为薛狱吏。年四十余，乃学《春秋》杂说。武帝建元元年，弘年六十，征为博士。元朔三年拜御史大夫，元朔五年为丞相，封平津侯。元狩二年卒。详见本书《平津侯主父列传》。

【译文】这时赵王对主父偃一出京就废掉了齐国很担忧，恐怕他会渐渐使刘氏骨肉疏远，于是上书揭发主父偃接受贿赂和居心不正等事。天子因此也把主父偃囚禁了起来。公孙弘说道：“齐王因忧惧而死，绝嗣无后，封国入于汉廷，不杀主父偃，无法满足天下人的愿望。”于是杀掉了主父偃。

齐厉王立五年死，毋后，国入于汉。

齐悼惠王后尚有二国，城阳及淄川。淄川地比齐。[1]天子怜齐，为悼惠王冢园在郡，割临淄东环悼惠王冢园邑尽以予淄川，以奉悼惠王祭祀。

【注释】〔1〕“比”，紧靠，邻近。

【译文】齐厉王嗣立五年后去世，没有后代，封国归入于汉。

齐悼惠王的后代还有两国，即城阳国和淄川

国。淄川国和齐国土地相邻。天子怜悯齐王，因为悼惠王的陵园原在齐郡，就割出临淄东面围着悼惠王陵园的城邑全都封给淄川王，让他奉守悼惠王的祭祀。

城阳景王章，齐悼惠王子，以朱虚侯与大臣共诛诸吕，而章身首先斩相国吕王产于未央宫。〔1〕孝文帝既立，益封章二千户，赐金千斤。孝文二年，以齐之城阳郡立章为城阳王。立二年卒，子喜立，是为共王。

【注释】〔1〕“未央宫”，汉宫殿名，故址在今陕西西安市西北郊汉长安故城内西南隅。

【译文】城阳景王刘章，齐悼惠王之子，以朱虚侯的身份和汉大臣共同诛灭诸吕，他亲自率先斩杀相国吕产于未央宫中。孝文帝即位之后，加封刘章二千户，赐金千斤。孝文帝二年，用齐的城阳郡封刘章为城阳王。封立之后二年去世，其子喜继立，他就是共王。

共王八年，徙王淮南。〔1〕四年，复还王城阳。凡三十三年卒，子延立，是为顷王。

【注释】〔1〕“淮南”，淮南国，都寿春（今安徽寿县），辖境约相当于今安徽淮河以南，巢湖、肥西以北，塘河以东，凤阳、滁县以西地区。

【译文】共王八年，徙封于淮南国为王。四年之后，又回城阳为王。他总共在位三十三年去世，其子延继立，他就是顷王。

顷王二十六年卒，子义立，是为敬王。敬王九年卒，子武立，是为惠王。惠王十一年卒，子顺立，是为荒王。荒王四十六年卒，子恢立，是为戴王。戴王八年卒，子景立，至建始三年，〔1〕十五岁，卒。

【注释】〔1〕“建始三年”，公元前三〇年。案：建始为汉成帝年号（公元前三二年至前二九年）。《史记·太史公自序》曰：“余述历黄帝以来至太初而讫，百三十篇。”《汉兴以来诸侯王年表》讫于武帝太初四年（公元前一〇一年），故城阳惠王（公元前一〇八年至前九八年在位）以下当为后人所补。又据《汉书·诸侯王表》及《高五王传》所说，城阳孝王刘景于汉元帝永光元年（公元前四三年）继立，成帝鸿嘉元年（公元前二〇年）卒，在位二十四年，则此云“子景立，至建始三年，十五岁，卒”亦有误。

【译文】顷王在位二十六年去世，其子义继立，他就是敬王。敬王在位九年去世，其子武继立，他就是惠王。惠王在位十一年去世，其子顺继立，他就是荒王。荒王在位四十六年去世，其子恢继立，他就是戴王。戴王在位八年去世，其子景继立，到成帝建始三年，在位十五年，去世。

济北王兴居，齐悼惠王子，以东牟侯助大臣诛诸吕，功少。及文帝从代来，兴居曰：“请与太仆婴入清宫。”〔1〕废少帝，〔2〕共与大臣尊立孝文帝。

【注释】〔1〕“太仆”，九卿之一，掌皇帝车马和马政。“婴”，夏侯婴，沛县人，曾为沛厩司御，与刘邦相善。后从刘邦起兵，屡有功。刘邦即帝位，封婴为汝阴侯。高祖、惠帝、吕后、文帝时，婴皆为太仆。婴曾任滕令，故又号滕公。详见本书《樊郦滕灌列传》。“清宫”，谓清除宫室，以迎新帝。〔2〕“少帝”，指惠帝后宫子刘山。吕后元年封为襄城侯，二年立为常山王，更名义。四年，吕后立以为帝，更名曰弘。吕后卒，刘弘被废。

【译文】济北王刘兴居，齐悼惠王之子，以东牟侯的身份协助汉大臣诛灭诸吕，功劳少。等到汉文帝从代国来到长安，刘兴居说：“请允许我和太仆婴入内清宫。”他废了少帝，和大臣们一起尊立孝文帝。

孝文帝二年，以齐之济北郡立兴居为济北王，与城阳王俱立。立二年，反。始大臣诛吕氏时，朱虚侯功尤大，许尽以赵地王朱虚侯，〔1〕尽以梁地王东牟侯。〔2〕及孝文帝立，闻朱虚、东牟之初欲立齐王，故绌其功。〔3〕及二年，王诸子，乃割齐二郡以王章、兴居。章、兴居自以失职夺功。〔4〕章死，而兴居闻匈奴大入汉，〔5〕汉多发兵，使丞相灌婴击之，文帝亲幸太原，〔6〕以为天子自击胡,[7]遂发兵反于济北。天子闻之,罢丞相及行兵,皆归长安。使棘蒲侯柴将军击破虏济北王,[8]王自杀,地入于汉,为郡。

【注释】〔1〕“赵地”,指今河北南部一带,战国时曾属赵国,故称。〔2〕“梁地”,指今河南东部及山东西南部一带,战国时曾属魏国(魏惠王徙都大梁后,魏又称梁),故称。〔3〕“绌”,减削。〔4〕“夺功”,减削功劳。〔5〕“匈奴”,我国古代北方游牧民族之一,散居于大漠南北,善骑射。〔6〕“幸”,此指皇帝驾临。“太原”,时为诸侯王国,都晋阳(今山西太原市西南),辖境约相当于今山西中部地区。文帝二年封子刘参为太原王。〔7〕“胡”,古代对北方和西方少数民族的泛称,此指匈奴。〔8〕“棘蒲侯柴将军”,即柴武,高祖六年封侯。案:《史记·孝文本纪》、《高祖功臣侯者年表》及《汉兴以来将相名臣年表》皆作“陈武”。棘蒲在今河北魏县。

【译文】孝文帝二年,用齐的济北郡分封刘兴居为济北王,和城阳王一起封立。封立之后二年,刘兴居谋反。当初大臣诛灭诸吕时,朱虚侯的功劳尤其大,朝廷曾答应把赵地全部分封给朱虚侯为王,把梁地全部分封给东牟侯为王。等到孝文帝即位,听说朱虚侯、东牟侯起初想立齐王为帝,所以贬黜他们的功劳。到了文帝二年,封诸子为王,这才割出齐国的两个郡封立刘章、刘兴居为王。刘章、刘兴居觉得自己是失去了应得的职位,被削减了功劳。刘章去世,刘兴居听说匈奴大举侵入汉地,汉朝征发了很多军队,派丞相灌婴迎击匈奴,文帝亲自来到太原,刘兴居因为天子亲自领兵击胡,便发兵在济北国反叛。天子听说后,命令丞相灌婴及出征的军队停止前进,都回到长安。派棘蒲侯柴将军击破济北叛军,俘虏了济北王。济北王自杀,封地归入于汉,成为郡。

后十三年,文帝十六年,复以齐悼惠王子安都侯志为济北王。[1]十一年,吴楚反时,志坚守,不与诸侯合谋。吴楚已平,徙志王淄川。

【注释】〔1〕“安都”,邑名,在今河北高阳。

【译文】过后十三年,在文帝十六年的时候,又把齐悼惠王之子安都侯刘志封为济北王。济北王十一年,吴楚反叛时,刘志坚守封国,不与反叛的诸侯合谋。吴楚被平定后,汉景帝改封刘志为淄川王。

济南王辟光,齐悼惠王子,以勒侯孝文十六年为济南王。[1]十一年,与吴楚反。汉击破,杀辟光,以济南为郡,地入于汉。

【注释】〔1〕“勒侯”,《史记·汉兴以来诸侯王年表》作“扐侯”,《惠景间侯者年表》作“朸侯”。勒,县名,治所在今山东商河县东北。“扐”、“朸”皆音lè。

【译文】济南王刘辟光,齐悼惠王之子,以勒侯的身份在孝文帝十六年封为济南王。济南王十一年,与吴楚一起反叛。汉廷击破叛军,杀了刘辟光,把济南国变为郡,封地归入于汉。

淄川王贤,齐悼惠王子,以武城侯文帝十六年为淄川王。[1]十一年,与吴楚反,汉击破,杀贤。

【注释】〔1〕“武城侯”,《索隐》称“《地理志》县名,属平原”。今案《汉书·地理志》,平原郡并无武城县,或疑即清河郡之东武城,治所在今山东武城西北。

【译文】淄川王刘贤,齐悼惠王之子,以武城侯的身份在文帝十六年封为淄川王。淄川王十一年,与吴楚一起反叛,汉廷击破叛军,杀了刘贤。

天子因徙济北王志王淄川。志亦齐悼惠王子,以安都侯王济北。淄川王反,毋后,乃徙济北王王淄川。凡立三十五年卒,谥为懿王。子建代立,是为靖王。二十年卒,子遗代立,是为顷王。[1]三十六年卒,子终古立,是为思王。二十八年卒,子尚立,是为孝王。五年卒,子横立,至建始三年,十一岁,卒。[2]

【注释】〔1〕“是为顷王”,案:《汉书·诸侯王表》及《高五王传》记顷王刘遗嗣立在武帝元封二年

(《史记·汉兴以来诸侯王年表》同),在位三十五年(此作三十六年),昭帝元凤六年卒。顷王以下世系,非司马迁所能见,当是后人补作。〔2〕“至建始三年,十一岁,卒”,案:《汉书·诸侯王表》及《高五王传》记刘横嗣立在元帝永光四年,在位三十一年,成帝元延三年卒。成帝建始三年正当其十一年,此云“卒”,有误。

【译文】天子于是改封济北王刘志为淄川王。刘志也是齐悼惠王之子,以安都侯的身份封为济北王。淄川王反叛被杀,没有后代,于是改封济北王为淄川王。刘志在济北、淄川为王共三十五年,去世,谥为懿王。其子建代立,他就是靖王。在位二十年去世,其子遗代立,他就是顷王。在位三十六年去世,其子终古继立,他就是思王。在位二十八年去世,其子尚继立,他就是孝王。在位五年去世,其子横继立,到建始三年,在位十一年,去世。

胶西王卬,齐悼惠王子,以昌平侯文帝十六年为胶西王。[1]十一年,与吴楚反。汉击破,杀卬,地入于汉,为胶西郡。

【注释】〔1〕“昌平侯”,案:《史记·汉兴以来诸侯王年表》、《惠景间侯者年表》及《汉书·诸侯王表》、《王子侯表》、《高五王传》皆作“平昌侯”,此作“昌平侯”,疑误。平昌,县名,治所在今山东安丘东南。

【译文】胶西王刘卬,齐悼惠王之子,以昌平侯的身份在文帝十六年封为胶西王。胶西王十一年,与吴楚一起反叛。汉廷击破叛军,杀了刘卬,封地归入于汉,成为胶西郡。

胶东王雄渠,齐悼惠王子,以白石侯文帝十六年为胶东王。[1]十一年,与吴楚反,汉击破,杀雄渠,地入于汉,为胶东郡。

【注释】〔1〕“白石”,邑名,在今山东陵县北。

【译文】胶东王刘雄渠,齐悼惠王之子,以白石侯的身份在文帝十六年封为胶东王。胶东王十一年,与吴楚一起反叛,汉廷击破叛军,杀了刘雄渠,封地归入于汉,成为胶东郡。

太史公曰:诸侯大国无过齐悼惠王。以海内初定,子弟少,激秦之无尺土封,[1]故大封同姓,以填万民之心。及后分裂,固其理也。

【注释】〔1〕“激”,受到刺激,有所感触。

【译文】太史公说:诸侯大国没有超过齐悼惠王的。当初因为海内初定,子弟少,有感于秦国对于子弟没有尺土之封,所以大封同姓,以安抚万民之心。到后来发生分裂,这原是理所当然的。

史记卷五十三

萧相国世家第二十三

萧相国何者,[1]沛丰人也。[2]以文无害,[3]为沛主吏掾。[4]

【注释】〔1〕“相国”,官名,其职权与丞相同,但位望尊于丞相。汉初中央政权和各诸侯王国都置有相国,中央政权的相国辅佐皇帝,总理政务,是朝中最高官职。 〔2〕“沛”,县名,秦属泗水郡,汉属沛郡,故治即今江苏沛县。“丰”,邑名,秦属沛县,汉置丰县,故地在今江苏丰县。 〔3〕“文”,文法,法律,此指通晓法律,“无害”,无比,没人比得上。一说指不枉害人。 〔4〕“主吏掾”,即功曹掾,为郡县长官的属吏,主管人事考绩,记录吏员的功过。“掾”,音 yuàn,长官属吏的通称。

【译文】萧相国何是沛县丰邑人。因为他通晓律令,执法公平,没有别人能比得上,所以被任命为沛县的主吏掾。

高祖为布衣时,[1]何数以吏事护高祖。[2]高祖为亭长,[3]常左右之。[4]高祖以吏繇咸阳,[5]吏皆送奉钱三,[6]何独以五。

【注释】〔1〕“布衣”,麻布做的衣服,为平民着装,后因用以代称平民百姓。 〔2〕“数”,音 shuò,屡次。“吏事”,指吏员职权范围内的事务。〔3〕“亭长”,秦时大约十里左右设一亭,职掌治安及有关民事。亭设亭长一人。刘邦曾任泗水(一说泗上)亭长。 〔4〕“左右”,同“佐佑”,帮助,照顾。 〔5〕“繇”,通“徭”,此用作动词,谓服徭役(封建国家强迫平民负担的无偿劳役)。“咸阳”,秦时的首都,故地在今陕西咸阳市东。 〔6〕“送奉”,奉送,资助。“钱三”,司马贞《索隐》谓“三”指三百,当时有以一当百的大钱,所以“钱三”应是三百钱。

【译文】高祖还是平民百姓的时候,萧何屡次利用自己县吏的职权保护他。高祖担任亭长,萧何又经常给他帮助。高祖以吏员的身份去咸阳服徭役,(临行时)县吏们都奉送三个大钱,只有萧何送了五个大钱。

秦御史监郡者与从事,[1]常辨之。[2]何乃给泗水卒史事,[3]第一。秦御史欲入言征何,何固请,得毋行。

【注释】〔1〕“御史”,官名,掌管弹劾纠察。“郡”,秦汉时县以上的一级行政单位,直属中央朝廷。御史被派出监察郡的官吏,称“监郡”。“从事”,吏员名。秦汉时郡级政权机构设置从事史,主管文书,并察举非法。 〔2〕“辨”,通“办”,指诸事备办。 〔3〕“给”,音 jǐ,给事即供职。“泗水”,秦郡名,治所在沛(今江苏沛县),辖境约相当于今安徽、江苏淮河以北,宿迁、泗洪以西,萧县、涡阳、凤台以东地区。“卒史”,当时郡设卒史十人,是年俸仅一百石的低级官吏。

【译文】秦朝的一个御史(来到泗水郡)监察郡政,与从事史一起处理公务,萧何总能把事情办得很妥当。于是萧何被委任为泗水郡的卒史,在同行考核中列为第一。秦朝的御史想向朝廷报告征调萧何,萧何坚决辞谢,终于获准可以不去。

及高祖起为沛公,[1]何常为丞督事。[2]沛公至咸阳,诸将皆争走金帛财物之府分之,[3]何独先入收秦丞相御史律令图书藏

之。[4]沛公为汉王,[5]以何为丞相。项王与诸侯屠烧咸阳而去。[6]汉王所以具知天下阸塞,[7]户口多少,强弱之处,民所疾苦者,以何具得秦图书也。何进言韩信,[8]汉王以信为大将军。语在《淮阴侯》事中。

【注释】〔1〕"沛公",刘邦于秦二世元年(公元前二〇九年)九月在沛起义,自立为沛公。〔2〕"丞",辅佐官。〔3〕"走",奔走,趋赴。"府",国家收藏文书或财物的地方。〔4〕"丞相",官名,职权同相国而位望稍次。"御史",此指御史大夫,秦时御史大夫相当于副丞相,并统率御史掌纠察之事,又主管国家的图籍秘书。"图书",指地图、户籍及其它财赋、兵事等方面的档案资料和各种书籍。〔5〕"沛公为汉王",汉元年(公元前二〇六年),刘邦、项羽先后入关,秦朝灭亡。项羽恃兵威分封诸侯,以刘邦为汉王,统治汉中及巴、蜀之地。〔6〕"项王",即项羽,时项羽自封为西楚霸王。屠烧咸阳事,详见本书《项羽本纪》。"去",离去。〔7〕"阸塞",险要之地。"阸",音 è。〔8〕"韩信",淮阴(今江苏淮阴市)人,初从项羽,后归刘邦,由萧何推荐而被刘邦拜为大将,在击败项羽、统一全国的战争中起了很大的作用。曾自立为齐王,刘邦徙封他为楚王,又降封为淮阴侯。高祖十一年(公元前一九六年)因谋反被吕后诱杀于长安。详见本书《淮阴侯列传》。

【译文】等到高祖起兵当了沛公,萧何常常作为他的辅佐官,督察处理日常事务。沛公进入咸阳,将领们都争先奔向储藏金帛财物的仓库去分东西,唯独萧何先去把秦朝丞相和御史大夫保管的法律诏令以及各种图书文献收藏起来。沛公立为汉王,让萧何当丞相。项羽与诸侯的军队屠杀焚烧咸阳,然后离去。而汉王后来之所以能详细地知道全国各处的险关要塞,户口多少,兵力强弱,百姓们的疾苦,都是因为萧何完整地得到了秦朝的文献档案。萧何又向汉王进言,推荐韩信,汉王就任命韩信为大将军,这件事的详情记载在《淮阴侯列传》中。

汉王引兵东定三秦,[1]何以丞相留收巴蜀,[2]填抚谕告,[3]使给军食。汉二年,[4]汉王与诸侯击楚,何守关中,[5]侍太子,[6]治栎阳。[7]为法令约束,立宗庙社稷宫室县邑,[8]辄奏上,可,许以从事;即不及奏上,辄以便宜施行,[9]上来以闻。关中事计户口转漕给军,[10]汉王数失军遁去,何常兴关中卒,[11]辄补缺。上以此专属任何关中事。[12]

【注释】〔1〕"三秦",项羽灭秦后,把战国时期秦国旧有的关中之地一分为三,以封秦三降将。其中章邯被封为雍王,领有咸阳以西之地;司马欣被封为塞王,领有咸阳以东直到黄河之地;董翳(音 yì)被封为翟王,领有上郡(今陕西北部)之地;合称"三秦"。高祖二年(公元前二〇五年),汉兵东出,章邯兵败远逃,司马欣、董翳投降,三秦之地尽归汉有。〔2〕"巴",秦郡名,治所在江州(今四川重庆市嘉陵江北岸),辖境约相当于今四川阆中、南充、合川、内江、泸州以东地区。"蜀",秦郡名,治所在成都(今四川成都市),辖境约相当于今四川松潘、茂汶、广元以南,北川、彭县、荥经、天全以东,石棉、峨边、宜宾以北地区,东与巴郡接壤。〔3〕"填",音 zhèn,通"镇"。"填抚",镇守安抚。〔4〕"汉二年",公元前二〇五年。〔5〕"关中",地名,约当今陕西一带,因处于函谷关、武关、散关、萧关之间而得名。〔6〕"太子",刘邦子刘盈,即后来的汉惠帝。〔7〕"栎阳",县名,秦时属内史,塞王司马欣以此为都,时司马欣已降汉,刘邦移都于此。"栎",音 yuè。〔8〕"宗庙",帝王奉放祖先神主并进行祭祀的地方。"社稷",祭祀土地神和五谷神的地方。宗庙和社稷都设在首都,被看作是国家政权的象征。〔9〕"便宜",因利乘便,行其宜办之事。"便",音 biàn。〔10〕"漕",音 cáo,水道运粮。〔11〕"兴",征召发动。〔12〕"属",音 zhǔ,托付。

【译文】汉王带兵东出,平定三秦,萧何以丞相的身份留在后方,负责收服巴蜀,镇守安抚,发布政令,告谕百姓,为在前方作战的军队供给粮食。汉王二年,汉王联合诸侯一起攻打项羽,萧何留守关中,侍奉太子,在栎阳处理政务。他制定各种法令制度,建立宗庙、社稷、宫殿、县邑,总是先向汉王上奏报告,汉王也总是予以批准,许他施行。有时来不及上奏,就因利乘便,用最合适的方式先行办理,等汉王回来再报告。萧何在关中管理户口,通过水路和陆路转运军粮,供应前方的军队。汉王在战场上多次损失军队逃走,萧何经常征发关中的士卒,随时补充汉王军队的损失。汉王因此把关中的事务专门委托给萧何。

汉三年,汉王与项羽相距京索之间,[1]上数使使劳苦丞相。鲍生谓丞相曰:[2]"王暴衣露盖,[3]数使使劳苦君者,有疑君心也。为君计,莫若遣君子孙昆弟能胜兵者悉诣军所,[4]上必益信君。"于是何从其计,汉王大说。[5]

【注释】〔1〕"距",通"拒",对抗。"京",县名,秦属三川郡,汉属河南郡,故治在今河南荥阳西南。"索",城邑名,故址在今河南荥阳县城。〔2〕"鲍生",当时的一名谋士,史失其名,《史记》仅此一见。〔3〕"暴衣露盖",衣冠暴露于户外,喻辛劳艰苦,不得安逸。"暴",音 pù。〔4〕"昆弟",兄弟。"胜",音 shēng,力能胜任。"诣",音 yì,到,前往。〔5〕"说",音 yuè,通"悦"。

【译文】汉王三年,汉王与项羽两支军队在京索之间对峙,汉王多次派遣使者到关中去慰劳丞相。鲍生对丞相说:"君王在外,风餐露宿,却屡屡派人来慰劳您,这是起了怀疑您的心思。为您打算,您不如把自己子孙兄弟中能够作战的都派到前线军队中去,这样君王一定会更信任您。"于是萧何听从了他的计策,汉王大为高兴。

汉五年,既杀项羽,定天下,论功行封。群臣争功,岁余功不决。高祖以萧何功最盛,封为酂侯,[1]所食邑多。[2]功臣皆曰:"臣等身被坚执锐,多者百余战,少者数十合,[3]攻城略地,大小各有差。[4]今萧何未尝有汗马之劳,徒持文墨议论,不战,顾反居臣等上,何也?"高帝曰:"诸君知猎乎?"曰:"知之。""知猎狗乎?"曰:"知之。"高帝曰:"夫猎,追杀兽兔者狗也,而发踪指示兽处者人也。今诸君徒能得走兽耳,[5]功狗也。至如萧何,发踪指示,功人也。且诸君独以身随我,多者两三人。今萧何举宗数十人皆随我,功不可忘也。"群臣皆莫敢言。

【注释】〔1〕"酂",cuó,汉县名,属沛郡,故治在今河南永城西。一说萧何初封之地是鄌县,属沛郡,故治在今河南永城西,"鄌",音 cuò;后又封于酂,酂县属南阳郡,故治在今湖北光化西北,"酂",音 zàn。后传写讹乱,始封之"鄌"误作"酂",而"酂"字又读"鄌"字之音。〔2〕"所食邑多",据本书《高祖功臣侯者年表》,萧何初封即食邑八千户。〔3〕"合",合战,交战。〔4〕"差",音 cī,区别,等级。〔5〕"得走兽",疑当作"走得兽",即上文"追杀兽兔"之义。行猎时人和狗都意在得走兽,人狗之分,当在"得兽"时所起的作用,而不在得兽之事本身。《汉书·萧何传》于此正作"走得兽"。

【译文】汉王五年,已经消灭了项羽,平定了天下,汉王要评定功劳,进行封赏。由于群臣争功,过了一年多仍然没把功劳的大小决定下来。高祖认为萧何的功劳最大,把他封为酂侯,给他的食邑很多。功臣们都说:"我们亲自身披铠甲,手执兵器作战,多的打过一百多仗,少的也经历了几十次战斗,攻破敌人的城池,夺取敌人的土地,或大或小,都有战功。现在萧何没有立过汗马功劳,只不过靠舞文弄墨,发发议论,从不上战场,却反而位居我们之上,这是什么道理?"高祖说:"诸位懂得打猎吗?"功臣们回答:"懂得。"又问:"你们知道猎狗的作用吗?"答道:"知道的。"高祖说:"打猎的时候,追赶扑杀野兽兔子的是猎狗,能够发现踪迹向猎狗指示野兽所在之处的是猎人。现在你们诸位只能奔走追获野兽,不过是有功的猎狗。至于萧何,他能发现踪迹,指示方向,是有功的猎人。何况你们都只是自己本人追随我,至多不过加上两三个亲属,而萧何全部宗族几十个人都跟随我,他的功劳是不能忘记的。"群臣听了,都不敢再说什么。

列侯毕已受封,[1]及奏位次,皆曰:"平阳侯曹参身被七十创,[2]攻城略地,功最多,宜第一。"上已桡功臣,[3]多封萧何,至位次未有以复难之,[4]然心欲何第一。关内侯鄂君进曰:[5]"群臣议皆误。夫曹参虽有野战略地之功,此特一时之事。夫上与楚相距五岁,常失军亡众,逃身遁者数矣。然萧何常从关中遣军补其处,非上所诏令召,而数万众会上之乏绝者数矣。夫汉与楚相守荥阳数年,[6]军无见粮,[7]萧何转漕关中,给食不乏。陛下虽数亡山东,[8]萧何常全关中以待陛下,此万世之功也。今虽亡曹参等百数,[9]何缺于汉?汉得之不必待以全。奈何欲以一旦之功而加万世之功哉![10]萧何第一,曹参次之。"高祖曰:"善。"于是乃令萧何第一,赐带剑履上殿,入朝不

趋。[11]

【注释】〔1〕“列侯”，秦爵二十等，以“彻侯”为最尊。汉因之，后避汉武帝刘彻讳，改称“通侯”，又称“列侯”。此司马迁用后来的爵称追记前事。汉代的列侯都有自己的封国(侯国)，爵位可以世袭。〔2〕“曹参”，沛人，秦末任沛县狱吏，后随刘邦起兵反秦，并佐刘邦灭项羽，大小数十战，功最多，被封为平阳侯，惠帝时继萧何为丞相，卒于惠帝五年(公元前九〇年)。详见本书《曹相国世家》。“平阳”，汉县名，属河东郡，故治在今山西临汾西南。“被”，遭受。〔3〕“桡”，音 náo，弯曲，这里用作动词，是使之屈从的意思。〔4〕“难”，音 nàn，诘责，非难。〔5〕“关内侯”，秦爵第十九等，位次于彻侯，居于关内(王畿所在的关中地区)而无具体封国；汉因之。“鄂君”，名千秋，时官谒者(掌宾客礼赞)，是刘邦近臣。〔6〕“荥阳”，县名，秦属三川郡，汉属河南郡，故治在今河南荥阳东北。“荥”，音 xíng。〔7〕“见”，音 xiàn，通“现”，现成的。〔8〕“山东”，战国秦汉时期对崤山(在今河南洛宁北)或华山(在今陕西华阴南)以东广大地区的习惯称呼。〔9〕“亡”，音 wú，通“无”。〔10〕“加”，加之于上，高出。〔11〕古代臣下朝见皇帝，上殿时不得佩剑穿履，并须小步快走。“带剑履上殿，入朝不趋”，是对元老重臣的一种特殊的礼遇。“趋”，小步快走。

【译文】列侯们都已受封完毕，等到要奏报排列的位次的时候，大臣都说：“平阳侯曹参作战身受七十处创伤，攻破城池，夺取土地，功劳最多，应该位居第一。”高祖已经硬要功臣屈从自己，封给萧何很多食邑，到排定位次时，找不到理由驳倒功臣们的意见，但心里还是想让萧何居首。关内侯鄂君进言说：“群臣的议论都是错误的。那曹参虽然有野战杀敌、夺取土地的功劳，这只不过是一时的事情。陛下与项王相峙五年，经常因为战败而丧失军队，士卒逃散，单身逃走多次了。然而萧何总能从关中派遣士卒补充前线的军队，虽然没有得到陛下征召兵员的诏令，而在陛下危急的时候，他却能派遣几万士卒来到陛下身边，这也有多次了。汉楚两军在荥阳对抗几年，军队没有现成的粮食，而萧何从关中水陆转运，供给粮食，从不匮乏。陛下屡屡把山东地区丢失给项羽，但萧何一直保全关中等待陛下，(让陛下可以运用关中的人力物力组织反攻，)这是万世不朽的功劳。如今曹参这样的人即使少掉几百个，对汉朝来讲，算得了什么损失？汉朝有了这些人，也未必能靠他们得以保全。怎么能起意让一时的功劳凌驾于万世的功劳之上呢？(应该是)萧何为第一，曹参第二。”高祖说：“说得好。”于是就下令定萧何在功臣中位居第一，赐给他特殊的礼遇：可以带剑穿履上殿，入朝拜见时不必同别的臣下一样小步快走。

上曰：“吾闻进贤受上赏。萧何功虽高，得鄂君乃益明。”于是因鄂君故所食关内侯邑封为安平侯。[1]是日，悉封何父子兄弟十余人，皆有食邑。乃益封何二千户，以帝尝繇咸阳时何送我独赢奉钱二也。[2]

【注释】〔1〕“安平”，汉县名，属涿郡，故治即今河北深县城关。鄂千秋封安平侯，食邑二千户。〔2〕“赢”，盈，多出。

【译文】高祖又说：“我听说进荐贤能的人应该得到重赏。萧何的功劳固然很高，但得到鄂君的申说才更加明显。”于是依照鄂君原先所享关内侯的食邑，封他为安平侯。这一天，对萧何的父子兄弟共十多个人全都给予封赏，使他们都有食邑。又加封萧何食邑二千户，因为高祖当年去咸阳服徭役时，唯独萧何比别人多奉送两个大钱。

汉十一年，陈豨反，[1]高祖自将，至邯郸。[2]未罢，淮阴侯谋反关中，[3]吕后用萧何计，诛淮阴侯，语在《淮阴》事中。上已闻淮阴侯诛，使使拜丞相何为相国，益封五千户，令卒五百人一都尉为相国卫。[4]诸君皆贺，召平独吊。[5]召平者，故秦东陵侯。秦破，为布衣，贫，种瓜于长安城东，瓜美，故世俗谓之“东陵瓜”，从召平以为名也。召平谓相国曰：“祸自此始矣。上暴露于外而君守于中，非被矢石之事而益君封置卫者，以今者淮阴侯新反于中，疑君心矣。夫置卫卫君，非以宠君也。愿君让封勿受，悉以家私财佐军，则上心说。”相国从其计，高帝乃大喜。

【注释】〔1〕“陈豨”，宛朐(今山东菏泽西南，朐，音 qú)人，从刘邦起兵，以功封阳夏侯，官巨鹿郡守。后为赵相国，统率赵、代边兵。因结客养士，为朝廷所疑，于高祖十年（公元前一九七年）九月反，勾结匈奴，自立为代王。高祖十二年冬兵败被杀。详见本书《韩信卢绾列传》。“豨”，音 xī。〔2〕“邯郸”，汉县名，属赵国，故治在今河北邯郸市西南。〔3〕“淮阴侯”，即韩信。陈豨谋反，韩信曾与通谋。〔4〕“都尉”，武官名，位低于将军。〔5〕“召”，音 shào。“吊”，此指对遇到灾祸的人表示哀怜、慰问。

【译文】高祖十一年，陈豨反叛，高祖亲自统率军队，到达邯郸。战事还没有结束，淮阴侯韩信在关中谋反，吕后采用萧何的计策，杀了淮阴侯，此事记载在《淮阴侯列传》中。高祖听说淮阴侯已经被杀的消息后，就派遣使者拜丞相萧何为相国，加封食邑五千户，命令安排五百名士兵由一名都尉率领充任相国的卫队。当时许多人都向萧何道贺，只有召平表示哀吊。召平这个人本是秦朝的东陵侯。秦朝灭亡后，成了平民百姓，生活贫苦，在长安城东种瓜。他种的瓜味道好，人们俗称为“东陵瓜”，就是取名于召平从前的封号。召平对相国说：“您的祸患从此开始了。皇上在外作战风餐露宿，而您留守京城，并不需要冒着矢石去冲锋陷阵，但皇上却要给您加封食邑、设置卫队，这是因为淮阴侯刚刚在关中谋反，皇上对您也起了疑心。设置卫队来保护您，这不是宠信您的表示。希望您辞让封赏不予接受，再把自己的全部家财私产拿出来赞助军需，这样皇上心里就会高兴了。”相国听从了召平的计策，高祖果然大为高兴。

汉十二年秋，黥布反，〔1〕上自将击之，数使使问相国何为。相国为上在军，乃拊循勉力百姓，〔2〕悉以所有佐军，如陈豨时。客有说相国曰：〔3〕“君灭族不久矣。夫君位为相国，功第一，可复加哉？然君初入关中，得百姓心，十余年矣，皆附君，常复孳孳得民和。〔4〕上所为数问君者，畏君倾动关中。今君胡不多买田地，贱贳贷以自污？〔5〕上心乃安。”于是相国从其计，上乃大说。

【注释】〔1〕“黥布”，六（今安徽六安市）人，本姓英名布，因曾受黥（音 qíng，面上刺字，以墨涅之）刑，所以又称黥布。秦末率刑徒起义，从项羽破秦兵，屡次以少胜多，又破关入咸阳，被项羽封为九江王。后与项羽发生矛盾，归顺刘邦。汉四年（公元前二〇三年）七月，刘邦立黥布为淮南王，黥布一军成为兴汉灭楚的重要力量。韩信、彭越被杀后，黥布心中恐慌，于高祖十二年举兵反，不久败走番阳（今江西波阳东北，番，音 pó），被杀。详见本书《黥布列传》。〔2〕“拊循”，安抚，抚慰。“拊”，音 fǔ。〔3〕“说”，音 shuì，用言语打动别人。〔4〕“孳孳”，同“孜孜”，勤勉不懈的样子。“民和”，即人和，人民的欢心。〔5〕“贳贷”，赊欠，借贷。“贳”，音 shì。“自污”，自行蒙受污垢，自己败坏自己的名声。

【译文】高祖十二年秋天，黥布起兵反叛，高祖亲自统率军队前去讨伐，在军中多次派遣使者来问相国在做些什么。相国因为皇上在军中，就努力安抚勉励百姓，把所有的东西都送去供应军需，就像平定陈豨叛乱时一样。有个说客对相国说：“您要不了多久就会遭受灭族的惨祸了。您位为相国，功居第一，难道还可以再增加吗？而您从刚进关中的时候起，就深得民心，到现在已有十多年了，百姓们都亲附您，您总是勤勉办事，得到百姓的欢心。皇上之所以屡次派人来问您的情况，是怕您利用自己的威望动摇关中。如今您何不多买些田地，并低价赊购、借贷来玷污自己，（如果这样做的话，）皇上对您就放心了。”于是相国听从了他的计策，高祖很是高兴。

上罢布军归，民道遮行上书，言相国贱强买民田宅数千万。〔1〕上至，相国谒。上笑曰：“夫相国乃利民！”〔2〕民所上书皆以与相国，曰：“君自谢民。”〔3〕相国因为民请曰：“长安地狭，上林中多空地，〔4〕弃，愿令民得入田，〔5〕毋收稿为禽兽食。”〔6〕上大怒曰：“相国多受贾人财物，〔7〕乃为请吾苑！”乃下相国廷尉，〔8〕械系之。〔9〕数日，王卫尉侍，〔10〕前问曰：“相国何大罪，陛下系之暴也？”〔11〕上曰：“吾闻李斯相秦皇帝，〔12〕有善归主，有恶自与。今相国多受贾竖金而为民请吾苑，〔13〕以自媚于民，故系治之。”王卫尉曰：“夫职事苟有便于民而请之，真宰相事，陛下奈何乃疑相国受贾人钱乎！且陛下距楚数岁，陈豨、黥布反，陛下自将而往，当是时，相国守关中，摇足则关以西非陛下有也。相国不以此时为利，今乃利贾人之金乎？且秦以不闻其过亡天下，李斯之分过，又何足法哉。陛下何疑宰相之浅也。”高帝不

怿。[14]是日,使使持节赦出相国。[15]相国年老,素恭谨,入,徒跣谢。[16]高帝曰:"相国休矣!相国为民请苑,吾不许,我不过为桀纣主,[17]而相国为贤相。吾故系相国,欲令百姓闻吾过也。"

【注释】〔1〕"强",音 qiǎng,强迫,强行。〔2〕"利民",谓取民田宅以为利。〔3〕"谢",认错,致歉。〔4〕"上林",秦汉时的皇家苑囿,故地在今陕西长安、周至、户县一带,占地广大,内有宫殿,并畜禽兽,供皇帝行猎。〔5〕"田",用作动词,谓耕之为田。〔6〕"稿",音 gǎo,禾秆。〔7〕"贾人",商人。"贾",音 gǔ。〔8〕"廷尉",官名,掌管刑狱,为九卿之一。〔9〕"械",镣铐、桎梏之类的刑具。"系",拘囚。〔10〕"卫尉",官名,掌管皇宫禁卫,为九卿之一。"王卫尉",史失其名,《史记》仅此一见。〔11〕"暴",急疾,突然。〔12〕"李斯",战国末楚国上蔡(今河南上蔡)人,入秦为客卿,先后任廷尉、丞相,辅佐秦始皇完成了统一事业,并推行一系列加强中央集权的政策。秦始皇死后,与赵高合谋杀秦始皇长子扶苏而立少子胡亥为二世皇帝。二世二年(公元前二〇八年),被赵高陷害,腰斩咸阳市中。详见本书《李斯列传》。"秦皇帝",即秦始皇。〔13〕"竖",奴仆。"贾竖",对商人的蔑称。〔14〕"怿",音 yì,高兴。〔15〕"节",符节,表示使者身份的凭证。〔16〕"徒跣",光着脚步行,这是一种请罪的表示。"跣",音 xiǎn。〔17〕"桀",即帝履癸,夏代最后一个王。"纣",即帝辛,商代最后一个王。二人都以暴虐无道著称。

【译文】高祖平定了黥布的叛乱,撤军返回长安。百姓们拦路上书告状,控告相国用低价强行购买民间的土地房屋,价值数千万之多。高祖回到宫中,相国前来拜见。皇上笑着说:"当相国的竟然侵夺民众的财产,为自己谋利!"把百姓们的控告信全部交给相国,说道:"你自己去向民众谢罪吧!"相国乘机为百姓们请求说:"长安一带地方狭窄,而上林苑中空地很多,白白地抛荒,希望下令让民众进去耕种,(收成后粮食归耕者所有,)禾秸则不许收走,留下来作苑中禽兽的食料。"高祖大发雷霆,说:"相国你大收商人的财物,却来讨取我的上林苑!"于是就下令把相国交给廷尉拘禁起来,还给他上了刑具。过了几天,一个姓王的卫尉侍从高祖,上前问道:"相国犯了什么大罪,陛下怎么突然把他关起来了?"高祖说:"我听说李斯担任秦始皇的宰相,办了好事都归功于主上,有了错误则自己承担。现在相国大量接受那些下贱的商人们的金钱,却来为百姓求取我的苑林,想以此来讨好百姓,所以我要把他关起来治罪。"王卫尉说:"要说在自己的职责范围之内,如果有对民众有利的事就为他们向陛下请求,这真是宰相应做的事,陛下怎么竟然怀疑相国接受了商人的贿赂呢?况且当初陛下与楚军相持不下,有几年之久,陈豨、黥布反叛时,陛下亲自率军外出平叛,在那个时候,相国留守关中,(如存异心,)只要稍有举动,函谷关以西的地方就不属陛下所有了。相国不在那时为自己谋利,现在难道会贪求商人的金钱吗?再说秦皇是因为不知道自己的过错而失去了天下,李斯为主上分担过错的做法,又有什么值得效法的呢?陛下怎么能用这种浅陋的眼光来怀疑宰相。"高祖听了,心中很不愉快。当天,派遣使者手持符节赦相国出狱。相国已经年老,平日一向谦恭谨慎,进宫拜见皇上时,光着脚步行表示谢罪。高祖说:"相国请别这样!相国为百姓请求上林苑中的空地,我不允许,不过是我成了桀、纣那样的昏暴君主,而相国却是贤明的宰相。我故意把相国关起来,是想让百姓们都知道我的过错。"

何素不与曹参相能,[1]及何病,孝惠自临视相国病,[2]因问曰:"君即百岁后,[3]谁可代君者?"对曰:"知臣莫如主。"孝惠曰:"曹参何如?"何顿首曰:"帝得之矣!臣死不恨矣!"

【注释】〔1〕"能",和睦,亲善。〔2〕"孝惠",刘邦子汉惠帝刘盈,公元前一九五年继位,在位七年病死。"惠"是他的谥号。汉代标榜以孝治天下,从惠帝起,每个皇帝的谥号前都加一"孝"字。〔3〕"百岁",死的委婉说法。

【译文】萧何向来与曹参不和,到萧何病重时,孝惠帝亲自去探望相国的病情,顺便问他:"您百岁之后,谁可以继代您的职位?"萧何回答说:"了解臣下的莫过于君主。"孝惠帝接着问:"曹参这个人怎么样?"萧何叩头说:"皇上您找到合适的人了!我死而无憾了!"

何置田宅必居穷处,[1]为家不治垣屋。曰:"后世贤,师吾俭;不贤,毋为势家所夺。"

【注释】〔1〕“穷处”，偏远的地方。

【译文】萧何购置土地房屋一定选择贫穷僻远的地方，营造宅第也从来不修建围墙。他说道：“后代子孙如果贤德，可以从中学我的俭朴；如果不贤无能，（这种房屋）也不会被有势力的人家所侵夺。”

孝惠二年，〔1〕相国何卒，谥为文终侯。

【注释】〔1〕“孝惠二年”，公元前一九三年。

【译文】孝惠帝二年，相国萧何去世，谥为文终侯。

后嗣以罪失侯者四世，绝，天子辄复求何后，封续酂侯，〔1〕功臣莫得比焉。

【注释】〔1〕萧何死后，子禄嗣封。禄死无子，当时执政的吕后就以萧何另一子同继承酂侯的封号（《汉书》以为同是萧何夫人），另封萧何幼子延为筑阳侯。文帝元年，同获罪削爵，延改封酂侯。延死，子遗嗣。遗死无子，文帝另封遗弟则为武阳侯。则因罪削爵，景帝以则弟嘉嗣封。嘉死，子胜嗣。元朔二年，胜又因罪失爵，武帝另封萧何曾孙庆为酂侯。庆死，子寿成嗣。元封四年，寿成因罪免侯。案，萧何子孙屡次因罪失侯，当时的皇帝又都随即别求萧何之后封侯嗣续，这是表示不忘萧何辅佐高祖开创基业的功勋。

【译文】萧何的后嗣有四世因为犯罪而失掉爵位，绝封；但天子总是又寻找萧何的后代，重新封为酂侯，其他功臣无人能与他相比。

太史公曰：萧相国何于秦时为刀笔吏，〔1〕录录未有奇节。〔2〕及汉兴，依日月之末光，〔3〕何谨守管籥，〔4〕因民之疾秦法，顺流与之更始。〔5〕淮阴、黥布等皆以诛灭，而何之勋烂焉。位冠群臣，声施后世，与闳夭、散宜生等争烈矣。〔6〕

【注释】〔1〕“刀笔吏”，古代在纸普遍使用以前，一般公文都用笔写在竹木简牍上，写错了就用刀刮去重写，因称从事文牍工作的小吏为“刀笔吏”。〔2〕“录录”，同“碌碌”，平平庸庸，无所作为。〔3〕“末光”，余光。“依日月之末光”，谓因追随高祖而成名。〔4〕“管籥”，锁钥。“籥”，音 yuè，通“钥”。〔5〕“更始”，更新，重新开始。〔6〕“闳夭、散宜生”，都是辅佐周文王开创周朝基业的名臣，其事迹详本书《周本纪》。“闳”，音 hóng。“烈”，光明。

【译文】太史公说：萧相国在秦朝的时候是一个文牍小吏，平平庸庸，无所作为，没有什么突出的表现。等到大汉兴起，他（追随高祖，）依靠日月余光的照耀，（才名显天下。）萧何谨慎地守护关中这一根本重地，利用民众痛恨秦朝严刑苛法，顺应时代的潮流，与百姓们一起更新政治。淮阴侯韩信及黥布等人都被诛杀，而萧何的功勋光辉灿烂。他位居群臣之首，声名流传后世，可以同周朝的闳夭、散宜生等争光比美了。

史记卷五十四

曹相国世家第二十四

平阳侯曹参者,[1]沛人也。[2]秦时为沛狱掾,[3]而萧何为主吏,[4]居县为豪吏矣。[5]

【注释】〔1〕"平阳",县名,秦汉时属河东郡,故治在今山西临汾西南。〔2〕"沛",县名,秦时属泗水郡,汉时属沛郡,故治即今江苏沛县。〔3〕"狱掾",郡县中主管刑狱事务的吏员。"掾",音yuàn,长官属吏的通称。〔4〕"萧何",沛县丰邑(今江苏丰县)人,秦末为沛主吏,后随刘邦起兵反秦,是刘邦的主要谋臣;在楚汉战争中,萧何任丞相,留守关中,不断以人员物资支援刘邦,天下既定,论功第一,拜为相国,封酂侯(酂音cuó),汉代的律令典章多其制定。详见本书《萧相国世家》。"主吏",即主吏掾,为郡县长官的属吏,主管人事考绩,记录吏员的功过。〔5〕"豪吏",有势力和威望的吏员。

【译文】平阳侯曹参是沛县人。他在秦朝时当沛县的狱吏,而萧何任主吏掾,两人在县里是有权势威望的吏员。

高祖为沛公而初起也,参以中涓从。[1]将击胡陵、方与,[2]攻秦监公军,[3]大破之。东下薛,[4]击泗水守军薛郭西。[5]复攻胡陵,取之。徙守方与。方与反为魏,[6]击之。丰反为魏,[7]攻之。赐爵七大夫。[8]击秦司马尼军砀东,[9]破之,取砀、狐父、祁善置。[10]又攻下邑以西,[11]至虞,[12]击章邯车骑。[13]攻爰戚及亢父,[14]先登。[15]迁为五大夫。[16]北救阿,[17]击章邯军,陷陈,[18]追至濮阳。[19]攻定陶,[20]取临济。[21]南救雍丘,[22]击李由军,[23]破之,杀李由,虏秦候一人。[24]秦将章邯破杀项梁也,[25]沛公与项羽引而东。[26]楚怀王以沛公为砀郡长,[27]将砀郡兵。于是乃封参为执帛,[28]号曰建成君。[29]迁为戚公,[30]属砀郡。

【注释】〔1〕"中涓",原指主管宫中洒扫之事的小臣,此处用来借指亲近的侍从。〔2〕"将",音jiàng,用作动词,统率军队。"胡陵",秦县名,属薛郡,故治在今山东鱼台东南。"方与",音fáng yù,秦县名,属薛郡,与胡陵接境,故治在今鱼台西。〔3〕"监",郡监,亦即监郡御史。秦时每郡设三名主要官员:郡守是行政长官,都尉负责军事,监郡御史则监察官吏。"公",尊称。据本书《高祖本纪》及《樊郦滕灌列传》,此秦监公是泗水郡监,名平,后降于萧何、夏侯婴。〔4〕"薛",秦县名,属薛郡,故治在今山东滕县东南。〔5〕"泗水",秦郡名,治所在沛(今江苏沛县),辖境约相当于今江苏、安徽两省淮河以北,宿迁、泗洪以西,萧县、涡阳、凤台以东地区。"守",郡守。"郭",外城。〔6〕"魏",指魏王咎。陈胜起义后,战国时六国的旧贵族也纷纷起兵反秦,图谋复国,魏国旧贵族即迎立故宁陵君魏咎为魏王。当时魏相周市(音fú)正率军东攻丰、沛,扩充地盘。〔7〕"丰",沛县属邑,刘邦的故乡,故地在今江苏丰县。当时守丰的是雍齿,他背叛刘邦,以城降魏。〔8〕"七大夫",秦军功爵分二十级,其第七级为"公大夫",又称"七大夫"。〔9〕"司马",军中掌管军政、兵员的武官。"尼",音yí,是"夷"字的古体。"砀",音dàng,秦县名,属砀郡,故治在今河北永城北。〔10〕"狐父",古地名,故地在今安徽砀山东南。"祁",古城邑名,故地在今

砀山西。“置”，驿站。“善置”，当时属祁。〔11〕“下邑”，秦县名，属砀郡，故治即今安徽砀山。〔12〕“虞”，秦县名，属砀郡，故治在今河南虞城北。〔13〕“章邯”，秦军将领，秦二世时官少府，受命把郦山刑徒改编为军队，统率前往镇压反秦武装，先后攻破周章、陈胜、项梁、魏咎等军，后兵败降于项羽，被封为雍王。刘邦自汉中东出争天下，章邯败走自杀。其事迹可参看本书《项羽本纪》和《高祖本纪》的有关记载。〔14〕“爰戚”，秦县名，属砀郡，故治在今山东嘉祥南。“亢父”，秦县名，属砀郡，故治在今山东济宁市南。〔15〕“先登”，谓首先攻上城墙。〔16〕“五大夫”，二十级军功爵中的第九级。〔17〕“阿”，即东阿，秦县名，属东郡，故治在今山东阳谷东北。当时齐将田荣正被秦军围困在东阿。〔18〕“陈”，音 zhèn，通“阵”。〔19〕“濮阳”，秦县名，故治亦即东郡治所，在今河南濮阳西南。〔20〕“定陶”，秦县名，属东郡，故治在今山东定陶西北。〔21〕“临济”，秦亭名，故地在今河南长垣南济水北岸。〔22〕“雍丘”，或作“雝丘”，秦县名，属砀郡，故治即今河南杞县县城。〔23〕“李由”，秦丞相李斯之子，当时任三川郡守，率军配合章邯与反秦武装作战。〔24〕“虏”，通“掳”。“候”，军候，维持军纪的执法官。〔25〕“项梁”，下相（今江苏宿迁西南）人，项羽的叔父，为楚将项燕之子，秦二世元年（公元前二〇九年）九月，在吴中（今江苏南部地区）起兵反秦，后自号武信君，又奉楚怀王之孙心为王，于秦二世三年九月进军定陶，因连战皆捷而骄傲轻敌，被秦将章邯夜袭击破，败死。其事迹可参见本书《项羽本纪》。〔26〕“引”，退兵。“东”，用作动词，东行。〔27〕“楚怀王”，战国时的楚怀王熊相在公元前二九九年受秦昭王的诱骗入秦约盟，被拘不得归，死在秦国。楚国人一直很怀念他。楚国灭亡，楚怀王的一个孙子名心的，流落在民间替人放羊，项梁起兵后把他找到立为楚王，仍称楚怀王，以号召楚人起来反秦复国。此楚怀王心后又称义帝，被项羽派人击杀。“砀郡”，秦郡名，治所在睢阳（今河南商丘市南），辖境约相当于今河南开封、通许以东，永城以北，山东曹县、嘉祥以南，以及安徽金乡、砀山、亳县等地。“砀郡长”，即砀郡的郡守，称郡守为“长”，是沿用战国时楚国的官称。〔28〕“执帛”，楚国的爵名。〔29〕“建成”，秦县名，属砀郡，故治在今河南永城东南。〔30〕“戚”，即爰戚，秦县名，见前注。“戚公”，爰戚县令。县令称“公”，是沿用战国时楚国的官称。

【译文】高祖自立为沛公起兵反秦，一开始曹参就以中涓的身份追随他。曹参曾率领军队进击胡陵、方与，攻打秦朝泗水郡郡监的军队，把他们打得大败。又向东攻下薛县，在薛县外城的西面攻击泗水郡郡守的军队。再次攻打胡陵，拿下了这个地方。然后率军转移防守方与，而方与背叛沛公倒向魏王，曹参就攻打方与。丰邑当时也反叛投魏，曹参又率军攻打丰邑。（因为屡建军功，）沛公赐给他七大夫的爵位。以后又在砀县的东面攻打秦朝司马尸的军队，打败秦军，攻取了砀县、狐父和祁城的善置。还进攻下邑向西进军，到达虞县，进击秦将章邯率领的车队和骑兵。攻打爰戚和亢父，曹参身先士卒，最早登上城墙，爵位升迁为五大夫。又向北救援被秦军围困的东阿，攻打章邯的军队，冲进敌阵，追击敌军直至濮阳。转攻定陶，占领临济。南下救援雍丘，击溃了秦将李由的军队，杀死了李由，并且俘虏秦军军候一人。当时秦将章邯击溃了项梁的军队，杀死了项梁，沛公和项羽都领兵向东退却。楚怀王任命沛公为砀郡长，统率砀郡的军队。在这时沛公就封曹参为执帛，号称建成君。又迁任爰戚县县令，隶属于砀郡。

其后从攻东郡尉军，[1]破之成武南。[2]击王离军成阳南，[3]复攻之杠里，[4]大破之。追北，[5]西至开封，[6]击赵贲军，[7]破之，围赵贲开封城中。西击秦将杨熊军于曲遇，[8]破之，虏秦司马及御史各一人。[9]迁为执珪。[10]从攻阳武，[11]下轘辕、缑氏，[12]绝河津，[13]还击赵贲军尸北，[14]破之。从南攻犨，[15]与南阳守齮战阳城郭东，[16]陷陈，取宛，[17]虏齮，尽定南阳郡。从西攻武关、峣关，[18]取之。前攻秦军蓝田南，[19]又夜击其北，秦军大破，遂至咸阳，[20]灭秦。

【注释】〔1〕“东郡”，秦郡名，治所在濮阳（今河南濮阳市西南），辖境约相当于今山东茌平、东阿、梁山、成武以西，河南南乐、濮阳、滑县、延津以东地区。“尉”，郡尉，负责一郡军事的官员。〔2〕“成武”，秦县名，属东郡，故治即今山东成武。〔3〕“王离”，秦名将王翦的孙子，当时爵武城侯，为章邯部将，后在巨鹿之战中被项羽俘虏。“成阳”，秦县名，属东郡，故治在今山东鄄城东南。〔4〕“杠里”，城邑名，在成阳西。〔5〕“追北”，追击败军。“北”，败逃。〔6〕“开封”，秦县名，属砀郡，故治在今河南开封市南。〔7〕“赵贲”，秦将。“贲”，

音 bēn。〔8〕“杨熊”，秦将，后因开封、曲遇之败被秦二世处死。“曲遇”，秦城邑名，故地在今河南中牟县东。〔9〕“御史”，监察官员。秦时军中有御史监军。〔10〕“执珪”，楚国官爵名，位相当于侯伯。〔11〕“阳武”，秦县名，属三川郡，故治在今河南原阳东南。〔12〕“轘辕”，音 huán yuán，山名，在河南偃师东南，与登封、巩县接界；山道盘旋，形势险要，是兵家必守之地。“缑氏”，秦县名，属三川郡，故治在今偃师东南。“缑”，音 gōu。〔13〕“津”，渡口。“河津”，指黄河古渡平阴津，故地在今河南孟津东北。〔14〕“尸”，即尸乡，为秦三川郡郡治雒阳东面的一个聚邑，故地在今河南偃师西。〔15〕“犨”，音 chóu，秦县名，属南阳郡，故治在今河南鲁山东南。〔16〕“南阳”，秦郡名，治所在宛（今河南南阳市），辖境约相当于今河南鲁山、南召及伏牛山以南，方城、泌阳、桐柏以西，湖北随州、襄樊二市及谷城以北地区。“守”，郡守，郡的最高行政长官。“齮”，音 yǐ，秦南阳郡守的名字，据荀悦《汉纪》记载，其人姓吕。“阳城”，秦县名，属南阳郡，故治在今河南方城东。〔17〕“宛”，秦县名，故治即南阳郡治，在今河南南阳市。〔18〕“武关”，故址在今陕西商南南，是关中地区东部的重要关隘。“峣关”，故址在今陕西蓝田东南，因临峣山得名，比武关更接近秦都咸阳。“峣”，音 yáo。〔19〕“蓝田”，秦县名，属内史，故治在今陕西蓝田西。〔20〕“咸阳”，秦王朝首都，故地在今陕西咸阳市东北。

【译文】后来曹参又跟随沛公进攻秦朝东郡郡尉的军队，在成武南面战胜这支敌军。在成阳南面攻击秦将王离的军队，到了杠里再次发动攻击，大获全胜。一路追击，向西到达开封。又进击秦将赵贲的军队，打败了这支敌军，把赵贲围困在开封城中。向西又在曲遇攻击并打败了秦将杨熊的军队，俘获秦军司马和监军御史各一人。爵位迁升为执珪。后又跟随沛公攻打阳武，攻下轘辕、缑氏，封锁了平阴地方的大河渡口，回军在尸乡北面击溃了赵贲的军队。又跟随沛公向南攻打犨县，在阳城外城东面与秦朝南阳郡守齮交战，冲进敌阵，攻下宛县，俘虏了齮，全部平定了南阳郡。跟随沛公向西进攻武关、峣关，夺取了这两个关隘。继续前进，在蓝田县南面攻打秦军，又在夜间攻击秦军北侧，把他们打得大败，于是就进军到达咸阳，灭亡了秦朝。

项羽至，以沛公为汉王。〔1〕汉王封参为建成侯。从至汉中，〔2〕迁为将军。从还定三秦，〔3〕初攻下辩、故道、雍、斄。〔4〕击章平军于好畤南，〔5〕破之，围好畤，取壤乡。〔6〕击三秦军壤东及高栎，〔7〕破之。复围章平，章平出好畤走。因击赵贲、内史保军，〔8〕破之。东取咸阳，更名曰新城。参将兵守景陵二十日，〔9〕三秦使章平等攻参，参出击，大破之。赐食邑于宁秦。〔10〕参以将军引兵围章邯于废丘。〔11〕以中尉从汉王出临晋关。〔12〕至河内，〔13〕下修武，〔14〕渡围津，〔15〕东击龙且、项他定陶，〔16〕破之。东取砀、萧、彭城。〔17〕击项籍军，〔18〕汉军大败走。参以中尉围取雍丘。王武反于外黄，〔19〕程处反于燕，〔20〕往击，尽破之。柱天侯反于衍氏，〔21〕又进破取衍氏。击羽婴于昆阳，〔22〕追至叶。〔23〕还攻武强，〔24〕因至荥阳。〔25〕参自汉中为将军中尉，从击诸侯及项羽，败，还至荥阳，凡二岁。

【注释】〔1〕“以沛公为汉王”，项羽入关后，自立为西楚霸王，又封十八人为王，刘邦被封为汉王，封国包括汉中、巴、蜀三郡，都南郑。详见本书《项羽本纪》及《高祖本纪》。〔2〕“汉中”，秦郡名，治所在南郑（今陕西汉中市东），辖境约相当于今陕西秦岭以南，湖北郧县、房县及十堰市以西地区。〔3〕“三秦”，项羽把秦王朝首都所在的关中地区一分为三，封给秦三降将：章邯被封为雍王，领有今陕西中部咸阳以西及甘肃东部地区；司马欣被封为塞王，领有今陕西中部咸阳以东地区；董翳被封为翟王，领有今陕西北部地区；合称“三秦”。项羽封此三王，是要他们阻扼刘邦出汉中争天下的通道。〔4〕“下辩”，县名，故治在今甘肃成县东北。“故道”，县名，故治在今陕西宝鸡市西南，当连接关中和汉中的陈仓道南口。“雍”，县名，故治在今陕西凤翔西南。“斄”，音 tái，县名，故治在今陕西武功西。此四县当时都是雍王章邯的领地。〔5〕“章平”，章邯之弟，后被汉军俘虏。“好畤”，县名，故治在今陕西乾县东，当时是雍王章邯领地。“畤”，音 zhì。〔6〕“壤乡”，聚邑名，故地在今陕西武功南。〔7〕“壤”，即壤乡。“高栎”，聚邑名，与壤乡邻近。“栎”，音 lì。〔8〕“内史”，官名，在秦时为京师行政长官，秦汉之际项羽所封的诸侯王国可能亦设内史以掌管王国政务。此“内史保”当是三秦某王的内史，史失其姓。〔9〕“景陵”，地名，当在关中，确切地点失考。〔10〕“宁秦”，县名，故治在今陕西华阴东，本为塞王司马欣领地。〔11〕“废丘”，县名，故治在今陕西兴平东南，当时是雍王章邯的都城。〔12〕“中尉”，官名，掌管王国都城治安。“临晋关”，故址在今陕西大荔东，东临黄河，河东即三晋地，故名。〔13〕“河内”，指今河南境内林县、安阳及太行山以南，鹤壁、滑县以西，新乡、武陟以北，济源、孟县以东地区，当时是项羽所封的殷王司马卬的领地。〔14〕“修武”，县名，故治在今河南获嘉东，当时是殷王司马卬领地。〔15〕“围津”，即白马津，当时黄河的一个渡口，故址在今河南滑县东北。〔16〕“龙且”，项羽部下大将，曾任司马，又称司马龙且，后在汉三年(公元前二〇三年)十一月被汉将韩信、灌婴攻杀。“且”，音 jū。“项他”，又作“项它”、“项佗”，项羽的亲属，当时任魏相。后来投降刘邦，汉初被封为平皋侯，赐姓刘。“他”，音 tuō。〔17〕“萧”，县名，故治在今安徽萧县东南，当时属项羽。“彭城”，县名，故治即今江苏徐州市，当时是项羽的都城。〔18〕“项籍”，即项羽。羽是字，籍是名。〔19〕“王武”，汉将，当时为柘县(今河南柘城)县令，称“柘公”，因汉军大败而叛汉投楚。“外黄”，县名，故治在今河南民权西北，本为项羽领地，前已被汉军攻克。〔20〕“程处”，汉将，时因汉军大败而叛变。“燕”，县名，故治在今河南延津东北，本为项羽领地，前已被汉军攻克。〔21〕“柱天侯”，司马贞《索隐》作“天柱侯”，其人姓名无考，当亦汉将，因汉军大败而叛变。“衍氏”，聚邑名，故地在今河南郑州北。〔22〕“羽婴”，楚将。“昆阳”，县名，故治即今河南叶县，当时属楚。〔23〕“叶”，县名，故治在今河南叶县西南，当时属楚。〔24〕“武强”，聚邑名，故地在今河南郑州东北。〔25〕“荥阳”，县名，故治在今河南荥阳东北，时刘邦率军在此与项羽对峙。

【译文】项羽来到关中，封沛公为汉王，汉王封曹参为建成侯。曹参跟着汉王到汉中，升任将军。又随从汉王回军平定三秦，先是进攻下辩、故道、雍县、斄县。在好畤南面进攻并战胜了章平的军队，围困好畤，攻取壤乡。在壤乡东面以及高栎进击三秦的军队，把他们击溃。又回军包围章平，章平从好畤突围出逃。曹参于是进攻赵贲和内史保的军队，打败了他们。向东攻取了咸阳，把咸阳改名为新城。曹参带领军队驻守景陵二十天，三秦方面派遣章平等攻打曹参，曹参领兵出击，大败敌军。汉王把宁秦赐给他当食邑。曹参以将军的身份带兵把章邯包围在废丘，又以中尉的身份跟随汉王出临晋关，到达河内地区，攻下修武，渡过围津，东进定陶攻击龙且、项他的军队，打败了他们。向东攻取砀县、萧县和彭城。在进击项羽军队的战斗中，汉军大败溃逃。曹参以中尉的身份率军包围并攻取了雍丘。当时王武在外黄叛变，程处在燕县叛变，曹参前往攻击，全部击溃叛军。柱天侯又在衍氏反叛，曹参又进军打败柱天侯，攻下衍氏。接着在昆阳打败羽婴，一直追击到叶县。又回军进攻武强，从而到达荥阳。曹参自从在汉中担任将军、中尉，跟随汉王出汉中攻打诸侯和项羽，到被项羽打败，回军荥阳，前后共两年时间。

高祖二年，〔1〕拜为假左丞相，〔2〕入屯兵关中。月余，魏王豹反，〔3〕以假左丞相别与韩信东攻魏将军孙遬军东张，〔4〕大破之。因攻安邑，〔5〕得魏将王襄。击魏王于曲阳，〔6〕追至武垣，〔7〕生得魏王豹。取平阳，〔8〕得魏王母妻子，尽定魏地，凡五十二城。赐食邑平阳。因从韩信击赵相国夏说军于邬东，〔9〕大破之，斩夏说。韩信与故常山王张耳引兵下井陉，〔10〕击成安君，〔11〕而令参还围赵别将戚将军于邬城中。〔12〕戚将军出走，追斩之。乃引兵诣敖仓汉王之所。〔13〕韩信已破赵，为相国，〔14〕东击齐。〔15〕参以右丞相属韩信，〔16〕攻破齐历下军，〔17〕遂取临淄。〔18〕还定济北郡，〔19〕攻著、漯阴、平原、鬲、卢。〔20〕已而从韩信击龙且军于上假密，〔21〕大破之，斩龙且，虏其将军周兰。定齐，凡得七十余县。得故齐王田广相田光，〔22〕其守相许章，〔23〕及故齐胶东将军田既。〔24〕韩信为齐王，〔25〕引兵诣陈，〔26〕与汉王共破项羽，而参留平齐未服者。

【注释】〔1〕“高祖二年”，公元前二〇五年。〔2〕“假”，暂时代理。“丞相”，辅佐国君处理政务的最高级官职。丞相或分左右，以右为尊。〔3〕“魏王豹”，战国末魏国宗室贵族宁陵君魏咎之弟。秦末部分反秦武装拥立魏咎为魏王，魏咎被秦将章邯攻破自焚，魏豹继立为魏王，追随项羽。后项羽欲自领魏地，改封魏豹为西魏王，魏豹因此对项羽不满，在楚汉战争初期归顺刘邦，不久又叛汉，为汉将韩信、曹参等俘送荥阳，随即遇害。详见本书《魏豹彭越列传》。〔4〕“韩信”，淮阴(今江苏淮阴市东南)人，初从项羽，后归刘邦，由萧何推荐而被刘

邦拜为大将,在刘邦击败项羽统一全国的战争中起了很大的作用。曾自立为齐王,刘邦改封他为楚王,又降封为淮阴侯。高祖十一年(公元前一九六年)因谋反被吕后诱杀于长安。详见本书《淮阴侯列传》。“遫”,音 sù。“东张”,聚邑名,秦时属河东郡蒲坂县,故地在今山西永济西北。〔5〕“安邑”,县名,秦时为河东郡郡治所在,故地在今山西夏县西北。〔6〕“曲阳”,县名,秦时属恒山郡,故治在河北曲阳西。〔7〕“武垣”,县名,秦时属巨鹿郡,故治在今河北河间西南。〔8〕“平阳”,时为魏豹的国都。〔9〕“相国”,官名,职同丞相而位望稍尊。“夏说”,陈余部将。陈余拥立战国时赵国宗室贵族赵歇为赵王,赵王歇又封陈余为代王。陈余留赵辅佐赵王,任命夏说为代相国守代。赵、代当时都与汉为敌。此谓夏说为赵相国,似有误。“说”,音 yuè。“邬”,县名,秦时属太原郡,当时为代国领有,故治在今山西太原东北。〔10〕“张耳”,大梁(今河南开封市)人,战国末曾为魏公子信陵君门客,秦时变姓名逃亡,一度参加陈胜起义军,又先后拥立武臣、赵歇为赵王。秦亡后,项羽封张耳为恒山王。后张耳归汉,被刘邦封为赵王,高祖五年(公元前二〇二年)去世,谥景。详见本书《张耳陈余列传》。“常山”,本作恒山,后避汉文帝刘恒讳改常山。秦郡名,治所在东垣(今河北石家庄市东),辖境约相当于今河北恒山及满城以南,保定、安国、栾城以西,赞皇、高邑以北,太行山以东地区。“井陉”,即井陉口,当时的一个军事要隘,故地在今河北井陉东北井陉山上。“陉”,音 xíng。〔11〕“成安君”,即陈余,大梁(今河南开封市)人,秦末曾与张耳一起参加陈胜起义军,又共同先后拥立武臣、赵歇为赵王,被赵歇封为成安君。后在秦将章邯围攻邯郸时与张耳反目成仇。张耳投汉,陈余被赵王歇立为代王,举赵、代二国之兵与汉为敌。汉三年(公元前二〇四年)兵败被杀。详见本书《张耳陈余列传》。〔12〕“别将”,另外一支军队的将领,偏将。〔13〕“敖仓”,秦代的一个大粮仓,故址在今河南荥阳北敖山上,地当黄河、济水分流处,是漕粮集中地。楚汉战争时,刘邦夺取此仓,以供军需。〔14〕“韩信已破赵,为相国”,当时刘邦封张耳为赵王,任韩信为赵相国。〔15〕“东击齐”,当时的齐王是田广,与汉为敌。〔16〕“属”,音 shǔ,隶属。〔17〕“历下”,聚邑名,因在历山下而得名,秦属济北郡历城县,时为齐地,故地在今山东济南市西。〔18〕“临淄”,县名,齐都所在,秦时属临淄郡,故地在今山东淄博市东。〔19〕“济北”,秦汉间郡名,治所在博阳(今山东泰安市东南),辖境约相当于今山东阳信、邹平、莱芜以西,泰安市、肥城以北,平阴、禹城、德州市以东,以及河北海兴、盐山等地。〔20〕“著”,县名,时属济北郡,故治在今山东济阳西。“漯阴”,县名,时属济北郡,故治在今山东禹城东。“平原”,县名,时属济北郡,故治在今山东平原南。“鬲”,县名,时属济北郡,故治在今山东德州市东南。“卢”,县名,时属济北郡,故治在今山东平阴东北。〔21〕“上假密”,即高密,县名,秦时属胶东郡,故治在今山东高密西。一说上假密为亭名,故地在今山东诸城东北。〔22〕“田广”,齐国旧贵族田荣之子。秦末田荣与其弟田横同随从兄田儋起兵反秦,田儋自立为齐王,后被秦军攻杀。经过一番角逐,田荣成了齐王,项羽伐齐,田荣兵败走死。田横乃立田荣子田广为王。田广后被汉军俘杀。“相”,官名,国中百官之长,辅佐国君处理政务。当时各诸侯国的相或称相、或称丞相、或称相国。“田光”,据本书《田儋列传》及《樊郦滕灌列传》,田光是守相,败走城阳被汉将灌婴追杀。当时真正的齐相是田横。〔23〕“守相”,留守代理之相。时齐相田横领兵在外,所以别置守相。〔24〕“胶东”,秦置胶东郡,治所在即墨(今山东平度东南),辖境约相当于今山东胶莱河以东及昌邑、潍县、安丘地。秦汉间项羽以其地封田市(音 fú)为胶东王,田荣击杀田市,地乃属齐。〔25〕“韩信为齐王”,韩信定齐后,自立为假齐王(暂时代理的齐王),刘邦不得已承认既成事实,正式封韩信为齐王。〔26〕“陈”,县名,秦时为陈郡郡治所在,故地即今河南淮阳。

【译文】高祖二年,曹参被任命为代理左丞相,进入关中屯兵驻守。过了一个多月,魏王豹叛变,曹参以代理左丞相的身份,与韩信分别率领军队向东进军,在东张地方攻打魏王将军孙遬的军队,大败魏军。从而进攻安邑,俘虏了魏将王襄。在曲阳攻击魏王豹,追到武垣,把他活捉了。接着攻下平阳,俘获魏王的母亲和妻子儿女,全部平定了魏地,总计得到了五十二座城。汉王把平阳赐给曹参作为食邑。接着曹参又跟随韩信在邬县东面进击赵相国夏说的军队,大获全胜,杀死了夏说。韩信和原常山王张耳带兵直下井陉,进攻成安君,命令曹参回军把赵国偏将戚将军围困在邬县城中。戚将军突围出逃,曹参追上把他杀了。于是就带兵前往汉王所在的敖仓。韩信攻破赵国以后,被汉王任命为赵相国,率军东进,攻打齐国。曹参以右丞相的身份隶属韩信,击败齐国部署在历下的军队,从而夺取临淄。又回军平定济北郡,攻占著县、漯阴、平原、鬲县、卢县等地。不久,又跟随韩信在上假密大败龙且的军队，杀死了龙且，俘虏了这支军队的将军周兰。平定齐国，共得七十多个县。还活捉了原齐王田广的丞相田光、留守的代理丞相许章，以及原齐国的胶东将军田既。韩信当了齐王，带兵去陈郡与汉王会合，一起攻破项羽，而曹参就留在齐地平定那些还没有归服的地方。

项籍已死，天下定，汉王为皇帝，[1]韩信徙为楚王，齐为郡。参归汉相印。高帝以长子肥为齐王，[2]而以参为齐相国。以高祖六年赐爵列侯，[3]与诸侯剖符，[4]世世勿绝。食邑平阳万六百三十户，号曰平阳侯，除前所食邑。

【注释】〔1〕“汉王为皇帝”，时为汉五年（公元前二〇二年）。〔2〕“肥”，刘邦长子刘肥，庶出，母为曹氏。高祖六年（公元前二〇一年）被封为齐王，封地包括胶东、胶西、临淄、济北、博阳、城阳等郡的七十三县，都临淄（在今山东淄博市东）。刘肥在位十三年，于惠帝六年（公元前一八九年）去世，谥悼惠。详见本书《齐悼惠王世家》。〔3〕“列侯”，秦爵二十等，彻侯最尊，汉因之，后避汉武帝刘彻讳改称通侯，又称列侯。汉代的列侯有自己的封国（侯国），爵位可以世袭。〔4〕“符”，信符，封爵的凭证。剖符是把符一剖为二，其一授予受封的诸侯，其一留在朝廷，以示信用。

【译文】项羽死后，天下全部平定，汉王做了皇帝。韩信被改封为楚王，齐地成了朝廷管辖的郡，曹参把丞相的印玺归还朝廷。高祖封长子刘肥为齐王，任命曹参为齐相国。曹参在高祖六年被赐给列侯的爵位，与其他列侯一起剖符受封，封爵世世代代传承不绝。曹参以平阳地方的一万六百三十户作为封邑，封号为平阳侯，而削除以前受封的食邑。

以齐相国击陈豨将张春军，[1]破之。黥布反，[2]参以齐相国从悼惠王将兵车骑十二万人，与高祖会击黥布军，大破之。南至蕲，[3]还定竹邑、相、萧、留。[4]

【注释】〔1〕“陈豨”，宛朐（今山东菏泽西南，朐音 qú）人，从刘邦起兵，以功封阳夏侯，官巨鹿郡守，后任赵相国，统率赵、代边兵。因结客养士，为朝廷所疑，于高祖十年（公元前一九七年）反，勾结匈奴，自立为代王，高祖十二年冬兵败被杀。详见本书《韩信卢绾列传》。“豨”，音 xī。〔2〕“黥布”，六（今安徽六安市）人，本姓英，因曾受黥刑，所以又称黥布。秦末率刑徒起义，从项羽破秦兵，屡次以少胜多，破关入咸阳后，被项羽封为九江王。后与项羽发生矛盾，归投刘邦，刘邦立之为淮南王。韩信、彭越被杀后，黥布心中恐慌，于高祖十二年（公元前一九五年）举兵反，不久败走番阳（今江西波阳东北，番音 pó），被杀。详见本书《黥布列传》。〔3〕“蕲”，音 qí，县名，秦属泗水郡，汉属沛郡，故治在今安徽宿州市南，当时是黥布的领地。〔4〕“竹邑”，县名，故治在今安徽宿州市北。“相”，县名，故治在今安徽淮北市西北。“萧”，县名，故治在今安徽萧县西北。“留”，县名，故治在今江苏沛县东南。此四县秦属泗水郡，汉属沛郡，当时都是黥布的领地。

【译文】后来曹参以齐相国的身份进击陈豨部将张春的军队，把他们打垮。黥布反叛，曹参作为齐相国又跟随齐悼惠王刘肥率领步兵、车队、骑兵等共十二万人，与高祖会合，一起攻打黥布的军队，打得他们大败，向南一直追击到蕲县，又回军平定竹邑、相县、萧县、留县。

参功：凡下二国，县一百二十二；得王二人，相三人，将军六人，大莫敖、[1]郡守、司马、候、御史各一人。

【注释】〔1〕“大莫敖”，战国时楚国官名，位次于令尹（相），相当于中原各国的卿。项羽楚人，沿用楚国官称。此大莫敖姓名不详，当是项羽部属。

【译文】曹参的功绩：总共攻下两个诸侯国，一百二十二个县；活捉王二人，相三人，将军六人，大莫敖、郡守、司马、军候、御史各一人。

孝惠帝元年，[1]除诸侯相国法，更以参为齐丞相。参之相齐，齐七十城。[2]天下初定，悼惠王富于春秋，[3]参尽召长老诸生，问所以安集百姓，如齐故诸儒以百数，[4]言人人殊，参未知所定。闻胶西有盖公，[5]善治黄老言，[6]使人厚币请之。[7]既见盖公，盖公为言治道贵清静而民自定，推此类具言

之。参于是避正堂，舍盖公焉。其治要用黄老术，故相齐九年，齐国安集，大称贤相。

【注释】〔1〕“孝惠帝元年”，公元前一九四年。〔2〕“齐七十城”，刘肥的封国有七十三县，此言“七十城”，是举其约数。〔3〕“富于春秋”，春秋谓年岁。富于春秋指年轻，来日方长。〔4〕“如”，这里用为连词，相当于“而”。〔5〕“胶西”，郡名，时属齐国，治所在高密（今山东高密西南），辖境约相当于今山东半岛胶莱河以西，高密以北地区。“盖”，音 gě，姓。〔6〕“黄老言”，指道家学说。“黄”指黄帝，为传说中上古的圣帝；“老”指老子，即老聃，春秋战国时人，《道德经》的作者。道家尊黄帝、老子为祖，其书亦多托名黄帝、老子。〔7〕“币”，本指缯帛，古代往往以缯帛作为赠送宾客的礼物，后因泛称礼品财物为币。

【译文】孝惠帝元年废除了诸侯王国设相国的法令，改任曹参为齐丞相。曹参当齐国的相，那时齐国有七十座城。天下刚刚平定，悼惠王还年轻，曹参把齐地受人尊敬的老年有德之人和儒生全都召来，向他们请教安抚百姓的办法。而齐国原先的儒生有好几百人，所说的话各不相同，曹参不知如何决定。他听说胶西地方有个盖公，擅长于研究道家黄老学说，就派人致送厚礼把他请来。同盖公相见后，盖公给他讲治理国家应该崇尚清静无为而百姓自然安定，以此类推地讲了许多道理。曹参于是就让出自己居住的正房，请盖公住进去。他治理国家主要就是采用黄老的一套办法，所以担任齐国丞相九年，齐国形势稳定，百姓安居乐业，被人们盛赞是个贤明的丞相。

惠帝二年，萧何卒。参闻之，告舍人趣治行，〔1〕“吾将入相”。居无何，〔2〕使者果召参。参去，属其后相曰：〔3〕“以齐狱市为寄，〔4〕慎勿扰也。”后相曰：“治无大于此者乎？”参曰：“不然。夫狱市者，所以并容也，〔5〕今君扰之，奸人安所容也？〔6〕吾是以先之。”

【注释】〔1〕“舍人”，王侯贵官身边门客侍从的通称。“趣”，音 cù，催促。“治行”，整理行装。〔2〕“居无何”，过了不多久。〔3〕“属”，音 zhǔ，通“嘱”。〔4〕“狱市”，监狱和市场。“为寄”，当作寄管之物。意谓维持原状，勿作变动〔5〕“并容”，兼容并蓄，善人恶人都在其中。〔6〕“奸人”，为非作歹的恶人。

【译文】惠帝二年，萧何去世。曹参听到这个消息就告诉自己身边的舍人赶快整理行装，说：“我马上要去长安担任朝廷的相国了。”过了不多久，果然有使者来召曹参入朝。曹参离开齐国前嘱咐接任的齐国丞相说：“你要把齐国的监狱和市场当作寄管的物品，千万别去扰乱变动。”后任的齐国丞相问道：“治理国家难道没有比这更重要的吗？”曹参说：“不能那样想。监狱和市场，是好人坏人都能容纳的地方，你如果随意去扰乱变动，（采用严厉的手段，）那叫坏人到何处安身？（无处安身，他们就会到处作乱，）所以我首先把这一点提出来。”

参始微时，〔1〕与萧何善；及为将相，有郤。〔2〕至何且死，〔3〕所推贤唯参。参代何为汉相国，举事无所变更，一遵萧何约束。〔4〕

【注释】〔1〕“微时”，身份卑微，尚未显达之时。〔2〕“郤”，音 xì，通“隙”，嫌隙，隔阂。〔3〕“且”，即将。〔4〕“约束”，此指规约、章法。

【译文】曹参微贱时，与萧何很要好；做了将相以后，两人有了隔阂。到萧何病重将死时，他向皇帝推荐的贤才只有曹参一人。曹参接替萧何当汉朝的相国，所做的事情与萧何生前毫无变更，完全遵循萧何制定的法规。

择郡国吏木诎于文辞，〔1〕重厚长者，〔2〕即召除为丞相史。〔3〕吏之言文刻深，〔4〕欲务声名者，辄斥去之。日夜饮醇酒。〔5〕卿大夫已下吏及宾客见参不事事，〔6〕来者皆欲有言。至者，参辄饮以醇酒，间之，〔7〕欲有所言，复饮之，醉而后去，终莫得开说，以为常。

【注释】〔1〕“木”，木讷，质朴。“诎”，音 qū，言语钝拙。〔2〕“重厚”，庄重忠厚。〔3〕“除”，任命。“丞相史”，丞相属吏。〔4〕“言文”，花言巧语，善于言辩。“刻深”，用心苛刻严酷。〔5〕“醇酒”，味厚质纯的酒。〔6〕“不事事”，不任事。前一“事”用作动词。此谓不做相国应做的事。〔7〕“间之”，找个机会。“间”，音 jiàn。

【译文】曹参从各郡和各诸侯王国的吏员中挑选不善于辞令然而稳重忠厚有德行的人，立即把他们召来担任丞相的属吏。吏员中那些擅于言辞、深文周纳、一心追求名声的人，就把他们斥退。曹参自己不分日夜，整天饮美酒。卿大夫以下的官吏以及宾客看到曹参不理政事，来见的人都想提出忠告。凡客人来到，曹参就让他饮美酒，客人找机会，想有所进言，曹参又让他饮酒，总是让客人喝醉了才离去，最终还是不能开口谏说，这种情况习以为常。

相舍后园近吏舍，吏舍日饮歌呼。从吏恶之，〔1〕无如之何，乃请参游园中，闻吏醉歌呼，从吏幸相国召按之。〔2〕乃反取酒张坐饮，〔3〕亦歌呼与相应和。〔4〕

【注释】〔1〕"恶"，音 wù，厌恶。 〔2〕"幸"，希望。"按"，讯问追究。 〔3〕"张"，陈设，摆开。〔4〕"和"，音 hè，以声应答，跟着唱。

【译文】相国住宅的后园靠近吏员的住所。吏员住所中整天有人饮酒唱歌，呼叫喧闹。相国身边的办事人员很讨厌他们，但没有办法，于是就请曹参到后园去游玩，曹参听到了吏员住房中喝醉酒唱歌呼叫的声音，身边的办事人员希望相国会把那些家伙召来追究治罪。可是曹参竟然反而让人把酒取来摆开酒席，坐下饮酒，也唱歌呼叫，同那边互相应和。

参见人之有细过，专掩匿覆盖之，府中无事。

参子窋为中大夫。〔1〕惠帝怪相国不治事，以为："岂少朕与？"〔2〕乃谓窋曰："若归，〔3〕试私从容问而父曰：〔4〕'高帝新弃群臣，〔5〕帝富于春秋，君为相，日饮，无所请事，何以忧天下乎？'然无言吾告若也。"窋既洗沐归，〔6〕闲侍，自从其所谏参。参怒，而笞窋二百，〔7〕曰："趣入侍，天下事非若所当言也。"至朝时，惠帝让参曰：〔8〕"与窋胡治乎？〔9〕乃者我使谏君也。"〔10〕参免冠谢曰："陛下自察圣武孰与高帝？"上曰："朕乃安敢望先帝乎！"曰："陛下观臣能孰与萧何贤？"上曰："君似不及也。"参曰："陛下言之是也。且高帝与萧何定天下，法令既明，今陛下垂拱，〔11〕参等守职，遵而勿失，不亦可乎？"惠帝曰："善。君休矣！"

【注释】〔1〕"窋"，音 zhú。"中大夫"，官名，秩二千石，备皇帝顾问论议，为郎中令属官。 〔2〕"少"，轻，轻视。"朕"，音 zhèn，第一人称代词，秦以前人人可用，从秦始皇时起，只有皇帝才能自称朕。〔3〕"若"，你。 〔4〕"从容"，此谓不慌不忙地闲谈。"从"，音 cōng。"而"，通"尔"，你，你的。 〔5〕"弃群臣"，皇帝死去的委婉说法。 〔6〕"洗沐"，沐浴。汉制，官吏五日一洗沐，洗沐之日不上官署办公。后因以"洗沐"作为官吏例假的代称。 〔7〕"笞"，音 chī，用鞭子或竹板抽打。 〔8〕"让"，责备。〔9〕"治"，用刑惩处。"与窋胡治"是"胡与窋治"的倒装。 〔10〕"乃者"，用以表示追叙前事，略等于"往昔"。 〔11〕"垂拱"，垂衣拱手，不做什么事情。语出《书·武成》"垂拱而天下治"，后多用以指帝王无为而治。

【译文】曹参发现别人有细小的过错，总是帮他们掩藏遮盖，府中相安无事。

曹参的儿子曹窋任中大夫。惠帝见相国不理政事，感到奇怪，心想："难道相国看不起我？"于是就对曹窋说："你回家，试着私下在闲谈时问问你的父亲：'高祖去世不久，皇上正年轻，您当相国，整天饮酒，不向皇上请示，也不处理公务，怎么为治理天下忧虑呢？'但你可别讲是我告诉你的。"曹窋休假日回家，装作无事而在曹参身边侍候，就从自己的角度出发，规劝曹参。曹参听了大怒，打了曹窋二百板子，说道："赶快进宫侍奉皇上，天下大事不是你所应该说的。"到上朝的时候，惠帝责备曹参说："你为什么要惩治曹窋？先前可是我让他去劝你的。"曹参脱下所戴的冠，谢罪说："陛下自己观察，您的圣明英武同高帝相比怎么样？"惠帝说："我怎么敢同先帝比啊！"曹参又问："陛下看我的才能跟萧何比，谁更强一些？"惠帝说："您好像比不上萧何。"曹参说："陛下说得很对。再说高帝与萧何一起平定天下，制定的法令都很明白。现在陛下垂衣拱手，我等谨守职责，遵照执行而不违背偏离，不就可以了吗？"惠帝说："对啊，您就好生休息吧。"

参为汉相国，出入三年。〔1〕卒，谥懿侯。子窋代侯。百姓歌之曰："萧何为法，顜若画一；〔2〕曹参代之，守而勿失。载其清净，〔3〕

民以宁一。”〔4〕

【注释】〔1〕“出入三年”，谓三年上下。曹参入相在惠帝三年，死于惠帝六年，疑此“三年”应作“四年”。〔2〕“颟”，音 jiǎng，明白。“画一”，整齐。〔3〕“载”，行。“清净”，指清静无为的政治。〔4〕“宁一”，安定而不散乱。

【译文】曹参担任朝廷的相国，有三年左右时间。死后被谥为懿侯，由儿子曹窋继承爵位。百姓们歌唱称颂道：“萧何定法律，明白又整齐；曹参接替他，遵守不偏离。施政贵清静，百姓安宁心欢喜。”

平阳侯窋，高后时为御史大夫。〔1〕孝文帝立，免为侯。立二十九年卒，〔2〕谥为静侯。子奇代侯，立七年卒，〔3〕谥为简侯。子时代侯。〔4〕时尚平阳公主，〔5〕生子襄。时病疠，〔6〕归国。立二十三年卒，〔7〕谥夷侯。子襄代侯。襄尚卫长公主，〔8〕生子宗。立十六年卒，〔9〕谥为共侯。〔10〕子宗代侯。征和二年中，〔11〕宗坐太子死，〔12〕国除。

【注释】〔1〕“御史大夫”，官名，掌议论及监察之事，秩万石，与丞相、太尉并称三公，是朝廷最高级官员之一。〔2〕“立二十九年卒”，时当文帝后三年（公元前一六一年）。〔3〕“立七年卒”，时当景帝前三年（公元前一五四年）。〔4〕“子时代侯”，其人《汉书·卫青传》以为名“寿”。〔5〕“尚”，娶公主为妻。尚有尊奉之义。公主身份尊贵，不敢说“娶”，所以用“尚”字。“平阳公主”，汉景帝女，为武帝同母的姐姐。原封阳信公主，与平阳侯曹时结婚后，又称平阳公主。〔6〕“疠”，音 lì，麻风病。〔7〕“立二十三年卒”，时当汉武帝元光四年（公元前一三一年）。〔8〕“卫长公主”，汉武帝长女，因是卫子夫所生，所以称卫长公主。〔9〕“立十六年卒”，时当汉武帝元鼎元年（公元前一一六年）。〔10〕“共”，音 gōng，通“恭”。〔11〕“征和”，汉武帝年号（征和二年为公元前九一年）。〔12〕“坐”，因某事而获罪。“太子”，汉武帝长子刘据，元狩元年（公元前一二二年）立为太子。刘据为卫子夫所生，是曹宗的亲舅父。武帝晚年多病，怀疑是由于有人埋蛊（音 gǔ，把代表怨家仇人的木偶埋在地下，用符咒之术使之受灾）诅咒的缘故，命亲信江充查办此事。江充与太子不和，诬称在太子宫中掘得巫蛊用的桐木人，太子惊慌愤怒，把江充杀了。武帝以为太子造反，派丞相刘屈氂（音 lí）领兵攻太子，长安大乱。太子外逃躲藏，后被地方官发觉，自杀。在这次变乱中丧生的有几万人。曹宗征和二年获罪的原因，《汉书·高惠高后功臣表》及《曹参传》以为是奸通宫人，私闯宫门，当时被判死刑，后援例纳金赎罪，减为城旦（戍边筑城四年），与《史记》此篇记载有异。

【译文】平阳侯曹窋，高后时任御史大夫。孝文帝即位，曹窋被解除职务，成为一般列侯。他在侯位二十九年去世，被谥为静侯。儿子曹奇继承侯位，在位七年去世，被谥为简侯。曹奇的儿子曹时继承侯位，与平阳公主结婚，生了儿子名襄。曹时患麻风病，后来就不在长安居住，回到自己的封国。他在位二十三年去世，被谥为夷侯。儿子曹襄继承侯位，与卫长公主结婚，生了儿子名宗。曹襄在位十六年去世，被谥为共侯。儿子曹宗继承侯位。征和二年，曹宗受卫太子事件的牵连而丧生，封国被撤除。

太史公曰：曹相国参攻城野战之功所以能多若此者，以与淮阴侯俱。及信已灭，而列侯成功，唯独参擅其名。参为汉相国，清静极言合道。然百姓离秦之酷后，〔1〕参与休息无为，〔2〕故天下俱称其美矣。

【注释】〔1〕“离”，通“罹”，遭受。〔2〕“休息”，休养生息。

【译文】太史公说：曹相国参攻城野战的功劳之所以能有如此之多，是因为他同淮阴侯一起作战。等到韩信被杀以后，列侯中建立功勋的，就只有曹参独占美名了。曹参担任朝廷的相国，竭力主张清静无为，合乎道家的学说。然而在百姓遭受了秦朝的残酷统治之后，曹参能无为而治，与民休养生息，（这符合百姓的心愿，）所以天下人都称颂他的美名。

史记卷五十五

留侯世家第二十五

留侯张良者，[1]其先韩人也。[2]大父开地，[3]相韩昭侯、宣惠王、襄哀王。[4]父平，相釐王、悼惠王。[5]悼惠王二十三年，[6]平卒。卒二十岁，秦灭韩。良年少，未宦事韩。[7]韩破，良家僮三百人，弟死不葬，悉以家财求客刺秦王，[8]为韩报仇，以大父、父五世相韩故。

【注释】〔1〕"留侯"，张良的封爵。张良封于留，故称留侯。留，本春秋宋邑。秦置县，治所在今江苏省沛县东南。按张良字子房，见《汉书·张良传》。〔2〕"韩"，古国名，战国七雄之一。春秋时，晋封韩武子于韩原，其后世为晋卿。至韩虔，与魏、赵三分晋国，公元前四〇三年被周烈王承认为诸侯国。建都阳翟(今河南省禹县)。公元前三七五年韩哀侯灭郑，又迁都新郑(今河南省新郑县)。公元前二三〇年为秦所灭。详见本书《韩世家》。〔3〕"大父"，祖父。"开地"，张良祖父名。〔4〕"韩昭侯"，名武，韩国国君，在位三十年(公元前三六二年至前三三三年)。"宣惠王"，昭侯的儿子，韩国国君称王从他开始，在位二十一年(公元前三三二年至前三一二年)。"襄哀王"，亦称襄王，名仓，宣惠王的儿子，在位十六年(公元前三一一年至前二九六年)。〔5〕"釐王"，亦作僖王，名咎，襄哀王的儿子，在位二十三年(公元前二九五年至前二七三年)。"悼惠王"，或作桓惠王，釐王的儿子，史佚其名，在位三十四年(公元前二七二年至前二三九年)。〔6〕"悼惠王二十三年"，即公元前二五〇年。〔7〕"未宦事韩"，没有在韩国担任过官职。一说"宦"当为"尝"字之误。〔8〕"客"，门客，食客，此指刺客。"秦王"，指秦王嬴政(秦始皇)。秦王政二十六年(公元前二一一年)始改号称皇帝，此时秦王嬴政尚称秦王。

【译文】留侯张良，他的祖先是韩国人。祖父张开地是韩昭侯、宣惠王、襄哀王的宰相。父亲张平是釐王、悼惠王的宰相。悼惠王二十三年，张平去世。死后二十年，秦国消灭了韩国。因为张良年轻，未尝做过韩国的官吏。韩国灭亡时，张良家有僮奴三百人，他的弟弟死后没有厚葬，而是用全部家财来寻求刺客暗杀秦王，为韩国报仇，因他祖父、父亲历任韩国五代国君之相的缘故。

良尝学礼淮阳。[1]东见仓海君。[2]得力士，为铁椎重百二十斤。秦皇帝东游，良与客狙击秦皇帝博浪沙中，[3]误中副车。[4]秦皇帝大怒，大索天下，求贼甚急，为张良故也。良乃更名姓，亡匿下邳。[5]

【注释】〔1〕"淮阳"，汉郡国名，秦时为陈县，治所在今河南省淮阳县。〔2〕"仓海君"，旧注有二说：一、《汉书·张良传》颜师古注云："盖当时贤者之号。"二、《史记集解》、《索隐》皆谓仓海君为秽貊国的君长。据《汉书·武帝纪》记载，元朔元年"东夷秽君南闾等二十八万人降，为苍海郡"。后说近是，盖司马迁以当时郡名称之。苍海郡在今朝鲜中部地区。〔3〕"博浪沙"，古地名，故址在今河南省原阳县东南。〔4〕"副车"，亦称属车，扈从天子的车辆。《史记索隐》引《汉官仪》云："天子属车三十六乘。"〔5〕"下邳"，秦县名，治所在今江苏省睢宁县西北。

【译文】张良曾在淮阳学礼仪。在淮阳的东面见到仓海君，找到一个大力士，给他做了一柄重

一百二十斤的铁锤。秦皇帝向东巡游，张良与刺客在博浪沙中狙击秦皇帝时误中了随行的车辆。秦皇帝非常愤怒，命令大搜天下，紧急捉拿刺客，这全是因为张良的缘故。于是张良更名改姓，逃亡到下邳躲藏起来。

良尝闲从容步游下邳圯上，[1]有一老父，衣褐，至良所，直堕其履圯下，[2]顾谓良曰："孺子，[3]下取履！"良鄂然，[4]欲殴之。为其老，强忍，下取履。父曰："履我！"良业为取履，因长跪履之。父以足受，笑而去。良殊大惊，随目之。父去里所，复还，曰："孺子可教矣。后五日平明，[5]与我会此。"良因怪之，跪曰："诺。"五日平明，良往。父已先在，怒曰："与老人期，后，何也？"去，曰："后五日早会。"五日鸡鸣，良往。父又先在，复怒曰："后，何也？"去，曰："后五日复早来。"五日，良夜未半往。有顷，父亦来，喜曰："当如是。"出一编书，[6]曰："读此则为王者师矣。后十年兴。十三年孺子见我济北，[7]谷城山下黄石即我矣。"[8]遂去，无他言，不复见。旦日视其书，乃《太公兵法》也。[9]良因异之，常习诵读之。

【注释】〔1〕"圯"，音 yí，桥。 〔2〕"直"，旧注有二解：一、《史记索隐》、《汉书》颜师古注谓作"正"解，犹言恰值。二、王念孙《读书杂志》谓作"特"解，犹言特意、故意。两说皆可通，王说近是。 〔3〕"孺子"，犹今天称"年轻人"、"小伙子"等，是一种不客气、不礼貌的称呼。 〔4〕"鄂"，通"愕"，惊讶。〔5〕"平明"，与以下的"鸡鸣"、"夜未半"，为秦汉时使用的时辰名称。"平明"即平旦。"鸡鸣"早于"平明"，"夜未半"早于"鸡鸣"。 〔6〕"一编书"，古代的书籍多写在竹简上，用皮条或绳子编联，故以编称。"一编书"犹今言一册书。 〔7〕"济北"，即济水之北，这里指谷城山一带。 〔8〕"谷城山"，亦称黄山，在今山东省平阴县西南。 〔9〕"《太公兵法》"，相传为姜太公吕尚所作的兵书。梁阮孝绪《七录》曾有著录，云"《太公兵法》一帙三卷"，今亡。

【译文】张良曾在闲暇时从容信步在下邳桥上游逛，有一个老翁，穿着粗布短衣，走到张良的身边，故意把他的鞋掉到桥下，回过头来对张良说："小伙子，下去把鞋拿上来。"张良感到惊讶，想打他一顿。因为他年老，就强忍着下去取上鞋来。老翁说："给我穿上。"张良想既已为他取上鞋来，因此也就跪下为他穿上。老翁把脚伸出来让张良穿好，然后笑着走了。张良很吃惊，望着老人离去。老翁离开一里多路后又返了回来，说："小伙子可以教导。五天以后平明时，和我在这里相会。"张良感到他很奇怪，跪下说："是。"五天以后平明时，张良前往赴约。老翁已经先到了，他生气地说："与老年人约会为什么迟到？"老翁扬长而去，并说："五天以后早点来相会。"五天以后鸡鸣时张良前往。老翁又已经先到了，他又生气地说："为什么又迟到？"扬长而去，并说："五天以后再早点来。"五天以后，张良在夜未半时就前往赴约。过了一会儿，老翁也来了，高兴地说："应当像这样。"于是拿出一本书，说："读了这本书就可以做帝王的老师。十年以后就会有所成就。十三年以后你到济北来见我，谷城山下的黄石就是我。"说完就走了，也没有再说其他话，从此也没有再见过他。天亮后张良看老翁给的书，是《太公兵法》。张良很珍贵它，并经常学习诵读它。

居下邳，为任侠。[1]项伯常杀人，[2]从良匿。

【注释】〔1〕"任侠"，互相信赖为任，同情援助为侠。古代把打抱不平，负气仗义的行为称为任侠。 〔2〕"项伯"，秦末下相（今江苏省宿迁县西南）人，名缠，字伯。楚贵族的后裔，项羽的叔父。在项羽军中任左尹。因在鸿门宴上救刘邦有功，西汉王朝建立后刘邦封他为射阳侯，赐刘姓。"常"，同尝。

【译文】张良住在下邳，爱打抱不平。项伯曾杀过人，依从张良隐藏起来。

后十年，[1]陈涉等起兵，[2]良亦聚少年百余人。景驹自立为楚假王，[3]在留。良欲往从之，道遇沛公。[4]沛公将数千人，略地下邳西，遂属焉。沛公拜良为厩将。[5]良数以《太公兵法》说沛公，沛公善之，常用其策。良为他人言，皆不省。良曰："沛公殆天授。"故遂从之，不去见景驹。

【注释】〔1〕"后十年"，指博浪沙狙击后的十

年，即二世元年（公元前二〇九年）。〔2〕“陈涉”，即陈胜（字涉），阳城（今河南省登封县东南）人。二世元年（公元前二〇九年）和吴广等在蕲县大泽乡（今安徽省宿县东南刘村集）起兵反秦，是我国历史上第一次农民大起义的领袖。后在陈县（今河南省淮阳县）建立张楚政权，他被推为王。旋即派兵攻取赵、魏之地，又派周文率兵进攻关中，后周文战败，秦将章邯以优势兵力进行反扑，围攻陈县，他率起义军英勇奋战，失利后退至下城父（今安徽省涡阳县东南）为叛徒庄贾杀害。事详本书《陈涉世家》。〔3〕“景驹”，楚国贵族的后裔，秦二世时秦嘉立他为楚王。“假王”，暂时代理为王。〔4〕“沛公”，即刘邦。刘邦在沛县起兵，被拥立为沛公。〔5〕“厩将”，军中管理马匹的官。

【译文】十年以后，陈涉等起义，张良也聚集了一百多年轻人。景驹自立为楚假王，住在留县。张良打算去归属景驹，在路上遇见了沛公。沛公率领着几千人马，占领了下邳以西的地区，于是张良就去归属了沛公。沛公任张良为厩将。张良曾多次用《太公兵法》给沛公讲说，沛公很欣赏他，经常采纳他的计策。张良向他人讲说《太公兵法》，都不能听明白。张良说：“沛公大概是天授予的聪明。”所以就跟从了沛公，不再离去见景驹了。

及沛公之薛，见〔1〕项梁。〔2〕项梁立楚怀王。〔3〕良乃说项梁曰：“君已立楚后，而韩诸公子横阳君成贤，〔4〕可立为王，益树党。”项梁使良求韩成，立以为韩王。以良为韩申徒，〔5〕与韩王将千余人西略韩地，得数城，秦辄复取之，往来为游兵颍川。〔6〕

【注释】〔1〕“薛”，古县名，治所在今山东省滕县南。〔2〕“项梁”，下相（今江苏省宿迁县西南）人。楚国贵族的后裔，楚将项燕的儿子。秦二世元年（公元前二〇九年）陈胜起义后，他与其侄子项羽杀死秦会稽郡守殷通，在吴县（今江苏省苏州市）起兵反秦。后任张楚上柱国。陈胜失败后，立楚怀王的孙子熊心为王，仍称楚怀王。后与秦将章邯作战，因轻敌，在定陶（今山东省定陶县西北）战死。〔3〕“楚怀王”，指战国时楚怀王（名槐）的孙子熊心。项梁拥立他为楚王，仍称楚怀王。〔4〕“横阳君成”，即韩王成。韩成封于横阳，故称横阳君成。横阳，古地名，战国时属韩，在今河南省商丘县西南。〔5〕“申徒”，即司徒，官名，本为掌教化之官。王伯祥认为此处相当于楚之令尹，为执政之官。〔6〕“颍川”，战国时韩地，秦灭韩后属秦，秦王政十七年（公元前二三〇年）置颍川郡，治所在今河南省禹县。

【译文】等到沛公到了薛县时，见到了项梁。项梁拥立熊心为楚怀王。张良于是劝项梁说：“你已经立了楚国的后代，而韩国公子中的横阳君成很贤能，可以立他为王，来增加盟党。”项梁派张良寻找韩成，立韩成为韩王，任张良为韩国的申徒，与韩王率领一千多人向西攻取原来韩国的领地，夺取了好几座城邑，不久秦国又夺了回去，于是他们就在颍川一带往来打游击。

沛公之从雒阳南出轘辕，〔1〕良引兵从沛公，下韩十余城，击破杨熊军。〔2〕沛公乃令韩王成留守阳翟，〔3〕与良俱南，攻下宛，〔4〕西入武关。〔5〕沛公欲以兵二万人击秦峣下军，〔6〕良说曰：“秦兵尚强，未可轻。臣闻其将屠者子，贾竖易动以利。〔7〕愿沛公且留壁，使人先行，为五万人具食，益为张旗帜诸山上，为疑兵，令郦食其持重宝啖秦将。”〔8〕秦将果畔，〔9〕欲连和俱西袭咸阳，〔10〕沛公欲听之。良曰：“此独其将欲叛耳，恐士卒不从。不从必危，不如因其解击之。”〔11〕沛公乃引兵击秦军，大破之。逐北至蓝田，〔12〕再战，秦兵竟败。遂至咸阳，秦王子婴降沛公。〔13〕

【注释】〔1〕“雒阳”，古都邑名。周时称成周，战国时改称雒阳，因在雒水之北而得名。秦置县，为三川郡治。汉改河南郡，又置雒阳县为郡治。故址在今河南省洛阳市东北。“轘辕”，音 huán yuán，山名，在今河南省偃师县东南。因山路周回盘旋而得名。〔2〕“杨熊”，秦军将领。〔3〕“阳翟”，古邑名。相传夏禹都此。春秋时为郑栎邑，战国时属韩，改名阳翟。秦置县，为秦颍川郡治所。故址在今河南省禹县。〔4〕“宛”，古县名。战国时属楚，秦灭楚后秦昭襄王置县，治所在今河南省南阳市。〔5〕“武关”，古关名，故址在今陕西省丹凤县西北。〔6〕“峣”，即峣关，因临峣山而得名。自古为关中平原通往南阳盆地的交通要隘。故址在今陕西省商县西北。〔7〕“贾竖”，古代对商人的一种蔑称。〔8〕“郦食其”，陈留高阳（今河南省杞县）人。本为

里监门吏，秦末农民战争中归属刘邦，后为刘邦的谋臣。曾献计克陈留，封为广野君。楚汉战争中，游说齐王田广归汉，韩信乘机袭齐，齐王以为被他出卖，把他烹死。事详本书《郦生陆贾列传》。〔9〕“畔”，通“叛”。〔10〕“咸阳”，古都邑名。公元前三五〇年秦孝公自栎阳迁都于此。秦始皇统一六国以后，都城规模更为扩大。故址在今陕西省咸阳市东北。〔11〕“解”，通“懈”，懈怠。〔12〕“蓝田”，秦县名。治所在今陕西省蓝田县西。〔13〕“秦王子婴”，秦始皇的孙子，秦始皇长子扶苏的儿子。秦二世三年（公元前二〇七年）赵高杀二世，立子婴，去帝号，称王。刘邦兵至霸上，子婴素车白马以降。为王四十六天即降刘邦，后为项羽所杀。事详本书《秦始皇本纪》。

【译文】沛公从雒阳南面穿过轘辕山时，张良率兵跟随沛公，攻下了韩地的十几座城，打败了杨熊的部队。沛公于是命令韩王成留守阳翟，自己和张良一起南下，攻下宛城，西入武关。沛公打算用两万人马去攻击峣山下的秦军，张良劝说道：“秦军还很强大，不可轻视。我听说他们的将领是屠户的儿子，买卖人容易用利益来动摇。希望沛公暂且坚壁留守，派一部分人先出发，准备好五万人的粮饷，在周围的山上多张挂旗帜，作为疑兵，然后派郦食其带着贵重的财宝去诱惑秦将。”秦军的将领果然反叛，并打算和沛公联合向西袭击咸阳，沛公想听从。张良说：“这只是他们的将领想反叛罢了，恐怕士兵们不会听从。如不听从就一定会有危险，不如乘他们懈怠时去袭击他们。”于是沛公率兵袭击秦军，大败秦军。沛公一直追击败兵到了蓝田，再次交锋，秦军最终大败。于是到了咸阳，秦王子婴投降了沛公。

沛公入秦宫，宫室帷帐狗马重宝妇女以千数，意欲留居之。樊哙谏沛公出舍，〔1〕沛公不听。良曰：“夫秦为无道，故沛公得至此。夫为天下除残贼，宜缟素为资。〔2〕今始入秦，即安其乐，此所谓‘助桀为虐’。〔3〕且‘忠言逆耳利于行，毒药苦口利于病’，〔4〕愿沛公听樊哙言。”沛公乃还军霸上。〔5〕

【注释】〔1〕“樊哙”，沛县（今江苏省沛县）人。汉初将领。少以屠狗为业。初随刘邦起义，为其部将，以军功封贤成君。汉初随刘邦击破臧荼、陈豨和韩王信的叛乱，任左丞相，封舞阳侯。其妻吕须为吕后的妹妹，因而很得吕后信任。事详《史记》、《汉书》本传。〔2〕“缟素”，缟和素都是不用文绣的白色丝织品。这里指朴素。“资”，凭借。〔3〕“助桀为虐”，桀即夏桀，夏朝末代君主，传说为古代的暴君。“助桀为虐”意谓帮助恶人做坏事。〔4〕“忠言逆耳利于行，毒药苦口利于病”，这两句是古代的成语。亦见本书《淮南衡山列传》。又今本《孔子家语·六本篇》、《说苑·正谏篇》皆载此语，惟“毒药”作“良药”。〔5〕“霸上”，一作灞上，又名霸头，古地名，因地处霸水以西的高原上而得名，为古代军事要地。故址在今陕西省西安市东。

【译文】沛公进入秦宫，宫室、帷帐、狗马、贵重宝物以及美女数以千计，心里想留下来住在这里。樊哙劝沛公出去居住，沛公不听。张良说：“秦皇暴虐无道，所以沛公才能来到这里。为天下铲除残贼，应该以简朴为本。现在刚入秦宫，就想耽溺于享乐，这样做就是所谓‘助桀为虐’，而且‘忠言逆耳利于行，良药苦口利于病’，希望沛公能听樊哙的话。”于是沛公返回驻扎在霸上。

项羽至鸿门下，〔1〕欲击沛公，项伯乃夜驰入沛公军，私见张良，欲与俱去。良曰：“臣为韩王送沛公，今事有急，亡去不义。”乃具以语沛公。沛公大惊，曰：“为将奈何？”良曰：“沛公诚欲倍项羽邪？”〔2〕沛公曰：“鲰生教我距关无内诸侯，〔3〕秦地可尽王，故听之。”良曰：“沛公自度能却项羽乎？”〔4〕沛公默然良久，曰：“固不能也。今为奈何？”良乃固要项伯。项伯见沛公。沛公与饮为寿，结宾婚。令项伯具言沛公不敢倍项羽，所以距关者，〔5〕备他盗也。及见项羽后解，语在《项羽》事中。〔6〕

【注释】〔1〕“鸿门”，古地名，故址在今陕西省临潼县东北。现在当地人称为项王营。〔2〕“倍”，通“背”，背叛。〔3〕“鲰生”，浅薄愚陋的小人。〔4〕“度”，音 duó，估计，推测。〔5〕“距”，通“拒”，拒守，防御。〔6〕“《项羽》事中”，即指本书《项羽本纪》中。

【译文】项羽来到鸿门下，准备攻打沛公，于是项伯连夜进入沛公的军营，私下见了张良，打算和张良一起离开。张良说：“我为了韩王来护送沛公，现在事情紧急，我逃跑离去是不义。”于是把情况全部告诉了沛公。沛公大吃一惊，说：“怎么办呢？”张良说：“沛公真的想背叛项羽吗？”沛公说：“那小子教我把守住关口不要让诸侯们进来，秦国之地可全归我而称王。所以我听了他的话。”张良说：“沛公你自己估量一下能打败项羽吗？”沛公沉默了好久说：“当然不能，现在该怎么办呢？”张良于是硬把项伯邀请来。项伯入见沛公。沛公与项伯一起敬酒，为他祝寿，缔结婚姻。让项伯回去说明沛公不敢背叛项羽，沛公所以拒守关口的原因是为了防备其他强盗。等到沛公见项羽后来解脱危难，记载在《项羽本纪》中。

汉元年正月，〔1〕沛公为汉王，王巴蜀。〔2〕汉王赐良金百溢，〔3〕珠二斗，〔4〕良具以献项伯。汉王亦因令良厚遗项伯，使请汉中地。〔5〕项王乃许之，遂得汉中地。汉王之国，良送至褒中，〔6〕遣良归韩。良因说汉王曰：“王何不烧绝所过栈道，〔7〕示天下无还心，以固项王意。”乃使良还。行，烧绝栈道。

【注释】〔1〕“汉元年”，即公元前二〇六年。〔2〕“巴蜀”，古郡名。巴，古巴国地，秦置巴郡，治所江州，在今四川省重庆市嘉陵江北岸。蜀，古蜀国地，秦置蜀郡，治所成都，在今四川省成都市。〔3〕“溢”，通“镒”。古代重量单位，古以二十两为一溢。一说二十四两为一溢。〔4〕“斗”，容量单位。十升为一斗。〔5〕“汉中”，古郡名。公元前三一二年秦惠王置。因地处汉水上游而得名。治所南郑，在今陕西省汉中市东。〔6〕“褒中”，古褒国地，汉置县，治所在今陕西省勉县东南。〔7〕“栈道”，古人在悬崖峭壁上凿孔架桥连阁而成的道路。

【译文】汉元年正月，沛公封为汉王，领有巴、蜀地区。汉王赏赐给张良黄金百溢，珍珠二斗，张良全部献给了项伯。汉王因此也派张良去厚赠项伯，使项伯为他请领汉中地区。项王答应了，于是汉王得到了汉中地区。汉王前往封国时，张良送到褒中，后派张良回到韩地。张良因此劝汉王说：“大王为什么不烧毁断绝了所经过的栈道，告示天下的人你没有再回来的想法，用这个办法来稳住项王的心。”于是派张良回去。他一边走，一边烧绝了栈道。

良至韩，韩王成以良从汉王故，项王不遣成之国，从与俱东。良说项王曰：“汉王烧绝栈道，无还心矣。”乃以齐王田荣反，书告项王。〔1〕项王以此无西忧汉心，而发兵北击齐。

【注释】〔1〕“齐王田荣”，齐国贵族的后裔。田广的父亲。陈胜起义之后，他随从其堂兄田儋起兵反秦。田儋死后，田荣又立田儋之子田市为王。因与项梁、项羽有矛盾，故未随之西下破秦。项羽恨田荣，故分封时乃命随其入关的田都为齐王，而命田市改王胶东，田荣不平，故倡言反项羽。事详见本书《田儋列传》。

【译文】张良回到了韩地，韩王成因为张良跟从汉王的缘故，项王不派韩王成到封国，让他跟从自己一起东去。张良劝项王说：“汉王烧绝了栈道，已无返回之心了。”于是把齐王田荣反叛的事上书告诉了项王。项王因此消除了西面对汉王的忧心，而向北发兵去攻打齐王。

项王竟不肯遣韩王，乃以为侯，又杀之彭城。〔1〕良亡，间行归汉王，汉王亦已还定三秦矣。〔2〕复以良为成信侯，〔3〕从东击楚。至彭城，汉败而还。至下邑，〔4〕汉王下马踞鞍而问曰：〔5〕“吾欲捐关以东等弃之，谁可与共功者？”良进曰：“九江王黥布，〔6〕楚枭将，与项王有郄；〔7〕彭越与齐王田荣反梁地：〔8〕此两人可急使。而汉王之将独韩信可属大事，〔9〕当一面。即欲捐之，捐之此三人，则楚可破也。”汉王乃遣随何说九江王布，〔10〕而使人连彭越。及魏王豹反，〔11〕使韩信将兵击之，因举燕、代、齐、赵。〔12〕然卒破楚者，此三人力也。

【注释】〔1〕“彭城”，春秋时宋邑，秦置县。治所在今江苏省徐州市。项羽建都于此。〔2〕“三秦”，秦朝灭亡之后，项羽三分秦关中故地，封秦降将章邯为雍王，司马欣为塞王，董翳为翟王，合称三秦。〔3〕“成信侯”，张良的封号。王伯祥说：“嘉其去楚归汉，能守信义。”〔4〕“下邑”，秦县名。治所在今安徽省砀山县。〔5〕“踞”，踞坐，坐时两脚底和臀部着地，两膝上耸。或谓依靠。〔6〕“九江

王黥布”，本名英布，因犯法黥面，故又称黥布。六县(今安徽省六安县东北)人。秦末率骊山刑徒起兵，先属项羽，因有战功，被封为九江王。楚汉战争中归汉，被封为淮南王。汉初，以彭越、韩信相继为刘邦所杀，因此举兵反叛，战败后逃往江南，被长沙王(吴芮子成王臣)诱杀。事详《史记》、《汉书》本传。〔7〕“郄”，通“隙”。间隙。这里指裂痕，矛盾。黥布和项羽不和的经过，详见本书《项羽本纪》、《黥布列传》。〔8〕“彭越”，字仲，昌邑(今山东省金乡县西北)人。秦末聚众起兵，楚汉战争中将兵三万余归属刘邦，略定梁地(今河南省东南部地区)。曾率兵跟从刘邦击灭项羽于垓下(今安徽省灵璧县南)，被封为梁王。高祖十一年(公元前一九六年)因被告发谋反，被刘邦所杀。事详本书《魏豹彭越列传》。“梁地”，指战国时魏国管辖的地区，因魏国的国都在大梁(今河南省开封市)，所以称为梁地。大概相当于今天河南省的东南部。〔9〕“韩信”，淮阴(今江苏省清江县西南)人。秦末农民起义中初属项羽，后归刘邦，被任为大将。楚汉战争中因军功被封为齐王。后与刘邦会合，击灭项羽于垓下(今安徽省灵璧县南)。汉朝建立后改封为楚王。后有人告他谋反，降为淮阴侯，后又被告发与陈豨勾结在长安谋反，为吕后所杀。事详本书《淮阴侯列传》。〔10〕“随何”，当时的辩士，与陆贾齐名。刘邦派他去劝黥布归汉。曾任护军中尉。〔11〕“魏王豹”，即魏豹，魏公子宁陵君咎的弟弟。陈胜率兵攻占魏地后立咎为魏王。后咎被秦将章邯打败自杀。豹又再起收复魏地，继立为魏王。项羽分封诸侯时，他被徙封为西魏王，建都平阳。后他背楚归汉，后又叛汉，刘邦派韩信将他击败俘虏。事详《史记》、《汉书》本传。〔12〕“燕、代、齐、赵”，指项羽分封的臧荼、陈余、田荣、赵歇四个诸侯国。事详本书《淮阴侯列传》。

【译文】项王到底不肯派韩王去封国，于是封他为侯，后又在彭城杀死他。张良逃跑了，从小路偷偷归依汉王，这时汉王也已经返回关中平定了三秦。又封张良为成信侯，让他跟从自己向东去攻打楚军。到了彭城，汉军战败而还。到了下邑，汉王下马蹲踞着坐在马鞍上问：“我打算把函谷关以东地区捐送给别人，不知谁可以和我共建功业?”张良进言说：“九江王黥布是楚军的猛将，他和项王有隔阂，彭越和齐王田荣在梁地反叛，这两个人马上就可以使用。而汉王的将领只有韩信可以委任大事，独当一面。如果打算捐弃关东之地，就送给这三个人，楚军就可以打败了。”于是汉王便派随何去劝说九江王黥布，又派人去联合彭越。到了魏王豹反叛时，汉王派韩信率兵去讨伐他，顺势攻下了燕、代、齐、赵。而最后击败楚军的，正是靠了这三个人的力量。

张良多病，未尝特将也，〔1〕常为画策臣，时时从汉王。

【注释】〔1〕“特将”，单独领兵。

【译文】张良体弱多病，不曾单独领兵，经常作为谋臣，时时跟从在汉王身边。

汉三年，〔1〕项羽急围汉王荥阳，〔2〕汉王恐忧，与郦食其谋桡楚权。食其曰：“昔汤伐桀，〔3〕封其后于杞。〔4〕武王伐纣，〔5〕封其后于宋。〔6〕今秦失德弃义，侵伐诸侯社稷，〔7〕灭六国之后，〔8〕使无立锥之地。陛下诚能复立六国后世，〔9〕毕已受印，此其君臣百姓必皆戴陛下之德，莫不乡风慕义，〔10〕愿为臣妾。德义已行，陛下南乡称霸，〔11〕楚必敛衽而朝。”〔12〕汉王曰：“善。趣刻印，先生因行佩之矣。”

【注释】〔1〕“汉三年”，指汉高祖三年，即公元前二〇四年。〔2〕“荥阳”，古县名。治所在今河南省荥阳县东北。〔3〕“汤”，即商汤王，又称武汤、武王、成汤、天乙，或称成唐。甲骨文称唐、大乙，又称高祖乙。原为商族的部落首领，约在公元前一七〇〇年左右消灭了夏朝的末代君主夏桀，建立了商朝。“桀”，名履癸，夏朝末代君主。后被商汤所败，出奔南方而死。〔4〕“杞”，古国名。公元前十一世纪时周分封的诸侯国。姒姓。据《史记·陈杞世家》记载：周武王克殷纣，求禹之后，得东楼公，封之于杞，以奉夏后氏祀。此处则谓杞为汤时所封，与《世家》记载不合。王伯祥云：“盖策士随口凑说，不一定符合事实。”〔5〕“武王”，姬姓，名发。西周王朝的建立者。建都于镐(今陕西省西安市西南沣水东岸)。“纣”，一作受，亦称帝辛。商代最后的君主。后周武王会合西南各族向商进攻，在牧野(今河南省淇县西南)之战中，他因“前徒倒戈”，兵败自焚。〔6〕“宋”，古国名。子姓，始封君为商王纣的庶兄微子启。据《史记·宋微子世家》记载，公元前十一世纪，周公平定武庚的反叛后，把商

的旧都周围地区分封给微子，建都商丘(今河南省商丘县南)。此处谓宋为武王所封，与《世家》所纪不合。〔7〕“社稷”，土地神和谷神，此为国家的代称。〔8〕“六国”，指战国时的齐、楚、燕、韩、赵、魏六国。〔9〕“陛下”，对帝王的尊称。周寿昌云：“高帝五年即位，此三年犹为汉王，‘陛下’之称，史臣追书之。”下文记张良所言仍称“大王”，“陛下”之称当为史臣所改，周说为是。〔10〕“乡”，同向。〔11〕“南乡”，即南向，面朝南。古代帝王南向临朝，故称帝位为南向。〔12〕“敛衽”，整理衣襟，表示尊敬。

【译文】汉高祖三年，项羽在荥阳紧急包围了汉王，汉王又害怕又发愁，于是和郦食其商量如何削弱楚军的策略。郦食其说：“从前商汤伐夏桀，分封他的后代于杞。武王伐纣，分封他的后代于宋。现在秦朝失德弃义，侵略诸侯国家，消灭六国的后嗣，使他们无立锥之地。陛下真能重新封立六国的后代，全部授予他们印玺，这样他们的君臣百姓一定都会对陛下感恩戴德，无不仰慕陛下的德义，希望做陛下的臣妾。德义推行之后，陛下就可以南向称霸，楚王一定会整理衣冠前来朝见陛下。”汉王说：“很好。赶快刻制印玺，趁先生此行就给他们带去。”

食其未行，张良从外来谒。汉王方食，曰：“子房前！〔1〕客有为我计桡楚权者。”具以郦生语告，曰：“于子房何如？”良曰：“谁为陛下画此计者？陛下事去矣。”汉王曰：“何哉？”张良对曰：“臣请借前箸为大王筹之。”曰：“昔者汤攻桀而封其后于杞者，度能制桀之死命也。今陛下能制项籍之死命乎？”曰：“未能也。”“其不可一也。武王伐纣封其后于宋者，度能得纣之头也。今陛下能得项籍之头乎？”曰：“未能也。”“其不可二也。武王入殷，〔2〕表商容之闾，〔3〕释箕子之拘，〔4〕封比干之墓。〔5〕今陛下能封圣人之墓，表贤者之闾，式智者之门乎？”〔6〕曰：“未能也。”“其不可三也。发巨桥之粟，〔7〕散鹿台之钱，〔8〕以赐贫穷。今陛下能散府库以赐贫穷乎？”〔9〕曰：“未能也。”“其不可四矣。殷事已毕，偃革为轩，〔10〕倒置干戈，覆以虎皮，以示天下不复用兵。今陛下能偃武行文，不复用兵乎？”曰：“未能也。”“其不可五矣。休马华山之阳，〔11〕示以无所为。今陛下能休马无所用乎？”曰：“未能也。”“其不可六矣。放牛桃林之阴，〔12〕以示不复输积。今陛下能放牛不复输积乎？”曰：“未能也。”“其不可七矣。且天下游士离其亲戚，弃坟墓，去故旧，从陛下游者，徒欲日夜望咫尺之地。〔13〕今复六国，立韩、魏、燕、赵、齐、楚之后，天下游士各归其主，从其亲戚，反其故旧坟墓，陛下与谁取天下乎？其不可八矣。且夫楚唯无强，六国立者复桡而从之，陛下焉得而臣之？诚用客之谋，陛下事去矣。”汉王辍食吐哺，骂曰：“竖儒，〔14〕几败而公事！”令趣销印。

【注释】〔1〕“子房”，张良的字。〔2〕“殷”，即商朝。商朝第十代君主盘庚迁都于殷(今河南省安阳小屯村)，因此亦称商朝为殷。〔3〕“商容”，相传为纣时贤人。纣暴虐，他曾欲感化纣而没能实现，于是离开了纣而隐居于太行山中。〔4〕“箕子”，纣王的同宗伯叔，曾封于箕，故称箕子。纣暴虐，他曾谏纣王，纣王不听，于是他装狂为奴，纣将他囚禁，周武王灭商后才释放他回了镐京。王念孙《读书杂志》及王先谦《汉书补注》都认为此句当作“式箕子之门”始与下文“式智者之门”句相应。疑近是。《汉书·张良传》此句正作“式箕子之门”。〔5〕“比干”，纣王的叔伯父(一说为纣的庶兄)。传说纣淫乱，比干犯颜强谏，纣怒，比干被剖腹挖心而死。周武王灭商后为他重新修建坟墓。〔6〕“式”，同轼。车前横木。古人乘车路过长者或贤者门前时俯身按车前横木，表示尊敬。〔7〕“巨桥”，王伯祥云“纣积粟之仓”，故址在今河北省曲周县东北。“发巨桥之粟”事见本书《周本纪》。〔8〕“鹿台”，王伯祥云：“亦称南单台，为纣储财之所。”故址在今河南省淇县。〔9〕“府库”，储存财物和兵甲的仓库。〔10〕“偃革为轩”，废弃了战车改为有帷帘的载人车。表示今后不再打仗。〔11〕“华山”，五岳之中的西岳，在今陕西省华阴县。“阳”，山的南面称阳。〔12〕“桃林”，古地区名，亦称桃林塞，范围大致相当于今河南省灵宝县以西、陕西省潼关以东地区。“阴”，山的北面称阴。〔13〕“咫”，古代长度单位，八寸为咫。“咫尺”，表示很近的意思。〔14〕“竖儒”，骂儒生的话。意思是没有见识的人。

【译文】郦食其还没有出发，张良从外地回来拜见汉王。汉王正在吃饭，说：“子房到我跟前来！

食客中有为我谋划削弱楚军计策的人。”于是把郦食其的话全部告诉了张良，说：“在你看来怎么样？”张良说：“谁给陛下谋划这个计策？（如果您这样做，）陛下的事就全完了。”汉王说：“为什么呢？”张良回答说：“请让我借用面前的筷子为大王筹算一下。”接着说：“从前商汤讨伐夏桀而在杞分封他的后代，是估计到能置桀于死地。现在陛下能置项籍于死地吗？”汉王说：“不能。”张良说：“这是第一个不能做到的。武王伐纣而在宋分封他的后代，是估计到能够得到纣王的头。现在陛下能够得到项籍的头吗？”汉王说：“不能。”张良说：“这是第二个不能做到的。武王入商之后，表彰商容的门里，释放了禁拘的箕子，修建比干的坟墓。现在陛下能修建圣人的坟墓，表彰贤者的门里，尊重智者的门第吗？”汉王说：“不能。”张良说：“这是第三个不能做到的。武王曾发放巨桥的粮食，散发鹿台府的钱财，用来赐给贫穷的人。现在陛下能散发府库里的钱粮来赐给贫穷的人吗？”汉王说：“不能。”张良说：“这是第四个不能做到的。武王灭商以后，把战车改为载人的车，倒置干戈，用虎皮蒙盖起来，以此告示天下不再用兵。现在陛下能废武行文，不再用兵吗？”汉王说：“不能。”张良说：“这是第五个不能做到的。武王曾把战马放在华山之南去牧养，表示不再打仗。现在陛下能让战马休息不再使用吗？”汉王说：“不能。”张良说：“这是第六个不能做到的。武王曾把牛放在桃林的北面去牧养，表示不再运输粮草。现在陛下能让牛去放牧而不再运输粮草吗？”汉王说：“不能。”张良说：“这是第七个不能做到的。况且现在天下的游士离开他们的亲戚，远弃祖墓，告别故旧，跟从陛下走南闯北，只是日夜盼望得到一块封地。如今恢复六国，封立韩、魏、燕、赵、齐、楚的后代，天下的游士都各自回去事奉他们的君主，和他们的亲戚团聚，返回他们的故里祖坟，陛下和谁一起去夺取天下呢？这是第八个不能做到的。况且楚国当今强大无比，重新封立的六国后代就会再被削弱而屈从楚国，陛下怎么能够得到他们并使他们臣服呢？如真的采用了食客的计谋，陛下的事就全完了。”汉王停止了吃饭，并把嘴里的饭吐了出来，骂道：“这个书呆子，差点儿败坏了老子的大事！”命令立即销毁印玺。

汉四年，[1]韩信破齐而欲自立为齐王，汉王怒。张良说汉王，汉王使良授齐王信印，语在《淮阴》事中。[2]

【注释】〔1〕“汉四年”，指汉高祖四年，即公元前二〇三年。 〔2〕“《淮阴》事中”，指在本书《淮阴侯列传》中。

【译文】汉高祖四年，韩信打败齐国以后想自立为齐王，汉王非常生气。张良劝说汉王，汉王才派张良前去授予齐王韩信王印。这件事记载在《淮阴侯列传》中。

其秋，汉王追楚至阳夏南，[1]战不利而壁固陵，[2]诸侯期不至。[3]良说汉王，汉王用其计，诸侯皆至。语在《项籍》事中。[4]

【注释】〔1〕“阳夏”，秦县名。治所在今河南省太康县。 〔2〕“固陵”，古聚名。故址在今河南省太康县南。 〔3〕“诸侯”，指韩信、彭越。 〔4〕“《项籍》事中”，指在本书《项羽本纪》中。

【译文】这年秋天，汉王追击楚军到了阳夏的南面，因战斗失利而坚守固陵，诸侯们到了约定的时间还没到。张良劝说汉王，汉王采用了他的计谋，诸侯们才都来到。这件事记载在《项羽本纪》中。

汉六年正月，[1]封功臣。良未尝有战斗功，高帝曰：“运筹策帷帐中，决胜千里外，子房功也。自择齐三万户。”良曰：“始臣起下邳，与上会留，此天以臣授陛下。陛下用臣计，幸而时中，臣愿封留足矣，不敢当三万户。”乃封张良为留侯，与萧何等俱封。[2]

【注释】〔1〕“汉六年”，汉高祖六年，即公元前二〇一年。 〔2〕“萧何”，沛县丰邑（今江苏省丰县）人。曾为沛县吏。秦末与刘邦一起起兵，是刘邦的重要谋臣。楚汉战争中，曾荐韩信为大将，自己以丞相的身份留守关中，补兵馈粮，支援作战，对刘邦战胜项羽，建立汉王朝起了重要作用。后封侯。后又协助刘邦消灭了韩信、陈豨、英布等异姓诸侯王。事详本书《萧相国世家》、《汉书·萧何传》。

【译文】汉高祖六年正月，封赏有功之臣，张良未曾立过战功，高帝说：“运筹谋划于帷帐之中，决战取胜在千里之外，是子房的功劳。你自己在齐地选择三万户作为封地。”张良说：“当初我在下邳起兵，与陛下在留县会合，这是上天把我授给了陛下。陛下采用我的计策，幸而时常料中，我希望封在留就满足了，不敢接受三万户的封地。”于是封张良为留侯，和萧何等人一同分封。

上已封大功臣二十余人，其余日夜争功不决，未得行封。上在雒阳南宫，从复道望见诸将往往相与坐沙中语。〔1〕上曰：“此何语？”留侯曰：“陛下不知乎？此谋反耳。”上曰：“天下属安定，〔2〕何故反乎？”留侯曰：“陛下起布衣，以此属取天下，〔3〕今陛下为天子，而所封皆萧、曹故人所亲爱，〔4〕而所诛者皆生平所仇怨。今军吏计功，以天下不足遍封，此属畏陛下不能尽封，恐又见疑平生过失及诛，故即相聚谋反耳。”上乃忧曰：“为之奈何？”留侯曰：“上平生所憎，群臣所共知，谁最甚者？”上曰：“雍齿与我故，〔5〕数尝窘辱我。我欲杀之，为其功多，故不忍。”留侯曰：“今急先封雍齿以示群臣，群臣见雍齿封，则人人自坚矣。”于是上乃置酒，封雍齿为什方侯，〔6〕而急趣丞相、御史定功行封。〔7〕群臣罢酒，皆喜曰：“雍齿尚为侯，我属无患矣。”

【注释】〔1〕“复道”，宫中阁道。〔2〕“属”，音 zhǔ，适才，刚刚。〔3〕“此属”，此辈。〔4〕“萧、曹”，萧指萧何，曹指曹参。曹参，沛县(今江苏省沛县)人。曾为沛县狱吏，秦末从刘邦起义，后屡建战功，汉朝建立后，封他为平阳侯。任齐相九年。后曾协助刘邦平定陈豨、英布等异姓诸侯。惠帝时继萧何为丞相。事详本书《曹相国世家》、《汉书·曹参传》。〔5〕“雍齿”，沛县(今江苏省沛县)人。秦末随刘邦起义。公元前二〇八年刘邦命他守丰邑。魏人周市攻丰邑，他投降了魏国，而且为魏守丰以抗拒刘邦。后刘邦从项羽借兵攻破丰邑，他逃跑到魏国。后又复归刘邦。事见本书《高祖本纪》。〔6〕“什方”，或作汁邡、汁方、什邡等，汉县名，治所在今四川省什邡县。高祖封雍齿于此，故称雍齿为什方侯。〔7〕“御史”，官名，此当指御史大夫，掌监察。

【译文】汉高祖已封赏了有大功的臣子二十多人，其余的因日夜争功不决，未能进行封赏。高祖在雒阳南宫里，从复道上望见将领们纷纷互相坐在沙地上谈说。高祖问道：“这些人在说什么？”留侯说：“陛下不知道吗？这些人在密谋反叛哩。”高祖说：“天下刚刚安定下来，为什么要反叛呢？”留侯说：“陛下出身于平民，用这些人夺取了天下，现在陛下做了天子，而所封赏的都是萧何、曹参这些陛下的故旧亲朋，而所诛杀的都是陛下平时所怨恨有仇的。现在军吏在计算战功，因天下的土地不够全部封赏，这帮人怕陛下不能都封赏，又害怕平时的过失被陛下怀疑而受到诛杀，所以就相聚在一起密谋反叛。”高祖忧愁地说：“怎么办呢？”留侯说：“陛下平时所憎恨的，而且是大家所共知的，谁最厉害呢？”高祖说：“雍齿和我有旧仇，他曾多次使我受困受辱。我想杀掉他，因为他的功多，所以又不忍心。”留侯说：“现在赶快先封雍齿来让群臣看，群臣看到雍齿受到封赏，那么人人都会心情稳定。”于是高祖设酒宴，封雍齿为什方侯，并赶紧催促丞相、御史定功行封。群臣吃完酒宴后，都高兴地说：“雍齿尚且能封为侯，我们就没有什么可担心的了。”

刘敬说高帝曰：〔1〕“都关中。”〔2〕上疑之。左右大臣皆山东人，〔3〕多劝上都雒阳：“雒阳东有成皋，〔4〕西有殽黾，〔5〕倍河，〔6〕向伊雒，〔7〕其固亦足恃。”留侯曰：“雒阳虽有此固，其中小，不过数百里，田地薄，四面受敌，此非用武之国也。夫关中殽函，〔8〕右陇蜀，〔9〕沃野千里，南有巴蜀之饶，北有胡苑之利，〔10〕阻三面而守，独以一面东制诸侯。诸侯安定，河渭漕挽天下，〔11〕西给京师；诸侯有变，顺流而下，足以委输。此所谓金城千里，天府之国也，刘敬说是也。”于是高帝即日驾，西都关中。

【注释】〔1〕“刘敬”，本姓娄，汉初齐人。高祖五年(公元前二〇二年)以戍卒求见刘邦，建议入都关中有功，赐姓刘。拜郎中，号奉春君。后刘邦在白登被匈奴打败后，他主张与匈奴和亲，被刘邦采纳，并派他出使匈奴缔结和约。后又建议刘邦徙山东诸侯后代及豪强充实关中，以削弱关东旧贵族豪强势力。事详《史记》、《汉书》本传。〔2〕“关中”，古地区名。旧注所指范围不一。一般指函谷关以西，散关以东。秦统一六国以前长期占据关中一带，因此亦称故秦地为关中。〔3〕“山东”，战国时

泛指秦以外的六国领土。因当时六国都在崤山或华山以东，故称山东。当时汉帝左右大臣多丰、沛故旧及齐、楚之人，故云“皆山东人”。〔4〕“成皋”，汉县名，治所在今河南省荥阳县汜水镇。〔5〕“殽”，即崤山，在今河南省西部。“黾”，即渑池水，发源于河南省熊耳山，向东流入洛水。〔6〕“倍”，同背。“河”，指黄河。〔7〕“伊”，指伊水。在今河南省西部。发源于栾川县外方山北麓。流向东北，在偃师县入洛河。“雒”，洛水，指今河南省境内的洛河。〔8〕“函”，指函谷关。在今河南省灵宝县东北。〔9〕“陇”，指陇山，在今陕西省陇县西北。“蜀”，当指今四川省和甘肃省境内的岷山。〔10〕“胡苑之利”，当时上郡、北地郡和匈奴相连接，可以牧养牲畜，得到马匹，所以称之为“胡苑之利”。〔11〕“河”，指黄河。“渭”，指渭水。“漕挽”，漕运，指从水上运输物资。

【译文】刘敬劝高帝说：“建都关中。”高帝对此事犹豫不决。左右大臣都是山东六国人，多数人劝高帝建都雒阳，说：“雒阳东面有成皋，西面有崤山、黾池，背靠黄河，面向伊水、雒水，它的地势很坚固足以凭借。”留侯说：“雒阳虽然有此险固，但它地区狭小，不过数百里，土地也硗薄，若四面受敌，这里不是用武之地。至于关中，左有崤山、函谷关，右有陇蜀大山，沃野千里，南面有巴蜀一带的富饶资源，北有畜牧之利，凭借三面的险阻来防守，只用东边一面来控制诸侯。诸侯安定的话，黄河、渭水可以运输天下的物资，向西供给京师，若诸侯有变，出兵可顺流而下，足以靠它运输军需。这正是所谓金城千里，天府之国啊。刘敬所说是正确的。”于是高帝当天就准备车马起驾，西行定都关中。

留侯从入关。留侯性多病，即道引不食谷，〔1〕杜门不出岁余。

【注释】〔1〕“道引”，即导引。道家养生之术。“不食谷”，不吃谷物熟食。亦称辟谷。

【译文】留侯跟从高帝进入关中。留侯身体多病，于是就练导引健身术，不食谷物，闭门不出一年多。

上欲废太子，〔1〕立戚夫人子赵王如意。〔2〕大臣多谏争，〔3〕未能得坚决者也。吕后恐，〔4〕不知所为。人或谓吕后曰：“留侯善画计策，上信用之。”吕后乃使建成侯吕泽劫留侯，〔5〕曰：“君常为上谋臣，今上欲易太子，君安得高枕而卧乎？”留侯曰：“始上数在困急之中，幸用臣策。今天下安定，以爱欲易太子，骨肉之间，虽臣等百余人何益。”吕泽强要曰：“为我画计。”留侯曰：“此难以口舌争也。顾上有不能致者，天下有四人。〔6〕四人者年老矣，皆以为上慢侮人，故逃匿山中，义不为汉臣。然上高此四人。今公诚能无爱金玉璧帛，令太子为书，卑辞安车，因使辩士固请，宜来。来，以为客，时时从入朝，令上见之，则必异而问之。问之，上知此四人贤，则一助也。”于是吕后令吕泽使人奉太子书，卑辞厚礼，迎此四人。四人至，客建成侯所。

【注释】〔1〕“太子”，指刘盈，吕后所生，即后来的孝惠帝。〔2〕“戚夫人”，定陶人，刘邦的宠姬。“赵王如意”，戚夫人所生。高祖九年（公元前一九八年）封于赵。刘邦死后，吕后设计骗如意入都，将他毒死。事见《吕后本纪》。〔3〕“争”，通“诤”，谏止。〔4〕“吕后”，刘邦的妻子，名雉，字娥姁。秦末单父（今山东省单县）人。刘邦即帝位后立她为皇后。其子（惠帝）即位后她掌握实权。惠帝死后，她临朝称制，主政八年。分封诸吕为王侯，控制南北军。她死后，周勃、陈平等尽灭诸吕，拥立文帝，恢复了刘汉政权，事详《史记》、《汉书》本纪。〔5〕“建成侯吕泽”，据《史记·高祖功臣侯年表》记载，建成侯是吕释之，吕泽被封为周吕侯，前人曾多次指出此处误以“释之”为“泽”。吕释之、吕泽都是吕后之兄，同在高祖六年（公元前二〇一年）受封。下文提到的吕泽都当为吕释之。〔6〕“天下有四人”，即指下文提到的东园公、角里先生、绮里季、夏黄公。此四人是汉初的隐士，曾隐居于商山（今陕西省商县东南），时称“商山四皓”。

【译文】高帝打算废掉太子，立戚夫人的儿子赵王如意，大臣们很多人进谏劝阻，但未能得到最后的决定。吕后恐慌，不知该怎么办。有人对吕后说：“留侯善于出谋划策，皇上信任重用他。”于是吕后就派建成侯吕泽去强求留侯，说：“你曾是皇上的谋臣，现在皇上打算更换太子，你怎么能够高枕而卧呢？”留侯说：“当初皇上曾多次处于困难危急之

中,侥幸采用了我的计策。现在天下安定了,由于偏爱的缘故而想更换太子,这是骨肉之间的事情,纵然臣下一百多人但又有什么用呢?"吕泽强求说:"一定要为我出谋划策。"留侯说:"此事难以用口舌相争。天下有四个人,连皇上也不能招致。这四人年纪老了,都因为皇上轻视侮辱人,所以逃避藏匿在山中,坚守节操不做汉朝臣子。然而皇上很尊重这四人。现在你真能不吝惜金玉璧帛,让太子写一封信,言辞卑躬,用安适的车子,派遣辩士去坚决邀请,应当会来。来了之后,以为宾客,时常跟从你上朝,让皇上看见他们,皇上一定会感到惊异而询问他们。问了他们,皇上知道这四个人贤能,对太子是一大帮助。"于是吕后让吕泽派人送去太子的信,用谦卑的言辞,丰厚的礼物,迎接这四个人。四个人到了,客居建成侯家。

汉十一年,〔1〕黥布反,〔2〕上病,欲使太子将,往击之。四人相谓曰:"凡来者,将以存太子。太子将兵,事危矣。"乃说建成侯曰:"太子将兵,有功则位不益太子;无功还,则从此受祸矣。且太子所与俱诸将,皆尝与上定天下枭将也,今使太子将之,此无异使羊将狼也,皆不肯为尽力,其无功必矣。臣闻'母爱者子抱',今戚夫人日夜侍御,赵王如意常抱居前,上曰'终不使不肖子居爱子之上',〔3〕明乎其代太子位必矣。君何不急请吕后承间为上泣言:'黥布,天下猛将也,善用兵,今诸将皆陛下故等夷,〔4〕乃令太子将此属,无异使羊将狼,莫肯为用,且使布闻之,则鼓行而西耳。上虽病,强载辎车,〔5〕卧而护之,诸将不敢不尽力。上虽苦,为妻子自强。'"于是吕泽立夜见吕后,吕后承间为上泣涕而言,如四人意。上曰:"吾惟竖子固不足遣,而公自行耳。"于是上自将兵而东,群臣居守,皆送至灞上。留侯病,自强起,至曲邮,〔6〕见上曰:"臣宜从,病甚。楚人剽疾,愿上无与楚人争锋。"因说上曰:"令太子为将军,监关中兵。"上曰:"子房虽病,强卧而傅太子。"是时叔孙通为太傅,〔7〕留侯行少傅事。〔8〕

【注释】〔1〕"汉十一年",汉高祖十一年,即公元前一九六年。〔2〕"黥布反",黥布时为淮南王,都寿春(今安徽省寿县)。刘邦杀死韩信、彭越以后,黥布恐慌,故畏祸而反。事详本书《黥布列传》。〔3〕"不肖",秦汉之前,专指不如其父,后泛指子弟不贤。〔4〕"等夷",同等地位,同辈。〔5〕"辎车",古代的一种有帷帐的车。〔6〕"曲邮",古聚名,故址在今陕西省临潼县东。〔7〕"叔孙通",薛县(今山东省滕县东南)人。曾为秦博士,秦末先为项羽部属,后归刘邦,任博士,称稷嗣君。汉初,与儒生共立朝仪,后任太子太傅。事详《史记》、《汉书》本传。"太傅",官名,即太子太傅,是辅佐太子的官。叔孙通为太傅在高祖九年(公元前一九八年)。〔8〕"少傅",位次于太傅的官。

【译文】汉高祖十一年,黥布反叛,皇帝生了病,打算派太子领兵前往攻击叛军。四个老人互相商量说:"我们来这里是为了保全太子。太子率兵,事情就危险了。"于是就劝建成侯说:"太子率兵打仗,有了功劳地位也不会再提高,若无功返回,那么从此就会受到祸害。况且和太子一起出征的众将领,都是曾经和皇帝一起平定天下的猛将,现在派太子去统率他们,这无异于让羊去统率狼,他们都不肯为太子效力,太子不能立功是必定的了。我听说'母亲受宠爱,儿子常被抱',现在戚夫人日夜侍候皇帝,赵王如意常常被抱在胸前,皇帝曾说'终究不能让不肖之子居于爱子之上',这就很明白,赵王如意取代太子地位是必定的了。你为什么不赶快请吕后乘机向皇帝哭诉说:'黥布是天下的猛将,而且善于用兵,现在众将都是陛下过去的同辈人,让太子去统率这帮人,无异于让羊去统率狼,没有人肯被太子所用,而且让黥布知道此事,就会击鼓向西进军。皇帝虽然生病,但只要勉强乘坐辎车,躺着统领军队,诸位将领就不敢不效力。皇帝虽然辛苦,但为了妻子儿女也要努力坚持。'"于是吕泽当夜去见吕后,吕后乘机在皇帝面前按照四人的意思哭诉了一番。皇帝说:"我想这小子本来就不足派遣,老子自己去吧。"于是皇帝亲自率兵向东进发,留守的大臣们都送到灞上。留侯有病,也勉强起来,到了曲邮,拜见皇帝说:"我应当随从您去,但病很重。楚人勇猛敏捷,希望皇帝不要和楚人硬拼。"乘机劝皇帝说:"让太子为将军,监领关中的军队。"皇帝说:"子房虽然有病,也要勉力躺着辅佐太子。"这时叔孙通为太傅,留侯兼任少傅的事务。

汉十二年,〔1〕上从击破布军归,疾益甚,愈欲易太子。留侯谏,不听,因疾不视

事。叔孙太傅称说引古今,以死争太子。上详许之,[2]犹欲易之。及燕,[3]置酒,太子侍。四人从太子,年皆八十有余,须眉皓白,衣冠甚伟。上怪之,问曰:“彼何为者?”四人前对,各言名姓,曰东园公,角里先生,绮里季,夏黄公。上乃大惊,曰:“吾求公数岁,公辟逃我,[4]今公何自从吾儿游乎?”四人皆曰:“陛下轻士善骂,臣等义不受辱,故恐而亡匿。窃闻太子为人仁孝,恭敬爱士,天下莫不延颈欲为太子死者,故臣等来耳。”上曰:“烦公幸卒调护太子。”

【注释】〔1〕“汉十二年”,汉高祖十二年,即公元前一九五年。 〔2〕“详”,通“佯”,假装。 〔3〕“燕”,通“宴”,安闲,休息。 〔4〕“辟”,通“避”。

【译文】汉高祖十二年,皇帝从击败黥布的军队那里回来,病情益发严重,更加想改立太子。留侯进谏,没有被采用,因此就称病不再管事。太傅叔孙通引用古今事例称说,拼死为保全太子力争。皇帝假装答应了他,但还是打算改立太子。到皇上设置酒宴时,太子在旁侍奉。有四个人随从太子,年龄都有八十多岁,胡子眉毛雪白,衣冠非常奇特。皇帝很奇怪,问道:“他们是干什么的?”四个人上前回话,各自报告姓名,分别叫东园公、角里先生、绮里季、夏黄公。皇帝于是大为吃惊,说:“我寻了你们多年,你们躲避我,今天你们为什么和我儿子交往呢?”四人都说:“陛下轻待士人善于骂人,我们守义不愿受辱,所以害怕而逃亡躲藏起来。听说太子为人仁慈孝顺,恭敬爱士,天下没有人不伸长脖子想为太子而死,所以我们来了。”皇帝说:“麻烦诸位善始善终,好好地照应太子吧。”

四人为寿已毕,趋去。上目送之,召戚夫人指示四人者曰:“我欲易之,彼四人辅之,羽翼已成,[1]难动矣。吕后真而主矣。”戚夫人泣,上曰:“为我楚舞,吾为若楚歌。”歌曰:“鸿鹄高飞,一举千里。羽翮已就,[2]横绝四海。横绝四海,当可奈何!虽有矰缴,[3]尚安所施!”歌数阕,[4]戚夫人嘘唏流涕,上起去,罢酒。竟不易太子者,留侯本招此四人之力也。

【注释】〔1〕“羽翼”,比喻左右辅佐的人。君之有臣,如鸟之有羽翼。 〔2〕“羽翮”,羽翼。〔3〕“矰”,射鸟的短箭。“缴”,系箭的绳子。“矰缴”,指射具。 〔4〕“阕”,音 què。古代一首乐曲为一阕。

【译文】四个人向皇帝祝寿完毕;小步急走离去。皇帝目送他们,招来戚夫人指着四个人给她看,说:“我想改立太子,那四个人却辅佐他,羽翼已成,难以变动了。吕后真的要做你的主人了。”戚夫人痛心落泪,皇帝说:“你为我跳楚舞,我为你唱楚歌。”于是他唱道:“鸿鹄高高飞,一举腾千里。羽翼已丰满,横越绝四海。横越绝四海,还有何法想?虽然有弓矢,还往哪里用?”唱了几遍以后,戚夫人痛哭流涕,皇帝起身离去,结束酒宴。最终没有改立太子,原本靠了留侯招来这四个人出山的力量。

留侯从上击代,[1]出奇计马邑下,[2]及立萧何相国,所与上从容言天下事甚众,非天下所以存亡,故不著。留侯乃称曰:“家世相韩,及韩灭,不爱万金之资,为韩报仇强秦,天下振动。今以三寸舌为帝者师,封万户,位列侯,此布衣之极,于良足矣。愿弃人间事,欲从赤松子游耳。”[3]乃学辟谷,道引轻身。会高帝崩,[4]吕后德留侯,乃强食之,曰:“人生一世间,如白驹过隙,[5]何至自苦如此乎!”留侯不得已,强听而食。

【注释】〔1〕“代”,汉初诸侯国名,治所在今河北省蔚县东北。“击代”,在高祖十年(公元前一九七年)秋。当时代相陈豨反叛,自立为代王,刘邦亲自率兵前往平叛。事见本书《高祖本纪》、《韩信卢绾列传》。 〔2〕“马邑”,古县名。治所在今山西省朔县。 〔3〕“赤松子”,传说中的仙人。或谓神农氏时的雨师。 〔4〕“高帝崩”,高帝崩在公元前一九五年。古代天子死曰崩。 〔5〕“白驹过隙”,古代成语。形容时间过得很快。

【译文】留侯跟从皇帝去攻打代国,出奇计攻下马邑,以及立萧何为相国,留侯和皇帝从容地谈了很多天下大事,因为和天下存亡无关,所以没有记载。留侯常称说:“我家世代相韩,到韩国灭亡之后,不惜万金家产,为韩向强秦报仇,震动了天下。现在凭三寸之舌成为皇帝的老师,分封万户,位居列侯，这是平民百姓所企求的富贵之巅，对我张良来说很满足了。我希望丢开人间的事情，打算跟从赤松子交游。”于是学起辟谷、导引、轻身的养生之术。恰逢高帝驾崩，吕后感激留侯的恩德，就强让他吃饭，说：“人生一世，如白驹过隙那样短促，何必自找苦吃到如此地步呢？”留侯不得已，勉强听从吕后的话而进食。

后八年卒，〔1〕谥为文成侯。〔2〕子不疑代侯。

【注释】〔1〕“后八年”，指高祖死后八年。但据《高祖功臣侯年表》记载，张良卒于吕后二年，距高帝崩为九年，此云“后八年卒”，当有误。〔2〕“谥”，古代帝王、贵族、大臣、士大夫死后，依其生前事迹给予的称号。

【译文】八年以后，留侯去世，谥为文成侯。他的儿子不疑继承了侯爵。

子房始所见下邳圯上老父与《太公书》者，〔1〕后十三年从高帝过济北，果见谷城山下黄石，取而葆祠之。〔2〕留侯死，并葬黄石。每上冢伏腊，〔3〕祠黄石。

【注释】〔1〕“《太公书》”，即前《太公兵法》。〔2〕“葆”，同“宝”。“葆祠”，作为宝而祭祀。〔3〕“伏腊”，两种祭祀的名称。古代分别在夏季的伏天和冬季的腊月行祭祀之礼，所以称“伏腊”。

【译文】子房当初在下邳桥上见到的那个给他《太公书》的老人（曾经预言过），十三年以后他跟从高帝路过济北，（后来）果然看到在谷城山下有块黄石，留侯把它取回去作为珍宝供奉起来。留侯死了以后，和黄石葬在一起。每逢冬夏到坟上祭祀留侯，同时也祭祀黄石。

留侯不疑，孝文帝五年坐不敬，〔1〕国除。〔2〕

【注释】〔1〕“孝文帝五年”，即公元前一七五年，孝文帝，名恒，刘邦的庶妻薄姬所生，初封为代王。吕后死后，大臣以他为人仁厚，故迎立为帝。在位二十三年（公元前一七九年至前一五七年）。〔2〕“国除”，削去封爵，废除封国。据《高祖功臣侯年表》云：“不疑坐与门大夫谋杀故楚内史，当死，赎为城旦，国除。”与此异。

【译文】留侯不疑，在孝文帝五年时因犯了不敬之罪，被削去了封爵，废除了封国。

太史公曰：学者多言无鬼神，然言有物。〔1〕至如留侯所见老父予书，亦可怪矣。高祖离困者数矣，〔2〕而留侯常有功力焉，岂可谓非天乎？上曰：“夫运筹策帷帐之中，决胜千里外，吾不如子房。”余以为其人计魁梧奇伟，至见其图，状貌如妇人好女。盖孔子曰：“以貌取人，失之子羽。”〔3〕留侯亦云。

【注释】〔1〕“物”，在汉代有些思想家，不信有鬼神，但却认为有一种精灵、神怪的物质。如王充在《论衡·论死》中说：“夫物未死，精神依倚形体，故能变化，与人交通。”就反映了汉朝人的这种认识。〔2〕“离”，通“罹”，遭遇。〔3〕“子羽”，姓澹台，名灭明，字子羽。孔子的弟子。相传此人相貌丑陋而有贤德。本书《仲尼弟子列传》、《韩非子·显学篇》有记载。

【译文】太史公说：学者们多数认为没有鬼神，然而认为有精灵。至于像留侯所见到的给他书的老人，也可以说是件怪事了。高祖曾多次遭遇困厄，而留侯经常出力立功，难道可以说不是天意吗？高祖说：“运筹谋划于帷帐之中，而夺取胜利在千里之外，我不如子房。”我原以为他人长得大概魁梧雄伟，到看见他的画像，相貌就像妇人美女一般。正如孔子所说：“以貌取人，就会错看了子羽。”对于留侯也可以这么说。

史记卷五十六

陈丞相世家第二十六

陈丞相平者，阳武户牖乡人也。[1]少时家贫，好读书，有田三十亩，独与兄伯居。[2]伯常耕田，纵平使游学。[3]平为人长大美色。人或谓陈平曰："贫何食而肥若是？"其嫂嫉平之不视家生产，[4]曰："亦食糠覈耳。[5]有叔如此，不如无有。"伯闻之，逐其妇而弃之。

【注释】〔1〕"阳武"，县名，治所在今河南原阳东南。"户牖乡"，在今河南兰考东北。〔2〕"伯"，古人有以排行为表字的，"伯"犹今称"老大"。〔3〕"纵"，听任。"游学"，外出求学。〔4〕"嫉"，憎恨，讨厌。"视"，治，治理。"生产"，谋生产业。〔5〕"覈"，通"纥"、"麧"，米麦的粗屑。

【译文】陈丞相平，阳武县户牖乡人。少年时家境贫穷，喜好读书，有田地三十亩，独自和哥哥陈伯一起生活。陈伯常年在家种田，听任陈平外出游学。陈平身材高大，仪容俊美。有人议论他说："这么穷，吃了些什么而长得这样胖？"他的嫂嫂恨他毫不关心家里的谋生之业，说道："也是吃些糠里的粗屑罢了。有这样的小叔，还不如没有的好。"陈伯听到这些话后，把她赶出家门，休弃了她。

及平长，可娶妻，富人莫肯与者，贫者平亦耻之。久之，户牖富人有张负，[1]张负女孙五嫁而夫辄死，人莫敢娶。平欲得之。邑中有丧，平贫，侍丧，以先往后罢为助。张负既见之丧所，独视伟平，平亦以故后去。负随平至其家，家乃负郭穷巷，[2]以弊席为门，[3]然门外多有长者车辙。[4]张负归，谓其子仲曰："吾欲以女孙予陈平。"张仲曰："平贫不事事，[5]一县中尽笑其所为，独奈何予女乎？"负曰："人固有好美如陈平而长贫贱者乎？"卒与女。为平贫，乃假贷币以聘，[6]予酒肉之资以内妇。[7]负诫其孙曰："毋以贫故，事人不谨。事兄伯如事父，事嫂如母。"[8]平既娶张氏女，赍用益饶，[9]游道日广。

【注释】〔1〕"张负"，"负"，通"妇"，"张负"犹今称"张老大娘"、"张老太"。一说张负为男子，"负"，乃其名。〔2〕"负"，倚，背靠。"郭"，外城。"负郭"，靠着外城城墙。"穷巷"，偏僻的小巷。〔3〕"弊"，通"敝"，破旧。"弊席"，破席。〔4〕"长者"，此指显贵者，有地位有名望的人。"长"，音zhǎng。〔5〕"事事"，做事。上"事"为动词，下"事"为名词。〔6〕"假贷"，借给。"币"，币帛，此指行聘时所用的礼物。如据《仪礼·士昏礼》所记，纳徵时需致送玄纁、束帛、俪皮为礼。"聘"，此指订婚。〔7〕"内妇"，娶妻。"内"，通"纳"。〔8〕"事嫂如母"，《史记集解》认为，"兄伯已逐其妇，此嫂疑后娶也"。一说此乃泛指礼当如是。〔9〕"赍"，音zī，通"资"。"赍用"，资财。

【译文】等到陈平长大，可以娶妻了，有钱人家没有人肯把姑娘嫁给他；娶穷人家的姑娘，他又感到羞耻。过了好久，户牖乡有个富人张负，张负的孙女五次嫁人，次次死了丈夫，没有人再敢娶她。陈平却想得到她。乡邑中有人死了，陈平因为家境贫穷，就去帮着操办丧事，早去晚歇，以此来贴补家用。张负在办丧事人家见到陈平后，独独对他十分看重，陈平也因为想获得张负的好感而很晚离开那里。张负尾随陈平来到他家，陈家原来在靠近城郭的偏僻小巷里，用破席当门，可是门外却有不少有身份人的车轮的印迹。张负回到自己家里，对她儿子张仲说："我想把孙女嫁给陈平。"张仲说："陈平贫穷，又不事生产，全县的人都耻笑他的所作所为，为什么偏偏要把女儿嫁给他呢？"张负说："人难道会有像陈平这样俊美出众而总是贫穷卑贱的吗？"结果把孙女嫁给了他。因为陈平穷，就借币帛给他作聘礼，还给他办酒席的钱来娶妻。张负告诫她的孙女说："不要因为他穷，侍奉人家就不恭敬。侍奉他哥哥陈伯要像侍奉父亲一样，侍奉嫂嫂要像侍奉母亲一样。"陈平娶了张家姑娘后，资财日益充裕，交游一天天广泛。

里中社，〔1〕平为宰，〔2〕分肉食甚均。父老曰："善，陈孺子之为宰！"〔3〕平曰："嗟乎，使平得宰天下，亦如是肉矣！"

【注释】〔1〕"里"，古代乡以下的行政基层单位。据《太平御览》卷五三二所引蔡邕《陈留东昏库上里社碑》，陈平所居之里为库上里。"社"，土地神，此指祭祀社神。〔2〕"宰"，此指主持切割分配祭肉的人。〔3〕"孺子"，对年少者的通称。

【译文】里中祭祀社神，陈平当主持人，分配祭肉分得很公平。父老们都说："好啊，陈平这孩子主持分肉！"陈平说："唉，如果让我能有机会治理天下，也就会像分这祭肉一样的了！"

陈涉起而王陈，〔1〕使周市略定魏地，〔2〕立魏咎为魏王，〔3〕与秦军相攻于临济。〔4〕陈平固已前谢其兄伯，〔5〕从少年往事魏王咎于临济。魏王以为太仆。〔6〕说魏王不听，〔7〕人或谗之，陈平亡去。

【注释】〔1〕"陈涉"，名胜，字涉，阳城（今河南登封东南）人，秦末农民起义领袖。秦二世元年（公元前二〇九年）七月，与吴广在蕲县大泽乡（今安徽宿州市东南）率领戍卒九百人起义，占领陈县，自立为王，号为张楚。四方闻风响应。秦二世二年被害。详见本书《陈涉世家》。"陈"，县名，治所在今河南淮阳。〔2〕"周市"，陈涉将领，魏人，曾奉命略定魏地，迎魏咎为王，自任魏相。后被秦将章邯所击杀。"市"，音 fú。"略定"，攻占平定。"魏地"，战国时魏国地区，约当今河南北部和山西南部一带。〔3〕"魏咎"，战国魏之诸公子，被封为宁陵君。陈涉起义称王后，魏咎投奔陈涉。陈涉派周市略定魏地，受周市之请，立魏咎为魏王。后魏咎被秦将章邯围于临济，兵败自杀。〔4〕"临济"，邑名，在今河南封丘东。〔5〕"谢"，辞别。〔6〕"太仆"，官名，主管车马之事。〔7〕"说"，音 shuì，劝说别人听从自己的意见。

【译文】陈涉起兵在陈县称王以后，派周市去攻占平定魏地，立魏咎为魏王，和秦军在临济交锋。在这之前陈平原已辞别了哥哥陈伯，和一些年轻人到临济投奔魏王咎了。魏王任命他为太仆。陈平向魏王进言，魏王不听，有人还说陈平坏话，陈平就逃离了那里。

久之，项羽略地至河上，〔1〕陈平往归之，从入破秦，赐平爵卿。〔2〕项羽之东王彭城也，〔3〕汉王还定三秦而东，〔4〕殷王反楚。〔5〕项羽乃以平为信武君，将魏王咎客在楚者以往，击降殷王而还。项王使项悍拜平为都尉，〔6〕赐金二十溢。〔7〕居无何，〔8〕汉王攻下殷。〔9〕项王怒，将诛定殷者将吏。陈平惧诛，乃封其金与印，使使归项王，〔10〕而平身间行杖剑亡。〔11〕渡河，船人见其美丈夫独行，疑其亡将，要中当有金玉宝器，〔12〕目之，欲杀平。平恐，乃解衣裸而佐刺船。〔13〕船人知其无有，乃止。

【注释】〔1〕"河上"，黄河边。〔2〕"赐平爵卿"，赐给陈平卿一级的高级爵秩，然非实职。〔3〕"彭城"，县名，治所在今江苏徐州市。〔4〕"三秦"，项羽灭秦，三分秦关中故地，封秦降将章邯为雍王，领有今陕西中部咸阳以西和甘肃东部地区，都废丘（今陕西兴平东南）；封司马欣为塞王，领有今陕西咸阳以东至黄河之地，都栎阳（今陕西临潼北）；封董翳为翟王，领有今陕西北部地区，都高奴（今陕西延安市东北）。合称"三秦"。〔5〕"殷王"，殷王司马卬，原为赵将，项羽灭秦后被封为殷王，领有黄河以北今河南部分地区，都朝歌（今河南淇县）。〔6〕"项悍"，项羽部将，与项羽同族。"都尉"，比将军略低的武官。〔7〕"溢"，通"镒"，古代重量单位。二十两为一镒。一说二十四两为一镒。〔8〕"无何"，不久。〔9〕"汉王攻下殷"，汉二年三

月，刘邦俘虏殷王司马卬，设置河内郡。〔10〕“使使”，派遣使者。上“使”为动词，下“使”为名词。〔11〕“间行”，从小路走。“间”，音 jiàn。“杖剑”，拿着剑。“杖”，通“仗”。〔12〕“要”，“腰”的本字。〔13〕“裸”，赤身露体。“刺船”，撑船。

【译文】隔了很长时间，项羽攻占土地到黄河边上，陈平前去投奔他，跟随他入关破秦，项羽赐给他卿一级的爵位。后来项羽东归在彭城称西楚霸王的时候，汉王刘邦回军平定了三秦，向东挺进，殷王司马卬反叛楚王。于是项羽封陈平为信武君，率领魏王咎客居在楚的部下前去讨伐，陈平攻打降服殷王后班师回楚。项王派项悍任命陈平为都尉，赐金二十镒。不久，汉王攻下了殷国。项王发怒，要杀以前平定殷国的将领官员。陈平害怕被杀，就把项王的赏金和官印封包起来，派使者送还项王，自己只身从小路带了宝剑逃走。在渡河的时候，船夫见他这样一个美男子独身赶路，怀疑他是逃亡的将领，腰里一定藏着金玉宝器，眼睛老盯着他，想谋害陈平。陈平害怕了，便把衣服脱去，光着身子帮助撑船。船夫知道他实在没有什么财物，才作罢。

平遂至修武降汉，〔1〕因魏无知求见汉王，〔2〕汉王召入。是时万石君奋为汉王中涓，〔3〕受平谒，〔4〕入见平。平等七人俱进，赐食。王曰：“罢，就舍矣。”平曰：“臣为事来，所言不可以过今日。”于是汉王与语而说之，〔5〕问曰：“子之居楚何官？”曰：“为都尉。”是日乃拜平为都尉，使为参乘，〔6〕典护军。〔7〕诸将尽讙，〔8〕曰：“大王一日得楚之亡卒，〔9〕未知其高下，而即与同载，反使监护军长者！”〔10〕汉王闻之，愈益幸平。遂与东伐项王。至彭城，为楚所败。引而还，收散兵至荥阳，〔11〕以平为亚将，〔12〕属于韩王信，〔13〕军广武。〔14〕

【注释】〔1〕“修武”，县名，治所在今河南获嘉。〔2〕“因”，凭借，通过。“魏无知”，汉王近臣。《汉书·循吏传》称其为“魏倩”。〔3〕“万石君奋”，即石奋，十五岁时为小吏，侍候汉王。汉文帝时官至太中大夫、太子太傅。至景帝时，石奋及其四子皆官至二千石，五人合为万石，故称石奋为万石君。详见本书《万石张叔列传》。陈平降汉时，石奋尚未为万石君。司马迁写作时，用当时的习惯称呼称他，故曰“万石君奋”。“中涓”，主管宫内清洁洒扫之事并传送书谒，是帝王亲近侍臣。〔4〕“谒”，名刺，名帖。〔5〕“说”，通“悦”。〔6〕“参乘”，音 cān shèng。古代乘车，尊者在左，御者居中，另有一人在右陪乘。陪乘之人称为参乘或车右，负责警卫。〔7〕“典”，主领，掌管。“护军”，督统军队，调节诸将间的关系。〔8〕“讙”，喧哗。〔9〕“一日”，一旦，极言时间之短。〔10〕“监护”，督察。“长者”，指军队中资历深的将领。〔11〕“荥阳”，县名，治所在今河南荥阳东北。〔12〕“亚将”，次将，副将。〔13〕“韩王信”，战国韩襄王后裔，将兵随刘邦入武关。刘邦为汉王，信又从入汉中。刘邦还定三秦，许诺以信为韩王而先拜信为韩太尉，令其领兵略定韩地。汉二年，信击降项羽所立的韩王郑昌后，被正式立为韩王。后降匈奴。汉十一年被杀。详见本书《韩信卢绾列传》。〔14〕“广武”，邑名，在今河南荥阳东北广武山上。

【译文】陈平于是到修武降汉，通过魏无知求见汉王。汉王召他进去。其时万石君石奋任汉王的中涓，接受了陈平的名帖，领他进去见汉王。陈平等七人一起去进见，汉王赏赐他们酒食，说：“吃完后，诸位到客舍休息吧。”陈平说：“我有事才来，我要说的话不可以过今天。”于是汉王跟他交谈起来，很喜欢他，问道：“你在楚国做什么官？”回答说：“做都尉。”汉王当天就任命他为都尉，让他担任自己的参乘，并负责监督军队。众将都喧哗起来，说：“大王刚刚得到一名楚国的逃兵，还不知他才能的高下，就和他同乘一辆车，反让他监督军队里的老将！”汉王听了，更加宠信陈平。于是和他一起向东攻伐项王。到了彭城，被楚军打败。汉王退军而还，沿途收编失散的士兵，到达荥阳，任命陈平为亚将，隶属于韩王信，驻扎在广武。

绛侯、灌婴等咸谗陈平曰：〔1〕“平虽美丈夫，如冠玉耳，〔2〕其中未必有也。臣闻平居家时，盗其嫂；〔3〕事魏不容，亡归楚；归楚不中，〔4〕又亡归汉。今日大王尊官之，令护军。臣闻平受诸将金，〔5〕金多者得善处，金少者得恶处。平，反覆乱臣也，〔6〕愿王察之。”汉王疑之，召让魏无知。〔7〕无知曰：“臣所言者，能也；陛下所问者，行也。今有尾生、孝己之行而无益处于胜负之数，〔8〕陛下何暇用之乎？楚汉相距，臣进奇谋之士，〔9〕

顾其计诚足以利国家不耳。[10]且盗嫂受金又何足疑乎?”汉王召让平曰:“先生事魏不中,遂事楚而去,[11]今又从吾游,[12]信者固多心乎?”[13]平曰:“臣事魏王,魏王不能用臣说,故去事项王。项王不能信人,其所任爱,非诸项即妻之昆弟,[14]虽有奇士不能用,平乃去楚。闻汉王之能用人,故归大王。臣裸身来,不受金无以为资。诚臣计画有可采者,愿大王用之;使无可用者,金具在,请封输官,[15]得请骸骨。”[16]汉王乃谢,[17]厚赐,拜为护军中尉,[18]尽护诸将。诸将乃不敢复言。

【注释】〔1〕“绛侯”,即周勃,沛县(今江苏沛县)人,早年随刘邦起兵,以军功赐爵威武侯,拜为将军,汉六年封为绛侯。汉高祖、吕后时曾为太尉,文帝时为丞相。文帝三年免相,十一年卒。详见本书《绛侯周勃世家》。“灌婴”,睢阳(今河南商丘县)人,随刘邦转战各地,汉六年封为颍阴侯。文帝时曾为太尉、丞相。文帝四年卒。详见本书《樊郦滕灌列传》。〔2〕“冠玉”,帽子上装饰玉石。〔3〕“盗其嫂”,与其嫂私通。〔4〕“不中”,不相合。〔5〕“金”,此与下文之“黄金”皆指铜。〔6〕“反覆”,反来覆去,言变化无常。〔7〕“让”,责备。〔8〕“尾生”,古代传说中坚守信约的人。他与女子约会于桥下,女子未至,河水上涨,尾生原地不移,抱桥柱而死。“孝己”,殷高宗武丁之子,传说有孝行。“胜负之数”,决定胜负的谋略。〔9〕“奇谋”,出奇制胜的计谋。〔10〕“顾”,关心,考虑。“不”,义同“否”。〔11〕此句《汉书·陈平传》作“吾闻先生事魏不遂,事楚而去”,语意较显。〔12〕“游”,交往,交游。〔13〕“信者”,诚实不欺的人,守信义的人。“多心”,有异心,不忠实。〔14〕“昆弟”,兄弟。〔15〕“输官”,送缴官府。〔16〕“请骸骨”,古人事君,认为应以身许君,进退不该自主。因此想辞官,便要请求君王赏还身体。骸骨即指身体。〔17〕“谢”,道歉。〔18〕“护军中尉”,督统军务的高级武官。

【译文】这时绛侯周勃、灌婴等都说陈平的坏话,道:“陈平尽管是个美男子,却像在帽子上装饰美玉,(表面好看,)内里未必有什么真本事。我们听说他在家里时,跟他嫂嫂私通;侍奉魏王,待不下去,逃出来投楚;投楚不合,又逃出来投汉。如今大王您尊重他,让他做官,命他监督军队。我们听说陈平接受将领们的金子,送金多的得好去处,送金少的得坏去处。陈平,是个反复无常的乱臣,愿大王明察。”汉王对陈平产生了怀疑,召见魏无知并责备了他。魏无知说:“我所介绍的是他的才能,陛下所问的是他的品行。假如一个人有尾生、孝己那样的品行,但对决定战争胜负的谋略毫无益处,陛下哪有工夫任用他呢?楚汉相争,我推荐奇谋之士,我所考虑的只是他的计谋是否真正足以有利于国家而已。再说,和嫂嫂私通、受人金钱,这又有什么值得您疑虑的呢?”汉王又召来陈平,责备他说:“先生您侍奉魏王不能相合,就去侍奉楚王,然而也离开了,现在又跟我交往,讲信义的人难道该是这样三心二意的吗?”陈平回答道:“我侍奉魏王,魏王不能采用我的建议,所以我离开了,去侍奉项王。项王不能信任人,他所信任宠爱的不是项氏宗族便是妻子的兄弟,尽管有奇谋之士,却不能任用,我才又离开了楚。听说汉王您能用人,所以来投奔大王。我赤身而来,不接受别人的金钱就没有资产。如果我的计谋确有可采用的,愿大王采用;如果无可采用,诸将的贿金都在,请封存充公,愿您赏还我这把骨头让我离去。”汉王听完这番话后便向他道歉,还重重地赏赐了他,任命他为护军中尉,监督全体将领。将领们这才不敢再说什么了。

其后,楚急攻,绝汉甬道,[1]围汉王于荥阳城。久之,汉王患之,请割荥阳以西以和。[2]项王不听。汉王谓陈平曰:“天下纷纷,何时定乎?”陈平曰:“项王为人,恭敬爱人,士之廉节好礼者多归之。[3]至于行功爵邑,[4]重之,[5]士亦以此不附。今大王慢而少礼,[6]士廉节者不来;然大王能饶人以爵邑,[7]士之顽钝嗜利无耻者亦多归汉。[8]诚各去其两短,袭其两长,[9]天下指麾则定矣。[10]然大王恣侮人,[11]不能得廉节之士。顾楚有可乱者,彼项王骨鲠之臣亚父、钟离眜、龙且、周殷之属,[12]不过数人耳。大王诚能出捐数万斤金,[13]行反间,[14]间其君臣,以疑其心,项王为人意忌信谗,[15]必内相诛。汉因举兵而攻之,破楚必矣。”汉王以为然,乃出黄金四万斤,与陈平,恣所为,不问其出入。

【注释】〔1〕“甬道”,两侧筑墙的通道。荥阳

有甬道通敖仓,汉军用以运送粮食。项羽多次夺取甬道,致使汉军乏食。敖仓是秦代在敖山上所建的谷仓,故址在今河南郑州西北邙山上。〔2〕"请割荥阳以西以和",本书《高祖本纪》作"汉王请和,割荥阳以西者为汉",《项羽本纪》所记略同,则此句意谓汉王请求割荥阳以西者为汉,以此条件与项羽讲和。〔3〕"廉节",端方不苟而有节操。"好礼",重视礼节。〔4〕"行功爵邑",论功行赏,赐爵封邑。〔5〕"重",看重,爱惜。此指吝啬。〔6〕"慢",傲慢,轻视他人。〔7〕"饶",增益。此指舍得给。〔8〕"顽钝",贪婪圆滑。〔9〕"袭",重叠。此指兼有。〔10〕"指麾",同"指挥",一指手、一挥手,形容时间短暂。〔11〕"恣",任意。"侮",轻慢。〔12〕"骨鲠之臣",正直的臣子。骨鲠比喻正直。"亚父",敬称,表示对他的尊敬仅次于父。此指范增。范增,秦末居鄛(今安徽桐城南)人,善出奇计,年七十,为项梁、项羽谋士,辅佐项羽称霸诸侯,被尊为亚父。"钟离眜",姓钟离,名眜,项羽部将。项羽死后,逃归故友韩信。刘邦下令捕眜,眜自杀。"眜",音 mò。"龙且",项羽骁将,后被韩信所杀。"且",音 jū。"周殷",原为楚大司马,被汉王诱降反楚,与汉军共击项羽于垓下。〔13〕"斤",汉代一斤约等于今天的二百五十八克。〔14〕"反间",离间敌方使起内讧。"间",音 jiàn。〔15〕"意忌",猜疑妒忌。

【译文】后来,楚军加紧进攻,截断了汉军的运粮甬道,把汉王围困在荥阳城里。日子一长,汉王忧虑起来,请求割据地荥阳之西来与楚讲和。项王不答应。汉王对陈平说:"天下乱纷纷的,什么时候才能够安定下来呢?"陈平说:"项王为人,恭敬爱人,廉节好礼的士人多去投奔他。等到要评功劳、赏爵邑了,他却十分看重,(总舍不得给,)士人因此不亲附于他。如今大王您对人轻慢少礼,廉节的士人不来;但是大王您能用爵邑重赏下人。那些圆滑、嗜利而不讲廉耻的士人大多来投奔您。如果大王能分别除去两人的短处,兼有两人的长处,那么天下在挥手之间就能平定了。然而大王您随意侮慢人,是不能得到廉节之士的。但楚国存在可以致乱的因素,那项王身边正直的臣子如亚父、钟离眜、龙且、周殷之类,只不过几个人罢了。大王您如果能拿出几万斤金,用来实施反间计,离间其君臣,使他们产生疑忌之心,项王为人好猜忌,听信谗言,必然会引起内部互相诛杀。汉乘机兴兵攻打,破楚是必定无疑的了。"汉王认为他说得对,便拿出黄金四万斤给陈平,任凭他支配,不过问开支情况。

陈平既多以金纵反间于楚军,宣言诸将钟离眜等为项王将,〔1〕功多矣,然而终不得裂地而王,〔2〕欲与汉为一,以灭项氏而分王其地。项羽果意不信钟离眜等。项王既疑之,使使至汉。汉王为太牢具,〔3〕举进。见楚使,即详惊曰:〔4〕"吾以为亚父使,乃项王使!"复持去,更以恶草具进楚使。〔5〕楚使归,具以报项王。项王果大疑亚父。亚父欲急攻下荥阳城,项王不信,不肯听。亚父闻项王疑之,乃怒曰:"天下事大定矣,君王自为之!愿请骸骨归!"归未至彭城,疽发背而死。〔6〕陈平乃夜出女子二千人荥阳城东门,楚因击之,陈平乃与汉王从城西门夜出去。遂入关,收散兵复东。

【注释】〔1〕"宣言",扬言,宣扬。〔2〕"裂地",分割土地。〔3〕"太牢具",丰盛的宴席。古代宴会并用牛羊豕三牲者称为太牢,这是待客的最尊敬的礼数。〔4〕"详",通"佯",假装。〔5〕"更",换。"恶草具",粗劣的食物。〔6〕"疽",音 jū,痈疽,一种毒疮。

【译文】陈平用大量黄金在楚军中放手进行离间活动后,便在诸将中扬言:钟离眜等人在项王部下为将,功劳很多,但始终不能分封土地而称王,他们想和汉联合在一起,灭掉项氏,分他的土地,各自为王。项王听了,果然心怀猜忌,对钟离眜等不信任起来。在起了疑心之后,项王派使者到汉王那里。汉王让人备了丰盛的宴席送进去,见到楚国使者,就假装惊讶道:"我以为是亚父的使者,却原来是项王的使者!"又把宴席撤走,换上粗劣的饭菜送进来给楚王使者。楚王使者回去,把情况统统报告项王。项王果然对亚父大起疑心。亚父想赶快把荥阳城攻下来,项王不信任他,不肯接受他的建议。亚父听到项王对他有怀疑,就生气地说:"天下的事大局已定了,君王您自己干吧!愿您赏还我这把老骨头,让我回家!"他回去还没到彭城,就因背上痈疽发作而死了。陈平于是在夜间从荥阳城东门放出二千名女子,楚军受诱出击,陈平就和汉王在夜色中乘机从城西门出去,于是进入函谷关,收集散兵再向东进。

其明年,淮阴侯破齐,〔1〕自立为齐王,使使言之汉王。汉王大怒而骂,陈平蹑汉

王。〔2〕汉王亦悟,乃厚遇齐使,〔3〕使张子房卒立信为齐王。〔4〕封平以户牖乡。用其奇计策,卒灭楚。常以护军中尉从定燕王臧荼。〔5〕

【注释】〔1〕"淮阴侯",即韩信,淮阴(今江苏清江市西南)人,先从项梁、项羽,后归刘邦,拜为大将。汉四年,立为齐王。汉五年,徙为楚王。汉六年,降封为淮阴侯。汉十一年,反汉被杀。详见本书《淮阴侯列传》。韩信破齐在汉四年,尚未为淮阴侯。司马迁写作时,用当时的习惯称呼称他,故曰"淮阴侯"。"齐",当时的诸侯国,齐王为田广,都临淄(今山东淄博市东北)。〔2〕"蹑",踩,踏。〔3〕"遇",接待。〔4〕"张子房",即张良,字子房,家五世相韩。秦灭韩,良结纳刺客,椎击秦始皇于博浪沙(在今河南原阳),误中副车。亡匿下邳(今江苏睢宁西北),学兵法,后归刘邦。刘邦称赞他说:"运筹策帷帐中,决胜千里外,子房功也。"因功封为留侯。详见本书《留侯世家》。〔5〕"常",通"尝",曾经。"燕王臧荼",初为燕王韩广部将,曾率军援赵,随项羽入关。项羽分封诸侯,徙燕王韩广为辽东王,封臧荼为燕王,都蓟(今北京市西南)。臧荼击杀韩广,并王其地。后背楚归汉。汉五年,反叛被俘。"荼",音 tú。

【译文】第二年,淮阴侯韩信攻破齐国,自立为齐王,派使者报告汉王。汉王大怒而骂了起来,陈平踩了踩汉王的脚。汉王也醒悟过来了,于是厚待齐使并派张子房出使,结果封立韩信为齐王。汉王又把户牖乡封赏给陈平。汉王采用陈平的神计妙算,终于灭掉了楚王。后来陈平还曾作为护军中尉跟随汉王平定了燕王臧荼。

汉六年,〔1〕人有上书告楚王韩信反。高帝问诸将,〔2〕诸将曰:"亟发兵阬竖子耳。"〔3〕高帝默然。问陈平,平固辞谢,〔4〕曰:"诸将云何?"上具告之。陈平曰:"人之上书言信反,有知之者乎?"曰:"未有。"曰:"信知之乎?"曰:"不知。"陈平曰:"陛下精兵孰与楚?"上曰:"不能过。"平曰:"陛下将用兵有能过韩信者乎?"上曰:"莫及也。"平曰:"今兵不如楚精,而将不能及,而举兵攻之,是趣之战也,〔5〕窃为陛下危之。"〔6〕上曰:"为之奈何?"平曰:"古者天子巡狩,〔7〕会诸侯。南方有云梦,〔8〕陛下弟出伪游云梦,〔9〕会诸侯于陈。陈,楚之西界,信闻天子以好出游,〔10〕其势必无事而郊迎谒。谒,而陛下因禽之,〔11〕此特一力士之事耳。"〔12〕高帝以为然,乃发使告诸侯会陈,"吾将南游云梦"。上因随以行。行未至陈,楚王信果郊迎道中。高帝豫具武士,〔13〕见信至,即执缚之,载后车。信呼曰:"天下已定,我固当烹!"高帝顾谓信曰:〔14〕"若毋声!〔15〕而反,〔16〕明矣!"武士反接之。〔17〕遂会诸侯于陈,尽定楚地。还至雒阳,〔18〕赦信以为淮阴侯,而与功臣剖符定封。〔19〕

【注释】〔1〕"汉六年",公元前二〇一年。〔2〕"高帝",汉五年,刘邦灭项羽后称皇帝。刘邦死后,群臣认为他"起微细,拨乱世反之正,平定天下,为汉太祖,功最高",上尊号为高皇帝,故称"高帝"。这里,司马迁是以当时的习惯称呼称刘邦。〔3〕"亟",音 jí,赶快,急速。"竖子",对人的鄙称,犹言"小子"。〔4〕"辞谢",推辞。〔5〕"趣",通"促",催促,加速。〔6〕"窃",谦指自己,犹言"私下"。〔7〕"巡狩",古代帝王巡视境内诸侯所守的地方。帝王所至,附近诸侯皆应来朝见述职。〔8〕"云梦",古泽名,在南郡华容(今湖北潜江县西南)南。〔9〕"弟",只管。〔10〕"好",指善意。〔11〕"禽",通"擒",捉住。〔12〕"特",仅仅,只。〔13〕"豫",预先。"具",准备好。〔14〕"顾",回头。〔15〕"若",你。"声",喊叫。〔16〕"而",你。〔17〕"反接之",反绑他的双手。〔18〕"雒阳",邑名,在今河南洛阳市东。〔19〕"剖符定封",古代帝王分封功臣爵邑时,把符剖分为二,双方各执其半,作为信守的凭证。符是古代的信物,用铜或竹、木制成,上刻有文字。

【译文】汉六年,有人上书告发楚王韩信谋反。高帝问将领们如何处置,将领们说:"马上发兵活埋这小子算了!"高帝没作声。高帝问陈平,陈平一再推辞不答,问道:"将领们说什么?"高帝把将领们的话统统告诉了他。陈平问:"有人上书告发韩信谋反,这件事别人有知道的吗?"答:"没有。"问:"韩信本人知道吗?"答:"不知道。"陈平问:"陛下的精兵,和楚王相比怎样?"高帝答道:"不能超过他。"陈平又问:"陛下的将领用兵,有能胜过韩信的吗?"高帝答道:"没有人及得上他。"陈平说:"现在兵既

不如楚精,将领用兵又不及韩信,却想兴兵进攻,这无异是在催促韩信起兵作战,我私下为陛下感到危险。”高帝说:“那怎么办呢?”陈平说:“古时候天子外出巡视,要会见诸侯。南方有大湖云梦,陛下只管出去装作巡游云梦,在陈县会见诸侯。陈县,在楚国西界。韩信听说天子以善意出游,料想必然不会发生什么意外之事而出郊远迎谒见。在他谒见的时候,陛下乘机捉住他,这不过是一名力士就能办到的事罢了。”高帝认为这办法好,便派出使者通知诸侯在陈县相会,说道:“我要到南方去巡游云梦了。”派出使者后,高帝也就跟着动身了。还没到达陈县,楚王韩信果然在郊外大道上迎接。高帝预先准备好武士,看见韩信到来,马上把他捆绑起来,装在后面车子里。韩信大声喊道:“天下已定,我本该烹杀!”高帝回过头去对韩信说:“你别嚷!你谋反,已经很明显了!”武士反绑住韩信的双手。高帝于是在陈县会见诸侯,全部平定了楚地。回到雒阳,高帝赦免了韩信,改封为淮阴侯,又和功臣们剖符为凭,确定各人的封爵。

于是与平剖符,世世勿绝,为户牖侯。平辞曰:“此非臣之功也。”上曰:“吾用先生谋计,战胜克敌,〔1〕非功而何?”平曰:“非魏无知臣安得进?”上曰:“若子可谓不背本矣。”〔2〕乃复赏魏无知。其明年,以护军中尉从攻反者韩王信于代。〔3〕卒至平城,〔4〕为匈奴所围,〔5〕七日不得食。高帝用陈平奇计,使单于阏氏,〔6〕围以得开。高帝既出,其计秘,世莫得闻。

【注释】〔1〕“克”,制胜,取胜。 〔2〕“若子”,像你这个人。 〔3〕“代”,诸侯国名,都代(今河北蔚县东北),辖境有今河北西北部、山西北部地区。 〔4〕“卒”,通“猝”,音 cù,匆忙,仓促。“平城”,县名,治所在今山西大同市东北。 〔5〕“匈奴”,我国古代北方民族之一,散居于大漠南北,游牧为生,善骑射。 〔6〕“单于”,音 chán yú,匈奴君主的称号。“阏氏”,音 yān zhī,匈奴王后的称号。

【译文】于是高帝和陈平剖符,子子孙孙永不断绝,封他为户牖侯。陈平推让说:“这不是我的功劳。”高帝说:“我用先生的计谋,克敌制胜,这不是你的功劳又是什么?”陈平说:“如果没有魏无知,我怎么能被进用呢?”高帝说:“像你这样,可以说是不忘本了。”于是又赏魏无知。下一年,陈平以护军中尉的身份跟随高帝在代地攻伐反叛者韩王信。他们仓促中到达平城,被匈奴围困,断食七天。高帝采用陈平的奇计,派使者到单于阏氏那里活动,由此得以解围。高帝出围城后,这个计策一直秘而不宣,世上无人知晓。

高帝南过曲逆,〔1〕上其城,望见其屋室甚大,曰:“壮哉县!吾行天下,独见洛阳与是耳。”顾问御史曰:〔2〕“曲逆户口几何?”对曰:〔3〕“始秦时三万余户,间者兵数起,〔4〕多亡匿,今见五千户。”于是乃诏御史,更以陈平为曲逆侯,尽食之,〔5〕除前所食户牖。

【注释】〔1〕“曲逆”,县名,治所在今河北完县东南。 〔2〕“顾问”,回头询问。“御史”,御史大夫的属官,内掌图籍秘书,外司弹劾纠察。 〔3〕“对”,回答长辈或上级的提问。 〔4〕“间者”,近来。 〔5〕“尽食之”,指把曲逆县现存五千户的赋税全部赏给陈平。“食”,音 sì。

【译文】高帝南行经过曲逆县,登上城墙,望见城里的房屋都很高大,赞叹道:“壮观啊,曲逆!我走遍天下,只见到洛阳和这里有如此景象而已。”回头问御史:“曲逆户口多少?”回答说:“当初秦朝时有三万多户,近来屡经战乱,百姓大多逃离躲避起来,现在还剩五千户。”于是高帝下诏给御史,把陈平改封为曲逆侯,享用曲逆的全部赋税,收回过去所享用的户牖封地。

其后常以护军中尉从攻陈豨及黥布。〔1〕凡六出奇计,〔2〕辄益邑,凡六益封。奇计或颇秘,世莫能闻也。

【注释】〔1〕“陈豨”,宛朐(今山东曹县西北)人。汉七年,韩王信叛入匈奴,高祖封陈豨为列侯,以赵相国身份监领赵、代边兵。赵相周昌向高祖告发陈豨招致宾客,多年拥兵在外,怕有不测。豨恐。汉十年,高祖召见陈豨,陈豨称病不至,自立为代王。汉十二年(公元前一九五年)冬,陈豨被樊哙军所杀。详见本书《韩信卢绾列传》所附《陈豨传》。“豨”,音 xī。“黥布”,即英布,六县(今安徽六安市东北)人,因受过黥刑,故又称黥布。秦末率刑徒起兵,依附项羽,封九江王。后归汉,封淮南王。汉十一年，举兵反汉，高祖亲自领兵讨伐。汉十二年，黥布被杀。详见本书《黥布列传》。“黥”，音 qíng。〔2〕“凡”，总共。

【译文】这之后，陈平又曾作为护军中尉跟随高帝攻伐谋反的陈豨和黥布。陈平一共六次献出奇计，每次总要增加封邑，共加封了六次。这些奇计有的相当隐秘，世上无人能知晓。

高帝从破布军还，病创，〔1〕徐行至长安。〔2〕燕王卢绾反，〔3〕上使樊哙以相国将兵攻之。〔4〕既行，人有短恶哙者。〔5〕高帝怒曰：“哙见吾病，乃冀我死也。”〔6〕用陈平谋而召绛侯周勃受诏床下，曰：“陈平亟驰传载勃代哙将，〔7〕平至军中即斩哙头！”二人既受诏，驰传未至军，行计之曰：〔8〕“樊哙，帝之故人也，功多，且又乃吕后弟吕媭之夫，〔9〕有亲且贵，帝以忿怒故，欲斩之，则恐后悔。宁囚而致上，上自诛之。”未至军，为坛，以节召樊哙。〔10〕哙受诏，即反接载槛车，〔11〕传诣长安，〔12〕而令绛侯勃代将，将兵定燕反县。

【注释】〔1〕“创”，创伤。高帝征黥布时，中流矢受伤。〔2〕“长安”，西汉国都，故地在今陕西西安市西北，汉七年高帝迁都于此。〔3〕“燕王卢绾”，与刘邦同县同里，又同日出生。后随刘邦起兵，汉五年被封为燕王。汉十一年，卢绾暗中结交陈豨、匈奴以自固。汉十二年，高帝派樊哙征伐卢绾。高祖崩，卢绾入降匈奴，为东胡卢王，死在匈奴。详见本书《韩信卢绾列传》。“绾”，音 wǎn。〔4〕“樊哙”，沛县（今江苏沛县）人，随刘邦起兵，屡战有功。鸿门之会，掩护刘邦脱险。后以功封舞阳侯。详见本书《樊郦滕灌列传》。“哙”，音 kuài。“相国”，辅佐皇帝综理全国政务的最高行政长官。其时汉相国为萧何。樊哙以相国将兵，是给樊哙特加相国的称号，以提高他的身份。〔5〕“短恶”，揭短处，说坏话。“恶”，音 wù。〔6〕“冀”，希望。〔7〕“驰传”，驾乘传车急行。传车，古代驿站的专用车辆。“传”，音 zhuàn。〔8〕“行计”，在路上商议。〔9〕“弟”，此指女弟，即妹。“媭”，音 xū。“吕媭”，吕后执政时被封为临光侯。〔10〕“节”，符节，古代使臣执以为凭证的信物。〔11〕“槛车”，周围有栅栏的车，用以囚禁运送罪犯。〔12〕“传诣长安”，用驿站的车马递解到长安。“诣”，音 yì，往，到。

【译文】高帝从击破黥布的军中返回时，箭伤发作，只得缓行回到长安。这时燕王卢绾谋反，高帝派樊哙以相国身份领兵讨伐。军队出发后，有人说樊哙的坏话，高帝忿怒地说道：“樊哙见我病重，就盼望我早点死掉。”他采用陈平的计谋，召绛侯周勃到病榻前受诏，说道：“陈平赶快乘传车急行，载着周勃去代樊哙领兵，陈平到军中后立即斩下樊哙的头来！”陈平、周勃受诏后，乘传车急行还没到达樊哙军中，在路上计议道：“樊哙是皇帝的老朋友，功多，而且又是吕后妹妹吕媭的丈夫，和皇帝有亲，地位又尊贵，皇帝出于一时的忿怒，要斩他，恐怕日后会懊悔。我们宁可把樊哙囚禁起来送交皇上，让皇上自己去诛杀他。”他们没有进入军营，在外面筑起土坛，用节召来樊哙。樊哙受诏后，立即被反绑双手关进囚车，通过驿站送到长安，同时传令绛侯周勃代樊哙为将，领兵平定燕国反叛的各县。

平行闻高帝崩，〔1〕平恐吕太后及吕媭谗怒，乃驰传先去。逢使者诏平与灌婴屯于荥阳。平受诏，立复驰至宫，哭甚哀，因奏事丧前。吕太后哀之，曰：“君劳，出休矣。”平畏谗之就，〔2〕因固请得宿卫中。太后乃以为郎中令，〔3〕曰：“傅教孝惠。”〔4〕是后吕媭谗乃不得行。樊哙至，则赦复爵邑。

【注释】〔1〕“崩”，按照封建等级制，皇帝死称“崩”。〔2〕“就”，成，成功。〔3〕“郎中令”，汉九卿之一，掌管守卫皇宫，侍从皇帝。〔4〕“孝惠”，即汉惠帝刘盈，汉高祖之子，吕后所生，在位七年（公元前一九四年至前一八八年）。

【译文】陈平在回来的路上听到高帝去世，生怕吕太后听信吕媭进谗而发怒，就乘传车急驰，离队先行。途中遇见使者下达诏令，命陈平和灌婴屯兵荥阳。陈平受诏后，立即又急驰至宫中，哭得十分悲哀，并在高帝灵前向吕太后奏明此事。吕太后哀怜他，说道：“你辛苦了，出去休息吧。”陈平害怕谗言及身，就一再请求能在宫中值宿守卫。太后便任命他为郎中令，说道：“辅佐教导孝惠帝吧。”这样之后吕媭进谗才没能行通。樊哙押到后，就被赦免而恢复了爵位封邑。

孝惠帝六年，〔1〕相国曹参卒，〔2〕以安国侯王陵为右丞相，〔3〕陈平为左丞相。

【注释】〔1〕“孝惠帝六年”，公元前一八九年。〔2〕“曹参”，沛县（今江苏沛县）人，秦末曾为沛县狱吏，佐刘邦起兵，屡有功，封平阳侯。曾任齐相九年，用黄老之术，齐国安集。汉惠帝二年，继萧何为相国，“举事无所变更，一遵萧何约束”，时人称之。详见本书《曹相国世家》。曹参死后，汉惠帝改相国为左右丞相。〔3〕“安国侯”，安国，县名，治所在今河北安国县东。

【译文】孝惠帝六年，相国曹参去世，朝廷任命安国侯王陵为右丞相，陈平为左丞相。

王陵者，故沛人，始为县豪，高祖微时，[1]兄事陵。陵少文，[2]任气，[3]好直言。及高祖起沛，入至咸阳，[4]陵亦自聚党数千人，居南阳，[5]不肯从沛公。及汉王之还攻项籍，陵乃以兵属汉。项羽取陵母置军中，陵使至，则东乡坐陵母，[6]欲以招陵。陵母既私送使者，泣曰：“为老妾语陵，谨事汉王。汉王，长者也，无以老妾故，持二心。妾以死送使者。”遂伏剑而死。[7]项王怒，烹陵母。陵卒从汉王定天下。以善雍齿，[8]雍齿，高帝之仇，而陵本无意从高帝，以故晚封，[9]为安国侯。

【注释】〔1〕“微”，指地位低微。〔2〕“少文”，不讲究仪节。“文”，指礼仪。〔3〕“任气”，纵任意气。〔4〕“咸阳”，秦都，在今陕西咸阳市东北。〔5〕“南阳”，郡名，郡治宛县（今河南南阳市），辖境相当于今河南西南部及湖北襄樊市、随州市以北地区。〔6〕“东乡坐”，朝东面坐。古人室内座次，以朝东为尊。“乡”，通“向”。〔7〕“伏剑”，用剑自杀。〔8〕“善”，与……相好。“雍齿”，刘邦部将，守丰，以丰降魏。刘邦得项梁之助，复攻克丰，雍齿奔魏。刘邦对雍齿极为憎恨。后雍齿复归汉，汉六年被封为什方侯。“什”，一作“汁”。〔9〕“晚封”，汉六年正月，高帝封功臣，张良、萧何等俱为侯。王陵封安国侯在八月，故曰“晚封”。

【译文】王陵原是沛县人，当初是县里的富豪，高祖贫贱时，对他以兄长相待。王陵不讲究仪节，任性使气，喜欢直言。等到高祖在沛起兵，入关至咸阳时，王陵也自己聚集党徒数千人，驻扎在南阳，不肯跟从沛公。直到汉王回师攻伐项籍时，王陵才把自己的部队归属汉王。项羽把王陵的母亲捉来安置在军营里，在王陵的使者到来时，就让她朝东坐着以示尊崇，想以此来招降王陵。王陵的母亲在私下里送别使者的时候，呜咽着说道：“替老身传语王陵，好好侍奉汉王。汉王是位长者，不要因为我在项籍军中的缘故对汉王有二心。我现在以死来送别使者。”说完就拔剑自刎而死。项王发怒，烹了王陵的母亲。王陵终于跟随汉王平定了天下。但因为他和雍齿交好，而雍齿则是高帝所痛恨的人，再加上王陵自己本来又无意跟从高帝，所以受封较晚，被封为安国侯。

安国侯既为右丞相，二岁，孝惠帝崩。高后欲立诸吕为王，问王陵，王陵曰：“不可。”问陈平，陈平曰：“可。”吕太后怒，乃详迁陵为帝太傅，[1]实不用陵。陵怒，谢疾免，[2]杜门竟不朝请，[3]七年而卒。

【注释】〔1〕“详迁”，假意升迁。“帝太傅”，辅导皇帝的官，品位极高，但无实权。〔2〕“谢疾免”，推托有病而引退免职。〔3〕“杜门”，闭门。“朝请”，汉律，诸侯春朝皇帝叫朝，秋朝皇帝叫请。此泛指大臣朝见皇帝。

【译文】安国侯做了右丞相后，第二年，孝惠帝去世。高后要立吕氏族人为王，问王陵，王陵说：“不可以。”问陈平，陈平说：“可以。”吕太后生王陵的气，于是假意提升王陵做皇帝的太傅，实际上不再用他。王陵很生气，托病辞职，闭门居家，一直不进宫去朝见天子，七年后去世。

陵之免丞相，吕太后乃徙平为右丞相，以辟阳侯审食其为左丞相。[1]左丞相不治，[2]常给事于中。[3]

【注释】〔1〕“辟阳”，治所在今河北冀县东南。“食其”，音 yì jī。〔2〕“不治”，不在丞相官府治事。〔3〕“给事”，供职，办事。“中”，指宫中。

【译文】王陵免去丞相后，吕太后就调任陈平为右丞相，任命辟阳侯审食其为左丞相。左丞相不在官府治事，经常在宫中侍奉。

食其亦沛人。汉王之败彭城，西，[1]楚

取太上皇、吕后为质,[2]食其以舍人侍吕后。[3]其后从破项籍为侯,幸于吕太后。[4]及为相,居中,百官皆因决事。

【注释】〔1〕“西”,指向西撤退。〔2〕“太上皇”,皇帝的父亲。此指刘邦的父亲。汉六年,高帝尊其父太公为太上皇,此为生时之称,与死后之追尊不同。“质”,人质。〔3〕“舍人”,在身边侍从的亲近门客。〔4〕“幸”,受宠爱。

【译文】审食其也是沛县人。汉王兵败彭城向西撤退时,楚军捉住汉王的父亲和吕后作人质,审食其以舍人身份侍奉吕后。后来他跟随汉王打败项籍而被封侯,很得吕太后的宠幸。等做了左丞相后,常在宫中,百官都通过他来决定政事。

吕媭常以前陈平为高帝谋执樊哙,数谗曰:“陈平为相非治事,日饮醇酒,[1]戏妇女。”陈平闻,日益甚。吕太后闻之,私独喜。面质吕媭于陈平曰:[2]“鄙语曰‘儿妇人口不可用’,[3]顾君与我何如耳。无畏吕媭之谗也。”[4]

【注释】〔1〕“醇酒”,酒质厚的酒,美酒。〔2〕“面质吕媭”,当着吕媭的面。“质”,对。〔3〕“鄙语”,俗语。〔4〕“无”,通“毋”,不要,别。

【译文】吕媭常常因以前陈平为高帝出谋逮捕樊哙而屡屡在吕后面前说陈平的坏话:“陈平身为丞相,不理政事,天天饮美酒,玩女人。”陈平听说后,日益纵情于酒色。吕太后得知此事,心里却暗自高兴。她当着吕媭的面对陈平说:“俗话说‘小孩、妇人的话不可信’,就看你对我怎样罢了。别怕吕媭说你坏话。”

吕太后立诸吕为王,[1]陈平伪听之。及吕太后崩,[2]平与太尉勃合谋,[3]卒诛诸吕,立孝文皇帝,[4]陈平本谋也。[5]审食其免相。

【注释】〔1〕“立诸吕为王”,吕太后临朝称制,立吕台为吕王。吕台去世,先立吕嘉(吕台子)、后立吕产(吕台弟)为吕王,后又徙吕产为梁王。此外又立吕禄为赵王,吕通为燕王。〔2〕“吕太后崩”,时在公元前一八〇年。〔3〕“太尉”,汉代中央政府掌管军事的最高长官。〔4〕“孝文皇帝”,即刘恒,汉高祖之子,以代王入为皇帝,在位二十三年(公元前一七九年至前一五七年)。〔5〕“本谋”,主要策划者。

【译文】吕太后立吕氏族人为王,陈平假意顺从。等吕太后驾崩,陈平和太尉周勃一起设谋,终于把吕姓诸王除掉,拥立孝文皇帝。这件事,陈平是主要出谋的人。这时审食其被免除了相职。

孝文帝立,以为太尉勃亲以兵诛吕氏,功多;陈平欲让勃尊位,乃谢病。孝文帝初立,怪平病,问之。平曰:“高祖时,勃功不如臣平。及诛诸吕,臣功亦不如勃。愿以右丞相让勃。”于是孝文帝乃以绛侯勃为右丞相,位次第一;平徙为左丞相,位次第二。赐平金千斤,益封三千户。

居顷之,[1]孝文皇帝既益明习国家事,朝而问右丞相勃曰:[2]“天下一岁决狱几何?”[3]勃谢曰:“不知。”问:“天下一岁钱谷出入几何?”[4]勃又谢不知,汗出沾背,愧不能对。于是上亦问左丞相平。平曰:“有主者。”[5]上曰:“主者谓谁?”平曰:“陛下即问决狱,[6]责廷尉;[7]问钱谷,责治粟内史。”[8]上曰:“苟各有主者,而君所主者何事也?”平谢曰:“主臣![9]陛下不知其驽下,[10]使待罪宰相。[11]宰相者,上佐天子理阴阳,[12]顺四时,下育万物之宜,外镇抚四夷诸侯,[13]内亲附百姓,使卿大夫各得任其职焉。”[14]孝文帝乃称善。右丞相大惭,出而让陈平曰:“君独不素教我对!”陈平笑曰:“君居其位,不知其任邪?且陛下即问长安中盗贼数,君欲强对邪?”[15]于是绛侯自知其能不如平远矣。居顷之,绛侯谢病请免相,陈平专为一丞相。

【注释】〔1〕“顷之”,不多久。〔2〕“朝”,临朝。〔3〕“决狱”,判决狱讼。〔4〕“钱谷出入”,指赋税的收入和国家的支出。〔5〕“主者”,主管其事的人。〔6〕“即”,表示假设,若,如果。〔7〕“责”,要求……回答,询问。“廷尉”,汉九卿之一,

是掌管刑狱的长官。〔8〕“治粟内史”，汉九卿之一，是掌管赋税钱谷盐铁和国家财政收支的长官。〔9〕“主臣”，惶恐的意思。或谓主管众臣。〔10〕“驽下”，才能低下。“驽”，音 nú，原指劣马。〔11〕“待罪”，听候治罪，为供职的谦词。意谓身居其位而力不胜任，必将因失职而获罪，故称“待罪”。〔12〕“理阴阳”，古人认为阴阳构成万物。阴阳调理好了，就能国富民安，天下太平，所以称“理阴阳”为宰相之大任。〔13〕“四夷”，指四方少数民族。〔14〕“任其职”，胜任其职，称职。〔15〕“强”，音 qiǎng，勉强。

【译文】孝文帝即位后，认为太尉周勃亲自领兵诛吕氏，功多；陈平也想让周勃居于尊位，就托病不管事。孝文帝刚即位，对陈平称病感到奇怪，就问他。陈平说：“高祖时，周勃功劳不如我陈平；等到诛杀吕姓诸王，我的功劳不如周勃。我愿把右丞相的职位让给周勃。”于是孝文帝就任命绛侯周勃为右丞相，官位排在第一；陈平改任左丞相，官位排在第二。另赏赐陈平金千斤，加封食邑三千户。

不久，孝文帝对国家政事已经日益明了熟习，一次临朝时问右丞相周勃说：“全国一年判决多少案件？”周勃推辞说：“不知道。”又问：“全国一年钱谷收入支出多少？”周勃又推辞说不知。周勃汗流浃背，对自己不能回答感到羞愧。于是皇帝又问左丞相陈平。陈平答道：“各有主管的人。”上又问：“主管的人是谁？”答道：“陛下如果问判决案件，可责成廷尉回答；问钱谷出入，可责成治粟内史回答。”文帝问：“如果各有主管者，那么你主管的是什么事呢？”陈平回答说：“惶恐得很！陛下不知道我能力低下，让我担任宰相。宰相的职责，对上辅佐天子调理阴阳，顺应四时；对下抚育万物，使各得其宜；对外镇抚四方各族和诸侯；对内使百姓亲附，使各级官员都能胜任其职。”孝文帝称赞他回答得好。右丞相周勃大感惭愧，下朝出来责备陈平说：“你偏偏平素不肯把这些答对的话教给我！”陈平笑着说：“你身居其位，还不知其职责吗？再说，陛下如果问起长安城中有多少盗贼，你也打算勉强回答吗？”到这时周勃自知才能不如陈平很远。不久，周勃托病请求免去丞相之职，由陈平一人专任丞相。

孝文帝二年，丞相陈平卒，谥为献侯。[1]子共侯买代侯。二年卒，子简侯恢代侯。二十三年卒，子何代侯。二十三年，何坐略人妻，[2]弃市，[3]国除。

【注释】〔1〕“谥”，音 shì，帝王、贵族、大臣等死后，依其生前事迹给予称号。如“献侯”的“献”及下文“共侯”的“共”（一作“恭”）、“简侯”的“简”都是谥号。〔2〕“坐”，获罪。“略”，抢夺。〔3〕“弃市”，在市集上执行死刑，陈尸街头，取与众人共弃之意，故称“弃市”。

【译文】孝文帝二年，丞相陈平去世，谥为献侯。他的儿子共侯陈买继承侯位。过了二年陈买去世，陈买的儿子简侯陈恢继承侯位。过了二十三年陈恢去世，陈恢的儿子陈何继承侯位。又过了二十三年，陈何因夺人之妻而获罪，在市上被公开处死，所封侯国废除。

始陈平曰：“我多阴谋，[1]是道家之所禁。[2]吾世即废，亦已矣，终不能复起，[3]以吾多阴祸也。”[4]然其后曾孙陈掌以卫氏亲贵戚，[5]愿得续封陈氏，然终不得。

【注释】〔1〕“阴谋”，秘密的计谋。〔2〕“道家”，当时的学术流派之一，据本书《太史公自序》所载《论六家要指》，“道家无为，又曰无不为，其实易行，其辞难知。其术以虚无为本，以因循为用”。〔3〕“起”，兴起，此指继续被封为侯。〔4〕“阴祸”，暗中积下的祸因。〔5〕“陈掌以卫氏亲贵戚”，陈掌之妻卫少儿，为汉武帝皇后卫子夫及大将军卫青之姊，故陈掌身份显贵。“亲贵戚”，《汉书·陈平传》作“亲戚贵”。

【译文】当初陈平说过：“我出了很多诡秘的计谋，这是道家所禁忌的。我这一代如果被废掉爵位，就算完了，以后终究不会再度兴起的，因为我暗中积下的祸因已经很多了。”后来他的曾孙陈掌因为是卫氏亲戚而身份显贵，希望能续封陈氏后代为侯，但始终没有得到。

太史公曰：陈丞相平少时，本好黄帝、老子之术。[1]方其割肉俎上之时，[2]其意固已远矣。倾侧扰攘楚魏之间，[3]卒归高帝。常出奇计，救纷纠之难，振国家之患。[4]及吕后时，事多故矣，[5]然平竟自脱，定宗庙，[6]以荣名终，称贤相，岂不善始善终哉！非知谋孰能当此者乎？[7]

【注释】〔1〕“黄帝、老子之术”，指道家的学说。道家以黄帝、老子为祖。黄帝是传说中的中原各族的祖先。本书《五帝本纪》说他姓公孙，名轩辕，战胜炎帝，擒杀蚩尤，被诸侯尊为天子。因有土德之瑞，故号黄帝。实际上黄帝是当时中原地区的部落联盟领袖。老子，本书《老子韩非列传》说他姓李，名耳，字聃，楚苦县厉乡曲仁里人，曾为周藏书室之史官。著《道德经》五千言。其学说主张无为自化，清净自正，以自隐无名为务。〔2〕“俎”，音zǔ，切肉用的砧板。〔3〕“倾侧扰攘”，彷徨不定。〔4〕“振”，救，消除。〔5〕“故”，变故，意外发生的变化。〔6〕“宗庙”，帝王祭祀祖宗的处所，是统治的象征，所以把宗庙作为国家的代称。〔7〕“知”，通“智”。

【译文】太史公说：陈丞相平少年时，本来喜好黄帝、老子的学说。当他在砧板上割肉的时候，他的志向原本已经很远大了。后来在楚魏之间彷徨不定，最后归附高帝。他常出奇计，解救纷乱的灾难，消除国家的忧患。到吕后当政时，事情多变故，然而陈平竟能自免于祸，安定刘氏宗庙，以荣耀的声名终其一生，人称贤相，这岂不是善始善终了吗！若不是足智多谋，哪一个人能做到这点呢？

史记卷五十七

绛侯周勃世家第二十七

绛侯周勃者，[1]沛人也。[2]其先卷人，[3]徙沛。勃以织薄曲为生，[4]常为人吹箫给丧事，材官引强。[5]

【注释】〔1〕“绛侯”，周勃生前的封号。“绛”，县名，治所在今山西省侯马市东北。〔2〕“沛”，县名，治所在今江苏省沛县。〔3〕“卷”，音 quān，古邑名，战国时属魏，故址在今河南省原阳县西南。〔4〕“薄曲”，即箔（音 bó）曲，用竹子或苇子编织成的一种养蚕工具。〔5〕“材官”，武卒名。“引强”，能拉强弓的武卒。

【译文】绛侯周勃是沛县人，他的祖先是卷人，后来迁到沛县。周勃靠编织蚕箔为生，经常给别人去吹箫帮助办理丧事，后来也充当材官中拉强弓的射手。

高祖之为沛公初起，[1]勃以中涓从攻胡陵，[2]下方与。[3]方与反，与战，却適。[4]攻丰。[5]击秦军砀东。[6]还军留及萧。[7]复攻砀，破之。下下邑，[8]先登。赐爵五大夫。[9]攻蒙、虞，[10]取之。击章邯车骑，[11]殿。[12]定魏地。[13]攻爰戚、东缗，[14]以往至栗，[15]取之。攻齧桑，[16]先登。击秦军阿下，[17]破之。追至濮阳，[18]下甄城。[19]攻都关、定陶，[20]袭取宛朐，[21]得单父令。[22]夜袭取临济，[23]攻张，[24]以前至卷，破之。击李由军雍丘下。[25]攻开封，[26]先至城下为多。后章邯破杀项梁，[27]沛公与项羽引兵东如砀。自初起沛还至砀，一岁二月。楚怀王封沛公号安武侯，[28]为砀郡长。[29]沛公拜勃为虎贲令，[30]以令从沛公定魏地。攻东郡尉于城武，[31]破之。击王离军，[32]破之。攻长社，[33]先登。攻颍阳、缑氏，[34]绝河津。[35]击赵贲军尸北。[36]南攻南阳守齮，[37]破武关、峣关。[38]破秦军于蓝田，[39]至咸阳，[40]灭秦。

【注释】〔1〕“高祖”，刘邦的庙号。〔2〕“中涓”，主掌宫中打扫卫生，为皇帝亲近的侍臣。“胡陵”，县名，治所在今山东省鱼台县东南。〔3〕“方与”，县名，治所在今山东省鱼台县西北。〔4〕“適”，通“敌”。《汉书·周勃传》作“敌”。〔5〕“丰”，县名，治所在今江苏省丰县。〔6〕“砀”，县名，治所在今河南省永城县东北。〔7〕“留”，县名，治所在今江苏省沛县东南。“萧”，县名，治所在今安徽省萧县西北。〔8〕“下邑”，县名，治所在今安徽省砀山县西。〔9〕“五大夫”，功爵名，秦、汉时根据军功的大小定爵为二十等，五大夫是第九级爵位。〔10〕“蒙”，邑名，故址在今河南省商丘县东北。“虞”，县名，治所在今河南省虞城县。〔11〕“章邯”，秦末将领，曾率兵镇压过陈胜、项梁领导的农民起义军，后在巨鹿（今河北省平乡县西南）为项羽所破，投降项羽，被封为雍王。楚、汉战争中，被刘邦围困，兵败自杀。〔12〕“殿”，古代考核功绩或军功，上等称“最”，下等称“殿”。〔13〕“魏地”，指战国时魏国之地，辖境大约在今河南省北部和山西省西南部。〔14〕“爰戚”，县名，治所在今山东省嘉祥县南。“东缗”，县名，治所在今山东省金乡县境。〔15〕“栗”，县名，治所在今河南省夏邑县。〔16〕“齧桑”，亭名，在今江苏省沛县西南。〔17〕“阿”，即东阿，县名，治所在今山东省阳谷县东北。〔18〕“濮阳”，县名，治所在今河南省濮阳县西南。〔19〕“甄”，县名，治所在今山东省鄄城县北。〔20〕“都关”，县名，治所在今山东省鄄城县东北。“定陶”，县名，治所在今山东省定陶县西北。〔21〕“宛朐”，县名，治所在今山东省菏泽县西南。〔22〕“单父”，县名，治所在今山东省单县。〔23〕“临济”，城名，故址在今河南省封丘县境。〔24〕“张”，即寿张，邑名，故址在今山东省阳谷县东南。〔25〕“李由”，秦朝丞相李斯的儿子，秦三川郡郡守。“雍丘”，县名，治所在今河南省杞县。〔26〕“开封”，县名，治所在今河南省开封市南。〔27〕“项梁”，下相（今江苏省宿迁县西南）人，楚国贵族后裔，楚国将领项燕的儿子。秦二世元年（公元前二〇九年）陈胜起义后，他和侄子项羽起兵反秦，后任张楚上柱国，陈胜失败以后，立楚怀王的孙子心为楚王，仍称楚怀王。自号武信君。曾率军击败秦将章邯，后因轻敌，在定陶（今山东省定陶县西北）战死。〔28〕“楚怀王”，秦末项梁起义后所拥立的楚王，熊氏，名心。战国时楚怀王（槐）之孙。建都于盱台（今江苏省盱眙县东北）。公元前二〇六年，项羽自立为西楚霸王，表面上尊他为义帝，让他迁都长沙，暗中却命英布追杀于郴县（今湖南省郴县）。“安武侯”，《史记》古钞本作武安侯。本书记载楚怀王封刘邦的事共出现四次，除此处外，其余三处（《项羽本纪》、《高祖本纪》、《秦楚之际月表》）皆作“武安侯”，《汉书》亦作武安侯，疑作“武安侯”是。〔29〕“砀郡”，郡名，治所在砀县（今河南省永城县东北）。〔30〕“虎贲令”，统率警卫部队的将领。〔31〕“东郡”，郡名，治所濮阳，在今河南省濮阳县西南。“尉”，郡尉。秦时每郡设郡守、郡尉和郡监三个主要官吏。郡尉的职责是辅佐郡守并掌全郡军事。“城武”，县名，治所在今山东省成武县。〔32〕“王离”，秦将，秦国著名将领王翦的孙子。封武城侯。〔33〕“长社”，邑名，故址在河南省长葛县东北。〔34〕“颍阳”，县名，治所在今河南省许昌市西南。“缑氏”，县名，治所在今河南省偃师县东南。〔35〕“河津”，指平阴津，是黄河的渡口之一。在今河南省孟津县东。〔36〕“赵贲”，秦将。“尸”，即尸乡，一作尸氏，即西亳，故址在今河南省偃师县西。〔37〕“南阳”，郡名，治所在宛县（今河南省南阳市）。“齮”，《史记》未载其姓，据荀悦《汉纪》云姓吕。〔38〕“武关”，关名，故址在今陕西省商县东。“峣关”，又名蓝田关，故址在今陕西省蓝田县东南。这两个关都是古代关中通向中原的交通要道。〔39〕“蓝田”，县名，治所在今陕西省蓝田县西。〔40〕“咸阳”，秦王朝的都城，故址在今陕西省咸阳市东北二十里。

【译文】高祖自称沛公刚起义时，周勃以中涓的身份跟从高祖攻打胡陵，打下方与。方与反叛后，周勃参加战斗打退敌人。攻打丰。在砀县东面打击秦军。回来的时候驻扎在留县和萧县。又进攻砀县，攻下了砀县。攻克下邑，周勃最先登上城楼。高祖赐给他五大夫的爵位。攻打并夺取了蒙、虞二县。攻击章邯战车骑兵，周勃的战功最大。平定魏地。攻打爰戚、东缗两县，一直到栗县，都攻了下来。进攻齧桑，周勃先登上城楼。在东阿城下打败了秦军，追击到濮阳，攻下了甄城。攻打都关、定陶，偷袭占领了宛朐，俘获了单父的县令。乘夜偷袭夺取了临济，进攻寿张县，周勃先到达卷县，攻破了卷城。在雍丘城下进攻李由的军队。进攻开封，周勃的士卒先到达城下的人数最多。后来章邯击败了楚军，杀了项梁，沛公与项羽领兵向东到了砀县。从开始在沛起义到返回砀县，前后一年两个月。楚怀王封沛公为安武侯，委任他为砀郡长官。沛公拜周勃为虎贲令，周勃以虎贲令的身份跟随沛公平定了魏地。在城武进攻东郡的郡尉，打败了他。又攻击王离的军队，打败了他们。进攻长社，周勃先登城。进攻颍阳、缑氏，切断了黄河的渡口。在尸乡北面打击赵贲的军队。向南进攻南阳郡守吕齮，攻下了武关、峣关。在蓝田大破秦军，一直进攻到咸阳，消灭了秦王朝。

项羽至，以沛公为汉王。〔1〕汉王赐勃爵为威武侯。从入汉中，〔2〕拜为将军。还定三秦，〔3〕至秦，赐食邑怀德。〔4〕攻槐里、好畤，〔5〕最。〔6〕击赵贲、内史保于咸阳，〔7〕最。北攻漆。〔8〕击章平、姚卬军。〔9〕西定汧。〔10〕还下郿、频阳。〔11〕围章邯废丘。〔12〕破西丞。〔13〕击盗巴军，〔14〕破之。攻上邽。〔15〕东守峣关。转击项籍。攻曲逆，〔16〕最。还守敖仓，〔17〕追项籍。籍已死，因东定楚地泗水、东海郡，〔18〕凡得二十二县。还守雒阳、栎阳，〔19〕赐与颍阴侯共食钟离。〔20〕以将军从高帝击反者燕王臧荼，〔21〕破之易下。〔22〕所将卒当驰道为多。〔23〕赐爵列侯，剖符世世勿绝。〔24〕食绛八千一百八十户，号绛侯。

【注释】〔1〕“汉王”，公元前二〇六年，沛公率军攻入秦都咸阳，推翻了秦王朝的统治。同年，项羽入关，大封诸侯王，沛公被封为汉王。〔2〕“汉中”，郡名，因地处汉水上游而得名，治所在南郑（今

陕西省汉中东)。〔3〕“三秦”,秦亡以后,项羽三分秦故地关中,封秦降将章邯为雍王,领有今陕西省中部咸阳以西和甘肃省东部地区;司马欣为塞王,领有今陕西省咸阳以东地区;董翳为翟王,领有今陕西省北部地区,合称三秦。〔4〕“怀德”,县名,治所在今陕西省大荔县东南。〔5〕“槐里”,县名,治所在今陕西省兴平县东南。“好畤”,县名,治所在今陕西省乾县东。〔6〕“最”,古代考核军功或政绩,上等曰最。〔7〕“内史”,秦官名,掌治京畿地区的行政长官。〔8〕“漆”,县名,治所在今陕西省彬县。〔9〕“章平”,项羽部属将领。章邯的弟弟。“姚卬”,项羽部属将领。〔10〕“汧”,县名,治所在今陕西省陇县南。〔11〕“郿”,邑名,故址在今陕西省眉县东北。“频阳”,邑名,故址在今陕西省富平县东北。〔12〕“废丘”,邑名,或称犬丘,故址在今陕西省兴平县东南。〔13〕“西”,县名,治所在今甘肃省天水市西南。〔14〕“盗巴”,秦军将领章邯的部下。《史记》仅此一见。〔15〕“上邽”,县名,治所在今甘肃省天水市。〔16〕“曲逆”,县名,因曲逆水而得名。治所在今河北省完县东南。〔17〕“敖仓”,秦时大粮仓,故址在今河南省荥阳县西北的敖山上,所以称为“敖仓”。〔18〕“泗水”,秦郡名,治所在相县(即今安徽省宿县西北)。“东海郡”,楚、汉之际也称郯郡,治所郯县,在今山东省郯城县西南。〔19〕“雒阳”,都名,故址在今河南省洛阳市东。“栎阳”,县名,治所在今陕西省临潼县东北。〔20〕“颍阴侯”,即灌婴。睢阳(今河南省商丘县南)人。秦末从刘邦起义,转战各地,后从韩信击破齐军,并攻杀项羽。刘邦称帝后,任车骑将军,封为颍阴侯。事详《史记》、《汉书》本传。“颍阴”,县名,治所在今河南省许昌市。“钟离”,治所在今安徽省凤阳县东北。〔21〕“臧荼”,原为燕王韩广的部将,曾随项羽救赵,后又跟从项羽入关。被项羽封为燕王。后臧荼背楚归汉。高祖五年,因反叛被俘。〔22〕“易”,即易水。在今河北省西部,是大清河上游的一条支流,发源于易县境内,向东流入南拒马河。〔23〕“驰道”,专供帝王车马行驶的道路。〔24〕“符”,古代帝王分封诸侯或功臣的一种凭证。“剖符”,即把表示凭证的符分成两半,一半存帝王处,一半由受封人所执。

【译文】项羽到达(咸阳后),封沛公为汉王。汉王赐周勃为威武侯。周勃跟随汉王进入汉中,汉王拜周勃为将军。回师平定三秦之后,到了秦地,汉王把怀德赐给周勃作为食邑。攻打槐里、好畤,周勃立上等功。在咸阳攻击赵贲、内史保部,周勃立上等功。北攻漆县。攻击章平、姚卬的部队。向西平定汧县。回师攻下了郿县和频阳。在废丘包围了章邯。打败了西县县丞。击败了盗巴的军队。攻打上邽,东行守卫峣关。转兵攻击项籍。攻打曲逆,立上等功。回师守卫敖仓,追击项籍。项籍死后,就率军平定楚地的泗水、东海郡,共收复了二十二个县。回师守卫雒阳、栎阳,高祖又把钟离县赏赐给他与颍阴侯作为共同的食邑。周勃以将军的身份跟随高帝在易水附近打败了举兵反叛的燕王臧荼。周勃率领士卒在驰道上阻击叛兵,立功最多,赏赐给他列侯的爵位,并剖分符节为信,使世世相传,永不断绝。把绛县八千一百八十户作为他的食邑,封号为绛侯。

以将军从高帝击反韩王信于代,〔1〕降下霍人。〔2〕以前至武泉,〔3〕击胡骑,〔4〕破之武泉北。转攻韩信军铜鞮,〔5〕破之。还,降太原六城。〔6〕击韩信胡骑晋阳下,〔7〕破之,下晋阳。后击韩信军于硰石,〔8〕破之,追北八十里。还攻楼烦三城,〔9〕因击胡骑平城下,〔10〕所将卒当驰道为多。勃迁为太尉。〔11〕

【注释】〔1〕“韩王信”,战国韩襄王的后裔,曾率兵随刘邦入武关。刘邦封为汉王后又随刘邦到汉中。刘邦还定三秦之后,授为韩太尉,击败韩王郑昌以后被封为韩王。高祖七年投降匈奴。一般称他为韩王信,以区别于淮阴侯韩信。事详《史记》、《汉书》本传。“代”,郡名,治所代县在今河北省蔚县西南。〔2〕“霍人”,县名,治所在今山西繁峙县北。〔3〕“武泉”,邑名,故址在今内蒙古呼和浩特东北。〔4〕“胡”,古代泛称居住在我国北方和西北方的少数民族。这里指匈奴。〔5〕“铜鞮”,县名,治所在今山西省沁县南。〔6〕“太原”,郡名,治所晋阳在今山西省太原市西南。〔7〕“晋阳”,县名,故址在今山西省太原市南面晋源镇。〔8〕“后”,王先谦曰:“后当作复。下文复击绾军沮阳,即其证。”当作“复”为是。《册府元龟》卷三百八十四引“后”正作“复”。“硰石”,邑名,故址在今山西省静乐县东北。〔9〕“楼烦”,县名,治所在今山西省宁武县。〔10〕“平城”,县名,治所在今山西省大同市东北。〔11〕“太尉”,官名,秦、汉时主管全国军政事,与丞相、御史大夫并称三公。

【译文】周勃以将军的身份跟随高帝在代地

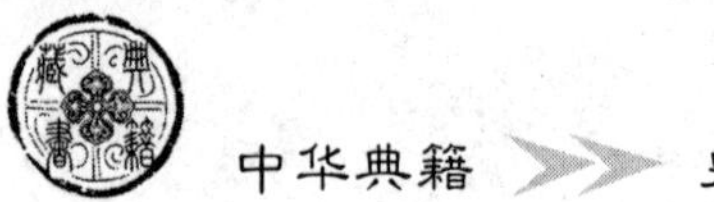

讨伐反叛的韩王信,降服了霍人。又率领军队先前到达武泉攻打匈奴的骑兵,在武泉的北面击败了他们。转兵铜鞮打败了韩信。回师时降服了太原六城。在晋阳城下打败了韩信的匈奴骑兵,攻下了晋阳。又在硰石打败了韩信的军队,并追击败兵八十里。回师时攻打楼烦三城,顺便在平城下攻击匈奴的骑兵,周勃所率领的士卒在驰道上阻击匈奴骑兵,立功最多,被提升为太尉。

击陈豨,[1]屠马邑。[2]所将卒斩豨将军乘马絺。[3]击韩信、陈豨、赵利军于楼烦,[4]破之。得豨将宋最、雁门守圂。[5]因转攻得云中守遬、丞相箕肆、将勋。[6]定雁门郡十七县,云中郡十二县。因复击豨灵丘,[7]破之,斩豨,得豨丞相程纵、将军陈武、都尉高肆。[8]定代郡九县。

【注释】〔1〕"陈豨",宛句(今山东省菏泽县西南)人。刘邦的将领,汉初任赵国的相国,统帅赵、代的军队。曾与王黄勾结匈奴发动武装叛乱,高祖十年(公元前一九七年)自立为代王。高祖十二年(公元前一九五年)战败被杀。〔2〕"马邑",县名,治所在今山西省朔县东北。〔3〕"乘马絺",陈豨的部将。事迹不详,《史记》仅此一见。《汉书》作"乘马降",亦只一见。〔4〕"赵利",据本书《韩王信列传》云"赵苗裔",原赵国将领。〔5〕"宋最",事迹不详,《史记》仅此一见。"雁门",郡名,治所善无在今山西省右玉县南。"圂",事迹不详,《史记》仅此一见。〔6〕"云中",郡名,治所云中在今内蒙古自治区托克托县东北。"遬",云中郡守。事迹不详,《史记》仅此一见。"箕肆",人名事迹不详。"勋",陈豨将领名,事迹不详,《史记》仅此一见。〔7〕"灵丘",县名,治所在今山西省灵丘县东。〔8〕"都尉",官名,比将军略低的武官。

【译文】(周勃率兵)讨伐陈豨,屠杀马邑吏民。他所率领的士卒斩杀了陈豨的将领乘马絺。在楼烦打败了韩信、陈豨、赵利的军队,俘获了陈豨的将领宋最、雁门郡守圂。接着转攻云中,俘获云中郡守遬、丞相箕肆、将领勋。平定了雁门郡的十七个县,云中郡的十二个县。乘势又在灵丘进攻陈豨,并打败了他的部队,斩杀了陈豨,抓获了陈豨的丞相程纵、将军陈武、都尉高肆。平定了代郡的九个县。

燕王卢绾反,[1]勃以相国代樊哙将,[2]击下蓟,[3]得绾大将抵、丞相偃、守陉、太尉弱、御史大夫施,[4]屠浑都。[5]破绾军上兰,[6]复击破绾军沮阳。[7]追至长城,[8]定上谷十二县,[9]右北平十六县,[10]辽西、辽东二十九县,[11]渔阳二十二县。[12]最从高帝得相国一人,[13]丞相二人,将军、二千石各三人;[14]别破军二,下城三,定郡五,县七十九,得丞相、大将各一人。

【注释】〔1〕"卢绾",沛(今江苏省沛县)人,刘邦的同乡,曾跟随刘邦起义,汉高祖五年(公元前二〇二年)被封为燕王。后投降匈奴,匈奴单于封他为东胡卢王,后死于匈奴。〔2〕"樊哙",沛(今江苏省沛县)人。初随刘邦起义,后以军功封为贤成君。汉初,随刘邦击破臧荼、陈豨和韩王信的叛乱,任左丞相,封为舞阳侯。事详本书《樊哙列传》。〔3〕"蓟",县名,治所在今北京市西南。〔4〕"御史大夫",官名,秦、汉时仅次于丞相的中央最高长官,主要职务为监察、执法,兼掌重要文书图籍。与丞相、太尉合称三公。〔5〕"浑都",县名,或作"军都",治所在今北京市昌平县东。〔6〕"上兰",地名,或称为马兰溪,故址在今河北省怀来县东北。〔7〕"沮阳",县名,治所在今河北省怀来县南。〔8〕"长城",指今河北省怀来县北面的长城。〔9〕"上谷",郡名,治所沮阳。〔10〕"右北平",郡名,秦时治所在无终(今天津市蓟县)。汉时移治平刚(在今辽宁省凌源县西南)。〔11〕"辽西",郡名,治所在阳乐(今辽宁省义县西)。"辽东",郡名,治所在襄平(今辽宁省辽阳市)。〔12〕"渔阳",郡名,治所在渔阳(今北京市密云县西南)。〔13〕"最",总计。〔14〕"二千石",泛指俸禄为二千石的官吏。

【译文】燕王卢绾反叛时,周勃以相国的身份代替樊哙率领大军,攻下蓟县,抓获了卢绾的大将抵、丞相偃、郡守陉、太尉弱、御史大夫施,血洗浑都,在上兰打败了卢绾的军队,又在沮阳打败了卢绾的军队。一直追击到长城,平定了上谷郡的十二个县,右北平郡的十六个县,辽西、辽东二郡的二十九个县,渔阳郡的二十二个县。跟随高帝征战总共俘获了相国一人,丞相二人,将军、二千石官吏各三人。另外还打败了两支军队,攻下三座城,平定了五个郡、七十九个县,抓获丞相、大将各一人。

勃为人木强敦厚,[1]高帝以为可属大事。[2]勃不好文学,每召诸生说士,东乡坐而责之:[3]“趣为我语。”其椎少文如此。[4]

【注释】〔1〕“木强”,指性格耿直刚强。〔2〕“属”,托付。〔3〕“东乡坐”,面向东坐。“乡”通“向”。汉礼以东向坐为尊。〔4〕“椎”,质朴,“文”,文饰,客套话。

【译文】周勃为人质朴刚强忠厚,高帝认为可以委托大事。周勃不喜爱文学,每次召见儒生和说士时,总是不客气地东向而坐,并且命令他们说:“快给我说。”他那质朴无文的性格就像这样。

勃既定燕而归,高祖已崩矣,[1]以列侯事孝惠帝。[2]孝惠帝六年,[3]置太尉官,以勃为太尉。十岁,高后崩。[4]吕禄以赵王为汉上将军,[5]吕产以吕王为汉相国,[6]秉汉权,欲危刘氏。勃为太尉,不得入军门。陈平为丞相,[7]不得任事。于是勃与平谋,卒诛诸吕而立孝文皇帝。[8]其语在《吕后》、《孝文》事中。[9]

【注释】〔1〕“崩”,古代称皇帝和太后死为崩。〔2〕“列侯”,亦称通侯、彻侯,爵位名,秦时二十等爵的最高一级。汉沿用。《汉书·高帝纪下》颜师古注曰:“应劭曰:‘旧曰彻侯,避武帝讳曰通侯,通亦彻也。通,言其功德通于王室也。’张晏曰:‘后改为列侯,列者,见序列也。’”可参阅《汉书·百官公卿表上》。“孝惠帝”,即刘盈,刘邦嫡长子。公元前一九四年至前一八八年在位。〔3〕“孝惠帝六年”,即公元前一八九年。〔4〕“高后”,即吕后,刘邦的嫡妻。姓吕,名雉,字娥姁。楚、汉战争时为项羽所俘,数年后被释还。曾助汉高祖刘邦杀韩信、彭越等异姓诸侯王。后其子(惠帝)即位,她实际掌握政权。惠帝死后,她临朝称制,并分封诸吕为王侯,控制南北军。又以审食其为左丞相,掌握实权,公卿皆因而决事。她死后,诸吕拟发动叛乱,为太尉周勃等所平定。共掌握政权十六年。〔5〕“吕禄”,吕后的侄子,吕后时封为赵王,吕后死后,被周勃等诛杀。〔6〕“吕产”,吕后的侄子,吕后时封为梁王,后被周勃等诛杀。“相国”,即丞相,汉高祖十一年更名曰相国。〔7〕“陈平”,阳武(今河南省原阳县)人。陈胜起义后,他投靠魏王咎,为太仆。后从项羽入关,任都尉。后归刘邦,任护军中尉,是刘邦的重要谋臣之一。曾帮助刘邦统一天下,后封为曲逆侯。惠帝即位后任左丞相。吕后时任右丞相。文帝时任丞相。事详《史记》、《汉书》本传。〔8〕“孝文皇帝”,即刘恒,刘邦之子,薄姬所生。高祖平代地后立为代王。吕后死后,周勃、陈平等平诸吕之乱,迎立为帝。在位二十三年(公元前一七九年至前一五七年)。〔9〕“《吕后》、《孝文》事”,指本书《吕太后本纪》、《孝文本纪》。

【译文】周勃平定燕地回来时,高祖已经驾崩,他以列侯的身份事奉孝惠帝。孝惠帝六年,设置太尉官,任命周勃为太尉。十年以后,高后驾崩。吕禄以赵王的身份任汉朝上将军,吕产以吕王的身份担任汉朝相国,掌握汉朝的大权,想颠覆刘氏政权。周勃身为太尉,却不能进入军营的大门。陈平身为丞相,却不能处理国事。于是周勃与陈平密谋,终于诛灭了诸吕而拥立了孝文皇帝。这些事都记载在《吕太后本纪》、《孝文本纪》中。

文帝既立,以勃为右丞相,[1]赐金五千斤,食邑万户。[2]居月余,人或说勃曰:“君既诛诸吕,立代王,[3]威震天下,而君受厚赏,处尊位,以宠,久之即祸及身矣。”勃惧,亦自危,乃谢请归相印。上许之。岁余,丞相平卒,上复以勃为丞相。十余月,上曰:“前日吾诏列侯就国,或未能行,丞相吾所重,其率先之。”乃免相就国。

【注释】〔1〕“右丞相”,汉时设左、右丞相,是国家最高的行政长官。右丞相在左丞相之上。〔2〕“食邑”,古代帝王、诸侯封赐给臣下作为世禄的封地。〔3〕“代王”,指孝文皇帝刘恒。高祖平代地以后,曾立刘恒为代王。

【译文】文帝即位之后,任命周勃为右丞相,赏赐他黄金五千斤,食邑一万户。过了一个多月,有人劝周勃说:“你已经诛杀了诸吕,拥立代王做了皇帝,威震天下,你又受到丰厚的赏赐,处于尊贵的地位,受到皇帝的尊宠,时间长了就会灾祸临头。”周勃听了感到害怕,也感到自己的处境危险,于是就向皇帝请求辞职并归还相印。皇帝答应了他的请求。一年多以后,丞相陈平去世,皇帝又任命周勃为丞相。十多个月以后,皇帝说:“前些日子我下诏让列侯们都回到自己的封国去,有的人还没能走,丞相是我所器重的人,你带头先回到自己的封国去。"于是周勃免除了丞相的职务回到自己的封国。

岁余,每河东守尉行县至绛,〔1〕绛侯勃自畏恐诛,常被甲,令家人持兵以见之。其后人有上书告勃欲反,下廷尉。〔2〕廷尉下其事长安,〔3〕逮捕勃治之。勃恐,不知置辞。吏稍侵辱之。勃以千金与狱吏,狱吏乃书牍背示之,〔4〕曰"以公主为证"。公主者,孝文帝女也,勃太子胜之尚之,〔5〕故狱吏教引为证。勃之益封受赐,尽以予薄昭。〔6〕及系急,薄昭为言薄太后,〔7〕太后亦以为无反事。文帝朝,太后以冒絮提文帝,〔8〕曰:"绛侯绾皇帝玺,将兵于北军,〔9〕不以此时反,今居一小县,顾欲反邪!"文帝既见绛侯狱辞,乃谢曰:"吏方验而出之。"于是使使持节赦绛侯,〔10〕复爵邑。绛侯既出,曰:"吾尝将百万军,然安知狱吏之贵乎!"

【注释】〔1〕"河东",郡名,治所在安邑(今山西省夏县西北)。"守尉",指郡守、郡尉。 〔2〕"廷尉",汉代掌管刑狱的最高长官。 〔3〕"长安",汉高帝五年(公元前二〇二年)置县,七年定都于此。故址在今陕西省西安市西北。 〔4〕"牍",木牍,古代书写公文的木板。 〔5〕"胜之",周勃的儿子。"尚",古代娶帝王的女儿叫尚。《史记集解》韦昭曰:"尚,奉也。不敢言娶。" 〔6〕"薄昭",薄太后的弟弟。曾参加迎立文帝,被封为轵侯。后因罪自杀。 〔7〕"薄太后",汉高祖刘邦的妃子,汉文帝刘恒的母亲。 〔8〕"冒絮",古人覆额的一种头巾。"提",掷。 〔9〕"北军",汉代守卫京城驻扎城北的卫戍部队。 〔10〕"节",即符节。

【译文】一年多以后,每当河东郡守、尉巡行到绛县的时候,绛侯周勃害怕自己被诛杀,经常身披盔甲,命令家人拿着武器来和郡守、郡尉相见。后来有人上书告发周勃想要造反,(皇帝把这件事)交给廷尉处理。廷尉又把这件事交给长安,逮捕了周勃进行审讯。周勃心里害怕,不知说什么话。狱吏渐渐欺凌、侮辱他。周勃将黄金千斤送给狱吏,狱吏就在公文简牍的背面写字给他看,上面写着"以公主为证"。公主是孝文帝的女儿,周勃的长子周胜之娶她为妻,所以狱吏教他引公主作证。周勃把加封受赏所得全部给了薄昭。及至关押审讯紧急的时候,薄昭为周勃向薄太后说情,薄太后也认为周勃没有反叛的事情。当文帝来朝见时,太后拿冒絮掷文帝,说:"绛侯曾挂着皇帝的玉玺在北军统率军队,他没有在那时反叛,如今居住在一个小县,反而打算造反吗?"文帝看了绛侯的狱辞以后,就告诉说:"狱吏正在核验而准备释放他。"于是派了使者带着符节去赦免了绛侯,恢复了他的爵位和封邑。绛侯出狱以后,说:"我曾率领过百万大军,然而怎么能知道狱吏的重要呢?"

绛侯复就国。孝文帝十一年卒,〔1〕谥为武侯。〔2〕子胜之代侯。六岁,尚公主,不相中,坐杀人,〔3〕国除。绝一岁,文帝乃择绛侯勃子贤者河内守亚夫,〔4〕封为条侯,〔5〕续绛侯后。

【注释】〔1〕"孝文帝十一年",即公元前一六九年。 〔2〕"谥",我国古代帝王、贵族、大臣、士大夫死后,依其生前事迹,评定褒贬,给予的称号。帝王的谥号由礼官议上,臣下的谥号由朝廷赐予。 〔3〕"坐",犯罪,因……犯罪。 〔4〕"河内",郡名,治所在怀县(今河南省武陟县西南)。 〔5〕"条",县名,治所在今河北省景县南。

【译文】绛侯又回到了封国。在孝文帝十一年时周勃去世,谥号为武侯。他的儿子胜之继代为侯。六年以后,胜之娶公主为妻,不和睦,又因为犯了杀人罪,被废除了封国。绝封一年后,文帝才选择了绛侯周勃的儿子中贤能的河内郡守周亚夫,封为条侯,继承了绛侯的爵位。

条侯亚夫自未侯为河内守时,许负相之,〔1〕曰:"君后三岁而侯。侯八岁为将相,持国秉,贵重矣,于人臣无两。其后九岁而君饿死。"亚夫笑曰:"臣之兄已代父侯矣,有如卒,子当代,亚夫何说侯乎?然既已贵如负言,又何说饿死?指示我。"许负指其口曰:"有从理入口,〔2〕此饿死法也。"居三岁,其兄绛侯胜之有罪,孝文帝择绛侯子贤者,皆推亚夫,乃封亚夫为条侯,续绛侯后。

【注释】〔1〕"许负",汉初河内温地(今河南省

温县西南)人。善相术,据《楚汉春秋》记载,高祖曾封其为鸣雌亭侯。“相”,相面。〔2〕“从理入口”,指面部有竖纹进入口中。“从”,通“纵”。

【译文】条侯周亚夫在未封为侯而做河内郡守的时候,许负给他相面说:“你三年以后将封为侯。封侯八年以后将为将相,掌握国家大权,位贵权重,在大臣中独一无二。在这九年后你将会饿死。”周亚夫笑着说:“我的哥哥已继承父亲的爵位为侯了,如果他死了,他的儿子当代他为侯,怎么说我周亚夫得到封侯呢?然而如你所说的我既已富贵了,又怎么能说我会饿死呢?请指给我看。”许负指着他的口说:“你的嘴边有竖着的纹理进入口中,这就是饿死的相法。”过了三年,他的哥哥绛侯胜之犯了罪,孝文帝选择绛侯周勃儿子中的贤能者,大家都推举周亚夫,于是封周亚夫为条侯,继承了绛侯的爵位。

文帝之后六年,〔1〕匈奴大入边。〔2〕乃以宗正刘礼为将军,〔3〕军霸上;〔4〕祝兹侯徐厉为将军,〔5〕军棘门;〔6〕以河内守亚夫为将军,军细柳:〔7〕以备胡。上自劳军。至霸上及棘门军,直驰入,将以下骑送迎。已而之细柳军,军士吏被甲,锐兵刃,彀弓弩,持满。天子先驱至,不得入。先驱曰:“天子且至!”军门都尉曰:“将军令曰‘军中闻将军令,不闻天子之诏’。”居无何,上至,又不得入。于是上乃使使持节诏将军:“吾欲入劳军。”亚夫乃传言开壁门。壁门士吏谓从属车骑曰:“将军约,军中不得驱驰。”于是天子乃按辔徐行。〔8〕至营,将军亚夫持兵揖曰:“介胄之士不拜,〔9〕请以军礼见。”天子为动,改容式车。〔10〕使人称谢:“皇帝敬劳将军。”成礼而去。既出军门,群臣皆惊。文帝曰:“嗟乎,此真将军矣!曩者霸上、棘门军,若儿戏耳,其将固可袭而虏也。至于亚夫,可得而犯邪!”称善者久之。月余,三军皆罢。乃拜亚夫为中尉。〔11〕

【注释】〔1〕“文帝之后六年”,即文帝后元六年,公元前一五八年。〔2〕“匈奴”,古代生活在我国北方的一个游牧民族。“匈奴大入边”事详见本书《孝文本纪》。〔3〕“宗正”,九卿之一,掌管王室亲族事务的长官。此职多由皇族中的人来担任。“刘礼”,楚元王子,景帝元年封为平陆侯。景帝三年,封刘礼为楚王。详见本书《楚元王世家》。〔4〕“霸上”,或作灞上、霸头。古地名,故址在今陕西省西安市东。因地处霸水以西的高原上而得名,为古代咸阳、长安附近的军事要地。〔5〕“祝兹侯”,一作“松兹侯”,谥“夷”。曾以舍人从沛公,以郎中入汉。高后四年封为祝兹侯。文帝六年死。〔6〕“棘门”,古地名,故址在今陕西省咸阳市东北。〔7〕“细柳”,古地名,故址在今陕西省咸阳市西南渭河北岸。〔8〕“辔”,音 pèi,驾驭牲口的缰绳。〔9〕“介胄”,古代将士穿戴的铠甲和头盔。“介胄之士”即指穿戴着盔甲的将士。〔10〕“式车”,即轼车,式同轼。“轼车”指将身子俯在车前的横木上表示尊敬意。〔11〕“中尉”,武官名,掌管京城的治安。

【译文】文帝后元六年,匈奴大举侵犯边境。于是文帝任命宗正刘礼为将军,驻扎在霸上;任命祝兹侯徐厉为将军,驻扎在棘门;任命河内郡守周亚夫为将军,驻扎在细柳;来防备匈奴的侵犯。皇帝亲自慰劳军队。到了霸上及棘门的军营,一直驰入军营,将军用下马之礼迎送。过后到了细柳军营,军营的士吏都穿着盔甲,拿着锋利的兵器,剑拔弩张。皇帝的先驱部队到达,未能进入。先驱部队的官吏说:“天子将到。”营门都尉说:“将军有令说‘军中听将军的命令,不听天子的诏令’。”过了一会儿,皇帝到达,又不得进入军营。于是皇帝就派遣使者拿着符节诏令将军说:“我要进入军营慰劳部队。”于是周亚夫才传令打开营门。营门的士吏对皇帝随从的车骑说:“将军有规定,军营中不准车马奔跑。”于是天子就拉着缰绳慢慢地行走。到了军营,将军周亚夫拿着兵器行礼说:“穿着盔甲的将士不能下拜,请允许用军礼拜见。”天子为之感动,改变面容,俯身扶着车前的横木表示致敬。派人称谢说:“皇帝敬劳将军。”劳军的仪式完成后就离去。出了军营之后,群臣都感到惊讶。文帝说:“啊!这才是真正的将军。前面经过的霸上、棘门军营就像儿戏一般,他们的将军必可袭击俘获的。至于周亚夫,难道可以侵犯他吗?”文帝赞美好久。一个多月以后,三支军队都撤了回来。文帝便任命周亚夫为中尉。

孝文且崩时,诫太子曰:〔1〕“即有缓急,周亚夫真可任将兵。”文帝崩,拜亚夫为车骑将军。〔2〕

【注释】〔1〕“太子”，指刘启。即位后称孝景帝。公元前一五七年至前一四一年在位。〔2〕“车骑将军”，地位仅次于上卿的高级将领。

【译文】孝文帝快死的时候，告诫太子说：“如果有了危急之事，周亚夫是真正可以统率军队的。”文帝驾崩，景帝任命周亚夫为车骑将军。

孝景三年，〔1〕吴楚反。〔2〕亚夫以中尉为太尉，东击吴楚。因自请上曰：“楚兵剽轻，难与争锋。愿以梁委之，〔3〕绝其粮道，乃可制。”上许之。

【注释】〔1〕“孝景三年”，即公元前一五四年。〔2〕“吴楚反”，指西汉时刘邦分封的吴、楚、胶东、胶西、济南、淄川、赵七国在景帝三年以吴王刘濞为首发动的武装叛乱。〔3〕“梁”，梁国。汉高帝五年(公元前二〇二年)改砀郡为梁国，都睢阳，在今河南省商丘市南。

【译文】孝景三年，吴、楚等国反叛，周亚夫从中尉升为太尉，率兵东进攻打吴、楚。因而亲自向皇帝请示说：“楚军剽悍轻捷，难与他们正面交锋。希望把梁国委弃给他们，断绝他们的粮道，这样就可以制服他们。”皇帝答应了他的请求。

太尉既会兵荥阳，〔1〕吴方攻梁，梁急，请救。太尉引兵东北走昌邑，〔2〕深壁而守。梁日使使请太尉，太尉守便宜，不肯往。梁上书言景帝，景帝使使诏救梁。太尉不奉诏，坚壁不出，而使轻骑兵弓高侯等绝吴楚兵后食道。〔3〕吴兵乏粮，饥，数欲挑战，终不出。夜，军中惊，内相攻击扰乱，至于太尉帐下。太尉终卧不起。顷之，复定。后吴奔壁东南陬，太尉使备西北。已而其精兵果奔西北，不得入。吴兵既饿，乃引而去。太尉出精兵追击，大破之。吴王濞弃其军，〔4〕而与壮士数千人亡走，保于江南丹徒。〔5〕汉兵因乘胜，遂尽虏之，降其兵，购吴王千金。月余，越人斩吴王头以告。〔6〕凡相攻守三月，而吴楚破平。于是诸将乃以太尉计谋为是。由此梁孝王与太尉有郤。〔7〕

【注释】〔1〕“荥阳”，县名，治所在今河南省荥阳县东北。是古代的军事要地。〔2〕“昌邑”，县名，治所在今山东省金乡县西北。〔3〕“弓高侯”，即韩王信的儿子韩颓当。汉文帝时从匈奴投汉。文帝十六年封为弓高侯。弓高在今河北省景县西北。〔4〕“吴王”，即刘濞，西汉时诸侯王，刘邦的侄子，封吴王。吴、楚七国反叛的发动者，不久失败，逃到东越，为东越人所杀。详见本书《吴王濞列传》。〔5〕“丹徒”，县名，治所在今江苏省丹徒县。〔6〕“越”，秦汉时分布在长江中下游以南的部族名，部落很多，此指东越。〔7〕“梁孝王”，即文帝的二儿子刘武。窦太后所生，景帝的同母弟。详见本书《梁孝王世家》。

【译文】太尉周亚夫在荥阳会合了各路军队后，吴军正在攻打梁国，梁国告急，请求援救。太尉率兵向东北直奔昌邑，深沟高垒，坚守不出。梁国天天都派遣使者来请求太尉援助，太尉为坚持认定的有利策略不肯前往援救。梁国上书景帝，景帝派遣使者去下诏援救梁国。太尉不执行诏令，坚守不出，而派轻骑兵弓高侯等去断绝吴楚部队后方的粮道。吴国的军队缺乏粮食，士兵饥饿，几次打算挑战，(但周亚夫的军队)始终不出来应战。一天夜晚，太尉军中突然惊乱，内部互相攻击扰乱，闹到太尉的帐下。太尉始终卧床不起。过了一会儿，又安定下来。后来吴军跑到营壁的东南角，太尉却派人去防备西北角。过了一会儿，吴军精兵果然奔向西北角，没能攻入。吴军已经饥饿，于是退兵离去。太尉派出精锐部队前往追击，结果大破吴军。吴王濞离弃了他的军队，而与壮士数千人逃跑，到了江南丹徒县坚守自保。汉军因此乘胜出击，全部俘虏了他们，使他们投降了汉军，并悬赏千金来捉拿吴王。一个多月以后，越人斩杀了吴王并拿着头前来报告。一共交战三个月，吴楚叛军溃败平定。到这时众将领才认为太尉的计谋是正确的。从此梁孝王与太尉之间产生了矛盾。

归，复置太尉官。五岁，迁为丞相，景帝甚重之。景帝废栗太子，〔1〕丞相固争之，不得。景帝由此疏之。而梁孝王每朝，常与太后言条侯之短。〔2〕

【注释】〔1〕“栗太子”，景帝的二儿子刘荣，栗姬所生。景帝四年立刘荣为太子，七年废为临江王。〔2〕“太后”，即指景帝刘启的母亲窦太后。

【译文】周亚夫回来以后，朝廷又设置太尉官。五年以后，周亚夫升为丞相，景帝很器重他。景帝废栗太子时，丞相周亚夫坚持力争，但没有成功。景帝因此疏远了他。而梁孝王每次朝见，常和太后说条侯的短处。

窦太后曰："皇后兄王信可侯也。"〔1〕景帝让曰："始南皮、章武侯先帝不侯，〔2〕及臣即位乃侯之。信未得封也。"窦太后曰："人主各以时行耳。自窦长君在时，〔3〕竟不得侯，死后乃其子彭祖顾得侯。吾甚恨之。帝趣侯信也！"景帝曰："请得与丞相议之。"丞相议之，亚夫曰："高皇帝约'非刘氏不得王，非有功不得侯。不如约，天下共击之'。今信虽皇后兄，无功，侯之，非约也。"景帝默然而止。

【注释】〔1〕"王信"，景帝皇后（王美人）的哥哥。后被封为盖侯。〔2〕"南皮"，即南皮侯窦彭祖，窦太后的侄子。南皮，古县名，治所在今河北省南皮县北。"章武侯"，即窦太后的弟弟窦广国。章武，古县名，治所在今河北省黄骅县西南。〔3〕"窦长君"，窦太后的哥哥，南皮侯窦彭祖的父亲。

【译文】窦太后说："皇后的哥哥王信可以封侯。"景帝推辞说："当初南皮、章武侯先帝都没有封他们为侯，到了我即位才封他们为侯。王信还不能封。"窦太后说："为人君主各以当时的情况行事。窦长君在世时，结果没能封侯，他死了以后他的儿子彭祖反而得以封侯。我很悔恨这件事情。你赶快封王信为侯吧。"景帝说："请允许我和丞相商议一下这件事。"和丞相商议这件事时，周亚夫说："高皇帝曾经约定'非刘氏不得封王，没有功不得封侯。如不守约，天下共讨之'。现在王信虽然是皇后的哥哥，但他没有功劳，封他为侯，是不遵守高祖之约。"景帝默默不语，只好作罢。

其后匈奴王唯徐卢等五人降，〔1〕景帝欲侯之以劝后。丞相亚夫曰："彼背其主降陛下，陛下侯之，则何以责人臣不守节者乎？"景帝曰："丞相议不可用。"乃悉封唯徐卢等为列侯。亚夫因谢病。景帝中三年，〔2〕以病免相。

【注释】〔1〕"唯徐卢"，姓唯徐，名卢。景帝中三年（公元前一四七年）封为容成侯。据本书《惠景间侯者年表》记载，中三年有七位匈奴王投降封侯。据《资治通鉴》记载有六人，即容成侯唯徐卢、桓侯赐、遒侯隆强、易侯仆黥、范阳侯范代、翕侯邯郸。〔2〕"景帝中三年"，即公元前一四七年。

【译文】后来匈奴王唯徐卢等五人投降了汉朝，景帝打算封他们为侯以鼓励后来的人。丞相周亚夫说："他们背叛了他们的君主来投降陛下，陛下封他们为侯，那怎么来责备那些不守节操的人臣呢？"景帝说："丞相的议论不可采用。"于是全部封唯徐卢等人为列侯。周亚夫因此告病。景帝中三年，以生病为理由免去了他的丞相职务。

顷之，景帝居禁中，召条侯，赐食。独置大胾，〔1〕无切肉，又不置櫡。条侯心不平，顾谓尚席取櫡。〔2〕景帝视而笑曰："此不足君所乎？"条侯免冠谢。上起，条侯因趋出。景帝以目送之，曰："此怏怏者非少主臣也！"〔3〕

【注释】〔1〕"胾"，音 zì，未切开的大块肉。〔2〕"尚席"，管酒席的人。〔3〕"怏怏"，心中不满而郁郁不乐的样子。"少主"，指太子刘彻。周亚夫既反对立太子刘彻，又反对封王皇后的哥哥王信为侯，所以景帝担心周亚夫不会成为太子刘彻的大臣。

【译文】不久以后，景帝在宫中召见条侯，赐他食物。只放了一块大肉，没有切开的肉，又不放筷子。条侯心中忿忿不平，回过头来告诉主管酒席的人去取筷子。景帝看着他笑着说："这难道还不够你吃吗？"条侯脱帽谢罪。景帝起身，条侯就此快步退出门外。景帝目送他出去，说："这个怏怏不乐的人不是少主的臣子啊！"

居无何，条侯子为父买工官尚方甲楯五百被可以葬者。〔1〕取庸苦之，不予钱。庸知其盗买县官器，〔2〕怒而上变告子，事连污条侯。书既闻上，上下吏。吏簿责条侯，〔3〕条侯不对。景帝骂之曰："吾不用也。"召诣廷尉。廷尉责曰："君侯欲反邪？"亚夫曰："臣所买器，乃葬器也，何谓反邪？"吏曰："君侯纵不反地上，即欲反地下耳。”吏侵之益急。初，吏捕条侯，条侯欲自杀，夫人止之，以故不得死，遂入廷尉。因不食五日，呕血而死。国除。

【注释】〔1〕“工官”，掌管制作各种供皇室使用器具的官署。“尚方”，亦作上方，官署名，掌管制造兵器、玩好器物。〔2〕“县官”，官家，此指皇帝。〔3〕“簿责”，根据文书所列举的罪状加以责问审理。

【译文】过了不多久，条侯的儿子为父亲从工官尚方那里买了五百具可作为殉葬品的甲楯，搬运甲楯的雇工很累，又不给钱。雇工知道他是偷买皇帝用的器物，于是怀怒上言以叛变事告发了条侯的儿子，事情牵连到条侯。皇帝看了上书以后，就交给下面的官吏来处理。官吏拿着文书去责问条侯，条侯不回答。景帝骂他说：“我不用你了。”于是召条侯到廷尉那里。廷尉责问他说：“你想要造反吗？”周亚夫说：“我所买的器物都是随葬品，怎么说造反呢？”官吏说：“你即使不在地上造反，也是想在地下造反罢了。”官吏威逼他更加厉害。当初，官吏逮捕条侯时，条侯想自杀，他的妻子劝阻了他，因此没有能死了，于是就进入廷尉那里。因为他五天不吃饭，最后因吐血而死。他的封国也就废除了。

绝一岁，景帝乃更封绛侯勃他子坚为平曲侯，〔1〕续绛侯后。十九年卒，谥为共侯。子建德代侯，〔2〕十三年，为太子太傅。〔3〕坐酎金不善，〔4〕元鼎五年，〔5〕有罪，国除。

【注释】〔1〕“坚”，即周坚。周坚为平曲侯在景帝后元年（公元前一四三年）。“平曲”，古地名，故址在今江苏省东海县东南。〔2〕“建德”，即周建德。建德代侯在武帝元朔五年（公元前一二四年）。〔3〕“太子太傅”，辅导太子的官员。周建德为太子太傅在武帝元鼎五年（公元前一一二年）。〔4〕“酎金”，古时诸侯在宗庙祭祀时献金助祭叫酎金。据本书《高祖功臣侯者年表》记载，周建德坐酎金失侯在元鼎五年，所以此处“坐酎金不善”与下文“有罪国除”当都在元鼎五年。据《武帝本纪》记载，元鼎五年，列侯坐献黄金酎祭宗庙不如法夺爵者百余人。〔5〕“元鼎”，汉武帝的年号。元鼎五年即公元前一一二年。

【译文】绝封一年以后，景帝才又封绛侯周勃的另一个儿子周坚为平曲侯，继承了绛侯的爵位。十九年以后平曲侯去世，谥号为共侯。他的儿子建德继承了侯爵，十三年后担任了太子太傅。元鼎五年，因为犯了“酎金不善”的罪过，废除了他的封国。

条侯果饿死。死后，景帝乃封王信为盖侯。〔1〕

【注释】〔1〕“盖”，县名，治所在今山东省沂水县西北。王信封盖侯在景帝中五年（公元前一四五年）。

【译文】条侯果然饿死了。死后，景帝就封王信为盖侯。

太史公曰：绛侯周勃始为布衣时，〔1〕鄙朴人也，才能不过凡庸。及从高祖定天下，在将相位，诸吕欲作乱，勃匡国家难，复之乎正。虽伊尹、周公，〔2〕何以加哉！亚夫之用兵，持威重，执坚刃，穰苴曷有加焉！〔3〕足己而不学，守节不逊，终以穷困。悲夫！

【注释】〔1〕“布衣”，平民。〔2〕“伊尹”，商朝初期的大臣，名伊，一说名挚，尹是官名。曾辅佐商汤攻灭夏桀，被尊为阿衡（宰相）。商汤死后又辅佐卜丙（即外丙）、仲壬二王。“周公”，姬姓，周武王之弟，名旦，亦称叔旦。因采邑在周（今陕西省岐山县北），称为周公。曾助武王灭商。武王死后，成王年幼，由他摄政。详见本书《鲁周公世家》。〔3〕“穰苴”，春秋时齐国大夫，姓田，名穰苴。因做过司马，所以又称为司马穰苴。他精通兵法，曾奉齐景公命令击退晋、燕军队，收复失地。战国时齐威王命大夫整理司马兵法，称为《司马穰苴兵法》。详见本书《司马穰苴列传》。

【译文】太史公说：绛侯周勃当初是百姓的时候，是一个粗鄙质朴的人，才能也超不过平常的人。到了跟随高祖平定天下时，位在将相，诸吕企图作乱，周勃拯救了国家的危难，使国家恢复了正常。即使是伊尹、周公，也不能超过他的功绩。周亚夫的用兵，守威持重，坚毅沉着，司马穰苴也不能超过他。（然而他）自己满足而不学习，遵守节操而不谦让，终于陷入困境。可悲啊！

史记卷五十八

梁孝王世家第二十八

梁孝王武者,[1]孝文皇帝子也,而与孝景帝同母。母,窦太后也。[2]

【注释】〔1〕“梁”,汉诸侯王国名,都睢阳(今河南商丘南),当时辖境约相当于今河南开封、通许以东,永城以北,山东曹县、嘉祥以南和安徽砀山、亳县等地,共四十余城,且多大县。〔2〕“窦太后”,观津(今河北武邑东南)人,吕后时入宫,后为汉文帝皇后,生景帝、梁孝王和长公主嫖。景帝即位后被尊为太后,卒于武帝元光六年(公元前一二九年)。

【译文】梁孝王武,是孝文皇帝的儿子,与孝景皇帝一母所生,他们的母亲是窦太后。

孝文帝凡四男:长子曰太子,是为孝景帝;次子武;次子参;次子胜。[1]孝文帝即位二年,[2]以武为代王,[3]以参为太原王,[4]以胜为梁王。二岁,徙代王为淮阳王。[5]以代尽与太原王,号曰代王。参立十七年,孝文后二年卒,[6]谥为孝王。子登嗣立,是为代共王。[7]立二十九年,元光二年卒。[8]子义立,是为代王。十九年,汉广关,[9]以常山为限,[10]而徙代王王清河。[11]清河王徙以元鼎三年也。[12]

【注释】〔1〕“胜”,《汉书·文三王传》作“揖”。〔2〕“孝文帝即位二年”,公元前一七八年。〔3〕“代”,诸侯王国名,都代(今河北蔚县东北),辖境约相当于今河北怀安、蔚县以西,山西阳高、浑源以东内外长城间地及长城外的东洋河流域。〔4〕“太原”,诸侯王国名,都晋阳(今山西太原市西南),辖境约相当于今山西繁峙、代县、宁武以南,吕梁山以东,昔阳、太谷、灵石以北地区。〔5〕“淮阳”,诸侯王国名,都陈(今河南淮阳),辖境约相当于今河南淮阳、鹿邑、太康、柘城、扶沟等县地。〔6〕“孝文后二年”,公元前一六二年。〔7〕“共”,音 gōng,通“恭”,谥号。〔8〕“元光”,汉武帝年号。元光二年为公元前一三三年。〔9〕“汉广关”,指汉武帝元鼎三年东移函谷关一事。函谷关本在今河南灵宝东北。关以西称“关中”、“关内”,是首都所在的畿辅之地。当时楼船将军杨仆是宜阳(今河南新安南)人,他耻为“关外民”,上书请求将函谷关东移,愿用自己的家财负担迁关的费用。武帝也正想扩大关中的地域,就批准将函谷关东迁三百里,新关故址在今河南新安东。〔10〕“常山”,本名恒山,因避文帝讳改称常山,位河北曲阳西北,为五岳中之北岳。〔11〕“王”,音 wàng,用作动词,为王。“清河”,诸侯王国名,都清阳(今河北清河东南),辖境约相当于今河北清河和枣强、南宫各一部分地,山东临清、夏津、武城和高唐、平原各一部分地。〔12〕“元鼎”,汉武帝年号,元鼎三年为公元前一一四年。

【译文】孝文帝共有四个儿子:长子称为太子,这就是孝景帝;次子名武;三子名参;四子名胜。孝文帝即位后第二年,把武封为代王,把参封为太原王,把胜封为梁王。两年以后,又改封代王为淮阳王,把代王原有的封地全部都给了太原王,太原王改称代王。参在位十七年,于孝文帝后二年去世,被谥为孝王。他的儿子登继位,这就是代共王。共王在位二十九年,于元光二年去世。他的儿子义继位,这就是当代的代王。义立为代王十九年,朝廷把函谷关东移,扩展关中的地域,把常山作为北面的界限，从而改封代王到清河为王。这次改封是元鼎三年的事。

初，武为淮阳王十年，而梁王胜卒，谥为梁怀王。怀王最少子，爱幸异于他子。其明年，徙淮阳王武为梁王。梁王之初王梁，孝文帝之十二年也。梁王自初王通历已十一年矣。〔1〕

【注释】〔1〕“通历”，把在不同封国为王的年数通加起来计算。

【译文】当初，武为淮阳王十年时，梁王胜去世了，被谥为梁怀王。梁怀王是孝文帝最小的儿子，得到文帝的宠爱超过其他的儿子。第二年，改封淮阳王武为梁王。梁王武开始到梁国为王，是在孝文帝十二年。梁王从最初封王起通加起来算，已经为王十一年了。

梁王十四年，〔1〕入朝。十七年，十八年，比年入朝，留，其明年，乃之国。二十一年，入朝。二十二年，孝文帝崩。二十四年，入朝。二十五年，复入朝。是时上未置太子也。〔2〕上与梁王燕饮，〔3〕尝从容言曰：〔4〕“千秋万岁后传于王。”〔5〕王辞谢。虽知非至言，然心内喜。太后亦然。其春，吴楚齐赵七国反。〔6〕吴楚先击梁棘壁，〔7〕杀数万人。梁孝王城守睢阳，而使韩安国、张羽等为大将军，〔8〕以距吴楚。〔9〕吴楚以梁为限，不敢过而西，与太尉亚夫等相距三月。〔10〕吴楚破，而梁所破杀虏略与汉中分。明年，汉立太子。〔11〕其后梁最亲，有功，又为大国，居天下膏腴地。地北界泰山，〔12〕西至高阳，〔13〕四十余城，皆多大县。

【注释】〔1〕“梁王十四年”，即文帝前十五年，为公元前一六五年。〔2〕“上”，指汉景帝。〔3〕“燕饮”，在内廷宴饮，只叙亲情，不行君臣之礼。〔4〕“从容”，闲逸舒缓。“从”，音 cōng。〔5〕“千秋万岁”，“死”的委婉说法，多用于帝王。〔6〕“吴楚齐赵七国反”，景帝前三年（公元前一五四年），朝廷采纳晁错的建议，削减诸侯王封地以强本弱枝，巩固中央政权，吴王刘濞（bì）、楚王刘戊约连胶东王刘熊渠、胶西王刘卬、淄川王刘贤、济南王刘辟光、赵王刘遂等起兵对抗，史称“吴楚七国之乱”，后被汉将周亚夫等讨平。其事详见本书《孝景本纪》、《绛侯周勃世家》和《袁盎晁错列传》的有关记载。由于胶东、胶西、淄川、济南四国是割齐国地设置的，所以这里统称为“齐”。〔7〕“棘壁”，聚邑名，故地在今河南永城西北，当时是一个军事要塞。〔8〕“韩安国”，字长孺，成安（今河南民权东北）人，当时是梁国的中大夫；武帝时先后任北地都尉、大司农、御史大夫，又曾摄丞相事，一度因病免官，又复起为中尉、卫尉、材官将军，与匈奴战失利，郁结愤懑，于元朔二年（公元前一二七年）呕血而死。详见本书《韩长孺列传》。“张羽”，楚相张尚之弟。楚王刘戊与吴王刘濞连结谋反，张尚劝谏，被刘戊杀害，张羽在侠士郑庄的帮助下逃到梁国，梁孝王用之为将。〔9〕“距”，通“拒”。〔10〕“太尉”，官名，是当时最高级的武职，掌管全国军政，秩万石，为三公之一。“亚夫”，周亚夫，汉初功臣绛侯周勃之子，初为河内太守，文帝后二年（公元前一六二年）被封为条侯，曾任将军，以治军严肃著称；景帝初为车骑将军，又由中尉升任太尉，率军平定吴楚七国之乱；后拜丞相，因反对废栗太子，被景帝疏远，称病免职；景帝后元年（公元前一四三年）被诬谋反，在狱中绝食呕血而死。详见本书《绛侯周勃世家》。〔11〕“汉立太子”，此太子为景帝长子刘荣，即后文之栗太子。〔12〕“泰山”，汉郡名，治所在奉高（今山东泰安市东北），辖境约相当于今山东淄博市、长清以南，肥城以东，宁阳、平邑以北，沂源、蒙阴以西地区。〔13〕“高阳”，聚邑名，属雍丘县，故地在今河南杞县西南。

【译文】梁王当王的第十四年，奉命入京朝见。第十七年、十八年，又连年入朝，并被留在长安，到第二年才回自己的封国。第二十一年，入朝。第二十二年，孝文帝驾崩。第二十四年，入朝。第二十五年，又入朝。当时孝景帝还没有立太子。皇上同梁王一起在内宫宴饮，曾闲谈着说：“我去世后把皇位传给你。”梁王起身辞谢，（表示不敢当，）虽然知道这不是真心实意的话，但心里还是很高兴。太后听了也是这样。那年春天，吴楚齐赵等七国起兵反叛朝廷。吴楚的军队首先攻打梁国的棘壁，杀死了几万人。梁孝王亲自在睢阳守城，而派韩安国、张羽等为大将军，来与吴楚对抗。吴楚的军队把梁国看作难以攻克的险阻，不敢过境西进，而与太尉周亚夫等统率的汉军互相攻守，连战三个月。吴楚等国的叛军终于被击灭，而梁军所击溃、杀死、

俘虏的敌军的人数大略与汉军相等。第二年，汉廷立太子。这以后梁王与天子关系最为亲密，他立过大功，又是大国之王，居于天下最肥沃的地方，封地北与泰山郡接界，西到高阳，共有四十多城，其中包括许多大县。

孝王，窦太后少子也，爱之，赏赐不可胜道。[1]于是孝王筑东苑，[2]方三百余里。[3]广睢阳城七十里。[4]大治宫室，为复道，[5]自宫连属于平台三十余里。[6]得赐天子旌旗，出从千乘万骑。[7]东西驰猎，拟于天子。出言跸，[8]入言警。[9]招延四方豪桀，[10]自山以东游说之士莫不毕至，[11]齐人羊胜、公孙诡、邹阳之属。[12]公孙诡多奇邪计，[13]初见王，赐千金，[14]官至中尉，[15]梁号之曰公孙将军。梁多作兵器弩弓矛数十万，而府库金钱且百巨万，[16]珠玉宝器多于京师。

【注释】〔1〕“胜”，音 shēng，尽。〔2〕“东苑”，地在睢阳城东，故名。苑，畜养禽兽，种植花木，并建有宫殿以供帝王游赏行猎的园林。〔3〕“方三百余里”，此极言其范围之大，不一定是实指。〔4〕“广”，扩大。〔5〕“复道”，即阁道，楼阁间架空的通道，相当于现代所谓天桥；因其同地面上的通道上下重复，故名。〔6〕“连属”，前后连结。“属”，音 zhǔ。“平台”，睢阳东北梁王离宫所在之地，故址在今河南商丘东北。〔7〕“骑”，音 jì，一人一马为一骑。〔8〕“跸”，音 bì，指天子外出，一路戒严，禁止行人通行。〔9〕“警”，汉初叔孙通制定的礼仪规定，宫中皇帝坐车每有行动，侍从人员要依次传递，高声呼“警”。〔10〕“桀”，通“杰”。〔11〕“山”，指崤山(在今河南洛宁北)或华山(在今陕西华阴南)。战国秦汉时称崤山或华山以东的广大地区为“山东”。“游说之士”，周游各地，向诸侯权贵陈说政见或出谋画策以求得到赏识和重用的策士。“说”，音 shuì。〔12〕“齐”，今山东泰山以北黄河流域及山东半岛地区，战国时属齐，汉时仍沿称为齐。〔13〕“奇邪”，奇异诡秘，出人意想。〔14〕“千金”，黄金一千斤。汉制一斤约当今二百五十八克。〔15〕“中尉”，此指王国中尉，是主管国中军事的武职官员，秩比二千石。〔16〕“巨万”，万万，亿。“百巨万”，百亿。

【译文】梁孝王是窦太后的小儿子。太后爱他，赏赐给他的财物无法说清。梁孝王就在自己的封国中修建东苑，范围有三百里见方。又扩大睢阳城，周长达七十里。还大建宫室，修造了许多架空的天桥，从王宫直到平台，三十多里接连不断。他被赏赐可使用天子的旌旗，每次出行，千乘万骑跟随在后。到处驰骋行猎，所用的仪制和排场可同天子相比。出行称“跸”，路上戒严清道；在宫内也登辇传“警”。他招纳四方豪杰，山东地区的游说之士都到梁国来投奔他，其中有齐人羊胜、公孙诡、邹阳之流。公孙诡善于策画奇妙的计谋，第一次见梁王，就被赏赐黄金一千斤，官做到梁国的中尉，在梁国号称为公孙将军。梁国大造各种兵器，弩、弓、矛等总数有几十万，而府库中的金钱将近百亿，所藏有的金玉宝器比京师还要多。

二十九年十月，梁孝王入朝。景帝使使持节，乘舆驷马，[1]迎梁王于关下。[2]既朝，上疏因留，以太后亲故，王入则侍景帝同辇，[3]出则同车游猎，射禽兽上林中。[4]梁之侍中、郎、谒者著籍引出入天子殿门，[5]与汉宦官无异。[6]

【注释】〔1〕“节”，符节，使者所持用以表示身份的信物。“乘舆”，天子的坐车。“乘”，音 shèng。“驷马”，指驾车的四匹马。“驷”，音 sì。按，汉制天子正式的坐车用六马，副车用四马。此谓景帝派人用自己的副车去迎接梁王，以示隆重和亲爱。〔2〕“关”，函谷关。〔3〕“辇”，音 niǎn，本指人拉的车，汉制皇帝在宫中的坐辇是无轮无舆由人抬着走的。〔4〕“上林”，秦汉时的皇家苑囿，故地在今陕西长安、周至、户县一带，占地广大，内有宫殿，并畜养禽兽，供皇帝狩猎。〔5〕“侍中、郎、谒者”，都是诸侯王国仿效朝廷设置的官职。侍中侍王左右，备应对顾问。郎有侍郎、郎中、中郎等，平时轮流宿卫王宫，王外出则扈从护卫。谒者为接待宾客引见赞礼的近侍。“著”，登录。“籍引”，指门籍。在竹牒上记有关人员的姓名、年龄、形貌等悬于宫门。当时皇宫的警卫制度规定出入宫门必须验对门籍。〔6〕“宦官”，即官宦，泛指官员。

【译文】梁孝王当王第二十九年的十月，又一次入朝。景帝派遣使者拿着符节，用天子驾有四马的副车到函谷关去迎接梁王。梁王朝见天子以后，上疏请求，从而得以留在长安，这是因为太后亲爱他的缘故。梁王在宫中侍奉景帝同乘一辇，外出同乘一车进行游猎，在上林苑中射猎禽兽。梁国的侍中、郎、谒者都登录门籍出入天子的殿门，同天子宫中的宦官没有什么差别。

十一月，上废栗太子，[1]窦太后心欲以孝王为后嗣。大臣及袁盎等有所关说于景帝，[2]窦太后义格，[3]亦遂不复言以梁王为嗣事由此。以事秘，世莫知。乃辞归国。

【注释】〔1〕“栗太子”，景帝的长子刘荣。荣于景帝前四年（公元前一五三年）被立为太子，至景帝前七年，因母亲栗姬失宠而被废为临江王，景帝中三年（公元前一四七年）被控侵占文帝庙外短墙所在之地扩建宫室，奉诏入都，在长安忧惧自杀。因其为废太子，《史记》、《汉书》从其母姓称之为“栗太子”。〔2〕“袁盎”，楚人，字丝；文帝时任中郎将，敢直谏，名重一时，后迁陇西都尉、齐相、吴相，景帝初免官。素与晁错不和，吴楚七国反，盎请景帝斩晁错以求罢兵。吴楚事平，一度出任楚相，因病去职家居，至景帝中二年（公元前一四八年）被梁王所遣刺客暗杀。详见本书《袁盎晁错列传》。“关说”，通说，进言。〔3〕“义”，通“议”。“格”，被阻遏。

【译文】十一月，皇上废黜要太子，窦太后心中想把孝王为立皇位继承人。在臣以及袁盎等人对景帝有所进言，窦太后的意见被阻遏不用，窦太后因此也不再提立梁王为皇位继承人的事了。因为宫中的事情十分机密，世人也不知其间的详情。梁王于是也就辞行，回到自己的封国。

其夏四月，上立胶东王为太子。[1]梁王怨袁盎及议臣，乃与羊胜、公孙诡之属阴使人刺杀袁盎及他议臣十余人。逐其贼，[2]未得也。于是天子意梁王，逐贼，果梁使之。乃遣使冠盖相望于道，[3]覆按梁，[4]捕公孙诡、羊胜。公孙诡、羊胜匿王后宫。使者责二千石急，[5]梁相轩丘豹及内史韩安国进谏王，[6]王乃令胜、诡皆自杀，出之。上由此怨望于梁王。梁王恐，乃使韩安国因长公主谢罪太后，[7]然后得释。

【注释】〔1〕“胶东王”，名彻，即后来的汉武帝。刘彻先于景帝前四年（公元前一五三年）被封为胶东王。〔2〕“贼”，此指刺客。〔3〕“冠”，官员所戴的帽子。“盖”，官员坐车的车盖。“冠盖相望于道”，谓出使梁国的官员，一路上前后相望，接连不断。〔4〕“按”，审查追究。〔5〕“二千石”，汉代官员秩禄等级的一种。这一级官员包括将作少府、典属国、太子太傅、各郡郡守、各诸侯王国的傅、相、内史等，每月得俸谷一百二十斛。此处指梁国的傅、相、内史。“石”，音 shí，又读 dàn。〔6〕“相”，汉制诸侯王国的相由中央政府任命，地位和职权相当于郡守。“轩丘”，复姓。“内史”，汉初诸侯王国设内史以管理国中政务，成帝以后省废，其职权归于相。〔7〕“长公主”，名嫖，文帝长女，窦后所生，与景帝及梁孝王同母。

【译文】这年夏天四月，皇上立胶东王为太子。梁王怨恨袁盎以及其他反对他继承皇位的大臣，就同羊胜、公孙诡这些人商议，偷偷地派遣刺客暗杀袁盎以及其他十几个议事大臣。朝廷追捕罪犯，未能抓获。于是天子猜测是梁王指使的，抓到刺客进行审问，果然是梁王指使的。于是朝廷接连地派遣使者，使者们在路上前后相望，前去梁国核查案情，逮捕公孙诡、羊胜。公孙诡、羊胜躲藏在梁王的后宫。使者督责梁国主班的二千石级官员交出罪犯，十分急迫，梁相轩丘豹以及内史韩安国进谏梁王就让羊胜和公孙诡都自杀，交出他们的尸体。皇上因为此事而怨恨梁王。梁王心中恐惧，就派遣韩安国去长安通过长公主向太后谢罪，然后才得免予追究。

上怒稍解，因上书请朝。既至关，茅兰说王，[1]使乘布车，[2]从两骑入，匿于长公主园。汉使使迎王，王已入关，车骑尽居外，不知王处。太后泣曰：“帝杀吾子！”景帝忧恐。于是梁王伏斧质于阙下，[3]谢罪，然后太后、景帝大喜，相泣，复如故。悉召王从官入关。然景帝益疏王，不同车辇矣。

【注释】〔1〕“茅兰”，梁国的大夫。“说”，音 shuì，劝说别人，使他听从自己的意见。〔2〕“布车”，以白布为帷的丧车。梁孝王乘布车入关是为了隐匿自己的身份。〔3〕“质”，通“锧”，铁砧。古代腰斩处死，每置人于铁砧上，用大斧行刑。“伏斧质”表示自己有罪当死，是一种请罪的方式。“阙”，音 què，原指一种高耸的立柱形建筑，古代皇宫前立

有双阙，后因称宫殿为宫阙。“阙下”即谓宫阙之下。

【译文】皇上对梁王的怒气稍有缓和，梁王便上书请求入朝。到了函谷关后，茅兰劝说梁王，让他改乘简陋的布车，只带两个骑马的侍从入关，躲藏在长公主的园林中。朝廷派遣使者迎接梁王，梁王已经入关，而他的车马侍从却都在关外，不知梁王居处。（消息传来，）太后哭着说：“皇帝杀死了我的儿子！”景帝也感到忧虑恐慌。这时梁王才到宫门前伏身于铁砧之上表示谢罪，太后和景帝大喜，三人相对而哭，又同从前一样和好。景帝把梁王的侍从全都召入关内。然而景帝对梁王越来越疏远，不再和他同车共辇了。

三十五年冬，[1]复朝。上疏欲留，上弗许。归国，意忽忽不乐。[2]北猎良山，[3]有献牛，足出背上，孝王恶之。六月中，病热，六日卒，谥曰孝王。

【注释】〔1〕“三十五年冬”，时当景帝中六年（公元前一四四年）。〔2〕“忽忽”，恍惚失意的样子。〔3〕“良山”，即梁山，在今山东东平湖西梁山县南，当时在梁国境内。

【译文】梁王在位的第三十五年冬天，又一次入朝。他上奏疏想留在长安，皇上没有允许。梁王回到自己的封国，神意恍惚，闷闷不乐。他向北到良山狩猎，有人献上一头牛，背上长脚，梁王见了十分厌恶。到了六月间，梁王患了热病，在六日去世，被谥为孝王。

孝王慈孝，每闻太后病，口不能食，居不安寝，常欲留长安侍太后。太后亦爱之。及闻梁王薨，[1]窦太后哭极哀，不食，曰：“帝果杀吾子！”景帝哀惧，不知所为。与长公主计之，乃分梁为五国，尽立孝王男五人为王，女五人皆食汤沐邑。[2]于是奏之太后，太后乃说，[3]为帝加壹飡。[4]

【注释】〔1〕“薨”，音 hōng，诸侯死称“薨”。〔2〕“汤沐”，用热水沐浴。古制天子把王畿中的某些聚邑赐给诸侯，作为他们来朝时斋戒自洁的地方。汉代皇后、诸侯王、公主、重臣等都有自己的汤沐邑，可收取邑中赋税以供个人奉养。〔3〕“说”，音 yuè，通“悦”。〔4〕“飡”，同“餐”。

【译文】孝王为人仁爱，有孝心，每听说太后有病，他就吃不下饭，睡不好觉，经常想留在长安侍奉太后。太后也很钟爱他。等到听到梁王去世的消息，窦太后哭得极其伤心，不肯吃饭，说：“皇帝果然杀死了我的儿子！”景帝也又伤心又忧惧，不知该怎么办。同长公主商议了善后的办法，就把梁国分为五国，把孝王的五个儿子全都封为王，五个女儿也都赐给汤沐邑。于是把这安排奏报给太后，太后这才高兴，为了皇帝而进食吃饭。

梁孝王长子买为梁王，[1]是为共王；[2]子明为济川王；[3]子彭离为济东王；[4]子定为山阳王；[5]子不识为济阴王。[6]

【注释】〔1〕“梁”，分出济川、济东、山阳、济阴四国后，梁国尚存十余城，辖境约当今河南民权、宁陵以东地及安徽砀山，仍都睢阳。〔2〕“共”，音 gōng，通“恭”，谥号。〔3〕“济川”，诸侯王国名，分梁国部分领地设置，都陈留（今河南开封东南），辖境约相当于今河南民权、宁陵以西，开封、尉氏以东，延津、长垣以南，杞县、睢县以北地。〔4〕“济东”，诸侯王国名，分梁国部分领地设置，都无盐（今山东东平东），辖境约相当于今山东济宁市及汶上、东平等县地。〔5〕“山阳”，诸侯王国名，分梁国部分领地设置，都昌邑（今山东金乡西北），辖境约相当于今山东独山湖以西，郓城以南，成武、曹县以东，单县以北地，兼有独山湖东邹县、兖州的一部分。〔6〕“济阴”，诸侯王国名，分梁国部分领地设置，都定陶（今山东定陶西北），辖境约相当于今山东菏泽附近南至定陶北至河南濮阳县所属濮城这一地区。

【译文】梁孝王的长了买继位为梁王，这就是共王。（孝王另外四个儿子，）明被封为济川王，彭离被封为济东王，定被封为山阳王，不识被封为济阴王。

孝王未死时，财以巨万计，不可胜数。及死，藏府余黄金尚四十余万斤，他财物称是。

梁共王三年，景帝崩。共王立七年

卒，[1]子襄立，是为平王。

【注释】〔1〕“共王立七年卒”，时当武帝建元四年（公元前一三七年）。

【译文】梁平王襄在位的第十四年，他的母亲为陈太后；共王的母亲为李太后，李太后是平王的亲祖母；平王的王后姓任，称为任王后。任王后很得平王襄的宠爱。当初孝王在世时得到一件罍樽，价值千金。孝王告诫后世子孙，要妥善保管这件罍樽，不得把它送人。任王后听说有这样一件罍樽，想得到它。平王的祖母李太后说：“先王曾有遗命，不得把罍樽送人，其他物品即使价值亿万，也任你随意处置。”任王后极想得到罍樽。平王襄径自派人打开府库取出罍樽，赐给任王后。李太后大怒，朝廷的使者来到梁国，李太后要亲自向使者讲这件事，平王襄和任王后拦阻，关上门，李太后争着要开门，被挤伤了手指，结果未能见到朝廷的使者。李太后私下同食官长以及郎中尹霸等通奸淫乱，梁王和任王后抓住此事，让人暗示阻止李太后，李太后因私下有淫乱行为，也就作罢了。后来李太后得病去世，病中任后从未去问病请安，去世后，任后又不为她服丧。

梁平王襄十四年，[1]母曰陈太后。共王母曰李太后；李太后，亲平王之大母也；[2]而平王之后姓任，曰任王后。任王后甚有宠于平王襄。初，孝王在时，有罍樽，[3]直千金。[4]孝王诫后世，善保罍樽，无得以与人。任王后闻而欲得罍樽。平王大母李太后曰：“先王有命，无得以罍樽与人。他物虽百巨万，犹自恣也。”任王后绝欲得之。平王襄直使人开府取罍樽，赐任王后。李太后大怒，汉使者来，欲自言，平王襄及任王后遮止，闭门，李太后与争门，措指，[5]遂不得见汉使者。李太后亦私与食官长及郎中尹霸等士通乱，[6]而王与任王后以此使人风止李太后，[7]李太后内有淫行，亦已。后病薨。病时，任后未尝请病；薨，又不持丧。

【注释】〔1〕“梁平王襄十四年”，时当武帝元朔六年（公元前一二三年）。〔2〕“大母”，祖母。〔3〕“罍樽”，一种铜制的盛酒器，圆形，鼓腹，下有圈足，上有盖，表面一般都饰有精致复杂的花纹。“罍”，音 léi。〔4〕“直”，通“值”。〔5〕“措”，音 zé，通“笮”，挤，夹住。〔6〕“食官长”，汉时天子及诸侯王宫中都有掌管饮食的官吏，通称“食官”，其长称“食官长”。“郎中”，天子或诸侯王的侍从官员，并须轮流宿卫宫禁。〔7〕“风”，音 fěng，通“讽”，用隐约的语言暗示劝告。

【译文】梁平王襄在位的第十四年，他的母亲为陈太后；共王的母亲为李太后，李太后是平王的亲祖母；平王的王后姓任，称为任王后。任王后很得平王襄的宠爱。当初孝王在世时得到一件罍樽，价值千金。孝王告诫后世子孙，要妥善保管这件罍樽，不得把它送人。任王后听说有这样一件罍樽，想得到它。平王的祖母李太后说：“先王曾有遗命，不得把罍樽送人，其他物品即使价值亿万，也任你随意处置。”任王后极想得到罍樽。平王襄径自派人打开府库取出罍樽，赐给任王后。李太后大怒，朝廷的使者来到梁国，李太后要亲自向使者讲这件事，平王襄和任王后拦阻，关上门，李太后争着要开门，被挤伤了手指，结果未能见到朝廷的使者。李太后私下同食官长以及郎中尹霸等通奸淫乱，梁王和任王后抓住此事，让人暗示阻止李太后，李太后因私下有淫乱行为，也就作罢了。后来李太后得病去世，病中任后从未去问病请安，去世后，任后又不为她服丧。

元朔中，[1]睢阳人类犴反者，[2]人有辱其父，而与淮阳太守客出同车。[3]太守客出下车，类犴反杀其仇于车上而去。淮阳太守怒，以让梁二千石。二千石以下求反甚急，执反亲戚。反知国阴事，乃上变事，具告知王与大母争樽状。时丞相以下见知之，欲以伤梁长吏，[4]其书闻天子。天子下吏验问，有之。公卿请废襄为庶人。[5]天子曰：“李太后有淫行，而梁王襄无良师傅，故陷不义。”乃削梁八城，[6]枭任王后首于市。[7]梁余尚有十城。[8]襄立三十九年卒，谥为平王。子无伤立为梁王也。[9]

【注释】〔1〕“元朔”，汉武帝年号，共六年（公元前一二八年至公元前一二三年）。〔2〕“类犴”，复姓。“犴”，音 àn。〔3〕“淮阳”，郡名，由淮阳国

改置。"太守",掌管一郡政事的地方长官,本名郡守,景帝时更名太守,秩二千石。〔4〕"长吏",汉代秩禄六百石以上的官吏都可称作长吏。此处当指梁国的傅、相等主要官员。"长",音 zhǎng。〔5〕"庶人",没有官爵的平民。〔6〕"削梁八城",《汉书·文三王传》作"削梁王五县"。〔7〕"枭",音 xiāo,斩首后把首级挂在木竿上示众。〔8〕"十城",《汉书·文三王传》及《诸侯王表》记襄在位四十年,卒于武帝天汉四年(公元前九七年)。〔9〕"子无伤立为梁王也",无伤在位十一年,卒于昭帝始元元年(公元前八六年)。

【译文】元朔年间,一个叫类犴反的睢阳人,有人侮辱了他的父亲,而与淮阳太守门客同乘一车外出。太守门客下车后,类犴反把他的仇人杀死在车上逃离。淮阳太守十分恼怒,拿这件事责备梁国的二千石级官员。梁国二千石以下的官员寻找类犴反非常急迫,逮捕了类犴反的亲戚。类犴反知道梁国的一些隐私,于是就向朝廷上书,检举梁国发生的事变,详细地告发了梁王与李太后争夺罍樽的情况。当时朝廷丞相以下的官员看到告发信知道有这么一回事,企图以此来打击伤害梁国的主要官吏,就把那件告发信上报给天子。天子把此事交付有关官吏去查验审问,确有其事。公卿们建议废梁王襄为庶人。天子说:"李太后有淫乱行为,而梁王襄又没有好的师傅辅导,所以做出不义之事,落到这种地步。"于是削减梁王封地八个县,把任王后处死,将首级悬挂于梁国都城的闹市。这以后梁国余下的领地还有十城。襄在位三十九年去世,被谥为平王,儿子无伤继立为梁王。

济川王明者,梁孝王子,以桓邑侯孝景中六年为济川王。[1]七岁,[2]坐射杀其中尉,[3]汉有司请诛,[4]天子弗忍诛,废明为庶人,迁房陵,[5]地入于汉为郡。[6]

【注释】〔1〕"桓邑",《汉书·文三王传》作"垣邑",地望不详。〔2〕"七岁",时当武帝建元三年(公元前一三八年)。〔3〕"中尉",汉制诸侯王国设中尉以掌国中军事,维护治安,秩比二千石。按,本书《汉兴以来诸侯王年表》及《汉书·武帝纪》、《诸侯王表》皆作"中傅",此作"中尉",疑系后人妄改。"中傅",即少傅,王国中傅与太傅同为诸侯王的辅导官。〔4〕"有司",主管有关事务的官员。〔5〕"房陵",汉县名,属汉中郡,治所即今湖北房县。西汉时诸侯王宗室有罪废弃,多迁于此。〔6〕"地入于汉为郡",时以济川国故地置陈留郡。

【译文】济川王明是梁孝王的儿子,在孝景帝中六年以桓邑侯的身份被封为济川王。在位的第七年,因射死自己国中的中尉犯罪,朝廷的有关官员建议处以死刑。天子不忍心诛杀,把他废为庶人,迁居房陵,封国土地并入汉朝改置为郡。

济东王彭离者,梁孝王子,以孝景中六年为济东王。二十九年,[1]彭离骄悍,无人君礼,昏暮私与其奴、亡命少年数十人行剽杀人,[2]取财物以为好。所杀发觉者百余人,国皆知之,莫敢夜行。所杀者子上书言。汉有司请诛,上不忍,废以为庶人,迁上庸,[3]地入于汉,为大河郡。

【注释】〔1〕"二十九年",时当武帝元鼎元年(公元前一一六年)。〔2〕"剽",音 piào,抢劫。〔3〕"上庸",汉县名,属汉中郡,与房陵接境,治所在今湖北竹山西南,也是西汉安置有罪宗室的地方。

【译文】济东王彭离是梁孝王的儿子,在孝景帝中六年被封为济东王。在位二十九年,彭离生性骄纵凶狠,没有人君应有的礼节操行,常在天黑以后同自己的奴仆以及无赖少年等几十人,抢劫杀人,夺取财物,把这当作一种爱好。被他杀害的,已经发现的就有一百多人。国中的人都知道这码事,没有谁敢夜间外出行走。有被杀人的儿子上书朝廷告发。朝廷有关官吏建议处彭离死刑,皇上不忍心,把他废为庶人,迁居上庸,封国土地并入汉朝,改为大河郡。

山阳哀王定者,[1]梁孝王子,以孝景中六年为山阳王。九年卒,[2]无子,国除,地入于汉,为山阳郡。

【注释】〔1〕"哀",谥号。〔2〕"九年卒",时当武帝建元五年(公元前一三六年)。

【译文】山阳哀王定是梁孝王的儿子,在孝景帝中六年被封为山阳王。在位九年去世,没有可继承王位的儿子,封国被撤除,土地并入汉朝,改为山阳郡。

济阴哀王不识者，[1]梁孝王子，以孝景中六年为济阴王。一岁卒，无子，国除，地入于汉，为济阴郡。

【注释】〔1〕“哀”，谥号。

【译文】济阴哀王不识是梁孝王的儿子，在孝景帝中六年被封为济阴王。在位一年去世，没有可继承王位的儿子，封国被撤除，土地并入汉朝，改为济阴郡。

太史公曰：梁孝王虽以亲爱之故，王膏腴之地，然会汉家隆盛，百姓殷富，故能植其财货，[1]广宫室，车服拟于天子。然亦僭矣。[2]

【注释】〔1〕“植”，通“殖”，孳生，增加。〔2〕“僭”，音 jiàn，僭越，超出本分。

【译文】太史公说：梁孝王虽然因为最亲最爱的缘故而被封到肥沃富饶的地方为王，但也正赶上汉家的繁隆昌盛，百姓都殷实富足，所以能增加财产，广建宫室，车舆冠服的仪制几乎可同天子相比。不过这也僭越礼制了。

褚先生曰：[1]臣为郎时，[2]闻之于宫殿中老郎吏好事者称道之也。窃以为令梁孝王怨望，欲为不善者，事从中生。[3]今太后，女主也，[4]以爱少子故，欲令梁王为太子。大臣不时正言其不可状，阿意治小，[5]私说意以受赏赐，非忠臣也。齐如魏其侯窦婴之正言也，[6]何以有后祸？景帝与王燕见，[7]侍太后饮，景帝曰：“千秋万岁之后传王。”太后喜说。窦婴在前，据地言曰：[8]“汉法之约，传子適孙，[9]今帝何以得传弟，擅乱高帝约乎！”于是景帝默然无声。太后意不说。

【注释】〔1〕“褚先生”，名少孙，西汉元帝、成帝时曾为博士。〔2〕“郎”，即郎官，分侍郎、郎中、中郎等，为皇帝的侍从，隶属于郎中令（武帝太初元年后改称光禄勋），平时轮流宿卫宫廷，皇帝出行则扈从警卫。褚少孙当年曾以文学为侍郎。〔3〕“中”，宫廷之中。〔4〕“女主”，女性的君主，多指临朝称制或对朝政具有重大影响力的皇后或太后。〔5〕“阿”，音 ē，迎合奉承。〔6〕“魏其侯窦婴”，窦太后从兄之子，字王孙，曾任吴相、詹事，因在平定吴楚七国之乱的战争中立有军功，受封魏其侯，武帝时一度任丞相，因与王太后的同母弟武安侯田蚡失和，于元光五年（公元前一三〇年）被构陷至死。详见本书《魏其武安侯列传》。“魏其”，汉县名，属琅邪郡，故治在今山东临沂南。“其”，音 jī。〔7〕“燕见”，君臣在内廷相见，礼节不如朝会那样繁缛隆重。〔8〕“据地”，伏地。〔9〕“適”，音 dí，通“嫡”。

【译文】褚先生说：我当侍郎的时候，曾听到宫殿中好事的老郎官谈论有关梁孝王的事，私下认为致使梁孝王心怀不满，想干坏事，事端是从宫廷内部惹起的。当时的太后，是（大权在握的）女主，她因为溺爱幼子的缘故，意图让梁王当太子。大臣们不能及时直言如此不可的道理，却奉承阿谀，只从小处着眼，私下取悦太后之意来接受赏赐，都不是忠臣。如果都能像魏其侯窦婴那样正言进谏，怎么会有后来的祸患？景帝同梁王在内宫以兄弟之礼相见，一起陪侍太后宴饮，景帝说：“我去世后把皇位传给你。”太后听了很高兴。窦婴在场，跪伏在地说道：“汉家法度规定，皇位传给嫡子嫡孙，现今皇上怎么能传给弟弟，擅自搅乱高帝的规定啊！”景帝于是默不作声，太后心中不快。

故成王与小弱弟立树下，[1]取一桐叶以与之，曰：“吾用封汝。”周公闻之，[2]进见曰：“天王封弟，[3]甚善。”成王曰：“吾直与戏耳。”周公曰：“人主无过举，不当有戏言，言之必行之。”于是乃封小弟以应县。[4]是后成王没齿不敢有戏言，[5]言必行之。《孝经》曰：[6]“非法不言，非道不行。”[7]此圣人之法言也。[8]今主上不宜出好言于梁王。[9]梁王上有太后之重，骄蹇日久，[10]数闻景帝好言，千秋万世之后传王，而实不行。

【注释】〔1〕“成王”，即周成王，周武王之子，姓姬名诵。史载成王即位之初尚在幼年，所以由武王弟周公摄政。“小弱弟”，据本书《晋世家》，指叔

虞。〔2〕“周公”，周文王之子、武王之弟，姓姬名旦。成王初年，他摄行王政，平定了殷代遗民和周王朝内部反对势力合谋的叛乱，并制定了许多制度，对巩固周王朝的统治起了很大的作用。〔3〕“天王”，《春秋》尊称周天子为“天王”，褚少孙因而设想西周之初也有这种称呼。〔4〕“乃封小弟以应县”，此与本书《晋世家》的记载不同。《晋世家》记成王桐叶封弟，所封之弟是叔虞，后封于“唐”，故地在今山西翼城西；此所言之“应”，故地在今河南鲁山东。史载应始封之君也是武王之子、成王之弟，但与叔虞是两个人。又，《晋世家》记以天子无戏言为理由要求成王实现桐叶封弟的诺言的人是史佚，而不是周公。〔5〕“没齿”，终身，一辈子。〔6〕“《孝经》”，儒家经典之一，旧说或以为是孔子所撰，或以为是曾参或其门人所撰，其实是战国末年人的著作。今传本共十八章，内容都是宣扬封建孝道。〔7〕“非法不言，非道不行”，语见《孝经·卿大夫》章。“法”，指先王之法。“道”，指先王之德。〔8〕“法言”，合于礼法的言论。〔9〕“好言”，美言，甘言，中听的话。〔10〕“蹇”，音 jiǎn，不驯顺。

【译文】从前周成王同年小的幼弟站在桐树下，拿了一片桐叶给他，说道：“我以此封你为诸侯。”周公听说，就进见说：“天王封弟为诸侯，这很好。”成王说：“我不过是同他开玩笑而已。”周公说：“君主没有过分的举动，不应该有开玩笑的话，说出的话一定要实行。”于是成王就把应县封给幼弟。从此以后，成王终身不敢再说玩笑话，说了什么一定去实行。《孝经》中说：“不合礼法的话不说，不合正道的事不做。”这是圣人留下的格言。现今皇上就不应该对梁王说出那种许愿的话。梁王上有太后作靠山，很久以来就骄横傲慢，又屡次听景帝向他许愿，说去世后把皇位传给他，但实际上又不实行。

又诸侯王朝见天子，[1]汉法凡当四见耳。始到，入小见；[2]到正月朔旦，奉皮荐璧玉贺正月，[3]法见；[4]后三日，为王置酒，赐金钱财物；后二日，复入小见，辞去。凡留长安不过二十日。小见者，燕见于禁门内，[5]饮于省中，[6]非士人所得入也。[7]今梁王西朝，因留，且半岁。入与人主同辇，出与同车。示风以大言而实不与，令出怨言，谋畔逆，[8]乃随而忧之，不亦远乎！非大贤人，不知退让。今汉之仪法，朝见贺正月者，常一王与四侯俱朝见，十余岁一至。今梁王常比年入朝见，久留。鄙语曰“骄子不孝”，非恶言也。故诸侯王当为置良师傅，相忠言之士，如汲黯、韩长孺等，[9]敢直言极谏，安得有患害！

【注释】〔1〕“诸侯王”，汉代的王都有自己的封国，相当于先秦的诸侯，所以称“诸侯王”。〔2〕“小见”，非正式的朝见。〔3〕“奉皮荐璧玉”，古时诸侯入觐，朝见天子，要奉献皮（虎豹之皮）、币（缯帛）、璧、玉。有关礼仪可参见《仪礼·觐礼》的记载。“荐”，进献。〔4〕“法见”，依礼仪制度进行的正式朝见。〔5〕“禁门”，宫殿门户皆设禁以重警卫，所以称“禁门”。此指内殿之门。〔6〕“省中”，宫禁之中。〔7〕“士人”，此用作宦官的对称。内宫宦官可以进去，士人不得入内。〔8〕“畔”，通“叛”。〔9〕“汲黯”，字长孺，濮阳（今河南濮阳西南）人。景帝时官太子洗马，武帝时先后任谒者、荥阳令、中大夫，出为东海太守，郡内大治，召拜主爵都尉，改右内史，曾因小罪免官，后又复起为淮阳太守，卒于元鼎五年（公元前一一二年）。黯为人耿直，以敢于直谏闻名当世。详见本书《汲郑列传》。“韩长孺”，即韩安国。

【译文】又诸侯王朝见天子，汉朝的法律规定一共只应进见四次而已。刚到长安，进宫作非正式的小见。到了正月初一，进献毛皮璧玉，向皇上恭贺新年正月，按礼法进见，这叫法见。三天以后，皇上为王置办酒宴，赏赐金钱财物；再过两天，王又进宫小见，告辞离京。留在长安总共不超过二十天。小见是在宫中私下相见，皇上与王一起在内宫宴饮，那地方不是外廷的士人所能进去的。而今梁王西到长安朝见皇上，从而留居，时间几乎有半年之久。进宫与皇上共坐一辇，外出又同乘一车。皇上表面上说出传位给他的大话而实际上却又不给，致使梁王口出怨言，策划叛逆之事，随后才为此而忧虑，（这同正确对待诸侯王的办法）不是相距太远了吗！不是杰出的贤人，就不知道谦让。汉家的礼仪法度，来长安朝见向皇上恭贺新年正月的，经常是一个王与四个侯一起朝见，十几年才轮到一次。现今梁王经常连年入朝进见，久留长安。俗话说“骄子不孝”，这不是恶意中伤的话。所以对诸侯王应该为他们配置好的师傅，并选择能进忠言的人为相，就像汲黯、韩长孺等，敢于直言不讳，尽力进谏，那样怎么会有祸患呢！

盖闻梁王西入朝，谒窦太后，燕见，与景帝俱侍坐于太后前，语言私说。太后谓帝曰："吾闻殷道亲亲，周道尊尊，[1]其义一也。安车大驾，[2]用梁孝王为寄。"[3]景帝跪席举身曰：[4]"诺。"罢酒出，帝召袁盎诸大臣通经术者曰："太后言如是，何谓也？"皆对曰："太后意欲立梁王为帝太子。"帝问其状，袁盎等曰："殷道亲亲者，立弟。周道尊尊者，立子。殷道质，[5]质者法天，亲其所亲，故立弟。周道文，[6]文者法地，尊者敬也，敬其本始，故立长子。[7]周道，太子死，立適孙。殷道，太子死，立其弟。"帝曰："于公何如？"皆对曰："方今汉家法周，周道不得立弟，当立子。故《春秋》所以非宋宣公。[8]宋宣公死，不立子而与弟。弟受国，死，复反之与兄之子。弟之子争之，以为我当代父后，即刺杀兄子。以故国乱，祸不绝。故《春秋》曰'君子大居正，宋之祸宣公为之'。[9]臣请见太后白之。"袁盎等入见太后："太后言欲立梁王，梁王即终，欲谁立？"太后曰："吾复立帝子。"袁盎等以宋宣公不立正，生祸，祸乱后五世不绝，小不忍害大义状报太后。太后乃解说，[10]即使梁王归就国。而梁王闻其义出于袁盎诸大臣所，怨望，使人来杀袁盎。袁盎顾之曰："我所谓袁将军者也，[11]公得毋误乎？"刺者曰："是矣！"刺之，置其剑，[12]剑著身。[13]视其剑，新治。[14]问长安中削厉工，[15]工曰："梁郎某子来治此剑。"以此知而发觉之，发使者捕逐之。独梁王所欲杀大臣十余人，文吏穷本之，谋反端颇见。太后不食，日夜泣不止。景帝甚忧之，问公卿大臣，大臣以为遣经术吏往治之，乃可解。于是遣田叔、吕季主往治之。[16]此二人皆通经术，知大礼。来还，至霸昌厩，[17]取火悉烧梁之反辞，[18]但空手来对景帝。景帝曰："何如？"对曰："言梁王不知也。造为之者，独其幸臣羊胜、公孙诡之属为之耳。谨以伏诛死，梁王无恙也。"景帝喜说，曰："急趋谒太后。"太后闻之，立起坐飡，气平复。故曰，不通经术知古今之大礼，不可以为三公及左右近臣。[19]少见之人，如从管中窥天也。[20]

【注释】〔1〕"亲亲"，亲其所当亲，前一"亲"用作动词。"尊尊"，尊其所当尊，前一"尊"用作动词。〔2〕"安车"，汉代的马车多立乘，安车是一种用一匹马拉的可以坐乘的小车。皇太后在宫中常乘安车。"大驾"，皇帝出行的车驾。"安车大驾"比喻指太后和汉景帝。〔3〕"用梁孝王为寄"，按，"孝"是死后才有的谥号，窦太后不得在刘武生前称他为"梁孝王"。此"孝"字或是褚少孙笔误，或是衍文。〔4〕"跪席"，古人跪坐席上，一般情况是臀部着于两个脚后跟上，如臀部离开脚后跟，挺直上身，则是向对方表示尊敬，这叫"跪席"，也就是"长跪"。〔5〕"质"，质朴。此指没有繁复的礼仪制度。〔6〕"文"，与"质"对举，谓文饰。此指外在的各种礼仪制度比较繁复。〔7〕"敬其本始，故立长子"，"本始"谓原始、本原，此指始祖。周代的宗法思想认为王者是天下大宗，王者的嫡长子，称为宗子，是始祖的嫡系继承人。敬始祖必敬大宗、敬宗子，所以要严格区分嫡庶，只有嫡长子才是合法的君位继承人。〔8〕"《春秋》"，春秋时鲁国的编年体史书，相传经孔子修订，为儒家经典之一。记事上起鲁隐公元年（公元前七二二年），下迄鲁哀公十四年（公元前四八一年），叙事简略，以用字寓褒贬。后有《左氏》、《公羊》、《谷梁》三传，合称《春秋三传》。后人引述《春秋三传》的内容，也往往统称为《春秋》之说。"宋宣公"，名力，春秋初年的宋国国君，约公元前七四七年至公元前七二九年在位。他遗命立弟和为国君，而不让自己的儿子太子与夷继位。和在位九年而死，是为宋穆公，穆公临终又遗命由宣公之子与夷继位，而不立自己的儿子公子冯。与夷在位十年，被太宰华督所杀，是为宋殇公。华督立公子冯为君，即宋庄公。后文言"弟之子争之……即刺杀兄之子"，与事实有出入。庄公以后，先后继位的闵公、公子游又都死于内乱。这就是后文所谓"祸乱后五世不绝"。按，宋为殷人后裔所建之国，殷代王位继承多兄终弟及，宣公传弟不传子，在一定程度上体现了殷人的传统。〔9〕"君子大居正，宋之祸宣公为之"，语见《春秋公羊传》隐公三年。"居正"，谓使嫡长子居于正式继承人的地位。"大"，用作动词，谓以某事为大。〔10〕"解说"，理解并悦服。"说"，音 yuè，通"悦"。〔11〕"袁将军"，袁盎在文帝时曾任中郎将，所以有"袁将军"的

称号。〔12〕“置”，弃置，扔下。〔13〕“著”，音zhuó，附着。“剑著身”谓剑插在身上。〔14〕“治”，磨砺整治。〔15〕“削厉工”，磨砺修整兵器的工匠。“厉”，通“砺”。〔16〕“田叔”，字少卿，陉城（今河北无极东北，陉，音xíng）人，战国时齐国王族后裔，早年曾为赵王张敖郎中，后仕汉，任汉中郡守十余年，文帝时因罪免官，景帝时奉命查处梁王谋反一案，因处理得当而受景帝赏识，被任为鲁相，卒于官。详见本书《田叔列传》。“吕季主”，事迹不详。〔17〕“霸昌厩”，当时的皇家马厩之一，在长安东北。〔18〕此处言田叔、吕季主“取火悉烧梁之反辞”，又对景帝说“梁王不知也”，与本书《田叔列传》所记不同。《田叔列传》言田叔从梁国办案归来，先肯定梁王有罪，说“今梁王不伏诛，是汉法不行也”，但暗示景帝要照顾太后的感情，不要治梁王的罪。〔19〕“三公”，辅佐皇帝执政的三个最高级的官员。西汉以丞相、太尉、御史大夫为三公，秩禄都是万石。〔20〕“管中窥天”，《庄子·秋水》：“是直以管窥天，以锥指地也，不亦小乎？”这里即用其语意。

【译文】听说梁王西行到长安入朝，拜谒窦太后，设便宴以家人之礼相见，梁王与景帝都在太后面前侍坐，一起谈说家常，很是高兴。太后对景帝说：“我听人讲殷代立法行事，重视亲其所亲；周代立法行事，重视尊其所尊，二者的道理是一样的。我和你，就以梁孝王为寄托了。”景帝跪在席上挺直上身说：“是。”酒宴结束退出，景帝召来袁盎等通经术的大臣问：“太后的话这样说，是什么意思？”大臣们都回答说：“太后的意思想立梁王为皇上的太子。”景帝问具体情况，袁盎等说：“殷代立法行事重视亲其所亲，把弟弟立为继承人。周代立法行事重视尊其所尊，把儿子立为继承人。殷代立法行事比较质朴，讲质朴就取法于天，亲其所亲，所以立弟弟为继承人。周代立法行事崇尚礼仪，讲礼仪就取法于地，（尊其所尊，）尊就是敬，敬自己宗族的本原，所以立长子为继承人。周代立法行事，如果太子死了，就改立嫡孙为继承人。殷代立法行事，如果太子死了，就改立他的弟弟为继承人。”景帝说：“在您看来，该怎么办？”大臣们都回答说：“现今汉家效法周代，（依据）周代立法行事的原则不能立弟弟，应当立儿子为继承人。所以《春秋》以此非难宋宣公。（当初）宋宣公死后，不立自己的儿子而把君位传给弟弟。他弟弟接受国家，死后，又把君位返回来传给兄长的儿子，而弟弟的儿子却起来争夺君位，认为自己应该继代父亲登位，就刺杀了哥哥的儿子。因为这个原因，宋国发生内乱，灾祸不断。所以《春秋》说‘君子尊崇居于正位的嫡子，宋国的祸乱是宣公造成的’。臣等请求进见太后说明这方面的道理。”于是袁盎等人入宫进见太后，说道：“太后您说要立梁王为太子，将来梁王如果去世，您又想立谁？”太后说：“我再立皇帝的儿子。”袁盎等就把宋宣公不立居于正位的嫡子，结果产生祸端，宋国的祸乱以后接连五世不断，小处不忍而伤害了大义的情况，告诉给太后。太后这才理解其中的道理，欣然同意，随即就让梁王归回自己的封国。而梁王听说那些议论出自袁盎等大臣那里，怨恨不满，派人来刺杀袁盎。袁盎回头看看刺客说：“我就是所谓的袁将军，您是不是认错了人？”刺客说：“正是你！”说着刺死袁盎，弃置了剑，剑就插在袁盎尸身之上。事后检验察看这把剑，发现是新近制作的。调查询问长安城中整治磨砺刀剑的工匠，一个工匠说：“梁国郎官某人来制作过这把剑。”因此朝廷知道了案情，发觉是梁王指使的，就派遣使者追捕刺客。（抓到刺客一审讯，）得知单单梁王所要杀害的大臣就有十几个。司法官吏穷究事件的根源，梁王谋反的迹象许多都暴露了。太后（极其忧虑，）吃不下饭，白天黑夜哭个不停。景帝很为此忧愁，问公卿大臣该怎样处理，大臣们认为应派遣深通经术的官吏去梁国处治，才能解决。于是朝廷派遣田叔、吕季主去梁国处理这一案件。这两个人都深通经术，懂得维护礼法的大原则。他们从梁国办案回来，到了霸昌厩，取火把在梁国审出的梁王谋反的证辞全部烧掉，只是空着手来回报景帝。景帝说：“事情办得怎么样？”他们两人回答说：“证辞都说梁王不知情。事情只是他宠幸的臣下羊胜、公孙诡之流干的。这些人都已处死伏法。梁王安然无恙。”景帝听了很高兴，说：“赶快去谒报太后。”太后听说梁王无事，马上就起来坐着吃饭，心气恢复平安了。所以说，不通晓经术、懂得古今礼法的大原则，不可以担任三公以及君主身边的近臣。见识浅陋的人，就如同以管窥天。（不识大体）

史记卷五十九

五宗世家第二十九

孝景皇帝子凡十三人为王,[1]而母五人,同母者为宗亲。栗姬子曰荣、德、阏于。[2]程姬子曰余、非、端。贾夫人子曰彭祖、胜。唐姬子曰发。王夫人兒姁子曰越、寄、乘、舜。[3]

【注释】〔1〕"十三人为王",按汉景帝共十四子,一子后继位为帝(即武帝刘彻),其余十三子封王。〔2〕"栗姬",齐人,其子荣为景帝长子,曾被立为太子,后被废,栗姬忧惧而死。其事详见本书《外戚世家》。"阏于",《汉书·景帝纪》、《诸侯王表》及《景十三王传》皆作"阏"。"阏",音 è。〔3〕"王夫人兒姁",王皇后之妹。"姁",音 xū。

【译文】孝景皇帝的儿子共有十三人被封为诸侯王,他们分别由五个母亲所生,同母的就是宗亲。栗姬生的儿子名叫荣、德、阏于。程姬生的儿子名叫余、非、端。贾夫人生的儿子名叫彭祖、胜。唐姬生的儿子名叫发。王夫人兒姁生的儿子名叫越、寄、乘、舜。

河间献王德,[1]以孝景帝前二年用皇子为河间王。[2]好儒学,被服造次必于儒者。[3]山东诸儒多从之游。[4]

【注释】〔1〕"河间",汉诸侯王国名,都乐城(今河北献县东南),辖境约相当于今河北东南部献县、交河、东光、阜成、武强等地。"间",音 jiān。"献",谥号。〔2〕"孝景帝前二年",公元前一五五年。〔3〕"被服造次必于儒者",《汉书·景十三王传》作"被服儒术,造次必于儒者"。"被服",原意为穿着,此指以儒术修养其心。"造次",仓猝,匆遽。此谓在仓促之时行为也不失儒家规范。〔4〕"山东",战国秦汉时对崤山(在今河南洛宁北,崤,音 xiáo)或华山(在今陕西华阴南)以东的广大地区的习惯称呼。

【译文】河间献王德,在孝景帝前二年以皇子的身份被封为河间王。他喜好儒家的学说,用儒术修饰自己,游处其中,即使在仓促急迫的时候,也一定不失掉儒者的规范。山东各地的儒生很多人都去追随他,跟他交游。

二十六年卒,[1]子共王不害立。[2]四年卒,[3]子刚王基代立。[4]十二年卒,[5]子顷王授代立。[6]

【注释】〔1〕"二十六年卒",时当汉武帝元光五年(公元前一三〇年)。〔2〕"共王不害",《汉书·诸侯王表》"不害"作"不周"。"共",音 gōng,通"恭",谥号。〔3〕"四年卒",时当汉武帝元朔三年(公元前一二六年)。〔4〕"刚王基",本书《汉兴以来诸侯王年表》及《汉书·景十三王传》"基"作"堪"。"刚",谥号。〔5〕"十二年卒",时当汉武帝元鼎三年(公元前一一四年)。〔6〕"顷王授",《汉书·诸侯王表》"授"作"缓"。"顷",通"倾",谥号。顷王授在位十七年,死于汉武帝天汉四年(公元前九七年)。

【译文】德在位二十六年去世,他的儿子共王不害继立为王。不害在位四年去世,儿子刚王基继立为王。基在位十二年去世,儿子顷王授继立为王。

临江哀王阏于,[1]以孝景帝前二年用皇子为临江王。三年卒,无后,国除为郡。

【注释】〔1〕“临江”,景帝时设置的诸侯王国,都江陵(今湖北江陵),辖境约相当于今湖北粉青河及襄樊市以南,荆门及洪湖以西,长江及清江以北,四川巫山以东地区。“哀”,谥号。

【译文】临江哀王阏于,在孝景帝前二年以皇子的身份被封为临江王。他在位三年去世,没有后嗣,封国被撤除,改为郡。

临江闵王荣,[1]以孝景前四年为皇太子,四岁废,[2]用故太子为临江王。

【注释】〔1〕“闵”,谥号。 〔2〕“四岁废”,事在景帝前七年(公元前一五〇年)冬。刘荣被废是因为其母栗姬骄妒无礼,触犯了景帝。

【译文】临江闵王荣,在孝景帝前四年被立为皇太子,四年后被废,以前太子的身份被封为临江王。

四年,[1]坐侵庙壖垣为宫,[2]上征荣。荣行,祖于江陵北门。[3]既已上车,轴折车废。江陵父老流涕窃言曰:“吾王不反矣!”[4]荣至,诣中尉府簿。[5]中尉郅都责讯王,[6]王恐,自杀。葬蓝田。[7]燕数万衔土置冢上,百姓怜之。

【注释】〔1〕“四年”,时为景帝中三年(公元前一四七年)。 〔2〕“庙”,据《汉书·景帝纪》,当为太宗庙。太宗即汉文帝。景帝前元年曾下诏命郡国诸侯皆为文帝立太宗之庙。临江国的太宗庙在江陵。“壖垣”,宗庙或宫殿墙外的乂一道短墙。“壖”,音 ruán。 〔3〕“祖”,远行动身之前祭祀路神,以祈一路平安。 〔4〕“反”,通“返”。 〔5〕“中尉”,官名,掌管长安治安,为列卿之一,秩中二千石,武帝太初元年(公元前一〇四年)后改称执金吾。“簿”,本指狱辞文书,即起诉状。此处用作动词,谓对簿,即司法官员据簿讯问,核对事实,受审者一一作答。 〔6〕“郅都”,杨(今山西洪洞)人,景帝时官中尉,执法不避贵戚,号称“苍鹰”。后因逼迫刘荣致使自杀一事触怒景帝母窦太后,终于获罪被杀。详见本书《酷吏列传》。“郅”,音 zhì。 〔7〕“蓝田”,汉县名,属京兆尹,故治在今陕西蓝田西。

【译文】在位的第四年,荣因为侵占文帝庙外矮墙所在的空地扩建自己的宫殿而获罪,皇上征召他入都。荣出发前,在江陵北门祭祀路神。已经登车,忽然车轴折断,车子坏了。江陵父老看到这一情况,流着眼泪偷偷地说:“我们的君王这一去回不来了!”荣到了长安,去中尉府对质,中尉郅都责问审讯他,他惊恐畏惧,就自杀了。死后葬在蓝田,葬时有几万只燕子飞来,衔土放在他的坟上,百姓们都很同情他。

荣最长,死无后,国除,地入于汉,为南郡。[1]

【注释】〔1〕“南郡”,本秦郡名,汉初沿设,景帝前二年改为临江国,至是复为南郡。

【译文】荣在孝景帝的儿子中年龄最大,死后因为没有可以继承王位的后嗣,封国被撤除,地方并入汉朝,改为南郡。

右三国本王皆栗姬之子也。[1]

【注释】〔1〕“本王”,始封之王。

【译文】右述三国始封的王都是栗姬所生的儿了。

鲁共王余,[1]以孝景前二年用皇子为淮阳王。[2]二年,吴楚反破后,[3]以孝景前三年徙为鲁王。好治宫室苑囿狗马。[4]季年好音,[5]不喜辞辩。为人吃。[6]

【注释】〔1〕“鲁”,汉诸侯王国名,都鲁(今山东曲阜),本秦薛郡地,辖境约相当于今山东曲阜、滕县、泗水一带。 〔2〕“淮阳”,汉诸侯王国名,都陈(今河南淮阳),辖境约相当于今河南淮阳、太康、柘城、鹿邑等地。 〔3〕“吴楚反”,景帝前三年(公元前一五四年)朝廷采纳晁错的建议,削减诸侯王封地以强本弱枝,巩固中央政权,吴王刘濞(音 pì)、楚王刘戊约连胶东王刘熊渠、胶西王刘卬、淄川王刘贤、济南王刘辟光、赵王刘遂等起兵对抗，史称“吴楚七国之乱”，后被汉将周亚夫等讨平。其事详见本书《孝景本纪》、《绛侯周勃世家》及《袁盎晁错列传》中的有关记载。〔4〕“苑囿”，畜养禽兽，种植花木，建有宫殿，以供帝王游观行猎的园林。〔5〕“季年”，晚年。〔6〕“吃”，口吃，说话结巴。

【译文】鲁共王余，在孝景帝前二年以皇子的身份被封为淮阳王。第二年，吴楚七国的叛乱平定以后，在孝景帝前三年改封为鲁王。鲁王余为人爱好建造宫室，经营苑囿，畜养狗马。晚年又喜欢音乐，他不善言谈，说话结巴。

二十六年卒，〔1〕子光代为王。初好音舆马；晚节啬，〔2〕惟恐不足于财。

【注释】〔1〕“二十六年卒”，时当武帝元光六年（公元前一二九年）。〔2〕“晚节”，晚年。按，刘光死于武帝征和四年（公元前八九年），谥“安”。

【译文】余在位二十六年去世，儿子光继代为王。光起初也爱好音乐车马，晚年却十分贪婪吝啬，惟恐财富不够多。

江都易王非，〔1〕以孝景前二年用皇子为汝南王。〔2〕吴楚反时，非年十五，有材力，〔3〕上书愿击吴。景帝赐非将军印，击吴。吴已破，二岁，徙为江都王，治吴故国，〔4〕以军功赐天子旌旗。元光五年，〔5〕匈奴大入汉为贼，非上书愿击匈奴，上不许。非好气力，〔6〕治宫观，招四方豪桀，〔7〕骄奢甚。

【注释】〔1〕“江都”，景帝时设置的诸侯王国，都广陵（今江苏扬州市），辖境约相当于今江苏长江以北，射阳湖西南，仪征以东地区。〔2〕“汝南”，汉郡名，治所在上蔡（今河南上蔡西南），辖境约相当于今河南颍河、淮河之间地以及安徽茨河、西淝河以西地。〔3〕“材力”，膂力，勇力。〔4〕“国”，此谓国都。“吴故国”，即广陵。〔5〕“元光”，汉武帝年号。元光五年为公元前一三〇年。〔6〕“好气力”，谓喜好使气任力。据《西京杂记》载，刘非轻捷有力，能超越七尺高的屏风。〔7〕“桀”，通“杰”。

【译文】江都易王非，在孝景帝前二年以皇子的身份被封为汝南王。吴楚七国叛乱时，非年方十五岁，有勇力，上书天子请求攻打吴国。景帝赐给非将军印，让他领兵攻击吴军。吴国被攻破后二年，改封非为江都王，就以吴国原先的国都为都城，因为有军功，还赏赐给他天子的旌旗。元光五年，匈奴大规模入侵汉地进行掳掠，非上书天子，自请领兵出击匈奴，天子不准许。非为人喜欢使气任力，建造宫殿，招纳四方豪杰，极其骄纵奢侈。

立二十六年卒，〔1〕子建立为王。七年自杀。〔2〕淮南、衡山谋反时，〔3〕建颇闻其谋。自以为国近淮南，恐一日发，为所并，即阴作兵器，而时佩其父所赐将军印，载天子旗以出。易王死未葬，建有所说易王宠美人淖姬，〔4〕夜使人迎与奸服舍中。〔5〕及淮南事发，治党与颇及江都王建。〔6〕建恐，因使人多持金钱，事绝其狱。而又信巫祝，使人祷祠妄言。建又尽与其姊弟奸。〔7〕事既闻，汉公卿请捕治建。天子不忍，使大臣即讯王。王服所犯，遂自杀。国除，地入于汉，为广陵郡。

【注释】〔1〕“立二十六年卒”，时当武帝元朔元年（公元前一二八年）。〔2〕“七年自杀”，时当武帝元狩二年（公元前一二一年）。〔3〕“淮南”，指淮南王刘安。安为高祖子淮南厉王刘长之子，文帝前十六年（公元前一六四年）嗣位。当时淮南国辖境约相当于今安徽淮河以南，巢湖及肥西以北，塘河以东，凤阳、来安、和县以西地区；都寿春，即今寿县。“衡山”，指刘安之弟衡山王刘赐。赐初封庐江王，景帝前四年（公元前一五三年）徙封衡山，辖境约当今安徽淮河以南，霍丘及六安市以西地，并包括河南固始；都六，在今六安市北。刘安、刘赐于武帝元狩元年（公元前一二二年）因谋反事败自杀，封国都被撤销。详见本书《淮南衡山列传》。〔4〕“说”，音 yuè，通“悦”。“淖”，音 zhuó，一说音 nào，姓。〔5〕“服舍”，服丧期间的住处。〔6〕“党与”，同党，同伙。〔7〕“姊弟”，此谓姐妹。按，刘建淫乱暴虐事《汉书·景十三王传》记载较详，可参看。

【译文】非在位二十六年去世，儿子建继立为王。建在位七年自杀。淮南王、衡山王谋反的时候，建在相当程度上与闻他们的阴谋。他自以为封国接近淮南，恐怕一旦事发，会被淮南吞并，就暗中修造兵器，经常佩带他父亲受赐的将军印，打着天子的旌旗出巡。易王去世还未下葬，建就看上了易王生前宠爱的美人淖姬，在夜间派人把淖姬迎到居丧的房舍中与她成奸。等到淮南王谋反事情败露，朝廷追究淮南王的同党，多有涉及到江都王建的。建感到恐慌，就派人拿着许多金钱去行贿，以图中止追查这一案件。他又相信巫祝，派人祈祷祭祀胡言乱语。建还同自己的姐妹全都通奸。这些事情上报朝廷后，汉朝公卿大臣请求天子逮捕建，治他的罪。天子不忍心，派遣大臣到江都国去审讯他。王认服自己所犯的罪行，于是就自杀了。死后封国被撤除，地方并入汉朝，改为广陵郡。

胶西于王端，〔1〕以孝景前三年吴楚七国反破后，端用皇子为胶西王。端为人贼戾，〔2〕又阴痿，〔3〕一近妇人，病之数月。而有爱幸少年为郎。〔4〕为郎者顷之与后宫乱，端禽灭之，〔5〕及杀其子母。数犯上法，〔6〕汉公卿数请诛端，天子为兄弟之故不忍，而端所为滋甚。有司再请削其国，〔7〕去太半。〔8〕端心愠，遂为无訾省。〔9〕府库坏漏尽，腐财物以巨万计，终不得收徙。令吏毋得收租赋。端皆去卫，〔10〕封其宫门，从一门出游。数变名姓，为布衣，〔11〕之他郡国。

【注释】〔1〕"胶西"，汉诸侯王国名，都高密（今山东高密西南），辖境约相当于今山东胶河以西高密县地。"于"，谥号。〔2〕"贼戾"，阴险凶狠。"戾"，音 lì。〔3〕"阴痿"，即今所谓阳痿。〔4〕"郎"，郎官，天子或诸侯王的侍从。〔5〕"禽"，通"擒"。〔6〕"数"，音 shuò，屡次。〔7〕"有司"，主管有关事务的官员。"削其国"，汉制，诸侯王犯罪或有过失，朝廷可以削减他的封地，以示惩罚，称为"削国"。〔8〕"太半"，大半。〔9〕"訾"，音 zī，计量。"省"，音 xǐng，察视。"为无訾省"，谓故意不去视察管理。〔10〕"卫"，卫士。〔11〕"布衣"，庶人的衣服。后因以"布衣"代指平民百姓。

【译文】胶西于王端，在孝景帝前三年吴楚七国的叛乱平定以后，以皇子的身份被封为胶西王。端为人凶残狠毒，又患有阳痿的毛病，一亲近女人，就要病上几个月。他有一个宠爱的美少年任职郎官，不久这个担任郎官的少年与端后宫妇人通奸淫乱，端把他抓住杀掉，并且杀死了通奸所生的孩子及其母亲。端屡次违反天子的法令，汉朝的公卿再三要求处死他，天子因为兄弟情分的缘故不忍心惩办，而端的胡作非为却越来越厉害。朝廷官员们再次要求削减端封国的土地以示惩罚，于是天子把他的封地削去了一大半。端心中怨恨恼怒，就故意不理事务，封国中的仓库全都残破不堪，透风漏雨，里面腐烂的钱物数以万计，而始终不让收拾搬走。又下令封国中的官吏不许征收租赋。端取消了自己所有的侍卫，封闭宫门，只留下一门出入，他就从这座门外出游荡，多次变易姓名，扮作平民百姓，到其他郡国去。

相二千石往者，〔1〕奉汉法以治，端辄求其罪告之，无罪者诈药杀之。所以设诈究变，〔2〕强足以距谏，〔3〕智足以饰非。相二千石从王治，则汉绳以法。故胶西小国，而所杀伤二千石甚众。

【注释】〔1〕"相二千石"，指王国的相。汉制诸侯王国的相与郡守品级相等，秩禄都是二千石（月得俸谷一百二十斛）。相由中央政府任命，兼有监视诸侯王的责任。〔2〕"究"，穷极。〔3〕"强"，音 jiàng。"距"，通"拒"。

【译文】受命到胶西任相的二千石级的官员，如果遵循奉行朝廷的法令进行治理，端往往就搜求他的过错告发他，没有过错的就用诡计毒死他。他所用来搞阴谋、施变诈的手段，顽固倔强之处，足以拒绝他人的劝谏，机智乖巧之处，足以掩饰自己的过错。而来胶西任相的二千石级官员，如果顺从王的意旨进行治理，那么朝廷又要因其失职而绳之以法。所以胶西虽然是个小国，在那里被害的二千石级的官员却很多。

立四十七年，卒，〔1〕竟无男代后，国除，地入于汉，为胶西郡。

【注释】〔1〕"立四十七年卒"，时当武帝元封三年（公元前一〇八年）。

【译文】端在位四十七年去世,死后最终没有儿子继位,封国被撤除,地方并入汉朝,改为胶西郡。

右三国本王皆程姬之子也。

赵王彭祖,〔1〕以孝景前二年用皇子为广川王。〔2〕赵王遂反破后,〔3〕彭祖王广川。〔4〕四年,徙为赵王。〔5〕十五年,孝景帝崩。彭祖为人巧佞卑谄,足恭而心刻深。〔6〕好法律,持诡辩以中人。〔7〕彭祖多内宠姬及子孙。相二千石欲奉汉法以治,则害于王家。是以每相二千石至,彭祖衣皂布衣,〔8〕自行迎,除二千石舍,〔9〕多设疑事以作动之,〔10〕得二千石失言,中忌讳,辄书之。二千石欲治者,则以此迫劫;〔11〕不听,乃上书告,及污以奸利事。彭祖立五十余年,相二千石无能满二岁,辄以罪去,大者死,小者刑,以故二千石莫敢治。而赵王擅权,使使即县为贾人榷会,〔12〕入多于国经租税。〔13〕以是赵王家多金钱,然所赐姬诸子,亦尽之矣。彭祖取故江都易王宠姬王建所盗与奸淖姬者为姬,甚爱之。

【注释】〔1〕"赵",汉诸侯王国名,都邯郸(今河北邯郸市),本秦邯郸郡地,辖境约相当于今河北泜河以南,滏阳河以西地及河南浚县、内黄,山东馆陶和冠县西部地。〔2〕"广川",景帝时设置的诸侯王国,由信都国改置,都信都(今河北冀县),辖境约相当于今河北武邑、景县以南,南宫、故城以北滏阳河流域及山东德州市地。〔3〕"赵王遂",高祖子赵幽王刘友之子,文帝元年嗣封,景帝前三年与吴王刘濞、楚王刘戊等一起发动叛乱,事败自杀。〔4〕"王",音 wàng,用作动词,为王。〔5〕"四年,徙为赵王",时当景帝前五年(公元前一五二年)。〔6〕"足恭",过度谦虚。语出《论语·公冶长》:"巧言令色足恭,左丘明耻之,丘亦耻之。"宋朱熹《集注》:"足,过也。""刻深",苛刻,阴险。〔7〕"中",音 zhòng,中伤陷害。〔8〕"衣皂布衣",上"衣"字音 yì,用作动词,穿着。"皂",黑色。〔9〕"除",扫除。〔10〕"作",通"诈"。"作动"谓诱骗引动。〔11〕"迫劫",逼迫威胁。〔12〕"贾人",商人。"贾",音 gǔ。"榷会",总计商人财货征收营业税。"榷",音 què。"会",音 kuài。〔13〕"经",常。此指常额。

【译文】右述三国始封的王都是程姬所生的儿子。

赵王彭祖,在孝景帝前二年以皇子的身份被封为广川王。赵王遂谋反败灭后,彭祖正在广川为王。在位的第四年,彭祖被改封为赵王。他当赵王的第十五年,孝景帝驾崩。赵王为人巧言善辩,谦卑谄媚,表面上对人恭敬,内心却刻薄阴险。他喜好玩弄法律,用诡辩手段陷害中伤他人。彭祖有许多后宫宠姬和子孙。到赵国任相的二千石级官员如果想遵循奉行朝廷的法令进行治理,那就会损害王家的利益。所以每有来当相的二千石级官员到任,彭祖就穿上黑布衣服,亲自前去迎接,为那个二千石官员打扫馆舍,又故意设置了许多可疑的事物来引诱对方,以获得二千石官员的失言,凡触犯了忌讳,就记载下来。二千石官员想奉法治事,彭祖就以此来逼迫威胁,如果对方不受威胁,就上书告发,并且诬蔑对方干了犯法谋利的事。彭祖在位五十多年,到赵国任相的二千石官员没有一个能任满两年的,往往获罪丢官,重的被杀,轻的受刑,所以赵国的二千石官员不敢奉法治国。而赵王专擅权柄,派人到各属县去管理商人交易,计征税金,收入比国中的常额赋税还多。因此赵王家多的是金钱,但彭祖把金钱用来赏赐宠姬和儿子们,也就把收入花光了。彭祖又把从前江都易王的宠姬,后来王建又偷偷与之发生奸情的淖姬弄来当自己的姬妾,非常宠爱她。

彭祖不好治宫室、机祥,〔1〕好为吏事。上书愿督国中盗贼。常夜从走卒行徼邯郸中。〔2〕诸使过客以彭祖险陂,〔3〕莫敢留邯郸。

【注释】〔1〕"机祥",祭祀鬼神以求福。"机",音 jī。〔2〕"行徼",巡逻,巡察。"徼",音 jiào。〔3〕"险陂",阴险邪谄,行为不正。"陂",音 bì。

【译文】彭祖不爱营建修治宫室,祭祀鬼神祈求福祐,而喜好做吏卒所干的事情。他上书天子,自告奋勇去督察捕捉王国中的盗贼。经常夜间亲自带着巡卒在邯郸城中巡逻。那些来往的使者和过客都因为彭祖阴险邪恶,没有人敢在邯郸停留。

其太子丹与其女及同产姊奸,〔1〕与其客江充有郤。〔2〕充告丹,丹以故废。赵更立

太子。[3]

【注释】〔1〕“女”,《汉书·景十三王传》作“女弟”。“同产”,同母所生。〔2〕“江充”,字次倩,邯郸人。其人后被武帝任为直指绣衣使者,以巫蛊事陷害太子刘据,被刘据所杀。“郤”,音 xì,通“隙”,嫌隙。〔3〕“赵更立太子”,更立彭祖另一子武始侯昌为太子。按,刘彭祖后死于武帝太始四年(公元前九三年),太子昌嗣封。

【译文】彭祖的太子名丹,同自己的女儿及同胞姐姐有奸情,他与门客江充有嫌怨,江充告发丹的罪状,丹因此被废。赵国改立太子。

中山靖王胜,[1]以孝景前三年用皇子为中山王。十四年,孝景帝崩。胜为人乐酒好内,[2]有子枝属百二十余人。[3]常与兄赵王相非,曰:“兄为王,专代吏治事。王者当日听音乐声色。”赵王亦非之,曰:“中山王徒日淫,不佐天子拊循百姓,[4]何以称为藩臣!”[5]

【注释】〔1〕“中山”,汉诸侯王国名,都卢奴(今河北定县),辖境约相当于今河北内长城以南,保定、安国以西,唐县、新乐以东,滹沱河以北地区。“靖”,谥号。〔2〕“乐”,音 yào,喜好。“内”,指后房姬妾,女色。〔3〕“枝属”,各支宗属。〔4〕“拊循”,安抚,抚慰。“拊”,音 fǔ。〔5〕“藩”,本义为屋外的篱笆。诸侯王分封在外,等于是皇室的藩篱,所以称“藩臣”。

【译文】中山靖王胜,在孝景帝前三年以皇子的身份被立为中山王。他在位的第十四年,孝景帝驾崩。胜为人好酒贪杯,喜爱女色,他的各支系子孙有一百二十多人。胜经常同他的哥哥赵王互相非难,他说:“哥哥当王,专门代替吏卒办事,当王的人应当天天听音乐,欣赏歌舞美色。”赵王也非难他,说道:“中山王只是天天荒淫享乐,不辅佐天子爱抚百姓,怎么称得上是皇室的屏藩之臣!”

立四十二年卒,[1]子哀王昌立。[2]一年卒,[3]子昆侈代为中山王。[4]

【注释】〔1〕“立四十二年卒”,时当武帝元鼎四年(公元前一一三年)。〔2〕“哀”,谥号。〔3〕“一年卒”,时当武帝元鼎五年(公元前一一二年)。〔4〕昆侈后死于武帝征和三年(公元前九〇年),谥“康”。

【译文】胜在位四十二年去世,儿子哀王昌继立为王。昌在位一年去世,儿子昆侈代立为王。

右二国本王皆贾夫人之子也。

长沙定王发,[1]发之母唐姬,故程姬侍者。景帝召程姬,程姬有所辟,[2]不愿进,而饰侍者唐儿使夜进。上醉不知,以为程姬而幸之,遂有身。[3]已乃觉非程姬也。及生子,因命曰发。以孝景前二年用皇子为长沙王。以其母微,无宠,故王卑湿贫国。

【注释】〔1〕“长沙”,汉诸侯王国名,都临湘(今湖南长沙市),当时辖境约相当于今湖南境内益阳、邵阳以东,衡阳、酃县以北地区。“定”,谥号。〔2〕“辟”,通“避”。“有所辟”指月经来潮,不能侍寝。〔3〕“有身”,有孕。

【译文】右述三国始封的王都是贾夫人所生的儿子。

长沙定王发,他的母亲唐姬,本来是程姬的侍女。一次景帝宣召程姬,程姬因为来了月经,不愿进内侍寝,就把自己的侍女唐儿装扮好让她夜间进去伺候天子。天子醉酒,没有发觉,以为是程姬而亲幸了她,于是就怀了孕。事后天子才发觉她不是程姬。等她生了儿子,就取名为“发”。发在孝景帝前二年以皇子的身份被封为长沙王。因为他的母亲出身卑微,又不得宠,所以被封到地势卑下、气候潮湿的贫困之国为王。

立二十七年卒,[1]子康王庸立。[2]二十八年,卒,[3]子鲋鮈立为长沙王。[4]

【注释】〔1〕“立二十七年卒”,时当武帝元光六年(公元前一二九年)。〔2〕“康”,谥号。《汉书·诸侯王表》及《景十三王传》作“戴”。〔3〕“二十八年卒”,时当武帝太初四年(公元前一〇一年)。按,《汉书·诸侯王表》及《景十三王传》记刘庸在位二十七年。〔4〕“鲋鮈”,音 fù qú。《汉书·诸侯王表》作“附朐”。鲋鮈后死于昭帝始元三年(公元前八四年），谥“顷”。

【译文】发在位二十七年去世，儿子康王庸继立为王。康在位二十八年去世，儿子鲋鮈继立为长沙王。

右一国本王唐姬之子也。

广川惠王越，[1]以孝景中二年用皇子为广川王。[2]

【注释】〔1〕“惠”，谥号。〔2〕“孝景中二年”，公元前一四八年。

【译文】右述这一国始封的王是唐姬所生的儿子。

广川惠王越，在孝景帝中二年以皇子的身份被封为广川王。

十二年卒，[1]子齐立为王。齐有幸臣桑距。[2]已而有罪，欲诛距，距亡，王因禽其宗族。距怨王，乃上书告王齐与同产奸。自是之后，王齐数上书告言汉公卿及幸臣所忠等。[3]

【注释】〔1〕“十二年卒”，时当武帝建元四年（公元前一三七年）。〔2〕“桑距”，《汉书·景十三王传》作“乘距”。〔3〕“所忠”，武帝亲信近臣，当时官谏大夫，一说官掌故。

【译文】越在位十二年去世，儿子齐继立为王。齐有个宠臣桑距，后来桑距有罪，齐想杀掉他，桑距逃亡在外，王就抓走了他的家人宗族。桑距怨恨王，于是就上书朝廷告发广川王齐与同胞姐妹通奸。从此以后，广川王齐（怕朝廷大臣让天子追究这件事）就屡次上书告发汉朝公卿及皇上的宠臣所忠的罪状。

胶东康王寄，[1]以孝景中二年用皇子为胶东王。二十八年卒。[2]淮南王谋反时，寄微闻其事，私作楼车镞矢，[3]战守备，候淮南之起。及吏治淮南之事，辞出之。[4]寄于上最亲，[5]意伤之，发病而死，不敢置后，于是上闻。寄有长子者名贤，母无宠；少子名庆，母爱幸，寄常欲立之，为不次，[6]因有过，[7]遂无言。上怜之，乃以贤为胶东王奉康王嗣，而封庆于故衡山地，为六安王。[8]

【注释】〔1〕“胶东”，汉诸侯王国名，都即墨（今山东平度东南），辖境约相当于今山东胶水以东平度、莱西、莱阳等县及其迤南地区。“康”，谥号。〔2〕“二十八年卒”，时当武帝元狩二年（公元前一二一年）。〔3〕“楼车”，一种战车，上设望楼，可以瞭望敌情。“镞矢”，轻便锐利的箭。〔4〕“辞出之”，“辞”谓狱辞，“出”，出脱，开脱。〔5〕“寄于上最亲”，“上”，皇上，指武帝。刘寄母王夫人是武帝母王太后的亲妹妹，所以在诸兄弟中与武帝关系最亲。〔6〕“不次”，不合传承的次序。〔7〕“有过”，指前与闻淮南王谋反并企图响应事。〔8〕“六安”，汉诸侯王国名，所辖即衡山国故地。

【译文】胶东康王寄，在孝景帝中二年以皇子的身份被封为胶东王。在位二十八年去世。淮南王策划谋反的时候，寄暗地里知道了这件事，私下偷偷制作楼车箭矢，作好攻战或守城的各种准备，等候淮南王起事。到后来朝廷官吏审理追查淮南王谋反之事，在定案的狱辞中为胶东王寄开脱了罪责。寄在诸侯王中与天子的关系最为亲近，（自己因不忠于天子而）悔恨忧伤，发病而死，（自知有罪）也不敢置立继承王位的后嗣。在他死后，这一情况被上报给天子。寄有个长子名贤，母亲不得宠；又有个小儿子名庆，母亲被寄所宠爱。寄常想把庆立为王位继承人，因为不合传承的次序，又由于自己有罪过，所以生前没有向天子提出请求。天子哀怜他，于是就让贤继位为胶东王来嗣续康王，而用前衡山王的封地另封庆为六安王。

胶东王贤立十四年卒，[1]谥为哀王。子庆为王。[2]

【注释】〔1〕“立十四年卒”，时当汉武帝元封四年（公元前一〇七年）。〔2〕“子庆为王”，按，本书《汉兴以来诸侯王年表》及《汉书·诸侯王表》、《景十三王传》皆记嗣王名“通平”，此作“庆”必误，因刘贤有弟名“庆”，不得以“庆”名其子。刘通平后死于昭帝始元四年（公元前八三年），谥“戴”。

【译文】胶东王贤在位十四年去世，谥为哀

王。儿子庆继位为王。

六安王庆，以元狩二年用胶东康王子为六安王。[1]

【注释】〔1〕“元狩”，汉武帝年号，元狩二年为公元前一二一年。刘庆后死于昭帝始元三年（公元前八四年），谥“恭”。

【译文】六安王庆，在元狩二年以胶东康王之子的身份被封为六安王。

清河哀王乘，[1]以孝景中三年用皇子为清河王。十二年卒，[2]无后，国除，地入于汉，为清河郡。

【注释】〔1〕“清河”，汉诸侯王国名，都清阳（今河北清河东南），辖境约相当于今河北清河及枣强、南宫各一部分地，山东临清、夏津、武城及高唐、平原各一部分地。“哀”，谥号。〔2〕“十二年卒”，时当武帝建元五年（公元前一三六年）。

【译文】清河哀王乘，在孝景帝中三年以皇子的身份被封为清河王。在位十二年去世，由于没有可以继承王位的后嗣，封国被撤除，地方并入汉朝，改为清河郡。

常山宪王舜，[1]以孝景中五年用皇子为常山王。舜最亲，[2]景帝少子，骄怠多淫，数犯禁，上常宽释之。立三十二年卒，[3]太子勃代立为王。

【注释】〔1〕“常山”，汉诸侯王国名，都元氏（今河北元氏西北），辖地约相当于今河北唐河以南，曲阳、行唐、栾城、赵县、高邑、临城以西，内丘以北地区。“宪”，谥号。〔2〕“舜最亲”，指在诸兄弟中与武帝关系最亲，因其母王夫人与武帝母王太后是亲姐妹。〔3〕“立三十二年卒”，时当武帝元鼎二年（公元前一一五年）。

【译文】常山宪王舜，在孝景帝中五年以皇子的身份被封为常山王。舜与天子关系最为亲近，是景帝的小儿子，骄纵怠惰，有许多荒淫的行为，屡次触犯法律禁令，天子总是宽恕原谅他。舜在位三十二年去世，太子勃继代为王。

初，宪王舜有所不爱姬生长男棁。[1]棁以母无宠故，亦不得幸于王。王后脩生太子勃。王内多，所幸姬生子平、子商，王后希得幸。及宪王病甚，诸幸姬常侍病，故王后亦以妒媢不常侍病，[2]辄归舍。医进药，太子勃不自尝药，[3]又不宿留侍病。及王薨，[4]王后、太子乃至。宪王雅不以长子棁为人数，[5]及薨，又不分与财物。郎或说太子、王后，[6]令诸子与长子棁共分财物，太子、王后不听。太子代立，又不收恤棁。棁怨王后、太子。汉使者视宪王丧，棁自言宪王病时，王后、太子不侍，及薨，六日出舍，[7]太子勃私奸，饮酒，博戏，击筑，[8]与女子载驰，环城过市，入牢视囚。天子遣大行骞验王后及问王勃，[9]请逮勃所与奸诸证左，[10]王又匿之。吏求捕，勃大急，使人致击笞掠，擅出汉所疑囚者。有司请诛宪王后脩及王勃。上以脩素无行，使棁陷之罪，勃无良师傅，不忍诛。有司请废王后脩，徙王勃以家属处房陵，[11]上许之。

【注释】〔1〕“棁”，音 tuō。〔2〕“妒媢”，嫉妒。“媢”，音 mào。〔3〕“太子勃不自尝药”，古代礼教规定，尊长有病，卑幼者侍奉汤药，应先尝后进。《礼记·曲礼下》：“君有疾，饮药，臣先尝之；亲有疾，饮药，子先尝之。”太子勃在宪王病中不先尝药是违背孝道的。〔4〕“薨”，音 hōng，诸侯死称“薨”。〔5〕“雅”，平素。“为人数”，当人看待。〔6〕“说”，音 shuì，劝说。〔7〕“舍”，指居丧时居住的服舍。〔8〕“筑”，古代的一种弦乐器，形状与琴相似，有十三弦。〔9〕“大行”，官名，秦及汉初称典客，景帝中六年（公元前一四四年）改称大行，武帝太初元年又改称大鸿胪，掌管宾客朝觐之事，秩中二千石，为九卿之一。“骞”，音 qiān，当指张骞。张骞，汉中成固（今陕西城固）人，武帝时曾两次出使西域，又从卫青出击匈奴，以功封博望侯，卒于元鼎三年（公元前一一四年），详见《汉书·张骞传》。张骞于元鼎二、三年间曾官大行。〔10〕“证左”，证据，此指见证人。〔11〕“房陵”，汉县名，属汉中郡，故治即今湖北房县。西汉时诸侯王宗室有罪废弃，多迁徙于此。

【译文】当初宪王舜有个不得宠的姬妾生了长子棁，棁由于母亲不受宠，也不为宪王所爱。王后脩生了太子勃。而宪王姬妾很多，爱姬生了儿子平和商，王后也很少被王所亲幸。到宪王病重的时候，那些得宠的姬妾经常在病人身边服侍，因此王后由于嫉妒，就不常去侍候宪王，即使去了也马上回到自己的住处。医生送进药物，太子勃不亲自尝药，又不在内宫留宿，侍候病重的父亲。等到宪王去世，王后、太子才赶到。宪王平日不把长子棁当儿子看待，去世前，又不嘱咐分些财物给他。郎官中有人劝说太子和王后，让王其他的儿子们与长子棁共分财物，太子、王后不听。太子继位后，又不去照顾安抚棁。棁怨恨王后和太子，朝廷的使者来料理宪王的丧事时，棁就自行向使者告发宪王生病时王后和太子不在身边侍候，等到宪王去世，仅仅六天就离开了居丧的服舍。太子勃又私下行奸饮酒，下棋戏闹，击筑作乐，与女子一起乘车奔驰，环绕都城，穿过市场，到监狱中去看囚犯。天子派遣大行张骞去查证王后的罪状并讯问王勃，张骞要求逮捕勃在热丧中所与通奸的女子及各种证人，勃又把他们都隐藏起来。吏卒进行搜捕，勃大为着急，派人攻击鞭打执行搜捕任务的吏卒，又擅自把朝廷使者所怀疑囚禁的人放跑。朝廷官员要求处死宪王后脩和王勃。天子因为脩一向行为不良，致使棁能把她陷入法网，勃又(从小)没有好的师傅辅导，所以不忍心处死他们。官员们又要求废掉王后脩，放逐王勃，让他带了家属去房陵居住。天子同意了。

勃王数月，迁于房陵，国绝。月余，天子为最亲，乃诏有司曰："常山宪王蚤夭，〔1〕后妾不和，適孽诬争，〔2〕陷于不义以灭国，朕甚闵焉。其封宪王子平三万户，为真定王；〔3〕封子商三万户，为泗水王。"〔4〕

【注释】〔1〕"蚤"，通"早"。"夭"，少壮而死。〔2〕"適"，音dí，通"嫡"，谓正妻所生的嫡子。"孽"，谓姬妾所生的庶子。〔3〕"真定"，诸侯王国名，汉武帝分常山国部分地设置，都真定(今河北正定南)，辖境约相当于今河北石家庄市及藁城、正定地。〔4〕"泗水"，汉武帝时设置的诸侯王国，都凌(今江苏泗阳西北)，辖境约相当于今江苏泗阳及宿迁、沭阳、涟水及清江市各一部分地。

【译文】勃当王几个月，被迁徙到房陵，常山国绝嗣。过了一个多月，天子因为常山宪王是自己关系最亲近的幼弟，就下诏令给有关官员："常山宪王早死，王后与姬妾不和，嫡子与庶子相互诬蔑纷争，以致陷于不义，封国灭绝。我为之十分哀伤。现命令封宪王的儿子平三万户，为真定王；封宪王另一个儿子商三万户，为泗水王。"

真定王平，元鼎四年用常山宪王子为真定王。〔1〕

【注释】〔1〕"元鼎"，汉武帝年号，元鼎四年为公元前一一三年。刘平后卒于武帝征和三年(公元前九〇年)，谥"顷"。

【译文】真定王平，在元鼎四年以常山宪王之子的身份被封为真定王。

泗水思王商，〔1〕以元鼎四年用常山宪王子为泗水王。十一年卒，〔2〕子哀王安世立。〔3〕十一年卒，〔4〕无子。于是上怜泗水王绝，乃立安世弟贺为泗水王。〔5〕

【注释】〔1〕"思"，谥号。〔2〕"十一年卒"，时当武帝太初元年(公元前一〇四年)。〔3〕"哀"，谥号。〔4〕"十一年卒"，按，本书《汉兴以来诸侯王年表》及《汉书·诸侯王表》、《景十三王传》皆记哀王安世在太初二年嗣位的当年即死，此云"十一年卒"，疑是涉上文思王"十一年卒"而误。〔5〕刘贺后死于昭帝始元六年(公元前八一年)，谥"戴"。

【译文】泗水思王商，在元鼎四年以常山宪王之子的身份被封为泗水王。在位十一年去世，儿子哀王安世继立为王。安世在位十一年去世，没有儿子。当时天子哀怜泗水王绝嗣，于是就立安世的弟弟贺为泗水王。

右四国本王皆王夫人兒姁子也。其后汉益封其支子为六安王、泗水王二国。〔1〕凡兒姁子孙，于今为六王。

【注释】〔1〕"支子"，非嫡长子系统的旁系

子孙。

【译文】右述四国始封的王都是王夫人兒姁所生的儿子。后来朝廷又增封其旁支子孙为六安王、泗水王两国。总共兒姁的子孙,当今有六王。

太史公曰:高祖时诸侯皆赋,[1]得自除内史以下,[2]汉独为置丞相,黄金印。诸侯自除御史、廷尉正、博士,[3]拟于天子。自吴楚反后,五宗王世,汉为置二千石,去"丞相"曰"相",银印。诸侯独得食租税,夺之权。其后诸侯贫者或乘牛车也。

【注释】〔1〕"赋",收取租税。〔2〕"除",拜官授职。"内史",官名。汉初沿秦制设内史以治理京师,各诸侯王国也依拟设内史以掌国内民政,秩皆二千石。景帝时中央职官系统的内史分置左右,武帝时改左右内史为左冯(音 píng)翊、京兆尹,王国内史名称依旧,但改由朝廷任命,成帝时撤销王国内史,其职权归并于王国相。〔3〕汉初诸侯王国可以依拟中央设置百官,王国御史大夫掌管弹劾、纠察之事和国内图籍秘书,王国廷尉正掌管国内刑狱,王国博士则掌博通古今,备王顾问。景帝平定吴楚七国之乱后,下令取消各诸侯王国的御史大夫、廷尉正、博士及少府、宗正等官。

【译文】太史公说:高祖在位的时候,诸侯王都有权征用封国内的全部财富和人力,可以自行任命内史以下的官吏,朝廷只为他们派任丞相一官,王国的丞相用黄金印。诸侯王自己任命御史、廷尉正、博士等官,可与天子相比拟。自从吴楚等国叛乱以后,在五宗诸王的世代,朝廷为他们配置王国中二千石级的官员,撤销王国的"丞相",改称为"相",王国相只用银印。诸侯王只能在封国内收取租税,剥夺了他们(治国的)权力。到后来诸侯王中贫困的,有的只能乘坐牛车了。

史记卷六十

三王世家第三十

"大司马臣去病昧死再拜上疏皇帝陛下:[1]陛下过听,[2]使臣去病待罪行间。[3]宜专边塞之思虑,暴骸中野无以报,[4]乃敢惟他议以干用事者,[5]诚见陛下忧劳天下,哀怜百姓以自忘,亏膳贬乐,损郎员。[6]皇子赖天,能胜衣趋拜,[7]至今无号位师傅官。[8]陛下恭让不恤,[9]群臣私望,不敢越职而言。臣窃不胜犬马心,[10]昧死愿陛下诏有司,[11]因盛夏吉时定皇子位。[12]唯陛下幸察。臣去病昧死再拜以闻皇帝陛下。"[13]三月乙亥,[14]御史臣光守尚书令奏未央宫。[15]制曰:[16]"下御史。"

【注释】〔1〕"大司马",汉代武职的最高官位,武帝建元二年(公元前一三九年)废太尉官后,于元狩四年(公元前一一九年)始置,加在将军称号之上。"去病",即霍去病,平阳(今山西临汾市西南)人。年十八为侍中。为人质重少言,果敢任气,善骑射。以军功封冠军侯,为骠骑将军。他前后六次出击匈奴,解除了西汉初年以来匈奴对汉王朝的威胁。元狩四年,以骠骑将军加大司马之号。元狩六年卒。详见本书《卫将军骠骑列传》。"昧死",冒死,不避死罪。臣下奏疏习用语,以表示对皇帝的敬畏。"再拜",一拜而又拜,是一种极为恭敬的礼节。"疏",奏章。"陛下",对皇帝的尊称,此指汉武帝。表示自己不敢直接向皇帝陈说,只能通过在陛下(宫殿台阶下)的近侍之臣转达,故称"陛下"。〔2〕"过听",误听。 〔3〕"待罪",听候治罪,为供职的谦词。意谓身居其位而力不胜任,必将因失职而获罪,故称"待罪"。"行间",行伍之间,军中。"行",音 háng。 〔4〕"暴骸",暴露尸骨,指死于野外。"中野",旷野之中。 〔5〕"惟",考虑。"他议",此指军事以外的其他事情。"干",冒犯,干预。"用事",当权。 〔6〕"郎",郎中令的属官,侍从皇帝,掌守宫殿掖门户,出充车骑侍卫。 〔7〕"胜衣",体力已能承受得起成人的衣服,表示儿童长大了。"胜",音 shēng。"趋拜",趋走奉拜,行礼。〔8〕"号位",封号爵位。"师傅官",汉制,诸侯王有太傅辅王。 〔9〕"恭让",谦恭礼让。"恤",顾念。〔10〕"窃",谦指自己,犹言"私下"。"犬马",古时臣下对君主的自卑之称,表示愿如犬马奔走效劳。〔11〕"有司",古时设官分职,事各有专司,故称官吏为有司。 〔12〕"盛夏吉时",《左传》襄公二十六年:"赏以春夏,刑以秋冬。"《礼记·月令》:"立夏之日,天子亲帅三公、九卿、大夫以迎夏于南郊,还反,行赏,封诸侯。"故夏日吉时封诸侯,为古礼之常。〔13〕"闻",禀告使闻。 〔14〕"乙亥",为该月的二十八日。 〔15〕"御史",御史大夫的属官,掌受公卿奏事,察举不法。"光",御史人名,余不详。《史记》仅见此篇。"守",署理,暂时代理。"尚书令",少府的属官,掌章奏文书。"未央宫",宫殿名,故址在今陕西西安市西北郊汉长安故城之西南角,为天子视朝之所。 〔16〕"制",皇帝的命令中有一种称为"制"。

【译文】"大司马臣去病冒死再拜上疏皇帝陛下:陛下误听人言,让我在军中供职。我自应专心考虑边塞的事务,即使战死旷野也无以报答君恩,现在竟敢考虑其他事情来打扰当政官员,实在是因为我看见陛下为天下忧虑操劳,对百姓怜悯关心,而忘了自己,以致减少膳食,削减音乐,压缩郎员。皇子们托天之福,已经长大,能衣着整齐地行礼朝拜,但至今还没有封号爵位,也没有师傅辅导官员。陛下谦恭礼让,并不顾念这些事情,群臣尽管私心盼望,可是不敢越职奏请。臣私下深怀犬马效忠之

心，冒死愿陛下命令有关官员，趁着盛夏吉时，定下皇子们的爵位。希望陛下明鉴。臣去病冒死再拜启奏皇帝陛下。”三月乙亥日，御史臣光守尚书令将此奏疏在未央宫上奏皇帝。皇帝下制说：“交付御史处理。”

六年三月戊申朔，[1]乙亥，御史臣光守尚书令，丞非，[2]下御史书到，言：“丞相臣青翟、[3]御史大夫臣汤、[4]太常臣充、[5]大行令臣息、[6]太子少傅臣安行宗正事昧死上言：[7]大司马去病上疏曰：‘陛下过听，使臣去病待罪行间。宜专边塞之思虑，暴骸中野无以报，乃敢惟他议以干用事者，诚见陛下忧劳天下，哀怜百姓以自忘，亏膳贬乐，损郎员。皇子赖天，能胜衣趋拜，至今无号位师傅官。陛下恭让不恤，群臣私望，不敢越职而言。臣窃不胜犬马心，昧死愿陛下诏有司，因盛夏吉时定皇子位。唯愿陛下幸察。’制曰：‘下御史。’臣谨与中二千石、[8]二千石臣贺等议：[9]古者裂地立国，并建诸侯以承天子，[10]所以尊宗庙重社稷也。[11]今臣去病上疏，不忘其职，因以宣恩，乃道天子卑让自贬以劳天下，虑皇子未有号位。臣青翟、臣汤等宜奉义遵职，愚憧而不逮事。[12]方今盛夏吉时，臣青翟、臣汤等昧死请立皇子臣闳、[13]臣旦、[14]臣胥为诸侯王。[15]昧死请所立国名。”

【注释】〔1〕“六年”，汉武帝元狩六年，公元前一一七年。“朔”，初一。 〔2〕“丞”，指尚书丞，尚书令的副手。“非”，尚书丞之名，余不详。《史记》仅见此篇。 〔3〕“丞相”，汉代中央政府协助皇帝总领百官、综理全国政务的最高行政长官。“青翟”，即庄青翟，汉文帝时嗣爵为武强侯，武帝建元年间为御史大夫，元狩五年为丞相，元鼎二年（公元前一一五年）有罪自杀。 〔4〕“御史大夫”，汉代中央政府仅次于丞相的长官，辅助丞相，主管监察、弹劾，兼掌重要文书图籍。“汤”，即张汤，杜县（今陕西西安市东南）人，曾为长安小吏，武帝时为御史，屡迁至太中大夫、廷尉，元狩二年为御史大夫，元鼎二年有罪自杀。详见本书《酷吏列传》。 〔5〕“太常”，汉代中央政府九卿之一，掌宗庙礼仪。“充”，《史记索隐》谓“盖赵充也”。按赵充其人，不见于《史记》、《汉书》。据《汉书·百官公卿表》，元狩六年太常为栾贲。此处疑有误。 〔6〕“大行令”，汉代中央政府九卿之一，掌接待少数民族等事。“息”，即李息，郁郅（今甘肃庆阳）人，曾三为将军，出击匈奴。元狩元年为大行令。详见本书《卫将军骠骑列传》。 〔7〕“太子少傅”，以辅导太子为职，并主管太子官属。“安”，《史记索隐》谓“任安也”。任安，荥阳（今河南荥阳东北）人，曾为卫青舍人，后被武帝选中，使护北军，又曾用为益州刺史。武帝征和二年（公元前九一年）因与戾太子发兵事有牵连，被诛。案《史记》、《汉书》均无任安为太子少傅的记载，《索隐》之说未知所本。“行”，代行。“宗正”，汉代中央政府九卿之一，掌皇族事务。 〔8〕“中二千石”，汉代官员的俸禄等级，月得百八十斛谷。〔9〕“二千石”，月俸得百二十斛谷。“贺”，即公孙贺，义渠（今甘肃宁县西北）人，武帝时太仆，曾七为将军，出击匈奴，先后被封为南窌侯、葛绎侯，太初二年（公元前一〇三年）为丞相，征和二年（公元前九一年）因巫蛊事下狱死。详见本书《卫将军骠骑列传》。 〔10〕“承”，侍奉。 〔11〕“宗庙”，帝王祭祀祖宗的处所。“社稷”，土神和谷神。土地和粮食是立国的根本，所以把社稷当作国家的象征，也用为国家的代称。 〔12〕“愚憧”，愚蠢。“憧”，音chōng。“不逮事”，耽误事情。“逮”，及，赶上。〔13〕“闳”，即刘闳，王夫人所生，元狩六年立为齐王，元封元年（公元前一一〇年）卒，谥曰怀王。“闳”，音hóng。 〔14〕“旦”，即刘旦，李姬所生，元狩六年立为燕王，昭帝元凤元年（公元前八〇年）因谋反而自杀，谥曰剌王。 〔15〕“胥”，即刘胥，李姬所生，元狩六年立为广陵王，宣帝五凤四年（公元前五四年）因祝诅皇帝而自杀，谥曰厉王。“诸侯王”，汉代封建诸侯，分为二级，大者为王，小者为侯。

【译文】元狩六年三月戊申朔，乙亥日，御史臣光守尚书令，尚书丞非，交付御史的制书下达，（有关官员讨论后）上奏皇帝说：“丞相臣青翟、御史大夫臣汤、太常臣充、大行令臣息、太子少傅臣安行宗正事冒死上奏：大司马去病上疏道：‘陛下误听人言，让我在军中供职。我自应专心考虑边塞的事务，即使战死旷野也无以报答君恩，现在竟敢考虑其他事情来打扰当政官员，实在是因为我看见陛下为天下忧虑操劳，对百姓怜悯关心，而忘了自己，以致减少膳食，削减音乐，压缩郎员。皇子们托天之福，已经长大，能衣着整齐地行礼朝拜，但至今还没有封号爵位，也没有师傅辅导官员。陛下谦恭礼让，并不顾念这些事情，群臣尽管私心盼望，可是不敢越职奏请。臣私下深怀犬马效忠之心，冒死愿陛下命令有关官员，趁着盛夏吉时，定下皇子们的爵位。希望陛下明鉴。'制令说：'交付御史处理。'臣谨与中二千石、二千石臣贺等议：古代分地立国，建立起一个个诸侯来侍奉天子，为的是尊重宗庙社稷。如今臣去病上疏，他没有忘记他的职责，并以此宣扬陛下的恩德。他说天子谦让，减损自己而忧劳天下，他担心的是皇子至今还没有封号爵位。臣青翟、臣汤等本应尊奉礼义履行职责，但愚蠢而没想到此事。如今正当盛夏吉时，臣青翟、臣汤等冒死请立皇子臣闳、臣旦、臣胥为诸侯王。冒死请示所立国名。"

制曰："盖闻周封八百，姬姓并列，〔1〕或子、〔2〕男、附庸。〔3〕《礼》'支子不祭'。〔4〕云并建诸侯所以重社稷，朕无闻焉。且天非为君生民也。朕之不德，海内未洽，乃以未教成者强君连城，〔5〕即股肱何劝？〔6〕其更议以列侯家之。"〔7〕

【注释】〔1〕"姬姓"，指与周王同宗之人。周王姓姬。《史记·汉兴以来诸侯王年表》曰："武王、成、康所封数百，而同姓五十五。"《高祖功臣侯者年表》曰："盖周封八百，幽、厉之后，见于《春秋》。"〔2〕"子"，古爵位名。相传周代封立诸侯，有五等爵位：公、侯、伯、子、男，子为五等爵的第四等，男为第五等。〔3〕"附庸"，附属于诸侯的小国。〔4〕"支子不祭"，古代宗法制度规定，嫡长子或继承先祖嫡系之子为宗子，其余儿子为支子，支子不得奉祭宗祖。《礼记·曲礼》曰："支子不祭，祭必告于宗子。"《礼记·王制》亦曰："支子不祭。"〔5〕"连城"，城邑相连，土地甚广。《史记·汉兴以来诸侯王年表》记载当时的诸侯王国"大者或五六郡，连城数十"。〔6〕"即"，则，连词。"股肱"，大腿和上臂，此处比喻辅佐帝王的大臣。"即"，则，连词。"劝"，勉励。〔7〕"列侯"，爵位名。原称彻侯。为避汉武帝刘彻讳，改称通侯，又称列侯。汉代分封诸侯只分两等，大者为王，小者为侯。"家"，汉代分封列侯称"家"。

【译文】制令说："听说周代封立诸侯八百，姬姓的人同时受封，或为子、男，或为附庸。《礼》上说'支子不得奉祭宗祖'。你们所谓建立起一个个诸侯目的在于尊重社稷，朕却没有听说过。况且上天不是为了君王而降生百姓的。由于朕的无德，海内尚未和睦，现在竟让没有教导好的皇子勉强去做封地连城的诸侯王，那又如何能激励朕的股肱之臣呢？你们还是重新商议，以列侯的爵位赐封他们。"

三月丙子，奏未央宫。"丞相臣青翟、御史大夫臣汤昧死言：臣谨与列侯臣婴齐、〔1〕中二千石、二千石臣贺、谏大夫、〔2〕博士臣安等议曰：〔3〕伏闻周封八百，姬姓并列，奉承天子。康叔以祖考显，〔4〕而伯禽以周公立，〔5〕咸为建国诸侯，以相傅为辅。〔6〕百官奉宪，各遵其职，而国统备矣。〔7〕窃以为并建诸侯所以重社稷者，四海诸侯各以其职奉贡祭。〔8〕支子不得奉祭宗祖，礼也。封建使守藩国，〔9〕帝王所以扶德施化。陛下奉承天统，〔10〕明开圣绪，尊贤显功，兴灭继绝。续萧文终之后于酂，〔11〕褒厉群臣平津侯等。〔12〕昭六亲之序，〔13〕明天施之属，使诸侯王封君得推私恩分子弟户邑，〔14〕锡号尊建百有余国。〔15〕而家皇子为列侯，则尊卑相逾，〔16〕列位失序，不可以垂统于万世。〔17〕臣请立臣闳、臣旦、臣胥为诸侯王。"三月丙子，奏未央宫。

【注释】〔1〕"婴齐"，列侯之名，余不详。《史记》仅见此篇。〔2〕"谏大夫"，郎中令的属官，掌进谏议论。〔3〕"博士"，太常的属官，掌通古今，备顾问。武帝建元五年（公元前一三六年）初置《五经》博士，掌经学传授。"安"，博士之名，余不详。《史记》仅见此篇。〔4〕"康叔"，周武王之弟，名封。初封于康（今河南禹县西北），故称康叔。周公平定武庚禄父之乱后，把殷余民及殷商故都周围地区封给他，建立卫国，都朝歌（今河南淇县）。成王亲政，又举康叔为周司寇。详见本书《卫康叔世家》。"考"，父亲。〔5〕"伯禽"，周公旦长子。周武王灭殷后，封周公于鲁。周公不就封，留佐武王。武王卒，周公又相成王，使伯禽代就封于鲁，都曲阜（今山东曲阜）。"周公"，即姬旦，周武王之弟，初封于周（今陕西岐山县北），故称周公。他辅佐武王灭殷。武王卒，成王年幼，周公摄政当国，东征平乱，并营建洛邑作为东都。详见本书《鲁周公世家》。〔6〕"相傅"，相与傅，皆官名。相为百官之长，傅则辅导诸侯国君。〔7〕"国统"，国家的体统，统治体制。〔8〕"贡"，诸侯把财物进献给天子。〔9〕"封建"，帝王分封土地以建立诸侯国。"藩国"，帝王分封诸侯，使作藩屏，辅卫王室，故称诸侯国为藩

国。〔10〕“天统”，上天所安排的承继次序。〔11〕“萧文终”，即萧何，沛县(今江苏沛县)人，曾为秦沛县主吏掾，后辅佐刘邦起义、建立汉王朝，功第一，位至丞相，封酂侯。汉惠帝二年(公元前一九三年)卒，谥为文终侯，故称萧文终。其后嗣以罪失酂侯之封。武帝元狩三年萧庆以萧何曾孙续封酂侯，元狩六年庆卒，子寿成嗣。详见本书《萧相国世家》及《高祖功臣侯者年表》。“酂”，地名。西汉有二地名酂。一治所在今湖北老河口市西北，汉属南阳郡，音 zàn，《汉书·地理志》南阳郡“酂，侯国”，颜师古注曰：“即萧何所封。”一治所在今河南永城县西，汉属沛郡，音 cuó。《索隐》认为萧何初封沛之酂，其后嗣续封南阳之酂。〔12〕“褒厉”，赞扬勉励。“平津侯”，即公孙弘，薛县(今山东滕县南)人，少时曾为薛狱吏，年四十余，乃学《春秋》杂说。年六十，征为博士。元朔三年拜为御史大夫，元朔五年为丞相，封平津侯(平津乡在今河北盐山县东南)。汉代拜丞相而封侯，自公孙弘始。元狩二年卒。详见本书《平津侯主父列传》。〔13〕“六亲”，六种亲属关系，具体所指历来说法不一。〔14〕“封君”，领受封邑的贵族。“推私恩分子弟户邑”，元朔二年，武帝采纳主父偃的建议，下制：“诸侯王或欲推私恩分子弟邑者，令各条上，朕且临定其号名。”武帝通过批准诸侯王将王国土地分封子弟为侯，以削弱藩国势力。据《史记·建元已来王子侯者年表》，元朔二年至元狩元年，王子封侯者有一百四十余。“推私恩”，将自己所得到的皇帝恩惠，推广及于他人。〔15〕“锡”，通“赐”，赐给。〔16〕“逾”，超越。此指卑者的地位超过了尊者。〔17〕“垂统”，指把这种分封办法流传下去。

【译文】三月丙子日，群臣又上奏未央宫。“丞相臣青翟、御史大夫臣汤冒死上奏：臣谨与列侯臣婴齐、中二千石、二千石臣贺、谏大夫、博士臣安等商议道：臣等听说周代封立诸侯八百，姬姓的人同时受封，侍奉天子。康叔因他的祖、父而显赫，伯禽因其父周公而立国，都封了国土，成为诸侯，并以相、傅为辅佐。百官奉守法令，各人履行职责，国家的体制也就完备了。臣等私下认为建立诸侯所以能使社稷得到尊重，是因为各地诸侯分别根据自己的职司奉献贡品举行祭祀。虽然支子不得奉祭宗祖，是礼法的规定，但分封土地，建立诸侯，使他们守护藩国，帝王就能用以扶助德义、施行教化。陛下奉承天统，开创圣明的端绪，尊敬贤良，表扬功臣，复兴灭亡的侯国，继续断绝的后嗣，把萧文终的后代续封在酂，表扬勉励群臣如平津侯等。陛下为了昭示六亲的次序，彰明上天所施与的亲属关系，还让诸侯王封君把领受的皇帝恩宠分施子弟，分封子弟户邑，陛下从而赐给封号立为诸侯的有一百余国。现在却把皇子封为列侯，那就使尊卑颠倒，名位的安置失去了次序，这种做法是不能流传万世千秋的。臣请立皇子臣闳、臣旦、臣胥为诸侯王。”三月丙子日，上奏未央宫。

制曰：“康叔亲属有十而独尊者，〔1〕褒有德也。〔2〕周公祭天命郊，〔3〕故鲁有白牡、骍刚之牲，〔4〕群公不毛，〔5〕贤不肖差也。〔6〕‘高山仰之，景行向之’，〔7〕朕甚慕焉。所以抑未成，家以列侯可。”

【注释】〔1〕“康叔亲属有十”，指康叔同母兄弟十人，依次为伯邑考、武王发、管叔鲜、周公旦、蔡叔度、曹叔振铎、成叔武、霍叔处、康叔封、冉季载。〔2〕“褒有德”，康叔受封为卫国国君，能安抚百姓使和睦相处，百姓大悦。后来成王举康叔为周司寇，赐卫宝祭器，以表彰康叔有德。〔3〕“郊”，郊外祭天。《鲁周公世家》曰：“于是成王乃命鲁得郊祭文王。鲁有天子礼乐者，以褒周公之德也。”〔4〕“白牡”，毛色纯白的公牛。“骍刚”，毛色纯赤的公牛。“骍”，音 xīng。“刚”，通“犅”。鲁国祭祀周公用白牡，祭祀伯禽用骍刚。〔5〕“群公”，指伯禽以后的鲁国其他国君，或谓指其他诸侯。“不毛”，毛色不纯。此谓祭祀群公则用毛色不纯之牲。〔6〕“不肖”，不贤。“差”，音 chā，差别，不同。〔7〕“高山仰之，景行向之”，语见《诗经·小雅·车舝》，今本“向”或作“行”。“高山”，比喻道德高尚。“景行”，光明的品行。一说指大路。此言道德高尚、行为光明正大，使人敬仰向往。

【译文】制令说：“康叔的亲属有十位而他独尊的原因是周天子褒扬有德之人。周公的鲁国受命郊外祭天，鲁国祭祀周公、伯禽可以分别用白牡、骍刚这样的祭品，其他鲁君就不能用纯色的牲畜去祭祀，这是因为贤与不贤有差别。‘巍巍的高山令人敬仰，光明的品行令人向往’，朕很仰慕德高望重的人。为了对尚未教导好的皇子有所抑制，封他们为列侯便可。”

四月戊寅，奏未央宫。“丞相臣青翟、御史大夫臣汤昧死言：臣青翟等与列侯、吏二

千石、谏大夫、博士臣庆等议：[1]昧死奏请立皇子为诸侯王。制曰：'康叔亲属有十而独尊者，褒有德也。周公祭天命郊，故鲁有白牡、骍刚之牲，群公不毛，贤不肖差也。"高山仰之，景行向之"，朕甚慕焉。所以抑未成，家以列侯可。'臣青翟、臣汤、博士臣将行等伏闻康叔亲属有十，[2]武王继体，[3]周公辅成王，[4]其八人皆以祖考之尊建为大国。康叔之年幼，周公在三公之位，[5]而伯禽据国于鲁，盖爵命之时，未至成人。康叔后扞禄父之难，[6]伯禽殄淮夷之乱。[7]昔五帝异制，[8]周爵五等，[9]春秋三等，[10]皆因时而序尊卑。高皇帝拨乱世反诸正，[11]昭至德，定海内，封建诸侯，爵位二等。[12]皇子或在襁褓而立为诸侯王，[13]奉承天子，为万世法则，不可易。陛下躬亲仁义，体行圣德，表里文武。显慈孝之行，广贤能之路。内褒有德，外讨强暴。极临北海，[14]西溱月氏，[15]匈奴、西域，[16]举国奉师。舆械之费，[17]不赋于民。[18]虚御府之藏以赏元戎，[19]开禁仓以振贫穷，[20]减戍卒之半。[21]百蛮之君，[22]靡不乡风，[23]承流称意。[24]远方殊俗，重译而朝，[25]泽及方外。[26]故珍兽至，[27]嘉谷兴，[28]天应甚彰。今诸侯支子封至诸侯王，[29]而家皇子为列侯，臣青翟、臣汤等窃伏孰计之，[30]皆以为尊卑失序，使天下失望，不可。臣请立臣闳、臣旦、臣胥为诸侯王。"四月癸未，奏未央宫，留中不下。[31]

【注释】〔1〕"庆"，博士之名，余不详。《史记》仅见此篇。〔2〕"将行"，博士之名，余不详。《史记》仅见此篇。〔3〕"武王"，周武王姬发，周文王之子。他继承文王遗志，联合庸、蜀、羌、髳、微、纑、彭、濮等族，伐纣灭殷，建立周王朝。详见本书《周本纪》。"继体"，继位。〔4〕"成王"，周成王姬诵，周武王之子。武王卒，成王年幼，曾由周公摄政当国。〔5〕"三公"，太师、太傅、太保。周公摄政相成王，故称"在三公之位"。〔6〕"扞"，抵御。"禄父之难"，禄父，殷纣之子。武王灭殷，封禄父于殷都旧地。成王继位，禄父与管叔鲜、蔡叔度作乱，为周公所平。事详本书《周本纪》及《卫康叔世家》。〔7〕"殄"，音 tiǎn，消灭。"淮夷之乱"，淮夷，古代居住于淮水下游的少数民族。管、蔡、禄父作乱时，淮夷亦反。伯禽率师伐平之。〔8〕"五帝"，指黄帝、颛顼、帝喾、尧、舜。〔9〕"周爵五等"，公、侯、伯、子、男。〔10〕"春秋三等"，公、侯、伯。〔11〕"高皇帝"，即刘邦。刘邦死后，群臣认为，"高祖起微细，拨乱世反之正，平定天下，为汉太祖，功最高"，故上尊号为高皇帝。"拨乱世反诸正"，治理乱世，使恢复正常安定。〔12〕"爵位二等"，诸侯王与列侯。〔13〕"襁褓"，音 qiǎng bǎo，背负婴儿的布带、布兜及包裹婴儿的被子。〔14〕"极临北海"，远至北海。北海，指今俄罗斯贝加尔湖。武帝元狩四年，骠骑将军霍去病率军五万北击匈奴，大胜，封狼居胥山(在今蒙古人民共和国乌兰巴托东)，禅姑衍(在今蒙古人民共和国乌兰巴托东南)，临翰海而还。翰海即此北海。〔15〕"溱"，通"臻"，至，到。"月氏"，古族名，武帝时居住在今阿富汗北部、阿姆河上游一带。又称大月氏。"氏"，音 zhī。武帝时张骞通西域，曾到达大月氏。〔16〕"匈奴"，古族名，散居于大漠南北，游牧为生，善骑射。"西域"，指玉门关以西、巴尔喀什湖以东以南广大地区，散布着众多少数民族政权，如大宛、康居、大月氏、大夏等。〔17〕"舆械"，车辆器械，泛指各种作战用品。〔18〕"赋"，收取赋税。〔19〕"御府"，皇帝的府库。"藏"，音 zàng，财物。"元戎"，一种大型战车，用以冲锋陷阵。此指奋勇争先的将士。〔20〕"禁仓"，皇帝的仓廪。"振"，通"赈"，救济。〔21〕"减戍卒之半"，元狩二年，匈奴浑邪王率众数万降汉，次年，武帝减陇西、北地、上郡戍卒之半，以减轻天下的徭役负担。〔22〕"百蛮"，泛指诸少数民族。〔23〕"靡"，无。"乡风"，闻风向慕，归顺。"乡"，音 xiàng，通"向"。〔24〕"承流"，承受教化。〔25〕"重译"，辗转翻译。"重"，音 chóng。〔26〕"方外"，域外。〔27〕"珍兽至"，元狩元年获独角兽，其状如鹿，以为白麟，因而改元。〔28〕"嘉谷"，长得特别茁壮的禾谷，古人以为瑞征。司马相如《封禅文》有"導一茎六穗于庖……嘉谷六穗"之文，即谓此。〔29〕"诸侯支子封至诸侯王"，如元狩二年，胶东王寄卒，武帝以其长子贤嗣为胶东王，又封其少子庆为六安王。〔30〕"孰"，"熟"的本字。再三，周密。〔31〕"留中"，指把奏章留在宫中。

【译文】四月戊寅日，群臣上奏未央宫。"丞相臣青翟、御史大夫臣汤冒死上奏：臣青翟等与列侯、吏二千石、谏大夫、博士臣庆等议：臣等冒死奏请立皇子为诸侯王。制令说：'康叔的亲属有十位

而他独尊的原因是周天子褒扬有德之人。周公的鲁国受命郊外祭天,鲁国祭祀周公、伯禽可以分别用白牡、骍刚这样的祭品,其他鲁君就不能用纯色的牲畜去祭祀,这是因为贤与不贤有差别。"巍巍的高山令人敬仰,光明的品行令人向往",朕很仰慕德高望重的人。为了对尚未教导好的皇子有所抑制,封他们为列侯便可。'臣青翟、臣汤、博士臣将行等听说,康叔的亲属有十位,其中武王继承王位,周公辅佐成王,其他八人都因他们祖、父的尊贵地位而被封立大诸侯国。康叔年纪幼小,周公身在三公之位,伯禽在鲁据守封国,原来他们在承受爵命的时候,也都还没到成年。但后来康叔抵御了禄父造反,伯禽平定了淮夷叛乱。从前五帝的制度各不相同,周代的爵位有五等,到春秋时分三等,都根据当时情况来安排尊卑的次序。高皇帝拨乱反正,显示了最高的德操,平定海内,分封土地,建立诸侯,爵位分为两等。皇子们有的还在襁褓之中就立为诸侯王,侍奉天子,这已成为万世的法则,不可更改。陛下亲行仁义,体现圣德,文武兼备。您表彰慈爱孝顺的行为,拓宽任用贤能的道路。对内褒扬有德之士,对外讨伐强暴之徒。远至北海,西到月氏,匈奴、西域,举国拥护陛下的军队。车辆兵械等军费,不从百姓那里收取。拿出皇家府库的财物来奖赏奋勇杀敌的将士,打开天子的仓廪以周济贫穷的百姓,又把成卒人数减少一半。百蛮的君主,无不闻风向慕,承受您的教化,使您满意。远方的人语言风俗不同,经过了几重翻译前来朝觐,陛下的恩泽遍及域外。因此,珍异的兽类出现,吉祥的禾谷生长,上天的瑞应十分明显。现在诸侯的支子都封到了诸侯王,而封皇子为列侯,臣青翟、臣汤等私下考虑再三,都认为这样做尊卑失序,使天下失望,是不可以的。臣等请立臣闳、臣旦、臣胥为诸侯王。"四月癸未日,上奏未央宫,奏议留在宫里,没有发下。

"丞相臣青翟、太仆臣贺行御史大夫事,〔1〕太常臣充、太子少傅臣安行宗正事昧死言:臣青翟等前奏大司马臣去病上疏言,皇子未有号位,臣谨与御史大夫臣汤、中二千石、二千石、谏大夫、博士臣庆等昧死请立皇子臣闳等为诸侯王。陛下让文武,〔2〕躬自切,〔3〕及皇子未教。群臣之议,儒者称其术,或悖其心。〔4〕陛下固辞弗许,家皇子为列侯。臣青翟等窃与列侯臣寿成等二十七人议,〔5〕皆曰以为尊卑失序。高皇帝建天下,为汉太祖,〔6〕王子孙,广支辅。〔7〕先帝法则弗改,所以宣至尊也。臣请令史官择吉日,〔8〕具礼仪上,〔9〕御史奏舆地图,〔10〕他皆如前故事。"〔11〕制曰:"可。"

【注释】〔1〕"太仆",汉代中央政府九卿之一,掌皇帝的车舆马政。元狩六年之太仆为公孙贺。〔2〕"让",谦让。此承上文"陛下躬亲仁义,体行圣德,表里文武"而言,谓武帝虽有文武之功而谦让不居。〔3〕"切",责备。"躬自切"即制书所谓"朕之不德,海内未洽"。〔4〕"悖",音 bèi,违背。〔5〕"列侯臣寿成",即酂侯萧寿成,萧何的玄孙。〔6〕"太祖",对开国之君的通称。〔7〕"支辅",天子分封子孙为诸侯,诸侯以藩国辅卫天子,犹如分支之于主体,故称诸侯国为"支辅"。〔8〕"史官择吉日",汉代太常属官有太史令,分封诸侯王等大典,当由太史令选择吉日上奏。〔9〕"具",准备。〔10〕"舆地图",地图。古人把地比作大舆(车箱),能承载万物,故称地为舆地。〔11〕"故事",旧日的典章制度,成例。

【译文】"丞相臣青翟、太仆臣贺行御史大夫事、太常臣充、太子少傅臣安行宗正事冒死上奏:臣青翟等前奏大司马臣去病上疏说,皇子还没有封号爵位,臣谨与御史大夫臣汤、中二千石、二千石、谏大夫、博士臣庆等冒死请立皇子臣闳等为诸侯王。陛下有文德武功而谦让不居,责备自己,谈及皇子还没有教育成人。群臣所议,儒者宣扬其分封的学说,有的是违背其本心的。陛下坚决推辞不许,只封皇子为列侯。臣青翟等私下与列侯臣寿成等二十七人商议,都认为这样做就尊卑失序了。高皇帝创建天下,身为汉代开国之君,封子孙为王,广布支辅力量。先帝奉为法则,遵行不改,是为了宣扬皇帝的至尊地位。臣请陛下令史官选择吉日,准备好典礼仪式呈上,御史奏上地图,其他都照成例办理。"制令说:"可以。"

四月丙申,奏未央宫。"太仆臣贺行御史大夫事昧死言:太常臣充言卜入四月二十八日乙巳,可立诸侯王。臣昧死奏舆地图,请所立国名。礼仪别奏。臣昧死请。"

制曰:"立皇子闳为齐王,〔1〕旦为燕王,〔2〕胥为广陵王。"〔3〕

【注释】〔1〕"齐",齐国都临淄(今山东淄博市东北旧临淄县)，辖境约相当于今山东淄博市和益都、广饶、临朐等县地。〔2〕“燕”，燕国都蓟(今北京市西南)，辖境约相当于今北京市大兴及河北固安一带。〔3〕“广陵”，广陵国都广陵(今江苏扬州市西北)，辖境约相当于今江苏长江以北、射阳湖西南、仪征以东地区。

【译文】四月丙申日，群臣上奏未央宫。“太仆臣贺行御史大夫事冒死上奏：太常臣充言，卜定四月二十八日乙巳，可立诸侯王。臣冒死奏上地图，请示所立国名。典礼仪式另行奏上。臣冒死请示。”

制令说：“立皇子闳为齐王，旦为燕王，胥为广陵王。”

四月丁酉，奏未央宫。六年四月戊寅朔，癸卯，御史大夫汤下丞相，丞相下中二千石、二千石，下郡太守、诸侯相，[1]丞书从事下当用者。[2]如律令。[3]

【注释】〔1〕“郡太守”，郡的最高行政长官。“诸侯相”，诸侯王国之相，由天子委任，掌统众官。〔2〕“丞书从事”，接受诏书遵旨处置。“丞”，通“承”，汉简多作“承书从事”。“当用者”，指在封王典礼中操办具体事务的人员。〔3〕“如律令”，按照律令执行。

【译文】四月丁酉日，上奏未央宫。六年四月戊寅朔，癸卯，御史大夫汤将制书下达丞相，丞相下达中二千石、二千石，下达郡太守、诸侯王国之相，接受诏书依旨从事，下达有关办事人员，按照律令执行。

“维六年四月乙巳，皇帝使御史大夫汤庙立子闳为齐王。[1]曰：於戏，[2]小子闳，受兹青社！[3]朕承祖考，维稽古建尔国家，[4]封于东土，世为汉藩辅。於戏念哉！恭朕之诏，惟命不于常。[5]人之好德，克明显光。义之不图，俾君子怠。悉尔心，[6]允执其中，[7]天禄永终。厥有愆不臧，[8]乃凶于而国，[9]害于尔躬。於戏，保国艾民，[10]可不敬与！[11]王其戒之。”

【注释】〔1〕“庙立”，在太庙赐策封立。〔2〕“於戏”，通“呜呼”，叹词。〔3〕“青社”，天子以五色土为社，称泰社(一作“太社”)，以祭祀土神。封立诸侯王，依方位授以泰社之土，裹以白茅，使归国立社。齐王封地在东方，授以泰社中象征东方的青色土，此土即称青社。〔4〕“稽古”，查考古制。〔5〕“惟命不于常”，天命无常。意谓天命经常变化，只有好德者才能得到天命的保佑，失德为恶，则将失去保佑。语出《尚书·康诰》。〔6〕“悉”，尽。〔7〕“允执其中”，真诚地保持中正之道。〔8〕“愆”，音 qiān，同“諐”，罪过，过失。“臧”，音 zāng，善。〔9〕“而”，义同“尔”，你。〔10〕“艾民”，治理百姓。“艾”，音 yì，通“乂”。〔11〕“与”，通“欤”，疑问语气词。

【译文】“时在六年四月乙巳日，皇帝派御史大夫汤在宗庙封立皇子闳为齐王。说道：呜呼，小子闳，接受这块青色社土！朕承继先人，稽考古制为你建立国家，封在东方，世世代代作为汉家的藩屏辅佐。呜呼，你要放在心上啊！你要敬听我的诏命，要知道天命无常。一个人如果崇尚德操，就能发出明亮的光辉；如果不勉力于道义，就会使君子懈怠。你要尽你的心力，真诚地保持中正之道，那么天赐的禄命就会长久。如果昏庸邪僻，不行善政，就会殃及你的封国，害你自身。呜呼，安国治民，能不敬慎吗！齐王你要以此为戒！”

右齐王策。[1]

【注释】〔1〕“策”，策书。汉代皇帝发布封土授爵之命的文书。

【译文】右方是封齐王的策书。

“维六年四月乙巳，皇帝使御史大夫汤庙立子旦为燕王。曰：於戏，小子旦，受兹玄社！[1]朕承祖考，维稽古建尔国家，封于北土，世为汉藩辅。於戏！荤粥氏虐老兽心，[2]侵犯寇盗，加以奸巧边萌。[3]於戏！朕命将率徂征厥罪，[4]万夫长，[5]千夫长，三十有二君皆来，[6]降期奔师。[7]荤粥徙域，北州以绥。[8]悉尔心，毋作怨，毋俷德，[9]毋乃废备。[10]非教士不得从征。[11]於戏，保国艾民，可不敬与！王其戒之。”

【注释】〔1〕“玄社”，天子泰社中的黑色土。燕王封地在北方，故授以象征北方的黑色土。〔2〕“荤粥氏”，古族名，此即指匈奴。“荤粥”，音 xūn yù。“虐老”，据《史记·匈奴列传》记载，匈奴贵壮健，贱老弱。壮者食肥美，老者食其余。〔3〕“边萌”，边地居民。“萌”，通“氓”，民众。〔4〕“率”，通“帅”。“徂”，音 cú，往。〔5〕“万夫长”，匈奴中统率万人之首领。下之“千夫长”为统率千人之首领。〔6〕“三十有二君皆来”，元狩二年秋，匈奴三十二王降汉。〔7〕“降期”，收卷军旗。“期”，《汉书·武五子传》作“旗”。“奔师”，军队溃散。〔8〕“绥”，安定。〔9〕“俷”，音 fèi，背弃，败坏。〔10〕“废备”。废弛武备。〔11〕“教士”，受过训练的士卒。

【译文】“时在六年四月乙巳日，皇帝派御史大夫汤在宗庙封立皇子旦为燕王。说道：呜呼，小子旦，接受这块黑色社土！朕承继先人，稽考古制为你建立国家，封在北方，世世代代作为汉家的藩屏辅佐。呜呼！荤粥氏虐待老人，禽兽心肠，侵犯劫掠，又加以欺诈边民。呜呼！朕命令将帅前往征讨他们的罪行，万夫长，千夫长，三十二个君主都来归顺，降下旗帜，军队溃散。荤粥氏迁到了别处，北方州郡从此太平。你要尽你的心力，不要制造怨恨，不要背弃德义，不要废弛武备。不是受过训练的士卒，不要征发从军。呜呼，安国治民，能不敬慎吗！燕王你要以此为戒！”

右燕王策。

“维六年四月乙巳，皇帝使御史大夫汤庙立子胥为广陵王。曰：於戏，小子胥，受兹赤社！[1]朕承祖考，维稽古建尔国家，封于南土，世为汉藩辅。古人有言曰：‘大江之南，[2]五湖之间，[3]其人轻心。[4]杨州保疆，[5]三代要服，[6]不及以政。’[7]於戏！悉尔心，战战兢兢，乃惠乃顺，毋侗好轶，[8]毋迩宵人，[9]维法维则。《书》云：‘臣不作威，不作福。’[10]靡有后羞。於戏，保国艾民，可不敬与！王其戒之。”

【注释】〔1〕“赤社”，天子泰社中的赤色土。广陵王封地在南方，故授以象征南方的赤色土。〔2〕“大江”，指今长江。〔3〕“五湖”，五个湖的总称，历来有多种说法，此当指太湖流域一带的湖泊。〔4〕“轻心”，人心轻佻。〔5〕“杨州”，古九州之一，在我国东南部。《尚书·禹贡》称“淮海惟扬州”，《周礼·职方氏》称“东南曰扬州”，《尔雅·释地》称“江南曰扬州”，所指方位大致相同。淮为淮水，海指东海，江指长江。“杨”，一作“扬”。广陵国即在古杨州之地。“保”，恃，依仗。“疆”，通“强”。〔6〕“三代”，指夏、商、周三代。“要服”，古代把王畿以外的土地依远近分为五种，称为五服，即侯服、甸服、绥服、要服、荒服，每服五百里。要服离王畿一千五百里至二千里，为边远地区。“要”，音 yāo。〔7〕“不及以政”，政教难以施及。〔8〕“侗”，音 tóng，无知妄动。“轶”，通“逸”，放纵，游乐无节制。〔9〕“迩”，接近。“宵人”，小人，坏人。“宵”，通“小”。〔10〕“臣不作威，不作福”，语见《尚书·洪范》，今本作“臣无有作福作威”，意谓臣下不能妄自尊大，滥用权势，赏罚逾制。

【译文】右方是封燕王的策书。

“时在六年四月乙巳日，皇帝派御史大夫汤在宗庙封立皇子胥为广陵王。说道：呜呼，小子胥，接受这块赤色社土！朕承继先人，稽考古制为你建立国家，封在南方，世世代代作为汉家的藩屏辅佐。古人说：‘大江之南，五湖之间，人心轻佻。杨州恃强，三代时地处要服，政教不能施及。’呜呼！你要尽你的心力，十分小心谨慎，惠施下民，忠顺君上，不要无知妄动，贪图游乐，不要亲近小人，要遵守法度循行规则。《尚书》上说：‘臣下不要作威作福。’这样才不至于有日后的羞辱。呜呼，安国治民，能不敬慎吗！广陵王你要以此为戒！”

右广陵王策。

太史公曰：古人有言曰“爱之欲其富，亲之欲其贵”。[1]故王者壃土建国，[2]封立子弟，所以褒亲亲，[3]序骨肉，尊先祖，贵支体，[4]广同姓于天下也。是以形势强而王室安。自古至今，所由来久矣。非有异也，故弗论箸也。燕齐之事，无足采者。然封立三王，天子恭让，群臣守义，文辞烂然，[5]甚可观也，是以附之世家。

【注释】〔1〕“爱之欲其富，亲之欲其贵”，语见《孟子·万章》。〔2〕“壃土”，划分土地。“壃”，同“疆”。〔3〕“亲亲”，亲戚。〔4〕“支体”，此喻兄弟子孙。“支”，通“肢”。〔5〕“烂然”，华美而有光彩。

【译文】右方是封广陵王的策书。

太史公说：古人说："爱他就希望他富，亲他就希望他贵。"所以君王划分疆土，建立国家，封立子弟，为的是褒奖亲属，使亲疏有序，尊崇先祖，使兄弟子孙显贵，在天下广布同姓宗族。因此国势强大而王室安宁。自古至今，由来已久。这并无特殊之处，所以不再专门论述。燕、齐的事，没有值得采录的。然而封立三王，天子谦恭礼让，群臣恪守道义，文辞华美，很可观览，所以附入世家。

褚先生曰：〔1〕臣幸得以文学为侍郎，〔2〕好览观太史公之列传。传中称《三王世家》文辞可观，求其世家终不能得。窃从长老好故事者取其封策书，〔3〕编列其事而传之，令后世得观贤主之指意。〔4〕

【注释】〔1〕"褚先生"，名少孙，颍川（今河南禹县）人，西汉元帝、成帝时为博士，曾补过《史记》。〔2〕"文学"，即贤良文学，西汉选拔官吏的科目之一。"侍郎"，郎中令的属官，为宫廷近侍。〔3〕"长老"，年长者。"长"，音 zhǎng。"故事"，旧事，旧闻故实。〔4〕"指意"，旨意，意向。

【译文】褚先生说：臣有幸能以贤良文学而官至侍郎，我喜欢阅读太史公写的列传。列传里称赞《三王世家》文辞可观，但从其世家中寻找却始终不能得到。我私下从喜好旧闻故实的长老那里取到三王的封策书，把事情编列起来以广流传，使后世的人得以看到贤明君主的意向。

盖闻孝武帝之时，〔1〕同日而俱拜三子为王：封一子于齐，一子于广陵，一子于燕。各因子才力智能，及土地之刚柔，〔2〕人民之轻重，〔3〕为作策以申戒之。谓王："世为汉藩辅，保国治民，可不敬与！王其戒之。"夫贤主所作，固非浅闻者所能知，非博闻强记君子者所不能究竟其意。〔4〕至其次序分绝，文字之上下，简之参差长短，〔5〕皆有意，人莫之能知。谨论次其真草诏书，编于左方，令览者自通其意而解说之。

【注释】〔1〕"孝武帝"，即刘彻，汉景帝子，在位五十四年（公元前一四〇年至前八七年）。〔2〕"土地之刚柔"，如下文所言"天下膏腴地莫盛于齐者"，广陵"三江、五湖有鱼盐之利，铜山之富，天下所仰"，"燕土墝埆"之类。〔3〕"人民之轻重"，如下文所言"齐地多变诈"，广陵"其民精而轻"，燕"其人民勇而少虑"之类。〔4〕"博闻强记"，见闻广博，强于记忆。"究竟"，穷尽，探明。〔5〕"参差"，音 cēn cī，长短不齐貌。

王夫人者，赵人也，与卫夫人并幸武帝，〔1〕而生子闳。闳且立为王时，其母病，武帝自临问之。曰："子当为王，欲安所置之？"王夫人曰："陛下在，妾又何等可言者。"〔2〕帝曰："虽然，意所欲，欲于何所王之？"王夫人曰："愿置之雒阳。"〔3〕武帝曰："雒阳有武库敖仓，〔4〕天下冲阸，〔5〕汉国之大都也。先帝以来，无子王于雒阳者。去雒阳，余尽可。"王夫人不应。武帝曰："关东之国无大于齐者。〔6〕齐东负海而城郭大，〔7〕古时独临淄中十万户，天下膏腴地莫盛于齐者矣。"〔8〕王夫人以手击头，谢曰："幸甚。"王夫人死而帝痛之，使使者拜之曰："皇帝谨使使太中大夫明奉璧一，〔9〕赐夫人为齐王太后。"子闳王齐，年少，无有子，立，不幸早死，国绝，为郡。天下称齐不宜王云。

【注释】〔1〕"卫夫人"，即卫子夫，原为平阳公主歌女，后得幸武帝，入宫为夫人，生太子据，立为皇后。详见本书《外戚世家》。〔2〕"何等"，犹言"何物"，什么人。〔3〕"雒阳"，邑名，在今河南洛阳市东。〔4〕"武库"，储藏武器的大库。"敖仓"，秦汉时在敖山上所置谷仓，故址在今河南郑州市西北邙山上。〔5〕"冲阸"，交通要冲，形势险要。〔6〕"关东"，指函谷关以东地区。〔7〕"负海"，背靠大海。〔8〕"膏腴"，形容土地肥沃。〔9〕"太中大夫"，郎中令的属官，掌论议。"明"，太中大夫之名，余不详。《史记》仅见此篇。

【译文】王夫人，是赵人，和卫夫人一起得到武帝的宠爱，生子闳。闳将要立为王的时候，他母亲病了，武帝亲自去慰问她。武帝说："儿子要当王了，你希望在什么地方安置他？"王夫人说："陛下

在，妾有什么资格可说呢？”武帝说：“虽然如此，你心里总有所想的，你想在什么地方安置他为王呢？”王夫人说：“我愿安置他在雒阳。”武帝说：“雒阳有武库敖仓，是天下险要的交通要冲，汉国的大都邑。先帝以来，从没有一个皇子封在雒阳为王的。除去雒阳，其余地方都可以。”王夫人没有回答。武帝说：“关东的封国没有比齐更大的。齐东面靠海而城郭大，古时候光临淄一地就有十万户，天下的富饶地区没有超过齐国的了。”王夫人用手拍头，谢道：“太幸运了！”王夫人死后，武帝很悲痛，派遣使者拜告王夫人亡灵道：“皇帝谨派使臣太中大夫明奉上玉璧一枚，赐夫人为齐王太后。”皇子闳封做齐王，年少，无子，立为王后，不幸早死，国绝，封地为郡。天下都说齐地不宜封王。

所谓“受此土”者，〔1〕诸侯王始封者必受土于天子之社，归立之以为国社，以岁时祠之。《春秋大传》曰：“天子之国有泰社。东方青，南方赤，西方白，北方黑，上方黄。”故将封于东方者取青土，封于南方者取赤土，封于西方者取白土，封于北方者取黑土，封于上方者取黄土。各取其色物，〔2〕裹以白茅，封以为社。此始受封于天子者也。此之为主土。主土者，立社而奉之也。“朕承祖考”，祖者先也，考者父也。“维稽古”，维者度也，〔3〕念也，稽者当也，当顺古之道也。

【注释】〔1〕“受此土”，即策书之“受兹青社”、“受兹玄社”、“受兹赤社”。土指天子泰社之土。〔2〕“色物”，指天子泰社中与五方相应的五色土。〔3〕“度”，音 duó，考虑。

【译文】所谓“受此土”，是指始封的诸侯王，一定要在天子的泰社里接受一块土，回到自己的封地立这块土为国社，每年岁首四时祭祀它。《春秋大传》说：“天子之国有泰社。东方青土，南方赤土，西方白土，北方黑土，上方黄土。”所以将要封在东方的取青土，封在南方的取赤土，封在西方的取白土，封在北方的取黑土，封在上方的取黄土。各取其相应颜色的泰社之土，用白茅包裹，回去封为国社。这是开始接受天子封立时的情形。这叫做主土。主土，就是要立社奉祀它。“朕承祖考”，祖指祖先，考指父亲。“维稽古”，维是考虑、思念的意思，稽是应当的意思，这句是说应当遵循古制。

齐地多变诈，不习于礼义，故戒之曰“恭朕之诏，唯命不可为常。人之好德，能明显光。不图于义，使君子怠慢。悉若心，信执其中，天禄长终。有过不善，乃凶于而国，而害于若身”。齐王之国，〔1〕左右维持以礼义，〔2〕不幸中年早夭。〔3〕然全身无过，〔4〕如其策意。

【注释】〔1〕“之”，到。〔2〕“维持”，维系护持。〔3〕“夭”，少壮而死称“夭”。〔4〕“全身”，保全自己。

【译文】齐地百姓多变诈，不熟悉礼义，所以告诫他说：“你要敬听我的诏命，要知道天命无常。一个人如果崇尚德操，就能发出明亮的光辉；如果不勉力于道义，就会使君子懈怠。你要尽你的心力，真诚地保持中正之道，那么天赐的禄命便会长久。如果有过失，不行善政，就会殃及你的封国，害你自身。”齐王到他的封国后，左右大臣用礼义维护辅佐他，不幸他中年早死。然而他保全了自己，没有过失，正如策书所告诫的那样。

传曰“青采出于蓝，而质青于蓝”者，〔1〕教使然也。〔2〕远哉贤主，昭然独见：诫齐王以慎内；诫燕王以无作怨，无俷德；诫广陵王以慎外，无作威与福。

【注释】〔1〕“传”，音 zhuàn，书籍，记载。此语亦见《荀子·劝学》，今本作“青取之于蓝而青于蓝”。“青采”，青的色彩。“采”，通“彩”。“蓝”，植物名，其叶可制青色染料。“质”，指提炼出来的颜色。〔2〕“教”，教育。此以教育比喻对蓝草的加工提炼。

【译文】古代的记载上说“青的色彩出于蓝草，而它的色泽比蓝草还青”，这是经过加工而使它这样的。目光长远的贤明君主，他清楚地独自看到问题所在：他告诫齐王要对自己谨慎，告诫燕王不要心怀怨恨，不要背弃德义，告诫广陵王要谨慎对外，不要妄自尊大，赏罚逾制。

夫广陵在吴越之地，其民精而轻，故诫之曰“江湖之间，其人轻心。杨州葆疆，三代之时，迫要使从中国俗服，〔1〕不大及以政教,[2]以意御之而已。[3]无侗好佚,无迩宵人,维法是则。无长好佚乐驰骋弋猎淫康,[4]而近小人。常念法度,则无羞辱矣”。三江、五湖有鱼盐之利,[5]铜山之富,[6]天下所仰。故诫之曰“臣不作福”者,勿使行财币,厚赏赐,以立声誉,为四方所归也。又曰“臣不作威”者,勿使因轻以倍义也。[7]

【注释】〔1〕“迫要”,强迫,强制。“要”,音yāo,强迫。〔2〕“不大及以政教”,没有在那里深入推行政教。〔3〕“以意御之”,依据政教的基本精神而进行控制。〔4〕“弋”,音yì,以绳系箭而射。“淫康”,过度享乐。〔5〕“三江”,历来诸说不一。近人认为“三江”当为众多水道的总称,而非确指某三条江。〔6〕“铜山”,产铜之山。〔7〕“倍”,通“背”,背弃。

【译文】广陵在吴越地区,百姓精明而轻佻,所以告诫他说:“大江、五湖之间,人心轻佻。杨州恃强,三代的时候,强使它接受中原的习俗服饰,但没有使政教在那里深入普及,只是依其大意进行控制而已。你不要无知妄动,贪图游乐,不要亲近小人,要以法度为准则。不要总是贪图游乐,骑马打猎,享乐过度,从而亲近小人。要经常想到法度,这样就不致遭受羞辱了。”三江、五湖有鱼盐之利,铜矿之富,是天下所羡慕的地方。所以告诫他“臣不作福”,是不让他滥用钱财,加重赏赐,以树立自己的声誉,博取四方的拥护。又说“臣不作威”,是不让他因当地人心的轻佻而背弃道义。

会孝武帝崩,[1]孝昭帝初立,[2]先朝广陵王胥,[3]厚赏赐金钱财币,直三千余万,益地百里,邑万户。

【注释】〔1〕“崩”,按照封建等级制,皇帝死称“崩”。〔2〕“孝昭帝”,即刘弗陵,汉武帝子,在位十三年(公元前八七年至前七四年)。〔3〕“先朝”,先使入朝。

【译文】到孝武帝去世,孝昭帝初即位,就先让广陵王胥入朝,重重赏赐他金钱财币,价值三千余万,还增加封地百里,封邑万户。

会昭帝崩,宣帝初立,[1]缘恩行义,以本始元年中,[2]裂汉地,尽以封广陵王胥四子:一子为朝阳侯;[3]一子为平曲侯;[4]一子为南利侯;[5]最爱少子弘,立以为高密王。[6]

【注释】〔1〕“宣帝”,即刘询,汉武帝曾孙,在位二十五年(公元前七四年至前四九年)。〔2〕“本始”,汉宣帝年号(公元前七三年至前七〇年)。〔3〕“朝阳侯”,即刘圣,本始元年七月壬子封。朝阳,县名,治所在今山东济阳东北。〔4〕“平曲侯”,即刘曾,本始元年七月壬子封。平曲,县名,治所在今江苏东海县东南。〔5〕“南利侯”,即刘昌,本始元年七月壬子封。南利,县名,治所在今河南上蔡东。〔6〕“高密王”,高密国都高密(今山东高密西南),辖境约相当于今高密一带。高密王之封,据《汉书·宣帝纪》在本始元年七月,据《诸侯王表》则在十月。

【译文】到了昭帝去世,宣帝初即位,又出于恩情施行仁义,在本始元年中,分出汉地,对广陵王胥的四个儿子全部加以分封:一子为朝阳侯;一子为平曲侯;一子为南利侯;最喜爱的小儿子弘,封立为高密王。

其后胥果作威福,通楚王使者,[1]楚王宣言曰:“我先元王,[2]高帝少弟也,封三十二城。[3]今地邑益少,[4]我欲与广陵王共发兵云。立广陵王为王,我复王楚三十二城,如元王时。”事发觉,公卿有司请行罚诛。天子以骨肉之故,不忍致法于胥,下诏书无治广陵王,独诛首恶楚王。传曰“蓬生麻中,不扶自直;白沙在泥中,与之皆黑”者,[5]土地教化使之然也。其后胥复祝诅谋反,[6]自杀,国除。

【注释】〔1〕“楚”,诸侯国名,都彭城(今江苏徐州市),辖境约相当于今山东南部,江苏北部,安徽东北部一带。“楚王”,即刘延寿,武帝天汉元年(公元前一〇〇年)嗣位,宣帝地节元年(公元前六九年)因谋反被诛。详见《汉书·楚元王传》。〔2〕“元王”,即楚元王刘交,汉高祖之弟。高祖六年(公元前二〇一年)封为楚王。详见本书《楚元王世家》。〔3〕“封三十二城”,据《史记·荆燕世家》,刘交始为楚王,王淮西三十六城。《汉书·楚元王传》

亦谓其封地包括薛郡、东海、彭城三十六县。与此所记异。〔4〕“今地邑益少”，景帝二年(公元前一五五年)楚王戊(楚元王之孙)由于在为薄太后居丧期间私奸于服舍，被削去东海郡，见本书《楚元王世家》。(《汉书》称“削东海、薛郡”。) 〔5〕“传曰”，此语见《荀子·劝学》，今本作“蓬生麻中，不扶而直；白沙在涅，与之俱黑”。“涅”，音 niè，黑泥。〔6〕“祝诅”，一种巫术，企图借鬼神降祸于所憎之人。“祝”，音 zhòu，通“咒”。广陵王胥多次使巫祝诅天子，觊觎帝位。

【译文】后来胥果然作威作福起来，和楚王的使者交往勾结。楚王扬言道：“我的先人元王，是高帝的小弟，受封三十二城。现在楚国土地城邑越来越少，我要和广陵王一起发兵。立广陵王为帝，我仍然治理楚三十二城的封地，像元王时那样。”事情发觉后，公卿及有关官员请求进行惩罚诛讨。天子因为与胥有骨肉之情，不忍按法律办他罪，下诏书不治广陵王的罪，只处死首恶楚王。古代的记载上说“蓬草生在麻丛里，不用扶正，它自然会生直；白沙混在泥里，就会和泥一样黑”，这是环境和教化使他这样的。这之后胥又咒诅谋反，自杀身亡，封国也被撤除。

燕土墝埆，[1]北迫匈奴，[2]其人民勇而少虑，故诫之曰“荤粥氏无有孝行而禽兽心，以窃盗侵犯边民。朕诏将军往征其罪，万夫长，千夫长，三十有二君皆来，降旗奔师。荤粥徙域远处，北州以安矣”。“悉若心，无作怨”者，勿使从俗以怨望也。[3]“无俷德”者，勿使王背德也。“无废备”者，无乏武备，常备匈奴也。“非教士不得从征”者，言非习礼义不得在于侧也。

【注释】〔1〕“墝埆”，音 qiāo què，土地贫瘠。〔2〕“迫”，近。〔3〕“怨望”，心怀不满，怨恨。

【译文】燕国土地贫瘠，北边靠近匈奴，那里的百姓勇猛而少智谋，所以告诫他说：“荤粥氏没有孝行而有禽兽心肠，他们窃盗侵犯边民。朕诏令将军前往征讨他们的罪行，万夫长，千夫长，三十二个君主都来归顺，降下旗帜，军队溃散。荤粥氏迁到远处居住，北方州郡从此太平。”“悉若心，无作怨”，是不让他依从流俗而心怀怨恨。“无俷德”，是不让燕王背弃德义。“无废备”，是说不要缺乏武备，要时常防备着匈奴。“非教士不得从征”，是说不是熟悉礼义的人不能在身边使用。

会武帝年老长，而太子不幸薨，[1]未有所立，而旦使来上书，请身入宿卫于长安。[2]孝武见其书，击地，怒曰：“生子当置之齐鲁礼义之乡，乃置之燕赵，果有争心，不让之端见矣。”于是使使即斩其使者于阙下。[3]

【注释】〔1〕“太子”，即戾太子刘据。武帝元狩元年立为皇太子，后江充以巫蛊事诬陷太子，太子发兵，事败自杀，时在征和二年(公元前九一年)。“薨”，音 hōng，按照封建等级制，太子死称“薨”。〔2〕“宿卫”，在宫中值宿警卫。“长安”，汉都，在今陕西西安市西北。〔3〕“阙下”，宫阙之下，宫门前。“阙”，音 què。

【译文】后来到武帝年老，太子又不幸去世，没有再立太子，因而燕王旦派使者来上书，请求亲自到长安进宫值宿警卫。孝武帝看到燕王的上书，把它扔到地上，生气说道：“生了儿子应当把他安置在齐鲁礼义之乡，现在却把他放在燕赵，果然产生了争夺之心，不肯相让的苗头已经露出来了。”于是派人立即将燕王旦的使者斩首于宫阙之下。

会武帝崩，昭帝初立，旦果作怨而望大臣。[1]自以长子当立，与齐王子刘泽等谋为叛逆，[2]出言曰：“我安得弟在者！[3]今立者乃大将军子也。”[4]欲发兵。事发觉，当诛。昭帝缘恩宽忍，抑案不扬。公卿使大臣请，遣宗正与太中大夫公户满意、御史二人，[5]偕往使燕，风喻之。[6]到燕，各异日，更见责王。[7]宗正者，主宗室诸刘属籍，[8]先见王，为列陈道昭帝实武帝子状。侍御史乃复见王，责之以正法，[9]问：“王欲发兵罪名明白，当坐之。[10]汉家有正法，王犯纤介小罪过，即行法直断耳，安能宽王。”惊动以文法。[11]王意益下，心恐。公户满意习于经术，最后见王，称引古今通义，[12]国家大礼，文章尔雅。[13]谓王曰：“古者天子必内有异姓大夫，所以正骨肉也；外有同姓大夫，所以正异族也。周公辅成王,诛其两弟,〔14〕故治。武帝在时,尚能宽王。今昭帝始立,年幼,富于春秋,〔15〕未临政,委任大臣。古者诛罚不阿亲戚,〔16〕故天下治。方今大臣辅政,奉法直行,无敢所阿,恐不能宽王。王可自谨,无自令身死国灭,为天下笑。"于是燕王旦乃恐惧服罪,叩头谢过。大臣欲和合骨肉,难伤之以法。

【注释】〔1〕"望",怨恨,责怪。〔2〕"齐王子刘泽",齐王指齐懿王刘寿,刘寿乃齐孝王刘将闾太子,故《汉书》或称刘泽为"齐孝王孙刘泽"。此齐国始封者为高祖之子刘肥,传至齐懿王子厉王刘次景(一作"次昌"),立五年,自杀,无后,国除为郡,时在武帝元朔二年。刘泽勾结燕王旦谋反,于昭帝始元元年八月伏诛。〔3〕"我安得弟在者",燕王怀疑昭帝非武帝之子,故为此言。昭帝生于太始三年(公元前九四年),即位时年仅八岁,时距元狩六年封刘旦为燕王已三十年,燕王与昭帝年龄相差甚大。〔4〕"大将军",指霍光,平阳(今山西临汾市西南)人,霍去病异母弟,武帝时为奉车都尉光禄大夫,出入宫廷二十余年,小心谨慎,未尝有过,甚得武帝亲信。武帝病笃,以光为大将军大司马,使受遗诏辅立昭帝,政事一决于光。昭帝死,迎立昌邑王刘贺为帝。贺淫乱,光废之,又迎立宣帝。霍光于宣帝地节二年(公元前六八年)卒。详见《汉书·霍光传》。〔5〕"公户满意",姓公户,名满意,尝从鲁徐氏习《礼》。〔6〕"风喻",示意开导,劝告。"风",通"讽"。〔7〕"更见",交替着去见。〔8〕"属籍",宗族的名册。〔9〕"正法",堂堂正正的国家法令。〔10〕"坐",获罪。〔11〕"文法",法令条文。〔12〕"通义",普遍适用的道理。〔13〕"文章尔雅",文辞雅正。"尔雅",近于雅正。"尔",通"迩"。〔14〕"两弟",指管叔鲜、蔡叔度。据《史记·周本纪》、《鲁周公世家》及《管蔡世家》,周公奉成王命,伐诛武庚、管叔,放蔡叔。〔15〕"富于春秋",今后的岁月尚多,指年轻。"春秋",指年岁。〔16〕"阿",音 ē,偏私袒护。

【译文】到武帝去世,昭帝刚即位,旦果然心怀怨恨而责怪大臣。他自以为是长子,应当继承皇位,于是与齐王之子刘泽等阴谋造反,放出话来:"我哪里有这个弟弟在!现在即位的是大将军的儿子。"想要发兵。事情被发觉,按罪当杀。昭帝出于恩情,加以宽忍,把这件事压下来不张扬。公卿让有关大臣请示,派遣宗正和太中大夫公户满意、御史二人,一同出使燕国,去启发开导燕王。他们到了燕国,分别在不同的日子里交替着去见王,责备他。宗正,是主管宗室刘氏家族名籍的,先去见王,为他列举事实说明昭帝确实是武帝儿子的情况。侍御史接着再去见王,用正式的法律责备他,问道:"王打算发兵的罪名很清楚,应当定罪。汉家有正法,王犯了细微的小罪过,就要执法公正断案,怎么能宽恕你。"用法令条例触动他。燕王心中越来越觉得理亏,内心恐慌起来。公户满意熟悉经术,最后一个去见王,称引古今通行的道义和国家的大礼,文辞雅正。他对燕王说:"古时候天子在朝廷内必定要有异姓的大夫,为的是匡正亲属骨肉;在朝廷外必定要有宗室同姓的大夫,为的是匡正异族之人。周公辅佐成王,处决了他的两个弟弟,所以天下安定。武帝活着的时候,尚能宽大对待你。现在昭帝刚即位,年纪还小,来日方长,尚未亲自执政,把政事托付给大臣。古时候执行诛罚从不袒护亲戚,所以天下安定。现在大臣辅政,按照法律公正行事,不敢有所偏袒,恐怕不能宽恕王。王可自重,不要自己造成身死国灭,为天下所笑。"于是燕王旦恐惧服罪,叩头认错。大臣们都想使皇帝的骨肉之亲和好,不忍用法去伤害他。

其后旦复与左将军上官桀等谋反,〔1〕宣言曰"我次太子,太子不在,我当立,大臣共抑我"云云。大将军光辅政,与公卿大臣议曰:"燕王旦不改过悔正,行恶不变。"于是修法直断,〔2〕行罚诛。旦自杀,国除,如其策指。有司请诛旦妻子。孝昭以骨肉之亲,不忍致法,宽赦旦妻子,免为庶人。〔3〕传曰"兰根与白芷,〔4〕渐之滫中,〔5〕君子不近,庶人不服"者,〔6〕所以渐然也。

【注释】〔1〕"上官桀",陇西(郡治狄道在今甘肃临洮)人,以善骑射从军。武帝时为搜粟都尉,因功拜少府,后为太仆、左将军。武帝卒,受遗诏辅少主。昭帝时封安阳侯。后与大将军霍光争权,勾结燕王旦谋反,于元凤元年(公元前八〇年)伏诛。〔2〕"修法",遵照法令。〔3〕"庶人",没有官爵的平民百姓。〔4〕"传曰",此语见《荀子·劝学》,今本作"兰槐之根是为芷,其渐之滫,君子不近,庶人不服"。"兰根"、"白芷"有清香,为人所爱。〔5〕"渐",音 jiān,浸渍。"滫",音 xiǔ,臭水。〔6〕"服",佩戴。

【译文】这之后燕王旦又和左将军上官桀等谋反，扬言道“我仅次于太子，太子不在，我当继承皇位，都是大臣们合谋压抑我”云云。大将军霍光辅政，和公卿大臣商议说：“燕王旦不悔过改正，行恶不变。”于是依法直断，执行诛罚。旦自杀，封国撤除，正如封燕王策书警告的那样。有关官员请诛旦的妻儿。孝昭帝因为他们是骨肉之亲，不忍按法处罚，宽赦了旦的妻儿，将他们削为平民。古代的记载上说“兰根和白芷，如果浸在臭水里，君子不愿接近，一般人也不愿佩带”，这是它所处的环境使它这样的。

宣帝初立，推恩宣德，以本始元年中尽复封燕王旦两子：一子为安定侯；〔1〕立燕故太子建为广阳王，〔2〕以奉燕王祭祀。

【注释】〔1〕“安定侯”，即刘贤，本始元年七月壬子封。安定，县名，治所在今河北束鹿东北。〔2〕“广阳王”，广阳国都蓟县（今北京市西南），辖有燕王旦故地。昭帝元凤元年，除燕国为广阳郡，此时复更为广阳国。广阳王之封，据《汉书·宣帝纪》在本始元年七月，据《汉书·诸侯王表》则在五月。

【译文】宣帝初立，广施恩泽，宣扬德义，在本始元年中又都封立燕王旦的两个儿子：一子为安定侯；把燕王旦原来的太子建立为广阳王，来奉守燕王的祭祀。

史记卷六十一

伯夷列传第一

夫学者载籍极博〔1〕，犹考信于六蓺〔2〕。《诗》、《书》虽缺，〔3〕然虞夏之文可知也。〔4〕尧将逊位，〔5〕让于虞舜，舜禹之间，〔6〕岳牧咸荐，〔7〕乃试之于位，典职数十年，〔8〕功用既兴，〔9〕然后授政。示天下重器，〔10〕王者大统，〔11〕传天下若斯之难也。〔12〕而说者曰尧让天下于许由，〔13〕许由不受，耻之逃隐。及夏之时，有卞随、务光者。〔14〕此何以称焉？〔15〕太史公曰：余登箕山，〔16〕其上盖有许由冢云。孔子序列古之仁圣贤人，如吴太伯、伯夷之伦详矣。〔17〕余以所闻由、光义至高，其文辞不少概见，何哉？〔18〕

【注释】〔1〕“载籍”，书籍。 〔2〕“考信”，经考察、考核而得以确认。“六蓺”，指《诗》、《书》、《礼》、《乐》、《易》、《春秋》六部经典。“蓺”是“艺”的本字。 〔3〕“《诗》、《书》虽缺”，后世所传《诗》、《书》皆有缺佚，已非完本，《孔子世家》说，古者《诗》三千余篇，至孔子删为三百零五篇。《尚书纬》说，孔子求《书》，得三千三百三十篇，乃删以一百篇为《尚书》。此处《诗》、《书》同称，实则是指《尚书》而言。 〔4〕“虞夏之文”，《尚书》中有《尧典》、《舜典》、《大禹谟》等篇，记载了虞、夏禅让之事。 〔5〕“逊”，退。 〔6〕“舜禹之间”，上承尧让位于虞舜而言，指舜让位于禹，舜、禹继位之时。 〔7〕“岳”，四岳，分掌四方诸侯的官。“牧”，州牧，州的行政长官。传说舜分置十二州，有十二州牧。尧、舜、禹之间禅让事，参见《五帝本纪》。 〔8〕“典职”，主持职务。“典”，主管。 〔9〕“功用”，功劳，成就。〔10〕“重器”，指祭祀用的最重要的礼器，在古代是国家与宗族的象征。 〔11〕“统”，一脉相传的系统。 〔12〕“斯”，代词，这，这样。 〔13〕“尧让天下于许由”，相传尧想让位给许由，许由逃到中岳颍水之阳，箕山之下隐居。尧又想让他担任九州长，许由讨厌听到这种话，跑到颍水之滨去洗耳朵。事见《庄子·让王篇》。 〔14〕“卞随、务光”，相传汤将伐桀，找卞随、务光谋议，卞随、务光都不肯参与。汤得天下后又要让给卞随，卞随认为这是对他的污辱，自投椆（音 chóu）水而死。汤又要让给务光，务光认为汤的行为不仁不义，不愿久处无道之世，抱着石头自沉于卢水。事见《庄子·让王篇》。 〔15〕“称”，称颂，赞许。 〔16〕“箕山”，在今河南登封东南。因许由葬于此山，又名“许由山”。 〔17〕“吴太伯”，周太王之长子。周太王想传位给中子季历及季历的儿子昌，于是，太伯同他的小弟弟仲雍一起逃奔到今江苏南部，自号其地句吴，受当地民人拥戴，为吴太伯。孔子称赞他三让天下，“可谓至德”。事迹详本书《吴太伯世家》。 〔18〕“少”，通“稍”。“概”，大略。

【译文】世上记事的书籍虽然很多，但学者们仍然以“六艺”——《诗》、《书》、《礼》、《乐》、《易》、《春秋》等经典为征信的凭据。《诗经》、《尚书》虽有缺损，但是记载虞、夏两代的文字都是可以见到的。尧将退位，让给虞舜，还有舜让位给禹的时候，都是由四方诸侯长和州牧们推荐出来的，于是，让他们先试着任职工作，主持事务数十年，做出了成就，建立了功绩，然后再把大政交给他们。这是表示天下是极贵重的宝器，帝王是最大的统领者，把天下移交给继承者就是如此的困难。然而，也有人说过，尧要把天下让给许由，许由不肯接受，以为是一种耻辱而逃走隐居起来。到了夏代的时候，又有卞随、务光等人。这些人又为什么要受到称许呢？太史公说：我登过箕山，相传山上有许由之墓。孔子依次评论古代的仁人、圣人、贤人，对吴太伯和伯夷

等讲得很详细。我听说许由、务光等节义品德至为高尚，而经书中有关他们的文辞却一点儿也见不到，这是为什么呢？

孔子曰："伯夷、叔齐，不念旧恶，[1]怨是用希。"[2]"求仁得仁，[3]又何怨乎？"余悲伯夷之意，睹轶诗可异焉。[4]其传曰：

伯夷、叔齐，孤竹君之二子也。[5]父欲立叔齐，及父卒，叔齐让伯夷。伯夷曰："父命也。"遂逃去。叔齐亦不肯立而逃之。国人立其中子。于是伯夷、叔齐闻西伯昌善养老，[6]盍往归焉。[7]及至，西伯卒，武王载木主，[8]号为文王，东伐纣。[9]伯夷、叔齐叩马而谏曰：[10]"父死不葬，爰及干戈，[11]可谓孝乎？以臣弑君，[12]可谓仁乎？"左右欲兵之。[13]太公曰："此义人也。"扶而去之。武王已平殷乱，[14]天下宗周，[15]而伯夷、叔齐耻之，义不食周粟，隐于首阳山，[16]采薇而食之。[17]及饿且死，作歌。其辞曰："登彼西山兮，[18]采其薇矣。以暴易暴兮，不知其非矣。神农、虞、夏忽焉没兮，[19]我安适归矣？[20]于嗟徂兮，[21]命之衰矣！"遂饿死于首阳山。

由此观之，怨邪非邪？[22]

【注释】〔1〕"恶"，罪恶，过错，音 è。〔2〕"是"，指示代词。"用"，因。"希"，同"稀"。孔子这句话见于《论语·公冶长》。〔3〕"求仁得仁"，语见《论语·述而》。孔子的学生子贡问，伯夷、叔齐是否后来有"怨"的情绪，孔子以此作答。"仁"是孔子理想中的政治道德标准，他曾作过多方面的阐述，如"己欲立而立人，己欲达而达人"，"出门如见大宾，使民如承大祭；己所不欲，勿施于人；在邦无怨，在家无怨"等等。〔4〕"轶诗"，指下文所引伯夷、叔齐采薇之歌。因未收入《诗》集中，故称"轶诗"。"轶"，通"佚"，"逸"，散失。"可异焉"，孔子云伯夷、叔齐无怨，而佚诗实有怨辞，因此说"可异"。〔5〕"孤竹君"，商代北方地区的一个诸侯国的君主。相传是商汤三月丙寅日所封，至伯夷、叔齐之父，名初，字子朝。"孤竹国"故地传在今河北省庐龙县一带。"伯夷"，名允，字公信。"叔齐"，名致，字公达。〔6〕"西伯昌"，即周文王，姓姬，名昌。"西伯"，即西方诸侯之长。〔7〕"盍"，音 hé，同"合"。〔8〕"武王"，文王之子，名发。事详本书《周本纪》。"木主"，木制的牌位，用以代表死者受祭。〔9〕"纣"，商朝的末代帝王，国破兵败，自焚而死。〔10〕"叩马"，一作"扣马"，牵住马。〔11〕"爰"，句首语气词。"及"，涉及。〔12〕"弑"，下杀上叫"弑"，音 shì。〔13〕"兵之"，对他们动用兵器，即杀掉他们。"兵"用为动词。〔14〕"武王已平殷乱"，这句话是站在周的立场上讲的，所以把推翻殷的统治称为"平殷乱"。〔15〕"宗"，尊奉，归顺。〔16〕"首阳山"，传说为伯夷、叔齐饿死的首阳山有多处，如甘肃陇西、山西永济、河南偃师等，今已不可详考。〔17〕"薇"，一种野菜，形似豌豆。〔18〕"西山"，即首阳山。〔19〕"神农"，传说中上古时代的帝王，曾教民农耕，故称"神农"。"忽焉"，很快的样子。"没"，去世，后写作"殁"，音 mò。〔20〕"适"，往，去。〔21〕"于嗟"，叹词。"徂"，往，此指死去，音 cú。〔22〕"邪"，疑问助词，音 yé。

【译文】孔子说："伯夷、叔齐，不是老记着人家以前的过错，因此怨恨他们的人就少。""追求仁德而得到仁德，又有什么可怨恨的呢？"我对伯夷兄弟的用意深感悲痛，但看到那些逸诗又（不免对孔子说的话）感到诧异。他们的传记说道：

伯夷、叔齐是孤竹君的两个儿子。父亲想把王位传给叔齐，到了父亲去世以后，叔齐要让位给伯夷。伯夷说："这是父亲的遗命啊！"于是便逃走了。叔齐也不肯即位而逃走。国人只好立孤竹君的第二个儿子为王。这时，伯夷、叔齐听说西伯昌能关心老人，扶养老人，便一起去归附他。等到达那里，西伯已去世了。武王用车载着西伯的神主，追谥为文王，率军东进去征伐商纣。伯夷、叔齐拉住武王的马而谏阻道："父亲死了却不安葬，大动干戈去打仗，这难道是孝的行为吗？身为臣子，却要去杀害国君，这难道可以算做仁德吗？"周王左右的人准备杀掉他们，太公说："他们是义人啊！"扶着他们离开了。武王摧毁了殷商的暴虐统治，天下都归附了周朝，而伯夷、叔齐却认为这是很可耻的事，为了表示对殷商的忠义，不肯再吃周朝的粮食，隐居在首阳山中，靠着采食薇菜充饥。到了由于饥饿而将死的时候，作了一首歌，歌辞说："登上那西山啊，采些那薇菜呀！以暴臣啊代暴王，他还不知多荒唐！神农、虞舜和夏禹，授政仁人相禅让，圣人倏忽辞世去，我辈今日向何方？啊，别啦，永别啦！命运衰薄令人哀伤！"终于饿死在首阳山中。

从这些记载来看，伯夷、叔齐是怨呢，还是不怨呢？

或曰："天道无亲，常与善人。"[1]若伯夷、叔齐，可谓善人者非邪？积仁絜行如此而饿死！[2]且七十子之徒，[3]仲尼独荐颜渊为好学。[4]然回也屡空，[5]糟糠不厌，[6]而卒蚤夭。[7]天之报施善人，其何如哉？盗蹠日杀不辜，[8]肝人之肉，暴戾恣睢，[10]聚党数千人横行天下，[11]竟以寿终。是遵何德哉？[12]此其尤大彰明较著者也。[13]若至近世，操行不轨，[14]专犯忌讳，[15]而终身逸乐，富厚累世不绝。或择地而蹈之，[16]时然后出言，[17]行不由径，[18]非公正不发愤，[19]而遇祸灾者，不可胜数也。余甚惑焉，傥所谓天道，[20]是邪非邪？

【注释】〔1〕"天道无亲，常与善人"，语见《老子》七十九章。"亲"，亲近，偏爱。"与"，赞许，赞助。〔2〕"积仁"，指不断地行仁德之事。"积"，聚积。"絜行"，把自己的品行修养得十分高洁。"絜"，通"洁"，用为动词。〔3〕"七十子之徒"，传孔子弟子三千，身通六艺者七十二人，此处是举其大概。"徒"，指同一类的人。〔4〕"颜渊"，孔子弟子，名回，字子渊，少孔子三十岁。孔子称赞颜渊好学，见《论语·雍也》。〔5〕"空"，一无所有，贫穷。〔6〕"糟"，酿酒所余渣滓。"糠"，舂米所余谷壳。"糟糠"喻粗劣的食物。"厌"，饱。〔7〕"蚤"，通"早"。"夭"，少壮而死。〔8〕"盗蹠"，传说中的大盗。《庄子·盗跖篇》说他从卒九千人，横行天下，侵暴诸侯，驱人牛马，取人妇女，不顾父母兄弟，不祭先祖。"蹠，同"跖"，音 zhí。"不辜"，无辜。"辜"，罪。〔9〕"肝人之肉"，疑此句有脱漏讹误。《庄子·盗跖篇》说"脍人肝而脯之"。"脍"，肉丝，此用为动词，切成肉丝。音 kuài。〔10〕"暴戾"，残暴凶恶。"戾"，音 lì。"恣睢"，任意胡为，音 zī suī。〔11〕"党"，同类，同伙。〔12〕"遵"，遵行、遵循。〔13〕"彰"、"明"、"较"、"著"，都是明的意思。〔14〕"不轨"，不守法度。"轨"，本是车子两轮之间的距离，引申为法则、法度。〔15〕"忌讳"，禁忌。〔16〕"择地而蹈之"，典出《论语·里仁》："子曰：'里仁为美，择不处仁，焉得知？'"孔子说，居住的地方以仁德所在之处为美；不选择仁德所在之处，怎能算聪明呢？所以要"择地而蹈之"。"蹈"，踏，踩。〔17〕"时然后出言"，典出《论语·宪问》："夫子时然后言。""时"，合适的时机、机会。〔18〕"行不由径"，典出《论语·雍也》："有澹台灭明者，行不由径。""径"，指不通车辆的步行小道。〔19〕"非公正不发愤"，假如不是为了主持公正，便不感情激动，发泄愤懑。〔20〕"傥"，通"倘"，如，若。

【译文】有人说："天道并不对谁特别偏爱，但通常是帮助善良人的。"像伯夷、叔齐，总可以算得上是善良的人了吧！难道不是吗？他们行善积仁，修养品行，这样的好人竟然给饿死了！再说孔子的七十二位贤弟子这批人吧，仲尼特别赞扬颜渊好学。然而颜回常常为贫穷所困扰，连酒糟谷糠一类的食物都吃不饱，终于过早地去世了。上天对于好人的报偿，到底是怎样的呢？盗跖天天在屠杀无辜的人，割人肝，吃人肉，凶暴残忍，胡作非为，聚集党徒数千人，横行天下，竟然能够长寿而终。他又究竟积了什么德，行了什么善呢？这几个例子是最典型，最能说明问题的了。若要说到近代，那种品行不遵循法度，专门违法乱纪的人，反倒能终身安逸享乐，富贵优裕，一代一代地传下去；而有的人(诚如孔子教诲的那样，)居住的地方要精心地加以选择；说话要待到合适的时机才启唇；走路只走大路，不抄小道；不是为了主持公正，就不表露愤懑，结果反倒遭遇灾祸。这种情形多得简直数也数不清。我实在感到非常困惑，倘若这就是所谓的天道，那么，这天道究竟是对，还是错呢？

子曰"道不同不相为谋"，[1]亦各从其志也。故曰："富贵如可求，虽执鞭之士，吾亦为之。如不可求，从吾所好。"[2]"岁寒，然后知松柏之后凋。"[3]举世混浊，清士乃见。[4]岂以其重若彼，[5]其轻若此哉？[6]

【注释】〔1〕"道不同不相为谋"语见《论语·卫灵公》。〔2〕"富贵如可求……"，语见《论语·述而》。"执鞭之士"，王侯贵族外出之时，执鞭开路以为前驱，此处指卑贱低级的职务。〔3〕"岁寒，然后知松柏之后凋"，语出《论语·子罕》。"凋"，凋谢，零落。〔4〕"见"，通"现"。〔5〕"其重若彼"，指重视修养德行，洁身自好。〔6〕"其轻若此"，指轻视富贵安乐与苟且偷生。

【译文】孔子说"主义不同的人，不互相商议谋划"，都各自按照自己的意志去做事。孔子又说："富贵如果能够求得，就是要干手拿鞭子的卑贱的职务，我也愿意去干；如果不能求得，那还是按照我自己的喜好去干吧！""天气寒冷以后，才知道松树、

柏树是最后落叶的。”世间到处混浊龌龊，那清白高洁的人就显得格外突出。这岂不是因为他们是如此重视道德和品行，又是那样鄙薄富贵与苟活啊！

“君子疾没世而名不称焉。”〔1〕贾子曰：〔2〕“贪夫徇财，〔3〕烈士徇名，〔4〕夸者死权，〔5〕众庶冯生。”〔6〕“同明相照，同类相求。”〔7〕“云从龙，风从虎，圣人作而万物睹。”〔8〕伯夷、叔齐虽贤，得夫子而名益彰。颜渊虽笃学，〔9〕附骥尾而行益显。〔10〕岩穴之士，〔11〕趣舍有时若此，〔12〕类名堙灭而不称，〔13〕悲夫！闾巷之人，〔14〕欲砥行立名者，〔15〕非附青云之士，〔16〕恶能施于后世哉？〔17〕

【注释】〔1〕“君子疾没世而名不称焉”，语出《论语·卫灵公》。“称”，称颂。〔2〕“贾子”，贾谊，雒阳人（今河南洛阳），少年即通诸子百家之书，汉文帝时召为博士，升任太中大夫，为更定礼仪制度事，为人不容，贬为长沙王太傅。后任梁怀王太傅。怀王骑马，堕地而死，遂自伤失职，哭泣而死。时年三十三岁。事详本书《贾生列传》。〔3〕“贪夫徇财”，以下四句话见贾谊《鵩鸟赋》。“徇”，为某种目的而死，通“殉”。〔4〕“烈士”，胸怀大志，视死如归的人。〔5〕“夸者”，喜好矜夸的人。〔6〕“冯”，通“凭”，恃，靠。“冯生”，是顾惜生命的意思。〔7〕“同明相照，同类相求”，语出《易·乾卦》。原文作：“同声相应，同气相求。水流湿，火就燥；云从龙，风从虎，圣人作而万物睹。”〔8〕“圣人作而万物睹”，言圣人出现，发微探幽，著述立说，方使万物得以为人睹见。“作”，兴起。〔9〕“笃”，专一，音dǔ。“笃学”，指专心好学。〔10〕“骥”，千里马。“附骥尾”，旧说“苍蝇附骥尾而致千里”，此喻颜渊因孔子而名声更大。〔11〕“岩穴”，山洞。古代隐士多住在山洞中，故称“岩穴之士”。〔12〕“趣舍”，趋向与舍弃，指做官与退隐。“趣”，通“趋。”〔13〕“类”，大抵，大都。〔14〕“闾巷之人”，身居里巷的平民百姓。“闾”，里巷的门，音lǘ。〔15〕“砥行”，修炼品行。“砥”，磨练，音dǐ。〔16〕“青云之士”，比喻声名显赫或身居高位的人。〔17〕“恶”，疑问代词，哪里，音wū。“施”，延续，音yì。

【译文】“君子感到痛心的是到死而名声不被大家所称颂。”贾谊说：“贪得无厌的人为追求钱财而不惜一死，胸怀大志的人为追求名节而不惜一死，作威作福的人为追求权势而不惜一死，芸芸众生只顾惜自己的生命。”“同是明灯，方能相互辉照；同是一类，方能相互亲近。”“飞龙腾空而起，总有祥云相随；猛虎纵身一跃，总有狂风相随；圣人一出现，万物的本来面目便都被揭示得清清楚楚。”伯夷、叔齐虽然贤明，由于得到了孔子的赞扬，名声才更加响亮；颜渊虽然好学，由于追随孔子，品德的高尚才更加明显。那些居住在深山洞穴之中的隐士们，他们出仕与退隐也都很注重原则，有一定的时机，而他们的名字（由于没有圣人的表彰），就大都被埋没了，不被人们所传颂，真可悲啊！一个下层的平民，要想磨练品行，成名成家，如果不依靠德高望重的贤人，怎么可能让自己的名声流传于后世呢？

史记卷六十二

管晏列传第二

管仲夷吾者，颍上人也。[1]少时常与鲍叔牙游，[2]鲍叔知其贤。管仲贫困，常欺鲍叔，鲍叔终善遇之，不以为言。已而鲍叔事齐公子小白，[3]管仲事公子纠。[4]及小白立为桓公，公子纠死，管仲囚焉。鲍叔遂进管仲。管仲既用，任政于齐，齐桓公以霸，九合诸侯，一匡天下，管仲之谋也。

【译文】管仲，名夷吾，是颍上人。他年轻时曾与鲍叔牙交游，鲍叔知道他很有才能。管仲生活贫困，常常占鲍叔的便宜，但鲍叔始终对他很好，没有怨言。后来鲍叔侍奉齐国的公子小白，管仲侍奉公子纠。等到小白立为齐桓公，公子纠被杀死，管仲也被囚禁起来了。鲍叔于是向桓公推荐管仲。管仲被任用以后，执掌齐国的政事，齐桓公的霸业因此得以成功，九次会集诸侯，使天下一切得到匡正，都是根据管仲的计谋。

【注释】〔1〕“颍上”，地名，在今安徽颍上县一带。 〔2〕“鲍叔牙”，春秋时齐国大夫，以知人著称，又叫“鲍叔”。事迹详见本篇及《左传》庄公九年。 〔3〕“齐公子小白”，即齐桓公，春秋时齐国国君，五霸之一，姜姓，小白乃其名，公元前六八五年至前六四三年在位。周庄王十一年(公元前六八六年)，以兄襄公暴虐，去国奔莒。襄公被杀，归国即位。任管仲为相，尊周室，攘夷狄，九合诸侯，一匡天下，终其身为盟主。后管仲死，用竖刁、易牙、开方等，怠于政事。详见本书《齐世家》。 〔4〕“公子纠”，齐襄公之弟。与公子小白争夺君位，失败后被杀。

管仲曰：“吾始困时，尝与鲍叔贾，[1]分财利多自与，鲍叔不以我为贪，知我贫也。吾尝为鲍叔谋事而更穷困，鲍叔不以我为愚，知时有利不利也。吾尝三仕三见逐于君，鲍叔不以我为不肖，知我不遭时也。吾尝三战三走，鲍叔不以我为怯，知我有老母也。公子纠败，召忽死之，[2]吾幽囚受辱，鲍叔不以我为无耻，知我不羞小节而耻功名不显于天下也。生我者父母，知我者鲍子也。”

【注释】〔1〕“贾”，音 gǔ。坐地经商。 〔2〕“召忽”，齐人，与管仲同事公子纠，纠被杀后，召忽自杀。“召”，音 shào。

【译文】管仲说：“我当初贫困的时候，曾经和鲍叔一起经商，分财利时自己常常多拿一些，但鲍叔并不认为我贪财，知道我是由于生活贫困的缘故。我曾经为鲍叔办事，结果使他更加穷困，但鲍叔并不认为我愚笨，知道这是由于时机有利和不利。我曾经三次做官，三次都被君主免职，但鲍叔并不认为我没有才干，知道我是由于没有遇到好时机。我曾三次作战，三次都战败逃跑，但鲍叔并不认为我胆小，知道这是由于我还有老母的缘故。公子纠失败，召忽为他而死，我被囚禁起来受屈辱，但鲍叔并不认为我不知羞耻，知道我不拘泥于小节，而以功名不显扬于天下为羞耻。生我的是父母，但了解我的却是鲍叔啊！”

鲍叔既进管仲，以身下之。子孙世禄于齐，有封邑者十余世，[1]常为名大夫。天下不多管仲之贤而多鲍叔能知人也。

【注释】〔1〕“十余世”，指鲍叔的子孙后世。《史记索隐》认为指管仲子孙，似误。

管仲既任政相齐，以区区之齐在海滨，通货积财，富国强兵，与俗同好恶。故其称曰：〔1〕“仓廪实而知礼节，衣食足而知荣辱，上服度则六亲固。〔2〕四维不张，〔3〕国乃灭亡。下令如流水之原，令顺民心。”故论卑而易行。俗之所欲，因而予之；俗之所否，因而去之。

【注释】〔1〕“称曰”，以下引自《管子·牧民篇》，引文与今本《管子》稍有出入。〔2〕“上”，指君主或尊长。“服度”，遵守法度。“六亲”，指父、母、兄、弟、妻、子。〔3〕“四维”，指礼、义、廉、耻。“维”，纲纪。

其为政也，善因祸而为福，转败而为功。贵轻重，〔1〕慎权衡。〔2〕桓公实怒少姬，南袭蔡，〔3〕管仲因而伐楚，责包茅不入贡于周室。〔4〕桓公实北征山戎，〔5〕而管仲因而令燕修召公之政。〔6〕于柯之会，桓公欲背曹沫之约，〔7〕管仲因而信之，诸侯由是归齐。故曰：〔8〕“知与之为取，政之宝也。”

【译文】鲍叔在推荐管仲辅佐齐桓公之后，甘愿身居管仲之下。鲍叔的子孙世代都在齐国享受俸禄，十几代人都得到了封地，往往都成为有名的大夫。所以天下人不称赞管仲的贤能，却称颂鲍叔能够识别人才。

【注释】〔1〕“轻重”，指物价的高低。〔2〕“权衡”，本指秤，这里指理财。〔3〕“袭蔡”，齐桓公二十九年（公元前六五七年），桓公与夫人少姬戏于船中，少姬因摇荡船而惊吓了桓公，被送回蔡国。后蔡国使少姬另嫁，桓公恼怒，遂于三十年（公元前六五六年）兴师伐蔡。“蔡”，古国名，在今河南上蔡、安徽凤台一带。〔4〕“包茅”，古代祭祀时，用裹束的青茅，滤去酒渣，故称此青茅为包茅。〔5〕“北征山戎”，齐桓公二十三年（公元前六六三年）山戎伐燕，齐桓公救燕而伐山戎。“山戎”，古族名，又称“北戎”，春秋时分布在今河北北部一带。〔6〕“召公”，又称召康公。姓姬，名奭（音 shì），周代燕国的始祖，周成王时任太保。〔7〕“曹沫之约”，齐桓公五年（公元前六八一年），齐桓公与鲁庄公会盟于柯（今山东东阿西南），鲁将曹沫以匕首挟持齐桓公，要求归还被侵占的土地，桓公应允。不久，桓公想背约，管仲劝他实践诺言，于是归还了鲁国的土地。〔8〕“故曰”，下文出自《管子·牧民篇》。

【译文】管仲为政，善于转祸为福，把失败变为成功。重视控制物价，谨慎地处理财政。桓公实际上是由于怨恨少姬，南下袭击蔡国，但管仲却借这个机会，责备楚国不向周天子进贡包茅。桓公实际上是北伐山戎，但管仲却借这个机会，命令燕国恢复召公的政令。桓公在柯地与鲁国会盟，后来又想违背同曹沫的盟约，但管仲借助这个盟约使桓公建立了信义，因此诸侯都来归附齐国。所以说：“懂得给予就是索取的道理，这是治理国政的法宝。”

管仲富拟于公室，有三归、反坫，〔1〕齐人不以为侈。管仲卒，〔2〕齐国遵其政，常强于诸侯。后百余年而有晏子焉。

【注释】〔1〕“三归”，三座高台，供游赏之用。“反坫”，堂屋两柱间设有土台，供放置酒器之用。“坫”，音 diàn。按礼所规定，诸侯才有三归和反坫，管仲是大夫，不应享有。〔2〕“管仲卒”，管仲卒于齐桓公四十一年（公元前六四五年）。

【译文】管仲的财富足以和公室相比，他有三归高台，又有反坫，但齐国人并不认为他奢侈。管仲死后，齐国仍然遵循他制定的政令法规，常比各国诸侯都强大。经过一百多年以后，齐国又出现了一位晏子。

晏平仲婴者，莱之夷维人也。〔1〕事齐灵公、庄公、景公，〔2〕以节俭力行重于齐。既相齐，食不重肉，妾不衣帛。其在朝，君语及之，即危言；语不及之，即危行。国有道，即顺命；无道，即衡命。以此三世显名于诸侯。

【注释】〔1〕“莱”，古国名，今山东黄县东南有莱子城，即古莱国。“夷维”，地名，故地在今山东高密。〔2〕“齐灵公”，春秋时齐国君，顷公子，名环。公元前五八一年至前五五四年在位。“庄公”，齐国君，灵公子，名光。公元前五五三年至前五四八年在位。“景公”，齐国君，庄公异母弟，名杵臼。大夫崔杼杀死庄公后，立其为君。公元前五四七年至前四九〇年在位。

【译文】晏平仲，名婴，是古莱国的夷维人，历事齐灵公、齐庄公、齐景公三朝，由于节俭和勤于政事而受到齐国人民的推重。他担任齐相，不吃两样的肉食，妻妾不穿丝绸衣裳。他在朝廷，国君有话问他，他就严肃地回答；不向他问话，他就严肃地办事。当国家有道的时候，就顺命行事，无道的时候，就权衡度量着去行事。他由于这样做，而能够三朝都在诸侯之中显扬名声。

越石父贤，在缧绁中。[1]晏子出，遭之涂，解左骖赎之，[2]载归。弗谢，入闺。[3]久之，越石父请绝。晏子戄然，[4]摄衣冠谢曰：“婴虽不仁，免子于戹，[5]何子求绝之速也？”石父曰：“不然。吾闻君子诎于不知己而信于知己者。[6]方吾在缧绁中，彼不知我也。夫子既已感寤而赎我，是知己；知己而无礼，固不如在缧绁之中。”晏子于是延入为上客。

【注释】[1]“缧绁”，音 léi xiè。拘系犯人的绳索。这里作囚禁解。 [2]“骖”，指一车三马或四马中两旁的两匹马。 [3]“闺”，内室。后特指女子的卧室。 [4]“戄然”，惊讶的样子。“戄”，音 jué。 [5]“戹”，音 è。受困，遭难。同“厄”。 [6]“诎”，通“屈”。“信”，通“伸”。

【译文】越石父是个贤能的人，犯了罪被拘禁。晏子外出，在路上遇见他，就解下坐车左边的马，赎出了石父，并让他上车，一同回了家。晏子没有向石父告辞，就进入内室，许久不出来，于是越石父请求断绝交往。晏子大吃一惊，整理自己的衣冠郑重道歉说：“我虽然没有仁德，但也帮助您摆脱了困境，您为什么这样快就要断绝交往呢？”石父说：“不能这样说。我听说君子在不了解自己的人那里受屈，在知己人那里受到尊敬。当我在囚禁期间，那些人是不了解我的。您既然了解我，并且把我赎出来，这就是知己了，知己而待我无礼，那还不如被囚禁着。”晏子于是请他进来待为上宾。

晏子为齐相，出，其御之妻从门间而窥其夫。[1]其夫为相御，拥大盖，策驷马，意气扬扬，甚自得也。既而归，其妻请去。夫问其故。妻曰：“晏子长不满六尺，身相齐国，名显诸侯。今者妾观其出，志念深矣，常有以自下者。今子长八尺，乃为人仆御，然子之意自以为足，妾是以求去也。”其后夫自抑损。晏子怪而问之，御以实对。晏子荐以为大夫。[2]

【注释】[1]“御”，驾驶车马。这里指驾车的人。 [2]“大夫”，职官等级名。三代时，官分卿、大夫、士三等。

【译文】晏子担任齐国的宰相，一次外出，他车夫的妻子从门缝偷看她的丈夫。她的丈夫为宰相驾车，坐在大车盖下边，鞭打着四匹马，意气昂扬，特别得意。车夫回家以后，他的妻子就要求离去，车夫问他为什么。妻子说：“晏子身长不满六尺，却做了齐国的宰相，名声显扬于诸侯。今天我看他出来，意志深远，常常流露出甘居人下的情态。现在你身长八尺，却给人家当车夫，但看你那样子却是心满意足，因此我要求离去。”从此以后，她丈夫就变得谨慎谦虚了。晏子感到奇怪，就问他，车夫如实作了回答。晏子推荐他做了大夫。

太史公曰：吾读管氏《牧民》、《山高》、《乘马》、《轻重》、《九府》，[1]及《晏子春秋》，[2]详哉其言之也。既见其著书，欲观其行事，故次其传。至其书，世多有之，是以不论，论其轶事。

【注释】[1]“《牧民》、《山高》、《乘马》、《轻重》、《九府》”，皆为《管子》一书中的篇名。 [2]“《晏子春秋》”，书名。旧题春秋齐晏婴撰。所述皆晏婴遗事，当为后人摭集而成。书名始见于本篇。今本共八卷。

【译文】太史公说：我读管氏的《牧民》、《山高》、《乘马》、《轻重》、《九府》，以及《晏子春秋》，书中说得详细极了。看了他们所著的书以后，还想了解他们的所作所为，所以，编写了他们的传记。至于他们的著作，世上流传很多，所以不再论述，传中只讲他们的轶事。

管仲，世所谓贤臣，然孔子小之。岂以为周道衰微，桓公既贤，而不勉之至王，乃称霸哉？语曰“将顺其美，匡救其恶，故上下能相亲也”。[1]岂管仲之谓乎？

【注释】〔1〕“语曰”，以下引文见于《孝经·事君章》。

【译文】管仲，世人都称他是贤臣，但孔子却轻视他。难道是因为周室衰微，桓公很贤明，而管仲却不勉励他去扶持王室，而辅佐他成就霸主了吗？古语说：“帮助发扬君主的美德，纠正他的过错，所以上下就能互相亲近。”说的就是管仲吧？

方晏子伏庄公尸哭之，成礼然后去，[1]岂所谓“见义不为无勇”者邪？[2]至其谏说，犯君之颜，此所谓“进思尽忠，退思补过”者哉！[3]假令晏子而在，余虽为之执鞭，所忻慕焉。

【注释】〔1〕“成礼然后去”，据《左传》襄公二十五年记载，齐大夫崔杼杀庄公，晏婴进去抱着庄公的尸体痛哭，尽了君臣之礼，然后才离去。〔2〕“见义不为无勇”，引文出自《论语·为政》。〔3〕“进思尽忠，退思补过”，引文出自《孝经·事君章》。

【译文】当晏子伏在齐庄公尸体上痛哭，尽到为臣的礼仪之后才肯离去，难道这就是所说的“表现出大义来就不能说是没有勇气”的人吗？至于他进谏上书，冒犯君主的威严，这就是人们所说的“在朝廷上想着要尽忠，下朝就想着要补救过失”的人吧？假如晏子至今还活着，我即使是替他执鞭效劳，也是我喜欢和羡慕的事啊！

史记卷六十三

老子韩非列传第三

老子者，楚苦县厉乡曲仁里人也，〔1〕姓李氏，名耳，字聃，〔2〕周守藏室之史也。〔3〕

【注释】〔1〕“苦县”，县名。春秋时属楚，故地在今河南鹿邑东。〔2〕“聃”，音 dān。〔3〕“守藏室之史”，管理藏书的史官。

【译文】老子是楚国苦县厉乡曲仁里人，姓李，名耳，字聃，在周朝做管理藏书的史官。

孔子适周，将问礼于老子。老子曰：“子所言者，其人与骨皆已朽矣，独其言在耳。且君子得其时则驾，不得其时则蓬累而行。〔1〕吾闻之，良贾深藏若虚，君子盛德，容貌若愚。去子之骄气与多欲，态色与淫志，是皆无益于子之身。吾所以告子，若是而已。”孔子去，谓弟子曰：“鸟，吾知其能飞；鱼，吾知其能游；兽，吾知其能走。走者可以为罔，〔2〕游者可以为纶，〔3〕飞者可以为矰。〔4〕至于龙吾不能知，其乘风云而上天。吾今日见老子，其犹龙邪！”

【注释】〔1〕“蓬”，草名，细叶，风吹则根断而随风飘转。“累”，转行貌。〔2〕“罔”，同“网”。〔3〕“纶”，音 lún。钓鱼用的丝线。〔4〕“矰”，音 zēng，系丝绳的射鸟用的短箭。

【译文】孔子到周朝国都雒邑，打算向老子请教礼的知识。老子说：“你所说的，他本人和骨骸都已腐朽了，只有他的言论还在。况且君子遭遇时运好，就坐上车子去做官；不逢其时，就像蓬草一样随风转移，可止则止。我听说：‘会做生意的商人把货物囤藏起来，外表上好像没有货物一样。君子具有高尚的品德，但容貌谦恭就像愚蠢的人。’去掉你的骄气与多欲，故意做作的姿态和过大不实际的志向，这些对于你自身都没有好处。我要告诉你的，就是这些而已。”孔子离去，对弟子们说：“鸟儿，我知道它能飞；鱼儿，我知道它能游；兽类，我知道它能跑。会跑的可以使用网(捉住它)，会游的可以使用丝线(钓住它)，会飞的可以使用箭(射中它)。至于龙，我就不能知道了。它乘着风云而上升到天空。我今天见到老子，他大概像一条龙吧！”

老子修道德，其学以自隐无名为务。居周久之，见周之衰，乃遂去。至关，〔1〕关令尹喜曰：〔2〕“子将隐矣，强为我著书。”〔3〕于是老子乃著书上下篇，言道德之意五千余言而去，莫知其所终。

【注释】〔1〕“关”，指散关，在今陕西宝鸡西南大散岭上。一说指函谷关，在今河南灵宝西南。〔2〕“关令尹喜”，守关的官吏，姓尹名喜。一说“关令尹”是守关的官名，其名为喜。〔3〕“强”，勉力。

【译文】老子讲修道德，他的学说以深自韬隐，不求闻达为主旨。久住周京，看到周朝衰微下去，于是就离开了。经过散关，关令尹喜说：“你将要隐居了，请尽力为我著书吧！”于是老子便著述《老子》上下二篇，论述“道”与“德”之意五千多字，然后离去，没有人知道他后来怎么样了。

或曰：老莱子亦楚人也，〔1〕著书十五篇，言道家之用，与孔子同时云。

【注释】〔1〕“老莱子”，春秋时楚隐士。避乱世，耕于蒙山下。楚王闻其贤，欲用之，老莱子遂与其妻至江南，隐居不出。著书十五篇。《汉书·艺文志》著录有《老莱》十六篇，久佚。事迹见《史记正义》引《列仙传》、晋皇甫谧《高士传》。

【译文】有人说，有个叫老莱子的，也是楚国人，著书十五篇，论述道家的体用。与孔子生活在同一时代。

盖老子百有六十余岁，或言二百余岁，以其修道而养寿也。

自孔子死之后百二十九年，而史记周太史儋见秦献公曰：〔1〕“始秦与周合，合五百岁而离，离七十岁而霸王者出焉。”或曰儋即老子，或曰非也，世莫知其然否。老子，隐君子也。

【注释】〔1〕“周太史儋见秦献公”，本书《周本纪》与《秦本纪》均载此事，时为秦献公十一年（公元前三七四年），距孔子之死计一百零五年。上文云“自孔子死之后百二十九年”推算有误。“秦献公”，秦国国君，名师隰，秦灵公之子。公元前三八四年至前三六二年在位。

【译文】老子大概活了一百六十多岁，有人说活了二百多岁，由于讲修道德，所以养得高寿。

在孔子死后一百二十九年，史书上记载周太史儋见过秦献公，并说：“开始秦与周是合并的，大约合五百年后分离，分离七十年后，就会出现霸王。”有人说儋就是老子，有人说不是，世人没有人知道是对还是不对。老子是一个隐士。当世谁也不知这些话是否应验。老子，是个隐居的君子。

老子之子名宗，宗为魏将，封于段干。宗子注，注子宫，宫玄孙假，假仕于汉孝文帝。而假之子解为胶西王卬太傅，〔1〕因家于齐焉。〔2〕

【注释】〔1〕“胶西王卬”，胶西为西汉王国名，故都高苑（今山东邹平东北苑城）。“卬”，音 áng，汉高祖庶子齐悼惠王子，汉文帝封为胶西王，后因参预吴楚七国之乱被杀。“太傅”，官名。古三公之一，周始置，职辅佐君主。汉高后元年（公元前一八七年）置太傅，位次太师。西汉时各地封国建制类中央，故亦设太傅。〔2〕“齐”，地名。今山东泰山以北黄河流域及胶东半岛地区。

【译文】老子的儿子名宗，曾做过魏国的将领，封在段干这个地方。宗的儿子叫注。注的儿子叫宫。宫的玄孙叫假，假曾在汉文帝朝做官。假的儿子解是胶西王卬的太傅，因此定居于齐地。

世之学老子者则绌儒学，〔1〕儒学亦绌老子。“道不同不相为谋”，〔2〕岂谓是邪？李耳无为自化，清静自正。

【注释】〔1〕“绌”，同“黜”，排斥。“儒学”，以孔子为代表的学派。〔2〕“道不同不相为谋”，孔子语，出《论语·卫灵公》。

【译文】世上学习老子学说的人，往往贬斥儒学，而研究儒学的人，也贬斥老子的学说。大概这就是所谓“道不同不相为谋”的原故吧！李耳主张无为而听任自然的变化，清静而自得事理之正。

庄子者，蒙人也，〔1〕名周。周尝为蒙漆园吏，与梁惠王、齐宣王同时。〔2〕其学无所不窥，〔3〕然其要本归于老子之言。故其著书十余万言，大抵率寓言也。作《渔父》、《盗跖》、《胠箧》，〔4〕以诋訿孔子之徒，〔5〕以明老子之术。畏累虚、亢桑子之属，〔6〕皆空语无事实。然善属书离辞，〔7〕指事类情，用剽剥儒、墨，〔8〕虽当世宿学不能自解免也。其言洸洋自恣以适己，〔9〕故自王公大人不能器之。

【注释】〔1〕“蒙”，邑名。战国时属宋，在今河南商丘东北。“漆园”，地名。古属蒙县。此地一说在今山东曹县。〔2〕“梁惠王”，战国时魏君，姓姬，魏氏，名䓨，公元前三七〇年至前三一九年在位。“齐宣王”，战国时齐君，姓妫，田氏，名辟疆，公元前三二〇年至前三〇一年在位。〔3〕“窥”，探视。这里是钻研、浏览之意。〔4〕“《渔父》、《盗跖》、《胠箧》”，均为《庄子》中的篇名。〔5〕“诋訿”，音 dǐ zǐ。毁辱。〔6〕“畏累虚、亢桑子”，《庄

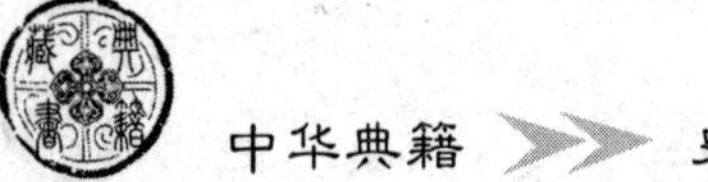

子·庚桑楚》篇提到的地名与人名。畏累虚即畏垒之山,“虚”同“墟”;亢桑子即庚桑楚。〔7〕“属”,音 zhǔ。连属。“离”,音 lì。附丽。〔8〕“剽剥”,攻击。〔9〕“洸洋”,水势浩大的样子,犹“汪洋”。此以水的无边无际喻议论恣肆。

【译文】庄子是蒙地人,名周。曾做过蒙地漆园的官吏,与梁惠王、齐宣王是同一时代的人。他的学说无所不及,但要旨却源于老子的理论。所以他写的书虽有十多万字,但大多都是寓言文字。作《渔父》、《盗跖》、《胠箧》,来毁辱孔子的学生,以表明老子的道术。至于他写的畏累虚、亢桑子之类,都是没有其事的杜撰。但他善于连缀文字以成辞章,表达事理,形容情状,来攻击儒家和墨家的学说,即使是当世饱学的学者,也都不能免于遭受攻击。他的文章汪洋恣肆,以适应自己的论证目的,所以当时从王公大人以下,没有一个能够像器皿似的使用他。

楚威王闻庄周贤,〔1〕使使厚币迎之,许以为相。庄周笑谓楚使者曰:“千金,重利;卿相,尊位也。子独不见郊祭之牺牛乎?〔2〕养食之数岁,衣以文绣,以入大庙。〔3〕当是之时,虽欲为孤豚,〔4〕岂可得乎?子亟去,无污我。我宁游戏污渎之中自快,无为有国者所羁,〔5〕终身不仕,以快吾志焉。”

【注释】〔1〕“楚威王”,楚国国君,楚宣王子,名商,公元前三三九年至前三二九年在位。〔2〕“郊祭”,祭祀天地。“牺牛”,祭祀用的牛。〔3〕“大庙”,即太庙,天子的祖庙。〔4〕“孤豚”,小猪。〔5〕“羁”,管束。

【译文】楚威王听说庄周贤能,派人去重金聘请,答应让他做卿相。庄周笑笑对楚使说:“千金的确是重利,卿相的确是尊位,但你没见过天子祭祀天地时所用的牺牛吗?这些牛被饲养好几年,然后被披上彩绣的衣服,送进太庙去作祭品,在这个时候,即使想做一只自由的小猪,还能办得到吗?你赶快走吧,不要玷污我的人格!我宁愿在有着污泥的小河沟里自由自在,也不愿被国君所约束,终身不做官,使我的心志快乐。”

申不害者,京人也,〔1〕故郑之贱臣。学术以干韩昭侯,〔2〕昭侯用为相。内修政教,外应诸侯,十五年。终申子之身,国治兵强,无侵韩者。

【注释】〔1〕“京”,邑名,战国时属郑,故城在今河南荥阳东南。〔2〕“韩昭侯”,战国时韩国国君,韩懿侯子,公元前三五八年至前三三三年在位。

【译文】申不害是京县人,原来是郑国的一个小官。后来学了刑名之术来求见韩昭侯,昭侯任用他为相,对内整饰政治教化,对外应付诸侯之国,达十五年。一直到申子去世之时,韩国国治兵强,没有敢于侵犯的。

申子之学本于黄老而主刑名。〔1〕著书二篇,号曰《申子》。〔2〕

【注释】〔1〕“黄老”,黄帝和老子。先秦儒家只谈尧、舜而不提黄帝,道家为了和儒家争夺学术地位,捧出传说较尧、舜更早的黄帝来,与老子并尊为道家的创始人,故汉时有“黄老之学”的称呼。“刑名”,“刑”同“形”。刑名指实与名。〔2〕“《申子》”,书早佚,有《大体篇》保存于《群书治要》中。

【译文】申子之学,源于黄帝和老子,而主张循名责实。著书二篇,叫做《申子》。

韩非者,韩之诸公子也。喜刑名法术之学,而其归本于黄老。非为人口吃,不能道说,而善著书。与李斯俱事荀卿,〔1〕斯自以为不如非。

【注释】〔1〕“李斯”,楚上蔡(今河南上蔡西南)人,战国末年入秦,先后任廷尉、丞相等职,后为赵高所忌,被杀。详见本书《李斯列传》。“荀卿”,即荀况,战国赵人,当时的著名学者,其学以孔子为宗,主人性恶,与孟子性善说相反。今传《荀子》三十二篇。详见本书《荀卿列传》。

【译文】韩非,是韩国的贵族子弟。爱好刑名法术的学说,这种学说源于黄老。韩非生来口吃,不善于言说,却善于著书。与李斯同时求学于荀卿,李斯自认为才能不及韩非。

非见韩之削弱，数以书谏韩王，[1]韩王不能用。于是韩非疾治国不务修明其法制，执势以御其臣下，富国强兵而以求人任贤，反举浮淫之蠹而加之于功实之上。[2]以为儒者用文乱法，而侠者以武犯禁。宽则宠名誉之人，急则用介胄之士。今者所养非所用，所用非所养。悲廉直不容于邪枉之臣，观往者得失之变，故作《孤愤》、《五蠹》、《内外储》、《说林》、《说难》十余万言。[3]

【注释】〔1〕"韩王"，指韩王安，韩国的最后一个君主。韩桓惠王子，公元前二三八年至前二三〇年在位。详见本书《韩世家》。〔2〕"浮淫之蠹"，指文学游说之士。"蠹"，蛀虫。韩非认为文学游说之士于国无益，故称之为"蠹"。〔3〕"《孤愤》、《五蠹》、《内外储》、《说林》、《说难》"，均为《韩非子》中的篇名。"说"，音 shuì。游说。

【译文】韩非看到韩国国势渐渐削弱，屡次上书规谏韩王，但韩王都不加采纳。因此韩非痛心国君治国不致力于讲求法制，不能用权势来驾驭臣下，不能使国家富强，兵力强大，不求贤任能，反而举任一些文学游说之士，使他们位居于专务功利实际的人之上。韩非认为儒生搬弄文辞来扰乱法术，而任侠的人又用武力干犯禁忌。平安时就恩宠那些有浮名虚誉的文人，危急时则要用披甲带胄的武士。现在平时培养的人不是所要使用的人，而所使用的人却不是平日所培养的人。他又悲愤那些清廉正直的臣子不为奸邪之臣所容，考察历史上治国得失的演变之迹，因此写下了《孤愤》、《五蠹》、《内外储》、《说林》、《说难》等十余万字的文章。

然韩非知说之难，为《说难》书甚具，终死于秦，不能自脱。

《说难》曰：

凡说之难，非吾知之有以说之难也；又非吾辩之难能明吾意之难也；又非吾敢横失能尽之难也。[1]凡说之难，在知所说之心，[2]可以吾说当之。

【注释】〔1〕"横失"，横佚，横逸，指辩说的纵横驰骋，口才无碍。"失"，同"佚"，音 yì。〔2〕"所说"，指所要游说的君主。

【译文】然而韩非尽管深知游说之道甚难，写下《说难》一文特别详备，但最终还是被害死在秦国，未能以身自免。

《说难》写道：

大凡对君主游说的难处，不是难在用我具有的知识来向君主游说，也不是难在我的口才难以表达我的意思，更不是难在我不敢把自己的意思毫无顾忌地充分讲出来。游说的难处，是在于了解游说对象的心理，方可使我的言论适合他的口味。

所说出于为名高者也，而说之以厚利，则见下节而遇卑贱，必弃远矣。所说出于厚利者也，而说之以名高，则见无心而远事情，必不收矣。所说实为厚利而显为名高者也，而说之以名高，则阳收其身而实疏之；[1]若说之以厚利，则阴用其言而显弃其身。此之不可不知也。

【注释】〔1〕"阳"，表面上。与上文"显"义近。

【译文】如果君主希望博取很高的名望，而游说者却对他说如何博取厚利，那么就会被君主看成为志节卑下，而以卑贱的待遇来对待他，这样，游说者必定要被君主远远抛弃了。如果君主希望获取厚利，而游说者却拿怎样获得高名去劝说他，那就会被君主看成是一个没有头脑的人，而且和他所计划的事相去太远，结果游说者必定不会被收用了。如果君主暗地里想获得厚利，而外表却装做好高名的样子，游说者若以获得高名的言论去劝说他，君主就会表面上同意游说者的意见，任用游说者，实际上却对他疏远；游说者若以获取厚利的言论去劝说他，君主就会暗中采用他的言论，表面上却要抛弃游说者。这是不可不省察的。

夫事以密成，语以泄败。未必其身泄之也，而语及其所匿之事，如是者身危。贵人有过端，而说者明言善议以推其恶者，则身危。周泽未渥也而语极知，说行而有功则德亡，[1]说不行而有败则见疑，如是者身危。夫贵人得计而欲自以为功，说者与知焉，则身危。彼显有所出事，乃自以为也故，[2]说者与知焉，则身危。强之以其所必不为，止之以其所不能已者，身危。故曰：与之论大

人，则以为间己；与之论细人，[3]则以为粥权。[4]论其所爱，则以为借资；[5]论其所憎，则以为尝己。[6]径省其辞，则不知而屈之；[7]泛滥博文，则多而久之。[8]顺事陈意，则曰怯懦而不尽；虑事广肆，则曰草野而倨侮。[9]此说之难，不可不知也。

【注释】〔1〕“亡”，通“忘”，忘记。〔2〕“也”，通“他”，其他。〔3〕“细人”，这里指君主身边的亲近小臣。〔4〕“粥权”，卖权，盗用权力。“粥”，同“鬻”，音 yù，卖。〔5〕“借资”，因依，凭借。〔6〕“尝己”，指试探君主。〔7〕“屈”，通“诎”，卷曲，指不得舒展。〔8〕“久”，陈奇猷《韩非子集释》认为是“弃”字之误。〔9〕“草野而倨侮”，粗野傲慢。

【译文】事情由于保密而成功，由于语言的泄漏而失败。未必是游说者泄漏的，只是游说者无意中说破了君主秘藏着的心事，这样游说者就有生命危险。显贵有了错误的苗头，而游说者却公开用大道理去推测他的不良行为，那么游说者就有生命危险。君主对游说者的亲密恩泽还没有达到深厚的程度，而游说者却讲出极知心的话，游说者的主张被采用并获得成功，他的功德就会被君主遗忘。游说者的主张没有被实行因而遭致失败，他就要引起君主的怀疑，这样游说者就有生命危险。显贵计划了一件事情，感到很得意，想自己表功，但游说者也曾参预，知道这件事，那么游说者就有生命危险。君主表面上号召做某一件事，而实际上却是为了成就另一件事，游说者参预并知道底细，那么游说者就有生命危险。如果勉强对方去做他不愿做的事情，或者勉强他中止他所不愿意罢手的事情，就有生命危险。所以说，游说者要是同君主议论大臣的事，便会被认为是离间君臣关系；要是同君主议论近臣的事，便会被认为是冒犯君主的权威。谈论君主所宠爱的人，便会被认为是拿君主宠爱的人作靠山；谈论君主所厌恶的人，便会被认为是试探君主对自己的看法。要是游说者说话简单直捷，就会被认为缺少才智而得不到重用；要是滔滔不绝说得不着边际，就会被认为啰哩啰嗦浪费时间。要是简略地陈述大意，就会被说成是懦弱不敢大胆尽言；要是把考虑的事情毫无顾忌尽情谈出来，又会被说成是粗野傲慢。这一切都是游说者的难处，是不可不知道的。

凡说之务，在知饰所说之所敬，而灭其所丑。彼自知其计，则毋以其失穷之；自勇其断，则毋以其敌怒之；[1]自多其力，则毋以其难概之。[2]规异事与同计，誉异人与同行者，则以饰之无伤也。有与同失者，则明饰其无失也。大忠无所拂悟，[3]辞言无所击排，[4]乃后申其辩知焉。此所以亲近不疑，知尽之难也。[5]得旷日弥久，而周泽既渥，深计而不疑，交争而不罪，乃明计利害以致其功，直指是非以饰其身，以此相持，此说之成也。

【注释】〔1〕“敌”，通“谪”，音 zhé，过失。〔2〕“概”，恼恨。〔3〕“忠”，顾广圻认为此字误，当从《道藏》本《韩非子》作“忤”；王先谦认为当从《太平御览》卷四六二引作“怒”。今从王说。“拂”，通“咈”，违。“悟”，通“牾”，逆。〔4〕“击排”，碰撞反驳。〔5〕“知”，一作“得”。“难”，一作“辞”。

【译文】游说者所应注意的重要问题，就在于如何去美化君主最自负的地方，而掩盖他最自惭形秽之处。对方如果以为自己的计谋高明，就不要指责他过去的失败而使他受窘；要是他认为自己的果断很勇敢，就不要拿他由于考虑不周造成的过错去激怒他；要是他夸耀自己的能力很强，就不要拿他感到棘手的问题非难他。规划不同的事与君主有同样打算的，赞美别人的行事和君主相同的。对这些事和人，游说者就要注意文饰自己的观点不要刺伤他们。有人和君主做了同样失败的事，一定要表面上说他没有错。君主大怒时不要违抗，言辞不要有锋芒，然后发挥自己的口辩智慧。这就是游说者得以亲近君主，不被怀疑，而可以充分说出自己言论主张的办法。如果得以与君主长期共事，感情和恩泽很深厚，替君主深谋远虑而不受怀疑，互相争论也不获罪，遇事便可以公开地论断利害，使他获得成功，直截了当地指出君主的是非，使他能够改正。彼此的关系如能像这样维持下去，那游说就算是成功了。

伊尹为庖，[1]百里奚为虏，[2]皆所由干其上也。故此二子者，皆圣人也，犹不能无役身而涉世如此其污也，则非能仕之所设也。[3]

【注释】〔1〕“伊尹”，名挚，商汤的大臣。原为

汤妻陪嫁的奴隶，后佐汤伐夏桀，被尊为阿衡（宰相）。相传他曾为汤的厨师，借烹调之事劝喻汤。〔2〕“百里奚”，春秋时秦穆公相。原为虞大夫。晋献公灭虞，虏之，作为秦穆公夫人的陪嫁。后委以国政，助秦穆公建成霸业。〔3〕“设”，《韩非子》作“耻”，当是。

【译文】伊尹曾做过厨子，百里奚曾做过奴仆，他们都从自己从事的工作的角度请求君主采用他们的主张。这两个人都是古代的圣人，尚不能不亲自去从事卑贱的事以求进用。像这样卑躬屈节，也并不是贤能之士感到耻辱的事。

宋有富人，天雨墙坏。其子曰“不筑且有盗”，其邻人之父亦云，暮而果大亡其财，其家甚知其子而疑邻人之父。昔者郑武公欲伐胡，[1]乃以其子妻之。因问群臣曰：“吾欲用兵，谁可伐者？”关其思曰：“胡可伐。”乃戮关其思，曰：“胡，兄弟之国也，子言伐之，何也？”胡君闻之，以郑为亲己而不备郑。郑人袭胡，取之。此二说者，其知皆当矣，然而甚者为戮，薄者见疑。非知之难也，处知则难矣。

【注释】〔1〕“郑武公”，春秋时郑国国君，郑桓公之子，名掘突，公元前七七〇年至前七四四年在位。“胡”，春秋时国名，故地在今安徽阜阳一带。

【译文】宋国有个富翁，天下大雨冲塌了他家的墙壁。他儿子说：“如果不快修好这堵墙，就要有盗贼来。”他邻人的父亲也说了同样的话。到了晚上，他家果然被盗，丢失了不少钱财，他家的人都说自己的儿子聪明，却怀疑邻人的父亲。从前郑武公想讨伐胡国，便把自己的女儿嫁给胡君做妻子。接着他问群臣说：“我想对外用兵，哪一国可以攻打呢？”大夫关其思回答说：“胡国可以攻打。”郑武公便杀了关其思，说道：“胡国是兄弟国家，你说可以攻打，居心何在？”胡国国君听到这件事，认为郑君和自己关系密切，便不防备郑国了。郑国乘机袭击胡国，把它吞灭了。邻人之父和关大夫的话都对，但重的遭受到杀戮，轻的被人所怀疑。可见认识某一事理并不困难，但如何处理这种认识就困难了。

昔者弥子瑕见爱于卫君。[1]卫国之法，窃驾君车者罪至刖。[2]既而弥子之母病，人闻，往夜告之，弥子矫驾君车而出。[3]君闻之而贤之曰：“孝哉，为母之故而犯刖罪！”与君游果园，弥子食桃而甘，不尽而奉君。君曰：“爱我哉，忘其口而念我！”及弥子色衰而爱弛，[4]得罪于君。君曰：“是尝矫驾吾车，又尝食我以其余桃。”[5]故弥子之行未变于初也，前见贤而后获罪者，爱憎之至变也。故有爱于主，则知当而加亲；见憎于主，则罪当而加疏。故谏说之士不可不察爱憎之主而后说之矣。

【注释】〔1〕“弥子瑕”，春秋时卫灵公幸臣。事迹尚见于《左传》定公六年、《韩非子·内储》上、《难》四。〔2〕“刖”，音 yuè。古代砍掉脚的酷刑。〔3〕“矫”，假称君命。〔4〕“色衰而爱弛”，容貌衰老，宠爱减弱。〔5〕“食”，音 sì，给人吃。

【译文】从前弥子瑕很受卫君的宠爱。卫国的法律，凡是私自驾用君主车子的人就要受断足的刑罚。有一次，弥子瑕的母亲病了，有人闻讯，连夜去告诉了他，弥子瑕就假称君主的命令，私自驾了卫君的车子出去。卫君知道后，反而称赞他说：“真是一个孝子啊，为了母亲甘愿受断足之刑。”弥子瑕和卫君游果园，弥子瑕摘一个桃子吃，觉得又香又甜，没有吃完，就把剩下的让给卫君吃了。卫君说：“弥子瑕真是爱我啊，不顾自己爱吃却想着我。”等到后来弥子瑕老态龙钟，卫君对他的宠爱消减了，他得罪了卫君，卫君就说：“弥子瑕曾经假称我的命令，私自驾用我的车子，又曾经给我吃剩的桃子吃。”所以说弥子瑕的行为和以前并没有什么不同，可当初为卫君所赞许，而后来却变成了罪过，其原因就是卫君心中的爱和憎起了变化。所以一个人被君主宠爱的时候，他的智谋合乎君主的口味，君主就对他更加亲近。当他被君主厌恶的时候，他的过失与君主的厌恶心理相应，君主就对他更加疏远。因此游说谏诤的人必须事先仔细观察君主爱憎如何，然后再进言。

夫龙之为虫也，[1]可扰狎而骑也。[2]然其喉下有逆鳞径尺，[3]人有婴之，[4]则必杀人。人主亦有逆鳞，说之者能无婴人主之逆鳞，则几矣。

【注释】〔1〕“虫”，古代把虫作为动物的总称。把龙也看作是虫类。〔2〕“扰”，通“柔”，音 róu。“狎”，习，驯服。〔3〕“逆鳞”，倒逆而长的鳞甲。“径尺”，尺把长。〔4〕“婴”，触动。

【译文】龙作为一种虫类，可以亲近它，骑它，但它的喉咙下倒生着尺把长的鳞，如果有人触动了它，就必定要丧命。君主也同样生有逆鳞，游说者能够不触犯君主的逆鳞，就差不多成功了。

人或传其书至秦。秦王见《孤愤》、《五蠹》之书，〔1〕曰：“嗟乎，寡人得见此人与之游，死不恨矣！”李斯曰：“此韩非之所著书也。”秦因急攻韩。韩王始不用非，及急，乃遣非使秦。秦王悦之，未信用。李斯、姚贾害之，〔2〕毁之曰：“韩非，韩之诸公子也。今王欲并诸侯，非终为韩不为秦，此人之情也。今王不用，久留而归之，此自遗患也，不如以过法诛之。”〔3〕秦王以为然，下吏治非。李斯使人遗非药，〔4〕使自杀。韩非欲自陈，不得见。秦王后悔之，使人赦之，非已死矣。〔5〕

【注释】〔1〕“秦王”，指秦王嬴政，统一六国后称始皇帝。〔2〕“姚贾”，时为秦上卿。〔3〕“过”，罪过。〔4〕“遗”，音 wèi。送给。〔5〕“非已死矣”，韩非死于秦王政十四年（公元前二三三年）。

【译文】有人把韩非的书传到秦国。秦王看了《孤愤》、《五蠹》等书，慨叹说：“唉，我要是能见到这个人，并与他交往，即使是死了也不遗憾了。”李斯说：“这几卷书是韩非写的。”秦国因此加紧攻打韩国。韩王最初不任用韩非，等到形势危急，便派韩非出使秦国。秦王很高兴，尚未任用他时，李斯、姚贾妒忌韩非，就诋毁他说：“韩非是韩国的贵族子弟，现在大王要吞并诸侯，韩非最终还是要为韩国效力，而不会为秦国效力，这是人之常情。现在大王不任用他，久留于秦，将来再放他回去，这是自己留下后患，不如加以罪名，依法处死他。”秦王认为有道理，就派人将韩非关押起来。李斯派人送毒药给韩非，让他自杀。韩非想要向秦王申诉，未能见到。秦王后来悔悟了，使人去赦免韩非，但是韩非已经死了。

申子、韩子皆著书，传于后世，学者多有。余独悲韩子为《说难》而不能自脱耳。

太史公曰：老子所贵道，虚无，因应变化于无为，故著书辞称微妙难识。庄子散道德，〔1〕放论，〔2〕要亦归之自然。〔3〕申子卑卑，〔4〕施之于名实。韩子引绳墨，切事情，明是非，其极惨礉少恩。皆原于道德之意，而老子深远矣。

【注释】〔1〕“散”，推演。〔2〕“放论”，放言高论。〔3〕“要”，要旨。“自然”，自然无为。〔4〕“卑卑”，自我勉励之意。

【译文】申子、韩子都有著作留传到后世，不少学者都有他们的著作。我暗自悲伤韩非写了《说难》一文，自己却未能逃脱死路。

太史公说：老子看重道、虚无，听任事物自然变化，因此他写的书人们认为语义微妙难于理解。庄子推演老子关于道德的学说，放言高论，而要旨最终也归宗于自然之道。申子常常勉励自己，实践循名责实的理论。韩非以法律为准绳，判断事情，明察是非，到了极端便是惨急苛刻，残酷无情。申子、韩子的理论都源于“道德”学说，但老子原来的学说那是深远多了。

史记卷六十四

司马穰苴列传第四

司马穰苴者,[1]田完之苗裔也。[2]齐景公时,[3]晋伐阿、甄,[4]而燕侵河上,[5]齐师败绩。[6]景公患之。晏婴乃荐田穰苴曰:[7]"穰苴虽田氏庶孽,[8]然其人文能附众,武能威敌,愿君试之。"景公召穰苴,与语兵事,大说之,[9]以为将军,[10]将兵扞燕晋之师。[11]穰苴曰:"臣素卑贱,君擢之闾伍之中,[12]加之大夫之上,士卒未附,百姓不信,人微权轻,愿得君之宠臣,国之所尊,以监军,[13]乃可。"于是景公许之,使庄贾往。穰苴既辞,与庄贾约曰:"旦日日中会于军门。"[14]穰苴先驰至军,立表下漏待贾。[15]贾素骄贵,以为将己之军而己为监,[16]不甚急。亲戚左右送之,留饮。日中而贾不至。穰苴则仆表决漏,[17]入,[18]行军勒兵,[19]申明约束。[20]约束即定,夕时,[21]庄贾乃至。穰苴曰:"何后期为?"贾谢曰:[22]"不佞大夫亲戚送之,[23]故留。"穰苴曰:"将受命之日则忘其家,临军约束则忘其亲,援枹鼓之急则忘其身。[24]今敌国深侵,邦内骚动,士卒暴露于境,君寝不安席,食不甘味,百姓之命皆悬于君,何谓相送乎!"召军正问曰:[25]"军法期而后至者云何?"[26]对曰:"当斩。"庄贾惧,使人驰报景公,请救。既往,未及反,于是遂斩庄贾以徇三军。[27]三军之士皆振慄。[28]久之,景公遣使者持节赦贾,[29]驰入军中。穰苴曰:"将在军,君令有所不受。"[30]问军正曰:"驰三军法何?"正曰:"当斩。"使者大惧。穰苴曰:"君之使不可杀之。"乃斩其仆,[31]车之左驸,[32]马之左骖,[33]以徇三军。遣使者还报,然后行。士卒次舍井灶饮食问疾医药,[34]身自拊循之。[35]悉取将军之资粮享士卒,[36]身与士卒平分粮食,最比其羸弱者。[37]三日而后勒兵,病者皆求行,争奋出为之赴战。晋师闻之,为罢去。燕师闻之,度水而解。[38]于是追击之,遂取所亡封内故境而引兵归。[39]未至国,释兵旅,解约束,誓盟而后入邑。[40]景公与诸大夫郊迎,[41]劳师成礼,然后反归寝。既见穰苴,尊为大司马。[42]田氏日以益尊于齐。[43]

【注释】[1]"司马穰苴",穰苴音 ráng jū,以司马为氏,名穰苴。穰苴本为田氏(下文称田穰苴),齐景公尊为大司马后,以官职为氏。《战国策·齐六》记齐湣王杀司马穰苴,与此不同。 [2]"田完",陈厉公他之子,见《田敬仲完世家》。穰苴是其后世子孙。 [3]"齐景公",齐庄公异母弟杵臼,见《齐太公世家》。 [4]"阿",音 ē,在今山东阳谷东北;"甄",音 juàn,通"鄄",在今山东鄄城北,皆齐邑。 [5]"河上",燕、齐交界处的黄河南岸地,约在今河北沧州、德州一带。 [6]"败绩",溃败。 [7]"晏婴",齐景公相,见《管晏列传》。 [8]"庶孽","孽"音 niè,庶出子孙。 [9]"说",同悦。 [10]"将军",军队统帅。 [11]"扞",抵御。 [12]"擢",音 zhuó,提拔。"闾伍","闾"音 lǘ,里门,亦代指里,古代的里大小不一,为二十五家,或五十家,或一百家;伍只有五家。闾伍是居民的基层居住单位,这里指民间下层。 [13]"监军",监察军队。 [14]"旦日",明天。"日中",正午。"军门",又叫和门,是军营的正门。 [15]"表",日表,古代测日影计时的标竿。"漏",滴漏,古代用滴水计时的工具。

〔16〕“监”，军监，监察军队的官吏。〔17〕“仆”，音pū，放倒，与上文“立”相反。“决”，截断，与上文“下”相反。〔18〕“入”，指入军门。〔19〕“勒”，控制，驾驭。这里指整顿军队。〔20〕“约束”，规定。〔21〕“夕”，傍晚以后。〔22〕“谢”，道歉。〔23〕“佞”，音nìng，巧言。“不佞”歉词，犹言不才。“大夫”，即上文“左右”，指庄贾的僚属。〔24〕“援”，执、持。“桴”，音fú，字亦作“枹”，鼓槌。〔25〕“军正”，军中执法之官。〔26〕“军法”，古代治军之法，包括军队编制、官吏设置以及爵赏诛罚等规定。〔27〕“徇”，巡行示众。“三军”，古代军队往往分上、中、下或左、中、右三军。〔28〕“振慄”，“振”同“震”，“慄”音lì，震惊战慄。〔29〕“节”，符节，传达君命的凭证。〔30〕这是古代兵家的一种成说，《孙子·九变》：“君命有所不受。”〔31〕“仆”，驾车的人，即驭手，驭手在车上居左。〔32〕“驸”，通“辅”，辅是附于车辐的立木，用以加固。〔33〕“骖”，音cān，驾车时位于两旁的马。〔34〕“次舍”，驻扎，《左传》庄公三年：“凡师一宿为舍，再宿为信，过信为次。”〔35〕“拊循”，“拊”音fǔ，同“抚”；“循”同“揗”，音xún，义为摩，本指抚摩，这里是安抚之义。〔36〕“资粮”，“资”同“粢”音zī，与粮同义。〔37〕“最比”，标准最接近于。“羸弱”，“羸”音léi，瘦弱。古代廪食制度（口粮配给制度）是按年龄、性别、体力定等次，体弱者口粮标准最低。〔38〕渡黄河解兵而去。〔39〕“封内”，封指封疆，疆界之内。〔40〕今本《司马法·天子之义》：“古者国容不入军，军容不入国。”这里所说“至国”、“入邑”，是说返回国都，进入城里。“入国”必须解除武装，这是古代军礼所要求。〔41〕军队回来，国君要迎接于郊，这也是古代军礼所要求。〔42〕“大司马”，东周时期最高的军事长官。〔43〕齐景公时，田釐子乞以小斗进大斗出，深得民心，参看《田敬仲完世家》。

【译文】司马穰苴是田完的后世子孙。齐景公时，晋国进犯阿和甄，燕国也入侵黄河南岸地，齐国军队大溃败。景公为此忧虑，晏婴因而推荐田穰苴说：“穰苴虽为田氏的庶出子孙，但他这个人，文德可使部下亲附，武略可使敌人畏惧，希望您能验试一下他。”景公召见穰苴，同他讨论军事，大加赞赏，任他为将军，率兵抵御燕晋两国的军队。穰苴说：“臣下出身卑贱，是您把我从民间提拔上来，地位放在大夫之上，士兵并未亲附，百姓也无信任，资望既浅，缺乏权威，希望得到您的宠臣、国内有威望的人来监察军队，只有这样才能办到。”于是景公答应了他的条件，派庄贾前往。穰苴告辞之后，与庄贾约定说：“明天正午在军门外相会。”第二天，穰苴先驰车到达军营，树立日表，打开滴漏，等待庄贾。庄贾一向傲慢自大，喜欢摆架子，认为率领自己的军队而由自己来当军监，不大着急。亲戚僚属为他送别，留下宴饮。直到正午庄贾仍未来。穰苴便放倒日表，截断滴漏，先入“军门”，整顿军队，反复说明各项规定。规定既经确立，到了傍晚，庄贾才到。穰苴问：“为什么迟到？”庄贾道歉说：“本人因为大夫和亲戚相送，所以耽搁了。”穰苴说：“将领从接受任命之日就不顾家庭，从亲临军营申明号令就不顾亲戚，从拿起鼓槌指挥作战就不顾个人安危。现在敌国深入我地，举国骚动，士兵暴露于境内，国君睡不安稳，食不香甜，百姓之命皆系于您一身，还谈得上什么相送呢！”召军正来问“按照军法，按期不到者应如何处置？”回答是：“应当斩首”。庄贾害了怕，派人驰车报告景公，请求救命。人走了，还没来得及返回，庄贾已被斩首示众于三军。三军士兵皆震惊战慄。过了好一会儿，景公派使者持节来赦免庄贾，车子闯入营垒之中。穰苴说：“将在军中，国君的命令可以不必完全照办。”问军正说：“闯入营垒依法当如何处置？”军正说：“应当斩首。”使者大惊失色。穰苴说：“国君的使者不可以杀。”便斩了驾车的驭手，砍断车子的左辅，杀死左边的马，示众于三军。派使者回报，然后开拔。士兵安营扎寨，打井砌灶，饮水吃饭，看病抓药，皆亲自过问，以示关怀。把将军的粮食全部拿来与士兵共享，本人与士兵平分粮食，标准最接近于身体瘦弱者。三天之后集合待发，病弱的人都要求前往，奋勇争先要去作战。晋国的军队听说，撤兵而去。燕国的军队听说，也渡河而溃散。于是乘胜追击，收复境内失去的国土率师而归。进入国都之前放下武器，解除规定，盟誓之后才敢进城。景公与众大夫迎之于郊，依礼慰劳军队完毕，然后才返回休息。见到穰苴之后，把他晋升为大司马。田氏从此在齐国日益显赫。

已而大夫鲍氏、高、国之属害之，[1]谮于景公。[2]景公退穰苴，苴发疾而死。田乞、田豹之徒由此怨高、国等。[3]其后及田常杀简公，[4]尽灭高子、国子之族。[5]至常曾孙和，[6]因自立为齐威王，[7]用兵行威，大放穰苴之法，[8]而诸侯朝齐。[9]

【注释】〔1〕“鲍氏”，齐贵族，据《国语·齐语》

韦昭注为“姒姓之后”。“高”、“国”，高氏、国氏，也是齐贵族，《潜夫论·志氏姓》以为姜姓。〔2〕“谮”，音 zèn，说坏话。〔3〕“田乞”，即田釐子乞。“田豹”，田氏庶族。俱见《田敬仲完世家》。〔4〕“田常”，即田成子常（“常”字是避汉文帝刘恒讳改字，《左传》作“恒”），见《田敬仲完世家》。“简公”，齐景公子壬，见《齐太公世家》。〔5〕“高子”、“国子”，即高氏、国氏。《田敬仲完世家》记田常杀简公之后，“尽诛鲍、晏、监止及公族之彊者”。〔6〕“和”，即齐太公和，为田常曾孙，见《田敬仲完世家》。〔7〕和非齐威王。齐威王名因齐，是和之曾孙。此文有误。〔8〕“放”，音 fǎng，通仿，仿效。〔9〕《田敬仲完世家》记齐败魏桂陵之后，“于是齐最强于诸侯，自称为王，以令天下”。

【译文】不久大夫鲍氏、高氏、国氏一伙陷害他，向景公进谗言。景公罢退穰苴，穰苴发病而死。田乞、田豹一伙从此怨恨高氏、国氏等。后来田常杀齐简公，全部灭掉高子、国子之族。到田常的曾孙和，便自立为齐威王，用兵作战，显示武力，极力仿效穰苴的兵法，当时诸侯都来朝见齐国。

齐威王使大夫追论古者《司马兵法》而附穰苴于其中，〔1〕因号曰《司马穰苴兵法》。〔2〕

【注释】〔1〕“穰苴”，这里指穰苴的兵法。〔2〕“《司马穰苴兵法》”，是由齐大夫追论的古《司马兵法》和穰苴的兵法合并而成。《汉书·艺文志》著录《军礼司马法》百五十五篇，入《六艺略》礼类，古书征引《司马法》佚文内容往往与《周礼》相合，可能即出自该书。《隋书·经籍志》以来著录《司马兵法》皆三卷，可能是节本。今本共包括三卷五篇，即《仁本》、《天子之义》、《定爵》、《严位》、《用众》。

【译文】齐威王命大夫们追论古代的《司马兵法》而把穰苴的兵法也附在里面，因此号称《司马穰苴兵法》。

太史公曰：余读《司马兵法》，闳廓深远，〔1〕虽三代征伐，〔2〕未能竟其义，如其文也，亦少褒矣。〔3〕若夫穰苴，区区为小国行师，〔4〕何暇及《司马兵法》之揖让乎？〔5〕世既多《司马兵法》，以故不论，著穰苴之列传焉。

【注释】〔1〕“闳廓”，“闳”通“宏”，博大。〔2〕“三代”，夏、商、西周三代。〔3〕“少褒”，褒训大，是稍微有些夸大之义。〔4〕“区区”，狭小不足道。〔5〕“何暇及”，哪里赶得上。“揖让”，拱手相让，指讲求礼仪规定。

【译文】太史公说：我读《司马兵法》，内容宏大深远，即使夏、商、西周三代的征伐也未能穷尽其义，从文字上看，未免有点夸大。至于穰苴，仅仅是为小国行师用兵，哪里赶得上《司马兵法》的讲求礼仪规定呢？世上流传的《司马兵法》既然很多，所以不复详论，只为穰苴写了传记。

史记卷六十五

孙子吴起列传第五

孙子武者,〔1〕齐人也。〔2〕以兵法见于吴王阖庐。〔3〕阖庐曰:“子之十三篇,〔4〕吾尽观之矣,可以小试勒兵乎?”〔5〕对曰:“可。”阖庐曰:“可试以妇人乎?”曰:“可。”于是许之,出宫中美女,得百八十人。孙子分为二队,〔6〕以王之宠姬二人各为队长,皆令持戟。〔7〕令之曰:“汝知而心与左右手背乎?”〔8〕妇人曰:“知之。”孙子曰:“前,则视心;〔9〕左,视左手;右,视右手;后,即视背。”妇人曰:“诺。”约束既布,〔10〕乃设铁钺,〔11〕即三令五申之。〔12〕于是鼓之右,〔13〕妇人大笑。孙子曰:“约束不明,申令不熟,将之罪也。”复三令五申而鼓之左,妇人复大笑。孙子曰:“约束不明,申令不熟,将之罪也;既已明而不如法者,吏士之罪也。”〔14〕乃欲斩左右队长。吴王从台上观,见且斩爱姬,大骇。趣使使下令曰:〔15〕“寡人已知将军能用兵矣。寡人非此二姬,食不甘味,愿勿斩也。”孙子曰:“臣既已受命为将,将在军,君命有所不受。”〔16〕遂斩队长二人以徇。〔17〕用其次为队长,于是复鼓之。妇人左右前后跪起皆中规矩绳墨,〔18〕无敢出声。于是孙子使使报王曰:“兵既整齐,王可试下观之,唯王所欲用之,虽赴水火犹可也。”吴王曰:“将军罢休就舍,寡人不愿下观。”孙子曰:“王徒好其言,不能用其实。”于是阖庐知孙子能用兵,卒以为将。西破强楚,入郢,〔19〕北威齐晋,〔20〕显名诸侯,孙子与有力焉。

【注释】〔1〕“孙子武”,本篇为两个孙子作传,先叙孙武,故称孙子武。孙是氏,子是尊称,武是名。其事迹除本书,还见于银雀山汉简《见吴王》和《吴越春秋·阖闾内传》等。宋代《新唐书·宰相世系表》和《古今姓氏书辩证》称孙武字长卿,是齐大夫田书(《左传》昭公十九年作“孙书”)之孙;因田鲍四族作乱,奔吴。但所述世系和史实与《左传》有出入。 〔2〕《新唐书·宰相世系表》和《古今姓氏书辩证》称田书伐莒有功,齐景公赐姓孙氏,食采于乐安(在今山东博兴北)。孙武初为齐人,但后来入吴为将,食采于富春(在今浙江富阳),子孙世居富春。 〔3〕“兵法”,用兵之法,这里指孙武的兵书。汉唐时期,人们往往把《孙子兵法》简称为《兵法》。“吴王阖庐”,阖庐音 hé lú,亦作阖闾,寿梦之孙,初名光,见《吴太伯世家》。 〔4〕“十三篇”,古人往往称孙武的兵书为“十三篇”,今本《孙子兵法》包括《计》、《作战》、《谋攻》、《形》、《势》、《虚实》、《军争》、《九变》、《行军》、《地形》、《九地》、《火攻》、《用间》十三篇。出土银雀山汉简《孙子兵法》与今本篇次不同,并包含若干佚篇,但十三篇也是独立成帙。 〔5〕“勒兵”,勒是控制、驾驭之义。古代用兵作战以队形(阵法)训练最为重要,这里所谓“勒兵”主要是指队形操练。 〔6〕“队”,汉代军制以一百人为一队,这里是以九十人为一队。 〔7〕“戟”,一种合戈、矛为一体的兵器。 〔8〕“而”,你们,与“汝”同。〔9〕“心”,指心口,即胸所向。 〔10〕“约束”,指上述规定。 〔11〕“铁钺”,音 fū yuè,铁同斧,钺是一种大斧。古代将军受命出军,依礼要由国君亲赐斧钺。斧钺是征伐之权的象征,也是用来执法的刑具。 〔12〕“三”、“五”,是三番五次之义,乃虚用数字。“申”,是重复命令的意思,古代册命把二次命令叫做“申命”。 〔13〕古代作战是用金鼓旌旗指挥动作。这里“鼓之右”是说用鼓来指挥宫女向右。下“鼓之左”同。 〔14〕“吏士”,即上“队长”的别

名，上孙家寨汉简称队的长官为“士吏”，应即此“吏士”。〔15〕“趣”，急忙。〔16〕这是古代兵家的一种成说，《孙子九变》：“君命有所不受。”〔17〕“徇”，巡行示众。〔18〕古代队形操练的基本动作是所谓“坐作进退”，坐是坐姿，作是由坐姿变为立姿，进是前进，退是后退。这里的“跪起”即指“坐作”。“规矩”，圆规和矩尺。“绳墨”，准绳和用准绳画线的墨。规矩绳墨是木匠用以制器的工具，这里指队形训练的规定和要求。〔19〕公元前五〇六年冬，吴、楚战于柏举（在今湖北麻城东北），楚师败，吴乘胜追击，长驱直入，攻进楚都郢（在今湖北江陵西北）。案吴先后多次伐楚，据《左传》是出于伍子胥之谋，《史记》和《吴越春秋》则记为伍子胥和孙武二人之谋。〔20〕公元前四八五、前四八四年，吴曾两次伐齐，大败齐师。公元前四八二年，吴与晋会于黄池（在今河南封丘南），争为长。

【译文】孙子叫做武的，是齐国人。他以所著兵法求见于吴王阖庐。阖庐说：“您的十三篇我已全部拜读，可以试着为我操演一番吗？”孙子说“可以。”阖庐问：“可用妇女来操演吗？”孙子说：“可以。”于是答应孙子，选出宫中美女，共计一百八十人。孙子把她们分为两队，派王的宠姬二人担任两队的队长，让她们全部持戟。命令她们说：“你们知道你们的心口、左手、右手和背的方向吗？”妇女们说：“知道。”孙子说：“前方是按心口所向，左方是按左手所向，右方是按右手所向，后方是按背所向。”妇女们说：“是。”规定宣布清楚，便陈设斧钺，当场重复了多遍。然后用鼓声指挥她们向右，妇女们大笑。孙子说：“规定不明，申说不够，这是将领的过错。”又重复了多遍，用鼓声指挥她们向左，妇女们又大笑。孙子说：“规定不明，申说不够，是将领的过错；已经讲清而仍不按规定来动作，就是队长的过错了。”说着就要将左右两队的队长斩首。吴王从台上观看，见爱姬将要被斩，大惊失色。急忙派使者下令说：“寡人已知道将军善于用兵了。但寡人如若没有这两个爱姬，吃饭也不香甜，请不要斩首。”孙子说：“臣下既已受命为将，将在军中，国君的命令可以不必完全照办。”于是将队长二人斩首示众。用地位在她们之下的人担任队长，再次用鼓声指挥她们操练。妇女们向左向右向前向后，跪下起立，全都合乎要求，没有一个人敢出声。然后孙子派使者回报吴王说：“士兵已经阵容整齐，大王可下台观看，任凭大王想让她们干什么，哪怕是赴汤蹈火也可以。”吴王说：“将军请回客舍休息，寡人不愿下台观看。”孙子说：“大王只不过喜欢我书上的话，并不能采用其内容。”从此阖庐才知道孙子善于用兵，终于任他为将。吴国西面击破强楚，攻入郢，北威齐、晋，扬名于诸侯，孙子在其中出了不少力。

孙武既死，〔1〕后百余岁有孙膑。〔2〕膑生阿鄄之间，〔3〕膑亦孙武之后世子孙也。〔4〕孙膑尝与庞涓俱学兵法。庞涓既事魏，得为惠王将军，而自以为能不及孙膑，乃阴使召孙膑。膑至，庞涓恐其贤于己，疾之，〔5〕则以法刑断其两足而黥之，〔6〕欲隐勿见。〔7〕

【注释】〔1〕孙武据说死在吴地，《越绝书·外传·记吴地传》：“巫门外大冢，吴王客齐孙武冢也，去县十里，善为兵法。”〔2〕“孙膑”，膑音 bìn，可能是因受膑刑（挖去膝盖骨之刑）而得名。本书《太史公自序》：“孙子膑脚，而论兵法。”〔3〕“阿”，音 ē，在今山东阳谷东北；“鄄”，音 juàn，在今山东鄄城北，皆齐邑。孙武的这支后裔可能是在吴灭国后回到齐国。〔4〕《新唐书·宰相世系表》和《古今姓氏书辩证》称孙武有三子驰、明、敌，孙膑是孙明之子和孙武之孙。〔5〕“疾”，读为嫉，嫉妒。〔6〕“断其两足”，即古刖刑（刖音 yuè）；“黥之”，黥音 qíng，刺面染以墨，又叫墨刑。此与《太史公自序》“孙子膑脚”之说稍异。〔7〕“见”，读如现。是说欲使孙膑不得见人。

【译文】孙武死后，过了一百多年又有孙膑。孙膑出生在阿、鄄之间，也是孙武的后世子孙。孙膑曾与庞涓一起学习兵法。庞涓为魏国做事因而当上魏惠王的将军，但自认才能不如孙膑，便暗地派人召见孙膑。孙膑到了魏国，庞涓唯恐孙膑超过自己，嫉妒他，而以刑罚砍去他的双脚并施以墨刑，想使他埋没于世不为人知。

齐使者如梁，〔1〕孙膑以刑徒阴见，〔2〕说齐使。〔3〕齐使以为奇，窃载与之齐。齐将田忌善而客待之。〔4〕忌数与齐诸公子驰逐重射。〔5〕孙子见其马足不甚相远，〔6〕马有上、中、下辈。〔7〕于是孙子谓田忌曰：“君弟重射，〔8〕臣能令君胜。”田忌信然之，与王及诸公子逐射千金。〔9〕及临质，〔10〕孙子曰：“今以君之下驷与彼上驷，取君上驷与彼中驷，取君中驷与彼下驷。”〔11〕既驰三辈毕，而田忌一不胜而再胜，卒得王千金。于是忌进孙子于威王。威王问兵法,[12]遂以为师。[13]

【注释】〔1〕"齐",此时的齐已非姜齐而为田齐,在位者为齐威王。"梁",即大梁,在今河南开封西北,魏惠王三十一年(公元前三三九年)自安邑(在今山西夏县西北)徙都至此,从此魏亦称梁,但此时魏尚未称梁。〔2〕"刑徒",因犯罪而被判罚服劳役的人。〔3〕"说",音 shuì,以言辞打动人。〔4〕"田忌",齐之宗族,威王时任为将,荐孙膑于威王。〔5〕"驰逐",用马车竞赛;"重射",设重金赌胜。〔6〕"孙子",古代孙武和孙膑皆称孙子,此指孙膑。〔7〕"辈",等。〔8〕"弟",同第,是"但"的意思。〔9〕"逐射",即上"驰逐重射";"千金",金是古代的货币单位,秦以一镒(音 yì,重二十四两)为一金,战国时期的金可能与之接近。千金是很大的数目。〔10〕"临质",箭靶叫质,临质本指临射,这里指比赛即将开始。〔11〕"驷",音 sì,驾车的四马。这里是劝田忌选择自己三套乘马中的下等对对方的上等,上等对对方的中等,中等对对方的下等。〔12〕银雀山汉简《孙膑兵法》有〔《见威王》〕、《威王问》等篇。〔13〕"师",军师。

【译文】齐国使者到大梁来,孙膑以刑徒的身份暗地来见,用言辞打动齐国使者。齐国使者觉得此人不同凡响,暗地用车把他载到齐国。齐国的将军田忌欣赏孙膑而以客礼待之。田忌多次与齐国的诸公子赛马,下重金赌胜。孙子注意到他们的马奔跑能力不相上下,并且都分上、中、下三等。因此孙子对田忌说:"您只管下大注,臣下必能使您获胜。"田忌相信并答应了他,与齐王和诸公子用千金来赌胜,到了临比赛时,孙子说:"请用您的下等乘马对付他们的上等乘马,请用您的上等乘马对付他们的中等乘马,请用您的中等乘马对付他们的下等乘马。"三等乘马全部比赛完毕,结果田忌一场不胜而两场胜,终于得到王的千金之赏。所以田忌把孙子推荐给齐威王。威王向他请教兵法,因而任他为军师。

其后魏伐赵,赵急,请救于齐。[1]齐威王欲将孙膑,膑辞谢曰:"刑余之人不可。"[2]于是乃以田忌为将,而孙子为师,居辎车中,[3]坐为计谋。田忌欲引兵之赵,孙子曰:"夫解杂乱纷纠者不控卷,[4]救斗者不搏撠,[5]批亢捣虚,[6]形格势禁,[7]则自为解耳。今梁赵相攻,[8]轻兵锐卒必竭于外,[9]老弱罢于内。[10]君不若引兵疾走大梁,[11]据其街路,[12]衝其方虚,[13]彼必释赵而自救。是我一举解赵之围而收弊于魏也。"田忌从之,魏果去邯郸,[14]与齐战于桂陵,[15]大破梁军。

【注释】〔1〕魏惠王十七年(《六国年表》当赵成侯二十一年、齐威王二十五年,据《纪年》则当赵成侯二十二年、齐威王四年,绝对年代为公元前三五三年,比本书迟一年),魏围赵都邯郸(在今河北邯郸市西南),赵求援于齐,齐未即出兵救赵。〔2〕"刑余之人",受过刑的人。〔3〕"辎车",辎音 zī,一种驾牛的载重车。古代军将皆乘战车亲战,孙膑残废,不能乘战车亲战,所以只能居辎车中指挥。〔4〕"杂乱纷纠",《孙子·势》"纷纷纭纭,斗乱而不可乱也",指搏斗的混乱状态。"控卷",握拳,卷同拳。或以理丝为说,恐非。〔5〕"搏撠",搏有击义,撠音 jǐ,是击刺之义。〔6〕"批"有排除之义,"亢"可训极,这里指敌之盛气,"捣"是击义,"虚"是虚懈之义。其义与避实击虚略同。〔7〕"形"、"势",是指客观或人为造成的军事态势;"格"、"禁",是指用这种态势去牵制和阻止敌人的行动。〔8〕"梁",指魏。此时魏尚未称梁,称梁是后人追述之言。〔9〕"外",国外。〔10〕"罢",同疲;"内",国内。〔11〕"大梁",在今河南开封西北。此时魏尚未徙都大梁。〔12〕"街路",指四通八达的战略要冲。〔13〕"衝",同冲。"方虚",恰好是虚懈的地方。〔14〕"邯郸",赵都,在今河北邯郸市西南。魏围邯郸在魏惠王十七年,次年魏拔邯郸(《田敬仲完世家》作"十月",《战国策·齐一》作"七月"),齐袭魏而救赵在魏拔邯郸后,至此魏始解围而去。〔15〕"桂陵",魏地,在今河南长垣西。桂陵之战,齐不直接出兵救赵,而引兵攻魏,直扑魏都大梁,迫使魏军放弃新占的邯郸,兼程赶回救援。桂陵地近大梁,正当魏军自邯郸返回大梁的途中。齐设兵于此邀击,大败魏军。

【译文】后来魏国攻打赵国,赵国危急,向齐国求援。齐威王想任孙膑为将,孙膑谢绝说:"受过刑的人是不可以的。"所以任田忌为将,而任孙子为军师,让他坐在辎车中筹画计谋。田忌打算率军前往赵国,孙子说:"劝解纠纷不能挥拳相加,平息争斗不能亲自上手,避实击虚,利用形势来牵制敌人,危难自可解除。现在魏国和赵国正在交战,精锐部

队必定全部开往国外，留在国内疲于应付的都是老弱病残。您不如率兵迅速前往大梁，占据要津，冲击敌人正好虚懈的地方，他们必定会放下赵国赶回救援。这样我们就能同时解除赵国之围又使魏国遭受打击。”田忌照他的计谋去做，魏军果然离开邯郸，与齐国会战于桂陵，结果大破魏军。

后十三岁，[1]魏与赵攻韩，韩告急于齐。[2]齐使田忌将而往，[3]直走大梁。魏将庞涓闻之，[4]去韩而归，齐军既已过而西矣。孙子谓田忌曰：“彼三晋之兵素悍勇而轻齐，[5]齐号为怯，善战者因其势而利导之。[6]兵法，百里而趣利者蹶上将，[7]五十里而趣利者军半至。[8]使齐军入魏地为十万灶，明日为五万灶，又明日为三万灶。”[9]庞涓行三日，大喜，曰：“我固知齐军怯，入吾地三日，士卒亡者过半矣。”[10]乃弃其步军，[11]与其轻锐倍日并行逐之。[12]孙子度其行，[13]暮当至马陵。[14]马陵道狭，而旁多阻隘，可伏兵，乃斫大树白而书之曰“庞涓死于此树之下”。[15]于是令齐军善射者万弩，[16]夹道而伏，期曰“暮见火举而俱发”。[17]庞涓果夜至斫木下，见白书，乃钻火烛之。[18]读其书未毕，齐军万弩俱发，魏军大乱相失。[19]庞涓自知智穷兵败，乃自刭，[20]曰：“遂成竖子之名！”[21]齐因乘胜尽破其军，虏魏太子申以归。[22]孙膑以此名显天下，世传其兵法。[23]

【注释】〔1〕《史记》记桂陵之战在魏惠王十八年，记马陵之战在魏惠王三十年，相去十三年。《纪年》记桂陵之战在魏惠王十七年，记马陵之战在魏惠王二十八年，相去十二年。〔2〕据《田敬仲完世家》，马陵之役起因于魏伐赵，赵与韩共击魏，赵不利，韩求救于齐。与此说异。〔3〕齐威王在位期间任田忌为将，邹忌为相，二人不合，田忌曾被邹忌排挤出亡。《田敬仲完世家》记其事于威王三十五年，谓田忌率其徒袭攻临淄，求邹忌，不胜而奔，至此始召复故位。《战国策·齐一》则记此事于马陵之役后，谓孙膑劝田忌不可解兵入齐，田忌不听，果不入齐，被迫亡走楚国，楚封田忌于江南。二说不同。〔4〕银雀山汉简《孙膑兵法·擒庞涓》记庞涓被擒是在桂陵之役，《战国策·齐一》也记庞涓被擒，但是在马陵之役，本书于桂陵之役不提庞涓，而于马陵之役记庞涓被杀。〔5〕“三晋”，韩、赵、魏，这里主要是指魏。案《荀子·议兵》曾比较齐、魏两国军队，谓齐人重视技击（军事技巧），但只凭斩获首级赐金，如同雇佣兵，“兵莫弱是矣”；魏人选取武卒，考试极为严格，一经中试，则可连续数年免除税役，战斗力要远远超过齐国军队，所谓“齐之技击不可以遇魏氏之武卒”。〔6〕是说既然魏兵素轻齐兵，不妨伪示以怯。〔7〕“趣利”，趣同趋，是速进争利之义，利指会战的先机之利，即先敌到达会战地点，取得战势之便。“蹶”，音 jué，折损。“上将”，即上将军，战国以来，上将军是最高的军事统帅。〔8〕今本《孙子·军争》述军争之法曰：“是故卷甲而趋，日夜不除，倍道兼行，百里而争利，则擒三将军，劲者先，疲者后，其法十一而至；五十里而争利，则蹶上将军，其法半至；三十里而争利，则三分之二至。”述蹶上将于五十里而争利，与此不同。这段话的意思是说两军争利，距离愈长，速度愈快，愈难保持行军动作的协调一致，掉队的人愈多。〔9〕孙膑为了迷惑魏军，故意仿照军争之法，逐日减少做饭用的灶炊，让魏军以为齐军大量掉队。〔10〕“过半”，孙膑减灶从十万至五万又至三万，似其兵力已仅存不足三分之一，故谓“过半”。〔11〕战国时期，往往采取车兵、骑兵和步兵混同作战，车兵和骑兵行进速度较快而步兵较慢。庞涓以为齐军到达会战地点，兵力尚余不足三分之一，所以敢于丢下行进速度较慢的步兵与齐军争利。〔12〕“轻锐”，轻兵锐卒，指速度快、体力好的士兵；“倍日并行”，缩短日期加快行程。〔13〕“度”，音 duó，揣度，估计。〔14〕“马陵”，齐地，在今河北大名东南，一说在今山东莘县西南（二说地点相近）。〔15〕“斫”，音 zhuó，用斧斤砍削；“白”，指削去树皮露出的白木。〔16〕“弩”，一种用弩机控制发射的弓。〔17〕“期”，约定。〔18〕钻木取火照明，看白木上所书之字。〔19〕“相失”，指队形被打乱，士兵失去各自的相对位置，彼此不相连属。古代行军、宿营、作战皆有固定队形，失去队形则不能作战。〔20〕“自刭”，刭音 jǐng，割颈自杀。〔21〕“竖子”，是骂人话，犹言小子。〔22〕“魏太子申”，魏惠王之太子，太子申被虏死于齐。〔23〕《汉书·艺文志·兵书略》著录《齐孙子》八十九篇即孙膑的兵法，出土银雀山汉简也有孙膑的兵法。

【译文】又过了十三年，魏国和赵国攻打韩国，韩国向齐国告急。齐国派田忌率兵前往，直奔大梁。魏将庞涓听到消息，放下韩国赶回，但齐军已经越过齐境而西进。孙子对田忌说："他们三晋的军队素来慓悍勇武而看不起齐国，齐国有怯懦的名声，善于作战的人只能因势利导。兵法上说，行军百里与敌争利会损失上将军，行军五十里而与敌争利只有一半人能赶到。（为了让魏军以为齐军大量掉队，）应使齐军进入魏国境内后先设十万个灶，过一天设五万个灶，再过一天设三万个灶。"庞涓行军三天，见到齐军所留灶迹，非常高兴，说："我本来就知道齐军怯懦，入我境内三天，士兵已经逃跑了一大半。"所以丢下步兵，只率轻兵锐卒，用加倍的速度追赶齐军。孙子估计魏军的行军速度，天黑应当赶到马陵。马陵道路狭窄，旁多险阻，可以埋伏兵马，于是把一棵大树削去树皮，露出白木，在上面写上"庞涓死于此树之下"。然后命齐军善射者持上万张弩，埋伏在道路两旁，约定好"天黑见到点着的火就一起放箭"。庞涓果然于夜晚来到削去树皮的大树下，看见树上写着字，便钻木取火来照明。字还没有读完，齐军万弩齐发，魏军大乱失去队形。庞涓自知无计可施，军队已彻底失败，只好自刎，临死说："总算叫这小子成了名！"齐国乃乘胜全歼魏军，俘虏了魏太子申回国。孙膑因此而名扬天下，世人皆传习他的兵法。

吴起者，卫人也，[1]好用兵。尝学于曾子，[2]事鲁君。[3]齐人攻鲁，鲁欲将吴起，吴起取齐女为妻，而鲁疑之。吴起于是欲就名，遂杀其妻，以明不与齐也。鲁卒以为将。将而攻齐，大破之。

【注释】〔1〕《韩非子·外储说右上》："吴起，卫左氏中人也。" 〔2〕"曾子"，据《经典释文叙录》，即曾申。曾申从子夏受《毛诗》，传李克；从左丘明受《左传》，传吴起。曾申是曾参之子，字子西。 〔3〕吴起事鲁为将伐齐，年数无可考。

【译文】吴起，是卫国人，喜欢用兵。曾向曾子求学并臣事鲁国国君。齐人攻打鲁国，鲁国想任吴起为将，但吴起娶了齐国女子为妻，而鲁国人怀疑他。当时吴起为了成就功名，竟杀了自己的妻子，以表白自己与齐国没关系。鲁国终于任他为将，率兵攻打齐国，大破齐国。

鲁人或恶吴起曰："起之为人，猜忍人也。[1]其少时，家累千金，游仕不遂，[2]遂破其家。乡党笑之，[3]吴起杀其谤己者三十余人，而东出卫郭门。[4]与其母诀，[5]啮臂而盟曰：[6]'起不为卿相，不复入卫。'遂事曾子。居顷之，其母死，起终不归。曾子薄之，而与起绝。起乃之鲁，学兵法以事鲁君。鲁君疑之，起杀妻以求将。夫鲁小国，而有战胜之名，则诸侯图鲁矣。且鲁卫兄弟之国也，[7]而君用起，则是弃卫。"鲁君疑之，谢吴起。[8]

【注释】〔1〕"猜忍"，猜忌残忍。 〔2〕"游仕"，出外找官做。"不遂"，不遂愿。 〔3〕"乡党"，《周礼》所记乡遂居民组织以五族即五百家为党，五州即一万二千五百家为乡，这里是泛指吴起的同乡。 〔4〕"郭门"，外城的城门。鲁在卫之东，所以说东出卫郭门。 〔5〕"诀"，诀别。 〔6〕"啮"，音niè，咬。"盟"，发誓。 〔7〕鲁的始封君周公旦和卫的始封君康叔封为同胞兄弟，所以称"兄弟之国"。〔8〕"谢"，辞退。

【译文】鲁国有人说吴起的坏话："吴起的为人，属于猜忌残忍之人。他年轻时，家有千金，出外求仕不顺利，弄得倾家荡产。乡里人都笑话他，吴起竟杀死毁谤自己的三十多人，出卫的郭门东去。临行向他的母亲告别，咬着自己的胳臂发誓说：'我吴起不做卿相，决不再回卫国。'这样吴起求学于曾子。但过了不久，他的母亲去世，吴起却始终也没有回去。曾子看不起他，而与吴起断绝关系。吴起只好去鲁国，学习兵法，求事于鲁国国君。鲁国国君怀疑他（与齐国有关系），吴起又杀妻求将。像鲁国这样的小国而有打胜仗的名声，那么诸侯就要打鲁国的主意了。而且鲁国和卫国是以兄弟相称，我们的国君若起用吴起，那么就等于抛弃卫国。"鲁国国君因而疑心，辞退吴起。

吴起于是闻魏文侯贤，[1]欲事之。文侯问李克曰：[2]"吴起何如人哉？"李克曰："起贪而好色，然用兵司马穰苴不能过也。"[3]于是魏文侯以为将，击秦，拔五城。[4]

【注释】〔1〕"魏文侯"，是魏正式立为诸侯的第一代国君。文侯师事子夏（孔子弟子）、田子方（子贡弟子）、段干木（子夏弟子），并任用李克和吴

起(曾是子夏弟子曾申的学生)等人担任要职,魏因此强盛一时。〔2〕“李克”,曾从子夏弟子曾申授《诗》,魏克中山后,李克任中山相,辅佐魏所封中山君子击(《韩非子·外储说左下》、《史记·魏世家》、《说苑·臣术》、《韩诗外传》卷三)。〔3〕“司马穰苴”,司马是以官得氏,穰苴是名,亦称田穰苴,是田完的后裔,事齐景公,善用兵,见《司马穰苴列传》。〔4〕时事均无可考。

【译文】当时吴起听说魏文侯贤明,想去投靠他。魏文侯问李克说:“吴起是个什么样的人?”李克说:“吴起贪财好色,但用兵即使司马穰苴也超不过他。”因此魏文侯任吴起为将,进攻秦国,拔取秦的五座城池。

起之为将,〔1〕与士卒最下者同衣食。卧不设席,〔2〕行不骑乘,亲裹赢粮,〔3〕与士卒分劳苦。卒有病疽者,〔4〕起为吮之。〔5〕卒母闻而哭之。人曰:“子卒也,而将军自吮其疽,何哭为?”母曰:“非然也。往年吴公吮其父,其父战不旋踵,〔6〕遂死于敌。吴公今又吮其子,妾不知其死所矣。〔7〕是以哭之。”

【注释】〔1〕据《韩非子·外储说左上》,此所述为吴起参加魏攻取中山之事。魏攻中山,前后共三年,当魏文侯三十六到三十八年(公元前四一〇至前四〇八年),《史记》排列文侯之年有误,此从《纪年》)。〔2〕“席”,是用蒲草编的卧垫,比较讲究。〔3〕“裹”,用囊来包裹。《诗·大雅·公刘》:“乃裹餱粮,于橐于囊。”“赢粮”,赢通攍,是担负之义,《方言》卷七:“攍,儋也。”《广雅·释言》:“攍,负也。”《荀子·议兵》:“赢三日之粮。”《庄子·胠箧》:“赢粮而趋。”〔4〕“疽”,音 jū,脓疮。〔5〕“吮”,音 shǔn,吸。〔6〕“旋”,旋转。“踵”,音 zhǒng,脚跟。“战不旋踵”,是说决不退逃。《管子·小匡》:“平原广牧,车不结辙,士不旋踵,鼓之而三军之士视死如归。”〔7〕“妾”,妇女自称的谦辞。

【译文】吴起担任将领,与士兵最下层吃饭穿衣同一标准。睡觉不铺卧席,走路不乘车子,亲自捆扎和担负粮食,与士兵分担劳苦。有个士兵长了脓疮,吴起为他吸脓,士兵的母亲听说后就哭了。别人对他说:“你的儿子不过是普通士兵,而将军却亲自为你的儿子吸脓,你为什么要哭呢?”这位母亲说:“我并不是哭这个。前些年吴公曾为孩子的父亲吸脓,他的父亲打起仗来勇往直前,绝不后退,结果被敌人杀死。吴公现在又来给他的儿子吸脓,贱妾真不知道他会死在哪里,所以才哭。”

文侯以吴起善用兵,廉平,〔1〕尽能得士心,乃以为西河守,〔2〕以拒秦、韩。〔3〕

【注释】〔1〕“廉平”,廉洁公平。〔2〕“西河”,魏文侯所置郡,地在黄河之西,辖境有今陕西华阴以西,黄河以南,洛河以东。“守”,郡守,郡的长官。据本书《魏世家》,翟璜曾向魏文侯推荐西河郡守,应即吴起。〔3〕西河与秦、韩相近。

【译文】魏文侯因吴起善于用兵,廉洁公平,能取得士兵的拥戴,所以任他为西河郡守,命他防御秦、韩两国的进攻。

魏文侯既卒,起事其子武侯。〔1〕武侯浮西河而下,〔2〕中流,〔3〕顾而谓吴起曰:“美哉乎山河之固,此魏国之宝也!”起对曰:“在德不在险。昔三苗氏左洞庭,〔4〕右彭蠡,〔5〕德义不修,禹灭之。〔6〕夏桀之居,左河济,〔7〕右泰华,〔8〕伊阙在其南,〔9〕羊肠在其北,〔10〕修政不仁,汤放之。〔11〕殷纣之国,左孟门,〔12〕右太行,〔13〕常山在其北,〔14〕大河经其南,〔15〕修政不德,武王杀之。〔16〕由此观之,在德不在险。若君不修德,舟中之人尽为敌国也。”武侯曰:“善。”

【注释】〔1〕“武侯”,名击,见本书《魏世家》。今本《吴子》多载武侯与吴起问答之辞。〔2〕“西河”,指今陕西、山西之间的黄河。〔3〕“中流”,水流当中。〔4〕“三苗氏”,上古南方古部族名,传说是缙云氏之后。“洞庭”,今之洞庭湖。〔5〕“彭蠡”,蠡音 lǐ,今之鄱阳湖。《战国策·魏一》记,武侯浮西河吴起所对,这两句作“左彭蠡之波,右洞庭之水”,下并有“文山在其南,而衡山在其北”二句,表示三苗氏的活动范围,左、右与此相反。案古人习惯以前为南,后为北,左为东,右为西,洞庭湖在西,鄱阳湖在东,应以《战国策》所述方位为是。〔6〕禹灭三苗,见《墨子·非攻》。〔7〕“河济”,黄河东段和济水,在夏中心活动区的东面,故称“左”。〔8〕“泰华”,泰应指今山西境内的霍山,霍山古亦名霍太山或霍泰山，若指为今山东境内的泰山，则应称“左”而不应称“右”；华指华山。霍山和华山在夏中心活动区的西面，故称“右”。〔9〕“伊阙”，伊阙山，在河南洛阳市南，亦名龙门。〔10〕“羊肠”，羊肠坂，太行山古道名，在今山西晋城南。〔11〕本书《夏本纪》：“汤遂率兵以伐夏桀。桀走鸣条，遂放而死。”〔12〕“孟门”，山名，在今河南辉县西。〔13〕“太行”，太行山。〔14〕“常山”，即恒山，在今河北曲阳西北与山西接壤处。常字是汉代避汉文帝刘恒讳所改。〔15〕“大河”，指黄河中游。〔16〕周武王伐纣，纣奔鹿台自焚而死。

【译文】魏文侯死后，吴起又臣事他的儿子武侯。武侯乘船顺西河而下，行至水流当中，回头对吴起说：“山河险固多么壮丽，这真是魏国最宝贵的东西呀！”吴起回答说：“重要的是道德而不是险固。从前三苗氏左有洞庭，右有彭蠡，因为不讲求道德礼义，禹灭亡了他。夏桀的国土，左有黄河济水，右有泰山、华山，伊阙在他的南面，羊肠在他的北面，不行仁政，汤放逐了他。殷纣的国土，左有孟门山，右有太行山，恒山在他的北面，大河流经他的南面，不行德政，武王杀了他。从这些看来，重要的是道德而不是险固。如果您不讲求道德，今天船上的人将来都会变成敌国的人。”武侯说：“讲得好。”

吴起为西河守，甚有声名。魏置相，〔1〕相田文。〔2〕吴起不悦，谓田文曰：“请与子论功，可乎？”田文曰：“可。”起曰：“将三军，〔3〕使士卒乐死，敌国不敢谋，子孰与起？”文曰：“不如子。”起曰：“治百官，亲万民，实府库，子孰与起？”文曰：“不如子。”起曰：“守西河而秦兵不敢东乡，〔4〕韩赵宾从，〔5〕子孰与起？”文曰：“不如子。”起曰：“此三者，子皆出吾下，而位加吾上，何也？”文曰：“主少国疑，大臣未附，百姓不信，方是之时，〔6〕属之于子乎？属之于我乎？”起默然良久，曰：“属之子矣。”文曰：“此乃吾所以居子之上也。”吴起乃自知弗如田文。

【注释】〔1〕“相”，相邦，战国以来辅佐国君的最高官职。〔2〕“田文”，以下采《吕氏春秋·执一》，但《吕氏春秋》作“商文”。〔3〕“三军”，古代军队往往分上、中、下或左、中、右三军。〔4〕“乡”，同向。〔5〕“宾从”，归顺服从。〔6〕“方是”，当此。

【译文】吴起任西河郡守，很有名气。魏国选任相邦，以田文为相。吴起不高兴，对田文说：“请让我与您比比功劳，行不行？”田文说：“可以。”吴起说：“率领三军，使士兵乐于效死拼命，敌国不敢打我国的主意，您比得上我吗？”田文说：“不如您。”吴起说：“治理百官，亲和万民，充实府库，您比得上我吗？”田文说：“不如您。”吴起说：“守西河，令秦兵不敢东向，韩、赵归顺，您比得上我吗？”田文说：“不如您。”吴起说：“这三点，您都在我之下，而职位反而在我之上，是何道理？”田文说：“国君年幼，国人疑虑，大臣尚未亲附，百姓尚未信任，当此之时，是把国政交给您呢？还是交给我呢？”吴起沉默了半天，说：“应该交给您。”田文说：“这就是为什么我的地位会在您之上。”吴起这才知道自己不如田文。

田文既死，公叔为相，〔1〕尚魏公主，〔2〕而害吴起。〔3〕公叔之仆曰：“起易去也。”公叔曰：“奈何？”其仆曰：“吴起为人节廉而自喜名也。君因先与武侯言曰：‘夫吴起贤人也，而侯之国小，又与强秦壤界，〔4〕臣窃恐起之无留心也。’武侯即曰：‘奈何？’君因谓武侯曰：‘试延以公主，〔5〕起有留心则必受之，无留心则必辞矣。以此卜之。’君因召吴起而与归，即令公主怒而轻君。吴起见公主之贱君也，则必辞。”〔6〕于是吴起见公主之贱魏相，果辞魏武侯。武侯疑之而弗信也。吴起惧得罪，遂去，即之楚。

【注释】〔1〕“公叔”，《索隐》以为韩之公族，《史记志疑》以为即《战国策·魏一》帅师与韩、赵战于浍北之公叔痤（痤音 cuó）。〔2〕“尚”，娶公主叫尚。“公主”，国君之女。〔3〕《吕氏春秋·长见》谓害吴起去魏入楚的是王错。〔4〕“壤界”，接壤连界。〔5〕“延”，介绍，指使吴起尚公主。〔6〕谓吴起见公叔所尚公主贱公叔，则必不受公主，而不受公主则表明他没有留下之心。

【译文】田文死后，公叔任丞相，娶魏国公主，而陷害吴起。公叔的仆人说：“吴起很容易除掉。”公叔说：“如何下手？”他的仆人说：“吴起为人廉洁自爱。您可以先对武侯去讲：‘吴起是个贤人，而您的国土太小，又与强秦国为邻，臣下担心吴起不会有久留之心。’武侯会说：‘那么怎么办呢？’您就对

武侯说：'可把公主嫁给他作为试探，吴起愿意留下就会接受，不愿留下就会拒绝，用这种办法考验他。'您再召吴起一起回家。然后让您那位公主对您发脾气表示看不起您。吴起见您那位公主看不起您，便一定会拒绝娶公主。"后来吴起看到这位公主看不起魏国的相邦，果然拒绝了魏武侯。武侯也起了疑心，不再信任他。吴起害怕因此而获罪，只好离开到楚国去。

楚悼王素闻起贤，〔1〕至则相楚。〔2〕明法审令，捐不急之官，废公族疏远者，〔3〕以抚养战斗之士。要在强兵，破驰说之言从横者。〔4〕于是南平百越；〔5〕北并陈蔡，〔6〕却三晋；西伐秦。诸侯患楚之强。故楚之贵戚尽欲害吴起。〔7〕及悼王死，宗室大臣作乱而攻吴起，吴起走之王尸而伏之。击起之徒因射刺吴起，并中悼王。悼王既葬，太子立，〔8〕乃使令尹尽诛射吴起而并中王尸者。〔9〕坐射起而夷宗死者七十余家。〔10〕

【注释】〔1〕吴起入楚应在楚悼王七年，即魏武侯元年(公元前三九五年，《六国年表》作魏文侯三十年，此从《纪年》)之后，估计是在楚悼王在位期间的后半期。〔2〕楚相称令尹。〔3〕"公族"，指楚王的宗族。这种宗族随着世代的增加，分支愈来愈多，成为国家财政的重要负担。吴起主张废去其中比较疏远的分支。〔4〕"纵横"，合纵连横，合纵是联合众弱以攻一强，连横是事一强以攻众弱。〔5〕"百越"，古代南方以越为名的族群系统，如东越、闽越、瓯越、西越、骆越等。百越主要分布在今江浙闽粤等省。〔6〕楚并陈为楚惠王十一年，并蔡为楚惠王四十二年，均在此之前。此说亦见《战国策·秦三》。〔7〕"故"，旧时的。〔8〕"太子"，即楚肃王。〔9〕"令尹"，楚国执政大臣称令尹。〔10〕"坐"，获罪；"夷宗"，灭宗。

【译文】楚悼王一向听说吴起贤能，一到楚国就让他当上楚国的相邦。吴起申明法令，裁撤多余的官吏，废除楚公族中的疏远子孙，把节省下的经费用于养兵。目的在于使军队强大，打击用纵横之说游说的人。因此南平百越；北并陈、蔡，迫使三晋退却；西伐秦。诸侯都忧虑楚国的强大。原来楚国的贵族都想害死吴起。等到悼王死后，宗室大臣作乱，讨伐吴起，吴起跑到悼王停尸的地方，趴在悼王身上。讨伐吴起的人由于射、刺吴起，也击中悼王的尸体。悼王被埋葬之后，太子即位，命令尹把射、刺吴起而连带击中悼王的尸体的人全部处死。因射、刺吴起而被灭族的人有七十多家。

太史公曰：世俗所称师旅，〔1〕皆道《孙子》十三篇，〔2〕吴起《兵法》，〔3〕世多有，故弗论，论其行事所施设者。语曰：〔4〕"能行之者未必能言，能言之者未必能行。"孙子筹策庞涓明矣，〔5〕然不能蚤救患于被刑。〔6〕吴起说武侯以形势不如德，〔7〕然行之于楚，以刻暴少恩亡其躯。〔8〕悲夫！

【注释】〔1〕"师旅"，军旅之事。〔2〕即今《孙子兵法》十三篇。〔3〕《汉书·艺文志·兵书略》著录《吴起》四十八篇，《隋书·经籍志》、《新唐书·艺文志》所录则仅一卷今本《吴子》，《郡斋读书志》云"唐陆希声类次"，是后人整理过的一种删节本，分三卷，包括《图国》、《料敌》、《治兵》、《论将》、《应变》、《励士》六篇。〔4〕"语"，谚语。〔5〕"孙子"，指孙膑。"筹策"，是古人用来计数的工具，多用竹木小棍做成，古人行师用兵多用此种工具计算敌我优劣，叫做定计、运筹、决策等等，这里指算计、预料。〔6〕"被刑"，指受膑刑。〔7〕即上武侯浮西河吴起所对。〔8〕"刻暴少恩"，刻薄残暴，缺少仁爱之心。

【译文】太史公说：只要世人一讲起行师用兵，都要称道《孙子》十三篇，吴起的《兵法》，世上也流传得很多，所以不复详论，只谈他们的作为建树。谚语说："能实际去做的人未必能高谈阔论，能高谈阔论的人未必能实际去做。"孙子料算庞涓是相当机智的，但却不能使自己从一开始就免遭刑罚。吴起为魏武侯论说山川形势不如道德重要，但用之于楚国，却是以刻薄残暴、缺乏仁爱而丧命。太可悲了！

史记卷六十六

伍子胥列传第六

伍子胥者，楚人也，〔1〕名员。〔2〕员父曰伍奢。员兄曰伍尚。其先曰伍举，〔3〕以直谏事楚庄王，〔4〕有显，故其后世有名于楚。

【注释】〔1〕“楚”，周的诸侯国，春秋时的疆域，西北到武关（今陕西商县东），东南到昭关（今安徽含山北），北到今河南南阳一带，南到今洞庭湖以南地区，都城在郢（今湖北江陵）。 〔2〕“员”，音yún。 〔3〕“先”，先祖。《左传》昭公十九年注云，伍举为伍奢之父。 〔4〕“楚庄王”，楚穆王之子熊侣，公元前六一三年至前五九一年在位。伍举直谏楚王事，参见本书《楚世家》。据考证，伍举事楚灵王，“事楚庄王”者则为伍举之父伍参。

【译文】伍子胥是楚国人，名叫员。他的父亲叫伍奢，他的哥哥叫伍尚。他们的祖上有个叫伍举的，是楚庄王的大臣，以敢于直言劝谏，声望显赫，所以他的后代在楚国也就很有名气。

楚平王有太子名曰建，〔1〕使伍奢为太傅，费无忌为少傅。〔2〕无忌不忠于太子建。平王使无忌为太子取妇于秦，〔3〕秦女好，〔4〕无忌驰归报平王曰：“秦女绝美，〔5〕王可自取，而更为太子取妇。”平王遂自取秦女而绝爱幸之，〔6〕生子轸。〔7〕更为太子取妇。

【注释】〔1〕“楚平王”，楚共王之子，康王、灵王之弟熊居（弃疾），公元前五二八年至前五一六年在位。 〔2〕“太傅”、“少傅”，职官名，太子的师傅。“费无忌”，《左传》作“费无极”。 〔3〕“取”，通“娶”。 〔4〕“好”，貌美。 〔5〕“绝”，极。 〔6〕“幸”，专指君王的宠爱。 〔7〕“轸”，《楚世家》作“珍”，《左传》又作“壬”。

【译文】楚平王的太子名叫建，平王派伍奢做他的太傅，费无忌做他的少傅。然而费无忌却不忠于太子建。平王让费无忌到秦国去为太子建娶亲，那位秦国的女子长得很漂亮，费无忌跑回来报告平王说：“那位秦国的女子实在是绝顶的美貌，大王可以自己娶过来，另外再替太子娶个妻子。”平王便自己娶了那位秦国的女子，对她极为宠爱，后来生了一个儿子，名叫轸。平王又另外给太子娶了一个妻子。

无忌既以秦女自媚于平王，因去太子而事平王。〔1〕恐一旦平王卒而太子立，杀己，乃因谗太子建。建母，蔡女也，〔2〕无宠于平王。平王稍益疏建，使建守城父，〔3〕备边兵。

【注释】〔1〕“去”，离开。 〔2〕“建母，蔡女也”，楚平王为大夫时出使蔡国，蔡国郹阳（郹，音jú，今河南新蔡一带）地方封人（官名，掌疆界标志）的女儿，同他私奔，生太子建。此时已失宠。 〔3〕“城父”，故地在今安徽亳县东南。

【译文】费无忌既然用那位秦国的女子向平王献媚讨好，因此就离开了太子而去侍奉平王。他担心有朝一日平王死了而太子继位为王，会杀掉自己，所以就极力诋毁太子建。太子建的母亲是蔡国人，平王本来就不喜欢她。渐渐地平王越来越疏远太子建，将他派去驻守城父，守卫边疆。

顷之,[1]无忌又日夜言太子短于王曰:[2]"太子以秦女之故,不能无怨望,[3]愿王少自备也。[4]自太子居城父,将兵,[5]外交诸侯,且欲入为乱矣。"平王乃召其太傅伍奢考问之。[6]伍奢知无忌谗太子于平王,因曰:"王独奈何以谗贼小臣疏骨肉之亲乎?"[7]无忌曰:"王今不制,其事成矣。王且见禽。"[8]于是平王怒,囚伍奢,而使城父司马奋扬往杀太子。[9]行未至,奋扬使人先告太子:"太子急去,不然将诛。"太子建亡奔宋。[10]

【注释】[1]"顷之",不久,一会儿。 [2]"短",过错,缺点。 [3]"望",怨,怨恨。 [4]"少",稍。 [5]"将",统率,率领,音 jiàng。 [6]"考问",审问,核查。 [7]"独",表示反问的副词,有"难道"、"却"的意思。"谗贼",指诋毁、陷害好人。《荀子·修身》:"伤良曰谗,害良曰贼"。 [8]"见",表示"被"的助词。"禽",通"擒"。 [9]"城父司马",职官名,城父的军事长官。"奋扬",《左传》昭公二十年记楚平王追问奋扬,为何放走太子建。奋扬答道,君王曾命令我,侍奉太子要像侍奉我一样;有了这前一个命令,我就不忍心去执行后一个命令,所以放走了太子建。楚王终于赦免奋扬,让他担任原职。 [10]"宋",周的诸侯国,始封的国君是商纣王的庶兄微子启,建都商丘(今河南商丘)。春秋时疆域包括今河南东部及山东、江苏、安徽三省交界处。

【译文】不久,费无忌又一天到晚地在平王面前讲太子的坏话。他说:"太子建因为那秦国女子的缘故,不能没有怨恨,希望大王多少要自己防备着一点。自从太子到了城父,统领着军队,对外又与诸侯各国结交往来,他是准备着将要回都城来作乱呢!"平王就召来太子太傅伍奢审问。伍奢知道是费无忌在平王面前说了太子的坏话,因此便说:"大王为什么竟要相信那心黑口毒、拨弄是非的小臣,疏远了至亲的骨肉之情呢?"费无忌说:"大王如果现在不制裁他们,他们的阴谋就要成功了。大王将很快被他们捉起来的。"于是,平王大为恼怒,把伍奢关进了监牢,又派城父司马奋扬去杀太子。奋扬在还没有到城父之前,就派人先去告诉太子,说:"太子赶快走,不然将被杀。"太子建便逃到宋国去了。

无忌言于平王曰:"伍奢有二子,皆贤,不诛且为楚忧。可以其父质而召之,不然且为楚患。"王使使谓伍奢曰:"能致汝二子则生,[1]不能则死。"伍奢曰:"尚为人仁,呼必来。员为人刚戾忍訽,[2]能成大事,彼见来之并禽,其势必不来。"王不听,使人召二子曰:"来,吾生汝父;[3]不来,今杀奢也。"伍尚欲往,员曰:"楚之召我兄弟,非欲以生我父也,恐有脱者后生患,故以父为质,诈召二子。二子到,则父子俱死。何益父之死?往而令仇不得报耳。不如奔他国,借力以雪父之耻,[4]俱灭,无为也。"[5]伍尚曰:"我知往终不能全父命。然恨父召我以求生而不往,后不能雪耻,终为天下笑耳。"[6]谓员:"可去矣!汝能报杀父之仇,我将归死。"尚既就执,[7]使者捕伍胥。伍胥贯弓执矢向使者,[8]使者不敢进,伍胥遂亡。闻太子建之在宋,往从之。奢闻子胥之亡也,曰:"楚国君臣且苦兵矣。"[9]伍尚至楚,楚并杀奢与尚也。

【注释】[1]"致",招来,使……到来。 [2]"刚戾",勇猛坚强。"忍訽",能忍受屈辱。"訽",同"诟",耻辱,音 gòu。 [3]"生汝父",使你们的父亲活下去。"生",是使动用法。 [4]"雪",洗掉。[5]"无为",无所作为,指无法为父报仇雪耻。一说读如"毋为",亦通。 [6]"恨",感到遗憾。以下全句都是"恨"的内容。 [7]"就执",犹言"就擒",接受吏人逮捕。 [8]"贯弓",张满了弓,是一种立即要发射的姿势。 [9]"苦兵",为战争所苦,指蒙受战争的痛苦。

【译文】费无忌对平王说:"伍奢有两个儿子,都很有本事,如果不把他们杀掉,将是楚国的祸害。可以拿他们的父亲作人质,把他们召来,不然的话将是楚国的后患。"平王派人对伍奢说:"你要是能把你的两个儿子叫来,就饶你一命;要是不能的话,就把你处死。"伍奢说:"我的长子伍尚为人仁慈善良,叫了他,他一定会来的。我的次子伍员为人坚韧不拔,忍辱负重,能干大事,他知道来了会一道给抓起来,势必是不会来的。"楚王不听这些,派人去召伍尚、伍员,说:"你们来了,我就饶你们的父亲活命;你们不来,我现在就杀了你们的父亲。"伍尚准

备要去，伍员说："楚王之所以要召我们兄弟去，并不是真的让我们的父亲活命，只不过是怕我们逃脱了，以后留下祸患，因此用父亲作人质，把我们两个骗去。我们两个一到，就父子一块儿处死。这对于父亲又有什么益处呢？应召而去，只能使得我们无法报仇。不如去投奔别的国家，借他们的力量为父亲报仇雪恨。现在一起去死掉，就什么也干不成了。"伍尚说："我也知道，我们即使去了也终究不能保全父亲的性命。然而现在父亲为了保全性命而召我前去，我却不去；以后又不能报仇雪恨，结果被天下人耻笑，这将使我非常痛苦。"伍尚对伍员说："你就逃走吧！你能够报杀父之仇，我就去死了吧！"伍尚已被捕，使者又要捕捉伍子胥。伍子胥拉开了弓，搭上了箭对准使者，使者不敢上前，伍子胥便逃走了。他听说太子建在宋国，就到了宋国，和太子建在一起。伍奢听说子胥逃走了，就说道："楚国的君臣从此以后将要为战争而吃苦头了。"伍尚到了国都，平王便把伍奢和伍尚一齐给杀掉了。

伍胥既至宋，宋有华氏之乱，〔1〕乃与太子建俱奔于郑。〔2〕郑人甚善之。太子建又适晋，〔3〕晋顷公曰：〔4〕"太子既善郑，郑信太子。太子能为我内应，而我攻其外，灭郑必矣。灭郑而封太子。"太子乃还郑。事未会，〔5〕会自私欲杀其从者，〔6〕从者知其谋，乃告之于郑。郑定公与子产诛杀太子建。〔7〕建有子名胜。伍胥惧，乃与胜俱奔吴。〔8〕到昭关，〔9〕昭关欲执之。伍胥遂与胜独身步走，几不得脱。追者在后。至江，〔10〕江上有一渔父乘船，知伍胥之急，乃渡伍胥。伍胥既渡，解其剑曰："此剑直百金，〔11〕以与父。"父曰："楚国之法，得伍胥者赐粟五万石，爵执珪，〔12〕岂徒百金剑邪！"不受。伍胥未至吴而疾，止中道，〔13〕乞食。至于吴，吴王僚方用事，〔14〕公子光为将。〔15〕伍胥乃因公子光以求见吴王。

【注释】〔1〕"华氏之乱"，鲁昭公二十年（公元前五二二年）宋元公与执政大臣华定、华亥、向宁等矛盾加剧，发生内乱。华定等杀公子寅等六人，并拘禁太子等为人质。宋元公则拘禁华氏等人之子为质。冬，宋元公杀掉人质，攻打华氏，华、向等逃亡陈国。 〔2〕"郑"，周的诸侯国。春秋时的郑国，都城在新郑（今河南新郑），疆域在今河南省中部一带。 〔3〕"晋"，周的诸侯国，始封的国君是周成王的弟弟唐叔虞。当时，国都在新绛（今山西侯马西南），疆域包括今山西大部，河北西南部，河南北部及陕西一角。 〔4〕"晋顷公"，姓姬名去疾，公元前五二五年至前五一二年在位。 〔5〕"会"，机会，时机。指未准备就绪。 〔6〕"会自私欲杀其从者"，恰巧遇到因为个人的私事想要杀掉一个跟随他的人。"会"，适逢，正好。 〔7〕"郑定公"，姓姬名宁，公元前五二九年至前五一四年在位。"子产"，即公孙侨，春秋时著名的政治家。自郑简公时为执政大臣，经历数朝，声公五年（公元前四九六年）卒。〔8〕"吴"，周的诸侯国，周太王之子太伯、仲雍为让位于文王而出走，其后建立吴国。都城在吴（今江苏苏州），疆域包括今江苏大部及安徽、浙江一部。〔9〕"昭关"，楚国东部边境的关卡，故址在今安徽省含山县北小岘山上。 〔10〕"江"，长江。 〔11〕"直"，通"值"。 〔12〕"执珪"，楚国的爵位名。"珪"是一种尖头的长方形的玉石礼器。 〔13〕"中道"，半路上。 〔14〕"吴王僚"，吴王余昧之子，公元前五二六年至前五一五年在位。"用事"，当权，执政。 〔15〕"公子光"，吴王诸樊之子，即后来的吴王阖庐。吴王诸樊有弟三人，余祭、余昧、季札，王位兄弟相传，至季札，让位逃去。吴人乃立余昧之子僚。公子光认为，如果季札不立，自己当立。所以后来发生了杀吴王僚，抢夺王位的事件。

【译文】伍子胥到宋国之后，正遇上宋国发生内乱，宋元公与执政大臣华氏等相互攻打。伍子胥就和太子建一道跑到郑国。郑国对他们很好。太子建又到晋国去，晋顷公说："太子既然与郑国相友善，郑国也很信任太子，如果太子能为我作内应，我从外面来进攻，那我们一定能够把郑国灭掉。灭掉郑国，就封给太子。"太子便回到了郑国，事情还没有准备就绪，适逢太子因为一件私事要杀掉他的一个随从。这个随从知道他们的密谋，就把这件事报告了郑国。郑定公和子产杀了太子建。太子建有个儿子名叫胜。事发后，伍子胥害怕了，便与胜一起逃往吴国。到了昭关，昭关的守吏想捉住他们。伍胥只好与胜独身步行，几乎不能逃脱。追捕他们的人紧跟在后，伍子胥逃到江边上，江上恰有一位渔翁划船而来，知道伍子胥情势紧急，就将子胥摆渡过江。伍子胥过江以后，解下佩剑说："这柄剑价值百金，就送给您老吧！"渔翁说："楚国的法令规定，捉到伍子胥的人赐给粟米五万石，封予执珪之爵，那又何止一把值百金的宝剑呢！"不肯接受伍子胥的剑。伍子胥还没有走到吴国都城就生起病来，

只好半道上停下来,讨饭度日。到了吴国都城,正是吴王僚在掌权,公子光做将军。伍子胥便通过公子光的关系求见了吴王僚。

久之,楚平王以其边邑钟离与吴边邑卑梁氏俱蚕,[1]两女子争桑相攻,乃大怒,至于两国举兵相伐。吴使公子光伐楚,拔其钟离、居巢而归。[2]伍子胥说吴王僚曰:[3]"楚可破也。愿复遣公子光。"公子光谓吴王曰:"彼伍胥父兄为戮于楚,而劝王伐楚者,欲以自报其仇耳。伐楚未可破也。"伍胥知公子光有内志,[4]欲杀王而自立,未可说以外事,乃进专诸于公子光,[5]退而与太子建之子胜耕于野。

【注释】〔1〕"钟离"、"卑梁氏",皆以地名为氏。"钟离"故地在今安徽省凤阳县东;"卑梁"故地在今安徽省天长县西。〔2〕"居巢",故地在今安徽省巢县以北。〔3〕"说",说服,音 shuì。〔4〕"内志",内图之志,指夺取王位。〔5〕"专诸",吴堂邑(今江苏六合北)人,后为公子光刺杀吴王僚,自己亦被吴王左右杀死。事详本书《刺客列传》。

【译文】过了较长的时候,楚、吴边境发生了冲突。楚国边境地方的钟离与吴国边境地方的卑梁氏,都以养蚕为业,两个女子采桑时相互争抢打了起来,楚平王对此大为气愤,以至于闹到两国动用军队厮杀起来。吴派公子光进攻楚国,攻克了钟离、居巢两地,收兵回国。伍子胥对吴王僚说:"现在正可以一举攻破楚国,希望再派公子光率军伐楚。"公子光却对吴王僚说:"那伍子胥因为父兄都被楚王杀了,所以劝说大王攻打楚国,他只不过是想替自己报仇而已。进攻楚国并不能一举攻破。"伍子胥知道公子光在国内有自己的谋划,想杀掉吴王僚而自己立为王,在这种情形下不便向他讲对外采取行动的事,便推荐了一位名叫专诸的勇士给公子光,自己与太子建之子胜隐退到乡下种田去了。

五年而楚平王卒。初,平王所夺太子建秦女生子轸,及平王卒,轸竟立为后,是为昭王。[1]吴王僚因楚丧,使二公子将兵往袭楚。[2]楚发兵绝吴兵之后,不得归。吴国内空,而公子光乃令专诸袭刺吴王僚而自立,是为吴王阖庐。阖庐既立,得志,乃召伍员以为行人,[3]而与谋国事。[4]

【注释】〔1〕"及平王卒,轸竟立为后,是为昭王",楚平王在位十三年去世,将军子常欲立平王庶弟、令尹子西,子西不肯,乃立太子轸,即昭王。〔2〕"二公子",指公子盖余(一作掩余)、烛庸。〔3〕"行人",职官名。周官有大行人、小行人,掌诸侯朝觐、宾客礼仪事务。〔4〕"与",参预,音 yù。

【译文】过了五年,楚平王死了。当初,平王从太子建那里夺走的秦国女子生下的儿子叫轸,等到平王死了,轸便即位为王,这就是昭王。吴王僚趁着楚国有丧事,派遣两位公子率军去偷袭楚国。楚国派军队堵住了吴军的后路,使吴军无法退回。吴国国内空虚,公子光就让专诸突然袭击刺杀了吴王僚。公子光自立为王,这就是吴王阖庐。阖庐做了吴王,志满意得,就召回伍员任命他为"行人"之官,参与国家大政的谋划。

楚诛其大臣郤宛、伯州犁,伯州犁之孙伯嚭亡奔吴,[1]吴亦以嚭为大夫。前王僚所遣二公子将兵伐楚者,道绝不得归。后闻阖庐弑王僚自立,遂以其兵降楚,楚封之于舒。[2]阖庐立三年,乃兴师与伍胥、伯嚭伐楚,拔舒,遂禽故吴反二将军。因欲至郢,将军孙武曰:[3]"民劳,未可,且待之。"乃归。

【注释】〔1〕"郤宛",伯州犁之子。"伯州犁",晋伯宗之子。"伯嚭",郤宛之子。郤,音 xì。嚭,音 pǐ。楚昭王元年(公元前五一五年),因费无忌陷害,令尹子常将兵攻郤氏。郤宛自杀,郤氏族党尽为杀灭。此处衍"伯州犁"三字。〔2〕"舒",故地在今安徽省舒城县一带。〔3〕"孙武",春秋时齐人,著名军事家,以兵法见于吴王阖庐,为吴将军,有《孙子兵法》十三篇传世。事迹详本书本传。

【译文】楚国杀掉了它的大臣郤宛和伯州犁。伯州犁的孙子伯嚭逃出了楚国,投奔了吴国。吴王也任命伯嚭做大夫。前吴王僚派遣两位公子率领军队进攻楚国,被切断了后路而不能撤回。后来,他们听说阖庐杀了吴王僚自立为王,就带着军队投降了楚国,楚国将他们封在舒。阖庐为王三年,出动军队与伍子胥、伯嚭进攻楚国,攻克了舒地,活捉了以前叛吴降楚的两个将军。本来准备乘胜进军郢都,将军孙武说:“人民已经很疲劳了,不能再继续作战了,暂且等一等吧!”于是吴军便返回国中。

四年,[1]吴伐楚,取六与灊。[2]五年,伐越,[3]败之。六年,楚昭王使公子囊瓦将兵伐吴。[4]吴使伍员迎击,大破楚军于豫章,[5]取楚之居巢。

【注释】〔1〕“四年”,阖庐四年,公元前五一一年。〔2〕“六”,故地在今安徽省六安县一带,音lù。古六国传为皋陶之后所封之地。“灊”,一作“潜”,故地在今安徽省霍山县一带,音 qián。〔3〕“越”,古国名,传夏后帝少康封其庶子于越,都会稽(今浙江绍兴)。春秋末,国势强盛,一度称雄中国。〔4〕“囊瓦”,即令尹子常,楚庄王子子囊之孙,后因与吴军作战屡失利,出奔郑。〔5〕“豫章”,古地域名,包括今长江以北、淮河以南、汉水以东的地区。

【译文】阖庐四年,吴国又进攻楚国,占领了六与灊两地。五年,吴国进攻越国,又打败了越国。六年,楚昭王派公子囊瓦率军进攻吴国。吴国派伍员迎战,在豫章把楚军打得大败,攻占了楚国的居巢。

九年,吴王阖庐谓子胥、孙武曰:“始子言郢未可入,今果何如?”二子对曰:“楚将囊瓦贪,而唐、蔡皆怨之。[1]王必欲大伐之,必先得唐、蔡乃可。”阖庐听之,悉兴师与唐、蔡伐楚,与楚夹汉水而陈。[2]吴王之弟夫概将兵请从,王不听,遂以其属五千人击楚将子常。子常败走,奔郑。于是吴乘胜而前,五战,遂至郢。己卯,[3]楚昭王出奔。庚辰,[4]吴王入郢。

【注释】〔1〕“唐”,周诸侯国,故地在今湖北省随县西北唐河镇。因参与伐楚,公元前五〇五年为楚所灭。“蔡”,周诸侯国。春秋时因受楚国威胁,屡次迁都。蔡昭侯迁都于州来,即下蔡(今安徽寿县西北)。唐成公至楚,有两骏马,子常欲得之,弗与,子常止成公返国。蔡昭侯至楚,有好佩好裘,子常欲得之,弗与,子常亦止蔡侯返国。及唐人献马而蔡人献佩玉,始得遣返。〔2〕“陈”,同“阵”,列阵。〔3〕“己卯”,据《左传》定公四年,时为十一月己卯日。〔4〕“庚辰”,己卯之翌日。

【译文】阖庐九年,吴王阖庐对伍子胥、孙武说:“先前你们说过不能去攻打郢都,现在能行了吗?”两人答道:“楚国的将军囊瓦很贪婪,(由于向唐侯和蔡侯勒索财物,)唐国和蔡国都很恨他。大王一定要大举进攻楚国,必须先取得唐国和蔡国的支持。”阖庐听了他们的话,动员了全部军队,联合了唐、蔡两国,进攻楚国。吴军与楚军在汉水两岸沿江对阵。吴王的弟弟夫概带兵要求参加战斗,吴王不同意,夫概便率领他手下的五千兵士向楚将子常发动进攻。子常战败而逃,跑到郑国去了。于是,吴国的大军乘胜前进,一连打了五仗,兵临郢都。己卯这一天,楚昭王逃离郢都。第二天庚辰,吴王进入郢都。

昭王出亡,入云梦;[1]盗击王,王走郧。[2]郧公弟怀曰:[3]“平王杀我父,我杀其子,不亦可乎!”郧公恐其弟杀王,与王奔随。[4]吴兵围随,谓随人曰:“周之子孙在汉川者,[5]楚尽灭之。”随人欲杀王,王子綦匿王,己自为王以当之。[6]随人卜与王于吴,不吉,乃谢吴不与王。

【注释】〔1〕“云梦”,古泽薮名。古云梦泽在今湖北省武汉市以西、江陵县以东的大片地区。〔2〕“郧”,古国名,故地在今湖北省安陆县一带。〔3〕“郧公”,指鬬辛。其父鬬成然,曾有德于楚王,后以贪求无厌于公元前五二八年为楚平王所杀。楚王另封鬬辛于郧,表示不忘旧勋。〔4〕“随”,古国名,故地在今湖北省随县。〔5〕“汉川”,指汉水流域的广大地区。〔6〕“王子綦”,一作“子期”,因与楚昭王容貌相像,故得以冒充昭王。时为昭王随从大臣。

【译文】昭王逃离郢都后,来到云梦,不料受到强盗的袭击,昭王又逃到郧。郧公的弟弟怀说道:“是楚平王杀了我们的父亲,我们把他的儿子杀了,这不也是理所当然的吗!”郧公担心他的弟弟杀昭王,就与昭王一道逃到随。吴国的军队包围了随,对随人说:“周朝的子孙封国在汉水流域的,全都被楚国灭掉了。(楚国也是你们的敌人。)”随人准备杀掉昭王,王子綦把昭王藏匿起来,自己冒充昭王来承当灾难。但随人占卜的结果却说把昭王

交给吴国不吉利，便借故推托，而没有把昭王交给吴国。

始伍员与申包胥为交，[1]员之亡也，谓包胥曰："我必覆楚。"包胥曰："我必存之。"及吴兵入郢，伍子胥求昭王。既不得，乃掘楚平王墓，出其尸，鞭之三百，然后已。申包胥亡于山中，使人谓子胥曰："子之报仇，其以甚乎！吾闻之，人众者胜天，天定亦能破人。[2]今子故平王之臣，亲北面而事之，[3]今至于僇死人，[4]此岂其无天道之极乎！"伍子胥曰："为我谢申包胥曰，吾日莫途远，[5]吾故倒行而逆施之。"于是申包胥走秦告急，求救于秦。秦不许。包胥立于秦廷，[6]昼夜哭，七日七夜不绝其声。秦哀公怜之，[7]曰："楚虽无道，有臣若是，可无存乎！"乃遣车五百乘救楚击吴。[8]六月，[9]败吴兵于稷。[10]会吴王久留楚求昭王，而阖庐弟夫概乃亡归，自立为王。阖庐闻之，乃释楚而归，击其弟夫概。夫概败走，遂奔楚。楚昭王见吴有内乱，乃复入郢。封夫概于堂谿，[11]为堂谿氏。楚复与吴战，败吴，吴王乃归。

【注释】〔1〕"申包胥"，《楚世家》作"申鲍胥"，楚大夫。"为交"，为友。〔2〕"人众者胜天，天定亦能破人"，意思是虽然人多势众逞一时凶暴能够胜天，但天最终仍将击破众人，战胜凶暴。申包胥是要伍子胥尊重天意，不要违背天道，干伤天害理的事。〔3〕"北面而事之"，古时帝王坐北朝南，以临臣子，故大臣朝见帝王面向北方。〔4〕"僇"，通"戮"，侮辱，惩罚，音 lù。〔5〕"莫"，通"暮"。〔6〕"秦廷"，指秦君坐朝的宫殿。〔7〕"秦哀公"，景公子，公元前五三六年至前五〇一年在位。〔8〕"乘"，古时车辆的单位。春秋时常例战车一乘，配甲士三人，步卒七十二人。〔9〕"六月"，时在楚昭王十一年，即公元前五〇五年。〔10〕"稷"，楚地名，故地在今河南省桐柏县东。〔11〕"堂谿"，楚地名，故地在今河南省西平县西。

【译文】当初，伍员与申包胥是好朋友，伍员从楚国出逃的时候对申包胥说："我一定要颠覆楚国。"申包胥说："我必定能使楚国存在下去。"等到吴国大军入郢，伍子胥到处搜寻昭王，没有找到，他就掘开楚平王的墓，拖出尸骨，抽打了三百鞭，方才住手。申包胥这时也逃出郢都，躲在山中，派人对伍子胥说："你这样报仇，未免也太过分了吧！我听说，虽然人多势众，一时或许能胜过天理，但天理最终还是要获胜的。你从前是平王的臣子，曾经面朝北亲自侍奉过他，现在竟然鞭打死人，这岂不是不讲天理到极点了吗！"伍子胥对来人说："替我向申包胥致歉吧，就说我因为年事已高，而报仇心切，就像眼看要日落西山，却仍路途遥遥，所以才做出这种倒行逆施的事情来。"于是，申包胥就跑到秦国去告急，请求秦国发兵救楚。秦国不肯出兵。申包胥站在秦国的宫廷中日夜不停地痛哭，哭了七天七夜，哭声始终没有中断。秦哀公很受感动，说："楚王虽然无道，但是有这样的臣子，怎么能不保全楚国呢！"他就派遣了五百辆兵车援救楚国，抗击吴国。六月，在稷打败了吴军。这时，由于吴王阖庐到处搜寻楚昭王，在楚国停留已经很久，阖庐的弟弟夫概乘机偷偷回到吴国，自立为王。阖庐听到这个消息，便丢下楚国赶回国内，攻打他的弟弟夫概。夫概兵败逃走，就投奔了楚国。楚昭王看到吴国发生内乱，又重返郢都。他将夫概封在堂谿，夫概就叫做堂谿氏。楚国继续与吴国作战，打败了吴军，吴王便撤军回到国内。

后二岁，阖庐使太子夫差将兵伐楚，取番。[1]楚惧吴复大来，乃去郢，徙于鄀。[2]当是时，吴以伍子胥、孙武之谋，西破强楚，北威齐晋，南服越人。

【注释】〔1〕"番"，楚地名，故地在今江西省波阳县一带。"番"，音 bō。〔2〕"鄀"，故地在今湖北省宜城县东南。"鄀"，音 ruò。

【译文】两年以后，吴王阖庐派太子夫差率军进攻楚国，占领了番。楚国害怕吴军又要大举入侵，就迁离了郢都，迁都到鄀。这时期，吴国由于有伍子胥、孙武出谋划策，西面打败了强大的楚国，北面威震齐、晋等国，南面降伏了越人，最为强盛。

其后四年，[1]孔子相鲁。

后五年，伐越。越王句践迎击，[2]败吴于姑苏，[3]伤阖庐指，军却。阖庐病创将死，[4]谓太子夫差曰："尔忘句践杀尔父

乎?”夫差对曰:“不敢忘。”是夕,阖庐死。夫差既立为王,[5]以伯嚭为太宰,[6]习战射。二年后伐越,败越于夫湫。[7]越王句践乃以余兵五千人栖于会稽之上,[8]使大夫种厚币遗吴太宰嚭以请和,[9]求委国为臣妾。[10]吴王将许之。伍子胥谏曰:“越王为人能辛苦。今王不灭,后必悔之。”吴王不听,用太宰嚭计,与越平。[11]

【注释】〔1〕“其后四年”,据《左传》,鲁定公十年(公元前五〇〇年),孔子为鲁相。 〔2〕“句践”,越王允常之子。公元前四九六年,句践在槜李(今浙江嘉兴西南)抗击吴军。公元前四六五年卒。事迹详本书《越王句践世家》。“句”,一作“勾”,音gōu。 〔3〕“姑苏”,今江苏苏州。但此处“姑苏”实为“槜李”之误,《左传》及本书《吴世家》、《越王句践世家》皆作“槜李”。 〔4〕“病创”,指因伤口恶化而病得厉害。“病”,指病情严重,与今义有异。“创”,伤。 〔5〕“夫差既立为王”,夫差公元前四九五年至前四七三年在位。 〔6〕“太宰”,职官名,为辅佐君王治理国政的大臣。 〔7〕“夫湫”,旧说指今在太湖中的湫山(江苏吴县)。 〔8〕“栖”,山处曰栖。“会稽”,指会稽山,在今浙江省绍兴市东南。“会”,音guì。 〔9〕“大夫种”,越大夫文种,姓文名种,字子禽,楚国郢人,与范蠡一同辅佐句践复仇灭吴,胜利后被句践赐剑自杀身死。事迹详本书《越王句践世家》。“币”,财礼。“遗”,给予,赠送,音wèi。〔10〕“委”,交托,付托。“臣妾”,奴婢,男曰奴,女曰妾。 〔11〕“平”,讲和。

【译文】此后四年,孔子担任了鲁国的宰相。

五年以后,吴国进攻越国。越王句践迎战吴军,在姑苏打败了吴军,阖庐的脚趾负了伤,吴军只得退却。阖庐的创伤恶化,病情严重,临死之前对太子夫差说:“你会忘记是句践杀了你的父亲吗?”夫差回答说:“不敢忘记。”当晚,阖庐就去世了。夫差即位为王,便任用伯嚭为太宰,加紧操练兵士。两年后,吴国进攻越国,在夫湫打败越军。越王句践带领余部五千人退往会稽山屯驻,派大夫文种带着厚礼送给吴国的太宰伯嚭,请求讲和,愿意交出国家大权,和妻子一起给吴王去当奴仆。吴王准备答应越国的请求,伍子胥劝谏道:“越王句践为人吃苦耐劳,现在大王不消灭他,以后一定要后悔的。”吴王不听伍子胥的话,而采纳了太宰嚭的意见,宽恕了越国,与它讲了和。

其后五年,[1]而吴王闻齐景公死而大臣争宠,[2]新君弱,[3]乃兴师北伐齐。伍子胥谏曰:“句践食不重味,[4]吊死问疾,[5]且欲有所用之也。[6]此人不死,必为吴患。今吴之有越,犹人之有腹心疾也。而王不先越而乃务齐,[7]不亦谬乎!”吴王不听,伐齐,大败齐师于艾陵,[8]遂威邹鲁之君以归。[9]益疏子胥之谋。

【注释】〔1〕“其后五年”,据《左传》,齐于鲁哀公六年,即公元前四八九年后内乱数年。 〔2〕“齐景公”,齐庄公之子,名杵臼,公元前五四七年即位,公元前四九〇年卒。 〔3〕“新君”,指晏孺子,名荼。因其母受宠于景公而得立,齐诸公子因出奔他国。田乞、鲍牧发动政变,改立阳生(悼公),杀晏孺子。 〔4〕“重味”,数种菜肴。“重”,音chóng。〔5〕“吊死”,祭奠死者,慰问家属。 〔6〕“且”,将要。 〔7〕“务”,指致力于某事。 〔8〕“艾陵”,齐地名,故地在今山东省莱芜县东北。据《左传》,吴、齐战于艾陵在鲁哀公十一年(公元前四八四年),吴军俘齐将国书等,获革甲八百乘,甲首三千。 〔9〕“邹”,《左传》作“邾”,古国名,故都在今山东省邹县东南。“鲁”,周的诸侯国,周武王封其弟周公旦于鲁,都曲阜(今山东曲阜)。春秋后期政权已落入季孙氏手中。《吴太伯世家》云,吴王夫差九年(公元前四八七年),吴“为驺(即邹)伐鲁,至,与鲁盟乃去”。

【译文】此后五年,吴王听说齐景公死了,大臣们争权夺位,新立的国君地位虚弱,便出动军队,北伐齐国。伍子胥劝谏说:“句践现在吃饭只吃一个菜,生活朴素,关心百姓,吊唁死者,慰问病人,这正是想着将要用到老百姓的缘故呀!此人不死,必定成为吴国的隐患。现在对于吴国来说,越国的存在就好像人的腹心的疾病一样。而大王不先消灭越国,反倒去致力攻打齐国,不是全搞错啦!”吴王不听伍子胥的劝告,进攻齐国,在艾陵大败齐军,威名大震,使得邹、鲁等国的国君大为慑服,然后班师回国。从此以后吴王就更加不听伍子胥出谋划策了。

其后四年,吴王将北伐齐,越王句践用子贡之谋,[1]乃率其众以助吴,而重宝以献遗太宰嚭。太宰嚭既数受越赂,其爱信越殊

甚，日夜为言于吴王。吴王信用嚭之计。伍子胥谏曰："夫越，腹心之病，今信其浮辞诈伪而贪齐。破齐，譬犹石田，[2]无所用之。且《盘庚之诰》曰：[3]'有颠越不恭，[4]劓殄灭之，俾无遗育，无使易种于兹邑。'此商之所以兴。愿王释齐而先越；若不然，后将悔之无及。"而吴王不听，使子胥于齐。[5]子胥临行，谓其子曰："吾数谏王，[6]王不用，吾今见吴之亡矣。汝与吴俱亡，无益也。"乃属其子于齐鲍牧，[7]而还报吴。[8]

【注释】〔1〕"子贡"，孔子的弟子端木赐，字子贡，少孔子三十一岁。子贡为句践谋划，发士卒佐吴伐齐，献重宝以悦其心，卑辞以尊其礼，怂恿吴王伐齐。事详本书《仲尼弟子列传》。〔2〕"石田"，多石而不可耕作之田。〔3〕"《盘庚之诰》"，即《尚书·盘庚篇》，记载商王盘庚迁都前后对百姓的告诫。〔4〕"有颠越不恭"，以下数语今本《尚书·盘庚》作："乃有不吉不迪，颠越不恭，暂遇奸宄，我乃劓殄灭之，无遗育，无俾易种于兹新邑。""颠越"，指破坏礼法。"不恭"，指违抗 上命。"劓"，古代割鼻之刑。此泛指割、杀等刑罚。"殄"，灭绝，音 tiǎn。"俾"，使，音 bǐ。"遗育"，遗余生存。"易种"，指变易其种类而得繁衍滋生。〔5〕"使"，使动用法，让……作使节。〔6〕"数"，多次，音 shuò。〔7〕"属"，委托，音 zhǔ。"鲍牧"，齐大夫，鲍叔牙之后。时鲍牧已死，应是"鲍氏"之误。〔8〕"报"，奉命办事完毕后报告情况。

【译文】此后四年，吴王准备北伐齐国，越王句践采用了子贡的计谋，率领他的军队协助吴国作战，又给太宰嚭进献了贵重的宝物。太宰嚭既然屡次接受越国的贿赂，便越来越信任和喜欢越国，一天到晚在吴王面前替越国说好话。吴王十分信任伯嚭，采纳他的计谋。伍子胥劝谏道："越国是吴国的心腹之患，现在却偏偏相信他们的虚伪的谎言和骗人的行为，又贪图伐齐的功利。然而，吴国即使能够攻占齐国，也好像得到了一块石田，(既不能耕，又不能种，)毫无用处，毫无意义。况且《盘庚之诰》说过：'有叛逆不顺从的，就把他们全部彻底地消灭掉，让他们断子绝孙，决不许他们在这块土地上种下祸根。'这正是商朝能够兴盛起来的原因。希望大王能放下齐国而先攻打越国；如果不这样去做，以后将会悔恨的，那就来不及了。"但吴王仍然不听，派伍子胥出使齐国。伍子胥临行之前，对他的儿子说："我屡次劝谏我们的大王，但大王不肯听从我的意见，我们很快就要看到吴国的灭亡了。你和吴国一起灭亡，那是没有什么意义的。"于是，便把他的儿子托付给齐国的鲍牧，自己回到吴国交差。

吴太宰嚭既与子胥有隙，[1]因谗曰："子胥为人刚暴，少恩，猜贼，其怨望恐为深祸也。前日王欲伐齐，子胥以为不可，王卒伐之而有大功。子胥耻其计谋不用，乃反怨望。而今王又复伐齐，子胥专愎强谏，[2]沮毁用事，[3]徒幸吴之败以自胜其计谋耳。[4]今王自行，悉国中武力以伐齐，而子胥谏不用，因辍谢，[5]详病不行。[6]王不可不备，此起祸不难。且嚭使人微伺之，[7]其使于齐也，乃属其子于齐之鲍氏。夫为人臣，内不得意，外倚诸侯，自以为先王之谋臣，今不见用，常鞅鞅怨望。[8]愿王早图之。"吴王曰："微子之言，[9]吾亦疑之。"乃使使赐伍子胥属镂之剑，[10]曰："子以此死。"伍子胥仰天叹曰："嗟乎！谗臣嚭为乱矣，王乃反诛我。我令若父霸。自若未立时，[11]诸公子争立，我以死争之于先王，几不得立。若既得立，欲分吴国予我，我顾不敢望也。[12]然今若听谀臣言以杀长者。"乃告其舍人曰："必树吾墓上以梓，令可以为器；[13]而抉吾眼县吴东门之上，[14]以观越寇之入灭吴也。"乃自到死。吴王闻之大怒，乃取子胥尸盛以鸱夷革，[15]浮之江中。吴人怜之，为立祠于江上，因命曰胥山。[16]

【注释】〔1〕"隙"，嫌隙，隔阂。〔2〕"专愎"，专横任性，一意孤行。"愎"，音 bì。"强谏"，竭尽全力地劝谏。〔3〕"沮毁"，诋毁，诽谤。"用事"，行事。〔4〕"徒"，只。"幸"，希望。〔5〕"辍"，止，废止，音 chuò。"谢"，推辞，拒绝。〔6〕"详"，通"佯"，假装。〔7〕"微"，暗暗地。"伺"，探察。〔8〕"鞅鞅"，通"怏怏"，不满的样子。〔9〕"微"，非。〔10〕"属镂"，剑名，或作"属卢"、"属鹿"等。〔11〕"若"，你。〔12〕"顾"，却，反。〔13〕"必树吾墓上以梓，令可以为器"，《左传》哀公十一年记伍子胥语说："树吾墓槚，槚可材也，吴其亡乎！"是说等

墓上的树长大成材，可以有用时，吴国也该亡国了。〔14〕"抉"，挖出，剜出，音 jué。"县"，同"悬"。〔15〕"鸱夷革"，以皮革制成的鸱鸟形状的盛酒的容器。〔16〕"胥山"，在今江苏省吴县西南。

【译文】吴太宰嚭早就与伍子胥有嫌隙，因而毁谤子胥说："伍子胥为人生硬凶暴，没有感情，好猜疑，爱嫉恨，他对大王的怨恨不满恐怕早晚要成为大祸害的。前次大王准备伐齐的时候，伍子胥就认为不能伐，但大王终于出兵向齐国发动了进攻，结果大获成功。伍子胥对自己的计谋未被采纳感到羞辱，反而因此怨恨大王。现在大王准备再次伐齐，伍子胥刚愎自用，强词夺理地进行拦阻，不惜诋毁和诽谤大王，一意孤行，他只不过是在幸灾乐祸地希望以吴国的失败来证实自己的计谋的高明。如今大王亲自率领大军，出动国内全部军队去伐齐，而伍子胥由于谏议未被采用，便不再来上朝，他假装生病而不跟大王一道北上，大王不可不防备呀！这个时候他要惹祸闹事可太容易了。况且我派人暗中注意着伍子胥，他出使齐国的时候，已经把他的儿子托付给了齐国的鲍氏了。伍子胥身为臣子，在国内不得意，便到国外去投靠诸侯，他自以为是先王的谋臣，如今不被重用，就常常心怀不满地怨恨大王。希望大王及早采取措施。"吴王说："你不说这些话，我也早就在怀疑他了。"于是，吴王派人给伍子胥送去一把"属镂"宝剑，说："你拿它去死！"伍子胥仰天长叹道："啊！奸臣伯嚭在作乱了，大王却反而要杀掉我。是我曾经使你的父亲成为称雄诸侯的霸主；当你还没有被立为太子的时候，各公子争抢着要当太子，又是我用生命在先王面前为你争取，差一点就不能把你立为太子。你做了国王之后，要把吴国分一部分给我，我倒也并不指望着那样。然而，你今天竟然听信奸臣的恶语中伤要杀害你的长辈。"伍子胥便告诉他的舍人说："我死了以后，一定要在我的墓上种上梓树，让它长成之后可以派用场，把我的眼睛摘下来悬挂在都城东门之上，我要亲眼看到越寇的入侵、吴国的灭亡。"说罢便自刭而死。吴王听说了伍子胥的话后，大为愤怒，将伍子胥的尸体装在用皮革做的袋子里，让它在长江中漂浮。吴国的百姓敬重伍子胥，为他在长江边上建立了祠堂，这个地方因此就叫做胥山。

吴王既诛伍子胥，遂伐齐。齐鲍氏杀其君悼公而立阳生。〔1〕吴王欲讨其贼，不胜而去。〔2〕其后二年，〔3〕吴王召鲁卫之君会之橐皋。〔4〕其明年，因北大会诸侯于黄池，〔5〕以令周室。〔6〕越王句践袭杀吴太子，〔7〕破吴兵。吴王闻之，乃归，使使厚币与越平。后九年，〔8〕越王句践遂灭吴，杀王夫差；而诛太宰嚭，以不忠于其君，而外受重赂，与己比周也。〔9〕

【注释】〔1〕"齐鲍氏杀其君悼公而立阳生"，此处文字有误，悼公即阳生，当是杀其君悼公而立壬。"壬"，即齐简公。本文及《吴太伯世家》所记吴、齐关系，多有错误失实之处。〔2〕"吴王欲讨其贼，不胜而去"，《吴太伯世家》云，吴王"乃从海上攻齐，齐人败吴，吴王乃引兵归"。"贼"，指乱臣。〔3〕"其后二年"，据《左传》，事在鲁哀公十二年，即公元前四八三年。〔4〕"橐皋"，故地在今安徽省巢县西北拓皋镇。〔5〕"黄池"，故地在今河南省封丘县西南。〔6〕"以令周室"，黄池会盟时，吴人称："于周室，我为长。"企图号令姬姓各诸侯国。由于吴国是周太王长子太伯之后，故得以"长"自居。〔7〕"越王句践袭杀吴太子"，越王句践趁吴王夫差北上会盟之机，偷袭吴国，俘获吴太子友等，大败吴军。〔8〕"后九年"，据《左传》，越灭吴在鲁哀公二十二年，即公元前四七三年。〔9〕"比周"，结党营私。

【译文】吴王杀了伍子胥以后，便向齐国发动了进攻。齐国的鲍氏杀了他的国君悼公而立阳生做齐王。吴王打算以杀君之罪讨伐鲍氏，但没有打赢，只好撤军。此后二年，吴王召鲁国和卫国的国君到橐皋相会。第二年，又北上与各国诸侯聚会于黄池，想以盟主的身份在周室诸侯中发号令。这时，越王句践却乘机偷袭吴国，杀了吴国的太子，击败了吴军。吴王听到这个消息，便赶回国内，派遣使者送了厚礼，与越国讲了和。九年以后，越王句践终于灭掉了吴国，杀了吴王夫差，并处决了太宰嚭，认为太宰嚭不忠于他的国君，在外接受大量的贿赂，私自与越国交结，替越国办事。

伍子胥初所与俱亡故楚太子建之子胜者，在于吴。吴王夫差之时，楚惠王欲召胜归楚。〔1〕叶公谏曰：〔2〕"胜好勇而阴求死士，〔3〕殆有私乎！"惠王不听。遂召胜，使居楚之边邑鄢，〔4〕号为白公。〔5〕白公归楚三年而吴诛子胥。

【注释】〔1〕“楚惠王”，昭王之妾所生之子，名章，公元前四八八年至前四七五年在位。〔2〕“叶公”，即沈诸梁，字子高，因受封于叶邑而名“叶公”。“叶”，故地在今河南省叶县南。音 shè。〔3〕“死士”，不怕牺牲，勇于献身的人。〔4〕“鄢”，故地在今河南省郾城县一带。〔5〕“白公”，因食邑封于白，故名“白公”。

【译文】当初与伍子胥一起逃亡的楚太子建的儿子胜，居住在吴国。吴王夫差的时候，楚惠王想把胜召回楚国。叶公劝谏道：“胜为人勇武，暗中搜罗亡命之徒，他恐怕是有自己的打算呢！”惠王不听叶公的话，还是召回了胜，安置他住在楚国的边境城邑鄢，号称白公。白公回到楚国三年，吴王夫差杀了伍子胥。

白公胜既归楚，怨郑之杀其父，乃阴养死士求报郑。归楚五年，请伐郑，楚令尹子西许之。〔1〕兵未发而晋伐郑，郑请救于楚。楚使子西往救，与盟而还。白公胜怒曰：“非郑之仇，乃子西也。”胜自砺剑，人问曰：“何以为？”胜曰：“欲以杀子西。”子西闻之，笑曰：“胜如卵耳，何能为也。”〔2〕

【注释】〔1〕“令尹子西”，子西为楚平王之子，名申。“令尹”，职官名，是楚国的执政大臣。〔2〕“胜如卵耳，何能为也”，《左传》哀公十六年记令尹子西语云：“胜如卵，余翼而长之。楚国第，我死，令尹、司马，非胜而谁？”（“白公胜好比鸟卵，全靠我的羽翼庇护而得生存。在楚国论资排辈，我死了以后，令尹、司马这些职务，不就该由白公胜来担任了吗？”）可供参考。

【译文】白公胜既已回到楚国，怨恨郑国杀害了他的父亲，便暗地里收罗那些愿意为他舍身的勇士，准备伺机报复郑国。白公回到楚国五年后，请求讨伐郑国，楚国的执政大臣令尹子西同意了。军队还没有出动，晋国出兵攻打郑国，郑国请求楚国救援。楚国派了子西去救助，与郑国订立了盟约后回到国内。白公胜气愤地说：“我的仇人不是郑国，而是子西！”白公胜自己磨着宝剑，有人问道：“你磨剑干什么呀？”胜说：“准备用来杀子西。”子西听到这话，笑笑说：“胜就像那鸟卵一样，（全靠我的羽翼才得以生存，）哪里会那样干呢？”

其后四岁，〔1〕白公胜与石乞袭杀楚令尹子西、司马子綦于朝。〔2〕石乞曰：“不杀王，不可。”乃劫王如高府。〔3〕石乞从者屈固负楚惠王亡走昭夫人之宫。〔4〕叶公闻白公为乱，率其国人攻白公。白公之徒败，亡走山中，自杀。而虏石乞，而问白公尸处，不言将亨。〔5〕石乞曰：“事成为卿，〔6〕不成而亨，固其职也。”终不肯告其尸处。遂亨石乞，而求惠王复立之。

【注释】〔1〕“其后四岁”，据《左传》，事在鲁哀公十六年，即公元前四七九年。〔2〕“石乞”，白公胜所收罗的勇士。“司马子綦”，即王子綦，楚平王之子，名结。“綦”，一作“期”。“司马”，楚国军事长官的官名。〔3〕“高府”，楚王的别宫。〔4〕“石乞从者屈固”，本文此处有误，《集解》引徐广说“一作‘惠王从者’”，《楚世家》亦作“惠王从者”。《左传》记此事说：“石乞尹门，圉公阳穴宫，负王以如昭夫人之宫。”（石乞把住了大门，圉公阳在宫墙上打了洞，背着惠王逃到昭王夫人的宫中。）圉公阳是楚大夫，与屈固不是同一人。据考证，屈固应是《左传》所记之“箴尹固”，其人本欲参与白公之乱，经劝说改从叶公。“昭夫人”，昭王之妾，惠王之母。〔5〕“亨”，通“烹”，一种将人抛入汤镬中烧煮而死的刑罚。〔6〕“卿”，指国家的执政大臣。

【译文】此后四年，白公胜与石乞在朝廷发动突然袭击，杀了令尹子西和司马子綦。石乞说：“不杀掉国王不行。”于是将惠王劫持到高府中。石乞的随从屈固背着惠王逃到昭夫人的宫里躲了起来。叶公听到白公作乱的消息，率领他的部属来打白公。白公的人被打败，逃到山里，白公胜自杀身死。石乞被俘虏了，追问他白公的尸体藏在哪里，如果不讲出来就把他扔进汤镬处以烹刑。石乞说：“大功告成我作卿相，不能成功我进汤镬，本来就应当如此。”终于不肯讲出白公胜的尸体到底在哪里。结果就将石乞处以烹刑。叶公又找回了惠王，重新立为国王。

太史公曰：怨毒之于人甚矣哉！王者尚不能行之于臣下，况同列乎！向令伍子胥从奢俱死，〔1〕何异蝼蚁。弃小义，雪大耻，名垂于后世，悲夫！方子胥窘于江上，〔2〕道乞食，志岂尝须臾忘郢邪？故隐忍就功名，非烈丈夫孰能致此哉?[3]白公如不自立为君者,[4]其功谋亦不可胜道者哉!

【注释】〔1〕"怨毒",仇恨,憎恶。〔2〕"向",假如,假使。〔3〕"烈丈夫",指胸怀抱负,视死如归的壮士。〔4〕"白公如不自立为君者",《楚世家》记载,白公胜逐走楚惠王后,曾自立为王。《左传》不记此事。

【译文】太史公说:仇恨对于人的影响实在是太大了。即使是做国王的人都不能让仇恨之心在臣子身上萌生,何况是地位相同的人之间呢!假如当初伍子胥跟着伍奢一道死了的话,那与蝼蚁之死又有什么区别呢?但他能够放弃小意气,洗雪大耻辱,使名声流传后世。可悲啊!当子胥在长江边困顿窘迫之时,在道路上乞讨糊口之时,心中难道会在一瞬之间忘掉对郢都、对楚王的仇恨吗?不会的。所以说克制忍耐成就功名,不是抱负远大的壮士又有谁能做得到呢?白公如果不是自己去当国君的话,那么他的功业也是很可称道的呢!

史记卷六十七

仲尼弟子列传第七

孔子曰“受业身通者七十有七人”,[1]皆异能之士也。[2]德行:[3]颜渊,闵子骞,冉伯牛,仲弓。政事:[4]冉有,季路。言语:[5]宰我,子贡。文学:[6]子游,子夏。师也辟,[7]参也鲁,[8]柴也愚,[9]由也喭,[10]回也屡空。[11]赐不受命而货殖焉,[12]亿则屡中。[13]

【注释】〔1〕“孔子”,名丘,字仲尼,氏孔,殷人后裔,宋国贵族后代,鲁国昌平乡陬邑(今山东曲阜东南)人。曾在鲁国从政,先后担任委吏、乘田、中都宰、司空、司寇等职,但不得重用。周游列国,宣扬自己的政治主张,同样没得各国诸侯采用。致力于教育,整理《诗》、《书》、《春秋》等古典文献和周代的礼仪音乐,被奉为儒家始祖。汉以后,孔子儒学成为中国文化的正统,影响极为深广。由其弟子编纂的《论语》,较集中地保存了他的言行和思想。生于公元前五五一年,死于公元前四七九年。详见本书《孔子世家》。“受业身通者”,按本书《孔子世家》云“身通六艺者”,又泷川资言《史记会注考证》引郑环曰:“宋大观四年议礼局言:《史记·弟子传》曰受业身通六艺者……”,则此“身通”当指六艺而言。“六艺”,或为省略,或系脱夺。“七十有七人”,关于孔子高足弟子的人数,有不同记载。《汉书·地埋志下》云“弟子受业而通者七十有七人”,与此同。又《孔子家语·七十二弟子》,名为七十二人,实也是七十七人。另有作“七十二人”者,如本书《孔子世家》及文翁《礼殿图》、《后汉书·蔡邕传》、《水经注》八、汉鲁峻《冢壁像》、《魏书·李平传》等。还有作“七十人”,者,本书《伯夷列传》,《孟子·公孙丑上》,《韩非子·五蠹》,《吕氏春秋·遇合》,《淮南子》、《泰族》、《要略》,《汉书·艺文志》、《楚元王传》等。所谓“七十”,当系举成数而言。〔2〕“异能”,特殊才能,才能出众。〔3〕“德行”,道德行为。“行”,音 xíng,旧读 xìng,行为。按自“德行”至“子夏”,当是孔子对这十个弟子的评价。“德行”、“政事”、“言语”、“文学”皆为对他们十人特长所作的分类归纳。〔4〕“政事”,行政事务。〔5〕“言语”,言辞口才。〔6〕“文学”,文献典籍。〔7〕“师”,颛孙师,详后。“辟”,音 pì,通“僻”,偏僻,偏激。〔8〕“参”,曾参,详后。“鲁”,钝挫,迟钝。〔9〕“柴”,高柴,详后。“愚”,愚笨。〔10〕“由”,仲由,即季路,详后。“喭”,音 àn,粗鲁。〔11〕“回”,颜回,即颜渊,详后。“屡”,常,经常。“空”,空乏,贫穷。〔12〕“赐”,端沐赐,即子贡,详后。“命”,教命,教诲。或谓天命,或谓官命。“货殖”,居积货物,经营增值。即经商。〔13〕“亿”,通“臆”,预料,揣度。“中”,音 zhòng,适中,猜中,算中。按自“德行”以下至此,见《论语·先进》。

【译文】孔子说“接受学业兼通六艺的弟子有七十七人”,都是才能出众之士。其中德行突出的是:颜渊,闵子骞,冉伯牛,仲弓。擅长政事的是:冉有,季路。擅长言语的是:宰我,子贡。擅长文献的是:子游,子夏。颛孙师偏激,曾参迟钝,高柴愚笨,仲由粗鲁,颜回啊经常穷乏。而端沐赐不接教命而去经商谋利,预测市场行情总是屡猜屡中。

孔子之所严事:[1]于周则老子;[2]于卫,[3]蘧伯玉;[4]于齐,[5]晏平仲;[6]于楚,[7]老莱子;[8]于郑,[9]子产;[10]于鲁,[11]孟公绰。[12]数称臧文仲、[13]柳下惠、[14]铜鞮伯华、[15]介山子然,[16]孔子皆后之,不并世。[17]

【注释】〔1〕“严”，尊敬。“事”，服事，对待。〔2〕“周”，朝代名，公元前十一世纪周武王灭商后所建，姬姓，建都于镐(今陕西西安西南沣水东岸)。公元前七七〇年，周平王向东迁徙，建都于洛邑(今河南洛阳)。平王东迁以前史称西周，东迁以后称东周。东周习惯上依司马迁的《十二诸侯年表》、《六国年表》，以公元前四七六年为界划分为春秋和战国前后两个时期。公元前二五六年被秦国所灭。此“周”当指东周京都洛邑。“老子”，春秋时思想家，道家学派的创始人。关于他的姓名、身世，传说不一。本书《老子列传》即有三说。一说氏李，名耳，字聃，楚国苦县(今河南鹿邑东)人，当过周王室管理藏书的官员，孔子曾向他问礼，后隐居，著《道德经》。或谓即楚人老莱子。或谓即周太史儋。详见本传。〔3〕“卫”，国名，西周初周公平定武庚反叛后所封诸侯国，姬姓，始封君为周武王之弟康叔，建都朝歌(今河南淇县)，为当时大国。公元前六六〇年被翟人击败，迁都楚丘(今河南滑县)，沦为小国。又迁都帝丘(今河南濮阳)。公元前二五四年被魏国所灭。后一度复国，都于野王(今河南沁阳)。公元前二〇九年被秦所灭。〔4〕“蘧伯玉”，氏蘧(音 qú)，“蘧”或作“璩”，名瑗，字伯玉，谥成，蘧庄子无咎之子，卫国大夫。〔5〕“齐”，国名，西周初年所封异姓诸侯国，姜姓，始封君吕尚，建都营丘，改称临淄(在今山东淄博东北)，领有今山东北部。春秋初年齐桓公任用管仲改革，国力强盛，称霸诸侯。春秋后期君权逐渐转入大臣田(亦作“陈”)氏家族。公元前三八六年，周安王承认田和为齐侯。公元前二二一年被秦国所灭。〔6〕“晏平仲”，即晏婴，氏晏，名婴，字平仲，或谓谥平，夷维(今山东高密)人，齐卿晏弱之子，袭父职任齐卿，历仕齐灵公、齐庄公、齐景公三朝，卒于公元前五〇〇年。有《晏子春秋》一书传世，系后人撰作，集中记载了他的言行。详见本书《管晏列传》。〔7〕“楚”，国名，芈姓，原为古代南方部族。西周初，其首领熊鬻归附周文王，立国于荆山一带。熊鬻后裔熊绎于周成王时受封子爵，建都丹阳(今湖北秭归东南)。疆土向长江中游拓展。公元前七〇四年，楚君熊通自号武王，其子熊赀迁都于郢(今湖北江陵西北纪南城)。楚庄王时称霸，辖境西北至武关(今陕西商南西北)，东南到昭关，(今安徽含山北)，北至今河南南阳，南到洞庭湖以南，是当时领土最大的国家。公元前五〇四年迁都鄀，亦称鄢郢(今湖北宜城东南)。战国时疆域东北到达今山东南部，西南及于今广西东北。公元前二七八年迁都于陈(今河南淮阳)。公元前二四一年又迁都寿春(今安徽寿县)。公元前二二三年被秦国所灭。〔8〕“老莱子”，楚人，隐居耕作蒙山下，楚王闻其贤，打算起用，他又至江南隐居，终身不仕，撰作十五篇。《汉书·艺文志》道家有《老莱子》十六篇，其逸已久。参看本书《老子韩非列传》。〔9〕“郑”，国名，姬姓，始封君为周宣王弟友，即郑桓公，公元前八〇六年受封于郑(今陕西华县东)。周幽王时，郑桓公将财产、部族向东转移到东虢和郐之间。郑武公时，先后攻灭郐和东虢，建都新郑(今河南新郑)，领有今河南中部之地。郑武公、郑庄公相继为周王室卿士，春秋初强盛一时。后逐渐衰落，于公元前三七五年被韩国灭亡。〔10〕“子产”，名侨(或作“乔”)；字子产，又字子美，谥成；郑穆公之孙，故氏公孙；子国之子，故又氏国。亦称“公孙侨”、“国侨”、“公孙成子”等。公元前五五四年为郑卿。公元前五四三年执政，实行改革。于公元前五二二年去世。〔11〕“鲁”，国名，西周初年所封诸侯国，姬姓，始就封君为周公旦之子伯禽，建都曲阜(今山东曲阜)，领有今山东泰山以南的汶、泗、沂、沭水流域。春秋后期公室被卿大夫季孙氏、叔孙氏、孟孙氏所瓜分。公元前二五六年被楚国灭亡。〔12〕“孟公绰”，鲁国大夫。按《论语·宪问》云：“子曰：‘孟公绰为赵、魏老则优，不可以为滕、薛大夫。’”《左传》襄公二十五年载孟公绰语。〔13〕“数”，音 shuò，屡次，频繁。“称”，称道，称赞。“臧文仲”，氏臧，名辰，字文仲，亦称“臧孙”，鲁孝公后裔，任鲁卿大夫，历仕鲁庄公、鲁闵公、鲁僖公、鲁文公四朝，卒于公元前六一七年。〔14〕“柳下惠”，氏展，名获，字禽，亦称“展获”、“展禽”；谥惠，食邑于柳下，故称“柳下惠”，鲁国大夫，曾任士师。〔15〕“铜鞮伯华”，即羊舌赤，氏羊舌，名赤，字伯华，晋卿羊舌职之子，食邑于铜鞮(今山西沁县南)，故称“铜鞮伯华”，晋国大夫。〔16〕“介山之然”，即“介之推”(或作“介子推”)，名推(或作“绥”)，字然，晋文公未即位前流亡时的侍臣。晋文公结束流亡登上君位后，赏赐随从人员，未及于他，他便和母亲隐居绵上(今山西介休东南)山中。后晋文公寻找而不获，将绵上作为其封田，本书《晋世家》云：“于是文公环绵上山中而封之，以为介推田，号曰介山。”故后人以“介”或“介山”称呼他，又称“介子”、“介推”、“介山子推”。“介山之然”的“之”和“介之推”的“之”，当如《左传·僖公二十四年》杜预注所云，系语助词。另《庄子·盗跖》云：“介子推至忠也，自割其股以食文公。文公后背之，子推怒而去，抱木而燔死。”《楚辞·九章·惜往日》亦云：“介子忠而立枯兮，文公寤而追求。”所传有异，但均以“介之推”为忠臣贤士。

〔17〕“并世”，同世，同时代。按《大戴礼记·卫将军文子》云：“孔子曰：‘……其为人之渊泉也，多闻而难诞也，不内辞，足以没世，国家有道，其言足以生，国家无道，其默足以容，盖桐提伯华之行也。外宽而内直，自设于隐括之中，直己而不直于人，以善存，亡汲汲，盖蘧伯玉之行也。孝子慈幼，允德禀义，约货去怨，盖柳下惠之行也。其言曰：‘君虽不量于臣，臣不可以不量于君。是故君择臣而使之，臣择君而事之，有道顺君，无道横命。’晏平仲之行也。德恭而行仁，终日言，不在尤之内，贫而乐也，盖老莱子之行也。易行以俟天命，居下位而不援其上，观于四方也，不忘其亲，苟思其亲，不尽其乐，以不能学为己终身之忧，盖介山子推之行也。’”较集中地汇录了所谓孔子对铜鞮伯华、蘧伯玉、柳下惠、晏平仲、老莱子、介山子推的评说，可参看。

【译文】孔子一生中所尊奉的人：在周京洛邑是老子；在卫国是蘧伯玉；在齐国是晏平仲；在楚国是老莱子；在郑国是子产；在鲁国是孟公绰。多次称道臧文仲、柳下惠、铜鞮伯华、介山子然，孔子都后于他们，不在同一年代。

颜回者，〔1〕鲁人也，字子渊。少孔子三十岁。〔2〕

【注释】〔1〕“颜回”，氏颜，名回，孔子最得意的弟子，后被尊为“亚圣”、“复圣”。〔2〕“少孔子三十岁”，依此推算，则颜回生于公元前五二一年。按泷川资言《史记会注考证》云：“枫山、三条本‘岁’上有‘七’字。”阎若璩《四书释地又续》云：“回少孔子三十岁，三十下脱‘七’字。”依此，则颜回生于公元前五一四年。又按毛奇龄《论语稽求篇》认为“少孔子三十岁原是‘四十’之误”。依此，则颜回生于公元前五一一年。

【译文】颜回是鲁国人，字子渊。比孔子小三十岁。

颜渊问仁。〔1〕孔子曰：“克己复礼〔2〕，天下归仁焉。”〔3〕

【注释】〔1〕“仁”，是孔子学说的核心思想，也是孔子所宣扬的最高道德准则。具体包括多种含义。此处所说的“克己复礼”，即是其中重要的一项。〔2〕“克”，克制，约束。“复”，归复，归依。“礼”，礼仪制度，此指周代以宗法等级制为核心的一整套社会制度和道德规范。孔子认为由周公所制定的周礼是治国之本，恢复周礼是他的最终政治理想。“克己复礼”，按《左传》昭公十二年云：“仲尼曰：‘古也有志：“克己复礼，仁也。”……’”可知“克己复礼”为古语，且为“仁”的一项内容。〔3〕“归”，与，称许。“焉”，句末语气词，表叙述。按语见《论语·颜渊》。原作：“颜渊问仁。孔子曰：‘克己复礼为仁。一日克己复礼，天下为仁焉。为仁由己，而由人乎哉？’……”司马迁此处约取其语。

【译文】颜渊询问仁的含义。孔子说：“克制自己的欲望言行，一切归依周礼，那么天下的人都会称许你是仁人。”

孔子曰：“贤哉，回也！一箪食，〔1〕一瓢饮，〔2〕在陋巷，〔3〕人不堪其忧，〔4〕回也不改其乐。”〔5〕“回也如愚；退而省其私，〔6〕亦足以发，〔7〕回也不愚。”〔8〕“用之则行，舍之则藏，〔9〕唯我与尔有是夫！”〔10〕

【注释】〔1〕“箪”，音 dān，古代一种竹制的盛饭容器。〔2〕“瓢”，音 piáo，剖开葫芦做成的舀水器或盛酒器。“饮”，饮料，汤水。〔3〕“陋”，狭小，狭窄。〔4〕“堪”，音 kān，承当，忍受。〔5〕按此语见《论语·雍也》。〔6〕“省”，音 xǐng，省察，考察。〔7〕“发”，发明，发挥。〔8〕按语见《论语·为政》。“回也如愚”，原作：“子曰：‘吾与回言终日，不违，如愚。……’”语意较显豁。〔9〕“舍”，舍弃，此指不用。〔10〕“尔”，你。“是”，此，这。指称上面所说“用之则行，舍之则藏”。按语见《论语·述而》。

【译文】孔子说：“贤人哪，颜回啊！一碗饭，一瓢汤，住在简陋的小巷里，别人受不了穷苦的忧愁，颜回却不改变自己的乐趣。”“颜回听讲时如同蠢人；但退回去后再考察他的言行举止，也足以发明讲学的内容，颜回可不愚蠢。”“任用的话就身体力行，舍弃不用的话就隐藏起来，只有我和你能这样啊！”

回年二十九，发尽白。蚤死，〔1〕孔子哭之恸，〔2〕曰：“自吾有回，门人益亲。”〔3〕鲁哀公问:[4]"弟子孰为好学?"[5]孔子对曰:"有颜回者好学,不迁怒,[6]不贰过。[7]不幸短命死矣,今也则亡。"[8]

【注释】〔1〕"蚤",通"早"。按颜回的享年及卒年,说法不一。颜回年寿,《孔子家语·七十二弟子》作"三十一";《史记索隐》、《文选·辨命论》《注》所引《家语》和《列子·力命》,均作"三十二";而钱穆《先秦诸子系年孝辨》卷一《孔鲤颜回卒年考》则以为当作"四十一"。关于颜回的卒年,分别有公元前四九〇、前四八三、前四八一年三说。颜回的生卒年,主要有以下四说:1. 公元前五一二至前四九〇年。依《史记》颜回小孔子三十岁,与别本《家语》颜回寿"三十二"而作的推算。此说流行较广,如《辞源》、《辞海》均采此说。其实最不可信。前人据《论语》本身材料已有驳正,可参看《史记志疑》。2. 公元前五一四年至前四八三年。此为阎若璩说(见《四书释地又续》)。3. 公元前五一一年至前四八一年。此为毛奇龄说(见《论语稽求篇》)。4. 公元前五二一年至前四八一年。此为钱穆说。后三说皆有可能,但目前无法论定。〔2〕"恸",音 tòng,极其悲痛,悲痛之极。按语见《论语·先进》。〔3〕"门人",门徒,弟子。"益",更,更加。按《尚书大传》云:"自吾得回也,门人加亲。"〔4〕"鲁哀公",名蒋(或作"将"),鲁定公之子,母定姒,公元前四九四年至前四六七年在位。详见本书《鲁周公世家》。〔5〕"孰",谁,哪个。"好",音 hào,爱好。〔6〕"迁",迁徙,转移。〔7〕"贰",再,重复。"过",过失,过错。〔8〕"亡",通"无"。按自"哀公问"至此见《论语·雍也》。"今也则亡"下,《论语》还有"未闻好学者也"一句。

【译文】颜回二十九岁那年,头发全部变白。颜回过早死去,孔子哭得极为悲痛,说:"自从我有了颜回,门人就更加亲密无间。"鲁哀公询问:"弟子中谁最好学?"孔子回答说:"有个叫颜回的最好学,他从不把怒气转移到别人身上,不犯同样的过失。可不幸短命死了,如今就没有像他这样的了。"

闵损,[1]字子骞。[2]少孔子十五岁。[3]

【注释】〔1〕"闵损",氏闵,名损,鲁国人。〔2〕"骞",音 qiān。〔3〕"少孔子十五岁",依此推算,则闵损生于公元前五三六年。

【译文】闵损,字子骞,比孔子小十五岁。

孔子曰:"孝哉,闵子骞!人不间于其父母昆弟之言。"[1]不仕大夫,不食污君之禄。[2]"如有复我者,[3]必在汶上矣。"[4]

【注释】〔1〕"间",音 jiàn,非间,非议。"昆弟",兄弟。按语见《论语·先进》。〔2〕"污君",污秽的君主。"禄",俸禄,古代多以粮食作为俸禄。按《论语·雍也》云:"季氏使闵子骞为费宰。闵子骞曰:'善为我辞焉!如有复我者,则吾必在汶上矣。'"则此"不仕大夫,不食污君之禄"当指闵子骞拒绝季氏任用之事。〔3〕"复",再,此指再次征召。〔4〕"汶",音 wèn,水名,即今大汶河。源出今山东莱芜北,向西南流,经东平南,至梁山东南流入济水。"汶上",即汶阳,汶水之北。汶阳之地原为鲁地,后被齐国夺占。则此"汶上"实指齐国。

【译文】孔子说:"孝顺啊,闵子骞!人们对他父母兄弟称赞他的言语没有非议。"他不到卿大夫那里做家臣,不吃昏君的俸粮。(他拒绝季氏的委任,说:)"如果再来征召我的话,我就必定在汶水之北的齐国了。"

冉耕,[1]字伯牛。孔子以为有德行。

【注释】〔1〕"冉耕",氏冉,名耕,鲁国人,比孔子小七岁,生于公元前五四四年。据《论衡·自纪篇》云:"鲧恶禹圣;叟顽舜神;伯牛寝疾,仲弓洁全……"则冉耕为冉雍之父。而《史记索隐》引《家语》云冉雍"为伯牛之宗族"。

【译文】冉耕,字伯牛,孔子认为他有德行。

伯牛有恶疾,[1]孔子往问之,自牖执其手,[2]曰:"命也夫!斯人也而有斯疾,[3]命也夫!"[4]

【注释】〔1〕"恶疾",痛苦难治的疾病。《公羊传》昭公二十年何休注云:"恶疾谓瘖、聋、盲、疠、秃、跛、伛,不逮人论之属也"。《淮南子·精神》云"冉伯牛为厉"。《论衡·自纪篇》云"伯牛寝疾"。按"厉"通"疠",为麻疯病。"寝疾",为卧床不起之病。〔2〕"牖",音 yǒu,窗户。"执",持,握。〔3〕"斯",

这，这样的。〔4〕按语见《论语·雍也》。

【译文】伯牛得了恶病，孔子前往探望他，从窗口握住他的手，说："命啊！这样的人而有这样的病，是命啊！"

冉雍，〔1〕字仲弓。

【注释】〔1〕"冉雍"，氏冉，名雍，鲁国人，比孔子小二十九岁，生于公元前五二二年。

【译文】冉雍，字仲弓。

仲弓问政。〔1〕孔子曰："出门如见大宾，〔2〕使民如承大祭。〔3〕在邦无怨，〔4〕在家无怨。"〔5〕

【注释】〔1〕"仲弓问政"，按自此以下语见《论语·颜渊》。"问政"，《颜渊》作"问仁"。〔2〕"大宾"，重要宾客，贵宾。"出门如见大宾"，按泷川资言《史记会注考证》引枫山本、三条本在"出"字前有"仁之道"三字。〔3〕"使"，役使，使用。"承"，承受，承当。〔4〕"邦"，国，国家。"在邦"，指在诸侯国中任职。按"在邦无怨"前，《论语》有"己所不欲，勿施于人"八字。〔5〕"家"，当时称卿大夫为家。"在家"，指在卿大夫家中任职。或谓在自己家中。

【译文】仲弓询问为政。孔子说："出门办事如同去会见贵宾，役使百姓如同承当重大祭祀。在国中没有怨恨，在家中也没有怨恨。"

孔子以仲弓为有德行，曰："雍也可使南面。"〔1〕

【注释】〔1〕"南面"，面南，面向南。坐北朝南，为古人尊位，因此"南面"常用以指称天子、诸侯、卿大夫等各级尊长。按语见《论语·雍也》。

【译文】孔子认为仲弓有德行，说："冉雍这个人，可以让他独当一面，统领一方。"

仲弓父，贱人。〔1〕孔子曰："犁牛之子骍且角〔2〕，虽欲勿用，〔3〕山川其舍诸？"〔4〕

【注释】〔1〕"贱"，地位低下。〔2〕"犁牛"，耕牛。或谓毛色不纯的牛。"子"，子女，此指牲口的下一代。"骍"，音 xīn，毛色纯赤。"角"，指牛角长得周正。〔3〕"虽"，纵然，即使。"用"，使用，此指用作牺牲(祭祀的供品)。〔4〕"山川"，此指山川神灵。"其"，通"岂"，难道。"诸"，之乎。按语见《论语·雍也》。

【译文】仲弓的父亲，是个地位低下的人。孔子说："耕牛的儿子毛色纯赤而且双角齐整，即使想不用它作为祭祀的供品，但山川神灵难道会舍弃它吗？"

冉求，〔1〕字子有。少孔子二十九岁。〔2〕为季氏宰。〔3〕

【注释】〔1〕"冉求"，氏冉，名求，《孔子家语·七十二弟子》云"仲弓之族"，鲁国人。〔2〕"少孔子二十九岁"，据此推算，则生于公元前五二二年。〔3〕"季氏"，即季孙氏，鲁国世卿。"宰"，家宰，家臣之长。"为季氏宰"，按《孟子·离娄上》云"求也为季氏宰"。

【译文】冉求，字子有。比孔子小二十九岁。曾任季孙氏的家宰。

季康子问孔子曰：〔1〕"冉求仁乎？"曰："千室之邑，〔2〕百乘之家〔3〕，求也可使治其赋。〔4〕仁则吾不知也。"复问："子路仁乎？"〔5〕孔子对曰："如求。"

【注释】〔1〕"季康子"，氏季孙，名肥，谥康，故亦称"季孙肥"，季桓子之子，鲁国卿大夫，公元前四九一年至前四六八年执政。按以下对话，见《论语·公冶长》，文字有较大出入。且此"季康子"，《论语》作"孟武伯"。〔2〕"室"，家室，民户。"邑"，都邑，古代居民聚居的地方，通常也为一级居民组织的行政单位。此指卿大夫的采邑。采邑经国君封赐后，由卿大夫派人管理，所收租税，归卿大夫享用。〔3〕"乘"，音 shèng，车乘，兵车，古时以一车四马为一乘。"百乘之家"，指拥有兵车一百辆的卿大夫之家。〔4〕"赋"，赋税，指军赋、田税。按鲁国于鲁宣公十五年(公元前五九四年)"初税亩"，于鲁成公元年(公元前五九〇年)"作丘甲"，于鲁哀公十二年

(公元前四八三年)实行“用田赋”。“求也可使治其赋”,按《论语·先进》云:“季氏富于周公,而求也为之聚敛而附益之。”《孟子·离娄上》云:“求也为季氏宰,无能改于其德,而赋粟倍他日。”由此可见冉求“可使治其赋”的具体含义。〔5〕“子路”,即仲由,仲由字子路。详下。

【译文】季康子询问孔子道:“冉求称得上仁吗?”孔子说:“千户人家的都邑,百辆兵车的封地,冉求呀,可以让他去管理那里的赋税。至于称不称得上仁,我就不知道了。”季康子又问:“子路称得上仁吗?”孔子回答说:“如同冉求一样。”

求问曰:“闻斯行诸?”〔1〕子曰:“行之。”子路问:“闻斯行诸?”子曰:“有父兄在,如之何其闻斯行之?”〔2〕子华怪之:〔3〕“敢问问同而答异?”〔4〕孔子曰:“求也退,〔5〕故进之;〔6〕由也兼人,〔7〕故退之。”〔8〕

【注释】〔1〕“斯”,则,就。“诸”,之乎。〔2〕“如之何”,如何,怎么。〔3〕“子华”,即公西赤,公西赤字子华,孔子弟子。详后。“怪”,奇怪,此用作动词,感到奇怪。〔4〕“敢”,胆敢,自言冒昧之词。〔5〕“退”,退缩,拘谨。〔6〕“进”,促进,鼓励。〔7〕“兼人”,胜过人,此指做事好胜争强。〔8〕“退”,贬退,抑制。按此节文字本《论语·先进》而有所缩略。

【译文】冉求问道:“事情一听到就行动吗?”孔子说:“听到了就行动。”子路问道:“事情一听到就行动吗?”孔子说:“有父亲兄长健在,怎么能一听到就行动呢?”子华对此感到奇怪,说:“我冒昧地提个问题,为什么问题相同而回答各异?”孔子说:“冉求呀退缩拘谨,所以我鼓励他;仲由呢好胜争强,所以我抑制他。”

仲由,〔1〕字子路,〔2〕卞人也。〔3〕少孔子九岁。〔4〕

【注释】〔1〕“仲由”,氏仲,名由。〔2〕“子路”,《史记索隐》引《家语》云一字季路。按“季”当系仲由排行,故可与字连称,犹如孔子字尼,而常称仲尼。〔3〕“卞”,或作“弁”,鲁国邑名,在今山东泗水东。〔4〕“少孔子九岁”,依此计算,则仲由生于公元前五四二年。卒于公元前四八〇年。

【译文】仲由,字子路,是卞邑人。比孔子小九岁。

子路性鄙,〔1〕好勇力,志伉直,〔2〕冠雄鸡,〔3〕佩豭豚,〔4〕陵暴孔子。〔5〕孔子设礼,〔6〕稍诱子路,〔7〕子路后儒服委质,〔8〕因门人请为弟子。〔9〕

【注释】〔1〕“鄙”,鄙朴,质朴。〔2〕“伉”,音kàng,通“亢”,刚强。“直”,直率。〔3〕“冠雄鸡”,戴形似雄鸡的冠。〔4〕“豭”,音 jiā,公猪。“豚”,音 tún,小猪。“豭豚”,公猪。按《庄子·盗跖》《释文》引李颐云作“豭斗”。此为佩带之物。洪颐煊《读书丛录》释为用豭豚皮制成的剑饰,可备一说。按《庄子·盗跖》有“使子路去其危冠,解其长剑”,《史记集解》云:“冠以雄鸡,佩以豭豚。”则“豭豚”也有可能为长剑之名。〔5〕“陵暴”,欺侮,欺压。〔6〕“设礼”,设施礼教。〔7〕“稍”,逐渐。〔8〕“儒服”,儒生穿戴的衣帽。“委”,致送。“质”,通“贽”,古代初次求见时所送的礼物,也可专指致送老师的礼物。“委贽”,致送见面礼。这里指致送拜师礼。〔9〕“因”,通过。“门人”,门徒,即弟子。

【译文】子路生性质朴,喜好勇猛武力,心地刚强直率,头带雄鸡样式的帽子,身佩叫做豭豚的长剑,曾经冒犯欺凌过孔子。孔子设施礼教,逐渐诱导子路,子路后来改穿儒服,送上拜师的礼物,通过孔子的门人请求做弟子。

子路问政。孔子曰:“先之,〔1〕劳之。”〔2〕请益。〔3〕曰:“无倦。”〔4〕

【注释】〔1〕“先之”,为百姓之先,即带头示范。〔2〕“劳”,旧读 lào,慰劳。〔3〕“请益”,请求增益,此指请求多回答一些。〔4〕“倦”,疲倦,懈怠。按语见《论语·子路》。

【译文】子路询问为政。孔子说:“先给百姓作出样子,并慰劳关心百姓。”子路要求多说几句。孔子说:“永远不要懈怠。”

子路问:“君子尚通乎?”〔1〕孔子曰:“义

之为上。[2]君子好勇而无义，则乱；小人好勇而无义，[3]则盗。"[4]

【注释】〔1〕"君子"，这里指有身份地位的人，即当时的贵族官僚。"尚"，崇尚。 〔2〕"义"，指行为合乎礼法和道德规范。"义之为上"，按《论语·阳货》作"义以为上"。"上"，通"尚"。 〔3〕"小人"，这里指相对于"君子"而言的没有身份地位的平民百姓。 〔4〕按语见《论语·阳货》。

【译文】子路问道："君子崇尚勇武吗？"孔子说："义是至高无上的。君子爱好勇武而没有义理，就会作乱造反；小人爱好勇武而没有义理，就会偷盗抢劫。"

子路有闻，未之能行，[1]唯恐有闻。[2]

【注释】〔1〕"未之能行"，即未能行之。 〔2〕"有"，又。按语见《论语·公冶长》。

【译文】子路听到一件事，还没能去做，就唯恐又听到别的事。

孔子曰："片言可以折狱者，[1]其由也与！"[2]"由也好勇过我，无所取材。"[3]"若由也，不得其死然。"[4]"衣敝缊袍与衣狐貉者立而不耻者，[5]其由也与！"[6]"由也升堂矣，[7]未入于室也。"[8]

【注释】〔1〕"片言"，半言，片言只语。或谓即"单辞"，指一面之辞。"折"，断，判决。"狱"，讼事，诉讼案件。 〔2〕"其"，副词，大概，恐怕。"与"，通"欤"，语气词，表示推测。 〔3〕"材"，材料，此指制造渡海木筏的材料。按此语见《论语·公冶长》。原文为："子曰：'道不行，乘桴浮于海。从我者，其由与？'子路闻之喜。子曰：'由也好勇过我，无所取材。'"或谓"材"通"裁"，或谓通"哉"。 〔4〕"不得其死"，不得好死。"然"，句末语气词，用法同"焉"。按语见《论语·先进》。 〔5〕"衣"，音 yì，动词，穿。"敝"，坏，破旧。"缊袍"，以乱麻作絮的破袍。"貉"，音 hé，亦称"狗獾"。其毛皮可做皮衣。"衣狐貉者"，穿着用狐貉之皮做的袍子。 〔6〕按语见《论语·子罕》。 〔7〕"堂"，厅堂。 〔8〕"室"，内室。按先进门，次登堂，后入室，孔子以此表示学问道德由低到高的几个阶段。入室为最高阶段。按语见《论语·先进》。

【译文】孔子说："根据片言只语就可以判决诉讼案件的，大概只有仲由吧！""仲由喜好勇武超过了我，但没地方取得制造渡海木筏的材料。""像仲由这样，将会不得好死。""穿着用乱麻作絮的旧袍同穿着狐貉皮大衣的人站在一起而不以为耻的，大概只有仲由吧！""仲由的学问吗，已到了登堂的地步，但还没达入室的境界。"

季康子问：[1]"仲由仁乎？"孔子曰："千乘之国可使治其赋，[2]不知其仁。"

【注释】〔1〕"季康子"，按此节见《论语·公冶长》，原文所问者为孟武伯。 〔2〕"千乘之国"，拥有一千辆兵车的国家。千乘之国在春秋时代为大国。

【译文】季康子问道："仲由称得上仁吗？"孔子说："有千辆兵车的大国可以让他去管理赋税，但不知道他的仁德。"

子路喜从游，[1]遇长沮、桀溺、荷蓧丈人。[2]

【注释】〔1〕"从"，跟从，随从。此指跟随孔子。 〔2〕"长沮、桀溺"，二隐者名。见《论语·微子》，云："长沮、桀溺耦而耕，孔子过之，使子路问津焉。……"金履祥《论语集注考证》云："此盖以物色名之，如荷蒉、晨门、荷蓧丈人之类。盖二人耦耕于田，其一人长而沮洳，一人桀然高大而涂足，因以名之也。"可备一说。"荷"，音 hè，扛，"蓧"，音 diào，古时耘田的一种竹器。"丈人"，老人。"荷蓧丈人"，扛着蓧的老人。按《论语·微子》，云："子路从而后，遇丈人，以杖荷蓧。……"

【译文】子路喜好跟随孔子出游，途中遇到过长沮、桀溺、荷蓧丈人。

子路为季氏宰，[1]季孙问曰：[2]"子路可谓大臣与？"[3]孔子曰："可谓具臣矣。"[4]

【注释】〔1〕"季氏宰"，季氏家宰，季氏家臣之长。〔2〕"季孙",按《论语·先进》作"季子然",季孙氏族人。〔3〕"大臣",重臣,辅佐大臣。〔4〕"具臣",备位充数之臣,指一般的臣僚。按语见《论语·先进》。

【译文】子路担任季氏的家宰,季孙询问孔子道:"子路可以说是辅佐大臣吗?"孔子说:"可以说是备位充数的臣子罢了。"

子路为蒲大夫,[1]辞孔子。孔子曰:"蒲多壮士,又难治。然吾语汝:[2]恭以敬,可以执勇;[3]宽以正,可以比众;[4]恭正以静,可以报上。"[5]

【注释】〔1〕"蒲",卫国邑名,在今河南长垣。"蒲大夫",蒲邑行政长官。〔2〕"语",音 yù,告诉,告诫。〔3〕"执",控制,驾驭。按《说苑·政理》、《孔子家语·致思》作"摄"。〔4〕"比",亲近,安抚。按《说苑·政理》作"容"。〔5〕"报",回报,报答。《说苑·政理》作"亲"。按本节可参看《说苑·政理》、《孔子家语·致思》。

【译文】子路出任蒲邑大夫,向孔子辞行。孔子说:"蒲邑有许多壮汉勇士,而且难于治理。但我告诉你几句话:谦恭敬谨,可以驾驭勇士;宽厚中正,可以安抚民众;恭敬中正而清静,就可以回报君上了。"

初,卫灵公有宠姬曰南子。[1]灵公太子蒉聩得过南子,[2]惧诛出奔。[3]及灵公卒而夫人欲立公子郢。[4]郢不肯,曰:"亡人太子之子辄在。"[5]于是卫立辄为君,是为出公。出公立十二年,其父蒉聩居外,[6]不得入。子路为卫大夫孔悝之邑宰。[7]蒉聩乃与孔悝作乱,[8]谋入孔悝家,遂与其徒袭攻出公。出公奔鲁,而蒉聩入立,是为庄公。方孔悝作乱,[9]子路在外,闻之而驰往。遇子羔出卫城门,[10]谓子路曰:"出公去矣,[11]而门已闭,子可还矣,[12]毋空受其祸。"[13]子路曰:"食其食者不避其难。"[14]子羔卒去。[15]有使者入城,城门开,子路随而入。造蒉聩,[16]蒉聩与孔悝登台。[17]子路曰:"君焉用孔悝?[18]请得而杀之。"[19]蒉聩弗听。于是子路欲燔台,[20]蒉聩惧,乃下石乞、壶黡攻子路,[21]击断子路之缨。[22]子路曰:"君子死而冠不免。"[23]遂结缨而死。[24]

【注释】〔1〕"卫灵公",卫国国君,名元,卫襄公之子,母婤姶,公元前五三四年至前四九三年在位。详见本书《卫康叔世家》。"南子",亦称"鳌夫人",宋女。〔2〕"蒉聩",音 kuài kuì,亦作"蒯聩",即卫庄公。因与南子构恶,于公元前四九六年出奔宋国。于公元前四八〇年返回卫国国都即位,于公元前四七八年被戎州人己氏所杀。详见本书《卫康叔世家》。"得过",得罪。〔3〕"惧诛出奔",按《左传》定公十四年和本书《卫康叔世家》,蒉聩于卫灵公三十九年(公元前四九六年)因谋杀南子不成而出奔宋国。〔4〕"公子郢",卫灵公庶子,名郢,或作"逞",字子南,谥昭。〔5〕"亡人太子",指太子蒉聩,当时逃亡在外。"辄",卫灵公之孙,卫庄公之子,于公元前四九二年至前四八一年、公元前四七六年至前四六九年两度在位。详见本书《卫康叔世家》。〔6〕"出公立十二年,其父蒉聩居外",卫出公第一次在位十二年(公元前四九二年至前四八一年),其间蒉聩一直居住在卫国戚邑。〔7〕"孔悝",氏孔,名悝,排行叔,亦称"孔叔",孔文子圉之子,母孔伯姬为蒉聩之姊,卫国执政大夫,于公元前四八〇年拥立蒉聩即位,不久出奔宋。"悝",音 kuī。"孔悝之邑宰",即孔悝采邑之宰。〔8〕"蒉聩乃与孔悝作乱",指蒉聩与其姊孔伯姬及浑良夫合谋,胁迫孔悝作内应,驱逐卫出公以夺取君位。详见《左传》哀公十五年和本书《卫康叔世家》。〔9〕"方",当,正方。〔10〕"子羔",即高柴,高柴字子羔,孔子弟子,时为卫国大夫。详后。"卫城门",指卫都城门。〔11〕"出公",《史诠》曰:"'出公'当作'卫君'。"子羔当时不可能以谥号相称,当系追述之词。"去",离开。〔12〕"还",返回。〔13〕"毋",不要。"空",白白,徒然。〔14〕"食其食",吃孔悝的粮食,即得到孔悝发给的俸禄,指子路做孔悝的家臣。〔15〕"卒",终于,结果。〔16〕"造",往,到。"造蒉聩",到蒉聩处。当时蒉聩在孔悝家。〔17〕"台",指孔悝家中之台。〔18〕"焉",安,哪里。〔19〕"得",得到,获得。〔20〕"燔",音 fán,焚烧。〔21〕"下",使动用法,让……下台。"石乞、壶黡",二人均为蒉聩侍臣。按"壶黡",《左传》哀公十五年和本书《卫康叔世家》作"盂黡",《汉书·古今人表》作"狐黡"。"黡",音 yǎn。〔22〕"缨",系在颔下的冠带。〔23〕"免",脱。〔24〕"遂",

就，于是。“结”，打结。

【译文】当初，卫灵公有宠爱的姬妾叫做南子。卫灵公的太子蒯聩得罪了南子，因为惧怕诛杀而出国逃奔宋国。等到卫灵公去世，夫人南子想立公子郢为国君。但公子郢不肯，说：“流亡人太子的儿子辄在此。”于是卫人拥立辄为国君，这就是卫出公。卫出公在位十二年，他的父亲蒯聩居住外地，不能进入卫国都城。子路担任卫国大夫孔悝的采邑之宰。蒯聩于是与孔悝发动叛乱，设法进入孔悝家中，接着和他的党徒袭击进攻卫出公。卫出公逃奔鲁国，从而蒯聩进入国都即位，这就是卫庄公。当孔悝发动叛乱时，子路正在国外，闻讯后飞驰前往卫国。子路遇到子羔出卫都城门，子羔对子路说：“卫出公已经离去了，而城门也已关闭，你可以返回了，不要白白遭受那里的祸害。”子路说：“我吃孔悝的饭就不能躲避孔悝的危难。”子羔结果离去。有使者进入卫都城中，城门打开，子路跟随而进入。子路赶到蒯聩处，蒯聩和孔悝登上孔宅内的高台。子路说：“国君哪里用得着孔悝？请求让我得到孔悝而杀死他。”蒯聩不听从。于是子路准备焚烧高台，蒯聩恐惧，就命令石乞、壶黡下台攻打子路，打断了子路系帽的带子。子路说：“君子死了但帽子不能脱掉。”于是结好帽带而被杀死。

孔子闻卫乱，曰：“嗟乎，[1]由死矣！”已而果死。[2]故孔子曰：“自吾得由，恶言不闻于耳。”[3]是时子贡为鲁使于齐。[4]

【注释】〔1〕“嗟”，音 juē，感叹声。“乎”，语助词。〔2〕“已而”，事后，不久。按自上节“初……”至此，见《左传》哀公十五年及本书《卫康叔世家》。〔3〕“恶言”，诽谤中伤的话。按《尚书大传》云：“孔子曰：‘……自吾得由也，恶言不至于耳，……’”当为司马迁所本。〔4〕“是时子贡为鲁使于齐”，按张文虎《校史记札记》曰：“此与上下文皆不相涉。《索隐》本出此九字于子贡传‘好废举与时转货赀’条后。疑今本错简”。

【译文】孔子听说卫国内乱，说：“唉，仲由要死了。”不久果真接到子路的死讯。所以孔子说：“自从我得到仲由后，恶言恶语就不再进入耳朵。”这时子贡正为鲁国出使在齐国。

宰予，[1]字子我，利口辩辞。[2]既受业，问：“三年之丧不已久乎？[3]君子三年不为礼，[4]礼必坏；三年不为乐，[5]乐必崩。旧谷既没，[6]新谷既升，[7]钻燧改火，[8]期可已矣。”[9]子曰：“于汝安乎？”曰：“安。”“汝安则为之。君子居丧，食旨不甘，[10]闻乐不乐，[11]故弗为也。”宰我出。子曰：“予之不仁也！子生三年，然后免于父母之怀。[12]夫三年之丧，天下之通义也。”[13]

【注释】〔1〕“宰予”，氏宰，名予，鲁国人。〔2〕“利口辩辞”，即口利辞辩，嘴快而言辞雄辩。按宰成以善于谈说而被列为具有“言语”特长。〔3〕“三年之丧”，儒家主张父母死亡，子女应当服丧三年。“已”，太。〔4〕“为”，行，举行。“礼”，礼仪。〔5〕“乐”，音乐。〔6〕“旧谷”，旧粮，陈粮。“没”，尽，此指吃尽。〔7〕“新谷”，新粮。“升”，登场，收获。〔8〕“钻燧”，古时取火的一种方法。分别用木制成钻和燧，然后以钻木钻燧木，通过强烈摩擦取得火种。按揭子宣《璇玑遗述》云：“如榆刚取心一段为钻，柳刚取心方尺为盘，中凿眼，钻头大旁，取窦寸许，用绳力牵如车，钻则火星飞爆出窦，薄煤成火矣。”“改火”，更火，更换火种。古代有每年定时更换火种的习俗。按《史记集解》云：“马融曰：‘《周书·月令》有更火之文。春取榆柳之火，夏取枣杏之火，季夏取桑柘之火，秋取柞楢之火，冬取槐檀之火。一年之中，钻火各异木，故曰改火。’”〔9〕“期”，音 jī，一年，一周年。“已”，止，停止。〔10〕“旨”，味美，此指美味食物。〔11〕“闻乐不乐”，前一个“乐”，音 yuè，音乐；后一个“乐”，音 lè，快乐，高兴。〔12〕“免”，脱离。“怀”，怀抱。〔13〕“通义”，即“通仪”，通行的丧仪。按自“问”以下至此，见《论语·阳货》。

【译文】宰予，字子我，尖嘴利舌，能言善辩。接受孔子教授的学业后，问道：“为父母服三年之丧，这丧期不也太长了吧？君子三年不举行礼仪，礼仪必定败坏；三年不演奏音乐，音乐必定毁弃。陈粮既已吃尽，新谷就又登场，钻木取火，更换火种，(全都一年轮回一周，)丧期一年就可以了。”孔子说：“这样做对你来说心安吗？”宰予说：“心安。”孔子说：“你心安就那样做吧。君子居丧期间，吃美味不觉得甘甜，听音乐不觉得快乐，所以不这样做啊。”宰我出去。孔子说：“宰予不仁啊！孩子生下来三年，然后才脱离父母的怀抱。那三年之丧，是天下通行的礼仪啊！”

宰予昼寝。[1]子曰："朽木不可雕也，[2]粪土之墙不可圬也。"[3]

【注释】〔1〕"昼"，白天。"寝"，睡，睡觉。〔2〕"朽"，腐朽，腐烂。"雕"，雕琢。〔3〕"粪土"，秽土，脏土。"圬"，音 wū，通"杇"，涂饰墙壁的工具，即镘，俗称瓦刀。此用作动词，意为用杇涂饰墙壁。按语见《论语·公冶长》。

【译文】宰予白天睡觉。孔子说："腐朽的木头无法再雕琢了，污秽的墙壁无法再粉刷了。"

宰我问五帝之德。[1]子曰："予非其人也！"[2]

【注释】〔1〕"五帝"，指黄帝、颛顼、帝喾、唐尧、虞舜，远古传说中的五位圣王。详见本书《五帝本纪》。"德"，道德，德行，此泛指有关情况。〔2〕"予非其人也"，言宰予不是能修明五帝之德的人。按关于宰予和孔子就五帝德的问对，详见《大戴礼记·五帝德》。

【译文】宰我询问五帝的德行。孔子说："宰予不是问这问题的人。"

宰我为临菑大夫，[1]与田常作乱，[2]以夷其族，[3]孔子耻之。[4]

【注释】〔1〕"临菑"，即临淄，齐国都城，在今山东淄博市东北旧临淄。"临淄大夫"，临菑行政长官。〔2〕"与"，音 yù，参预。"田常"，氏田，亦作"陈"；名常，亦作"恒"；谥成，故亦称"田常"、"陈恒"、"田成子"、"陈成子"等。齐国大夫，陈釐子乞之子。继承其父大斗出、小斗进的做法，争取民心。公元前四八一年，杀死齐简公，拥立齐平公，任相国，铲除公族中强者，扩大自己封邑，开创田氏专擅齐国权柄的局面。详见本书《田敬仲完世家》。〔3〕"夷"，夷灭，杀灭。"族"，家族。〔4〕"耻之"，以此为耻。按前人多不信宰予参预田常作乱而死之事，认为司马迁误记。《史记索隐》云："按《左氏传》无宰我与田常作乱之文；然有阚止字子我，而因争宠，遂为陈恒所杀。恐字与宰予相涉，因误云然。"清代不少学者也力辩其无。今人钱穆《先秦诸子系年考辨·宰我死齐考》认为此说出于战国田氏对宰予的仇恨和诬谄。考本书《李斯列传》云："田常为简公臣，爵列无敌于国，私家之富与公家均，布惠施德，下得百姓，上得群臣，阴取齐国，杀宰予于庭，即弑简公于朝，遂有齐国。"又《田敬仲完世家》云："田常成子与监止俱为左、右相，相简公。田常心害监止，监止幸于简公，权弗能去。……子我者，监止之宗人也，常与田氏有郄。……田常于是击子我。子我率其徒攻田氏，不胜，出亡。田氏之徒追杀子我及监止。"所言与此各有牴牾，可见司马迁所述必有讹误。

【译文】宰我担任临菑大夫，与齐国大臣田常发动叛乱，因而诛灭他的家族，孔子为此感到耻辱。

端沐赐，[1]卫人，字子贡。[2]少孔子三十一岁。[3]

【注释】〔1〕"端沐赐"，氏端沐，或作"端木"，名赐。〔2〕"子贡"，或作"子赣"。按钱大昕《廿二史札记》云："古人名字必相应，《说文》'赣，赐也。''贡，献功也'。则端木子之字当为子赣无疑。"可备一说。〔3〕"少孔子三十一岁"，按此推算，则端沐赐生于公元前五二〇年。

【译文】端沐赐，是卫国人，字子贡，比孔子小三十一岁。

子贡利口巧辞，孔子常黜其辩。[1]问曰："汝与回也孰愈？"[2]对曰："赐也何敢望回！[3]回也闻一以知十，赐也闻一以知二。"[4]

【注释】〔1〕"黜"，通"绌"，屈，亏屈。〔2〕"愈"，胜，胜过。〔3〕"望"，通"方"，比。〔4〕按自"问曰"至此，见《论语·公冶长》。

【译文】子贡快嘴利口，巧于言辞，孔子经常被他辩得理屈词穷。孔子问道："你和颜回比哪个强？"子贡回答说："我怎么敢同颜回相比！颜回听到一件事可以推知十件，我听到一件事只能推知两件。"

子贡既已受业，问曰："赐何人也？"孔子曰："汝器也。"[1]曰："何器也？"曰："瑚琏

也。”〔2〕

【注释】〔1〕“器”，器物，器具。〔2〕“瑚琏”，音 hú liǎn，即“簠簋”，古代祭祀时盛放粮食的器皿，簠形方，簋形圆，属于宗庙重器。《史记集解》云：“包氏曰：‘瑚琏，黍稷器。夏曰瑚，殷曰琏，周曰簠簋，宗庙之贵器。’”按自“问曰”至此，见《论语·公冶长》。

【译文】子贡接受学业完毕后，问道：“我是什么样的人？”孔子说：“你好比是器皿。”子贡又问：“什么样的器皿呢？”孔子说：“宗庙祭祀时盛放黍稷的容器——瑚琏。”

陈子禽问子贡曰：〔1〕“仲尼焉学？”〔2〕子贡曰：“文武之道未坠于地，〔3〕在人。贤者识其大者，〔4〕不贤者识其小者。莫不有文武之道。夫子焉不学？〔5〕而亦何常师之有！”〔6〕又问曰：“孔子适是国必闻其政。〔7〕求之与？抑与之与？”〔8〕子贡曰：“夫子温、良、恭、俭、让以得之。〔9〕夫子之求之也，其诸异乎人之求之也。”〔10〕

【注释】〔1〕“陈子禽”，即陈亢，名亢，字子禽。按《论语》郑玄《注》、《礼记·檀弓》均以陈亢为孔子弟子。《孔子家语·七十二弟子》云：“陈亢，陈人，字子亢，一字子禽，少孔子四十岁。”但本传无陈亢。臧庸《拜经日记》谓陈亢即本传之原亢籍，不足信。按以下问对见《论语·子张》，问者为“卫公孙朝”，而非“陈子禽”。〔2〕“焉”，安，哪里。〔3〕“文、武”，指周文王、周武王。“文武之道”，周文王、周武王的修身治国之道。“坠”，坠落，失落。〔4〕“识”，音 zhì，通“志”，记住。〔5〕“夫子”，对孔子的尊称。〔6〕“常师”，固定的老师。“何常师之有”，即“有何常师”。〔7〕“适”，往，到。〔8〕“抑”，还是。〔9〕“温”，温和。“良”，善良。“恭”，恭敬。“俭”，俭朴。“让”，谦让。〔10〕“其诸”，表示推测、不肯定的语气，为当时齐鲁习用语，意为恐怕，或者。按自“又问”至此，见《论语·学而》。

【译文】陈子禽问子贡道：“仲尼的学问是从哪里学来的？”子贡说：“周文王、周武王的仁义之道并没有失落于地，而是保存在人间。贤能的人记住了其中的大道理，不贤能的人记住了其中的小道理。无处没有周文王、周武王的仁义之道。夫子哪里不能学习？而且何必要有固定的老师呢！”陈子禽又问：“孔子到达一个国家，必定知道那里的政事。这是向人索求来的呢？还是别人提供给他的呢？”子贡说：“夫子是用温和、善良、恭敬、俭仆、谦让得来的。夫子求索的方法不同于一般人求索的方法。”

子贡问曰：“富而无骄，贫而无谄，〔1〕何如？”〔2〕孔子曰：“可也。不如贫而乐道，富而好礼。”〔3〕

【注释】〔1〕“谄”，音 chǎn，谄媚，巴结奉承。〔2〕“何如”，如何，怎么样。〔3〕按本节见《论语·学而》。

【译文】子贡问道：“富有而不骄傲，贫穷而不谄媚，怎么样？”孔子说：“可以啊。但比不上贫穷而乐于求道，富有而谦逊好礼。”

田常欲作乱于齐，惮高、国、鲍、晏，〔1〕故移其兵，欲以伐鲁。孔子闻之，谓门弟子曰：“夫鲁，坟墓所处，父母之国。国危如此，二三子何为莫出？”〔2〕子路请出，孔子止之。子张、子石请行，〔3〕孔子弗许。子贡请行，孔子许之。

【注释】〔1〕“惮”，音 dàn，害怕，畏惧。“高”，即高氏，姜姓，齐国公族，受周天子策命，世代为齐国上卿。“国”，即国氏，姜姓，齐国公族，受周天子策命，世代为齐国上卿。“鲍”，即鲍氏，姒姓，齐国大夫世家。“晏”，即晏氏，姜姓，齐国大夫世家。〔2〕“二三子”，诸子，各位。“何为”，即为何，为什么。“莫”，没有谁。〔3〕“子张”，即颛孙师，子张为其字，孔子弟子。详后。“子石”，即公孙龙，子石为其字，孔子弟子。详后。

【译文】田常打算在齐国发动叛乱，但又害怕大臣高氏、国氏、鲍氏、晏氏的势力，所以就调遣齐国的军队，准备攻伐鲁国。孔子闻讯，对门下弟子说：“鲁国，是祖宗坟墓的所在地，是父母生活的国度。国家的危难到了如此地步，诸位为什么没人挺身而出？”子路请求出去活动，孔子阻止了他。子张、子石请求出行，孔子不允许。子贡请求出行，孔

子应许了他。

遂行，至齐，说田常曰："君之伐鲁过矣。夫鲁，难伐之国，其城薄以卑，[1]其地狭以泄，[2]其君愚而不仁，大臣伪而无用，其士民又恶甲兵之事，此不可与战。君不如伐吴。[3]夫吴，城高以厚，地广以深，[4]甲坚以新，[5]士选以饱，[6]重器精兵尽在其中，[7]又使明大夫守之，[8]此易伐也。"田常忿然作色曰：[9]"子之所难，人之所易；子之所易，人之所难。而以教常，何也？"子贡曰："臣闻之，忧在内者攻强，忧在外者攻弱。今君忧在内。吾闻君三封而三不成者，大臣有不听者也。今君破鲁以广齐，战胜以骄主，破国以尊臣，而君之功不与焉，[10]则交日疏于主。[11]是君上骄主心，下恣群臣，[12]求以成大事，难矣。夫上骄则恣，臣骄则争，是君上与主有郤，[13]下与大臣交争也。如此，则君之立于齐危矣。故曰不如伐吴。伐吴不胜，民人外死，大臣内空，是君上无强臣之敌，下无民人之过，[14]孤主制齐者唯君也。"田常曰："善。虽然，吾兵业已加鲁矣，[15]去而之吴，[16]大臣疑我，奈何？"子贡曰："君按兵无伐，臣请往使吴王，令之救鲁而伐齐，君因以兵迎之。"田常许之，使子贡南见吴王。[17]

【注释】〔1〕"以"，而。"卑"，低，矮。〔2〕"地"，按《越绝书·陈恒传》、《吴越春秋·夫差内传》作"池"，当是。"泄"，按《越绝书·陈恒传》、《吴越春秋·夫差内传》作"浅"，与下文"广以深"之"深"相对，当是。〔3〕"吴"，国名，亦称"句吴"、"攻吴"。姬姓，始祖为周太王之子太伯、仲雍。太伯、仲雍因太王欲立少子季历，避奔荆蛮。太伯自号句吴，被拥立为吴太伯。太伯去世，仲雍继位。周武王灭商后，正式封仲雍曾孙周章为吴君，列为诸侯。建都吴(今江苏苏州)，辖境约有今江苏南部、上海及浙江北部、安徽东南部一带。春秋时，寿梦称王，国力渐强。公元前五〇六年吴王阖闾曾击败楚国。公元前四九四年吴王夫差领兵攻入越国，迫使越王句践臣服，并北上与晋争霸。公元前四七三年被越国所灭。〔4〕"地广以深"，按此"地"亦当作"池"。〔5〕"甲"，铠甲，此指武器装备。〔6〕"士"，士卒。"选"，挑选，选拔，这里是精良的意思。〔7〕"重器"，宝器。"精兵"，精良的武器。〔8〕"明"，贤明。〔9〕"忿"，音 fèn，通"愤"，愤怒。"作色"，改变脸色。〔10〕"与"，音 yù，参与，存在。"焉"，于是，于此。"与焉"，在其中。〔11〕"日"，日益。"疏"，疏远。〔12〕"恣"，音 zì，恣肆，放纵。〔13〕"郤"，音 xì，通"隙"，缝隙，隔阂。〔14〕"过"，责备，怪罪。〔15〕"业"，既，已。〔16〕"之"，往，到。〔17〕"南"，向南行，南下。"吴王"，指吴王夫差，吴王阖闾之子，曾一度大败齐、越，与晋争霸，后被越灭国，自杀身亡。于公元前四九五年至前四七三年在位。详见本书《吴太伯世家》。

【译文】子贡于是出行，到达齐国，进言劝说田常道："您攻伐鲁国的计划是失误了。那鲁国，是难以攻伐的国家，鲁都的城墙薄而矮，鲁都的护城河窄而浅，鲁国的君主愚蠢而不仁，大臣虚伪而无用，鲁国的士人百姓又厌恶武器军队之事，这样的国家不可与它交战。那吴国，城墙高而厚，护城河宽而深，武器装备坚固而崭新，士卒精良而充足，贵重的器物、精良的兵器全都在都城之中，又选派贤明的大夫守城，这样的国家容易攻伐呀。"田常愤怒变了脸色说："你所说的难，是一般人所说的易；你所说的易，是一般人所说的难。居然用这来教我，是什么道理呢？"子贡说："臣下听说过这样的话，忧患存在于内部的就进攻强大的国家，忧患存在于外部的就进攻弱小的国家。如今您的忧患就在内部。我听说您三次求封而三次不成，其原因是因为有的大臣不听从啊。如今您将攻破鲁国来扩张齐国的领土，征战取胜来使君主骄傲，打败敌国来尊崇大臣，但您的功劳却不在其中，那就会与君主的关系日益疏远。这样您上面让君主的心思骄傲自大，下面让群臣肆无忌惮，以此企求成全夺取国政的大事，就困难了。君上骄傲就会随心所欲，臣下骄傲就会争权夺利，这样您上面与君主有矛盾，下面与大臣互相争斗。像这样的话，您要在齐国站住脚就危险了。所以说攻伐鲁国不如攻伐吴国。攻伐吴国不能获胜，百姓在外战死，大臣在内空虚，这样您在上面没有强大的群臣相对抗，下面没有百姓的责难，孤立国君、控制齐国的只有您了。"田常说："好。尽管如此，但我们的军队已经开赴鲁国了，现在离开而前往吴国，大臣们会怀疑我，怎么办？"子贡说："您按兵不动不要发起进攻，臣下请求前往出使吴王，叫他救援鲁国而攻伐齐国，您就乘机领兵迎击吴军。"田常答应所请，派子贡南下面见吴王。

说曰："臣闻之，王者不绝世，[1]霸者无强敌，千钧之重加铢两而移。[2]今以万乘之齐而私千乘之鲁，[3]与吴争强，窃为王危之。且夫救鲁，显名也；伐齐，大利也。以抚泗上诸侯，[4]诛暴齐以服强晋，[5]利莫大焉。名存亡鲁，实困强齐，智者不疑也。"吴王曰："善。虽然，吾尝与越战，[6]栖之会稽。[7]越王苦身养士，[8]有报我心。[9]子待我伐越而听子。"子贡曰："越之劲不过鲁，吴之强不过齐，王置齐而伐越，[10]则齐已平鲁矣。且王方以存亡继绝为名，夫伐小越而畏强齐，非勇也。夫勇者不避难，仁者不穷约，[11]智者不失时，王者不绝世，以立其义。今存越示诸侯以仁，救鲁伐齐，威加晋国，诸侯必相率而朝吴，[12]霸业成矣。且王必恶越，[13]臣请东见越王，令出兵以从，此实空越，名从诸侯以伐也。"吴王大说，[14]乃使子贡之越。

【注释】〔1〕"王者"，实行王道的人。王道为儒家所鼓吹的政治主张，即用所谓仁义之道治理国家统一天下。"王者"与下"霸者"相对，以武力强权治理国家，统一天下，被儒家称为"霸道"。《孟子·公孙丑》曰："以力假仁者霸，……以德行仁者王……""绝世"，断绝世系，即灭亡国家。按《孔子家语·屈节》作"灭国"。 〔2〕"钧"，古代重量单位，三十斤为一钧。"千钧"，比喻巨大的重量。"铢两"，均为古代很小的重量单位。《汉书·律历志上》云："二十四铢为两，十六两为斤。"比喻极小的重量。〔3〕"万乘"，一万辆兵车，这原是天子拥有的军事力量。这里用来指齐国，当是战国的情形。战国时代万乘之国为大国。"私"，私有，占为己有。"千乘"，一千辆兵车。千乘之国在春秋时代为大国，至战国时代仅为中等国家。 〔4〕"抚"，安抚。"泗上"，泗水之滨。"泗上诸侯"，指泗水之滨的十二个诸侯小国。按《战国策·楚策一》有"泗上十二诸侯"之语。一般认为指邹、鲁、陈、蔡、宋、卫、滕、薛、费、任、郯、邳。 〔5〕"晋"，国名，西周初年所封诸侯国。姬姓，始封君为周成王弟叔虞，建都于唐(今山西翼城西)，辖境有山西西南部。春秋初，晋昭侯封叔父成师于曲沃(今山西闻喜西北)，出现分裂局面，后曲沃武公取代公室，统一晋国。晋献公时迁都于绛(今山西翼城东南)。晋文公改革内政，称霸诸侯。晋景公时迁都新田，亦称新绛(今山西曲沃西北)，疆域不断扩展，成为中原强国。春秋后期，执政的六卿势力日益强大，逐渐侵夺君权。在六卿的互相争斗中，赵氏、魏氏、韩氏三家兼并了范氏、中行氏、知氏。公元前四〇三年，周威烈王策命魏文侯、韩景侯、赵烈侯为诸侯。晋国从此正式分裂为魏、韩、赵三国。 〔6〕"尝"，曾，曾经。"越"，国名，亦称"于越"。姒姓，相传为夏禹的后裔，始祖为夏后少康庶子无余，被封于会稽(今浙江绍兴)，奉守对禹的祭祀。春秋时，常与吴国发生争战。公元前四九四年被吴王夫差打败。越王句践卧薪尝胆，积蓄力量，于公元前四七三年灭亡吴国。此后向北扩张，称霸诸侯，辖境有今江苏北部运河以东、江苏南部、浙江北部、安徽南部、江西东部之地。战国时衰落，约于公元前三〇六年被楚国所灭。 〔7〕"栖"，栖身，居住。"会稽"，即会稽山，原名苗山(或作"茅山"、"防山")，在今浙江绍兴、嵊县、诸暨、东阳间。相传禹到此大会诸侯，计功封爵，始命名"会稽"，取会计之意。 〔8〕"越王"，即越王句践，越王允常之子，亦称"菼执"，公元前四九七年至公元前四六五年在位。详见本书《越王句践世家》。 〔9〕"报"，报复、报仇。 〔10〕"置"，放下，放过。 〔11〕"穷"，止，废弃。"约"，规约，礼法。"穷约"，废弃礼法。或解为穷困潦倒，亦通。 〔12〕"相率"，相从，相继。 〔13〕"且"，句首语助词，表示提起下文。"必"，一定，实在。"恶"，音 wù，憎恨，讨厌，这里是担心的意思。 〔14〕"说"，音 yuè，通"悦"，喜悦，高兴。

【译文】子贡劝说吴王夫差道："臣下听说这样的话：实行王道的人不绝灭别的国家，实行霸道的人没有强大的对手，互相抗衡的千钧重量双方，即使只在其中一方增加一铢一两就会出现重心的转移。如今拥有万辆兵车的齐国私下兼并千辆兵车的鲁国，来和吴国争强斗胜，臣下暗中替大王感到危难。况且那救援鲁国，有显赫的名声；攻伐齐国，有巨大的利益。以此安抚泗水之滨的十二诸侯国，诛伐残暴的齐国来制服强大的晋国，得到的利益没有比这更大的。名义上保存行将灭亡的鲁国，实际上使强大的齐国受困，聪明的人对此坚信不疑。"吴王夫差说："讲得好。尽管如此，但我已经与越王交战，使之栖息于会稽山上。越王句践自己吃苦来供养士人，对我存有进行报复的心思。你等我攻伐越国后再来听从你的安排。"子贡说："越国的力量超不过鲁国，吴国的强大超不过齐国，大王放下齐国而攻伐越国，那么齐国马上就可平定鲁国了。况且大王正在用救存危亡复兴灭国作为号召，但那攻伐弱小的越国而畏惧强大的齐国，不是勇者的行为。勇者不回避危难，仁者不废弃礼法，智者不丧失时机，王者不灭亡诸侯，以此来建立自己的道义。如今大王能保存越国来向诸侯显示仁义，救援鲁国进攻齐国，威力施加到晋国，各国诸侯必定相继前来吴国朝见，那么霸业就建成了。同时大王一定担心越国的话，臣下请求东进面见越王，叫他出兵相从，这实际上是空虚越国的力量，名义上则是使诸侯相从而讨伐齐国。”吴王夫差非常高兴，于是派遣子贡前往越国。

越王除道郊迎，〔1〕身御至舍而问曰：〔2〕“此蛮夷之国，〔3〕大夫何以俨然辱而临之？”〔4〕子贡曰：“今者吾说吴王以救鲁伐齐，其志欲之而畏越，曰‘待我伐越乃可’。如此，破越必矣。且夫无报人之志而令人疑之，拙也；〔5〕有报人之志，使人知之，殆也；〔6〕事未发而先闻，危也。三者，举事之大患。”句践顿首再拜曰：〔7〕“孤尝不料力，〔8〕乃与吴战，困于会稽，痛入于骨髓，〔9〕日夜焦唇干舌，徒欲与吴王接踵而死，〔10〕孤之愿也。”遂问子贡。子贡曰：“吴王为人猛暴，群臣不堪；国家敝以数战，〔11〕士卒弗忍；百姓怨上，大臣内变；子胥以谏死，〔12〕太宰嚭用事，〔13〕顺君之过以安其私：是残国之治也。〔14〕今王诚发士卒佐之以徼其志，〔15〕重宝以说其心，卑辞以尊其礼，其伐齐必也。彼战不胜，王之福矣。战胜，必以兵临晋，臣请北见晋君，令共攻之，弱吴必矣。其锐兵尽于齐，重甲困于晋，〔16〕而王制其敝，此灭吴必矣。”越王大说，许诺。送子贡金百镒，〔17〕剑一，良矛二。子贡不受，遂行。

【注释】〔1〕“除道”，缮治打扫道路。“郊迎”，到郊外迎接。〔2〕“身”，亲身，亲自。“御”，驾车。“舍”，客舍，馆舍。〔3〕“蛮夷”，古代对东南各族的称呼。相对于中原而言，蛮夷地区一般来说经济文化尚处较为落后阶段。越王自称“蛮夷之国”，表示谦恭。〔4〕“俨”，音 yǎn，恭敬庄重。“俨然”，庄重的样子。“辱”，受辱，屈尊。“临”，光临，来到。〔5〕“拙”，音 zhuō，笨拙，拙劣。〔6〕“殆”，音 dài，危险，失败。〔7〕“顿首”，头叩地而拜。“再拜”，连拜两次。〔8〕“料”，量，估量。〔9〕“髓”，音 suì，骨中的凝脂。“骨髓”，这里比喻最深的地方。〔10〕“徒”，只。“踵”，音 zhǒng，脚后眼。“接踵”，足踵相接，即跟随，随从的意思。〔11〕“敝”，困，困乏。“数”，音 shuò，屡次，频繁。〔12〕“子胥”，即伍子胥，氏伍，名员，字子胥。楚大夫伍奢次子。公元前五二二年，伍奢在楚被杀，他出逃进入吴国。帮助阖闾夺权治国，成为吴国重臣。后攻破楚国，以功封于申，又称申胥。吴王夫差时，进谏反对接受越国求和与进攻齐国，渐受冷落。公元前四八四年吴王夫差赐剑命他自杀。详见本书《伍子胥列传》。〔13〕“太宰嚭”，氏伯，名嚭（音 pǐ），故亦称伯嚭（或作“帛喜”、“白喜”、“帛否”、“伯喜”），字子余。楚大夫伯州犁之孙，出亡奔吴，以功任吴国太宰。善于逢迎，深得吴王夫差宠信。吴破越后，他接受贿赂，许越媾和，并进谗言杀害伍子胥。吴亡后，降越为臣。本篇说他被越王句践所杀。“用事”，主事，执政。〔14〕“残”，残余，将尽，将要灭亡。〔15〕“诚”，确实，果真。“徼”，音 yāo，通“邀”，迎候，迎合。〔16〕“重甲”，重兵。〔17〕“镒”，音 yì，古代重量单位，二十两为一镒。或说二十四两为一镒。

【译文】越王句践修缮打扫道路，到郊外迎接子贡，亲自为子贡驾车到馆舍而询问道：“这里是不开化的蛮夷之邦，大夫为何恭敬庄重地屈尊光临此地？”子贡说：“如今我劝说吴王救援鲁国攻伐齐国，他心里愿意而畏惧越国的复仇，说‘等我攻伐越国以后就可以’。像这样的话，攻破越国是必定的了。况且没有报复他人之心却使人怀疑，是笨拙；存有报复他人之心而让人知道，是失败；事情没有发作而消息先传出去，是危险。这三种情况是举行事情的重大祸患。”句践伏地叩头连拜两次说：“我曾经自不量力，便与吴军作战，因而被困在会稽山，痛恨刻骨铭心，日夜唇焦舌干，只想和吴王相随死去，这就是我的愿望啊。”句践于是询问子贡如何是好。子贡说：“吴王夫差为人凶猛残暴，朝中群臣不堪承受；国家困于频繁战争，军队士卒无法忍耐；百姓怨恨君上，大臣内部变心；伍子胥因为直言进谏而死，太宰嚭执掌政事，顺从国君的过错来保证自己的私利：这是行将灭亡国家的政治啊。如今大王果真能调发军队帮助吴国来迎合吴王的意旨，献纳重器珍宝来讨他的欢心，用谦卑的言辞来尊崇对他礼仪，吴王攻伐齐国就必定无疑了。他出战不胜，就是大王的福运了。出战取胜，他必定率领军队进攻晋国，臣下请求北上面见晋君，让他出兵共同攻打吴军，削弱吴国那就是必然的了。吴国的精锐士卒在

齐国消耗殆尽，主力部队在晋国疲惫困乏，从而大王便掌握了吴国的致命弱点，这样灭亡吴国就必定无疑了。”越王句践听了大为高兴，答应按子贡的计策出兵。越王赠送子贡金子一百镒，剑一把，好矛两杆。子贡不接受，接着上路。

报吴王曰：“臣敬以大王之言告越王，越王大恐，曰：‘孤不幸，少失先人，〔1〕内不自量，抵罪于吴，〔2〕军败身辱，栖于会稽，国为虚莽，〔3〕赖大王之赐，使得奉俎豆而修祭祀，〔4〕死不敢忘，何谋之敢虑！’”后五日，越使大夫种顿首言于吴王曰：〔5〕“东海役臣孤句践使者臣种，〔6〕敢修下吏问于左右。〔7〕今窃闻大王将兴大义，诛强救弱，困暴齐而抚周室，请悉起境内士卒三千人，孤请自被坚执锐，〔8〕以先受矢石。因越贱臣种奉先人藏器，〔9〕甲二十领，〔10〕鈇、屈卢之矛，〔11〕步光之剑，〔12〕以贺军吏。”〔13〕吴王大说，以告子贡曰：“越王欲身从寡人伐齐，可乎？”子贡曰：“不可。夫空人之国，悉人之众，〔14〕又从其君，〔15〕不义。君受其币，〔16〕许其师，而辞其君。”吴王许诺，乃谢越王。〔17〕于是吴王乃遂发九郡兵伐齐。〔18〕

【注释】〔1〕“少”，年少，年幼。“先人”，即先父，指已故去的父亲。〔2〕“抵”，抵冒，冒犯。〔3〕“虚”，大丘，土山，废墟。“莽”，草丛。〔4〕“奉”，捧。“俎豆”，均为古代祭祀时盛放食物的礼器。“俎”，音 zǔ，载放牲体的长方形容器。“豆”，形似高足盘的容器。“修”，修行，举行。“祭祀”，指祭祀宗庙社稷。〔5〕“文种”，氏文，名种，字少禽（一作子禽）。楚国郢（今湖北江陵西北）人。越王句践困栖会稽时，他献计向吴国太宰嚭行贿，得免亡国，并辅助句践东山再起，灭亡吴国。后因句践听信谗言，被赐剑而自杀。〔6〕“东海”，指今黄海及东海北部。越国东临大海，故句践自称“东海”云云。“役臣”，徒役臣隶。此为越王句践自我谦称。〔7〕“修”，修书，写信。“下吏”，手下官吏，低级官吏。“问”，问候。“左右”，指吴王左右侍臣。“问于左右”，问候吴王左右侍臣。是向吴王问候的一种委婉说法。表示自己不敢直接问候吴王，请左右侍臣转致。也是越王句践自谦的说法。〔8〕“被”，音 pī，通“披”。“被坚执锐”，身披坚固的铠甲，手执锐利的兵器。〔9〕“因”，通过。“奉”，献纳。〔10〕“领”，件。〔11〕“鈇”，音 fū，通“斧”。按《史记索隐》引刘氏云：“一本无此字。”“屈卢”，矛名。原为善制矛戟的工匠名。按《史记·商君列传》《索隐》云：“屈卢、干将并古良匠造矛戟者名。”〔12〕“步光”，剑名。〔13〕“贺”，庆贺，道喜。“军吏”，军中执法官吏。此亦如上文“左右”，指代吴王夫差，表示越王的谦卑。〔14〕“悉”，尽。〔15〕“从”，随从，跟从。这里为使动用法，使……相从。〔16〕“币”，帛，此泛指礼品。〔17〕“谢”，谢绝，辞退。〔18〕“郡”，古代地方行政区划名。春秋时“郡”小于“县”，战国时“郡”大于“县”。“九郡”，泛指各郡，即全国各地。按《孔子家语·屈节》作“国内”。

【译文】子贡回报吴王夫差说：“臣下恭敬地把大王的话告诉越王，越王大为恐惧，说：‘我很不幸，从小失去父亲，内心不自量力，冒犯得罪了吴国，以致军队战败自己受辱，栖身在会稽山，国家变为一片废墟，依赖大王的恩赐，使我得以捧上俎豆礼器而举行宗庙社稷的祭祀，这一切我死都不敢忘记，还有什么别的谋略敢考虑！’”过了五天，越王句践派大夫文种向吴王夫差叩头上言道：“东海服役之臣孤家句践的使者臣下文种，冒昧修书给左右官吏谨向大王致以问候。近日私下听说大王将要振兴大义，诛伐强暴、拯救弱小，围困残暴的齐国而安抚周朝王室，请求全部出动境内的三千士卒，我请求亲自身披坚固的铠甲，手持锐利的武器，来冲锋陷阵，首先承受飞矢流石。通过越国卑贱的臣子文种奉献先人收藏的兵器，铠甲二十套，斧子，屈卢矛，步光剑，来向大王表示祝贺。”吴王夫差非常高兴，把文种的话告诉子贡，说：“越王句践准备自己随从我攻伐齐国，可以吗？”子贡说：“不可以。使他人的的国家空虚，让他人的部众全部出动，又让他的国君随从，不合乎义。国君接受越国的礼物，应许越国的出兵，而谢绝越君出征。”吴王答应，于是谢绝越王句践亲自随从出征的要求。到这时吴王夫差就马上征发吴国九郡的兵马攻伐齐国。

子贡因去之晋，谓晋君曰：〔1〕“臣闻之，虑不先定不可以应卒，〔2〕兵不先辨不可以胜敌。〔3〕今夫齐与吴将战，彼战而不胜，越乱之必矣；与齐战而胜，必以其兵临晋。”晋君大恐，曰：“为之奈何？”子贡曰：“修兵休卒以待之。”晋君许诺。

【注释】〔1〕“晋君”，晋国国君，此当指晋定公，名午，晋顷公之子，公元前五一一年至前四七五年在位。详见本书《晋世家》。〔2〕“虑”，思考，谋划。“应”，应付。“卒”，音 cù，通“猝”，突然，此指突发情况。〔3〕“辨”，音 bàn，通“办”，治理。

【译文】子贡乘机离开吴国前往晋国，对晋君说：“臣下听说这样的话：谋划不事先确定就不能够应付突发事件，军队不事先准备就不能够战胜敌人。如今那齐国和吴国将要开战，吴国战而不胜的话，越国大乱吴国是一定的了；但吴王和齐国交战而获胜的话，必定会把吴国军队开向晋国。”晋君大为惊恐，说：“对这该怎么办？”子贡说：“修缮武器、休养士卒来等待吴国军队。”晋君答应。

子贡去而之鲁。吴王果与齐人战于艾陵，〔1〕大破齐师，获七将军之兵而不归，〔2〕果以兵临晋，与晋人相遇黄池之上。〔3〕吴、晋争强。晋人击之，大败吴师。越王闻之，涉江袭吴，〔4〕去城七里而军。〔5〕吴王闻之，去晋而归，与越战于五湖。〔6〕三战不胜，城门不守，〔7〕越遂围王宫，杀夫差而戮其相。〔8〕破吴三年，东向而霸。〔9〕

【注释】〔1〕“艾陵”，齐国地名，在今山东莱芜东北。或谓在今山东泰安东南。按《左传》，艾陵之战在鲁哀公十一年，即公元前四八四年。〔2〕“获七将军之兵”，按《左传》哀公十一年云：“获国书、公孙夏、闾丘明、陈书、东郭书，革车八百乘，甲首三千。”与此有异。〔3〕“黄池”，鲁国地名，在今河南封丘西南。按《左传》，黄池之会在鲁哀公十三年，即公元前四八二年。〔4〕“涉”，渡水。“江”，松江，即今吴淞江，亦称苏州河。〔5〕“城”，指吴国都城。“军”，驻军，驻扎。〔6〕“五湖”，即今太湖。或谓泛指太湖流域一带的湖泊。〔7〕“不守”，失守。〔8〕“相”，国相，指太宰嚭。按《左传》，越灭吴在鲁哀公二十二年，即公元前四七三年。〔9〕“东向而霸”，面向东而称霸。按本书《越王句践世家》云：“句践已平吴，乃以兵北渡淮，与齐、晋诸侯会于徐州，致贡于周。周元王使人赐句践胙，命为伯。……当是时，越兵横行于江、淮东，诸侯毕贺，号称霸王。”

【译文】子贡离开晋国前往鲁国。吴王夫差果真在艾陵与齐人交战，大败齐军，俘获七名将军所辖的部队而不返回，果真又率领军队开赴晋国，与晋人在黄池之上相遇。吴、晋双方争强斗胜。晋军攻击吴军，大败吴军。越王句践闻讯，领兵渡过松江而袭击吴国，在离吴国都城七里的地方安营扎寨。吴王夫差得知情报，离开晋国而返回，与越军在五湖地区交战。吴军三次交战都没有取胜，都城大门失守，越军于是包围王宫，杀死吴王夫差而将他的国相太宰嚭斩首示众。攻破吴国三年后，越王句践在江、淮之东称霸。

故子贡一出，存鲁，乱齐，破吴，强晋而霸越。子贡一使，使势相破，〔1〕十年之中，五国各有变。〔2〕

【注释】〔1〕“使势相破”，使各国形势相继发生变化，打破旧格局。〔2〕“五国”，指鲁、齐、吴、晋、越。按自“田常欲作乱于齐”至此，亦见《孔子家语·屈节》、《越绝书·陈恒传》、《吴越春秋·夫差内传》。许多学者历辨其中谬讹，认为这是战国纵横家的假托之语，司马迁误信而加以采入。这种看法大致正确。

【译文】所以子贡一次出使，保存了鲁国，大乱了齐国，灭亡了吴国，加强了晋国而使越国称了霸。子贡一次出使，使得各国形势的旧格局相继打破，十年之中，鲁、齐、吴、晋、越五个国家各有重大变化。

子贡好废举，〔1〕与时转货赀。〔2〕喜扬人之美，〔3〕不能匿人之过。〔4〕常相鲁、卫，〔5〕家累千金，卒终于齐。〔6〕

【注释】〔1〕“废”，通“发”，发出，卖出。“举”，按本书《平准书》作“居”，《货殖列传》作“著”。“举”、“居”、“著”音近相通，意为贮蓄。“废举”，即“废居”、“废著”，指高价发出，低价收进，以从中取利，即买卖、经商之意。〔2〕“与时”，随时。“转”，转手，倒卖。“赀”，同“资”，财物。〔3〕“扬”，宣扬，褒扬。“美”，美德，长处。〔4〕“匿”，隐匿，隐藏。“过”，过失，短处。〔5〕“常”，通“尝”，曾。“相”，国相。此用作动词，为……相。“常相鲁、卫”，按子贡任鲁、卫之相，于史无征。〔6〕“卒”，最后，结果。“终”，死。

【译文】子贡喜好经商做买卖，根据时机转手货物。喜欢褒扬别人的美德，但不能隐匿别人的过失。曾经出任鲁国、卫国之相，家产积累达到千金，最后死在齐国。

言偃，〔1〕吴人，字子游。〔2〕少孔子四十五岁。〔3〕

【注释】〔1〕"言偃"，氏言，名偃（《说文解字》作"㫃"）。其后学战国时期形成一派，《荀子·非十二子》云："偷儒惮事，无廉耻而耆饮食，必曰君子固不用力，是子游氏之贱儒也。"〔2〕"子游"，或作"子斿"。〔3〕"少孔子四十五岁"，依此，则言偃生于公元前五〇六年。

【译文】言偃是吴国人，字子游。比孔子小四十五岁。

子游既已受业，为武城宰。〔1〕孔子过，闻弦歌之声。〔2〕孔子莞尔而笑曰：〔3〕"割鸡焉用牛刀？"〔4〕子游曰："昔者偃闻诸夫子曰：〔5〕'君子学道则爱人，小人学道则易使。'"〔6〕孔子曰："二三子，偃之言是也。〔7〕前言戏之耳。"〔8〕孔子以为子游习于文学。〔9〕

【注释】〔1〕"武城"，亦称南武城，鲁国邑名，在今山东费县西南。〔2〕"弦歌"，演奏琴瑟等弦乐器作为伴奏歌唱。〔3〕"莞尔"，微笑的样子。"莞"，音 wǎn。〔4〕"割"，宰。"焉"，安，哪里。"牛刀"，宰牛的刀。〔5〕"诸"，"之于"的合音。〔6〕"使"，役使，使唤。〔7〕"是"，对，正确。〔8〕"戏"，戏弄，开玩笑。按自"为武城宰"至此，见《论语·阳货》。〔9〕"习"，熟习，熟悉。

【译文】子游完成学业以后，出任武城之宰。孔子经过武城，听到弹奏琴瑟演唱诗歌的声音。孔子微微一笑，说："宰鸡哪里用得着杀牛刀？"子游说："往日我从夫子那里听说：'君子学习道理就会爱护他人，小人学习道理就会容易使唤。'"孔子说："诸位弟子，言偃的话是对的。先前我说的话只是开个玩笑罢了。"孔子认为子游熟悉文献典籍。

卜商，〔1〕字子夏。少孔子四十四岁。〔2〕

【注释】〔1〕"卜商"，氏卜，名商。晋国温（今河南温县西南）人，或说卫国人。对儒学经典的整理、传授起过重要作用。其后学形成一派，《荀子·非十二子》云："正其衣冠，齐其颜色，嗛然而终日不言，是子夏氏之贱儒也。"〔2〕"少孔子四十四岁"，依此推算，卜商生于公元前五〇七年。

【译文】卜商，字子夏，比孔子小四十四岁。

子夏问："'巧笑倩兮，〔1〕美目盼兮，〔2〕素以为绚兮。'〔3〕何谓也？"子曰："绘事后素。"〔4〕曰："礼后乎？"〔5〕孔子曰："商始可与言《诗》已矣。"〔6〕

【注释】〔1〕"巧"，美好。"笑"，笑容。"倩"，音 qiàn，面颊长得好，笑起来有酒涡。"兮"，音 xī，语助词，常用于诗赋中，相当于现在的"啊"。〔2〕"盼"，黑白分明，形容眼睛清秀。或谓眼珠转动。按以上两句见《诗·卫风·硕人》。〔3〕"素"，白色的生绢。在纸没有发明和推广以前，绢帛常用作绘画的材料。"绚"，音 xuàn，华丽多彩的样子。按此句或谓逸诗，或谓鲁诗原有而后来脱夺。〔4〕"绘事"，绘画的工作。"后素"，后于素绢的编织。〔5〕"礼后乎"，礼仪的产生在后吧？按孔子认为"仁"为"礼"之本，则礼仪当产生于仁之后。〔6〕按本节见《论语·八佾》。

【译文】子夏问道："'美妙的笑容酒涡深深啊，美丽的眸子黑白分明啊，洁白的素绢上画得绚丽多彩啊。'这几句诗说的是什么意思？"孔子说："绘画的事情原在素绢的编织之后。"子夏说："礼仪的产生在（仁之）后吧？"孔子说："卜商现在可同他谈论《诗》了。"

子贡问："师与商孰贤？"〔1〕子曰："师也过，〔2〕商也不及。"〔3〕"然则师愈与？"〔4〕曰："过犹不及。"〔5〕

【注释】〔1〕"师"，即颛孙师。〔2〕"过"，超过，指过分，过头。〔3〕"不及"，没有赶上，没有达到。〔4〕"愈"，胜，胜过。〔5〕"犹"，如，如同。按本节语见《论语·先进》。

【译文】子贡问道："颛孙师和卜商，谁贤能？"孔子说："颛孙师做事过头，卜商做事达不到要求。""那么颛孙师强一些吗？"孔子说："做事过头和达不到要求是一样的。"

子谓子夏曰："汝为君子儒，〔1〕无为小人儒。"〔2〕

【注释】〔1〕"儒"，春秋时代，从巫、史、祝、卜中分化出来的专为贵族人家相礼的一批知识分子。原为一种职业，后来形成一个学派，再后泛指读书人。"君子儒"，具有君子气质的儒。按"君子"和"小人"原指贵族和平民，到春秋后期又成为"有德者"与"无德者"的称谓。本节的"君子"、"小人"当是后一种涵义。〔2〕按本节语见《论语·雍也》。

【译文】孔子对子夏说："你要做君子式的儒者，不要做小人式的儒者。"

孔子既没，〔1〕子夏居西河教授，〔2〕为魏文侯师。〔3〕其子死，哭之失明。〔4〕

【注释】〔1〕"没"，音 mò，通"殁"，死。〔2〕"西河"，魏国地区名，在今河南安阳，其时黄河流经安阳之东，西河意即河西。或谓在今陕西东部黄河西岸，魏文侯在此设置西河郡，亦称河西郡。"教授"，教学授业。"子夏居西河教授"，按《后汉书·徐防传》李贤注引《史记》云："子夏居西河，教弟子三百人。"〔3〕"魏文侯"，氏魏，名斯，谥文，晋国世卿魏氏后裔，魏桓子驹之孙（或谓子），战国魏国创建者，公元前四四五年至前三九六年在位。详见本书《魏世家》。"为魏文侯师"，按本书《魏世家》云："文侯受子夏经艺。"〔4〕"其子死，哭之失明"，按事亦见《礼记·檀弓上》、《淮南子·精神》。

【译文】孔子死后，子夏居住在西河教学授业，担任魏文侯的老师。他的儿子死去，哭得瞎了眼睛。

颛孙师，〔1〕陈人，〔2〕字子张。少孔子四十八岁。〔3〕

【注释】〔1〕"颛孙师"，氏颛孙，名师。其后学形成子张儒一派，见《韩非子·显学》、《荀子·非十二子》。〔2〕"陈"，国名，周武王灭商后所封诸侯国，妫姓，始封公满，相传是舜的后代，建都宛丘（今河南淮阳），领有今河南东部和安徽一部分。公元前四七九年被楚国所灭。"陈人"，按《吕氏春秋·尊师》云："子张，鲁之鄙家也。"考《左传》庄公二十二年云："陈公子完与颛孙奔齐。颛孙自齐来奔。"梁玉绳《史记志疑》云："张盖其后，故又为鲁人。"可信。〔3〕"少孔子四十八岁"，依此推算，颛孙师生于公元前五〇三年。

【译文】颛孙师是陈国人，字子张，比孔子小四十八岁。

子张问干禄。〔1〕孔子曰："多闻阙疑，〔2〕慎言其余，则寡尤；〔3〕多见阙殆，〔4〕慎行其余，则寡悔。言寡尤，行寡悔，禄在其中矣。"〔5〕

【注释】〔1〕"问"，按《论语·为政》作"学"。"干"，求，干求。"禄"，俸禄，此指官职。〔2〕"阙"，音 quē，通"缺"，空缺，这里是放弃、避开的意思。"阙疑"避开疑点，也就是存疑不论的意思。〔3〕"寡"，少。"尤"，过失，失误。〔4〕"殆"，疑，疑惑。〔5〕按本节见《论语·为政》。

【译文】子张询问如何谋求官职。孔子说："多听，对疑惑的地方存而不论，谨慎地谈论其余明白无误的地方，就可以减少过失；多看，对疑惑的地方存而不论，谨慎地实行其余明白无误的地方，就可以减少悔恨。言语少过失，行动少悔恨，那么官职俸禄便在其中了。"

他日从在陈、蔡间，〔1〕困，〔2〕问行。〔3〕孔子曰："言忠信，行笃敬，〔4〕虽蛮貊之国，〔5〕行也。言不忠信，行不笃敬，虽州里，〔6〕行乎哉？立则见其参于前也，〔7〕在舆则见其倚于衡，〔8〕夫然后行。"子张书诸绅。〔9〕

【注释】〔1〕"蔡"，国名，西周初年所封诸侯国。姬姓，始封君是周武王弟叔度，因参与武庚反叛而被周公流放，后改封其子蔡仲胡于此。建都于上蔡（今河南上蔡西南）。春秋时，蔡平侯迁新蔡（今河南新蔡），蔡昭侯迁州来（今安徽凤台），亦称下蔡。公元前四四七年被楚国所灭。〔2〕"困"，

困厄,窘困。〔3〕“行”,通行,行得通。〔4〕“笃”,音 dǔ,厚,厚道。〔5〕“貊”,音 mò,同“貉”,古代北方边远部族名。“蛮貊”,南方、北方的边远部族,这里泛指异国他乡。〔6〕“州里”,州、里均为古代地方行政单位,二十五家为里,二千五百家为州。此指乡里、家乡。〔7〕“参”,参与,并列。〔8〕“舆”,车厢。“衡”,车辕头上的横木。〔9〕“书”,写。“诸”,之于。“绅”,音 shēn,古代士大夫系束外衣的大带。按本节见《论语·卫灵公》。

【译文】有一次,子张随从孔子在陈国、蔡国之间,陷入困境,便询问如何行得通。孔子说:“言语忠诚可信,行为厚道谨敬,即使在偏远的异国他乡,也能行得通。言语不忠诚有信,行为不厚道谨敬,即使在老家乡里,能行得通吗?站立时就仿佛看见‘忠信笃敬’几个字并列竖在前面,在车厢里就仿佛看见‘忠信笃敬’几个字并列挂在横木上,(时刻记着,)这样才能到处行得通。”子张把这些话写在束衣的大带子上。

子张问:“士何如斯可谓之达矣?”〔1〕孔子曰:“何哉,尔所谓达者?”子张对曰:“在国必闻,〔2〕在家必闻。”〔3〕孔子曰:“是闻也,非达也。夫达者,质直而好义,〔4〕察言而观色,虑以下人,〔5〕在国及家必达。夫闻也者,色取仁而行违,居之不疑,在国及家必闻。”〔6〕

【注释】〔1〕“达”,通达。此指明白道理大义,办事行得通,能达到目的。〔2〕“国”,指诸侯国。“闻”,闻名,出名。〔3〕“家”,指卿大夫之家。或谓指一般人家,亦通。〔4〕“质直”,质朴正直。〔5〕“虑”,思虑,考虑。或谓即“无虑”,意为大都,大抵。“下人”,甘居人下,指谦虚有礼。〔6〕按本节见《论语·颜渊》。

【译文】子张问道:“士人怎么做就可以称得上达了?”孔子说:“你所说的达,指什么情况?”子张回答说:“在诸侯国中必定闻名,在大夫家中必定闻名。”孔子说:“这是闻,不是达啊。那达者,质朴正直而爱好道义,对人善于分析言语而观察表情,考虑问题注意谦虚让人,无论在诸侯国中,还是在大夫家里必定通达。至于那闻者,表面上装作仁义而行动上背道而驰,以仁自居而深信不疑,无论在诸侯国中,还是在大夫家里必定闻名。”

曾参,〔1〕南武城人,〔2〕字子舆。少孔子四十六岁。〔3〕

【注释】〔1〕“曾参”,氏曾,名参。“参”,音 cān。按《史记会注考证》云:“方密之曰:曾参当读如参乘之参。王引之曰:参读为骖。名参,字子舆者,驾马所以引车也。”当是。〔2〕“南武城”,鲁国邑名,亦称“武城”,在今山东费县西南。或谓在山东嘉祥。〔3〕“少孔子四十六岁”,依此推算,曾子出生于公元前五〇五年。

【译文】曾参是南武城人,字子舆。比孔子小四十六岁。

孔子以为能通孝道,〔1〕故授之业。作《孝经》。〔2〕死于鲁。

【注释】〔1〕“通”,通晓。〔2〕“《孝经》”,儒家经典之一,今存十八章,当成于战国时代孔门后学之手。《汉书·艺文志》著录:“《孝经古孔氏》一篇。二十二章。”“《孝经》一篇。十八章。长孙氏、江氏、后氏、翼氏四家。”云:“《孝经》者,孔子为曾子陈孝道也。夫孝,天之经,地之义,民之行也。举大者言,故曰《孝经》。”按《汉书·艺文志》诸子略儒家著录“《曾子》十八篇”。此书已佚。《大戴礼记》《曾子立事》等十篇,后人谓《曾子》中文;又谓《礼记·祭义》也为《曾子大孝》篇中文。

【译文】孔子认为他能通晓孝道,所以向他传授学业。曾参撰作《孝经》。曾参最后死在鲁国。

澹台灭明,〔1〕武城人,〔2〕字子羽。少孔子三十九岁。〔3〕

【注释】〔1〕“澹”,音 tán。“澹台灭明”,氏澹台,名灭明。〔2〕“武城”,即“南武城”。或谓“东武城”,见《大戴礼记·卫将军文子》卢辩注。〔3〕“少孔子三十九岁”,依此推算,澹台灭明生于公元前五一二年。

【译文】澹台灭明是武城人,字子羽。比孔子小三十九岁。

状貌甚恶。[1]欲事孔子，[2]孔子以为材薄。[3]既已受业，退而修行，[4]行不由径，[5]非公事不见卿大夫。

【注释】〔1〕"状貌"，容貌，长相。"恶"，音 è，丑恶，难看。〔2〕"事"，师事，拜孔子为师。〔3〕"材"，资质，才能。"薄"，浅薄，低下。〔4〕"修行"，修习实行。〔5〕"行"，行事，做事。"由"，经由，从。"径"，小路，邪路。

【译文】澹台灭明容貌非常丑恶。他想拜孔子为师，但孔子认为他天资低下。澹台灭明接受学业完毕后，退回家中而修习实践孔子教授的学业，做事从不走歪门邪道，不是公事就不拜见卿大夫。

南游至江，[1]从弟子三百人，设取予去就，[2]名施乎诸侯。[3]孔子闻之，曰："吾以言取人，失之宰予；[4]以貌取人，失之子羽。"[5]

【注释】〔1〕"江"，长江。"南游至江"，按今江苏苏州吴县东南有澹台湖，相传曾是澹台灭明旧宅所在。〔2〕"设取予去就"，此语费解，疑有讹夺。按《孔子家语·七十二弟子》云："然其为人公正无私以取与去就，以诺为名。"则此似谓澹台灭明待人处事、取舍进退都公正无私，讲究信用。〔3〕"施"，音 yì，延及，普及。〔4〕"宰予"，在孔门弟子中以善于言辞出名。〔5〕"吾以言取人，失之宰予，以貌取人，失之子羽"，按《韩非子·显学》云："澹台子羽，君子之容也，仲尼几而取之，与处久而行不胜其貌。宰予之辞，雅而文也，仲尼几而取之，与处而智不充其辩。故孔子曰：'以容取人乎，失之子羽；以言取人乎，失之宰予。'"《孔子家语·子路初见》同。则与此谓澹台灭明容貌丑恶正相反。又按《大戴礼记·五帝德》云："孔子曰：'吾欲以颜色取人，于灭明邪改之。吾欲以语言取人，于予邪改之。……'"未言澹台灭明容貌丑好。

【译文】澹台灭明南下出游到达长江，随从的弟子有三百人，对待人事的取舍进退公正无私，名声遍及诸侯各国。孔子听说这些情况后，说："我凭言辞来判断人，错看了宰予；凭外貌来判断人，错看了子羽。"

宓不齐，[1]字子贱。少孔子三十岁。[2]

【注释】〔1〕"宓"，音 fú。"宓不齐"，氏宓，名不齐。鲁国人。按《汉书·艺文志》诸子略儒家有《宓子》十五篇，今佚。〔2〕"少孔子三十岁"，依此推算，宓不齐生于公元前五二一年。或谓宓不齐小孔子四十九岁。

【译文】宓不齐，字子贱。比孔子小三十岁。

孔子谓子贱：[1]"君子哉！鲁无君子，斯焉取斯？"[2]

【注释】〔1〕"谓"，说，谈论，评论。〔2〕"斯"，这，指宓子贱。"焉"，安，哪里。"斯"，这，指君子的德行。按语见《论语·公冶长》。

【译文】孔子评论子贱说："子贱是君子啊！鲁国没有君子的话，这个人是从哪里取得君子德行的呢？"

子贱为单父宰，[1]反命于孔子，[2]曰："此国有贤不齐者五人，[3]教不齐所以治者。"孔子曰："惜哉！不齐所治者小，所治者大则庶几矣！"[4]

【注释】〔1〕"单父"，音 shàn fǔ，鲁国邑名，在今山东单县。〔2〕"反命"，复命，报告情况。〔3〕"国"，按《说苑·政理》、《孔子家语·辨政》作"地"，当是。"贤不齐者"，即"贤于不齐者"，比不齐贤能的人。〔4〕"庶几"，接近，差不多。按《韩诗外传八》、《说苑·政理》、《孔子家语·辨政》所载，指跟尧舜差不多。

【译文】子贱出任单父邑宰，向孔子报告情况，说："这个地方有比我贤能的五个人，教导我治理都邑的方法。"孔子说："可惜啊！不齐所治理的地方太小，如果所治理的地方大，那就有希望了！"

原宪，[1]字子思。

【注释】〔1〕"原宪"，氏原，名宪。排行仲，或

称仲宪(见《礼记·檀弓》)。鲁国人,或谓宋国人。按《史记索隐》所引《孔子家语》及今本《孔子家语》均云"少孔子三十六岁",则原宪生于公元前五一六年。据《论语·雍也》,原宪做过孔子的管家。

【译文】原宪,字子思。

子思问耻。孔子曰:"国有道,谷。[1]国无道,谷,耻也。"

【注释】〔1〕"谷",粮食。古代以粮食充官俸,故"谷"也常用以指称俸禄。此用为动词,意为领取官俸,即做官。

【译文】子思问什么叫做耻。孔子说:"国家政治有道,做官领取俸禄。国家政治无道,也做官领取俸禄,这就叫耻。"

子思曰:"克、伐、怨、欲不行焉,[1]可以为仁乎?"[2]孔子曰:"可以为难矣,仁则吾弗知也。"[3]

【注释】〔1〕"克",胜,好胜争强。"伐",自我夸耀。"怨",怨恨,怨天尤人。"欲",贪欲,贪婪。〔2〕"为",音 wèi,通"谓"。〔3〕按以上两节见《论语·宪问》。

【译文】子思说:"好胜争强、自我夸耀、怨天尤人、贪得无厌这四点都没有任何表现,可以称得上仁吗?"孔子说:"可以说是难能可贵了,至于仁,那我还不知道。"

孔子卒,原宪遂亡在草泽中。[1]子贡相卫,而结驷连骑,[2]排藜藿入穷阎,[3]过谢原宪。[4]宪摄敝衣冠见子贡。[5]子贡耻之,曰:"夫子岂病乎?"[6]原宪曰:"吾闻之,无财者谓之贫,学道而不能行者谓之病。若宪,贫也,非病也。"子贡惭,不怿而去,[7]终身耻其言之过也。[8]

【注释】〔1〕"草泽",荒野之地。〔2〕"驷",音 sì,古代一车套四马,因以驷指马车。"骑",马匹。"结驷连骑",随从车马接连不断,前呼后拥,指出行排场盛大。〔3〕"排",拔,分开。"藜藿",王念孙《读书杂志》云当作"藜藋",即灰藋,一种高过人的野草。"穷",陋。"阎",巷门,此指里巷。〔4〕"过",过访,探望。"谢",告谢,问候。〔5〕"摄",整理。"敝",败,破。〔6〕"夫子",对人的尊称。"岂",难道。"病",辱,耻辱。〔7〕"怿",音 yì,喜悦,高兴。〔8〕按本节所言事,亦见《庄子·让王》、《韩诗外传一》、《新序·节士》、《高士传》。

【译文】孔子去世,原宪就流亡隐居在荒郊野地之中。子贡出任卫国之相,随从的车马前呼后拥,分开高过人头的野草,进入僻陋的里巷,探望问候原宪。原宪整理好所穿戴的破旧衣帽会见子贡。子贡为此感到羞耻,说:"夫子难道也病了吗?"原宪说:"我听说这样话:没有财产叫做贫,学习道义而不能实行才叫做病。像我这样,是贫,而不是病啊。"子贡觉得惭愧,不高兴地离去,一生都因为这次言语的过失而感羞耻。

公冶长,[1]齐人,[2]字子长。[3]

【注释】〔1〕"公冶长",氏公冶,名长,或谓名苌,又谓名芝。〔2〕"齐人",或谓鲁人。〔3〕"字子长",或谓字子张。

【译文】公冶长,齐国人,字子长。

孔子曰:"长可妻也。[1]虽在累绁之中,[2]非其罪也。"以其子妻之。[3]

【注释】〔1〕"妻",音 qì,以女嫁人。〔2〕"累绁",音 léi xiè,亦作"缧绁",栓缚囚犯的绳索,此指代监狱。〔3〕"子",古代儿子、女儿皆可称子,此指女儿。按语见《论语·公冶长》。

【译文】孔子说:"公冶长,可以把女儿嫁给她。虽然他曾在监狱中关押过,但不是他的罪过啊。"就把自己的女儿嫁给公冶长。

南宫括,[1]字子容。

【注释】〔1〕"南宫括",氏南宫,名括(或作"适"),一名绍(或作"韬")。鲁国人。

【译文】南宫括,字子容。

问孔子曰:“羿善射,〔1〕奡荡舟,〔2〕俱不得其死然;〔3〕禹、稷躬稼而有天下。”〔4〕孔子弗答。容出,孔子曰:“君子哉若人!〔5〕上德哉若人!”〔6〕“国有道,不废;〔7〕国无道,免于刑戮。”〔8〕三复“白珪之玷”,〔9〕以其兄之子妻之。〔10〕

【注释】〔1〕“羿”,音 yì,人名,即后羿,亦称夷羿,夏代东夷有穷国的君主。善于射箭,曾一度夺取夏朝的王位,旋即因沉湎狩猎,不理政事,而被臣子寒浞杀死。〔2〕“奡”,音 ào,亦作“浇”、“敖”、“傲”,后羿臣子寒浞的儿子。寒浞杀死后羿当政,派他领兵攻灭斟灌氏、斟寻氏,受封于过。极有力量,传说能陆地行船。后被夏少康所杀。“荡舟”,疑即《楚辞·天问》“覆舟斟寻”之“覆舟”,指奡在攻打斟寻氏时曾倾覆对方船只。或谓“荡”为冲杀之意,“荡舟”,言以舟师冲锋陷阵。〔3〕“不得其死”,不得好死。“然”,句末语助词。〔4〕“禹”,亦称夏禹、大禹、戎禹,姒姓,或谓名文命。鲧之子,夏后氏部落首领。曾奉舜命治水,取得成功,亲自劳作,发展农业生产。后被舜选为继承人,舜死后继任部落联盟首领。其子启建立夏朝。详见本书《五帝本纪》。“稷”,即后稷,名弃,周人的先祖。传说在尧、舜时任农官,教民耕种。被周族奉为开始种植稷、麦的人。详见本书《周本纪》。“躬”,身,亲身,亲自。“稼”,种植,耕种。〔5〕“若”,此,这。〔6〕“上”,通“尚”,崇尚。按以上见《论语·宪问》。〔7〕“废”,废弃,废黜。〔8〕按此句见《论语·公冶长》。〔9〕“复”,重复,此指反复诵读。“珪”,同“圭”,长条形玉器。此泛指玉器。“玷”,音 diàn,玉上的斑点。“白珪之玷”,此为《诗·大雅·抑》中句子。原诗为:“白珪之玷,尚可磨也;斯言之玷,不可为也。”意为:白玉上的污点,还可以磨掉;但言语中的污点,便无法去掉。旨在规劝人们说话谨慎小心,合于礼法,以免遭受祸患。〔10〕“其兄之子”,孔子有异母兄孟皮,此当指孟皮之女。按此语见《论语·先进》。

【译文】南宫括问孔子道:“羿善于射箭,奡能倾覆船只,都不得好死;大禹、后稷亲自种植庄稼,结果享有天下。(应当如何理解?)”孔子没有回答。子容出去,孔子说:“君子啊,这个人!崇尚道德啊,这个人!”〔孔子称赞南宫括说:〕“国家政治有道,能够不被废黜;国家政治无道,能够免于刑罚杀戮。”南宫括多次诵读“白圭之玷,尚可磨也;斯言之玷,不可为也”的诗句,孔子便把他兄长的女儿嫁给南宫括。

公晳哀,〔1〕字季次。〔2〕

【注释】〔1〕“公晳哀”,氏公晳(或作“析”),名哀(或作“克”、“剋”)。齐国人。〔2〕“季次”,或作“季沈”。

【译文】公晳哀,字季次。

孔子曰:“天下无行,〔1〕多为家臣,仕于都;〔2〕唯季次未尝仕。”〔3〕

【注释】〔1〕“天下无行”,意谓天下士人没有德行。〔2〕“仕”,出仕,做官。“都”,都邑,此当指卿大夫采邑。〔3〕按本书《游侠列传》云:“及若季次、原宪,闾巷人也,读书怀独行君子之德,义不苟合当世,当世亦笑之。故季次、原宪终身空室蓬户,褐衣疏食不厌。”《孔子家语·七十二弟子》云:“鄙天下多仕于大夫者,是故未尝屈节人臣。孔子特叹赏之。”可与此参看。又《淮南子·氾论》云:“季襄、陈仲子立节抗行,不入洿君之朝,不食乱世之食,遂饿而死。”王念孙云“襄”为“哀”字之误,季哀即此季次。可信。

【译文】孔子说:“天下的士人没有德行,大多成为卿大夫的家臣,在都邑做官;只有季次不曾做官。”

曾蒧,〔1〕字晳。〔2〕

【注释】〔1〕“曾蒧”,氏曾,名蒧(音 diǎn),亦作“点”。曾参之父。〔2〕“字晳”,按《孔子家语》作“字子晳”。

【译文】曾蒧,字晳。

侍孔子,〔1〕孔子曰:“言尔志。”蒧曰:“春服既成,〔2〕冠者五、六人,〔3〕童子六、七人,浴乎沂,〔4〕风乎舞雩,〔5〕咏而归。”孔子

喟尔叹曰:[6]“吾与蒧也!”[7]

【注释】[1]“侍”,侍奉。“侍孔子”,按《论语·先进》作:“子路、曾皙、冉有、公西华侍坐。” [2]“成”,定。按《论语·先进》于“春服既成”前有“暮春者”三字,语意更明确。暮春为春三月,天气转暖,气温趋高之势已定,故春服也确定了。 [3]“冠”,音 guàn,古代男子到二十岁时加冠之称,标志已经成年。“冠者”,指成年人。 [4]“浴”,洗澡。“沂”,水名,发源于山东邹县东北,西流经曲阜与洙水合,入于泗水。 [5]“风”,吹风。“舞雩”,古代求雨之祭叫“雩”,因有舞蹈,故亦称“舞雩”。此指举行雩祭之处,旧称“雩台”,在今山东曲阜南。[6]“喟”,音 kuì,叹声。“喟尔”,叹息的样子。[7]“与”,心许,赞成。按本节见《论语·先进》。

【译文】曾蒧侍奉孔子,孔子说:“谈谈你的志向。”曾蒧说:“春天的服装穿定了,我和成年人五、六位,儿童六、七个,在沂水边洗洗澡,在舞雩台吹吹风,最后唱着歌儿回家。”孔子叹了一口气说:“我赞同曾蒧的志趣啊!”

颜无繇,[1]字路。[2]路者,颜回父。父子尝各异时事孔子。

【注释】[1]“颜无繇”,氏颜;名无繇,按《孔子家语·七十二弟子》作“由”。又《家语》云“少孔子六岁”,则生于公元前五四六年。鲁国人。 [2]“路”,按《家语》作“季路”。“季”当为颜无繇排行。

【译文】颜无繇,字路。颜路是颜回的父亲。父子曾经各在不同的时候师事孔子。

颜回死,颜路贫,请孔子车以葬。[1]孔子曰:“材不材,[2]亦各言其子也。鲤也死,[3]有棺而无椁,[4]吾不徒行以为之椁,[5]以吾从大夫之后,[6]不可以徒行。”[7]

【注释】[1]“请孔子车以葬”,按《论语·先进》作“请子之车以为之椁”,即此“以葬”,具体含义是“以为之椁”。 [2]“材”,通“才”,才能。 [3]“鲤”,孔子的儿子,字伯鱼,生于公元前五三二年,死于公元前四八三年。 [4]“椁”,音 guǒ,古代贵族官僚的棺木一般有两重,里面的叫棺,外面的叫椁。 [5]“徒行”,步行。“之”,其。 [6]“从大夫之后”,随从大夫之后,意即为大夫。这是一种委婉自谦的说法。孔子曾任鲁司寇等职,级别相当于大夫。 [7]按本节见《论语·先进》。

【译文】颜回死去,颜路贫穷,请求孔子卖掉车子来帮助安葬颜回。孔子说:“不管有才能还是没才能,说起来也各是自己的儿子啊。鲤儿死了,只有内棺而无外椁,我不能卖掉车子徒步行走来为他置办外椁,因为我曾忝列大夫之后,所以不可以卖掉车子而徒步行走。”

商瞿,[1]鲁人,字子木。少孔子二十九岁。[2]

【注释】[1]“商瞿”,氏商,名瞿。 [2]“少孔子二十九岁”,依此推算,当生于公元前五二二年。

【译文】商瞿是鲁国人,字子木。比孔子小二十九岁。

孔子传《易》于瞿,[1]瞿传楚人馯臂子弘,[2]弘传江东人矫子庸疵,[3]疵传燕人周子家竖,[4]竖传淳于人光子乘羽,[5]羽传齐人田子庄何,[6]何传东武人王子中同,[7]同传菑川人杨何。[8]何元朔中以治《易》为汉中大夫。[9]

【注释】[1]“《易》”,即《周易》,亦称《易经》,被儒家奉为经典之一。此当指今传《周易》的《经》,成于西周时代,内容包括六十四卦和三百八十四爻,卦、爻皆有文字说明的《卦辞》、《爻辞》。本书《孔子世家》云:“孔子晚而喜《易》,序《彖》、《系》、《象》、《说卦》、《文言》。”认为解说《易经》的《易传》系孔子所作。但根据后来学者的考证,《易传》应为战国人作品,很可能是商瞿及其后学所撰。 [2]“馯臂子弘”,氏馯(音 hán),名臂,字子弘。按“弘”或作“弓”,张文虎认为“弘”系“厷”之讹。《汉书·儒林传》谓馯臂为江东人。 [3]“江东”,长江在今芜湖至南京呈西南、东北走向,古人习惯称此段以下长江南岸地区为江东。“矫子庸庇”,氏矫(或作“蟜”、“桥”),名疵(音 cì,或作“庇”),字子庸(或作“肩”)。《汉书·儒林传》谓矫疵为鲁人。按《汉书·儒林传》云:“商瞿子木受《易》孔子以授鲁桥庇子庸，子庸授江东馯臂子弓。”传授次第正好与此相反，后人多从《汉书》所载。〔4〕“燕”，本作“匽”、“郾”，诸侯国名，西周初年所封，姬姓，始封君是召公奭，辖有今河北北部和辽宁西端，建都蓟（今北京西南隅）。公元前二二二年被秦国所灭。“周子家竖”，氏周，名竖（或作“丑”），字子家（或作“林”）。〔5〕“淳于”，地名，在今山东安丘东北。春秋时为国，后为杞国都城，公元前四四五年杞国被灭，入楚为邑。“光子乘羽”，氏光，名羽，字子乘。按《汉书·儒林传》，子家所传为“东武孙虞子乘”。〔6〕“田子庄何”，姓田，名何，字子庄，秦末汉初间人。〔7〕“东武”，县名，汉代琅邪郡郡治，在今山东诸城。“王子中同”，姓王，名同，字子中（或作“子仲”）。〔8〕“菑川”，西汉侯国名，汉文帝十六年（公元前一六四年）置，都剧（在今山东寿光），辖有今山东淄博市区及寿光、益都等部分地。“杨何”，姓杨，名何，字叔元。〔9〕“元朔”，汉武帝年号，共六年，即公元前一二八年至前一二三年。按本书《儒林传》和《汉书·儒林传》，均作“元光”。元光亦为汉武帝年号，共六年，公元前一三四年至前一二九年。“中大夫”，汉代官名，郎中令属官，职掌议论，秩八百石。

【译文】孔子传授《周易》给商瞿，商瞿传授给楚国人馯臂子弘，馯臂子弘传授给江东人矫子庸疵，矫子庸疵传授给燕国人周子家竖，周子家竖传授给淳于人光子乘羽，光子乘羽传授给齐国人田子庄何，田子庄何传授给东武人王子中同，王子中同传授给菑川人杨何。杨何在汉武帝元朔年间凭研治《周易》担任汉朝的中大夫。

高柴，〔1〕字子羔。〔2〕少孔子三十岁。〔3〕

【注释】〔1〕“高柴”，氏高，名柴。《孔子家语·七十二弟子》云：“齐人，高氏之别族。”或谓卫人，又谓郑人。〔2〕“子羔”，“羔”或作“皋”、“高”，当为同音通假。又称“季羔”，排行季。〔3〕“少孔子三十岁”，依此推算，高柴生于公元前五二一年。按《孔子家语》作“少孔子四十岁”。

【译文】高柴，字子羔。比孔子小三十岁。

子羔长不盈五尺，〔1〕受业孔子，孔子以为愚。〔2〕

【注释】〔1〕“五尺”，按《孔子家语·七十二弟子》作“六尺”。〔2〕“孔子以为愚”，按《论语·先进》云：“柴也愚。”

【译文】子羔身高不满五尺，师从孔子接受学业，孔子认为他愚笨。

子路使子羔为费郈宰。〔1〕孔子曰：“贼夫人之子！”〔2〕子路曰：“有民人焉，〔3〕有社稷焉，〔4〕何必读书然后为学？”〔5〕孔子曰：“是故恶夫佞者。”〔6〕

【注释】〔1〕“费”，音 bì，亦作“鄪”、“肸”，鲁国邑名，在今山东费县西北。“郈”，音 hòu，鲁国邑名，在今山东东平东南。“费郈宰”，按今本《论语》及《史记》别本无“郈”字，故许多学者以为“郈”系衍字。但沈涛《铜熨斗轩随笔》云：“盖古本《论语》作‘郈宰’不作‘费宰’。《论衡·艺增篇》正作郈宰，可见汉以前本皆如是也。《正义》但释‘郈’不释‘费’，可见所据本无此字。”〔2〕“贼”，害，毒害。〔3〕“民人”，人民，百姓。〔4〕“社稷”，社为土神，稷为谷神。古代都邑亦设社稷坛举行祭祀活动。此指祭祀社稷。〔5〕“为”，是，算。〔6〕“恶”，音 wù，厌恶，憎恨。“佞”，音 nìng，善用花言巧语来诡辩或谄媚人。按本节见《论语·先进》。

【译文】子路让子羔出任费郈的邑宰。孔子说：“这是坑害了人家的子弟！”子路说：“那里有老百姓，有社稷的祭祀，何必要读书然后才算有学问呢？”孔子说：“所以我讨厌能言善辩的人。”

漆雕开，〔1〕字子开。〔2〕

【注释】〔1〕“漆雕开”，氏漆雕，名开（或作“启”、“凭”）。鲁国人，或说蔡国人。按《孔子家语·七十二弟子》云“少孔子十一岁”，则生于公元前五四〇年。又《汉书·艺文志》诸子略儒家有“《漆雕子》十三篇”，自注云：“孔子弟子漆雕启后。”孔子死后，自成一派，为《韩非子·显学》所云“儒分为八”之一。〔2〕“子开”，或作“子若”、“子修”。

【译文】漆雕开，字子开。

孔子使开仕。对曰：“吾斯之未能信。”〔1〕孔子说。〔2〕

【注释】〔1〕“斯之未能信”，即“未能信斯”。“之”为使宾语“斯”置前的结构助词。〔2〕按语见《论语·公冶长》。

【译文】孔子让漆雕开做官。漆雕开回答说：“我对这做官没有信心。”孔子高兴。

公伯缭，[1]字子周。

【注释】〔1〕“公伯缭”，氏公伯，名缭（音 liáo，亦作“僚”、“寮”、“辽”、“寮”）。鲁国人。按《孔子家语·七十二弟子》无公伯缭。后人多认为公伯缭是鲁国大夫，不是孔子弟子，司马迁所见弟子籍似有误窜。

【译文】公伯缭，字子周。

周愬子路于季孙。[1]子服景伯以告孔子，[2]曰：“夫子固有惑志，[3]缭也，吾力犹能肆诸市朝。”[4]孔子曰：“道之将行，命也；道之将废，命也。公伯缭其如命何！”[5]

【注释】〔1〕“愬”，音 sù，同“诉”，进谗言，毁谤。“季孙”，季孙氏，鲁国世卿，执掌国政。〔2〕“子服景伯”，氏子服，名何，谥景，子服昭伯回之子，鲁国大夫，系鲁国世卿孟孙氏之族。〔3〕“夫子”，指季孙。“固”，本来，原来。“惑志”，疑心。〔4〕“犹”，还。“肆”，陈尸。古代有处死罪犯后将其尸体陈列示众的做法。“诸”，“之于”的合音。“市朝”，市场、朝廷，泛指人众会集之处。〔5〕按本节语见《论语·宪问》。

【译文】子周对季孙毁谤子路。子服景伯将这情告诉孔子，说：“季孙他老人家原来就对子路有疑心，对公伯缭，以我的力量还是能把他陈尸于大庭广众。”孔子说：“仁义之道将要实行，那是命啊；仁义之道将要废弃，也是命啊。公伯缭能把命怎么样！”

司马耕，[1]字子牛。

【注释】〔1〕“司马耕”，氏司马，名耕。前人多以为即《左传》哀公十四年的“司马牛”，为宋人，是宋国司马桓魋的弟弟。《论语》孔安国注云名犂；《孔子家语·七十二弟子》云：“司马黎耕，宋人，……兄桓魋……”但杨伯峻《论语译注》认为孔子弟子的司马牛与宋国桓魋弟弟的司马牛难以混为一人。

【译文】司马耕，字子牛。

牛多言而躁。[1]问仁于孔子。孔子曰：“仁者，其言也讱。”[2]曰：“其言也讱，斯可谓之仁乎？”子曰：“为之难，言之得无讱乎？”[3]

【注释】〔1〕“牛多言而躁”，按《孔子家语·七十二弟子》云：“牛为人性躁，好言语。”〔2〕“讱”，音 rèn，迟钝，慎重。〔3〕“得”，能。按语见《论语·颜渊》。

【译文】司马牛话多而且急躁。他问孔子什么叫仁。孔子说：“仁人，他的说话很慎重。”司马牛说：“说话慎重，这就可以称之为仁吗？”孔子说：“实行仁很难，谈论仁能不慎重吗？”

问君子。[1]子曰：“君子不忧不惧。”曰：“不忧不惧，斯可谓之君子乎？”[2]子曰：“内省不疚，[3]夫何忧何惧！”[4]

【注释】〔1〕“问君子”，询问怎样才是君子。〔2〕“斯”，这，此。〔3〕“省”，音 xǐng，检察，反省。“疚”，音 jiù，忧虑，内心不安。〔4〕按语见《论语·颜渊》。

【译文】司马牛问怎样才是君子。孔子说：“君子不忧愁，不恐惧。”司马牛说：“不忧愁不恐惧，这就可以称之为君子吗？”孔子说：“问心无愧，有什么忧愁什么恐惧！”

樊须，[1]字子迟。少孔子三十六岁。[2]

【注释】〔1〕“樊须”，氏樊，名须。齐国人。或说鲁国人。曾为季孙氏家臣。〔2〕“少孔子三十六岁”，依此推算，樊须生于公元前五一五年。或谓小孔子四十六岁。

【译文】樊须,字子迟。比孔子小三十六岁。

樊迟请学稼,〔1〕孔子曰:“吾不如老农。”请学圃,〔2〕曰:“吾不如老圃。”樊迟出,孔子曰:“小人哉,樊须也!上好礼,则民莫敢不敬;上好义,则民莫敢不服;上好信,则民莫敢不用情。〔3〕夫如是,则四方之民襁负其子而至矣,〔4〕焉用稼!”〔5〕

【注释】〔1〕“稼”,种庄稼,种粮食。〔2〕“圃”,种植蔬菜、花果或苗木的地。此用作动词,指种植蔬菜水果。〔3〕“情”,实,真实情况,此指真心实意。〔4〕“襁”,音 qiǎng,背负婴儿用的布带。〔5〕按本节语见《论语·子路》。

【译文】樊迟请求学习种庄稼,孔子说:“我这方面不如老农民。”樊迟请求学习种蔬菜,孔子说:“我这方面不如老菜农。”樊迟退下出去。孔子说:“小人呀,樊迟!上面执政的人喜好礼仪,老百姓就没有人敢不恭敬;上面执政的人喜好义理,老百姓就没有人敢不服从;上面执政的人喜好信用,老百姓就没有人敢不用真心实意。像这样的话,四面八方的老百姓都会背着他们的子女而来投奔了,哪里用得着自己去种庄稼!”

樊迟问仁,子曰:“爱人。”问智,〔1〕曰:“知人。”〔2〕

【注释】〔1〕“智”,按《论语·颜渊》作“知”。〔2〕按本节语见《论语·颜渊》。

【译文】樊迟询问什么是仁,孔子说:“就是爱护人。”又问什么是智,孔子说:“就是了解人。”

有若少孔子四十三岁。〔1〕有若曰:“礼之用,和为贵。〔2〕先王之道,斯为美。小大由之,〔3〕有所不行;〔4〕知和而和,不以礼节之,〔5〕亦不可行也。”“信近于义,〔6〕言可复也。〔7〕恭近于礼,远耻辱也。因不失其亲,〔8〕亦可宗也。”〔9〕

【注释】〔1〕“有若”,氏有,名若,字子有,鲁国人,常称作“有子”。“少孔子四十三岁”,依此推算,则有若生于公元前五〇八年。按《孔子家语·七十二弟子》云“少孔子三十三岁”。〔2〕“和”,和谐,适中,恰到好处。〔3〕“由”,经由,依从。“之”,指礼。〔4〕“有所不行”,有行不通的地方。〔5〕“节”,节制,规范。〔6〕“信”,信用,信约。“近”,接近,符合。“义”,义理,道义,指行为处事适宜。〔7〕“言”,诺言。“复”,实践,履行。〔8〕“因”,依靠,依仗。〔9〕“宗”,宗仰,尊崇。按本节有若的两段话均见《论语·学而》。

【译文】有若比孔子小四十三岁。有若说:“礼的作用,以和谐适中最为可贵。在先王的治国之道里,这是其中最美好的。事无巨细都要依从礼,但也有行不通的地方;只知道和谐适中而去求和谐适中,不用礼来调节,也是不可行的。”“信用符合道义,说的话就能履行。恭敬符合道义,便能远离耻辱。有依仗而不失去自己的亲族,也就值得尊崇了。”

孔子既没,弟子思慕。有若状似孔子,弟子相与共立为师,〔1〕师之如夫子时也。〔2〕他日,弟子进问曰:“昔夫子当行,使弟子持雨具,〔3〕已而果雨。弟子问曰:‘夫子何以知之?’夫子曰:‘《诗》不云乎:〔4〕月离于毕,〔5〕俾滂沱矣。〔6〕昨暮月不宿毕乎?’〔7〕他日,月宿毕,竟不雨。〔8〕商瞿年长无子,其母为取室。〔9〕孔子使之齐,〔10〕瞿母请之。孔子曰:‘无忧,〔11〕瞿年四十后当有五丈夫子。’〔12〕已而果然。〔13〕敢问夫子何以知此?”有若默然无以应。弟子起曰:“有子避之,此非子之座也!”〔14〕

【注释】〔1〕“相与”,相互、共同。〔2〕“师之”,师从他。此指师从有若。“夫子”,指孔子。按《孟子·滕文公上》云:“昔者孔子没,……子夏、子张、子游以有若似圣人,欲以所事孔子事之。”当为司马迁上述所本。〔3〕“持”,拿,带。〔4〕“《诗》不云乎”,按以下诗句见《诗·小雅·渐渐之石》。〔5〕“离”,音 lì,通“丽”,依附,附着。“毕”,星宿名,二十八宿之一,因形状像毕网而得名。〔6〕“俾”,通“比”,从,随。“滂沱”,音 pāng tuó,雨下得很大的样子。〔7〕“宿”,住,在。〔8〕“竟”,最终,结果。按自“昔夫子当行”至此,亦见《论衡·明雩》及《孔子家语·七十二弟子》。〔9〕“取”,通“娶”。“室”,妻

室。〔10〕“使”，让，派。〔11〕“无”，通“毋”，不要。〔12〕“丈夫子”，男孩子。〔13〕按自“商瞿年长无子”至此，亦见《孔子家语·七十二弟子》。〔14〕关于本节文字，有人认为系战国杂说而不足信，可备一说。

【译文】孔子去世后，弟子们十分思念仰慕。有若的长相像孔子，弟子们一起共同立他为老师，如同孔子在世时那样对待他。有一天，弟子进来问道：“昔日夫子要出门上路，让弟子带上雨具，后来果真下了雨。弟子问道：‘您凭什么知道会下雨？’夫子说：‘《诗》中不是这样说吗：月亮附着在毕宿，接着就要下滂沱大雨了。昨天晚上月亮不就在毕宿吗？’有一天，月亮在毕宿，结果却没有下雨。商瞿年纪很大仍没有孩子，他的母亲要为他另娶妻室。孔子派商瞿前往齐国，他的母亲请求暂不要派商瞿。孔子说：‘不要担心，商瞿四十岁以后当会有五个儿子。’后来果真如此。冒昧相问，夫子凭什么知道这些？”有若沉默无语，没法回答。弟子起身说：“有子避开此位，这不是你该坐的地方啊！”

公西赤，[1]字子华。少孔子四十二岁。[2]

【注释】〔1〕“公西赤”，氏公西，名赤，鲁国人。〔2〕“少孔子四十二岁”，依此推算，公西赤生于公元前五〇九年。

【译文】公西赤，字子华。比孔子小四十二岁。

子华使于齐，冉有为其母请粟。[1]孔子曰：“与之釜。”[2]请益。[3]曰：“与之庾。”[4]冉子与之粟五秉。[5]孔子曰：“赤之适齐也，[6]乘肥马，[7]衣轻裘。[8]吾闻君子周急不继富。”[9]

【注释】〔1〕“粟”，小米。〔2〕“与”，予，给。“釜”，也称“鬴”，古代量器名。其容量为六斗四升，亦用作容量单位。〔3〕“益”，加，增加。〔4〕“庾”，音 yǔ，古容量单位，一庾为十六斗。〔5〕“秉”，古容量单位，一秉为一百六十斗。〔6〕“适”，往，去到。〔7〕“乘肥马”，指乘坐由体肥膘壮马匹所驾的车。〔8〕“衣”，音 yì，穿。“轻裘”，轻暖的皮衣。〔9〕“周”，通“赒”，救济。“急”，急难，困乏。“继”，接济，增益。按本节见《论语·雍也》。

【译文】子华出使到齐国去，冉有为他的母亲请求给些小米。孔子说：“给她一釜。”冉有请求增加。孔子说：“给她一庾。”结果冉子给了五秉小米。孔子说：“公西赤前往齐国，乘着肥马驾的车，穿着轻暖的皮衣。我听说君子救济急难穷困，而不接济富人。”

巫马施，[1]字子旗。[2]少孔子三十岁。[3]

【注释】〔1〕“巫马施”，氏巫马，名施，鲁国人，或说陈国人。〔2〕“子旗”，按《论语》及《孔子家语》，“旗”作“期”。〔3〕“少孔子三十岁”，依此推算，则巫马施生于公元前五二一年。

【译文】巫马施，字子旗。比孔子小三十岁。

陈司败问孔子曰：[1]“鲁昭公知礼乎？”[2]孔子曰：“知礼。”退而揖巫马旗曰：[3]“吾闻君子不党。[4]君子亦党乎？鲁君娶吴女为夫人，命之为孟子。[5]孟子姓姬，[6]讳称同姓，[7]故谓之孟子。鲁君而知礼，[8]孰不知礼！”施以告孔子。孔子曰：“丘也幸，苟有过，[9]人必知之。臣不可言君亲之恶，[10]为讳者，礼也。”[11]

【注释】〔1〕“陈司败”，人名，氏陈，名司败。或谓指陈国的司败。司败，即司寇，职掌刑法的官员。〔2〕“鲁昭公”，名裯（或作“稠”、“袑”），鲁襄公之子，母齐归，公元前五四一年至前五一〇年在位。〔3〕“退”，指孔子退出。“揖”，拱手为礼，作揖，揖请。〔4〕“党”，偏私，偏袒。〔5〕“命”，叫，称。“孟子”，《论语》作“吴孟子”。春秋时代，对诸侯夫人的一般称谓，为所生国之名加她的本姓。鲁昭公娶吴女为夫人，当称为吴姬。这里隐去了她的姓。“孟”为其排行。〔6〕“孟子姓姬”，孟子为吴国之女，吴国系太伯之后，姬姓，故云“孟子姓姬”。按鲁国系周公旦之后，亦为姬姓。〔7〕“讳”，回避。“讳称同姓”，当时有“同姓不婚”的礼法，为掩饰鲁昭公违反礼法的婚姻，就设法避言夫人称谓中所包含的同姓——姬。〔8〕“而”，如，如果。〔9〕“苟”，假如，如果。〔10〕“君亲”，君主、父亲。此指君主。“恶”，丑，丑恶。〔11〕按本节见《论语·述而》。

【译文】陈司败问孔子道：“鲁昭公知礼吗？”孔子说：“知礼。”孔子退出去后，陈司败揖请巫马旗上前，说：“我听说君子不偏袒任何人。难道君子也偏袒人吗？鲁君娶了吴国女子作为夫人，称她为孟子。孟子本姓姬，为了回避称同姓，所以叫她孟子。如果说鲁君知礼的话，那还有谁不知礼！”巫马施把陈司败的话告诉孔子。孔子说：“我幸运啊，倘若有过错，人家必定知道。臣子不可谈论君主的丑事，为鲁君避讳，是礼啊。”

梁鳣，〔1〕字叔鱼。少孔子二十九岁。〔2〕

【注释】〔1〕“梁鳣”，氏梁，名鳣（音 zhān，或作“鲤”）。齐国人。〔2〕“少孔子二十九岁”，依此推算，则梁鳣生于公元前五二二年。

【译文】梁鳣，字叔鱼。比孔子小二十九岁。

颜幸，〔1〕字子柳。少孔子四十六岁。〔2〕

【注释】〔1〕“颜幸”，氏颜，名幸（或作“辛”）。鲁国人。〔2〕“少孔子四十六岁”，依此推算，则颜幸生于公元前五〇五年。按《史记索隐》引《孔子家语》云“少三十六岁”。

【译文】颜幸，字子柳。比孔子小四十六岁。

冉孺，〔1〕字子鲁。〔2〕少孔子五十岁。〔3〕

【注释】〔1〕“冉孺”，氏冉，名孺（或作“儒”）。鲁国人。〔2〕“子鲁”，或作“子曾”、“子鱼”。〔3〕“少孔子五十岁”，依此推算，则冉孺生于公元前五〇一年。

【译文】冉孺，字子鲁。比孔子小五十岁。

曹恤，〔1〕字子循。少孔子五十岁。〔2〕

【注释】〔1〕“曹恤”，氏曹，名恤。或谓蔡国人。〔2〕“少孔子五十岁”，依此推算，曹恤生于公元前五〇一年。

【译文】曹恤，字子循。比孔子小五十岁。

伯虔，〔1〕字子析。〔2〕少孔子五十岁。〔3〕

【注释】〔1〕“伯虔”，氏伯，名虔（或作“处”）。或谓鲁国人。〔2〕“子析”，或作“子晳”。〔3〕“少孔子五十岁”，依此推算，伯虔生于公元前五〇一年。

【译文】伯虔，字子析。比孔子小五十岁。

公孙龙，〔1〕字子石。少孔子五十三岁。〔2〕

【注释】〔1〕“公孙龙”，氏公孙，名龙（或作“宠”、“砻”）。楚国人，或谓卫国人。〔2〕“少孔子五十三岁”，依此推算，公孙龙生于公元前四九八年。

【译文】公孙龙，字子石。比孔子小五十三岁。

自子石已右三十五人，〔1〕显有年名及受业闻见于书传。〔2〕其四十有二人，无年及不见书传者，纪于左：〔3〕

【注释】〔1〕“已”，通“以”。“已右”，以右。古代书写格式，一般采用竖行，书写顺序为从上到下，自右至左。则此“已右”相当于今言“以上”、“以前”。〔2〕“显”，明显，明确。《史记》别本或作“颇”。“年”，年岁，年龄。“名”，此指姓氏名字。“闻”，《史记》别本作“问难”，于义长。“书传”，书籍传记。按梁玉绳《史记志疑》云：“三十五人中无年者十二人，不见书传者五人。”则今本《史记》或有脱夺、讹误。〔3〕“纪”，通“记”，记录。“左”，相当于今天所说的下、后。按梁玉绳《史记志疑》云：“四十二人中有年及见书传者，若颜骄、公良儒、秦商、申枨、叔仲会五人。”

【译文】从子石以上共三十五人，他们的年龄、姓名以及受业情况明确见于文献记载。其它四十二人，不知年岁以及不见于文献记载的，著录于下：

冉季，[1]字子产。

【注释】〔1〕"冉季"，氏冉，名季，鲁国人。

【译文】冉季，字子产。

公祖句兹，[1]字子之。

【注释】〔1〕"公祖句兹"，氏公祖，名句兹（按《孔子家语·七十二弟子》作"兹"）。或谓鲁国人。

【译文】公祖句兹，字子之。

秦祖，[1]字子南。[2]

【注释】〔1〕"秦祖"，氏秦，名祖。秦国人。〔2〕"子南"，或作"南"。

【译文】秦祖，字子南。

漆雕哆，[1]字子敛。

【注释】〔1〕"漆雕哆"，氏漆雕，名哆（音 chǐ）。鲁国人。

【译文】漆雕哆，字子敛。

颜高，[1]字子骄。[2]

【注释】〔1〕"颜高"，氏颜，名高。按本书《孔子世家》、《汉书·古今人表》和今本《孔子家语·七十二弟子》，"高"均作"刻"，或有作"亥"、"尅"者，另《史记索隐》所引《家语》作"产"。此"颜高"当作"颜刻"，说详梁玉绳《史记志疑》。又《孔子家语·七十二弟子》云："少孔子五十岁。"〔2〕"子骄"，《通典》卷五十三作"子精"。

【译文】颜高，字子骄。

漆雕徒父。[1]

【注释】〔1〕"漆雕徒父"，氏漆雕，名徒父。按《孔子家语·七十二弟子》云："名徒，字子文。"《史记索隐》引《家语》云字固。或谓鲁人。

【译文】漆雕徒父。

壤驷赤，[1]字子徒。[2]

【注释】〔1〕"壤驷赤"，氏壤驷，名赤。秦国人。〔2〕"子徒"，按今本《孔子家语》作"子从"。

【译文】壤驷赤，字子徒。

商泽。[1]

【注释】〔1〕"商泽"，氏商，名泽。《史记集解》所引《家语》字子季，《史记索隐》所引《家语》字季，今本《孔子家语》字子秀。或谓鲁国人。

【译文】商泽。

石作蜀，[1]字子明。

【注释】〔1〕"石作蜀"，氏石作（或作"石子"、"石之"），名蜀。

【译文】石作蜀，字子明。

任不齐，[1]字选。[2]

【注释】〔1〕"任不齐"，氏任，名不齐（或作"子齐"），楚国人。〔2〕"选"，按《孔子家语》作"子选"。

【译文】任不齐，字选。

公良孺，[1]字子正。

【注释】〔1〕"公良孺"，氏公良（或作"公襄"），名孺（或作"儒"）。陈国人。按本书《孔子世家》云：

“弟子有公良孺者，以私车五乘从孔子。其为人长贤，有勇力，谓曰……”《孔子家语》亦云“贤而有勇，孔子周行，常以家车五乘从。”且列在前三十五人之中。而司马迁将公良孺列于所谓“无年及不见书传者”的四十二人，有误。

【译文】公良孺，字子正。

后处，〔1〕字子里。〔2〕

【注释】〔1〕“后处”，氏后，名处。齐国人。〔2〕“子里”，今本《孔子家语》作“里之”。

【译文】后处，字子里。

秦冉，〔1〕字开。〔2〕

【注释】〔1〕“秦冉”，氏秦，名冉（或作“宁”、“寮”）。按今本《孔子家语·七十二弟子》无秦冉。〔2〕“开”，或作“子开”。

【译文】秦冉，字开。

公夏首，〔1〕字乘。〔2〕

【注释】〔1〕“公夏首”，氏公夏，名首（或作“守”）。鲁国人。〔2〕“乘”，或作“子乘”。

【译文】公夏首，字乘。

奚容箴，〔1〕字子皙。〔2〕

【注释】〔1〕“奚容箴”，氏奚容，名箴（“箴”当依《史记》别本作“蒧”，梁玉绳《史记志疑》有辨正）。卫国人，或谓鲁国人。〔2〕“子皙”，或作“子楷”。

【译文】奚容箴，字子皙。

公肩定，〔1〕字子中。〔2〕

【注释】〔1〕“公肩定”，氏公肩（或作“公坚”、“公齐”），名定。鲁国人，或谓晋国人，又谓卫国人。〔2〕“子中”，或作“子仲”。

【译文】公肩定，字子中。

颜祖，〔1〕字襄。〔2〕

【注释】〔1〕“颜祖”，氏颜，名祖（或作“相”）。鲁国人。〔2〕“襄”，或作“子襄”。

【译文】颜祖，字襄。

鄡单，〔1〕字子家。〔2〕

【注释】〔1〕“鄡单”，氏鄡（音 qiāo，或作“邬”、“县”），名单（音 shàn，或作“亶”）。按卢文弨《龙城札记》、梁玉绳《史记志疑》谓此“鄡单”即今本《孔子家语·七十二弟子》之“县亶”，是。〔2〕“子家”，或作“子象”。

【译文】鄡单，字子家。

句井疆。〔1〕

【注释】〔1〕“句井疆”，氏句（或作“钩”），名井疆（或作“疆”）。卫国人。其字，或云子界，或云子野，或云子孟。

【译文】句井疆。

罕父黑，〔1〕字子索。〔2〕

【注释】〔1〕“罕父黑”，氏罕父（按今本《孔子家语》作“宰父”，梁玉绳《史记志疑》谓《史记》误，可从），名黑。〔2〕“子索”，或作“索”。

【译文】罕父黑，字子索。

秦商，〔1〕字子丕。〔2〕

【注释】〔1〕“秦商”，氏秦，氏商，鲁国大夫秦堇父之子。按《孔子家语·七十二弟子》有传，云：“秦商，鲁人，字丕兹，少孔子四岁。其父堇父，与孔子父叔梁纥俱力闻。”〔2〕“子丕”，或作“丕兹”、“丕慈”、“不慈”、“不慈”。当以作“丕慈”为是。

【译文】秦商,字子丕。

申党,[1]字周。[2]

【注释】〔1〕"申党",氏申,名党(或作"傥"、"棠"、"枨")。按《孔子家语》,其名作"续",又有作"绩"、"缋"、"缭"者。梁玉绳《史记志疑》云:"盖申子有枨、续二名。"而"党"、"傥"、"棠"均系"枨"之音近通假字,"绩","缋"、"缭"系"续"之形近通假字。可备一说。鲁国人。又《论语·公冶长》云:"子曰:'吾未见刚者。'或对曰:'申枨。'子曰:'枨也欲,焉得刚?'""申枨"即此"申党"。〔2〕"周",或作"子周"。

【译文】申党,字周。

颜之仆,[1]字叔。[2]

【注释】〔1〕"颜之仆",氏颜,名之仆。鲁国人。〔2〕"叔",或作"子叔"。

【译文】颜之仆,字叔。

荣旂,[1]字子祈。[2]

【注释】〔1〕"荣旂",氏荣,名旂(或作"祈"、"祁")。鲁国人。〔2〕"子祈",或作"子旗"、"子祺"、"子期"。

【译文】荣旂,字子祈。

县成,[1]字子祺。[2]

【注释】〔1〕"县成",氏县,名成(或作"成父")。鲁国人。〔2〕"子祺",或作"子谋"、"子横"、"子期"、"子旗"。

【译文】县成,字子祺。

左人郢,[1]字行。[2]

【注释】〔1〕"左人郢",氏左人(或作"左"),名郢。鲁国人。〔2〕"行",或作"子行"。

【译文】左人郢,字行。

燕伋,[1]字思。[2]

【注释】〔1〕"燕伋",氏燕,名伋(音 jí)。鲁国人。〔2〕"思",或作"恩"、"子思"。

【译文】燕伋,字思。

郑国,[1]字子徒。[2]

【注释】〔1〕"郑国",氏郑,名国。鲁国人。按一些学者认为即《孔子家语》的"薛邦","薛"与"郑"系字误,"国"与"邦"系避汉高祖刘邦名讳而改。也有个别学者主张是两人。〔2〕"子徒",或作"徒"、"子从"。

【译文】郑国,字子徒。

秦非,[1]字子之。

【注释】〔1〕"秦非",氏秦,名非。鲁国人。

【译文】秦非,字子之。

施之常,[1]字子恒。[2]

【注释】〔1〕"施之常",氏施,名之常(或作"常")。或谓鲁国人。〔2〕"子恒",或作"思"。

【译文】施之常,字子恒。

颜哙,[1]字子声。

【注释】〔1〕"颜哙",氏颜,名哙(音 kuài,或作"会")。鲁国人。

【译文】颜哙,字子声。

步叔乘,[1]字子车。

【注释】〔1〕"步叔乘",氏步叔(或作"少叔"),

名乘。齐国人。

【译文】步叔乘，字子车。

原亢籍。〔1〕

【注释】〔1〕“原亢籍”，氏原，名亢（或作“抗”、“忼”、“冗”），字籍（或作“子籍”）。鲁国人。

【译文】原亢籍。

乐欬，〔1〕字子声。

【注释】〔1〕“乐欬”，氏乐，名欬（音 ké，或作“欣”、“颀”、“颜”）。鲁国人。

【译文】乐欬，字子声。

廉絜，〔1〕字庸。〔2〕

【注释】〔1〕“廉絜”，氏廉，名絜。卫国人。〔2〕“庸”，或作“子庸”。

【译文】廉絜，字庸。

叔仲会，〔1〕字子期。〔2〕

【注释】〔1〕“叔仲会”，氏叔仲（或作“仲叔”），名会。郑玄谓晋国人。按今本《孔子家语·七十二弟子》云：“叔仲会，鲁人，字子期。少孔子五十岁，与孔璇年相比，每孺子之，执笔记事于夫子，二人迭侍左右。孟武伯见孔子而问曰：‘此二孺子之幼也于学，岂能识乎壮哉？’孔子曰：‘然。少成则若性也，习惯若自然也。’”而《史记索隐》所引《家语》云“少孔子五十四岁”。〔2〕“子期”，或作“子其”。

【译文】叔仲会，字子期。

颜何，〔1〕字冉。〔2〕

【注释】〔1〕“颜何”，氏颜，名何。鲁国人。按今本《孔子家语》无“颜何”，但《史记索隐》云：“《家语》字称。”可知是今本脱夺。〔2〕“冉”，或作“称”。

【译文】颜何，字冉。

狄黑，〔1〕字皙。〔2〕

【注释】〔1〕“狄黑”，氏狄（或作“炉”），名黑（或作“墨”）。或谓卫国人。〔2〕“皙”，或作“皙之”。

【译文】狄黑，字皙。

邦巽，〔1〕字子敛。〔2〕

【注释】〔1〕“邦巽”，氏邦（或作“邽”、“国”），名巽（或作“选”）。鲁国人。〔2〕“子敛”，或作“子钦”。

【译文】邦巽，字子敛。

孔忠。〔1〕

【注释】〔1〕“孔忠”，氏孔，名忠（或作“患”、“弗”）。按《史记集解》、《史记索隐》所引和今本之《孔子家语》均云：“字子蔑，孔子兄之子。”

【译文】孔忠。

公西舆如，〔1〕字子上。

【注释】〔1〕“公西舆如”，氏公西，名舆如（或作“与”、“与如”、“举如”）。或谓鲁国人，或谓齐国人。

【译文】公西舆如，字子上。

公西葴，〔1〕字子上。〔2〕

【注释】〔1〕“公西葴”，氏公西，名葴（或作“蒧”、“藏”、“点”、“箴”，梁玉绳《史记志疑》云“‘葴’乃‘蒧’之讹”）。鲁国人。〔2〕“子上”，或作“子尚”、“子索”。

【译文】公西葴，字子上。

太史公曰：学者多称七十子之徒，誉者或过其实，[1]毁者或损其真，钧之未睹厥容貌。[2]则论言弟子籍出孔氏古文，[3]近是。[4]余以弟子名姓文字悉取《论语》弟子问，[5]并次为篇，[6]疑者阙焉。[7]

【注释】〔1〕“或”，有的。〔2〕“钧”，通“均”。“厥”，其，他们的。〔3〕“则”，而。“论言弟子籍”，指古文《论语》中的弟子名籍，其内容如同《汉书·艺文志》六艺略《论语》家的《孔子徒人图法》及《孔子家语·七十二弟子》。先秦汉初，书无定名现象十分普遍。据王充《论衡·正说》，《论语》亦可称《传》、称《论》，云：“初孔子孙孔安国，以教鲁人扶卿，官至荆州刺史，始曰《论语》者，弟子共纪孔子之言行，敕记之时甚多，数十百篇。”“论言弟子籍”即古文《论语》中的一部分，下文的“论语弟子问”也是古文《论语》中的一部分。“孔氏古文”，一般认为指汉武帝时鲁共王坏孔子宅所得古文书籍。据荀悦《前汉纪·成帝纪》、《汉书·艺文志》、王充《论衡·佚文》、许慎《说文解字叙》记载，其中有《论语》。所谓“古文”，实指战国时期的六国文字。〔4〕“近是”，接近事实，接近原貌。〔5〕“《论语》弟子问”，指古文《论语》中孔子与弟子的问对。按《汉书·艺文志》云：“《论语》者，孔子应答弟子，时人及弟子相与言而接闻于夫子之语也。当时弟子各有所记。夫子既卒，门人相与辑而论篹，故谓之《论语》。”今本《论语》内容，就主要是孔子与弟子的问对。〔6〕“并次”，合并编排。〔7〕“疑者”，疑惑不清的地方。“阙”，空缺。

【译文】太史公说：学者中许多人说到孔子的七十位高足弟子，称誉者有的言过其实，毁谤者有的篡改真相，但全都没有见到过他们的容貌。而《论语》弟子名籍出自孔子宅第壁中古文，接近事实。我收集有关孔子弟子的姓名、文字全都取自《论语》中的弟子问对，合并编排，有疑惑不清的地方就空缺着。

史记卷六十八

商君列传第八

商君者，卫之诸庶孽公子也，[1]名鞅，姓公孙氏，[2]其祖本姬姓也。鞅少好刑名之学，[3]事魏相公叔座为中庶子。[4]公叔座知其贤，未及进。会座病，魏惠王亲往问病，[5]曰："公叔病有如不可讳，[6]将奈社稷何?"[7]公叔曰："座之中庶子公孙鞅，年虽少，有奇才，愿王举国而听之。"王嘿然。[8]王且去，座屏人言曰："王即不听用鞅，[9]必杀之，无令出境。"王许诺而去。公叔座召鞅谢曰："[10]今者王问可以为相者，我言若，[11]王色不许我。我方先君后臣，[12]因谓王即弗用鞅，当杀之。王许我。汝可疾去矣，且见禽。"[13]鞅曰："彼王不能用君之言任臣，又安能用君之言杀臣乎?"卒不去。惠王既去，而谓左右曰："公叔病甚，悲乎！欲令寡人以国听公孙鞅也，岂不悖哉!"[14]

【注释】〔1〕"卫"，国名，姬姓，始封君为周武王之弟康叔，于公元前十一世纪周公平定武庚反叛后，接受封赐的商都地区和殷民七族立国，建都沬(即朝歌，今河南淇县)，约有今河南北部与山西、河北、山东三省交界之地。自公元前六六〇年被翟击败，国势日蹙，国都屡次东迁。此时已为魏国附庸，国都在濮阳(今河南濮阳西南)。公元前二五四年为魏所灭。后在秦国扶持下复国，迁都野王(今河南沁阳)，公元前二〇九年为秦所灭。"庶孽"，嫡长子孙以外的旁系别枝。"公子"，别本或无"公"字。〔2〕"姓公孙氏"，春秋战国时代，国君的孙子称"公孙"，其后遂以"公孙"为氏。先秦的姓与氏有别，姓为有共同血缘关系种族之称，氏是从姓繁衍派生出来的分枝。至秦汉，姓、氏合二为一。依照商鞅所处时代的习惯，公孙实为其氏，姬才是他的姓。司马迁已用汉代习惯将姓、氏混同了。〔3〕"刑名之学"，"刑"亦作"形"，原指研究形体与名称关系的学说，法家用以作为阐述、推行自己政治主张的理论，把"形名"与"法术"相联系，"名"引申为名分、言论、法术等，强调循名责实，慎赏明罚。〔4〕"魏"，国名，姬姓，开国君主为魏文侯(公元前四四五年至前三九六年在位)，其先世代为晋国之卿，后与韩、赵三分晋国，于公元前四〇三年被周威烈王正式封为诸侯，建都安邑(今山西夏县西北)。公元前三六四年(或说公元前三六一年)迁都大梁(今河南开封)，故魏又称梁。领土主要有今山西西南部的河东和河南北部的河内之地。公元前二二五年为秦所灭。"公叔座"，公叔，氏；座，一作痤，名。魏武侯(公元前三九五年至前三七〇年在位)时继田文为相。"中庶子"，官名，战国时代国君、太子、相国等上层权贵的侍从之臣。〔5〕"魏惠王"，名罃，或作莹、婴，亦称梁惠王，魏武侯之子，公元前三六九年至前三一九年在位。详见本书《魏世家》。〔6〕"有如"，"有"意同"如"，如果，倘若。"不可讳"，不能避忌，这是死的委婉说法。死为古人忌讳之事，但又无法避免，不便直言，故有此说。〔7〕"社稷"，社，土地神；稷，谷神，为天子、诸侯所祭祀，用以指代国家。"奈社稷何"，把国家怎么样，意即怎样安顿国家。〔8〕"嘿"，同"默"。〔9〕"即"，如，如果。〔10〕"谢"，告，告诉。〔11〕"若"，你。〔12〕"方"，当，应当。〔13〕"禽"，通"擒"。〔14〕"悖"，悖乱，荒谬。

【译文】商君是卫国公室的庶出公子，名鞅，姓公孙，他的祖先原本姓姬。商鞅年少时喜好刑名之学，事奉魏国相国公叔座当中庶子。公叔座知道他有才干，还没有来得及向魏王进荐。适遇公叔座

病重，魏惠王亲自前往探望病情，说："您的病倘若有三长两短，国家将怎么办？"公叔座说："我的中庶子公孙鞅，年纪虽轻，却身怀奇才，希望大王把全部国政交付给他。"魏王沉默不语。魏王将要离去，公叔座屏退旁人而说道："大王如果不起用公孙鞅，就一定要杀掉他，别让他出国境。"魏王一口应承而离去。公叔座召见商鞅告诉道："今日大王询问可以担任相国的人选，我说了你，看大王的表情不赞成我的意见。我理应先国君后臣子，便对大王说如果不任用公孙鞅，就该杀掉他。大王应承了我。你可以赶紧离开了，(不然，)将要被逮捕。"商鞅说："大王他既然不采纳您的话任用我，又怎么能采纳您的话杀我呢？"结果没有离去。魏惠王离开公叔座後，便对身边的人说："公叔座病得很重，令人悲伤啊！他想让我把国政交付给公孙鞅，岂不荒唐呀！"

公叔既死，公孙鞅闻秦孝公下令国中求贤者，〔1〕将修缪公之业，〔2〕东复侵地，〔3〕乃遂西入秦，因孝公宠臣景监以求见孝公。孝公既见卫鞅，〔4〕语事良久，孝公时时睡，弗听。罢而孝公怒景监曰："子之客妄人耳，安足用邪！"景监以让卫鞅。〔5〕卫鞅曰："吾说公以帝道，〔6〕其志不开悟矣。"〔7〕后五日，复求见鞅。鞅复见孝公，益愈，〔8〕然而未中旨。罢而孝公复让景监，景监亦让鞅。鞅曰："吾说公以王道而未入也。〔9〕请复见鞅。"鞅复见孝公，孝公善之而未用也。罢而去。孝公谓景监曰："汝客善，可与语矣。"鞅曰："吾说公以霸道，〔10〕其意欲用之矣。诚复见我，〔11〕我知之矣。"卫鞅复见孝公。公与语，不自知厀之前于席也。〔12〕语数日不厌。景监曰："子何以中吾君？吾君之驩甚也。〔13〕鞅曰："吾说君以帝王之道比三代，〔14〕而君曰：'久远，吾不能待。且贤君者，各及其身显名天下，安能邑邑待数十百年以成帝王乎？'〔15〕故吾以彊国之术说君，〔16〕君大说之耳。〔17〕然亦难以比德于殷、周矣。"

【注释】〔1〕"秦孝公"，名渠梁，秦献公之子，公元前三六一年至前三三八年在位。详见本书《秦本纪》。秦，国名，嬴姓，开国君主为秦襄公(公元前七七七年至前七六六年在位)，他因护送周平王东徙有功而受封为诸侯，都西犬丘(即西垂，在今甘肃天水西南、礼县东北)。后多次迁都。公元前三八三年秦献公迁都栎阳(今陕西富平东南)。公元前三五〇年秦孝公迁都咸阳(今陕西咸阳东北)。公元前二二一年秦王政统一中原。公元前二〇六年被刘邦领导的起义军所灭亡。战国初期，地约有今甘肃东南、陕西中部至河南灵宝一带的渭水流域。〔2〕"缪公"，即秦缪公，"缪"亦作"穆"，名任好，秦德公之子，春秋五霸之一，公元前六五九年至前六二一年在位。详见本书《秦本纪》。〔3〕"东复侵地"，据本书《秦本纪》所载秦孝公求贤令，指收复秦国东部被魏国所攻取的河西(今北洛水和黄河间地)。〔4〕"既"，通"即"，立即。〔5〕"让"，责备。〔6〕"说"，音 shuì，劝说，游说。"帝道"，指黄帝、颛顼、帝喾、尧、舜等五帝之道。〔7〕"开悟"，领悟，理会。〔8〕"益愈"，"益"、"愈"同义，越发，更加。这里指谈得更多。〔9〕"王道"，指夏禹、商汤、周文武的三王之道。〔10〕"霸道"，指春秋五霸之道。〔11〕"诚"，果真，如果。〔12〕"厀"，通"膝"。"席"，座席。古人坐法，以两膝着地，臀部坐在脚后跟上，下垫坐席。〔13〕"驩"，同"欢"。〔14〕"比"，及，达到。"三代"，指夏、商、周三代。"吾说君以帝王之道 比三代"，此句别本或作"吾说君以五帝三王之道比三"。〔15〕"邑邑"，同"悒悒"，忧郁压抑的样子。〔16〕"彊"，通"强"。〔17〕"说"，通"悦"，高兴，喜欢。

【译文】公叔座已死，公孙鞅听说秦孝公在国中下令寻求贤才，准备重建秦缪公的霸业，东方要收复被魏国侵占的土地，于是就西行进入秦国，通过秦孝公的宠臣景监来求见孝公。秦孝公立即会见卫鞅，交谈政事很长时间，孝公常常打瞌睡，没有听。谈完后孝公对景监发脾气说："你的那位来客只不过是个无知狂妄之徒罢了，哪配任用呢！"景监因此责备卫鞅。卫鞅说："我用五帝之道劝说孝公，他的心思不加理会呀。"五日之后，卫鞅又要求孝公接见自己。卫鞅又进见孝公，谈得比前次更多，然而没有中孝公的意。谈完后孝公又责备景监，景监也责备卫鞅。卫鞅说："我用三王之道劝说孝公，而他听不进。请求再一次召见我。"卫鞅再一次进见秦孝公，孝公觉得好而没有采用。谈完后卫鞅离开。孝公对景监说："你的那位来客好，可以同他交谈了。"卫鞅说："我用霸道劝说孝公，他的意思要采用了。如果再召见我，我知道该说什么了。"卫鞅果然又进见秦孝公。孝公与他交谈，不知不觉膝盖在坐席上直往前挪动。交谈了好几天还不满足。景监对卫鞅说:“你用什么说中我国君的心意?我的国君高兴得很啊。”卫鞅说:“我用帝王之道达到夏、商、周三代盛世来劝说国君,可国君说:‘时间太长,我没法等待。况且贤能的君主,都在自身就扬名天下,哪里能默默无闻地等待几十年、几百年来成就帝王之业呢?’因此我就用强国之术向国君陈述,国君大为高兴。但这样就难以同殷、周的德治相比拟了。”

孝公既用卫鞅,鞅欲变法,恐天下议己。卫鞅曰:“疑行无名,[1]疑事无功。且夫有高人之行者,[2]固见非于世;[3]有独知之虑者,必见敖于民。[4]愚者闇于成事,[5]知者见于未萌。[6]民不可与虑始而可与乐成。论至德者不和于俗,[7]成大功者不谋于众。是以圣人苟可以强国,[8]不法其故;[9]苟可以利民,不循其礼。”孝公曰:“善。”甘龙曰:[10]“不然。圣人不易民而教,[11]知者不变法而治。因民而教,不劳而成功;缘法而治者,吏习而民安之。”卫鞅曰:“龙之所言,世俗之言也。常人安于故俗,学者溺于所闻。[12]以此两者居官守法可也,[13]非所与论于法之外也。三代不同礼而王,五伯不同法而霸。[14]智者作法,愚者制焉;[15]贤者更礼,不肖者拘焉。”[16]杜挚曰:[17]“利不百,不变法;功不十,不易器。法古无过,循礼无邪。”卫鞅曰:“治世不一道,便国不法古。故汤、武不循古而王,[18]夏、殷不易礼而亡。[19]反古者不可非,而循礼者不足多。”[20]孝公曰:“善。”以卫鞅为左庶长,[21]卒定变法之令。

【注释】〔1〕“疑”,迟疑,犹豫。〔2〕“且夫”,“且”用法同“夫”,皆为句首语助词,起提示作用。“高人”,过人,超出一般人。〔3〕“见非”,被非难,被反对。〔4〕“敖”,通“謷”,诋毁,诽谤。〔5〕“闇”,同“暗”,不明,糊涂。〔6〕“知”,同“智”。〔7〕“论”,讲论,谈论。“至德”,最高的德行。“和”,随着唱,附和。〔8〕“苟”,如果,倘若。〔9〕“法”,效法,沿袭。“故”,旧,这里指从前的成法。〔10〕“甘龙”,甘,氏;龙,名。秦国大夫。或说为春秋时周宗室甘昭公后裔。〔11〕“易”,更改,改变。“民”,这里指民俗,民间习俗。〔12〕“溺”,沉溺,局限。〔13〕“居”,当,任。〔14〕“五伯”,即五霸,战国人一般指齐桓公、晋文公、楚庄王、吴王阖闾、越王句践等春秋时代的五个霸主。或说指昆吾氏、大彭氏、豕韦氏、齐桓公、晋文公;指齐桓公、晋文公、秦穆公、宋襄公、楚庄王;指齐桓公、晋文公、秦穆公、楚庄王、吴王阖闾。〔15〕“制”,控制,制约。这里指受制。〔16〕“不肖”,不似,不贤。“拘”,拘泥,拘束。〔17〕“杜挚”,秦国大夫。〔18〕“汤、武”,指商汤王、周武王。〔19〕“夏、殷”,指夏桀、商纣。〔20〕“多”,推重,赞美。〔21〕“左庶长”,秦国爵名。据《汉书·百官公卿表》,为秦二十级爵中的第十级。按本书《秦本纪》记商鞅为左庶长在变法实施之后,与此记异。

【译文】秦孝公立即任用卫鞅,卫鞅准备变法,但秦孝公担心天下非议自己。卫鞅说:“行动迟疑不决就不会成名,做事犹豫不定就不会成功。那些有过人举动的人,本来就会被世俗所非难;有独到见识的谋划者,必定会被百姓所讥讽。愚蠢的人对已经完成的事情都感到困惑,智慧的人对没有发生的事情都能预见。百姓,不可以同他们谋划事业的创始,只可以同他们欢庆事业的成功。讲论最高道德的人不附和世俗,成就伟大功绩的人不征询民众。因此圣人如果可以强国,就不袭用成法;如果可以利民,就不遵循旧礼。”秦孝公说:“好。”甘龙说:“不对。圣人不改民俗而施教,智者不变法度而治国。依照民俗而施教,不费气力就会成功;根据成法而治国,官吏习惯而百姓平安。”卫鞅说:“甘龙所说的话,是凡夫俗子的言论。常人苟安于旧习俗,学者局限于所见所闻。用这两种人当官守法是可以的,但不是与之探讨成法之外事情的人。三代不同礼教而成就王业,五伯不同法制而建立霸业。智慧的人制定法律,愚蠢的人受制于法律;贤能的人更改礼教,无能的人拘泥旧礼。”杜挚说:“没有百倍的利益,不能改变法度;没有十倍的功效,不更换器具。效法古代没有过失,遵循旧礼没有邪恶。”卫鞅说:“治理社会不只一条道路,有利国家不必效法古代。所以商汤、周武不循古道而缔造王业,夏桀、商纣不改礼制而亡国。违反古道的不可以否定,而因循旧礼的不值得赞美。”秦孝公说:“好。”用卫鞅为左庶长,终于决定变法的命令。

令民为什伍,[1]而相牧司连坐。[2]不告奸者腰斩,[3]告奸者与斩敌首同赏,匿奸者与降敌同罚。民有二男以上不分异者,倍其

赋。[4]有军功者，各以率受上爵；[5]为私斗者，各以轻重被刑大小。[6]僇力本业，[7]耕织致粟帛多者复其身。[8]事末利及怠而贫者，[9]举以为收孥。[10]宗室非有军功论，[11]不得为属籍。[12]明尊卑爵秩等级，[13]各以差次名田宅，[14]臣妾衣服以家次。[15]有功者显荣，无功者虽富无所芬华。[16]

【注释】〔1〕“什伍”，五家为伍，十家为什。商鞅以此作为编制管理居民的基层组织，同时具有军事组织的性质。 〔2〕“牧司”，监视，纠察。“坐”，罪，判罪。“连坐”，连罪，指一家犯罪，同伍、同什的其余人家要株连科罪。 〔3〕“腰斩”，刑名，将人的肢体横腰斩断。 〔4〕“赋”，即口赋，指按人头征收的军赋。 〔5〕“率”，音 lǜ，比率，标准，规定。〔6〕“被”，及，加。 〔7〕“僇”，音 lù，通“戮”。“僇力”，即戮力，努力，尽力。“本业”，法家认为农业是立国之本，故称农业生产为本业。 〔8〕“致”，送达，交纳。或谓得到，亦通。“复”，免除徭役。〔9〕“末利”，法家视工商为末，故称工商之利为末利。“怠”，怠慢，懒惰。 〔10〕“举”，全，全部。“收孥”，“孥”通“奴”，指收捕入官为奴。或谓拘捕犯人及其妻子儿女，没为官府奴婢。 〔11〕“宗室”，国君的同族。“论”，评定，记录。 〔12〕“属籍”，家族的名册。这里指国君宗室的名册。 〔13〕“爵秩”，爵位奉禄。 〔14〕“差次”，等级班次。“名”，名下所有，即占有。 〔15〕“家次”，各家的等级班次。〔16〕“芬华”，芬芳华丽，这里引伸为炫耀夸示，意同前“显荣”。

【译文】下令百姓五家为伍，十家为什，相互监视，实行连坐。不告发奸恶者处以腰斩，告发奸恶者给予和斩获敌人首级相同的赏赐，藏匿奸恶者给予和投降敌人相同的惩罚。百姓家中有两个成年男子不分立门户者，加倍征收他们的口赋。有战功者，各按规定接受更高的爵位；进行私下斗殴者，各按情节轻重给予大小刑罚。努力从事农业生产，耕耘纺织送交粮食布帛多者，免除本人徭役。专事工商末利以及因懒惰而贫困者，全部将他们收捕，没入官府为奴。国君宗室中没有军功记录的，不得载入宗室名册。明确尊贵卑贱爵位奉禄等级。各按等级班次占有田地住宅，奴婢、衣着服饰也按各家的等级班次享用。有战功者显赫尊荣，没有战功者尽管富有也无处炫耀夸示。

令既具，[1]未布，恐民之不信，已乃立三丈之木于国都市南门，[2]募民有能徙置北门者予十金。[3]民怪之，[4]莫敢徙。复曰“能徙者予五十金”。有一人徙之，辄予五十金，[5]以明不欺。卒下令。

【注释】〔1〕“具”，具备，完备。 〔2〕“已乃”，于是。“国都市南门”，首都城中市场的南门。《周礼·冬官·匠人》谓国都建制“左祖右社，前朝后市”。市场为国都重要组成部分，四周有经界门阈。〔3〕“募”，招募，征求。“金”，秦国以一镒黄金为一金，等于二十两，一说二十四两（一两约合今十六点二二克）。 〔4〕“怪”，奇怪，惊奇。 〔5〕“辄”，音 zhè，即，立即。

【译文】法令已经完备，但没有公布，恐怕百姓不信任，于是在都城市场南门立起一根三丈长的木头，招募百姓有能搬到北门的给十镒黄金。百姓对此感到惊奇，没有人敢搬。就又宣布说“有能搬的人给五十镒黄金”。有一个人搬走木头，立即给他五十镒黄金，以表明没有欺诈。终于颁下法令。

令行于民朞年，[1]秦民之国都言初令之不便者以千数。[2]于是太子犯法。[3]卫鞅曰：“法之不行，自上犯之。”将法太子。[4]太子，君嗣也，不可施刑，刑其傅公子虔，[5]黥其师公孙贾。[6]明日，秦人皆趋令。[7]行之十年，[8]秦民大说，道不拾遗，山无盗贼，家给人足。[9]民勇于公战，怯于私斗，乡邑大治。秦民初言令不便者有来言令便者，卫鞅曰“此皆乱化之民也”，尽迁之于边城。其后民莫敢议令。

【注释】〔1〕“朞”，音 jī，同“期”。“朞年”，一整年，一周年。 〔2〕“初令”，首次颁布的法令，指商鞅的新法。“秦民之国都言初令之不便者以千数”，本句第一个“之”字为动词，往，到。 〔3〕“于是”，在这时候。“太子”，秦孝公太子，名驷，即后来的秦惠王，公元前三三七年至前三一一年在位。详见本书《秦本纪》。 〔4〕“法”，法办，以法惩处。 〔5〕“傅”，官名，职掌太子的教育。据《大戴礼记·保傅》，傅负责太子德行的教育。 〔6〕“黥”，音 qíng，刑名，亦称墨刑，用刀刺刻脸部，然后涂上墨。

“师”，官名，职掌太子的教育。据《大戴礼记·保傅》，师负责太子知识的教育。〔7〕“趋”，趋向，归附，服从。〔8〕“行之十年”，按本书《秦本纪》载秦孝公三年商鞅实行变法，孝公十年鞅为大良造，其间相隔七年，则此“十”似为“七”之误。〔9〕“给”，音 jǐ，富足，富裕。

【译文】法令在百姓中实行一年，秦国百姓到国都来说新法不适宜的人数以千计。在这时太子触犯法令。卫鞅说：“法令不能实行，是由于上面的人触犯法令。”准备依法惩处太子。太子，是国君的继承人，不能施加刑罚，便对太子傅公子虔行刑，并对太子师公孙贾处以黥刑。第二天，秦国百姓都服从法令了。实行新法十年，秦国百姓皆大欢喜，路上不捡拾他人遗物，山中没有蟊贼强盗，家家富裕，人人满足。百姓勇敢为国作战，害怕私人斗殴，城乡大治。秦国百姓中当初说法令不适宜者有来说法令适宜的，卫鞅说“这些都是扰乱教化的人”，全部迁居到边境城堡。此后百姓中就没有人敢于议论法令了。

于是以鞅为大良造。〔1〕将兵围魏安邑，〔2〕降之。居三年，作为筑冀阙宫庭于咸阳，〔3〕秦自雍徙都之。〔4〕而令民父子兄弟同室内息者为禁。〔5〕而集小都乡邑聚为县，〔6〕置令、丞，〔7〕凡三十一县。为田开阡陌封疆，〔8〕而赋税平。〔9〕平斗桶权衡丈尺。〔10〕行之四年，公子虔复犯约，劓之。〔11〕居五年，秦人富彊，天子致胙于孝公，〔12〕诸侯毕贺。

【注释】〔1〕“大良造”，亦作“大上造”，秦爵名。据《汉书·百官公卿表》，为秦二十级爵中的第十六级。〔2〕“安邑”，魏都邑名，魏氏封侯立国，即都于此，据《古本竹书纪年》直至公元前三六四年迁都大梁，公元前二八六年属秦。在今山西夏县西北。〔3〕“作为”，兴作营造。“冀阙”，宫廷外的门阙，为公布政令之处。“咸阳”，秦都邑名，秦孝公十二年（公元前三五〇年）迁都于此，在今陕西咸阳东北。“作为筑冀阙宫庭于咸阳”，按本书《秦本纪》作“作为咸阳，筑冀阙”，语意较为晓畅。〔4〕“雍”，秦都邑名，秦德公元年（公元前六七七年）迁都于此，直至秦献公二年（公元前三八三年）迁都栎阳（今陕西临潼北）。在今陕西凤翔南。按此云“秦自雍徙都之”，则此前秦仍都于雍。〔5〕“息”，生息，养育。〔6〕“都乡邑聚”，四者皆为百姓集居的处所。〔7〕“令”，县令，为一县之行政长官。“丞”，县丞，为县令副佐。〔8〕“为田”，治田，整治田地。“开”，开立，设置。“阡陌”，田间纵横之道，既可通行往来，又为土地分界。秦国政府对阡陌有一定的规制，青川秦墓木牍载秦武王二年（公元前三〇九年）规定：“田广一步，袤八则（一则为三十步），为畛。亩二畛，一百（陌）道。百亩为顷，一千（阡）道，道广三步。”“封”，土堆，作为田界标志。封也同阡陌一样有一定的规制，如青川秦墓木牍云：“封高四尺，大称其高。”“疆”，疆界，田界。〔9〕“平”，平齐，统一。“赋税平”，赋税统一。商鞅通过“为田开阡陌封疆”，整顿田制，明确地界，按照土地的多少征收军赋田租，从而使赋税的征收趋于整齐划一。〔10〕“斗”，量器名，一斗约合今二公升。“桶”，量器名，方形斛，一斛十斗，约合今二十公升。“权衡”，权为砝码、秤锤，衡为秤杆，此合言指秤。“尺”，秦尺约合今二十三点二厘米。〔11〕“劓”，音 yì，刑名，割鼻子。〔12〕“天子”，指周显王，名扁，周安王之子，周烈王之弟，公元前三六八年至前三二一年在位。详见本书《周本纪》。“胙”，音 zuò，祭祀用的肉。据本书《周本纪》，此为祭祀周文王、周武王的肉。“天子致胙”，周天子将在宗庙供奉过的祭肉馈赠给秦孝公。这是一种天子对诸侯表示亲密尊重的礼仪。

【译文】于是秦孝公任用卫鞅为大良造。卫鞅率领军队包围魏国安邑，迫使安邑投降。经过三年，在咸阳大兴土木建造冀阙、宫殿，秦国从雍迁都到咸阳。而后下令禁止百姓父子兄弟同居共室养育后代。合并小都、小乡、小邑、小聚为县，设置县令、县丞，共三十一个县。整治田地，开立阡陌封疆作为地界，从而使赋税征收整齐划一。统一斗桶、权衡、丈尺的标准。实行第二次新法四年，公子虔再次违反规约，处以劓刑。经过五年，秦人国富兵强，周天子赠送祭肉给秦孝公，诸侯都来祝贺。

其明年，齐败魏兵于马陵，〔1〕虏其太子申，〔2〕杀将军庞涓。〔3〕其明年，卫鞅说孝公曰：“秦之与魏，譬若人之有腹心疾，非魏并秦，秦即并魏。何者？魏居领厄之西，〔4〕都安邑，与秦界河而独擅山东之利。〔5〕利则西侵秦，病则东收地。今以君之贤圣，国赖以盛。而魏往年大破于齐，诸侯畔之，〔6〕可因此时伐魏。魏不支秦，必东徙。东徙，秦据

河、山之固，东乡以制诸侯，[7]此帝王之业也。”孝公以为然，使卫鞅将而伐魏。魏使公子卬将而击之。军既相距，卫鞅遗魏将公子卬书曰：[8]“吾始与公子驩，[9]今俱为两国将，不忍相攻，可与公子面相见，盟，乐饮而罢兵，以安秦魏。”魏公子卬以为然。会盟已，饮，而卫鞅伏甲士而袭虏魏公子卬，因攻其军，尽破之以归秦。魏惠王兵数破于齐秦，国内空，日以削，恐，乃使使割河西之地献于秦以和。[10]而魏遂去安邑，徙都大梁。[11]梁惠王曰：“寡人恨不用公叔座之言也。”卫鞅既破魏还，秦封之於、商十五邑，[12]号为商君。

【注释】〔1〕“齐”，诸侯国名，姜姓，公元前十一世纪周武王封吕尚于营丘（后称临淄，在今山东临淄东北）建都立国，春秋末君权逐渐为大臣陈氏（又称田氏）所夺，公元前三八六年周安王承认田和为齐侯，公元前二二一年为秦国所灭。战国初期，其疆域有今山东北部及河北东南部。“马陵”，齐国邑名，一说为魏国邑名，在今河南范县西南，或谓在今河北大名东南。〔2〕“太子申”，即魏惠王之太子，任魏军上将军。〔3〕“庞涓”，曾与孙膑同学兵法，后事魏惠王为将，死于公元前三四二年的马陵之战。参看本书《孙子吴起列传》及临沂银雀山竹书《孙膑兵法》《禽庞涓》、《陈忌问垒》。〔4〕“领”，别本多作“岭”。“领厄”，山岭险厄之地，指今山西西南部中条山一带。〔5〕“山东”，指华山以东地区。〔6〕“畔”，通“叛”，背叛，背离。〔7〕“乡”，通“向”。〔8〕“遗”，音 wèi，馈赠，致送。“书”，书信。〔9〕“驩”，同“欢”。〔10〕“河西”，地区名，指今山西、陕西两省间黄河南段以西地区，约在陕西韩城、合阳、大荔一带。〔11〕“大梁”，魏国都邑名，自魏惠王从安邑迁都於此，至公元前二二五年秦灭魏，为魏国首都。关於魏迁都大梁的时间，史载不一，计有：（一）魏惠王六年即公元前三六四年，（二）魏惠王九年即公元前三六一年，（三）魏惠王二十九年即公元前三四一年，（四）魏惠王三十一年即公元前三三九年。今人或谓魏惠王十八年即公元前三五二年。似以魏惠王六年说近是。〔12〕“於、商”，秦国邑名，於在今河南西峡东，商在今陕西商县东南。或谓“於商”为一地名，一谓邑名，即商，又称鄔；一谓地区名，又名商於、於中，在今河南淅川西南。

【译文】第二年，齐军在马陵击败魏军，俘虏魏太子申，杀死将军庞涓。又过一年，卫鞅劝说秦孝公道：“秦国与魏国，就譬如人有心腹之病，（不能两全，）不是魏国吞并秦国，就是秦国吞并魏国。什么原因呢？魏国居于崇山峻岭的西面，在安邑建都。与秦国以黄河为界而独占山东的地利。情况有利就向西侵伐秦国，情况不妙就向东扩展土地。如今靠国君的贤能圣明，国家赖以强盛。而魏国去年被齐军打得大败，诸侯纷纷背离，可以乘这时机攻伐魏国。魏国抵挡不住秦军，必定向东迁移。魏东迁之后，秦国占据黄河、华山的天险，向东可以控制诸侯，这是千秋帝王之业啊。”秦孝公认为是这样，派遣卫鞅领兵攻伐魏国。魏王派公子卬领兵迎击秦军。两军已经相遇，卫鞅送信给魏军将领公子卬说：“我当初与公子相交甚好，如今同为两国之将，不忍心互相攻伐，是否可以同公子当面相见，缔结盟约，痛饮一番而后撤兵，以安定秦国和魏国。”魏公子卬认为好。两人会面订立盟约完毕，设宴对饮，可是卫鞅事先埋伏穿戴盔甲的武士而袭击俘虏了魏公子卬，乘势攻击他的军队，全部打垮魏军而返回秦国。魏惠王因军队屡次败于齐国、秦国，国内十分空虚，日益衰落，非常恐慌，于是派遣使者割让河西之地奉送给秦国以求和解。而后魏惠王就离开安邑，迁都到大梁。梁惠王说：“我悔恨当初不听公叔座的话啊。”卫鞅击败魏军归来，秦孝公封给他於、商之间的十五个邑，从此号称商君。

商君相秦十年，宗室贵戚多怨望者。[1]赵良见商君。商君曰：“鞅之得见也，从孟兰皋，今鞅请得交，可乎？”赵良曰：“仆弗敢愿也。[2]孔丘有言曰：‘推贤而戴者进，[3]聚不肖而王者退。’仆不肖，故不敢受命。仆闻之曰：‘非其位而居之曰贪位，非其名而有之曰贪名。’仆听君之义，[4]则恐仆贪位贪名也。故不敢闻命。”[5]商君曰：“子不说吾治秦与？”赵良曰：“反听之谓聪，[6]内视之谓明，[7]自胜之谓强。[8]虞舜有言曰：‘自卑也尚矣。’君不若道虞舜之道，[9]无为问仆矣。”[10]商君曰：“始秦戎翟之教，[11]父子无别，同室而居。今我更制其教，而为其男女之别，大筑冀阙，营如鲁、卫矣。[12]子观我治秦也，孰与五羖大夫贤？”[13]赵良曰：“千羊之皮，不如一狐之掖；[14]千人之诺诺，[15]不如一士之谔谔。[16]武王谔谔以昌，

殷纣墨墨以亡。[17]君若不非武王乎,则仆请终日正言而无诛,[18]可乎?"商君曰:"语有之矣:'貌言华也,[19]至言实也,[20]苦言药也,甘言疾也。'[21]夫子果肯终日正言,鞅之药也。鞅将事子,子又何辞焉!"赵良曰:"夫五羖大夫,荆之鄙人也。[22]闻秦缪公之贤而愿望见,行而无资,自粥于秦客,[23]被褐食牛。[24]期年,缪公知之,举之牛口之下,而加之百姓之上,秦国莫敢望焉。[25]相秦六七年,而东伐郑,[26]三置晋国之君,[27]一救荆国之祸。[28]发教封内,而巴人致贡;[29]施德诸侯,而八戎来服。[30]由余闻之,[31]款关请见。[32]五羖大夫之相秦也,劳不坐乘,[33]暑不张盖,[34]行于国中,不从车乘,不操干戈,功名藏于府库,[35]德行施于后世。五羖大夫死,秦国男女流涕,[36]童子不歌谣,[37]舂者不相杵。[38]此五羖大夫之德也。今君之见秦王也,因嬖人景监以为主,[39]非所以为名也。相秦不以百姓为事,而大筑冀阙,非所以为功也。刑黥太子之师傅,残伤民以骏刑,[40]是积怨畜祸也。教之化民也深于命,[41]民之效上也捷于令。[42]今君又左建外易,[43]非所以为教也。君又南面而称寡人,[44]日绳秦之贵公子。[45]《诗》曰:[46]'相鼠有体,[47]人而无礼;人而无礼,何不遄死。'[48]以《诗》观之,非所以为寿也。公子虔杜门不出已八年矣,君又杀祝懽而黥公孙贾。《诗》曰:[49]'得人者兴,失人者崩。'此数事者,非所以得人也。君之出也,后车十数,从车载甲,多力而骈胁者为骖乘,[50]持矛而操闟戟者旁车而趋。[51]此一物不具,君固不出。《书》曰:[52]'恃德者昌,恃力者亡。'君之危若朝露,尚将欲延年益寿乎?则何不归十五都,[53]灌园于鄙,[54]劝秦王显岩穴之士,[55]养老存孤,[56]敬父兄,序有功,尊有德,可以少安。君尚将贪商於之富,宠秦国之教,[57]畜百姓之怨,秦王一旦捐宾客而不立朝,[58]秦国之所以收君者,[59]岂其微哉?[60]亡可翘足而待。"[61]商君弗从。

【注释】〔1〕"望",怨,埋怨责备。〔2〕"仆",第一人称的自谦语。〔3〕"戴",《逸周书·谥法解》云:"爱民好治曰戴。典礼不愆曰戴。""戴者",此指受人拥戴的贤人。〔4〕"义",意义,意思。〔5〕"闻命",听命,从命。〔6〕"反听",即听反,听取反面的话。〔7〕"内视",即视内,省视内心,自我反省。〔8〕"自胜",即胜自,战胜自我,约束自己。〔9〕"道虞舜之道",第一个"道"字用作动词,经由,实行。第二个"道"字为名词,道路。〔10〕"无为",无用,不必。〔11〕"戎翟之教",戎翟泛指当时活动于我国西北、西南的少数部族,尚处于比较落后的发展阶段,家庭形态方面保留着较多的群婚杂交的残余。秦人毗邻戎翟,本身立国于犬戎曾居之地,因此流行戎翟的习俗。戎翟之教当指此。〔12〕"鲁",鲁国,姬姓,公元前十一世纪分封的诸侯国,始封君为周公旦之子伯禽,都于曲阜(今山东曲阜)。战国时期约有今山东西南部。公元前二五六年为楚国所灭。"鲁、卫",鲁国和卫国,是中原地区文化较为发达、周王朝礼仪制度保留最多的两个国家,因而被视为传统政治文化的代表。〔13〕"羖",音 gǔ,黑色的公羊。"五羖大夫",即百里奚,原为虞国大夫,虞亡时被晋俘去,作为陪嫁之臣送入秦国。后出走到楚国,为楚人所执,又被秦缪公用五张黑色公羊皮赎回,用为大夫,故称五羖大夫。是辅佐秦缪公创建霸业的重臣。〔14〕"掖",通"腋",胳肢窝。〔15〕"诺",答应声。"诺诺",连声答应,随声附和。〔16〕"谔谔",直言争辩的样子。"谔",音 è。〔17〕"墨墨",同"默默"。〔18〕"正言",直言。"诛",责备。或谓诛杀,亦通。〔19〕"貌言",虚言浮辞,花言巧语。"华",同"花"。〔20〕"至言",深切中肯的言语。意同前"正言"。〔21〕"甘言",甜言蜜语。"疾",病,疾病。〔22〕"荆",楚之别称。楚为古国,芈姓,始祖鬻熊。西周时立国于荆山一带,建都丹阳(今湖北秭归东南)。后建都于郢(今湖北江陵西北纪南城)。战国初期有今湖北全省及与之接界的湖南东北部、江西北部、安徽北部、陕西东南部、河南南部,还有江苏淮北中部。公元前二二三年为秦国所灭。"鄙",郊野。"荆之鄙人",据本书《秦本纪》,百里奚原为虞国大夫,虞灭后逃往楚邑宛(今河南南阳),为楚之鄙人所执。此谓百里奚"荆之鄙人",当缘《秦本纪》所载而误植。〔23〕"粥",通"鬻",卖。"客",侨民。此指秦国在别国的客商。〔24〕"被",通"披"。"褐",用粗麻布做成的衣服,为贫贱人的着装。"食",音 sì,通"饲"。〔25〕"望",通"方",比。或谓怨望、忌恨,亦通。按上述记秦缪公用百里奚事与《秦本纪》有出入,可参看。〔26〕"郑",国名,

姬姓，始封君为周宣王之弟郑桓公友，公元前八〇六年分封于郑(今陕西华县东)。后东迁，郑庄公时建都新郑(今河南新郑)，地有今河南中部，公元前三七五年为韩所灭。“东伐郑”，秦缪公三十年(公元前六三〇年)、三十三年(公元前六二七年)曾两次攻伐郑国。〔27〕“三置晋国之君”，指秦缪公九年(公元前六五一年)秦国送纳晋惠公，二十二年(公元前六三八年)晋怀公离秦返国即君位，二十四年(公元前六三六年)秦国送纳晋文公。〔28〕“一救荆国之祸”，秦缪公二十八年(公元前六三二年)，楚伐宋，秦与晋、齐等国出兵救宋，在城濮(今山东鄄城西南)大败楚军。〔29〕“巴”，部族名，相传周以前居武落钟离山(今湖北长阳西北)一带。周武王灭商后被封为子国，称巴子国。战国时期主要活动范围在四川东部。公元前三一六年为秦国所兼并。〔30〕“八戎”，泛指秦国周围的戎人部族。〔31〕“由余”，戎王之臣，其祖先为晋人，曾奉戎王命出使秦国。后归附秦缪公，帮助缪公称霸西戎。〔32〕“款”，通“叩”。“款关”，叩关，敲关门，意谓入关求见。〔33〕“坐乘”，即安车，一种设有座位的马车，专供卿大夫中年长者或享受特殊尊荣者使用。古时一般马车无座位，只能立乘。〔34〕“盖”，遮挡阳光雨雪的用具。〔35〕“府库”，此指国家收藏文书档案的机构。〔36〕“涕”，泪。〔37〕“歌谣”，古时称用乐器伴奏的咏唱为歌，不用乐器伴奏的咏唱为谣。〔38〕“舂”，用杵臼捣去谷物的皮壳。“相”，音 xiàng，舂谷时的谣唱。“杵”，音 chǔ，捣谷物的棒槌。“相杵”，指舂谷时伴随杵声的谣唱。〔39〕“嬖人”，受宠幸的人，宠臣。嬖，音 bì。“主”，主人，荐主。〔40〕“骏”，通“峻”。“骏刑”，峻刑，严刑酷法。〔41〕“深”，甚，超过。〔42〕“效”，仿效，效法。〔43〕“左”，邪，邪僻。“外易”，即易外，言权力外移，实指商鞅掌握秦国国政，而使孝公大权旁落。〔44〕“南面而称寡人”，指商鞅受封邑而为封君。〔45〕“绳”，纠正，约束。〔46〕“《诗》曰”，以下诗句见《诗·鄘风·相鼠》第三章。〔47〕“相”，音 xiàng，视，看。“体”，肢体。〔48〕“遄”，音 chuán，速，快。〔49〕“《诗》曰”，以下诗句不见今传之《诗》。〔50〕“骈胁”，肋骨相连合成一片，指胸肌发达丰满而看不见肋骨间痕。“骖乘”，亦作“参乘”，乘车时立于车右陪乘的人，负责安全警卫。〔51〕“阘”，音 sà，通“钑”，古兵器名，一种短小的矛。“旁”，同“傍”，靠近，紧挨。“趋”，疾走，快步而行。〔52〕“《书》曰”，以下引文不见今传之《尚书》。〔53〕“十五都”，指商鞅的封地於、商十五个邑。〔54〕“园”，菜园。〔55〕“岩穴”，山洞。“岩穴之士”，指隐居山林的贤士。〔56〕“存”，省问，抚恤。〔57〕“宠”，荣耀，专擅。“教”，别本或作“政”。〔58〕“捐”，弃。“损宾客而不立朝”，捐弃宾客而不站立在朝廷上，是秦孝公去世的委婉说法。〔59〕“收”，收捕，收拾。〔60〕“微”，轻微。或谓少，指人数少，亦通。〔61〕“翘足”，举足，抬脚。

【译文】商君为秦国相十年，公室贵族中有很多怨恨不满的人。赵良会见商君。商君说：“我能见到您，是通过孟兰皋，现在我请求能同您结交，可以吗？”赵良说：“我不敢奢望啊！孔丘有话这样说：‘推举贤才而受到拥护的人进用，收罗不才而成就王业的人辞退。’我不才，故而不敢从命。我听说这样的话：‘不该有的地位而占据它叫做贪位，不该有的名声而享有它叫做贪名。’我若听从您的意思，就怕我要成为贪图地位、贪图名声的人了。故而不敢从命。”商君说：“您不高兴我治理秦国吧？”赵良说：“能听取反面的话叫做聪，能自我反省叫做明，能约束自己叫做强。虞舜有话这样说：‘自我谦卑就高尚了。’您不如实行虞舜之道，那就不必再来问我了。”商君说：“当初秦国通行戎翟的习俗，父子之间没有区别，男女同室共居。如今我改造他们的旧俗陈规，而制定男女的区别，大建悬示政教法令的门阙，造得如同鲁国、卫国的一样。您看我治理秦国，跟五羖大夫相比谁高明？”赵良说：“一千只羊的皮，不如一只狐狸的腋毛；一千人的随声附和，不如一个士的直言争辩。周武王倡导直言争辩而昌盛，殷纣王喜好无人进言而灭亡。您倘若不以周武王为非，那末我便请求始终直言而不受责难，可以吗？”商君说：“常言有这样的话：‘美言巧语好比花朵，直言不讳好比果实，苦口逆耳好比药石，甜言蜜语好比疾病。’您当真肯始终直言，便是我治病的良药。我将以您为师，您又何必推辞呢！”赵良说：“那位五羖大夫，原是楚国郊野之人，听说秦缪公贤明而希望谒见，可上路没有盘缠，便将自己卖给秦国客商，身穿粗麻服装喂牛。一年之后，秦缪公得知他，将他从牛口之下提拔起来，让他凌驾于百姓之上，秦国没有人敢同他相比。任秦相六、七年，东面讨伐郑国，三次置立晋国的君主，一次挽救楚国北侵的祸患。在境内发布政教，连巴人都来进纳贡品；对诸侯施予德泽，连八方戎翟都来臣服。由余风闻，也来叩关求见。五羖大夫当秦国的相，即使疲劳也不坐安车，即使酷暑也不打伞盖，在国中巡行，不要随从的车辆，也不携带武器，他的功绩名字载入史册保存在府库中，他的德泽品行流传到后代。五羖大夫去世，秦国男男女女痛哭流涕，小孩子不唱歌谣，舂谷人不哼小调。这就是五羖大夫的德行啊。如今您进见秦王，利用宠臣景监作为荐主，不是成名的正道。任秦相不拿百姓当事，而大建宫殿门阙，不是立功的举动。对太子的师、傅处以惩罚和黥刑，用严刑酷法残害平民百姓，这是在积聚怨恨酝酿祸患啊。政教感化百姓的力量超过了君命，百姓服从上司的动作比执行君令还要迅速。如今您又搞歪门邪道让国君大权旁落，这不是实施政教的办法。您同时又在封邑中坐北朝南自称寡人，却时时用法律约束秦国的贵胄子弟。《诗》说道：'看那老鼠都有肢体，做人却没有礼仪；做人没有礼仪，为什么不快死？'用《诗》中说的话来观察您的所作所为，实在不是谋求长寿善终的行为。公子虔闭门不出已经八年了，您又杀死祝懽而判处公孙贾黥刑。《诗》说道：'得人心者兴旺发达，失人心者土崩瓦解。'这几件事，是不得人心的啊。您一出行，后面随从的车乘几十辆，车上载满全副武装的卫士，力大而肌肉发达的作陪乘，手持矛戟的武士紧紧护卫着您的车乘而疾走。这中间有一样不齐，您就坚决不外出。《书》上说：'依仗德行的昌盛，依仗暴力的灭亡。'您的生命危险得像早晨的露水（太阳一出就会消失）。您还想延年益寿吗？那就为什么不归还封赐的十五个都邑，自己到郊外耕灌菜园，劝说秦王起用身居山林的贤士，奉养老人，抚恤孤儿，敬重父兄，叙用有功，尊崇有德，才可以稍微求得平安。您若还要贪恋商、於的财富，专擅秦国的政教，积聚百姓的怨怒，秦王一旦抛弃宾客而不再在朝，秦国用以收拾您的罪名，难道会轻吗？到那时死期就指日可待了。"商君没有听从。

后五月而秦孝公卒，太子立。[1]公子虔之徒告商君欲反，发吏捕商君。商君亡至关下，欲舍客舍。客人不知其是商君也，[2]曰："商君之法：舍人无验者坐之。"[3]商君喟然叹曰：[4]"嗟乎，为法之敝一至此哉！"去之魏。魏人怨其欺公子卬而破魏师，弗受。商君欲之他国。魏人曰："商君，秦之贼。秦强而贼入魏，弗归，不可。"遂内秦。[5]商君既复入秦，走商邑，[6]与其徒属发邑兵北出击郑。[7]秦发兵攻商君，杀之于郑黾池。[8]秦惠王车裂商君以徇，[9]曰："莫如商鞅反者！"遂灭商君之家。

【注释】〔1〕"太子"，太子驷，即秦惠王。〔2〕"客人"，"客"后别本有"舍"，字。客舍人，客舍管理服务人员。〔3〕"舍"，留宿。"验"，证件，凭证。〔4〕"喟"，音 kuì，叹息声。〔5〕"内"，通"纳"，送纳，送回。〔6〕"走"，跑，奔赴。〔7〕"郑"，秦国邑名，在今陕西叶县东。〔8〕"郑"，国名，郑国于公元前三七五年为韩国所灭。韩灭郑后迁都新郑（今河南新郑），故韩又称郑。此郑即指韩国。别本或无"郑"字。"黾池"，韩国邑名，在今河南渑池西。按本书《六国年表》秦孝公二十四年"商君反，死彤地"，又《盐铁论·毁学》云"商鞅困于彭池"，裴骃《史记集解》引徐广曰"'黾'或作'彭'"，则此"黾池"似为"彤地"之误。彤，秦邑名，在今陕西华县西南。〔9〕"车裂"，刑名，将受刑者的头和四肢分别拴缚于五辆马车，鞭策马匹，撕裂其身。"徇"，宣示，示众。

【译文】五个月后秦孝公去世，太子即位。公子虔一帮人告发商君要谋反，国君就派出官吏逮捕商君。商君逃亡到边关之下，打算住客栈。客栈的人不知他是商君，说："商君的法令：留宿没有通行证件的人要判罪。"商君喟然叹息道："唉，制订法令的弊端竟然到了这种地步！"离开秦国前往魏国。魏人怨恨他欺骗公子卬而大败魏军，拒绝接纳。魏国有人说："商君，是秦国的盗贼。秦国强大而他的盗贼进入魏国，不遣返，是不可以的。"于是将商君送回秦国。商君再次进入秦国，便直奔封地商邑，与其党徒调动邑中军队往北攻击郑邑。秦王派兵攻打商君，在郑黾池杀死他。秦惠王车裂商君尸体而示众，说："不许再有像商鞅这样的造反者！"于是又杀灭商君的家族。

太史公曰：商君，其天资刻薄人也。[1]迹其欲干孝公以帝王术，[2]挟持浮说，非其质矣。且所因由嬖臣，及得用，刑公子虔，欺魏将卬，不师赵良之言，亦足发明商君之少恩矣。余尝读商君《开塞》、《耕战》书，[3]与其人行事相类。卒受恶名于秦，有以也夫！[4]

【注释】〔1〕"天资"，天生的资质，天性。〔2〕"迹"，追迹，考查。"干"，求，求取。〔3〕"商君《开塞》、《耕战》书"，今存《商君书》二十四篇，中有《开塞》、《农战》。〔4〕"有以"，有原因。"也夫"，

语末助词,表示感叹。

【译文】太史公说:商君,是个天性刻薄的人。考查他起初用帝王之术来求取秦孝公的信任,只不过是一时操持浮夸不根之说,并非他的本性。况且通过宠臣走门路,到了取得任用,施刑宗室公子虔,欺诈魏将公子卬,不听从赵良的话,也都足以说明商君的寡恩缺德了。我曾经读过商君《开塞》、《耕战》等著作,同他本人的行为处事极相类似。他最终在秦国蒙受恶名,是有其缘由的啊!